Reflexive Freizeitpädagogik

NEUE DENKANSÄTZE IN DEN BILDUNGS- UND SOZIALWISSENSCHAFTEN
NEW APPROACHES IN EDUCATIONAL AND SOCIAL SCIENCES

Herausgegeben von / Edited by
Gerd-Bodo von Carlsburg

BAND/VOL. 42

Martina Möller

Reflexive Freizeitpädagogik

Eine systematische Annäherung unter erziehungswissenschaftlicher Perspektive mit besonderem Fokus auf die Freizeitbildung

PETER LANG

Berlin - Bruxelles - Chennai - Lausanne - New York - Oxford

Bibliografische Information der Deutschen Nationalbibliothek
Die Deutsche Nationalbibliothek verzeichnet diese Publikation in der Deutschen Nationalbibliografie; detaillierte bibliografische Daten sind im Internet über http://dnb.d-nb.de abrufbar.

Zugl.: Habil., PH Karlsruhe, 2023.

Gedankt sei der MLP SE für die finanzielle Förderung und dem Weltbund für Erneuerung der Erziehung für die finanzielle und beratende Unterstützung dieses Projekts.

Umschlagabbildung:
Paul Klee, „Burg und Sonne“
(gemeinfrei, https://commons.wikimedia.org/wiki/
File:Burg_und_Sonne_-_Klee.jpg)

ISSN 1434-8748
ISBN 978-3-631-92170-8 (Print)
E-ISBN 978-3-631-92200-2 (E-PDF)
E-ISBN 978-3-631-92201-9 (E-PUB)
DOI 10.3726/b22014

Verlegt durch Peter Lang GmbH, Berlin, Deutschland

info@peterlang.com www.peterlang.com

Diese Publikation wurde begutachtet.

Inhaltsverzeichnis

1. Einleitung

Freizeit – für viele Menschen ein Wort, das von positiven Assoziationen begleitet wird. Trotz eines faktischen Rückgangs der wöchentlichen Arbeitszeit in den letzten 100 Jahren, beklagen viele Menschen, dass sie viel zu wenig Freizeit hätten.[1]

Wird von Freizeit gesprochen, so erscheint dies als ein allgemein verständlicher Terminus und dennoch versteht jeder hierunter durchaus etwas anderes. Mit den eigenen Kindern nachmittags auf den Spielplatz zu gehen, mag von den einen als Freizeit erlebt werden, andere Personen würden sagen, dass ihre Freizeit erst dann beginnt, wenn die Kinder wieder zuhause im Bett liegen und schlafen.

Negativ wird Freizeit als Nicht-Arbeitszeit definiert. (vgl. Kap. 1) Die Trennung der Lebenszeit in Arbeitszeit und Freizeit suggeriert, dass es sich hierbei um klar abgrenzbare und voneinander verschiedene Bereiche handelt, basierend auf der Trennung der Arbeitswelt von dem privaten Leben im Zuge der beginnenden Industrialisierung. Dabei wird übersehen, dass diese Trennung letztlich artifiziell ist. (vgl. Kap. 3) Obgleich jeder Mensch für sich definiert, was er als Freizeit erlebt, gibt es in der Wissenschaft keine einheitliche Definition.[2] Selbst die Frage, seit wann es Freizeit in der Menschheitsgeschichte gibt, erfährt von verschiedenen Forschern unterschiedliche Antworten. (vgl. vor allem Kap. 2.1 und Kap. 3.3)

Die Definition von Arbeitszeit scheint auf den ersten Blick einfacher zu sein – jedenfalls seit es Arbeitsverträge und festgelegte Arbeitszeiten gibt. Auf der anderen Seite verschwimmen in der Gegenwart diese Grenzen zunehmend: die permanente Erreichbarkeit über Smartphone, die Notwendigkeit der stetigen Weiterqualifikation, das Bestreben, Hobbies zu Berufen zu machen, die Flexibilisierung der Arbeitsräume und -zeiten – all dies sind Momente, die eine Trennung der Zeit in Arbeits- und Freizeit letztlich fraglich erscheinen lassen. Neue Kompetenzen werden hierbei dem Individuum abverlangt, neue Möglichkeitsräume eröffnet. (vgl. Kap. 6)

Freizeit gilt heute als ein Lebensbereich, der expandiert. Vielfach wird von einem quantitativen und qualitativen Bedeutungsgewinn der Freizeit gesprochen.

---

1 vgl. Opaschowski 2008, S. 39.

2 vgl. Carius/Gernig 2010, S. 1; Prahl 2002, S. 16.

Dabei muss bedacht werden, dass dies in erster Linie auf die westlichen Industrienationen zutrifft. Auch in Deutschland ist aber die freie Zeit durchaus ungleich verteilt und variiert innerhalb des individuellen Lebenslaufs. Zahlreiche Faktoren, u.a. auch das Geschlecht, die Bildung und das pekuniäre Kapital, spielen hierbei eine Rolle. Nicht zuletzt verschränkt sich die Freizeitgestaltung von Kindern und Jugendlichen mit deren Bildungsverläufen. (vgl. Kap. 7.1) Freizeit ist auch ein wichtiger Bildungsfaktor.

Zugleich muss auf die Schattenseite des heutigen Erwerbsmarktes hingewiesen werden: eine Vollbeschäftigung aller Bürger im ersten Erwerbsmarkt erscheint immer weniger möglich.[3] Dies führt zwangsläufig zu Schwierigkeiten, wenn sich ein Individuum in hohem Maße über die Berufstätigkeit definiert und diese Grundlage der gesellschaftlichen Achtung und Integration darstellt. Über den Stellenwert der Freizeit für die Sinnstiftung, Lebensqualität und Identitätsbalance muss demzufolge kritisch reflektiert werden. Das humanistische Potenzial sollte dabei einer Konsumorientierung entgegengesetzt werden. (vgl. Kap. 4 und Kap. 6)

Der Erziehungswissenschaftler Wolfgang Nahrstedt (*1932) war Mitbegründer des „Instituts für Freizeitwissenschaft und Kulturarbeit" (IFKA), das ebenfalls freizeitbezogene Forschungsprojekte durchführt.[4] Mitte der 1970er-Jahre wurde von Nahrstedt u.a. die Vision einer Freizeitgesellschaft und das Aufblühen der Freizeitpädagogik als führende Pädagogik, als „Emanzipationspädagogik"[5] und „Friedenspädagogik" [6] prognostiziert[7] und bereits damals kritisiert.[8] Heute wird dieses Institut von Renate Freericks geleitet und verfolgt als Arbeitsschwerpunkte sozialwissenschaftliche Zeitforschung und weitere Auftragsforschungen zur Freizeit- und Tourismusentwicklung von Städte, Konzeptentwicklung und Evaluationen, Fachtagungen etc. zum Tourismusmanagement und vieles mehr.[9]

---

3 vgl. Lippl 1995; S. 86.
4 vgl. Nahrstedt 2008a
5 Nahrstedt 1974, S. 10.
6 Nahrstedt 1974, S. 23.
7 Nahrstedt 1974, S. 5 ff.; Opaschowski 1976, S. 154.
8 vgl. Opaschowski 1976. Aus soziologischer Sicht sprach Christiane Müller-Wichmann bereits Mitte der 1980er-Jahre von der „Legende der Freizeitgesellschaft" und wies darauf hin, dass die Berechnungen z.B. nicht die gestiegenen Erwartungen berücksichtigten, d.h. die gewonnene Zeit jenseits der Berufsarbeit nicht automatisch zur Freizeit wird. (vgl. Müller-Wichmann 1987, S. 620ff.)
9 vgl. Homepage der Hochschule Bremen: Forschungseinrichtungen: IFKA – Institut für Freizeitwissenschaft und Kulturpädagogik e.V. URL (2014/2018).

Horst Opaschowski (*1941) gründete im Jahr 1979 das BAT-Freizeitforschungs-Institut. Von der Stiftung für Zukunftsfragen, einer Initiative von British American Tobacco,[10] wird heute u.a. in regelmäßigen Abständen ein Freizeitmonitor und eine Tourismus-Analyse durchgeführt. Horst Opaschowski, der sich zunächst mit Fragen der Freizeit aus erziehungswissenschaftlicher Perspektive befasst hat, sich aber ab den 1980er-Jahren zum Zukunftsforscher und politischen Berater entwickelt hat, war bis 2011 der wissenschaftliche Leiter dieser Stiftung. Das aktuelle Selbstverständnis der Stiftung für Zukunftsfragen lautet: „Zukunft ist machbar. Die Welt im Wandel – der Mensch im Mittelpunkt".[11]

Darüber, was die Menschen in ihrer Freizeit machen, gibt es heute zahlreiche empirische Studien, die insbesondere auch von Seiten der Wirtschaft von Interesse sind. Die Liaison mit der Wirtschaft impliziert aber auch, dass es innerhalb der empirischen Forschungslage „blinde Flecken" gibt, nämlich immer dort, wo es um wenig finanzstarke Gruppen geht.[12]

Infolge des demografischen Wandels verbunden mit einer verbesserten Gesundheitsvorsorge kommt es zu einem Anstieg der freien Lebenszeit in der nachberuflichen Lebensphase.[13] Die eigenen Kinder sind erwachsen, das Rentenalter oder Pensionsalter ist erreicht, und man ist körperlich und geistig noch relativ fit. Die Generation der „jungen Alten" muss die neu gewonnene freie Zeit gestalten. Freizeit kann in diesem Zusammenhang durchaus eine psychosoziale Krise bedeuten.[14]

Dabei ist die Freizeit als pädagogisches Handlungs- und wissenschaftliches Forschungsfeld eine relativ junge Disziplin. Die Wurzeln freizeitpädagogischer Bestrebungen lassen sich bis in die Weimarer Republik zurückführen, pervertierten auf praktischer Ebene unter dem Nationalsozialismus. In der Nachkriegszeit wurde die Thematik langsam wieder aufgegriffen und hielt Einzug in den erziehungswissenschaftlichen Diskurs.[15] (vgl. Kap. 2.3, Kap. 5)

Sprechen Forscher wie Walter Tokarski (*1946)[16] von dem Bedeutungszuwachs der Freizeit im menschlichen Lebenslauf, so wäre die Schlussfolgerung, dass die Arbeit an Stellenwert verliert, sicherlich trügerisch. Viel eher darf die

10 vgl. Homepage der Stiftung für Zukunftsfragen. URL (2014).
11 vgl. Homepage der Stiftung für Zukunftsfragen: Selbstverständnis und Stiftungszweck. URL (2014; 2018).
12 vgl. Carius/Gernig 2010, S. 63.
13 vgl. Opaschowski 2008, Kap. 4, S. 164ff.
14 vgl. Opaschowski 2008, S. 177.
15 vgl. Nahrstedt 1990; Giesecke 1983.
16 Tokarski 2005, S. 529.

Knappheit der Ressource „bezahlte Arbeit" als Strukturierungsmoment des menschlichen Lebens nicht außer Acht gelassen werden. Die Sinnfrage des menschlichen Lebens bleibt bestehen und erfordert gesellschaftliche Deutungsangebote und individuelle Entscheidungen. Dabei kommt aber auch dem privaten Lebensbereich und der Freizeit eine hohe Bedeutsamkeit zu, das Leben dreht sich – insbesondere bei der „Generation Y"[17] – nicht mehr nur um die berufliche Karriere oder die Familie, auch die persönliche Lebensqualität wird relevant.[18] Durch den demografischen Wandel bezeichnet der Soziologe Klaus Hurrelmann (*1944) die Generation der Ende der 1970er-Jahre bis Anfang der 1990er-Jahre Geborenen als „heimliche Revolutionäre", da die Wirtschaft auf sie als Arbeitskräfte durchaus angewiesen ist, die Angehörigen dieser Generation aber familiäre und freizeitbezogene Erfahrungsqualitäten in dem beruflichen Arbeitsbereich einfordern.[19] Dass durch die Forscher gezeichnete Generationen-Portrait und die sich auflösende Kategorie von Arbeit und Freizeit wird in den modernen Medien vielfach polarisierend diskutiert.[20]

Die pädagogische Debatte über Freizeit impliziert somit immer eine ethische und normative Perspektive. Hierdurch unterscheidet sie sich von kommerziell orientierten Perspektiven auf die Freizeit als Wirtschaftsmarkt.[21]

Dabei scheint die Freizeitwissenschaft sich als eigenständige Disziplin zu etablieren. Horst Opaschowski definiert sie als Spektrumswissenschaft[22], Reinhold Popp (*1949) spricht von einer Querschnittswissenschaft und Integrationswissenschaft[23]. Die Forderung nach Eigenständigkeit und Abgrenzung von der Erziehungswissenschaft steht ebenso im Raum wie die Forderung, Freizeitpädagogik als eine Teildisziplin der Erziehungswissenschaft zu begreifen.[24]

Die aktuellen Veröffentlichungen und Studiengänge zum Gegenstandsbereich „Freizeit" zeigen, dass sich die Freizeitpädagogik zur Freizeitwissenschaft entwickelt, als Kernbereiche der Freizeitwissenschaft sich heute vor allem die Verbindung von Freizeit und Tourismus, Freizeit und Sport sowie Freizeitmanagement

17 Hurrelmann/Albrecht 2014.
18 vgl. Bund/Heuser/Kunze 2013.
19 Hurrelmann/Albrecht 2014.
20 vgl. Kommentare zum Zeit online-Artikel: Generation Y. Die heimlichen Revolutionäre der Arbeit (04.09.2014). URL (2015).
21 vgl. Lippl 1995.
22 vgl. Opaschowski 1994, S. 441-444; vgl. Opaschowski 2008. S. 16; vgl. Freericks/Hartmann/Stecker 2010, S. 19.
23 vgl. Popp/Schwab 2003, S. 4.
24 vgl. Popp/Schwab 2005.

und -marketing begreifen. Dabei werden wesentliche Bereiche jenseits des Bereiches Tourismus durchaus eher marginalisiert. (vgl. Kap. 8, 9, 10)

Bei der Suche nach einer bildungstheoretischen Fundierung der Freizeitpädagogik finden sich kaum *aktuelle* Quellen, die dem annähernd gerecht werden. Im Kontext der Entgrenzung von Bildungsprozessen und einer Aufwertung informeller und non-formaler Bildungsprozesse wird es zunehmend wichtig, Freizeit als Raum lebenslanger Bildungsprozesse wahrzunehmen und Freizeitpädagogik als reflexive Freizeitbildung zu fundieren. Die Forderung nach lebenslangem Lernen und nachhaltiger Bildung lässt die Verengung einer bildungswissenschaftlichen Perspektive auf institutionelle Bildungsprozesse obsolet erscheinen.

Das vorliegende Werk möchte den bildungstheoretischen Diskursstrang der Freizeitpädagogik wieder aufgreifen, anthropologische Grundlagen thematisieren und einen systematischen und kritischen Blick auf vereinnahmende Tendenzen und die Kommerzialisierung der Freizeit ermöglichen. Ziel soll es hierbei sein, eine kritische Sicht auf Entwicklungstendenzen im Freizeitbereich und produktive Möglichkeitsräume für eine zeitgemäße Freizeitbildung zu eröffnen.

Zugleich soll es ein Studienbuch sein, das exemplarisch tradierte erziehungswissenschaftliche Positionen und deren Vertreter vorstellt und diese im Hinblick auf freizeitpädagogische Bezüge reflektiert, um die Möglichkeit zu eröffnen, sich eine eigene professionelle freizeitpädagogische Position anzueignen und Geschichte und Gegenwart sowie zukünftige Entwicklungstendenzen kritisch hinterfragen zu können.

2. Freizeit, Freizeitpädagogik und Freizeitwissenschaft: Zugänge aus einer Beobachterperspektive

2.1 Definitorische Annäherungen

Obgleich jeder eine subjektive Vorstellung von Freizeit hat, gibt es keine allgemeingültige Definition von Freizeit. Der Blick in den Duden suggeriert, dass es lediglich zwei Bedeutungsebenen von Freizeit gebe: Freizeit als...

> 1. „Zeit, in der jemand nicht zu arbeiten braucht, keine besonderen Verpflichtungen hat; für Hobbys oder Erholung frei verfügbare Zeit.
> 2. [mehrtägige] Zusammenkunft für Gruppen mit bestimmten gemeinsamen Interessen."[25]

Bei dem Terminus „Freizeit" handelt es sich um ein Determinativkompositium:

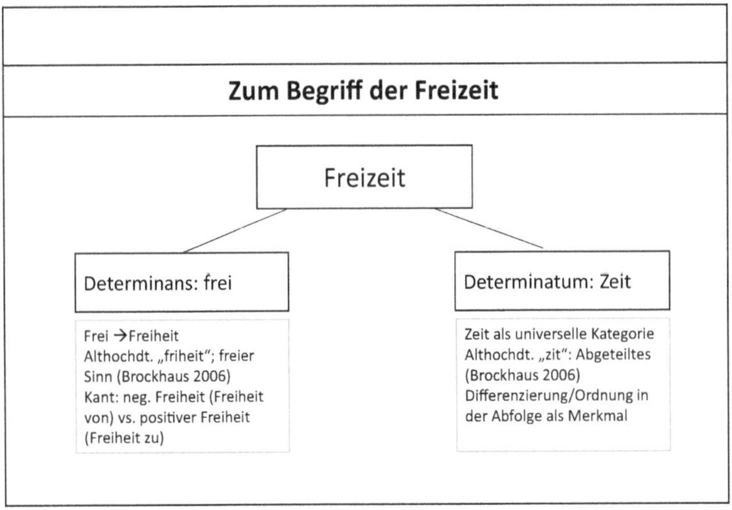

Abb. 1: Zur Semantik[26] (vgl. Carius/Gernig 2010, S. 4–7)

25 Duden online: Freizeit. URL (2014).
26 Carius/Gernig 2010, S. 4–7.

Es gibt zunächst als Determinans das Adjektiv „frei", das das Subjekt „Zeit" näher definiert. Es wird somit zwischen „freier" und „nicht-freier" Zeit differenziert. Die Freizeitwissenschaftler Florian Carius und Björn Gernig (2010) führen den Gedanken der „Zeit der Freiheit" auf Jean-Jacques Rousseau (1712–1778) zurück, der in seinem weltbekannten Erziehungsroman „Émile ou de l'éducation" (1762) von der „temps de liberté" sprach.[27] Somit wurde der Begriff hier im pädagogischen Kontext verwandt.[28]

> „Pensez-vous que ce temps de liberté soit perdu pour lui? tout au contraire, il sera le mieux employé; car c'est ainsi que vous apprendrez à ne pas perdre un seul moment dans un temps plus précieux: au lieu que, si vous commencez d'agir avant de savoir ce qu'il faut faire, vous agirez au hasard; sujet à vous tromper, il faudra revenir sur vos pas; vous serez plus éloigné du but que si vous eusziez été moins pressé de l'atteindre."[29]

Erst durch Bildung gewinnt der Mensch die Freiheit und Kompetenz, souverän mit der Zeit umzugehen und zielorientiert zu handeln, dadurch auch freie Zeit zu gewinnen so könnte die Interpretation lauten.

Dabei darf nicht übersehen werden, dass die Gestaltung der Freizeit für J.-J. Rousseau neben einer pädagogischen auch eine politische Bedeutsamkeit besaß, worauf Martin Rang (1959) deutlich verweist. So sprach sich J.-J. Rousseau auch explizit für ein Theater in Genf aus und maß den „Festsitten einer Nation"[30] hohe Bedeutsamkeit zu. Für das Gemeinschaftserleben sah er die gemeinsame Freizeit als wichtig an.[31]

Etymologisch kann der Terminus Freizeit auf den Begriff „freye zeyt" oder „frey zeit" zurückgeführt werden.[32] Dieser Begriff ist im Koblenzer Gerichtsbuch urkundlich seit dem Jahr 1356 belegt, als Kaiser Karl IV (1316–1378) eine Verschiebung der „freye zeyt" verfügte.[33] „Freye zeyt" meinte hier noch die Marktfriedenszeit und stellte einen mittelalterlichen Rechtsbegriff dar.[34] Während der Marktfriedenszeit

---

27 vgl. ebd., S. 4–7.

28 vgl. ebd.

29 Œuvres completes de J.J. Rousseau: Émile. Bd. 10, Ausgabe 1 von Œuvres completes de J.J. Rousseau,. Poinçot, 1791, S. 195. E-Book, 2008 Harvard University online. URL (2014).

30 Rang 1959, S. 153.

31 vgl. Rang 1959, S. 154.

32 vgl. Carius/Gernig 2010, S. 5; Nahrstedt 1972, S. 31; Rosseaux 2007, S. 4f.

33 vgl. Carius/Gernig 2010, S. 5.

34 vgl. Krause/Müller 1993, S. 572; Prahl 2002, S. 131.

standen die Menschen unter einen besonderen Schutz, Überfälle und Gewalttaten wurden besonders hart bestraft.[35]

Ins Lateinische wurde die „freye zeyt" dann mit „tempus liberum" übersetzt und meinte eine Zeit „daran einer thůn mag nach seim willen vnd gefallen".[36] Eine erste Bedeutungsverschiebung wird erkennbar, „tempus liberum" impliziert die Nutzung von Zeit nach eigenen Gustos.

Mit der Renaissance findet eine Rückbesinnung auf den antiken Begriff der „Muße" statt, das Individuum gerät in den Blick, „freye zeyt" meint in diesem Zusammenhang jene Zeiten, in denen der einzelne Mensch über ein höheres Maß an Freiheit verfügt, „Freizeit als Zeit der Freiheit"[37]. In einem Wörterbuch aus dem Jahre 1616 wird freye zeyt wie folgt definiert: „freye zeyt – darin einer thun mag nach seim willen und gefallen."[38]

In heutiger Schreibweise findet sich „Freizeit" als Kompositum im Jahr 1823[39] bzw. 1826[40] und der Begriff wird im Duden erstmals im Jahr 1929 aufgeführt.

Renate Freericks (*1961), Rainer Hartmann (*1966) und Bernd Stecker gehen in ihrem Werk „Freizeitwissenschaft" (2010) auch auf den Freizeitbegriff ein. Sie rekurrieren hierbei zunächst auf Johannes Fromme (*1956)[41], der Freizeit wie folgt definiert:

> „'Der Freizeitbegriff verweist auf eine spezifische Form arbeitsfreier Zeit, die es so in vormoderner bzw. vorindustrieller Zeit nicht gegeben hat, und basiert – im Unterschied zu älteren Formen (wie der Muße) – auf einer klaren raum-zeitlichen Trennung von Arbeit und sonstigem Leben sowie einer strengen zeitlichen Regelung und auch Begrenzung der Erwerbsarbeit' (Fromme 2001, S. 619)."[42]

Diese Definition kann durchaus kritisch gelesen werden, denn die raum-zeitliche Trennung und die strikte Begrenzung der Erwerbsarbeitszeit ist heute nur noch bedingt gegeben. Es stellt sich die Frage, ob der Freizeitbegriff erodiert, wenn es zu einer zunehmenden Verflüssigung solcher Grenzen kommt – man denke hier an Beschäftigungsformen mit „Homeoffice" oder auch jene Selbstständige, bei denen

---

35 vgl. Steinbach 2009, S. 9.

36 Maaler 1561/1971, S. 142, zit. n. Carius/Gernig 2010, S. 6.

37 Klug 1995, S. 14.

38 aus einem Wörterbuch von 1616, zit. n. Klug 1995, S. 13; vgl. auch Carius/Gernig 2010, S. 5.

39 Klug 1995, S. 14.

40 Steinbach 2009, S. 9.

41 Fromme 2001.

42 Freericks/Hartmann./Stecker 2010, S. 19–20.

weder die Arbeitszeit festgelegt, noch die zeitlich-räumliche Trennung in eine private und eine berufliche Welt gegeben sein muss. Von der jüngeren, durchaus leistungsbereiten, „Generation Y" wird ein höheres Maß an Autonomie und Flexibilisierung der beruflichen Zeitstrukturen durchaus auch erwartet, um den privaten, familiären und beruflichen Lebensbereich auszubalancieren.[43]

So konstatiert der Soziologe Hans-Werner Prahl (*1944) bereits im Jahr 2002, dass

> „Freizeit (...) traditionell als Gegenteil von Arbeit begriffen [wurde]. Diese Sicht war historisch angemessen und kann auch für die Gegenwart immer noch als eine zentrale Bestimmung angesehen werden. Diese arbeitspolare Definition wird aber immer stärker überlagert durch gesellschaftliche Entwicklungen, die nur noch indirekt auf Arbeit bezogen sind."[44]

Statt einer kritischen Hinterfragung jenes Freizeitbegriffs wird in dem Handbuch „Freizeitwissenschaft" weiter dargelegt, dass das allgemeine Verständnis von Freizeit ein dialektisches sei, indem Freizeit negativ als „Nicht-Erwerbsarbeitszeit" bestimmt werde.[45] Die Autoren beziehen sich auf die Sichtweise von Hermann Giesecke (*1932)[46], der die Entstehung von Freizeit in Zusammenhang mit der Industrialisierung bringt. Hierbei spielt die raum-zeitliche Trennung von Arbeit und privatem Leben eine wichtige Rolle, ebenso die Rationalisierung und Ökonomisierung von Zeit.

Daneben wird erwähnt, dass der Erziehungswissenschaftler, Freizeitwissenschaftler und Zukunftsforscher Horst Opaschowski (*1941)[47] die ersten Anfänge der Entstehung von Freizeit auf das Reformationszeitalter ins 16. Jahrhundert zurückführt. Im Zuge des Aufkommens der protestantischen Arbeitsethik sei als Gegenpol der Wunsch nach Freizeit entstanden.

> „Die Gegenpole öffentlicher Pflicht, Fremdbestimmung und Zwang auf der einen Seite und private Neigung, Selbstbestimmung und Freiheit auf der anderen Seite führten schließlich zu einer strikten Trennung von privater und öffentlicher Zeit."[48]

Obgleich der Müßiggang als Laster galt, wurde das Privileg der Muße, das zunächst dem Adel vorbehalten war, vom aufstrebenden Bürgertum und später auch weiteren Bevölkerungskreisen adaptiert.[49] Freizeit erscheint in dieser dialektischen

43 vgl. Bund/Heuser/Kunze 2013.
44 Prahl 2002, S. 132.
45 vgl. Freericks/Hartmann/Stecker 2010, S. 20.
46 Giesecke 1983.
47 Opaschowski 1976, S. 20f.
48 Freericks/Hartmann./Stecker 2010, S. 20.
49 vgl. Freericks/Hartmann/Stecker 2010, S. 20.

Sichtweise als eine „Restkategorie“[50] und bezieht sich auf jene Zeit, die abzüglich der Arbeitszeit verbleibt.

Auch die Freizeitwissenschaftler Florian Carius und Björn Gernig (2011) problematisieren, dass es zum Beginn der Freizeit durchaus unterschiedliche Theorien gibt.[51] Sie kommen zu der Schlussfolgerung, dass jene Vertreter, die „Freizeit als Produkt der Industrialisierung“[52] betrachten, eine „moderne Vorstellung von Freizeit“[53] vertreten, deren „wissenschaftlichen Aktionsradius“ durchaus begrenzt und statisch ist.[54] Dieses definitorische Konstrukt von Freizeit „ist stark gegenwartsbezogen und setzt somit erstens eine dichotome Zeiteinteilung zwischen Erwerbsarbeit und klar individuell disponibler Zeit sowie zweitens die räumliche Trennung von Wohn- und Arbeitsort voraus.“[55]

Grundsätzlich fällt auf, dass diese Darlegungen in neueren Handbüchern und Einführungswerken zur Freizeitwissenschaft sehr knapp ausfallen. Sie geben lediglich zentrale Begründungsmomente wieder, wodurch eine Anregung zur kritischen Reflexion m.E. zu kurz kommt.

Diese wird stärker von Soziologen angeregt; neuere theoretische Werke dezidiert zur Freizeit*pädagogik* sucht man vergeblich. Hier dominiert im Moment eher eine empirische Ausrichtung.

Der Soziologe und Theologe Bodo Lippl (*1970) expliziert die Problematik, Freizeit (wissenschaftlich) zu definieren. Er weist vor allem auch auf die forschungsbezogenen Konsequenzen hin:

> „Freizeit ist keine konkrete Institution oder ein exakt abgrenzbarer gesellschaftlicher Handlungsbereich, sondern eher eine recht uneindeutige Kategorie der Zeitverwendung, unter die mehr oder weniger alles subsumiert werden kann. Vor allem bei empirischen Studien ergibt sich das Problem, dass Definitionen präzise sein müssen. Oftmals sind Definitionen nicht kompatibel, weshalb viele wissenschaftliche Forschungen schwierig bzw. gar nicht so ohne weiteres verglichen werden können.“[56]

Hierzu rekurriert er u.a. auf den Soziologen Bernhard Nauck (*1945)[57], der davon ausgeht, dass der jeweilige Freizeitbegriff immer im Kontext der Theorie und

50 vgl. Freericks u.a. 2010, S. 20.
51 vgl. Carius/Gernig 2010.
52 Carius/Gernig 2010, S. 16. [Im Original Fettdruck der Kapitelüberschrift].
53 Carius/Gernig 2010, S. 17.
54 vgl. Carius/Gernig 2010, S. 18.
55 Carius/Gernig 2010, S. 17.
56 Lippl 1995, S. 13.
57 Nauck 1983, S. 274–303.

Forschung betrachtet werden muss. Der Begriff der Freizeit hat oftmals durchaus auch *normative* Implikationen.[58] Diese werden oftmals ausgeblendet, beobachtet man den Diskurs.

Freizeit als Kategorie muss somit als soziokulturelles Konstrukt begriffen werden, das dem historischen Wandel unterliegt.

Die Definitionen von Freizeit können in ein negatives und positives Spektrum unterschieden werden, die auch den veränderten Stellenwert von Arbeit und Freizeit widerspiegeln. Bodo Lippl gibt einen Einblick in positive und negative Definitionsmöglichkeiten, die sich wie folgt visualisieren lassen:

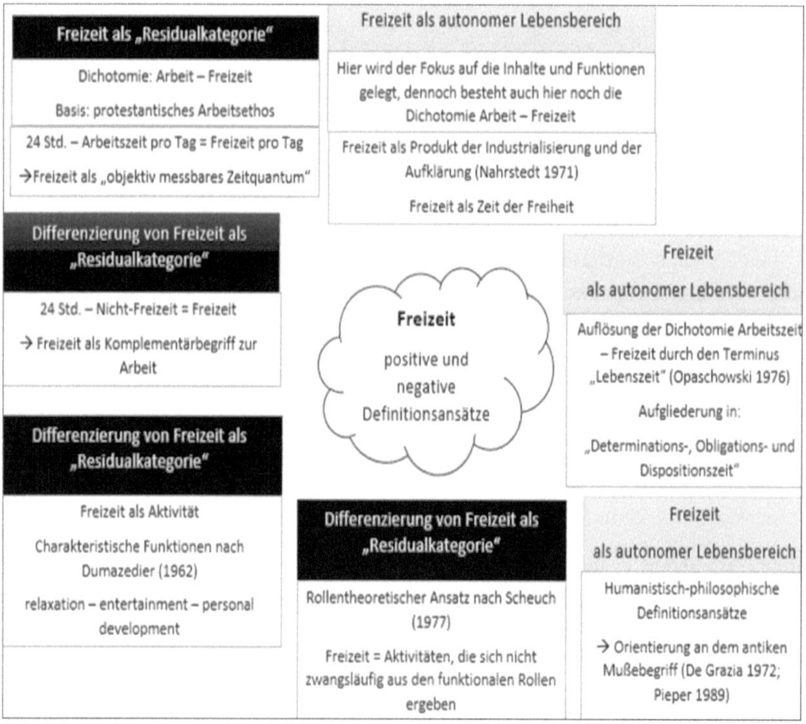

Abb. 2: Definitorische Ansätze zur Freizeit: Von der Residualkategorie zum autonomen Lebensbereich[59] (vgl. Lippl 1995)

58 Lippl 1995, S. 13f.
59 eigene Grafik auf der Basis von: Lippl 1995.

Zunächst wurde **Freizeit negativ als Rest- oder „Residualkategorie“[60] zur Arbeit** definiert, als jene Zeit, die dem Menschen nach der Berufsarbeit verblieb.

24 Stunden - Erwerbsarbeitszeit pro Tag in Stunden = Freizeit am Tag

Bereits im Jahr 1932 findet sich eine „negative“ Freizeitdefinition bei dem Sozialwissenschaftler und Sozialdemokraten Andries Sternheim (1890–1944)[61].

Bekannt wurde Sternheim vor allem durch seine Studie zu den Folgen von Langzeitarbeitslosigkeit, die er mit Marie Lazarsfeld-Jahoda (1907–2001) und Hans Zeisl (1905–1992) durchgeführt und 1933 unter dem Titel „Die Arbeitslosen von Marienthal. Ein soziographischer Versuch über die Wirkungen langdauernder Arbeitslosigkeit. Mit einem Anhang zur Geschichte der Soziographie“ publiziert hat. A. Sternheim wurde 1944 in Auschwitz ermordet.

Andries Sternheim definierte in seinem Aufsatz „Zum Problem der Freizeitgestaltung“ (1932) die Freizeit wie folgt:

> „Als Freizeit wird hier diejenige Zeit betrachtet, welche nach der normalen Arbeitsperiode übrig bleibt. Die Freizeit ist daher als Antipode zu der auf dem normalen Arbeitsplatz verbrachten Zeit gedacht. Ausdrücklich wird bei dieser Begriffsbestimmung von normaler Arbeitsperiode und normalem Arbeitsplatz gesprochen, da die Freizeit auch für zusätzliche Arbeit zur Befriedigung eigener oder fremder Bedürfnisse verwendet werden kann. Weiter bleibt die Freizeit der völlig aus dem Wirtschaftsprozeß Ausgeschiedenen und derjenigen, die noch nicht im Wirtschaftsprozeß tätig sind außer Betracht.“[20]

Nach diesem Verständnis gibt es die Freizeit erst auf der Basis der außerhäuslichen Erwerbsarbeit. Menschen ohne Erwerbstätigkeit, ältere Menschen oder Kinder fallen aus diesem definitorischen Ansatz erst einmal heraus.

Obgleich sich erste Ansätze zur Erforschung der Freizeit mit dem Werk „Die Erholung der Arbeiter außer dem Hause“ von Victor Böhmert (1893)[62] finden lassen, wird Freizeit bzw. der Umgang mit Freizeit erst in den 1920-/30er-Jahren als gesellschaftlich relevanter Problembereich erkannt und vermehrt zum Gegenstand *sozialwissenschaftlicher* Diskussion.

Sowohl die Pädagogik (Fritz Klatt 1929) als auch die Psychologie (Pearl Greenberg 1932) und Sozialwissenschaft (Andries Sternberg 1932) wandten sich

60 vgl. Opaschowski 1976, S. 12; Lippl 1995, S. 15.
61 Sternheim 1932, S. 336f.
62 vgl. Nahrstedt 1990, S. 100.

dem Phänomen „Freizeit" zu. Provokant könnte man die These in den Raum stellen, dass Freizeit – sobald demokratisiert– zum gesellschaftlich relevanten Problembereich wurde.

Festgehalten werden kann an dieser Stelle, dass der Beginn einer wissenschaftlichen Auseinandersetzung mit dem Phänomen „Freizeit" von **negativen Definitionen** ausgeht.

Der Terminus „negative Definition" impliziert aber keine „präjudikative Wertung"[63], sondern nimmt die Arbeit als zentrale Bezugsgröße und grenzt Freizeit als Nicht-Arbeitszeit ab.[64]

Diesen Ansatz führt Bodo Lippl mit der protestantischen Arbeitsethik in Verbindung, durch die es zu einer enormen Aufwertung der Arbeit im menschlichen Lebenslauf kam.[65] (vgl. hierzu noch Kap. 3.1.4)

Hier wird eine rein formale und zeitliche Kategorie als Definitions- und Abgrenzungskriterium herangezogen. Es findet eine **ökonomisch-rechtliche Dichotomisierung** statt, in der Arbeit und Freizeit zwei Kategorien darstellen.

Spätere Forscher[66] haben diesen negativen Definitionsansatz immer weiter präzisiert, da nicht die gesamte Zeit jenseits der bezahlten Erwerbsarbeit als Freizeit betitelt werden kann. Es stellt sich die Frage, ob Freizeit allein als zeitliche Kategorie (verbleibende Zeit neben der Arbeitszeit) oder als inhaltliche Kategorie bzw. „Komplementärzeit"[67] zur Arbeitszeit zu bestimmen ist.

Der französische Soziologe Joffre Dumazedier (1915–2002) verfolgt den Ansatz, Freizeit stärker inhaltlich zu bestimmen. So versucht er, Freizeit von familienbezogenen, religiösen oder politischen Aktivitäten abzugrenzen[68] und wirft die Frage auf, welche Funktion Freizeit für das Subjekt habe. In seinem Werk „Vers une civilisation du loisir?" (1962) spricht Joffre Dumazedier der Freizeit drei übergeordnete Funktionen zu, die als Bestimmungsmerkmal herangezogen werden könnten.[69]

---

63 Lippl 1995; S. 14.
64 vgl. ebd., S. 14.
65 vgl. ebd., S. 15.
66 vgl. Blücher 1974, 29–53; Lippl 1995, S. 15.
67 vgl. Lippl 1995, S. 15.
68 vgl. Murray 2004, S. 188.
69 vgl. Murray 2004, S. 188; Lippl 1995, S. 16.

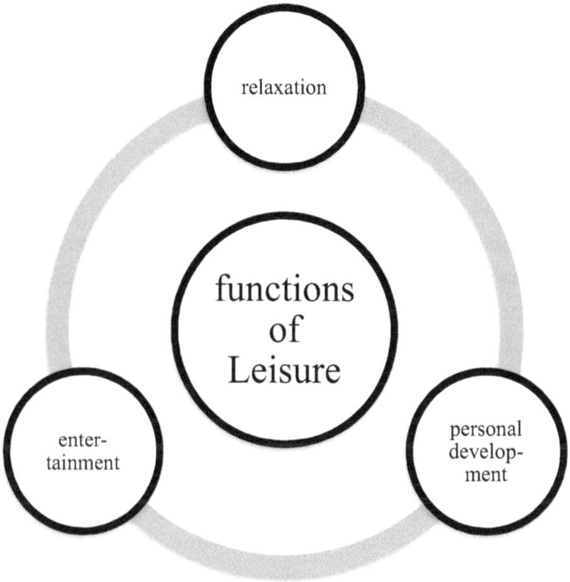

Abb. 3: Charakteristika von Freizeit nach Joffre Dumazedier (1974) (eigene Abbildung)

Bodo Lippl resümiert, dass Joffre Dumazedier (1915–2002) letztlich *Freizeit als Aktivität* charakterisiert, die entweder der Erholung, der Unterhaltung oder der persönlichen Entwicklung dient.[70] Er ordnet die Sichtweise von Joffre Dumazedier noch in den Bereich der negativen Definitionen ein, während Hans-Werner Prahl sie bereits zu den positiven Definitionen zählt.[71] Hieran wird erkennbar, dass es sich letztlich um Kategorien handelt, deren Gehalt durch eine intersubjektive Validierung bestimmt wird.

Als weitere Beispiele für die **Differenzierung negativer Definitionsansätze** rekurriert Bodo Lippl auf Viggo Graf von Blücher[72], der sich mit der Entwicklung der Freizeit befasst hat und als Freizeit eben nicht mehr das gesamte verbleibende Zeitfenster neben der Arbeit betitelte, sondern die Schlafenszeit, die Zeit für die Erledigung der Hausarbeit etc. abzog.[73] Allerdings lässt sich Freizeit

70 vgl. Lippl 1995, S. 16.

71 vgl. Prahl 2002, S. 140; Lippl 1995, S. 16.

72 Blücher 1974, 29–53.

73 vgl. Lippl 1995, S. 15.

demnach weder ausschließlich über die Kategorie der Zeit noch über die des Inhalts- oder der Aktivitätsform bestimmen, wozu Bodo Lippl entsprechende Beispiele anführt.[74]

Auch mittels rollentheoretischer Überlegungen wurde versucht, Freizeit zu definieren. So bestimmte der Soziologe Erwin Scheuch (1928–2003) in seinem Aufsatz zur „Problematik der Freizeit in der Massengesellschaft" (1972)[75] diese nicht allein über die Aktivität. Als Bestimmungsmerkmal zog er hinzu, ob es sich um Aktivitäten handelt, die sich nicht zwangsläufig aus der „funktionalen Rolle" ergeben, in denen sich das Individuum befindet. Als Freizeit werden dementsprechend jene Zeiträume bezeichnet, in denen das Individuum Aktivitäten ausübt, die nicht an seine soziale Rolle gebunden sind: *„(...) Freizeit sind Tätigkeiten, die sich nicht notwendig aus den funktionalen Rollen ergeben."*[76]

Die Freiheit vom Rollenzwang kann hier als ein neues Bestimmungsmerkmal betrachtet werden, wobei einem bewusst sein muss, dass das Individuum seine sozialen Rollen interpretiert und ausgestaltet. Dennoch gelang es Erwin Scheuch, die Einstellungen und die individuelle Motivation zu berücksichtigen.[77]

Bodo Lippl skizziert somit die Differenzierung und Entwicklung negativer Definitionsansätze anhand von vier Personen und deren Definitionen. Jenseits einer rein quantitativen Erfassung der verbleibenden freien Zeit neben der Erwerbsarbeit werden zunehmend qualitative/inhaltliche Bestimmungsmerkmale bedeutsam. Gerade bei Joffre Dumazedier scheint die Grenze zu positiven Definitionsansätzen fließend. Hier wird der Freizeit ein höherer Stellenwert beigemessen und zunehmend als eigenständiger Lebensbereich betrachtet.

In den 1960/70er-Jahren wurde Freizeit vermehrt aus (sozial- und entwicklungs-)psycho-logischer Perspektive betrachtet. Welche Zusammenhänge sich zwischen dem Freizeitverhalten, der Persönlichkeitsstruktur und dem Freizeiterleben entdecken lassen, spürten z.B. Hans Thomae (1960), Reinhard Schmitz-Scherzer (1974) oder auch Walter Tokarski (1979) nach.

Die Subjektivität von Freizeit rückt in den Mittelpunkt, so definiert Wolfgang Nahrstedt (1972) Freizeit als „eine Zeit größtmöglicher individueller Freiheit"[78]. Das Determinans *frei* – im Sinne von Freiheit zu etwas – bestimmt die Sichtweise.

---

74 vgl. ebd., S. 15.

75 Scheuch 1972, S. 31; vgl. Lippl 1995; S. 16.

76 Scheuch 1972, S. 31; zit. nach Lippl 1995; S. 16.

77 vgl. Lippl 1995, S. 16.

78 Nahrstedt 1972, S. 60.

Wolfgang Nahrstedt führt die Entstehung der Freizeit eben nicht nur auf die Industrialisierung zurück, sondern stellt sie in den Kontext der Aufklärung.[79] Dabei begreift er die Reformation als Wegbereiter der Freizeit, die aber erst durch die Aufklärung und ein neues Selbst- und Bildungsverständnis aufkam.[80]

> „In der Literatur herrscht die Meinung vor, daß die moderne Freizeit erst als Folge der Industrialisierung entstanden sei. Tatsächlich jedoch ist die Freizeit zumindest in Deutschland durch den neuen Freiheitsbegriff der Aufklärung *und* durch die Industrialisierung gemeinsam geschaffen worden."[81]

Es wird an diesem Versuch bereits evident, dass eine rein dichotome Bestimmung fragwürdig erscheint. Auch die Bemühungen, Theorien zur historischen Entwicklung aufzustellen, verbleiben aus Sicht von Florian Carius und Björn Gernig fragwürdig, da hier immer nur selektiv auf einzelne Protagonisten rekurriert wird und Textstellen/Aussagen überinterpretiert werden.[82] Diesem Vorwurf muss sich jeder Versuch einer Historiografie stellen. Zugleich sind die Definitionsversuche von Freizeit stets im historischen Kontext zu sehen.

So stellt der Pädagoge Erich Weber (1927–2016) in seinem Werk „Das Freizeitproblem. Anthropologisch-pädagogische Untersuchung" (1963) die Bedeutsamkeit der Freizeit für ein sinnerfülltes Leben heraus und betont den Moment der Selbstbestimmung als Charakteristikum der Freizeit.

> „'Freizeit' läßt sich zusammenfassend als der Inbegriff derjenigen Zeitspannen eines individuellen Lebenslaufes bestimmen, in denen sich die Person frei von Fremdbestimmung – vor allem in der Form der Erwerbsarbeit – erlebt und dadurch frei wird für die sinnvolle Erfüllung dieser Zeiten, so daß eine wahrhaft menschliche Lebensführung möglich wird."[83]

Die Pole Fremdbestimmung und Selbstbestimmung werden bereits bei Erich Weber zum Definitionskriterium von Freizeit, wobei zu erahnen ist, dass die Erwerbsarbeit mit Fremdbestimmung assoziiert ist. Auch dieses Kriterium erscheint fraglich, denn auch außerhalb der Erwerbstätigkeit kann ich – selbstbestimmt – auf einen Teil meiner Autonomie verzichten, wenn ich z.B. regelmäßig in einem Fußballverein trainiere. Sowohl an die Trainingszeiten als auch an die Spielregeln und Anweisungen des Trainers muss ich mich halten. Im

---

79 vgl. Carius/Gernig 2010, S. 21; Lippl 1995, S. 30.
80 vgl. Nahrstedt 1972, S. 62; Carius/Gernig 2010, S. 21.
81 Nahrstedt 1970, S. 46.
82 vgl. Carius/Gernig 2010, S. 21.
83 Weber 1963, S. 15, zit. nach Lippl 1995, S. 18.

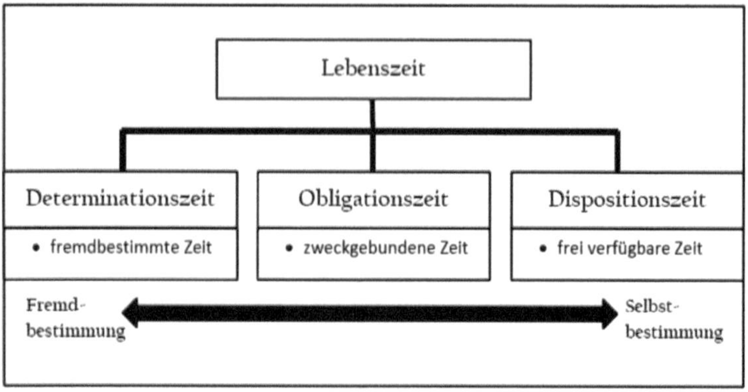

Abb. 4: Zeitformale Tätigkeitskategorisierung nach dem Lebenszeitmodell Opaschowskis (eigene Grafik, leicht modifiziert nach Markowetz)[87]

umgekehrten Fall kann ich bei meiner Erwerbstätigkeit über ein hohes Maß an Selbstbestimmung verfügen, und meine berufliche Arbeit kann als sinnvolle Tätigkeit erlebt werden.

Dieser Problematik ist sich Horst Opaschowski bewusst und versucht, eine alternative Definition von Freizeit anzubieten.[84] Horst Opaschowski[85] propagiert dabei sehr stark einen **positiven Freizeitbegriff**, der sich nicht aus der Dichotomie Arbeitszeit – Freizeit ableiten soll, sondern er führt den **Begriff der Lebenszeit als übergeordnete Kategorie** ein und unterscheidet dann Zeitverwendung gemäß den Graden der Selbstbestimmung. Bezugspunkt ist somit das Subjekt.

Von Horst Opaschowski stammt auch die Einteilung der Lebenszeit in:

(a) Obligationszeit
(b) Determinationszeit
(c) Dispositionszeit[86]

Horst Opaschowski favorisiert den Begriff der „freien Zeit". Diese sieht er durch den hohen Grad an Dispositionsfreiheit, die ein hohes Maß an

84 vgl. Carius/Gernig 2010, S. 28.
85 Opaschowski 1976, S. 106ff.
86 vgl. Opaschowski 1987, S. 86.
87 Markowetz 2000, S. 11; Markowetz 2012, S. 4. URL (2019); vgl. Freericks/Hartmann/Stecker 2010, S. 25.

individueller Entscheidungsfreiheit, Wahl- und Handlungsmöglichkeiten impliziert, bestimmt.[88]

Nach seinem Modell würde Freizeit in der Regel mit der Dispositionszeit, Erwerbsarbeit mit der Determinationszeit und alltägliche Notwendigkeiten oder Verpflichtungen mit der Obligationszeit landläufig assoziiert werden.

Diese Kategorisierung mag auf den ersten Blick plausibel erscheinen, kann aber bei genauerer Betrachtung nur bedingt standhalten. So wird z.B. leicht übersehen, dass die Übergänge zwischen der Determinations-, Obligations- und Dispositionszeit fließend sein können und letztlich die Motivation und das Erleben des Individuums in der konkreten Situation die Zuordnung bestimmt.[89]

Eine kritische Rezeption findet sich bei Florian Carius und Björn Gernig. Hier wird sowohl die unzureichende Weiterentwicklung des Lebenszeitmodells beklagt als auch auf Unschärfen im Konzept der Dispositionszeit verwiesen und eine unzulässige Verkürzung der Selbstverwirklichung auf die freie Zeit.[90]

Bodo Lippl verweist noch auf Ansätze von Sebastian de Grazia (1917–2000)[91] und Josef Pieper (1904–1997)[92], die er, Heinz-Günter Vester (*1955)[93] folgend, zu den humanistisch orientierten Modellen zählt. Hier wird an dem Muße-Begriff der Antike und der Idee der Kontemplation angesetzt und die philosophische Frage eines guten Lebens verfolgt. Bodo Lippl wirft als Kritikpunkt die Transferfrage in die Gegenwart auf und das Problem der Normativität bzw. Wertbeladenheit.[94] Dem ist entgegenzuhalten, dass die normative Problematik auch heute besteht. Allerdings wird dies wenig thematisiert.

Diese Darstellung kann nicht den Anspruch der Vollständigkeit erheben, vielmehr gibt sie einen Einblick in den Diskurs und die Schwierigkeiten, eine angemessene allgemeine Definition von Freizeit zu finden. Es ist deutlich geworden, dass die Definitionen in engem Zusammenhang mit dem historischen Verständnis von Freizeit stehen und dem aktuellen Phänomen „Freizeit" gerecht werden müssen.

---

88 vgl. Carius/Gernig 2010, S. 27.

89 vgl. Opaschowski 1990, S. 87f.

90 vgl. Carius/Gernig 2010, S. 27ff.

91 De Grazia, S.: Der Begriff der Muße. In: Scheuch, E.K./Meyersohn, R. (Hrsg.): Soziologie der Freizeit. Kiepenheuer & Witsch, Köln 1972.

92 Pieper, J. (1965). Muße und Kult (7. Auflage). München: Kösel.

93 Vester, H.-G. (1988). Zeitalter der Freizeit. Eine soziologische Bestandsaufnahme. Darmstadt: Wiss. Buchgesellschaft.

94 vgl. Lippl 1995, S. 20.

Freizeit wird von den Vertretern positiver Definitionsansätze zum eigenwertigen Lebensbereich erhoben und erfährt eine Aufwertung. Viele Menschen verbinden mit dem Freizeitbegriff positive Assoziationen.

Dass Freizeit auch heute ein gesellschaftliches Phänomen darstellt, indem sich durchaus auch Probleme abzeichnen, zeigt sich u.a. daran, dass Freizeit sogar in der Kriminologie ein Thema ist. In seinem Werk „Kriminologie: eine praxisorientierte Einführung mit Beispielen“ (2011) widmet sich Hans Dieter Schwind (*1936) dem Phänomen „Freizeit“. Zugleich konstatiert er, dass es in der Kriminologie relativ wenige empirische Studien zum Freizeitbereich gibt.[95]

2.2 Naive und kritische Aspekte einer Freizeitpädagogik

Das eigene Verständnis von Freizeit und die zugleich mitschwingenden Assoziationen zu generalisieren, entspräche sicherlich einem naiven Verständnis von Freizeitpädagogik. Ebenso verkürzt wäre die unkritische Übernahme jener Positionen zur Freizeit, wie sie in aktuellen Werken dargestellt wird. Das eigene kritische Denken bleibt bei deskriptiven Darstellungen vielfach außen vor, Definitionen werden absolut gesetzt und die eigene Verwobenheit in den gegenwärtigen Diskurs wird nicht erkannt. Auch wäre es naiv, die historischen Kontexte auszublenden oder gegenwärtige Entwürfe absolut zu setzen.

Ein Mangel an kritisch-reflexivem Denken bedingt leicht, dass Vereinnahmungstendenzen nicht erkannt werden, und es eine sehr starke Tendenz gibt, auf den direkten Nutzen und die Verwertungsmöglichkeiten zu schauen. Nicht selten kommt bei Pädagogikstudenten der Wunsch auf, eine Art „Rezeptologie“ an die Hand zu bekommen und eine Theorievermittlung derart zu erfahren, dass eine unmittelbare Umsetzung in der Praxis erfolgen kann. Der Wunsch nach einem direkten praktischen Nutzen der Auseinandersetzung mit Theorie besteht sicherlich, verbunden mit der Intention, durch konkrete Handlungsempfehlungen Zeit und Kraft zu sparen, wenn man in der Praxis steht.

Bei dem Thema „Freizeit“ sieht es diesbezüglich nicht anders aus, jedoch kommt hier noch stärker die Frage der Wirtschaftlichkeit hinzu, d.h. inwiefern sich hier lukrative Berufsmöglichkeiten und neue Berufszweige ergeben könnten. Dies führt vielfach zu einer verkürzten Sicht auf Freizeit, die so einer zunehmenden Kommerzialisierung preisgegeben wird und Gefahr läuft, ideologisch vereinnahmt oder zumindest auf konkrete Handlungsfelder reduziert zu werden.

95 vgl. Schwind 2011, S. 280.

Grundsätzlich wäre hier der Theorie-Praxis-Zusammenhang kritisch zu reflektieren. Dabei wird deutlich, dass die Annahme, Theorie ließe sich unmittelbar in die Praxis übersetzen, eine naive Lesart (freizeit-)pädagogischer Theorie ist.

Karl-Heinz Dammer[96] diskutiert das Theorie-Praxis-Verhältnis unter einer kritischen, historisch-philosophischen Perspektive. Er rekurriert hierzu auf den griechischen Begriff der θεωρία – theoría nach Aristoteles (384 v.Chr.–322 v. Chr.).

Aristoteles differenziert zwischen den praktischen und den theoretischen Wissenschaften.[97] Theoria meint im Griechischen die „Gottesschau"[98], es geht um das Schauen des Ewigen und Wahren. Wissenschaft und Praxis waren somit getrennte Bereiche nach aristotelischem Verständnis.[99] (vgl. hierzu Kap. 3.1.2)

Der Theologe Thomas Böhm (*1964) beschreibt diesen Umstand wie folgt:

> „Theoretisch ist nämlich im aristotelischen Sinne diejenige Wissenschaft und diejenige Betrachtung der Dinge, die nicht Mittel zu etwas anderem ist, sondern allein um ihrer selbst willen besteht, d.h. sie ist ein Wissen um des Wissens willen. Damit ruht sie nicht auf Notwendigkeiten des Lebensvollzugs. Voraussetzung der θεωρία ist die Muße, die sich gegen ein ständiges Sich-Verlieren an das Mannigfache richtet. Denkendes Betrachten ist um seiner selbst willen, das heißt, es sucht nichts außerhalb seiner selbst und ist folglich auch frei: In sich seiend ist es nur um seiner selbst willen."[100]

Bereits hier wird eine Distanz zur Praxis erkennbar, die die Voraussetzung der Theorie bildet. Ohne Distanz und eine Beobachterperspektive, mit der sich die Freisetzung vom direkten Handlungszwang verbindet, wäre keine theoretische Erkenntnis möglich. Karl-Heinz Dammer verdeutlicht dies an der Anekdote zu Thales von Milet (um 750 v. Chr.), der ein freier Bürger der griechischen Polis war[101]: Thales von Milet wandelt meditierend – den Blick auf den Himmel gerichtet – in seiner Heimatstadt umher und stolpert in eine Grube, woraufhin er von einer Magd ausgelacht wird.

---

96 vgl. Dammer, K.-H.: Das Theorie-Praxis-Verhältnis in der Pädagogik oder: Warum Theorie gesundheitsförderlich sein kann. (Vorlesungsskript zum Proseminar „Einführung in ausgewählte Fragestellungen der Erziehungswissenschaft WS 2010/11 an der Pädagogischen Hochschule Heidelberg).

97 vgl. Böhm 1996, S. 84.

98 vgl. Dammer 2010, S. 4.

99 vgl. ebd., S. 5.

100 Böhm 1996, 84–85.

101 vgl. Dammer 2010, S. 4.

Dies versinnbildlicht, dass das theoretische Schauen nicht automatisch den Menschen zum praktischen Handeln befähigt. Dennoch wurde die θεωρία in der griechischen Polis hochgeschätzt und nur den freien Bürgern, die aus dem täglichen Arbeitsprozess freigesetzt waren, kam die Muße zur Theoria zu.

Für den Erziehungswissenschaftler Karl-Heinz Dammer (*1959) ist diese Freistellung aus dem Arbeitszusammenhang ein Privileg, das bereits auf die unterschiedlichen Ebenen von Theorie und Praxis verweist, darauf, dass „die Theorie als Reflexionsinstanz der Praxis verpflichtet ist“[102], aber zugleich die Distanz voraussetzt und weder die Praxis ein Mitspracherecht bei der Theorie habe, noch der Theoretiker direkten Einfluss darauf habe, „wie Praktiker im Rahmen ihrer Handlungsmöglichkeiten, Handlungslogiken, Normen und Zielsetzungen sich welche theoretischen Erkenntnisse nutzbar machen“[103].

Dieses antike Verständnis zum Theorie-Praxis-Verhältnis wandelte sich in der Neuzeit: Wissenschaft wurde als Werkzeug zur Gestaltung und Veränderung der Natur und der gesellschaftlichen Verhältnisse begriffen. Die rationale Einsicht in die Gesetzmäßigkeiten der Welt sollte diese beherrschbar machen.

Dieses neue Wissenschaftsverständnis findet sich bei dem englischen Philosophen Francis Bacon (1561–1626) in seinem Werk „Novum Organon“ (1620), das auch dem Theologen und Pädagogen Johann Amos Comenius (1592–1670) bekannt war und dessen Denken beeinflusst hat. Das Credo „Wissen ist Macht“ dürfte heute den meisten bekannt sein, weniger geläufig ist, dass sich diese Idee bis auf Francis Bacon zurückführen lässt.[104] Der französische Philosoph, Naturwissenschaftler und Mathematiker René Descartes (1596–1650) verfasste den, in seinen Essays 1637 veröffentlichten, „Discours de la méthode pour bien conduire sa raison et chercher la vérité dans les sciences“, in dem er die „more geometrico“ – als Heilsweg der Erkenntnis preist.[105]

Der Fortschrittoptimismus wird spürbar und die Hoffnung wächst, mit theoretischen Einsichten und der Wissenschaft die Welt zu beherrschen und zu verändern. Der menschlichen Vernunft kam hierbei eine Schlüsselstellung zu, womit Bildung zu einem wesentlichen Moment der Weltverbesserung und der Sicherung von Frieden zugesprochen wird. Theorie sollte nach diesem Verständnis die Praxis anleiten und verbessern. Eine technologische Machbarkeitsutopie

---

102 ebd., S. 4.
103 ebd., S. 5.
104 vgl. ebd., S. 6.
105 vgl. Dammer 2010, S. 6.

und ein Fortschrittsoptimismus kam auf, der spätestens seit der „Aufklärung der Aufklärung" gedämpft wurde.

Auch heute besteht bei Berufsanfängern und Laien, aber auch Praktikern die sich als Wissenschaftler sehen möchten, vielfach das Wunschbild, praktische Erfahrungen verallgemeinern und als Erfahrungswissen tradieren zu können oder aus den theoretischen Erkenntnissen direkte Handlungsanleitungen für die Praxis ableiten zu können. Es wird nach Gewissheit, einfacher Orientierung und Sicherheit gesucht, die das Handeln legitimiert.

Auch die empirische Unterrichtsforschung mag zu solcher verkürzten Sicht verleiten und die moderne Hirnforschung führt gegenwärtig zu einer Renaissance des bereits im 19. Jahrhundert geführten Diskurses zum Theorie-Praxis-Verhältnis.[106]

Doch spätestens seit der Studie des amerikanischen Soziologen Robert Dreeben[107], der sich mit den verborgenen, nicht intendierten Lerneffekten der Institution Schule befasste, hat der Terminus „Technologiedefizit" Einzug in den pädagogischen Diskurs gehalten.[108] Kaum ein Erziehungswissenschaftler – auch kein Empiriker – wagt es heute noch von linearen Kausalzusammenhängen zu sprechen. Diesen Machbarkeitsmythos zu brechen, half nicht zuletzt die systemtheoretische Perspektive, wie sie von Niklas Luhmann (1927–1998) in den Diskurs eingebracht wurde. Niklas Luhmann und Karl-Eberhard Schorr[109] betonen bereits Ende der 1970er-Jahre, dass Unterricht „in eigentümlicher Weise autonom sei".[110]

Dabei ist heute hinlänglich bekannt, dass Erziehung oder Bildung nicht technologisch herstellbar ist, sondern zahlreiche Variablen eine Rolle spielen, die auch die empirische Unterrichtsforschung letztlich kaum alle gleichzeitig sinnvoll zu erfassen vermag.[111] Der Mensch als frei denkendes Subjekt und als Person verfügt über Autonomie und eine biografische Geschichtlichkeit – und infolge dessen über die ‚Freiheit zur Stellungnahme', wie es in Anlehnung an

---

106 vgl. Hollstein 2011, S. 53.

107 vgl. weiterführend: Dreeben, R. (1968). On What Is Learned in School. Massachusetts: Addison-Wesley. Publishing Company; Dreeben, R. (1980). Was wir in der Schule lernen. Frankfurt: Suhrkamp.

108 vgl. Dammer 2010, S. 14.

109 Luhmann, N./Schorr, K.-E. (1979). Reflexionsprobleme im Erziehungssystem. Stuttgart: Klett-Cotta.

110 Dammer 2010, S. 15.

111 vgl. Dammer 2010, Radtke 2003, S. 125; Weinert 1989, S. 210.

den Psychiater und Begründer der Logotherapie Viktor E. Frankl (1905–1997) heißen könnte.[112]

Es geht bei diesem Diskurs letztlich um nichts weniger als um die Frage, ob der Mensch dem Determinismus (seiner Gene, neurochemischer Prozesse[113] usw.) unterliegt oder über die Freiheit zur Selbstbestimmung verfügt.[114]

Auf der anderen Seite sollte nicht der Fehler begangen werden, in „Revier- und Kompetenzkämpfen", die eingebettet sind in Macht- und Wirtschaftsdiskurse, den produktiven Austausch und den Beitrag zum kritischen Diskurs der Erkenntnisse aus den Augen zu verlieren. Sowohl moderne Bildungsforschung als auch die Bio- und vor allem Neurowissenschaften bringen durchaus wertvolle Erkenntnisse ein, die die Erziehungswissenschaft aber durchaus nicht obsolet macht, sondern vielleicht sogar wichtiger denn je.

So thematisiert Frank-Olav Radtke, dass die PISA-Studien – initiiert durch die OECD – zwar einen kritischen Diskurs über die Leistungsfähigkeit der jeweiligen Bildungssysteme angeregt haben, aber eine grundsätzliche Frage meist ausgeblendet wird:

> „Die Diskussion der normativen Frage, ob die nachhaltige Ökonomisierung und Technologisierung der Erziehung aus der Sicht des Gemeinwesens wie des Einzelnen wünschbar sind, ob wir also so regiert werden wollen, hat bisher im Bildungssektor noch nicht begonnen."[115]

Somit wird hier durchaus eine ideologiekritische Perspektive eingefordert, die den aktuellen Diskurs von einer Metaebene aus reflektiert. Dies muss nicht normativ im Sinne der Präskription sein, aber die zugrunde liegenden Normen sichtbar und damit diskutierbar machen.

Der Wissenschaftshistoriker Fritz Ringer (1934–2006) spürt in seinem Werk „Die Gelehrten. Der Niedergang der deutschen Mandarine" (1983) der Wirkmacht der Geisteswissenschaftlichen Pädagogik in der Weimarer Zeit nach und sah ihren Erfolg durchaus auch in der kultur- und modernisierungskritischen Haltung, die antidemokratischen Affekten Resonanz verschaffte.[116]

In Auseinandersetzung mit Fritz Ringer differenziert Annette M. Stroß zwei Analyse-Ebenen, um zu einer kritischen Sichtweise zu gelangen[117]:

---

112 vgl. Purjo 2012, S. 128.
113 vgl. u.a. Roth 2004, Singer 2003.
114 vgl. Scheunpflug 2007, S. 97.
115 Radtke 2003, S. 111.
116 vgl. Thiel 2006, S. 82.
117 Stroß 2009, S. 31.

(a) Die Frage, welchen Geltungsanspruch die Wissenschaftler/Autoren ihren Aussagen und Theorien beimessen, d.h. welchen Wahrheitsanspruch und Grad an überzeitlicher Gültigkeit sie erheben. Um diesen zu bestimmen, ist eine *„Textanalyse“*[118] notwendig, die die Suche nach textimmanenten Argumenten für eine Relativierung oder Generalisierung von Aussagen impliziert.
(b) Welchen Geltungsanspruch wird dem Gelesenen aus aktueller Perspektive beigemessen? Hierzu ist eine *„Sozialanalyse“*[119] notwendig, die den Kontext genauer betrachtet und die Stellung der Wissenschaftler im „sozialen Raum“, d.h. auch in der Scientific Community.

Eine kritische Perspektive auf die Freizeitpädagogik erfordert somit die Distanz und eine Beobachterperspektive und muss die Grenzen der jeweiligen Aussagen und Konzepte reflektieren helfen. Dazu ist auch ein Blick in die Rezeptionsgeschichte unerlässlich und in die Art und Weise, wie mit den Ideen und Autoren verfahren wird.

Exemplarisch kann auf zwei Vordenker eines reflexiven Habitus aus der Historie verwiesen werden:

Ein durchaus kritischer Blick auf die Freizeitbildung kann bereits Fritz Klatt (1888–1945), einem Pionier der Freizeitpädagogik, zugesprochen werden, der darauf hinweist, dass jede von ihm gestaltete Freizeit in dem Volkshochschulheim Prerow unterschiedlich verlief. Dabei vermeidet er eine starre, methodische Konzeption von Freizeitpädagogik.

Bereits Johann Friedrich Herbart (1776–1841) sah die Theorie („Wissenschaft“) als wichtige Voraussetzung für den Aufbau professioneller Handlungskompetenz an, unterschied aber klar zwischen Theorie und Praxis und maß dem von jedem Erzieher auszubildenden „pädagogischen Takt“ die („unwillkürliche“) (Brücken-)Funktion zwischen Theorie und Praxis zu.[120]

Eine kritische Erziehungswissenschaft sollte somit den Reflexionsprozess unterstützen und alternative Deutungshorizonte einschließen.

Naive Lesarten erstrecken sich in der reinen Deskription von dem Phänomen „Freizeit“ und der anschließenden Nutzbarmachung der Trends für die Schaffung neuer adressatenbezogener Angebote, eventuell zur Erschließung neuer Wirtschafts- und Arbeitsmärkte. Andere Bezugswissenschaften nehmen

118 ebd., S. 31.
119 ebd., S. 31.
120 siehe weiterführend: Manen 1995, S. 68f.

die deskriptiven Aussagen zum Freizeitverhalten und suchen nach praktischen Verwertungsmöglichkeiten.

Obgleich Horst Opaschowski sicherlich als „Klassiker" der Freizeitpädagogik bezeichnet werden kann, sieht Jürgen Wolff aus theologischer Perspektive die enge Verbindung der Freizeitpädagogik und Zukunftsforschung sehr kritisch. Er beklagt die Schnelllebigkeit der Freizeit- und Tourismusindustrie, Defizite in seinem freizeitkulturellen Bildungsbegriff und, dass Opaschowskis „Animative Didaktik" letztlich keine Didaktik sei, sondern nur eine Aufzählung partizipativer Methoden, die nicht neu seien.[121]

Der Zuwachs an Freizeit und an Freizeitangeboten wird vielfach als Steigerung der Lebensqualität betrachtet. Gerade *naive* Lesarten verstellen den Blick auf mögliche negative Implikationen, die eine Ausweitung der Freizeit mit sich bringen kann. Freizeit wird in erster Linie positiv assoziiert und der mögliche Preis jener gewonnenen Freizeit bleibt ausgeblendet. (vgl. Kap. 3).

2.3 Kritischer Diskurs zur Disziplingeschichte

Grundsätzlich ist anzumerken, dass es keinen Konsens darüber gibt, wann die wissenschaftliche Beschäftigung mit dem Thema „Freizeit" begann[122], ebenso wenig wie es eine einheitliche Definition von Freizeit gibt.[123] Freizeit erscheint somit als schillerndes Konstrukt, mit pädagogischen, ethischen, kommerziellen, politischen, soziologischen u.a. Dimensionen.[124] Nicht viel besser ist es um die Frage bestellt, welche Position der Freizeitpädagogik zukommt. Ist sie eine Teildisziplin der Erziehungswissenschaft? Eine eigenständige Subdisziplin? Oder ein Teilbereich der Freizeitwissenschaft?

Wolfgang Nahrstedt betrachtet 1978 die Freizeitpädagogik ebenso wie die Erwachsenenbildung und Sozialpädagogik als Teildisziplin der Erziehungswissenschaft, die sich „im Verlauf des Übergangs in die nachindustrielle, stärker freizeitorientierte Gesellschaft" formiert hat.[125]

Dieter Lenzen hat in seinem Strukturmodell der Erziehungswissenschaft eine Systematik visualisiert und weist hier der Freizeitpädagogik die Position einer Fachrichtung zu:

---

121 vgl. Wolff 2005, S. 247.
122 vgl. Carius/Gernig 2010, S. 47.
123 vgl. Lippl 1995, S. 11ff.; weiterführend hierzu: Nahrstedt 1990, S. 43ff.
124 weiterführend hierzu: Nahrstedt 1990, S. 43ff.
125 Nahrstedt 1979, S. 13.

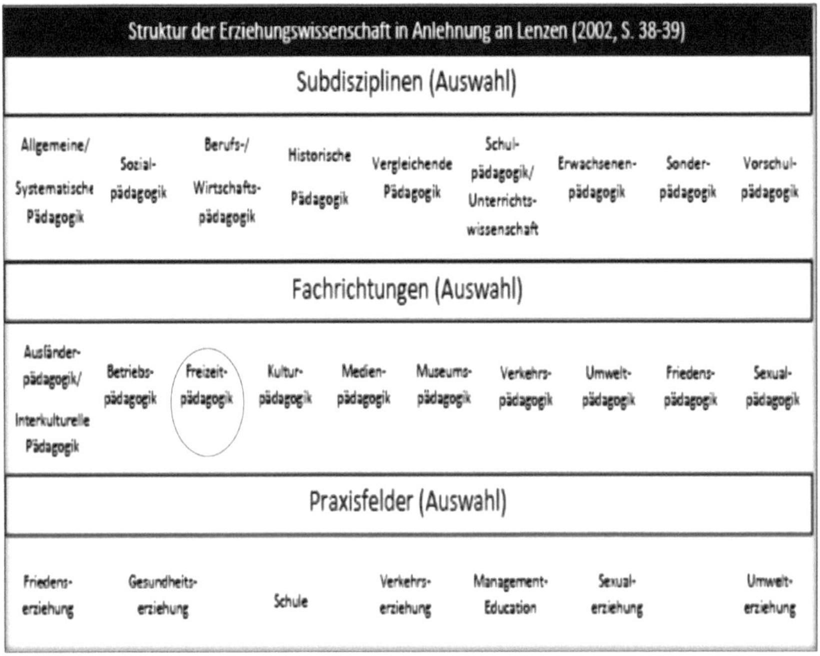

Abb. 5: Freizeitpädagogik als Fachrichtung der Erziehungswissenschaft, eingekreist durch M. Möller[126]

Winfried Noack (2001) gibt angehenden Sozialpädagogen einen Überblick über die *sozialpädagogischen Berufsfelder*. Dabei zählt er die Freizeit- und Erlebnispädagogik zu einem Berufsfeld der Sozialpädagogik.[127]

Hans Rüdiger bezweifelte im Jahre 1973 noch, dass – gerade auch vonseiten der Pädagogen selbst – Freizeitpädagogik als Teildisziplin der Erziehungswissenschaft ‚unumstritten' anerkannt sei.[128] Anders sah es Horst Opaschowski: Im Jahr 1976 proklamiert er[129], dass die Freizeitpädagogik eine *selbstständige* Disziplin zwischen Erziehungswissenschaft und Freizeitwissenschaft sei.

---

126 vgl. Lenzen 2002, S. 38–39.

127 vgl. Noack, W. (2001). Sozialpädagogik. Ein Lehrbuch. Freiburg: Lambertus; vgl. Schilling/Zeller 2012, S. 243.

128 Rüdiger 1973, S. 133.

129 Opaschowski, H. (1976). Pädagogik der Freizeit. Grundlegung für Wissenschaft und Praxis. Bad Heilbrunn/Obb: Klinkhardt.

Darüber hinaus bereichert Horst Opaschowski (1994, S. 442f.)[130] den Diskurs durch eine Wortneuschöpfung: Freizeitwissenschaft sei eine „Spektrumswissenschaft". Damit gebraucht er zur Umschreibung der Funktion der Freizeitwissenschaft das Bild, dass diese das Licht (den Forschungsgegenstand) wie ein Prisma in einzelne Spektralfarben breche (Analyse) und wie mittels eines Brennglases wieder vereine (Synthese).[131] Freizeitwissenschaft wird hier als Querschnitts- und Integrationswissenschaft begriffen.

Wissenschaftstheoretisch bestimmt Opaschowski (2003)[132] die Position der Pädagogik der Freizeit wie folgt:

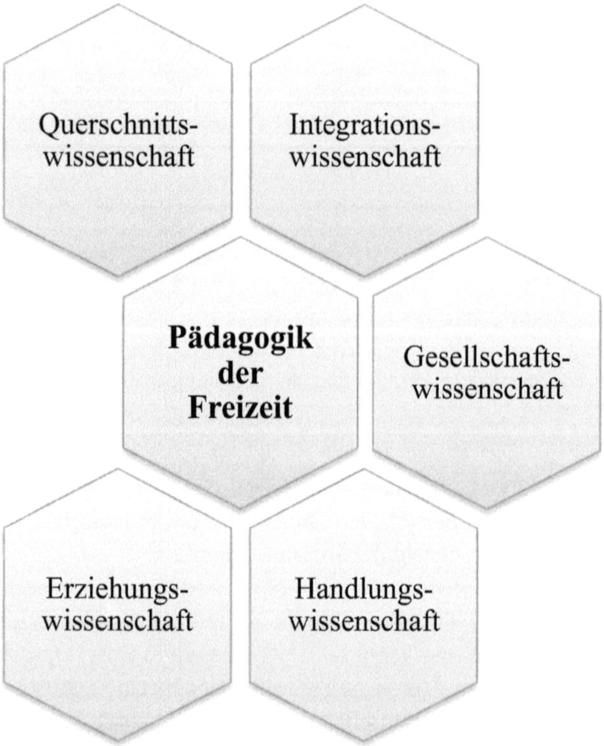

Abb. 6: Teilaspekte einer Pädagogik der Freizeit (vgl. Opaschowski 2003, S. 15)

130 Opaschowski 1994, S. 442f.
131 vgl. auch Carius/Gernig 2011, S. 134.
132 Opaschowski 2003, S. 15.

Horst Opaschowski bezeichnet die Freizeitpädagogik als eine ‚Querschnittswissenschaft', da sie sich über unterschiedliche Bereiche erstreckt.[133] So spielen freizeitpädagogische Aspekte durchaus eine Rolle in der Sozialpädagogik, aber ebenso in der Gerontopädagogik oder auch in der Rehabilitation.

Aufgrund ihrer Interdisziplinarität ist die Freizeitpädagogik auch als ‚Integrationswissenschaft' zu bezeichnen, da sie – wie die Erziehungswissenschaft auch – auf unterschiedliche Bezugsdisziplinen rekurriert: Soziologie, Psychologie, Ökonomie, Ökologie, Politik…[134]

Als ‚Handlungswissenschaft' betrachtet Horst Opaschowski die Freizeitpädagogik, da er ihr die Aufgabe einer gesellschaftskritischen Reflexion zuweist.[135] Als Handlungswissenschaft kann die Freizeitpädagogik verstanden werden, da sie „Handlungsstrategien zur Verbesserung der Lebensbedingungen"[136] entwirft.

Teil der Erziehungswissenschaft ist sie, da es um die Erweiterung des persönlichen und gesellschaftlichen Möglichkeitsraumes und um den Entwurf entsprechender didaktischer und methodischer Settings geht.[137]

Renate Freericks, Rainer Hartmann und Bernd Stecker[138] wie auch Johannes Fromme[139] betrachten die Freizeitpädagogik nach wie vor als Teildisziplin der Erziehungswissenschaft, d.h. als eine „Spezialisierungsrichtung innerhalb einer plural gedachten Erziehungswissenschaft"[140].

Wolfgang Nahrstedt[141] differenzierte vier Phasen in der Entwicklung der Freizeitpädagogik seit der Nachkriegszeit, auf die sich Renate Freericks, Rainer Hartmann und Bernd Stecker in ihrem Handbuch „Freizeitwissenschaft"[142] beziehen:

1. Phase: „Progressive Freizeitpädagogik (1945–1966)"
2. Phase: „Emanzipatorische Freizeitpädagogik (1967–1979)"
3. Phase: „Innovatorische Freizeitpädagogik (seit 1980)"
4. Phase: „Postmoderne Freizeitpädagogik als Perspektive?"[143]

133 vgl. Opaschowski 1990, S. 153.
134 vgl. ebd.
135 vgl. ebd.
136 ebd.
137 vgl. ebd.
138 Freericks/Hartmann/Stecker 2010.
139 Fromme 2001, S. 610.
140 ebd. S. 610; Freericks/Hartmann/Stecker 2010, S. 27.
141 vgl. Nahrstedt 1990, S. 108ff.
142 vgl. Freericks/Hartmann/Stecker 2010, S. 28.
143 Freericks/Hartmann/Stecker 2010, S. 28.

War die progressive Phase durch den Wiederaufbau und das Wirtschaftswunder und Freizeit vielfach im Sinne der Erholung geprägt, so traten in der emanzipatorischen Phase insbesondere politische Themen – vor allem der mündige Bürger – in den Vordergrund. In der innovativen Phase wurden freizeitkulturelle Lebensstile aktualisiert. Die Phase der Postmoderne muss sich der Herausforderung der Globalisierung und Pluralisierung stellen, durch die sich auch neue Aufgaben für die Freizeitpädagogik abzeichnen.[144]

Axel Scheftschik (re-)konstruiert folgende Phaseneinteilung in der Genese der Freizeitpädagogik, wobei er im Unterschied zu Nahrstedt weniger die Funktionen als die Disziplinentwicklung im Blick hat.

Phasenzeit	Wesentliche Phasenmerkmale	Wichtige Vertreter
1960er-Jahre	Abgrenzung der Freizeitpädagogik von anderen Pädagogiken	Weber, Pöggeler, Giesecke
1970–1990	Konsolidierung der Freizeitpädagogik	Opaschowski, Nahrstedt
1980er-Jahre	Kritik an der Freizeitpädagogik	Müller-Wichmann, Karst, Prahl
ab 1995	Neubestimmung der Freizeitpädagogik Wandlung zur Bildung in der Freizeit Wandlung zur pädagogischen Freizeitforschung	Fromme, Nahrstedt, Opaschowski, Popp, Pöggeler, Zellmann

Abb. 7: Phaseneinteilung der Freizeitpädagogik nach Scheftschick[145]

Durch die zwei unterschiedlichen Phasenentwürfe wird deutlich, dass es sich um soziale Konstruktionen handelt, die einen Entwicklungsprozess retrospektiv in Phasen einteilen und die Momente des Diskurses kategorisieren.

Wissenschaftstheoretisch bedeutsam erscheint in diesem Zusammenhang auch das Bonner Positionspapier der Kommission „Pädagogische Freizeitforschung" der Deutschen Gesellschaft für Erziehungswissenschaft zum DGfE-Kongress am 19. März 1998. Hier wurde die Umbenennung der „Freizeitpädagogik" in „Pädagogische Freizeitforschung" beschlossen, um sich vom Erbe von Fritz Klatt (!) zu distanzieren und eine stärkere empirische, interdisziplinäre und internationale Ausrichtung nach außen zu dokumentieren. Dies entspricht sicherlich der allgemeinen Tendenz, die Pädagogik als Erziehungswissenschaft stärker empirisch auszurichten. Dabei stellt sich durchaus die Frage, ob diese Neuausrichtung nicht einen zu starken Fokus auf die deskriptive Ebene legt und zum Theoriedefizit beiträgt.

144 Freericks/Hartmann/Stecker 2010, S. 28f.

145 Scheftschik 2003, S. 176.

Nach Freericks u.a. hat sich die Freizeitwissenschaft auf der „Basis bereits etablierter Disziplinen (Freizeitpädagogik, Freizeitsoziologie, Freizeitgeographie) über interdisziplinäre Forschung etabliert"[146]. Opaschowski hingegen führt die Freizeitpädagogik auf zwei Traditionslinien zurück: (a) die mitteleuropäische Pädagogik/Erziehungswissenschaft; (b) die anglo-amerikanischen leisure studies.[147]

Dabei stellt sich durchaus die Frage, was Freizeitwissenschaft ist. Dieser Fragestellung haben sich die Diplomfreizeitwissenschaftler Björn Gernig und Florian Carius gewidmet und die Konzeption ebenso wie den Entwicklungstand der Freizeitwissenschaft unter internationalem Vergleich analysiert.[148] Die „Unschärfe des Profils der Freizeitwissenschaft" wird als Problem der Freizeitwissenschaft identifiziert und auf „mangelnde Kapazitäten" und fehlende Anerkennung zurückgeführt.[149]

Nach Carius/Gernig befindet sich die Freizeitwissenschaft im Prozess, eine eigenständige Disziplin/Einzelwissenschaft zu werden. Dies versuchen sie in ihrer Analyse nachzuzeichnen. Damit wäre eine Entkopplung von der Erziehungswissenschaft vollzogen.

Doch die hierzu herangezogenen Kriterien sind durchaus umstritten, da sie nur als Tendenzen zu ermitteln sind und – wie Carius/Gernig es selbst anmerken –, keinerlei wissenschaftlich eindeutige Indikatoren für die Bestimmung der Eigenständigkeit einer Wissenschaft gibt! [150] Somit ist es möglich, dass die einen Wissenschaftler die Eigenständigkeit hervorheben, während andere die Freizeitwissenschaft nach wie vor unter dem Dach der Erziehungs- bzw. Bildungswissenschaft ansiedeln würden.

Als Kriterien für die Beurteilung, ob es sich um eine eigenständige Disziplin handelt, berufen sich Carius/Gernig auf Klaus Willimczik[151] und Prahl[152]:

146 Freericks/Hartmann/Stecker 2010, S. 19.
147 Opaschowski 1996, S. 14.
148 vgl. Carius/Gernig 2010.
149 Carius/Gernig 2010, S. 1.
150 vgl. Carius/Gernig 2010, S. 43.
151 vgl. Willimczik 2001.
152 vgl. Prahl 2002, S. 29.

Abb. 8: Kriterien einer eigenständigen Disziplin (eigene Darstellung basierend auf Carius/Gernig 2010, S. 43)

Carius/Gernig orientieren sich zwar an diesen Kriterien und dem Tatbestand, dass es hierbei nur möglich sei, Aussagen zu Entwicklungstrends zu treffen („tendenziell günstig“; „[noch] keine eindeutige Tendenz erkennbar“, „tendenziell ungünstig“[153]), beziehen dabei aber ihre Forschungsfragen ein und beschreiben in den einzelnen Kapiteln die jeweils zugrunde gelegten Kriterien.[154]

Sie kommen zu dem Ergebnis, dass die Freizeitwissenschaft bislang noch nicht den Stand einer „vollkommen eigenständigen Disziplin“[155] erreicht hat, aber sich die Entwicklung in diese Richtung deutlich abzeichnet. Dabei sprechen sich die beiden Forscher für eine „transdisziplinäre, integrative Freizeitwissenschaft“[156] aus.

Offen bleibt aber, wie die zuvor durchaus erkannten Problembereiche überwunden und Problembereiche geklärt werden können.

Bislang zeigt sich deutlich ein Theoriedefizit! Ob dies die Freizeitwissenschaft selbst schließen kann, erscheint durchaus fraglich, da diese in hohem Maße deskriptiv-empirisch ausgerichtet ist. Es gibt zwar immer wieder einmal Ansätze der Systematisierung, aber es ist „keine kontinuierliche Entwicklung zu erkennen“[157]. Zu schillernd scheint das Konstrukt Freizeit, zu unterschiedlich sind die

153 Carius/Gernig 2010, S. 44.
154 vgl. ebd., S. 44.
155 ebd., S. 127.
156 Carius/Gernig 2010, S. 127.
157 ebd., S. 100.

Erkenntnisinteressen, theoretischen Bezugspunkte und vor allem zu stark ist die Bindung an ökonomische Interessen.

Es bleibt festzuhalten, dass Freizeitwissenschaft als eigenständige Disziplin bislang auf prekärem Fundament steht. Auch gibt es lediglich sechs Lehrstühle an Fachhochschulen zum Freizeitbereich und in Bremen den einzigen interdisziplinären Studiengang „Angewandte Freizeitwissenschaft".[158] Damit bleibt fraglich, ob eine Entkopplung von der Erziehungswissenschaft zum heutigen Zeitpunkt sinnvoll ist.

Noch im Jahr 2008 bezeichnen Reinhold Popp und Marianne Schwab den Versuch einer Abkopplung von der Erziehungswissenschaft als misslungen (mit der Ausnahme der pädagogischen Freizeitforschung) und taktisch unklug:

> „Durch ihre Abgrenzungs-Strategien, die eigentlich auf ihren Bedeutungszuwachs in qualitativer und quantitativer Hinsicht abgezielt hatten, erarbeitete sich die Freizeitpädagogik zwar die angestrebte eigenständige Position innerhalb der erziehungswissenschaftlichen Forschung, gelangte aber gleichzeitig in eine eher entwicklungshemmende Position in den Bereichen Ausbildung und Praxisfelder."[159]

Reinhold Popp und Marianne Schwab sehen in dem Streben nach Autonomie und Eigenständigkeit der Freizeitpädagogik einen Widerspruch zur Querschnittsaufgabe und einen produktiven Diskurs bestehen.[160] Sie proklamieren die Notwendigkeit, dass sich die Freizeitpädagogik als „Pädagogik der Freizeit" neu positionieren müsse.

Es deutet sich auch heute noch an, dass „Revierkämpfe" und die Verwiesenheit auf Ressourcen für die Forschung und Lehre einer Weiterentwicklung freizeitpädagogischer Theoriebildung diametral entgegenstehen.

2.4 Kritische Erziehungswissenschaft als Schutz vor Vereinnahmung und Innovationspotenzial

Innerhalb der Erziehungswissenschaft gibt es unterschiedliche Paradigmen, die den Blickwinkel und die jeweilige Zielsetzung und den Erkenntnishorizont bestimmen. An dieser Stelle sei dezidiert auf die Vielfalt und Pluralität innerhalb des erziehungswissenschaftlichen Diskurses verwiesen.[161] Dies wird im

158 vgl. Carius/Gernig 2010.

159 Popp/Schwab 2005, S. 237.

160 vgl. ebd., S. 236.

161 vgl. Gudjons 2012, S. 20; Lenzen 1994.

Zusammenhang mit der Freizeitpädagogik selten expliziert.[162] Wenn im Folgenden die Perspektive der Kritischen Erziehungswissenschaft eingenommen werden wird, erscheint es hilfreich, erst einmal eine Verortung der Kritischen Erziehungswissenschaft vorzunehmen. Des Weiteren ist auf die Begriffe Pädagogik – Erziehungswissenschaft(en) – Bildungswissenschaft(en) einzugehen.

Die Pädagogik als *Wissenschaft* selbst ist im Vergleich zur Theologie, Philosophie, Medizin oder Jurisprudenz eine relativ junge Disziplin, die ihre Wurzeln im 18./19. Jahrhundert hat. Den ersten Lehrstuhl für Pädagogik hatte Ernst Christian Trapp 1779 an der Universität Halle inne.[163] Bis dahin gab es keine eigenständigen Professuren für Pädagogik.[164] Dieter Lenzen verweist als Beginn der Erziehungswissenschaft auf den Philologen Friedrich August Wolf, der ab 1783 den Lehrstuhl für Pädagogik in Halle vertrat.[165] Die relative Eigenständigkeit der Pädagogik als Wissenschaft und die Herauslösung von der Theologie und Philosophie erfolgte somit in der Aufklärung, in einer Zeit des gesellschaftlichen Umbruchs, in der der Bildungsgedanke und die Bildungsfrage zunehmend bedeutsam wurden.[166]

Dem hält Heinz-Elmar Tenorth zu Recht entgegen, dass die „Verwissenschaftlichung der einschlägigen Reflexionsform sicherlich schon in der frühen Neuzeit"[167] zu finden sei und verweist auf Philipp Melanchthon (1497–1560), der von einer eigenen „'scientia educandorum liberorum'"[168] sprach oder auch auf Johann Amos Comenius (1692–1570) und Wolfgang Ratke (1571–1635) und deren systematische Entwürfe. Allerdings – so Tenorth – habe sich die explizite „Frage nach der Möglichkeit der Pädagogik als Wissenschaft" erst im 18. Jahrhundert gestellt.[169] Daher unterscheidet er Pädagogik als „empirisch forschende Disziplin", die er mit dem Philanthropen Ernst Christian Trapp (1745–1818) verbindet, Pädagogik als „prinzipientheoretische Reflexion", die er den „Systementwürfen im Umkreis der Aufklärung"[170] zuordnet und Erziehungswissenschaft

162 Die kritische Auseinandersetzung mit der Freizeitpädagogik unter Einbezug dieses Theoriestranges erfolgt in Adaption der „Reflexiven Gesundheitsbildung" (2009) von Annette Stroß.
163 vgl. Kron/Jürgens/Standop 2013, S. 278; Rothland 2008, S. 53.
164 vgl. Horn 2003, S. 13.
165 Lenzen 1994, S. 22.
166 vgl. Lenzen 1994, S. 22.
167 Tenorth 2004, S. 342.
168 ebd., S. 342.
169 ebd., S. 342.
170 ebd., S. 345.

als „Theorie der Erziehung innerhalb von (praktischer) Philosophie und Theologie“, die er mit den Namen Johann Friedrich Herbart (1776–1841) und Friedrich Schleiermacher (1768–1834) assoziiert, da diese „metatheoretisch über die Möglichkeit der Pädagogik als Wissenschaft“[171] nachsannen. Diese Phase von der frühen Neuzeit bis hinein ins 19. Jahrhundert bezeichnet Tenorth als „prädisziplinäre Phase“, die „disziplinäre Phase“, in der es um die „Institutionalisierung und Differenzierung“ geht, beginnt ebenfalls im 19. Jahrhundert. Heinz-Elmar Tenorth (*1944) rekurriert auf zeitgenössische Definitionsversuche von Erziehungswissenschaft[172] und deren Kontextuierung: den Zusammenhang zwischen einem „Bedeutungsverlust der traditionellen Definitionsinstanzen“ und dem Bedeutungszuwachs der Pädagogik in der Weimarer Republik.[173] Dieser lässt sich u.a. auch am Grad der Institutionalisierung erkennen und der Ausweitung der pädagogischen Fragestellungen auf „andere Felder öffentlicher Arbeit“[174], also letztlich die Volksbildung (Flitner), Freizeitpädagogik (Klatt), Sozialpädagogik (Nohl)…

Historisch betrachtet lassen sich unterschiedliche Strömungen nachzeichnen, die den erziehungs*wissenschaftlichen* Diskurs im 20. Jahrhundert bestimmt haben.

In der Weimarer Zeit dominierte die Geisteswissenschaftliche Pädagogik. Jene kann auf Wilhelm Dilthey (1833–1911), einen richtungsweisenden Begründer der Geisteswissenschaften zurückgeführt werden.[175] Dieser fundiert sein Gedankengut lebensphilosophisch und nicht mehr rein theologisch oder metaphysisch.[176]

Das Grundaxiom der Geisteswissenschaftlichen Pädagogik ist, dass das Seelenleben des Menschen nicht zu erklären, sondern nur zu verstehen sei.[177] Damit grenzt Wilhelm Dilthey die Geisteswissenschaften von den Naturwissenschaften ab, da der Mensch immer nur in seiner Geschichtlichkeit, in seinen soziokulturellen Kontexten zu verstehen sei.

Es geht nicht um nomothetische Aussagen (Aussagen über reine Gesetzmäßigkeiten), sondern dem geistig-seelischen des Menschen sind ideografische Aussagen angemessen, die auf die Individualität fokussieren. Somit ist

---

171 ebd., S. 348.
172 vgl. Tenorth 2004, S. 348.
173 Tenorth 1994, S. 21.
174 Krüger 2012, S. 21.
175 vgl. ebd., S. 23.
176 vgl. ebd., S. 25.
177 Dilthey1924, S. 144.

die Hermeneutik, die Kunst des Auslegens, die zentrale Erkenntnismethode in der Geisteswissenschaftlichen Pädagogik. Der „Hermeneutische Zirkel", der ursprünglich der Interpretation von Texten galt, wurde von Vertretern der Geisteswissenschaftlichen Pädagogik wie Herman Nohl (1879–1969), Wilhelm Flitner (1889–1990), Eduard Spranger (1882–1963), Theodor Litt (1880–1962) oder auch Erich Weniger (1864–1961) nun als Erkenntnismethode für die Deutung der Erziehungswirklichkeit herangezogen.[178]

Die relative Autonomie der Geisteswissenschaftlichen Pädagogik wird auf ihrer besonderen Aufgabe begründet, das „Eigenrecht des Kindes gegenüber den Erwachsenen und gegenüber gesellschaftlichen Gruppen"[179] zu behaupten. Konstitutiv wird hier auch der Begriff des „pädagogischen Bezugs", der von Herman Nohl geprägt wurde:

> „Die Grundlage der Erziehung ist das leidenschaftliche Verhältnis eines reifen Menschen zu einem werdenden Menschen und zwar um seiner selbst willen, daß er zu seinem Leben und seiner Form komme."[180]

In der Traditionslinie von Friedrich Daniel Ernst Schleiermacher (1768–1843) galt der Primat der Erziehungspraxis, da diese älter als Erziehungstheorien sei und ihr somit besondere Dignität zukomme.[181] Dabei verfüge aber auch jeder Erzieher wiederum um eigene, meist unreflektierte subjektive Theorien über Erziehung. Diese zu verstehen und einer wissenschaftlichen Reflexion zugänglich zu machen, gehört auch zum Selbstverständnis Geisteswissenschaftlicher Pädagogen wie z.B. Erich Wenigers.

Dem Verständnis der Wissenschaftsforschung entsprach im Kontext der Geisteswissenschaftlichen Pädagogik die sich sehr stark an einzelnen Persönlichkeiten orientierende Historiografie.[182] Dabei darf nicht übersehen werden, dass es auch nicht *die* Geisteswissenschaftliche Pädagogik gibt, sondern es vielfältige Strömungen existierten.[183] Dennoch ist eine sehr starke Orientierung an

---

178 vgl. Lenzen 1994, S. 23.

179 Gudjons 2012, S. 33.

180 Nohl 2002, S. 169.

181 „Ist doch überhaupt auf jedem Gebiete, das Kunst heißt im engeren Sinne, die Praxis viel älter als die Theorie, so daß man nicht einmal sagen kann, die Praxis bekomme ihren bestimmten Charakter erst mit der Theorie. Praxis bekommt ihren Charakter nicht erst durch Theorie, Praxis ist älter als die Theorie; die Dignität der Praxis ist unabhängig von der Theorie, die Praxis wird mit der Theorie nur eine bewußtere." (Schleiermacher 1826/1957, S. 10).

182 vgl. Rothland 2008, S. 59.

183 vgl. Krüger 2012, S. 22.

der historischen Traditionslinie des Bildungsgedankens nicht zu verleugnen, was der Geisteswissenschaftlichen Pädagogik später auch den Vorwurf restaurativer und reaktionärer Tendenzen einbringen sollte.

Während des Nationalsozialismus wurden alle Lebensbereiche durch die nationalsozialistische Ideologie vereinnahmt. Personen wie Ernst Krieck (1882–1947) oder Alfred Bäumler (1887–1968) prägten die NS-Pädagogik. Das Verhältnis der Geisteswissenschaftlichen Pädagogik zum Nationalsozialismus wird bis heute durchaus kontrovers diskutiert und dieses zum Gegenstand der erziehungswissenschaftlichen Forschung.[184] Gegenwärtig wird ein differenzierter Blick auf namhafte Vertreter der Geisteswissenschaftlichen Pädagogik und deren Grad an Involviertheit in das nationalsozialistische Denken diskutiert.[185] Hierzu wurde an der Johann Wolfgang Goethe-Universität Frankfurt eine eigene Forschungsstelle eingerichtet. Die Aufarbeitung scheint noch lange nicht abgeschlossen zu sein.

Festgehalten werden kann, dass zunächst nach dem Zweiten Weltkrieg wieder an die Geisteswissenschaftliche Pädagogik der Weimarer Zeit angeknüpft wurde. Doch spätestens seit den 1960er-Jahren wurde auch in der Erziehungswissenschaft die Frage virulent, wie es zu dem Grauen des NS-Regimes kom men konnte und welche Rolle hier auch die Pädagogik bzw. das Versagen der Bildungsidee gespielt hat.

Ein weiterer Kontextfaktor begünstigte die Kritik an der Geisteswissenschaftlichen Pädagogik und den Aufschwung der empirischen Erziehungswissenschaft: der sogenannte „Sputnik-Schock" (1957), d.h. dass es russischen Wissenschaftlern zuerst gelungen war, eine Raumkapsel in den Orbit zu schicken, was zu enormen Bemühungen um Reformen im Bereich des Bildungs- und Wissenschaftssystems auch außerhalb der USA führte.[186]

Mit der „realistischen Wende", wie sie Heinrich Roth (1906–1983), der den Lehrstuhl von Erich Weniger in Göttingen übernahm, proklamierte, verlor die Geisteswissenschaftliche Pädagogik an Einfluss. Es fand eine Orientierung an den Sozialwissenschaften und der empirischen Forschung statt. Mit dem Begriff „Erziehungswissenschaft" wollte man sich von der Geisteswissenschaftlichen Pädagogik, ihrem hermeneutisch-ideengeschichtlichen Zugang zur Erziehungswirklichkeit abgrenzen und die Orientierung an den exakten Naturwissenschaften signalisieren.[187]

---

184 vgl. Klafki 1998; Gatzemann/Göing 2004; Kersting 2008; Dudek 1992, S. 57–73.
185 vgl. Ortmeyer 2008. URL (2014).
186 vgl. Bierbaum 2005, S. 17.
187 Bernhard/Rothermel 1997. S. 12.

Die ***empirische oder auch kritisch-rationale Erziehungswissenschaft*** bezieht sich auf jene Ansätze, die die Erforschung der Erziehungswirklichkeit zum Ausgangspunkt theoretischer Überlegungen machten: Peter Petersen (1884–1952): Pädagogische Tatsachenforschung, Alois Fischer (1902–2003) oder auch Wilhelm August Lay (1862–1926) und Ernst Meumann (1862–1915). Die empirische Pädagogik orientierte sich an der experimentellen Pädagogik und der Psychologie sowie der Sozialforschung/Soziologie. Methoden der empirischen Sozialforschung – vor allem der quantitativen Forschung – hielten Einzug in die Pädagogik.

Ziel war eine erfahrungswissenschaftliche Fundierung und Transformation der Pädagogik in die Erziehungswissenschaft, die dann auch wissenschaftlichen Gütekriterien naturwissenschaftlicher Forschung gerecht werden muss und von spekulativ-metaphysischem Gedankengut befreit werden soll. Wissenschaftliche Forschung sei werturteilsfrei zu betreiben und deskriptiv, wodurch normative und präskriptive Aussagen als nicht wissenschaftlich betrachtet werden. Wert- oder Normfragen können nach dieser Auffassung kein Gegenstand wissenschaftlicher Forschung sein. Diese Position proklamierte vor allem Wolfgang Brezinka (*1928). Er beschrieb in seinem Werk „Von der Pädagogik zur Erziehungswissenschaft" (1971) die Entwicklung als Wendepunkt und Transformationsprozess von einer metaphysisch-spekulativen Pädagogik, die er als Weltanschauung begriff, hin zu einer empirisch-analytischen Erziehungswissenschaft. Nur letztere entspricht seinem Verständnis einer modernen Pädagogik. Hierzu war eine Öffnung gegenüber den Sozialwissenschaften nötig und die Abkehr von ideologisch-philosophischen Perspektiven.[188] Der Name Wolfgang Brezinka wurde stets mit dem „Positivismusstreit" assoziiert, wobei der Autor sich hier durchaus in eine Rolle gedrängt sieht, die ihm rückblickend zu radikal erscheint. Wolfgang Brezinka distanziert sich hiervon:

> „Ferner wurde unterstellt, dass ich die Philosophie der Erziehung und die normative Praktische Pädagogik gering schätze und durch die Empirische Erziehungswissenschaft ersetzen wolle. Nichts davon traf zu. Die Theorietypen ‚Philosophische' und ‚Praktische Pädagogik' galten mir neben der ‚Empirischen Pädagogik' immer als unentbehrlich. Ich habe selbst viel gelesene Beiträge zu ihnen geliefert."[189]

Es bleibt festzuhalten, dass die Orientierung an der empirischen Sozialforschung und die Frage, wie es zu Auschwitz und dem menschenverachtenden

188 vgl. Erben 2010; S. 146; Brezinka 2003, S. 16. URL (2014)
189 Brezinka 2003, S. 21.

Handeln im Dritten Reich kommen konnte, zu einer kritischen Auseinandersetzung innerhalb der Erziehungswissenschaft führte. Aber nicht alle beurteilten die starke Orientierung an den Naturwissenschaften und die „Herauslösung des *Bildungsbegriffs* aus dem Etikett der Disziplin“[190] und die Verleugnung der „bildungsphilosophischen Traditionslinie“[191] positiv.

Neben den zwei grundlegenden Positionen, der Geisteswissenschaftlichen Pädagogik und der empirischen Erziehungswissenschaft, formierte sich mit der „Frankfurter Schule“ eine weitere Richtung, die durchaus offen war für empirische Forschung, die aber dennoch der empirischen Pädagogik sehr kritisch gegenüber steht. Zugleich übte die sogenannte „Frankfurter Schule“ auch Kritik an der Geisteswissenschaftlichen Pädagogik.

Die „Frankfurter Schule“, hervorgegangen aus dem 1923 um Max Horkheimer (1895–1973) gegründeten Institut für Sozialforschung[192] und mit Namen wie Theodor Wiesengrund Adorno (1903–1969), Herbert Marcuse (1898–1979), Erich Fromm (1900–1980) u.a.[193], später Jürgen Habermas (*1929), verbunden, forcierte eine ideologiekritische Orientierung und beklagte, dass die Geisteswissenschaftliche Pädagogik dem Erstarken des Nationalsozialismus nichts entgegen zu setzen vermochte. Es fehle der Geisteswissenschaftlichen Pädagogik an einer kritischen, gesellschaftspolitischen Haltung, sie sei *„affirmativ“*, von der Kultur des Bürgertums geprägt und vor allem fehle der *„realgeschichtliche“* Bezug.[194] Zu den ideengeschichtlichen Fundamenten der „Frankfurter Schule“ zählen die Frühschriften von Karl Marx (1818–1883), aber auch jene von Georg Wilhelm Friedrich Hegel (1770–1831) und Sigmund Freud (1856–1939).[195] In der „Frankfurter Schule“ um Max Horkheimer entwickelte sich die „Kritische Theorie“ als eine Form der praktischen Philosophie, die an die Dialektik der Aufklärung anschließen möchte. In dieser Traditionslinie meint der Terminus *„kritisch“* die *„gesellschafts- und ideologiekritische Perspektive auf Bildungs- und Erziehungsprozesse“*[196] . Die Methodenkritik steht weniger im Zentrum der Überlegungen, es geht vielmehr um die Veränderung der gesellschaftlichen

---

190 Bernhard/Rothermel 1997, S. 12.
191 ebd., S. 12.
192 vgl. Institut für Sozialforschung – IfS Frankfurt. URL (2014).
193 Hier wären sicherlich weitaus mehr Namen zu benennen, deren Verdienste durch die Nichtnennung an dieser Stelle in keiner Weise infrage gestellt werden sollen. Anliegen ist es, exemplarisch auf einige Namen zu verweisen.
194 vgl. Gudjons 2012, S. 34.
195 vgl. Tesak 2003. URL (2014).
196 Bernhard/Rothermel 1997, S. 12.

Realität, Handlungskonsequenzen sollen der ideologie- und gesellschaftskritischen Reflexion folgen.

So kam es auch auf einer Tagung der „Deutschen Gesellschaft für Soziologie" (1961) zwischen Theodor W. Adorno und Sir Karl Popper (1902–1994), die Vorträge zum Themenbereich der „Logik der Sozialwissenschaften" hielten, zum sogenannten „Positivismusstreit", der sich später mit Jürgen Habermas (Kreis um Adorno zugehörig) und Hans Albert (Kreis um Popper zugehörig) fortsetzte. Hierbei ging es um grundlegende Fragen, ob und welchen Stellenwert Wert(urteile) bei der wissenschaftlichen Theoriebildung spielen. Der Soziologe und Nationalökonom Max Weber (1864–1920) begründet die Forderung, dass wissenschaftliche Aussagen wertfrei sein sollten. Ethische Fragen, wie die Frage nach dem Wahren oder Guten, können gemäß dieser wissenschaftstheoretischen Position nicht Gegenstand von Wissenschaft sein. Für die Objektivität wissenschaftlicher Erkenntnisse sei die Trennung von Werturteilen und Tatsachen elementar. Zu einem ersten Werturteilsstreit kam es bereits um 1909, auf einer Tagung im Jahr 1961 entbrannte die Diskussion erneut zwischen Adorno und Popper, wobei beide die Position Max Webers kritisch ansahen. Doch der Fokus verlagerte sich nun und manche Autoren werfen Theodor W. Adorno und anderen Vertretern der „Frankfurter Schule" durchaus auch Unkenntnis und Polemik gegenüber jenen Positionen vor, die sie kritisieren.[197]

Karl Popper sah die Forderung der Werturteilsfreiheit durch die Neopositivisten durchaus kritisch, da sie selbst bereits ein Wert sei. Für den „Kritischen Rationalismus" Karl Poppers sind der Fallibilismus, die Intersubjektivität wissenschaftlicher Aussagen und deren Falsifizierbarkeit als wissenschaftliche Axiome grundlegend. Dabei darf nicht übersehen werden, dass Karl Popper selbst sich vom induktiven Erkenntnisweg der Positivisten (wie er seit David Hume nach positivistischem Selbstverständnis richtungsweisend war) abwandte. Für Karl Popper waren induktiv gewonnene Erkenntnisse lediglich Hypothesen, die so lange Bestand haben, bis sie falsifiziert werden. Kritisierbar musste somit jede wissenschaftliche Erkenntnis bleiben.

Für Karl Popper stellte letztlich nur der Begründungszusammenhang den wissenschaftlichen Forschungsprozess dar, nicht aber der Entdeckungs- oder Verwertungszusammenhang.[198] Das Postulat der Werturteilsfreiheit bezieht Karl Popper auf den Begründungszusammenhang. Der Verwertungszusammenhang liegt für ihn außerhalb der wissenschaftlichen Diskussion.

197 vgl. Keuth 2011, S. 296ff.
198 vgl. Gudjons 2012, S. 37.

Der Forderung der „Werturteilsfreiheit" von Wissenschaft und Forschung hielten die Vertreter der „Frankfurter Schule" die These entgegen, dass Werturteile und Erkenntnisse nicht strikt voneinander zu trennen, sondern dialektisch miteinander verwoben seien. Letztlich wird auch die Wissenschaft selbst als ein soziales Phänomen betrachtet, das sich in einem bestimmten gesellschaftlichen Kontext zeige, Wissenschaft letztlich immer schon bestimmte Interessen verfolge. Diese Interessen und Kontexte seien vielmehr offenzulegen.[199] Ferner wurde das Ausblenden dialektischer Sichtweisen und des gesellschaftlichen Ganzen sowie eine zu starke Fokussierung auf methodische Aspekte beklagt.

Jürgen Habermas differenziert zwischen drei Erkenntnisinteressen: dem zweckrationalen, dem praktischen und dem emanzipatorischen Erkenntnisinteresse. Dabei stellt das emanzipatorische Erkenntnisinteresse, das es sich zur Aufgabe macht, von Menschen ausgeübte Herrschafts- und Machtansprüche zu überwinden und die subjektive Freiheit zu vergrößern, das leitende Erkenntnisinteresse der „Kritischen Pädagogik" dar, wie sie von Klaus Mollenhauer (1928–1998), Herwig Blankertz (1927–1983) oder Wolfgang Klafki (1927–2016) zunächst vertreten wurde. Jene Personen hatten selbst noch bei dem geisteswissenschaftlichen Pädagogen Erich Weniger (1894–1961) studiert und sich mit dialektisch-materialistischen Positionen auseinandergesetzt.[200]

Charakterisieren lässt sich die „Kritische Theorie" vor allem dadurch, dass sie die Kontextbedingungen – gesellschaftliche Bedingtheit von Bildung und Erziehung und sowohl die erkenntnisleitenden Interessen als auch die Verwertungsinteressen/-bedingungen reflektieren und Gesellschaft verändern möchte. Es besteht somit eine enge Verbindung zwischen Theorie und Praxis. Die „Kritische Theorie" vertritt eine dialektische Position, wobei das Werk von Theodor W. Adorno und Max Horkheimer „Dialektik der Aufklärung" (1947) als Grundlage der „Kritischen Theorie" betrachtet werden kann.[201] In Auseinandersetzung mit der „Kritischen Theorie", der „Empirischen Pädagogik" und der „Geisteswissenschaftlichen Pädagogik" entwickelten jene, damals zur jüngeren Generation zählenden Pädagogen, Wolfgang Klafki, Herwig Blankertz, Klaus Mollenhauer dann die „Kritische Erziehungswissenschaft", die auch den Oberbegriff für verschiedene Strömungen ist: die „skeptisch-transzendentalkritische Pädagogik" (Wolfgang Fischer [1929–1998]), die „kritisch-kom-munikative Pädagogik" (Klaus Schaller [1925]), die kritisch-emanzipatorische Pädagogik

199 vgl. Lenzen 1994, 28f.
200 vgl. Jank/Meyer 1994, S. 100ff.
201 vgl. Tesak 2003. URL (2014).

(Heinz-Joachim Heydorn [1916–1974], Klaus Mollenhauer [1928–1998], Herwig Blankertz [1927–1983]…), die „materialistisch-kritische Pädagogik" (Hans Jochen Gamm [1925–2011]).

Die „Kritische Erziehungswissenschaft" ist durchaus normativ, bestimmt sie die Aufklärung, Vernunft, Selbstbestimmung und Emanzipation des Subjektes als erkenntnisleitendes Interesse.[202]

Doch trotz unterschiedlicher Akzente haben jene Ansätze viele Gemeinsamkeiten, wie die Auffassung, dass die „gesellschaftlich-politische Bedingtheit der Erziehungspraxis und der pädagogischen Aussagen (…) reflektiert werden [muss]"[203], die Wissenschaftspraxis und die Voraussetzungen zu reflektieren sind, weder die Hermeneutik noch die Empirie an sich den Zuspruch erhält, sondern die jeweiligen Erkenntnisinteressen gesellschaftskritisch zu hinterfragen sind, ferner zu reflektieren ist, welche Interessen den Verwertungszusammenhang betreffen. Das eigene Erkenntnisinteresse wird dabei als ein emanzipatorisches bestimmt.[204]

In der Folgezeit kommt es auch zur Kritik an der „Kritischen Theorie".

Die „skeptisch-transzendentalkritische Pädagogik" lässt sich in die Traditionslinie des Neukantianismus einordnen. Jörg Ruhloff (*1940), selbst ein Vertreter der „skeptisch-transzendental-kritischen Pädagogik", nimmt wiederum eine kritische Position gegenüber der „Kritischen Theorie" ein. Deren „bleibendes Verdienst liege nämlich nicht in der Begründung einer neuen Pädagogik, sondern bestehe vielmehr darin, den bestehenden Formen von Kritik diejenige der Ideologiekritik hinzugefügt zu haben. Diese reiche jedoch für sich genommen nicht aus, um die kategoriale Grundstruktur pädagogischer Prozesse und erziehungswissenschaftlicher Einsichten und Erkenntnisse zu diskutieren."[205] Viel wichtiger erscheint es Jörg Ruhloff, dass die „Kritische Theorie" sich selbst auch kritisch mit den eigenen Traditionen auseinandersetzt.[206]

Wolfgang Fischer (1928–1998) beklagt den „Mangel an Skepsis in der Pädagogik"[207] und Jörg Ruhloff stellt die These auf, dass „Skepsis als Bildungstheorie" zu begreifen sei, da die „transzendentale Frage, Analyse und Kritik zugleich die Grundform pädagogischen Agierens abgeben. Jemand belehrt und bildet sich,

---

202 vgl. Gudjons 2012, S. 40.
203 ebd., S. 40. Gudjons bezieht sich hierbei auf: Bernhard/Kremer/Rieß 2003.
204 vgl. Gudjons 2012, S. 40.
205 Benner 2000, S. 7.
206 vgl. ebd., S. 8.
207 Fischer 1990/91, S. 11, in: Fischer/Ruhloff 1993, S. 11.

indem er nach den Gründen fragt, sich der Voraussetzungen und Grenzen der Geltung seiner Ansichten und Absichten vergewissert und sie der Kritik und damit Überholung aussetzt."[208] Zugleich beantwortete Jörg Ruhloff die Frage, ob „Skepsis – auch eine pädagogische Praxis?" sei, sehr vorsichtig und sprach eher von einem „*Entsprechungsverhältnis*"[209] von Theorie und Praxis, wenn er neben einer „pädagogischen Skepsis als *Theoriekonzept*"[210] auch die „pädagogische(.) Skepsis" als Erziehungs- und Bildungs*praxis*"[211] andachte. Doch auch hier zeigt sich die Debatte um das Verhältnis von Theorie und Praxis innerhalb der Pädagogik bzw. Erziehungswissenschaft.

So differenziert Dietrich Benner (*1941) zwischen der außerschulischen Kritik, also jener Kritik, die an der „erziehungswissenschaftlichen Forschung, pädagogische[n] Handlungstheorie und Praxis" beispielweise vonseiten der Wirtschaft, der Politik oder anderer Wissenschaften herangetragen wird.[212]

Als weitere Form der Kritik führt Dietrich Benner jene an, die die Pädagogik selbst hervorbringt und deren Beurteilungsmaßstab mit dem Begriff der Perfektibilität oder Bildsamkeit zusammenhängt, also inwiefern gesellschaftliche Einflüsse der Perfektibilität des Menschen gerecht werden oder diese behindern.[213]

Zur Disziplingeschichte und Wissenschaftsforschung

Aus systemtheoretischer Sicht hängt nach Edwin Keiner (*1951) die „(...) Spezifik und Selektivität von Disziplinen (...) von thematisch und methodisch gebundenem Wissen ab sowie von darauf bezogenen sozialen Einheiten, die dieses Wissen tradieren, produzieren und distribuieren. Insofern können Disziplinen als historisch im Prozess sozialer Differenzierung entstandene, thematisch und methodisch gebundene, relativ autonome und weitgehend selbstregulierende Kommunikationszusammenhänge verstanden werden. In diesem Prozess konstituieren sich Disziplinen sowohl im Zuge ihrer Ausdifferenzierung gegenüber dem Alltagswissen auch in der Binnendifferenzierung gegenüber bereits

---

208 Ruhloff 1979, S. 179; zit. n. Vogel 2000, S. 371.
209 Ruhloff 1990/92, S. 37, vgl. auch: Vogel 2000, S. 371.
210 Ruhloff 1990/92, S. 33.
211 ebd., S. 33.
212 vgl. Benner 2000, in Helmer/Meder/Meyer-Drawe/Vogel 2000. S. 10.
213 vgl. Benner, D. (2000). Pädagogik und Kritik. Überlegungen zu einem problematischen Verhältnis und zur Abgrenzung unterschiedlicher Ansätze kritischer Erziehungswissenschaft (S. 10). In K. Helmer./N. Meder/K. Meyer-Drawe & P. Vogel (Hrsg.), *Spielräume der Vernunft: Jörg Ruhloff zum 60. Geburtstag* (S. 7–34). Würzburg: Königshausen & Neumann.

disziplinförmig organisiertem Wissen (Keiner 1999a, S. 60).“[214] Dabei ist auch zu bedenken, dass zu wissenschaftlichen Disziplinen auch entsprechende Institutionalisierungsorte (Universitäten) gehören.[215]

Der Disziplinhistoriografie weist Martin Rothland (2008) die Legitimation einer Disziplin und Abgrenzung sowie die Stärkung der Identität einer Disziplin als Aufgabe zu. Darüber hinaus solle nicht nur die Entwicklung der Disziplin sowie mögliche Irrwege und Fortschritte nachgezeichnet werden, sondern es sollen auch zukünftige Entwicklungslinien angedacht werden. Hierbei beruft sich Martin Rothland auf Wolf Lepenies (1978)[216]. Doch die jüngere erziehungswissenschaftliche Disziplinforschung wendet sich vom normativen Paradigma ab, u.a. aufgrund der Pluralität und Multikulturalität der Gesellschaft.

Aufgabe einer erziehungswissenschaftlichen Wissenschaftsforschung ist es, eine Beobachterrolle einzunehmen. Dies erfordert eine kritische Distanz und hat keinen direkten Verwertungsbezug.

Bereits 1975 bestimmte Elmar Tenorth Wissenschaftsforschung als „rationale und soziale Rekonstruktion der Theorie(n) und Theorieproduktion und ihrer Determinanten”[217].

Peter Vogel (2002) bestimmt den Nutzen und die Zielsetzung erziehungswissenschaftlicher Wissenschaftsforschung wie folgt:

> „Die Selbstthematisierung der Erziehungswissenschaft kann zum theoretischen Fortschritt der Erziehungswissenschaft insofern beitragen, als sowohl die ‚soziale‘ wie die ‚rationale‘ Rekonstruktion auf theoretische Leerstellen, Widersprüche, unklare Begrifflichkeiten, nicht wahrgenommene Alternativen usw. aufmerksam machen. Diese Ergebnisse lassen sich durch ‚Perspektivenwechsel‘ (im Sinne des Wechsels von Geltungsebenen) von analytischen Ergebnissen in theoretische Vorschläge transformieren (oder von der Ebene einer Beobachtung zweiter Ordnung auf die Ebene einer Beobachtung erster Ordnung). In dieser kritischen Funktion ist das Anliegen – nicht der methodische Zugriff – der Wissenschaftsforschung durchaus kompatibel mit dem Anliegen einer kritischen Bildungsphilosophie,…“[218]

Es geht somit darum, den Diskurs zu betrachten und kritisch zu hinterfragen. Guido Pollak (2002) wirft in diesem Zusammenhang die Grundfrage auf, inwiefern es nur um eine *„deskriptiv-analytische(…) Beobachtung* der

214 Rothland 2008, S. 47f.

215 ebd., S. 50.

216 Lepenies, W. (1978). Wissenschaftsgeschichte und Disziplingeschichte. In *Geschichte und Gesellschaft*, Heft 4, S. 437–451.

217 Tenorth 1975, S. 255; Vogel 2002, S. 251.

218 Vogel 2002, S. 253.

Erziehungswissenschaft" geht oder auch um *„normativ-präskriptive Grundlegungs- und Orientierungsaufgaben"*, die eine erziehungswissenschaftliche Grundlagenforschung leisten soll.[219] G. Pollak weist darauf hin, dass sich die DGfE-Kommission „Wissenschaftsforschung", die 1985 ins Leben gerufen wurde, von der normativ-präskriptiven Aufgabe distanziert hat und keine präskriptive Metatheorie erarbeiten möchte.[220] Es geht vielmehr um die kritische Analyse der wissenschaftsgeschichtlichen Entwicklungen, der wissenschaftstheoretischen Prämissen und um die Analyse des Zusammenspiels von wissenschaftspolitischer, wissenschaftssoziologischer und wissenschaftspsychologischer sowie wissenschaftsethischer Implikationen bei der Theorie- und Disziplinentwicklung.[221] Dabei wird sowohl auf „kognitive" wie auch „nicht-kognitive(…) Erklärungsfaktoren für Entstehung, Validierung und Verwendung erziehungswissenschaftlicher Theorie" geschaut und die pädagogischen Wissensformen und Wissensverwendung werden analysiert. Es wird differenziert zwischen[222]:

(a) „erziehungswissenschaftlicher Theorie als Reflexionswissen"
(b) „pädagogisch-praktischem Professionswissen"[223]

und deren Funktionen und Verwendungskontexten.[224] Eine weitere Aufgabe, die der erziehungswissenschaftlichen Wissenschaftsforschung zugesprochen wird, ist die der „Rekontextualisierung von Theorie- und Disziplingeschichte"[225], wie sie auch Jürgen Oelkers u.a.[226] oder Dietrich Hoffmann[227] fordern.

Ein Vergleich der Forderungen der Kritischen Erziehungswissenschaft und der Wissenschaftsforschung zeigt durchaus Überschneidungen, wobei die Kritische Erziehungswissenschaft deutlicher die Ideologiekritik einfordert und auch normativ ist.

Was bedeutet dies nun für den (interdisziplinären) Diskurs zur Freizeit?

Zunächst sei auf den Umstand verwiesen, dass die wissenschaftliche als auch pädagogische Beschäftigung mit dem Phänomen Freizeit gerade zu Zeiten ein

219 Pollak 2002, S. 232.
220 Pollak 2002, S. 234.
221 vgl. Pollak 2002, S. 235.
222 vgl. ebd., S. 236.
223 vgl. ebd., S. 236.
224 vgl. ebd., S. 236.
225 vgl. ebd., S. 236.
226 siehe weiterführend: Oelkers/Schulz/Tenorth 1989.
227 siehe weiterführend: Hoffmann/Langevand/Niemayer 1992.

öffentliches Thema wurde/wird, in denen es zu ökonomischen Krisen kam und viele Menschen aus der Berufsarbeit „freigesetzt" wurden.

So erlebte Fritz Klatt als junger Mann den Ersten Weltkrieg mit, die Inflation von 1923, die sogenannten „Goldenen Zwanziger Jahre" und schließlich 1929 die Weltwirtschaftskrise. Massenarbeitslosigkeit war die Folge, viele Menschen konnten den Sinn des Lebens immer weniger aus der Berufsarbeit gewinnen. Zudem wurde evident, wie prekär ein Lebensentwurf ist, in dessen Mittelpunkt die Berufsarbeit oder der ökonomische Gewinn steht. Diese Beklommenheit und Verunsicherung, bedingt durch die Inflation und den geringen Einfluss hierauf, wird in den Werken von Fritz Klatt spürbar. Zugleich kann gerade Fritz Klatt in die Traditionslinie der Volksbildung gestellt werden, der die Situation des berufsgebundenen jungen Menschen mit dem Bildungsgedanken – unter kritischer Sicht auf die einst humanistische Bildung – und dem Erholungsgedanken in Relation setzt.[228]

Die Volksbildung wurde dabei nicht von allen Seiten goutiert. Ebenso wie die Obrigkeit und privilegierte Schichten im 19. Jahrhundert Angst vor zu viel „Volksbildung" hatten[229], so wurde auch die freie Zeit der Menschen nicht selten als potentielles Risiko für die bestehende Gesellschaftsordnung und Privilegien bestimmter gesellschaftlicher Gruppen betrachtet. Freie Zeit eröffnet die Möglichkeit, sich auch auf politischer Ebene gegen das gesellschaftliche Establishment zu wenden und alternative Lebensmöglichkeiten zu entwickeln. Das Bestreben, die freie Zeit der Menschen zu kontrollieren und die Gestaltung selbiger zu lenken, um sich so eigene Vorteile zu sichern, findet sich bereits in der römischen Antike.

Auf der anderen Seite wurde vonseiten der Theologen und Pädagogen die freie Zeit unter einen Sinnhorizont gestellt und in Zusammenhang mit der Lebensspanne betrachtet. Stellvertretend hierzu sei auf Jan Amos Comenius verwiesen. Kritisch zeigt sich aber auch: Die Unterstützung jener pädagogischen Ideen durch die Obrigkeit oblag in der Regel machtpolitischen und wirtschaftlichen Erwägungen und selten der reinen Menschenliebe.

Diese beiden Perspektiven – die gesellschaftliche und die individuelle bzw. jene, die auf die gesellschaftlichen und ökonomischen Folgen von Freizeit schaut und jene, die auf die Bedeutsamkeit der Freizeit für das Individuum blickt, sind jeweils zu berücksichtigen und können sich in ihrer Interessenlage durchaus unterscheiden.

---

228 vgl. Nahrstedt 1990, S. 101f.
229 vertiefend hierzu: Röhrig 1987, S. 340.

So kommt der kritischen Erziehungswissenschaft durchaus eine seismografische Funktion zu, um einseitigen Diskursen vorzubeugen und durch ihre Kritik innovative Sichtweisen anzuregen.

Nicht zuletzt darf auch nicht verschwiegen werden, dass seit dem 19. Jahrhundert eine zunehmende Pädagogisierung außerschulischer Lebensbereiche stattfindet. Dies kann als ein Verlust von Autonomie – oder als Versuch, die Autonomie und Emanzipation des einzelnen Subjektes innerhalb des gesellschaftlichen Zusammenhangs zu unterstützen – gedeutet werden. Beide Deutungsperspektiven haben ihre Berechtigung und einseitige Lesarten greifen zu kurz.

3. Interdisziplinäre Zugänge zur Freizeit

3.1 Sozialgeschichtlicher Diskurs zur Freizeit

Obgleich es viele Werke rund um die Thematik „Freizeit" gibt, ist die Sozialgeschichte der Freizeit nur marginal erforscht.[230] Die Geschichtsschreibung konzentriert sich in erster Linie auf politische Ereignisse, hinzu kommt die Schwierigkeit, Spielarten des Freizeiterlebens in den unterschiedlichen Gesellschaften, sozialen Schichten und Epochen zu rekonstruieren. Im Vergleich zur Schulgeschichte ist die Freizeitgeschichte weitaus weniger gut aufgearbeitet. So besteht auch keine Einigkeit im wissenschaftlichen Diskurs über den Beginn von Freizeit und Freizeitpädagogik. Vielfach wird sie im Kontext der Industrialisierung diskutiert und damit die Dichotomie zwischen Arbeit und Freizeit zugrunde gelegt.[231]

Der Soziologe Hans-Werner Prahl[232] weist darauf hin, dass die Geschichte der Freizeit in den meisten Darstellungen stark durch eine eurozentrische Sichtweise geprägt ist.

> „Die Mehrzahl der Darstellungen zur Geschichte der Freizeit orientiert sich an einer durch dominante Arbeitsstrukturen geprägte westeuropäische Sichtweise und geht dementsprechend von dem Gegensatz zwischen Arbeit und Freizeit aus."[233]

Einen alternativen Zugang zur Geschichte der Freizeit bietet jener, „das dokumentierte Denken über Zeit, Muße und Lebenssinn zu rekonstruieren"[234].

Um einer verkürzten Sichtweise entgegen zu wirken, wird daher im Folgenden versucht, einen Einblick in die Historie der Freizeit zu geben, der nicht erst ab der Industrialisierung ansetzt, sondern auch die historischen Vorformen heutiger Freizeit und deren Bedeutung aufgreift, also einen ideengeschichtlichen und arbeitsgeschichtlichen Zugang bietet.

Dabei ist anzumerken, dass es an dieser Stelle nur möglich ist, auf wesentliche Epochen einzugehen, zu denen bislang auch Erkenntnisse zusammengetragen wurden. Eine fundierte Geschichte der Freizeit zu schreiben, wäre eine langfristige Aufgabe und ein eigenständiges Werk. Carius und Gernig weisen explizit

---

230 vgl. Lippl 1995, S. 29.
231 [249] vgl. Prahl 2002, S. 85.
232 vgl. ebd., S. 85.
233 ebd., S. 85.
234 ebd., S. 85.

darauf hin, dass die Geschichte der Freizeit zu den „weniger gut erforschten Gebieten der deutschen Freizeitwissenschaft“ zählt.[235] Diese Forschungslage hat sich auch mit dem neuen Handbuch zur Freizeitsoziologie von Renate Freericks und Dieter Brinkmann nicht substanziell geändert.[236]

3.1.1 Vorformen von Freizeit

Kenntnisse über den Lebensalltag zu Beginn der Menschheitsgeschichte können nur durch archäologische Funde und Analogieschlüsse zu heutigen Naturvölkern gezogen werden.[237] Es kann davon ausgegangen werden, dass es keine Vorstellung von Freizeit, keine Erwerbstätigkeit und geregelte Lohnarbeit im heutigen Sinne gab.

> „Der Tagesablauf war durch die Existenzsicherung bestimmt, die Dunkelheit der Nacht galt dem Schlaf, der den Menschen Erholung von den Strapazen des Tages im Kampf um das Überleben brachte.“[238]

Der Lebensalltag der Menschen war bestimmt durch die Naturgewalten und durch den Kampf um das Überleben. Mit der Unsicherheit der menschlichen Existenz gingen kultische und religiöse Vorstellungen einher und dienten dazu, Angst abzuwehren und die „Götter“ gnädig zu stimmen. Jene Personen, denen die größte Kompetenz zugeschrieben wurde, das Überleben der Gruppe zu sichern, wurden zunehmend aus den alltäglichen Arbeitsprozessen freigesetzt, um Wissen zu generieren, zu bewahren und weiterzugeben. Sie wurden zu Häuptlingen oder Schamanen ernannt.[239]

> „Diese Gruppen (also Sinnproduzenten des Systems) hatten das Recht, Muße zu haben, um Deutungssysteme und Traditionen zu pflegen, die Erkenntnisse zu mehren oder Weisheit und Politik zu fördern.“[240]

Die (partielle) Freisetzung aus dem alltäglichen Arbeitsprozess war eng mit der Bildung verknüpft.[241] Freie Zeit und Bildung standen hierbei nicht im Widerspruch zueinander, sondern waren konstitutiv. Dieses Sonderwissen diente zugleich der Legitimation und Sicherung von Privilegien.[242] Allmählich bildeten

---

235 Carius/Gernig 2010, S. 63.
236 Freericks/Brinkmann 2015.
237 vgl. Arnhardt/Hofmann/Reinert 2000, S. 31.
238 Lippl 1995, S. 31.
239 vgl. ebd., S. 31.
240 Prahl 2002, S. 87.
241 vgl. Arnhardt/Hofmann/Reinert 2000, S. 32.
242 vgl. Lippl 1995, S. 32.

sich Herrschaftsstrukturen heraus, die eine ungleiche Verteilung von Arbeitszeit und freier Zeit mit sich brachten und erste Ansätze zur Arbeitsteilung.[243]

Das Zeiterleben war durch die Naturgewalten und Jahreszeiten zyklisch geprägt. Als „gesellschaftliches Zeitmaß“ kamen kultische Zeremonien und Feste hinzu, die sich vermutlich stark an der Natur orientierten. Nach Hans-Werner Prahl gab es kein Zeitbewusstsein im heutigen Sinne, es dominierte die „okkasionale Zeit“[244], d.h. das Erleben von „jetzt“ und „nicht-jetzt“[245]. Vergangenes wurde mündlich über Mythen tradiert, nicht als Chronologie übermittelt. Biographisch wurde die Lebenszeit des einzelnen Individuums durch Initiationsriten und „Altersklassen“ strukturiert.[246]

Unbeachtet bleibt hierbei, dass sich die Zeit auch geschlechtstypisch unterschiedlich strukturiert hat. Bis heute gelten Frauen vielfach bei einfachen Völkern während ihrer Menstruation als unrein und somit bedeutet diese eine Zäsur im alltäglichen Ablauf.

Hinzu kommt, dass es in den meisten primitiven Gesellschaften eine geschlechtstypische Arbeitsteilung gab und es (mit Ausnahme in matriachalen Gesellschaften) zu einer Höherbewertung männlicher Tätigkeiten kam.[247] Nicht jede Arbeit erfuhr gleiche Wertschätzung. Mit der Arbeitsteilung verband sich im umgekehrten Verfahren eine Freizeitteilung[248], d.h. eine ungleiche Verteilung von Freizeit und Arbeitszeit.

Jene Zeitfenster der einfachen Stammesmitglieder, in denen die Lichtverhältnisse oder die Witterung keine Arbeit zuließen, wurden meist zur Regeneration benötigt oder zu gemeinschaftsstiftenden kulturellen Zeremonien. Daneben kann aber auch davon ausgegangen werden, dass es auch spielerische und erste kulturelle Aktivitäten (Höhlenmalerei, Schnitzerei, Schmuck…) gab, wie es sich anhand von archäologischen Funden vermuten lässt.[249]

Diese Aktivitäten dienten nicht unmittelbar der Existenzsicherung, doch hatten sie vermutlich eine soziale Bedeutsamkeit. Retrospektiv lassen die Funde jedoch kaum verlässliche Aussagen darüber zu, wie weit verbreitet derartige Aktivitäten waren und in welcher zeitlichen Dimension einzelne Menschen

243 vgl. Prahl 2002, S. 87; vgl. Prahl 2015, S. 5.
244 Prahl 2002, S. 87.
245 ebd., S. 87.
246 vgl. Prahl 2002, S. 88; Prahl 2015, S. 5.
247 vgl. Lippl 1995, S. 33; Veblen 1986, S. 24.
248 vgl. Lippl 1995, S. 33.
249 vgl. ebd., S. 32.

diesen Tätigkeiten nachgehen konnten. Zudem liegt die Vermutung nahe, dass sich mit den Höhlenmalereien und Amuletten magisch-animistischen Denkweisen verbanden und sie kultischer Natur waren. So wird auch die These, dass sie im Kontext von Initiationsriten bedeutsam waren, diskutiert.[250]

Heute werden (spätere) archäologische Funde von Figuren und Tieren auch im Spielzeugmuseum (Sonneberg/Thüringen) ausgestellt.[251]

In den alten Hochkulturen (Ägypten, Mesopotamien, altchinesisches Kaiserreich) gewann der Ackerbau an Bedeutung. Es entwickelte sich ein kalendarisches System, um den Anbau und die Bewässerung zu perfektionieren.[252] Hier spielte die Zeitmessung eine bedeutsame Rolle. Eine Tempelwirtschaft entstand, die Verwaltungsaufgaben wurden komplexer, ein Schriftsystem existierte und demzufolge wurde es auch notwendig, einige Menschen zu bilden und somit von der körperlichen Arbeit partiell freizustellen.[253] Zeitvorstellungen verbanden sich mit Herrschaftsansprüchen.[254] Im Laufe der Menschheitsgeschichte zeichnet sich ein gesellschaftlicher Differenzierungsprozess ab, der sich auch in der unterschiedlichen Verteilung von Arbeit und freien Zeiträumen widerspiegelt.

3.1.2 Zur Bedeutsamkeit der Muße in der klassischen griechischen und römischen Antike

Die griechische Gesellschaft bestand aus unterschiedlichen sozialen Schichten, mit denen sich verschiedene Lebenswege und -formen verbanden. An der Spitze der damaligen Gesellschaftspyramide standen die freien Bürger (Vollbürger) der Polis. Der freie Bürger der Polis verfügte über „schole", also Mußezeit und war freigesetzt aus der bezahlten Erwerbstätigkeit, die seiner als unwürdig galt.[255]

Dass er männlichen Geschlechts sein musste, spiegelt die geschlechtsrollentypische Auffassung der Zeit wieder. Frauen waren keine Vollbürger und konnten sich auch nicht auf politischer Ebene in der Polisdemokratie einbringen.[256]

Zu den Metöken (griechisch: metoikos, wörtlich: Mitbewohner[257]) zählten Personen, die in der Polis lebten, aber keine Vollbürger waren. Sie waren frei

---

250 siehe weiterführend: Urban 2017, S. 90ff.

251 vgl. Museum digitale: Thüringen: Deutsches Spielzeugmuseum Sonneberg. URL (2014).

252 vgl. Prahl 2002, S. 88.

253 vgl. Arnhardt/Hofmann/Reinert 2000, S. 32.

254 vgl. Prahl 2015, S. 3–28.

255 vgl. Prahl 2002, S. 89; Arnhardt/Hofmann/Reinert 2000, S. 35; Nippel 2000, S. 61.

256 Habermaier 2008, S. 10-14.

257 siehe: Enzyklo.de. URL (2019).

und genossen gegen eine Steuer (Metoikion) den Rechtsschutz der Polis. Meist kamen sie vom Umland in die Polis (Stadtstaat), um dort Handel und Gewerbe zu treiben.[258]

Die Sklaven und Banausen mussten das erwirtschaften, was die „Muße-klasse“[259] für ein gutes Dasein benötigte. Sie waren es, die die mühseligen Arbeiten (griechisch: ponos) verrichteten. Sprachlich hiervon abgegrenzt werden jene Tätigkeiten, die von allen Menschen – einschließlich der freien Bürger – verrichtet werden müssen, die mit dem Terminus „a-scholia“, somit wörtlich die Negation von Muße meint, belegt wurde. Ohne die Unfreiheit der Sklaven und die Arbeit der Banausen wäre die Mußezeit der oberen Schicht nicht möglich gewesen.[260]

Es gibt Indizien dafür, dass die körperliche Arbeit negativ konnotiert und wenig geachtet war. So bewertet der griechische Feldherr und Politiker Xenophon (~430–354 v. Chr.) die körperliche Arbeit sehr negativ. In seinem Werk „Oikonomikos“ verweist er auf die gesundheitsschädigende Wirkung handwerklicher Arbeit, die eine Schwächung der seelischen Kräfte und die fehlende Zeit, um sich um „Freunde und Staat“[261] zu kümmern und als tapferer Krieger in Erscheinung zu treten, impliziere.[262] Erst durch die Freisetzung aus dem alltäglichen Prozess der Existenzsicherung eröffnete sich ein Zeitfenster für Muße.[263] Aristoteles (~385–322 v. Chr.) spricht vom σχολή (lateinisch: schola), was etymologisch auf die Bedeutungen „einhalten“ oder „aufhören“, aber auch „Ruhe und Frieden haben“; „Zeit übrig haben“[264] zurückgeführt werden kann.[265] Diese Zeit kann als Muße- und Bildungszeit betrachtet werden.

Der italienische Renaissance-Maler Raffael stellt in seinem Fresko die bedeutendsten Philosophen der Antike dar und fügt einige aus der Renaissance hinzu, die antikes Denken wiederbelebten.[266] Bildung wird hier öffentlich praktiziert.

In der Antike konnten sich die freien Bürger bilden und philosophischen Fragen nachspüren. Bildungstheoretisch betrachtet kam das Ideal der Kalokagathie

258 vgl. Dahlheim 2001, S. 213.
259 Prahl 2002, S. 89.
260 vgl. Prahl 2002, S. 89.
261 Xenophon: Oikonomikos, 6,5–10, S. 57, zit. n. Rijkers 2009, S. 41.
262 vgl. Rijkers 2009, S. 39ff.; Nippel 2000, S. 55.
263 vgl. Opaschowski 1996, S. 99.
264 Lippl 1995, S. 34.
265 vgl. ebd., S. 34.
266 vgl. hierzu: Landesbildungsserver Baden-Württemberg, Fach: Bildende Kunst, Kunstgeschichte: Renaissance. URL (2014).

auf, womit auch der Führungsanspruch legitimiert wurde.[267] In der Mußezeit sollte sich der Mensch dem „Wahren und Schönen" widmen und zu Eloquenz gelangen, um die „Geschicke der Polis"[268] zu lenken, d.h. sich politisch einzubringen.

> „Die Verwendung der freien Zeit stand nicht im Belieben des Einzelnen: Die Muße sollte am Wohl der Polis orientiert sein, die freie Zeit der Sklaven und der Banausen wurde überwiegend durch kultische und zeremonielle Zwecke festgelegt. Freie Zeit war also an die Öffentlichkeit der Polis gebunden. Sie war nicht individuell verfügbar. Der Gegensatz von Öffentlichkeit und Privatheit hatte sich noch nicht entfaltet. Das Mußeideal der ‚müßig-gehenden Klasse' (Veblen) war eng an gesellschaftliche Zielsetzungen – Interessen der Polis, allgemeine Bildung (‚schol'" als begrifflicher Vorläufer der Schule) – gebunden."[269]

In der Vorstellungswelt der griechischen Antike genoss die Muße und nicht die Arbeit höchste Wertschätzung. Mußezeit stand im Dienst der Weisheits-Suche und sollte somit die gesellschaftliche Entwicklung und eine gute Staatspolitik befördern.

In seiner „Nikomachischen Ethik" erhebt Aristoteles (384–322 v. Chr.) die Muße sogar zum Fundament von Glück.

> „Ferner gilt (…), daß das Glück Muße voraussetzt. Denn wir arbeiten, um dann Muße zu haben, und führen Krieg, um dann in Frieden zu leben."[270]

De Grazia (1972) betont den Selbstzweck der Muße, da sie einen Zustand beschreibe, in dem eine Tätigkeit allein der Tätigkeit willen ausgeübt wird, sie Selbstzweck sei.[271] Muße kann als Voraussetzung einer gebildeten Person gelten, die befähigt ist, sich öffentlich und politisch einzubringen.

Dabei wäre es sicherlich falsch, Muße mit bloßem Müßiggang oder Passivität gleichzusetzen, vielmehr bezeichnet sie einen *philosophischen Lebensstil*. Der Mensch muss dabei zur Muße erzogen werden. Die Muße dient der Kultivierung des Geistes.[272]

> „Muße ist nach antiker Auffassung eine mit Philosophie erfüllte Tätigkeit und bedeutet im weitesten Sinn ‚Pflege des Geistes', ‚geistige Bemühung', um unserer menschlichen

---

267 vgl. Arnhardt/Hofmann/Reinert 2000, S. 35.
268 Prahl 2002, S. 89.
269 Prahl 2002, S. 90.
270 Aristoteles 1999, S. 231; Aristoteles, zit. n. Lippl 1995, S. 34. URL (2014).
271 vgl. De Grazia 1972, S. 58ff.; Lippl 1995, S. 35.
272 vgl. Lippl 1995, S. 35.

Bestimmung gerecht zu werden. Nach Aristoteles ist der Mensch sowohl Zoon politikon, also Mensch als bürgerliches, in Gemeinschaft lebendes Wesen, als auch Zoon logon echon, also Mensch als geistbestimmtes Lebewesen, was sagen will, daß dem Mensch als Gemeinschaftswesen die Arbeit obliegt, aber als geistbestimmtes Lebewesen auch die Pflege des Geistes."[273]

Anthropologisch bestimmt Aristoteles den Menschen als „zoon politikon" und als „zoon logon echon", d.h. als politisches und vernunft- und sprachbegabtes Lebewesen.[274]

Muße durch Kontemplation diente dazu, die Welt aus der Distanz und freigestellt vom direkten Handlungszwang zu betrachten und so das „Wahre und Gute" zu schauen. Freiheit in diesem Sinne impliziert die Freisetzung aus den Notwendigkeiten der Existenzsicherung, d.h. von zweckbestimmten Arbeiten, die der Bewältigung des Alltags dienten.[275]

„Bei den Griechen wurde Muße als höchste Form der Aktivität vorwiegend um ihrer selbst willen unternommen, sie war göttlichen Ursprungs, denn Kontemplation war eine Aktivität der Götter, mit denen sich der Mensch in seiner Muße identifizierte und verglich."[276]

Das Leben des freien Mannes implizierte die Freiheit zur Kontemplation, zur politischen Aktivität und zum Genuss des Lebens.[277] Auf der anderen Seite verband sich mit der Freiheit zur Muße auch die Erwartung, dass die Besten die Geschicke der Polis lenken.

Dennoch gab es auch für die Sklaven freie Tage. Prahl spricht hier von mindestens 60 Tagen, die durch Feste, Veranstaltungen oder öffentliche Gerichtsverhandlungen reserviert waren.[278] Doch Muße im eigentlichen Sinne war den Bürgern der Polis vorbehalten.[279] Nicht umsonst sah Aristoteles die Muße als „Schwester der Freiheit" an.

„Die „Unfreien" durften zwar an den von der herrschenden Klasse festgesetzten Feiern, Festen und Zeremonien teilnehmen, die Muße war jedoch ausschließlich den „freien Bürgern" vorbehalten."[280]

---

273 Zuber-Hinkel 2001, S. 52.
274 vgl. Garmaier 2012, S. 98.
275 vgl. auch: Huber 2007. URL (2014).
276 Lippl 1995, S. 38.
277 vgl. ebd., S. 35.
278 vgl. Prahl 2002, S. 89.
279 vgl. Lippl 1995, S. 36.
280 ebd., S. 36.

Hiermit waren sie nicht nur von der Polisdemokratie ausgeschlossen, sondern die herrschende Schicht regulierte auch die Aktivitäten in der freien Zeit – Bodo Lippl spricht hier von „geplanter ‚Freizeit' für Sklaven und Unfreie"[281] – und somit den Zugang zur Bildung.

Axel Prahl interpretiert die gesellschaftliche Differenzierung positiver und verweist darauf, dass die „Mußeklasse" die Kultur hervorbringt, an der die Unfreien dann wiederum begrenzt partizipieren durften.[282]

Der Einfluss der Griechen zeigt sich auch in der **römischen Antike.** Hier etablierten sich – unter anderem durch die Rezeption von Aristoteles und Platon – die Vorstellung von Muße und der Begriff „otium" für Muße und „negotium" für Arbeit. Für Seneca kann nur jene Person „wahre Muße" erfahren, die sich der Philosophie widmet.[283]

Prahl[284] wie auch Lippl stellen heraus, dass der Muße im antiken Rom eine Doppelfunktion zukam:

(a) als Zeit der Vorbereitung auf ein öffentliches Amt („officium"),
(b) als Zeit der Erholung des Privatmannes.[285]

Der gesellschaftliche Differenzierungsprozess zeigt sich auch im antiken Rom: Neben der Oberschicht, den Patriziern, gab es die Plebejer (Handwerker, Kaufleute, Arbeiter) sowie Sklaven und Bauern.

> „Anders als in Griechenland konnten sich in Rom jedoch auch die Plebejer (Handwerker, Händler, Arbeiter) der Muße hingeben, denn die Bauern und Sklaven produzierten und erwirtschafteten so viel, dass es auch für ihren materiellen Unterhalt genügte."[286]

Insofern kann von einer allmählichen Ausweitung der „Freizeit" auf weitere Bevölkerungsteile gesprochen werden. Freie Zeit impliziert aber auch das Risiko, dass sich weniger privilegierte Gruppen gegen die herrschende Schicht auflehnen könnten – freier Zeit konnte „soziale Sprengkraft" inhärent sein.[287] Um dieser Gefahr präventiv zu begegnen, versuchten die Patrizier die Gestaltung der

281 ebd., S. 33.
282 Prahl 2015, S. 3–28.
283 vgl. Lippl 1995, S. 37.
284 vgl. Prahl 2002, S. 90.
285 vgl. Lippl 1995, S. 37.
286 Lippl 1995, S. 37.
287 Prahl 2015, S. 3-28.

freien Zeit der Plebejer zu kontrollieren und diese abzulenken – so die Interpretation von Lippl.[288]

Obgleich es bereits in Griechenland erste öffentliche Einrichtungen gab, die der Gestaltung der freien Zeit dienten, wurden diese von den Römern weiter ausgebaut und perfektioniert.

Rom gilt mit seinem „Circus Maximus" und dem Credo „panem et circenses" als bedeutendste Freizeitstadt der Antike. Es gab eine ausgeprägte öffentliche Bäder-Kultur (60.000 Menschen fassten die Bäder gleichzeitig), die – so wird vermutet – auch der sozialen Kontrolle dienten, da es wohl Möglichkeiten gab, die Gespräche in den öffentlichen Bädern (Prahl spricht gar von „Abhöranlagen") zu belauschen.[289]

Es gab im antiken Rom eine Ausweitung der freien Zeit, die Zahl an öffentlichen Veranstaltungen und entsprechender Freistellung dafür expandierte: So gab es im 4. Jhd. n. Chr. von 355 Tagen des römischen Jahreskalenders an 200 Tagen Veranstaltungen/Festtage. Dennoch profitierten nicht alle Menschen in gleichem Maße davon: Die Bevölkerung auf dem Lande und die Sklaven waren hiervon meist ausgeschlossen.[290]

Prahl resümiert die Entwicklung im antiken Rom wie folgt:

> „Für das Verhältnis von Muße, Arbeit und Zeitverwendung waren im antiken Rom drei Elemente bezeichnend: Erstens spaltete sich die Muße in einen öffentlichen und einen privaten Bereich auf; zweitens war das Verhältnis zwischen Arbeit und Muße gesellschaftlich äußerst ungleich beschaffen; drittens wurde die freie Zeit massenhaft organisiert verbracht. Muße sollte die Grundlage für Politik und Bildung sein, Arbeit verstand sich als Gegensatz zur Muße."[291]

Damit steht die freie Zeit im Dienste der Bildung und im Kontrast zur Arbeit. Die Sorge, dass Bildung unterer sozialer Schichten die gesellschaftliche Ordnung gefährden könnte, findet sich als ein Motiv, das sich später auch durch die Schulgeschichte zieht. „Konsumorientierte" Angebote der Freizeitgestaltung können hier als ein „Ablenkungsmanöver" betrachtet werden.

---

288 vgl. Lippl 1995, S. 37.
289 vgl. Prahl 2002, S. 90.
290 vgl. ebd., S. 91.
291 ebd., S. 91.

3.1.3 „Freizeit" im Mittelalter

Das Christentum war im Mittelalter für den westeuropäischen Bereich prägend. Im Christentum war die jüdische Traditionslinie des Alten Testaments aufgehoben, aber es war auch der Einfluss der griechisch-römischen Kultur geprägt, wodurch sich die Muße-Vorstellung tradierte.[292]

Auf der Bibel beruhend, wird sowohl im Judentum als auch im Christentum zwischen „Ruhe" und „Arbeit"/"Tätigkeit" differenziert.

> „Sechs Tage sollst du arbeiten, am siebten Tag sollst du ruhen; selbst zur Zeit des Pflügens und des Erntens sollst du ruhen." (2 Mo 34,21; EU)

Eine Rhythmisierung der Arbeits- und Ruhephasen wird somit bereits im Alten Testament fundiert. Theologisch und kirchengeschichtlich wird mit der Ruhezeit die Zeit der Heiligung des Schöpfers verbunden. Gott erscheint in der Bibel als Schöpfer, der den Menschen als Stellvertreter auf der Erde einsetzt und ihm den Auftrag gibt, die Welt zu bebauen und zu bewahren:

> „Und Gott, der Herr, nahm den Menschen und setzte ihn in den Garten Eden, ihn zu bebauen und ihn zu bewahren." (Gen 2, 15)

Doch in der Bibel finden sich nicht nur positive Konnotationen der Arbeit. Mühevolle Arbeit wird in der Bibel auch als Folge des Sündenfalls (und Vertreibung aus dem Paradies) betrachtet:

> „Zu Adam sprach er: Weil du auf deine Frau gehört und von dem Baum gegessen hast, von dem zu essen ich dir verboten hatte: So ist verflucht der Ackerboden deinetwegen./Unter Mühsal wirst du von ihm essen/alle Tage deines Lebens.
> Dornen und Disteln lässt er dir wachsen/und die Pflanzen des Feldes musst du essen.
> Im Schweiße deines Angesichts/sollst du dein Brot essen,/bis du zurückkehrst zum Ackerboden;/von ihm bist du ja genommen./Denn Staub bist du, zum Staub musst du zurück." (Gen 3, 17–19)

Mühsal und Arbeit werden so mit einer Strafe Gottes für den Sündenfall assoziiert. Der ehemalige evangelische Landesbischof Wolfgang Huber interpretiert diese zwei Perspektiven auf Arbeit wie folgt:

> „Der durch den Sündenfall verursachte Fluch liegt nicht auf der Arbeit als solcher, sondern auf den Bedingungen, unter denen sie ausgeübt werden muss (...). Es ist also der biblische Ausgangspunkt selbst, der die Arbeit als Gottesdienst zu verstehen lehrt. So

292 vgl. Lippl 1995, S. 38.

> groß denkt die Bibel von der Arbeit, dass sie sogar das Versöhnungswerk Christi als Arbeit beschreiben kann (Phil 2,10ff.).“[293]

Dennoch wurde der Arbeit vonseiten der Kirchenväter nicht immer Priorität für das Seelenheil zugesprochen. Aurelius Augustinus (354-430) sah die „Lust der Entdeckung und Kenntnis der Welt“ als „Laster“, das der Gotteserkenntnis abträglich war. Der Weg zur Rettung des Seelenheils bestand in der Kontemplation, Askese und dem Gebet. Augustinus vertrat – wie auch Platon – ein dualistisches Menschenbild. Dabei wertet Augustinus in seinem Körper-Geist-Dualismus jedwede Körperlichkeit ab.[294] Unter dieser Prämisse kommt der geistigen Tätigkeit auch eine höhere Wertschätzung zu als der körperlichen Arbeit.

Mit dem Zerfall des Römischen Reiches sank auch das Bildungsniveau. Die meisten Menschen konnten in dieser Zeit weder lesen noch schreiben. Der Kirche oblag die Tradierung der Kulturgüter und auch die gesellschaftliche Strukturierung der Zeit. Lippl resümiert:

> „Im Mittelalter waren alle Menschen, d.h. sowohl die Bauern, Vasallen, Handwerker und Händler als auch der Klerus selbst, an die Strukturierung des täglichen Lebens durch die Kirche in den Gebetszeiten gebunden. Die Kirche forderte strenge Askese durch regelmäßiges Beten, damit die Volksmassen nicht vom Glauben abrücken. (…) Der weltliche Adel, also die Könige, Fürsten, Ritter und Lehnsherren, betätigte sich neben den Gebetszeiten zudem an Kriegen, Gerichts- und Hoftagen, sowie an Ritterspielen oder sonstigen Machtdemonstrationen.“[295]

Insbesondere wurde hier auf Augustinus verwiesen, der Askese, Kontemplation und Gebet als Wegbereiter für das Seelenheil ansah.[296]

Trotz des harten Lebensalltags vieler Menschen im Mittelalter kam der Vita contemplativa als Zeit, in der Gott gewürdigt wurde, höhere Wertschätzung als der Arbeit zu. Muße stand im Zusammenhang mit der Wahrheit und dem Seelenheil. So postulierte Augustinus:

> „Am Mußeleben soll nicht tatenloses Feiern anziehen, sondern die Erforschung und Aufdeckung der Wahrheit; in ihr soll man voranschreiten und seine Entdeckungen dem Nächsten nicht neidisch vorenthalten.“[297]

---

293 Huber 2007. URL (2014).
294 vgl. Lippl 1995, S. 38.
295 ebd., S. 40.
296 vgl. ebd., S. 38.
297 Augustinus: Zweiundzwanzig Bücher über den Gottesstaat. 19. Buch. URL (2018).

Benedikt von Nursia (480–547) wandte sich jedoch gegen eine zu starke Abkehr und Abwendung von der Arbeit. Er stellte die Forderung „ora et labora“ auf. Nach Benedikt von Nursia sollten Gebet und Arbeit die Bezugspunkte menschlicher Existenz sein, tradiert bereits in der Bibel.[298] Die arbeitsfreie Zeit sollte der Mensch somit Gott widmen und etwas für sein Seelenheil tun. Die Gleichwertigkeit von Arbeit und Gebet setzte sich allerdings nur in seinem Orden als Ordensregel durch.

So wird die Vorrangstellung der Vita contemplativa im Mittelalter auch an den Aussagen von Thomas von Aquin (1225–1274) deutlich. Dieser steht in der Traditionslinie von Aristoteles und verfolgt eine tendenziell frauen- wie auch sexualitätsfeindliche Haltung.[299]

Gott zu ehren, sich um sein Seelenheil zu bemühen und sein Leben zu erhalten, das waren die Aufgaben des Christenmenschen. Arbeit an sich hatte keinen Selbstzweck oder eigenen Stellenwert. So erschien ihm auch das Betteln als legitime Möglichkeit, sein Leben zu erhalten und galt ihm nicht als etwas Verachtenswertes.[300]

Die Gesellschaft war eine Ständegesellschaft, in der es nicht nur Unterschiede in Besitz, Privilegien, Macht und Bildung gab, sondern eben auch in der freien Zeit und Gestaltung jener. Der Klerus bildete den obersten Stand, darunter kam der weltliche Adel, gefolgt vom dritten Stand, den Handwerkern und Bauern.

Ansonsten unterlag die Zeitgestaltung der Menschen dem Rhythmus, den die Natur und die Jahreszeiten vorgaben. Ferner wurde das Arbeitsleben durch die Zünfte und Gilden im Handwerksbereich reguliert.[301]

Das „ganze Haus“ war eine das Mittelalter prägende Lebens- und Wirtschaftsform, bei der die Sphären Arbeit und Freizeit nicht strikt getrennt waren.[302] Zum „ganzen Haus“ gehörten alle Personen, die auf einem Hof lebten und die Grundlagen zur Existenzsicherung erwirtschafteten. Es war letztlich eine Lebens- und Arbeitsgemeinschaft, die streng dem Willen des Hofbesitzers unterworfen war.

Mußezeit im Sinne der Antike findet sich bei den einfachen Menschen nicht, sondern hier dient die freie Zeit in erster Linie der Erholung, um der harten Arbeit und dem Alltagsleben gewachsen zu sein. Allerdings gab es – ausgerichtet an den Jahreszeiten und der Natur – durchaus gesellige Stunden und

298 vgl. Lippl 1995, S. 39.
299 vgl. Kommentare von Prof. Helmut Bouzek (2011) zu Thomas von Aquin. URL (2014)
300 vgl. Lippl 1995, S. 39.
301 vgl. Prahl 2002, S. 92.
302 vgl. Küng 1971, S. 218.

„Freizeitaktivitäten“, die meist geschlechtstypisch ausgerichtet waren und implizit auch der Existenzsicherung dienten (Handarbeiten, Reparaturarbeiten, aber auch gemeinsames Musizieren …).

Doch zugleich wandelte sich der semantische Gehalt des mittelhochdeutschen Begriffs „muoze“, der im frühen Mittelalter die Bedeutung von „müssen“ besaß. Für den Klerus und die oberen sozialen Schichten verschob sich der Bedeutungsgehalt von „muoze“ im ausgehenden Mittelalter in Anlehnung an den antiken Mußebegriff in Richtung einer Bildungszeit.[303]

Folgt man Prahl, so war das Alltagsleben der Menschen durch zahlreiche Feiertage, Sonntage und Festtage unterbrochen, was dazu führte, dass die Handwerksmeister im Mittelalter, selbst bei einem Arbeitstag von 16 Stunden, nicht „länger als ihre Kollegen in der ‚nachindustriellen Freizeitgesellschaft‘“ arbeiteten – im 13. Jahrhundert ca. 2300 Stunden pro Jahr.[304] Im Hochmittelalter und der frühen Neuzeit kam es zu einem Aufblühen des Handels und der Städte. Erst allmählich bildete sich dann in den Städten das Bürgertum heraus.

Mit der Erfindung der Räderuhr – einem „Sinnbild der Mechanik“[305] – um das Jahr 1300 – die zunächst vor allem für die Regulierung der Gebetszeiten im Kloster bedeutsam war – bildete sich ein neues Zeiterleben und Zeitverständnis heraus. Das subjektive Zeitverständnis wurde einer abstrakten Ordnung und Rhythmisierung unterworfen.[306]

In der Konsequenz kommt es „zu einer Ökonomisierung, Profanisierung und Säkularisierung der Zeit, die vorher monopolartig von der Kirche bestimmt und umgriffen wurde“.[307] Zeit – somit auch Arbeits- und Freizeit – wurde zu einer berechenbaren (Wirtschafts-)Größe.

Ab dem 13./14. Jahrhundert finden sich in größeren Städten Turmuhren, somit schwindet zunehmend die zyklische Zeitvorstellung. Zeit wurde als etwas Lineares und Metrisches erlebt, rational planbar und somit veränderte sich die Arbeitswelt und der Umgang mit freier Zeit.[308] Für Bodo Lippl gereicht die Verbreitung der Turmuhren als Markstein für die Entstehung von Freizeit.

> „Die Turmuhren des Mittelalters waren für die Herrschenden Instrumente der sozialen Kontrolle, dienten aber auch bereits der Koordination der sozialen Handlungen der

303 vgl. Prahl 2002, S. 93.
304 Prahl 2002, S. 91.
305 Wittig 1997, S. 29.
306 vgl. ebd., S. 29.
307 vgl. Lippl 1995, S. 42.
308 vgl. ebd., S. 42.

> Menschen. Dieses neue lineare Zeitverständnis hat immense Auswirkungen auch auf den Freizeitbereich, denn mit der Berechenbarkeit der Zeit ist auch die „Entstehung der Freizeit" im modernen Sinn verbunden."[309]

Der Terminus „Freizeit" kann, wie in Kapitel zwei bereits angesprochen wurde, auf den mittelalterlichen Rechtsbegriff „Frey zeyt" (um 1350 entstanden), die Markfriedenszeit zurückgeführt werden. Sie begann nach Opaschowski am 7. September (Tag vor Maria Geburt), und sie ging bis zum 1. Oktober (Remigiusfest) und implizierte ein Zeitfenster („Frieden auf Zeit") erhöhter Sicherheit, in dem Waren gekauft und verkauft werden konnten.[310]

3.1.4 Frühe Neuzeit: Renaissance und Reformation

In der Renaissance kam es zu einer Wiederbelebung antiker Werte und Bildungsvorstellungen, einem neuen Lebensgefühl und zur Hinwendung zur Welt. Es wurden enorme Fortschritte im technischen, künstlerischen und wissenschaftlichen Bereich erzielt. Der Mensch verstand sich zunehmend als selbstbestimmtes und vernunftbegabtes Wesen, das die Welt gestalten kann. Es kam nicht nur die Hoffnung auf, die Welt durch Erkenntnisse der Naturwissenschaften verbessern zu können; auch die gesellschaftliche Ordnung wurde nach und nach immer stärker hinterfragt.

Das aktive Eingreifen, Dinge zu verändern und zu gestalten, wird zum neuen Leitbild. Die Kontemplation verliert an Bedeutsamkeit.[311]

Der Einfluss der Zünfte nimmt ab, erste Manufakturen (arbeitsteilig) entstehen, wodurch sich die Sphären von Arbeit und Freizeit (im Sinne freier Zeit jenseits der Erwerbsarbeit) trennten. Das „ganze Haus" sollte nach und nach – spätestens mit der Industrialisierung und Landflucht im 18. Jahrhundert – zu einer überkommenen Lebensform werden.[312] Neben einer weiteren Ausdifferenzierung der sozialen Schichten kam es zu einer „klassentypischen Differenzierung der Muße und Kultur"[313]. Der Adel und auch viele Kleriker konnten einen prunkvollen und freizeitbetonten Lebensstil öffentlich zelebrieren, der zugleich auch Ausdruck ihrer Macht und Herrschaft war (also Repräsentationszwecke implizierte).

---

309 ebd., S. 43.
310 vgl. Opaschowski 1996, S. 100.
311 Lippl 1995, S. 44.
312 vgl. ebd., S. 45.
313 Prahl 2002, S. 93.

Die Gestaltung der freien Zeit und deren Ausmaß waren von der Standeszugehörigkeit und dem Umstand, ob man auf dem Land oder in der Stadt lebte, abhängig:

- Die höfische Gesellschaft war weitgehend der Arbeit entbunden und konnte sich der Muße widmen, glanzvolle Feste feiern, Jagden veranstalten und ihren Besitz als Demonstration ihrer Macht und Bedeutsamkeit zur Schau stellen. Sie hatten die Muße für Musik, Kunst und Theater und andere kulturelle Vergnügungen.
- Die unteren sozialen Schichten und Handwerker kannten auch Spiel, Sport und Musik sowie das gesellige Beisammensein und Trinkgelage als „Freizeitgestaltung“. Dabei gab es sicherlich geschlechtstypische Ausprägungen.
- Das sich allmählich entwickelnde Bürgertum orientierte sich am höfischen Modell. So kam es auch zur Errichtung von Theatern, das Bürgertum partizipierte aber z.T. aber auch am Amüsement der unteren sozialen Schichten.[314]

Doch der Prunk auf der einen Seite und das Elend vieler einfacher Menschen auf der anderen Seite und die Dekadenz, die auch vor kirchlichen Würdenträgern nicht Halt machte, führten dazu, dass Kritik immer lauter wurde. So prangerte bereits Martin Luther (1483–1546) den Ablasshandel von Johann Tetzel an, stellte die Unfehlbarkeit des Papstes und anderer kirchlicher Vertreter infrage. Hierzu schlug er seine 95 Thesen an.

Des Weiteren forderte Martin Luther eine Elementarbildung für alle Menschen, damit ihnen der direkte Zugang zur Bibel ermöglicht sei. Bildung erfährt somit eine Aufwertung und sie setzt die partielle Freistellung der Kinder aus den alltäglichen Lebensnotwendigkeiten voraus. Die sehr dominante Ausrichtung auf ein Leben im Himmel oder im Fegefeuer, wird vom aufkommenden Protestantismus durch die Gnadenlehre Gottes korrigiert. Eine Zuwendung zur Welt – wie sie der Renaissance-Humanismus propagiert – wird nun für den Christenmenschen möglich.

Martin Luther teilte die Sichtweise von Hieronymus („Alle Werke der Gläubigen sind Gebet.“) und ein bereits bestehendes Sprichwort seiner Zeit („Wer treu arbeitet, der betet zweifach.“) und gelangt zu einer Wertschätzung der Arbeit.[315] Müßiggang lehnte er strikt ab:

314 vgl. Lippl 1995, S. 45; Prahl 2002, S. 95.
315 vgl. Huber 2007. URL (2014).

> „Denn Gott will keine faulen Müßiggänger haben, sondern man soll treulich und fleißig arbeiten, ein jeglicher nach seinem Beruf und Amt, so will er den Segen und das Gedeihen dazu geben. Der Mensch ist zur Arbeit geboren wie der Vogel zum Fliegen."[316]

Bodo Lippl weist darauf hin, dass es durch Martin Luther zwar eine theologische Legitimation der Vita activa gegeben, diese aber im Calvinismus eine Radikalisierung erfahren habe.[317] So bringt der Soziologe Max Weber in seinem Werk „Die protestantische Ethik und der Geist des Kapitalismus"[318] letztgenannten mit Johannes Calvin (1509–1564) und dem Calvinismus in Verbindung.[319]

Hierbei kommt der (doppelten) Prädestinationslehre (lateinisch: Vorherbestimmung) eine Schlüsselstellung bei der Aufwertung der Vita activa zu, denn Gottes Liebe und die Wohlgefälligkeit des Menschen zeigt sich an dem Erfolg des Menschen bereits hier auf Erden.

> „Unter Vorsehung verstehen wir Gottes ewige Anordnung, vermöge deren er bei sich beschloss, was nach seinem Willen aus jedem einzelnen Menschen werden sollte! Denn die Menschen werden nicht alle mit der gleichen Bestimmung erschaffen, sondern den einen wird das ewige Leben, den anderen die ewige Verdammnis vorher zugeordnet." (Institutio Christianae Religionis 3. 21. 5)."[320]

Calvin selbst betont die Gnade Gottes und lehnt die Vorstellung ab, dass der Mensch durch seine Taten gerechtfertigt wird. Er steht in der Traditionslinie mit Augustinus (354–430), erweiterte dessen Prädestinationslehre aber in der Auseinandersetzung mit Martin Luthers, Philipp Melanchthons (1497–1560), Martin Bucers (1491–1551) u.a. Positionen. Eine asketische Lebensführung und ein arbeitsames Leben sind die Konsequenz aus dieser Vorstellungswelt. In der Folgezeit wurde der Erfolg im Leben als Indiz und Selbstvergewisserung, ob man zu den von Gottes Gnade Auserwählten gehört.[321] Huber differenziert die Sichtweise Calvins von der Rezeptionsgeschichte:

> „Der Erfolg der Arbeit als gewisses Zeichen der persönlichen Erwählung durch Gott tritt erst bei den Nachfolgern Calvins beziehungsweise im englischen Puritanismus ins Zentrum der theologischen Interpretation der Arbeit."[322]

---

316 Richardt 2011, S. 84; Website otium-bremen.de. URL (2014).

317 vgl. Lippl 1995, S. 46.

318 Weber 1904/5; 2016.

319 vgl. ebd.; auch Giesecke 1983, S. 16.

320 Calvin, J. (1559/1997): Institutio Christianae Religionis, zit. nach Schäfer 2015. URL (2018).

321 vgl. Schäfer 2015, URL (2018); Giesecke 1983, S. 16.

322 Huber 2007. URL (2014/2018).

Die Geldwirtschaft und das protestantische Arbeitsethos sollen die geschichtliche und gesellschaftliche Entwicklung nachhaltig prägen. Max Weber sieht hierin eine Wurzel des Kapitalismus begründet.

Der ehemalige ev. Landesbischof Wolfgang Huber (*1942) stellt heraus, dass sich damit nicht nur ein Bedeutungszuwachs der Vita activa verbindet, sondern das protestantische Arbeitsethos die „rationale Kontrolle der Welt", eine asketische Lebensführung und die Aufgabe, sich im Beruf zu bewähren, erfolgreich zu sein, impliziere.

> „Der Gedanke, dass die Tüchtigkeit in der weltlichen Arbeit als Zeichen der göttlichen Erwählung angesehen werden kann, hat drei Verhaltensformen zur Folge, von denen Max Weber zu Recht festgestellt hat, dass sie den Entwicklungsimperativen des Kapitalismus wahlverwandt sind, nämlich die rationale Kontrolle der Welt, die innerweltliche Askese und die Bewährung im Beruf. Der Zug zur wissenschaftlichen Bemächtigung der Natur, die nur so der Verherrlichung Gottes dienstbar gemacht werden kann, der antihedonistische Zug, der bewussten Konsumverzicht und rational geplantes Gewinnstreben miteinander verbindet, und eine individualistische Vorstellung von der Bewährung im Beruf verbinden sich miteinander."[323]

Arbeit avancierte infolge der Reformation zunehmend zum Lebenszweck und verband sich mit dem Leistungsgedanken.[324] Besonders deutlich wird dies in der Rezeption des Calvinismus' in England. Hier entwickelte sich der Puritanismus, der sich durch die „Pilgrim Fathers" seit dem 17. Jahrhundert in Amerika ausbreitete. So kam es zunehmend zu einer radikalen Abwertung der Vita contemplativa, aus dem einst hoch angesehenen antiken Mußebegriff wird der Müßiggang[325], der als Laster galt. Arbeit wird zur „neuen Religion".[326] Auch in Deutschland standen Vertreter des Pietismus, wie August Hermann Francke (1663–1727), dem „Müßiggang" sehr kritisch gegenüber, Freizeit im Sinne freier Zeit wurde negativ belegt und im Sinne einer religiösen „Rüstzeit" (statt individueller Freizeit, Exerzitien, Gebetsstunden, Erbauungsstunden, Rekreationsstunden…) vereinnahmt, Fleiß, Arbeitsamkeit und Pflichtgefühl waren zentrale Erziehungsziele.[327]

> „Jede Art individueller Freizeitbeschäftigung war verboten; es gab keinen freien Sonntag und keine Ferien. Kindliche Spiele wurden als Eitelkeit und Torheit ausgelegt."[328]

---

323 ebd..
324 vgl. Prahl 2002, S. 94.
325 vgl. ebd., S. 94.
326 Huber 2007.
327 vgl. Opaschowski 1976, S.25f.
328 ebd., S.25.

Sigrun Agricola kommt in ihrem Handbuch „Freizeit. Grundlagen für Planer und Manager" zu dem Ergebnis, dass „Muße (…) von der Reformation an ‚säkularisiert' [wurde]."[329] Damit wurde der Mußebegriff profan und verlor an Dignität und Bedeutsamkeit. (vgl. hierzu auch Kap. 3.3)

Für Horst Opaschowski entstand die Freizeit als eine Folge der Reformation, als Folge einer „Polarisierung von öffentlicher Pflicht und privater Neigung"[330] sowie als Gegenbild zur Arbeit. Hierbei bezieht sich Opaschowski auf den Soziologen und Nationalökonom Max Weber (1864–1920).[331] Wolfgang Nahrstedt kritisiert in seinem Werk „Leben in freier Zeit" Opaschowskis Position als verkürzt und hebt stärker die Bedeutsamkeit der Aufklärung hervor.[332]

Hermann Giesecke (*1932) betont, dass „moderne Vorstellungen wie die Trennung von Arbeit, Freizeit und Religiosität oder eine das öffentliche Verhalten parzellierende Rollentheorie, wie überhaupt die Definition des Menschen als Individuum, als außerhalb seiner zugehörigen sozialen Kontexte zu verstehendes Rechtssubjekt und Rechtsobjekt, (…) in dieser Form unbekannt [waren]"[333].

3.1.5 Zum Stellenwert der Arbeit im Zeitalter der Aufklärung und Industrialisierung

Die beginnende Industrialisierung führte zu einer Ausdehnung der Arbeitszeiten und einer Reduktion der Ruhetage, ein Phänomen, das bereits seit dem 15. Jahrhundert zu konstatieren war.[334] Die veränderten Arbeits- und Produktionsbedingungen blieben nicht ohne Rückwirkungen auf die private Lebensführung und somit auch die Freizeit.

> „Das vom Staat geförderte Manufakturwesen kam ohne die Kinder gar nicht aus. In den Armen-, Zucht- und Waisenhäusern, welche die Nöte der Dorf- und Stadtarmut zu lindern versuchten, stand die Erziehung zu Fleiß und Erwerbstätigkeit im Mittelpunkt. Dort sollten Kinder durch Arbeit und strenge Regeln lernen, von eigener Anstrengung und Arbeit zu leben und nicht von Almosen."[335]

Auf der anderen Seite wurde mit dem Erstarken des Bürgertums und dem Zuwachs an materiellen Grundlagen in den Städten das „Mußemonopol der

---

329 Agricola 2001, S. 81.
330 Opaschowski 1976, S.21f.
331 siehe weiterführend: Weber 1986, S. 17–30.
332 vgl. Nahrstedt 1990, 81f.
333 Giesecke 1983, S. 17.
334 vgl. Opaschowski 2008, S. 29.
335 Bönig 2012; URL (2014).

herrschenden Klasse“[336] – besser gesagt das des Adels und Klerus‘ – unterminiert. Bildung wurde zur Grundlage von Leistung und gewann zunehmend an Bedeutsamkeit. So wundert es nicht, dass Gesprächszirkel, Salons, aber auch Kaffeehäuser populär wurden und einmal mehr, einmal weniger der Bildung und/oder Unterhaltung dienten. Gedanken der Aufklärung wurden hier nicht selten zum Gesprächsgegenstand.

Die Frage nach der Freiheit des Menschen, seiner Autonomie und Mündigkeit, gehörten zu den brennenden Fragen der Zeit. So beantwortete Immanuel Kant (1724–1804) die Frage „Was ist Aufklärung?“[337] wie folgt:

> „Aufklärung ist der Ausgang des Menschen aus seiner selbstverschuldeten Unmündigkeit. Unmündigkeit ist das Unvermögen, sich seines Verstandes ohne Leitung eines anderen zu bedienen. Selbstverschuldet ist diese Unmündigkeit, wenn die Ursache derselben nicht am Mangel des Verstandes, sondern der Entschließung und des Muthes liegt, sich seiner ohne Leitung eines anderen zu bedienen. Sapere aude! Habe Muth, dich deines eigenen Verstandes zu bedienen! ist also der Wahlspruch der Aufklärung.“[338]

Da dieser Wahlspruch im beruflichen Leben nur bedingt Realisierung erfahren konnte, unterscheidet er den Gebrauch der Vernunft in privater und in öffentlicher Hinsicht und plädiert an die Verantwortung der Gelehrten, ihre „uneingeschränkte Freiheit“ für die Beförderung der Aufklärung zu nutzen.

> „Zu dieser Aufklärung aber wird nichts erfordert als Freiheit; und zwar die unschädlichste unter allem, was nur Freiheit heißen mag, nämlich die: von seiner Vernunft in allen Stükken öffentlichen Gebrauch zu machen. Nun höre ich aber von allen Seiten rufen: räsonniert nicht! Der Offizier sagt: räsonniert nicht, sondern exerzirt! Der Finanzrath: Räsonnirt nicht, sondern bezahlt! Der Geistliche: räsonnirt nicht, sondern glaubt! (Nur ein einziger Herr in der Welt sagt: räsonnirt, so viel ihr wollt, und worüber ihr wollt; aber gehorcht!) Hier ist überall Einschränkung der Freiheit. (…) Der Gebrauch also, den ein angestellter Lehrer von seiner Vernunft vor seiner Gemeinde macht, ist bloß ein Privatgebrauch, weil diese immer nur eine häusliche, obzwar noch so große Versammlung ist; und in Ansehung dessen ist er, als Priester, nicht frei, und darf es auch nicht sein, weil er einen fremden Auftrag ausrichtet. Dagegen als Gelehrter, der durch Schriften zum eigentlichen Publikum, nämlich der Welt spricht, mithin der Geistliche im öffentlichen Gebrauche seiner Vernunft, genießt einer uneingeschränkten Freiheit, sich seiner eigenen Vernunft zu bedienen und in seiner eigenen Person zu sprechen.“[339]

---

336 vgl. Lippl 1995, S. 48.
337 Kant 1784, S. 481–494. URL (2018).
338 ebd., S. 481. URL (2018).
339 ebd., S. S. 484; 487. URL (2018).

Carius und Gernig interpretieren die Aussagen Kants dahingehend, dass er „neben dem Beruf einen Bereich der ‚uneingeschränkten Freiheit‘ für den kritischen, öffentlichen Gebrauch der Vernunft geschaffen sehen [wollte], da die täglichen (beruflichen) Verpflichtungen dem Individuum keine Möglichkeit ließen, sich der Aufklärung zu widmen (1784, S. 493).“[340]

In Freiräumen könne sich das Individuum Fragen der Aufklärung widmen. Doch ging es bei der antiken Mußevorstellung um einen philosophischen Lebensstil und die Frage nach dem Wahren und Guten, stand nun die Frage nach der menschlichen Existenz, des menschlichen Erkenntnisvermögens und der Freiheit des Willens im Vordergrund.

Lippl weist darauf hin, dass sich der Arbeitsbegriff selbst zunehmend wandelt, sich von einer in erster Linie körperlich orientierten Vorstellung von Arbeit auch auf die geistige Arbeit ausdehnte. Dies spiegelt sich insbesondere bei Kant wider, der die geistigen Erkenntnisprozesse betont und auch dies als Aktivität und Arbeit betrachtet.[341]

Die Gedanken der Aufklärung verbinden sich mit den Gedanken der Menschenrechte und der Kritik am Absolutismus bzw. der Monarchie und der Ständegesellschaft. So kommt es 1776 in Amerika zur „Declaration of Independence“ und somit Lösung von der englischen Krone, in Frankreich im Jahr 1789 zur Französischen Revolution.

Bisherige Herrschafts- und Gesellschaftsverhältnisse werden zunehmend kritisch hinterfragt, was nicht ohne Rückwirkungen auf die Gestaltung der Erwerbsarbeit blieb.

> „Seit dem 18. Jahrhundert und vor allem dann im 19. Jahrhundert wandelt sich die noch ständisch organisierte und feudal-staatlich regierte spätmittelalterliche Agrargesellschaft immer mehr zu einer liberal-wirtschaftlichen Industriegesellschaft.“[342]

Als Meilensteine sind hier die Bauernbefreiung und die Durchsetzung der Gewerbefreiheit zu nennen, die zu einer Liberalisierung der Märkte beitrugen. Damit wurde auch der Umgang mit Zeit ein anderer. Diese veränderte Perspektive verdichtet sich im geflügelten Wort „Zeit ist Geld“, das auf Benjamin Franklin (1706–1790) zurückgeführt wird. In seinem Werk „Advice to a Young Tradesman“ schrieb er 1748:

340 vgl. Carius/Gernig 2010, S. 20.
341 vgl. Lippl 1995, S. 48f.
342 ebd., S. 50.

> „Remember that Time is Money. (...) In short, the Way to Wealth, if you desire it, is as plain as the Way to Market. It depends chiefly on two Words, INDUSTRY and FRUGALITY; i.e. Waste neither Time nor Money, but make the best Use of both."[343]

Obgleich sich bereits im Hochmittelalter und der frühen Neuzeit Ansätze des Frühkapitalismus zeigen, expandiert das kapitalistische Denken im Zeitalter der Industrialisierung. In diesen Gedankengang passt die Vorstellung nicht, Zeit „unproduktiv" zu nutzen. Freizeit und Mußezeit erfuhren eine Abwertung und vertrugen sich nicht mit dem protestantischen Arbeitsethos, das eine Säkularisierung erfuhr und sich nicht nur auf Protestanten/Christen bezieht.

> „Zur industriellen Arbeit gehört die Trennung von Arbeitsplatz und sonstigem Leben, strenge zeitliche Regelung und Begrenzung des Arbeitsablaufes, optimale Teilung der Arbeit."[344]

Doch von dieser Entwicklung konnten nicht alle Menschen in vergleichbarer Weise profitieren. Vielmehr führte die Industrialisierung, verbunden mit einem enormen Bevölkerungswachstum, zur Verelendung vieler Menschen. Es gab mehr Arbeitskräfte als benötigt, was zum „Lohndumping" gereichte. Allein in den Jahren 1820 bis 1840 war die Bevölkerung von 24 auf 31 Millionen Menschen im Deutschen Bund angewachsen.[345]

> „Der wachsenden Bevölkerung stand keine ausreichende Anzahl von Arbeitsplätzen zur Verfügung – es konnten schätzungsweise nur 80 Prozent der Arbeitswilligen beschäftigt werden. Daher wurde seit 1830 der Pauperismus, die Massenarmut, zum sozialen Problem. Über die Hälfte der Bevölkerung lebte unter dem Existenzminimum, zwei Drittel des kärglichen Lohns mussten für Lebensmittel aufgewendet werden. Missernten und Hungerkatastrophen verschärften in den Jahren 1845 bis 1847 zusätzlich das Elend."[346]

Die zunehmende Freisetzung aus traditionellen Bindungen gereichte nicht für alle Menschen zu einem besseren Leben. Die Ausbeutung der Industriearbeiter zeigte sich in einer täglichen Arbeitsdauer von zwöl bis siebzehn Stunden, ohne damit die Grundlage einer einigermaßen gesicherten Existenz für die Familie erwirtschaften zu können.[347] Bis zu 70 % des Einkommens mussten die Arbeiter

---

343 Franklin 1748. URL (2014).
344 Giesecke 1983, S. 14.
345 vgl. Koops 2002. URL (2014).
346 Koops 2002, S. 1f. URL (2014).
347 vgl. ebd., S. 2.

für Nahrung ausgeben, woran die Problematik besonders deutlich wird.[348] An Freizeit war hier nicht zu denken, zumal Frauen und Kinder bei gleicher Arbeitszeit weniger verdienten, Prostitution im 19. Jahrhundert gar zu einem „Massenphänomen“ der verelendeten Frauen wurde.[349]

Ab 1837 wurde die Kritik am Pauperismus und den sozialen Problemen der Lohnarbeiter im Parlament eingebracht.

> „So kommt es im Jahr 1837 erstmals zu einer parlamentarischen Debatte um die „Soziale Frage“. Der Badener Professor und Politiker Franz Joseph Buß fordert, die Kinderarbeit einzuschränken und die Arbeitszeit für Erwachsene auf 14 Stunden zu begrenzen.“[350]

Arbeitszeit – und somit auch indirekt Freizeit – wurde zu einer sozial-politischen Frage. Karl Marx (1818–1883) wie auch Friedrich Engels (1820–1895) machten den Kapitalismus und die Religion für die Verelendung der Arbeiterschaft und den „Zerfall der Arbeiterfamilie“ verantwortlich. [351] Marx avancierte zum bedeutsamsten Vertreter des Kommunismus und lieferte ein ideologisches Fundament für die Arbeiterbewegung. Marx beklagte die „Entfremdung“ der Arbeit im Kapitalismus. Diese Ideen waren sozialer und politischer Sprengstoff.

Der Kampf um bessere Arbeitsbedingungen konnte erst nach und nach Erfolge erzielen: So verringerte sich die Arbeitszeit zwischen 1860 von durchschnittlich 78 bis 90 Wochenarbeitsstunden eines Industriearbeiters auf 60 bis 65 Stunden im Jahr 1900/05. Unter Reichskanzler Otto von Bismarck zeichneten sich durchaus auch Erfolge im Bereich der Sozialgesetzgebung ab: Die Einführung der Krankenversicherung im Jahr 1883, eine Absicherung im Alter (Rentenversicherung 1889) und Unterstützung bei einem Arbeitsunfall (Unfallversicherung 1884) sollten dabei helfen, das größte Elend zu vermeiden.[352] Dabei muss auch erwähnt werden, dass die Gewerkschaften und die sozialistische Bewegung viele Menschen – letztlich in ihrer „Freizeit“ – ansprach, d.h. Freizeit vielfach politisch wurde.

Nach und nach wurden auch Gesetze zum Jugendarbeitsschutz erlassen, die die Arbeitszeit begrenzten. Als Beispiel sei hier auf das „preußische Regulativ zur Beschäftigung jugendlicher Arbeiter“ aus dem Jahr 1839 verwiesen, das die

---

348 vgl. Stiftung Jugend und Bildung in Zusammenarbeit mit dem Bundesministerium für Arbeit und Soziales (Hrsg.) (2014). Sozialgeschichte. Ein Arbeitsheft für die Schule. S. 13.

349 vgl. ebd., S. 39; Hering/Münchmeier 2007, S. 24f.

350 Stiftung Jugend und Bildung …2014, S. 10.

351 vgl. ebd., S. 40.

352 vgl. ebd., S. 18.

tägliche Arbeitszeit bei Jugendlichen unter 16 Jahren auf zehn Stunden begrenzen sollte und die Arbeit von Kindern unter neun Jahren in Fabriken verbot.[353] Dabei war dies weniger humanistischen Einstellungen geschuldet, als vielmehr der Feststellung, dass die militärische Tauglichkeit durch die hohe und frühe Arbeitsbelastung nicht mehr hinreichend gegeben war.

Im Jahr 1891 fand in Berlin eine Internationale Arbeitsschutzkonferenz statt. Die „Novelle zur Reichsgewerbeverordnung" (1891) implizierte u.a.:

- „Kinder unter 13 Jahren dürfen nicht in Fabriken beschäftigt werden.
- Sonntagsarbeit ist für Kinder verboten.
- Kinder von 13 bis 14 Jahren dürfen maximal sechs Stunden, Jugendliche bis 16 Jahren zehn Stunden täglich arbeiten.
- Nachtarbeit für Jugendliche ist untersagt.
- Die Arbeitszeit für Frauen ist auf elf Stunden täglich begrenzt."[354]

Für Giesecke markiert die am 01.04.1892 in Kraft getretene „Novelle zur Reichsgewerbeverordnung" den Beginn der Freizeitforschung bzw. wissenschaftlichen Auseinandersetzung mit Freizeit.[355] Freizeit wurde zu einem öffentlichen und pädagogischen Thema – verbunden mit der „Arbeiterfrage".

> „Die ‚Centralstelle für Arbeiterwohlfahrtseinrichtungen' hielt am 25. und 26.4.1892 eine Konferenz ab über ‚die zweckmäßige Verwendung der Sonntags- und Feierzeit'. Die ‚Centralstelle', 1891 gegründet (ab 1906 ‚Centralstelle für Volkswohlfahrt'), war eine halbamtliche Arbeitsgemeinschaft, in der die verschiedenen Bestrebungen zur Lösung der ‚Arbeiterfrage' koordiniert und beraten werden sollten. Der Bericht über diese Konferenz (Centralstelle... 1893; dazu Reulecke 1980) darf als die erste wichtige freizeitpolitische Quelle angesehen werden."[356]

Doch der Zugewinn an freier Lebenszeit führte nicht selten zu Problemen, letztlich konnten die Missstände nicht so schnell beseitigt werden. Die immer noch bestehende Verelendung vieler Arbeiter bedingte, dass die Wohn- und Lebensverhältnisse kaum mehr ein Familienleben zuließen. In Mietskasernen lebte oftmals eine ganze Familie zusammengepfercht in nur einem Raum, teilweise wurde ein Bett an „Schlafgänger" vermietet, wenn es gerade nicht belegt war. Von einer gemeinsamen Freizeitgestaltung konnte hier kaum gesprochen werden. Kneipen und Wirtshäuser blühten auf, Alkoholismus war ein weitverbreitetes

353 vgl. Stiftung Jugend und Bildung ...2014, S. 10.
354 ebd., S. 20.
355 vgl. Nahrstedt 1990, S. 79.
356 Giesecke 1983, S. 29.

Problem. Unterschiedliche Interessenverbände forderten eine sinnvolle Nutzung der freien Zeit der Lohnarbeiter.

> „Gewerkschaften und Arbeiterparteien forderten zunächst eine sinnvolle Nutzung der freien Zeit der Arbeiter für Bildung, um gesellschaftlich mit dem Bürgertum konkurrieren zu können. Die Forderung nach gesundheitlicher Regeneration und Erholungsmöglichkeit in der Freizeit durch die Kirchen und die Liberalen konnte sich jedoch zunächst durchsetzen."[357]

Es wurde vermehrt von verschiedenen Kreisen nach sozialer Kontrolle der Freizeit und des Konsums laut. Es entstanden Sozial- und Kontrollinstanzen, die auch die freie Zeit und Lebensweise reglementieren wollten.[358]

Die soziale Schere war immens, neben dem Elend des einfachen Lohnarbeiters entwickelte sich auch eine Schicht von Beamten und Angestellten im Verwaltungsbereich. Das Bürgertum gewann an Gestaltungsfreiräumen der freien Zeit, die nicht nur als Bildungszeit genutzt wurde.

> „Nicht zuletzt dadurch erlebte auch das Vereinswesen zunächst im Bürgertum, den Beamten und Angestellten und später auch in der Arbeiterschaft eine Blüte, indem fast die gesamte Zeit außerhalb des Arbeitsprozesses für diverse Vereine aufgewandt wurde. In dieser Zeit entstanden beispielsweise der Deutsche Sängerbund und die Deutsche Turnerschaft."[359]

Freizeit im heutigen Verständnis setzt somit die Erwirtschaftung eines materiellen Überschusses voraus, d.h. allein mit den pekuniären Grundlagen zur Existenzsicherung konnte kaum an den Freizeitaktivitäten der bürgerlichen Schicht partizipiert werden.

Erst im Jahr 1918/1919 konnte der Achtstundentag erzielt werden[360], den bereits Jan Amos Comenius (1592–1670) forderte. Dabei ist zu bedenken, dass es schon zu Beginn der Weimarer Republik hohe Arbeitslosenzahlen gab, und es vielfach zu Kurzarbeit kam.

Die Zahl der Arbeitslosen wuchs von 215.000 im Jahr 1922 auf 818.000 im Jahr 1923 an und erreichte 1932 mit 5.603.000 einen vorläufigen Höchststand. [361]

---

357 Lippl 1995, S. 56.
358 vgl. Torp 2011. S. 245.
359 Lippl 1995, S. 56.
360 vgl. hierzu auch die Darstellung auf: Lebendiges Museum Online – LeMo: Chronik 1919 Weimarer Republik: Achtstundentag. URL (2017); LeMO: Der Kampf um den Achtstundentag. URL (2018).
361 vgl. Stiftung Jugend und Bildung …2014, S. 27.

Mit den Folgen der Weltwirtschaftskrise gab es plötzlich weit mehr „Freizeit“ als erwünscht war. Not und Verzweiflung bestimmten jene „freie Zeit“.

Freizeit wurde international zu einem öffentlichen Thema. Die freie Zeit der Arbeiter wurde zunehmend zum Politikum, doch die Vorschläge blieben eher unverbindlich.

> „Mit der zunehmenden Freizeit der Industriearbeiter, vor allem nach der Annahme des Abkommens über den Achtstundentag durch das Internationale Arbeitsamt (IAA), gewann die Frage nach ihrer Organisation und Nutzung auch international an Bedeutung. Die wohl älteste internationale Initiative, der ‚Vorschlag betreffend die Benützung der freien Zeit der Arbeiter‘ wurde auf der sechsten Jahrestagung des IAA, die vom 16. Juni bis 5. Juli in Genf stattfand, gestartet.“[362]

Nachfolgende Abbildung gibt einen Einblick in die Entwicklung der Arbeitszeiten bei Beschäftigten in der Industrie.

Jahreszahlen	**Durchschnittliche effektive Wochenarbeitszeit der abhängig Beschäftigten in der Industrie**
1830-1860	80-90 Stunden pro Woche
1901-1910	58-61 Stunden pro Woche
1919-1923	48 Stunden pro Woche
1931	41,4 Stunden pro Woche
1940	50,1 Stunden pro Woche
1947	39,1 Stunden pro Woche
1950	48,0 Stunden pro Woche
1967	42,3 Stunden pro Woche
1970	44,0 Stunden pro Woche
1975	40,5 Stunden pro Woche
1999	36,7 Stunden pro Woche

Abb. 9: Wochenarbeitszeit abhängig Beschäftigter der Industrie (nach Prahl 2002, S. 101)

Erst zwischen 1924 und 1929 konnte nach der Inflation wieder ein wirtschaftlicher Aufschwung spürbar werden. In den sogenannten „Goldenen Zwanzigern“ wuchs die Experimentierfreude. Gegen alle gesellschaftlichen Konventionen wurde eine neue Freiheit und ein neues Selbstbewusstsein – insbesondere auch

362 Linne 1936, S. 153. URL (2018).

von Frauen - gesucht. Der Einfluss der amerikanischen Kultur zeigt sich u.a. an der Musik (Jazzmusik, Swing...), dem Tanz (Charleston), den Revueshows und Lichtspielhäusern (Tonfilm ab 1927), die dem modernen großstädtischen Leben neuen Glanz verliehen. Der „Lebenshunger" der Menschen nach Zeiten des Krieges und der Inflation fand neuen Ausdruck. Berlin wurde zu einer (freizeit-)kulturellen Metropole und aus Sicht konservativer Kreise und insbesondere auch der ländlichen Bevölkerung[363] zum damaligen „Sündenpool"[364].

> „Berlin verfügte in den 1920er Jahren über 49 Theater, drei Opernhäuser, drei Revuetheater und drei Varietés. Daneben beherbergte die Stadt 37 Filmgesellschaften und 1.000 Verlage."[365]

Es bleibt auch festzuhalten: Die Expansion der industriellen Produktion markiert auch der Beginn des „Konsumzeitalters", was auch an dem Aufblühen der Reklame und Werbebranche in der Weimarer Zeit deutlich wird.

> „Während der Weimarer Republik setzte sich verstärkt ein Bewusstsein für freizeitliche Aktivitäten durch, so dass sich seit 1918 eine immer rascher ausbreitende Vergnügungsindustrie entwickelte, die selbst in den wirtschaftlich schlechten Zeiten blühte. Allerdings blieb das freizeitliche Vergnügen in den neu entstandenen Amüsierkabaretts, Nackttanzlokalen und Bars während der Inflationszeit vornehmlich dem wohlhabenden Publikum, Spekulanten und Offizieren vorbehalten. Erst nach der Währungsstabilisierung wurde Freizeitvergnügen nicht mehr nur von einer kleinen exklusiven Schicht wahrgenommen: jetzt entwickelte es sich zu einem Massenphänomen, dem allerdings vornehmlich Großstädter nachgingen."[366]

Um zum Konsumenten werden zu können, muss der Mensch zum einen über Geld, zum anderen aber auch über freie Zeitfenster verfügen. Freizeit wird in diesem Sinne auch kommerzialisiert: Angebote für Unternehmungen in der Freizeit werden entwickelt. Zugleich wurden die aufkommenden Massenmedien zu Propagandazwecken genutzt. [367] Insbesondere die Jugend wollte man vor „sittlichen Gefahrenmomenten" schützen:

> „War ‚Jugendschutz' bis dahin im wesentlichen als ‚Jugendarbeitsschutz' verstanden worden - davon war bereits die Rede - so kam nun eine Art von ‚Jugendfreizeitschutz' hinzu, dem im Grunde der gesamte kommerzielle Freizeitbereich als

---

363 vgl. Knortz 2010, S. 151.
364 vgl. Gordon 2011.
365 Knortz 2010, S. 151.
366 Knortz, 2010, S. 151.
367 vgl. Torp 2011, S. 274f.

jugendgefährdend erschien, vor allem der Film, das Schrifttum und die Orte und Lokale des Amüsements."[368]

Doch es gab auch noch eine andere Seite der „Freizeitkultur" - aufblühend vor dem Ersten Weltkrieg: Während der „Epoche der Reformpädagogik" (1890–1933) gewann die Frage nach einer „neuen" Bildung und Erziehung im Kontext der Kulturkritik und Lebensreformbewegung an Bedeutsamkeit. Dabei war die reformpädagogische Bewegung und Kritik an den bestehenden Erziehungspraktiken und Schulen keineswegs auf Deutschland begrenzt.[369]

Die Lebensphase Jugend wurde zu einem wissenschaftlichen Forschungsgebiet: Eduard Spranger (1882–1963) - „Psychologie des Jugendalters" (1924); Charlotte Bühler (1893–1974) - „Das Seelenleben des Jugendlichen" (1921) u.a. Es wurde versucht, sich dem inneren Erleben der Jugend u.a. durch die Analyse von Tagebüchern anzunähern.

Vielen Reformpädagogen ging es um eine „natürliche" Erziehung und den Lebensweltbezug. In Ansätzen der Landerziehungsbewegung verschmelzen letztlich Arbeit, Bildung und Freizeit miteinander. Maria Montessori (1870–1952) spricht von der Arbeit des Kindes und meint hiermit alle Aktivitäten, die das Kind ausübt, um seinen „inneren Bauplan" zu verwirklichen.[370]

1896 wurde der „Wandervogel" von Hermann Hoffmann(-Fölkersamb) (1875–1955) in Berlin-Steglitz ins Leben gerufen, 1901 durch Karl Fischer (1881–1941) in einen Verein überführt.

Charakteristikum der „Wandervögel" war, dass diese ausgedehnte Fahrten in die Natur unternahmen, einer einfachen, nicht durch die (bürgerlichen) Konventionen der Erwachsenen verstellten, Lebensform nachspürten. Es kam zur Gründung zahlreicher Wandergruppen und auch Abspaltungen vom ursprünglichen „Wandervogel".[371]

Retrospektiv betrachtet sind die Jugendverbünde durchaus auch kritisch zu sehen, zumal sich hierin in erster Linie junge Männer zusammenschlossen.[372] Dennoch weist Barbara Stambolis (*1952) darauf hin, dass es 1905 zur Gründung des „Bund[s] der Wanderschwestern" und 1914 des „Deutschen Mädchen-Wanderbundes" kam.[373]

---

368 Giesecke 1983, S. 50.
369 siehe hierzu weiterführend: Röhrs 2001.
370 siehe hierzu weiterführend: Montessori 2001.
371 vgl. weiterführend hierzu: Schreiber 2014. URL (2017).
372 vgl. Schreiber 2014, S. 11. URL (2017).
373 Stambolis 2013, S. 39.

Dennoch stellte diese Bewegung eine Form der Kulturkritik der jungen Generation dar, die sich in ihrer Freizeit auf die Suche nach Verlorengegangem machte: Freiheit der jungen Generation gegenüber der älteren, Natur, Gemeinschaft, Ursprünglichkeit, Körperlichkeit... Selbstbestimmung.

Die Wandervogelbewegung war ein zentraler Bestandteil der deutschen Jugendbewegung, in der das – später vom Nationalsozialismus pervertierte Credo „Jugend durch Jugend geführt" – galt.

> **„Die Freideutsche Jugend will aus eigener Bestimmung, vor eigener Verantwortung, mit innerer Wahrhaftigkeit ihr Leben gestalten. Für diese innere Freiheit tritt sie unter allen Umständen geschlossen ein. Zur gegenseitigen Verständigung werden Freideutsche Jugendtage abgehalten. Alle gemeinsamen Veranstaltungen der Freideutschen Jugend sind alkohol- und nikotinfrei."** (Mittelstraß/Schneehagen, Freideutscher Jugendtag, S. 8, zit. nach Dudek 2014, S. 76)

Abb. 10: Formel der „Freideutschen Jugend"[374]

Kameradschaft, Bewegung und Körperlichkeit, Natur und das volkstümliche Leben waren wichtige Momente der Wandervogelbewegung. Die Ausflüge fanden in den Ferien oder an den Wochenenden statt, hatten durchaus Bildungswert und sollten auch die Persönlichkeitsentwicklung fördern. Selbsterziehung in der Gemeinschaft von Gleichaltrigen wurde hier der konservativen und autoritären Erziehungspraxis des Wilhelminischen Kaiserreichs entgegengehalten. Volksmusik, volkstümliche Kultur, das Kunsthandwerk etc. fanden hier erneute Wertschätzung und wurden zur Beschäftigung in der freien Zeit.

> „Der Wandervogel konnte auch als ein Gegengewicht zum disziplinierten und theoretischen Schulunterricht wahrgenommen werden, denn die Fahrten ermöglichten nicht nur ein enormes Maß an Freiheit, sondern auch unvermitteltes Erleben und Erfahren."[375]

374 siehe weiterführend: Reble 2016.
375 Schreiber 2014, S. 81. URL (2017).

In der Folgezeit wurden viele weitere Jugendverbände gegründet, es kam 1913 zum lockeren Zusammenschluss zur „Freideutschen Jugend“.[376]

Insofern erscheint es legitim, hier auch von einer großen „Freizeit-Bewegung“ der Jugend zu sprechen. Allerdings war im Wandervogel wie in der Jugendbewegung überwiegend die bürgerliche Jugend (Gymnasiasten und Studenten) vertreten, da die Volksschüler nicht über so viel frei disponierbare Zeit verfügten und andere Interessenschwerpunkte hatten. Dabei darf nicht übersehen werden, dass sich hier Momente der Kulturkritik und Lebensreform mit der (bürgerlichen) Jugendbewegung verbunden hatten, die durchaus völkische und nationale Züge trug und kritisch im Hinblick auf ihre wegbereitende Funktion für den Nationalsozialismus in neuerer Forschung diskutiert wird.[377]

Neben der (bürgerlichen) Jugendbewegung kam es während der Weimarer Republik auch zum Aufblühen politischer Vereinigungen und dem Bestrebungen zu mehr Volksbildung. Arbeitervereine versprachen Geselligkeit, und ein politisches Anliegen war es, über die Vereine ein „proletarisches Klassenbewusstsein“[378] zu fundieren. Im Grunde genommen ging es um die „soziale Frage“ und deren (politische) Lösung.

Erste katholische Arbeitervereine entstanden bereits im Kontext der 1848er-Revolution, Adolph Kolping (1813–1865)[379] wäre als Gewährsmann der Gesellenvereine zu nennen und auch der katholische Bischof Wilhelm Emanuel von Ketteler (1811–1877)[380] steht für die Gründung und Ausbreitung christlich-sozialer Vereinigungen, die konfessionelle Schranken überwinden sollten.[381]

Zudem bestand stets das Begehren Erwachsener, auf die Gestaltung der freien Zeit der Jugend einzuwirken. Exemplarisch sei hier auf folgende Initiativen verwiesen, die sich mit der Gestaltung der freien Zeit Jugendlicher (zu bestimmten Zwecken) befasst haben:

General Robert Baden-Powell (1857–1941)[382] legte mit seiner Schrift „Scouting for Boys“ (1908) den Grundstein für die Gründung zahlreicher

---

376 vgl. Reble 2009, S. 272ff.; vgl. auch: Lebendiges Museum Online – LeMO: Weimarer Republik – Alltagsleben – Wandervogelbewegung. URL (2016).

377 siehe weiterführend: Niemeyer 2013.

378 vgl. Häberlen 2013, S. 112.

379 siehe weiterführend: Feldmann 2008.

380 siehe. weiterführend: Brehmer 2009.

381 vgl. Katholischen Arbeitnehmer-Bewegung – KAB Deutschlands e.V. URL (2014).

382 siehe weiterführend: Zentralarchiv und Museum der Pfadibewegung Schweiz. URL (2016).

Pfadfindervereine. In Deutschland brachte Alexander Lion (1870–1962)[383] im Jahr 1909 das Werk „Pfadfinder" heraus, das sich am Werk von Powell orientierte, aber keine Übersetzung war. 1911 erschien das Werk „Allzeit bereit" von dem CVJM-Sekretär Gustav Kertz. Dabei findet das Element der Selbsterziehung *keinen* Eingang in die ev. Pfadfindergruppen.[384] In Deutschland kann der „Christliche Verein junger Männer" (CVJM) bis auf die Gründung des „Missions-Jünglings-Vereins Barmen-Gemarke" durch den damals 16 Jahre alten F. W. Isenberg (1823) zurückgeführt werden.[385]

> „Die deutschen Pfadfinder vor dem 1. Weltkrieg waren sehr stark militärisch organisiert. Es gab keine demokratische Struktur, sondern erwachsene Führer wurden eingesetzt. In der Regel bestand die verantwortungstragende Schicht aus älteren Soldaten, Lehrern, Erwachsenen und Beamten."[386]

Nicht nur die Jugendverbände, sondern auch die Sportvereine konnten einen enormen Zuwachs an Mitgliedern verzeichnen, insbesondere die „Arbeitersportvereine" waren sehr populär. So fand die erste offizielle Arbeiter-Olympiade 1925 in Frankfurt und in Schreiberhau statt.[387] Sport wurde zu einem wesentlichen Gestaltungsmoment der freien Lebenszeit im Arbeitermilieu.

Des Weiteren entstanden neben den Pfadfindergruppen Wehrkraftvereine. So wurde z.B. 1909 der „Verein Jugendsport in Wald und Feld" in Berlin und in München der bayrische „Wehrkraftverein" von damals 40 jungen Offizieren der Münchner Garnison gegründet. Letztere hatten Fortbildungsschüler, die sich in einer Lehre befanden, als Zielgruppe.[388]

Die Beispiele lassen erahnen, dass die gewonnene freie Zeit der Menschen bereits in der Weimarer Zeit bald den Bestrebungen sozialer Kontrolle unterlag. Noch deutlicher soll sich dies im Nationalsozialismus zeigen. Insbesondere Hermann Giesecke (*1932) hat sich in seinem Werk „Vom Wandervogel bis zur Hitlerjugend" mit der Frage der „Jugendarbeit zwischen Politik und Pädagogik" befasst und Zusammenhänge problematisiert.[389]

383 siehe weiterführend: Schrölkamp 2004.
384 vgl. Pinl 2014, S. 18.
385 vgl. Website der CVJM: Geschichte. URL (2014; 2018).
386 Jakob, B. (o.A.). Geschichte der Pfadfinder, S. 7. URL (2018).
387 vgl. Giesecke 1983, S. 51.
388 vgl. Schubert-Weller 2012, S. 33.
389 vgl. Giesecke 1981.

3.1.6 Freizeit im Nationalsozialismus

Bereits mit der Machtübernahme der Nationalsozialisten eliminierten diese die Vielfalt in Deutschland. Hierzu diente u.a. das Ermächtigungsgesetz vom 24.03.1933, wodurch die „Gleichschaltung" erfolgen konnte. Es fand ein umfassender Vereinheitlichungsprozess statt, der die Machtposition Hitlers und der „Nationalsozialistischen Deutschen Arbeiterpartei" (NSDAP) sichern sollte. So kam es auch zu einer Gleichschaltung der Jugendorganisationen.

> „Nach der Machtübernahme setzte die HJ alles daran, möglichst alle Jugendlichen, sofern sie ‚arisch und erbgesund' waren, zum Eintritt in die HJ zu bewegen. Dazu verstärkte sie nicht nur erneut ihre Werbetätigkeit, sondern sie übte auch Druck auf Eltern, Schulen und die Mitglieder konkurrierender Jugendverbände aus und schreckte dabei auch vor illegalen Methoden nicht zurück. (...)
> Parallel zu den Auflösungen und Verboten anderer Parteien und Verbände wurden dann nach und nach deren Jugendorganisationen durch die NSDAP verboten bzw. in die HJ eingegliedert'. (...)."[390]

Der „Reichsausschuss der deutschen Jugendverbände" in Berlin, der 1919 als Dachverband deutscher Jugendorganisationen begründet worden war, wurde am 05.04.1933 von einem HJ-Trupp besetzt. Baldur von Schirach (1907–1974) wurde am 17.06.1933 von Adolf Hitler (1889–1945) zum „Jugendführer des deutschen Reiches" ernannt.[391]

Die Hitlerjugend, begründet 1926 auf dem zweiten Reichsparteitag der Nationalsozialistischen Deutschen Arbeiterpartei und während der Weimarer Zeit relativ bedeutungslos, wurde mit dem „Verbot sämtlicher konkurrierender Jugendverbände von einer Parteijugend zur Staatsjugend"[392]. So wuchs die HJ von 70.000 Mitgliedern im Jahr 1933 auf 3.577.565 Mitglieder im Jahr 1934 an![393] Offiziell war die Teilnahme an der HJ bis 1936 noch freiwillig, erst durch das 1936 erlassene „Gesetz über die Hitlerjugend" und die 1939 eingeführte „Jugenddienstpflicht" wurde die gesamte dt. Jugend zur Partizipation in nationalsozialistischen Jugendorganisationen verpflichtet. Dabei wurde die Jugend systematisch den unterschiedlichen Organisationen[394] zugeführt, die diese während ihrer Kindheit und Jugend durchlaufen sollten:

---

390 NS-Dokumentationszentrums der Stadt Köln: Jugend in Deutschland 1918–1945". URL (2014).

391 vgl. Förster 2011. URL (2018).

392 Struck 2000. URL (2014).

393 vgl. Website des NS-Dokumentationszentrums der Stadt Köln. URL (2018).

394 vgl. Struck 2000. URL (2014).

Alter	Für Jungen	Für Mädchen
10–14 Jahre	„Pimpfe" – Deutsches Jungvolk (DJ)	Jungmädel-Bund (JB)
14–18 Jahre	Hitler Jugend (HJ)	Bund Deutscher Mädel (BDM)
Ab 18 Jahre	NSDAP	17–21 Jahre: Glaube und Schönheit (Vorbereitung auf die Rolle als Ehefrau und Mutter)

Abb. 11: NS-Jugend-Organisationen (vgl. Struck 2000).

Die Organisationen hatten je eigene Uniformen, die – positiv gewendet – die sozialen Unterschiede verbargen.[395]

> „Die Uniform sollte als Ausdruck der Volksgemeinschaftsideologie die sozialen Unterschiede zwischen den Jugendlichen einebnen und ersetzte sie durch eine innerorganisatorische Hierarchisierung. Die Zugehörigkeit zu einer Einheit, der Rang und die Stellung waren an der Uniform durch verschiedene Abzeichen genau ablesbar."[396]

Die Herauslösung des Jugendlichen aus der Familie und die Überführung in die Volksgemeinschaft durch die Gestaltung der Freizeit in den NS-Jugendorganisationen ist das Ziel. Nicht selten mussten ideologiekritische Eltern sich Sorgen, dass ihre Kinder sie auf den HJ-Freizeiten – bewusst oder unbewusst – „denunzierten" und Repressalien folgten. Die Jugend wurde systematisch indoktriniert – sowohl in der Schule als auch in der Freizeit.

Mit den Jugendorganisationen, die eine strenge innere Hierarchisierung aufwiesen, wurden gemeinsame Fahrten und Wanderungen (Märsche) unternommen, „Heimabende" veranstaltet, auf denen die NS-Ideologie vermittelt wurde. Daneben wurde aber auch gemeinsam gesungen und gebastelt, oder es wurden Fahrten vorbereitet sowie Zeltlager mit dem Ziel der Lagererziehung durchgeführt, d.h. durch die Gemeinschaftserfahrung im Lager sollte ein Gefühl für die Volksgemeinschaft befördert werden, kulturelle Aktivitäten, Sport und Spiel fanden hier ebenso wie ideologische Schulungen statt. [397] Zum Teil wurde damit an beliebte Elemente der Jugendbewegung angeknüpft – wie beispielsweise der

---

395 Ähnlich wurde es später auch in der Deutschen Demokratischen Republik fortgeführt. Auch hier wurde die Freizeit der Jugend staatlich organisiert und sollte die Jugend zur sozialistischen Persönlichkeit gemeinsam mit der Schule heranziehen.

396 NS-Dokumentationszentrums der Stadt Köln:" Jugend in Deutschland 1918–1945". Hitlerjugend: „Ausdruck einer Haltung, die nicht nach Klasse und Besitz fragt, sondern nach Einsatz und Leistung" – Uniform. URL (2018).

397 vgl. Website des NS-Dokumentationszentrums der Stadt Köln. URL (2018).

Idee, Jugend durch Jugend geführt, dem Zelten in der Natur, den Wanderungen, dem Kameradschaftsgefühl - zugleich wurden diese Gestaltungsmomente mit nationalsozialistischem Gedankengut aufgeladen.

Freizeit wurde im Nationalsozialismus zum Politikum und Instrument der Ideologisierung. Die Nationalsozialisten erkannten, dass es möglich war, die Menschen auch durch die Freizeit an sich zu binden. Zielgruppe dieser Politik waren nicht nur die Jugendlichen, sondern auch mögliche Widersacher und die einfache Bevölkerung versuchte Hitler gezielt durch Annehmlichkeiten und kurzfristige Verbesserung ihrer Lebenssituation an sich und seine Ideologie zu binden.

So kam es während des Nationalsozialismus zu einer ambivalenten Entwicklung: einer Popularisierung von Freizeitprivilegien und zugleich zu einer ideologisierenden Vereinnahmung selbiger. Mehr Menschen sollten an den Freizeitmöglichkeiten der mittleren und oberen Gesellschaftsschicht teilhaben können.

> „Interessant ist, dass mit dem Nationalsozialismus erstmals in der Geschichte breite Bevölkerungsschichten und vor allem auch die unteren Klassen der Gesellschaft mit geringer finanzieller Belastung an Kunst, Theater, Kino, Reisen etc. partizipieren konnten."[398]

Im Jahr 1933 wurde in Anlehnung an die Freizeitorganisation „Dopolavoro" im faschistischen Italien in Deutschland die Organisation „Kraft durch Freude" (KdF)[399] als Unterorganisation der „Deutschen Arbeitsfront" gegründet. Diese hatte die Aufgabe, sich der Freizeitgestaltung der Bevölkerung zu widmen und organisierte massenhaft Unterhaltungs- und Erholungsangebote.[400]

Dazu gab es verschiedene Unterabteilungen innerhalb der Organisation KdF: Das Amt „Feierabend" war für die Gestaltung der freien Zeit neben der Arbeit zuständig; das „Sportamt" sollte sich mit der körperlichen Ertüchtigung des deutschen Volkes und das Amt „Schönheit der Arbeit" sollte sich mit der Gestaltung der Betriebe befassen (z.B. Kantinen, Grünanlagen, Sauberkeit und Verbesserung der Bedingungen am Arbeitsplatz).[401]

---

398 Lippl 1995, S. 58.

399 Es darf an dieser Stelle kritisch auf gewisse Parallelen zur späteren, staatlich relativ früh und stark regulierten Freizeit in der DDR verwiesen werden. (siehe hierzu weiterführend: Schaufuß 2011) Schaufuß spricht vom „Heimlichen Vorbild ‚KdF'" für den FDGB-Feriendienst. (ebd. 2011, S. 86f.).

400 vgl. Schneider 2004/2017. URL (2018).

401 vgl. ebd.. URL (2018).

Im Jahr 1936 fanden die Olympischen Spiele in Deutschland statt. Zugleich sollte in Hamburg der „Weltkongress für Freizeit“ tagen. Die Organisation desselbigen oblag der „‘Nationalsozialistische[n] Gemeinschaft, Kraft durch Freude‘ (KdF), implizierte im Grunde die ‚Deutsche Arbeitsfront‘ (DAF)“[402], aber auch das Reichspropagandaministerium, die Wehrmacht und der Reichsarbeitsdienst u.a. waren involviert[403].

> „Auf der abschließenden Sitzung des Weltkongresses sprach Propagandaminister Goebbels. Er führte aus, daß den Menschen Freizeit und Erholung nicht aus Mitleid gegeben werden sollten, sondern aufgrund einer höheren staatlichen Moral.“[404]

Der Kongress wurde mit dem Motto „Freude und Frieden“[405]/„Wir tragen Freude in die Welt“ überschrieben.[406] Zum Leitziel wurde erklärt, dass „Arbeit […] mit „‘*der Freude der Freizeit und Freizeit mit der Kraft der Arbeit erfüllt*‘ werden.“[407] Laut Pressemeldungen sollte im Kontext des Kongresses auch eine Freizeitbibliothek mit 13.000 Werken aufgebaut worden sein, die Resonanz soll mit 1,5 Millionen Besuchern und 800.000 Besuchern aus dem Ausland enorm gewesen sein.[408]

Deutschland wollte – gerade auch im Hinblick auf die Reputation im Ausland – „eine Vorbildfunktion auf dem Gebiet der Freizeitgestaltung“[409] einnehmen. Besonders hervorgehoben wurden in der deutschen Presse die Leistungen der Organisation „Kraft durch Freude“, d.h. vor allem die KdF-Fahrten und die Leistungen des Amtes der „Schönheit der Arbeit“, das sich mit der „Gestaltung der Betriebe“ befasste.[410] Auf das Scheitern der IAA in Genf wird in diesem Zusammenhang auch verwiesen.[411]

Freizeit und Arbeit sollten eine Einheit bilden, es ging darum, den Menschen vollkommen mit der nationalsozialistischen Idee zu umfassen. Pluralität und andersartig gelagerte Meinungen waren nicht erwünscht. In der Lebenspraxis zeigte sich dies exemplarisch wie folgt:

---

402 Linne 1936. S. 156. URL (2018).
403 vgl. ebd., S. 157. URL (2018).
404 ebd.,. S. 168. URL (2018).
405 ebd., S. 153. URL (2018).
406 vgl. ebd., S. 175. URL (2018).
407 ebd., S. 170. URL (2018).
408 Linne 1936. S. 171f. URL (2018).
409 ebd., S. 172. URL (2018).
410 vgl. ebd., S. 172. URL (2018).
411 vgl. ebd., S. 174. URL (2018).

Viele Menschen, die sich einst keine Reisen erlauben konnten, bekamen nun Gelegenheit, an Urlaubsreisen zu erschwinglichen Preisen teilzunehmen. Diese wurden von dem „Amt für Reisen, Wandern, Urlaub" – einer Abteilung der KdF – massenhaft organisiert. Besonders günstige Angebote sollten jenen zugutekommen, die kein so hohes Einkommen hatten und deren Familienmitglieder der DAF angehörten.[412] Eigens hierzu wurde der Ausbau von Urlaubszentren organisiert und auch Kreuzfahrten zählten zum Angebot. Hierfür wurde ursprünglich auch die Wilhelm Gustloff gebaut, die heute zu eher trauriger Bekanntheit gelangt ist: Noch im Jahr 1945 wurde das mit Flüchtlingen vollbesetzte Schiff torpediert und versank. Es wird von mehr als 9.000 Toten[413] ausgegangen.

Des Weiteren wurden sogenannte „Bunte Abende" organisiert, ein Angebot von Sportkursen, aber auch Nähkursen und Kursen im Bereich der Erwachsenenbildung, wurde der breiten Masse zugänglich gemacht. Selbst exklusive Sportarten wie Reiten, Tennis oder Segeln, die zuvor eher in einer gehobenen Bevölkerungsschicht etabliert waren, wurden nun vielen Menschen erstmals ermöglicht.[414] Das Gemeinschaftsgefühl und die Bindung von Volk und Heimat sollten befördert werden. Kritisch betrachtet kann hier auch von einem gezielten Ablenkungsmanöver gesprochen werden: durch gewährte Annehmlichkeiten und Vorteile wurden sicherlich auch damals schon als fraglich erkennbare Momente der NS-Politik ausgeblendet.

> „Der außerberufliche, im bürgerlichen und liberalen Selbstverständnis private Lebensbereich soll umfassend, also ‚total' kontrolliert und beherrscht werden, um desintegrative, kritische oder gar oppositionelle Tendenzen von vornherein zu unterbinden."[415]

Freizeit wurde totalitär und massenhaft organisiert. Die Freiräume des Individuums verringerten sich dabei merklich. Im Zentrum stand vielmehr die Über legung, wie es gelingt, möglichst viele Menschen an den Nationalsozialismus zu binden und die „Volksgesundheit" zu stärken. Implizit ging es hierbei um die „Stählung des Körpers" als eine Vorbereitung auf den Krieg.

Parallel zu der staatlich organisierten Freizeit versprachen die Nationalsozialisten den Abbau der Arbeitslosigkeit und den Aufbau einer „Volksgemeinschaft". Dabei darf nicht ausgeblendet werden, dass Hitler bereits seit der Machtübernahme im Jahr 1933 menschenverachtende Maßnahmen und Gesetze nutzte,

---

412 vgl. Schneider 2004/2017. URL (2018).

413 vgl. Württembergische Landesbibliothek Stuttgart: Chronik des Seekrieges 1939–1945, 1945. URL (2014).

414 vgl. Schneider, C. 2004/2017. URL (2018).

415 Raehlmann 2005, S. 146f.

um einen Teil der Bevölkerung zum Feindbild der Volksgemeinschaft zu erklären und Zensur zu betreiben:

> „Von Anfang an gehört Verfolgung zum Alltag des Nationalsozialismus. Bereits im April 1933 werden jüdische Deutsche aus dem öffentlichen Dienst ausgeschlossen. Juden, politische Gegner, Prostituierte, Homosexuelle, Roma und Sinti werden brutal unterdrückt und in Arbeits- und Konzentrationslager eingewiesen. Moderne Kunst wird als „entartete Kunst" aus den Museen entfernt, Bücher werden verbrannt, Zeitungen zensiert."[416]

Der vermeintliche Fortschritt ging zulasten jener Menschen, die nicht dem nationalsozialistischen Weltbild entsprachen und mündete im Krieg.

Obgleich es an dieser Stelle nicht möglich ist, alle historischen Facetten im Hinblick auszuleuchten – und hier sicherlich auch noch Forschungsbedarf besteht (z.B. zur Freizeit der Verfolgten und jener, die nicht konform mit der offiziellen Politik gingen) – wird deutlich, wie hoch das Gefahrenpotenzial ist, dass Freizeit ideologisch vereinnahmt wird.

Die Angst der privilegierten Bevölkerung vor der freien Zeit der weniger privilegierten ist ein Motiv, das historisch betrachtet mehrfach auftrat. Interventionen im Freizeitbereich und soziale Kontrollmechanismen können allzu leicht zur Stabilisierung bestehender gesellschaftlicher (Herrschafts-)Verhältnisse genutzt werden.

Wie bereits die Römer erkannten, ist die Freizeitgestaltung ein sehr geeignetes Instrument, um die Massen (abzu-)lenken. Das Freizeiterleben der Menschen ist bedeutsam für die öffentliche Zufriedenheit. Die Inflations- und Kriegsjahre weckten bei den Menschen die Sehnsucht nach Ablenkung in der Freizeit, nach dem Gefühl, lebendig zu sein. So wundert es auch nicht, dass das Filmgenre des Heimatfilms sowohl in Österreich als auch im Deutschland der 1950er-Jahre sehr beliebt war.[417]

3.1.7 Zur Freizeit seit 1945

Die zerstörerische Wirkung des Krieges war allgegenwärtig. Die Städte waren zerbombt, Deutschland zunächst in unterschiedliche Besatzungszonen eingeteilt. Die Entnazifizierung sollte sicherstellen, dass jene Personen, die ideologisch zu stark belastet waren, nicht mehr in öffentliche Ämter gelangten.[418]

---

416 Stiftung Jugend und Bildung ...2014, S. 32.

417 vgl. Lexikon der Filmbegriffe: Heimatfilme. URL (2014).

418 Die gelang – retrospektiv betrachtet – nur bedingt.

> „Der Krieg hatte unermessliches Leid, Tod und Zerstörung über weite Teile Europas gebracht. 55 Millionen Tote waren zu beklagen, davon 5,5 Millionen Deutsche und 50 Millionen Angehörige zahlreicher anderer Völker. Ein Viertel der Toten waren Zivilisten, unter ihnen sechs Millionen Juden, die dem rassenideologischen Wahn zum Opfer gefallen waren. Deutschland war dreifach geschlagen: militärisch, politisch und moralisch."[419]

Existenzielle Sorgen wie Hunger und Armut bestimmten das Leben der Menschen in der Zeit nach dem Krieg.[420] Viele Menschen wurden aus ihrer Heimat vertrieben oder mussten fliehen.

> „Der Verlust der Heimat war ein schlimmes Schicksal, ein schlimmeres war der Verlust der Eltern: Schätzungsweise 500.000 Kriegswaisen gab es nach dem Ende des Krieges und etwa 20 Millionen Halbwaisen. Die meisten von ihnen waren ohne Vater."[421]

Die Menschen waren oftmals traumatisiert. Familien waren zerstört und/oder auseinandergerissen, Söhne, Väter und Großväter haben ihr Leben im Krieg gelassen, aber auch viele Frauen und Kinder sind als zivile Opfer zu beklagen.

Hier stellte sich die Frage der Freizeitgestaltung erst einmal nicht, sondern es ging zunächst nur um ein „Funktionieren" und um das ‚nackte' Überleben! Durch die Zerstörungen im Krieg bestand Not an Wohnraum und existenziellen Dingen wie Kleidung, Lebensmitteln oder Schulmaterialien. Die Frauen und verbliebenen Männer waren mit vielfältigen Alltagssorgen und sehr viel ‚Arbeit' konfrontiert. Die sogenannten „Trümmerfrauen", aber auch „Trümmerkinder" begannen mit den Aufräumarbeiten und trugen so zum Wiederaufbau Deutschlands bei.[422] In den allerersten Jahren kam Freizeit in erster Linie als Zeit zur Regeneration vor, da das Geld und die Zeit knapp bemessen waren. Arbeit – Berufsarbeit, aber auch Aufbau- und Reparaturarbeiten in Eigenleistung – dominierten die frühe Nachkriegszeit. Gartenarbeit und der eigene Anbau von Nahrungsmitteln dienten weniger der Erholung als einer Notwendigkeit. Die

---

419 Plötzsch 2005. URL (2014).

420 Eindrücklich schildern heute Zeitzeugen ihr Erleben der kriegs- und Nachkriegszeit, um die Erinnerung hieran für die nachfolgenden Generationen zu bewahren und evtl. auch als Versuch, das Erlebte retrospektiv zu verarbeiten. Ein Beispiel hierfür ist auch das Werk von Rolf, H. Arnold (2015). Eine Jugend im III. Reich und im Chaos der Nachkriegszeit: Bericht eines Zeitzeugen des Jahrgangs 1932. Epubli.

421 Heidenfelder 2014. URL (2014).

422 Aktuell wird die Debatte verfolgt, inwiefern es das medial transportierte Bild der „Trümmerfrauen" wirklich gab. Siehe hierzu: Treber 2014.

Produkte, die das Umland bot, wurden für den Winter eingemacht. Handwerk und Handarbeit spielten durchaus eine Rolle.

> „Etwa ein Viertel der Erwerbstätigen [der BRD] war 1950 in der Landwirtschaft beschäftigt, über 40 Prozent in Handwerk und Industrie und ein Drittel im tertiären Sektor (Handel, Verkehr, Dienstleistungen).“[423]

Finanzielle Mittel für Freizeitvergnügungen gab es kaum, bezahlte Arbeit für viele Jugendliche zunächst aber auch nicht. Der SWR titelt daher „Erholung und Männer als Mangelware“.[424]

Doch schon bald übte das Kino wieder eine hohe Anziehungskraft aus, versprach es – neben den „Trümmerfilmen“ – auch ein ‚Abtauchen auf Zeit‘ in eine „heile Welt“ im Heimatfilm. Nach und nach wurden auch wieder die ersten „Urlaubsreisen“ innerhalb von Deutschland unternommen, doch konnten sich die meisten diese erst nach der Währungsreform leisten. Freizeit wurde im Vergleich zur staatlich organisierten Freizeit im Nationalsozialismus verstärkt wieder zur „Privatangelegenheit“.

> „In allen Untersuchungen zur Freizeit in den fünfziger Jahren wurde als auffälligster Grundzug die ausgeprägte Häuslichkeit und das Beisammensein innerhalb der Familie betont. Der private Rückzug prägte nicht nur den werktäglichen Feierabend, sondern auch das lange Wochenende. Arbeit in Haus und Garten, die Lektüre der Tageszeitung und das Radio bildeten das Zentrum der Freizeit.“[425]

Die Freizeit vieler Kinder gestaltete sich derart, dass sie auf der Straße oder im Freien spielten, wenn sie nicht gerade zur Mitarbeit angehalten wurden. Angebote zur Freizeitgestaltung gab es kaum, aber relativ viele Freiräume und nur ein begrenztes Maß an sozialer Kontrolle – jedenfalls für die Lebensphase Kindheit. Nicht immer gestaltet sich das Leben nach dem Krieg harmonisch, viel zu sehr stand die Existenzsicherung im Zentrum, so wurden auch der ‚Schwarzmarkt‘ und sogenannte „Hamsterfahrten“ zu einer „Freizeitbeschäftigung“ zahlreicher Menschen, vor allem auch von Kindern und Jugendlichen.

> „Aufgrund der Überlastung der Mütter, zusätzlich zu ihrer Erziehungsfunktion auch noch den Lebensunterhalt der Familie zu sichern, waren die Kinder häufig sich selbst überlassen, was zu einer Häufung abweichenden Verhaltens der Jugendlichen in jener Zeit führte. So war ein Überhandnehmen von Jugendverwahrlosung, Jugendkriminalität und sexueller Verwilderung der Mädchen zu verzeichnen. Bei der Jugendkriminalität

---

423 Schildt 2002 /2014.
424 Südwestdeutscher Rundfunk – SWR (2015). URL (2018).
425 Schildt 2002/2014.

> handelte es sich jedoch meistens um so genannte ‚Schwarzmarktdelikte', die von der überwiegenden Mehrzahl der Bevölkerung damals nicht unbedingt als rechtswidrig eingeschätzt wurden, da sie zum Überleben notwendig waren."[426]

Hinzu kamen die Probleme infolge einer enorm hohen Jugendarbeitslosigkeit. Eine Demokratisierung konnte nur erreicht werden, wenn die Bildungs- und Jugendarbeit zeitnah wieder aufgenommen werden konnte. So wurde die Bildungs- und Jugendarbeit von den Besatzungsmächten forciert – um soziales Elend zu mindern, aber auch um soziale Kontrolle zu erlangen.

> „Im Jahre 1949... gab es in der Bundesrepublik über 600 000 Jugendliche, die arbeitslos waren oder noch keine Lehrstelle gefunden hatten. Ein Großteil der 2 000 000 Kinder und Jugendlichen, die ihre Heimat verloren hatten, lebten noch in Lagern und Massenunterkünften. Mehr als 1,5 Millionen Kinder und Jugendliche hatten durch den Krieg und seine Auswirkungen Vater oder Mutter oder beide Eltern verloren. Noch fehlte vielen Familien eine neue Existenzgrundlage, noch waren viele Väter in Kriegsgefangenschaft. Die Wohnverhältnisse waren katastrophal, die Schulen überfüllt. Lange Entbehrungen und starke Belastungen hatten den Gesundheitszustand der Jugend empfindlich geschwächt. Heimatlos, berufslos, bindungslos, das waren die Stichworte für die Jugendsituation der damaligen Zeit" (Faltermaier 1959, S. 42)."[427]

Doch muss grundsätzlich zwischen der Entwicklung in der sowjetischen und den westlichen Besatzungszonen differenziert werden.

Die Jugendorganisationen und die Freizeitangebote der Jugendbünde von einst gab es zunächst nicht mehr, dafür aber kirchliche Angebote. Bereits 1946 wurde die „Evangelische Jugend Deutschlands"/„Arbeitsgemeinschaft Evangelische Jugend" (AEJ) gegründet, 1947 der „Bund der Deutschen Katholischen Jugend" (BDKJ)[428]. Im Jahr 1949 wurden die Jugendverbände zum „Deutschen Bundesjugendring" (DBJR) zusammengeschlossen.[429] Der Demokratisierungsauftrag der Alliierten sollte auch durch entsprechende Freizeitaktivitäten unterstützt werden.[430]

In der sowjetischen Besatzungszone wird 1946 die „Freie Deutsche Jugend" (FDJ) als kommunistische Jugendorganisation gegründet, im gleichen Jahr formierte sich die SED als „Sozialistische Einheitspartei Deutschlands" aus der

426 Biedermann 2011, S. 14.
427 Giesecke 1980, S. 21.
428 vgl. Tzscheetzsch 2013, Kap. IV, 4.3; Schwab 2010, S. 909.
429 vgl. Giesecke 1980, S. 23.
430 vgl. ebd., S. 24f.

SPD und KPD.[431] Freizeitaktivitäten für die Jugendlichen wurden durch die FDJ organisiert, der „Jugendtourist" veranstaltete Reisen für Jugendliche.[432]

Als ein Ziel, das mit der Gründung der FDJ u.a. verfolgt wurde, kann die Einbindung der Bevölkerung in das politische System der SED betrachtet werden.[433] Andere Jugendvereine und -verbünde waren politisch nicht erwünscht.[434]

Weitere Massenorganisationen zur ideologischen Ausrichtung der Menschen wurden in der sowjetischen Besatzungszone in den Jahren 1945–1947 begründet – und unterlagen der Kontrolle der SED, deren Existenz sich durchaus auch auf die Freizeit der Menschen auswirkte:

- „Kulturbund zur demokratischen Erneuerung Deutschlands" (KB, 1945)
- „Vereinigung der gegenseitigen Bauernhilfe" (VdgB, 1946)
- „Vereinigung der Verfolgten des Naziregimes" (VVN, 1947)
- „Demokratischer Frauenbund Deutschlands" (DFD, 1947)
- „Gesellschaft für Deutsch-Sowjetische Freundschaft" (DSF, 1947)
- „Gesellschaft für Sport und Technik" (GST, 1952)
- „Deutscher Turn- und Sportbund" (DTSB, 1957)[435]

Bereits 1945 wurde auch der „Freie Deutsche Gewerkschaftsbund" (FDGB) als eine Art Einheitsgewerkschaft der sowjetischen Besatzungszone und später der DDR begründet, der sich später auch um die Infrastrukturen von Freizeitangeboten und Reiseangeboten (FDGB-Feriendienst) kümmerte, die natürlich fast ausschließlich auf die DDR und kommunistische Reiseziele begrenzten.[436]

> „Der F. [Feriendienst] des FDGB wurde am 20.3.1947 mit dem Ziel gegründet, als Reisemittler im Sozialtourismus aufzutreten."[437]

Ziel war es, den Menschen kostengünstige Reisen – in der Nachkriegszeit vor allem Betten und Unterkünfte – zu vermitteln[438], aber auch die Menschen an das System zu binden.

---

431 Website: Was war wann? Geschichte von 0000 bis gestern: 20. Jahrhundert, 40er Jahre, 1946. URL (2014).

432 vgl. Website des Schulmuseums Dresden: Das DDR Zimmer: Pioniere und FDJ. URL (2014).

433 vgl. Lebendiges Museum Online – LeMo: Nachkriegsjahre – Neuanfänge: SED-Massenorganisationen. URL (2014).

434 vgl. Schwab 2010, S. 909.

435 vgl. Schwab 2010, S. 909.

436 vgl. Prahl 2002, S. 118f.

437 FDGB-Lexikon (2009). Feriendienst. URL (2014).

438 vgl. FDGB-Lexikon (2009). Feriendienst. URL (2014).

Obgleich die Partizipation in diesen Massenorganisationen offiziell freiwillig war, stellte sich deren Bedeutsamkeit im Lebensalltag der Menschen oftmals anders dar:

> „Die Mitgliedschaft in Massenorganisationen ist zwar grundsätzlich freiwillig, jedoch bildet sie eine wichtige Voraussetzung für sozialen und beruflichen Aufstieg in der DDR. Außerdem bieten die Massenorganisationen Vergünstigungen und umfangreiche Freizeitangebote."[439]

Die Vereinnahmung der Menschen über die Aktivitäten in der freien Lebenszeit begannen nicht erst im Jugendalter, sondern der FDJ vorgeschaltet waren die Pioniere (seit 1948), für Kinder von sechs bis vierzehn Jahren, die zur Jugendweihe mit vierzehn Jahren führte, der symbolischen Aufnahme/Initiation in die Erwachsenengemeinschaft.[440] Es entstanden „Pionierhäuser" und in größeren Städten auch „Pionierpaläste", in denen es u.a. Freizeitangebote für Kinder gab.[441] Eingeschworen wurden die Kinder auf den Vorsitzenden der kommunistischen Partei und Arbeiterführer Ernst Thälmann (1886–1944) und den Sozialismus.[442] Dabei trugen die Kinder entsprechende Kleidung: dunkelblaues „Schiffchen", weißes Hemd/Bluse, blaues bzw. rotes Halstuch, dunkelblaue Hose bzw. Rock sowie die Pionierabzeichen.[443] Schulische Bildung und Freizeit wurden auf das Engste verwoben. Positiv mag hierbei durchaus das Moment der Sorge um leistungsschwächere Mitschüler/innen durch die Lerngemeinschaft erscheinen, allerdings war dies eingebettet in einen ideologischen Überbau: Erziehung zur sozialistischen Persönlichkeit.[444]

Nicht zuletzt kam die Überwachung durch das Ministerium für Staatssicherheit (landläufig bekannt unter dem Terminus „Stasi") hinzu, das bereits 1950 begründet wurde. Die freie Meinungsäußerung und Bildung einer politischen Opposition war kaum möglich, ohne mit massiven Repressalien rechnen zu müssen. Somit war auch die Freizeit nicht mehr wirklich frei!

---

439 http://www.hdg.de/lemo/kapitel/nachkriegsjahre/neuanfaenge/sed-massenorganisationen.html (05.12.2014).

440 vgl. Website des Schulmuseums Dresden: Das DDR Zimmer: Pioniere und FDJ. URL (2014).

441 vgl. ebd., URL (2014).

442 vgl. Website des DDR Museums Steinhude. URL (2014); ausführliche Darstellung findet sich in der Dissertation von Börrnert 2002. URL (2016).

443 vgl. DDR Museum Steinhude. URL (2014).

444 vgl. Konrad 2012, S. 109ff.; vgl. auch: DDR Museum Steinhude. URL (2014); Börrnert 2002. URL (2016).

Trotz alledem dürften sich in der ganz frühen Nachkriegszeit im Hinblick auf die Freizeit noch keine so großen Unterschiede zwischen Ost- und Westdeutschland abgezeichnet haben.[445] Die Notwendigkeit, das zerstörte Land wieder aufzubauen, bestand für beide Teile Deutschlands und weite Teile Europas. Not und die Knappheit an Ressourcen bestimmte den Lebensalltag der Menschen.

Erst allmählich entfaltete die SED ihre Machtstrukturen und absorbierte durch ihre Massenorganisationen bzw. den politischen Druck die Bevölkerung. Zu einer Planwirtschaft, wie sie später in der DDR bestand, gehörte die staatliche Steuerung der Arbeitszeit. So gab es z.B. auch keine Tarifparteien. Auf der anderen Seite wies das Leben in der DDR auch in der späteren Entwicklung einen geringeren Beschleunigungsgrad auf.[446] Obgleich die Erwerbstätigkeit der Frauenerwerbsquote in der DDR bis 1989 bei knapp 80 Prozent (Altersgruppe: 15–65 Jahre) lag, wurde – was die Hausarbeit betraf – eine traditionelle Rollenverteilung gelebt. Die Freizeit wies demzufolge geschlechtstypische Differenzen auf. Frauen wurden als Arbeitskräfte in der Nachkriegswirtschaft gebraucht, die Kinderbetreuung in der DDR wurde staatlich organisiert, aber Frauen hatten nicht die gleichen Karrierechancen wie Männer, waren vermehrt im Niedriglohnsektor beschäftigt und für die unbezahlte Familienarbeit zuständig.[447]

Überspitzt formuliert, wurden in der DDR die totalitären Strukturen des NS-Systems durch neue, ebenfalls den Freiraum und die Freizeit des einzelnen Menschen stark einschränkenden, ideologisch aufgeladenen Strukturen ersetzt. Statt einer Demokratie entwickelte sich letztlich eine neue Form von Diktatur.

Die Planwirtschaft und vor allem bestehende Versorgungslücken wirkten sich neben den Massenorganisationen auch auf die private Gestaltung der Freizeit aus:

> „Freizeit in der DDR war häufig an Nischen orientiert, um die Versorgungslücken zu füllen. So waren viele handwerkliche Tätigkeiten in der Freizeit angesiedelt, weil das vorhandene Handwerk nicht leistungsfähig bzw. zu teuer war oder weil viele Produkte nicht erhältlich waren und selbst hergestellt werden mussten. Die Lebensmittelversorgung musste in vielen Fällen durch eigene Produkte aus Gartenbau und Viehhaltung ergänzt werden. (…) Wegen der unzureichenden Versorgung mit Obst und Gemüse etablierte sich eine private Haushaltsproduktion, die für den Staat günstig war, für die Familien aber eine Einbuße an Freizeit bedeutete, sofern nicht Einkochen und Nähen als Freizeitvergnügen interpretiert werden. (…) Rund 60 Prozent aller Röcke und Kleider wurden in Privathaushalten selbst hergestellt."[448]

445 vgl. Bauerkämper 2005. S. 18f.
446 vgl. Prahl 2002, S. 113.
447 vgl. ebd., S. 114f.
448 Prahl 2002, S. 117.

Dabei kann dies durchaus auch als eine „reichere“ Freizeitgestaltung interpretiert werden, da die Menschen hier selbst aktiv werden mussten, Zeit in der Natur (d.h. ihren Kleingärten [Datscha]) und Freizeit weniger konsumorientiert verbrachten.

Als weiteres Charakteristikum der Freizeit in der DDR betrachtet Prahl „die Vermengung von Arbeit und Freizeit im Bewusstsein der Menschen, weil eine enge Identifikation mit Arbeit und Betrieb gefördert wurde“[449]. Die Freizeit wurde dementsprechend oftmals mit Arbeitskollegen verbracht.[450]

Auch Horst Opaschowski stellte Mitte der 1970er-Jahre die These auf, dass „(d)er ‚sozialistische Mensch‘ (…) von der Aufteilung des Lebens [in Arbeitszeit und Freizeit] offenbar nicht so stark betroffen (sei), weil er sich während der Arbeitszeit nicht nur als ‚Schöpfer‘ und während der Freizeit nicht nur als ‚Vergnügungssuchender‘“[451] verstehe. Des Weiteren geht er davon aus, dass in der DDR vermehrt Freizeit im Sinne gesellschaftlicher Aktivität verbracht wurde und weniger familienzentriert war als in der BRD.[452]

In den westlichen Besatzungszonen wurden zum einen zentralistische Strukturen zugunsten des Föderalismus‘ vermieden, zum anderen sollte der „Marshall-Plan“ den Wiederaufbau der Bundesrepublik Deutschland unterstützen. Die sowjetischen Besatzungsmächte strebten eine sozialistische (◊ Arbeiter- und Bauernstaat), die westlichen Besatzungszonen eine kapitalistische Wirtschaftsordnung (◊ Industriestaat) an. Deutschland zerfiel in die Deutsche Demokratische Republik und die Bundesrepublik Deutschland. Wie hinlänglich bekannt, wurden 1949 die Bundesrepublik Deutschland sowie die Deutsche Demokratische Republik begründet, das Grundgesetz der BRD trat am 23.05.1949 und die Verfassung der DDR am 07.10.1949 in Kraft. Im Jahr 1961 kam es schließlich zum Mauerbau, um die „Republikflucht“ zu vermeiden, d.h. den Umstand, dass immer mehr Menschen aus der DDR in die BRD kamen.

In Westdeutschland wird auch der kulturelle Einfluss der Besatzungsmacht in der Freizeit- und Alltagskultur spürbar: So entwickelte sich in den 1950er-Jahren eben in der BRD eine Jugendkultur, die nicht zuletzt durch die us-amerikanische Musik geprägt war. Elvis Presley, Chuck Berry, Bill Haley etc. dienten den Jugendlichen als Ausdruck eines neuen Lebensgefühls und der Rebellion gegenüber der Erwachsenenwelt. Musik wurde demzufolge zu einer

---

449 ebd., S. 118.
450 vgl. ebd., S. 118.
451 Opaschowski 1976, S. 34.
452 vgl. ebd., S. 34ff.

(kulturellen) Freizeitbeschäftigung vieler Heranwachsender, Schallplatten zum begehrten (Tausch-)Objekt. „Neue Helden" für die Jugend stellten Künstler wie Elvis Presley, James Dean oder Marilyn Monroe dar, die den amerikanischen Traum verkörperten.[453]

Bald sollten auch die Sportvereine wieder aufblühen, wobei diese überwiegend männlich geprägt waren.[454] Nicht zu vergessen, dass auch der Fußball, eine Sportart, die im NS-System keinerlei besondere Wertschätzung erfuhr, zum „Volkssport" wurde. Auf der 1954 in Bern ausgetragenen Weltmeisterschaft wurde Deutschland zum ersten Mal Weltmeister, was als „Wunder von Bern" in die Geschichte einging und der stark beschädigten nationalen Identität wieder einen positiven Impuls gab. Mit Helmut Rahn (1929–2003) oder Fritz Walter (1920–2002) waren neue „Helden" des Sportbereichs geboren.

Arbeit dominierte zunächst das Lebensgefühl der Menschen, im Jahr 1948 kam es in der BRD zur Währungsreform und die D-Mark wurde eingeführt. Die ersten „Urlaubsreisen" (meist Fahrten auf das Land und/oder Wanderungen) wurden innerhalb von Deutschland unternommen und konnten sich die meisten erst nach der Währungsreform leisten, als der wirtschaftliche Aufschwung einsetzte. [455] Bald wurde Italien zum beliebten Reiseziel und in den 1960er-Jahren avancierte Mallorca zum beliebten Ziel.[456]

Zwischen 1950 und 1960 kann ein enormes wirtschaftliches Wachstum verzeichnet werden, das dazu führte, dass Ende der 1950er-Jahre nahezu die Vollbeschäftigung (Arbeitslosenrate von 1,3%) erzielt werden konnte, es einen Mangel an Arbeitskräften gab, der durch die gezielte Anwerbung von ‚Gastarbeitern' bewältigt werden sollte. Die meisten Jugendlichen mündeten mit unter 20 Jahren in das Berufsleben ein. Die Möglichkeit, des wirtschaftlichen Aufschwungs prägte nicht zuletzt auch das Erleben von Arbeit und Freizeit bzw. den jeweiligen Stellenwert.

Horst Opaschowski unterteilte die Entwicklung der Freizeit der Nachkriegszeit in vier Phasen, wobei er in der **ersten Phase** die Arbeit in den 1950er und 1960er-Jahren als dominant im Erleben der Menschen einteilte, der Freizeit in erster Linie regenerative Funktion zusprach.[457]

---

453 vgl. Ferchhoff 1997, S. 217–251; Farin 2010.

454 vgl. Schildt 2002 URL (2014); Südwestdeutscher Rundfunk – SWR (2015). Wir Reiseweltmeister: Von „Balkonien" bis Bella Italia. Urlaub in der Nachkriegszeit. URL (2018).

455 vgl. ebd., URL (2018).

456 vgl. Kaufmann/Hilt 2017. URL (2018).

457 vgl. Opaschowski 2008, S. 32.

Freizeit wird – im Zeitverlauf betrachtet – in zunehmendem Maße zur Konsumzeit[458], wobei die Massenmedien und neue Medien ungebrochen einen Bedeutungszuwachs erlangen. Freizeit an sich wird bedeutsamer, auch vor dem Hintergrund, dass die Wirtschaft Konsumgüter produziert, somit Konsumenten braucht.

Dabei ist eine Verkürzung der Arbeitszeiten bei gleichzeitiger Intensivierung der Arbeit und Abbau von Stellen durch einen rationellen und zunehmend technisierten Arbeitsablauf zu konstatieren. Die Gewerkschaften und Tarifpartner handeln die Konditionen aus, Streiks sind vielfach ein legitimer Weg, seinen Forderungen Nachdruck zu verleihen; eine Ausnahme stellt der öffentliche Dienst dar. Hier herrscht ein Streikverbot. Geschlechtstypische Unterschiede in der Freizeit- und Arbeitszeit haben sich nicht nur in der ehemaligen DDR gezeigt. Bis in die 1970er-Jahre hinein, brauchte die verheiratete Frau die Erlaubnis ihres Mannes, um in der damaligen BRD berufstätig zu sein – und dies, obgleich die Gleichberechtigung von Mann und Frau im Grundgesetz, Artikel 3, bereits damals festgelegt war![459]

Für die 1970er-Jahre betont Opaschowski, dass die „Rahmenbedingungen 5-Tage-Woche, 42-Stunden-Woche, 238 Arbeitstage und 127 freie Tage (Urlaub/Feiertage/Wochenenden)“[460], d.h. im Durchschnitt eine Jahresarbeitszeit von 1900 Stunden (und 400 Stunden für den Weg von und zur Arbeit) nach wie vor die Arbeit dominierte. Dennoch betitelt er diese **zweite Zeitzäsur** der Freizeitentwicklung mit der Kapitelüberschrift: *„Die Freizeit holt auf“ (1970).* Nicht zuletzt sei an dieser Stelle auf die Errungenschaft des „langen Wochenendes“ verwiesen: Durch den arbeitsfreien Samstag konnte dieses anders gestaltet werden.

Die **dritte Zeitzäsur** sieht Opaschowski in den 1990er-Jahren, da hier die Freizeit die Arbeitszeit überholt und sich auch im Erleben der Menschen der Stellenwert der Arbeit verändert habe: „2100 Stunden Freizeit standen nur mehr 2043 Stunden Arbeitszeit (1643 Stunden zuzüglich 400 Stunden Arbeitswegezeit) gegenüber“[461]. Als Konsequenz stellt er die These auf, dass „freizeitorientierte

---

458 vgl. hierzu: Opaschowski/Pries/Reinhardt 2006, S. 2f. 191ff.

459 Grundgesetz für die Bundesrepublik Deutschland vom 23. Mai 1949: „**Art. 3.**: (1) Alle Menschen sind vor dem Gesetz gleich.
(2) Männer und Frauen sind gleichberechtigt.
(3) Niemand darf wegen seines Geschlechtes, seiner Abstammung, seiner Rasse, seiner Sprache, seiner Heimat und Herkunft, seines Glaubens, seiner religiösen oder politischen Anschauungen benachteiligt oder bevorzugt werden.“ URL (2018).

460 Opaschowski 2008, S. 32.

461 ebd., S. 33.

Ansprüche" an die Erwerbsarbeit und arbeitsorientierte Ansprüche an die Freizeit herangetragen würden.

Die **vierte Zeitzäsur** in der Entwicklungsgeschichte setzt Opaschowski um das Jahr 2010 an, da hier „die Grenzen zwischen Arbeitszeit und Freizeit verwischen" würden. Er geht davon aus, dass sich ein Wandel von der Arbeits- zur Leistungsgesellschaft vollzieht, sich das protestantische Arbeitsethos letztlich auf alle Lebensbereiche ausdehnt.[462]

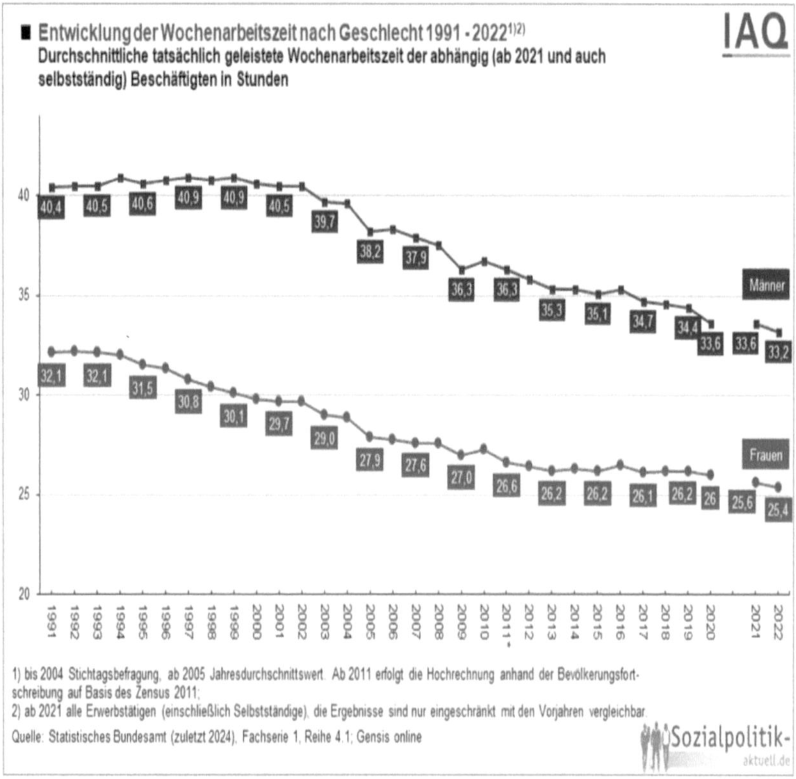

Abb. 12: Tatsächlich geleistete wöchentliche Arbeitszeit in der Entwicklung[463]

462 vgl. ebd., S. 33.
463 Quelle der Abbildung: Sozialpolitik aktuell. URL (2024).

Dabei muss aber auch bedacht werden, dass es sich maximal um Tendenzen handelt, die hier von Opaschowski retrospektiv als Phasen konstruiert werden. Tendenzen evozieren in der Regel auch gegenläufige Tendenzen. Somit wird diese Beschreibung und Prognose zum Stellenwert von Arbeit und Freizeit im Leben immer nur auf einen Teil der Menschen zutreffen. Doch letztlich verdecken stark generalisierende Aussagen das einzelne Individuum. Für die Wirtschaft mag dies eine legitime Sichtweise sein; aus pädagogischer Sicht ist der Blick auf das einzelne Individuum unabdingbar.

Zu den „harten Fakten" zählt die Entwicklung der Wochenarbeitszeit, wobei selbst diese auch noch einmal kritisch zu hinterfragen ist.

Die Wochenarbeitszeit hat sich im Vergleich der letzten 150 Jahre halbiert, wodurch sich die Freizeit demokratisiert hat, d.h. dass viele Menschen heute in höherem Maße vom einstigen Privileg der herrschenden Oberschicht profitieren können.
Auf den ersten Blick mag dies einfach nur als Zugewinn von Freizeit betrachtet werden, d.h. einen Entwicklungstrend hin zur Freizeitgesellschaft andeuten.

Doch eine derartige Interpretation wird der Lebenssituation vieler Menschen nicht gerecht. Die Angst vor dem Verlust des Arbeitsplatzes (63 %) zählt insbesondere im Osten Deutschlands 25 Jahre nach der Wiedervereinigung zu den Zukunftssorgen.[464] Die Angst, den erreichten Wohlstand nicht mehr halten oder reproduzieren zu können, gehört zu den Sorgen vieler Menschen. Unterlaufen wird dieser Zugewinn an freier Lebenszeit jedoch von der Tatsache, dass es auch heute Arbeitnehmer/innen gibt, die zwar Vollzeit berufstätig sind, aber ihr Lohn kaum das Existenzminimum übersteigt, parallel dazu, hat sich der Lebensstandard erhöht. Armut ist immer relative Armut. Als Ursache weist Horst Opaschowski auf den Transformationsprozess zur Dienstleistungsgesellschaft hin.

> „Der Wandel von der Industrie- zur Dienstleistungsgesellschaft ist folgenreich: Befristete Jobs, Zweitjobs und Arbeiten ohne Sicherheiten breiten sich aus. 51 Prozent der Berufstätigen befürchten für die Zukunft das Ende des Normalarbeitsverhältnisses: Atypische Beschäftigungsverhältnisse werden immer typischer. Minijobs und Leiharbeiten, Zeit- und Teilzeitarbeiten, befristete und geringfügige Beschäftigte weisen zweistellige Zuwachsraten auf (z.B. 2010: + 32,5 Prozent im Vergleich zum Vorjahr/Statistisches Bundesamt)."[465]

Opaschowski spricht bereits von einer „Renaissance" der alten Arbeitstugenden wie Fleiß, Pflichterfüllung, Ehrgeiz und Leistungsstreben und fürchtet

---

464 vgl. Opaschowski 2014.
465 Opaschowski 2013, S. 51.

den Anstieg von sozialer Kälte und Rücksichtslosigkeit in der Arbeitswelt, was sicherlich auch Rückwirkungen auf das Freizeitleben haben könnte.[466] Unbefristete Stellen werden (immer) seltener, Leiharbeit und prekäre Beschäftigungsverhältnisse wirken sich langfristig negativ auf die Gesundheit und Lebensplanung aus. Hierauf weist auch der Deutsche Gewerkschaftsbund hin:

> „Der DGB-Index Gute Arbeit und der Stressreport 2012 der Bundesanstalt für Arbeitsschutz und Arbeitsmedizin haben wichtige Aspekte ans Tageslicht gebracht: Die Leistungsanforderungen und die Arbeitsdichte steigen, ebenso die Zahl der Überstunden und der Umfang der Schichtarbeit. Dazu kommen häufig geringe Handlungsspielräume für die Beschäftigten. Ein weiterer wichtiger Aspekt ist die steigende Zahl von prekär Beschäftigten: Geringfügige und befristete Beschäftigung, Leiharbeit oder erzwungene Teilzeitarbeit sind auf dem Vormarsch – häufig verbunden mit sehr geringen Arbeitseinkommen. Beschäftigte in solchen ‚Randbelegschaften' sind häufig schlechteren Arbeitsbedingungen ausgesetzt und werden kaum von Arbeitsschutz- und Gesundheitsförderungsmaßnahmen erreicht. Auch leiden sie besonders stark unter der Angst ihren Arbeitsplatz zu verlieren."[467]

Der Druck in der Arbeitswelt muss neben der bloßen wöchentlichen Beschäftigungsdauer mitbedacht werden. Weiterqualifizierungsmaßnahmen und lebenslanges (berufliches) Lernen – auch in der Freizeit – prägen heute das gesellschaftliche Leitbild.[468]

Der Freizeit kommt heute – quantitativ wie auch qualitativ – eine relativ hohe Bedeutsamkeit im Lebenszusammenhang des Menschen zu. So spielt Freizeit insbesondere auch für die Identitätskonstruktionen und soziale Verortung eine nicht zu unterschätzende Rolle. Identität in der reflexiven Moderne setzt die aktive Gestaltung voraus:

> „Radikale Individualisierung und extreme Pluralisierung sind das Ergebnis umfassender Ent-Traditionalisierung und deregulierter weltweit verflochtener Wirtschaftsprozesse. Neue Lebensentwürfe verschränken in flexibler Weise Erwerbs- und Privatleben, sie generieren neue Geschlechterarragements und hybride Familienbiografien. Individuelle ‚Normalbiografien' lösen sich zunehmend auf. Selbstkonzepte und Identitätskonstruktionen der Gegenwart entsprechen eher einem ‚Patchwork' – und sind vor allem deutlich anstrengender, da sinnstiftende Referenzpunkte nicht mehr per se existieren, sondern

466 ebd., S. 174f.

467 Beschluss des DGB-Bundesvorstands vom 09.04.2013. Gefährdungen durch psychische Belastungen bei der Arbeit vermeiden – psychisch kranke Menschen besser unterstützen. Gewerkschaftliche Anforderungen. URL (2014).

468 vgl. auch Tokarski 2005, S. 528ff.

durch gezielte Auswahl sozialer Bezugskontexte individuell hergestellt und Ambivalenzen ausbalanciert werden müssen."[469]

Der Einblick in die Historie der Freizeit mahnt deutlich vor der Gefahr der Instrumentalisierung und Vereinnahmung von Freizeit durch herrschende ‚Klassen' oder für bestimmte Interessen. Freizeit und die Möglichkeit zur Teilhabe sind auch heute nicht egalitär verteilt. Viel zu unterschiedlich sind die Handlungsspielräume, über freie Zeit verfügen und diese autonom gestalten zu können. ***Zu allen Zeiten zeigen sich Differenzen zwischen den verschiedenen sozialen Schichten (aber auch je nach Geschlecht) im Bereich der freien Lebenszeit.***

Aktuell ist zu fragen, inwieweit sich nicht ökonomische Prinzipien – wie z.B. Leistungsdruck, Konkurrenz- bzw. Wettbewerbsverhalten und Utilitarismus – auch in den Freizeitbereich hinein verlagern und damit Freizeit zu konterkarieren drohen. Zugespitzt formulieren daher Horst Opaschowski, Michael Pries und Ulrich Reinhardt (2006):

„Die Herausforderung der Zukunft besteht nicht darin, dass wir zur Freizeitgesellschaft werden, die das Arbeiten zur Nebensache erklärt. Eine umgekehrte Entwicklung deutet sich vielmehr an: Der Konkurrenzdruck der Freizeit wird immer größer, denn neben die Arbeitswelt hat sich gleichwertig die neue Freizeitwelt geschoben."[470]

Auf der anderen Seite zeigt sich, dass Freizeit im historischen Verlauf eine zunehmende Liberalisierung, Popularisierung und auch Säkularisierung erfahren hat. Freie Zeiten, Aktivitäten und Privilegien, die zunächst wenigen Menschen vorbehalten waren, wurden in modifizierter Form immer mehr Menschen zugänglich. Dabei erfahren Arbeit und Freizeit bzw. die Vita activa und die Vita contemplativa eine unterschiedliche Bedeutungszuweisung und eine normative Wertung. Auch heute ist Freizeit ein prekäres Gut, das es durchaus zu schützen gilt – insbesondere vor dem Hintergrund, dass sich hiermit auch persönliche Entwicklungsmöglichkeiten verbinden. Freizeit kann eben auch eine relativ (zweck-)freie Bildungszeit darstellen.

Franz Pöggeler befasste sich mit der Frage „Wer hat denn überhaupt die Kompetenz, darüber zu entscheiden, ob Freizeit sinnvoll oder sinnlos verwandt wird?"[471] und welche Kriterien es geben könnte. Er kommt zu dem Schluss, dass die Gestaltung der Freizeit durchaus nicht vollkommen beliebig sei, dass auch

469 Schmidt-Koddenberg 2016, S. 50f.
470 Opaschowski/Pries/Reinhardt 2006, S. 8.
471 Pöggeler 1989, S. 7.

die Freizeitpädagogik wie Freizeitpolitik indirekt eine normative Wertung vornehmen, da sie zumindest Alternativen aufzeigen. Er resümiert:

> „Die Sinnerfüllung der Freizeit braucht man keineswegs nur an hohen Idealen anzulesen, man erkennt sie auch und vor allem daran, daß der Mensch zufriedener mit seinem Leben wird, die Arbeit humaner als zuvor, das Zusammenleben in Familie und Gesellschaft intakter und freundlicher, das seelische und körperliche Wohlbefinden besser. So konkretisiert sich Freizeit als Wert, und so muß sie sich auch bewähren."[472]

Freizeit kommt demzufolge eine hohe Bedeutsamkeit zu. Ein zentraler normativer Bezugspunkt ist somit die Person. Von daher ist die Frage, welche psychologischen Funktionen Freizeit hat.

3.2 Einblick in die psychologischen Aspekte von Freizeit

Freizeit erscheint als ein komplexes Phänomen, dem vielfältige Funktionen zukommen. Aus Sicht der Arbeitswelt, wie auch zum Teil aus Sicht der Individuen, wäre hier zunächst einmal auf die Regenerationsfunktion zu verweisen. Diese dient der Erhaltung der Gesundheit und Arbeitskraft. In Zeiten der Industrialisierung waren die Lebensverhältnisse der einfachen – zum Teil ungelernten – Arbeiter so prekär, dass die freien Zeiträume nicht einmal mehr der körperlichen Regeneration genügten.

> „In der ersten Hälfte des 19. Jahrhunderts waren 14 bis 16 Stunden Arbeit täglich durchaus die Regel, Frauen und Kinder eingeschlossen. Die verbleibende Zeit reichte zu kaum mehr als zum nötigen Schlaf. Die industrielle Produktion beruhte auf teuren Investitionen für Maschinen, und die mußten aus Gründen der Amortisierung und im Blick auf die harte Konkurrenz möglichst ununterbrochen, möglichst Tag und Nacht laufen."[473]

Zu einer Verkürzung der Arbeitszeit kam es im Verlauf des 19. Jahrhunderts weniger aus humanistischen Gründen. Vielmehr wurde erkannt, dass die Arbeitsleistung der Menschen produktiver ist, wenn ihnen eine ausreichende Regenerationszeit gelassen wird. So kam es zu einer geforderten Dreiteilung des Tages: acht Stunden Arbeit, acht Stunden Schlaf und acht Stunden zur eigenen Verfügung.[474] Heute wird davon ausgegangen, dass die Schlafenszeit individuell unterschiedlich ist, Schlafmangel sich aber ungünstig auf die Gesundheit und die Überführung von Wissen ins Langzeitgedächtnis auswirkt. Zugleich ist zu

---

472 ebd., S. 7.
473 Giesecke 1983, S. 21.
474 vgl. ebd., S. 21ff.

bedenken, dass die acht Stunden jenseits der Erwerbsarbeit auch die „Obligationszeit"[475] impliziert, also jene gebundenen Zeitfenster, die der Mensch für die Verrichtung alltäglicher Aufgaben oder sonstiger Verpflichtungen sowie der An- und Abreise zur Arbeitsstelle benötigt. (vgl. dazu Kap. 2)

Menschen sehnen sich insbesondere in Phasen mit eng getaktetem Zeitplan nach mehr Freizeit im Sinne der Eigenzeit und Erholung. Persönliche Interessen wie auch das Bedürfnis nach Zweisamkeit werden im Arbeitsalltag oftmals hintenan gestellt. Dies kann dazu führen, dass das Individuum mehr und mehr das Gefühl bekommt, nur noch zu „funktionieren" und sich mehr und mehr von seinen Bedürfnissen und sich selbst entfremdet. Bereits Karl Marx (1818–1883) prägte den Terminus der „Entfremdung" durch die Arbeit, wobei bei ihm natürlich die Kritik am Kapitalismus und Privateigentum im Fokus stand.

Im Weiteren geht es hier aber auch um die Frage nach den echten Bedürfnissen des Menschen und jenen, die durch die Wirtschafts- und Produktionsordnung evoziert werden. Heute arbeiten viele Menschen mehr, um sich mehr leisten zu können: sei es für eine Urlaubsreise, ein anderes Auto, einen bestimmten Lebensstandard… Längst hat sich Freizeit zu einem mächtigen Wirtschaftsfaktor entwickelt und Horst Opaschowski, Michael Pries und Ulrich Reinhardt sprechen von „Freizeitkonsum", mahnen aber zugleich, dass die wachsende „Schere zwischen Arm und Reich"[476] zu einer „Polarisierung im Konsumverhalten" führen wird; d.h. ein Teil der Bevölkerung nur sehr sparsam, der andere Teil erlebnisorientiert konsumieren kann.[477] Der Ausschluss vom Freizeitkonsum erfolgt dabei eher aufgrund der eingeschränkten ökonomischen Mittel und nicht explizit aus innerer Überzeugung.

Daneben gibt es aber auch eine gegenläufige Tendenz, die – jeweils unterschiedlich akzentuiert – innerhalb kapitalistischer Gesellschaften auftritt: Minimalisten, die sich von vielem trennen und ihren Lebensstil auf das ausrichten, was ihnen wirklich wichtig ist. Die Reduktion von Habe und Besitz erleben sie als befreiend und bereichernd.[478]

Zeit und Arbeitskraft wird im Erwerbsleben gegen Geld eingetauscht, dieses auf dem Konsummarkt gegen Güter oder immaterielle Dinge wie Erlebnisse. Materielle Güter dienen nicht mehr nur der existenziellen Sicherung, sondern werden zum Teil der Identitätsdarstellung und fungieren als Statussymbol.

---

475 vgl. Opaschowski 1996, S. 86.

476 Opaschowski/Pries/Reinhardt 2006, S. 9f.

477 vgl. ebd., S. 7f.

478 vgl. Schulz 2011. URL (2015).

Was Reisen oder bestimmte Erfahrungen und Erlebnisse betrifft, kommt diesen bereits eine ähnliche Funktion zu: Gerade junge Menschen haben Angst, nicht dazu zu gehören, wenn vermeintlich alle (bis auf sie) schon einmal auf Mallorca oder in den Vereinigten Staaten waren. Dieses Gefühl erzeugt Druck und den Wunsch, mehr zu arbeiten, um sich dann in der Freizeit etwas leisten zu können. So betont auch Walter Tokarski nach wie vor den hohen Stellenwert der Erwerbsarbeit für die Freizeit, aber auch den Bedeutungsanstieg der Freizeit.

> „(…): Wir sind nach wie vor eine Arbeitsgesellschaft, d.h. unsere Existenz und unser sozialer Status hängt nach wie vor von der Art unserer Arbeit und vom erzielten Einkommen ab. (…) Eine Freizeitgesellschaft haben wir nicht, aber eine Gesellschaft, in der Freizeit in den letzten Jahrzehnten an Bedeutung gewonnen hat und sich hoher persönlicher Wertschätzung erfreut, die haben wir sehr wohl. (…)“.[479]

Der Wertewandel durchzieht sowohl den Bereich der Berufsarbeit als auch den der Freizeit. Horst Opaschowski geht soweit, dass er die These aufstellt, dass Freizeit „das berufliche Anspruchsniveau“[480] von Menschen verändert, d.h. die „Ansprüche an die Qualität und Humanität des Arbeitslebens“[481] durch den Grad an Selbstbestimmung und Selbstverwirklichung in der Freizeit größer würden. Dies scheint sich insofern zu bestätigen, als die sogenannte „Generation Y“ (Bezeichnung für die heute 30- bis 35-Jährigen) der persönlichen Autonomie, dem Spaß und einen sinnvollen und zugleich persönlich erfüllenden Beruf zu haben, hohe Bedeutung beimisst.[482]

Die Freizeit, so Opaschowski, sei der *„eigentliche Motor des Wertewandels“*[483]. Dabei verlieren materielle Werte im Vergleich zu postmateriellen Werten an Bedeutsamkeit in der westlichen Welt, wobei hier nicht zu vergessen ist, dass bereits der amerikanische Soziologe Ronald Inglehart (1934–2021) in den 1970er-Jahren den Wandel von materialistischen zu postmaterialistischen Werten prognostizierte. Ronald Inglehart betrachtete dabei den Wertewandel vor dem Hintergrund der materialen Grundlage. So besagt die Mangelhypothese, dass die Menschen jeweils das begehren, was knapp ist. Für die Nachkriegsgeneration standen zunächst materielle Bedürfnisse im Vordergrund, bevor postmaterielle Bedürfnisse in den Vordergrund treten konnten.[484]

---

479 Tokarski 2005, S. 529.
480 Opaschowski 1996, S. 151.
481 ebd., S. 151.
482 vgl. Signium International 2013. S. 19. URL (2017).
483 Opaschowski 1996, S. 151.
484 vgl. Müller 2012. URL (2015).

Angesichts der globalen Probleme, Finanzkrisen und Fluchtbewegungen sind postmaterielle Werte zwar nicht bedeutungslos geworden, aber selbst Opaschowski spricht im Jahr 2015 nicht mehr von einer Synthese materieller und postmaterieller Werte, sondern von einem „neo-konservativen Wertewandel in Deutschland"[485]. Tugenden wie „Disziplin" und „Fleiß" erleben gewissermaßen eine Renaissance, was von Forschern wie Opaschowski zum Teil mit dem demografischen Wandelt begründet wird.[486]

Dabei ist zu bedenken, dass sich Werthaltungen und Einstellungen auf beide Lebensbereiche, Arbeit und Freizeit beziehen. Positiv gewendet impliziert dies, dass Kinder und Heranwachende Disziplin und Fleiß, wie auch Selbstbestimmung und Selbstwirksamkeit, nicht nur in der Schule, sondern auch in der Freizeit ausbilden können, die Freizeit somit ein wichtiges Lernfeld darstellt.

Nicht zuletzt finden auch in der Freizeit und hier insbesondere auch in den Reisen vielfältige Lern- und Bildungsprozesse statt, die – kritisch betrachtet – inkudierende oder exkludierende Wirkung haben können. Kindern, denen hier die Teilhabe an Freizeitaktivitäten und „Kinderkulturen" aufgrund der sozialen Herkunftslage (bildungsferne, finanziell schwache Herkunftsfamilie, hohe psychosoziale Belastungen der Eltern/Krankheit) weitgehend versagt bleibt, tragen durchaus ein höheres Risiko, alterstypischen Entwicklungsaufgaben, „soziokulturelle Handlungsanforderungen"[487] und schulischen Leistungsanforderungen nur bedingt gerecht zu werden.[488]

Der Freizeit werden heute weit mehr Funktionen als die der reinen Regeneration zugesprochen. Eine Dichotomie von Arbeit und Freizeit wird von dem Freizeit- und Zukunftsforscher Horst Opaschowski infrage gestellt.

> „Wurde Freizeit früher mehr formal und quantitativ in Abgrenzung zur Arbeitszeit gesehen, so wird sie mittlerweile inhaltlich und qualitativ als eine *eigene Form von Lebenszeit und Lebensqualität* verstanden."[489]

Freizeit gewinnt an Eigenwert und stellt einen Zeitraum dar, der sich auf vielfältige psychologische Bedürfnisse bezieht. Opaschowski verweist auf acht Freizeitbedürfnisse, die in ihrer Akzentuierung individuell unterschiedlich ausfallen können und auch miteinander zusammenhängen (vgl. Abb 13).

---

485 Charisius 2015. URL (2015).
486 ebd., URL (2015).
487 Stange 2006, S. 57.
488 vgl. ebd., S. 57f.
489 Opaschowski 1996, S. 13.

Abb. 13: Bedürfnisse in der Freizeit nach Opaschowski 1996 (S. 91f.; eigene Grafik)[490]

Opaschowski führt diese acht Freizeitbedürfnisse stichwortartig aus, legitimiert sie aber lediglich mit dem Hinweis, dass sich die Bedürfnisse aus den Befunden der Freizeitforschung ergeben. Eine fundierte theoretische Herleitung findet – zumindest in diesem Grundlagenwerk – nicht statt, sondern der Verweis, dass es *„qualitative Kriterien für die Erziehungs- und Bildungsarbeit"* seien und die Menschen versuchen, diese Bedürfnisse in der Freizeit zu stillen, obgleich die *„Defizite hier nicht entstanden sind"*[491].

Dabei ist es eine Binsenweisheit, dass die Grade an Autonomie und Selbstverwirklichung im Beruf sehr unterschiedlich je nach Berufsfeld und Persönlichkeitsstruktur ausfallen. Selbstverwirklichung durch den Beruf ist sicherlich

490 Opaschowski 1996, S. 91f.; Markowetz 2012, S. 7. URL (2019). Diesen auch im Kontext der Inklusion bestmöglich gerecht zu werden und hier die Teilhabe und Automonie bestmöglich zu realisieren, stellt eine gesamtgesellschaftliche wie auch pädagogische Herausforderung dar.

491 ebd., S. 92.

ein schönes Leitbild, das aber nur bedingt zutrifft. Viele Menschen suchen nach ihrer Arbeit nach Möglichkeiten, sich selbst zu verwirklichen und die Erwerbstätigkeit wird als ein Mittel zum Zweck betrachtet.

Aus den Bedürfnisdefiziten werden sodann die Zielfunktionen von Freizeit abgeleitet, die im Schaubild den Bedürfnissen übergeordnet sind, also: „Rekreation“, „Kompensation“, „Edukation“, „Kontemplation“, „Kommunikation“, „Integration“, „Partizipation“, „Enkulturation“.[492]

Dabei verweist Opaschowski explizit darauf, dass die Reihenfolge der Zielfunktionen nicht willkürlich sei, sondern die „objektiv-gesellschaftlichen Bedürfnisse erst dann befriedigt werden, wenn die Befriedigung der subjektiv-individuellen Bedürfnisse relativ gesichert erscheint“.[493]

Obgleich Opaschowski an dieser Stelle nicht explizit auf den amerikanischen Psychologen Abraham Maslow (1908–1970) rekurriert, sind die Parallelen unverkennbar. Opaschowski geht wie Maslow davon aus, dass sich höhere Bedürfnisse und die menschliche Selbstverwirklichung nur dann realisieren können, wenn die grundlegenden Bedürfnisse des Menschen gestillt sind. Freizeit– nach einer positiven Begriffsbestimmung – im Sinne einer Erweiterung individueller und gesellschaftlicher Möglichkeitsräume kommt erst dann zum Tragen, wenn physiologische und soziale Grundbedürfnisse befriedigt wurden.[494]

Zugleich darf aber nicht übersehen werden, dass sich in der Gestaltung der Freizeit auch bestimmte Wertorientierungen und Haltungen widerspiegeln. In einer sehr stark individualisierten Gesellschaft, in der der Selbstverwirklichung des einzelnen ein hoher Stellenwert zugeschrieben wird und postmaterielle Werte dominieren, sieht die Freizeitgestaltung sicherlich anders aus als in traditionellen, bzw. stark auf die Gemeinschaft hin ausgerichteten Gesellschaften. So kann es heute durchaus sein, dass die persönliche Selbstverwirklichung in der Freizeit mit dem Familienleben, der Kindererziehung oder auch beruflichen Anforderungen kollidiert.

Das Freizeitverhalten wird insofern von einigen Wissenschaftlern wie z.B. Walter Tokarski mit der Lebensstilforschung in Zusammenhang gebracht. Tokarski stellt Mitte der 1980er-Jahre die These auf, dass die Termini Freizeitstil und Lebensstil nahezu synonym zu setzen sind.[495] Bodo Lippl formuliert es sehr treffend:

---

492 ebd., S. 94.

493 Opaschowski 1996, S. 95.

494 vgl. Opaschowski 1996, S. 95.

495 vgl. Tokarski/Schmitz-Scherzer 1985; Opaschowski 1993, S. 45f.

„Freizeit ist der Lebensbereich, in dem sich der Lebensstil eines Menschen besonders ausdrücken kann.“[496]

Nicht zuletzt leben wir heute in einer Welt des raschen Wandels und mit vielfältigen Entwicklungen und Möglichkeiten. Im Zuge der Individualisierung und Modernisierung gewinnt die Inszenierung des eigenen Lebens an Bedeutsamkeit – vor allem auch durch die modernen Medien. Die Freizeit wird dazu genutzt, zu zeigen, wer man ist und um in vielen Feldern „up to date“ zu bleiben. Dies kann dazu führen, dass Individuen vermehrt auch die Angst verspüren, etwas zu verpassen und die Freizeit zum Medium der Imagepflege und Außendarstellung wird.

Vor diesem Hintergrund kann Freizeit – als persönlich zu gestaltende Eigenzeit – auch zu Freizeitstress werden. In diesem Kontext sei auf zwei Stichworte verwiesen: die Erlebnisgesellschaft (Schulze 1993) und die Konsumgesellschaft. Von der Konsumgesellschaft wird – bezogen auf die Bundesrepublik Deutschland – etwa ab den 1960er-Jahren gesprochen.[497] Dabei spielen technologische Erneuerungen und Veränderungen im Sektor der Produktion eine wichtige Rolle.

„Technik steht mit Konsum in einer mittelbaren und einer unmittelbaren Beziehung. Die wesentlich durch Technik verursachten Produktionssteigerungen waren gleichermaßen Voraussetzung für eine Verbilligung der Produkte wie für eine Erhöhung der Einkommen und eine Vermehrung der Freizeit. Das heißt, sie schufen die materiellen Grundlagen für die Konsumgesellschaft. Der Konsum selbst wurde technisch überformt.“[498]

Forscher wie Horst Opaschowski sprechen vom „Freizeitkonsum“[499] und sehen darin einen neuen Leitstern der Ökonomie.[500] Freizeit ist heute vielfach sehr stark kommerzialisiert und Erlebnisse werden als verfügbare „Ware“ gepriesen (Opaschowski u.a. sprechen daher auch bereits vom „Erlebniskonsum“[501]). Längst hat sich aus der Sehnsucht nach Erlebnissen und dem Wunsch, sich lebendig zu fühlen, etwas zu spüren, ein profitabler Wirtschaftszweig entwickelt. Angebote, die hier noch im weitesten Sinne unter dem Prädikat „Erlebnispädagogik“ vermarktet werden, sind in erster Linie auf die Bereitstellung neuer Erfahrungen,

496 Lippl 1995, S. 106.
497 vgl. König 2000, S. 8.
498 König 2000, S. 8.
499 Opaschowski/Pries/Reinhardt 2006, Kap. 4, S. 93ff.
500 Dabei ist Opaschowski u.a. durchaus bewusst, dass sich die „Schere zwischen Arm und Reich“ vergrößert und somit nur ein Teil der Gesellschaft zu den extensiven Freizeitkonsumenten gehören wird. (vgl. Opaschowski/Pries/Reinhardt 2006, S. 7).
501 siehe weiterführend: Opaschowski/Pries/Reinhardt 2006, S. 94ff.

die einen „Thrill" versprechen, ausgerichtet. Der moderne Mensch sucht hier kurzfristige Stimulation, bei der es – physiologisch betrachtet – zu einer Freisetzung eines körpereigenen Hormoncocktails kommt[502], der zu Glücksgefühlen und dem Gefühl der eigenen Stärke beiträgt.

Problematisch erscheint hierbei, dass es damit noch zu keiner wirklichen Erweiterung des individuellen Möglichkeitsraumes kommt. In erster Linie wird ein kurzfristiger „Kick" geboten, der die Alltagserfahrungen durchbricht und den Wunsch nach mehr evoziert. Der Reiz muss demzufolge immer neuartiger und stärker sein, um ähnliche Effekte im Individuum hervorzurufen. Im Extremfall mag sogar eine Art Abhängigkeitsverhalten entstehen, d.h. das ganze Leben dreht sich zunehmend darum, im Freizeitbereich den nächsten Thrill zu erhaschen, das nächste spektakuläre Angebot zu finden: Fallschirmspringen im Tandem, Bungee-Springen, einen Helikopter fliegen, ein Dinner for Two im Dunkeln, Bagger fahren, mit Haien tauchen…

Es versteht sich von selbst, dass hierbei alles gut geplant und vom Veranstalter möglichst perfekt organisiert ist. Dies hat natürlich auch seinen Preis, d.h. der Boom eines solchen Wirtschaftszweigs setzt voraus, dass es Menschen mit einem Prosperitätsgrad gibt, die ihr Geld in immaterielle Güter investieren und für die derartige kurze Auszeiten aus dem Alltagstrott eine erstrebenswerte Lösung darstellen.

Demgegenüber stehen jene, deren sozio-ökonomischer Status solche Freizeitangebote kaum erschwinglich erscheinen lässt. Insbesondere im Jugendalter kann dies zur Exklusion führen, da sich die Möglichkeiten der Freizeitgestaltung von Heranwachsenden aus gut situierten Herkunftsfamilien sehr stark von denen jener Kindern aus pekuniär schwachen Familien unterscheiden. Es besteht die Gefahr, dass die Nutzung derartiger Angebote und Reisen nur dann realisierbar ist, wenn sehr viel gejobbt und die Schule zur Nebensache erklärt wird.[503] Dennoch darf hier der Wert des Jobbens für die berufliche Orientierung und das informelle Lernen nicht ausgeblendet werden.

Es kann festgehalten werden: Freizeit kann durchaus auch zu einem individuellen als auch gesellschaftlichen Problembereich werden.

Wurde im ausgehenden 19. Jahrhundert die freie Zeit der Proletarierjugend als ein gesellschaftlicher Problembereich gesehen, so zeichnet sich heute ein

---

502 siehe weiterführend: Hennig, J./Laschefski, U./Opper, C. (1994). Biopsychological changes after bungee jumping: betaendorphin immunoreactivity as a mediator of euphoria? *Neuropsychobiology, 29(1):* 28–32.

503 vgl. Lambrecht 2002. URL (2016).

weiterer ab: jener der Vereinsamung (im Alter) und der Demokratiemündigkeit[504]. Allerdings weist die Shell-Jugend-Studie 2015 auf einen gegenläufigen Trend hin: Sank das Interesse an Politik zwischen 1991-2002, so steigt es gegenwärtig wieder an: Immerhin geben 46% der befragten Jugendlichen zwischen 14 und 24 Jahren an, sich für Politik zu interessieren.[505] Allerdings darf dieser Befund nicht zu optimistisch gesehen werden, da in einer multimedialen europaweiten, repräsentativen Befragung unter Jugendlichen im Alter von 18 und 34 Jahren („Generation what") nur ein Prozent der Politik uneingeschränktes Vertrauen schenken. Es deutet sich an, dass das Vertrauen in die Politik mit dem jeweiligen Bildungsgrad zusammenhängt.[506] Dennoch wird Freizeit heute sehr schnell als reine Eigenzeit aufgefasst, weniger als Zeit, in der sich Menschen sozial oder politisch für andere engagieren. So werden selbst soziale Kontakte in der Verwandtschaft als Verpflichtung erlebt, die in Konkurrenz zur eigenen Freizeit stehen. Auch das bekundete Interesse an Politik ist nicht gleichzusetzen mit politischem Engagement in Parteien.[507] Das Vertrauen in Politiker/innen ist bei vielen Menschen nicht so ausgeprägt.[508]

Opaschowski weist auf ein weiteres Problemfeld hin: die Angst vor der Freizeit im Sinne eines „Freiheits-Sicherheits-Konfliktes"[509]. Ist die Berufs-/Arbeitswelt sehr viel stärker strukturiert und gibt oftmals bestimmte Zeit- und Handlungsabläufe vor, so muss der Mensch seine freie Zeit selbst sinnvoll einteilen und gestalten. Dies kann – gerade vor dem Hintergrund der Individualisierung und der Beschleunigung – Menschen unter Druck setzen, haben sie doch das Ziel, das Bestmögliche aus ihrer Freizeit zu machen. Die vielfältigen Optionen können zu einer Überforderung werden. Manchen Menschen fehlt die grundlegende Fähigkeit, Zeit eigenständig zu strukturieren und entsprechende Selbstdisziplin aufzubringen, einen bestimmten Tagesrhythmus einzuhalten, den sie sich selbst setzen.

Karlheinz Wöhler betont die Entgrenzung von Freizeit und die Notwendigkeit, individuell Prioritäten zu setzen:

---

504 vgl. hierzu: http://de.statista.com/statistik/daten/studie/180690/umfrage/einstellung-zu-politischem-engagement-in-deutschland/ (27.07.2016).

505 vgl. Klovert 2015. URL (27.07.2016).

506 vgl. Pressedossier Bayerischer Rundfunkt 2016. URL (2017).

507 vgl. Klovert 2015. URL (2016).

508 vgl. https://de.statista.com/statistik/daten/studie/153820/umfrage/allgemeines-vertrauen-in-die-parteien/ (20.09.2017).

509 Opaschowski 2008, S. 24.

> „In Wahrheit schreiben strukturelle Bedingungen und Vorgaben (postfordistische Beschäftigungsverhältnisse, Globalisierung, Prekarisierung der Erwerbsarbeit, Senkung der Personalkosten) dem Gegenwartsmenschen den Status eines Subjekts seiner Lebensgestaltung mit der Konsequenz zu, etwa neben Bildung, Krankenversicherung, Altersversorgung und Arbeit nun auch die Freizeit zu subjektivieren: Wann, wo und mit welchen Inhalten Freizeit gelebt wird, heißt nun Prioritäten zu setzen, sich mit anderen abzustimmen und Selektionen vorzunehmen. (...) Freizeit mutiert zur Arbeit (...).“[510]

Wöhler bezeichnet dieses Phänomen als „Ökonomisierung der Freizeit“ und charakterisiert den postmodernen Menschen als Individuum, das ein „unternehmerisches Verhältnis zu sich selbst entwickelt“ und Freizeit innerhalb seiner Lebenszeit aktiv gestaltet, wofür er den Terminus „unternehmerische Freizeitexistenz“ gebraucht.[511] Diese Aufgabe kann Menschen durchaus unter Druck setzen und überfordern. Freizeitstress kann aufkommen und sich negativ auf die Gesundheit und Lebensqualität der Menschen auswirken. Dies hat sich die Freizeitindustrie zunutze gemacht, die nach Wöhler dem Menschen sehr subtil Angebote und Leistungen für den Freizeitbereich unterbreitet, deren Nutzung der Mensch dann wiederum subjektiv im Sinne seiner Selbstentfaltung und Selbstbestimmung wahrnimmt.[512]

Daher kann im Anschluss an Opaschowski/Pries und Reinhardt (2006) festgehalten werden:

> „Die sozialethische Bewertung macht den Freizeitkonsum immer zu einem Balanceakt zwischen Freiheit und Zwang, echtem Genuss und oberflächlicher Zerstreuung.“[513]

Freizeit kann durchaus als ein janusköpfiges Phänomen bezeichnet werden[514], das nicht nur mit Spaß, freier Selbstentfaltung oder auch Lebensqualität assoziiert wird, sondern auch zu einem belastenden Moment im individuellen Leben werden kann.[515]

Vielfach dient der Konsum von Gütern (Shoppen gehen) nicht dem wirklichen existenziellen Bedarf, sondern wirkt sich auf die Psyche des Menschen

---

510 Wöhler 2005, S. 563.

511 ebd., S. 564f.

512 vgl. Wöhler 2005, S. 566.

513 Opaschowski/Pries/Reinhardt 2006, S. 110.

514 vgl. ebd., S. 110.

515 In diesem Zusammenhang spricht Opaschowski (2001) auch von einem „defizitären Freizeitbewusstsein“, was impliziert, dass oftmals nur positive Dinge mit Freizeit assoziiert werden, sich Menschen möglicher negativer oder den öffentlichen Dimensionen von Freizeit meist wenig bewusst sein. (vgl. ebd., S. 1058f.)

aus: Shoppen als (Selbst-)Belohungsstrategie, Shoppen, weil man gefrustet ist oder abschalten möchte. Dabei besteht die Gefahr, in die Kaufsucht abzugleiten.

> „Einer Kaufattacke gehen häufig Stresssituationen und unangenehme Erlebnisse, Gefühle oder Spannungszustände voraus. Um sie abzubauen oder zu kompensieren, begeben sich die Betroffenen in ein Geschäft oder Warenhaus. Während des Einkaufens erleben sie Anerkennung, Zuwendung, Befriedigung und andere positive Gefühle bis hin zu Euphorie und können auf diese Weise relativ schnell negative emotionale Zustände überbrücken. Kaufen wird dabei als Belohnung erfahren und fortan als positiver Verstärker erlebt."[516]

In der Folge verliert die Person oftmals die Kontrolle über ihre Finanzen und die erste Freude über den Kauf der Waren zieht nicht selten Schuldgefühle nach sich.

So wundert es nicht, dass sich die Freizeiterziehung bereits frühzeitig auch als Konsumerziehung verstand.

Freizeit ist nicht immer nur positiv besetzt. Eine Umfrage des Instituts für Zukunftsfragen (British American Tobacco) im Rahmen des Freizeitmonitors 2015 ergab folgendes Bild zum Thema „Freizeitstress":
Der andere Mensch kann durchaus als Stressfaktor in der eigenen Freizeit erlebt werden, der das Bedürfnis nach Ruhe und Eigenzeit stört, aber auch Zeit, die im Alltag absorbiert wird, wird als Distress erlebt (Wartezeit beim Einkaufen an der Kasse oder im Stau). Nicht zuletzt werden auch die Kosten für die Freizeitaktivitäten als belastend erlebt. So wundert es nicht, dass gemäß dem Freizeitmonitor von 2015 mit 68% „Spontan tun, wozu man Lust hat" und mit 64% „Ausschlafen" zu den meist genannten Freizeitwünschen zählt.[517]

Daneben muss an dieser Stelle erwähnt werden, dass nicht jedwede Zeit der Nichterwerbstätigkeit als Freizeit erlebt wird. So erleben insbesondere Menschen in Phasen der Arbeitslosigkeit diese unfreiwillig gewonnene freie Zeit nicht unbedingt positiv oder als eine erholsame Zeitphase. Oftmals fehlt es gerade hier an Möglichkeiten (auch finanziellen Möglichkeiten) und Kompetenzen, diese freie Zeit sinnvoll zu gestalten. Als viel zu groß erweist sich oftmals die psychische Belastung und persönliche Krise, um die gewonnene Freizeit positiv erleben zu können und onicht selten fehlt dem Leben auch die Struktur und Bestätigung durch die Integration ins Erwerbsleben. Zugleich besteht innerhalb der Gesellschaft das Bild des „faulen Arbeitslosen", der – wenn er nur wollte –, schon arbeiten könne. Dabei werden andere Dimensionen (evtl. Strukturprobleme im Billiglohnsektor, psychische Erkrankungen, Überforderungen,...)

---

516 Sonnenmoser 2007, S. 468. URL (2017).
517 vgl. Reinhardt 2015, S. 143.

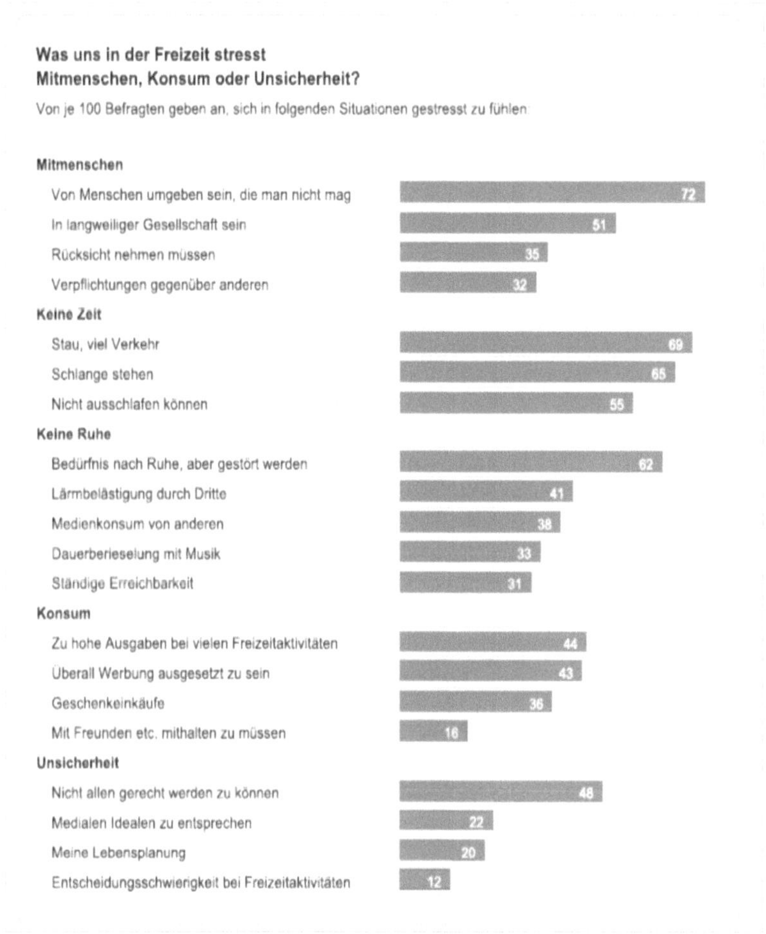

Abb. 14: Auszug aus dem Freizeit-Monitor 2015 der Stiftung für Zukunftsfragen (Quelle: Reinhardt 2015, S. 151. URL [2015]).

einfach ausgeblendet, und es kommt zu einseitigen Schuldzuweisungen. Dies mag ein Aspekt sein, der auch zu vermehrten psychischen Beeinträchtigungen bei Hartz IV-Empfängern beiträgt.[518]

518 vgl. Deutscher Gewerkschaftsbund 2014. URL (2016). Weber/Hörmann/Heipertz 2007. URL (2016).

So formuliert Jürgen Schieckau (2017) stark generalisierend, auf der Basis seiner Erfahrungen mit Freizeit- und Erlebnispädagogik, im Kontext der Rehabilitation wie folgt:

> „Junge Arbeitslose erleben Freizeit als Zwangsfreizeit, unfreie und spaßfreie Zeit: 24 Stunden des Tages abzüglich der Schlafzeit müssen mit Aufgaben und Sinn gestaltet werden. (…) Junge Arbeitslose gleiten aus der geregelten Existenz ins Ungebundene, Leere, Ziel- und Planlose ab. (…) Der Lebensrhythmus von Anspannung und Entspannung wird zerstört. Als Reaktion darauf finden antirationale *Fluchttendenzen* in Nahraum-Kulturen/ Subkulturen, z.B. in die Drogenszene statt."[519]

Freizeitpädagogik wird hier in den therapeutischen Kontext gestellt und Freizeitkompetenz zu einem wichtigen Moment für die Rehabilitation betrachtet.[520]

Psychologisch betrachtet, kann Freizeit durchaus Schattenseiten mit sich mitbringen. Diese können von Langeweile bis hin zum Krisenerleben gereichen. Gerade ältere Menschen können die Transition in die nachberufliche Phase durchaus nicht nur als positiven Moment ihrer Lebensgestaltung erleben. Interessant erscheint hierbei auch die von Opaschowski angeführte *„Assoziationskette von Freizeit – Erholung – Ruhe – Erstarrung – Tod"*[521]: Menschen verbinden mit der Vita activa das Gefühl, lebendig zu sein, wohingegen die Vita contemplativa mit Passivität und letztlich dem Tod assoziiert wird. Diese Assoziationskette entspringt dem modernen Leben in einer globalisierten Welt und Leistungsgesellschaft. Dabei ist die Vita contemplativa und die Muße für die psychische Gesundheit den Menschen durchaus bedeutsam.

Es wird deutlich, dass es heute zu einer essentiellen Aufgabe einer humanistisch orientierten Freizeitpädagogik gehört, den Menschen den Zugang zur Vita activa *und* zur Vita contemplativa zu eröffnen und die Bedeutsamkeit beider Aspekte für das eigene Leben zu reflektieren.

Der Mußebegriff erfährt in heutiger Zeit durchaus als Gegentrend zur Schnelllebigkeit und Beschleunigung eine Renaissance, was sich auch in entsprechenden kommerzialisierten Angeboten widerspiegelt. Exemplarisch ließe sich hier die „Akademie der Muße" anführen. Diese wurde im Jahr 2013 von dem ehemaligen Benediktinermönch und Prior des Klosters Andechs,

---

519 Schieckau 2017, S. 94.
520 vgl. ebd., S. 79f.
521 Opaschoski 2008, S. 24.

Anselm Bilgri, mit dem Ziel der Entschleunigung, Achtsamkeit und Gesundheitsprophylaxe gegründet.[522] Die Akademie bietet unterschiedliche Zwei- bis Vier-Tages-Seminare an:

- „Dynamik durch Gelassenheit – ‚Wie Sie dem Hamsterrad entkommen'", laut Homepage: 773,50 € pro Person zzgl. MwSt., ohne Unterkunft und Verpflegung.[523]
- „Tage des Innehaltens" (Retreat für Führungskräfte), laut Homepage: vier Tage: 1.190 € pro Person inkl. MwSt. ohne Unterkunft und Verpflegung.[524].

Muße wird hier zu einem Bereich der professionellen Weiterbildung und des Coachings von Führungskräften. Der Begriff der „Work-Life-Balance" ist zu einem neuen Modewort avanciert. Die Arbeitswelt und die Einstellung zur Arbeit befinden sich im Wandel. Hierzu trägt sicherlich auch der demografische Wandel bei: Die „Generation Y" kann andere Anforderungen an die Berufswelt stellen, da eine Verknappung des „Humankapitals" vorgezeichnet ist und die Unternehmen sich um die Rekrutierung und Bindung passender Arbeitnehmer/innen bemühen müssen.[525]

Sehr kritisch hat sich die Philosophin Hannah Arendt mit dem Verfall der Arbeitswelt auseinandergesetzt und damit auch interessante Impulse für die Freizeitbildung gegeben.

3.3 Philosophischer Diskurs zu den Antipoden Arbeit – Freizeit am Beispiel Hannah Arendts

3.3.1 Zur Person- und Rezeptionsgeschichte

Grundsätzlich stellt sich die Frage, wann sich Arbeit und Freizeit *im Denken und Erleben des Menschen* ausdifferenziert haben. Die gleiche Tätigkeit kann von verschiedenen – ja, sogar zeitweise von ein und demselben Individuum – einmal als Arbeit und ein anderes Mal als Freizeitbeschäftigung erlebt werden. Sicherlich ist es einfach, die Aktivitäten dahingehend abzugrenzen, ob eine finanzielle Entlohnung vorliegt oder nicht. Im ersteren Falle wäre es dann Arbeit, im letzteren eine Freizeitaktivität. Doch genügt diese Betrachtung? Ein Blick in den philosophischen Diskurs weitet die Perspektive und eröffnet neue Reflexionsmomente sowie eine kritische Sichtweise.

---

522 vgl. Website der Akademie der Muße. URL (2015a).
523 vgl. Website der Akademie der Muße. URL (2015b).
524 vgl. Website der Akademie der Muße. URL (2015c).
525 vgl. Kienbaum Institut 2015, S. 5. URL (2016).

Hannah Arendt (1906–1975) hat sich weit differenzierter mit der „Vita activa oder (…) [dem] tätigen Leben" auseinandergesetzt. (Arendt 1981) Dabei (re-) konstruiert sie die Bedeutsamkeit und den Stellenwert der Vita activa und der Vita contemplativa in unterschiedlichen Epochen. Ausgangspunkt ihrer Betrachtung ist die griechische Antike über die frühe Neuzeit bis hin zur Industrialisierung. Sie spricht hierbei nicht explizit von der Freizeit, aber differenziert aber zwischen Tätigkeitsformen und thematisiert die Freiheit, sich Dingen zuzuwenden, die nicht explizit bestimmten Zwecken und der Lebenserhaltung dienen. Ferner unterscheidet sie zwischen dem öffentlichen und privaten Raum.

Hannah Arendt stammte aus einer jüdischer Familie und erlebte somit den Antisemitismus des Dritten Reiches am eigenen Leibe. Hannah Arendt wurde 1906 in Hannover geboren, wuchs aber in der Heimatstadt ihrer Eltern, in Königsberg, auf. Von 1924 bis 1928 studierte sie in Marburg, Heidelberg und Freiburg Philosophie, Philologie und Theologie, u.a. bei Heidegger, Husserl und Bultmann. Bei Karl Jaspers promoviert sie über den Liebesbegriff bei Augustinus. Hannah Arendt wurde 1933 verhaftet, als sie politisch Verfolgten half, kam frei und musste aus Deutschland fliehen. 1937 wurde ihr die deutsche Staatsbürgerschaft aberkannt. Sie lebte zunächst in Frankreich, wurde aber auch hier erneut als „feindliche Ausländerin" interniert, floh weiter nach Lissabon, bis sie in den USA eine neue Heimat fand und 1951 amerikanische Staatsbürgerin wurde. Hannah Arendt wirkte als Professorin in den Vereinigten Staaten. Die Auseinandersetzung mit dem Totalitarismus prägte ihre Forschung und ihr literarisches Schaffen. Die Philosophin und Politikwissenschaftlerin Hannah Arendt wurde vor allem durch ihr Werk „The Origins of The Origins of Totalitarianism" (1951) und ihre Berichterstattung zum Prozess um den SS-Führer Adolf Eichmann in Jerusalem (1961) bekannt. Hier prägte sie den Begriff der „Banalität des Bösen" und thematisierte auch kritisch die Rolle der „Judenräte" im Nationalsozialismus.[526]

Die nachfolgende Darstellung erhebt *keinen* Anspruch auf eine vollständige Werkanalyse zu Hannah Arendt, sondern legt den Fokus auf ihr philosophisches Werk „Vita activa oder vom tätigen Leben" unter freizeitpädagogischem Fokus. Dieses Werk, das im Englischen unter dem Titel „The Human Condition" (1958) erschien, verfolgt eine phänomenologisch-existenzialistische Perspektive.[527] In der Rezeptionsgeschichte wird es als ihr „philosophisches Hauptwerk"[528]

526 vgl. Breier 2001, S. 176, HannahArend.net. URL (2014).

527 Barley 1990, S. 86.

528 Habermas 1981, S. 223.

betrachtet.[529] Hannah Arendt sucht in diesem Werk nach den Grundlagen des menschlichen Daseins in der Welt.

Dabei muss kritisch angemerkt werden, dass Hannah Arendt zum Nachdenken anregen möchte. Ihr Werk wirkt vielfach ‚sperrig' und eklektisch. Barley beurteilt es wie folgt:

> „Allerdings müssen Hannah Arendts Darstellung historischer Ereignisse sowohl als auch der Umgang mit Texten dem Leser, der es anders gewohnt ist, immer wieder ungenau, einseitig oder willkürlich in Auswahl und Interpretation erscheinen. (…) Wo Hannah Arendt Gebrauch macht von Geschichten und geschichtlichen Beispielen, dient dies keineswegs zum Beweis einer Theorie. (…) Weil Geschehen auf ganz neue Weise betrachtet werden soll, scheut sie sich auch nicht davor, es einseitig zu beleuchten."[530]

In der Rezeptionsgeschichte unterscheiden Wolfgang Heuer, Bernd Heiter und Stefanie Rosenmüller unterschiedliche Phasen der Werksinterpretation. Bis in die 1990er-Jahre wurde das Werk in erster Linie so rezipiert, dass Hannah Arendt die griechische Polis zum normativen Maßstab für das politische Grundverständnis erhebt. In der zweiten Phase der Rezeptionsgeschichte, die die Autoren mit der Wende („‘samtenen Revolution‘ von 1989") beginnen lassen, wird stärker der werks- und entstehungsgeschichtliche Hintergrund miteinbezogen: ungelöste Fragen bei den Totalitarismusstudien (Ursprünge des Totalitarismus), die zeitlich parallel entstandenen Werke *„Über die Revolution"* und *„Zwischen Vergangenheit und Zukunft"* und das unvollendete Spätwerk Hannah Arendts „Vom Leben des Geistes", das als zweiter Band der *„Vita activa"* gedacht war.[531]

Auch sollte nicht unerwähnt bleiben, dass Hannah Arendt maßgeblich an der deutschen Übersetzung mitwirkte und dort auch mittels anderer Zitate und literarischer Verweise arbeitet als in der englischen Fassung – mit der Folge, dass faktisch zwei Fassungen vorliegen. Doch auch hier arbeitet sie mit dem „Verfahren der Montage", Hannah Arendt nimmt Bezug auf Autoren wie Sokrates, Aristoteles, Kant, Marx, Nietzsche, Heidegger, Kierkegaard u.a., ohne dabei eine systematische Auseinandersetzung mit den Autoren/Positionen anzustreben.[532] Dies kann als besonderer Charme oder Schwäche der Darstellung betrachtet werden.

---

529 vgl. Heuer/Heiter/Rosenmüller 2011, S. 61.

530 Barley 1990, S. 89f.

531 Heuer/Heiter/Rosenmüller 2011, S. 61.

532 vgl. ebd., S. 63.

3.3.2 Zu den Tätigkeitsformen

Für Hannah Arendt subsummieren sich unter dem Terminus „Vita activa“ drei anthropologische „Grundtätigkeiten“: „Arbeiten, Herstellen und Handeln.“[533]

Arbeit erwächst aus der Natur des Menschen, basiert quasi auf dem „biologischen Prozeß des menschlichen Körpers“[534]. Arbeit dient dem Lebenserhalt des Menschen, gehört somit zur menschlichen Existenz und ist sowohl den Erhalt des Individuums als auch fur den der Gattung existenziell. Arbeit verrichten kann der Mensch durchaus in Einsamkeit, in der Konzentration auf die Tätigkeit. Hannah Arendt bezeichnet den Menschen als „Animal laborans“, dem außerhalb der menschlichen Gemeinschaft auch ein Teil seiner Menschlichkeit genommen ist.

> „Die Tätigkeit des Arbeitens als solche bedarf nicht der Gegenwart anderer Menschen, wiewohl ein in völliger Einsamkeit arbeitendes Wesen kaum noch ein Mensch wäre; er wäre ein animal laborans in des Wortes wörtlichster und furchtbarster Bedeutung.“[535]

Charakteristisch für Arbeit ist, „daß sie nichts objektiv Greifbares hinterläßt, daß das Resultat ihrer Mühe gleich wieder verzehrt wird und sie nur um ein Geringes überdauert.“ [536] Arbeit und Konsum versteht daher Arendt in Anlehnung an Marx als „zwei verschiedene Formen oder Stadien in dem Kreislauf des biologischen Lebensprozesses“.[537] Arbeit dient sowohl dem Erhalt des eignen Körpers als auch dem Erhalt der Welt.[538]

In der Neuzeit wurde dann Arbeit mit Herstellen verwechselt, so Hannah Arendt.[539] Nicht zuletzt selbigen Vorwurf macht Hannah Arendt auch Karl Marx.[540] Auch dieser differenziert nicht zwischen der Arbeit und dem Herstellen.[541]

Arbeit wird von Arendt sehr stark als natürlicher Prozess betrachtet, wobei sie der Arbeit eine grundlegende Erfahrungsdimension beimisst. Auch religiöse Bezüge („Seid fruchtbar und mehret Euch“) werden hergestellt.

---

533 Arendt 1981, S. 14.
534 ebd., S. 14.
535 Arendt 1981, S. 27.
536 ebd., S. 81.
537 vgl. ebd., S. 91.
538 vgl. ebd., S. 91.
539 vgl.ebd., S. 81.
540 vgl. ebd., S. 81.
541 vgl. Barley 1990, S. 82f.

> „Und ein in der Arbeit sich verbrauchendes Leben ist der einzige Weg, auf dem auch der Mensch in dem vorgeschriebenen Kreislauf der Natur verbleiben kann, in ihm gleichsam mitschwingen kann zwischen Mühsal und Ruhe, zwischen Arbeit und Verzehr, zwischen Lust und Unlust mit derselben ungestörten und unstörbaren, grundlosen und zweckfreien Gleichmäßigkeit, mit der Tag und Nacht, Leben und Tod aufeinanderfolgen. (…) Diesen Segen, den das Arbeiten über ein ganzes Leben breiten kann, kann das Herstellen niemals leisten, denn es handelt sich hier keineswegs um die immer kurzen Augenblicke der Erleichterung und Freude, die sich einstellen, wenn eine Leistung vollendet ist."[542]

Der Arbeitsprozess wird mit Leben assoziiert.[543] Körperliche Anstrengung und Erholungsphasen stehen in einem interdependenten Zusammenhang, beide Aspekte machen das menschliche Leben aus und dienen dem Einklang mit der Natur – so könnte die Kernaussage aus dem Zitat Arendts lauten. Der regelmäßige, unerschöpfliche Rhythmus von Arbeit und Ruhe wird durchaus mit einem Glücksgefühl assoziiert, einem Glück, dass zum Kreislauf des Lebens und dem Menschen gehört.[544] Das „reine *Vergnügen des Lebens*" durch die Erholung nach der Arbeit und dem Konsumieren der Früchte der Arbeit – oder besser durch das Wechselspiel zwischen Arbeit (Arbeitsfreude) und Erholung (Freizeit beim modernen „Massenmenschen").[545]

Herstellen hingegen ist ein kultureller Prozess, des „Homo fabers", der mit den Händen und entsprechenden Werkzeugen Dinge herstellt und Welt gestaltet.[546] Das Herstellen unterliegt einem Zweck-Mittel-Denken, Maßstab ist die Zweckdienlichkeit des Produktes.[547]

> „Im Herstellen manifestiert sich das Widernatürliche eines von der Natur abhängigen Wesens, das sich der immerwährenden Wiederkehr des Gattungslebens nicht fügen und für seine individuelle Vergänglichkeit keinen Ausgleich findet in der potenziellen Unvergänglichkeit des Geschlechts. Das Herstellen produziert eine künstliche Welt von Dingen, (…)."[548]

Das Bewusstsein der eigenen Endlichkeit evoziert das Bedürfnis, sich durch das Herstellen von Dingen, von Kultur zu verewigen und sich eine Lebensumgebung zu schaffen, die der menschlichen Bedingtheit entspricht. Als anthropologisches

542 Arendt 1981, S. 97f.
543 vgl. ebd., S. 100.
544 vgl. ebd., S. 98.
545 Bajohr 2011, S. 71.
546 vgl. Arendt 1981, S. 110.
547 vgl. Bajohr 2011, S. 45.
548 Arendt 1981, S. 14.

Merkmal führt Arendt die „Angewiesenheit menschlicher Existenz auf Gegenständlichkeit und Objektivität“ [549] an.

> „Die Werktätigkeit von Homo faber, der die Welt herstellt, vollzieht sich als Verdinglichung.“[550]

Durch den Prozess des Herstellens kann „Homo faber“ das Glück erleben, etwas fertigzustellen.[551]

Herstellen wird aber von Arendt auch mit dem Begriff „Gewalt“ assoziiert und als Eingriff in die göttliche Schöpfung begriffen, von zentraler Bedeutsamkeit für das Selbstgefühl, doch zugleich verbleibt das Lustgefühl hinter dem der Arbeit zurück.

> „Alles Herstellen ist gewalttätig, und Homo faber, der Schöpfer der Welt, kann sein Geschäft nur verrichten, indem er Natur zerstört. (…) Kraft und Stärke des Menschen äußern sich am elementarsten in den Erfahrungen der Gewalttätigkeit, und sie stehen daher in äußersten Gegensatz zu der qualvoll-erschöpfenden Anstrengung, welche die Grunderfahrung des Arbeitens ist. Aus ihnen stammen Selbstgewißheit und Selbstgefühl, und sie können sogar Quelle lebenslänglicher Zufriedenheit werden, aber sie sind grundsätzlich verschieden von dem Segen, das auf einem Leben ruht, das in Mühe und Arbeit dahingegangen ist, und sie vermögen niemals die Intensität des Lustgefühls zu erreichen, das das Arbeiten zuweilen begleitet, vor allem dann, wenn die Anstrengung rhythmisch verläuft und der Körper die gleiche Lust empfindet, die jeder rhythmisch geordneten Bewegung eigen ist.“[552]

Charakteristisch für die „Werktätigkeit von Homo faber“ ist die Verdinglichung von Welt[553] und der Herstellungsprozess ist von der „Zweck-Mittel-Kategorie“[554] bestimmt. Meilensteine waren dabei die Nutzung von Werkzeugen, Arbeitsteilung, die Maschinisierung, Elektrifizierung und Automation.[555]

Die Idee der Produktivität ist eng verwoben mit der Haltbarkeit und Dauerhaftigkeit des hergestellten Produktes und nicht primär mit dessen Nützlichkeit.[556]

> „Die Umwelt des Menschen ist eine Dingwelt, die Homo faber ihm errichtet und ihre Aufgabe, sterblichen Wesen eine Heimat zu bieten, kann sie nur in dem Maße erfüllen,

---

549 ebd., S. 14.
550 ebd., S. 127.
551 vgl. Bajohr 2011, S. 71.
552 Arendt 1981, S. 127.
553 vgl. ebd., S. 12.
554 ebd., S. 130.
555 vgl. Arendt 1981, S. 132ff.; 160.
556 vgl. ebd., S. 160.

als ihre Beständigkeit der ewig-wechselnden Bewegtheit menschlicher Existenz standhält und sie jeweils überdauert."[557]

Handeln hingegen findet zwischen Menschen statt und ist auf die Gegenwart bezogen. Anthropologisches Charakteristikum ist für Arendt, das der Mensch „inter homines esse" – „unter Menschen weilt" [558]. Der Mensch ist ein soziales Wesen. Das Handeln wie auch Sprechen bedarf der Mitwelt, „menschlicher Pluralität".[559] Gleichheit und Verschiedenheit sind für Arendt die Grundbedingungen menschlichen Sprechens und Handels, denn ohne Gleichheit wäre keine Verständigung möglich und ohne Verschiedenheit der Menschen wäre keine Verständigung durch Sprechen und Handeln nötig.[560] Ohne Sprechen und Handeln wäre in der Konsequenz keine menschliche Individualität möglich.

„Sprechen und Handeln sind die Tätigkeiten, in denen diese Einzigartigkeit sich darstellt. Sprechend und handelnd unterscheiden Menschen sich aktiv voneinander anstatt lediglich verschieden zu sein; sie sind die Modi, in denen sich das Menschsein selbst offenbart."[561]

Natalität – oder besser das Potenzial des Menschen neu anzufangen – und der andere Mensch wird zur Voraussetzung für das Handeln.[562] Diese Form der Tätigkeit wird in erster Linie dem **öffentlichen Raum** zugeordnet.[563]

Die Tatsache, dass ein Mensch sprechend und handelnd in der Welt in Erscheinung tritt, bezeichnet Arendt als zweite Geburt des Menschen.[564] Hierdurch gewinnt er an Identität. Diese ist wiederum bedeutsam für die Wahrnehmung seiner Taten.

„Handeln, das in der Anonymität verbleibt, eine Tat, für die kein Täter namhaft gemacht werden kann, ist sinnlos und verfällt der Vergessenheit; es ist niemand da, von dem man die Geschichte erzählen könnte."[565]

Aber die Konsequenzen des Handelns sind niemals mit vollständiger Sicherheit zu antizipieren, daher bedarf es neben der Handlungsfähigkeit auch die Fähigkeit

557 ebd., S. 162.
558 ebd., S. 15.
559 vgl. ebd., S. 164; S. 172.
560 vgl. ebd., S. 164.
561 ebd., S. 165.
562 vgl. Kahl 2006, S. 39ff.
563 vgl. Bajohr 2011, S. 52f.
564 vgl. Arendt 1981, S. 165.
565 ebd., S. 171.

des Verzeihens.[566] Handeln stellt eine selbstreferentielle, performative und nicht produzierende Tätigkeit dar, was es verbietet, die Zweck-Mittel-Kategorie auf das politische Handeln zu übertragen. Die Unangemessenheit der Zweck-Mittel-Kategorie sieht Arendt u.a. in der „Unwahrscheinlichkeit und Unvorhersehbarkeit"[567] der Folgen des Handelns begründet.[568] Erst im (politischen) Handeln kann der Mensch zum „vollgültigen Glück" gelangen.[569]

3.3.3 Zum Stellenwert der Vita activa in der Antike und dem Aufstieg der Vita contemplativa im Mittelalter

Arendt greift für ihre kritische Reflexion auf die Antike zurück, rekurriert auf den Begriff der Vita activa, der in der mittelalterlichen Philosophie aufkam und weist auf eine Uminterpretation des βίος πολιτιχός (frei übersetzt: politisches Leben) hin. In der antiken Gesellschaft gab es den freien Mann, der die Bürgerrechte der Polis besaß, der „unabhängig war von den Notdürften des Lebens oder den von ihnen geschaffenen Verhältnissen" und frei wählen konnte[570]. Für den freien Mann gab es drei Lebensweisen, die dem freien Mann nach Aristoteles würdig waren:

> „…das Leben, das im Genuß und Verzehr des körperlich Schönen dahingeht; das Leben, das innerhalb der Polis schöne Taten erzeugt; und das Leben des Philosophen, der durch Erforschen und Schauen dessen, was nie vergeht, sich in einem Bereich immerwährender Schönheit aufhält…"[571]

Daneben gab es die Meköten, die sich aus dem Umland in der Polis ansiedelten und Gewerbetreibende waren sowie die Sklaven. Der freie Bürger der Polis, des griechischen Stadtstaates Athen, war freigesetzt aus dem direkten Arbeitsprozess und hatte den Möglichkeitsraum, sich der Frage nach dem Wahren und Schönen (Philosophie) und der Politik zu widmen. Seine Freiheit hierzu beruhte letztlich auf der Unfreiheit der Sklaven und der „herstellenden Lebensweise" der Handwerker und Gewerbetreibenden. Arbeit (auch bezahlte Arbeit) galt dem freien Bürger der griechischen Polis als unwürdig.

566 vgl. Bajohr 2011, S. 67.
567 ebd., S. 47.
568 vgl. ebd., S. 45ff.
569 vgl. ebd., S. 71.
570 Arendt 1981, S. 19.
571 ebd., S. 19.

Augustinus spricht in seiner lateinischen Übersetzung von der „vita negotiosa oder actuosa“[572]. Damit geht die politische Semantik verloren.

> „Was nun den βίος πολιτιχός angeht, so liegt der Hauptunterschied zwischen diesem aristotelischen Begriff und der späteren mittelalterlichen Vita activa darin, daß Aristoteles damit ausdrücklich nur den Bereich des im eigentlichen Sinne Politischen meinte, und mit ihm das Handeln (πράττειν) als die im eigentlichen Sinne politische Tätigkeit. (...) Mit dem Verschwinden des antiken Stadtstaates – Augustinus war vielleicht einmal der letzte, der zum mindesten noch wußte, welchen Rang das Politische einmal gehabt hat – verlor der Begriff der Vita activa seine eigentlich politische Bedeutung und begann, alle Arten einer aktiven Beschäftigung mit den Dingen der Welt zu bezeichnen.“[573]

Nach Arendt implizierte dies aber keinen Bedeutungszuwachs der Arbeit und des Herstellens, sondern einen Würdeverlust des politischen Handelns, das nun mehr keine herausgehobene Stellung mehr einnahm.[574]

Folglich gewann die Vita contemplativa (βίος θεωρητιχός) als eine dem freien Bürger angemessene Tätigkeit an Bedeutung und Vorrangstellung vor allen anderen Tätigkeiten. Dieser Primat der Vita contemplativa ist nach Arendt nicht auf das Christentum zurückzuführen, sondern sie sieht sie bereits in der politischen Philosophie Platons verankert.[575]

Für Platon gehörte zur Freiheit des „freien Bürgers“ die Muße hinzu. Sie implizierte nicht nur die Freisetzung aus den „Notdürften des Lebens“[576], sondern auch die Freisetzung von jeglichem Zwang, auch dem der politischen Tätigkeit, was auch die Freisetzung aus „öffentlichen Geschäften“ implizierte.

Ein Novum, das durch das Christentum aufkam, war nun aber die Ausdehnung der Kontemplation als Suche nach Gott und Besinnung auf alle Menschen.

> „Das Christentum forderte nur für Alle, was bis dahin nur von den Wenigen in Anspruch genommen war.“[577]

Nur durch die Besinnung und Ruhe kann demzufolge der Mensch das Gute und Wahre schauen. Ruhe wird bereits bei Aristoteles zum Bezugspunkt aller Tätigkeit.

Hannah Arendt stellt gerade diese Höherbewertung der Vita contemplativa vor der Vita activa deutlich heraus:

---

572 ebd., S. 19.
573 Arendt 1981, S. 19f.
574 vgl. ebd., S. 20.
575 vgl. ebd., S. 20.
576 ebd., S. 20.
577 ebd., S. 20.

„Was immer Körper und Seele bewegt, die äußeren wie die inneren Bewegungen des Sprechens und des Denkens müssen zur Ruhe kommen im Betrachten der Wahrheit, (...) So ist bis zum Beginn der Neuzeit die Vorstellung der Vita activa immer an ein Negativum gebunden; sie stand unter dem Zeichen der Unruhe, sie war nec-otium, ἀ-σχολια. (...) Es ist dieses Ewigsein, das sich den veränderlichen Sterblichen nur enthüllen kann, wenn sie mit allen Bewegungen und Tätigkeiten an sich halten und völlig zur Ruhe gekommen sind. Angesichts dieser Haltung völliger Stille verschwinden alle Unterscheidungen und Gliederungen innerhalb der Vita activa als solcher. Vom Standpunkt der Kontemplation aus betrachtet, spielt es keine Rolle mehr, was die ihr notwendige Ruhe stört; hier wird alles, was Bewegung oder Tätigkeit ist, unterschiedslos zur Störung.“[578]

Die Vita contemplativa repräsentiert somit die Verbindung zum göttlichen Bereich oder dem ewig Seienden, während die Vita activa dem weltlichen Bereich der menschlichen Existenz zuzuordnen ist. Eine reine Vita activa erscheint eitle Nichtigkeit und entspräche dem „Streben nach irdischer Unsterblichkeit“[579].[580]

Hannah Arendt hingegen stellt diese Rangordnung, d.h. die Superiorität der Vita contemplativa gegenüber der Vita activa in Frage und bemängelt die zunehmende Indifferenz der unterschiedlichen Tätigkeitsformen der Vita activa.[581]

Der Mensch ist nach der griechischen Philosophie ein politisches Wesen. Ohne gesellschaftliche Bezüge ist menschliches Leben kaum denkbar und das dem Menschen charakteristische Handeln scheint gebunden an die Tatsache, dass der Mensch bedingt ist durch die „ständige Anwesenheit einer Mitwelt“[582].

Dabei beklagt Hannah Arendt, dass in der Rezeptionsgeschichte der griechischen Antike der Begriff des „Politischen“ zunehmend durch den des „Sozialen“ ersetzt wurde, was sie auf einen Übersetzungsfehler zurückführt, da der lateinische Terminus „sozial“ keinerlei Entsprechung in der griechischen Sprache habe.[583]

Sie weist ferner auf die Tatsache hin, dass der Begriff der „societas“ im Lateinischen auch eine „begrenzte politische Bedeutung“ hatte.[584]

---

578 ebd., S. 21.
579 Arendt 1981, S. 26.
580 vgl. ebd., S. 25f.
581 vgl. ebd., S. 22.
582 ebd., S. 27.
583 vgl. ebd., S. 25.
584 ebd., S. 28.

Es kommt zu einem Widerstreit und Auseinanderfallen der Vita activa und der Vita contemplativa als zwei grundlegende Elemente des menschlichen Daseins.

Diese grenzt sie aber noch einmal scharf vom (Nach-)Denken ab, das im Sinne eines inneren Dialogs immer noch als Aktivität begriffen werden kann.[585] Die Kontemplation aber eröffnet die Möglichkeit, Kontakt zum Ewigen zu erhalten.

3.3.4 Zum Stellenwert des öffentlichen Bereichs in der Polis

In der griechischen Denktradition ist die Trennung des Öffentlichen (und damit zugleich auch die Möglichkeit des politischen Bereich) vom privaten Bereich die Trennung zweier Seinsordnungen und kommt einer zweiten Geburt des freien Bürgers (Mannes) gleich.[586]

> „Von den Tätigkeiten, die in allen Formen menschlichen Zusammenlebens anzutreffen sind, galten nur zwei als eigentlich politisch, nämlich das Handeln (πράξις) und Reden (λέις), und nur sie begründen jenen ‚Bereich der menschlichen Angelegenheiten', τά τῶν ἀνθρώπων πράγματα, wie Plato zu sagen pflegte, aus dem gerade alles nur Notwendige oder auch nur Nützliche ausgeschlossen war."[587]

Dabei werden dem Denken und Sprechen gleiche Wertigkeit zugeschrieben, denn auch das Denken erscheint Arendt bereits als Handeln, wobei sie hier auf Homers „Achill" verweist, der „der Täter großer Taten und der Sprecher großer Worte" sei.[588]

Denken und Sprechen bilden gemeinsam den Weg zur Erkenntnis oder Einsicht. Der Sprache kommt eine wichtige Schlüsselfunktion zu. **Erst durch das Sprechen wird das Handeln im öffentlichen Raum möglich.** Die Ausbildung von Individualität kann nur im Zwischenraum entstehen, bedarf der Pluralität, d.h. anderer Personen.[589]

In der griechischen Polis sieht Arendt die Einheit von Wort und Tat auseinanderdriften, das Denken, das sich sprachlich zeigt, wird primäres politisches Mittel und zugleich ersetzt das Wort oder besser die politische Redekunst gewaltsame Interessendurchsetzung. Diese war aber im öffentlichen Bereich und nicht im privaten Bereich verankert, ja, im Oikos – im privaten Haushalt – herrschte

---

585 vgl. ebd., S. 283.
586 vgl. ebd., S. 28.
587 Arendt 1981, S. 29.
588 vgl. ebd., S. 29.
589 vgl. Bajohr 2011, S. 56.

der Mann unangefochten über seine Sklaven, Frau und Kinder. [590] Hier bedarf es nicht unbedingt der Rhetorik und Eloquenz wie auf der öffentlichen Bühne der Politik.

> „Politisch zu sein, in einer Polis zu leben, das heißt, daß alle Angelegenheiten vermittels der Worte, die überzeugen können, geregelt werden und nicht durch Zwang oder Gewalt.“[591]

Der Logos steht hierbei aber – so Arendt – bei Aristoteles nicht für das Reden, sondern für die „Fähigkeit der Kontemplation“ oder der νοῦς.[592]

Nur im Raum der Polis gab es Freiheit, das Zusammenleben in einem Haushalt war bedingt durch die Lebensnotwendigkeiten. Erst durch den privaten Haushalt und hier die Unfreiheit anderer, ergab sich die Möglichkeit der Freiheit im politischen Raum der männlichen Bürger der Polis. Freisein impliziert weder zu herrschen noch beherrscht zu werden und erstreckt sich auf die Gleichheit vollwertiger Bürger in der griechischen Polis bzw. dem politisch öffentlichen Raum.[593]

> „Wie sehr nun auch immer griechische Philosophen sich gegen das Politische, das Leben in der Polis, wenden mochten, so blieb für sie doch selbstverständlich, daß der Sitz der Freiheit ausschließlich im politischen Bereich lokalisiert ist, daß die Notwendigkeit ein präpolitisches Phänomen ist, das den privaten Haushaltsbereich charakterisiert, und daß Zwang und Gewalt nur in dieser Sphäre zu rechtfertigen sind, weil sie die einzigen Mittel bereitstellen, um der Notwendigkeit Herr zu werden – z.B. durch die Herrschaft über Sklaven – und frei zu sein. Die Notwendigkeit, deren Zwang alle Sterblichen unterworfen sind, rechtfertigt die Gewalt; gewaltsam befreien sich die Menschen von der Notwendigkeit, die das Leben auf sie legt, für die Freiheit der Welt. Diese Freiheit in der Welt war den Griechen Bedingung für das, was sie Glück nannten, die εὐδαιμονία, die unerläßlich mit Gesundheit und Wohlhabenheit verbunden war, die insgesamt eine objektive Lage in der Welt bezeichneten.“[594]

Folgt man Hannah Arendt, so begründet sich die Freiheit des einzelnen Menschen ursprünglich auf der Unterdrückung und Unfreiheit anderer Menschen. Setzt man Freizeit mit Freiheit in Verbindung, erhält der Freizeitbegriff durchaus eine negative Konnotation oder umgangssprachlich gesprochen, einen bitteren Beigeschmack. Freizeit kann letztlich nicht gedacht werden ohne Arbeit.

---

590 vgl. Arendt 1981, 30ff.
591 ebd., S. 30.
592 vgl. ebd., S. 30.
593 vgl. ebd., S. 34.
594 Arendt 1981, S. 33.

Das Private war dementsprechend in der antiken Vorstellung nicht positiv besetzt und implizierte nicht die Freiheit, die der öffentlich-politische Raum gewährte.

> „Wer nichts kannte als die private Seite des Lebens, wer wie der Sklave keinen Zutritt zum Öffentlichen hatte oder wie die Barbaren ein allen gemeinsames Öffentliches gar nicht erst etabliert hatte, war nicht eigentlich ein Mensch."[595]

Der **Bereich des Privaten** korrespondiert mit den biologischen Notwendigkeiten oder Zwängen und sichert in der Antike das Überleben, impliziert eine klare geschlechtspolare Rollenverteilung und Ungleichheit. Arbeit wird in erster Linie im Raum des Privaten angesiedelt, dient sie doch der Existenzsicherung und den biologischen Notwendigkeiten. Gleichwohl gibt es auch das Handeln in abgeschwächter Form, das primär dem öffentlichen Raum zugewiesen wird.[596] Im privaten Raum gab es nach Arendt keine Rechtssicherheit zwischen Herrn und Sklave, Recht und Gesetz waren dem öffentlich-politischen Raum zugeordnet.[597]

Privates Eigentum wird nach Arendt in der antiken Welt zur Voraussetzung für die Möglichkeit, im öffentlichen Raum *als Person* in Erscheinung zu treten und selbst irgendwo verortet bzw. lokalisiert zu sein. Eigentum weist dem Menschen seinen Platz in der Welt zu.[598] Allerdings genoss Reichtum in der griechischen Polis kein besonderes Ansehen, Reichtum war eher ein Mittel zum Zweck, zur Partizipation am öffentlichen Leben.[599] Überspitzt ausgedrückt wird der Mann der antiken Welt erst durch Eigentum und die Freisetzung aus den Arbeitsprozessen der Lebenssicherung zur Person und gelangt zur Freiheit, im öffentlichen Raum als Gleicher unter Gleichen in Erscheinung zu treten.

> „Freisein hieß weder Herrschen noch Beherrschtwerden. Innerhalb des Haushaltsbereichs konnte es also Freiheit überhaupt nicht geben, auch nicht für den Herrn des Hauses, der als frei nur darum galt, weil es ihm freistand, sein Haus zu verlassen und sich in den politischen Raum zu begeben, wo er unter seinesgleichen war."[600]

Der Raum des Privaten ist somit notwendig für die Konstituierung des öffentlichen Raumes und das Betreten des öffentlichen Raumes erfordert Mut, der durch das Bestreben, Vortreffliches zu schaffen (dem eine höhere Dauerhaftigkeit

595 ebd., S. 39.
596 vgl. Bajohr 2011, S. 55ff.
597 vgl. Arendt 1981, S. 36.
598 vgl. Bajohr 2011, S. 55.
599 vgl. Arendt 1981, S. 58, 62.
600 ebd., S. 34.

beigemessen wird, als jener Arbeit im Privaten) genährt wird. Für Hannah Arendt bedeutet diese Grenzüberschreitung des privaten Raumes eine Transzendierung.[601]

Hannah Arendt verweist auf einen Bedeutungsanstieg des Privaten gegenüber dem Öffentlichen seit dem Mittelalter und wies der Kirche dabei eine Surrogatfunktion zu.[602]

> „(…) der Abstand zwischen dem Privaten und dem Öffentlichen war im Mittelalter noch irgendwie vorhanden, wenn er auch viel von seiner Bedeutung eingebüßt und vor allem seine Position völlig verändert hatte. Man hat mit Recht gesagt, daß nach dem Untergang des römischen Reiches die katholische Kirche es war, die einen Ersatz für die Zugehörigkeit zu einem öffentlichen Körper bot, (…) Die spezifisch mittelalterliche Spannung zwischen dem Dunkel des Alltäglichen und der großartigen Pracht heiliger Stätten schuf einen Abstand zwischen dem Weltlichen und dem durch die Religion Geheiligten, der in vielem der Kluft zwischen dem Privaten und dem Öffentlichen in der Antike entspricht; auch hier besagte das Hinüberwechseln aus dem einen in den anderen Bereich einen Aufstieg und ein Übersteigen."[603]

Deutlich unterscheiden sich die Erfahrungsdimensionen in den beiden Lebensbereichen und die Überschreitung des privaten Bereiches wurde als Bereicherung und Herausforderung erlebt.

Arbeit wurde in der Antike nicht geachtet oder wertgeschätzt, sondern die „Notdurft des Lebens"[604] bedurfte Mühsal und körperliche Kraftanstrengung. Dennoch entstand nichts von Bestand, sondern in der Arbeit bildete sich der Kreislauf des Lebens ab. Die Differenzierung zwischen Sklaven und deren körperlicher Arbeit und Handwerkern schwand im antiken Vorstellungskreis zunehmend, ja letztere wurden als Banausen betitelt, da sie sich zwar in der Öffentlichkeit bewegen durften, aber nichts von Politik verstanden.[605]

Körperliche Arbeit – das war das Los der Tiere, aber auch der Sklaven und daher sprach man Sklaven keine menschliche Natur zu.[606]

> „Daß die klassische Antike den Unterschied zwischen Arbeiten und Herstellen ignoriert hat, ist nicht überraschend. Die eigentlich politischen Unterscheidungen zwischen privat und öffentlich, zwischen dem Haushaltsbezirk und dem öffentlichen Bereich, (…) Mit dem Aufkommen der der Philosophie eigenen politischen Theorien gingen aber selbst die Unterscheidungen, die immerhin noch zwischen Tätigkeiten differenziert

601 vgl. Bajohr 2011, S. 57ff.
602 vgl. Arendt 1981, S. 36.
603 Arendt 1981, S. 35.
604 ebd., S. 77.
605 vgl. ebd., S. 77f.
606 vgl. ebd., S. 79.

hatten, verloren, da vom Standpunkt der Kontemplation alle Tätigkeiten zu einem Tätigsein überhaupt nivelliert wurde."[607]

Dignität wurde somit in erster Linie der Kontemplation zugesprochen, was sich in der mittelalterlichen Philosophie zeigt und vom Christentum übernommen wurde.[608] Die Freisetzung aus dem natürlichen Kreislauf der Arbeit, die dem Leben der Privilegierten in der Antike charakteristisch war, impliziert nach Arendt aber nicht nur eine Bereicherung, sondern beraubt den Menschen auch seiner „natürlichen Lebendigkeit" und „Vitalität" [609].

3.3.5 Veränderungen in der Neuzeit – Aufstieg des Animal laborans

Hierbei ist auf die Tatsache hinzuweisen, dass Arendt in ihren Zeitangaben vage bleibt, die einzelnen Veränderungen als Entwicklungslinien über große Zeiträume dargestellt werden. So schließt die Neuzeit bei ihr durchaus das 18. Jahrhundert ein. Erst in der Neuzeit kam dem Privaten nach Arendt die Funktion zu, Intimität zu gewährleisten, wobei die auf Jean-Jacques Rousseau als „erste[n] bewusste[n] Entdecker"[610] des Intimen verweist. Den Beginn dieses Prozesses sieht Arendt bereits in spätrömischer Zeit.[611]

Eng verbunden hiermit war die gesellschaftliche Sphäre, die entstanden war und der kein fester Raum zugewiesen ist.[612] Als Ausgangspunkt für die Entwicklung der gesellschaftlichen Sphäre sieht Arendt den Zerfall des antiken Familienmodells (Paterfamilias)[613], in dem das Familienoberhaupt alleine über die Familienmitglieder bestimmte und die Familieninteressen nach außen vertrat.[614]

> „Das auffallende Zusammentreffen des Aufstiegs des Gesellschaftlichen mit dem Verfall der Familie weist deutlich darauf hin, daß die Familie von den Gruppen absorbiert wurde, die ihr jeweils sozial entsprachen, d.h. mit denen sie sich ungefähr auf dem gleichen Lebensniveau befand. (…) Man bedurfte hier in der Tat der Herrschaft durch Einen nicht mehr, weil die Stoßkraft des Interesses selbst an ihre Stelle getreten war."[615]

---

607 ebd., S. 79.
608 vgl. Arendt 1981, S. 80.
609 ebd., S. 108.
610 ebd., S. 39.
611 vgl. ebd., S. 38.
612 vgl. ebd., S. 39.
613 ebd., S. 36.
614 vgl. ebd., S. 40.
615 ebd., S. 40.

Die despotische Macht des antiken Familienvorstands war gebrochen und wurde überführt in die „Herrschaft des Niemands“[616], womit Hannah Arendt die Bürokratie und die nationalstaatliche Entwicklung tituliert. Die gesellschaftliche Sphäre tendiert zum Konformismus, d.h. der „Einstimmigkeit in voller Freiwilligkeit“. Zweck der Gesellschaft und der „Abhängigkeit des Menschen von seinesgleichen“ ist die Erhaltung des Lebens und jene Tätigkeiten, die diesem Zweck dienen – das Arbeiten und Herstellen –, prägen fortan den öffentlichen Raum.[617]

Die zunehmende „beschleunigte Steigerung der Arbeitsproduktivität“[618] basiert nicht ausschließlich auf der Erfindung effektiver Maschinen, sondern auch auf einen bestimmtem Organisationsprinzip der Arbeit: Der Arbeitsteilung und diese Entwicklung wäre nach Arendt niemals möglich gewesen, solange die Arbeit nicht im öffentlichen Raum angesiedelt ist. [619] Insbesondere Jean-Jacques Rousseau sah den gesellschaftlichen Zustand sehr kritisch und wehrte sich gegen die Vereinnahmung des Individuums durch die Gesellschaft. Nach Hannah Arendt betrachtet Rousseau sowohl die gesellschaftliche Sphäre als auch die intime Sphäre als etwas Subjektives und Ungreifbares.[620]

> „In der Rebellion des Herzens gegen die eigene gesellschaftliche Existenz wurde das moderne Individuum geboren mit seinen dauernd wechselnden Stimmungen und Launen, in der radikalen Subjektivität seines Gefühlslebens, verstrickt in endlose innere Konfliktsituationen, die alle aus der doppelten Unfähigkeit stammen, sich in der Gesellschaft zu Hause zu fühlen und außerhalb der Gesellschaft zu leben.“[621]

Mit dem Gesellschaftlichen entstand auch der Konformitätsdruck, der letztlich auch wieder als eine Form der Ent-Individualisierung betrachtet werden mag.

> „Die Rebellion gegen die Gesellschaft, in der Rousseau und die Romantik nach ihm das Intime entdecken, richtet sich vor allem gegen ihre nivellierenden Züge, gegen das, was wir heute Konformismus nennen und was in Wahrheit ein Merkmal aller Gesellschaft ist.“[622]

Nach Arendt tritt mit dem Aufstieg der gesellschaftlichen Sphäre an die Stelle des Handelns zunehmend nur noch ein Sich-Verhalten, das geprägt ist durch

---

616 ebd., S. 41.
617 vgl. ebd., S. 47.
618 ebd., S. 48.
619 vgl. Arendt 1981, S. 48.
620 vgl. ebd., S. 39.
621 ebd., S. 39f.
622 ebd., S. 40.

gesellschaftliche Konventionen.[623] Konformität widerspricht aber dem politischen Wirken im öffentlichen Raum der Antike, in dem sich im Wettstreit die Besten hervortaten.

> „(...) die Polis, also der öffentliche Raum selbst, war der Ort des heftigsten und unerbittlichsten Wettstreits, in dem ein jeder sich dauernd vor allen anderen auszeichnen mußte, durch Hervorragendes in Tat, Wort und Leistung zu beweisen hatte, daß er als ein ‚Bester' lebte (...). Mit anderen Worten, der öffentliche Raum war gerade dem Nicht-Durchschnittlichen vorbehalten, in ihm sollte ein jeder zeigen können, wodurch er über das Durchschnittliche hinausragte."[624]

Je höher die Bevölkerungszahlen, so die These Hannah Arendts, die sic mathematisch belegt sieht, desto wahrscheinlicher ist es, dass das Gesellschaftliche das Politische überlagere und desto wahrscheinlicher werden auch despotische Herrschaftsformen.[625]

Den „Willen zur Macht" bezeichnet Arendt als ein „modernes Phänomen".

> „Der Wille zur Macht hingegen ist ein spezifisch modernes Phänomen, das nicht so sehr aus dem Handeln als aus der Ohnmacht moderner Menschen im Bereich des Politischen stammt; aber Hybris und Maßlosigkeit sind die Versuchungen, die allem Handeln als selchen eigen sind."[626]

Auch die Bewertung und der Charakter des Eigentums erfahren eine Veränderung und werden zunehmend zum Selbstzweck. Aus räumlich lokalisierbarem Eigentum wird beweglicher Besitz und aus dem Konsum- bzw. „privaten ‚Gebrauchswert'[627] wird ein Tauschwert und Geldwert.[628]

Mit der Neuzeit verliert das Eigentum „seinen räumlichen und der Besitz seinen weltlich-dinglichen Charakter", der Ursprung von Eigentum und Besitz wird zunehmend in den Menschen bzw. dessen Arbeitskraft verlagert. Arendt greift an dieser Stelle auf John Locke zurück, dessen These war, dass der Ursprung des Eigentums in der Arbeit liege, sie längst für gesellschaftlich belegt betrachtet.[629] Sogar das Recht, privates Eigentum zu haben, begründet Locke mit damit, dass der Körper dem Menschen gehört.

---

623 vgl. ebd., S. 41.
624 ebd., S. 42.
625 vgl. ebd., S. 43.
626 Arendt 1981, S. 183.
627 ebd., S. 66.
628 vgl. ebd., S. 66.
629 vgl. ebd., S. 66.

> „Locke gründete das Recht des Erwerbs von Privateigentum auf das Eigentumsrecht an dem eigenen Körper – der in der Tat das Eigenste und Privateste ist, was der Mensch ‚besitzen' kann."[630]

Der Körper wird zum „Urbild allen Eigentums"[631]. Dem Körper und den körperlichen Empfindungen wird eine wichtige Erfahrungsqualität zugesprochen. Arendt betrachtet die Freiheit von Schmerzen als „körperliche Vorbedingung für Welterfahrung" und basale Voraussetzung für die sinnliche Wahrnehmung von Welt. Dabei kommt dem Schmerz eine ganz zentrale Funktion zu, denn erst durch ihn wird dem Menschen die Schmerzfreiheit bewusst und es werden beim Abklingen von Schmerzen positive Empfindungen erlebt. [632] Doch letztlich verdeutlich dies auch noch einmal Arendts Denken in polaren Gegensatzpaaren, die gemeinsam Charakteristika menschlicher Existenz darstellen.

Schmerz und Arbeit – so könnte Arendts Position überspitzt formulieren – gestatten die Erfahrung von „Weltverlust", verweisen das Individuum auf sich selbst. Nicht zuletzt berichten auch Jugendliche, die sich ritzen, von der entlastenden Funktion dieser Selbstverletzung und des selbstindizierten Schmerzes; sie berichten, dass sie sich hierdurch erst einmal selbst wieder (als lebendig) spüren, was Arendt allerdings viel abstrakter thematisiert.

> „Die einzige Tätigkeit, die der Weltlosigkeit, oder besser dem in der Schmerzempfindung stattfindenden Weltverlust, genau entspricht, ist das Arbeiten, in dessen Tun der menschliche Körper auch auf sich selbst zurückgeworfen ist, wenn auch in einer aktivtätigen und nicht einer passiv-leidenden Weise."[633]

Arbeit erlebte einen deutlichen Aufstieg in der Rangfolge der Wertschätzung von Tätigkeiten, wird zur „höchstgeschätzten aller Tätigkeiten"[634].

Karl Marx bestimmt den Menschen als „Animal laborans"[635]. Für Adams Smith sind „alle mit der Konsumption zusammenhängenden Tätigkeiten ‚unproduktive Arbeit'"[636]. Insgesamt nimmt Arendt aber eine sehr kritische Stellung zu Karl Marx' arbeitstheoretischen Überlegun-gen ein, weist insbesondere die Idee der Emanzipation der arbeitenden Klasse von der Arbeit zurück. Arbeit kann nicht einerseits eine anthropologische Existenzbedingung sein

630 ebd., S. 101.
631 ebd., S. 102.
632 vgl. ebd., S. 103.
633 ebd., S. 103f.
634 Arendt 1981, S. 91.
635 ebd., S. 93.
636 ebd., S. 94.

und zugleich die Freisetzung der Arbeit von Not und äußerer Zweckmäßigkeit bestimmt werden.[637]

3.3.6 Zur Umkehr des privaten und öffentlichen Bereichs

Hannah Arendt geht davon aus, dass es in der modernen Welt zu einer Umkehr der gesellschaftlichen Verhältnisse kam, den sie auf die wirtschaftlichen Strukturen zurückführt.

> „Insofern die moderne Gesellschaft das menschlich Personale zur Privatsache und den Warenhandel zu einer öffentlichen Angelegenheit gemacht hat, beruht sie in der Tat auf einer genauen Umkehr der gesellschaftlichen Verhältnisse in der klassischen Antike."[638]

Arendt verweist hierbei auf Karl Marx, der den Terminus der Selbstentfremdung geprägt und beklagt hat, um auf die „menschlich-personale Kontaktlosigkeit in einer Warengesellschaft" hinzuweisen.[639]

Die Erwirtschaftung und Nutzung von Konsumgütern würde demzufolge den Menschen zunehmend von sich selbst entfremden und zur Kontaktlosigkeit der Menschen mit ihren Mitmenschen und der Mitwelt beitragen.

Herstellen – so Hannah Arendt – sei unpolitisch, die Arbeit sogar antipolitisch, weil sie den Menschen auf sich selbst, seine Körperlichkeit und Existenzsicherung zurückbindet.[640]

Anders als Fritz Klatt sieht Hannah Arendt das Aufgehen des einzelnen Menschen in einer größeren Menschenmasse kritisch, beklagt jene gesellschaftlichen Rahmenbedingungen als durchaus gefahrenreich. Wie könnte sie auch nach dem Erleben der Grausamkeit des NS-Regimes noch ohne Vorbehalte jene Formen der Ideen einer großen Gemeinschaft propagieren.

> „Die Gleichartigkeit, die in einer Arbeits- und Konsumgesellschaft vorherrscht und sich in ihrem Konformismus ausdrückt, steht in engstem Bezug zu den somatischen Erfahrungen des Zusammenarbeitens, bei dem der biologisch bedingte Arbeitsrhythmus eine solche Verschmelzung zustandebringt, daß jeder einzelne Arbeiter in einem Arbeitstrupp sich nun wirklich wie das Glied eines Ganzen verhält und fühlt. Zweifellos erleichtert diese Verschmelzung die Mühe der Arbeit, (…). Deshalb ist es auch ganz richtig, daß für das Animal laborans „der Sinn und der Wert seiner Arbeit ganz und gar von den sozialen Bedingungen" abhängig ist, die ein reibungsloses Funktionieren der Arbeits- und Konsumprozesse ermöglichen, der Wert also nichts zu tun hat mit

---

637 vgl. ebd., S. 95.
638 ebd., S. 205.
639 vgl. ebd., S. 205.
640 vgl. ebd., S. 208.

Berufsethos oder dem individuellen Stolz auf die eigene Leistung, der Haken dabei ist nur, daß die besten „gesellschaftlichen Bedingungen" gerade diejenigen sind, unter denen das Auslöschen der eigenen Identität am leichtesten und schmerzlosesten vonstatten geht."[641]

Für Hannah Arendt gehört das Erscheinen des Menschen im öffentlichen Bereich zu den Grundvoraussetzungen, um seine Freiheit und Identität zu entfalten. Ohne Partizipation am öffentlichen Leben, Handeln in der Öffentlichkeit, erlangt der Mensch nicht seine Menschlichkeit. [642] Ein „familiale[s] Gemeinschaftsmodell als Modell des öffentlichen Zusammenlebens"[643] weist Hannah Arendt strikt zurück, da dieses auf dem Verwandtschaftsprinzip beruhe und den Ausschluss Nicht-Zugehöriger impliziere und somit die Pluralität und Gleichheit aller Menschen unterminiert.[644]

Bezogen auf den Freizeitbereich impliziert dies, dass der Mensch, der seine freie Zeit ausschließlich im privaten Rahmen verbringt, an Freiheit, Identität und Menschlichkeit einbüßt.

Grundvoraussetzung für jene Freiheit ist die Pluralität in der Welt. Ohne jene, wäre menschliche Sprache nicht nötig.

> „Das Faktum menschlicher Pluralität, die grundsätzliche Bedingung des Handelns wie des Sprechens, manifestiert sich auf zweierlei Art, als Gleichheit und als Verschiedenheit. Ohne Gleichartigkeit gäbe es keine Verständigung unter Lebenden, kein Verstehen der Toten und kein Planen für eine Welt, die nicht mehr von uns, aber doch immer noch von unseresgleichen bevölkert sein wird. Ohne Verschiedenheit, das absolute Unterschiedensein jeder Person von jeder anderen, die ist, war oder sein wird, bedürfte es weder der Sprache noch des Handelns für eine Verständigung; eine Zeichen und Lautsprache wäre hinreichend, um einander im Notfall die allen gleichen, immer identisch bleibenden Bedürfnisse und Notdürfte anzuzeigen."[645]

Erst die Pluralität ermöglicht die Einzigartigkeit des menschlichen Individuums und setzt somit Freiheit voraus.

> „Im Menschen wird die Besonderheit, die er mit allem Seienden teilt, und die Verschiedenheit, die er mit allem Lebendigen teilt, zur Einzigartigkeit, und menschliche Pluralität ist eine Vielheit, die die paradoxe Eigenschaft hat, daß jedes ihrer Glieder in seiner Art einzigartig ist."[646]

641 Arendt 1981, S. 209.
642 vgl. Barley 1990, S. 90f.
643 Heuer/Heiter/Rosenmüller 2011, S. 303.
644 vgl. ebd., S. 303.
645 Arendt 1981, S. 162.
646 Arendt 1981, S. 163.

Freiheit im Arendt'schen Sinne realisiert sich im Handeln des Menschen im politisch-öffentlichen Bereich.[647] Freiheit wird hier also nicht bloß als Willensfreiheit verstanden, sondern setzt das Zusammenspiel zwischen Wollen und Können voraus, um sich in den öffentlichen Raum einzubringen. Ihr Konzept der Freiheit basiert auf der Pluralität und dem Potenzial neu anfangen zu können.[648]

3.3.7 Zur Weltentfremdung und dem Bedeutungsschwund der Vita contemplativa

Hannah Arendt sieht als zentrales Charakteristikum der Neuzeit die Weltentfremdung an.[649] Hierbei erscheinen ihr drei Ereignisse in der Weltgeschichte fundamental:

> „Drei große Ereignisse stehen an der Schwelle der Neuzeit und bestimmen die Physiognomie ihrer Jahrhunderte: die Entdeckung Amerikas und die erstmalige Erforschung und Inbesitznahme der Erdoberfläche durch die europäische Menschheit; die Reformation und die von ihr veranlaßte Enteignung der Kirche und der Klöster, die den individuellen Enteignungs- und gesellschaftlichen Akkumulationsprozeß der modernen Wirtschaft ankurbelt; schließlich die Erfindung des Teleskops und die Entwicklung einer neuen Wissenschaft, welche die Natur der Erde vom Gesichtspunkt des sie umgebenden Universums aus betrachtet. Diese Ereignisse bezeichnen den Beginn der Neuzeit, aber nicht der modernen Welt, die vielmehr erst mit der Französische Revolution anhebt; ..."[650]

Der Mensch überbrückt Distanzen, indem er die Welt vermisst und verfügbar macht. Der Vermessungstechnik misst Arendt hierbei eine hohe Bedeutsamkeit zu, nicht allein dem Aufkommen neuer Transportmittel. Die Vermessungstechnik ist ihr wichtig, weil diese das Denken und den Standpunkt des Menschen verdeutlicht.

> „Es liegt im Wesen des menschlichen Vermessungsvermögens, daß es sich, um überhaupt zu funktionieren, vorerst aus der Nähe selbst gleichsam zurückziehen, daß es eine Entfernung zwischen sich und das zu Messende legen muß. Je größer diese Entfernung ist, desto mehr kann gemessen und abgemessen werden, desto kleiner aber wird auch der vermessene Raum selbst. (...) jede Verringerung von Entfernung *auf* der Erde kann nur um den Preis einer vergrößerten Entfernung des Menschen *von* der Erde gewonnen

---

647 vgl. Heuer/Heiter/Rosenmüller 2011, S. 278.
648 vgl. ebd., S. 279.
649 vgl. Arendt 1981, S. 244.
650 ebd., S. 244.

> werden, also um den Preis einer entscheidenden Entfremdung des Menschen von seiner unmittelbaren irdischen Behausung."[651]

Hiermit spricht sie somit die Entfremdung des Menschen von der Welt an.

Einen weiteren Entfremdungsprozess sieht Hannah Arendt in der Reformation begründet, die sie mit dem Begriff der „innerweltlichen Weltentfremdung"[652] belegt. Diese führt sie auf die Säkularisierung des Kircheneigentums, der damit einher gehenden Enteignung der Bauernschaft und dem Zusammenbruch des Feudalsystems zurück.[653]

Da für Hannah Arendt das „Vorhandensein und Schutz von Privateigentum (...) zu den elementarsten politischen Bedingungen für die Entfaltung der Weltlichkeit im menschlichen Dasein"[654] gehört, impliziert die Enteignung von Privatbesitz zugleich „Weltentfremdung"[655] bestimmter Bevölkerungsschichten. Den Begriff der Säkularisierung als Verweltlichung stellt sie somit kritisch infrage und setzt diesem den Terminus der Weltentfremdung entgegen.[656]

> „Die Geschichte dieser Jahrhunderte beweist vielmehr, daß der Glaubensverlust die Menschen nicht auf die Welt und ein Diesseits, sondern vielmehr auf sich selbst zurückgeworfen hat. (...)Weltentfremdung und nicht Selbstentfremdung, wie Marx meinte, ist das Kennzeichen der Neuzeit."[657]

Durch diesen Prozess war die Akkumulation von Kapital durch die Ausbeutung der Arbeitskraft möglich und der Wachstumsprozess des gesellschaftlichen Kapitals auf Kosten der Weltlichkeit des Menschen in Gang gesetzt.

> „Mit anderen Worten, der Wachstumsprozeß gesellschaftlichen Reichtums, wie wir ihn kennen, der dem Lebensprozeß entspringt, um seinerseits den Lebensprozeß weiter anzutreiben, ist möglich nur, wenn die Welt und die Weltlichkeit des Menschen ihm zum Opfer gebracht werden."[658]

Hierin identifiziert sie den Ausgangspunkt für die Transformation der Familienvorstellung auf die „Klassensolidarität" und später auch die „nationalgesellschaftliche Solidarität".[659] Diese gipfelt in der nach Arendt utopischen Idee eines

---

651 ebd., S. 246f.
652 Arendt 1981, S. 247.
653 ebd., S. 247.
654 ebd., S. 248.
655 ebd., S. 248.
656 vgl. ebd., S. 249.
657 ebd., S. 249.
658 ebd., S. 250.
659 vgl. ebd., S. 251.

„Weltbürgers" und mündet in der „Entwurzelung und Verlassenheit des Massenmenschen und der Massenbewegungen"[660].

3.3.8 Fazit

Zum Ausgangspunkt der Philosophie der Neuzeit erklärt Hannah Arendt den Satz des französischen Mathematikers und Philosophen René Descartes (1596–1650): „De omnibus dubitandum est" – also „An allem muss gezweifelt werden".[661] Wie Nikolaus Kopernikus (1473–1543) und Galileo Galilei (1564–1642) das kosmologische Weltbild revolutioniert haben, so hat René Descartes eine erkenntnistheoretische Revolution eingeleitet. Der kartesischen Zweifel lässt als einzige Gewissheit „cogito ergo sum" – „Ich denke, also bin ich" zu. Damit ist der Mensch auf sich selbst verwiesen, die Selbstreflexivität wird zur einzigen „Wahrheit".[662]

> „Die Selbstreflexion, in der das an sich völlig unbewegte Sich-seiner-selbst~bewußtsein aktiv wird, bringt nun in der Tat dem Zweifel an der eigenen Existenz eine Art beruhigender Antwort. Ihr Gegenstand ist nicht etwa der Mensch selbst, seine Seele oder sein Körper oder das Verhältnis von Körper, Seele und Geist, sondern lediglich der Bewußtseinsinhalt selbst."[663]

Hinter dem Auftrag der Selbstreflexion kann die Pädagogik der Postmoderne nicht zurück, auch das Werk Hannah Arendts ist vor ihrem biografischen Hintergrund zu lesen.

Hannah Arendt versucht über den philosophischen Ansatz aufzuzeigen, dass sich der Erkenntnisgewinn nun auf jene Dinge richtet, die der Mensch selbst experimentell herstellt. Wahrheit erschloss sich dem Menschen nicht mehr durch bloßes „Staunen" und eine „Wesensschau" der Dinge, sondern durch seine eigene Aktivität.

> „Jedenfalls war die grundsätzliche Erfahrung, die zu der Umstülpung des Verhältnisses von Theorie und Praxis führte, eine rein theoretische: es hatte sich herausgestellt, daß der menschliche Wissensdurst nur gestillt werden kann, wenn er, statt einfach zuzusehen, zugreift und es mit Dingen versucht, die das Werk seiner Hände sind. Nicht das Interesse an Wahrheit oder Wissen schwand, sondern die Überzeugung griff um sich, daß Wahrheit sich nur dem Zugreifen und nicht dem Zuschauen erschließen würde."[664]

---

660 ebd., S. 252.
661 vgl. ebd., S. 267.
662 vgl. Descartes 1637/2013, S. 18ff.
663 Arendt 1981, S. 272.
664 ebd., S. 282.

Mit dem Bedeutungsgewinn der Vita activa verbindet sich der zunehmende Verlust der Wertschätzung der Kontemplation. Dabei darf diese nicht einfach mit dem Prozess des Nachdenkens und inneren Monolog verwechselt werden. Die Kontemplation diente in der griechischen Vorstellung dazu, das Wahre zu schauen.

> „Und Denken und Kontemplation sind natürlich keineswegs dasselbe. Für die Überlieferung war das Denken ein inneres Sich-Bewegen in Gedankengängen und als solches der direkteste und sicherste Weg, der schließlich an seinem Ende zur Kontemplation, dem Anschauen eines Wahren führte. Denken hatte seit Plato, und vermutlich seit Sokrates, als der innere Dialog gegolten, in dem der Menschmit sich selbst zu sprechen vermag (ἐμέ ἐμαυτῷ, wie es in den platonischen Dialogen heißt); und obwohl dieser Dialog nach Außen nicht in Erscheinung tritt, ja sogar voraussetzt, daß alle nach Außen gewandten Aktivitäten und Bewegungen stillgelegt sind, so ist er selbst doch immer noch eine Tätigkeit und sogar ein höchst intensives Tätigsein. Die äußere Unbewegtheit des Denkenden hat nichts gemein mit der absoluten Passivität der vollkommenen Stille, in der gerade auch der innere Dialog mit mir selbst zum Schweigen gekommen ist, und die der Überlieferung zufolge die Grundvoraussetzung für das Sich-Zeigen des Wahren ist.“[665]

In der Neuzeit besinnt sich der Mensch auf sein eigenes Inneres, die Wahrheit wird in Erkenntnisprozessen (Erkenntnispsychologie und Bewusstseinswissenschaften) gesucht, nicht mehr außerhalb des Menschen.[666]

Doch nicht das Handeln sollte eine Aufwertung erfahren, sondern es begann der Siegeszug des Herstellens.

> „Aber die neuzeitliche Umkehrung des Verhältnisses von Vita contemplativa und Vita activa hatte keineswegs zur Folge, daß nun das Handeln gleichsam automatisch an die Stelle rückte, die vordem die Anschauung und Kontemplation eingenommen hatten. Dies Primat fiel vielmehr vorerst den Tätigkeiten zu, die charakteristisch sind für Homo faber, dem Machen, Fabrizieren und Herstellen.“[667]

Sowohl das Handeln als auch die Kontemplation haben somit aus Sicht von Arendt einen Bedeutungsverlust erfahren. Auch der Gewinn an freier Zeit führte nicht zu einer Aufwertung jener zwei Bereiche, sondern mündete in einem Absinken des Handelns in Herstellen und schließlich in bloßes Arbeiten.

> „Um das Leben des Einzelnen mit diesem Lebensprozeß im Ganzen zu verbinden, dafür bedarf es wahrlich keiner spezifisch menschlichen Vermögen; das Einzelleben ist dem

---

665 ebd., S. 283.
666 vgl. Arendt 1981, S. 286.
667 ebd., S. 287.

Gattungsleben eingefügt durch die Arbeit, die die Erhaltung des Eigenlebens und das der Familie besorgt. Und was nicht der Lebensnotdurft dient, nicht von dem lebendigen Stoffwechsel direkt erzwungen ist, ist entweder überflüssig oder erklärt sich als eine der menschlichen Spezies eigentümliche Funktion: kurz, menschliche Geschichte ‚ist ein wirklicher Teil der Naturgeschichte', ‚Kasten und Zünfte entspringen aus demselben Naturgesetz, welches die Sonderung von Pflanzen und Tieren in Arten und Unterarten regelt', und Milton produziert ‚Paradise Lost' aus dem gleichen unwiderstehlichen Trieb, der den Seidenwurm dazu drängt, den Seidenfaden zu spinnen. (…) Aber selbst diese einzig auf Arbeit eingestellte Welt ist bereits im Begriff, einer anderen Platz zu machen. Es ist uns gelungen, die dem Lebensprozeß innewohnende Mühe und Plage soweit auszuschalten, daß man den Moment voraussehen kann, an dem auch die Arbeit und die ihr erreichbare Lebenserfahrung aus dem menschlichen Erfahrungsprozess ausgeschaltet sein wird. (…) Im ihrem letzten Stadium verwandelt sich die Arbeitsgesellschaft in eine Gesellschaft von Jobholders, und diese verlangt von denen, die ihr zugehören, kaum mehr als ein automatisches Funktionieren, als sei das Leben des Einzelnen bereits völlig eingetaucht in den Strom des Lebensprozesses, der die Gattung beherrscht, und als bestehe die einzige aktive, individuelle Entscheidung nur noch darin, sich selbst gleichsam loszulassen, seine Individualität aufzugeben, bzw. die Empfindungen zu betäuben, welche noch die Mühe und Not des Lebens registrieren, um dann völlig ‚beruhigt' desto besser und reibungsloser ‚funktionieren' zu können."[668]

Der Mensch verliert somit ohne eine sinnvolle Verschränkung der Vita activa und der Vita contemplativa an Menschlichkeit und wird – reduziert als „Jobholder" anfällig für Formen der Selbstbetäubung durch Konsum – so könnte man Hannah Arendt hier bezogen auf die Freizeitbildung interpretieren. „Wirklichkeit droht zum bloßen Material zu werden, zum Material der medialen Selbstbemächtigung" – so formuliert es Karl-Heinz Breier in Auseinandersetzung mit den Werken von Hannah Arendt medienkritisch.[669] Er sieht den Medienkonsum in der Freizeit äußerst negativ als „massenhaft verbreitetes Passivierungsmittel"[670], das den Menschen vom „gelungenen Tätigsein in der Welt"[671] abhält und somit zur „Weltlosigkeit" des „Animal laborans" beiträgt.

Moderne Freizeit wird bei Hannah Arendt durchaus kritisch betrachtet, da sie nicht zum Handeln genutzt wird, sondern zur bloßen Konsumzeit verkommt und durch die Freistellung aus dem Arbeitsprozess eine Leerstelle entstünde.

668 ebd., S. 313–314.
669 Breier 2001, S. 23f.
670 ebd., S. 28.
671 ebd., S, 29.

> „Entscheidend für die moderne Freizeit ist, daß sie von der Arbeitszeit eingespart ist und dem Konsumieren dient.“[672]

Karl-Heinz Breier resümiert hierzu:

> „Die Weltlosigkeit des ‚Animal laborans‘ besteht nach Hannah Arendt darin, dass es sich gerade nicht an dem gemeinsamen Unternehmen beteiligt, eine verlässliche und Kontinuität gewährende Welt zu etablieren. Indem es in der Kreisläufigkeit, den eigenen Lebensprozess aufrechtzuerhalten, gefangen bleibt, sich also in der Arbeit erschöpft und in der Freizeit erholt, durch die Arbeit hervorbringt, was es im Konsum verbraucht, verzichtet darauf, sich als Weltwesen zu begreifen.“[673]

Die Weltlosigkeit des Menschen und die Selbstreflexivität sind für Hannah Arendt letztlich die Basis für ein zerspaltenes Menschsein.

> „Die Weltlosigkeit, die mit der Neuzeit einsetzt, ist in der Tat ohnegleichen. Was in ihr an die Stelle der Weit getreten ist, ist das nur der Selbstreflexion zugängliche Bewußtsein, in dessen Felde die höchste Tätigkeit das Formelspiel des Verstandes ist und die intensivste Erfahrung die Begierden, die Lust- und Unlustempfindungen sind, die, körperlicher Natur, sich ‚irrational‘ gebärden, weil man ihnen mit Vernunftgründen nicht beikommen, d.h. nicht mit ihnen rechnen kann, und die daher für Leidenschaften gehalten werden. So fiel schließlich dieses ganze Innenleben in eine rational-rechnerische Verstandestätigkeit und ein irrational-leidenschaftliches Gefühlsleben auseinander und diese Spaltung, die den inneren Menschen auseinanderriß, war so wenig überbrückbar wie die Subjekt-Objekt-Spaltung des Descartes. Was schließlich in diesem leeren Streit zwischen einem wirklichkeitslosen Verstand und einer irrationalen Leidenschaftlichkeit als einzig fester Bezugspunkt übrig blieb, war das Leben selbst, und zwar der potentiell unvergängliche Lebensprozeß des Menschengeschlechts, der an die Stelle der potentiellen Unvergänglichkeit des politischen Gemeinwesens des Altertums trat wie an die Stelle des unsterblichen Lebens des christlichen Mittelalters.“[674]

Als düsteres Ende wirft Hannah Arendt provokant die These auf, ob sich der Mensch nicht zum Affen zurückentwickelt.

> „Es gibt noch andere, vielleicht noch ernstere Gefahrensignale dafür, daß der Mensch sich anschicken könnte, sich in die Tiergattung zu verwandeln, von der er seit Darwin abzustammen meint.“[675]

---

672 Arendt, S. 345f., zit. n. Breier 2001, S. 25.
673 Breier 2001, S. 33.
674 Arendt 1981, S. 312f.
675 Arendt 1981, S. 315.

Dabei ist klar herauszustellen, dass es sich bei dem Werk von Hannah Arendt nicht um eine wissenschaftliche Forschung im eigentlichen Sinne handelt, sondern sie mit ihrer Schrift zum Nachdenken anregen möchte.

Zur Entfaltung der menschlichen Potenziale sind beide Pole menschlicher Existenz – die Vita activa und die Vita contemplativa – notwendig. Auch die körperliche Arbeit ist eine notwendige Erfahrungsdimension, die den Menschen ganz elementar an die Bedingtheit der menschlichen Existenz erinnert und zum Glücksgefühl beiträgt, wenn die Arbeit vollbracht ist und es Raum zur Erholung gibt. Die Ausblendung eines Bereiches führt zu einer Reduktion menschlicher Potenzialität. Bei den Aktivitäten ist zwischen dem Handeln, dem Herstellen und dem Arbeiten zu differenzieren. Auch hier kann Freiheit erst im Handeln realisiert werden und bedarf hierzu des öffentlichen Raumes.

3.4 Philosophischer Diskurs zur Freiheit und Bindung

Bereits der Terminus „Freizeit" verweist auf den Begriff der Freiheit, die als fundamentale Bedingung von Freizeit betrachtet werden kann.[676] Doch was ist Freiheit? Dies ist eine höchst philosophische Frage.

Wie bereits deutlich wurde, implizierte der Freiheitsbegriff in der Antike einen Rechtsstatus: der freie Bürger der Polis, dem Sklaven und auch Frauen unterstanden. Erst Gesetze gestatten und regeln die Freiheit und geben in gewissem Sinne der Freiheit einen sicheren Rahmen. Hier steht die Freiheit der Person im Zentrum, die nur einem Teil der Bevölkerung zugesprochen wurde. Die Sklaverei und Leibeigenschaft soll die gesellschaftlichen Verhältnisse Europas und auch Amerikas noch lange prägen. Menschen wurden und werden ungleiche Rechte zugewiesen.

Global betrachtet finden sich immer wieder Beispiele für die Unfreiheit und Ungleichheit von Menschen: So werden Kinder als Kinderbräute ihren späteren Ehemännern zugeführt, arbeiten Kinder in fremden Haushalten (oder Bordellen) die Schulden ihrer Eltern ab, wird Frauen die Freiheit der Partnerwahl und Selbstbestimmung über ihren Körper und ihre Sexualität abgesprochen... Die Beispiele ließen sich sicherlich weiter aus- und aufführen. Gemeinsam ist ihnen, dass der Mensch in der Freiheit seiner Person, seiner Autonomie und

676 Zugleich darf nicht vergessen werden, dass es auch in geschlossenen Einrichtungen, in denen die Freiheit des einzelnen stark eingeschränkt ist, „Freizeitangebote" für die Insassen gibt.

Selbstbestimmung eingeschränkt wird. Allerdings ist dem entgegenzuhalten, dass die Vorstellung von Autonomie erst mit der Frühaufklärung in Europa aufkam.

Zuvor findet sich durchaus eine andere Forderung: Zwar nicht die nach der Freiheit der Person, aber die nach der Freiheit des Willens und der Religion. Martin Luther verfasste 1520 das Traktat „De libertate christiana" („Von der Freiheit eines Christenmenschen"). Hierin findet sich die zentrale Aussage:

> „Ein Christenmensch ist ein freier Herr über alle Dinge und niemand untertan.
> Ein Christenmensch ist ein dienstbarer Knecht aller Dinge und jedermann untertan."[677]

Den Widerspruch zwischen der Freiheit des Menschen und der Dienstbarkeit löst Martin Luther durch die Doppelnatur des Menschen auf: Er ist Leib und Seele. Letzte ermöglicht ihm die Freiheit in und durch Christus. Der Mensch wird allein durch den Glauben und die Gnade Gottes gerechtfertigt. Er ist frei und doch gebunden an den Leib und seine Mitwelt. Der christliche Glaube als Befreiungsreligion steht hierbei im Zentrum, wohl wissend, dass der Mensch selbst fehlerhaft sei.

So resümiert die Evangelische Landeskirche, anlässlich der 500-Jahrfeier der Reformation 2017, die Bedeutsamkeit der Lehre Luthers wie folgt:

> „Gerade wenn der Mensch begreift, dass er selbst nicht in der Lage ist, ein vollkommenes Leben nach den Geboten Gottes zu führen, kann er ganz auf Jesus Christus vertrauen. Diese Erfahrung nennt Luther ‚Rechtfertigung allein aus Glauben'. Das Evangelium besteht darin, dass der Mensch im Vertrauen auf Jesus Christus bereits gerechtfertigt ist. Luther beschreibt diesen Sachverhalt immer wieder als tröstliche, von Herzen fröhlich machende Erfahrung der Befreiung aus der Angst vor Fegefeuer und Hölle. Und aus dieser Freiheit heraus wird der Mensch nun frei zu tun, was er kann, um so zu leben, wie es Gottes Gebote vorgeben. Dabei weiß er wohl, dass er daran immer wieder scheitern wird."[678]

In der Rechtfertigungslehre klingen die Pole Freiheit und Bindung durchaus an. Sie schließen einander nicht aus, sondern bedingen einander vielmehr. Durch die Gnade Gottes bin ich gerechtfertigt und frei, mich meiner Mitwelt zuzuwenden.

> „Rechtfertigung bedeutet eine Gabe umfassender Freiheit, die einen Menschen von der Bezogenheit auf sich selbst erlöst: Ich bin nicht mehr auf mich selbst bezogen, sondern frei für die Nächsten und die Gemeinschaft. Dieses Verständnis von Freiheit in

---

677 Luther 1520. URL (2014), Luther 1520/1979. [Drucksatz und Grammatik/Orthographie an die heutige Zeit angepasst; Anmerk. der Verfasserin].

678 EKD 2015, S. 28.

> Bezogenheit auf meinen ‚Nächsten' ist nicht mit einem landläufigen Missverständnis von Freiheit als Ende jeglicher Bindungen zur Deckung zu bringen, aber vom neuzeitlichen Freiheitsverständnis auch nicht radikal geschieden."[679]

Die Selbstzentrierung in Angst vor der eigenen Fehlbarkeit, Sünde und dem Fegefeuer Gottes tritt in den Hintergrund und setzt das Individuum dazu frei, äußerlich gute Werke zu tun und sich zuversichtlich seinen Mitmenschen im Glaube Christi zuzuwenden. Erst die Annahme und Würdigung durch Gottes Gnade macht den Christenmenschen frei.[680]

Letztlich kann das Gedankengut der Reformation durchaus als Wegbereiter der Menschenrechte betrachtet werden.

Gabriele Weigand (*1953) hingegen betont auch die strafenden Erziehungsmethoden der christlichen Lehre Luthers basierend auf dem dualistischen Menschenbild, das dem Menschen zwar innere Freiheit zuspricht, auf den leiblichen, äußeren Menschen könne und müsse nach Luther aber durch erzieherische und disziplinierende Maßnahmen eingewirkt werden.[681]

> „Entsprechend Luthers doppelter Anthropologie erkennt er also auch zwei Erzieher. Neben weltlicher Erziehung und Unterweisung, die sich an den äußeren Menschen wenden, erweist sich Gott als eine andere Erziehungsmacht, die sich auf den inneren Menschen richtet."[682]

Frühe Ansätze zur Autonomie der Person werden evident, die sich aber bei Martin Luther noch *nicht* auf die politische Freiheit bezieht. Diese Grenze wird insbesondere daran deutlich, dass er sich nicht auf die Seite des Bauernaufstands gestellt hat.

In der der amerikanischen Unabhängigkeitserklärung vom 4. Juli 1776 und der Französischen Revolution 1789 wird das Recht auf Freiheit als Grundrecht gefordert, wenngleich sich diese Forderung nach wie vor in erster Linie auf ein Geschlecht bezog und in Amerika die farbige Bevölkerung faktisch noch ausschloss.

In der einleitenden Präambel der Unabhängigkeitserklärung wird das Recht auf Freiheit verbürgt.

---

679 ebd., S. 33.
680 vgl. ebd., S. 64f.; EKD 2014, S. 11.
681 vgl. Weigand 2004, S. 118f.
682 ebd., S. 120.

> „We hold these truths to be self-evident, that all men are created equal, that they are endowed by their Creator with certain unalienable Rights, that among these are Life, Liberty and the pursuit of Happiness."[683]

Die dem Menschen von Gott verliehene Freiheit wird in der „Declaration of Independence" zu einem unveräußerlichen Grundrecht aller erhoben, zum allgemeinen Menschenrecht. Erst durch den 13. Zusatzartikel zur Verfassung der Vereinigten Staaten von Amerika wurde die Sklaverei im Jahr 1865 offiziell abgeschafft, doch der Weg zur Gleichheit bzw. Achtung vor der Würde des Menschen soll(te) noch ein langer sein.

Gesetze zur Segregation, die wider aller Gleichheitsvorstellungen sind, bestanden jedoch noch bis 1964 und wurden erst unter dem demokratischen Präsidenten Lyndon B. Johnson (1908–1973) mit dem „Civil Rights Act" abgeschafft.

Bis dahin war es farbigen Amerikanern untersagt, die gleichen Restaurants, die gleichen Clubs, ja sogar die gleichen öffentlichen Toiletten etc. zu benutzen; sie wurden aufgrund ihrer Hautfarbe zu Menschen zweiter Klasse degradiert.[684]

Der Freiheitsbegriff implizierte in erster Linie einen Rechtsstatus und spielt sich im gesellschaftlichen Bereich ab. Doch, wie noch 1970 im Lied „Me and Bobby McGee" von Janis Joplin (1943–1970) besungen, ist „freedom [...] just another word for nothing left to lose". Die sozialen und materiellen Unterschiede ermöglichen in differentem Maße Freiheit wie auch Freizeit. Die Frage, ob Eigentum/Besitz die Grundlage oder das Hemmnis für Freiheit darstellt, kann unterschiedlich betrachtet werden. (vgl. Kap. 3.3)

Dabei können unterschiedliche philosophische Erörterungen der Frühaufklärung und Aufklärung durchaus als ideengeschichtliche Wegbereiter des gesellschaftlichen Rechtsstatus betrachtet werden.

Im Rahmen der hier vorliegenden Arbeit ist es sicherlich nicht möglich, eine philosophische Geschichte der Freiheit zu verfassen, sondern im Folgenden werden anhand einzelner Philosophen Schlaglichter und Diskursstränge zum Thema „Freiheit und Bindung" aufgezeigt. Dies ersetzt keine ausführliche Werksanalyse und Integration selbiger in den zeitgeschichtlichen Kontext und die Vita, sondern soll vielmehr dazu anregen, sich weiterführend hiermit zu befassen und eigene Interpretationen vorzunehmen.

---

683 http://www.archives.gov/exhibits/charters/declaration_transcript.html (27.12.2014).

684 So gab es erneut in Ferguson im Bundesstaat Missouri zu sozialen Unruhen, da ein farbiger, unbewaffneter Teenager von einem weißen Polizisten erschossen wurde und es vor Gericht zu einem Freispruch kam.

Als erstes sei an dieser Stelle auf John Locke (1632–1704) verwiesen, der bereits in seinen „Zwei Abhandlungen über die Regierung“ (1690) die Freiheit und das Eigentum als Naturrecht des Menschen herausstellte. Dem Staat bzw. der Regierung sprach er die Aufgabe zu, als Bewahrer dieses Rechtes aufzutreten. Legitimiert sieht Locke die Regierung nicht als „Königtum von Gottes Gnaden“[685], sondern durch eine Übereinkunft der Regierten.[686] Sein Menschenbild ist christlich fundiert, und er leitet aus der Bibel die Freiheit sowie das Recht auf Leben, Gesundheit und Eigentum ab.

Thomas Hobbes (1588–1679), der den englischen Bürgerkrieg miterleben musste, spricht in seinem „Leviathan“ (Leviathan or the Matter, Forme and Power of a Commonwealth Ecclesiastical and Civil, 1651) von dem Naturrecht des Menschen. Dieses betrachtet er weitaus negativer, da es ohne Staatssouverän zum „Kampf aller gegen alle“ führe. Erst durch die Staatsgewalt und somit auch Eingrenzung der Freiheit des einzelnen, sei ein friedliches Miteinander denkbar.[687]

Jean-Jacques Rousseau (1712–1778) stellt den „Gesellschaftsvertrag“[688] auf, worauf sich letztlich die bürgerliche Freiheit des einzelnen gründet. Die Abgabe natürlicher Rechte an den Staat muss – im Idealfall freiwillig – zugunsten aller („volonté generale“) erfolgen, dem Einzelnen sind aber im Gegenzug seine Grundrechte zu sichern und zu verbürgen. Freiheit erscheint hier bereits nicht als grenzenlose und willkürliche Freiheit, sondern bedarf eines Rahmens, der zum einen die Freiheit des Einzelnen begrenzt, zugleich aber auch die Basis für Freiheit bildet. Dieser Gedanke lässt sich durchaus auch auf den Freizeitbereich übertragen. Doch Freiheit meint noch weitaus mehr.

Für Immanuel Kant (1724–1804) ist „Freiheit“ eine „reine transzendentale Idee“[689], die unabhängig von der Erfahrung oder Empirie ist. Kant verfolgt einen erkenntnistheoretischen Zugang zur Frage nach der Freiheit.

> „Man kann sich nur zweierlei Kausalitäten in Ansehung dessen, was geschieht, denken, entweder nach der Natur oder aus Freiheit. Die erste ist die Verknüpfung eines Zustandes mir einem vorigen in der Sinnenwelt, worauf jener nach einer Regel folgt. (…)

---

685 Stangroom/Garvey 2006, S. 49.

686 vgl. ebd., S. 49.

687 vgl. Hobbes, Th. (1651/1986). *Leviathan*. Stuttgart: Reclam.

688 vgl. Rousseau, J.-J. (1762/2010). *Du contrat social ou Principes du droit politique. Vom Gesellschaftsvertrag oder Grundsätze des Staatsrechts* (französisch/deutsch, in Reclams Universal-Bibliothek, Bd. 18682). Stuttgart: Philipp Reclam jun.

689 Kant 1949. S. 170.

> Dagegen verstehe ich unter Freiheit im kosmologischen Verstande das Vermögen, einen Zustand von selbst anzufangen, deren Kausalität also nicht nach dem Naturgesetze wiederum unter einer anderen Ursache steht, welche sie der Zeit nach bestimmte."[690]

Er bestimmt den Menschen als Wesen, dass „sich unabhängig von der Nötigung durch sinnliche Antriebe von selbst zu bestimmen"[691] fähig ist. Der Kant'sche Freiheitsbegriff impliziert in erster Linie einen geistigen Zustand und ist eng mit der Idee des freien Willens, dem Verstand und der Mündigkeit verbunden.

> „Nun behaupte ich: daß wir jedem vernünftigen Wesen, das einen Willen hat, notwendig auch die Idee der Freiheit leihen müssen, unter der es allein handle."[692]

Mario Brandhorst (*1973)[693] stellt deutlich heraus, dass Kant von „absoluter Freiheit", die für ihn mit charakterisiert wird als „'absolute Selbsttätigkeit' (KrV B [sic!] 446)"[694], ausgeht.

Nicht nur, dass er damit allen Menschen Freiheit zuspricht, zugleich ist es eine kühne These Kants, von einem „*absolute[n]* Freiheitsbegriff"[695] auszugehen und diese mit der Vernunft des Menschen zu verbinden.

> „(...) und wenn die Freiheit unseres Willens keine andere als die letztere (etwa die psychologische und comparative, nicht transcendentale, d.i. absolute, zugleich) wäre, so würde sie im Grunde nichts besser, als die Freiheit eines Bratenwenders sein, der auch, wenn er einmal aufgezogen worden, von selbst seine Bewegungen verrichtet."[696]

Bei der „komparativen" Freiheit wird diese mit den Naturgesetzen in Beziehung gesetzt, doch diese wirken „innerlich"[697], bei der „psychologischen Freiheit"[698] wird auf die „innere[.] Verkettung der Vorstellungen der Seele"[699] angespielt, die die Handlungen bestimmen. Beide Denkarten würden der absoluten Freiheit widersprechen, die für Kant zur menschlichen Potenzialität gehört.

---

690 ebd., S. 170.

691 ebd., S. 171.

692 ebd., S. 272.

693 Brandhorst 2012, S. 303. Siehe auch: Brandhorst, URL (2015).

694 Ebd., S. 282. Siehe auch Brandhorst, S. 3, URL (2015).

695 Bojanowski 2006, S. 28.

696 Kant 1999, S. 145; Kant 1788/1995. Kap. 19. URL (2015). [Hier aber in anderer Schreibweise: komparative, nicht transzendentale und ohne Kommasetzung in der Klammer].

697 Kant 1999, S. 143; Kant 1788/1995. Kap. 19. URL (2015) (hier ist der Terminus „*innerlich*" in Kursivdruck).

698 Kant 1999, S. 145.

699 ebd., S. 145; Kant 1788/1995. Kap. 19. URL (2015).

Mit der Idee der transzendentalen Freiheit setzen sich bis heute Autoren kritisch auseinander. Brandhorst z.B. stellt die von Kant zugrunde gelegte Argumentation infrage[700], unberührt von solchen Diskursen kann Kant als Katalysator für das Recht des Menschen auf Freiheit betrachtet werden. In seiner „Metaphysik der Sitten" (1797) fordert Kant Freiheit und Gleichheit aller Menschen als Grundrecht.

> „Freiheit (Unabhängigkeit von eines anderen nötigender Willkür), sofern sie mit jedes anderen Freiheit nach einem allgemeinen Gesetz, zusammen bestehen kann, ist dieses einzige, ursprüngliche, jedem Menschen kraft seiner Menschheit zustehende Recht. – Die angeborene Gleichheit, (…); mithin die Qualität des Menschen, sein eigener Herr zu sein, (…); endlich auch die Befugnis, das gegen andere zu tun, was an sich ihnen das Ihre nicht schmälert; (…) – alle diese Befugnisse liegen schon im Prinzip der angeborenen Freiheit und sind wirklich von ihr nicht unterschieden."[701]

Damit dies gelingen kann, muss der Mensch zur Menschlichkeit erzogen werden oder in Kants Worten:

> „Der Mensch kann nur Mensch werden durch Erziehung."[702]

Kant widmet sich in seiner Vorlesung über Pädagogik daher auch der Frage, wie Erwachsene ein Kind erziehen können, damit sie die Freiheit kultivieren. Dieses Grunddilemma der Erziehung hat Kant in seiner „Vorlesung über Pädagogik" angesprochen:

> „Eines der größten Probleme der Erziehung ist, wie man die Unterwerfung unter den gesetzlichen Zwang mit der Fähigkeit, sich seiner Freiheit zu bedienen, vereinen könne. Denn Zwang ist nötig! Wie kultiviere ich aber die Freiheit bei dem Zwange? Ich soll meinen Zögling daran gewöhnen, einen Zwang seiner Freiheit zu dulden, und soll ihn selbst zugleich anführen, seine Freiheit gut zu gebrauchen. Ohne dies ist alles bloßer Mechanism und der aus der Erziehung Entlassene weiß sich seiner Freiheit nicht zu bedienen."[703]

Für Kant schließt der Erziehungsbegriff sowohl die „Versorgung"[704] als auch die „Bildung"[705] ein, der ersteren weist er auch die Aufgabe der Disziplin(ierung) zu, dem Bildungsbegriff die der „Anführung"[706]. Er fordert für

---

700 vgl. Brandhorst 2012; Brandhorst URL (2015).
701 Kant 1949. S. 392.
702 ebd.. S. 448.
703 Kant 1803/1982, S. 20.
704 ebd., S. 18.
705 ebd., S. 18.
706 ebd., S. 18.

die Kindererziehung, dass der Erwachsene dem Kind Freiheit gewährt und die Begrenzungen auf Gefahrenverhütung und die Verletzung der Freiheit anderer beschränke. Je älter das Kind wird, desto stärker muss ihm der Zwang zur Selbstständigkeit auferlegt werden.

> „Hier muß man folgendes beobachten: 1. daß man das Kind von der ersten Kindheit an, in allen Stücken frei sein lasse, ausgenommen in den Dingen, wo es sich selbst schadet, z.B. wenn es nach einem blanken Messer greift), wenn es nur nicht auf die Art geschieht, daß es anderer Freizeit im Wege ist (…) 2. Muß man ihm zeigen, daß es seine Zwecke nicht anders erreichen könne, als nur dadurch, daß es andere ihre Zwecke auch erreichen lasse (…) 3. Muß man ihm beweisen, daß man ihm einen Zwang auferlegt, der es zum Gebrauche seiner eigenen Freiheit führt, daß man es kultiviere, damit es einst frei sein könne, (…)“[707]

Kant rekurriert bei seinen Erörterungen über Erziehung sehr stark auf Rousseau, allerdings durchaus in reflektiertem und gemäßigtem Tenor. Gleichwohl sieht auch Kant den Widerstand als positiven Entwicklungskatalysator an, der letztlich das Kind frei(er) macht: frei von Verzärtelung, frei von starren Gewohnheiten, frei von „Charakterfehlern“ wie Dreistigkeit.

Kant spricht davon, dass es wichtig sei, bei den Kindern frühzeitig einen „moralischen Charakter“[708] zu begründen. Voraussetzung ist, dass Kinder an Pflichten gewöhnt werden, wobei er zwischen „Pflichten gegen sich selbst“[709] und „Pflichten gegen andere“, die das Kind erfüllen sollte, differenziert. Ein Gefühl für die „Würde des Menschen“ ist Kant dabei die basale „Pflicht gegen sich selbst“[710], „die Ehrfurcht und Achtung für das Recht des Mitmenschen“[711] eine grundlegende Pflicht gegenüber dem anderen Menschen. Freiheit – Vernunft – Sittlichkeit bilden in seinem Gedankenkreis die zentralen Zielsetzungen von Erziehung und Bildung und durchziehen alle Lebensbereiche. Mit dem Postulat der Freiheit verbindet sich das der Verantwortlichkeit des Menschen.

Die „Pflichten gegen sich selbst“ und die „Pflichten gegen andere“ sind auch im späteren Leben nicht nur auf einen Lebensbereich bezogen. Der moralische Charakter eines Menschen kann sich sowohl im Freizeitbereich als auch im Berufsleben zeigen, so kann die Conclusio lauten.

---

707 Kant 1803/1982, S. 20.
708 ebd., S. 50.
709 ebd., S. 50.
710 ebd., S. 51.
711 ebd., S. 51.

Bei Kant findet sich ein positiver Freiheitsbegriff, denn er bestimmt Freiheit im „Vermögen (…), eine Reihe von Begebenheiten von selbst anzufangen“[712] und negativ als „Unabhängigkeit von empirischen Bedingungen“[713].[714]

Freiheit wurde im philosophischen Diskurs der Aufklärung zu einem wichtigen Thema, die Kant'sche Idee der absoluten bzw. transzendentalen Freiheit relativiert.

So befasste sich auch Arthur Schopenhauer (1788–1860) ausgiebig mit der Kant'schen Philosophie, aber vor allem auch mit jener von Augustinus von Hippo (354–430). Im Werk „Über die Freiheit des Willens“ bestimmt Schopenhauer den Freiheitsbegriff als „Abwesenheit aller Nothwendigkeit“ und diese wiederum als alles „was aus einem gegebenen zureichenden Grunde folgt“[715].[716]

> „Was heißt Freiheit? Dieser Begriff ist, genau betrachtet, ein negativer. Wir denken durch ihn nur die Abwesenheit alles Hindernden und Hemmenden: dieses hingegen muß, als Kraft äußernd, ein Positives seyn. Der möglichen Beschaffenheit dieses Hemmenden entsprechend hat der Begriff drei sehr verschiedene Unterarten: physische, intellektuelle und moralische Freiheit.“[717]

Schopenhauer differenziert zwischen einem „empirischen“ und „philosophischen“ Freiheitsbegriff. Ersteren bestimmt er wie folgt:

> „Dem empirischen Begriff der Freiheit zufolge heißt es: ‚Frei bin ich, wenn ich thun kann, was ich will‘: und durch das ‚was ich will‘ ist da schon die Freiheit entschieden. Jetzt aber, da wir nach der Freiheit des Wollens selbst fragen, würde demgemäß diese Frage sich so stellen: ‚Kannst du auch wollen, was du willst?‘“[718]

Es gibt somit eine Freiheit, die auf der Handlungsebene angesiedelt ist und darüber hinaus wirft Schopenhauer die Frage nach einer Freiheit auf der Willensebene auf.

Willensfreiheit – „*liberum arbitrium*“[719] – ist für Schopenhauer eine Frage der Moral. Des Weiteren differenziert er noch zwischen der „physischen“[720]

---

712 Hartenstein 1868, S. 383.
713 ebd., S. 383.
714 vgl. Zenk o.A. URL (2017), S. 21.
715 Schopenhauer 1839/1978, S. 43.
716 vgl. Zenk o.A. URL (2017).
717 Schopenhauer 1839/1978, S. 39.
Schopenhauer 1839/1978, S
718 ebd., S. 42. vgl. auch Zenk o.A. URL (2017), S. 24; auch Fromm 1941/2017.
719 ebd., S. 41.
720 ebd., S. 40.

und „intellektuellen Freiheit“[721]. Die physische Freiheit entspricht jener in den populären Vorstellungen, während die intellektuelle und die moralische Freiheit zur philosophischen Freiheit zählen.[722]

Die physische Freiheit impliziert landläufig die „Abwesenheit physischer Hindernisse“[723], sodass ein Handeln aufgrund des eigenen Willens möglich ist. Die politische Freiheit ordnet Schopenhauer der physischen Freiheit zu.[724]

Schopenhauers Freiheitbegriff impliziert somit unterschiedliche Dimensionen, wobei er in seinem Werk die Idee einer „relativen Willensfreiheit“ entwickelt und somit die Idee einer absoluten Willensfreiheit negierte.

> „Der Mensch kann nun, mittelst seines Denkvermögens, die Motive, deren Einfluß auf seinen Willen er spürt, in beliebiger Ordnung, abwechselnd und wiederholt sich vergegenwärtigen, um sie seinem Willen vorzuhalten, welches überlegen heißt: er ist deliberationsfähig und hat, vermöge dieser Fähigkeit, eine weit größere Wahl, als dem Thiere möglich ist. Hiedurch ist er allerdings relativ frei, nämlich frei vom unmittelbaren Zwange der anschaulich gegenwärtigen, auf seinen Willen als Motive wirkenden Objekte, welchem das Thier schlechthin unterworfen ist: er hingegen bestimmt sich unabhängig von den gegenwärtigen Objekten, nach Gedanken, welche seine Motive sind. Diese relative Freiheit ist es wohl auch im Grunde, was gebildete, aber nicht tief denkende Leute unter der Willensfreiheit, die der Mensch offenbar vor dem Thiere voraus habe, verstehen. (…) Daher kann nur eine sehr oberflächliche Ansicht jene relative und komparative Freiheit für eine absolute, ein *liberum arbitrium indifferentiae*, halten.“[725]

Im Unterschied zu Kant betont Schopenhauer den Charakter und Willen des Menschen und sieht hierin den Ausgangspunkt jeder Erkenntnis und Entscheidung.

> „Jeder Mensch ist demnach Das, was er ist, durch seinen Willen, und sein Charakter ist ursprünglich; da Wollen die Basis seines Wesens ist. Durch die hinzugekommene Erkenntniß erfährt er, im Laufe der Erfahrung, was er ist, d.h. er lernt seinen Charakter kennen. Er erkennt sich also in Folge und Gemäßheit der Beschaffenheit seines Willens; statt daß er, nach der alten Ansicht, will in Folge und Gemäßheit seines Erkennens.“[726]

---

721 ebd., S. 41; vgl. auch Zenk o.A., URL (2017), S. 24.

722 vgl. ebd., S. 40.

723 Ebd., S. 40.

724 vgl. Schopenhauer 1860, S. 47. URL (2018).

725 Schopenhauer 1839/1978, S. 70–71.

726 Schopenhauer 1819/2014, § 55, S. 217, Schopenhauer 1819/1844, S. 330; Schopenhauer 1819/2015, S. 248.

> „(…) Dies ist die vollkommene Wahlentscheidung, oder Deliberationsfähigkeit, welche der Mensch vor dem Thiere voraus hat, und wegen welcher man ihm Willensfreiheit beigelegt hat, vermeinend, sein Wollen sei ein bloßes Resultat der Operationen des Intellekts, ohne daß ein bestimmter Trieb demselben zur Basis diene; während, in Wahrheit, die Motivation nur wirkt auf der Grundlage und unter der Voraussetzung seines bestimmten Triebes, welcher bei ihm individuell, d.h. ein Charakter ist.“[727]

Arthur Schopenhauer stellt zunächst den Kristallisationspunkt der Philosophie Friedrich Nietzsches (1844–1900) dar. Er hat sich mit Schopenhauers Ideen konstruktiv auseinandergesetzt und ein eigenes philosophisches Gedankengebäude entwickelt.

Friedrich Nietzsche ging – unabhängig von Kant[728] – von einem „freien Bewusstsein“[729] des Menschen aus und ihm erscheint die Welt als „Widerstand“[730]. In diesem Spannungsverhältnis ergibt sich ein „Spielraum“[731] für den *„freien Willen*“[732], der letztlich auch nur frei in der „Selbstwahrnehmung des Bewusstseins“[733] ist. In seinem Werk „Menschliches, Allzumenschliches“ spricht er sogar von „Freischeinlichkeit“, negiert Freiheit wie auch Wahrheit.[734]

> „Nur die Freiheit kann das Fatum als zwingende Macht erfahren, und nur die Erfahrung des Fatums vermag den freien Willen zur Lebendigkeit und Steigerung anzustacheln. Im Gegensatz liegt die Einheit.“[735]

Nietzsche sieht beide Pole – Freiheit und Bindung – als anthropologisches Merkmal des Menschen an. Dies wird in dem Werk „Willensfreiheit und Fatum“ aus dem Jahre 1862 deutlich:

> „In der Willensfreiheit liegt für das Individuum das Princip der Absonderung, der Lostrennung vom Ganzen, der absoluten Unbeschränktheit; das Fatum aber setzt den Menschen wieder in organische Verbindung mit der Gesammtentwicklung, und nöthigt ihn, indem es ihn zu beherrschen sucht, zur freien Gegenkraftentwicklung; die fatumlose, absolute Willensfreiheit würde den Menschen zum Gott machen, das fatalistische Princip zu einem Automaten.“[736]

---

727 Schopenhauer 1819/2014, § 55, S. 221, Schopenhauer 1819/2015, S. 251.
728 Safranski 2002, S. 28.
729 ebd., S. 27.
730 ebd., S. 27.
731 ebd., S. 27.
732 ebd., S. 27.
733 ebd., S. 27.
734 Nietzsche 1988, S. 540.
735 Safranski 2002, S. 28.
736 Nietzsche 1862/1994, S. 62. Auch URL (2014).

Damit negiert Nietzsche die „absolute Willensfreiheit" und auch die moralische[737] Freiheit einschließlich der Verantwortlichkeit des Menschen.[738] Die Freiheit des Willens weist er dem Reich des subjektiven Erlebens zu, den christlichen Glauben bestimmt er als Instrument, um den Menschen verantwortlich und schuldig zu machen. Dementsprechend mag es als Widerspruch anmuten, wenn Nietzsche vom „freien Geist" spricht, der ihm durchaus wichtig und erstrebenswert erscheint. Freiheit ist ihm ein *„Privileg des Geistes"*.[739] Dieser freie Geist kann als ein (Bewusstseins-)Zustand bezeichnet werden, der anstelle „moralischer Fixierungen" Offenheit und Suchbewegungen aufweist, wie er sie dem Philosophen zuspricht, der sich in Richtung „Übermensch" entwickeln kann.[740] Der Mensch befindet sich im Spannungsverhältnis, er ist Unmensch und Übermensch zugleich bzw. kann beides sein und beides gehört zum menschlichen Dasein.

> „Der Mensch ist das Unthier und Überthier; der höhere Mensch ist der Unmensch und Übermensch: so gehört es zusammen. Mit jedem Wachsthum des Menschen in die Größe und Höhe wächst er auch in das Tiefe und Furchtbare: man soll das Eine nicht wollen, ohne das andere — oder vielmehr: je gründlicher man das Eine will, um so gründlicher erreicht man gerade das Andere."[741]
>
> „Das Wort ‚Übermensch' zur Bezeichnung eines Typus höchster Wohlgeratenheit, im Gegensatz zu ‚modernen' Menschen, zu ‚guten' Menschen, zu Christen und andren Nihilisten — ein Wort, das im Munde eines Zarathustra, des Vernichters der Moral, ein sehr nachdenkliches Wort wird, (…)."[742]

---

737 Dabei ist darauf hinzuweisen, dass Nietzsche einen durchaus spezifischen Moralbegriff entwickelt und u.a. in seinem Werk „Generalogie der Moral" (1887) entfaltet hat. Im Zentrum steht hier nicht die Frage nach ethischen Richtlinien des Handelns, sondern weshalb sich Menschen an bestimmten Wertvorstellungen orientieren. Nietzsche prägte den Terminus „Herrenmoral" und „Sklavenmoral". Die Festlegung von Gut und Böse erfolgt vor machttheoretischen Überlegungen, d.h., privilegierte Gesellschaften definieren, was „gut" und was „böse" ist. Im „Antichrist" (1889) bricht er mit christlichen Werten und beklagt die „Umwertung aller Werte" (Nietzsche 1889/2013, S. 60) und betont die Bedeutsamkeit des „Willen(s) zur Macht" (ebd., § 2, S. 4).

738 vgl. Zenk o.A., S. 29. URL (2017). Ja, er geht sogar noch weiter und macht das Christentum (die christlichen Kirchen) dafür verantwortlich, die Idee des freien Willen als Mittel gebraucht zu haben, den Menschen verantwortlich und schuldig zu machen. (vgl. Zenk o.A., S. 45, URL [2017]).

739 Gerhardt 2014, S. 56.

740 vgl. Joisten 1994, S. 254.

741 Nietzsche 1887/1970, S. 90. URL (2015).

742 Nietzsche 1964, S. 338. Siehe auch: Nietzsche 1889. URL (2015).

Für Nietzsche verbindet sich hiermit auch die Skepsis gegenüber und Abkehr von „moralischen Bindungen“[743] und traditionellen Sicherheiten, ja, er erklärt Gott gar für tot.[744] Doch zugleich stellt er die Freiheit oder Wahrheit an sich infrage und es liegt die Interpretation nahe, Widerstände als Katalysatoren für die Entwicklung zu sehen. Es geht um den Gewinn von geistiger Unabhängigkeit, ein leidenschaftliches Erkenntnisinteresse und eine skeptische Grundhaltung.[745] Der „Wanderer im Gebirge“ symbolisiert für Nietzsche am besten den Freigeist, dessen Erkenntnisinteresse ihn immer wieder zu neuen Positionen führt, was die Prozesshaftigkeit und Veränderlichkeit von Erkenntnisprozessen betont.[746] All dies kann auch mit der Selbstbestimmung des Menschen in Verbindung betrachtet werden. Er fordert einen spielerisch-experimentierenden Umgang mit sich selbst und der Welt bzw. scheinbaren Gewissheiten. Doch diese freigeistige Lebensweise verspricht nicht nur Lust, sondern auch Schmerz, Isolation, stört die Ruhe und Bequemlichkeit und impliziert Entbehrungen.[747] Der menschliche Entwicklungsprozess und Erkenntnisprozess scheint bei Nietzsche eingespannt in den Antagonismus zwischen der Daseinsweise als Künstler und jener als Freigeist. Dementsprechend resümiert Oberfeuchtner:

> „Jeder Mensch ist Teil einer zyklischen Bewegung, welche sich für ihn bemerkbar macht als Wechsel zwischen künstlerischer Gestaltung, dem Aufbau der eigenen Realität und der freigeistigen Infragestellung und Zerstörung des Werkes. (…) Leidenschaftliche Erkenntnissuche weckt ein Bedürfnis nach Schönheit und Geborgenheit, wie sie in der Welt des Kreativen im Überfluss vorhanden sind. Doch das Werk, das in diesem Moment noch befriedigt und zum Lachen reizt, muss im nächsten Augenblick gnadenlos angezweifelt werden.“[748]

Im Zentrum der Anthropologie Nietzsches steht das Selbst, das für Nietzsche eng an den Körper gebunden ist. Selbstbestimmung setzt erst einmal voraus, heteronome Eingriffe wahrzunehmen und ein Gefühl für das eigene Selbst entwickelt zu haben. Voraussetzung hierzu ist für Nietzsche die freie Zeit. Fehlt diese dem Menschen, verkommt er zum Sklaven. Hier zeigt sich dann auch die

743 Joisten 1994, S. 251.

744 vgl. Nietzsche 1887/1970, S. 155. Siehe auch: Nietzsche 1882, eKGWB/NF-1882,4[132]. URL (2015).

745 vgl. u.a. Oberfeuchtner 2008, S. 27f. URL (2015).

746 vgl. Oberfeuchtner 2008, S. 34. URL (2015).

747 vgl. ebd., S. 42. URL (2015).

748 ebd., S. 73f. URL (2015).

Brücke zum Freizeitdiskurs, wie ihn Fritz Klatt während der Weimarer Republik eröffnet. (vgl. hierzu Kapitel 5.3)

> „Zur Selbstbesinnung bedarf es einer Muße, die seltener Luxus geworden ist, die aber als unabdingbar für das Nachdenken erscheint (BA, 649) – auch für das Nachdenken über sich selbst. Zeitliche Ungebundenheit, Selbstwert und Freiheit gehen bei Nietzsche oft Hand in Hand: ‚Alle Menschen zerfallen, wie zu allen Zeiten so auch jetzt noch, in Sclaven und Freie; denn wer von seinem Tage nicht zwei Drittel für sich hat, ist ein Sclave, er sei übrigens wer er wolle: Staatsmann, Kaufmann, Beamter, Gelehrter' (MA 283, 231f).“[749]

Prozesse der Beschleunigung, die bereits Nietzsche wahrnahm, werden ihm zum Gegner der Selbstfindung und Wegbereiter von unbemerkter Fremddetermination.[750] Auch das Bildungswesen seiner Zeit kritisierte Nietzsche, da es auf den schnellen Erwerb nützlicher Kenntnisse und/oder auch historischer Bildung ausgerichtet sei. Bildung verkomme zu Ausbildung und befördere die Mittelmäßigkeit.[751]

> „Der moderne Mensch schleppt zuletzt eine ungeheuere Menge von unverdaulichen Wissenssteinen mit sich herum, die dann bei Gelegenheit auch ordentlich im Leibe rumpeln, wie es im Märchen heißt. (…) Das Wissen, das im Übermaße ohne Hunger, ja wider das Bedürfnis aufgenommen wird, wirkt jetzt nicht mehr als umgestaltendes, nach außen treibendes Motiv und bleibt in einer gewissen chaotischen Innenwelt verborgen (…) Unsere moderne Bildung ist eben deshalb nichts Lebendiges, weil sie ohne jenen Gegensatz sich gar nicht begreifen läßt, das heißt: sie ist gar keine wirkliche Bildung, sondern nur eine Art Wissen um die Bildung, es bleibt in ihr bei dem Bildungs-Gedanken, bei dem Bildungs-Gefühl, es wird kein Bildungs-Entschluß daraus.“[752]

Die Bildung seiner Zeit diskreditiert Nietzsche damit zur unproduktiven Unbildung, die Bildungsanstalten zu „Massenfabriken“, die dem jungen Menschen nicht mehr den Raum und die Zeit zur Persönlichkeitsbildung lassen und somit dem Bildungsanspruch nicht gerecht werden.

Schulen und Universitäten belegt Nietzsche mit der Assoziation von „Sklavenanstalten“, die den jungen Menschen schwächen.

> „Glaubt es mir: wenn die Menschen in der wissenschaftlichen Fabrik arbeiten und nutzbar werden sollen, bevor sie reif sind, so ist in kurzem die Wissenschaft ebenso

---

749 ebd., S. 11.URL (2015).

750 vgl. Oberfeuchtner 2008, S. 11. URL (2015).

751 vgl. Nietzsche 1874 /1954, S. 267f., Nietzsche 1874. URL (2018) Nietzsche 1874/2014, S. 105; vgl. Oberfeuchtner 2008, S. 13.; vgl. Nietzsche 1874. URL (2018).

752 Nietzsche 1874/1954, S. 231. Auch: URL (2015). Nietzsche 1874/2014, S. 76.

ruiniert wie die allzuzeitig in dieser Fabrik verwendeten Sklaven. Ich bedaure, daß man schon nötig hat, sich des sprachlichen Jargons der Sklavenhalter und Arbeitgeber zur Bezeichnung solcher Verhältnisse zu bedienen, die an sich frei von Utilitäten, enthoben der Lebensnot gedacht werden sollten; aber unwillkürlich drängen sich die Worte ‚Fabrik', ‚Arbeitsmarkt', ‚Angebot', ‚Nutzbarmachung' – und wie all die Hilfszeitwörter des Egoismus lauten – auf die Lippen, wenn man die jüngste Generation der Gelehrten schildern will."[753]

Ja, Nietzsche geht sogar noch weiter und bestimmt die Erwerbstätigkeit als Gefahrenmoment für die Individualität, den Müßiggang als Voraussetzung, um zu persönlicher Stärke zu gelangen.[754]

Selbst den Tatendrang des Menschen sieht Nietzsche kritisch als Flucht vor der Auseinandersetzung mit dem eigenen Selbst an.[755] Dementsprechend erscheint es durchaus konsequent, wenn er auch die Kunst unter dem Moment der Ablenkung vom eigenen Selbst negativ assoziiert.[756]

Heike Carolin Oberfeuchtner (2008) arbeitet heraus, dass Nietzsche selbst die christliche Nächstenliebe/Barmherzigkeit vor dem Motiv der Selbstflucht, die in der Selbstverachtung mündet, negativ interpretiert.[757]

„Ihr drängt euch um den Nächsten und habt schöne Worte dafür. Aber ich sage euch: eure Nächstenliebe ist eure schlecht Liebe zu euch selber.
Ihr flüchtet zum Nächsten vor euch selber und möchtet euch daraus eine Tugend machen: aber ich durchschaue eurer ‚Selbstloses'.
Das Du ist älter als das Ich; das Du ist heilig gesprochen, aber noch nicht das Ich: so drängt sich der Mensch hin zum Nächsten.
(...) Ihr haltet es mit euch selber nicht aus und liebt euch nicht genug..."[758]

Verantwortlich für diese Selbstflucht macht Nietzsche die christliche Kirche, die die Nächstenliebe predigt.

„Wo heute Mitleiden gepredigt wird — und, recht gehört, wird jetzt keine andre Religion mehr gepredigt — möge der Psycholog seine Ohren aufmachen: durch alle Eitelkeit, durch allen Lärm hindurch, der diesen Predigern (wie allen Predigern) zu eigen ist, wird er einen heiseren, stöhnenden, ächten Laut von Selbst-Verachtung hören. Sie gehört zu jener Verdüsterung und Verhässlichung Europa's, welche jetzt ein Jahrhundert lang im Wachsen ist (und deren erste Symptome schon in einem nachdenklichen Briefe

753 ebd. 1874/1954, S. 255. Nietzsche 1874/2014, S. 95f..
754 vgl. ebd,. S. 254, Nietsche 1874/2014, S. 94.
755 vgl. Oberfeuchtner. 2008, S. 12. URL (2015).
756 vgl. Oberfeuchtner. 2008, S. 12. URL (2015).
757 vgl.ebd., S. 12. URL (2015).
758 Nietzsche 1883/2013, S. 43.

> Galiani's an Madame d'Epinay urkundlich verzeichnet sind): wenn sie nicht deren Ursache ist! Der Mensch der ‚modernen Ideen', dieser stolze Affe, ist unbändig mit sich selbst unzufrieden: dies steht fest. Er leidet: und seine Eitelkeit will, dass er nur ‚mit leidet'…"[759]

„Mußezeit" ist für Nietzsche somit erforderlich für die Auseinandersetzung mit dem eigenen Selbst und Bildungsgütern. Oberfeuchtner rekurriert daher treffend auf den Begriff des „eidos", der sich bereits bei Platon findet und die hinter den Dingen liegende Gestalt, das Wesen der Dinge bezeichnet.

> „Nietzsches eigene, eindeutig vom griechischen eidos-Begriff geprägte Idealvorstellung hingegen ist die einer Bildung im Sinne von Gestaltbildung, denn: „Gebildet nennen wir den, der ein Gebilde geworden <ist>, eine Form bekommen hat" (VII, 19[307])."[760]

Nietzsche selbst betitelt den vermeintlich zu starken Akzent auf das historische Moment im Bildungsprozess als *„historische Krankheit"*[761] und fordert die Überwachung durch eine „Gesundheitslehre des Lebens", damit jungen Menschen nicht den Kontakt zu sich selbst und dem Leben durch die historische Überbürdung erleiden, ihre Persönlichkeit dadurch nicht geschwächt werde.

Das Leben ordnet Nietzsche nicht moralischen Maßstäben unter, sondern sieht all jene nur als Hilfskonstruktionen, solange sie dem Leben dienen.

> „Wir haben zeitweilig die Blindheit nöthig und müssen gewisse Glaubensartikel und Irrthümer in uns unberührt lassen — so lange sie uns im Leben erhalten.
> Wir müssen gewissenlos sein in Betreff von Wahrheit und Irrthum, so lange es sich um das Leben handelt — eben **damit** wir das Leben dann wieder im Dienste der Wahrheit und des intellektuellen Gewissens verbrauchen. Dies ist unsere Ebbe und Fluth, die Energie unserer Zusammenziehung und Ausbreitung."[762]

Das freie Oszillieren zwischen dem skeptischen Hinterfragen des freien Geistes und dem ästhetisch-künstlerischen Schaffen von scheinbaren Gewissheiten macht das Leben nach Nietzsche aus. Hierzu bedarf es entsprechender freier Zeit und Ruhephasen, die den Blick aus der Distanz erlauben und zu einem leidenschaftlichen Reflektieren führt. Oberfeuchtner kommt zu der Schlussfolgerung, dass „Lachen und Ernsthaftigkeit, Vertrauen auf Illusionen und Vertrauen auf

---

759 Nietzsche 1886–1887/1999, S 156.

760 Oberfeuchtner 2008, S. 14. URL (2015).

761 Nietzsche 1874/1954, S. 281. Auch online Nietzsche 1874/1954, URL (2015), Nietzsche 1874/2014, S. 115.

762 Nietzsche 1887–1888/1999, S. 526. Siehe auch: Nietzsche, F. (1881). Nachgelassene Fragmente. Frühjahr–Herbst 1881. eKGWB/NF-1881,11[217]. URL (2015).

die wissenschaftliche Methodik, Fröhlichkeit und intellektuelle Strenge (...) nicht nur beide zum Leben des Menschen [gehören], sondern sie (...) einander so phasenhaft und gleichmäßig ab[wechseln] wie die Gezeiten."[763]

Diese dialektische Haltung des Menschen kann als produktive Bewältigungsform des Dualismus zwischen freiem Geist und Künstler, dem Verwerfen und dem Schaffen betrachtet werden und ermöglicht so auch die Aussöhnung, ja Bejahung des eigenen Daseins.[764] Nur das Bewusstsein dieser Dialektik und die Akzeptanz beider Daseinsformen – Künstler und freier Geist – gestattet dem Menschen, zu sich selbst zu gelangen.

An dieser Stelle könnte auf Friedrich von Schillers Briefe zur „ästhetischen Erziehung"[765] verwiesen werden. In Auseinandersetzung mit Kant (1724–1804) greift Schiller (1759–1805), als zentraler Vertreter des deutschen Idealismus, dessen Ideen durchaus auf, kritisiert aber die Überbetonung der Vernunft.

> „Der Mensch, wissen wir, ist weder ausschließend Materie, noch ist er ausschließend Geist."[766]

Erst durch die ästhetische Erfahrung – so Schiller – gelänge es, Vernunft und Sinnlichkeit miteinander zu verbinden.[767]

> „Da sich das Gemüt bei Anschauung des Schönen in einer glücklichen Mitte zwischen dem Gesetz und Bedürfnis befindet, so ist es eben darum, weil es sich zwischen beiden teilt, dem Zwange sowohl des einen als des andern entzogen."[768]

So wundert es auch nicht, dass Schiller dem Spiel hohe Bedeutsamkeit beimaß und sich in seinem Gedankenkreis die ästhetische Erfahrung mit der Moralität verbindet.

> „Denn, um es endlich auf einmal herauszusagen, der Mensch spielt nur, wo er in voller Bedeutung des Worts Mensch ist, und *er ist nur da ganz Mensch, wo er spielt.*"[769]

---

763 Oberfeuchtner 2008, S. 88. URL (2015).
764 vgl. ebd., S. 91. URL (2015).
765 Schiller 1795/2013.
766 Schiller 1794/1989, S. 56. (Auch online frei verfügbar: Schiller 1962, S. 614. URL [21.2.2015]).
767 vgl. Szczepanski (2006). URL (2015).
768 Schiller 1794/1989, S. 57. (Auch online frei verfügbar: Schiller 1962, S. 615. URL [21.2.2015]).
769 ebd., S. 59. (Auch online frei verfügbar: Schiller 1962, S. 618. URL [2015]).

Dabei schließt Schiller nach wie vor an Kant an und sieht die Vernunft als Quelle der Sittlichkeit an. Doch erleichtert die ästhetische Bildung die Aussöhnung zwischen sinnlichen Trieben und rationalen Vernunftgründen.

> „Die Freiheit einer äußern Handlung beruht bloß auf ihrem unmittelbaren Ursprung aus dem Willen der Person; die Sittlichkeit einer innern Handlung bloß auf der unmittelbaren Bestimmung des Willens durch das Gesetz der Vernunft.“[770]
> „In ästhetisch verfeinerten Seelen ist noch eine Instanz mehr, welche nicht selten die Tugend ersetzt, wo sie mangelt, und da erleichtert, wo sie ist. Diese Instanz ist der Geschmack.“[771]

Ästhetische Bildung und der Freiraum zum Spiel ermöglichen somit erst, dass der Mensch innerlich nicht zerrissen und moralisches Handeln als Übereinstimmung mit dem ästhetischen Urteil bereichernd erlebt wird. Bei einer „schönen Seele“ befänden sich „Pflicht“ und „Neigung“, „Sinnlichkeit“ und „Vernunft“ im Einklang.[772]

Rittelmeyer geht in seiner Interpretation des 16. Briefes Schillers zur „ästhetischen Erziehung des Menschen“ noch einen Schritt weiter: Nur im Spiel gelangt der Mensch zu einer Vorstellung des Menschseins und das Spannungsverhältnis zwischen Sein und Sollen – so könnte es hier schon im Vorausgriff auf den österreichischen Psychiater Viktor Emil Frankl (1905–1997) interpretiert werden – ist konstitutiv für das Menschsein.

> „Die vollkommene Harmonie von Form- und Stofftrieb im (ästhetischen) Spiel kann niemals der Normalzustand des Lebens sein. Ästhetisches Erleben, Spiel und schöner Schein stellen Ausnahmesituationen dar, die uns jedoch eine Vorstellung unseres Menschseins ermöglichen; sie machen es damit auch möglich, das davon Abweichende (z.B. in der Berufsarbeit, im Streit mit anderen Menschen, im Überlebenskampf) von diesem Ideal her zu qualifizieren. (…) Ästhetisches Erleben und Abweichungen davon sind also wechselseitig aufeinander angewiesen. – Die situativ im Spiel erfahrene Harmonie von Form- und Stofftrieb wirkt *gleichzeitig* auflösend und anspannend.“[773]

Als Stofftrieb bezeichnet Schiller den sinnlichen Trieb, den er in dem physischen Dasein des Menschen begründet sieht[774], als Formtrieb beschreibt er die geistige Freiheit des Menschen, der erst den Menschen zur Person erhebt.

---

770 Schiller 1830, S. 1260.
771 ebd., S. 1261.
772 Schiller 1793/1948, S. 43. [Auch online verfügbar: Schiller 1879, URL (30.1.2015)].
773 Rittelmeyer 2005, S. 64.
774 Schiller 1879b.

> „Der zweite jener Triebe, den man den Formtrieb nennen kann, geht aus von dem absoluten Dasein des Menschen oder von seiner vernünftigen Natur und ist bestrebt, ihn in Freiheit zu setzen, Harmonie in die Verschiedenheit seines Erscheinens zu bringen und bei allem Wechsel des Zustands seine Person zu behaupten."[775]

Der Mensch bleibt jedoch, solange er lebt an sein sinnliches Dasein gebunden, was die vollkommene Auflösung des Spannungsverhältnisses unmöglich macht:

> „Aber obgleich er allein die Anlagen der Menschheit weckt und entfaltet, so ist er es doch allein, der ihre Vollendung unmöglich macht. Mit unzerreißbaren Banden fesselt er den höher strebenden Geist an die Sinnenwelt, und von ihrer freiesten Wanderung ins Unendliche ruft er die Abstraktion in die Grenzen der Gegenwart zurücke. Der Gedanke zwar darf ihm augenblicklich entfliehen, und ein fester Wille setzt sich seinen Forderungen sieghaft entgegen: aber bald tritt die unterdrückte Natur wieder in ihre Rechte zurück, um auf Realität des Daseins, auf einen Inhalt unsrer Erkenntnisse und auf einen Zweck unsers Handelns zu dringen."[776]

Als produktiven Widerstand auf den Freizeitbereich bezogen können all jene Verpflichtungen obligatorischer oder beruflicher Art bezeichnet werden, die der Existenzsicherung oder Erhaltung dienen. Erst durch diese entsteht demzufolge ein Rahmen, in dem das Individuum seine Freizeit kultivieren kann. Wird die Berufsarbeit weniger in den Lebensmittelpunkt gestellt, sei es durch eine neue subjektive Bewertung beruflicher Tätigkeit, sei es durch die Verknappung an Möglichkeiten, eine durchgängige berufliche „Karriere" zu haben, so wird die Fähigkeit immer zentraler, sich selbst einen Rahmen zu gestalten, dem Alltag Struktur zu geben. Die Freizeit und die Berufsarbeit werden durch Modernisierungs- und Flexibilisierungsprozesse in der Arbeitswelt zunehmend weniger klar abgrenzbar, was Vorteile aber auch Risiken bergen kann. Schillers Abhandlung „Über die Ästhetische Erziehung des Menschen" impliziert die These, dass eine dauerhafte Auflösung des Spannungszustandes nicht möglich sei, ja gerade aus der Spannung heraus sich das Entwicklungspotenzial zum Menschsein ergibt.

Die bewusste Gestaltung der Zeit und Freiheitsgrade kann als eine besondere Herausforderung gesehen werden, wozu der einzelne Mensch durchaus seine Vernunft, Denkkraft und auch entsprechende Grundkompetenzen und Wissen bedarf.

Möchte die Freizeitpädagogik nicht hinter dem Stand der pädagogischen Erörterungen Kants zurückfallen, so impliziert Freizeitpädagogik sowohl in

---

775 ebd., zwölfter Brief.

776 Schiller 1794/1989, S. 45. (Siehe auch Online: Schiller 1879b, zwölfter Brief, URL [2017]).

der frühen und mittleren Kindheit eine Freizeit*erziehung*, die im zunehmenden Erwachsenenalter zur Freizeit*bildung* werden muss und das Individuum zur vernünftigen Selbstbestimmung über seine freie Lebenszeit führen sollte. Freizeit vollzieht sich letztlich im Spannungsfeld zwischen Freiheit und Bindung. Eine dynamische Balance zwischen jenen Polen kann als produktiver Entwicklungsweg bezeichnet werden. Der junge Mensch muss erst einmal an die Aufgabe herangeführt werden, sich selbst eine Struktur zu setzen, je weniger feste Zeitstrukturen durch die Arbeitswelt gegeben sind, desto besser muss das Individuum auf den Umgang mit freier und berufsgebundener Zeit vorbereitet werden.

Eine Bindung kann aber nicht nur an vorgegebene Zeitstrukturen und die berufliche Tätigkeit erfolgen, sondern auch an Ideen, Werte und Inhalte, die dem eigenen Leben Sinn und „Tiefgang" verleihen.

Mit der Sinnfrage befasste sich auch Viktor Emil Frankl und entwickelte schließlich die Existenzanalyse und Logotherapie. Sein Werk kann durchaus vor dem Hintergrund seiner biografischen Erfahrung gesehen werden: Als Kind erlebte er den Ersten Weltkrieg mit. Bereits zu Gymnasialzeiten kam er mit der Psychoanalyse in Kontakt, verfasste seine Maturaarbeit „‚Zur Psychologie des philosophischen Denkens' (eine psychoanalytisch orientierte Pathographie über Arthur Schopenhauer)"[777] und stand in Kontakt zu Sigmund Freud, der das „Lust-Prinzip" als wesentliche Antriebsquelle im menschlichen Leben ansah. Zugleich wurde er zunehmend von Alfred Adler (1870–1937), der das „Macht-Prinzip" als wichtigen Antrieb identifizierte, beeinflusst. [778]

Frankls Interesse sollte dem Grenzgebiet zwischen Psychologie und Philosophie gelten, der Wert- und Sinnfrage. So setzte sich Frankl für die Errichtung von Jugendberatungsstellen ein, wodurch es ihm gelang, dem Suizidverhalten von Schülern vor der Zeugnisübergabe wirksam zu begegnen. Als studiertem Mediziner und Neurologen wurde Frankl die Leitung des „Selbstmörderpavillons" übertragen und er suchte nach neuen Interventionsmaßnahmen. Trotz seiner jüdischen Herkunft hatte er bis 1942 am Wiener Rothschild-Spital die Leitung der neurologischen Abteilung inne. Es gelang ihm, viele Menschen vor dem NS-Euthanasie-Programm zu retten und er wollte ein Werk zur „Ärztlichen Seelsorge" verfassen, als ihn die Grauenherrschaft der Nationalsozialisten erfasst: Deportation nach Theresienstadt, Auschwitz und schließlich

---

777 Website Viktor Frankl Institut Wien, URL (2015).

778 vgl. Graf 2005, S. 197.

Türkheim. Er selbst überlebte das Lager, doch er verlor fast seine gesamten Familienangehörigen.[779]

Während seiner Zeit im Konzentrationslager erkrankte Frankl an Fleckfieber und nur der Gedanke, sein Werk „Ärztliche Seelsorge" zu rekonstruieren und die Beobachtung, dass jene die Situation am besten überstanden, die einen Grund zum Überleben hatten, hielten ihn aufrecht. Trotz menschenunwürdiger und in hohem Maße heteronomer Lebensumstände im Lager erkannte Frankl noch Freiheitsgrade des Menschen. Den „Wille[n] zum Sinn"[780] betrachtet Frankl als grundlegendes anthropologisches Moment, das ihn frei zur Stellungnahme macht. Er betitelt diese Fähigkeit auch als „Trotzmacht des Geistes"[781], der Geist, der sich durchaus über die realen Lebensbedingungen erheben kann. Selbst wenn der Mensch faktisch kaum noch Handlungsspielräume hat, so liegt in ihm selbst noch die Freiheit zur Stellungnahme, d.h., wie er die Kontextfaktoren interpretiert und mit welchem Sinn er diesen, und sein eigenes Dasein belegt. Diese Form der (inneren) Freiheit kann ihm niemand nehmen. Jenes Bewusstsein stärkt den Menschen und lässt ihn scheinbar sinnlose oder ausweglose Situationen ertragen und eröffnet die Möglichkeit, Leid in irgendeiner Weise produktiv zu bewältigen.

Dabei geht auch Frankl von einem polaren Spannungsverhältnis zwischen Sein und Sollen (Noodynamik)[782] aus, in der sich der Mensch befindet.

Ein Mangel an Spannung führe zu einem „existentiellen Vakuum", das sich wiederum als Risiko für die seelische Gesundheit erweist.[783] Dabei „modifiziert [Frankl] (…) den herkömmlichen Begriff von Krankheit oder Gesundheit. Er betont, erkranken könnten nur die geschlossenen Systeme der biologischen oder psychologischen Seinsschicht des Menschen. An die geistige Person komme die Krankheit nicht heran (vgl. Frankl 2007, S. 332)."[784]

Somit findet sich bei auch Frankl eine positive Definition von Freiheit: *Freiheit als Freiheit zu etwas*. Diese Möglichkeit begründet Frankl anthropologisch. Folgende Momente der Person rekonstruiert Waibel aus existenzanalytischer Sicht unter Rekurs auf Frankls: (a) das Potenzial zur Selbstdistanzierung, (b) das

779 vgl. Website Viktor Frankl Institut Wien, URL (2015).
780 Frankl 2015.
781 Frankl 1990, S. 174.
782 vgl. Waibel 1994, S. 69.
783 vgl. ebd., S. 69.
784 Manke/Wilharm 2011, S. 74.

Potenzial zur Selbsttranszendenz; (c) das Potenzial zur Freiheit, (d) das Potenzial zur Verantwortung.[785]

Erst durch die Verwirklichung dieser Potenzialitäten wird der Mensch zum Menschen.

Als Fazit kann die These aufgestellt werden, dass Freiheit ohne Bindung dem Menschen nicht gerecht wird. Der Mensch benötigt zur Entfaltung seiner Potenziale beide Pole: die Freiheit und die Bindung. Der Rekurs auf Frankl verdeutlicht, dass die Sinnfrage eine wichtige Dimension menschlicher Bildung ist, die gerade in der Freizeit(bildung) nicht ausgespart werden sollte. Zugleich ist deutlich hervorzuheben, dass das Individuum den Sinn nur selbst finden kann und es nicht um die Überstülpung von Wertvorstellungen oder Sinnhorizonten gehen darf. Gegen autoritäre Strukturen in der Erziehung und Bildung wendet sich im Besonderen die Humanistische Pädagogik.

Doch in diesem Zusammenhang stellt sich auch die Frage, was Bildung und Erziehung ausmacht. Da es hierzu unzählige Werke und Synopsen gibt, wird hier exemplarisch auf einzelne Vertreter rekurriert, in deren Sichtweise frühere Auffassungen verdichtet und erweitert wurden.

785 vgl. Waibel 1994, S. 73ff.

4. Anthropologische Grundannahmen

4.1 Erziehungsbedürftigkeit und Bildsamkeit des Menschen

Dass der Mensch Erziehung und Bildung bedarf[786], ist heute unstrittig. Weniger Konsens besteht allerdings darüber, wie diese auszusehen hat und was darunter verstanden wird.

Materiale Bildungstheorien betonen den Bildungswert eines bestimmten Kanons an Bildungsinhalten, die ein gebildeter Mensch „wissen" sollte. Formale Bildungstheorien stellen hingegen stellen die Ausbildung der menschlichen Potenzialitäten und Kräfte in den Vordergrund.

Der Bildungsbegriff ist ein Grundbegriff der Erziehungswissenschaft, der über eine lange Traditionsgeschichte verfügt. So stellt Klafki deutlich heraus, dass „'Bildung' zu einem Zentralbegriff pädagogischer Reflexion"[787] seit dem ausgehenden 18. Jahrhundert wurde. Dabei betont er, dass es sich um keine geschlossene Bildungstheorie(n) handelt, sondern vielmehr um Reflexionen aus verschiedenen Perspektiven und „fragmentarische Theorieansätze"[788]. Es gibt bis heute nicht *die* Bildungstheorie.

Die Differenzierung in einen Erziehungs- und einen Bildungsbegriff kann als Besonderheit im deutschsprachigen Bereich gesehen werden.[789] In anderen Sprachen wird diese Unterscheidung nicht vorgenommen. So bezieht sich der englische Terminus „education" sowohl auf die Bildung als auf die Erziehung. Interessant ist diese sprachliche Differenzierung vor allem deshalb, weil der Erziehungsprozess als (intentionale) Einwirkung der älteren Generation auf die jüngere Generation verstanden wird, als Reaktion auf die Entwicklungstatsache. Erzogen werden in erster Linie Kinder und Jugendliche. Bildung hingegen

786 vgl. hierzu auch Gehlen 1961; Portmann 1951/1969.

787 Klafki 2007, S. 10.

788 Klafki 2007b, S. 16.

789 vgl. Stein 2013, S. 62. Allerdings wird hier auch darauf verwiesen, dass es diese Differenzierung im polnischen und russischen Sprachbereich ebenfalls gebe. Dem ist so nur bedingt zuzustimmen, da zumindest google translate den Terminus „образование" sowohl als Übersetzung für Bildung als auch für Erziehung anzeigt. Dafür finden sich z.B. auch unterschiedliche Schriftzeichen für Bildung und Erziehung im Japanischen und Chinesischen. Siehe weiterführend hierzu auch: Lederer o.A., S. 2. URL (2017).

erscheint als lebenslanger Prozess und kann letztlich nur als Selbstbildungsprozess verstanden werden, wie in der nachfolgenden Darstellung (Abb. 15) noch exemplifiziert dargestellt wird.

Inhaltlich betrachtet hat der Bildungsbegriff eine lange Traditionslinie und Geschichte. Er ist geprägt durch die „paideia"-Vorstellung der griechischen Antike (und vor allem der späteren, neuhumanistischen Rezeptionsgeschichte selbiger) und dem Imago-Dei, der Vorstellung der Gottesebenbildlichkeit, die als Grundlage der Bildsamkeit galt, aber auch als Auftrag des Menschen sich der Gottesebenbildlichkeit durch Bildung anzunähern.[790]

Beide Traditionslinien verweisen auf die Bildsamkeit des Menschen als anthropologisches Merkmal und Vervollkommnungsfähigkeit und Potenzialität des Menschen. Der Mensch muss sich Bildung erst im Laufe seines Lebens aneignen, um zum wahren Menschsein zu gelangen.

Der Erziehungswissenschaftler Christian Rittelmeyer (*1940) hat zu den zentralen Motiven, die sich im europäischen Bildungsbegriff widerspiegeln, folgende Visualisierung vorgenommen:

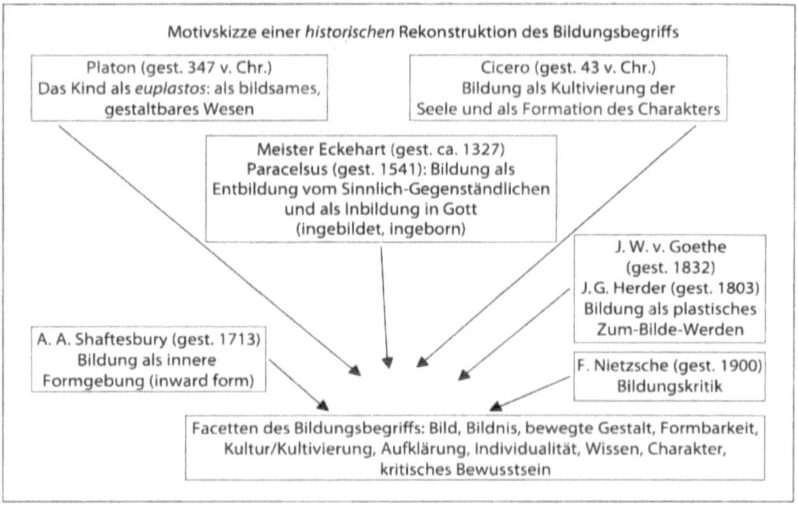

Abb. 15: Motivskizze einer historischen Rekonstruktion des Bildungsbegriffs von Christian Rittelmeyer (2012)[791]

790 vgl. Pemsel-Maier 2011, S. 157; Stroß 2008, S. 70.
791 Grafik: Rittelmeyer 2012, S. 18.

Auf Platon wird von Rittelmeyer in erster Linie unter dem Fokus des altgriechischen Terminus „euplastos“ rekurriert, einem Begriff, der die Bildsamkeit des Menschen zum Ausdruck bringt.[792] Plastisch zeigt sich der Bildungsgedanke Platons in seinem „Höhlengleichnis“[793], wie es Platon im 7. Buch des Politeia darlegt und auf die Kunst der „periagoge“ (der „Umlenkung“) der Seele zum Wahren und Guten verweist.

Dabei bleibt an dieser Stelle unerwähnt, dass sich Platon in seinem Werk „Politeia“ („Der Staat“) zwar mit der Bildsamkeit des Menschen befasst und hierzu auch einen Fächerkanon vorschlägt, der in der Renaissance als die „Septem artes liberales“ (die sieben Künste des freien Mannes) seinen Siegenzug antrat, sich diese Überlegungen aber nur auf einen Teil der Menschheit bezogen: Männer, der Polis, die über die vollen Bürgerrechte verfügten.[794]

Marcus Tullius Cicero (106–43 v. Chr.) prägte in den „Disputationes Tusculanae“ den Begriff der „Cultura animi“ und bezog sich dabei auf die Schrift „De agri cultura“ von Marcus Porcius Cato, dem Älteren (234–149 v. Chr.). Cicero übertrug den Terminus „Cultura agri“ (Pflege und Veredelung der Felder) auf das Seelenleben des Menschen, „Cultura animi“, worin sich die Möglichkeit der Veredelung und Humanisierung der menschlichen Seele ausdrückt.[795]

Das antike Bildungsideal der „Kalokagathie“ ist geprägt durch die Vorstellung einer harmonischen Ausbildung aller Kräfte im Menschen: „Schönheit und Ebenmaß des Körpers und Geistes“[796].

Der Dominikanermönch Eckhart von Hochheim („Meister Eckhart“, 1260–1328) ist der christlichen Mystik zuzuordnen und nimmt die Ideenlehre Platons auf. Demzufolge trägt jeder Mensch ein „‘Fünklein von Gott‘ in sich“[797] und eine „Einheit und Einigung des Menschen mit Gott“[798] ist prinzipiell möglich, wenn er seinem Auftrag folgt, seine Gottesebenbildlichkeit zu aktualisieren. Dazu ist es notwendig, sich zu ent-bilden, d.h., frei zu machen von „äußeren Bildern“ und weltlichen Ablenkungen, um Gott in sich wahrzunehmen und ihn sich „einzubilden“.[799] Der Mensch ist Abbild Gottes und kann wieder zu Gott finden.

792 vgl. Rittelmeyer 2012, S. 19.
793 siehe weiterführend: Platon 2004.
794 vgl. Kuhlmann 2013, S. 16.
795 vgl. Günther 2002, S. 63.
796 Seel/Hanke 2015, S. 175.
797 Pemsel-Maier 2011, S. 156.
798 ebd., S. 156f.
799 vgl. ebd. 2011, S. 160.

Der englische Staatsmann und Moralphilosoph Anthony A. Cooper, Earl of Shaftesbury (1671–1713), vertrat ein optimistisches Menschen- und Gottesbild, in dem die Güte Gottes, der Glaube an eine universale Harmonie und in die Potenzialität des Menschen statt der Lehre der Erbsündhaftigkeit dominierten. Bildung implizierte für Shaftesbury die „allseitige[...] Entfaltung der Persönlichkeit im harmonischen Gleichgewicht der Seelenkräfte“[800] und betont die Bildungsrelevanz des Ästhetischen für die „Erhebung der Natur zum Guten, Schönen und Wahren“[801].

Friedrich Nietzsche (1844–1900) übte Kritik insbesondere in seinem Werken „Über die Zukunft unserer Bildungsanstalten“ und „Unzeitgemäße Betrachtungen. – Vom Nutzen und Nachtheil der Historie für das Leben“ (1884)[802] an den höheren Bildungseinrichtungen seiner Zeit und beklagte sinnentleertes, historisch überbürdetes oder stark spezialisiertes Lernen, das der Jugend nur die Kraft raube. Kritik übt Nietzsche insbesondere an der Vereinnahmung von Bildung.[803]

Johann Wolfgang von Goethe (1759–1832) und Johann Gottfried von Herder (1744–1803) werden von Rittelmeyer als Vertreter angeführt, die sehr stark auf eine lebendige, erfahrungsbetonte Bildung eintraten und Bildung als ein „plastisches Zum-Bilde-Werden“[804] verstehen. Bildung wird hier als „Prozess“ und nicht nur als „Produkt“ oder Ergebnis verstanden.[805]

Mit dem Neuhumanismus des frühen 19. Jahrhunderts kam es zu einer erneuten Renaissance der antiken Bildungsideale. Dem Neuhumanismus kam bei der Herausbildung des „klassischen Bildungsbegriffs“ eine wichtige Rolle zu: Bildung wird hier als allgemeine Menschenbildung bestimmt und von einer utilitaristischen Vereinnahmung gelöst.[806]

Ein zentraler Vertreter und Beförderer dieses Bildungsideals war Wilhelm Frhr. von Humboldt, der von 1809 bis 1810 Leiter der preußischen Kulturbehörde. Humboldt war nicht nur an der Neugründung der Universität zu Berlin maßgeblich beteiligt, er legt mit dem Königsberger und Litauischen Schulplan[807] eine organisatorische Konkretisierung eines allgemeinbildenden Schulsystems vor.[808]

---

800 Fraas 2000, S. 66.
801 ebd., S. 66.
802 Nietzsche 1874a.
803 vgl. Reble 2009, S. 261.
804 vgl. Rittelmeyer 2012, S. 18f.
805 vgl. ebd., S. 20.
806 vgl. Gruber o.A., URL (2016).
807 siehe: Humboldt 1809/1999. URL (2019).
808 vgl. Dörpinghaus/Poenitsch/Wigger 2009, S. 67.

In der Schrift „Ideen zu einem Versuch, die Grenzen der Wirksamkeit des Staates zu bestimmen“ (1851) ist Wilhelm von Humboldt die Bildung Selbstzweck und hat die ***Freiheit*** als Voraussetzung.

> „Der wahre Zweck des Menschen – nicht der, welchen die wechselnde Neigung, sondern welchen die ewig unveränderliche Vernunft ihm vorschreibt – ist die höchste und proportionierlichste Bildung seiner Kräfte zu einem Ganzen. Zu dieser Bildung ist Freiheit die erste und unerläßliche Bedingung. Allein außer der Freiheit erfordert die Entwickelung der menschlichen Kräfte noch etwas andres, obgleich mit der Freiheit eng Verbundenes: Mannigfaltigkeit der Situationen. Auch der freieste und unabhängigste Mensch, in einförmige Lagen versetzt, bildet sich minder aus.“[809]

Bildung erscheint hier als Selbstbildung des Menschen und als allgemeine Bildung, die die Freiheit des Menschen zur Voraussetzung hat. Die italienische Ärztin und Reformpädagogin Maria Montessori (1870–1952) soll später die Entwicklungsfreiheit des Kindes einfordern[810], die es bedarf, um sich gemäß seines „inneren Bauplans“[811] zu entwickeln.

Bildung kann sich im Sinne Humboldts nicht jenseits von Sprache und nur in „der Struktur einer Wechselwirkung zwischen Ich und Welt mit dem Ziel ihrer Verknüpfung“ vollziehen.[812] Erst Sprache bzw. sprachliche Vielfalt ermöglicht den kommunikativen Austausch. Sprache dient zugleich der Reflexion und ermöglicht eine geistige Durchdringung von Welt wie den menschlichen Gedankengängen.

> „Der Mensch denkt, fühlt und lebt allein in der Sprache, und muss erst durch sie gebildet werden, um auch die gar nicht durch Sprache wirkende Kunst zu verstehen. Aber er empfindet und weiss, dass sie ihm nur ein Mittel ist, dass es ein unsichtbares Gebiet ausser ihr giebt, in dem er nur durch sie einheimisch zu werden trachtet. Die alltäglichste Empfindung und das tiefsinnigste Denken klagen über die Unzulänglichkeit der Sprache, und sehen jenes als ein fernes Land an, zu dem nur sie, und sie nie ganz führt.“[813]

Im Bildungsideal des Neuhumanismus, wie es von Wilhelm von Humboldt vertreten wird, nimmt Sprache somit eine Schlüsselstellung im Bildungsprozess ein. So wundert es nicht, dass die humanistische Bildung im Sinne Humboldts den Fokus auf die sprachlichen Fächer gelegt hat (altsprachliches Gymnasium). Dennoch kann sich der Mensch durch Sprache der Welt immer nur annähern.

---

809 Humboldt 1792/1995, Kap. III, Abs. II.

810 Klein-Landeck 2009, S. 64.

811 vgl. Montessori 1952/2010, S. 61.

812 Dörpinghaus/Poenitsch/Wigger 2009, S. 70.

813 Humboldt, zit. n. Dörpinghaus/Poenitsch/Wigger 2009, S. 75; Humboldt 2002, S. 77.

Für Immanuel Kant impliziert Bildung die Befähigung als „animal rationabile“[814], seine Vernunft zu gebrauchen und sich aus seiner „selbstverschuldeten Unmündigkeit“ zu befreien. In seiner „Vorlesung über Pädagogik“ akzentuiert er die Selbstbestimmung des Menschen und den Auftrag zur Selbstgestaltung durch Bildung. Kant fordert, dass Kinder nicht nur dressiert werden, sondern „denken lernen“[815]. Er differenziert ferner zwischen der physischen Erziehung und der praktischen, moralischen Erziehung. Letztere befördert die Persönlichkeit des Menschen.

> „Die physische Erziehung ist diejenige, die der Mensch mit den Tieren gemein hat, oder die Verpflegung. Die praktische oder moralische ist diejenige, durch die der Mensch gebildet werden soll, damit er wie ein frei handelndes Wesen leben könne. (Praktisch nennt man alles dasjenige, was Beziehung auf Freiheit hat.) Sie ist Erziehung zur Persönlichkeit, Erziehung eines frei handelnden Wesens, das sich selbst erhalten, und in der Gesellschaft ein Glied ausmachen, für sich selbst aber einen innern Wert haben kann.“[816]

Der Terminus „Bildung“ steht für den Vervollkommnungsprozess des Menschen, bzw. der Menschheit, und ist dabei ein soziokulturelles Konstrukt.

Der Bildungsbegriff hat dabei einen Wandel erfahren:

> „Mit dem Anspruch auf Individuation ist der deutsche Bildungsbegriff seit seiner Säkularisierung im ausgehenden 18. Jahrhundert verbunden. ‚Bildung‘ hat seither ihre transitive – auf Gott, die Welt und den Menschen bezogene – Bedeutung als ‚formatio‘ (im Sinne von ‚etwas formen‘) verloren und wird von nun an reflexiv im Sinne des ‚Sich-Bildens‘ verwendet.“[817]

Annette Stroß spricht von einem Legitimitätsdefizit heutiger Bildungsvorstellungen, d.h. in Anlehnung an Jörg Ruhloff[818] die Notwenigkeit einer kritischen Prüfung von Legitimitätsansprüchen.[819]

Es gibt somit auch nicht *eine* allgemeingültige Definition von Bildung, sondern vielmehr nur Annäherungen. So trug die Festrede von Peter Bieri (*1944) zum Thema „Bildung“, 2005 an der Pädagogischen Hochschule Bern gehalten, auch den Titel „Wie wäre es, gebildet zu sein?“. Ohne explizit auf die historischen Bezüge und Theorien zu verweisen, reflektiert er hier die unterschiedlichen

814 Kant 1798/1982, S. 75.
815 Kant 1803/1982, S. 17.
816 ebd., S. 21.
817 Stroß 2008. S. 70.
818 Ruhloff 1996.
819 Stroß 2008, S. 65.

Facetten und Dimensionen, die Bildung für ihn ausmachen. Dabei wird eins deutlich: Bildung ist von bloßer Ausbildung und dem Ansammeln von Wissen oder Fertigkeiten zu unterscheiden und hängt viel enger mit der Persönlichkeit und Individualität des Menschen zusammen. Bieri differenziert sehr deutlich zwischen Bildung und Ausbildung.

> „Bildung ist etwas, das Menschen mit sich und für sich machen: Man bildet sich. Ausbilden können uns andere, bilden kann sich jeder nur selbst."[820]

Bildung erscheint in seiner Bildungsreflexion als ein mehrdimensionales Konstrukt. Bieri führt in seiner Festrede ganze neun Dimensionen von Bildung an, die im nachfolgenden Schaubild visualisiert werden.

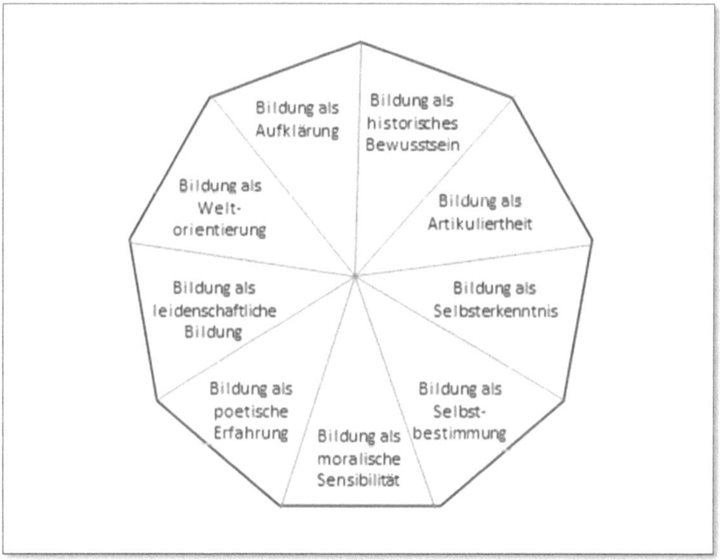

Abb. 16: Dimensionen des Bildungsbegriffs nach Bieri (Grafik: eigene Darstellung)

„Bildung als Weltorientierung"[821] hat ihren anthropologischen Ausgangspunkt nach Bieri in der Neugierde[822], die den Menschen dazu bewegt, sich

820 Bieri 2005, S. 1. URL (2015).
821 Bieri 2005, S. 1. URL (2015).
822 ebd., S. 1. URL (2015).

mit seiner Mitwelt auseinander zu setzen. Der Wunsch, die Welt zu entdecken, Dinge zu verstehen und zu hinterfragen, ist der Anfang des menschlichen Bildungsprozesses. Da es unendlich viel zu entdecken und zu Wissen gibt, die menschliche Auffassungsgabe und Lebenszeit aber begrenzt sind, kann kein Mensch alles wissen.[823] Bildung ist somit nicht gleichzusetzen mit einer Vielwisserei, sondern es geht darum, „sich eine grobe Landkarte des Wissbaren und Verstehbaren zurechtzulegen und zu lernen, wie man über die einzelnen Provinzen mehr lernen könnte“[824]. Damit grenzt er sein Verständnis von Bildung vom bildungstheoretischen Objektivismus ab (materiale Bildungstheorie).

Comenius hätte hier sicherlich den Begriff der pansophischen Bildung eingebracht. Säkularisiert implizieren diese Gedanken, dass der Mensch Zusammenhänge begreifen muss, Wissen in seiner Bedeutsamkeit strukturieren und in Bezug (zur eigenen Person) setzen muss, damit aus Wissen Bildung werden kann.[825]

Die „**Bildung als Aufklärung**“[826] dient dazu, dass der Mensch nicht zum Opfer wird. Der Gebildete hinterfragt die Quellen und Ursprünge des Wissens kritisch und dies impliziert auch ein Bewusstsein der (eigenen) Grenzen des Wissens. Es handelt sich somit um Wissen über das Wissen („Wissen 2. Ordnung“[827]).

„**Bildung als historisches Bewusstsein**“[828] impliziert eine kritische Fragehaltung, wie Dinge so geworden sind, wie sie gegenwärtig erscheinen. Sich des historischen Gewordenseins und der Kontingenz der jeweiligen Kultur bewusst zu werden, gehört ebenso zu dieser Bildungsdimension wie die Aneignung jener Werte einer Kultur (Verständnis der „moralischen Integrität einer Kultur“[829]). Darüber hinaus erfordert „Bildung als historisches Bewusstsein“, ein Bewusstsein „der historischen Zufälligkeit“[830] und das Wissen um historische und kulturelle Unterschiede.[831]

823 vgl. ebd., S. 1. URL (2015).
824 ebd., S. 1. URL (2015).
825 vgl. ebd., S. 2. URL (2015).
826 ebd., S. 2. URL (2015).
827 Bieri 2005, S. 2. URL (2015).
828 ebd., S. 2. URL (2015).
829 ebd., S. 3. URL (2015).
830 ebd., S. 4. URL (2015).
831 vgl. ebd., S. 4. URL (2015).

„**Bildung als Artikuliertheit**"[832] setzt das Lesen sicherlich voraus, sofern es zur inneren Beteiligung gereicht und als Impuls für eine „innere Veränderung" auch handlungswirksam wird. Durch das Lesen gewinnt der gebildete Mensch die Möglichkeit, sich nuancierter über sein Erleben und Empfinden auszudrücken. Dies wirkt sich förderlich auf die Entwicklung eines vertieften Selbstverständnisses aus und hängt insofern eng mit den nachfolgenden Bildungsdimensionen zusammen:

„Bildung als Selbsterkenntnis"[833] und **„Bildung als Selbstbestimmung"**[834]. Bieri verweist hierbei auf die Fähigkeit, sich aus der Distanz zu betrachten und an sich zu arbeiten. Die Auseinandersetzung mit dem Selbstbild ist dabei ein fortwährender Prozess und dem Individuum ist durchaus die (soziale) Konstruktion von Selbstbildern bewusst.[835] „Bildung als Selbstbestimmung" ermöglicht dem Individuum Einfluss auf sein Inneres zu nehmen.[836]

Bieri greift auch den Begriff der „Herzensbildung" in der Dimension „**Bildung als moralische Sensibilität**" auf. Sie verbindet die „moralische Sensibilität" mit Toleranz und Respekt. Die eigene Lebensweise wird als eine mögliche Form erkannt, andere Lebensvorstellungen werden als solche respektiert, obgleich es ein prekärer Balanceakt ist, das einem Fremde anzuerkennen und seinen eigenen moralischen Vorstellung treu zu bleiben.[837]

„**Bildung als poetische Erfahrung**" setzt Bieri mit einem Glücksgefühl in Verbindung, das ein Nebenprodukt des Bildungsprozesses ist. Dabei setzt er Bildung keineswegs gleich mit Glück, stellt aber die These auf, dass Bildungserfahrungen „eine gesteigerte Erfahrung von Gegenwart"[838] ermöglichen können in der Auseinandersetzung mit Kunst, Musik oder Poesie bzw. schöngeistiger Literatur.

Für Bieri charakterisiert das leidenschaftliche Engagement gegen all jene Faktoren, die Bildung verhindern, den gebildeten Menschen. Dieser reagiere

832 ebd., S. 4. URL (2015).
833 ebd., S. 5. URL (2015).
834 ebd., S. 5. URL (2015).
835 vgl. ebd., S. 5. URL (2015).
836 vgl. ebd., S. 6. URL (2015).
837 vgl. ebd., S. 6. URL (2015).
838 vgl. ebd., S. 6. URL (2015).

mit „Ekel“ auf Vereinnahmungstendenzen und Instrumentalisierungsversuche. Bildung ist somit zugleich „**leidenschaftliche Bildung**“[839].

Diese Bildungsreflexion mag zunächst willkürlich und subjektiv erscheinen, weist aber durchaus Bezüge zur Rekonstruktion des klassischen Bildungsbegriffs nach Klafki auf.

Evident ist, dass Bieri bestimmte Dimensionen weiter untergliedert, dabei aber die praktische Dimension nicht explizit aufgreift. Der Ausbildung weist Bieri die Aufgabe zu, ein bestimmtes Können zu vermitteln, wohingegen die Bildung als Selbstbildung die „Art und Weise in der Welt zu sein“[840] meint. Damit erscheint der Bildungsgedanke weitgehend befreit von einer zweckgebundenen, auf den Beruf ausgerichteten Vereinnahmung.

Im Unterschied zu Bieri rekonstruiert Klafki den Bildungsbegriff in seinen „Neuen Studien zur Bildungstheorie und Didaktik“, indem er sich auf den Bildungsdiskurs zwischen 1770 und 1830 bezieht. Dieses Zeitfenster bezeichnet Klafki als Epochenbeginn der bürgerlichen Gesellschaft, in den er die Gegenwart einordnet.[841] Diese Sichtweise begründet er mit der Freisetzung des Menschen aus der Feudalherrschaft und den Beginn der Demokratisierung sowie der zunehmenden Säkularisierung. Ohne letztere sei es umdenkbar, „sich zu vernünftiger Selbstbestimmung *heranzubilden*“[842].

Klafki nimmt eine Herleitung des allgemeinen Bildungsbegriffs auf der Basis „übergreifende[r] Charakteristika der klassischen Bildungstheorien“[843] im Sinne einer „synoptischen Interpretation“[844] vor. Im Folgenden nun eine eigene Visualisierung des allgemeinen Bildungsbegriffs nach W. Klafki:

839 Bieri 2005, S. 7. URL (2015).
840 ebd., S. 1. URL (2015).
841 vgl. Klafki 2007b, S. 17.
842 ebd., S. 18.
843 ebd., S.19.
844 ebd., S. 19.

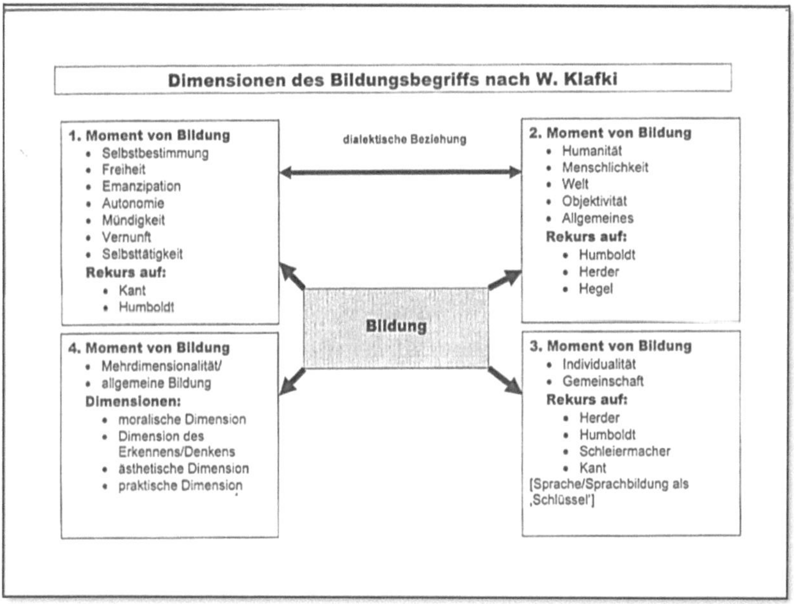

Abb. 17: Visualisierung der (Re-)Konstruktion des klassischen Bildungsbegriffs nach Klafki[845]

Als **erstes Moment** der Bildung bestimmt Klafki die *„Selbstbestimmung, Freiheit, Emanzipation, Autonomie, Mündigkeit, Vernunft, Selbsttätigkeit"*[846]. Dieses entstammt der Aufklärung und somit rekurriert Klafki auf Immanuel Kant, aber auch auf Wilhelm von Humboldt. Sich selbst in diesem Sinne zu vervollkommnen ist „Möglichkeit" und „Bestimmung"[847] zugleich.

Als **zweites Moment** von Bildung geht er über einen bloßen Subjektivismus hinaus, meint *„Bildung als Subjektentwicklung im Medium objektiv-allgemeiner Inhaltlichkeit"*[848] und führt hier *„Humanität, Menschheit* und *Menschlichkeit, Welt, Objektivität, Allgemeines"*[849] als wesentliche Begrifflichkeiten zur Charakterisierung an.

845 v. Carlsburg/Möller 2011, S. 82.
846 Klafki 2007b, S. 19.
847 ebd., S. 20.
848 ebd., S. 20.
849 ebd., S. 21.

Ohne eine Auseinandersetzung mit den kulturellen Objektivationen und der Welt außerhalb von einem selbst, kann sich der erste Moment der Bildung niemals verwirklichen. Bildung wird als *„allgemeine Bildung"*[850] bestimmt, da eine *„Bildung für alle"*[851] Menschen sein soll. Als Gewährsmann wird hier auf Wilhelm von Humboldt verwiesen, der sich für eine „vollständige Menschenbildung" für jeden Menschen aussprach. Dabei verweist Klafki auf den Umstand, dass dieser Bildungsanspruch nicht eingelöst wurde. Faktisch waren nicht nur sozio-ökonomisch schlechter gestellte Menschen ausgeschlossen, sondern diese Forderung bezog sich in erster Linie auf das männliche Geschlecht. Die Vorstellung polarer Geschlechtsrollen bestimmte das Denken im 19. Jahrhundert.[852]

Klafki rekurriert auf Johann Gottfried von Herder (1744–1803), Wilhelm von Humboldt (1767–1835) und Georg Friedrich Hegel (1770–1831), um Bildung in den Dienst eines „Humanisierungsprozesses"[853] zu stellen. Ziel des Bildungsprozesses ist somit die Beförderung des „humanitären Fortschritts"[854]. Damit gewinnt der Bildungsprozess eine subjektive und eine objektive Seite, weist eine dialektische Struktur auf. Es geht in Anlehnung an Humboldt um „Einbindung des einzelnen Subjektes in größere historische, kulturelle und gesellschaftliche Zusammenhänge, die auf eine menschheitsgeschichtliche Zukunftsperspektive hin ausgelegt werden"[855], wie es Klafki formuliert. Damit handelt es sich um ein teleologisch ausgerichtetes Bildungsverständnis.

Als **drittes Moment** der Bildung fokussiert Klafki die *„Individualität* und *Gemeinschaftlichkeit"*[856], wobei er den „Prozeß der Individualitätsbildung"[857] nicht im Widerspruch zum Allgemeinen sieht. Klafki betont, dass es sich hierbei nicht um eine individualistische Sichtweise von Bildung handelt, sondern er spricht von *„substantielle[r] Individualität"*[858], die die „Beziehung des Individuellen zum Allgemeinen"[859] impliziert. Der Sprache kommt dabei eine Schlüsselstellung zu. Sie verbindet Menschen und ist ein anthropologisches

850 ebd., S. 21.
851 ebd., S. 21.
852 vgl. Klafki 2007b, S. 22.
853 ebd., S. 24.
854 ebd., S. 25.
855 ebd., S. 24.
856 ebd., S. 26.
857 ebd., S. 26.
858 ebd., S. 26.
859 ebd., S. 26.

Charakteristikum der menschlichen Gattung. Sprache kann als ein „Konkret-Allgemeines"[860] verstanden werden, das dem Menschen in seiner Realisierung den Ausdruck seiner Individualität ermöglicht, der Reflexion dient. Klafki verweist an dieser Stelle auf Herder, Humboldt und auch auf Schleiermacher, die allesamt die Bedeutsamkeit der menschlichen Sprache betonen. Hierin spiegelt sich die Traditionslinie des Neuhumanismus wieder. Der Mensch braucht zur Herausbildung seiner eigenen Individualität immer den anderen Menschen, die Kommunikation und Gemeinschaft mit seinen Mitmenschen. Herder wie auch Kant werden von Klafki als Gewährsmänner für die friedenspädagogischen Perspektive angeführt, die er mit der humanistischen Bildungsphilosophie verbunden sieht.[861]

Als **viertes Bestimmungsmoment** führt Klafki die Mehrdimensionalität des Bildungsbegriffs an: *„Die moralische, kognitive, ästhetische und praktische Dimension im klassischen Bildungsbegriff"*[862].

Bildung als „*allgemeine* Bildung"[863] impliziert die „Entfaltung *aller menschlichen ‚Kräfte'* (…)"[864]. Hierzu verweist Klafki nicht nur auf Humboldt, sondern auch auf Johann Heinrich Pestalozzis (1746–1827) Credo einer Bildung von Herz, Kopf und Hand sowie der Berücksichtigung der „Individuallage" und auf Johann Friedrich Herbarts Forderung nach einer Förderung der *„Vielseitigkeit des Interesses"*.[865]

Trotz der Mehrdimensionalität des Bildungsprozesses wird die Einheitlichkeit der Person nicht infrage gestellt, sondern es wird als Aufgabe des zu Bildenden gesehen, die Einheit der Person zu wahren bzw. neu auszubalancieren.[866]

Klafki bezieht sich u.a. auf Kant und die Differenzierung der kognitiven Dimension in den Verstand und die Vernunft, die beide vonnöten sind. Mit dem Terminus „Verstand" assoziiert er die „instrumentelle Rationalität"[867], also den Prozess der Wissens- und Erkenntnisproduktion, doch erst die Vernunft gestattet die Reflexion auf die „Verantwortbarkeit ihrer Verwendungsmöglichkeiten"[868].

860 ebd., S. 26.
861 vgl. ebd., S. 26–28.
862 ebd., S. 30.
863 Klafki 2007b, S. 30.
864 ebd., S. 30.
865 vgl. ebd., S. 30.
866 vgl. ebd., S. 30.
867 ebd., S. 31.
868 ebd., S. 32.

Ohne ausgebildete Vernunft erscheint der Verstand durchaus auch ein Gefahrenpotenzial mit sich zu bringen.[869]

Bezüglich der ästhetischen Dimension weist Klafki explizit auf Schiller und dessen „Briefe über die ästhetische Erziehung des Menschen" (1795) hin. Zur ästhetischen Bildung gehören demzufolge die Entwicklung:

- der Empfindsamkeit;
- der Einbildungskraft;
- des Geschmacks und der Genussfähigkeit;
- der ästhetischen Urteilskraft;
- der Geselligkeit und Spielfähigkeit;
- der Erotik.[870]

Dabei kommt der ästhetischen Bildung des Menschen eine wichtige, zwischen Natur und Verstand aussöhnende Funktion zu. (vgl. hierzu Kap. 8).

Klafki bezeichnet die ästhetische Erfahrung als „Vorbereitungsmedium für die moralisch-politische Vernunftfähigkeit", misst ihr zugleich aber auch einen Selbstzweck bei, dient sie doch auch der Erfahrung von Glück und Erfüllung.[871]

Um die Bedeutsamkeit der praktischen Dimension zu thematisieren, rekurriert Klafki auf Johann Heinrich Pestalozzi, Friedrich Fröbel (1782–1852), Johann Wolfgang von Goethe (1749–1832) und Johann Gottlieb Fichte (1762–1814). Klafki betont die Bedeutsamkeit der „praktisch-werktätigen Auseinandersetzung des Menschen mit der Wirklichkeit als fundamentale Basiskomponente seiner personalen Entwicklung"[872]. Klafki weist darauf hin, dass durch Humboldt eine Dichotomie zwischen *Allgemeinbildung* und *Berufsbildung* entstanden ist, die es aufzulösen gelte.

Klafki kritisiert, dass Johann Heinrich Pestalozzi (1746–1827) die soziale Ungleichheit nicht per se abschaffen wollte, sondern die ständische Gesellschaftsstruktur als gottgegeben ansah. Er verweist hierbei auf Friedrich Schleiermacher, der zwischen historisch-gesellschaftlicher, „ange*stammter*"[873] Ungleichheit und natürlicher, „ange*borener*"[874] Ungleichheit differenziert. Aufgabe der Erziehung und Bildung sei es nicht, die gesellschaftlichen Verhältnisse direkt zu verändern,

---

869 vgl. ebd., S. 32.
870 vgl. ebd., S. 32.
871 vgl. ebd., S. 34.
872 Klafki 2007b, S. 35.
873 ebd., S. 38.
874 ebd., S. 38.

aber durchaus die Potenziale des Menschen bestmöglich zu entwickeln und so zu einer Verringerung gesellschaftlicher Ungleichheit beizutragen. Schleiermacher dient Klafki als Gewährsmann für die Forderung einer „*allgemeine*[n] *Bildung* für *alle*“[875], zugleich beklagt er, dass Bildung nach Schleiermacher aufgrund seiner teleologischen Vorstellung, dass die Menschheitsgeschichte eine Fortschrittsgeschichte der Humanisierung sei, noch keine aufklärende, politische Funktion zugesprochen bekommt, die Klafki sehr wichtig ist.

Insofern ist es nicht weiter verwunderlich, dass Klafki kritisiert, dass die Idee der allgemeinen Bildung in diesem Sinne nie wirklich realisiert wurde. Der klassischen Bildungskonzeption kam faktisch eine exklusive Wirkung zu, die zur Abgrenzung des Bürgertums von unteren sozialen Schichten beitrug. Er fordert eine explizite politische Dimension der Bildung, die den Demokratisierungsprozess befördert und zum Abbau sozialer Ungleichheiten beiträgt.[876] Ferner wird die Notwendigkeit einer ökologischen Perspektive angesichts der globalen Probleme angesprochen. Bildung heute darf die Schlüsselprobleme der Gegenwart und Zukunft nicht ausblenden, sondern muss zum aktiven Umgang hiermit in einer demokratischen Gesellschaft befähigen. „Bildung im Medium des Allgemeinen“[877] darf sich nicht „epochaltypischen Schlüsselproblemen“[878] entziehen und ist demnach mit einem friedenspädagogischen Auftrag verbunden.[879]

Den klassischen Bildungsbegriff sieht Klafki insofern kritisch, als er „Ausdruck der gesellschaftlichen Lebensbedingungen und des Selbstverständnisses einer begrenzten sozialen Schicht innerhalb der Klassengesellschaft des 19. Jahrhunderts und ihre vor- und undemokratischen gesellschaftspolitischen Strukturen“[880] sei. Letztlich war hier der Bildungsprozess zunächst primär auf das männliche, bürgerliche Subjekt bezogen.

Insofern ist seinem Bildungsbegriff ein kritisches Potenzial inhärent, das nicht übergangen werden darf und das den Bildungsgriff noch einmal gegenüber einem rein enzyklopädisch orientierten Wissensbegriff abgrenzt.

Jörg Ruhloff beklagt, dass dieses kritische Potenzial des Bildungsbegriffs oftmals vergessen wird und setzt sich für den Erhalt desselbigen ein:

---

875 ebd., S. 38.
876 vgl. ebd., S. 39.
877 Klafki 2007c, S. 56.
878 ebd., S. 56.
879 vgl. ebd., S. 56f.
880 ebd., S. 43.

> „Daraus folgt nicht, ein Bildungskonzept und Bildungsbegriff heute besser völlig aufzugeben; denn alle bislang vorgeschlagenen Alternativen – Lernen und Lernen des Lernens, Sozialisation, Informationsverarbeitung, Schulung, Qualifizierung und Schlüsselqualifizierung, Identitätsfindung und dergleichen mehr – enthalten einen entscheidenden Komplex nicht, der im Bildungsdenken seit der Antike miteingeschlossen war, der jedoch in der europäischen Tradition bis heute insgesamt zu kurz gekommen oder rasch wieder verdrängt worden ist. Dieser teils vergessene, teils überhaupt noch nicht gründlich entfaltete komplexe Zug im Bildungsbegriff ist der skeptische und problematisierende Vernunftgebrauch. (..)“[881]

Klafki prägte bereits 1952 den Begriff der „kategorialen Bildung“[882] für die Verschränkung von formalen und materialen Bildungstheorien.

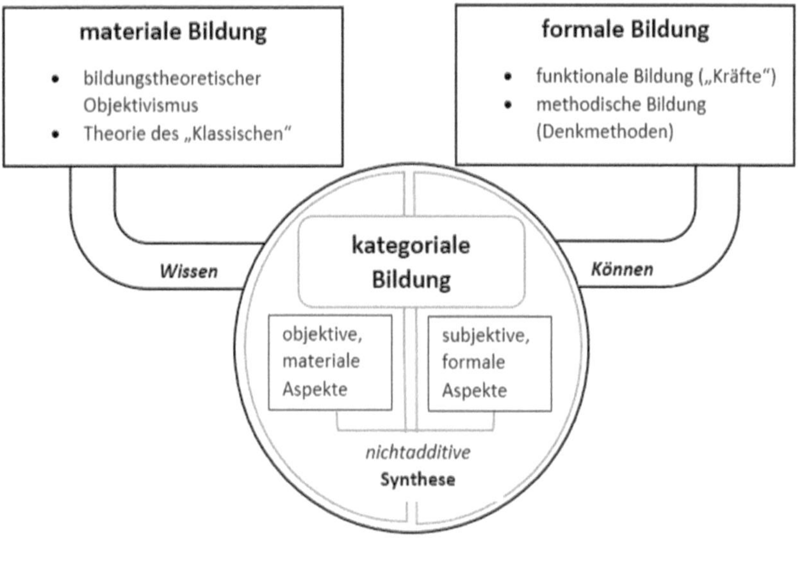

Abb. 18: Schaubild nach Seel/Hanke zum Verhältnis der kategorialen zur formalen und materialen Bildung[883]

Zur kategorialen Bildung gehört eben nicht nur die Anhäufung von möglichst vielen Wissensbeständen, bzw. als „klassisch“ und somit für wertvoll befundenen

881 Ruhloff 1997/1998, S. 29.
882 Klafki 1952/2013.
883 Grafik leicht modifiziert nach Seel/Hanke 2015, S. 19.

Bildungsinhalten, sondern auch die Entwicklung und Ausbildung aller Kräfte und das methodische Lernen.

Johannes Fromme (*1956) sieht gerade die Freizeit prädestiniert für „überflüssiges Lernen“[884], d.h. in der Freizeit kann zweckfrei und mit allen Sinnen gelernt werden. Bildungsprozesse werden damit nicht begrenzt auf die Auseinandersetzung mit für wertvoll befundenen Kulturgütern und auch nicht darauf, ob die Bildungsinhalte den Momenten der didaktischen Analyse Wolfgang Klafkis – Gegenwartsbedeutung, Zukunftsbedeutung, exemplarische Bedeutung – gerecht werden. Bildung gewinnt somit eine spielerische Komponente und eine Orientierung im Hier-und-Jetzt und ist befreit von rein utilitaristischen Ansprüchen. Zugleich mögen diese Kategorien aber durchaus dazu dienen, ein Freizeitarrangement auf den möglichen Bildungswert hin zu befragen.

Die Erziehungswissenschaftlerin Annette M. Stroß bietet eine interessante Erweiterung der Bildungsdebatte an und verbindet diese mit der These, dass die „Verhältnissetzung“ von Bildung (im Sinne von Selbstbildung) und „Vernetzung“ dem Verständnis moderner Bildungstheorien entspreche. Dabei definiert sie „Vernetzung“ nicht – wie es landläufig erfolgt – im Sinne einer „Globalisierung und Virtualisierung“, sondern als bewusste Wahrnehmung von Abhängigkeiten und Eingrenzung des Gedankens der Autonomie und Selbstbestimmung.[885]

> „(…) Zentrierung und Dezentrierung des Menschen oder Bildung als Individuation aus eigener Kraft und ‚Vernetzung‘ als Abhängigkeit von einem als übermächtig erfahrenen Schicksal werden als polar gelagerte Wahrnehmungsmuster einander gegenübergestellt.“[886]

Unter Rekurs auf die Shell-Jugendstudie (2000) verweist Annette Stroß darauf, dass sich „(e)in Denken und Wahrnehmen in Bildungs- und Vernetzungskategorien (…) unter Jugendlichen keineswegs“ ausschließe.[887] Daran anschließend (re-)konstruiert sie, dass dem Bildungsbegriff historisch betrachtet keine Dualität von „Individuation“ und „Vernetzung“ inhärent sei, sondern diese erst ab dem 18. Jahrhundert infolge „der Ausklammerung des hier religiös interpretierten Vernetzungsaspektes“[888] erfolgt sei.

Eine kritische Reflexion des Bildungsbegriffs müsste demzufolge beide Pole – Individuation sowie Vernetzung – berücksichtigen.

---

884 Fromme 1985, S. 151.
885 vgl. Stroß 2018, S. 23.
886 ebd., S. 23.
887 vgl. ebd., S. 26.
888 ebd., S. 29.

Annette M. Stroß und Alisa Stork argumentieren weiter aus einer systemtheoretischen Sichtweise und berufen sich ferner auf die „Theorie transformatorischer Bildungsprozesse“[889], wie sie von Rainer Kokemohr (*1940) und Hans Christoph Koller (*1956) entwickelt wurde.[890] So wundert es nicht, wenn von einer „Bildung erster Ordnung“ und einer „Bildung zweiter Ordnung“ gesprochen wird. Bildungsprozesse erster Ordnung implizieren dabei eine „Veränderung in Teilbereichen der Welt- und Selbstgestaltung“[891], jene zweiter Ordnung „eine weitreichende Änderung der Welt- und Selbstsicht“[892]. Evoziert werden Bildungsprozesse, wenn der Mensch auf Widerstände stößt, auf die der Mensch mit seinem bisherigen Selbst- und Weltverständnis nicht mehr angemessen umgehen kann.[893] Dem könnte kritisch entgegnet werden, dass es sich hierbei sehr stark um eine defizitorientierte Sichtweise handelt und der leichte, ja vielleicht auch kreativ-spielerische Moment von Bildung ausgeblendet wird.

Es kann festgehalten werden: Wissen allein ist nicht gleichzusetzen mit Bildung. Wissen wird erst dann zur Bildung, wenn es „Lernprozesse durch kritische Rückbezüglichkeit (Reflexion) überschreitet“[894] und sich auf das Selbst- und Weltverständnis eines Menschen – zumindest in einem bestimmten Bereich – auswirkt. Und mehr noch: Natürlich kann sich auch das Erleben und die Wahrnehmung von Vernetzung auf das Selbst- und Weltverständnis eines Individuums auswirken.

Damit schließt sich auch die Lücke zwischen Bildung und Persönlichkeitsentwicklung. Um das Wachstum der Person geht es insbesondere in Ansätzen der Humanistischen Psychologie und Pädagogik, die statt des Begriffs der „Vernetzung“ jenen der „Interdependenz“ (Ruth Cohn) nutzt. (vgl. Kap. 4.2.)

Hinter jedem Bildungsbegriff steht auch ein Menschenbild. Für die Freizeitpädagogik erscheint ein Blick in die Humanistische Pädagogik und ihre anthropologische Grundannahmen bedeutsam, da diese insbesondere die Freiheit, Selbstbestimmungsfähigkeit und Selbstentfaltung des Menschen akzentuiert.

---

889 ebd., S. 110.

890 vgl. ebd., S. 124; vgl. weiterführend: Koller 2012; Kokemohr 2007, S. 13–68.

891 Stroß 2018, S. 111f.

892 Stroß 2018, S. 124 (unter Rekurs auf Marotzki 1990).

893 vgl. Kokemohr 2000, S. 421.

894 Stroß 2018b, S. 11.

4.2 Humanistische Grundannahmen zur Person

> „Der wissenschaftlichen Theorie der Pädagogik und vor allem der Erziehungswirklichkeit und der pädagogischen Praxis liegen bestimmte, oftmals nicht explizit reflektierte und somit unbewusst wirkende Menschenbilder zugrunde, denn nur so lassen sich pädagogische Prozesse beobachten, interpretieren, erklären und vorhersagen."[895]

Bislang wurde schon auf verschiedene Menschenbilder rekurriert, die das pädagogische Denken und Handeln geprägt haben und im heutigen Bildungsbegriff inhärent sind.

Die Anthropologie (griechisch: ánthrōpos: Mensch und lógos: Wissenschaft[896]) befasst sich mit der Lehre vom Menschen und findet unter verschiedenen Perspektiven und Bezugsdisziplinen (Historische Anthropologie, Philosophische Anthropologie, Pädagogische Anthropologie…) ihren Zugang zu der Frage, was den Menschen – das Wesen des Menschen – ausmacht. Es gibt somit nicht *die* Anthropologie, sondern vielfältige Annäherungen an diese Frage.[897]

Auch den Zugängen zur Freizeitpädagogik und Freizeitbildung liegt somit mehr oder weniger explizit ein bestimmtes Menschenbild/Menschenbilder zugrunde. Als geeignet erweist sich hierbei kein starr normatives oder teleologisches Menschenbild. Vielmehr ist es wichtig, Überlegungen zum Menschenbild anzustellen, die durchaus nicht hinter jene durch den klassischen Bildungsbegriff tradierten anthropologischen Grundannahmen zurückfallen sollten, zugleich aber auch den soziokulturellen und historischen Kontext berücksichtigen müssen.

Der Erziehungswissenschaftler Christoph Wulf (*1944) betont zu Recht, dass es „Anthropologie als geschlossenes normatives Wissenssystem"[898] nicht mehr gebe. Somit ist auch das humanistische Menschenbild nur eine Sichtweise, das sich implizit hinter vielen freizeitpädagogischen Annahmen und Zielen verbirgt.

Die Humanistische Psychologie und Pädagogik hat sich im Angesicht der Erfahrungen des Zweiten Weltkriegs, in Auseinandersetzung mit der Psychoanalyse und dem Behaviorismus sowie philosophischen und religiösweltanschaulichen Strömungen und vor dem Hintergrund biografischer Erfahrungen entwickelt. Es entstanden unterschiedliche therapeutische Ansätze,

895 Steinl 2017, S. 14.
896 vgl. Stein 2013, S. 14.
897 vgl. Wulf 1994, S. 7.
898 Wulf 1994, S. 8.

denen jedoch ein vergleichbares, positives Menschenbild gemeinsam ist.[899] Als Vorläufer gelten u.a. Alfred Adler (1870–1937), Viktor Frankl (1905–1997), Erich Fromm (1900–1980), Karen Horney (1885–1952).[900]

Biografische Erfahrungen prägen dabei durchaus den jeweiligen Fokus des Ansatzes, lassen aber die Sehnsucht nach Freiheit, Selbstbestimmung und Autonomie (Versprechen der Aufklärung und Momente im klassischen Bildungsbegriff), aber auch nach friedvollem und respektvollem Miteinander im eigenen Leben erkennen. Insofern erscheinen die humanistischen Grundnahmen zur Person für eine anthropologische Grundlegung der Freizeitbildung geeignet.

Das humanistische Menschenbild[901] basiert auf existenzphilosophischen Perspektiven wie jene von Jean-Paul Sartre (1905–1980)[902] oder Gabriel Marcel (1889–1973). Einseitig deterministische Sichtweisen werden hierbei aufgegeben. Der Mensch wird als ein Wesen betrachtet, dass nicht einfach ein Produkt seiner Umwelt oder Biologie ist, sondern die Freiheit zur Stellungnahme/Wahl hat und auf seine Umwelt einwirkt. Der Mensch erscheint hier in Anlehnung an Burow/Scherpp[903] zugleich „Bewirkter" und „Bewirkender"[904]. Er wird als aktiv sinnsuchendes und gestaltendes Wesen betrachtet, das nicht nur über ein Bewusstsein verfügt, sondern auch die Freiheit zur Stellungnahme besitzt und zur (Selbst-)Transzendenz befähigt ist. Die Selbstbestimmungsfähigkeit des Menschen wird betont, *ohne* die Abhängigkeit desselben von seiner Umwelt, Kultur, den Mitmenschen oder biologischen Voraussetzungen zu leugnen.[905]

Viele einzelne Vertreter/innen wie Charlotte Bühler (1893–1974), Abraham Maslow (1908–1970) oder Carl Rogers (1902–1987) haben dazu beigetragen, dass sich zentrale Leitgedanken der Humanistischen Psychologie, die sich neben der Psychoanalyse und dem Behaviorismus als dritte „Schule" in den 1950/60er-Jahren konsolidierte, herauskristallisiert haben.[906]

---

899 vgl. Kreuziger 2000, URL (2015).

900 vgl. ebd., URL (2015).

901 Hier vor dem Hintergrund der Humanistischen Psychologie zu sehen.

902 Hier kann vor allem auf zwei Werke verwiesen werden: Sartre, J.P. (1943). L'Être et le Néant. Essai d'ontologie phénoménologique. Paris: Gallimard ; Sartre, J.-P. (1946). L'existentialisme est un humanisme. Paris: Editions Nagel.

903 Burow/Scherpp 1981, S. 66.

904 Burow/Scherpp 1981, S.19, zit. n. Bürgermann/v. Carlsburg, S. 91.

905 vgl. Bürgermann/v. Carlsburg 2010, S. 87ff.

906 vgl. Fahrenberg 2007, S. 35. URL (2015).

Der amerikanische Psychologe Abraham Maslow, selbst ein Kind jüdisch-ukrainischer Einwanderer[907], setzte sich mit der Frage auseinander, was den Menschen motiviert. Er entwickelte in den 1940er-Jahren ein Stufenmodell menschlicher Bedürfnisse[908], ein Modell, das er sukzessiv weiterentwickelte[909] und das (populär-)wissenschaftlich als Bedürfnishierarchie bekannt ist:

Abb. 19: Bedürfnispyramide nach Maslow[910]

Der Mensch ist zunächst von Natur aus bestrebt, seine Existenz, sein Überleben zu sichern, bevor er sich kognitiven, ästhetischen Bedürfnissen oder dem Bedürfnis nach Selbstverwirklichung und transzendentalen Bedürfnissen widmen kann.

Zu den biologischen Bedürfnissen gehören beispielsweise Hunger, Durst, das Bedürfnis nach Schlaf oder auch Sexualität, alle Aspekte, auch das Atmen, die zur Aufrechterhaltung der körperlichen Funktionen notwendig sind.

Darauf aufbauend – und fast ebenso fundamental wichtig – erachtet Maslow das Bedürfnis nach Sicherheit und Schutz. Eng verbunden damit ist auch das Bedürfnis nach Bindung und Zugehörigkeit, darauf aufbauend das Bedürfnis nach Wertschätzung.

907 vgl. http://www.abraham-maslow.de/kindheit.shtml (08.01.2015).
908 Maslow 1943, S. 50, S. 370–396. URL (2015).
909 Maslow 1954; Maslow 2014.
910 vgl. Zimbardo 2004, S. 540. Abbildung modifiziert.

Diese unteren vier Ebenen bezeichnen Defizitbedürfnisse (ein Mangelzustand muss ausgeglichen werden), die darauf aufbauenden und folgenden Ebenen Wachstumsbedürfnisse (die immerzu für eine weiterführende Realisierung offen sind).[911] Diese können jedoch erst dann aktualisiert werden, wenn grundlegende Bedürfnisse realisiert werden konnten.

> „These basic goals are related to each other, being arranged in a hierarchy of prepotency. This means that the most prepotent goal will monopolize consciousness and will tend of itself to organize the recruitment of the various capacities of the organism. The less prepotent needs are [p. 395] minimized, even forgotten or denied. But when a need is fairly well satisfied, the next prepotent ('higher') need emerges, in turn to dominate the conscious life and to serve as the center of organization of behavior, since gratified needs are not active motivators."[912]

Der Mensch, so die implizite These, strebt erst nach Selbstverwirklichung und kann seine Potenziale bestmöglich entfalten, wenn er seinen grundlegenden Bedürfnissen gerecht werden konnte. Der Mensch wird somit als körperliches, aber auch soziales und geistiges Wesen betrachtet.

Sein Menschenbild entwickelte Maslow in Abgrenzung und Auseinandersetzung mit dem Behaviorismus und der Psychoanalyse und knüpft an die Traditionslinie des amerikanischen Pragmatismus von John Dewey (1859–1952) und William James (1842–1910), der Gestaltpsychologie ebenso wie an Alfred Adler (1870–1937) und Sigmund Freud (1856–1939) an.

> „This theory is, I think, in the functionalist tradition of James and Dewey, and is fused with the holism of Wertheimer[913], Goldstein[914], and Gestalt Psychology, and with the dynamicism of Freud[915] and Adler[916] This fusion or synthesis may arbitrarily be called a 'general-dynamic' theory."[917]

Maslow vertritt hierbei ein dynamisches und zugleich holistisches Menschenbild. Fälschlicherweise wurde die Bedürfnishierarchie vielfach sehr statisch aufeinander aufbauend interpretiert, wie die Pyramidendarstellung suggerieren mag.

Natürlich gibt es vielfach Gegenbeispiele, in denen sich ein Mensch – trotz extremer Mangelsituationen – gerade dann transzendentalen Bedürfnissen hingibt und nach überzeitlichen Sinnzusammenhängen strebt oder sich ästhetisch-kreativ

---

911 vgl. auch Fusco 2012, S. 14f.
912 Maslow 1943, S. 395. URL (2015).
913 vgl. Wertheimer, M.: Unpublished lectures at the New School for Social Research.
914 vgl. Goldstein 1939.
915 vgl. Freud 1933.
916 vgl. Adler 1938.
917 Maslow 1942, S. 370. URL (2015).

selbstverwirklicht. Es müssen keineswegs immer alle in der Hierarchie niedereren Grundbedürfnisse vollkommen gestillt sein, damit sich der Mensch höheren Bedürfnissen zuwenden kann. Die Stufen sind vielmehr als fließende Übergänge zu sehen, und ein Bedürfnis kann durchaus auch zeitlich zugunsten eines anderen zurückgestellt werden.

Das Modell von Maslow kann den Inhalttheorien der Motivationsforschung zugeordnet werden. Zugleich muss festgehalten werden, dass das Modell von Maslow auf keiner breiten und validen empirischen Forschung beruht, sondern Maslow sich ausgewählte gesunde Persönlichkeiten als Probanden ausgewählt hatte, seine Beobachtungen und Ideen reflektierte und zu einer Modellvorstellung verdichtete.[918]

Obgleich Vertreter der Humanistischen Pädagogik und Psychologie durchaus unterschiedliche Akzente setzen, stellen alle das Individuum, die Person, ins Zentrum und lassen sich zunächst wie folgt zusammenfassen:

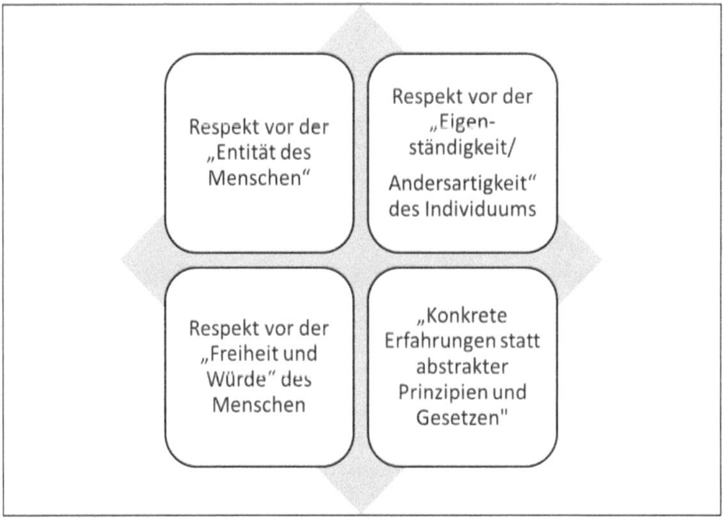

Abb. 20: Schaubild zum Menschenbild der Humanistischen Psychologie nach Roth (2014), Bullock (1985), Davidson (1992), Wertz (1998)[919]

Aus humanistischer Perspektive geht es um das Erleben des einzelnen Menschen, die Fähigkeit des Menschen zur Wahl, zur Kreativität, zur Selbstverwirklichung

918 vgl. Weinert 2004, S. 191f.
919 Roth 2014. S. 5. URL (2015).

und der eigenen Wertsetzung. Die Frage, wie die Würde des Menschen und der Wert des menschlichen Lebens an sich aufrechterhalten werden kann und wie jeder Mensch seine ihm „innewohnenden Kräfte" entwickeln und entfalten kann, zählt zu den Grundanliegen der Humanistischen Psychologie, wie sie von Bühler und Allen[920] bereits 1974 festgehalten wurden.[921]

Aus humanistischer Sicht wird der Mensch als „Leib-Geist-Seele-Entität" verstanden:

Der Mensch besitzt das natürliche Bestreben, sich selbst zu verwirklichen. Im Unterschied zum Identitätskonzept des Symbolischen Interaktionismus von G.H. Mead[922] wird der Mensch hierbei als Organismus verstanden, dem bestimmte innere Potenziale und Wesenszüge zugesprochen werden. Der Fokus liegt nicht nur auf der Sprache und dem sozialen Bereich, sondern bezieht das körperlich-sinnliche Erleben und die individuellen Emotionen und Gedanken des Menschen mit ein. Daher favorisieren Vertreter des humanistischen Menschenbildes den Begriff des „Selbst" und weniger den „Identitätsbegriff".

> „(…) der Begriff der Identität würdigt eher den gesellschaftlichen Vermittlungsprozeß von Individuum und sozialem Umfeld, während der Begriff des Selbst eher den Rückzug des Individuums auf seine ihm inhärenten und existenziellen Potenzen ausdrückt."[923]

Der Begriff des Selbst schließt die Körperlichkeit und organismisches Empfinden des Individuums mit ein und überwindet dementsprechend jegliches dualistisches Menschenbild.

Bürgermann und Reinert definieren den Selbstbegriff daher wie folgt:

> „Das *Selbst* ist der integrative und umfassende Kern, das Zentrum der gesamten Persönlichkeit, Identität läßt sich nur verstehen als Bezogenheit auf eine Sache, ein soziales Objekt, eine Person hin. So kann *Identität* verstanden werden als Identität mit dem handelnden Ich, als Identität mit dem Selbst und Organismus und als Identität mit einer Gruppe, also als *kollektive* Identität. Trotzdem meint Identität nicht einfach nur Übereinstimmung im Sinne von absoluter Identifikation, sondern Identität beinhaltet ebenso Momente der Grenzziehung (als Ich am Nicht-Ich) und der Einzigartigkeit."[924]

Aus dieser Perspektive geht es in der Freizeitbildung eben nicht nur um den Bezug des Individuums zu seiner Umwelt, sondern insbesondere eben auch um

920 vgl. Bühler/Allen 1974, S. 7.
921 vgl. Fahrenberg 2007, S. 38. URL (2015).
922 vgl. Mead 1968.
923 Bürgermann/v. Carlsburg 2010, S. 18..
924 ebd., S. 21.

das *körperliche Empfinden* und den *Bezug des Menschen zu sich selbst*. Insofern stellt das Humanistische Menschenbild durchaus ein Bollwerk gegen Vereinnahmungsversuche dar, den Menschen nur als „Humanressource" zu betrachten und Lernen zu stark unter ökonomischen Nützlichkeiten oder einer reinen ‚Intellektualisierung' zu fokussieren.

Freizeitbildung stellt ein umfassenderes Anliegen dar, das informelle Lernprozesse einschließt, aber über diese zugleich hinausweist. Im Idealfall werden Wachstumsprozesse der Persönlichkeit ermöglicht, die dem Individuum neue Handlungsspielräume eröffnen.

> „Im Zentrum der humanistischen Psychologie steht das Ideal der Selbstverwirklichung und Selbstaktualisierung. Das Ideal, sein eigenes wahres Selbst zu entdecken, ist für Carl Rogers, eine der Gründerfiguren der humanistischen Psychologie, das ultimative Motiv menschlicher Lebensgestaltung."[925]

Aus Sicht des Humanistischen Psychologen und Pädagogen Carl Rogers (1902–1987) kann der natürliche Wachstumsprozess des Selbst durch gesellschaftliche und falsch verstandene erzieherische Einflüsse behindert werden. Statt dem „wahren Selbst" entwickelt sich ein „falsches Selbst"[926], das nicht im Einklang mit dem Fühlen und Erleben des Individuums steht.[927] Werthaltungen anderer Menschen und Rückmeldungen werden als „Introjekte"[928] ins eigene Selbst übernommen. Diese führen mehr und mehr zu einer mangelnden Kongruenz und schließlich zur Selbstentfremdung. Das Individuum verbraucht viel Kraft und Energie, um alles abzuwehren, was das „falsche Selbst" bedrohen könnte. Der Mensch verliert den Kontakt zu sich selbst und seinen wahren Bedürfnissen. Es wird hierbei zwischen zwei Regulationssystemen unterschieden: einem primären, organismischen Regulationssystem und einem sekundären Regulationssystem, dem Selbstkonzept.

---

925 Brüntrup 2012, S. 180.

926 Die Termini „wahres Selbst" und „falsches Selbst" finden sich bei Winnicott (vgl. hierzu Scharfetter 2010, S. 98ff.). Carl Rogers (1981) spricht in seinem Werk „Der neue Mensch" vom Aufbau eines „falschen Selbstkonzept[s]" (ebd., S. 112).

927 vgl. Bürgermann/v. Carlsburg 2010, S. 88ff.

928 Der Begriff der Introjektion stammt ursprünglich aus der Psychoanalyse und findet in erster Linie in der Gestalttherapie seine Anwendung. Carl Rogers spricht in erster Linie von der Kongruenz und Inkongruenz mit dem Selbst. Die Introjektion meint die Übernahme von Werthaltungen oder Verhaltensweisen durch ein Kind, die nicht seinem eigenen Erleben und empfinden entsprechen. (vgl. Website Abwehrmechanismen.com 2008. URL [2015]).

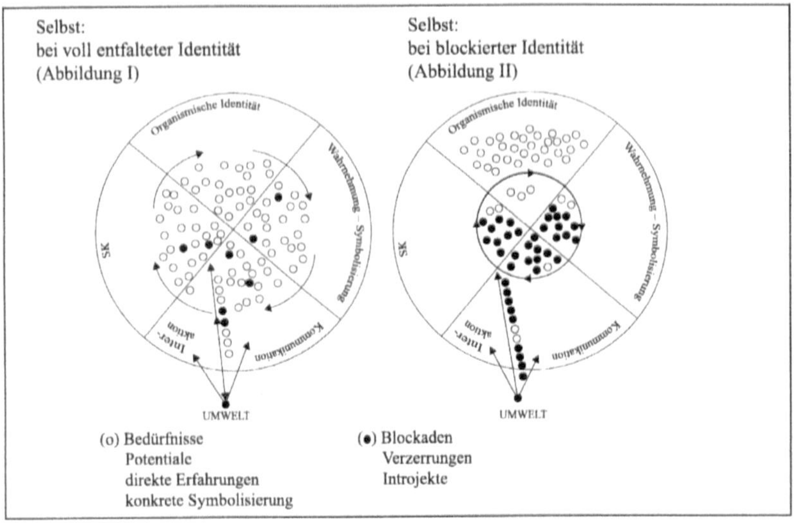

Abb. 21: Kongruenzmodell, schematische Darstellung des Selbst bei vollentfalteter Identität und des Selbst bei blockierter Identität (Quelle: Bürgermann/v. Carlsburg 2010, S. 93, in Erweiterung und Anlehnung an Schulz von Thun und Carl Rogers); die weißen Kreise stehen hierbei für direkte Erfahrungen, konkrete Symbolisierung, Potenziale und Bedürfnisse, wohingegen die schwarzen Kreise für Blockaden, Verzerrungen und Introjekte stehen.

Die blockierte Identität meint somit eine psychische Fehlanpassung, die zu Spannungszuständen und fehlender lebendiger Interaktion mit der Umwelt führt.

> *„(…) Psychische Fehlanpassung liegt vor, wenn der Organismus vor dem Bewußtsein wichtige Körper- und Sinnes-Erfahrungen leugnet, die demzufolge nicht symbolisiert und in die Gestalt der Selbst-Struktur organisiert werden. Wenn diese Situation vorliegt, gibt es eine grundlegende oder potentielle psychische Spannung."*[929]

Eine möglichst gute Kongruenz zwischen primärem und sekundärem Regulationssystem führt dazu, dass das Individuum ein Bewusstsein über sein inneres Erleben und seine Bedürfnisse und Kontakt zur Umwelt hat, in freiem Austausch mit der Umwelt stehen kann. Das Selbstkonzept ist erfahrungsfundiert und muss die eigenen Empfindungen und Wahrnehmungen nicht unterdrücken. Das Individuum kann sich im Austausch mit der Umwelt möglichst frei

929 Rogers 1993, S. 440.

entfalten. Zugleich ist die Assimilation an die Umwelt unter Berücksichtigung der eigenen Bedürfnisse und Erfahrungen möglich.[930]

Grundsätzlich wird in (Anlehnung an Charlotte Bühler) von vier Grundtendenzen ausgegangen, die unter der „Leitung" des Selbst stehen, d.h., von diesem ausbalanciert und integriert werden.

Obgleich es so anmuten mag, dass das humanistische Menschenbild einen unverstellten Individualismus feiert und letztlich zu der Herausbildung kleiner Egoisten führt, darf nicht vergessen werden, dass die eigene Selbstverwirklichung durch den Wunsch nach Zugehörigkeit begrenzt wird und eine Anpassungsleistung des Individuums an die Gemeinschaft impliziert.

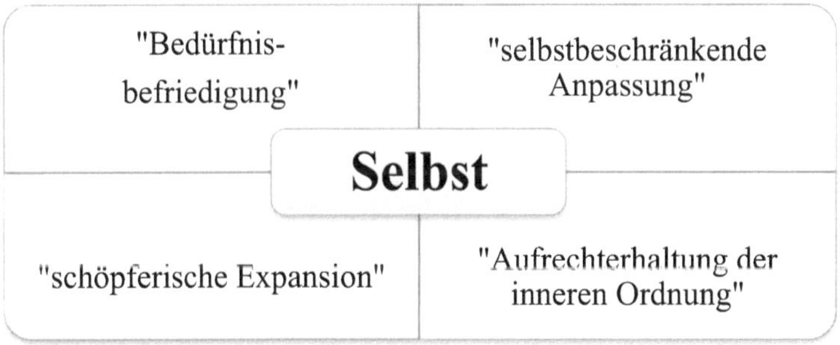

Abb. 22: Vier Grundbedürfnisse des Menschen (eigene Grafik, Quelle: Fahrenberg 2007, S. 38)[931]

Dem Bedürfnis nach Selbstverwirklichung und Autonomie steht somit das Bedürfnis nach sozialer Bezogenheit und Zugehörigkeit gegenüber.

Eine möglichst vollständig entfaltete Identität ist handlungsfähig und kann die eigenen Bedürfnisse, das eigene Erleben in Einklang und Wechselspiel mit der Umwelt bringen. Erfahrungen bilden die Grundlage:

> *„(...) Wenn Erfahrungen im Leben des Individuums auftreten, werden sie entweder a) symbolisiert, wahrgenommen und in eine Beziehung zum Selbst organisiert, b) ignoriert, weil es keine wahrgenommene Beziehung zur Selbst-Struktur gibt, oder c) geleugnet oder verzerrt symbolisiert, weil die Erfahrung mit der Struktur des Selbst nicht übereinstimmt."*[932]

930 vgl. Bürgermann/v. Carlsburg 2010, S. 92–94.
931 vgl. Fahrenberg 2007, S. 38. URL (2015).
932 Rogers 1993, S. 434.

Bürgermann und von Carlsburg sprechen von einem „verzerrten Selbstkonzept", wenn „alle Haltungen unter ein generelles 'So bin ich, subsumiert sind" und von einem „assimiliertem Selbstkonzept", wenn das Individuum bewusst Fremd- und Selbstbild wahrnehmen kann.[933]

Abb. 23: Assimiliertes Selbstkonzept (eigene Grafik)[934]

Carl Rogers geht davon aus, dass jedem Menschen eine Selbstaktualisierungstendenz innewohnt. Hiermit meint er das Streben des menschlichen Wesens nach Wachstum, Selbstentwicklung und Selbstentfaltung, wozu Autonomie notwendig ist.

> *„(...) Der Organismus hat eine grundlegende Tendenz, den Erfahrungen machenden Organismus zu aktualisieren, zu erhalten und zu erhöhen."*[935]

Das Menschenbild ist geprägt von „metaphysischen Annahmen über die Natur des Menschen als ein sich selbst entwickelndes konstruktives Wesen"[936].[937]

933 Bürgermann/v. Carlsburg 2010, S. 92.
934 vgl. Bürgermann/v. Carlsburg 2010, S. 92.
935 Rogers 1993, S. 422.
936 Groddeck 2003, S. 28. URL (2015).
937 Eine gewisse Parallele zu der Anthropologie des Kindes von Maria Montessori (1870–1952) ist unverkennbar, die vom „inneren Bauplan" des Kindes sprach, dessen Realisierung durch ungünstige, falsch verstandene Erziehungsbemühungen der

Daher betonen Bürgermann und v. Carlsburg, dass „Selbstkonzepte und Selbstbilder (...) in Interaktionen [entstehen] – und zwar durch die Haltung der anderen gegenüber der eigenen Person sowie durch direkte sinnliche und körperliche Erfahrungen."[938]

Dieser ganzheitliche Ansatz spiegelt sich in der Freizeitpädagogik wider und findet insbesondere in der Erlebnispädagogik seine Ausprägung. Bereits Fritz Klatt bezog die körperlich-sinnliche Ebene ganz bewusst in die pädagogische Arbeit in seinem Freizeitheim mit ein.

Andere Philosophen gehen sogar soweit, dass sie in der Behinderung der natürlichen und gesunden Wachstums- und Selbstaktualisierungsprozesse die Wurzel von Zerstörung und Gewalt sehen. An dieser Stelle sei auf den Sozialphilosophen Erich Fromm (1900–1980) verwiesen.

Dieser geht ebenfalls davon aus, dass der Mensch das Bestreben hat, sich selbst zu entwickeln und zu verwirklichen. In seinem Werk „The Anatomy of Human Destructiveness" (1973)[939] unterscheidet er grundsätzlich zwischen einer angeborenen „gutartigen Aggression", die reaktiv ist und dem Wachstum („prozessuale Aggression") und Erhalt des eigenen Lebens („defensive Aggression") dient und einer „bösartigen", charakterologischen Aggression. Wird dem Kind die gesunde Entwicklung und das Wachstum durch ungünstige, vermeintlich erzieherische Einflüsse verwehrt, kann es zur „charakterbedingten Aggression" kommen.[940]

Vitale Interessen und Bedürfnisse wurden hierbei durch gesellschaftliche Einflüsse und soziale Interaktionen dem Individuum verstellt und im Extremfall untersagt. In der Folge hat sich ein typisch menschliches Aggressionspotenzial entwickelt, dass nicht mehr reaktiv bzw. nicht mehr defensiv ist.[941]

Gemeinsam ist Rogers und Fromm die Annahme, dass eine Inkongruenz zwischen dem „wahren" Selbst und dem Selbstkonzept, wie es sich durch die Auseinandersetzung mit der Umwelt entwickelt, zu Blockaden und destruktiven Entwicklungstendenzen kommt. Der Mensch lebt nicht im Einklang mit seiner

---

Erwachsenen behindert wird. (vgl. Montessori 1952/2010) Auf Unterschiede weist Groddeck (2003) explizit hin.

938 Bürgermann/v. Carlsburg 2010, S. 90.

939 Fromm, E. (1973). *The Anatomy of Human Destructiveness*. New York: Fawcett Crest.

940 vgl. Fromm 1974; Fromm 2012; Wehr/Reinert 2009. S. 4. URL (2015). Erstveröffentlichung in: Reinert/Musteikiene 1999.

941 vgl. Wehr/Reinert 2009, S. 4. URL (2015).

eigenen Natur und seiner Umwelt. In der Konsequenz bleibt diese Inkongruenz nicht ohne negative individuelle und gesellschaftliche Rückwirkungen.

Daher stellt sich die Frage, wie Menschen bei der Selbstaktualisierung unterstützt werden können und wie eine Erziehung und Bildung aussehen müsste, die die gesunde Entwicklung des Menschen fördert.

Als Antwort auf psychische Probleme infolge einer gestörten Selbstentwicklung entwickelte Carl Rogers die personzentrierte, nondirektive Gesprächstherapie. Hier soll das Individuum die Gelegenheit erhalten, in einer gesprächstherapeutischen Beziehung zum wahren Selbst zu gelangen und dadurch zu gesunden. Grundlage hierzu bildet die Selbstaktualisierungstendenz, d.h. die Tendenz zum Wachstum und zur Selbstvervollkommnung. Diese wird durch eine humanistische Grundhaltung des Beraters bzw. Therapeuten unterstützt. Zu den zentralen Variablen dieser Grundhaltung zählen:

(a) Die unbedingte Annahme und Wertschätzung des Klienten durch den Therapeuten.
(b) Eine empathische Grundhaltung des Therapeuten gegenüber dem Klienten.
(c) Die Kongruenz und Echtheit des Therapeuten.[942]

Erst durch die positive Beziehung und Wertschätzung kann sich der Klient auf intensive Selbstreflexionsprozesse einlassen, seine echten Bedürfnisse und Gefühle wahrnehmen und so zu neuen Wachstumsprozessen gelangen, die ihm ein höheres Maß an Handlungskompetenz eröffnen.[943] Explizit sei hier noch einmal angemerkt, dass es nicht zu den Aufgaben des Therapeuten gehört, Ratschläge zu erteilen oder den Klienten zu analysieren und ihm Lösungswege aufzuzeigen. Daher auch der Terminus „nondirektive“ Therapie und Gesprächsführung.

Anwendung findet das Gedankengut Carls Rogers auch in der Spieltherapie.[944] Bislang könnte der Eindruck entstehen, dass das humanistische Menschenbild, wie es z.B. von Carl Rogers vertreten wurde, sich in erster Linie nur auf den therapeutischen Bereich bezieht. Doch für Rogers war es vielmehr: Es war ihm Grundlage zur Beförderung von selbstbestimmten Lernprozessen. Seine Grundannahmen waren die Basis für die Entfaltung der Person und bilden die Grundlage für jegliche Erziehungsprozesse, nicht nur die Gesprächstherapie Erwachsener.

942 vgl. Bürgermann/v. Carlsburg 2010, S. 94-97.
943 vgl. Bürgermann/v. Carlsburg 2010, S. 132ff..
944 vgl. Rogers 1993, Kap. VI.

> „Wenn das Ziel einer Erziehung die Schaffung gutinformierter Techniker ist, die absolut willfährig und ohne zu fragen alle Befehle einer konstituierten Autorität ausführen, dann ist die Methode, die wir beschreiben wollen, für diese Erziehung höchst ungeeignet. Sie ist geeignet und relevant nur für ein Ziel, das lose als demokratisch beschrieben wird.“[945]

Seine Vorstellung von einer demokratischen Erziehung und Bildung fußt auf dem humanistischen Menschenbild, wie es sich angesichts autoritärer Erziehungserfahrungen und vor den Erfahrungen des Zweiten Weltkrieges herauskristallisiert hat.

Ziel ist es, die Eigeninitiative und Selbstverantwortung zu fördern, die vernünftige und verantwortliche Entscheidungsfähigkeit und die Fähigkeit zur Selbstlenkung zu unterstützen, die Urteils- und Kritikfähigkeit, die Fähigkeit, Probleme konstruktiv zu lösen, zu befördern und Menschen zu Offenheit, Flexibilität und Teamfähigkeit zu befähigen.[946]

Lernprozesse sind nach Carl Rogers erst dann „signifikante“ Lernprozesse, wenn sie zu einer „unmittelbare Betroffenheit“ beim Lernenden führen und „als Wissens- und Identitätsbereicherung für ihn wahrnehmbar“ sind.[947]

> „Eine Person lernt nur die Dinge, die sie als für die Erhaltung oder Erhöhung der Struktur ihres Selbst in Frage kommend wahrnimmt.“[948]

Wenn Lernen zum bedeutsamen und nachhaltigen Lernen werden soll, muss demzufolge am Individuum und seiner Lebenswelt angesetzt werden. Rogers fordert auf der Basis seines Menschenbildes explizit eine ganzheitliche und erfahrungsfundierte Bildung, die selbstbestimmtes Lernen als Voraussetzung hat.

Der pädagogischen Beziehung kommt hierbei eine wesentliche Bedeutsamkeit zu. Sie steht im Dienste der werdenden Persönlichkeit und der Autonomie des einzelnen Menschen.[949] Die Rolle des Lehrers ist aus humanistischer Perspektive die eines Lernbegleiters oder „Facilitators“[950] (Lernförderer). Seine pädagogische Grundhaltung impliziert Respekt, Vertrauen und eine positive Wertschätzung. Wichtig ist es, eine angstfreie Atmosphäre zu schaffen, da eine Bedrohung des eigenen Selbst(werts) für das Lernen und das Wachstum kontraproduktiv sei.[951]

---

945 ebd., S. 437f.
946 vgl. ebd., S. 438.
947 Bürgermann/v. Carlsburg 2010, S. 98..
948 Rogers 1993, S. 339.
949 vgl. Groddeck 2003. URL (2015).
950 Teml 2003, S. 209.
951 vgl. Rogers 1993, S. 340ff.

Hier zeigt sich auch die Brücke zum professionellen Handeln und zu einem erst noch zu entwickelnden gemeinsamem Berufsethos von (Freizeit-)Pädagogen. In der Freizeit widmen sich Menschen in der Regel Aktivitäten, die ihnen sinnvoll erscheinen und von ihnen als befriedigend erlebt werden. Inhaltlich können diese individuell ganz unterschiedlich ausfallen.

Im therapeutischen wie pädagogischen Denken und Handeln von Carl Rogers spiegelt sich sein eigener biografischer Erfahrungshintergrund wider. Rogers wuchs in einer durchaus wirtschaftlich erfolgreichen Akademikerfamilie auf, deren Familienatmosphäre und Erziehung von einer rigiden calvinistischen Auslegung geprägt war. Emotionale Offenheit und Nähe waren hier kaum realisierbar. Die Eltern waren in hohem Maße bestrebt, das Leben ihrer Kinder zu bestimmen. Interessante Zusammenhänge legt die Schrift „Biografische Rekonstruktionen und Reflexionen – Zum 100. Geburtstag von Carl Rogers" von Arnold Hinz und Michael Behr nahe.[952] Vielfach ergaben sich die Grundannahmen aus dem eigenen Erleben, vor dessen Hintergrund die Erfahrungen verarbeitet wurden.

Das Menschenbild der Humanistischen Pädagogik ist somit – wie andere Menschenbilder auch – eine soziale Konstruktion, die sich auf die Art und Weise auswirkt, wie Menschen einander begegnen und welche pädagogischen Vorstellungen/Praxis sich entwickelt.

Ruth Cohn (1912–2010), selbst jüdischer Abstammung, emigrierte 1933 von Berlin zunächst in die Schweiz, wo sie neben Psychologie auch Pädagogik, Theologie, Philosophie u.a. studierte und sich in der Psychoanalyse ausbilden ließ, emigrierte im Jahr 1941 in die USA. Hier ent-wickelte sie nach und nach die Themenzentrierte Interaktion, deren Zielsetzung sie selbst wie folgt zusammenfasst:

> „Ich möchte Menschen, die all dieses Leid nicht wollen, ermutigen, nicht zu resignieren und sich ohnmächtig zu fühlen, sondern ihre Vorstellungskräfte und Handlungsvermögen einzusetzen, um sich solidarisch zu erklären und zu verhalten, solange wir selbst noch autonome Kräfte in uns spüren. – Das ist das Eigentliche, was ich mit TZI möchte."[953]

Sie entwickelte mit der TZI – **T**hemen**z**entrierten **I**nteraktion einen Ansatz zur Gruppenleitung, die dem Individuum ein größtmögliches Maß an Autonomie und Wachstum in der Gruppe ermöglichen soll und dazu beiträgt, bedeutungsvolle Lernprozesse zu ermöglichen. Auch ihre pädagogisch-psychologischen

---

952 vgl. Hinz/Behr o.A., S. 1–20. URL (2015).

953 Ruth Cohn Institute für TCI – international: Ruth Cohn. URL (2015).

Überlegungen basieren auf einem bestimmten Menschenbild, das sich in den Grundaxiomen widerspiegelt:

Das erste, „existentiell anthropologische“ Axiom:

> „Der Mensch ist eine psycho-biologische Einheit. Er ist auch Teil des Universums. *Er ist darum autonom und interdependent. Autonomie (Eigenständigkeit) wächst mit dem Bewußtsein der Interdependenz (Allverbundenheit).*“[954]

Das zweite, „philosophisch-ethische“ Axiom:

> „Ehrfurcht gebührt allem Lebendigen und seinem Wachstum. Respekt vor dem Wachstum bedingt bewertende Entscheidungen. Das Humane ist wertvoll; Inhumanes ist wertbedrohend.“[955]

Das dritte, zwischen dem ersten und zweiten Axiom vermittelnde:

> „Freie Entscheidung geschieht innerhalb bedingender innerer und äußerer Grenzen. Erweiterung dieser Grenzen ist möglich.
> Unser Maß an Freiheit ist, wenn wir gesund, intelligent, materiell gesichert und geistig gereift sind, größer, als wenn wir krank, beschränkt oder arm sind und unter Gewalt und mangelnder Reife leiden. *Bewusstsein unserer universellen Interdependenz ist die Grundlage humaner Verantwortung.*“[956]

Ihre Pädagogik ist insofern durchaus normativ, legt sie die genannten Axiome als nicht zu hintergehende Tatsachen zugrunde. Zugleich ist ihr durchaus bewusst, dass die Freiheit des Menschen sowohl von der eigenen Entwicklung als auch der Lebenslage (Umweltbedingungen) abhängig ist. Dennoch ist Freiheit prinzipiell möglich und um ihre Realisierung muss gerungen werden.

Vor dem Hintergrund der Grausamkeiten des Dritten Reichs, der Unfassbarkeit, was Menschen einander anzutun vermögen, bezieht Ruth Cohn hier ganz entscheidend für den Wert des Lebens Stellung. Dabei betont sie beide Pole, die Autonomie des Menschen und die Abhängigkeit des Menschen von den Mitmenschen, aber auch vom gesamten Kosmos. In ihren Gedankenkreis schließt sie die Natur mit ein, wenn sie Respekt vor allem, was wächst einfordert.

4.3 Zur Trias Mensch – Natur – Kultur

Anthropologisch betrachtet gilt der Mensch als kulturschaffendes und die Natur gestaltendes Wesen. Auf der anderen Seite wird der Natur eine wichtige

954 Cohn 1986, S. 120.
955 ebd., S. 120.
956 ebd., S. 120.

Funktion für die (psychische) Gesundheit im Leben der Menschen zugesprochen. Der Mensch ist einerseits (Mit-)Gestalter der Natur, andererseits bestimmt die (äußere) Natur die Entwicklungspotenziale der (inneren) menschlichen Natur, die einige als Seele, andere als psychische Verfasstheit bezeichnen mögen.

Stellvertretend sei hier auf drei Philosophen aus unterschiedlichen Epochen verwiesen, die die Bedeutsamkeit der Natur für die Verfasstheit des Menschen hervorheben: Jean-Jacques Rousseau (1712–1778), Henry David Thoreau (1817–1862) und Dorothea Sölle (1929–2003).

Bereits Jean-Jacques Rousseau betont die erzieherische Wirkung der Natur auf den Menschen. Damit ist nicht nur eine Orientierung der Erziehung am „Wesen des Menschen" gemeint und die Erkenntnis der Kindheit als eigenständige Lebensphase, sondern gerade auch die Wirkung der Natur wird in ihrem Wert für die Entwicklung der Kräfte des Menschen erkannt.

Rousseau übt durchaus Kritik am Fortschrittsoptimismus, wenn er die Preisfrage von Dijon, ob die „Wiederherstellung der Wissenschaften und Künste zur Reinigung der Sitten beigetragen"[957] habe, mit einem „Nein" beantwortet.

Im zweiten Diskurs „Abhandlung über den Ursprung und die Grundlagen der Ungleichheit unter den Menschen"[958] charakterisiert er den Menschen von Natur aus als friedfertigen Wilden, der infolge der Vergesellschaftung seine natürlichen Rechte aufgeben muss und durch die Auswüchse der Zivilisation und Gesellschaft - Ungleichheit, Eigentum und Besitz - entartet.

Der Mensch verliert - so könnte eine zeitgemäße Interpretation lauten - in der Gesellschaft den Kontakt zu seinen natürlichen Bedürfnissen. Angeregt durch gesellschaftliche Konventionen (und Werbung) werden vielerlei „Scheinbedürfnisse" geweckt, die in keinem Einklang mit dem Vermögen des Menschen stehen. Es entwickelt sich eine Kluft zwischen dem eigenen Können und dem Wollen. Der Mensch strebt nach immer mehr, ohne zur inneren Zufriedenheit zu gelangen. Ziel einer naturgemäßen Erziehung sei es, die Bedürfnisse und das Vermögen/Können in Einklang zu bringen und „Scheinbedürfnisse" von den wahren Bedürfnissen zu unterscheiden. Daher wird der fiktive Zögling immer wieder mit der Frage „Wozu nützt das?" konfrontiert.[959]

Durch die „negative Erziehung" übt der Erzieher unbemerkt ein hohes Maß an Kontrolle aus[960], indem er indirekt auf die Umgebung und die Dinge einwirkt,

---

957 vgl. Raithel/Dollinger/Hörmann 2009, S. 103.
958 Rousseau 1755/1998.
959 vgl. Rousseau 1762/2013, S. 212. URL (2015).
960 vgl. ebd., S. 123. URL (2015).

mit denen der Zögling in Kontakt kommt. In seinem fiktiven Erziehungsroman „Émile ou de l'éducation" (1762)[961] bestimmt Rousseau den Menschen einleitend gut, „entarten" würde er unter dem Einfluss der anderen Menschen, der (dekadenten) Gesellschaft und Kultur seiner Zeit. Die Bewegung in der Natur, Wind und Wetter und einfache Kleidung, die dem Kind die Bewegungsfreiheit gewährt, dienen der gesunden körperlichen Entwicklung und der Abhärtung.[962] Doch für Rousseau kann sich sein fiktiver Zögling Emile auch nur zum Menschen entwickeln, wenn er auf dem Lande und in einfachen Verhältnissen aufwächst. Damit kommt der Natur durchaus auch eine Bedeutung für die psychische Entwicklung des Menschen zu. Erst muss ‚Emile' Mensch sein dürfen, bevor er Bürger wird.

Eine besondere Bedeutsamkeit spricht auch der amerikanische Philosoph, Lehrer und Schriftsteller Henry David Thoreau (1817–1862) der Natur zu. Sein Denken war u.a. geprägt durch Ralph Waldo Emerson (1803–1882) und den amerikanischen Transzendentalismus. Dieser wiederum verweist auf den Deutschen Idealismus.

Bekannt wurde Thoreau vor allem durch zwei Werke: „Walden, or Life in the Woods" (1854) und „Civil Disobedience" (1849).[963]

Thoreau wuchs durchaus privilegiert auf, hatte die Möglichkeit, ein Harvard-Studium zu absolvieren. Er wurde Hilfskraft und Vertrauter von Professor R.W. Emerson, einem Hauptvertreter des amerikanischen Transzendentalismus. Der Natur kommt hier eine Schlüsselfunktion zu:

> „Der Beobachtung der Natur wird, in einer bis dahin nicht dagewesenen Konsequenz, zu einer zentralen Quelle der Selbsterkenntnis des menschlichen Subjekts, das in wesensmäßiger Korrespondenz zu ihr steht."[964]

Diese Aussage fußt auf der Sichtweise, dass das „'Göttliche'" als dem „Selbst" und der „Natur" inhärent betrachtet wird.[965] Der Mensch kann also durch die Innenschau und ruhige Vertiefung in die Natur Gott erkennen. Gott erscheint als „eine allem Lebendigen zugrunde liegende und es durchwaltende Kraft"[966]. Mensch und Natur haben denselben göttlichen Ursprung. Im Grunde genommen spiegelt

---

961 ebd.. URL (2015).
962 vgl. ebd., S. 136f. URL (2015).
963 vgl. Heckmair/Michl 2008, S. 23.
964 Zapf 2002, S. 135.
965 vgl. ebd., S. 136.
966 ebd., S. 136.

sich hier eine pantheistische Vorstellung wider, die die Möglichkeit eröffnet, in der Natur Gott zu erkennen und letztlich auch sich selbst.

> „Die Welt geht aus demselben Geiste hervor, wie der menschliche Körper. Sie ist eine entferntere und geringere Inkarnation Gottes, eine Projektion Gottes ins Unbewußte. Aber sie unterscheidet sich von dem Körper in Einer Hinsicht und zwar einer sehr bedeutenden. Sie ist nicht, wie jener, dem menschlichen Willen unterthan. Ihre heitere Ordnung ist unverletzlich. Sie ist deshalb für uns der gegenwärtige Erklärer des Göttlichen Geistes. Sie ist ein erster Punkt, woran wir unsere Abweichung messen können. In dem Maße als wir ausarten, tritt der Kontrast zwischen uns und unserer Behausung zu Tage. Sind wir Fremdlinge in der Natur, so sind wir's auch bei Gott."[967]

Den Hang zur Bequemlichkeit, das Streben nach immer größerem Reichtum und Luxus und die gesellschaftliche Ungleichheit sah Thoreau als Faktoren an, die den Menschen unfrei machen, versklaven und nach Emerson von Gott entfernen.

Die Ideen, dass die Natur die göttliche Ordnung widerspiegelt und mehr ist als eine „materielle Erscheinung"[968], sich in ihr Gott offenbart (oder ein „immaterieller Seinsgrund"[969]) findet sich u.a. auch bei Jan Amos Comenius wieder (vgl. Kap. 5.2).

Emerson wie auch Thoreau weisen eine gesellschaftskritische Haltung auf und beklagen die zunehmende „Fragmentierung des Menschen durch die moderne Arbeitsteilung"[970] und den Verlust an Freiheit durch die Vereinnahmung durch ökonomische Prozesse und Konsumwünsche.[971] Ähnlich wie J.-J. Rousseau üben sie Kritik am Fortschrittsglauben und der Auffassung, der Mensch könne die Natur beherrschen. Der Kultur Amerikas im 19. Jahrhundert stehen sie skeptisch gegenüber. Heckmair und Michl resümieren:

> „In den Augen der Transzendentalisten ist die amerikanische Gesellschaft moralisch krank. Der unnötige Luxus weniger auf Kosten vieler, die Zerstörung der Natur, die Vernichtung der indianischen Kultur, die Sklaverei und die Schnelllebigkeit sind nichts anderes als das Spiegelbild einer zerrütteten Volksseele. Wer die Natur zerstört, hat eine gestörte Psyche, so die sehr aktuelle und gefährliche These dieser Philosophen."[972]

---

967 Emerson 1886. S. 50.URL (2015).
968 Heckmair/Michl 2008, S. 26.
969 ebd., S. 26.
970 Zapf 2002, S. 137.
971 vgl. Hass 2009, S. 294.
972 Heckmair/Michl 2008, S. 27.

Für Emerson wie auch Thoreau besaß die Natur „heilende Kraft“[973] und kann den Menschen von der Selbstentfremdung befreien. Die Natur kann den Menschen in höherem Maße freisetzen, als jeder wirtschaftliche Erfolg oder alle Vernunft. So schreibt Emerson in „Nature“ (1833):

> „Für einen Körper und einen Geist, die sich in schändlicher Arbeit oder Gesellschaft verkrampft haben, ist die Natur Medizin und Wiederbelebung. Der Kaufmann, der Anwalt kommt aus dem Lärm und der Geschäftigkeit der Straße, sieht den Himmel und die Wälder und ist wieder Mensch. In ihrer ewigen Ruhe findet er sich.“[974]

Es geht nicht um die technologische Verfügbarkeit von Welt oder die vernunftgemäße Erfassung und Analyse von Welt, sondern um eine „kontemplativ erfahrbare(n) ganzheitliche(n) Ordnung der Schöpfung“[975].

Der möglichst unberührten Natur wird eine „belebende Kraft“ zugesprochen, die es dem Menschen gestattet, durch aufmerksame Beobachtung und Kontakt zu der Natur „die ihm innewohnende, lebendige Kraft zu aktivieren und gleichzeitig der Existenz einer alles menschliche Maß übersteigenden (göttlichen) Kraft gewahr zu werden“[976]. Die Natur hat somit eine spirituelle und meditative Funktion. Um es in anderen Worten auszudrücken: Die Vita Contemplativa erfährt in ihrem Denken einen Aufschwung gegenüber der Vita activa.

Die Idee des amerikanischen Transzendentalismus setzte Thoreau mit dem „Walden-Experiment“ in die Praxis um. Dabei erfuhr Thoreau am eigenen Leibe die heilende Kraft der Natur und des einfachen Lebens im Sinne einer Selbsttherapie:

- Thoreau kam als Lehrer an einer öffentlichen Schule nicht zurecht, da er die Prügelstrafe verurteilte und sich weigerte, diese nachdrücklich umzusetzen. Die Privatschule, die er zusammen mit seinem Bruder John 1838 gründete, musste er im Jahr 1841 schließen, da sein Bruder schwer erkrankt war und schließlich verstarb.[977]
- Nach dem Tode seines Bruders verfiel Thoreau in eine schwere Depression und zog sich am 4. Juli 1845 – dem amerikanischen Unabhängigkeitstag – für zweieinhalb Jahre in eine kleine, selbst errichtete Hütte am Walden-See/ Concord zurück. Kernfrage war ihm hierbei: „Wie erlangt man wirkliche

973 ebd., S. 26.
974 Emerson 1836/2001, S. 94, zit. n. Hass 2009, S. 294.
975 Hass 2009, S. 296.
976 ebd., S. 299.
977 Heckmair/Michl 2008, S. 24.

Freiheit?“[978] In dieser einfachen Blockhütte am See versuchte er möglichst autark und abgeschieden von der Stadt und der Gesellschaft zu leben, die Natur zu beobachten und sich auf die ursprünglichen Bedürfnisse zu besinnen.

„Ich zog in die Wälder, weil ich den Wunsch hatte mit Überlegung zu leben, alle ‚Wirkenskraft und Samen‘ zu schau'n, zu ergründen, ob ich nicht lernen konnte was ich lehren sollte, um beim Streben vor der Entdeckung bewahrt zu werden, daß ich nicht gelebt habe.“[979]

- Mit dem Staat kam Thoreau in Konflikt, da er sich weigerte, Steuern zu zahlen, weil er gegen die Sklaverei war. Hierfür wurde er zu einem Tag Gefängnis verurteilt. Seine Proteste gegen die Ausbeutung der Natur, gegen den „American Dream“, gegen die Sklaverei und seine Aufforderung zum Ungehorsam gegenüber dem Staat machten ihn zu einem unbequemen Zeitgenossen und Zeitkritiker und zugleich zum Vorbild für viele Vertreter einer gerechten und friedvollen Gesellschaftsordnung wie Mahatma Gandhi oder Martin Luther King.[980]

Die Begegnung mit der Natur – der Philosoph und Theologe Martin Buber (1876–1965)[981] hätte von der Ich-Du-Begegnung gesprochen – und die Introspektion führten zur Überwindung der Depression und ermöglichten es ihm, das Experiment nach zweieinhalb Jahren abzubrechen und wiederum als Hilfskraft bei Emerson und als Landvermesser zu arbeiten, bevor er im Jahre 1862 an Schwindsucht verstarb.

Die Zeit am Walden-See bei Concord kann als ökonomisches, mehr aber noch als psychologisches Experiment betrachtet werden und stellt einen Gegenentwurf zum Streben nach wirtschaftlichem Aufschwung und ökonomischem Gewinn dar.

Als ökonomisches Experiment wird Walden in der Literatur als gescheitert bezeichnet. Thoreau kehrt danach in die Gesellschaft zurück. In seinem Werk „Walden oder das Leben in den Wäldern“ (1845) wird aber das Streben nach Besitz und Eigentum als ein Ursprung für die Versklavung des modernen Menschen betrachtet. In dem Kreislauf zwischen Arbeit und Konsum gefangen, verliert der Mensch den Kontakt zur Natur, zu sich selbst und zu Gott. Erst durch die Rückbesinnung auf elementare Bedürfnisse und das Leben in der Natur kann der Mensch zu sich kommen und auch zu Gott. Die modernen Naturwissenschaften wollen die Natur beherrschen, tragen aber letztlich zu deren Zerstörung bei.

---

978 ebd., S. 23.
979 Thoreau 1854/1922. URL (2015).
980 vgl. Heckmair/Michl 2008, S. 22; 25.
981 siehe weiterführend: Buber 1973.

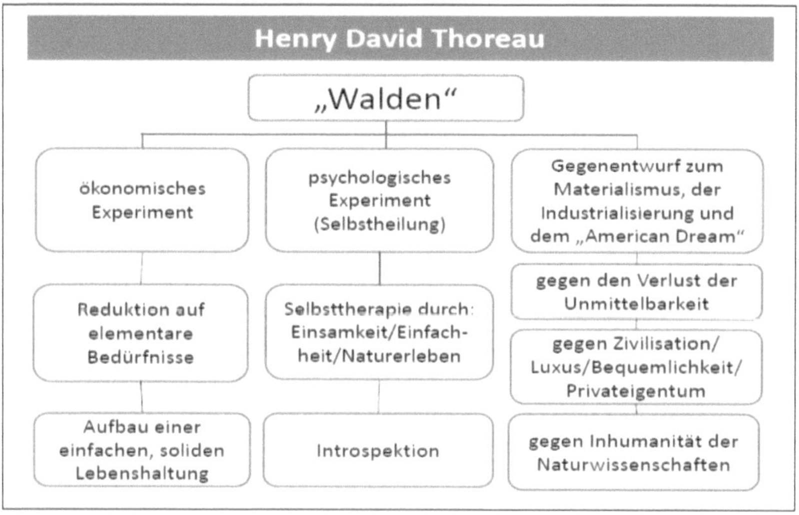

Abb. 24: Dimensionen des Walden-Experiments (vgl. auch Thoreau 1854 u. Michl 2015, 20ff.)

Thoreau kann auch als ökologischer Vordenker („Vater der Ökologiebewegung"[982]) bezeichnet werden, der die kapitalistische Wirtschaftsordnung anzweifelt. Im Angesicht heutiger globaler Umweltprobleme und des Klimagipfels erscheint er hier sehr visionär.

> „Die einzige Rettung für Land und Leute ist die strengste Sparsamkeit, eine beherzte und mehr als spartanische Einfachheit des Lebens und eine Erhebung unsrer Ziele. Unser Land lebt zu schnell. Die Menschen glauben, es sei von Wichtigkeit, daß die *Nation* Handel treiben, Eis exportieren, telegraphisch sprechen und wenigstens dreißig Meilen in der Stunde fahren könne, einerlei, ob das Individuum davon Gebrauch macht oder nicht."[983]

Die Freiheit des Menschen sieht er in der Produktion von Konsumwünschen und modernen Errungenschaften wie die gestiegene Mobilität und Beschleunigung gefährdet, die Natur – ein Leben im Einklang mit der Natur wird als Erlösung gesehen.

982 Heckmair/ Michl 2008, S. 24.
983 Thoreau 1854/1922. URL (2015).

Obgleich dieser Zugang vielleicht sehr verklärend ist und die Natur spirituell wahrnimmt, gibt es auch heute psychologische Untersuchungen, die die Bedeutsamkeit für die kindliche Entwicklung und psychische Gesundheit aufgreifen. Ausführlich hat sich Ulrich Gebhard mit dieser Thematik befasst.[984]

In religiösen Erfahrungen spielt die Natur vielfach eine besondere Bedeutung bei der Gotteserkenntnis. So offenbart sich Gott Mose im brennenden Dornbusch (Ex. 3,2ff.), Siddhartha Gautama (vermutlich: 563–483 v. Chr.) – später bekannt als Buddha – gelangt zur Erleuchtung, nachdem er sich als Eremit in die Natur zurückgezogen hatte und unter einem Feigenbaum saß und bei vielen einfachen Völkern spielt die Natur in den religiösen Vorstellungen eine zentrale Rolle. Hier könnte nun sicherlich die Frage angeschlossen werden, welche Funktion und Bedeutsamkeit die Religion im Leben der Menschen einnimmt[985], was an dieser Stelle aber den Rahmen sprengen würde.

Ein bekanntes Motiv ist jenes, dass Religion der Angstabwehr und Angstbewältigung[986] dienlich sei und dem Menschen ein Gefühl von Sicherheit, Hoffnung und Zuversicht schenken kann. Dies wiederum kann zum Erhalt der psychischen Gesundheit beitragen.[987]

Der Mensch bedarf aber ebenso der Kultur und letztlich finden sich keine natürlichen Lebensräume, die nicht von dem Menschen beeinflusst sind – sei es durch den Klimawandel, an dem der Mensch nicht unbeteiligt erscheint.

Der Auseinandersetzung mit dem Verhältnis des Menschen zur Natur ist eine anthropologische Dimension inhärent. Anthropologisch betrachtet ist der Mensch ein kulturschaffendes Wesen. Im Hervorbringen von Kultur offenbart sich das geistige Potenzial des Menschen. Der Mensch wirkt gestaltend auf seine natürliche Umgebung ein und schafft sich einen Kulturraum, der ihm das Überleben erleichtern soll(te). Zugleich stehen Natur und Mensch in einem existenziellen Spannungsverhältnis: Natur als Lebensgrundlage und Natur als existenzielle Lebensbedrohung.

Aus biologischer Sicht ist der Mensch der Gattung der Säugetiere zuzuordnen, genauer gesagt wird er evolutionsbiologisch der Ordnung der höheren Primaten zugeordnet. Daran schließt sich die Frage nach dem charakteristisch Humanen

984 siehe weiterführend: Gebhard 2013; Gebhard 2010, S. 22–28. URL (2015).

985 siehe weiterführend: Jömann/Junker/Touma 2004.

986 vgl. Position des Neurobiologen Robert-Benjamin Illing, Pressemitteilung der Westfälischen Wilhelms-Universität Müster 2014. URL (2015).

987 Kritisch angemerkt sei, dass es durchaus auch religiöse Wahnvorstellungen gibt und Religion per se nicht zur besseren Gesundheit führt.

an, d.h., wodurch sich der Mensch vom Tier unterscheidet und seine besondere Stellung in der Welt begründet. Zunächst wird hier in erster Linie durch die Sprache und die enorme Bildsamkeit und Weltoffenheit. Er gilt als kulturschaffendes und religiöses Wesen.

Aus theologischer Sicht wird in erster Linie die Gottesebenbildlichkeit des Menschen und – je nach Epoche und religiöser Ausrichtung – die Erbsündhaftigkeit des Menschen betont. In christlicher Traditionslinie wird das Menschenbild aus der Bibel abgeleitet und erscheint der Mensch „als Krone der Schöpfung".

Biologisch orientierte anthropologische Zugänge sehen die Bildsamkeit und Erziehungsbedürftigkeit des Menschen in der Schwäche seiner Organe und seiner Instinkte begründet, die durch eine enorme Plastizität und Bildsamkeit kompensiert wird. Exemplarisch sei hier auf Arnold Gehlen und Adolf Portmann verwiesen:

Der Kultursoziologe Arnold Gehlen (1904–1976) sah – in Anlehnung an Johann Gottfried Herder (1744–1803)[988] – den Menschen als biologisches „*Mängelwesen*"[989], dem es im Vergleich zum Tier an natürlichen Instinkten und organischer Ausstattung zur Verteidigung fehle. Als Ausgleich hierfür verfügt er über eine enorme Lernfähigkeit und Plastizität der Entwicklung.[990] Der Mensch bedarf der Erziehung und Kultur, um diesen Mangel zu kompensieren. Ausgangspunkt ist eine Defizitperspektive, die auch bei Portmann evident wird.

In den Augen von Adolf Portmann (1897–1982) ist der Mensch als „physiologische Frühgeburt"[991] zu sehen, dessen erstes Lebensjahr er als „extra-uterines Frühjahr" bezeichnet.[992] Ohne die Fürsorge kann das Neugeborene nicht überleben. Der Zoologe Adolf Portmann spricht beim Menschen vom „sekundäre[m] Nesthocker"[993], da dieser aufgrund seiner ‚Frühgeburtlichkeit' (im Vergleich zu anderen Säugetieren) eine lange Entwicklungszeit braucht und aufgrund seiner Hilflosigkeit und Schutzbedürftigkeit kein Nestflüchter sein kann. Der Mensch bedarf der Erziehung, um zum Menschen zu werden – eine Erkenntnis, die bereits Comenius proklamierte.

Stärker philosophisch orientierte Zugänge (wie beispielsweise nach Herbert Gudjons[994]: Johann Gottfried Herder: der Mensch als „erster *Freigelassene*[r] der

---

988 vgl. Herder 1772. URL (2017).
989 vgl. Gehlen 1940, S. 20; Gehlen 1961, S. 69; Gudjons 2012, S. 184.
990 vgl. Schwarte 2002, S. 145.
991 Portmann 1951/1969, S. 57ff.; Gudjons 1993, S. 163.
992 vgl. Schwarte, 2002, S. 146; Portmann 1951/1969, S. 87ff.
993 Portmann 1951/1969, S. 50f.
994 siehe weiterführend: Gudjons 2012, Kap. 7.

Schöpfung"[995]; Immanuel Kant: „Der Mensch kann nur zum Menschen werden durch Erziehung"[996]; Max Scheler: der Mensch als „Geistwesen"[997]; Helmut Plessner: Mensch als selbstreflexives Wesen, das „Ich" sagen kann und dem er eine „exzentrische Positionalität" zuspricht[998]) betrachten den Menschen als vernunftbegabtes Wesen, das sich durch das Bewusstsein seiner Selbst auszeichnet. Im Fokus steht die Potenzialität des Menschen.

Die Bildsamkeit kann als Potenzial verstanden werden, das zugleich Möglichkeit wie auch Verpflichtung ist. Der Mensch bedarf nicht nur der Erziehung und Bildung, sondern vor allem den anderen Menschen zum Überleben. Daraus ergibt sich dann die Enkulturation, Sozialisation, Erziehung und Bildung in einem weiteren Entwicklungsschritt. Der Mensch ist ein soziales und kulturelles Wesen.[999]

Natur kann das menschliche Leben gefährden und dient zugleich als Urgrund allen Lebens. Viele Menschen suchen die Nähe zur Natur als Möglichkeit der Erholung, des Ausgleichs und/oder der inneren Einkehr.

Die Theologin und Sprachwissenschaftlerin Dorothee Sölle (1929-2003)[1000] thematisiert in ihrem Werk „Mystik und Widerstand"[1001] die Bedeutsamkeit mystischer Erfahrungen für den Menschen. Sie geht davon aus, dass mystische Erfahrungen an vielerlei „Orten" gemacht werden können: in der Natur, in der Erotik wie auch im Leiden, in der Gemeinschaft und in der Freude.

Dabei weist sie darauf hin, dass mystische Erfahrungen ein universelles menschliches Phänomen sind, nicht begrenzt auf eine bestimmte Kultur oder Religion. Sie bietet hierzu eine Potpourri an historischen Bezügen und Erzählungen an, um begreiflich zu machen, was sie mit der Mystik verbindet. Die Selbsttranszendierung tritt als ein charakteristisches Moment mystischer Erfahrungen hervor.

> „Die mystische Erfahrung bedeutet, daß das Ich heraustritt aus seinen vorgegebenen und eingebildeten Grenzen; es verläßt die Commonplace-Welt und zugleich sich selber als das von dieser Welt definierte Wesen."[1002]

---

995 Herder 1784/2013.
996 Kant 1803. URL (2017).
997 Scheler 1928.
998 Plessner 1928; vgl. Fischer 2000. URL (2015).
999 vgl. Gudjons 2012, Kap. 7.
1000 vgl. Homepage Dorothee Sölle. URL (2015).
1001 Erstveröffentlichung Sölle 1997.
1002 Sölle 2000, S. 47.

Sie spricht unter Rekurs auf Platon und Sokrates von dem Heraustreten aus dem Alltag und einem in Ekstase versinken, was sie als „äußerste Freiheit von den Determinanten unseres Lebens"[1003], als „spirituelle Freiheit"[1004] bezeichnet. Sölle bezieht sich u.a. auf Martin Buber (1887–1965), der den Menschen als „Getriebenen" sieht und den alleinigen Wert der Rationalität infrage stellt.[1005] Die mystische Erfahrung ist ganzheitlich und spricht eine andere „zweck- und herrschaftsfreie(..) Sprache"[1006], die Sölle mit drei Charakteristika belegt: „der Negation, dem Paradox und dem Schweigen"[1007].

Die Unmittelbarkeit und Unaussprechlichkeit der mystischen Erfahrung impliziert, dass das, was „nicht positiv benannt werden kann"[1008], „negativ benannt"[1009] wird, oder verschwiegen bleibt. Die Sprache mystischer Erfahrungen ist poetisch, bildhaft und leidenschaftlich und oftmals auch geprägt von Oxymarons, d.h. der Verbindung widersprüchlicher Begriffe.[1010]

Dem Schweigen kommt bei mystischen Erfahrungen eine besondere Bedeutsamkeit zu, als Vorbereitung auf und als Ausdruck von mystischen Erfahrungen.[1011]

Im Sinne der klassischen Mystik gebe es, so Sölle, einen „Dreischritt", eine Progression in der mystischen Erfahrung, der von der „Reinigung", über die „Erleuchtung" zur „Vollendung" führe.[1012] Mit dem Stichwort „Reinigung" verbindet sie „ein Leerwerden von Sorgen, Ansichten, Zwecken"[1013] u.a. durch Askese. Es ginge darum, zur Ruhe zu kommen.

In Anlehnung an Thomas Müntzer (1489–1525) wird das Stauen und Sich-Wundern-Können als Ausgangspunkt mystischer Erfahrung betrachtet.

> „Das Sich-Wundern über das, was ist und uns begegnet, ist eine religiöse (und zugleich ästhetische) Grunderfahrung von der Schöpfung als dem ursprünglichen Segen, an dem alle Kreatur teilhat. Staunen, Sich-Wundern, Innehalten und Betrachten gehören in den Ursprung aller Religionen."[1014]

1003 ebd., S. 47.
1004 ebd., S. 47.
1005 vgl. ebd., S. 53.
1006 Sölle 2000, S. 91.
1007 ebd., S. 93.
1008 ebd., S. 94.
1009 ebd., S. 94.
1010 vgl. ebd., S. 98.
1011 vgl. ebd., S. 105.
1012 ebd., S. 113.
1013 ebd., S. 113.
1014 ebd., S. 118.

Damit betont Sölle die Bedeutsamkeit der Vita comtemplativa und der Natur oder Schöpfung. Ähnlich wie auch Meister Eckhardt, Henry David Thoreau, William James oder Erich Fromm sieht Sölle im Streben nach Besitz und Konsum einem Gefahrenmoment für die menschliche Entwicklung, spricht gar von einer „Art lebensgefährlicher Droge“, die die Urteilskraft schwächen würde.[1015] Besitz stellt für sie einen Gegenpol zum „Lebendigwerden“[1016] dar. Besitz wird mit Herrschaft konnotiert und – so liegt die Interpretation nahe –, mit Verpflichtung zum Erhalt und Gewalt zur Sicherung des erreichten Besitzstandes.

Für Sölle ist die mystische Erfahrung ein Korrektiv und ein Weg, um seine Menschlichkeit zu bewahren.

> „Mystik stellt ein anderes Verhältnis her zu den drei Mächten, die uns, jede in ihrer Weise totalitär, im Gefängnis festhalten: dem Ego, dem Besitz und der Gewalt. Sie relativiert sie, löst uns aus ihrem Bann und bereitet uns auf Freiheit vor. Die Mächte selber inszenieren sich sehr verschieden. (…) Daß Besitz, Konsum und die Gewalt, mit der wir die Schöpfung zerstören, in unserer Welt eine Einheit bilden, bleibt, ob unerkannt oder erkannt, folgenlos.“[1017]

Der mystischen Erfahrung genuin sind ein ganzheitliches Ergriffenwerden und eine Form der Selbsttranszendenz bzw. des Einswerdens mit dem Schöpfer. An dieser Stelle sei erwähnt, dass sich Sölle nicht nur auf Beispiele aus dem christlichen Glauben bezieht.

Für Sölle resultiert der Widerstand „aus der Distanz zu der normal geltenden Welt, die sich auf Macht, Besitz und Gewalt gründet“[1018].

Die Natur kann ein Ort sein, der mystische Erfahrungen begünstigt[1019] und den Menschen über die Schöpfung staunen lässt und bei der „Entgrenzung“ (Selbsttranszendenz) und „Beheimatung“ (Gefühl der Verschmelzung mit der „kosmischen Totalität“)[1020] zusammenfallen.

Das Ziel des Lebens bestimmt Sölle nicht in der Anhäufung von wirtschaftlichen Gütern oder wissenschaftlichem Renommee, sondern wie folgt:

> „Liebesfähig zu werden ist das Ziel des Lebens.“[1021]

1015 ebd., S. 293.
1016 ebd., S. 293.
1017 Sölle 2000, S. 323.
1018 ebd., S. 250.
1019 vgl. ebd., S. 132.
1020 ebd., S. 136.
1021 Homepage Dorothee Sölle. URL (2015).

Bezogen auf die Freizeitpädagogik und Freizeitbildung wäre dann zu fragen, ob und welchen Beitrag diese hierzu zu leisten vermag. Zumindest zur grundlegenden Lebensqualität sollte sie beitragen können.

4.4 Freizeit - Gesundheit - Arbeit - Lebensqualität

Im Jahr 1997 wurde von der „World Health Organization" (WHO) eine relativ verbreitete Definition von Lebensqualität vorgelegt:

> „Lebensqualität ist die subjektive Wahrnehmung einer Person über ihre Stellung im Leben in Relation zur Kultur und den Wertesystemen, in denen sie lebt und in Bezug auf ihre Ziele, Erwartungen, Maßstäben und Anliegen. Es handelt sich um ein breites Konzept, das in komplexer Weise beeinflusst wird durch die körperliche Gesundheit einer Person, den psychischen Zustand, die sozialen Beziehungen, die persönlichen Überzeugungen und ihre Stellung zu den hervorstechenden Eigenschaften ihrer Umwelt."[1022]

Lebenszufriedenheit hat demzufolge eine subjektive und eine objektive Komponente und basiert auf Bewertungsprozessen des Individuums.

Die Integration in den Erwerbsmarkt und materielle Sicherheit stellen zwar wichtige Faktoren für die Lebensqualität dar, sind aber noch lange keine hinreichenden Bedingungen für selbige.

Zum einen sind heute Friktionen in der Erwerbsbiografie nicht unwahrscheinlich, sodass eine Identität, die sich in erster Linie aus dem Beruf speist, riskant und fragil erscheint („männliche Normalbiografie"[1023]). Eine Destandardisierung und Individualisierung der Lebensläufe ist zu verzeichnen, Statuspassagen verlieren ihre zeitliche Terminierung, werden stärker individualisiert. Phasen der Arbeitslosigkeit, beruflichen Neuorientierung oder auch der bewusst gestalteten Elternzeit sind in der heutigen Erwerbsbiografie tendenziell kein Ausnahmefall. Trotz einer Individualisierung und Pluralisierung der Lebensläufe und einer Erosion traditioneller Geschlechterrollen, spricht der Gesundheitsbericht des Bundes (2014) von einer Tendenz zur „'Retraditionalisierung der Geschlechterarrangements'"[1024], wie es bereits 2011 im Bericht der Bundesregierung zur Gleichstellung[1025] benannt wurde.

Gesundheit ist auch noch kein Garant für die subjektiv empfundene Lebensqualität. Umgekehrt jedoch kann vermutet werden, dass ein Mindestmaß an

1022 zit. n. Renneberg/Lippke 2006, S. 29.
1023 vgl. Levy; Robert Koch-Institut 2014, S. 168. URL (2016).
1024 Robert Koch-Institut 2014, S. 168. URL (2016).
1025 vgl. Bundesministerium für Familie, Senioren, Frauen und Jugend 2011.

Gesundheit vorhanden sein muss, um subjektiv von einer guten Lebensqualität sprechen zu können. Insbesondere vor dem Hintergrund dessen, dass die Menschen heute tendenziell eine höhere Lebenserwartung haben und die medizinische Versorgung und lebensverlängernden und -erhaltenden Maßnahmen immer ausgefeilter werden, stellt sich die Frage nach der Lebensqualität gerade auch im gerontologischen und palliativen Bereich.

Heiner Keupp und Waldemar Streich betrachten *„Gesundheit als zentrale(..) [n] Bezugspunkt für die Lebensqualität“*[1026]. Zugleich verweisen sie auf eine sozio-kulturelle Komponente: Obgleich dem Individuum durch die Modernisierung vielfältige Möglichkeiten offen stehen, gibt es Bevölkerungskreise, die in hohem Maße demoralisiert sind und deren Gesundheitserleben und Lebensqualität niedriger ausfällt.

> „Wenn man sich den Zusammenhang von gesellschaftlichen Lebensbedingungen und Persönlichkeitsentwicklung mit dem Blick auf unterprivilegierte gesellschaftliche Gruppen vergegenwärtigt, dann entdeckt man ein eindrucksvolles empirisches Gegengift gegen die ideologische Beschwörung der ungeahnten Chancen, die jede und jeder in unserer Gesellschaft hätten, etwas aus ihrem Leben zu machen und gestärkt und optimistisch aus Krisen und Belastungen hervorzugehen. Die neuere epidemiologische Forschung ist bei ihren Gemeindestudien auf ein Phänomen gestoßen, das als ‚Demoralisierung‘ bezeichnet wurde. Es beinhaltet Einstellungen und Grundhaltungen, die durch ein geringes Selbstwertgefühl, Hilflosigkeit, Hoffnungslosigkeit, unbestimmte Zukunftsängste und allgemein gedrückter Grundstimmung geprägt sind.“[1027]

Die „Postmoderne“ oder „reflexive“ Moderne hat somit nicht nur Gewinner hervorgebracht, sondern auch viele Menschen, die im „Schatten“ stehen. Dies ist ein Hinweis dafür, dass die Frage der sozialen Gerechtigkeit nicht als gelöst betrachtet werden kann.

Die Bedeutsamkeit der Freizeit hinsichtlich der Lebensqualität wird sicherlich sehr unterschiedlich bewertet – je nach Berufsfeld, persönlichem Lebensstil und individuellen Wertsetzungen. Es gibt sicherlich Menschen, die sich in erster Linie nach wie vor über den Beruf definieren und hier auch ihre Erfüllung finden. Auf der anderen Seite kann der Beruf auch sehr belastend erlebt werden und der Mensch lebt subjektiv erst in der Freizeit auf. Manche Menschen mögen für sich erst durch die Freizeitaktivität persönliche Lebensqualität erfahren.

Ausschlaggebend ist hierbei sicherlich nicht nur die Frage, wie sinnvoll der Beruf erlebt wird, sondern auch, wie es dem Individuum gelingt, die beruflichen

---

1026 Keupp/Streich 1995, S. 184. URL (2015).
1027 ebd., S. 198. URL (2015).

Anforderungen zu bewältigen und wie sich die alltägliche Arbeitsatmosphäre gestaltet. Die Deutsche Gesetzliche Unfallversicherung betont die besondere Belastungssituation von Menschen im Nacht- und Schichtdienst. Diesem sprechen sie eine erhöhte Beanspruchung des Arbeitnehmers zu und sehen diese Arbeitsorganisation als Risikofaktor für die Gesundheit und Lebensqualität.[1028] Ausschlaggebend ist sicherlich auch, inwieweit sich der Mensch mit seinem Beruf identifizieren kann und hierin Möglichkeiten findet, sich selbst zu entfalten.

Opaschowski prognostiziert das Ende des Wohlstandwachstums und entwirft die Vision, dass in der Zukunft Lebensqualität über pekuniären Reichtum und Konsum gestellt werden wird. Als Zukunftsvision, wie sich Deutschland entwickeln müsste, um einer Krise produktiv zu begegnen, führt er in seinem „Was-sich-ändert-wenn-wir-uns-ändern"-Szenario" an:

- „Sicherheit wird wichtiger als Freiheit.
- Lebenslange Beschäftigung verhindert Altersarmut.
- Gesund und geistig fit bleiben wird zur Leitlinie des Lebens.
- Wer sich um andere sorgt, lebt länger.
- Die Menschen altern gesünder.
- Das Wohnen daheim ersetzt die Einweisung ins Heim.
- Generationenbeziehungen werden wichtiger als Partnerbeziehungen.
- Nachbarschaftshilfen machen Sozialamtshilfen entbehrlicher.
- „Wohlergehen für alle" wird bedeutsamer als „Wohlstand für alle".
- Eine neue Bürgerdemokratie entwickelt sich."[1029]

Eine derartige Vision setzt ein Umdenken der Menschen voraus, wie es sich ansatzweise bereits erkennen lässt.

Die „Stiftung für Zukunftsfragen" expliziert, dass Lebensqualität ein „multidimensionales Konstrukt" sei und als die „Summe subjektiver Wahrnehmungen" definiert werden kann, wobei seit den 2000er-Jahren immaterielle Werte wie Gesundheit, Familie oder Freundschaft einen Bedeutungszuwachs als Indikatoren für Lebensqualität erfahren hätten.[1030]

Bereits in den 1990er-Jahren führte Opaschowski als die ersten drei meistgenannten Bestimmungsfaktoren für die Lebenszufriedenheit die (1) Gesundheit, (2) die Partnerschaft und (3) die Natur an, wie sie bei einer Umfrage des

1028 vgl. Wilhelm/Becker 2014. URL (2015).
1029 Opaschowski 2015. URL (2015).
1030 Website Stiftung für Zukunftsfragen, Forschung. URL (2015).

BAT-Freizeit-Instituts in einer 1993 erschienen repräsentativen Umfrage ermittelt wurden.[1031] Dennoch resümierte er:

„Freizeit stellt ein großes Potenzial zur Entfaltung der Lebensqualität dar.“[1032]

Unter den angeführten Bestimmungsfaktoren erzielt die Freizeit in Westdeutschland einen höheren Wert als der Beruf im Hinblick auf die Lebenszufriedenheit.[1033] Die „Organization for Economic Cooperation and Development“ (OECD) versucht mit dem „Better-Life-Index“, der elf unterschiedliche Themenfelder impliziert, vergleichende Aussagen über das Wohlergehen der Menschen in den einzelnen europäischen Ländern und im Zeitverlauf zu erfassen. Interessant ist dabei, dass es ein interaktives Feature ist, bei dem die Bürger partizipieren sollen und jeder sein persönliches Profil über die Rangfolge und Zufriedenheit zurückmelden kann.

Berücksichtigt werden hierbei folgende Themenbereiche[1034]:

Wohnverhältnisse	Bildung	Lebenszufriedenheit
Einkommen	Umwelt	Sicherheit
Beschäftigung	Zivilengagement	Work-Life-Balance
Gemeinsinn	Gesundheit	

Abb. 25: Themenbereiche im Better-Life-Index (vgl. OECD 2015a)

Zusammenfassend wird die Situation in Deutschland positiv bewertet:

„Deutschland schneidet im Vergleich zu anderen Ländern des Better Life Index nach vielen Messgrößen der Lebensqualität gut ab. Seine Werte liegen über dem Durchschnitt in den Themenbereichen Bildung, Work-Life-Balance, Beschäftigung, Umwelt, soziale Beziehungen, Wohnen, Sicherheit und subjektives Wohlbefinden.“[1035]

Auch die Lebenszufriedenheit der Deutschen liegt über dem OECD-Durchschnitt:

„Die Deutschen sind im Allgemeinen zufriedener mit ihrem Leben als der Durchschnitt der OECD-Bürger. Auf einer Skala von 0 bis 10 bewerten sie ihre Lebenszufriedenheit mit 7,0. Der OECD-Durchschnitt liegt bei 6,5.“[1036]

1031 vgl. Opaschowski 1997. S. 271.
1032 Opaschowski 1997, S. 275.
1033 ebd., S. 275.
1034 Website OECD: Better Life Index. URL (2015a).
1035 Website OECD: Better Life Index: Deutschland. URL (2015b).
1036 ebd., URL (2015b).

Dabei zeichnet sich ein Zusammenhang zwischen Bildung (und demzufolge beruflichen Möglichkeiten und Verdienst) und der Lebenszufriedenheit ab. Menschen mit niedrigen Bildungsabschlüssen scheinen tendenziell weniger zufrieden zu sein (6,6) als Menschen mit einem Fachhochschulabschluss oder Meisterbrief (7,4). Das Geschlecht spielt im Hinblick auf die Lebenszufriedenheit gemäß dieser Studie eine untergeordnete Rolle.[1037]

Die Gesundheit ist nicht losgelöst vom sozioökonomischen Status zu sehen, wie die aktuelle Studie des RobertKoch-Instituts konstatiert:

> „Zwischen der gesundheitlichen und der sozialen Lage der Bevölkerung besteht ein enger Zusammenhang. Studien belegen, dass Menschen mit niedrigem sozioökonomischem Status häufiger von Krankheiten, Beschwerden und Behinderungen betroffen sind, die eigene Gesundheit schlechter einschätzen und früher versterben. (...) Bereits im Kindes- und Jugendalter ist die Gesundheit durch den sozioökonomischen Status ihrer Herkunftsfamilie geprägt."[1038]

Im Hinblick auf die freie Zeit liegt Deutschland im bzw. minimal über dem OECD-Durchschnitt.

> „In Deutschland können **sowohl Männer als auch Frauen rund 15 Stunden pro Tag frei gestalten**."[1039]

Bedenkt man, dass der Tag immer nur 24 Stunden hat, so fällt ins Auge, dass die Studie die Nachtruhe mit zur frei zu gestaltenden Zeit gezählt haben muss. Es handelt sich bei diesem Durchschnittswert von 15 Stunden somit nicht um Freizeit im engeren Sinne.

Obgleich es heutzutage weniger Fehlzeiten bei Erwerbstätigen gibt, hat die Zahl psychischer Erkrankungen in den letzten Jahren zugenommen.[1040] Interessant ist hierbei auch der Umstand, dass arbeitslose Menschen häufiger als Erwerbstätige krankgemeldet sind.[1041] Arbeit hat – so könnte die These lauten – mehr als eine ökonomische Funktion. Sie integriert oder segregiert Menschen in der Gesellschaft und ermöglicht die Teilhabe und aktive Mitgestaltung.

Auf die Wohnsituation oder die finanzielle Lage kann die Freizeitpädagogik keinen direkten Einfluss nehmen. Dafür bestehen vielfältige Ansatzpunkte im Bereich der Work-Life-Balance, der Gesundheit, des Gemeinsinns, des

---

1037 vgl. ebd., URL (2015b).
1038 Anlage zur Pressemitteilung des RKI vom 03.12.2015, S. 2. URL (2015).
1039 Website OECD: Better Life Index: Deutschland. URL (2015b).
1040 vgl. Anlage zur Pressemitteilung des RKI vom 03.12.2015, S. 3. URL (2015).
1041 vgl. ebd., S. 3. URL (2015).

Zivilengagement oder auch des Umwelt(schutzes) und der Bildung, die in Angeboten zur Freizeitpädagogik und Freizeitbildung berücksichtigt werden können.

Für die Freizeitpädagogik und -bildung ist das Konzept der Lebensqualität eine wichtige Leitlinie und schützt gegen eine zu starke Vereinnahmung und Verschulung des Lebens zugunsten der Idee des lebenslangen Lernens vor dem Hintergrund der Erwerbstätigkeit.

Obgleich Freizeit heute einen Bedeutungszuwachs erfahren und einen eigenen Stellenwert im Leben des Menschen gewonnen hat, kommt eine reflexive Freizeitbildung nicht umhin, alle vier Momente – Freizeit – Arbeit – Gesundheit – Lebensqualität kritisch zu hinterfragen und in ihren Angeboten – auf unterschiedliche Art und Weise – zu berücksichtigen.

5. Freizeit und Pädagogik: Einblick in die Historie

5.1 Bildung und Freizeit – ein Widerspruch oder konstituierende Bedingung?

Historisch betrachtet implizierte die Freizeit ein Zeitfenster, in welchem das Individuum aus den alltäglichen Notwendigkeiten freigesetzt war und eröffnete somit die Möglichkeit, sich (kulturell) zu bilden. In der Antike galt es als Privileg, sich bilden zu dürfen.

Kinderarbeit gehörte lange Zeit auch in Deutschland zur gesellschaftlichen Realität. Erst im Jahr 1839 wurde in Preußen ein „Regulativ über die Beschäftigung jugendlicher Arbeiter in Fabriken“ erlassen, das die Kinderarbeit eingrenzen sollte, da es an gesundem Nachwuchs für den Militärdienst mangelte. Durch das Regulativ war es untersagt, Kinder unter neun Jahren in Fabriken zu beschäftigen. Die Arbeitszeit von Kindern unter sechzehn Jahren wurde auf zehn Stunden am Tag eingegrenzt. Die Kinder sollten außerdem zumindest drei Jahre eine Schule besucht haben und des Lesens und Schreibens in der Muttersprache mächtig sein oder es in einer sogenannten „Fabrikschule“ lernen. Erst allmählich wurde die Bildungszeit auf drei, dann sechs Stunden am Tag ausgeweitet.[1042] Verbindlich wurde eine Allgemeine Schulpflicht erst durch die Weimarer Verfassung im Jahr 1919 eingeführt.

Global betrachtet haben nicht alle Kinder der Welt die Chance, sich schulische Bildung anzueignen. Viel zu früh müssen Kinder in einigen Ländern der Welt harte Arbeiten verrichten, um am Leben zu bleiben und eventuell auch ihre Familie zu unterstützen.

Obgleich es erfolgreiche Bestrebungen gibt, die Kinderarbeit weltweit einzudämmen, ist diese bislang immer noch Realität. Dabei sind in erster Linie die Bedingungen, unter denen viele Kinder arbeiten müssen, und vor allem die zeitliche Dimension, die die oftmals monotone und nicht selten gesundheitsgefährdende Arbeit im Alltagsleben der Kinder einnimmt, zu kritisieren. Diesen Kindern fehlt oftmals schlichtweg die Kraft und die *freie* Zeit, sich zu bilden. Meist wird die Gesundheit der Kinder dem ökonomischen Nutzen anderer geopfert. Terre des Hommes führt daher eine explizite Unterscheidung zwischen

---

1042 vgl. Website ZeitSpurenSuche.de: Kinderarbeit im 18./19. Jahrhundert. URL (2014).

Kinderarbeit und „ausbeuterische Kinderarbeit“[1043] an. Zu letzterer wird nach der International Labour-Office[1044]-Konvention folgendes gezählt:

- „Sklaverei, Zwangsarbeit, Schuldknechtschaft
- Arbeit von Kindern unter 13 Jahren
- Kinderprostitution und -pornografie
- Einsatz von Kindern als Soldaten
- Illegale Tätigkeiten
- Arbeit, die die Gesundheit, die Sicherheit oder die Sittlichkeit gefährdet“[1045]

Obgleich durchaus rückläufig, so ist die Kinderarbeit weltweit noch lange nicht bekämpft. So wurde für das Jahr 2012 davon ausgegegangen, dass weltweit jedes zehnte Kind zwischen 5- und 17-Jahren von Kinderarbeit betroffen war, d.h., rund 168 Millionen Kinder.[1046] Auch für das Jahr 2017 geht die „International World Labour Organization“ von schätzungsweise 152 Millionen Kindern aus, die von Kinderarbeit betroffen sind.[1047] Unicef schätzt die Anzahl der von Kinderarbeit betroffenen Kinder im Jahr 2023 weltweit sogar auf 160 Millonen (!).[1048]

Wie bereits im dritten Kapitel aufgezeigt wurde, galt die Mußezeit in der Antike als Privileg der freien Bürger. Erst durch die Freisetzung aus den existenziellen Arbeitsprozessen ergab sich die Möglichkeit, sich philosophischen Fragen zuzuwenden und sich zu bilden, um so auch im öffentlichen Bereich in Erscheinung zu treten. Insofern kann hier Freizeit als eine konstituierende – aber keine hinreichende Bedingung für Bildung betrachtet werden. Der einzelne Mensch muss die Chance ergreifen und in Kontakt zur (Mit-)Welt treten, um sich zu bilden.

Anthropologisch betrachtet, beginnt der menschliche Bildungsprozess nicht erst mit der Schulzeit oder direkter Instruktion. Niemand wird leugnen, dass Kinder in den ersten Jahren ihres Lebens ganz viel lernen – sicherlich nicht immer das, was aus der Perspektive der Erzieher wünschenswert erscheint.

1043 Website terres des hommes: Kinderarbeit – Daten und Fakten. URL (2017).

1044 siehe weiterführend: International Labour Office, International Programme on the Elimination of Child Labour (IPEC) 2013. URL (2017).

1045 Website Terre des Hommes. URL (2017).

1046 vgl. Bundeszentrale für politische Bildung 2017. URL (2018).

1047 International World Labour Organization 2017, S. 5. URL (2019).

1048 Vgl. UNICEF zum Welttag gegen Kinderarbeit am 12.6.2023. URL (2024).

In Gesellschaften und zu Zeiten, in denen Bildung nicht allen Menschen als allgemeines Recht zugestanden wird, wird Bildung meist *nicht* mit dem Begriff „Freizeit" assoziiert.

Es kommt leicht zu einer verkürzten Sicht von Freizeit, die als Kontrast zur Arbeit (belegt mit Konnotationen wie Mühe, Plage, Anstrengung) mental repräsentiert wird und somit im Widerspruch zur Bildung steht, da diese auch an Mühe und Anstrengung erinnert. Letztlich ist diese Trennung ein sozio-kulturell geprägtes Konstrukt und artifiziell.

Zum einen wird hierbei Bildung in einem verkürzten Verständnis mit Lernen und der Wissensaneignung gleichgesetzt. Der schulische Kontext – wie vielfach auch jener der Fort- bzw. Weiterbildung – repräsentiert einen Lebensbereich, in dem es darum geht, sich zu qualifizieren und Leistung zu zeigen. Sowohl die Schule als auch Einrichtungen der beruflichen Weiterbildung entsprechen daher im subjektiven Erleben nicht der Freizeit, sind doch die Freiheitsgrade des einzelnen durch formale Vorgaben stark eingeschränkt.

Betont sei hier noch einmal, dass die Trennung von Bildung und Freizeit artifiziell ist und einem verkürzten Bildungsverständnis entspricht, das lediglich formale Lernprozesse fokussiert. Der Bildungsprozess eines Menschen vollzieht sich in *allen* Lebensbereichen und ist nicht auf bestimmte Institutionen beschränkt.

Diese Sichtweise ist keineswegs neu in der Pädagogik. Bereits Jan Amos Comenius (1592–1670), dessen Lebensgeschichte ebenso durch den Glauben der Böhmischen Brüderunität wie durch den Dreißigjährigen Krieg geprägt war, bezog in seine pädagogischen Überlegungen die Freizeit und Gesundheit mit ein und verfolgte eine lebenslaufbezogene Perspektive. Mit seiner „Pansophie" und „Pampaedia", seiner „Großen Didaktik" und seinem „Informatorium der Mutterschul" etc. beeinflusste er Generationen von Pädagogen. Das Kind, ja und der Mensch an sich, erfahren in seinem Denken eine Aufwertung gegenüber dem kirchlich tradierten Bild der Erbsündhaftigkeit. In dem freizeitpädagogischen Diskurs wird er bislang zwar erwähnt, aber eher marginal gewürdigt, was seinem Stellenwert in der Erziehungswissenschaft nicht gerecht wird.

Fritz Klatt wird als Begründer der Freizeitpädagogik im deutschsprachigen Bereich angesehen. Im Vergleich zu Comenius betrachtet er die Arbeitswelt seiner Zeit weitaus negativer und fordert eine Freizeitpädagogik als Korrektiv und Ergänzung der zu seiner Zeit etablierten Bildungslandschaft.

Exemplarisch soll im Folgenden ein differenzierter Einblick in die Denkweise beider Pädagogen gegeben werden. Im Anschluss daran wird die Verwobenheit der Freizeitbildung mit der Gemeinwesen-Entwicklung und sozialen Arbeit anhand des Konzeptes der Soziokulturellen Animation aufgezeigt.

5.2 Jan Amos Comenius: Anwalt einer vernünftigen Lebensordnung

Vordergründig betrachtet scheint Jan[1049] Amos Comenius eher weniger mit dem Themenbereich der Freizeitpädagogik zu tun zu haben. In einschlägigen Werken findet sich lediglich ein kurzer Verweis auf ihn.

Eine genauere Studie seiner Werke lässt deutlich werden, dass Comenius über ein umfassendes Konzept einer vernünftigen Lebensordnung verfügt, die Arbeit und Freizeit im ***Lebens***kontext der Menschen betrachtet. Sein Glaube prägte sein Weltbild und seine anthropologische Sichtweise.

Die traumatischen Erfahrungen des Dreißigjährigen Krieges beförderten ein akribisches und unermüdliches Suchen nach (göttlichen) Ordnungsstrukturen, die den Menschen sicher durch das „Labyrinth der Welt" geleiten sollten. Grundlage hierzu bilden der christliche Glaube und die Hoffnung, dass (pansophische) Bildung der Schlüssel zum Frieden darstellt.

Um sein Werk verstehen und einordnen zu können, ist es wichtig, seinen biografischen Lebensweg und die historischen Kontextbedingungen zu kennen. Zudem bietet auch die Auseinandersetzung mit Biografien einen Impuls für Prozesse der Selbstbildung.

5.2.1 Zum Welt- und Menschenbild bei Comenius: Bildsamkeit als Gabe Gottes

Comenius kann als Ahnherr der modernen Erziehungswissenschaft und Didaktik bezeichnet werden, als „Mann der Sehnsucht"[1050], der den Gedanken Europas in seinen Mahnungen zu Frieden vorwegnahm und eine ***Bildung für alle Menschen*** forderte. Dabei verstand er sich stets als Theologe, bemüht, die Weisheit Gottes zu erkennen, und für eine **humanere Weltordnung und Bildung** fruchtbar zu machen.

Seine Überlegungen zur Freizeit sind in diesen Gesamtkontext einzuordnen, keines seiner Werke befasst sich dezidiert mit der Thematik „Freizeit". Doch zunächst ist es wichtig, sein Welt- und Menschenbild zu verstehen, bevor sein Bildungsverständnis expliziert und in Zusammenhang mit der Freizeit gebracht werden kann.

1049 Jan: niederländlisch für Johann.
1050 Comenius 1668/2014, S. 672.

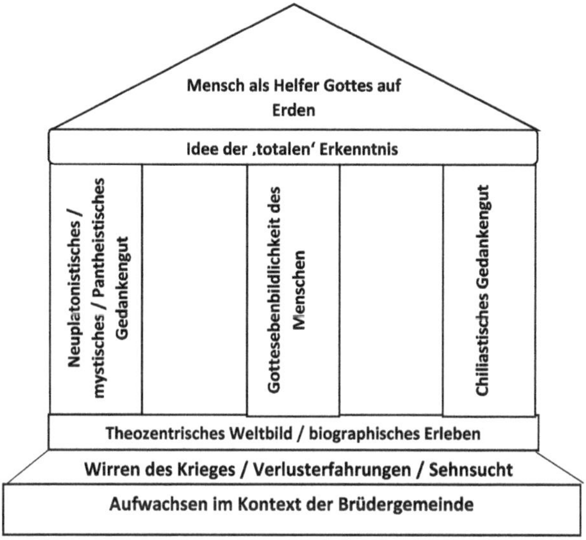

Abb. 26: Zur (Genese der) Gedankenwelt des Jan Amos Comenius' (eigene Darstellung)

Beeinflusst wird Comenius in seinem Denken nicht nur durch die Bibel (Bibelweisheit) und die Brüdergemeinde oder seine Professoren, sondern auch durch andere Wissenschaftler (insbesondere Wolfgang Ratke, Lubin und Bodinius im Bereich der Didaktik, Francis Bacon im Bereich der Erkenntnistheorie/Sensualismus) seiner Zeit sowie geistigen Strömungen wie den Mystizismus, den Neuplatonismus und den Renaissance-Humanismus.[1051] Alles Wirken des Menschen auf Erden ist letztlich auf Gott ausgerichtet, aber dennoch selbstbestimmt. Der Mensch wird – in der Traditionslinie des Renaissance-Humanismus – als vernunftbegabtes Wesen erkannt, welches von Gott alles mit auf den Lebensweg bekommt, seine Potenziale aber erst entwickeln muss.

Sich zu bilden, gehört damit zu den Aufgaben eines gottesfürchtigen Menschen.

Der Mensch wird als **Mikrokosmos** gesehen, der dem **Makrokosmos** entspricht und dem das „Urbild Gottes" als „Schlüssel zu allen Dingen des Universums"[1052] innewohnt. Gott steht im Zentrum seines Denkens und ist der

1051 vgl. Arnhardt 1996, S. 63–94.
1052 Arnhardt 1996, S. 77.

Urgrund allen Lebens. Comenius anthropologische Sicht wird *nicht* dominiert durch den Gedanken der Erbsündhaftigkeit, sondern er betont die Gottesebenbildlichkeit des Menschen. Er begründet diese mit 1. Mose 1,26[1053] und konkludiert in der „Böhmischen Didaktik“:

- „Der Mensch ist ein vernünftiges Geschöpf, fähig die Absicht Gottes zu vernehmen.
- Der Mensch ist Herr über andere Geschöpfe, fähig, Absichten Gottes vernünftig zu gebrauchen.
- Der Mensch ist Ebenbild Gottes, sein Mitstreiter auf Erden.“[1054]

Durch die Gottesebenbildlichkeit ist der Mensch dazu befähigt, die Weisheit und den Willen des Schöpfers auf Erden zu vernehmen. Dieser zeigt sich in der Natur, der Bibel und der Wissenschaft. Sich zu bilden, d.h., sich zu seiner Menschlichkeit emporzuheben, ist Verpflichtung gegenüber Gott[1055], ermöglicht aufgrund Gottes Gnade.

> „Ebenbild Gottes zu sein heißt endlich: die Vollkommenheit seines Urbildes lebendig darstellen, wie er selbst sagt: ‚Ihr sollt heilig sein, denn ich bin heilig, der Herr, euer Gott‘ (3. Mos. 19,2). (…) Daraus ergeben sich als echte Erfordernisse des Menschen, daß er 1. Aller Dinge kundig, 2. Der Dinge und seiner selbst mächtig sei, 3. Auf Gott als auf die Quelle aller Dinge sich und alle Dinge zurückführe. Wenn wir nun diese drei Erfordernisse mit drei allgemein bekannten Worten bezeichnen wollen, so werden wir dafür setzen:
> I. Die Bildung (eruditio),
> II. Die Tugend oder Sittlichkeit (virtus seu mores honesti),
> III. Die Religiosität oder Frömmigkeit (religio seu pietas).“[1056]

Pansophische Bildung ist somit mehr als die Ansammlung von Wissen oder die Bildung des Individuums für sich selbst.[1057] Comenius präzisiert dies:

> „Wir wollen, daß alle Menschen Pansophoi werden ‚daß alle das wahre Wissen vom Ganzen erlangen‘, d.h.: I. daß sie Einsicht gewinnen in die Gliederung der Sachenwelt, der Gedanken und der Rede; II. daß sie die Ziele, die Mittel und die Vollzugsweisen der eigenen und der fremden Handlungen verstehen; und III. daß sie das Wesentliche vom Beiläufigen, das Gleichgültige vom Schädlichen unterscheiden können, wenn ihre Handlungen, Gedanken und Reden mannigfaltig sich ausbreiten und verschlingen; und weiter, daß sie ein Abschweifen ihrer eigenen und der fremden Gedanken,

1053 vgl. Comenius 1961, S. 67.
1054 zit. n. Arnhardt 1996, S. 78; vgl. Schaller 1985, S. 228.
1055 Comenius 1965, S. 33.
1056 Comenius 1961, S. 68.
1057 vgl. Arnhardt/Reinert 1996, S. 27.

> Reden und Taten verstehen. - - Wenn nämlich alle Menschen von Grund auf über das All belehrt würden, wären sie wahrhaft weise, und die Welt wäre voll Ordnung, Licht und Frieden."[1058]

Das Ziel der menschlichen Bildung und Entwicklung liegt außerhalb des irdischen Lebens bei Gott. Comenius sieht das menschliche Leben auf der Erde als Vorbereitung auf „die letzte Bestimmung des Menschen die ewige Seligkeit in der Gemeinschaft mit Gott" an. Alles kommt von Gott und fließt zu Gott im Sinne der Emanationslehre zurück.[1059]

Gerhard Arnhardt resümiert daher:

> „Durch die Einbeziehung von Erkenntnissen des mystisch-neuplatonistischen Pantheismus, durch die Bezüge zur Lichtmystik fand J. A. Comenius zu einer organischen Naturbetrachtung aus der Harmonie von Mikro- und Makrokosmos. Diese dialektische Deutung des Seins führt zur endgültigen Überwindung der spätscholastischen Weltsicht, weil dem Subjekt ohne Vorbehalte zugestanden wurde, sich die Totalität des Seienden anzueignen."[1060]

Trotz all der Schicksalsschläge, die Comenius in seinem Leben widerfahren sind, verliert er nie den Glauben an Gott und – so könnte ergänzt werden – den Glauben an den Menschen und dessen Bildsamkeit.

Die Zustände auf der Welt seiner Zeit, bedingt durch Seuchen und den Dreißigjährigen Krieg, erklärt sich Comenius damit, dass die Welt, so wie sie sich ihm zeigt, nicht dem Willen Gottes entsprechen kann. Er deutet die Missstände nicht als Strafe Gottes, sondern als Ergebnis des Verfalls von Philosophie, Religion und Politik".[1061]

Bildung wird ihm der Schlüssel zur Verbesserung der menschlichen Verhältnisse und Fundament eines friedvollen Miteinanders der Völker und Konfessionen.

Ohne Bildung sieht er den Menschen als wild und roh an, doch die „Samen der Wissenschaft, der Sittlichkeit und Religiosität gibt die Natur"[1062] und diese stammt von Gott.

Der Mensch bedarf der (Erziehung und) Bildung, um zu seiner Menschlichkeit zu gelangen.

1058 Comenius 1965, S. 21.
1059 vgl. Arnhardt 1996, S. 78.
1060 Arnhardt 1996, S. 78.
1061 vgl. Comenius 1992, S. 36; vgl. Arnhardt/Reinert 1996, S. 14.
1062 Comenius 1961, S. 81.

> „Der Mensch muß, wenn er zum Menschen werden soll, gebildet werden.“[1063]

Hierbei zitiert er Platon, der in dem Werk „De legibus“ (IV) feststellt:

> „Der Mensch ist das zahmste und göttlichste Wesen, wenn er durch die richtige Zucht gezähmt worden ist; hat er aber keine oder eine falsche erfahren, so ist er das wildeste von allen, welche die Erde hervorbringt.“[1064]

Er fordert daher eine alles umfassende Bildung für *alle* Menschen – und zwar vom „ersten Lebenszeitalter“[1065] an – gleich ob arm oder reich, begabt oder minder begabt, männlich oder weiblich.[1066]

Comenius insistiert darauf, dass Gott dem Menschen die Jugend geschenkt hat als zentrale Lebensphase der Bildung, die wiederum in Handlungskompetenz münden soll.[1067]

> „Damit der Mensch zur Menschlichkeit gebildet werden kann, hat ihm Gott die Jahre der Jugend eingeräumt, in denen er, für das übrige ungeeignet, nur für die Ausbildung tauglich sein soll.“[1068]

Die (teilweise) Freistellung aus dem alltäglichen Arbeitsprozess schafft den Freiraum zur Bildung in Wissenschaft/Kunst, Frömmigkeit und Sittlichkeit. Doch erst der harmonische Zusammenklang von Theorie – Praxis und Chresis ermöglicht die Entfaltung der Menschlichkeit und führt zur vernünftigen (gottgewollten) Lebensordnung. Hierzu ordnet Comenius die Welt in „acht Welten“ und sieht die Welt selbst dementsprechend als Schule an. Diese Stufenfolge kann ebenso als Symbolisierung des biologischen Prozesses betrachtet werden wie als Symbolisierung des Sozialisations- und Enkulturationsprozess.[1069]

1063 ebd., S. 81.
1064 Platon zit. nach: Comenius 1961, S. 84.
1065 Comenius 1961, S. 86.
1066 vgl. ebd., S. 84ff.
1067 vgl. ebd., S. 86.
1068 Comenius 1961, S. 88.
1069 vgl. Petersen/Priesemann 1996, S. 44.

	Ordnung der Welten	Ordnung der Schulen
1.	Die mögliche Welt	Die Schule des vorgeburtlichen Werdens
2.	Die archetypische Welt	Die Schule der Kindheit
3.	Die Welt der Engel	Die Schule der Knabenzeit
4.	De Welt der Natur	Die Schule der Adoleszenz
5.	Die Welt der Kunst	Die Schule des jungen Mannesalters
6.	Die Welt der Moral	Die Schule der Manneskraft
7.	Die Welt des Geistes	Die Schule des Greisenalters
8.	Die Welt der Ewigkeit	Die Schule des Todes.

Abb. 27: Einteilung der Welt und Lebenszeit[1070]

Comenius sieht somit nicht nur die ganze Welt als Schule des Lebens an, sondern strukturiert auch den menschlichen Lebenslauf nach Entwicklungsphasen. Den Bildungsprozess bestimmt er als lebenslange Aufgabe des Menschen, der Terminus Schule wird hierbei im weiten Sinne gebraucht, daher konstatieren Jörg Petersen und Gerhard Priesemann:

„Der Sinn des Wortes Schule wird dabei freilich doppelt genommen:

1. ist die ganze Welt für jeden Menschen eine dauernde Schule, jeder Mensch für jeden anderen ein Lehrer;
2. gibt es spezielle Schulen, die nach Funktionen getrennt sind. Sie reichen von der Geburt bis in die Zeit nach dem Tod. Das öffentliche Schulwesen ist nur wieder ein Teil davon.“[1071]

Als Schul- und Studienzeit im eigentlichen Sinne wird nur die Zeitphase vom sechsten bis zum 24. Lebensjahr betrachtet:

1. Die Muttersprachschule vom 6. bis 12. Lebensjahr
2. Die Lateinschule vom 12. bis 18. Lebensjahr
3. Die Akademie (Studienzeit) vom 18. bis 24. Lebensjahr.[1072]

Die durch die sinnliche Erfahrung zugängliche Welt ist ihm ein fundamentales Bildungsgut, obgleich er „Buchwissen“ durchaus schätzt, orientiert er sich an der sinnlichen Welt als Erkenntnisquelle.

> „Die Menschen müssen in der Weisheit so viel als möglich nicht aus Büchern belehrt werden, sondern aus Himmel und Erde, Eichen und Buchen, d.h. die Dinge selbst kennenlernen und durchforschen, nicht nur fremde Beobachtungen und Zeugnisse über

1070 vgl. ebd., S.43.
1071 Petersen/Priesemann 1996, S. 40.
1072 siehe weiterführend: Comenius 1961; Kap. 29; Kap. 30; Kap. 31.

die Dinge. Und das wird soviel heißen, als wieder in die Fußstapfen der alten Weisen treten, wenn die Kenntnis anderswoher als aus dem Urbild (archetypus) der Dinge selbst geschöpft wird. Es möge also das Gesetz gelten,

I. alles aus den unwandelbaren Ursprüngen (principia) der Dinge abzuleiten,
II. nichts durch bloße Autorität, alles durch sinnlichen und vernünftigen Nachweis,
III. nichts bloß nach der analytischen, alles vielmehr nach der synthetischen zu lehren."[1073]

Durch die Betrachtung der Welt kann der Mensch quasi Gottes Willen und Ordnung erkennen und diese vollenden.

Um zu seiner Menschlichkeit (die die Gottesebenbildlichkeit anstrebt) zu gelangen, muss der Mensch sich aktiv um seine Vervollkommnung bemühen.

„Die Samen des Wissens, der Tugend und des Glaubens legt, wie wir sahen, die Natur. Wissen, Tugend und Glauben selbst aber schafft sie nicht – die werden durch Beten, durch Lernen und durch Tätigkeit erworben."[1074]

Menschliches Leben beginnt für Comenius – und hier ist er seiner Zeit voraus – nicht erst mit der Geburt, sondern er bezieht im seinem „Informatorium. Der Mutterschul" die pränatale Phase in seine Überlegungen mit ein. Auch in der „Didactica magna" geht er von einem „dreifachen Leben" des Menschen aus:

„(...) Dreifach ist also für jeden von uns das Leben und die Wohnung des Lebens eingerichtet: der Mutterleib, die Erde, der Himmel. (...) Jenes erste Leben ist die Vorbereitung auf das zweite, das zweite auf das dritte, das dritte geht in sich selbst auf ohne Ende. (...) Die erste und zweite Wohnung sind also Werkstätten vergleichbar; in der ersten wird der Laib für das folgende Leben gebildet, in der zweiten aber die mit Verstand begabte Seele für das ewige Leben; die dritte Wohnung schließlich wird beiden die eigentliche Vollendung und den Genuß bringen."[1075]

Die den Menschen umgebende sichtbare Welt spiegelt die „unendliche Macht, Weisheit und Güte Gottes"[1076] wider, und Comenius sieht sie als „Pflanzstätte", „Vorratskammer" und „Schule"[1077], die dem Menschen gegeben wurde, damit er sich vervollkommnen kann. Auf seinem Lebensweg soll sich der Mensch „Bildung, Tugend und Frömmigkeit (eruditio, virtus, pietas) "[1078] aneignen. Erst

1073 Comenius 1961, S. 166.
1074 Comenius. J.: Panorthosia. Kap.6, S. 45, zit. n. Ballauf/Schaller 1970, S. 180.
1075 Comenius 1961, S. 63.
1076 ebd., S. 65.
1077 ebd., S. 65.
1078 ebd., S. 100.

diese Trias entspricht der Verantwortung, sich auf Erden um die Ebenbildlichkeit Gottes zu bemühen.

> „Wie also jene Fähigkeiten (Verstand, Wille und Gewissen) nicht auseinander gerissen werden können, weil sie ein und dieselbe Seele ausmachen, so dürfen auch jene drei Zierden der Seele, Bildung, Tugend und Frömmigkeit, nicht auseinandergerissen werden.“[1079]

Die Grundlagen hierzu hat Gott dem Menschen gegeben, um die Entfaltung selbiger muss sich der Mensch aktiv bemühen. Comenius fordert hierzu entsprechende Lehrwerke und Bücher, die – in heutiger Sprache – auch formale Bildung ermöglichen:

> „Unsere künftigen neuen Bücher sollen nur Schlüssel und Hinführung zu den Büchern Gottes sein: zur Natur, zur Hlg. Schrift und zur Werkstatt des eigenen Denkens.“[1080]

5.2.2 Zum Stellenwert von Arbeit und Freizeit im Denken des Comenius

Comenius geht von einem inneren Antrieb zur Arbeit und zum Wissenserwerb aus, der die Anwendung von Gewalt im Erziehungs- und Bildungsprozess weit gehend obsolet macht, wenn dieser richtig angeleitet wird.

> „Eingepflanzt ist dem Menschen das Verlangen nach Wissen und die Fähigkeit, nicht nur Arbeiten zu ertragen, sondern auch der Trieb zur Arbeit. Das zeigt sich schon im Kindesalter und begleitet uns durch unser ganzes Leben. Denn wer begehrt nicht, immer etwas Neues zu hören, zu sehen, zu treiben? Wem ist es nicht täglich eine Lust, irgendwohin zu gehen, sich mit jemandem zu unterhalten, nach etwas zu fragen, etwas wiederzuerzählen? Die Sache verhält sich überhaupt so: Die Augen, die Ohren, der Tastsinn, der Verstand selbst suchen immer nach Nahrung, gehen immer aus sich heraus; und nichts ist einer lebendigen Natur so unerträglich wie Ruhe und Stumpfheit.“[1081]

Wie anhand des Zitates ersichtlich wird, gebraucht Comenius hier einen weit gefassten Arbeitsbegriff, der als Aktivität interpretiert werden kann. Deutlich wird die Favorisierung der Vita activa gegenüber der Vita contemplativa, da sich bei Comenius der Glaube im Handeln widerspiegeln soll.

Wichtig ist Comenius, dass Müßiggang („Residenz des Teufels“[1082]) vermieden wird. Daher ist die kindliche Aktivität pädagogisch zu führen. Kinder

---

1079 ebd., S. 99.
1080 ebd., S. 155.
1081 Comenius 1961, S. 73.
1082 Comenius 1965, S. 83.

sollen frühzeitig daran gewöhnt werden, zielorientiert zu agieren und Aufgaben guter Stimmung zu übernehmen. Zugleich soll ihr Spiel und ihre Bewegungslust unterstützt werden, solange sie „nichts Ungehöriges" oder Gefährliches tun.[1083]

Innerhalb der „Didactica magna" stellt er nicht nur die Grundsätze des „leichten, sicheren und angenehmen Lehrens und Lernens" vor, sondern entwirft auch ein Schul- und Unterrichtswesen, wie es zu seiner Zeit (und vielfach auch heute noch nicht) nicht besteht. Schulen weist er die Aufgabe zu, „Werkstätten der Menschlichkeit"[1084] zu werden. Neben didaktischen Grundsätzen macht sich Comenius auch daran, die Ziele, Methoden, Lehrgegenstände, die Räume und Zeiten systematisch zu ordnen.[1085] Dabei wird keine strikte Trennung zwischen Schule und Freizeit vorgenommen, sondern er fordert, dass Schule letztlich zu einem verlockenden Ort wird, dem Gewalt möglichst fern ist.

> „Die Schule selbst soll eine liebliche Stätte sein, innen und außen eine Augenweide. (…) Draußen sei bei der Schule zunächst ein freier Platz zum Spazierengehen und gemeinsamen Spiel, (…), aber auch ein Garten, wohin man sie bisweilen schicken kann und wo man ihre Augen sich am Anblick der Bäume, Blumen und Kräuter weiden lassen soll."[1086]

Spielerisch soll das Kind an die zukünftigen Aufgaben im Erwachsenenalter, an die Arbeitswelt herangeführt werden, damit es diese auch mit Freude erfüllen kann. Seinem Bildungsbegriff ist somit eine praktisch-ästhetische Dimension inhärent.

> „Am schönsten aber wird sich doch die ganz und gar praktische und angenehme Arbeitsmethode auswirken, durch die die Schule wahrhaftig ein Spiel wird, ein liebliches Vorspiel des ganzen Lebens. Das wird erreicht, wenn alle im Leben notwendigen Arbeiten auf eine kindliche Form zurückgeführt werden, nicht nur um sie verständlich zu machen, sondern auch der Freude wegen. Alle Arbeiten sollten daher mit solchen Beschäftigungen verbunden werden, an diesen man in diesem Alter nur Freude haben kann."[1087]

Comenius hat *keine* dualistische Sicht auf Spiel und Arbeit oder Freizeit und Arbeit. Bildung wird ganzheitlich verstanden und soll sach- und naturgemäß erfolgen, d.h. sowohl sachlogisch im Sinne eines Spiralcurriculums aufgebaut sein als auch entwicklungspsychologischen Grundsätzen entsprechen, um es

---

1083 vgl. ebd., S. 83.
1084 Comenius 1961, S. 97.
1085 vgl. ebd., S. 143.
1086 ebd., S. 149.
1087 Comenius 1965, S. 137.

in den heutigen Sprachduktus zu übersetzen. Sie vollzieht sich daher in allen Lebensbereichen und -phasen, jedoch wird der natürliche Antrieb und die Fähigkeit zu lebenslangem Lernen durch die richtige Didaktik in einem institutionalisierten, schulischen Bildungsprozess unterstützt.

> „(…) Die Kunst des Lehrens erfordert also lediglich eine kunstgerechte Anordnung von Zeit, Stoff und Methode."[1088]

Selbst die eigentlichen Schulstunden pro Tag möchte er begrenzt wissen, damit dem kindlichen Geist keine Gewalt angetan wird.[1089] Hierzu legt Comenius ganz dezidiert das Pensum fest, erhofft sich dabei, dass die Kinder trotzdem durch seine Didaktik und eine systematische Lehrmethode mehr Lernen und besser für das irdische und himmlische Leben gerüstet werden, als es bis dahin der Fall war.

> „So muß die Lehrmethode notwendig Perioden der Arbeit und Ruhe mit bestimmten Pausen für angemessene Erholung haben. Sie hat bekanntlich ein Jahres-, Monats-, Tages- und Stundenpensum; und wenn dieses nur recht eingehalten wird, so muß jedenfalls jede Klasse ihren Kreis durchlaufen und so jede Klasse ihr Jahresziel erreichen. Mit gutem Grunde läßt sich empfehlen, täglich nur vier Stunden dem öffentlichen Unterricht zu widmen, zwei vormittags und ebensoviel nachmittags. Wenn man von diesen den Samstagsnachmittag freigibt und den Sonntag ganz dem Gottesdienst widmet, so kommen wöchentlich 26 Stunden zusammen, jährlich (wenn man eine entsprechende Zeit für die Ferien freiläßt) etwa 1000 Stunden; und wieviel kann darin gelehrt und gelernt werden, wenn man nur immer methodisch vorgeht!"[1090]

Comenius begrenzt sich bei seinen Ordnungsversuchen nicht nur auf die Schule, sondern nimmt eine Strukturierung der Lebenszeit des Menschen vor:

> „(…) Der natürliche Tag hat 24 Stunden; wenn wir sie für den Gebrauch des Lebens durch drei teilen, werden acht Stunden dem Schlaf zufallen, ebensoviel den äußeren Geschäften (nämlich der Sorge für die Gesundheit, der Mahlzeit, dem An- und Auskleiden, einer rechtschaffenen Erholung, der Plauderei mit Freunden usw.); für ernstliche Arbeiten, die nunmehr munter und ohne Überdruß erledigt werden können, werden acht Stunden übrig bleiben. In jeder Woche, wird man also (wenn der siebente Tag vollständig der Ruhe verbleibt) 48 Stunden für die Arbeit haben, in jedem Jahr 2496; wieviel Stunden werden das nicht in zehn, zwanzig, dreißig Jahren sein!"[1091]

1088 Comenius 1961, S. 120.
1089 vgl. ebd., S. 154.
1090 ebd., S. 292.
1091 ebd., S. 131.

Somit findet sich bereits bei Comenius die Forderung nach einem geregelten Achtstundentag und eine 48-Stunden-Woche. Deutlich spricht sich Comenius für freie Zeiträume des Menschen am Tag aus, die nicht nur dem Schlaf, sondern auch der Selbstsorge, den sozialen Kontakten und der Erholung dienen. Dies könnte zwar dahingehen interpretiert werden, dass er Freizeit und Arbeit als Antipoden sieht und Freizeit nur als Regenerationsphase definiert, doch bei genauerer Betrachtung bezieht er seine Überlegungen auf die Lebenszeit und das Entwicklungsziel des Menschen. Dabei grenzt er nicht nur die Arbeitszeit ein, sondern fordert Freiräume für alle Menschen.

Den rechten Umgang mit der Lebenszeit betrachtet er als Fundament der Weisheit.

> „Grundlage der Weisheit ist eine weise Einteilung der Zeit. Nur der erringt vollständige Weisheit, der es versteht, seine ganze Lebenszeit weise einzuteilen."[1092]

Doch wer nun annimmt, Comenius opfere die Gegenwart des Menschen der Zukunft, der irrt. Nur bei der Berücksichtigung der Bedürfnisse des Menschen ist die Vollendung des Menschen möglich. In seiner Pampaedia spricht Comenius dem Menschen folgende Bedürfnisse, ja Rechte zu:

> „Jeder, der als Mensch geboren wurde, verlangt aus ureigenstem Antrieb seiner Natur danach
>
> I. zu sein, d.h. zu leben,
> II. kräftig zu leben, d.h. sich einer festen Gesundheit zu erfreuen,
> III. wachen Sinnes durch die Welt zu gehen, d.h. zu wissen um das, was ihn umgibt,
> IV. lichtvoll zu sein, d.h. aus seinen Gründen zu verstehen, was er weiß,
> V. sich frei zu wissen, d.h. fähig zu sein, das erkannte Gute zu wollen und zu wählen, das Schlechte abzuweisen und zu verschmähen und über alles, sofern es in sein Ermessen gestellt ist, zu verfügen,
> VI. tätig zu sein, d.h. alles, was er als gut erkannt und auserwählt hat, auch wirklich ins Werk zu setzen; denn sonst ist alles Erkennen und Erwählen vergeblich,
> VII. vieles zu haben oder zu besitzen,
> VIII. alles, was er hat, auch sorglos zu gebrauchen und zu nutzen,
> IX. sich hervorzutun und Achtung zu genießen,
> X. möglichst redegewandt zu sein, um sein Wissen und seinen Willen den anderen rasch und eindringlich mitteilen zu können,
> XI. bei den Menschen beliebt zu sein und ihr Wohlwollen zu genießen, daß sie ihm nicht neidisch sein, sondern ein ruhiges, angenehmes und sorgloses Leben wünschen, und

1092 Comenius 1965, S. 121.

XII. einen gnädigen Gott zu haben; denn er ist seine größte Freude und die Gewißheit seiner Seligkeit."[1093]

Comenius Überlegungen übersteigern bei weitem eine wissenschaftliche Einzeldisziplin. Er ist Pansoph/Philosoph, Theologe, Pädagoge, Wissenschaftler in verschiedenen Bereichen. Sein Denken ist im wahrhaften Sinne umfassend. Insofern betrachtet er auch nicht die freie Zeit und Arbeit isoliert, schon gar nicht konnotiert er die Arbeit negativ. Vielmehr möchte er den Menschen den Weg zu einem glücklichen und erfüllenden Leben aufzeigen. Daher geht er auch auf die Fragen der Gesundheit ein.

5.2.3 Comenius Aufruf zur Verantwortung für die Gesundheit

Den Körper betrachtet Comenius als „Wohnstätte der Seele"[1094] und „Werkzeug"[1095] des Geistes. Hier zeigt sich somit eine deutliche Parallele zu John Locke (1632–1704), der in seinem Werk „Gedanken über Erziehung" eine gesunde Lebensführung als Grundlage für Bildung und Glückseligkeit sieht.

> „§ 1. Ein gesunder Leib und eine gesunde Seele sind die beiden Hauptstützen aller menschlichen Glückseligkeit hienieden. (…) Ein Geist, dem es an gehöriger Richtung und Bildung fehlt, wird nie den wahren Weg zur Glückseligkeit finden, so wie ein schwächlicher, ungesunder Körper nie große Fortschritte darauf machen wird."[1096]

Dabei geht John Locke fast noch dezidierter als Comenius auf die Gesundheitserziehung ein, allerdings sehr viel stärker unter dem Gesichtspunkt der Abhärtung, was im vierten Kapitel seines Werkes zur Erziehung sehr deutlich wird. Zudem favorisiert Locke – im Unterschied zu Comenius – die private Bildung und Erziehung.

John Locke gilt als Begründer des (theoretischen) Sensualismus („Nihil est in intellectu, quod non fuerit in sensu"), einem Zugang zur Welt, den Comenius durchaus als einen Ausgangspunkt seiner Bildungskonzeption nahm.

Auch für Comenius ist der Mensch zur Sorge um die eigene Gesundheit gegenüber Gott verpflichtet. Nur so kann er Gott als Helfer auf Erden dienen und sich auf das Leben bei Gott in der Ewigkeit vorbereiten. Er fordert daher, dass der Mensch seinen Körper vor Krankheiten und Unfällen schützen soll und mahnt zur Mäßigkeit in der Lebensführung.[1097]

1093 ebd., S. 55.
1094 Comenius 1961, S. 128.
1095 ebd., S. 128.
1096 Locke 1920.
1097 vgl. Comenius 1961, S. 128.

> „Es wird aber unser Körper durch eine mäßige Lebensführung in Kraft erhalten. (...). So bedarf auch der Köper der Nahrung, weil er ohne sie von Hunger und Durst ausgemergelt wird; aber das Übermaß muß vermieden werden, damit nicht das Verdauungsvermögen erschwert und geschädigt wird.“[1098]

Der Körper und die Sinne sind ihm Zugang zur Welt- und Gotteserkenntnis. So ist es nur konsequent, dass er die Sorge um die Gesundheit als erste Pflicht der Eltern – insbesondere der Mütter sieht – einschließlich der Forderung, dass Mütter ihre Kinder selbst stillen:

> „(...) soll das der Eltern erste sorge sein, daß sie ihre Kinder in gutter gesundheit erhalten.“[1099]
>
> „(...) Wenn das Kind nun zur welt gebohren ist, sollen die Eltern sein zartes Körperlein, neben warmen vnd weichen betlein, auch beqvemer nahrung versorgen. Vornemblich aber sol man darauff bedacht sein, daß eine jegliche Mutter selbst Mutter sey, vnd ihr fleisch nicht von sich stosse: das ist, was sie in ihrem leibe mit ihrem blut ernehret, se auch deme die von ihrem leib nach des Schöpfers ordnung kommende nahrung ihre milch nicht mißgönne.“[1100]

Zum Erhalt der Gesundheit mahnt er im „Informatorium. Der Mutterschul“ bereits die werdenden Mütter. Dabei geht es ihm nicht nur um die Gesundheit der Mütter, sondern ganz zentral um die des ungeborenen Lebens. Er bezieht die pränatale Entwicklungsphase in seine gesundheitsbezogenen Überlegungen ein. Dies erscheint ganz erstaunlich, bedenkt man, dass Comenius dies vor über 350 Jahren bereits als bedeutsam erkannte. So fordert er nicht nur, dass die werdende Mutter auf ihre Ernährung achten, sich vor Stürzen hüten und auch für Bewegung sorgen soll, sondern auch, dass sie negative Affekte wie Angst, Zorn oder zu große Sorgen meiden soll.[1101] Heute ist bekannt, dass sich Stresshormone auf die Entwicklung des Kindes auswirken[1102], eine Erkenntnis der pränatalen Forschung, die es zu Zeiten von Comenius so noch nicht gab. Nicht zuletzt befasst er sich im „Informatorium“ nicht nur mit dem frühkindlichen Bildungskanon, sondern auch mit der Ernährung und der körperlichen sowie seelischen Sorge um die Kinder in den frühen Lebensjahren. Darüber hinaus spricht Comenius bereits die Bewegung an. Comenius spricht auch von der Bedeutsamkeit der Freude und des Trostes, die kleinen Kindern zuteilwerden sollten.[1103]

1098 ebd., S. 128f.
1099 Comenius 1996, S. 434.
1100 ebd, S. 435.
1101 vgl. Comenius 1996, S. 434.
1102 siehe weiterführend: Ustorf 2012.
1103 vgl. Comenius 1961, S. 442. Siehe weiterführend auch: Rass 2014.

Konsequenterweise weist er der öffentlichen Schule als Bildungsinstitution den Auftrag zu, die Kinder zu einer gesunden Lebensführung zu befähigen:

> „Dadurch wird erreicht, daß jede öffentliche Schule I. eine öffentliche Stätte der Gesundheit wird, in der man lernt, gesund zu leben."[1104]

Die Sorge um die gesunde Lebensführung setzt er in dem Werk „Pampaedia" in der „Schule des Mannesalter" fort. Auch hier geht er auf Fragen eines glücklichen Lebens und der Gesundheit ein.

> „(...) Zu einem guten, d.h. glückseligen Leben gehört wenig. Wenn dir Ärzte fehlen, dann sollen folgende drei Dinge deine Ärzte sein: ein froher Geist, Ruhe und eine schickliche Lebensweise."[1105]

Anhand des Zitates wird deutlich, dass er hierbei nicht nur auf die körperliche Gesundheit Wert legt, sondern auch auf die psychische Verfassung.

5.2.4 Conclusio

Bereits Johann Amos Comenius sprach sich für die Rhythmisierung des Lebens aus, einer Strukturierung des Lebensalltags vor dem Hintergrund von Bildung und der Gesundheit bzw. einer gesunden Entwicklung in der Ontogenese.

Der Mensch, dessen Gottesebenbildlichkeit er betont, steht im Zentrum seiner pansophischen Überlegungen.

> „(...) Zunächst sind alle, die als Menschen geboren sind, zu dem Hauptzweck geboren, Mensch zu sein, d.h. vernünftiges Geschöpf, Herr der Geschöpfe, Ebenbild des eigenen Schöpfers. Daher sind alle so zu fördern, daß sie, in die Wissenschaften, die Tugenden, die Religion recht eingeweiht, das gegenwärtige Leben nützlich hinbringen, für das zukünftige aber würdig vorbereitet werden können."[1106]

Damit proklamiert er das ***Recht auf Bildung*** für jedes menschliche Wesen, unabhängig der sozialen Herkunft, der Geschlechtszugehörigkeit oder des Besitzstands. Dieses Recht impliziert zugleich die Verpflichtung der Obrigkeit und jedes Elternteils, Kindern Bildung zu gewähren.

Damit Bildung nicht zu einer (Be)Last(ung) wird, fordert er eine entsprechende Lehrkunst und leitet seine „Didactica magna" mit folgenden Zeilen ein:

1104 Comenius 1965, S. 127.
1105 Comenius 1965, S. 405.
1106 Comenius 1961, S. 94.

„Grosse Didaktik

Allgemeine Kunst, alle alles zu lehren

oder

zuverlässiges und erlesenes Verfahren, in allen Gemeinden, Städten und Dörfer irgendeines christlichen Reiches solche Schulen zu errichten, in denen die gesamte Jugend beiderlei Geschlechts ohne Ausnahme in den Wissenschaften unterwiesen, in guten Sitten erzogen, mit Frömmigkeit erfüllt und so in den Jugendjahren zu allem, was für das gegenwärtige und zukünftige Leben dienlich ist, angeleitet werden kann, und zwar

kurz, angenehm und gründlich,

wobei für alle gebotenen Vorschläge die G r u n d l a g e aus der ureigenen Natur der Sache geschöpft,

die R i c h t i g k e i t durch entsprechende Beispiele

aus dem Gebiet des Handwerks bewiesen,

die R e i h e n f o l g e nach Jahren, Monaten, Tagen und Stunden bestimmt,

endlich ein W e g gezeigt wird, sie leicht und sicher mit Glück zu verwirklichen.“ [1107]

Abb. 28: Auszug aus der Großen Didaktik des Comenius (Comenius 1657/1961, S. 35).

Im Kontrast zur damaligen (und vielfach auch noch zur heutigen) Schulwirklichkeit, möchte Johann Amos Comenius die Schule zum Spiel machen, leichtes, angenehmes und sicheres Lernen und Lehren ermöglichen. Ganz gemäß dem Barockzeitalter spielt die Suche nach Gesetzmäßigkeiten und Ordnung, ordnenden Strukturen – in denen sich Gottes Wille und Weisheit ausdrückt – eine zentrale Rolle.

Nach Jan Amos Comenius ist der menschliche Bildungsprozess indefinit, d.h. niemals abgeschlossen und impliziert lebenslanges Lernen, die ganze Welt ist ihm eine Schule (Gottes). So lautet auch die Überschrift zu Kapitel drei der „Didactica magna“:

> „Vitam hanc non nisi praeparatoriam esse aeternae“.[1107]

Begründet ist diese Sichtweise in seinem theozentrischen, pantheistisch-pansophischen Weltbild. Das Bildungsziel wird letztlich transzendiert, im Zuge

1107 Ballauf/Schaller 1970, S. 264.

der Emanationslehre kommt der Mensch von Gott und kehrt nach einem gottesfürchtigen Leben zu Gott zurück.

> „Diese Welt ist also nichts anderes als unsere Pflanzstätte, unsere Vorratskammer, unsere Schule. Daher gibt es ein Mehr-darüber-hinaus (plus ultra) (...), wohin wir, aus den Klassen dieser Schule entlassen, befördert werden sollen, nämlich in die ewige Akademie."[1108]

Die Wege, die er hierzu in seiner „Didactica magna" beschreibt, enthalten Weisheiten, die z.T. durchaus auch noch heute von elementarer Bedeutsamkeit sind. Andererseits muss manche Forderung im Kontext seiner Zeit betrachtet und im Zusammenhang mit seinem Welt- und Menschenbild interpretiert werden.

Jan Amos Comenius war ein Leben im weltlichen Frieden – als Glaubensexulant und Bischof der Brüderunität – zuzeiten des Dreißigjährigen Krieges nicht vergönnt. Bildung wird für ihn zum Schlüssel für die Verbesserung der menschlichen Verhältnisse, den Frieden und die Herstellung der göttlichen Ordnung auf Erden. Sein tiefer Gottesglaube – trotz aller Verlusterfahrungen – spiegelt sich in den Werken von Comenius wider und wird zu seinem wichtigsten Vermächtnis („Unum neccessarium"). Bis es annähernd zu einer Realisierung seiner visionären Ideen kommen sollte, vergingen noch lange Zeiten.

Weltweit betrachtet sind ganz zentrale Forderungen bis heute nicht erreicht:

- Schutz, Fürsorge und Wertschätzung aller Kinder als Kinder Gottes.
- Eine möglichst gewaltfreie Erziehung und Bildung.
- Eine Schule und Bildung für alle Menschenkinder dieser Erde.
- Lust und Motivation zu Lebenslangem Lernen und stetiger Vervollkommnung.
- Ein geregelter Achtstundentag und freier Sonntag für alle Menschen.
- Täglich acht Stunden frei verfügbare Zeit und acht Stunden Schlaf neben der Arbeit.
- Die Realisierung der Trias von Wissenschaft – Moral – Glaube.
- Die Vorbildwirkung der Christenheit durch eine friedvolle Politik.

Historisch betrachtet zählt Comenius durchaus zu den frühen Vertretern der Pädagogik, deren pädagogische Überlegungen sich nicht nur auf die Schule, sondern auch die außerschulischen Bildungsprozesse in der freien Lebenszeit bezogen. Überlegungen zur Gesundheit sind seinem Werk ebenso inhärent. In dieser Traditionslinie lassen sich auch August Hermann Francke (1663–1727),

1108 Comenius 1961, S. 65.

Jean-Jacques Rousseau (1712–1778), Johann Heinrich Pestalozzi (1746–1827) oder Friedrich Fröbel (1782–1852) anführen.

Den Begriff der „Freizeit“ kennt das Barockzeitalter noch nicht. So findet sich dieser Terminus auch nicht in den Schriften des Comenius. Er spricht dafür von „Pausen“, die er in seiner Bildungskonzeption systematisch bedenkt. Dem Reisen und der Kenntnis der Sprache und Kultur der anrainenden Länder spricht er friedenspolitisch eine hohe Bedeutung zu. Obgleich er entsprechend der christlichen Tradition Müßiggang verurteilt, gehören für Comenius freie Zeiten und Erholung zu seiner Konzeption von lebenslanger Bildung.

In der Zeit der Reformpädagogik sei vor allem auf Fritz Klatt verwiesen, der als Pionier der Freizeitpädagogik betrachtet werden kann.

5.3 Fritz Klatt – ein Wegweiser der Freizeitbildung

5.3.1 Zur Person und Wirkungsgeschichte Fritz Klatts

Unter historiografischer Perspektive ist es unabdingbar, sich mit Fritz Klatt zu befassen. Auf ihn wird in diversen Werken zur Freizeitpädagogik und auch zur Freizeitwissenschaft verwiesen.[1109] Die Darstellungen verbleiben meist sehr kurz resümierend und es findet kaum eine umfassendere Darstellung statt. Dabei wird auf ihn als Gewährsmann und Ahnherr der Freizeitpädagogik verwiesen. Insofern erscheint es durchaus legitim, sich Fritz Klatt einmal intensiver zu widmen. Dabei sollten nicht nur seine Werke, die er explizit zur Freizeitpädagogik verfasst hat, einbezogen werden. Eine Betrachtung im Gesamtkontext seiner Werke erlaubt ein vertieftes Verständnis und schützt vor Vereinnahmungstendenzen. Im Folgenden wird zunächst auf seinen biografischen Hintergrund eingegangen, dann auf sein Welt- und Menschenbild, seine Wahrnehmung von Arbeit und Freizeit, die Ziele seines freizeitpädagogischen Denkens und Handelns und letztlich auch auf seine gesundheitsbezogenen Überlegungen. Dabei wird deutlich, dass die Freizeitpädagogik eigentlich als Freizeitbildung gedacht wird und es ihm um weit mehr als eine amüsante Gestaltung der Freizeit geht. Eine Trias aus Gesundheitspädagogik, Freizeitpädagogik und Bildung ist bereits bei Fritz Klatt angedacht.

1109 vgl. Giesecke 1983; Nahrstedt 1993, S. 153–162.

5.3.2 Zur anthropologischen Sicht Fritz Klatts

Zum Welt- und Menschenbild bei Fritz Klatt

Die Rekonstruktion des Weltbildes und des darauf basierenden Menschenbildes auf nur wenigen Seiten ist nicht ganz einfach, soll es doch keine verzerrte Perspektive widerspiegeln und eine Geschlossenheit und Stringenz nachträglich herstellen, die in den Werken selbst so nicht vorliegt.

Fritz Klatts Texte sind sehr leidenschaftlich und emotional verfasst. Sie knüpfen an das Vorwissen und den Zeitgeist der damaligen Leser an. Er bezieht sich in seinen Schriften eklektisch auf Friedrich Nietzsche (1844–1900), Rainer Maria Rilke (1875–1926), Friedrich Hölderlin (1770–1843), Friedrich von Schiller (1759–1805), Hans Carossa (1878–1956), indem er Gedichtzeilen einbringt, auf einzelne Werke bezug nimmt oder auch einfach nur auf Ideen verweist. Von wissenschaftlichen Texten im heutigen Sinne kann bei den Werken Fritz Klatts nicht gesprochen werden. So gibt es weder ein Quellenverzeichnis noch werden Quellen exakt belegt.

Um seine Gedanken zur Freizeitpädagogik einordnen zu können, ist es dennoch wichtig, sein Welt- und sein Menschenbild zu kennen, wie es sich anhand verschiedener Werke abzeichnet.

Durch sein soziales Netzwerk (insbesondere den Kontakt zu Paul Tillich [1886–1965]) wird Fritz Klatt in den Kreis der religiösen Sozialisten[1110] eingereiht. Er verlässt in seinen Werken ein rein christlich geprägtes Weltbild.

Ein kurzer Einblick in die Gedankengänge von Paul Tillich (Mitglied der SPD), als führendem Vertreter des religiösen Sozialismus, vermag die Gedankengänge und Worthülsen Fritz Klatts zu erhellen, wobei auch betont werden muss, dass sich dieser selbst in seinen Werken nicht auf Paul Tillich, der hier auch einen Brückenschlag zur ‚Jungen Rechten' vornahm, beruft.

> „Klassenlose Gesellschaft bedeutet also nicht Gesellschaft ohne Macht des Ursprungs. Auch in der Gesellschaft, die der Sozialismus schaffen will, wirken der Boden, das Blut, die Gruppe. Auch in ihr gelten Traditionen und allgemeine, jedem verständliche Symbole. Auch in ihr wirken Glauben und Hingabe."[1111]

1110 Paul Tillich und Fritz Klatt gaben die „Neue[n] Blätter für für den Sozialismus", eine sozialdemokratisch orientierte Zeitschrift heraus, obgleich Klatt nicht sozialdemokratisches Parteimitglied war. (vgl. Vierteljahresheft für Zeitgeschichte. *Dokumentation* DIE ENTSTEHUNG UND POLITISCHE BEDEUTUNG DER „NEUEN BLÄTTER FÜR DEN SOZIALISMUS" UND IHRES FREUNDESKREISES. Jahrgang 25 (1977), Heft 3. URL (2016).

1111 Tillich, zit. nach Danz 2009, S. 48.

Durch die bildhafte Sprache ist eine breite Anschlussfähigkeit an den zeithistorischen Kontext gegeben und wird ein assoziativer Spielraum eröffnet. Nach eindeutigen Begriffsklärungen sucht man in den Werken Fritz Klatts oftmals vergeblich.

In seinem 1939 erschienen Werk „Lebensmächte. Gesetze der geistigen Entwicklung" geht Fritz Klatt von Archetypen und Urbildern aus, davon, dass der Mensch hierdurch mit der Geschichte der Menschheit verbunden ist. Er beruft sich hierbei auf Johann Wolfgang von Goethe (1749–1832) und dessen Terminus „Urphänomene" und auf die Psychologie Carl Gustav Jungs. Dabei leitet er seine Perspektive aber nicht systematisch aus der Psychologie Jungs (1885–1961) ab, sondern stützt seine Sicht lediglich mit einer kurzen Referenz auf jene Denker.

> „Alles Geschaute, alles Erfahrene, seitdem Menschen sind, ist als dunkles Wissen in uns enthalten. Jung in seiner Psychologischen Lehre nennt es das kollektive Unbewußte. Es ist das, was alle Menschen in ihren Träumen zu typisch ähnlichen Bildern hinführt, (...) Alles, was es auf Erden und im Weltraum gibt, soweit es Menschen erfahren haben, die Blume und die Sonne und die Sterne, Mond, Wind und Wasser, alles, was in ganz bestimmter und immer wiederkehrender Gestalt in die Wirklichkeit eingebrochen und nun da ist und uns freundlich oder feindlich umgibt seit unvordenklicher Zeit – wir wissen nicht woher und warum – alles das ist auf sein einfachstes Bild zurückgeführt auch in jedem von uns innerlich vorhanden, das Urbild des Lebendigen ringsum."[1112]

Die Annahme des kollektiven Unbewussten dient letztlich als Hintergrund für seine Ideen zur Volksmasse und einer einheitlichen Ausrichtung selbiger unter der Leitung führender Persönlichkeiten.

> „Die große Hoffnung ist, daß in Zukunft durch die technische und organisatorische Disziplinierung der Massen jene urkörperliche Bewegung immer mehr durchschlagen, sich über die Länder hin fortpflanzen und leiblich spürbar werden wird, so daß gleichzeitig alle wie ein einziger Leib von gemeinsamer Bewegung ergriffen werden. (...) Und dieser Durchbruch von innen her vermag in einem mächtigen Kräftestrom die unzähligen Menschen über weiteste Strecken hin leiblich zu verbinden und sie zu einer großen, gemeinsam gestalteten und gleichförmigen Bewegungsfolge fortzureißen und damit diesen bewegten Volkskörper den führenden Geistern in die Hand zu geben."[1113]

Dieser Gedankengang kann durchaus auch in Verbindung mit den Ideen der katholischen Sozialisten gebracht werden, die die „'Menschheit' als ‚Einheit eines *gegliederten* Ganzen'"[1114] sieht, so jedenfalls Theodor Steinbüchel (1888–1949), ein Vertreter des katholischen Sozialismus.[1115]

1112 Klatt 1939, S. 181.
1113 ebd., S. 201.
1114 Steinbüchel 1921, zit. n. Richter 2000. S. 125.
1115 vgl. Richter 2000, S. 125.

Fritz Klatt lebte in einer krisenhaften und durch wirtschaftlichen, politischen und sozialen Wandel gekennzeichneten Zeit und verbleibt im sprachlichen Duktus diese auch verbunden.

„Woraus leben wir eigentlich und woraufhin?“[1116] – Dies kann als philosophische Grundfrage betrachtet werden, die sich Fritz Klatt gestellt hat.

Als utopisch-visionäre Dimension zeichnet sich bei Fritz Klatt – im Sinne einer Zukunftsprognose – eine kommende „Einheitswelt“ ab, die er im Jahr 1930 in seinem Werk „Die geistige Wendung des Maschinenzeitalters“ positiv konnotiert:

> „Die kommende Einheitswelt zeigt sich schon jetzt in den ersten Umrissen. Das eigentliche Ziel des Maschinenzeitalters ist noch unverwirklicht. (...) In vielen Menschen lebt der Wille, menschlich frei und doch gemeinsam gebunden in Werk und Arbeit, in Genuß und Freude zu leben. Unser Glauben ist, daß wir dies neue Leben in Freiheit und Zielgebundenheit schon jetzt zeitweilig und bei günstigen Gelegenheiten hier und da verwirklichen können, wenn wir in einer zusammengehörigen Gruppe, treu und dem Werk ergeben, letzte Kräfte dransetzen.“[1117]

Das Menschenbild von Fritz Klatt ist durch das Zeitgeschehen geprägt, das sich aus seiner Sicht im Wandel befindet. Insbesondere die Erfahrungen des Ersten Weltkrieges, die Folgen in der Nachkriegszeit (Versailler Vertrag: Reparationsleistungen) und die Inflation wirken sich nachhaltig auf die Menschen jener Zeit aus, so auch auf Fritz Klatt. Er sieht ein neues Menschenbild durchbrechen.

> „Es handelt sich heute um das neue Menschenbild, das seit Krieg und Revolution allmählich sichtbar wurde. Dieses Menschenbild ist weder nationalistisch noch rassisch zu verdeutlichen, noch auch kosmopolitisch im Sinne des vergangenen ‚humanistischen‘ Weltalters. Sowohl die nationalistische wie die kommunistische Parteipolitik machen sich die Verdeutlichung des neuen Menschenbildes aus begreiflichen Gründen zu leicht.“[1118]

Fritz Klatt proklamiert für sich, dieses neue Menschenbild zu erkennen. Die Entwicklung der Persönlichkeit sieht er im Dienste der Gemeinschaft gestellt.

> „Gemeinsame Gestaltung und Umgestaltung der Erdbestände in Richtung auf Ordnung, auf die Vermenschlichung dieser Bestände, muß zu der Gruppenform des Miteinanderlebens und -arbeitens führen.
> Wo noch ungegliederte Massen miteinander arbeiten und leben, kann niemals der gestaltende Gedanke durchdringen und umgekehrt, wo ein einzelner zwar im gestalteten

1116 Klatt in der Einleitung zu den „Lebensmächten“ (1939), zit. n. Klatt 1966, S. 92.
1117 Klatt 1930, S. 90.
1118 Klatt 1929/1966, S. 69.

> Sinne arbeitet, aber ohne Bewußtsein seiner Gebundenheit in die Gemeinschaft, da bleibt auch alles beim alten."[1119]

Das „Alte" erfährt hier eine negative Konnotatio; ein Zurück zum Kaiserreich liegt Fritz Klatt sicherlich fern, allerdings findet der Begriff der Demokratie keinen nachhaltigen Eingang in seinen Werken.[1120] Viel näher scheint die Annahme, dass es ihm – ähnlich wie neuere Analysen zu Adolf Reichwein (1898–1944) ergaben – auch um eine „Einheitsfront aller Sozialisten"[1121] ging und den Aufbau einer sozialistischen Republik. Doch seine politische Sichtweise ist bislang wenig aufgearbeitet und daher soll an dieser Stelle auch auf weitere Spekulationen verzichtet werden.

Fritz Klatt sieht die Menschen als Persönlichkeiten, die zwar in hohem Maße von dem zeitgeschichtlichen Kontext und der Gemeinschaft geprägt sind, aber über gewisse Freiheitsgrade verfügen, die sie zum Wohle aller Menschen nutzen sollen. Fritz Klatt rekurriert hierbei auf Friedrich Nietzsche („Willen zur Macht") und verweist auf die innere Freiheit des Menschen.

> „Das Wort vom Freiheits-Spielraum der Persönlichkeit ist von wunderbarer Leuchtkraft in unserer Zeit. Gewiß, wir sind gezwungen durch Arbeit und politische Notwendigkeiten. Aber aus der Erkenntnis dieser bejahen wir den Zwang und haben doch alle einen Freiheitsspielraum innerhalb dieses festen Gefüges, der allein durch uns selbst und unserer Maßhaltenkönnen bestimmt wird. Aus diesem Willen zur einem freien Spielraum unseres Innenlebens inmitten der strengen Zwänge des Maschinenzeitalters wird auch die große Spannung zwischen Zucht und innerer Selbständigkeit in dem Erziehungsideal unserer Zeit deutlich."[1122]

Als wichtige „Tugend" – um hier diesen Begriff einmal zu verwenden, beschreibter die Mäßigkeit und somit Selbstdisziplin. Fritz Klatt sieht den Menschen seiner Zeit geprägt durch das „Massenerlebnis" und die Sinnfrage, – beides betrachtet er durchaus als Herausforderung für die Menschen seiner Zeit.

> „Verzweifelt er den Sinn von dem Augenblick an, wo er einmal gespürt hat, wie sein vereinzeltes Ich preisgegeben ist dem überall gleichartig wuchtenden Druck des

---

1119 Klatt 1930, S. 105.

1120 Allerdings gab es sehr wohl Arbeitsgemeinschaften in seinem Volkshochschulheim, in dem es – unter einem Walter Pahl – um die „'Bedeutung der Krise der europäischen Demokratie'" ging und der „mit den Teilnehmern in der dritten Woche politische und wirtschaftliche Leitsätze zu den Begriffen Demokratie, Diktatur, Staat, Nation und Sozialismus" (Reimers 2008, S. 200) erarbeitet hat.

1121 vgl. Hohmann 2007, S. 85.

1122 Klatt 1939, S. 63.

gemeinsamen Lebens. Er fühlt, wie er jede kleinste Bewegung der sich um ihn schmiegenden Masse mitmachen muß, ... So wird er gebunden in dies Leben und doch zugleich verantwortlich dafür.“[1123]

Auf der einen Seite beschreibt er hier den Verlust an Individualismus, auf der anderen Seite verbindet er hiermit auch die Hoffnung, dass sich eine Volksgemeinschaft bildet, die politische und ökologische Verantwortung trägt.

„Überall sehen wir seine Verflechtungen, seine Verbindungen mit den anderen, mit Zeitgenossen und Ahnen. Persönliche Grenzen eines Menschen, die genaue bezeichnen sollen, was sein eigen ist, werden zu einer Täuschung, je länger man hinsieht. Grenze ist ja nur eine praktische Hilfsvorstellung, solange man die Feinheit und Vielfalt der Verbindung nicht sehen konnte. Erst die Aufhebung der persönlichen Grenzen, ihr Zerschellen an der Wucht der Lebensmasse unserer Zeit macht die geistige Wendung möglich, die alle einzelnen zusammenreißen kann zu den großen politischen Aufgaben der Zukunft.“[1124]

Fritz Klatt fordert keine Rückbesinnung auf frühere gesellschaftliche Verhältnisse, sondern eine bewusste Bejahung der „Massenbewegung“.[1125] Damit verbindet er die „Gestaltung und Gliederung der Masse“ als wichtige Aufgabe für politisches bzw. soziales Engagement. Als zentralen Unterschied zur Vorkriegszeit sieht er den Wandel des Menschen vom Individualismus hin zum „Gruppenindividualismus“.

„Diese politische Wendung des Zeitalters ist als ein elementarer Wille zur Gruppierung und Gestaltung zu bezeichnen. ... Formelhaft zusammengefaßt kann man sagen: der isolierte Individualismus der Vorkriegszeit wird heute ersetzt durch Gruppenindividualismus. Nicht auf persönliche Bildung, sondern auf den persönlichen Einsatz in der Gruppe, der man zugehört, und deren Aufgabe man zu leisten hat, kommt es an. Menschliche Formung, Bildung der Persönlichkeit innerhalb der Gruppe, zu deren Kraftbereich jeweils der einzelne gehört, das ist darum auch die schwer erreichbare, aber ganz deutlich neue Forderung der Erziehung, der wir zustreben, und die wir aus der Bewußtwerdung des großen Massenerlebnisses von Krieg und Inflation als letztes Bildungsziel entnommen haben. In diesem Sinn ist Gemeinschaftserziehung die pädagogische Forderung, die allem heutigen Reformwillen zugrunde liegt.“[1126]

1123 Klatt 1930, S. 5.
1124 ebd., S. 8.
1125 Klatt 1930, S. 12.
1126 ebd., S. 13–14.

Der Gedanke, einen Teil seiner Persönlichkeit für die Gemeinschaft freiwillig zu opfern, spielt durchaus eine Rolle, setzt aber die Erziehung zur Verantwortlichkeit und reifen Persönlichkeiten voraus.

> „Nicht auf Persönlichkeit, sondern auf das Opfer von Persönlichkeit kommt es heute einzig an. Nur wo die Persönlichkeit reich entfaltet ist, kann der Opferwille großzügig werden. Persönlichkeitsbildung wird also künftig nötiger sein als je zuvor, um das geschichtlich erforderte Maß von Verantwortungs- und Opferwillen aufzubringen."[1127]

Der Mensch ist als geistiges Wesen fähig zur Selbstbegrenzung und zum Engagement für die Gemeinschaft. Hierzu muss er aber zunächst einmal Selbstständigkeit, Selbstbestimmung und Selbstverantwortung entwickelt haben. Der junge Mensch soll frei in der Wahl seines Berufs werden und sich aktiv in die Gemeinschaft einbringen können, aber auch die Arbeitsleistung seiner Mitmenschen achten.[1128]

Der Mensch wird hier in hohem Maße als Gemeinschaftswesen bestimmt, das jedoch über die Freiheit des Willens verfügt. Jeder einzelne soll für die Interessen seiner Mitmenschen bzw. sozialen Gruppe eintreten und das Zeitalter mitgestalten.[1129] Die Willenskraft steht für Fritz Klatt in Verbindung mit der aufrechten Haltung des Menschen, durch die er sich vom Tier unterscheidet und die dem Herzen enorme Kräfte abverlangt.[1130] Philosophische Erklärungsansätze verschmelzen hier mit biologischen Thesen, die jedoch – aus heutigem Kenntnisstand – wissenschaftlicher Fundierung entbehren.

> „Die Wachstumskräfte des Menschen sind eingefügt in die Gesamtnatur der Erde. Sein Wille, ausgeprägt in seiner aufrechten Haltung, und die Aufwärtsstellung seiner Gestalt konzentriert die Gehirnkraft als Blüte und Frucht menschlichen Wachstums nach oben."[1131]

Den menschlichen Willen sieht Fritz Klatt eng an die Körperlichkeit und Sexualität gebunden.

> „Fragen wir oder spüren wir in unseren Körper hinein, woraus diese Willenskraft eigentlich gespeist wird, die es uns ermöglicht, mit der gesamten Gehirnkraft weittragende Entschlüsse durchzuführen, so finden wir, daß unserer Drüsensystem in einem besonderen Sinn dafür verantwortlich ist. (...) So ist vor allem in der geschlechtlichen

---

1127 ebd., S. 12.
1128 vgl. Hoffmann/Opper 2008, S. 104.
1129 Amlung/Reimers 2008, S. 34.
1130 vgl. Klatt 1939, S. 166.
1131 Klatt 1939, S. 167.

Kraft, die ja beim Menschen im Gegensatz zur Tierwelt nicht zeitweise ruht und dann in Brunstzeiten hervorbricht, sondern die von der Reifezeit an ständig zur Verfügung steht, die geheime Quelle aller gespannten Willenskraft zu finden."[1132]

Die sexuelle Entwicklung und der Umgang mit den eigenen Triebimpulsen sind in seiner anthropologischen Sicht wesentlich mit der Entwicklung der Willenskraft verbunden.

Körper und Geist stellen für Klatt eine Einheit dar. Er beruft sich hierbei auf eine historisch-philosophische Herleitung.

„Was im mittelalterlich-christlichen Glauben als körperlicher und seelischer Bereich voneinander getrennt erfahren wurde, wurde also in der nachmittelalterlichen Philosophie und Dichtung als untrennliche Einheit wiederum zusammen gesehen und zusammen gefühlt."[1133]

Fritz Klatt spricht in Anlehnung an Friedrich Nietzsche von der „Vernunft des Leibes" und geht von einer Leib-Seele-Geist-Entität aus.

„Wir sprechen nicht mehr soviel von Seele und Geist, sondern mehr von Leib und Wirklichkeit, von Dasein und Wirkung. In der Erfüllung des Augenblicks spüren wir Ewigkeit. (…) Seit Nietzsche das Wort von der Vernunft des Leibes geprägt hat, ist es klar geworden, daß dies nicht nur ein Hinweis auf eine einfache Tatsache ist, sondern daß darin eine große Forderung ausgesprochen ist. Die Vernunft des Leibes in uns zu entdecken, vervollkommnen und aktivieren, ist die neue große Möglichkeit zu einheitlichem Leben. In einzelnen erfüllten Augenblick blitzschnell richtig handeln und zugleich wissen, erhellt uns unter Umständen eindrücklicher die Einheit des Lebens, überzeugt uns tiefer von unserer Zugehörigkeit zu allem Bestehenden, als die genaue Übersicht über ein großes philosophisches System, die uns die Einheit von Körper, Seele und Geist beweisen will."[1134]

Handlungskompetenz, so würde man es heute betiteln, ist nach Fritz Klatt ein wichtiges Entwicklungsziel. Daher beklagt er auch den Verfall der „Tiefenkräfte des Wissens"[1135], wobei er das zu wenig durchdachte (im heutigen Sprachduktus: reflektierte) Sprechen und den Verlust der Kraft der Worte bemängelt.

„Vor der Wortwerdung des Wissens schiebt sich notwendig die Durchdenkung, die Denktätigkeit, also unablässige geistige Arbeit. Weil unsere Denktätigkeit nicht tief genug wurzelt und nicht weit genug herauf reicht, sind ja unsere Worte heute so wesenlos geworden und bleiben ja so wirkungslos."[1136]

1132 ebd., S. 168.
1133 ebd., S. 158.
1134 ebd., S. 159.
1135 Klatt 1927/1966, S. 5.
1136 Klatt1927/1966, S. 6.

Sprechen und Schweigen sind für Fritz Klatt gleich bedeutsam und gehören zusammen. Er spricht von einem „ständige[n] Wechselstrom von schweigendem Hören zum lebendigen Sprechen“[1137] und geht davon aus, dass ohne die Fähigkeit des Zuhörens eine Verhärtung des Menschen gegenüber dem anderen (bzw. der Worte des anderen) eintritt.[1138]

Der Sprache misst Fritz Klatt dabei eine besondere Bedeutsamkeit zu, da sie Menschen verbindet und zu einem „Volksganzen“ macht. Sinnliche Erfahrungen sollten die Quelle und Grundlage sprachlicher Ausdrucksformen werden und den einzelnen Menschen mit dem „Volk“ verbinden.

> „Übung muß vielmehr an anderer Stelle als am Wort einsetzen. Der ganze Mensch muß beweglich werden und seine Sinne müssen scharf werden. Augen und Ohren müssen die Welt fassen lernen. In diesem Zustand der inneren Freiheit aus dem Schweigen der Sinne, die die Welt bewältigen können, kommt der Mensch erst zum sprachlichen Ausdruck, zu Worten, die nicht mehr eigenwillig sind, die vielmehr die Gewißheit der geistigen Tradition des ganzen Volkes aus ihm heraustönen lassen. (…) Er spricht also aus der Kraft seiner geistigen Zugehörigkeit zum Volk.“[1139]

Neben einem sehr starken, emotional aufgeladenen, heute irrational und befremdlich anmutenden Volksbegriff, spielt auch die religiöse Dimension des Menschen bei Fritz Klatt eine Rolle. Jedoch entspricht diese kaum mehr dem christlichen Menschenbild, weicht stark vom Gottesglauben eines Jan Amos Comenius ab. (vgl. hierzu Kap. 5.2)

Die „Masse, Maschine, Mechanik“ betrachtet Fritz Klatt als „notwendige Folge des geschichtlichen Verlaufs“ und diesen könne man nicht umkehren oder beseelen. Er sieht den Menschen als Gestalter seiner Welt, nicht Gott.

> „In uns selbst, in unserem oft armseligen und mühselig gewordenen Leben spüren wir hier und da die Gewißheit: So wird es künftig sein und nicht anders und für alle verbindlich. So spüren wir die religiöse Wendung. Mit uns selbst, so wie wir in jedem Augenblick sind, gestalten wir die Welt. Nicht nach eines Gottes Bildes und Weisung. Nicht mit der hochmütigen Gebärde, als vollstreckten wir damit den göttlichen Herrscherwillen. Wir irren und suchen, meist wissen wir nicht ein und aus und kein Gott hilft, ob wir nun beten oder fluchen.“[1140]

Unter dem zunächst befremdlich anmutendem Begriff der „dämonischen Kräfte“ fasst Fritz Klatt all jene Ängste und Sorgen, die den Menschen in seinem

---

1137 ebd., S. 18.
1138 ebd., S. 19.
1139 Klatt 1930, S. 88.
1140 ebd., S. 90–91.

Dasein lähmen, aber auch ein rein hedonistisches Leben, in dem der Mensch Getriebener seiner Leidenschaften ist.[1141]

> „Der Kampf mit den dämonischen Kräften, die uns, je älter wir werden, desto mehr bedrängen, ist sie nüchtern wie ernst zu nehmen. Was da von Dichtern im Anklang an das religiöse und mythische Bereich dämonische Mächte genannt wird, sind ganz reale Dinge. Sorge, Angst, die der Jugend meist noch nichts anhaben kann, vermag im Alter zeitweise immer häufiger Besitz von unserem Wesen zu nehmen. Niemand kann sich davor wohl gänzlich schützen. Aber es gilt den Freiheits-Spielraum unseres Wesens immer wieder davon freizumachen, um immer wieder aufatmen zu können." [1142]

Im Grunde genommen findet eine Vergöttlichung der Natur statt, dic in Zciten des Wandels Fritz Klatt als einzig stabiles und heilsames Moment erscheinen mag.

> „Diese Urgottheiten Himmels und der Erde müssen wir ehren und ganz uns ihnen hingeben, wenn wir unserer Kräfte gewiß sein wollen, wenn wir nicht versagen wollen und verdorren in der eigenen Willkür. Frommsein nennt es Hölderlin, auch Goethe nennt es Frömmigkeit, was uns so leicht fehlt in unserer luziferischen Selbstgenügsamkeit. Was wir nicht genug können, woran wir dauernd zu üben haben, ist die Beweglichkeit unserer atmenden und bluterfüllten Körperkraft in diesem götterbelebten Weltraum."[1143]

Das Motiv des Bewegtseins, in Bewegung zu bleiben und keine starren Grenzen aufzuweisen – ein Motiv wie es in jener Zeit durchaus populär war[1144] – durchzieht die Perspektive und Werke von Fritz Klatt, die sich auch durch viele Leerstellen und offene Interpretationsmöglichkeiten unpräziser Begriffe auszeichnen. Hiermit gestatten sie dem Leser, seine eigenen Assoziationen einzubringen.

Die Werke von Fritz Klatt können in den Kontext der Körperkulturbewegung gestellt werden, wie sie während des Wilhelminischen Kaiserreiches und der Weimarer Republik aufkam. Der Körper und dessen Bewegung wurde in den Dienst eines neuen Kultur- und Erziehungskonzeptes gestellt, das „im (religiösen) Gesellschaftsbild eines ‚Neuen Menschen' kulminierte."[1145] Im Fokus stand die Herausbildung eines „natürlichen Körpers"[1146], eines „Neuen Menschen".[1147]

1141 vgl. Klatt 1939, S. 65.

1142 ebd., S. 65.

1143 ebd., S. 250f.

1144 vgl. Ferchhoff 2011, S. 50f.; vgl. Michel 2009, S. 58ff.

1145 Wedemeyer-Kolwe 2004, S. 104.

1146 ebd., S. 83.

1147 Die Idee, einen „neuen Menschen" zu schaffen, findet sich auch bei einzelnen Vertretern der Reformpädagogik. So hoffte auch Maria Montessori, durch ihre Pädagogik

Dabei verbanden sich unterschiedliche Konzepte eklektisch miteinander in ganz unterschiedlicher Melange: Rhythmische Gymnastik, Runengymnastik, Atemübungen, Fitness- und Kraftsport, die Licht- und Freikörperkultur mit asiatischen Lehren, Yoga und der Mazdaznan-Bewegung sowie naturreligiösen Elementen. Fritz Klatt wird hierbei von Wedemeyer-Klowe mit der Mazdaznan-Bewegung und der Freikörperkultur in Verbindung gebracht.[1148] Dafür spricht, dass sich in den Werken Fritz Klatts durchaus keine rein christlich geprägte Denkweise widerspiegelt und die Hinwendung zur fernöstlichen Kultur zu dieser Zeit sehr populär war, sein Vater bereits Sanskrit-Studien betrieb. Doch die theologischen Dimensionen sollen hier nicht Gegenstand der Arbeit sein, dies wäre sicherlich eine eigene Forschungsfrage.

Im Fokus soll die Frage nach dem Menschbild und Weltbild von Fritz Klatt nur insoweit stehen, als dieses den Hintergrund zu den freizeitpädagogischen Werken bildet.

Arbeit und Freizeit als anthropologische Merkmale

> „So stehen in dem Leben des modernen Menschen die verkauften Stunden den freien Stunden seines Lebens gegenüber."[1149]

Freizeit und Arbeitszeit stehen sich in seinem Denken als Antipoden gegenüber. Dabei werden die freien Stunden des Menschen durch das Arbeitsleben geprägt.

> „Heute besteht Gefahr, daß die Gewohnheiten des Arbeitslebens auf die Freizeit übergreifen. Daß dies verhindert wird, ist eine der Hauptaufgaben des Kampfes um eine geregelte Freizeit, …"[1150]

Das moderne Arbeitsleben sieht Fritz Klatt durch die „Maschinisierung" und festgelegten Arbeitsablauf, sowie die Hektik und Beschleunigung bestimmt.[1151] Der Mensch bringt hier seine Kräfte einseitig ein, arbeitet vielfach fremdbestimmt und nach dem beruflich erforderten Rhythmus.

In der Freizeit müssen Gegenkräfte zur Arbeitswelt kultiviert werden, d.h. ein Ausgleich geschaffen werden, damit der Mensch seine Gesundheit erhalten und seine Potenziale entfalten kann. Das Arbeitsleben führt oftmals zu einer

---

einen neuen Menschen hervorzubringen, die Höherentwicklung der menschlichen Gattung zu befördern.

1148 vgl. Wedemeyer-Kolwe 2004, S. 82.

1149 Klatt 1929b, S. 139.

1150 ebd., S. 139.

1151 vgl. Klatt 1930, S. 96.

einseitigen Ausbildung, Aktivierung und Belastung menschlicher Potenziale. Andere Potenziale im Menschen liegen brach und haben zu wenig Raum, sich zu entwickeln. In der Freizeit sollten nun gerade jene Kräfte und Potenziale angeregt werden, die im Arbeitsleben vernachlässigt werden.[1152]

> „Alles, wozu man sonst nicht kommt im Leben, kann und muß in der Ruhe der Freizeiten kultiviert werden."[1153]

Inhaltlich bleibt diese Bestimmung offen und muss sich am einzelnen Individuum bzw. den Berufsgruppen orientieren. Es geht aber nicht nur darum, in der freien Zeit jene Dinge zu tun, zu denen man im Berufsalltag nicht kommt, sondern um eine bewusste und sinnvolle Gestaltung der freien Lebenszeit.[1154] Die freie Zeit wird oftmals nicht als solche wahrgenommen und das rationale Zeitmanagement des Berufslebens wird auf die freie Zeit übertragen. Zeit erscheint als kostbares Gut.[1155]

> „Man fühlt sich eben dem Arbeitstempo unterworfen und hat nicht die Kraft, an den Stellen des Tages, wo das eigentlich möglich wäre, sich auf ein ruhiges Verleben der arbeitsfreien Zeit umzustellen."[1156]

Fritz Klatt beklagt neben der „Pausenlosigkeit" und Hektik des Arbeitslebens auch die Tatsache, dass der Mensch nach der Arbeit (auch gerade der geistigen Arbeit) gedanklich nicht frei sei. Seine Klagen richten sich somit nicht ausschließlich auf die „mechanische" Arbeit des einfachen Arbeiters.

> „Die geistige Hetze hat den Menschen erfaßt, daß er sich nicht mehr losmachen kann von der Arbeitsbindung. Auch für Sonntag und Feiertag nicht mehr. Er kommt nicht mehr zur Besinnung. Dieser geistig gehetzte Arbeiter ist dauernd an das Rad der Gedanken gefesselt. Er steht keinen Augenblick mehr still. Er jagt immer nur hinter seinen zunehmenden Verpflichtungen her."[1157]

Als eine negative Konsequenz der (Über-)Belastung betrachtet Fritz Klatt – insbesondere bei „geistigen Arbeitern" – die Tendenz, mehr scheinen zu wollen als man ist. Dies steht wiederum mit dem Streben nach Macht in Zusammenhang. Die Überbelastung in Verbindung mit dem Streben nach Machtsicherung führt zur Reduktion der „Lebenskraft" und „höhlt" den Menschen innerlich aus.[1158]

1152 vgl. Klatt 1929c/1966, S. 26ff.
1153 ebd., S. 34.
1154 vgl. Klatt 1929b, S. 140.
1155 ebd., S. 139.
1156 Klatt 1929b, S. 140.
1157 Klatt 1930, S. 96.
1158 vgl. ebd., S. 96f.

Das Arbeitsleben seiner Zeit beurteilt Fritz Klatt negativ, wobei er in erster Linie das Mechanische beklagt und was in der Konsequenz aus seiner Sicht für sogenannte „Reizmittel“[1159] verantwortlich ist. Diese erlauben zwar Ablenkung, führen letztlich aber nur zur permanenten Geschäftigkeit und dienen weder der Regeneration noch einer Besinnung. Der Mensch wird dadurch mehr und mehr seiner Potenziale beraubt.

> „Die gleichmäßig ununterbrochene Arbeit schändet das schöpferische, das gestaltende Ziel der Arbeit. (…) Lustlose mechanische Arbeit ruft dann als Gegenlehne notwendig gesteigerte Vergnügungswünsche nach der Arbeit hervor, also Reizmittel als Dauerzustand. Diese Reizmittel werden zu einer Ersatzwelt, die wahre geistige Entspannung immer weniger zuläßt, die den Menschen überhaupt nicht mehr zur Ruhe kommen läßt. Gegen diese Reizmittel, also Alkohol, Kino, gesteigerte Sexualität und vieles andere zu bekämpfen, ohne die Mittel in der Hand zu haben, die mechanisch-lustlose Arbeit umzuwandeln, muß erfolglos bleiben. (…) Fragt man nun: Was ist eigentlich bei der gleichmäßigen mechanischen Arbeit das Aufreibende, das Zerstörende? Es kann keine Regeneration durch den Arbeitsvorgang selbst erfolgen. Die Erschöpfung steigert sich mechanisch von Stunde zu Stunde, von Tag zu Tag, von Jahr zu Jahr, während bei sinnvoller Arbeit die Erschöpfung, die in Schüben, in Perioden auftritt, in der Weiterarbeit selbst durch andersartige Anspannung überwunden werden kann.“[1160]

Zugleich wird in dem Zitat auch deutlich, dass Fritz Klatt einer vernünftig gestalteten Arbeit durchaus die Qualität zuspricht, durch den Wechsel der Belastung auch Regeneration zu implizieren. Arbeit wird also nicht per se negativ konnotiert. Arbeit wird vielmehr im Kontext des (natürlichen) Gesamtzusammenhangs betrachtet.

> „Alle Arbeit, die wir täglich leisten, mit all dem mechanischen Einerlei, bleibt schließlich auch genau wie früher eingeordnet in den Rhythmus der Jahreszeiten, in die Flut des Gesamtlebens von Liebe und Tod, Familie und Volk, wie ja auch die Arbeit des Bauern auf der Scholle.“[1161]

Dabei klingen im Zitat durchaus reaktionäre Züge an, Wehleid über den Verlust an Naturverbundenheit im alltäglichen Leben der Menschen. Fritz Klatt schwankt in seinen Reflexionen zwischen den Polen „Hoffnung auf eine bessere Zukunft“ und „Trauer über den Verlust traditioneller Lebensweisen“.

Er ist der Überzeugung, dass sich die Gesellschaft an einer „Zeitenwende“ befindet und das „Maschinenzeitalter“ auch eine Chance ist, die gesellschaftlichen

1159 vgl. ebd., S. 94.
1160 ebd., S. 94–95.
1161 Klatt 1939, S. 133.

Verhältnisse neu zu ordnen und Gestaltungsmöglichkeiten zu nutzen. (vgl. Kap. 4) Er blickt also nicht nur auf das einzelne Individuum, sondern immer zugleich auch auf den Menschen als Teil der Gemeinschaft und als Gattungswesen, wenngleich er den Begriff nicht benutzt.

Ein weiterer wichtiger Aspekt ist, dass Fritz Klatt in seinem Werk „Lebensmächte" (1939) die Differenzierung zwischen Arbeit und Tat („Tatenruhm") vornimmt und nur letzterer größeren Wert beimisst.[1162]

> „Was wir heute Tat nennen, ist Leistung unseres Lebens, und was wir heute Arbeit nennen, ist auch Leistung unseres Lebens. Aber Arbeit kann lebenslang geleistet werden und hat doch vielleicht nicht die einheitliche Zielrichtung, daß wir das als Tat empfin den dürfen. .... Unser aller Lebensleistung spaltet sich heute also in Arbeit und Taten. ... Wird die Gespaltenheit von Arbeits- und Tatideal vielleicht von unserer Generation noch überwunden werden?"[1163]

Für Fritz Klatt ist es zentral, dass der einzelne Mensch seinen Beitrag zur politischen Erneuerung leistet.

> „Trotz allem Gerede wissen wir – und das ist ein neues Wissen – unsere persönliche Arbeit hat nur Sinn, wenn sie in diesem Gesamtaufbau des Deutschen Reiches in Europa richtig steht. Es gibt kaum mehr noch private Tätigkeit im Sinn des Spezialisten von früher, der sich um nichts anderes als um sein Fach kümmerte. Was wir tun, muß in irgendeinem Sinne die Verbindung zu der politischen Erneuerung haben."[1164]

Deutlich wird in dem Werk „Lebensmächte" die Auffassung, dass Menschen jeweils bestimmte „Arbeitsbegabungen" [1165] haben. Hierbei verweist er auf Martin Heideggers (1889–1976) Rektoratsrede von 1934.

Fritz Klatt geht somit von einem deterministischen Menschenbild aus, teilt die Menschen – in Anlehnung an Martin Heideggers „drei Dienste ‚Arbeitsdienst, Wehrdienst, Wissensdienst'" in drei Veranlagungsgruppen ein: (a) einen zur Politik, dem Militär oder dem Beamtentum veranlagten Menschen, dem führenden Tätigen (b) einen fachlichen Arbeiter, dem „Werke schaffenden Tätigen, (c) dem geistigen Arbeiter/Tätigen".[1166]

In der Arbeit realisiert sich sein Wesen. Aufgabe ist es, sich als Teil des Ganzen zu sehen und die geschichtlichen Bezüge wahrzunehmen.[1167] Die Erkenntnis,

1162 ebd., S. 129.
1163 ebd., S. 129.
1164 ebd., S. 138.
1165 ebd., S. 139.
1166 vgl. Klatt 1939, S. 139ff.
1167 vgl. ebd., S. 145.

dass die Arbeit des Individuums als solche wenig zählt, bezeichnet er als geistige Bescheidung, die jeder Mensch lernen müsse – insbesondere aber die geistigen Arbeiter.

> „Bis zu einem gewissen Grade muß das jeder lernen. Jeder muß die Einsicht gewinnen, wie wenig er für sich allein in seinem kurzen Leben nur tun kann. (…) In der Zusammenarbeit allein hat Bedeutung, was der einzelne tut. Miteinander arbeiten und miteinander leben müssen wir alle im Lauf des Lebens lernen. Alle Arbeit bekommt ihren Schwung allein davon, daß sie Vorarbeit für andere ist."[1168]

Bei all den freizeitpädagogischen Überlegungen darf somit die zeithistorische und gesellschaftspolitische Position von Fritz Klatt nicht aus dem Reflexionshorizont ausgeblendet werden. Die Hoffnung auf gesellschaftlichen Wandel bildet den Hintergrund für die Rezeption der Werke. Die Überlegungen zur freien Zeit sind somit auch vor diesem Hintergrund zu betrachten. Dies zeigt sich auch bei den gesundheitspädagogischen Überlegungen, die zu seinem Gedankenkreis gehören. Letztlich stehen beide im Kontext einer Lebensreform. (Freizeit-)Bildung erscheint hierbei als Schlüssel für die „geistige Wendung im Maschinenzeitalter".[1169]

5.3.3 Gesundheitspädagogische Überlegungen in den Werken von Fritz Klatt

Unter Berücksichtigung der Perspektive, dass Fritz Klatt der Freizeitpädagogik eine kompensatorische Funktion zum Arbeitsleben beimaß, ist auch seine Auffassung zu Gesundheit und Krankheit nicht auszublenden.

Grundsätzlich ist anzumerken, dass Fritz Klatt den Menschen als interdependentes Wesen zum Kosmos betrachtet, die Kräfte der Natur in seinem Denken eine wesentliche Rolle spielen.

> „Wenn die Sonne aufgeht, oder wer ihre Strahlen erhascht, wenn sie durch die Wolkendecke auch nur kurze Zeit durchgebrochen ist, der gewinnt dadurch nicht nur Kräftezuwachs, sondern Anschluss an die Quelle des Lebendigen."[1170]

Vorab kann auch festgehalten werden: Der Tod gehört für Fritz Klatt zum Leben hinzu. Hierbei beruft er sich in seinem 1939 erschienenen Werk „Lebensmächte" auf Johann Wolfgang von Goethe.

1168 ebd., S. 145–146.
1169 vgl. Nahrstedt 1994, S. 7.
1170 Klatt 1939, S. 249.

> „Die Steigerung der Persönlichkeit zu Werk und Liebe ist Stück um Stück, Stufe und Stufe, erkauft mit Leben. Der ‚Tod ist der Kunstgriff der Natur, viel Leben zu haben', sagt Goethe in seinem jugendhymnischen Aufsatz ‚Natur'. Er meint damit nicht nur im großen, daß die Natur die Fülle des mannigfaltigen Einzellebens mit dem Tod dieser Geschöpfe erkauft, die immer wieder neuem Leben Platz machen müssen. Er meint auch, daß jeder einzelne Mensch, der in sich stark und lebendig geworden ist, mit immer wieder neuen hingegebenen Stücken des Lebens die Intensität seines Erlebens erkaufen muß. Opfern muß man sich Tag für Tag, um wieder neu und stark zu gestalten, was man begonnen hat.
> In diesem Sinne ist Gesundheit, gesunde Lebenskraft des Körpers, immer das, was hinzugeben ist für eine Arbeit, die endlich gelingt oder für die Liebe und das innige Miteinandersein, das Frucht trägt. (…) Jeder Tag braucht Lebenskraft auf."[1171]

Der Tod als letzte Konsequenz des Lebens und der Verfall der körperlichen Kräfte ermöglichen erst das Leben. Der Tod beginnt quasi mit dem Leben. Die Gesundheit selbst wird dem Leben untergeordnet, sie stellt für Fritz Klatt keinen Wert an sich da. Die Hingabe der Kräfte, der Gesundheit für „Letztes" ist sein Credo, wobei dies „Letzte" eher diffus bleibt, der Leser den Terminus mit eigenen Assoziationen belegt.

> „So ist im lebendigen, im leidenschaftlich tätigen Menschen nicht nur der Trieb zur Gesunderhaltung des Lebens, sondern gleich stark oder sogar etwas stärker auch der Trieb zum Verbrauch der Vernunft, zur Hingabe der Gesundheit. Allzu einseitige auf die Gesundheit bedachte Lebensführung, ängstliche Behütung der Lebenskräfte, gilt mit Recht als feige und lächerlich. (…) Dahinter steckt die neue Wahrheit, die wir zu erkennen beginnen: gesteigerte Gesundheit soll sein, um sie an Letztes hingeben zu können."[1172]

Gesundheit und Krankheit stellen für ihn keine voneinander eindeutig abgrenzbaren Zustände dar.

> „Das Gefühl für das, was Gesundheit ist, ist dementsprechend heute sehr verschieden bei den Menschen. Letzten Endes wird ja immer nur jeder für sich beurteilen können, ob er sich gesund oder krank fühlt. Und was der eine gesund nennt, wird der andere schon krank nennen. (…) Das Auskommen mit seiner Gesundheit, dies immer wieder Gesundwerdenkönnen, nicht das Gesundsein, ist unser persönliches Problem in heutiger Zeit. Also Heilung ist das Wort, das hier alles enthält."[1173]

1171 Klatt 1939, S. 37.
1172 ebd., S. 38f.
1173 ebd., S. 40.

Die Prozesshaftigkeit von Gesundheit und die Dynamik von Gesundheit und Krankheit sowie das subjektive Erleben selbiger sind charakteristisch für die Gesundheitsvorstellung bei Fritz Klatt. Auch hier zeigt sich das Motiv, nach Niederlagen wieder aufstehen zu können, Rückschläge verkraften zu können, das sicherlich ganz zentral für das Erleben der Kriegsgeneration war.

Nach Fritz Klatt gibt es drei unterschiedliche Quellen von Heilkräften: jene, die im Menschen selbst liegen, jene, die durch andere Menschen mobilisiert werden und jene, die transzendentaler Natur sind.

> „Wir können die Heilkräfte für unser Leben in dreifacher Weise finden. In uns selbst, im helfenden Willen des anderen, und in der Heilkraft der Welt, die uns umgibt, oder auch, anders ausgedrückt, mit Hilfe der Mächte, die diese Welt lenken.“[1174]

Fritz Klatt sieht den Menschen – um es in heutigen Begrifflichkeiten auszudrücken – als interdependentes Wesen, das mit seinen Mitmenschen und Vorfahren verbunden ist. Der andere Mensch ist ein bedeutsamer Faktor für die Gesundheit. Hinzu kommt – und hier zeigt sich mystisches Denken bei Fritz Klatt – der Gewinn an Lebenskraft durch die Verbundenheit mit den Vorfahren. Dabei ist zu bedenken, dass sich sein Vater, Emil Klatt, mit Sanskrit-Studien – also jener Sprache die in den Veden und im Hinduismus bedeutsam ist – befasst hat, was u.U. auch das Denken von Fritz Klatt (unbewusst) beeinflusst haben mag, wobei hier eher der Karma-Gedanke einfließen müsste.

> „Die Heilkraft wächst nicht nur in dem eigenen Leben, sondern auch aus der Lebenskraft der Mitlebenden und Vorfahren. Wer ganz verlassen, nur noch auf sich selbst angewiesen wäre, dessen Lebenskraft wäre wohl bald zu Ende. (…) Liebe und Freundschaft trägt ein jedes Leben und läßt vieles, sonst Untragbares ertragen.“[1175]

Religiöses und mystisches Denken verschränken sich in den Vorstellungen von Fritz Klatt.

Obgleich Fritz Klatt den Begriff „Geisterwelt“ nicht gebraucht, setzt er diese voraus und geht von übersinnlichen Kräften aus, mit denen der Mensch in Kontakt kommen kann.

> „Wo wir uns krank und schwach und mit unseren Kräften unzureichend fühlen, da vermag uns die zu Hilfe gerufene Gedankenkraft früherer Menschen über Zeiten und Räume hinweg zu stärken und zu erheben. (…) Immer nur darauf kommt es an, durchlässig zu bleiben, locker zu bleiben im eigenen Leben, empfänglich für die Strahlen

1174 Klatt 1939, S. 41.
1175 ebd., S. 49.

der Heilkraft derer, die mehr Kraft haben als wir in der Stunde unserer Krankheit und Schwäche. Sich helfen lassen wollen ist das Geheimnis der Heilung."[1176]
„Nur aus dem großen Glauben an die Verbindung mit allem Lebendigen vermögen uns die kosmischen und irdischen Wesenheiten zu helfen."[1177]

Transzendentale Kräfte spielen bei der Heilung eine wichtige Rolle, die Fähigkeit, ‚durchlässig' in seinen Grenzen zu sein und der Wille, gesund zu werden, sind ihm bedeutsame Faktoren für die Wiedererlangung von Kraft und Gesundheit. Die metaphorische und bildhafte Sprache korrespondiert mit Darstellungen des Jugendstils und entspricht der Sehnsucht nach einer Lebensreform und natürlichen Lebensweise.

Nach Fritz Klatt sind höhere Mächte am Wirken, die im Christentum als personaler Gott betrachtet werden. Er selbst bezeichnet sie als „spürbar".

„Wir fühlen uns abhängig von höheren Mächten, die im All, in der Gesamtnatur alles Lebendige bewahren. Diese Mächte werden im christlichen Sinn als persönlicher Gott im Gebet gesucht und durch den Erlöser Christus vermittelt. Für die anderen Menschen bleiben diese Mächte unbestimmter und verhüllter, (…) Aber ob christlich oder nicht, die Welt und Leben erhaltenden Mächte sind spürbar. Und aus der Verbindung mit ihnen, also aus dem eigentlich Religiösen, wächst uns die letzte heilende Kraft zu."[1178]

Mit Lebensrhythmus – so ließe sich der Grundgedanke des nachfolgenden Zitates von Fritz Klatt überschreiben. Auch hier zeigt sich die Bewegungsmetapher deutlich, das Denken ist geprägt von polaren Gegensätzen, die in einer dynamischen Balance stehen. Fritz Klatt fordert die Berücksichtigung des biologischen Rhythmus und der menschlichen Entwicklung.

„Wer einmal so in sich das Leben gespürt hat, ahnt, daß diese innere Bewegung gesetzmäßig verläuft, daß die Schwingungen dieses s e l b s t gelebten Einzellebens Abwandlungen des allgültigen Lebensgesetzes darstellen, des obersten Gesetzes, das in der sichtbaren wie der unsichtbaren Gesamtnatur herrscht und Aufbau und Abbau, Spannung und Entspannung, Kraft und Schwäche in rhythmischer Folge miteinander wechseln läßt."[1179]
„Das große Ziel, das immer im Auge behalten werden muß, ist allein dieses: wie der ganze Mensch ist, so sollen seine Gebärden, sein Gang, seine Haltung, alle seine Bewegungen sein, ein immer lebendiger unverwechselbarer Ausdruck s e i n e r Tage.
Beides zusammen, der Stoffwechsel im Innern des Körpers und die Bewegungen des Körpers nach außen, erbauen das Gefüge des Körpertages."[1180]

1176 ebd,. S. 51.
1177 ebd., S. 54.
1178 Klatt 1939, S. 53.
1179 Klatt 1952, S. 5.
1180 ebd., S. 16.

Der Naturbegriff fließt hier indirekt ein und verkörpert das Wahre und Unveränderliche. Gefahr besteht dort, wo die natürlichen Lebensgesetze kulturell oder gesellschaftlich überformt werden. Dementsprechend kritisch betrachtet Fritz Klatt das moderne Arbeitsleben und die städtische Kultur.

Ob seine Vorstellung des „Körpertages“ dem heutigen Begriff des „Biorhythmus“‘ entspricht, sei erst einmal dahingestellt. Hier wäre eine systematische Analyse der Begriffsgenese, der Vorstellungsbilder und wissenschaftlichen Fundierung erforderlich.

Sofern sich Fritz Klatt auf Carl Gustav Jung (1875–1961) berufen hat, so ist anzumerken, dass Jungs Menschenbild durch Polaritäten, Spannungsfelder und Bewegung innerhalb dieser Spannungsfelder gekennzeichnet ist.[1181] Dieser Gedankengang hat lange Tradition jenseits des aufgeklärten Europas und prägt auch das Denken von Fritz Klatt.[1182]

Es liegt nahe, dass sich Fritz Klatt viel stärker auf Jung beruft, als es in seinen Schriften erkenntlich gemacht wird. In diesem Falle erscheint es eine plausible These, dass sich auch Fritz Klatt unter dem Terminus „Dämonen“ keine wirklichen Wesenheiten vorstellt, sondern psychische Realitäten.[1183]

Wolfgang Nahrstedt (*1932) stellt die These auf, dass das Denken Fritz Klatts stark durch die indische Philosophie und der Naturlehre Goethes beeinflusst war, insbesondere der „**Rhythmusgedanke**“.[1184]

Wedemeyer-Kolwe zeigt in seiner umfassenden Analyse der Körperkulturbewegung die im Kaiserreich und der Weimarer Republik auf, dass sich zahlreiche Bünde und Vereine gegründet haben, die alternative Lebensformen propagierten und den neuen Menschen, die Höherentwicklung des „arischen Menschen“ hervorbringen wollten. Ausgangspunkt war eine zivilisations- und kulturkritische Haltung, verbunden mit der Suche nach neuen Gestaltungsmöglichkeiten.

> „Der Begriff des ‚Rhythmus‘ bildete die Metapher und der Rahmen jeglicher Argumentation, der die Kulturkonzepte der Rhythmiker zusammenhielt. Da die Rhythmiker den Rhythmus als unteilbare Struktur bezeichneten, könne er kein bewußtes Produkt der zivilisatorischen Gesellschaft sein, sondern repräsentiere das organische Prinzip des ursprünglichen Naturrhythmus, der makrokosmisch als Weltganzheit (bzw. als Nation) und mikrokosmisch als rhythmischer Körper existiere.“[1185]

1181 vgl. Brühlmeier 1974. URL (2014).
1182 vgl. ebd., URL (2014).
1183 vgl. Brühlmeier 1974. URL (2014).
1184 Nahrstedt 1994, S. 7.
1185 Wedemeyer-Kolwe 2004, S. 105.

Fritz Klatt traf somit in seinen Werken durchaus den Zeitgeist der Menschen und benutzt auch ein Vokabular, dass das Lebensgefühl und die Sehnsüchte der Menschen widerspiegelt.

5.3.4 Zur Entwicklung freizeitpädagogischer Grundgedanken

Freizeitpädagogik als Ergänzung schulischer Bildungsprozesse und Entwicklungsnische

Im Kontext der verschiedenen Werke Fritz Klatts betrachtet, ist die Unterstützung des Menschen zu einer selbstbestimmten Lebensführung und der Verantwortung für die Gemeinschaft ein wichtiges übergeordnetes Ziel der Freizeitgestaltung.

Im Jahre 1921 hatte Fritz Klatt ein Volksschul-Freizeitheim in Prerow auf einer Ostseehalbinsel in Pommern, auf dem Darß, gegründet.[1186] Dieses Heim sollte bedürftigen Großstadtkindern zur Erholung dienen.[1187] Vorbild hierzu war das von Knud Ahlborn 1919 auf Sylt durchgeführte „Freideutsche Lager", ein ehemaliges Militärlager, das später zu einem Kindererholungsheim ausgebaut wurde. Heute existiert es noch unter den Namen „Volkshochschule Klappholttal" und „Akademie am Meer".[1188] Wird von Fritz Klatt gesprochen, so sollte seine erste Frau Edith Klatt (geb. Mischke) nicht unerwähnt bleiben, die ihn in seinen Ideen unterstützt hat.

Zum Klientel des Freizeitheims zählen zunächst Kinder und Jugendliche, die unterernährt waren und – wie es Briefe Fritz Klatts nahelegen – auch Kennzeichen sozialer Verwahrlosung aufwiesen.

Legitimiert sieht Fritz Klatt seine Forderung, dass es Volkshochschulheime geben soll, durch das „Bildungsbedürfnis" der Menschen, das er vom „Wissensbedürfnis" abgrenzt.[1189] Bereits diese Unterscheidung mutet sehr aktuell an.

Bildung versteht Fritz Klatt dabei wie folgt:

> „Bildung in dem doppelten Sinn, daß man sich nämlich Bildungsgut einverleiben will, außerdem aber auch lernen will, die verschiedenen bildenden Kräfte in sich selbst lebendig zu machen und zu üben. Es kommt hier also zum Wissensbedürfnis die Sehnsucht hinzu, den Gestaltungstrieb zu befriedigen…"[1190]

1186 vgl. Lorenzen 1966, S. 93; Böhm 1977, S. 710f. URL (2016).
1187 vgl. Ciupke 2008, S. 118.
1188 vgl. ebd., S. 118.
1189 vgl. Klatt1929c/1966, S. 40.
1190 ebd., S. 40.

Diese Sicht auf Bildung korrespondiert durchaus mit dem „kategorialen Bildungsbegriff", wie ihn Wolfgang Klafki in seinen Studien zur Bildungstheorie entwickelt hat, also die Verschränkung von materialer und funktionaler Bildung. (vgl. Kap. 4)

Es wird aber auch erkennbar, dass Fritz Klatt – der eine sehr stark endogen geprägte Position zur Entwicklung des Menschen vertritt – soweit geht, dass er die Abschaffung vom Schulzwang fordert, da die Bildungsabsicht und Erziehung das Wesen des Menschen bedrängt.

> „Kinder haben ihr eigenes Schicksal in sich. (…) Gewiß, die Schule ist gezwungen, dem entgegenzutreten mit allen ihren ‚Mitteln' der Bestrafung und Belohnung, der Ermahnung und vorbildlichen Führung. Die Schule unterdrückt dauernd das von der Natur bestimmte Schicksal im Kinde selbst, (…)
> Der Schulzwang ist Zwang wider das Schicksal. Die Aufhebung des Schulzwanges und damit der heute geltenden ‚allgemeinen Bildung' würde wieder eine Freiheit zur Entfaltung des Lebens gewähren und ist darum von allen innerpolitischen Forderungen die gewichtigste, weil sie alle anderen in sich enthält. (…) Mindestens aber müßte vom Staat aus eine Möglichkeit zugelassen werden, die Kinder zeitweise und die wenigen, von Natur und Blut aus selbstsicheren vielleicht auch für immer von dem Zwang der Schule zu entbinden."[1191]

Fritz Klatt fordert hierzu, dass der Jugend neben der Schule Entwicklungsräume gegeben werden müssen, die sich nicht nur um die körperliche, sondern auch seelische Gesundheit kümmern, wobei er selbst den Terminus nicht gebraucht, sondern von „Erholungsheime[n] der Seele"[1192] spricht.

Vor dem Hintergrund des schlechten Gesundheitszustandes vieler Kinder und Jugendlicher bedingt durch die Kriegsjahre, wurden damals Freizeit- und Erholungsheime gegründet. Diese gingen Fritz Klatt aber noch nicht weit genug, er beklagte die Lebensferne in den Schulen und forderte „Jugendgärten" analog wie Friedrich Fröbel (1782–1852) einst Kindergärten begründete.[1193]

> „Es werden ja jetzt überall Ferienheime, Erholungsheime für die in den Kriegsjahren so geschwächte Jugend errichtet. Solche Einrichtungen sind dem Sinne nach noch sehr erweiterungsfähig. Hier werden die Kinder körperlich gepflegt. Nun müßten aber noch Erholungsheime der Seele errichtet werden und nicht nur für kleine Kinder, sondern auch noch für junge Menschen bis zu 15 und 16 Jahren, wo sie die Möglichkeit hätten, ihre Kindheit, ihre Jugend ausreifen zu lassen. (…) Es wird keine Triebstätte des Geistes sein, viel eher eine Pflegestätte des gesamtmenschlichen Lebens, wo gegessen, geschlafen

1191 Klatt 1924, S. 44.
1192 ebd., S. 45.
1193 vgl. Klatt 1924, S. 46f.

> und viel gespielt und fröhlich oder erregt gearbeitet oder auch gefaulenzt wird, wo überhaupt alles getan und gelassen wird, wie man es im Leben eben tut oder läßt. Nicht übertriebene Ansprüche, nicht unerfüllbare Erwartungen auf Erfolge in einer fernen Zukunft, nicht Belehrungsabsichten und Besserungswünsche irgendwelcher Art sind hier zu finden. Leid wird nicht vertuscht und Freude nicht gedämpft, weil alle glühend dem Sinn des Lebens hingegeben sind, der mit jedem Morgen neu aufgeht."[1194]

Wichtig ist Fritz Klatt nicht nur das körperliche Wohl der Jugendlichen, sondern auch die seelische Entwicklung und Erholung sind ihm basale Anliegen. Anhand des Zitates wird deutlich, dass Fritz Klatt Erziehung im Sinne der Metapher des „Gärtnerns"[1195] versteht.

Er stellt in seinem Werk „Lebensmächte. Gesetze der geistigen Entwicklung" (1939)[1196] deutlich heraus, dass es ihm um die Aufrechterhaltung des „Freiheits-Spielraum[s] der Persönlichkeit"[1197] geht.

Freizeitpädagogik soll somit Entwicklungsnischen bieten, die Zeit geben, um zu „reifen" und einfach zu sein und zu leben. Eine Orientierung im Hier und Jetzt dominiert das Dasein im Freizeitheim, ein Leben miteinander in der Natur und dem Kontext anderer junger Menschen.

Wird diese Forderung vor dem Hintergrund der Kritik Klatts an der Hektik des „Maschinenzeitalters" betrachtet, so kann sie als Appell zur Entschleunigung und zum Abbau von Heteronomie verstanden werden. Ansonsten muten die Ideen Fritz Klatts durchaus widersprüchlich und irrational an, überhöhen die Hoffnungen auf Naturkräfte, denen der Mensch sich hingeben muss, damit alles sich zum Guten hin entwickeln kann.

Doch diese Ideen erwiesen sich in der Umsetzung durchaus nicht unproblematisch. Ähnlich wie es auch dem bekannten polnischen Pädagogen Janusz Korczak (1878 oder 1879[1198]–1942) ergangen ist, der als Betreuer in den Sommerkolonien – einem Ferien- und Erholungslager für benachteiligte Stadtkinder – erste pädagogischen Erfahrungen sammelte, erlebt auch Fritz Klatt eine Art „Praxisschock": Die Kinder erweisen sich als schwierig und halten sich nicht an Regeln oder Vereinbarungen.[1199] Wirtschaftliche Schwierigkeiten kommen hinzu.

1194 Klatt 1924, S. 45.
1195 vgl. Gudjons 2012, S. 193.
1196 Klatt 1939.
1197 Klatt 1939, S. 63.
1198 Das genaue Geburtsjahr ist unbekannt, auch Korczak soll es selbst nicht sicher gekannt haben.
1199 vgl. Hoffmann/Opper 2008, S. 104f.

Anders als Janusz Korczak fühlte sich Fritz Klatt nicht zum Umgang mit Kindern oder Jugendlichen berufen, sondern verortet sich in der Volksbildung.

Freizeitpädagogik und Volksbildung

Fritz Klatt erlebt den Aufbau des Bildungssystems seiner Zeit als verbesserungsbedürftig und misst der Volkshochschule grundsätzlich hohe Bedeutsamkeit zu.

> „Die Idee der Volkshochschule ist nicht eindeutig festgelegt. Die Volkshochschule soll die Lücke in unserem Erziehungswesen ausfüllen, die Schule und Berufsschule gelassen haben. So kann man wohl am besten die sehr verschiedenartige Arbeit zusammenfassen. Die Volksschule entläßt den jungen Menschen mit dem vierzehnten Jahr, in einem physiologisch – wie man weiß – besonders ungünstigen Augenblick. In seinem Entwicklungsalter ist er völlig hilflos dem Leben preisgegeben, muß gleich verdienen und darf gerade in dieser Reifezeit seines Lebens nicht mehr sich geistig weiterbilden. Die Fortbildungsschule nimmt ihn auf und vermittelt ihm die nötigsten Fachkenntnisse und Fertigkeiten, die er in seinem Arbeitsleben braucht. Wird der junge Mensch dann 17 und 18 Jahre, und gar erst 20 und 21 Jahre, so regt sich in vielen die Sehnsucht nach mehr Wissen, mehr noch: der Wille zur Anwendung und Gestaltung und Weiterbildung der in der Schule einst gelernten Wissensteile wird in ihnen lebendig."[1200]

Die berufsgebundenen Menschen haben nur begrenzte Zeitfenster zur Verfügung und daher betrachtet Fritz Klatt speziell seinen Ansatz einer Freizeithochschule als hilfreiche Ergänzung und Katalysator für die Entwicklung junger Menschen. Freizeitpädagogik kann hier im Sinne einer ***Bildungsberatung und Lebensbegleitung*** interpretiert werden. Der Freizeitpädagogik spricht Fritz Klatt das Potenzial zu, neue Lebensperspektiven zu erschließen.

> „In unserem Gesamterziehungswesen ist ja der Aufstieg der Begabten nach dem abgeschlossenen Kindesalter grundsätzlich nur durch die Aufbauschulen geregelt. Diese einmalige Regulierung zwischen dem 14. und 15. Lebensjahr genügt aber keineswegs. … Sie haben keine ausreichende Beratung. Niemand sagt ihnen, wie sie von den Ansatzflächen ihrer Berufsbildung aus organisch weiterarbeiten können. … Nur außerhalb des Berufs, eben in der Freizeit, können diese Begabten zunächst erfaßt und mobilisiert werden. (…)
> Die Freizeitpädagogik muß also die Zuträgerin für solch eine Aufbauschule höheren Grades – wir nannten sie vorhin Berufsoberschule oder Freizeithochschule – werden."[1201]

Er stellt die Forderung auf, dass es für die Altersgruppe der 16 bis 35-Jährigen eine „systematische Freizeitschulung"[1202] geben solle, damit diese zumindest

---

1200 Klatt 1929/1966, S. 46–74.

1201 Klatt 1929c/1966, S. 37.

1202 Klatt 1929c/1966. S. 30.

eine durch den Berufsstand „begrenzte geistige Stellung zur Welt"[1203] gewinnen sollen.

Im Werk „Freizeitgestaltung" (1929), dessen Herausgeber Fritz Klatt ist, legt Professor Hans Freyer das Verständnis sein Volksbildung dar. Soziologisch aus heutiger Zeit betrachtet, wird die „Enttraditionalisierung" und die „Modernisierung" beklagt und es als Aufgabe der Volksbildung gesehen, den Menschen zu helfen, seine Position in der Welt, in der Gemeinschaft zu finden.

> „Die Volksbildung löst denjenigen, den sie bildet, keineswegs aus seinem Leben ab, um ihn in Freiheit und Muße der Wissenschaft oder sonst einer Welt von Gültigkeiten gegenüber zu stellen. Sie ergreift vielmehr den Menschen in seiner konkreten Situation, im Rhythmus seines natürlichen Lebenslaufes, in seiner Familie, in seinem Beruf, in seiner Arbeit und in seiner Feier, in seiner Klassenlage, in seiner Stammeseigentümlichkeit, in seinem Volkstum. In alledem ist ein organisches Ganzes, ein lebendiger Sinngehalt angelegt. Dieses Ganze ist zwar vielfach zerrissen, denn die natürlichen Gemeinschaftsbindungen bröckeln auseinander. Es ist vielfach entleert, denn Arbeit wie Genuß sind grausam mechanisiert worden. (…) Daraus, daß die Elemente unserer natürlichen Lebenswelt und unseres Gemeinschaftslebens sich nicht mehr von selbst zu einer sinnvollen Einheit zusammenfügen, daß keine selbstverständliche Sitte mehr unseren Tageslauf regelt und keine allgemeine Tradition unser Zusammenwirken bestimmt – daraus ist gerade die Notwendigkeit erwachsen: in bewußter Besinnung eine neue Einheit aufbauen!
> Und die Volksbildung stellt sich in den Dienst dieser bewussten Besinnung. (…) Die Volksbildung verfährt also in der Tat grundanders als die akademische Bildung, ja sie verfährt gerade umgekehrt wie diese. (…) Sie bildet den Menschen nicht, indem sie ihn dem Kosmos der gültigen Wahrheiten gegenüberstellt. Sondern sie bildet ihn aus sich, und sie schaltet nur ebensoviel Erkenntnis und gerade diejenige Erkenntnis ins Leben ein, die nötig ist, um es zu seiner eigenen Form zu bringen. Sie löst den Menschen nicht ab aus seiner natürlichen Existenz, sondern sie macht ihn in dieser vollständig, macht ihn in ihr bewußt, macht ihn in ihr verantwortlich."[1204]

Ab 1924 konzentrierte sich seine Arbeit im Volkshochschulheim auf junge Erwachsene. Trügerisch wäre die Annahme, dass sich durch die Angebote des Freizeitheimes in erster Linie junge Männer angesprochen fühlten. Es gab durchaus Zeiten, in denen junge Frauen bis zu Dreiviertel der Teilnehmer ausmachten.[1205]

Es wurden in Prerow Freizeiten für junge Buchhändler, zur Lehrerbildung in der Freizeit, sozialpädagogische Kurse, Freizeiten für Frauen und Mädchen,

---

1203 ebd., S. 30.
1204 Freyer 1929, S. 45–46.
1205 vgl. Ciupke 2008, S. 119.

gemischte Kurse u.a. angeboten. Bezugspunkt war das Individuum in seinen konkreten Lebensbezügen oder, wie es Johann Heinrich Pestalozzi formulierte, unter Berücksichtigung der „Individuallage".[1206]

Allerdings liegt hier auch der Vorwurf einer ständischen Sicht auf die Welt nahe, der sich aber letztlich nur bedingt halten lässt, wird doch ein Wechsel in ein anderes zum Individuum passenderes Berufsfeld nicht ausgeschlossen.

5.3.5 Freizeitpädagogische Zieldimensionen

Eine systematische Betrachtung seiner freizeitpädagogischen Überlegungen lässt unterschiedliche Zieldimensionen erkennen, die Fritz Klatt jedoch selbst nicht so benannt hat.

Die Erschließung von persönlichen Quellen der Kraft und ein persönlich sinnvoll gestaltetes Leben gehört zu den personalen Zielen (1. Zieldimension) der Freizeitpädagogik nach Fritz Klatt. Dabei basieren diese Überlegungen auf einer dualistischen Betrachtung von Freizeit und Arbeitswelt.

> „Das Ziel der Freizeitgestaltung ist, durch die Entfaltung der ungenutzten Gesamtkräfte während der Urlaubszeit die abgenutzten Teilkräfte des Menschen zu ersetzen und so also den Arbeitsmenschen durch die in ihm selbst liegenden ungenützten geistigen Kräften zu heilen."[1207]

Auch die Eröffnung neuer beruflicher Möglichkeiten und die Reflexion der beruflichen Orientierung sind ein Aspekt, der sich in dem Volkshochschulheim antreffen lässt.

Als soziales Ziel der Freizeitbildung (2. Zieldimension) kann die bewusste Übernahme von Verantwortung für die Gemeinschaft und die Gestaltung der Masse bezeichnet werden. Dies setzt eine reife Persönlichkeit und die Opferbereitschaft voraus, wie es unter der anthropologischen Sicht in 2.1 bereits ausführlich aufgezeigt wurde.

Zugleich gibt es ein ökologisches Ziel (3. Zieldimension), das sich in der verantwortungsvollen Gestaltung der Lebenswelt zeigt und dessen Grundlage sicherlich auch durch die Erfahrungen der Natur begünstigt werden.

Als kognitives Ziel kann die Integration und Verarbeitung der Wissensbrocken betrachtet werden, die erst zur Bildung werden müssen. Fritz Klatt formuliert dies drastischer und als genuine Aufgabe der Erwachsenenbildung in einer Zeit, in der er das humanistische Bildungsideal erodiert sieht.

1206 vgl. Reinert/Arnhardt/Cornelius 1996, S. 46.

1207 Klatt 1929c/1966, S. 26.

„Ihr Grundsatz [der der Volkshochschule] muß immer sein, die Menschen, die in der Arbeit stehen, die von dem immer mechanischer werdenden Leben ergriffen wurden, soweit es irgend geht, zur Gestaltung, zur Einordnung der Wissensteile, die sie schon aufgenommen haben, zu bringen, damit sie dann ihr Arbeitsschicksal menschlich besser bewältigen, ihre politische Stellung klarer finden können, ihre wirtschaftliche Zwangslage im großen Gang der Menschheitsgeschichte und geographischen Lage besser begreifen lernen."[1208]

Freizeitbildung setzt den Akzent nicht auf dem Wissens-, sondern dem Bildungsbegriff und spielt hierbei mit diesem, indem er als erste Aufgabe der Erwachsenenbildung die „Entbildung"[1209] fordert. Hierunter versteht Fritz Klatt die Befreiung von „Teilstücke[n] ihres Wissens"[1210] meint, die nicht gebraucht werden oder unbrauchbar für den gegenwärtigen Lebenszusammenhang sind, von „unverstandenen Stücken des Schulwissens"[1211].[1212]

Als praktisch-ästhetisches Ziel könnte die körperliche Betätigung ebenso wie die künstlerische und handwerkliche Aktivität betrachtet werden, die ebenfalls eine Rolle in den freizeitpädagogischen Überlegungen Fritz Klatts spielen.

5.3.6 Gestaltungsmerkmale der Freizeitpädagogik

In seiner Schrift „Ja, Nein und Trotzdem" (1924) kritisiert Fritz Klatt in seinen ihm eigenen Sprachduktus die zunehmende Kommerzialisierung und Konsumorientierung, die auch den Freizeitbereich erfasst.

„Nur wer in irgendeiner handgreiflichen oder doch persönlichen Weise an dem täglichen notgebundenen Leben der anderen teilnimmt, kann auch an den Stunden seiner geistigen Erhebung teilnehmen. Alles andere ist Theater. Man bezahlt an der Kasse seinen Eintritt und erwirbt damit das gute Recht, was es da zu sehen gibt, zu beschauen. (…) Menschen, die heute leben, also arbeiten müssen, um nicht morgen zu verhungern, werden mehr als je zu theaterhafter Vergnügung gedrängt werden, als zu der einzigen, für ihr schwer erarbeitetes Geld käuflichen Entspannungsform ihres Arbeitslebens. Hier liegt die Tragik unseres Zeitalters. Alles, was Entspannung, Freude, Erhebung heißt, wird in immer wachsendem Maße abhängig von dem (unpersönlichen) Geldgeben und kommt damit immer mehr in die theaterhafte Richtung."[1213]

1208 Klatt 1929/1966, S. 47.
1209 ebd., S. 47.
1210 ebd., S. 47.
1211 ebd., S. 49.
1212 Im Grunde genommen wird hier eine Parallele zur kulturkritischen Sichtweise und Bildungskritik Nietzsches sichtbar.
1213 Klatt 1924, S. 64–65.

Viel wichtiger erscheinen ihm die Einbindung in die durchaus auch jahreszeitlich gebundenen alltäglichen Lebensabläufe, der persönliche Kontakt und die Authentizität.

Dabei spielt die Wechselseitigkeit in der Beziehung zwischen dem Leiter eines Kurses und den Zuhörern eine wichtige Rolle. Es geht nicht darum, die Teilnehmer zu belehren, sondern das Gespräch wird zum zentralen Bildungsfaktor.

In dem Werk „Freizeitgestaltung“ bestimmt Wilhelm Ruoff als konstitutives Moment der Arbeit im Prerower Volks(hoch)schulheim folgende Trias:[1214]

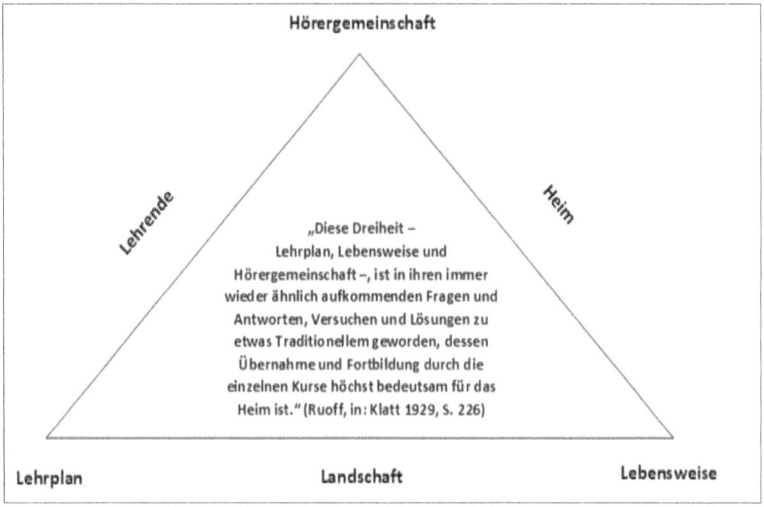

Abb. 29: Grundelemente der pädagogischen Arbeit in Prerow (eigene Abbildung)

Der Standort des Volkshochschulheims war durchaus nicht beliebig gewählt worden. Der Natur kam eine zentrale Bedeutsamkeit in seinem Konzept der Freizeitpädagogik zu:

> „Die Lage des Heimes unmittelbar am Meer, die heilsam-herbe Seeluft und die ständige Einwirkung der nordischen Landschaft geben die Möglichkeit zu intensiver Erholung und seelischer Erstarkung. Diese Erholung ist der Ausgangspunkt für die Arbeit unseres Volkshochschulheimes. Im rhythmischen Zusammenklang mit Landschaft und Jahreszeit ist darum bei uns stets planmäßige Körper- und Sinnesschulung zu finden. Unsere

1214 vgl. Ruoff 1929, S. 226.

sportlich-gymnastischen Kurse, unsere zeichnerischen und musikalischen Übungen, die zu jedem Kurs gehören, haben das Ziel, dem einzelnen Besucher seine körperlichen und gestaltenden Kräfte frei und bewusst zu machen. Diese Aufrufung und Auflockerung der gestaltenden Kräfte sowie das darauf gründende gemeinsame Leben im Heim bildet die unerläßliche Voraussetzung für die geistige Schulungsarbeit in Kursen. Die geistige Arbeit unserer Kurse setzt sich zum Ziel, während deiner körperlich wie geistig intensiv ausgenützten Erholungszeit auf dem gedanklichen Weg zwischen Lebenswille und Arbeitspflicht sinngemäß zu vermitteln."[1215]

Was Fritz Klatt letztlich in seiner Abhandlung über die „Gestaltung der Freizeit" schreibt, lässt deutlich werden, dass die Wirkung der Person und der Natur als heilsame Momente erscheinen. Die Teilnehmer wurden in den Lebensalltag integriert, wie Fritz Klatt in seiner 1924 erschienenen Schrift „Ja, Nein und Trotzdem" erläutert.

„Wie sah dies Leben nun aus? Wir waren auch nicht etwa dauernd zusammen. Jeder lebte für sich. Aber gewisse Arbeiten in Küche, Haus und Garten wurden gemeinsam getan. Oder man ging gemeinsam in den Wald, um Beeren oder Pilze zu sammeln, oder an den Strand um Brennholz zu sammeln (...). Bei solchem arbeitsgebundenen Zusammensein kommt es auch zu Frage und Antwort und auch zu jenen Fragen, die nicht schnell beantwortet werden können, d.h. den wichtigeren Fragen."[1216]

Der Begegnung mit dem anderen Menschen, aber auch mit der Natur und letztlich dem Kontakt zu sich selbst, kommt somit eine wichtige Funktion innerhalb der Konzeption der Freizeitbildung zu. Dabei spielen Kulturgüter durchaus auch eine wichtige, aber keine dominante Rolle. Hier wäre somit ein erster Ansatzpunkt zur Abgrenzung von der Kulturpädagogik zu suchen. Doch sicherlich sind es fließende Grenzen.

Gemeinsame Aktivitäten schaffen somit den Zugang zum Gespräch und eröffnen ungeahnte Reflexionsmöglichkeiten. Hiervon profitieren, folgt man hier William Pollack (2001), vor allem Jungen, die oftmals größere Schwierigkeiten haben, über ihre Probleme und Gefühle zu sprechen.[1217] Im Unterschied zu vielen anderen Aktivitäten ist die Notwendigkeit dieser Arbeiten evident, wodurch die eigene Selbstwirksamkeit erfahren werden kann und das Gefühl, seinen Beitrag an der Gemeinschaft leisten zu können.

Die Balance zwischen Freiheit und Bindung ist ein weiterer Aspekt, der im Zitat anklingt. Es muss Rückzugsmöglichkeiten geben, in denen das Individuum

---

1215 Einleitung zum Lehrplan 1927. In Ciupke 2008, S. 120.
1216 Klatt 1924, S. 64.
1217 vgl. Pollack 2001, S. 125ff.

für sich ist, aber auch Phasen der Gemeinschaft und des Gesprächs. Auch hier ist das Wechselspiel zwischen Gemeinschaft und Alleinsein zentral, das letztlich nur individuell ausbalanciert werden kann.

Beide Pole sind für das menschliche Leben wichtig. In der Freizeit soll der Mensch sowohl seinem Bedürfnis nach Autonomie als auch dem Gefühl, mit anderen Menschen gemeinschaftlich verbunden sein, erleben.[1218]

Für Fritz Klatt gehört es zu den Entwicklungszielen eines Menschen, dass er lernt, sich selbst auszuhalten. Einsamkeit und der Rückzug gehören somit genauso zur gestalteten Zeit wie die Gemeinschaftserfahrung.

> „Je mehr beansprucht ein Mensch von seiner Arbeit ist und von der menschlichen Gemeinschaft, in der er lebt, desto schwerer hat er es, noch zu sich selbst zu kommen. In unserem bewegten Leben fehlt vielfach das Gegengewicht der Stille und der Einkehr zu sich selbst. Ist es doch oft schon so geworden, daß der vielbeschäftigte Mensch geradezu vor sich selbst flieht und Einsamkeit überhaupt nicht mehr ertragen kann."[1219]
> „Die Fähigkeit, sich mit sich selbst zu beschäftigen, läßt nach."[1220]

Die Aktualität seiner Überlegungen spiegeln sich heute in Angeboten aus dem Gesundheitstourismus wider, wenn hier die Kuraufenthalte zugleich auch als Freizeit-, Wellness und auch Bildungsaufenthalte bzw. -reisen konzipiert werden. Die Grenzen zwischen den einzelnen Angeboten sind fließend, wobei dem Anliegen entsprochen wird, die Zeit möglichst effektiv zu nutzen.

Gegenstand der Kurse in dem Freizeitheim waren durchaus Themen aus dem Bereich „Literatur und Sprache", aber auch „Zeichnen und Gestalten", also künstlerisch kreative Tätigkeiten wie auch körperbezogene Angebote. Ab 1923 wurde der Fokus stärker auf junge Erwachsene gelegt und das Theaterspiel, aber auch naturwissenschaftliche Themen wie „Mensch und Technik" sowie religiöse und politische Themen vermehrt aufgegriffen.[1221]

Die kulturellen Themen und die kognitiven Bildungsangebote orientierten sich hierbei an der jeweiligen Zielgruppe, die das Freizeitheim besuchte. Folgende Beispiele für die „Freizeitthemen" – ausgerichtet auf unterschiedliche Berufsgruppen oder gemeinsame Angebote – können exemplarisch angeführt werden:

> „Für Buchhändler: ‚Frau und Buch' (vom 22. bis 30. Juni);
> für Frauen: ‚Der körperliche Aufbau des Menschen' (vom 5. bis 30. September);

1218 vgl. Klatt 1929c/1966, S. 28.
1219 Klatt 1939, S. 212.
1220 ebd., S. 213.
1221 vgl. Hoffmann/Opper 2008, S. 101–116.

> für Studenten: ‚Der Machtanspruch und der wirkliche Machtumfang der Presse‘ (vom 17. August bis 3. September);
> für gemischtberufliche Kurse: ‚Unsere Umwelt in Farbe und Form‘ (vom 5. bis 20. Juni); ‚neue deutsche Literatur‘ (vom 3. Juli bis 17. August);
> für Lehrer und pädagogische Berufe: ‚Die religiöse Wendung des Maschinenzeitalters‘ (vom 16. Mai bis 3. Juni).“[1222]

Der Arbeitsgemeinschaft und dem Gespräch kommt hierbei eine ganz zentrale Rolle zu, denn es geht nicht primär um die Vermittlung und Anhäufung von Wissensbeständen.[1223] Die Inhalte und Angebote sollen sich an der jeweiligen Zielgruppe der Freizeit ausrichten, Experten aus der Berufswelt können ebenso wie Teilnehmer aus vorauslaufenden Kursen in das pädagogische Team - bevorzugt wird die Leitung der Arbeitsgemeinschaften durch zwei Kursleiter[1224] - einbezogen werden. Ansatzpunkt sind - und so könnte man Klatts Aussagen in die heutige Begrifflichkeiten übersetzen - die Denk- und Wahrnehmungsgewohnheiten, Deutungsmuster und sprachliche Kodierung der jeweiligen Zielgruppe.

Nach Fritz Klatt prägt die Berufswelt die Denk- und Wahrnehmungsgewohnheiten der Menschen, Fritz Klatt spricht dabei vom „praktisch-psychologischen Bedürfnis“. Kenntnisse über die berufliche Situation der Partizipierenden sind demzufolge grundlegend für das professionelle Handeln des Freizeitpädagogen.

> „Der Freizeitpädagoge kann dagegen lediglich von dem praktisch-psychologischen Bedürfnis der verschiedenen Berufsgruppen ausgehen. (...) Freizeitpädagogik beruht immer als erstes und wichtigstes auf der erfahrungsmäßig als günstig erprobten Kenntnis all der berufsmäßig verschiedenen Ansatzflächen.“[1225]

Wie es Adolf Reichwein in seiner vierwöchigen Arbeitsgemeinschaft mit Studenten und jungen Industriearbeitern in Bodenrod/Taunus (1922)[1226] und bei seiner Partizipation am „Löwenberger Arbeitslager“ (1928)[1227] um das Verständnis und das soziale Miteinander unterschiedlicher, sozialer Schichten ging,

---

1222 Klatt 1929d, S. 261.

1223 vgl. Klatt 1929e, S. 53.

1224 vgl. ebd., S. 59.

1225 Klatt1929c/1966, S. 30f.

1226 vgl. hierzu: Reichwein 1922/2008, S. 41–48.

1227 Das erste „Arbeitslager für Arbeiter, Bauern und Studenten“ (14.03.1928 bis 30.03.1928) wurde von E. Rosenstock-Huessy (1888-1973) und H.J. Graf v. Moltke (1907–1945) initiiert. Tragende Säule hierbei war das Beuthenberger Volkshochschulheim und die Deutsche Freischar. (vgl. weiterführend: Reichwein 1928/2008, S. 79–85)

so verfolgt auch Fritz Klatt dieses Ziel. Ganz bewusst reflektiert er die Zusammensetzung der Gruppe und möchte durchaus auch Personen unterschiedlicher Berufsfelder in Kontakt miteinander bringen. Heterogenität im bestimmten Ausmaß wird hier zum Katalysator für Bildungsprozesse, ja mehr noch für die Entwicklung sozialer Wertschätzung und Akzeptanz.

> „Dabei hat sich erwiesen, daß keineswegs immer der Aufbau der Freizeit von den reinen Berufsgruppen aus am besten gelingt. Einige Junglehrer bei einer Gruppe von Jungbuchhandlern, einige Studenten bei einer Gruppe von Arbeitern, einige junge Arbeiter bei einer Gruppe von Studenten haben sich als sehr förderlich erwiesen, allerdings nur, wenn sie deutlich als einzelne der geschlossene Gruppe gegenübertreten konnten und eben auch die typischen Eigenschaften ihres Berufs in sich ganz deutlich ausgeprägt hatten und als typisch andersartig zur Geltung bringen konnten.“[1228]

Dabei distanziert sich Fritz Klatt explizit von einer Vereinnahmung der Freizeitbildung durch die Berufsbildung. Gegenstand der Angebote durch die Freizeithochschule ist nicht die berufliche Weiterbildungsmaßnahme. Die Freizeit möchte Fritz Klatt nicht instrumentalisieren, um in diesen Zeitfenstern die berufliche Weiterbildung vorzunehmen.

> „Das besagt nun nicht etwa, daß während der Freizeit an der fachlichen Weiterbildung des Berufs gearbeitet werden solle. Das gerade nicht. Wo das versucht wird, geschieht es nicht nur auf Kosten der persönlichen Gesundheit des Betreffenden, sondern auch auf Kosten der Berufsfreudigkeit im allgemeinen. Fachfragen sollen nicht auch noch in der Freizeit behandelt werden. Wohl aber müssen die in der Freizeit behandelten Themata um das berufsständische Ziel kreisen, also insgesamt zu dem Beruf Beziehungen haben und Beziehungen aufdecken. Erschließung und Erweiterung der Umwelt, soweit es irgend geht, aber immer nur vor dem Zentrum des Berufs aus, ist eigentlich das Bildungsziel der Freizeit.“[1229]

Selbst das Verhältnis von freier Gestaltungsmöglichkeit und Freizeitangeboten mit bildendem Anspruch bedenkt Fritz Klatt in seinen Überlegungen. Einschränken hierzu ist aber darauf hinzuweisen, dass es durchaus Kurse gibt, die sehr weit in den Bereich der beruflichen Weiterbildung reichen. Ein Grund dafür, weshalb er seine Kurse in dem Volkshochschulheim von der Weiterbildung abgrenzt, mag sein, dass Fritz Klatt diese nicht in Konkurrenz zu den Fachhochschulen oder Universitäten und dem fachlichen Anspruch sehen möchte.[1230]

1228 Klatt 1929c/1966, S. 31.
1229 ebd., S. 29; Klatt 1927b, S. 421.
1230 vgl. Klatt 1929e, S. 52.

Es geht ihm nicht darum, das ganze Leben – einschließlich der Freizeit – zu verschulen. Vielmehr spricht er der Bildung selbst einen wichtigen Stellenwert in der Freizeit zu. Sie steht hier durchaus auch im Dienste der Erholung und der „geistigen Erweiterung“[1231].

Freizeit erscheint dabei auch nicht als strukturlose Zeit. Hierbei wird deutlich, dass für Fritz Klatt der Wechsel von Spannung und Entspannung, geistiger und körperlicher Aktivität basal für eine erholsame Freizeitgestaltung war und Einseitigkeiten zu vermeiden sind.

> „Völlige geistige Schlaffheit nach einem Jahr angespannter Berufsarbeit ist sogar geradezu der Erholung hinderlich. Man wird erfahrungsmäßig z.B. in solchen vollständig erschlafft durchlebten Urlaubszeiten leicht krank, man langweilt sich in unerträglicher Weise oder kommt auf die törichtesten Gedanken. Wenn aber diese kurze Ausspannung von der Berufsarbeit geistig eine Gipfelzeit gespanntester Erwartung ist, so wird das körperliche und seelische Ausruhen dadurch beschleunigt und vertieft. Wir haben nun ausgeprobt, daß bei einer wirksam durchgeführten Freizeit am Tage im allgemeinen nur etwa 2 – 2 ½ Stunden geistige Aufbauarbeit getrieben werden darf, im übrigen aber die Tageseinteilung in der Freizeit genügend Raum für die körperliche Erholung und seelische Regsamkeit des einzelnen lassen muß, ebenso wie auch für die Entfaltung der geselligen Kräfte der ganzen Gruppe.“[1232]

Um es im Sinne Johann Heinrich Pestalozzis (1746–1827) zu formulieren, zeichnet sich die gelungene Freizeitbildung durch eine gekonnte Balance zwischen Kopf-Herz-Hand aus und dient dem Wohlbefinden und der Erholung. Fritz Klatt legt durchaus wert auf die körperliche und praktische Betätigung, die dazu beiträgt, dass der Mensch sich spürt. Dabei steht reinen Sportfreizeiten eher kritisch gegenüber, da es hier zu einer „übergroßen Anspannung körperlicher Art“[1233] käme und Gefahr bestehe, das „Ruhebedürfnis“[1234] zu überhören.

Ein rein sportliches oder rein geistiges Angebot wird dem Anspruch Klatts an die Freizeitpädagogik, die Freizeitbildung impliziert, nicht gerecht. Dies korrespondiert auch mit der „Vielseitigkeit“ des allgemeinen Bildungsbegriffs – wie ihn Wolfgang Klafki (1927–2016) in seinen „Neue[n] Studien zur Bildungstheorie...“ rekonstruiert – der sowohl eine „kognitive“, eine „ästhetisch-praktische“, eine „moralische“ und eine „soziale“ Dimension aufweist.[1235] (vgl. Kap. 4.1)

1231 Klatt 1927b, S. 425.

1232 Klatt 1929c/1966, S. 32.

1233 Klatt 1929b, S. 143.

1234 ebd., S. 143.

1235 vgl. hierzu: Klafki 2007. S. 15–41.

Wie bereits an verschiedenen Stellen deutlich wurde, kann Klatt durchaus als ein Kulturkritiker seiner Zeit bezeichnet werden: Er beklagt die Schnelllebigkeit, den Kapitalismus, aber auch die Vereinnahmung durch die Kirche, die Unpersönlichkeit, die Dekadenz und den Sittenverfall …[1236] Vor allem die Mechanisierung stellt nach Fritz Klatt einen Risikofaktor dar, der zur Verkümmerung der schöpferischen Potenziale beiträgt bzw. die Angst der Menschen vor dem Verlust dieser befördert.[1237]

> „Diese Befreiungs- und Erlösungsmöglichkeit durch Gestaltung war immer der letzte Sinn der Kunst und wird heute nur mehr Menschen zugänglich als früher, vielleicht weil so sehr viele in die Bewußtheit ihrer verzweifelten Lage gekommen sind, weil so viele in die Angst geraten sind, daß sie in dieser mechanisierten Arbeitswelt niemals wieder zu sich selbst kommen können. Gerade das ist ja der Zustand, den der künstlerische Mensch zwischen Werk und Werk immer erlebt hat, jene furchtbare Angst nämlich, nun bloß noch mechanisch weiterleben zu können, nur noch wiederholen zu können, was er schon einmal gestaltet hat, nicht wieder zu seinem schöpferischen Selbst zu kommen."[1238]

Doch zugleich spricht Fritz Klatt in einem Artikel, den er 1927 in der sozialpolitischen Zeitschrift „Das junge Deutschland: Amtliches Organ des Jugendführers des Deutschen Reichs…" von einer „rationellen Freizeitgestaltung" und einer „geistigen Ökonomie innerhalb der Freizeit"[1239]. Er gebraucht hier gezielt Begrifflichkeiten aus der Berufswelt. Ein Blick in die Historie zeigt, dass sich in den Jahren 1924 bis 1929 das wirtschaftliche Wachstum positiv entwickelte, es kam zu Verbesserungen im sozialen Bereich (Arbeitslosenversicherung, sozialer Wohnungsbau),[1240] bevor es 1929 zur Weltwirtschaftskrise kam.

> „Geistige Ökonomie innerhalb der Freizeit ist das oberste Gesetz. Das lehrten uns die Erfahrungen, die wir in unserem Volkshochschulheim mit den Freizeiten der verschiedenen jungen Berufsvertreter machen konnten. Diese Ökonomie darf weder durch den übermäßigen Wissensdrang der handarbeitenden Berufe noch durch den spezialisierten Wissensdrang der Angestelltenberufe noch auch durch die intellektuellen Gewohnheiten der geistigen Berufe durchbrochen werden. Aus diesem Grunde muß die körperliche Erholung und das gesellige Leben innerhalb der Freizeit einen so breiten Raum einnehmen. Nur wenn körperliche Erholung, geselliges Leben und geistige Bedürfnisbefriedigung in der Freizeit den rechten Ausgleich miteinander bekommen, und zwar in

---

1236 vgl. Klatt 1924, S. 65f.
1237 vgl. Klatt 1930, S. 69–70.
1238 Klatt 1930, S. 69–70.
1239 Klatt 1929b, S. 139; S. 149.
1240 vgl. Sturm 2011. URL (2018).

einer individuellen und berufsmäßig vollkommen unterschiedlichen Weise, kann von einer wirklich rationellen Freizeitgestaltung die Rede sein."[1241]

Erklärlich wird dieser Sprachduktus auch vor dem Hintergrund dessen, dass Fritz Klatt das „Maschinenzeitalter" als unaufhaltsam ansieht, womit er auch die „Massenhaftigkeit" des Lebens verbindet. Dies zu gestalten sieht er als zentrale Aufgabe an.

„Es gibt nur e i n e n Weg, die erwachte Angst vor der Massenhaftigkeit des Lebens und des menschlichen Betriebes aufzuheben, das ist die bewusste Bejahung dieser Massenbewegung, die uns alle erfaßt hat und weiterträgt. Und zwar nicht eine müde und resignierte Bejahung im allgemeinen, weil es ja nicht mehr anders möglich ist, sondern die enthusiastische Bejahung an der persönlich bestimmten und immer deutlicher werdenden Stelle, wo der einzelne selbst tätig eingreifen kann in diese Bewegung. Bewegtes in Bewegung gestalten und gruppieren, diese neuartige Aufgabe entsteht durch die geistige Wendung des Maschinenzeitalters."[1242]

Grundsätzlich sollen die Teilnehmer zu einer bewussten Wahrnehmung und Gestaltung der freien Lebenszeit herangeführt werden und diese auch im Alltag als solche erkennen und nutzen lernen.

„Es gilt hier den einzelnen zunächst ins Bewußtsein zu bringen, welchen Schatz an freier Zeit ein jeder auch in den gedrücktesten Verhältnissen noch frei zu verwalten hat. Alle diese kleinen und kleinsten freien Zeitteile können und müssen miteinander in Verbindung gebracht werden, damit die berufsgebundenen Menschen nicht mehr wie bisher an den leeren Stunden leiden, die sie in völliger Ermüdung, Erschlaffung oder Zerstreuung vergeuden."[1243]

Heute würde hier von „Freizeitkompetenz" (Opaschowski 2008)[1244] gesprochen, einen Terminus den Fritz Klatt damals noch nicht gebraucht hat.

Eine Freizeitpädagogik, die dem Anspruch der Freizeitbildung gerecht werden will, darf hinter diese Grundgedanken nicht zurückfallen. Sie ist somit keine reine Spaßpädagogik bzw. Animation als „Dauerbespaßung", sondern nimmt den Menschen als Ganzen in seinem Lebenszusammenhang wahr. Nach Fritz Klatt geht es darum, Gegenkräfte zur beruflichen Alltagssituation in den freien Zeiten zu aktivieren, verloren geglaubte Potenziale zu wecken und lebendig zu halten. Ausgangspunkt bildet die Anregung von (Selbst-)Re-flexionsprozessen,

1241 Klatt 1929b, S. 149.
1242 Klatt 1930, S. 12.
1243 Klatt 1929c/1966, S. 34.
1244 Opaschowski 2008, S. 122.

die auch dazu dienen, nicht zum „Opfer“ von Dogmatismus und Vereinnahmungstendenzen zu werden.[1245]

5.3.7 Zur professionellen Kompetenz der Kursleiter

Als wünschenswert betrachtet Fritz Klatt die gemeinsame Leitung der Kurse und Arbeitsgemeinschaften. Ziel hiervon ist die Herstellung einer möglichst guten Passung der Vorträge und Inhalte an die Teilnehmer/innen.

> „Der geistige Aufbau an dem Material bleibt aber ganz der Gunst der Stunde überlassen und ist entscheidend abhängig von der Z u s a m m e n a r b e i t. Besonders anfangs, wo der Vortragende die Mitarbeit der Teilnehmer gewinnen muß, ist er auf die Hilfestellung des Partners angewiesen. Wenn er in seinen Worten zu hoch greift und über das Verständnis der Teilnehmer hinweggeht, muß der andere gleich eingreifen, durch eine Querfrage eine Hemmung einschalten und dadurch die ganze Erörterung in eine diesem Kreis verständliche Ebene verlegen. Das kann durch eine fachliche Frage, zur Not aber auch bloß durch eine rhetorische Frage bewirkt werden. Hauptzweck ist ja, zunächst das richtige Spannungsverhältnis zwischen den Teilnehmern und dem zu behandelnden Stoff herzustellen. Wieweit das gelingt, hängt wesentlich von der Hilfestellung des Partners ab.“[1246]

Aufgabe des nicht vortragenden Partners ist also, die Zuhörer genau zu beobachten und steuernd einzugreifen. Bei diesem System der Doppelleitung favorisiert Klatt die Beteiligung eines Fachmannes jener Berufsgruppe, an die sich das Kursangebot seines Volkshochschulheims richten soll.[1247] Dabei kommen für ihn aber nur Fachleute infrage, die neben den Fachkenntnissen auch Freude am Umgang mit jungen Menschen hat.

> „Voraussetzung für die Eignung eines Fachmannes zur Leitung einer Freizeit ist seine Freude am jugendlichen Leben, die er sich neben seinen Fachkenntnissen bewahrt haben muß. (…) Kurzum, es muß ein nachdenklicher Fachmann sein, der von sich aus die Neigung zur Jugend hat.“[1248]

So konnte Fritz Klatt zahlreiche „Gastlehrer“, oftmals Professoren, für sein Volkshochschulheim gewinnen.[1249]

Die Tätigkeit der Leiter endet nicht nach dem gehaltenen Kurs, sondern setzt sich im gemeinsamen Leben im Volkshochschulheim fort in Einzelgesprächen,

---

1245 vgl. Hoffmann/Opper 2008, S. 106.
1246 Klatt 1929e, S. 60.
1247 vgl. Klatt 1929e, S. 61.
1248 ebd., S. 62.
1249 vgl. ebd., S. 62.

gemeinsamen Spaziergängen und Aktivitäten mit den jungen Menschen. Fritz Klatt nennt diese Aufgabe „geistige Fürsorge“ und Seelsorge.

> „Einer allein könnte ja schon bloß aus Zeitmangel das gar nicht alles leisten, was seelsorgerisch und an geistiger Fürsorge von den einzelnen jungen Leuten gebraucht wird. Je nach Temperament und Anlage ist die seelsorgerische und geistige Macht jedes der beiden Leiter einer Freizeit typisch verschieden und geeignet, auf die verschiedenen Typen der Besucher einzuwirken.“[1250]

Es geht somit um weitaus mehr als um Wissensvermittlung in der Freizeitpädagogik. Bei genauerer Betrachtung integriert Fritz Klatt hier beratende, evtl. sogar therapeutische Elemente und seelsorgerische Gespräche in seine Vorstellung einer Freizeitpädagogik.

Sein Volkshochschulheim betrachtet er auch als Versuchsfeld für die Erprobung neuer pädagogischer Leitungsmodelle und die Weiterbildung von Volksbildnern.[1251]

Die Kursleiter sind Teil der Gemeinschaft und Gesprächspartner während des Aufenthaltes im Volkshochschulheim. Sie sind Lehrende und Lernende zugleich und es findet ein geistiger Austausch mit den Kursteilnehmern statt, – echte Gespräche statt einer Belehrung.

5.3.8 Fazit

Als Freizeitbildung kann das umfassende Konzept der Freizeitpädagogik interpretiert werden, das ganz unterschiedliche Dimensionen des Bildungsbegriffs abdeckt. (vgl. hierzu Kap. 4) Im Kern geht es um einen vernünftigen Umgang mit der freien Lebenszeit – orientiert an der seelischen, körperlichen und geistigen Gesundheit. Lernen steht hierbei im Dienste des Menschen und soll ihm dabei helfen, seinen Lebensalltag zu gestalten, aber auch in den gesamtgesellschaftlichen Zusammenhang hineinzuwirken.

Dabei ist sein Bildungsbegriff stark an der ästhetischen Bildung und an der Lebenswelt orientiert. Interessant erscheint an dieser Stelle auch, dass Fritz Klatt den Freizeitpädagogen als eine Art Bildungsberater konzipiert, der dem Individuum auch neue Impulse im Hinblick auf die berufliche Weiterentwicklung und Berufsorientierung geben soll.

Freizeitpädagogik kann nach dem Klatt'schen Verständnis als Entwicklungshilfe bezeichnet werden, die zunächst den Menschen wieder ein Gefühl

1250 ebd., S. 64.
1251 vgl. ebd., S. 65.

für den natürlichen Lebensrhythmus, seinen Körper und seine eigenen Bedürfnisse und Potenziale eröffnen soll.

So wundert es nicht, dass auch eine Ausweitung des Volkshochschulheims auf eine „Sommerschule" für Kinder im Sinne einer „Versuchsschule" angedacht wurde, der der Erholung und Bildung dienen sollte.[1252]

Darüber hinaus kann die so verstandene Freizeitpädagogik auch als Integrationshilfe betrachtet werden, da sie unterschiedliche Menschen im Volkshochschulheim durch die gemeinsame Arbeit, das gemeinsame Leben und Lernen auf Zeit miteinander in Verbindung bringt.

Fritz Klatt selbst gebraucht sogar den Begriff der Seelsorge („seelsorgende Tätigkeit im umfassenden Sinn"[1253]), d.h. persönliche Gespräche zwischen dem Freizeitleiter und den TeilnehmerInnen sind wichtig. Der Mensch soll Zeit und Möglichkeit zur Reflexion und Besinnung haben und die Chance, das persönliche Gespräch zu suchen.

Verkürzt betrachtet könnte der Eindruck entstehen, es gehe Fritz Klatt in seinem Volkshochschulheim lediglich um die Volks- oder Erwachsenenbildung. Diese ist in seinem Ansatz der Freizeitpädagogik durchaus inhärent, doch verschmilzt sie zu einem holistischen Konzept, in dem es auch um die Gesundheit, die Geselligkeit und die bewusste Gestaltung der freien Lebenszeit geht. Erst die Verzahnung der Säulen wird seiner Idee von Freizeitpädagogik als holistischem Konzept gerecht.

Letztlich kann das Schaubild zur Trias Lehrplan – Lebensweise – Hörergemeinschaft/Arbeitsgemeinschaft erweitert werden um die übergeordneten Themenbereiche: Bildung – Gesundheit – Soziales.

Der Natur kommt im Werk Fritz Klatts primär als Moment der „Erdung" eine hohe Bedeutung zu; sie soll dem Menschen dabei unterstützen, zu einem natürlichen Lebensrhythmus zu finden, seinen Körper und sich selbst bewusst wahrzunehmen. Sie wird als Kontrasterfahrung zum beschleunigten Lebensalltag des berufstätigen Menschen betrachtet, der seine Zeitstrukturen dem Erwerbsleben anpassen muss.

1252 vgl. Klatt 1929d, S. 260.

1253 Klatt 1927b, S. 425.

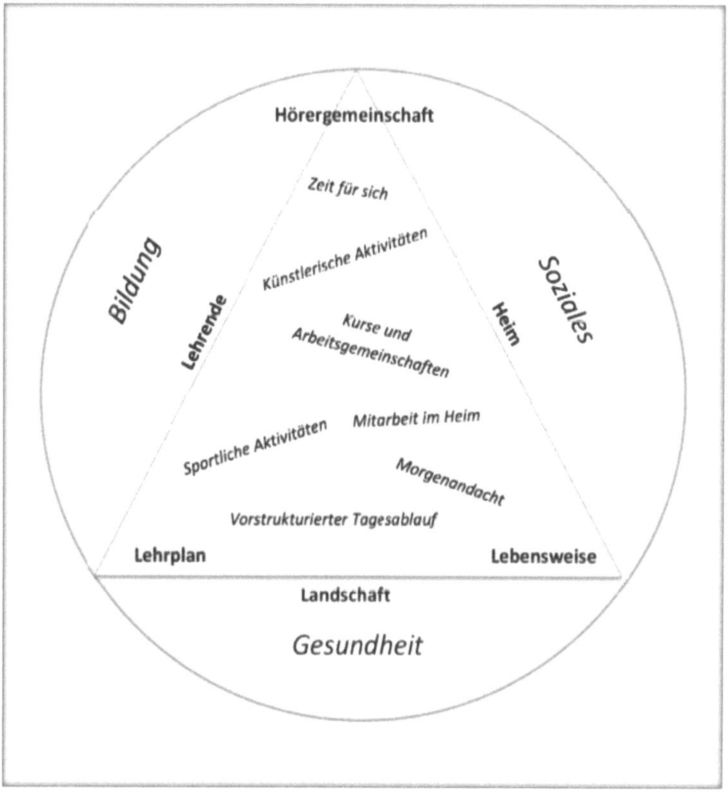

Abb. 30: Grundtriade der Freizeitbildung (eigene Darstellung)

Wichtig war ihm hierbei eine angemessene Rhythmisierung der Freizeitgestaltung, die auch in den Alltagszusammenhang der Menschen hineinwirken soll.

Es geht hierbei um dynamische Balance von Polen, die sich in einem Spannungsverhältnis befinden. Ziel ist es nicht, dieses Spannungsverhältnis aufzulösen, sondern gerade aus diesem Spannungsverhältnis Kraft und neue Energien für die persönliche Lebensgestaltung zu gewinnen. Sinnzusammenhänge sollen erkannt werden, die eigene Position in der Welt soll wahrgenommen werden.

Dies ist sicherlich ein hohes Ziel, das heute nicht selten mit dem Begriff der Persönlichkeitsbildung assoziiert wird.

Abb. 31: Spannungsverhältnisse in der Freizeitpädagogik (eigene Darstellung)

Die eigenen Freiräume zu erkennen und sinnvoll zu gestalten, kann als eine wesentliche Zielsetzung der Arbeit im Volkshochschulheim betrachtet werden, wobei das Individuum stets als interdependentes Wesen gedacht wird. Bedenkt man, dass Fritz Klatt seine Überlegungen in der Zeit der Weimarer Republik getroffen hat, so ist verständlich, dass es ihm sehr wichtig war, dass die Menschen sich gruppieren und für ihre Interessen eintreten. Auch heute scheint es – angesichts der Politikverdrossenheit vieler – bedeutsam, dass Menschen dazu ermutigt werden, sich gesellschaftspolitisch einzubringen und für ihre Überzeugungen und Interessenlagen einzutreten. Die Möglichkeiten zur Partizipation zu erweitern, kann als ein wichtiger Auftrag der Freizeitpädagogik verstanden werden. Sozialpolitisch betrachtet geht es Fritz Klatt um die bewusste Übernahme von Verantwortung und die Wertschätzung der unterschiedlichen Berufsstände.

Heute würde weniger von „Berufsständen" gesprochen, als von der Unterschiedlichkeit der Menschen, die Vielfalt als Bereicherung schätzen lernen sollen. Das Thema „Zuwanderung", und infolgedessen das der multikulturellen Gesellschaft, nimmt einen anderen Stellenwert ein. Es muss heute darum gehen, Brücken zwischen den unterschiedlichen sozialen Milieus und Kulturen zu bauen und rechtsradikalem Gedankengut entgegenzuwirken. Auch die sich vergrößernde Kluft zwischen „Arm" und „Reich" stellt eine Aufgabe dar, Vorurteile abzubauen und neue Möglichkeitsräume durch die Freizeitbildung zu erschließen.

Für die Berücksichtigung der Gesundheit hat sich in den letzten Jahren auch der Terminus „Wellnessbildung" etabliert, was wiederum die Aufspaltung ursprünglich integraler Bestandteile einer Pädagogik der Freizeit signalisiert. Gerade in der Integration der unterschiedlichen Dimen-sionen kann aber die Stärke des freizeitpädagogischen Ansatzes Fritz Klatts gesehen werden.

Eugen Rosenstock(-Huessy [1888–1973]), Mitbegründer des „Hohenrodter Bundes", brachte den Ansatz der Freizeithochschule mit dem englischen Begriff der „Summerschool" in Verbindung, wie er sie seinerseits aus England kannte und betonte, dass es im Freizeitheim in Prerow um „Freizeitgestaltung"[1254] ging. Er kritisierte die „klassisch-humanistischen Ideale der Universität"[1255] als nicht mehr zeitgemäß.

Auch zur heutigen Struktur von Sommerakademien oder „Summerschools" werden Unterschiede deutlich: Hier steht heute das Lernen sehr stark im Vordergrund und auch der Erwerb von Zertifikaten bzw. Nachweisen über die eigene Weiterbildung. Freizeit – mit Ausnahme der Tatsache, dass die Sommerakademie oftmals in einem Tagungshotel lokalisiert wird, ist weniger eingeplant, – die angedachten Zeitverhältnisse haben sich eher verkehrt.

Von daher wäre ein Rekurs auf den ganzheitlichen Ansatz von Fritz Klatt für die Freizeitbildung sinnvoll, soll doch eine Verschulung des ganzen Lebens als institutionalisierte Bildungsphase vermieden werden. Zugleich impliziert Freizeitbildung aber auch einen emanzipatorischen Anspruch, der dabei helfen möchte, Grenzen zu überwinden, Restriktionen abzubauen und sich zugleich als Teil der Welt und Teil der Gemeinschaft als interdependentes Wesen wahrzunehmen – um die Idee der Erziehung der Volksgemeinschaft *neu* zu interpretieren.

Insofern ist es sicherlich angebracht, sich die frühen Wurzeln der Soziokulturellen Animation anzusehen. Dabei wird deutlich, dass es auch durchaus Überschneidungen zu Fritz Klatts Bestrebungen gibt.

5.4 Soziokulturelle Animation als Hochform der Freizeitbildung

Wie bereits durch die Auseinandersetzung mit dem Werk von Fritz Klatt deutlich wurde, geht es bei der Freizeitbildung um die Initiierung von Bildungsprozessen, die das Individuum zu einer aktiven Gestaltung seiner Lebensumwelt und der sozialen Gemeinschaft befähigen. Im Unterschied zu schulischen Bildungsprozessen steht das lernende Subjekt in seiner Ganzheitlichkeit und Interdependenz im Vordergrund und nicht der Erwerb formaler Qualifikationen

1254 Rosenstock 1929, S. 17.
1255 vgl. ebd., S. 18.

und/oder entsprechender Zertifikate. Das Anliegen, dem Menschen „Hilfe zur Selbsthilfe“ zu geben und ihm Partizipationsmöglichkeiten zu eröffnen, somit die Autonomie und Gemeinschaftlichkeit zu fördern, korrespondiert mit den Grundideen der Soziokulturellen Animation.

Der Begriff „Animation“ findet sich in der Freizeitpädagogik in der Bundesrepublik Deutschland seit den 1970er-Jahren. Impulse hierzu kamen aus dem französischen und angloamerikanischen Bereich.[1256] Heinz Moser u.a. (1999) betonen, dass es keine einheitliche Definition oder Geschichtsschreibung – oder um es zugespitzt zu formulieren – keinen explizit theoretischen Hintergrund zur Soziokulturellen Animation gibt.

> „Soziokulturelle Animation ist eine neue Erscheinung. Sie hat keine approbierte Geschichte – sie hat Geschichten: jene des Begriffs, jene der Institutionen, der Personen und der Aktivitäten in ihrem Zeichen – aber auch jene der Initiativen, die genau das Gleiche tun wollen, sich aber nie ausdrücklich als ‚soziokulturelle Animation‘ verstanden haben.“[1257]

In ihrem Bestreben, „Definitionen, Funktionen und Positionen“[1258] zu erhellen, setzen Heinz Moser u.a. (1999) allerdings erst in den 1960er-Jahren an und greifen hier den Entwicklungsstrang in Frankreich, Deutschland und der Schweiz auf.

Beat Schmocker (2009) hingegen sieht eine Wurzel der europäischen Soziokulturellen Animation in der Entwicklungslinie der Chicagoerin Jane Addams (1860–1935) und ihren Mitarbeiterinnen verortet. Jane Addams verfolgte in den Chicagoer Slums einen methodisch ähnlichen Ansatz, wie er sich später in der lateinamerikanischen Gemeinwesen-Entwicklungsarbeit zeigte und von dort wiederum zurück nach Europa – insbesondere Spanien, Frankreich und den französisch-sprachigen Teil der Schweiz – gelangte.[1259]

Sofern es darum geht, die Grundidee zu erfassen, empfiehlt es sich, auch die historischen Wurzeln zu betrachten und nicht ausschließlich auf die Begriffsgeschichte zu schauen. Dabei wird deutlich, dass diese historischen Vorbilder selbst noch nicht den Begriff der Soziokulturellen Animation gebraucht, inhaltlich aber bereits Gedanken in die Praxis umgesetzt haben, die sich heutzutage mit dem Begriff der „Soziokulturellen Animation“ verbinden.

1256 Michels 1995, S. 7.
1257 Moser/Müller/Wettstein/Willener 1999, S. 13–14.
1258 vgl. ebd., S. 13.
1259 vgl. Schmocker 2009, S. 19. URL (2015).

In der Darstellung wird an dieser Stelle auf eine ausschließliche Fokussierung auf Jane Addams und ihre Werke verzichtet, da ihr bei der Entwicklung der Soziokulturellen Animation eine bedeutsame Rolle zukommt, doch es wichtig ist, einen Einblick in die verschiedenen Entwicklungslinien zu nehmen und Grundgedanken herauszuarbeiten.

Zugleich verdient Jane Addams besondere Würdigung, gilt sie doch – neben Alice Salomon – als bedeutsamste Wegbereiterin der sozialen Arbeit und Mitbegründerin der Chicagoer Schule der Soziologie. Im Jahr 1931 erhielt sie für ihr soziales Engagement den Friedensnobelpreis.[1260] Jane Addams trat u.a. für das Frauenwahlrecht ein, setzte sich angesichts des Ersten Weltkriegs für den Frieden ein und war Vorsitzende der „Internationalen Frauenliga für Frieden und Freiheit".[1261]

5.4.1 Jane Addams, die amerikanische Settlement-Bewegung und ihre Vordenker

Jane Addams wurde 1860 in Cedarville/Illinois als letztes von acht Kindern des Mühlenbesitzers, späteren Direktors einer Bank und republikanischen Senators John Hay Addams und seiner Frau Sara Weber Addams geboren.[1262] Sie selbst gehörte somit durchaus zur privilegierteren Schicht, die den „amerikanischen Traum" durchaus realisieren konnte: Ihr Vater kann als „self-made-man" bezeichnet werden, hat er als Müllergeselle Sara Weber, die Tochter eines Mühlenbesitzers geheiratet, später selbst eine eigene Mühle gebaut, die Stadt Cedarville nahe Chicago mitbegründet und es durch Spekulationen mit Land zu einem ansehnlichem Vermögen gebracht. Er wird als belesener, arbeitsamer und christlich geprägter Mann charakterisiert.[1263] Ihre Eltern konnten Jane Addams eine für die damalige Zeit sehr fundierte Bildung ermöglichen.

Ihre leibliche Mutter verstarb, als Jane Addams gerade einmal drei Jahre alt war. Mit ihrer Stiefmutter, Anna Haldeman, die mit John Addams im Jahre 1868 die Ehe einging und die zwei weitere Kinder in die Familie einbrachte, sollte Jane „nie ein inniges Verhältnis"[1264] aufbauen können. Nur vier ihrer leiblichen Geschwister erreichten das Erwachsenenalter, die Sterblichkeitsrate war damals

1260 vgl. Nobelprice.org: Jane Addams Biographical. URL (2015).

1261 Schüler 2004, S. 148.

1262 vgl. Archiv für die Geschichte der Soziologie in Österreich … URL (2014); Eberhart 1995, S. 13f.

1263 vgl. Eberhart 1995, S. 14.

1264 ebd., S. 15

sehr hoch. Jane Addams Gesundheitszustand war durchaus nicht sehr stabil. Ihre Selbstzeugnisse spiegeln ein hohes Maß an Selbstzweifeln und Unzufriedenheit mit ihrem Aussehen und Körper wider. Inwiefern sie dieses Gefühl der Minderwertigkeit vom Vater vermittelt bekam, muss offen bleiben. Die Biografin Cathy Eberhart führt an, dass Jane Addams sich „immer einige Schritte hinter ihm [dem Vater] gehalten [hätte], damit ihr gutaussehender und angesehener Vater nicht mit einer so unansehnlichen Tochter gesehen werde“[1265]. Addams beschreibt sich als schiefgewachsen und hässliches Kind.[1266]

Inwieweit sich dieses negative Körperselbstkonzept als Katalysator für Jane Addams akademische Karriere und ihr späteres sozialpolitisches Engagement auswirkt, darüber kann nur spekuliert werden. Fest steht, dass Jane Addams das Rockford Female Seminary in Rockford besucht hat, das zum Rockford College akademisch aufgewertet wurde. Hier lernte sie Ellen Gate Starr kennen, mit der sie später das Hull House gründen sollte.

Im Jahr 1881 nahm Jane Addams schließlich ein Medizinstudium in Philadelphia auf. Sie zeigte exzellente Leistungen, doch wurde die Studienzeit durch einen Todesfall in der Familie überschattet: 1881 verstarb ihr Vater mit nur 59 Jahren an einer verschleppten Blinddarmentzündung. Für Jane Addams war dies ein Schicksalsschlag, den sie nicht gut verkraften konnte. Ihre Gesundheit erwies sich als labil, sie litt unter massiven Rückenschmerzen und war fast ein Jahr ans Bett gefesselt. Erst durch eine riskante Operation und ein eigens angefertigtes Stützkorsett gelang es, sie wieder zu mobilisieren. Da ihr Bruder einen Nervenzusammenbruch erlitt, wurde Jane Addams die Aufgabe zuteil, das Erbe zu verwalten. Doch auch sie wurde zunehmend depressiv und entschied sich für eine längere Europareise mit ihrer Stiefmutter. Auf dieser Reise, die auch als Bildungsreise bezeichnet werden kann, fielen Jane Addams die sozialen Disparitäten auf: Bilder der Armut und sozialen Ungerechtigkeit brannten sich ein.[1267]

In die USA zurückgekehrt, war sie wieder für die Verwaltung des Nachlasses zuständig und sollte ihre Stiefmutter bei den gesellschaftlichen Verpflichtungen begleiten. Zufrieden war sie mit ihrem Leben nicht und auch die Europareise half ihr nicht, die eigene Depression zu überwinden. Die Frage nach dem Sinn des Lebens und eine mit „ihrem Intellekt kompatiblen Religiosität“[1268] bewegten Jane Addams, wie Eberhart rekonstruiert.

1265 ebd., S. 15.
1266 vgl. ebd., S. 14.
1267 vgl. Eberhart 1995, S. 17f.
1268 ebd., S. 20.

Im Jahr 1887 unternahm sie gemeinsam mit einer weiteren Freundin ihre zweite Europareise, um sich mit ihrer alten Studienfreundin Ellen Starr zu treffen.[1269] Gemeinsam mit Ellen Starr besuchte sie 1888 die Toynbee Hall in London, ein Nachbarschafts- und Bildungszentrum für sozial benachteiligte Menschen, das begründet wurde von dem Pfarrehepaar Samuel und Henrietta Barnett[1270] und nach dem sozial engagierten Nationalökonomen Arnold Toynbee benannt wurde.[1271] Anlass zur Gründung der Toynbee Hall war zum einen das soziale Elend dieser Zeit, zum anderen aber auch die Beobachtung, dass das soziale Miteinander von ganz unterschiedlichen Menschen zur Verbesserung der sozialen Lage beiträgt.

> „Im Pfarrhaus [der Barnetts; Anmerkung der Verfasserin] hielten sich öfter Arme und Studenten auf, die vor Ort das Leiden mit den Armen teilten, um so eine persönliche Beziehung zu ihnen zu gewinnen. Samuel Barnett regte das Interesse der Studenen an, in seinem Gemeindehaus 1884 eine erste Settlementeinrichtung ins Leben zu rufen. So gründeten Samuel und Henrietta Barnett 1884 die erste Universitätsniederlassung in einem Elendsviertel im Osten Londons. (...) Kern der Idee war die Umsiedlung von Angehörigen der bürgerlichen Intelligenz (Pfarrer, Professoren, Studenten usw.) in Armen- und Arbeiterviertel. Die *Settler* sollten sich zu Nachbarn der Ausgestoßenen machen und diese im kulturellen Austausch (Ausstellungen, Gemeinschaftsaktivitäten, Feste, Konzerte) inspirieren und aktivieren (...).“[1272]

Diesen Ansatz der Gemeinwesenarbeit trug Jane Addams zurück in ihre Heimat und eröffnete zusammen mit Ellen Gates Starr in einem sozialen Brennpunktviertel Chicagos ein ebensolches Zentrum. Damit hatte sie ihre Berufung und Lebensaufgabe gefunden. Philosophisch beeinflusst war sie – vermutlich bereits seit ihren Studienjahren – von Vertretern des sozialen Idealismus wie Thomas Carlyle (1795–1881), dessen Schüler John Ruskin (1819–1900) und auch von Lew Nikolajewitsch Tolstoi (1828–1910).[1273]

Als zu groß erlebte Jane Addams die sozialen Disparitäten und die Konzentration des Kapitals in den Händen weniger bei gleichzeitiger Not der Arbeiter und Einwanderer und verbunden mit marginal entwickelten staatlichen Unterstützungsmöglichkeiten. In jener Zeit sollten bürgerliches Engagement und

---

1269 Vgl. ebd., S. 20–23.
1270 vgl. Lambers 2018, S. 164f.
1271 siehe weiterführend: Website zur Toynbee Hall U.K. URL (2018); vgl. auch: Götze 2005, URL (2018).
1272 Lambers 2018, S. 165.
1273 vgl. Braches-Chyrek 2013, S. 136.

privat organisierte Wohltätigkeitsarbeit einen Beitrag leisten, die schlimmsten Notlagen zu lindern.[1274]

Ziel von Jane Addams war es, eine Gemeinwesenarbeit zu betreiben, die mitten im Elend mit ihrem Hull House in Chicago – insbesondere Frauen und Kindern – eine Möglichkeit der Hilfe zur Selbsthilfe bot und in dem Kontext der Settlement-Bewegung zu verorten ist.[1275]

Der Kerngedanke, den Menschen Bildungsmöglichkeiten und dadurch die Chance zur Partizipation zu eröffnen[1276], findet sich bereits viel früher. Im Zentrum steht dabei auch die direkte Teilhabe am Leben und das Miteinander unterschiedlicher Menschen, was Jane Addams als Bildungskatalysator und Motor für „gemeinsame sozialreformerische Aktivitäten“[1277] ansah.

Dieser Grundgedanke des direkten Kontakts und Miterlebens der sozialen Umstände der armen Menschen wurde bereits von Johann Heinrich Pestalozzi (1746–1827) in seiner Armenanstalt auf dem Neuhof und später im Waisenhaus zu Stans praktisch vorgelebt. Darüber hinaus forderte Johann H. Pestalozzi eine allgemeine Bildung, die beim Menschen und dessen Individuallage ansetzen soll und deren Ziel es ist, den Menschen Hilfe zur Selbsthilfe zu geben.[1278]

Bis hin zu seinem äußeren Erscheinungsbild identifizierte sich Johann Heinrich Pestalozzi mit den armen Menschen(kindern) seiner Zeit, teilte ihre Lebenswelt und versuchte, diese zu verbessern. Kritisch kann hierbei aber auch angemerkt werden, dass dies zwar sein leidenschaftliches Anliegen war, das allerdings über seine Kräfte und die damaligen gesellschaftlichen Möglichkeiten hinausreichte. Interessante psychoanalytische Deutungen finden sich bei Volker Kraft „Pestalozzi oder das Pädagogische Selbst. Eine Studie zur Psychoanalyse pädagogischen Denkens.“[1279] oder Günther Bittner „‘Das Kot der Welt, in welches ich mich vertieft…‘. Pestalozzi als autobiographischer Denker“[1280].

Aus heutiger Sicht wird Johann H. Pestalozzi als „Klassiker“ und Wegbereiter der modernen Sozialpädagogik gesehen.[1281]

1274 vgl. ebd., S. 133.

1275 vgl. Dietmann-Beckert, URL (2013); Archiv für die Geschichte der Soziologie in Österreich… URL (2014).

1276 vgl. Braches-Chyrek 2013, S. 135.

1277 ebd., S. 136.

1278 vgl. Reinert/Arnhardt/Cornelius 1996.

1279 Kraft 1996.

1280 Bittner 1997, S. 357–373.

1281 vgl. z.B. Niemeyer 2010.

Ausgangspunkt war hier vor allem sein christlicher Glaube und ein optimistisches Menschenbild, das sich auch an der Auffassung von Jean-Jacques Rousseau orientierte, der bereits in den ersten Zeilen seines weltbekannten Erziehungsromans „Emile oder über die Erziehung“ (1762) notierte:

> „Alles ist gut, wenn es aus den Händen des Schöpfers hervorgeht; alles entartet unter den Händen des Menschen.“[1282]

Zeitlebens war es Johann Heinrich Pestalozzi ein Herzensanliegen, sich mit Menschen zu solidarisieren, die nicht den privilegierten Bevölkerungskreisen angehörten, insbesondere mit den Schwächsten einer Gesellschaft: den Kindern.

Bildung sah Pestalozzi wie auch Comenius als Schlüssel zur Verbesserung der sozialen Verhältnisse an. In seinem anthropologischen Werk „Nachforschungen über den Gang der Natur in der Entwicklung des Menschengeschlechtes“(1797)[1283] relativiert Pestalozzi zwar sein ursprünglich optimistisches Menschenbild, ohne dabei seinen Idealismus preiszugeben: Der Mensch muss sich zur Sittlichkeit emporheben. Gott hat dem Menschen hierzu das Potenzial verliehen, der Glaube an Gott wird zum Leitstern, diesen Selbstbildungsprozess zur Sittlichkeit zu vollziehen.[1284]

Nächstenliebe und die Solidarisierung mit den Schwächsten sind zutiefst christliche Prinzipien des neuen Testamentes, die sich in Matthäus 25,34–40 widerspiegeln:

> „Wahrlich, ich sage euch: Was ihr getan habt einem von diesen meinen geringsten Brüdern, das habt ihr mir getan.“

Johann Heinrich Pestalozzi kann nicht als radikaler Revolutionär bezeichnet werden. Gewalt war für ihn kein probates Mittel zur Verbesserung der menschlichen Verhältnisse. Die Ständegesellschaft per se war für ihn erst einmal nicht infrage zu stellen. Allerdings fordert er in seinem Werk „Abendstunde eines Einsiedlers“ (1780)[1285] von den Privilegierten die Übernahme von Verantwortung und Fürsorge für die schwächeren und abhängigen Menschen, die Basis hierzu erachtet er in einer guten „Wohnstubenerziehung“ und dem Glauben an Gott begründet. Die Vater-Sohn-Beziehung steht für ihn sinnbildlich für die Beziehung Gott – Mensch und diese möchte er auf die Konstellation Fürst – Untertan übertragen wissen.[1286]

1282 Rousseau 1762/2013, S. 6.
1283 Pestalozzi 1797.
1284 vgl. Reinert (v. Carlsburg)/Arnhardt/Cornelius 1996, S. 49–60.
1285 Pestalozzi 1845. URL (2018).
1286 vgl. Reinert (v. Carlsburg)/Arnhardt/Cornelius 1996, S. 46f.

Das Motiv christlicher Nächstenliebe in tätigem Einsatz für die Bildung und damit Verbesserung der menschlichen Lebensverhältnisse findet sich vor allem auch bei den Pietisten, die für eine Bewegung der inneren Frömmigkeit und Hinwendung zu einer christlichen Lebensführung ab dem 17. Jahrhundert stehen, sowie den Philanthropen, den „Menschenfreunden", deren herausragende Köpfe wie Johann Bernard Basedow (1724–1790) für eine pädagogische Reformbewegung des 18./19. Jahrhunderts stehen.[1287]

Der Glaube und tätige Einsatz für den Mitmenschen gingen hier eine enge Verbindung ein. Insofern kann das Christentum durchaus als Katalysator für die Solidarisierung und Humanisierung betrachtet werden und Religion eben nicht nur als „Opium des Volkes" (Karl Marx 1844) bezeichnet werden.[1288]

Gerade beim Hull-House-Projekt sollte nicht unerwähnt bleiben, dass die Hilfe zur Selbsthilfe eben nicht als eine soziale Bewegung im Sinne eines reinen Bottom up-Verfahrens zu betrachten ist: Jane Addams stammte selbst aus privilegierter so-zialer Schicht, ermutigte andere begüterte Frauen (und Männer), sozial benachteiligte Menschen so zu unterstützen, dass es zu einer nachhaltigen Verbesserung der sozialen Lage in diesen (multikulturellen) Wohnvierteln kam. Bereits die englische Settlement-Bewegung stand in enger Anbindung an die Universität und setzte auf eine soziale Durchmischung statt Ghettoisierung der Armut und des Elends. Der Eröffnung von Bildungsmöglichkeiten kam hier eine Schlüsselfunktion zu, die sich positiv auf die Lebensgestaltung der Menschen im Viertel auswirkte und zum sozialen Engagement beitrug.

> „Miss Addams and Miss Starr made speeches about the needs of the neighborhood, raised money, convinced young women of well-to-do families to help, took care of children, nursed the sick, listened to outpourings from troubled people. By its second year of existence, Hull-House was host to two thousand people every week. There were kindergarten classes in the morning, club meetings for older children in the afternoon, and for adults in the evening more clubs or courses in what became virtually a night school. The first facility added to Hull-House was an art gallery, the second a public kitchen; then came a coffee house, a gymnasium, a swimming pool, a cooperative boarding club for girls, a book bindery, an art studio, a music school, a drama group, a circulating library, an employment bureau, a labor museum."[1289]

1287 vgl. Reble 2009, S. 126ff.
1288 Marx 1843/44. URL (2013).
1289 Nobelprice.org: Jane Addams Biographical. URL (2014).

Frauen- und Kinderschutzgesetze konnten im ersten Drittel des 20. Jahrhunderts in den USA etabliert werden und können durchaus mit den Bemühungen der Hull-House-Reformerinnen in Verbindung gebracht werden.[1290]

Jane Addams engagierte sich in den folgenden Jahren gegen die soziale Ungerechtigkeit, trat für Demokratie, bessere Arbeitsbedingungen und die Gewerkschaftsbewegung, das Frauenwahlrecht und die Abschaffung von Kinderarbeit sowie die Verbesserung der Rechte von Einwanderern und die Friedenspolitik ein.[1291]

Letztlich übertraf die Resonanz des Hull Houses bei den Menschen bei Weitem die Hoffnungen und Erwartungen von Jane Addams, folgt man den Darstellungen des Hull-House-Museums. Was mehr oder minder als ein Projekt der Nachbarschaftshilfe begann, mündete in einer sozialen Bewegung (Settlement-Bewegung), die benachteiligten Menschen aus unterschiedlichen Herkunftskulturen die Integration in die amerikanische Gesellschaft und die Verbesserung ihrer sozialen Lage ermöglichte.

> „When Jane Addams and Ellen Gates Starr first opened Hull-House in 1889, they had very modest goals. They imagined a place to offer art and literary education to their less fortunate neighbors. The role of Hull House, however, quickly grew beyond what either Gates or Addams could have imagined and continuously evolved to meet the needs of their neighbors. The residents of Hull-House, at the request of the surrounding community, began to offer practical classes that might help the new immigrants become more integrated into American society, such as English language, cooking, sewing and technical skills, and American government. The residents were the women and men who chose to live at Hull-House; they paid rent and contributed to the activities and services that the Settlement was committed to providing to their neighbors. These services included, but were not limited to, a nursery and a kindergarten, a public kitchen, and access to public baths and a playground. Hull-House became not only a cultural center with music, art, and theater offerings, but also a safe haven and a place where the immigrants living on Chicago's Near West Side could find companionship and support and the assistance they needed for coping with the modern city."[1292]

Das Hull-House-Projekt unterstützte – um es mit heutigen Worten auszudrücken – den Aufbau von Lebensbewältigungskompetenzen und machte aus Fremden Nachbarn. Die Grundidee hierbei war es, das sich die sozialen Probleme nur gemeinsam lösen lassen. Hierzu nahmen privilegierte Menschen Quartier in den Elendsvierteln der Zuwanderer, erlebten deren Problemlagen mit und

1290 Jane Addams Hull-House Museum, Chicago: About Jane Addams. URL (2013).
1291 vgl. Eberhart 1995, S. 27.
1292 Jane Addams Hull-House Museum, Chicago: About Hull-House. URL (2013).

versuchten, ihre Bildung und Kultur an diese weiterzugeben.[1293] Dieser Grundgedanke findet sich auch heute noch im modernen Quartiersmanagement und Städtebau wieder.

Der Kontext, in dem Jane Addams diesen Weg beschritt, um Menschen zu helfen, war jener der zunehmenden Industrialisierung und Verstädterung. Menschen aus ganz unterschiedlichen Lebenskontexten suchten ihr Glück und ihre Zukunft in den großen Städten Amerikas. Chicago war eine schnell wachsende Wirtschaftsmetropole, die viele Menschen anzog und deren Einwohnerzahl sich in den Jahren zwischen 1880 und 1890 nahezu verdoppelte.[1294] Zugleich wuchs die Kluft zwischen Arm und Reich und die sozialen Disparitäten vergrößerten sich. Armut und Elend mit all den daraus resultierenden Folgewirkungen prägten das Stadtbild Chicagos ebenso wie das englischer Industriestädte. Kinder- und Frauenarbeit gehörten zum Alltag jener Menschen, deren Lebensbedingungen sich drastisch von jenen privilegierter Schichten unterschieden.

Eine zunehmende Pauperisierung und Verelendung wurde sichtbar, die sozialen Probleme wurden zur „sozialen Frage“ im letzten Drittel des 19. Jahrhunderts und zu Beginn des 20. Jahrhunderts. In diese Zeitphase fallen in den USA auch die Entstehung der Arbeiterbewegung und der Gewerkschaften, große Streiks wie auch politisch die Reformbewegung des Progressionismus, der einen ungezügelten Kapitalismus und Korruption den Kampf ansagte.[1295] Jane Addams‘ Ideen trafen den Zeitgeist und trugen zur Weiterentwicklung der politischen und sozialen Realität bei.

5.4.2 Ausgewählte Wegbereiter einer partizipatorischen Bildung im Freizeitbereich

Jane Addams ging es darum, den Menschen **Hilfe zur Selbsthilfe zu** geben, ihr Leben produktiv gestalten und partizipieren zu können.

> „Hilfe zur Selbsthilfe, mittels Kinder-, Jugend- und Nachbarschaftsarbeit, blieb das bestimmende Konzept von Hull House und anderen ‚Settlements‘ in den USA, die bis 1910 bis auf 400 Einrichtungen angewachsen waren.“[1296]

1293 vgl. Götze 2005. URL (2018).
1294 vgl. Braches-Chyrek 2013, S. 132.
1295 vgl. ebd., S. 132f.
1296 Richter 2006, S. 83.

Obgleich Jane Addams Motivation sicherlich auch auf der tätigen christlichen Nächstenliebe beruhte, suchte sie die Unterstützung liberaler Kreise und weniger eine Orientierung am christlichen Sozialismus.[1297]

Spürt man weiterhin den ideengeschichtlichen Wurzeln der Soziokulturellen Animation nach, so könnte man diesbezüglich sicherlich auch auf **John Dewey** (1859–1952), einen der bekanntesten Vertreter des amerikanischen Pragmatismus, rekurrieren, der unter anderem engen Kontakt zu **George Herbert Mead** unterhielt und auch zum Hull-House von Jane Addams in Chicago.[1298]

Im Unterschied zu Jane Addams fokussierte **John Dewey** in erster Linie im Kontext der progressiven Erziehung ein alternatives Schulkonzept, das er in seiner „Laboratory School", die er im Jahre 1896 eröffnete, entwickelte und umsetzte. In späteren Jahren setzte sich Dewey vermehrt im politischen Bereich für stärkere sozialdemokratische Orientierung ein.[1299]

Nicht zuletzt ging es Menschen wie Jane Addams oder John Dewey um eine Demokratisierung der gesellschaftlichen Verhältnisse und Verbesserung der Möglichkeiten der Teilhabe aller Menschen. Demokratie lebt von mündigen Bürgern, die partizipieren und sich einbringen; insofern stellt Bildung auch einen zentralen Schlüssel zu einer demokratischen Gesellschaftsordnung dar. Lernen vollzieht sich nach John Dewey in erster Linie durch Erfahrung und innerhalb eines sozialen Kontextes.[1300]

Dabei spielte auch bei John Dewey das Umfeld eine wesentliche Rolle für mögliche Entwicklungsprozesse.

> „Power to grow depends upon need for others and plasticity. Both of these conditions are at their height in childhood and youth. Plasticity or the power to learn from experience means the formation of habits. Habits give control over the environment, power to utilize it for human purposes. Habits take the form both of habituation, or a general and persistent balance of organic activities with the surroundings, and of active capacities to readjust activity to meet new conditions."[1301]

Für die Erziehung stellen sich nach Dewey folgende Herausforderungen:

1297 vgl. Richter 2006, S. 78.
1298 vgl. Neubert 1998, S. 52f. URL (2018).
1299 vgl. ebd., S. 53. URL (2018).
1300 vgl. Eberhart 2009, S. 104.
1301 Dewey 1916, S. 81. URL (2018).

„… (1) An educational aim must be founded upon the intrinsic activities and needs (including original instincts and acquired habits) of the given individual to be educated. (…)"[1302]

"(2) An aim must be capable of translation into a method of cooperating with the activities of those undergoing instruction. It must suggest the kind of environment needed to liberate and to organize their capacities. (…)"[1303]

"(3) Educators have to be on their guard against ends that are alleged to be general and ultimate. Every activity, however specific, is, of course, general in its ramified connections, for it leads out indefinitely into other things. So far as a general idea makes us more alive to these connections, it cannot be too general. But 'general' also means 'abstract,' or detached from all specific context. And such abstractness means remoteness, and throws us back, once more, upon teaching and learning as mere means of getting ready for an end disconnected from the means. (…)"[1304]

Selbsttätigkeit, Lernen aus Erfahrung, intrinsische Motivation, Handlungsorientierung und Problemorientierung wären hier nur einige ausgewählte Begrifflichkeiten, die sich mit dem pädagogischen Ansatz von John Dewey verbinden. Diese lassen sich auch auf die Praxis der Soziokulturellen Animation beziehen.

An dieser Stelle ließe sich sicherlich auch auf andere Vertreter der reformpädagogischen Bewegung verweisen, die sich jedoch vorwiegend auf die Bildungsprozesse im Kindes- und Jugendalter konzentrierten, aber auch, wie z.B. Adolf Reichwein, durchaus die Volksbildung und Nivellierung sozialer Barrieren anstrebten.

Adolf Reichwein steht dabei stellvertretend für all jene Pädagogen, die sich für mehr Verständnis zwischen unterschiedlichen sozialen Schichten und die tätige Solidarität mit den Benachteiligten einsetzten. Bildung sah Reichwein hierbei als Schlüsselkategorie an, um die sozialen Verhältnisse zu verbessern. Dabei waren ihm junge Gebildete wichtige Katalysatoren für die Verbesserung der Lebenslage der jungen Arbeiter. Ein Kerngedanke hierbei war die Erfahrung von Gemeinschaft und die Herausbildung eines „Gemeinschaftsbewußtseins"[1305] Menschen unterschiedlicher sozialer Schichten mussten hierzu zusammengebracht werden.

Dies realisierte Adolf Reichwein gemeinsam mit seiner Frau seinerzeit durch seine Ferienarbeit in Bodenrod (Taunus) im Jahr 1921, als er Studenten und Jungarbeiter miteinander in einen lebendigen Austausch brachte und gemeinsame Erfahrungen ermöglichte.[1306] Idee war es, die jungen Menschen nicht nur

1302 Dewey 1916, S. 145. URL (2018).
1303 ebd.. URL (2018).
1304 ebd., S. 147. URL (2018).
1305 Müssig 2000, S. 92.
1306 ebd., S. 93f.

in Form einer Lern-, sondern auch in Form einer Arbeits- und Lebensgemeinschaft – in diesem Fall für vier Wochen – miteinander in Kontakt zu bringen.[1307] Dies könnte durchaus bezogen auf die heutige Zeit ein Ansatzpunkt für neue Entwicklungen im Bereich des Tourismus sein, indem auch hier vermehrt dieser Grundgedanke des gemeinschaftlichen Lebens- und Arbeitens unterschiedlicher Nationen an entwicklungsbezogenen Projekten in den Ferien, d.h. unter dem Gesichtspunkt der zeitlichen Begrenztheit, aufgegriffen wird.

In dem Grundgedanken der Erziehung in und durch die Gemeinschaft spiegeln sich auch Reichweins eigene Jugenderfahrungen wider: Er wurde selbst von der Jugendbewegung und dem „Wandervogel“ geprägt. Während seiner Studienzeit in Marburg schloss er sich dann der „Akademischen Vereinigung“ an, die als „akademische Fortführung des Wandervogels“[1308] bezeichnet werden kann.[1309]

Vorläufer der Ideen der Settlement-Bewegung und die Idee selbst, wie sie sich vor allem in den Jahren 1884–1914 entwickelte, hatten durchaus auch in Deutschland ihre Protagonisten.

Nicht zuletzt sollte hier auch auf Johann Hinrich Wichern (1808–1881) verwiesen werden.

Johann Hinrich Wichern wurde letztlich sein Theologiestudium durch den Philanthropen August Hermann Francke in dessen Stiftungen ermöglicht. Später gründete Wichern in Hamburg das „Rauhe Haus (1833)“, ein Projekt, das ganz ähnlich wie auch Pestalozzis Armenanstalt auf dem Neuhof, um Kindern und Jugendlichen, die verwaist, sozial verwahrlost oder bereits straffällig geworden sind, ein Heim, Erziehung und Bildung zu geben im Sinne von Hilfe zur Selbsthilfe. Johann Wichern lebte gemeinsam mit den Kindern zusammen und versuchte, ihnen Kompetenzen zu vermitteln, die sie für die Lebensbewältigung benötigten. Das Konzept des „Rauhen Hauses“ expandiert unter dem Begriff „Rettungshäuser“ und Wichern selbst sah hierin die „Innere Mission“ begründet. [1310]

Ferner verweist Herbert Scherer (2004) in diesem Kontext auf den Theologen Walther Classen (1874–1954), der selbst ein halbes Jahr in Toynbee Hall, London lebte und diesen Ansatz auch in Hamburg verwirklichen wollte. Er stieß hierbei jedoch durchaus auch auf Widerstände und es mangelte an der Bereitschaft bürgerlicher Intellektueller, sich in den Wohnvierteln benachteiligter

1307 Hohmann 2007, S. 54.
1308 Hohmann 2007, S. 53.
1309 vgl. ebd., S. 53.
1310 vgl. Schäfer 2017. URL (2018).

sozialer Schichten anzusiedeln. So gelang es Walter Classen nur, die ursprüngliche Settlement-Idee in abgeschwächter Form zu realisieren, indem er eine Art Gemeindezentrum, ein „Volksheim“[1311] (1901),[1312] in einem Arbeiterviertel gründete, das in der praktischen Arbeit auch einen Schwerpunkt auf die Arbeit mit Kindern legte. Ein Grund hierfür waren die Vorbehalte der potentiellen Geldgeber gegenüber dem sozialdemokratischen Gedankengut, das mit Aufruhr assoziiert wurde. Das Volksheim konnte Walther Classen letztlichr mithilfe von großzügigen Protegés, wie Heinrich Traun (1838–1909), finanzieren. Folgt man Scherer, so unterminierte der konservative Flügel der Amtskirche das sozialpolitische Wirken von W. Classen und trug mit dazu bei, dass er mit der Machtergreifung der Nationalsozialisten vorzeitig pensioniert wurde.[1313] Dabei ist aber auch anzumerken, dass Walter Classen nicht frei von völkischem Gedankengut war.

Auch in anderen deutschen Städten entstanden weitere Volksheime, Nachbarschaftsheime, oftmals aber ohne den sozialreformerischen Geist, wie er einst in der Settlement-Bewegung aufblühte.[1314]

Daneben verweist Herbert Scherer auch auf den Theologen Friedrich Siegmund-Schultze (1885–1969), der ebenfalls inspiriert durch die Toynbee Hall, die „Soziale Arbeitsgemeinschaft“ (SAG) Berlin-Ost ins Leben rief. Sein Settlement in einem Problemviertel im Osten Berlins erlebte die finanzielle Protektion durch keinen geringeren als den amerikanischen Großindustriellen Andrew Carnegie. Friedrich S. Schultze konnte die ursprüngliche Idee leben und zeichnet sich durch eine intensive Kinder- und Jugendarbeit, aber auch politische Debatten, Bildungsveranstaltungen etc. aus.[1315]

Intensiv und durchaus auch kritisch hat sich Werner Picht (1887–1965) mit der Settlement-Bewegung auseinandergesetzt und bemängelte u.a. die zu geringe Orientierung am einzelnen Menschen und auch, dass die Nachbarschaftshilfe nicht wirklich von den Privilegierten gelebt wird.[1316]

1311 Scherer 2004. S. 25–30. URL (2018).
1312 vgl. auch: Brekenfelder/Geib, S. 21. URL (2018a).
1313 vgl. Brekenfelder/Geib, S. 25ff. URL (2018b).
1314 vgl. ebd., S. 25f. URL (2018b).
1315 vgl. Scherer 2004. S. 25–30. URL (2018).
1316 vgl. ebd., S. 29f. URL (2018).

5.4.3 Impulse aus dem lateinamerikanischen Bereich

Nach Beat Schmocker (2004) zeigt ein Blick auf die Entwicklungsgeschichte der sozialen Arbeit in Lateinamerika, dass hier der Gemeinwesenentwicklung (desarrollo de la comunidad) eine zentrale Rolle zukommt. [1317]

Grundsätzlich ist aber auch anzumerken, dass diese Traditionslinie der Soziokulturellen Animation noch unzureichend aufgearbeitet und in den Diskurs einbezogen ist.

Die Rolle der Gemeinwesenentwicklung im lateinamerikanischen Bereich beschreibt Beat Schmocker wie folgt:

> „Sie [desarrollo de la comunidad; M.M.] wird als zielorientierter Prozess der Sozialen Arbeit verstanden, um die durch eigenes Denken gesteuerte Mitbestimmung der Einwohner/innen einer Region oder der Menschen einer bestimmten Bevölkerungsgruppe auf der Basis ihrer Mittel und Fähigkeiten zu erreichen, damit sich ihre individuelle und die Lage der Gemeinschaft und zukünftiger Generationen verbessert. Gemeinwesenentwicklung ist somit mehr eine Haltung als eine Methode.“[1318]

Personengeschichtlich wird dabei auf den Brasilianer **Paolo Freire** (1921–1997) verwiesen, der selbst erleben musste, wie es ist, arm zu sein, und der sich zeitlebens für eine „Pädagogik der Unterdrückten“ (gleichnamiges Werk 1970 erschienen) einsetzte.

Heute wird er vielfach als ein „Befreiungspädagoge“ betrachtet. Bildung – zunächst einmal die Alphabetisierung der armen Bevölkerungsteile – galt ihm als Schlüssel zur Möglichkeit der Selbstbefreiung.[1319]

Paolo Freire kritisiert die bestehende Lehr-Lern-Situation, wie er sie seinerzeit wahrnahm, als „Bankiers-Konzept“, bei der die Kinder eben nicht als lebendige Subjekte wahrgenommen werden, sondern Wissen in die Köpfe als Investition in die Zukunft getrichtert werden soll. Selbstständiges und kritisches Denken sieht er hiermit eher unterbunden als gefördert.

Seine Pädagogik setzt am Individuum und der konkreten Lebenswelt des einzelnen Menschen an. Sie möchte statt rezeptiver Lernformen problemorientierte Lernformen ermöglichen, die zur kritischen Reflexion und zum Bewusstwerden der sozialen Lage beitragen und letztlich dem Individuum Hilfe zur Selbsthilfe geben.

1317 Schmocker 2004, S. 7. URL (2018).
1318 Schmocker 2004, S. 7. URL (2018).
1319 vgl. Auer 2006. URL (2013); Dabisch 2002, S. 76. URL (2018).

Der dialogischen Grundhaltung des Lehrers kommt eine zentrale Bedeutung zu, der sich am Lernenden orientieren muss und Reflexions- und Bewusstwerdungsprozesse anstoßen soll.

Christoph Wagner setzt diese Haltung bereits mit der Rolle eines Animateurs in Verbindung, wenn er über Paolo Freire spricht:

> „Erziehung zur Befreiung setzt eine dialogische Unterrichtssituation voraus. Der Lehrer hat nicht mehr das Recht, die Lehrinhalte allein zu bestimmen, sondern diese ergeben sich aus der Untersuchung des thematischen Universums der Schüler. Dazu ist beiderseitige Empathie erforderlich. Der Lehrer fungiert in diesem Prozess – gemäss dem erst später populär gewordenen Motto der ‚Hilfe zur Selbsthilfe' – als Koordinator bzw. Animateur."[1320]

Beat Schmocker sieht diesen Ansatz Paolo Freires als Gegenentwurf zur „Integrationsideologie", wie er jene Konzepte der katholischen, sozialen Bewegung nennt, die Armut als Bestandteil der Lebenswelt akzeptierten und den Umgang damit in das Leben integrierten.[1321]

Als weitere Widersacher dieser „Integrationsideologie", die nicht wirklich zur Umwälzung der sozialen Verhältnisse beiträgt, verweist Beat Schmocker auf Che Guevara (1928–1967, Bolivien), Salvador Allende (1908–1973, Chile) oder auch Befreiungstheologen wie Leonardo Boff (*1938, Brasilien).[1322] Dabei sollte durchaus diese Position Beat Schmockers auch kritisch reflektiert werden, da der Diskurs in diesem Vortrag sicherlich sehr stark zugespitzt wird und somit partiell zu einseitig erscheint.

5.4.4 Neuere europäische Entwicklungslinien: Zur Entwicklungsgeschichte der Soziokulturellen Animation in Frankreich

Nach Heinz Moser u.a. (1999) kommt Frankreich eine besondere Stellung bei der Herausbildung der Soziokulturellen Animation als Profession zu.[1323] Von hier aus wurde auch der Begriff der (Soziokulturellen) Animation geprägt, der sich so nicht im angloamerikanischen oder angelsächsischen Bereich findet.

Dabei muss betont werden, dass es sich zunächst um soziale Praktiken handelte, die zum einen als Reaktion auf die sozialen Disparitäten und die armseligen

1320 Wagner 2001, S. 17–19. URL (2013).
1321 Schmocker 2004. S. 3ff. URL (2018).
1322 vgl. ebd., S. 7. URL (2018).
1323 Moser/Müller/Wettstein/Willener 1999, S. 41ff.

Bedingungen vieler Menschen infolge des Industrialisierungsprozesses, zum anderen aber auch im Zuge einer allmählichen „Demokratisierung" von Freizeit zu verstehen ist.

Abb. 32: Visualisierung zu den Wurzeln der Soziokulturellen Animation in Frankreich (eigene Grafik)[1324]

Es darf nicht vergessen werden, dass es nicht eine einzige, genuine Entwicklungslinie der Soziokulturellen Animation gibt, sondern diese aus unterschiedlichen vorauslaufenden „Wurzeln" gespeist wird und sich je nach gesellschaftlichen

1324 vgl. Moser/Müller/Wettstein/Willener 1999, S. 41ff.; S. 46f.

Kontext auch unterschiedlich ausprägen wird. Dies versucht auch die Abbildung 32 zu visualisieren.

Grundsätzlich kann natürlich bis auf die Idee des Bürgers (Citoyen) und der Grundideen „Liberté, Égalité, Fraternité" verwiesen werden, die sich in der Französischen Revolution (1789) widerspiegeln und verbreitet haben.
Heinz Moser u.a. betonen, dass sich in Frankreich die Industrialisierung nicht so radikal vollzog wie bspw. in England oder Amerika, u.a. bedingt durch den Katholizismus. Dennoch beförderte auch in Frankreich die Industrialisierung eine Verarmung bestimmter Volksschichten. Es kam die **Idee der „Patronage"** auf, die ein karitatives Engagement sozial Bessergestellter – zunächst im kirchlichen, später auch weltlichen Kontext – implizierte.[1325]

Hier zeigt sich wiederum die Verbindung zur Settlement-Bewegung im englischsprachigen Kontext. Zwischen den Weltkriegen entwickelte sich die **„Education populaire"**, die im „I.N.E.P. – Institut National de l'Education Populaire" (1953) ihre Institutionalisierung erfuhr.[1326] Diese entwickelte sich im jeweils unterschiedlichen politischen Kontext weiter, wie es von Jean Bourrieau (2001) nachgezeichnet wird.

> „L' ‚I.N.J.E.P.' de Marly le Roi, célèbre outil au service du Ministère de la Jeunesse et des Sports et des associations, reflète partiellement ces changement: Centre National d'Education Populaire (C.N.E.P.) a sa création en 1947, il devenait Institut National de l'Education Populaire (I.N.E.P.) en 1953. Après les élections législatives de 1986 et l'arrivée de Jacques Chirac comme Premier Ministre, il perdait sa qualification d'Education Populaire devenant Institut National de la Jeunesse (I.N.J.). Ce n'est qu'en 1970, après le nouveau changement de gouvernement intervenue en 1988, qu'apparaissait l'institut actuel d' 'Institut National de la Jeunesse et de l'Education Populaire'. En juillet 1996, ce n'est pas un changement de dénomination qui était programme par le gouvernement d'Alain Juppe mais sa disparation. Cette décision était 'gelée devant l'unanimité des réactions."[1327]

Ferner wird von Heinz Moser u.a. (1999) auf die Entwicklung der Jugendorganisationen verwiesen, die in Frankreich eine ähnliche Entwicklung wie in Deutschland im Kontext der reformpädagogischen Bewegung aufgewiesen haben, aber im Unterschied zur Situation in Deutschland eben *nicht* durch den Nationalsozialismus vereinnahmt wurden.[1328]

1325 vgl. ebd., S. 42.
1326 vgl. ebd., S. 42.
1327 Bourrieau 2001, S. 74.
1328 Moser/Müller/Wettstein/Willener 1999, S. 42f.

Im Kontext der Volksfrontregierung wurde 1936 ein „Sous-secrétariat für Freizeit" geschaffen, was von Leo Lagrange geleitet wurde, der hiermit auch den Zugang der einfachen Menschen zur Kultur verband. Es kam zur Gründung von Ferieneinrichtungen inklusive der Hervorbringung von „Programm- und Aktivitätsangeboten". Im Jahre 1950 wurde der „Club Méditerranée" gegründet, der das Bild der Animation außerhalb von Frankreich maßgeblich prägen sollte.[1329]

Seit dem Jahr 1937 gibt es die Ceméa, die „centre d'entraînement pour la formation du personnel des colonies de vacances et des maisons de campagne des écoliers", die in den 50er-Jahren dann internationalisiert wurde in der „Fédération Internationale des Ceméa" (Ficémea). Es entstanden zahlreiche Kinderferienkolonien und Ferienlager.[1330]

Des Weiteren verweisen Heinz Moser u.a. auch auf die *„maisons de la culture"*[1331], die vom Kulturminister André Malraux in den 1950er-Jahren aufgebaut wurden, und die Grundidee verfolgten, Kunst und Kultur auch dem einfachen Volk zugänglich machen.[1332]

An dieser Stelle muss auch auf die „Centres de l'Education" und die „Centres Soziales" verwiesen werden, die in der Tradition der Settlement-Bewegung Hilfe zur Selbsthilfe geben wollten und auch Prävention betrieben. [1333]

Die Idee der Animation wurde vor allem in der Schweiz, aber auch in Belgien, den Niederlanden und bedingt auch in Deutschland aufgegriffen, international primär ab den 1960er-Jahren in frankophilen Ländern wie den ehemaligen Kolonien in Afrika, aber auch in Ländern wie Kanada. Resonanz fand sie auch in südamerikanischen Ländern sowie Spanien und Portugal.

Zur Entwicklungsgeschichte in der Schweiz

Im französischsprachigen Teil der Schweiz wurde die Idee der Animation von verschiedenen kirchlichen, gewerkschaftlichen und sozialen Gruppen aufgegriffen und von Praktikern aus der Jugendarbeit forciert. So gründete der „Christliche Verein Junger Männer" (CVJM) bereits in den 1950er-Jahren kleine Jugendzentren und es lässt sich konstatieren, dass ab den 1960er-Jahren das Thema „Freizeit" durchaus zu einem staatlichen Thema wurde.[1334]

1329 ebd., S. 43.

1330 vgl. Website CEMÉA. URL (2019).

1331 ebd., S. 44.

1332 vgl. ebd., S. 44.

1333 vgl. ebd., S. 44.

1334 Moser/Müller/Wettstein/Willener 1999, S. 47.

Heinz Moser u.a. (1999) skizzieren die Entwicklung wie folgt ausgehend vom Beispiel der Stadt Genf hin zur Etablierung entsprechender Ausbildungsmöglichkeiten[1335]:

- **1961**: „Rapport Légeret über Jugend- und Freizeitinstitutionen und deren Ausrüstung" (Genf) (Moser u.a.1999, S. 47)
- **1962**: „Gründung des Freizeitdienstes im Jugendamt", berufsbegleitender Kurs für „Animateurs de jeunesse" (Genf) (ebd.)
- **1963-1967**: „Gründung von zehn Freizeitzentren sowie der École d'animateurs de jeunesse" (Genf) (ebd.)
- **1971**: Ausbildungsinstitut „Grundkurs Animator" wird in Zürich von Menschen aus der Praxis ins Leben gerufen, um eine entsprechende Professionalisierung zu sichern und sich von der Sozialarbeit und Gemeinwesenarbeit abzugrenzen. (ebd.)
- **1992**: Fachgruppe zur soziokulturellen Animation entsteht in dem „Verband des Personals öffentlicher Dienste VPOD" (ebd., S. 50)
- **Seit 1993**: Angebot des Ausbildungsschwerpunktes „Animation" in der sozialpädagogischen Ausbildung an der höheren Fachschule/Fachhochschule für Sozialarbeit in Basel (ebd.)
- **Seit 1993**: Symposien für soziokulturelle Animation (ebd.)
- **1995**: Soziokulturelle Animation als Ausbildungsgang an der Hochschule für soziale Arbeit in Luzern (ebd.)

Abb. 33: Übersicht zur Entwicklungsgeschichte der Soziokulturellen Animation am Beispiel von Genf

In Deutschland hingegen wird die Soziokulturellen Animation unter dem Terminus der Freizeitpädagogik/der Freizeitwissenschaft letztlich subsumiert. Die freizeitpädagogischen und kulturpolitischen Diskurse verlaufen parallel zueinander.

Grundsätzlich aber fällt ein Defizit in der theoretischen Fundierung und historischen Aufarbeitung des Ansatzes des Soziokulturellen Animation auf, und es gibt große Schnittmengen zu anderen Begrifflichkeiten. Es bestehen letztlich unterschiedliche Entwicklungslinien und Persönlichkeiten, die sich mit den jeweiligen Ansätzen verbinden, aber inhaltlich zeigen sich große Überschneidungen zwischen verschiedenen Ansätzen des subjektorientierten (signifikanten) Lernens und sozialen Miteinanders, die bis hinein in die Humanistische Psychologie und daraus hervorgegangenen pädagogischen Ansätzen reichen,

1335 ebd., S. 47ff.

in der Soziokulturellen Animation aber verstärkt auf Gruppen in bestimmten Sozialräumen bezogen sind und auch durchaus eine gesellschaftskritische Position aufweisen.

Im Unterschied zu mancher sozialpädagogischen Maßnahme wird in der Soziokulturellen Animation ein Angebot gemacht, das Menschen annehmen können oder ablehnen dürfen. **Partizipation** ist durch das **Prinzip der Freiwilligkeit** gekennzeichnet.[1336]

Charakteristikum des Ansatzes der Soziokulturellen Animation ist die **Orientierung am Subjekt, seiner Lebenswelt und Vergrößerung seiner Handlungsmöglichkeiten und Selbstbestimmungspotenziale** an.

> „Ihre Methoden knüpfen fast ausschliesslich an der Befriedigung existenzieller menschlicher Bedürfnisse wie Gesundheit, Bildung, Selbstbestimmung usw. an, setzen aber auf die eigene Handlungsfähigkeit der Menschen."[1337]

Es geht um Partizipation, Selbstbestimmung und Teilhabe und wie diese (gerade auch benachteiligten Bevölkerungsgruppen) erschlossen werden können.

Luzia Rupp und Rahel Schmidt (2009) betonen die Zukunftsorientierung und den „innovativen Charakter"[1338], durch die sich auch die Soziokulturelle Animation auszeichnet.

Insofern zeigen sich bereits hier Verweise und Überschneidungen zum klassischen Bildungsbegriff oder zum subjektorientierten Lernen nach **Klaus Holzkamp** (1927–1995), dem Begründer der ***Subjektwissenschaft*** und der Kritischen Psychologie.

Von daher ist die Idee der Soziokulturellen Animation durchaus kompatibel zu einem emanzipatorischen Bildungsbegriff, wie ihn auch **Wolfgang Klafki** in Auseinandersetzung mit den ***klassischen Bildungstheorien*** herausgearbeitet hat.

5.4.5 Zur Begrifflichkeit und der länderspezifischen Verortung und zum gegenwärtigen Begriff der Soziokulturellen Animation

Etymologisch stammt der Begriff „Animation" von dem lateinischen Begriff „animare" = „Leben einhauchen", „beseelen", der zu lateinischen Terminus „animus, anima" = „Lebenshauch", „Seele" gehört, es besteht „Urverwandtschaft" mit dem griechischen „anemos" = „Wind (Hauch)".[1339] Interessant ist an der

1336 Rupp/Schmid 2009, S. 48.
1337 Schmocker 2009, S. 18. URL (2015).
1338 Rupp/Schmid 2009, S. 45.
1339 Finger/Gayler 2003, S. 20.

Etymologie, dass hier eben noch nicht von einem Subjekt ausgegangen wird, dem apriori eine Seele zugesprochen wird, sondern die „Beseelung" erfolgt sozusagen durch den „Animateur". Diese Wortetymologie ist nicht per se kongruent zum Verständnis heutiger Animation, wohl aber zu jenem aus der Mediengestaltung.

Im sozialen Bereich wird der Begriff der „Animation" durchaus in dem Sinne verwandt, der in der Traditionslinie des Hull-Houses gestellt werden kann.

Wird von „Soziokultureller Animation" gesprochen, darf der „Kulturbegriff", genauer der Begriff der „Soziokultur", nicht ausgeblendet werden, der bereits in den 1970er-Jahren geprägt wurde.[1340]

> „Für die Soziokultur sind heute nach allgemeinem Verständnis sparten- und generationenübergreifende kulturelle Aktivitäten mit sozialen Bezügen kennzeichnend, die vorrangig den kommunikativen Prozess fördern sollen. Soziokultur ist geprägt von einer breiten Vielfalt sich überschneidender Kultur-, Bildungs- und Sozialarbeit, die insbesondere auch politisch aktuelle und gesellschaftlich relevante Themen und Probleme umfasst sowie auch gesellschaftskritische Ansätze kennt."[1341]

Daneben wird der Animationsbegriff heute eng mit der Tourismusbranche und hier mit entsprechenden Cluburlaubsangeboten verbunden, wobei hier die sozialreformerischen Implikationen kaum mehr zum Tragen kommen. Hier zeigt sich sicherlich auch die Nähe zur Freizeitwissenschaft und Freizeitpädagogik, in die z.B. Opaschowski die Animation einreiht. Zugleich warnt insbesondere Franz Pöggeler (1926–2009) aber vor einer kommerziellen Vereinnahmung bereits im Jahr 1989 eingehend:

> „Um es auf den Punkt zu bringen: Nicht wenige Kritiker der bisherigen Freizeitforschung stört, daß die Freizeitwissenschaft in manchen Teilbereichen – auch in der Freizeitpädagogik – zu wenig bedacht hat, ob freizeitwissenschaftliche Überlegungen nicht doch manchmal auf Theorien des Konsumierens, der Genußsteigerung und (für die kommerziellen Freizeitanbieter) auf Theorien der Profitmaximierung hinauslaufen (….): Bisher hat sich die Freizeitpädagogik viel zu wenig dagegen gewehrt, daß ein so zentraler Begriff wie der der Animation om der Freizeit in der Freizeitpraxis weitgehend zu einem reinen Konsumbegriff verkommen, ja total kommerzialisiert worden ist."[1342]

Letztlich gibt es keine allgemeingültige Definition von Soziokultureller Animation, sondern unterschiedliche definitorische Annäherungen und Umschreibungen einer sozialen Praxis.

1340 vgl. Moser/Müller/Wettstein/Willener 1999, S. 100.

1341 Schulze 1993, S. 20; zit. n. Moser/Müller/Wettstein/Willener 1999, S. 100.

1342 Pöggeler 1989, S. 14.

Zur Verortung des Begriffs der Soziokulturellen Animation in Deutschland, Österreich und der Schweiz

Harald Michels (1995) betont daher, dass der Begriff der „Animation" nicht als „eine Nominaldefinition behandelt werden [kann], die erst durch die Zuschreibung von Merkmalen bestimmter Verhaltensweisen, Prozesse, Wirkungszusammenhänge etc. ihre inhaltliche Bedeutung erhält."[1343]

Der Begriff der „soziokulturellen Animation" kann somit als ein schillerndes Konstrukt begriffen werden, dessen definitorische Annäherungen, einmal weiter und ein anderes Mal enger gefasst werden.

> „Die Reichweite des Begriffs umfaßt dabei das Spektrum von einer allgemeinen weiten Begriffsauffassung, in der alle freizeitpädagogisch begründbaren Aktivitäten als Animation gelten können, bis hin zu einer engeren Begriffsauffassung einer spezifischen Handlungsform in bestimmten Freizeitsituationen."[1344]

Dabei setzt sich Harald Michels (1995) kritisch mit der theoretischen Fundierung und der Entwicklungsgeschichte auseinander. Er rekurriert hierzu auf einschlägige Vertreter der Freizeitpädagogik und verweist auf die Heterogenität und das Theoriedefizit hin, bezieht sich aber auf den Animationsbegriff.

Folgt man Michels (1995), so lassen sich drei Entwicklungsphasen unterscheiden:

> „1. Konstitutionsphase des Animationsbegriffs (1972–1979)"
> 2. Differenzierungs- und Etablierungsphase des Animationsbegriffs (1980–1988)
> 3. Aktuelle Beiträge und Konzepte der Animation (seit 1989)"[1345]

Dabei wird hier der Einfluss der französischen Ansätze in dem gegenwärtigen Begriff der soziokulturellen Animation im Schweizer Raum betont. Die historischen Wurzeln/Vorläufer werden dagegen nicht nachgezeichnet, es handelt sich somit mehr um eine Analyse des Verwendungskontextes des Begriffs „Animation".

Heinz Moser u.a. (1999) weisen darauf hin, dass …

> „In Frankreich (…) der Begriff ‚Animation' in den Sechzigerjahren für eine ganze Reihe bereits existierender Funktionen im soziokulturellen Bereich Verwendung [fand]."[1346]

1343 Michels 1995, S. 7.
1344 ebd., S. 26–27.
1345 Michels 1995, S. 9.
1346 Moser/Müller/Wettstein/Willener 1999, S. 14.

Es erfolgte hier durchaus „keine klare Einordnung der Animation in die ‚Freizeitwissenschaft'"[1347] wie sie in Deutschland durch Horst Opaschowski (1979, 1990) vorgenommen wurde. In Deutschland entbehrt daher die Soziokulturelle Animation als Bestandteil der Freizeitwissenschaft und Freizeitpädagogik auch ein Stück weit den politischen Gehalt und der engen Einbettung in soziale und kulturelle gesellschaftliche Entwicklungen.[1348]

Dabei rückt das einzelne Individuum stärker ins Zentrum und die Orientierung am Gemeinwesen ist nur eine Option neben anderen. Ein kritisch-emanzipatorischer Impetus ist nicht nur unterschwellig vorhanden, im Vordergrund steht als zentrale Methode eine nondirektive und auf Spaß ausgerichtete Animation.

Horst Opaschowski (1979) spricht daher auch von einer „freizeitkulturellen Animation" und gibt hierzu folgende beschreibende Definition:

> „*Freizeit-kulturelle* Animation bezeichnet
> - das Ziel der Ermutigung, Anregung und Befähigung, beim Einzelnen oder der Gruppe Begeisterung dafür zu wecken, eigene Fähigkeiten und Möglichkeiten, die latent vorhanden sind, zu entdecken und zur Entfaltung zu bringen;
> - die Methode der Motivierung, Initiierung und Förderung von Lernprozessen und/oder Aktivitäten und / oder sozialen Aktionen einzelner oder Gruppen;
> - den Prozeß personen-, gruppen- oder gemeinwesenorientierter Belebung, Beratung und Begleitung;
> - die Wirkung der Kontaktierung, Aktivierung und Koordinierung von Angeboten, Aktivitäten und Aktionen."[1349]

Horst Opaschowski stellt in seinem Werk „Methoden der Animation und Praxisbeispiele" (1981) einen Katalog an Richtzielen zusammen, der seinem Verständnis nach die Animation gerecht werden sollte. Diese erfahren in Abbildung 34 eine Visualisierung.
Opaschowski differenziert daher auch zwischen verschiedenen Formen der Animation:

(a) der „sozialökologischen Animation", die ihre Wirkung durch eine anregende Gestaltung der Umgebung erzielen möchte.
(b) der „materiellen Animation", die ihre Wirkung durch die materielle Ausstattung (z.B. Spiel- oder Sportgeräte) erreichen möchte.

1347 ebd., S. 18.
1348 ebd., S. 18.
1349 Opaschowski, H. 1979, S. 55; zit. n. Moser/Müller/Wettstein/Willener 1999, S. 17.

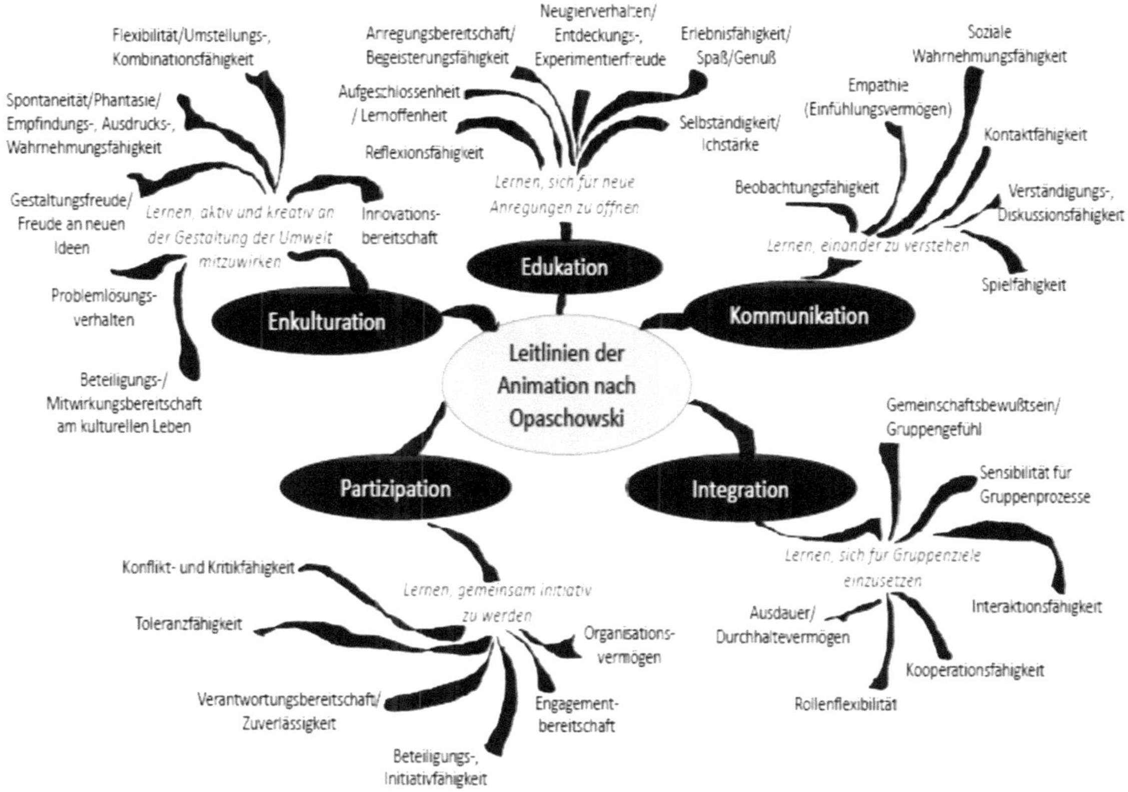

Abb. 34: Leitlinien der Animation nach Opaschowski (1981, S. 21-22, eigene Grafik)

(c) der „medialen Animation", in der die Gestaltung medialer Angebote den Menschen zur Nutzung oder Partizipation anregen möchte.
(d) der „personellen Animation", bei der die Teilnehmenden in erster Linie durch eine andere Person zur Aktivität animiert werden soll.[1350]

Im Unterschied hierzu verbindet der Österreicher Reinhold Popp (*1949) weitaus stärker den Begriff der „Animation mit der Gemeinwesenarbeit"[1351] und verweist auch darauf, dass die Wurzeln der Animation nicht in der deutschen Freizeitpädagogik zu suchen wären.[1352]

Eine gesellschaftskritische Perspektive mündet auch in neuere Definitionen von Freizeitpädagogik bei Reinold Popp ein, die letztlich eng verbunden ist mit den Wurzeln der Soziokulturellen Animation.

> „Freizeitpädagogik begründet die Notwendigkeit ‚offener' pädagogischer Situationen und animativer Konzepte aus den Ergebnissen der kritischen Analyse einer Gesellschaft, in der die Bedeutung des Freizeitbereichs sowohl in quantitativer als auch qualitativer Hinsicht wächst.
> (Soziokulturelle) Animation versteht sich in diesem Argumentationszusammenhang als die situationsangemessenste methodische Ausprägungsform pädagogischen Handelns in freizeitkulturell orientierten Projektfeldern."[1353]

Der Schweizer Diskurs zur Soziokulturellen Animation versucht unterschiedliche Strömungen der französischen und deutschen Diskussion miteinander zu verbinden und gemäß der „gemeinsamen Plattform der schweizerischen Schulen für soziokulturelle Animation" [1354] (1989) findet sich folgende Umschreibung:

> „Soziokulturelle Animation ist eine soziale Aktion, welche sich in verschiedenen Aktivitäten ausdrückt, abhängig von den sozialen, kulturellen und politischen Bedingungen und Möglichkeiten der betroffenen Bevölkerung. Diese Aktion zielt darauf ab, die betroffenen Gruppen zu strukturieren und zu aktivieren, um die von diesen Gruppen beabsichtigten sozialen Veränderungen zu erreichen. Die Teilnahme beruht auf Freiwilligkeit, und die Aktion findet auf der Basis demokratischer Strukturen statt. Die Mittel der Aktion sind Methoden der aktivierenden Pädagogik, welche die Mitbeteiligung stimulieren."[1355]

1350 Opaschowski 1981, S. 24.
1351 Moser/Müller/Wettstein/Willener 1999, S. 18.
1352 ebd.„ S. 19.
1353 Popp 2003, S. 140.
1354 Moser/Müller/Wettstein/Willener 1999, S. 20.
1355 ebd., S. 20.

Bei dieser Umschreibung wird bereits deutlich, dass sich die Soziokulturelle Animation vielfältiger Methoden bedienen kann, solange diese sich am Subjektbegriff orientieren und die Eigenverantwortlichkeit und Selbsttätigkeit des Menschen unterstützen.

Soziokulturelle Animation leistet einen wichtigen Beitrag zur Demokratisierung und demokratischen Gesellschaftsordnung, indem sie den einzelnen Menschen dazu animiert, sich einzubringen, zu partizipieren, den Austausch und Dialog mit anderen Menschen/Gesellschaftsgruppen zu suchen und für die Belange einzutreten und aktiv an der Gestaltung des gesellschaftlichen Zusammenlebens mitzuwirken. Dies setzt Mündigkeit, Eigenverantwortlichkeit, eine stabile Identität und kritische Urteilsfähigkeit ebenso voraus, wie die Bereitschaft für Werte und Ziele/Interessen einzutreten und sich zu engagieren.

Als Kernelemente hat sich hier im Diskurs eine Trias herausgebildet[1356]:

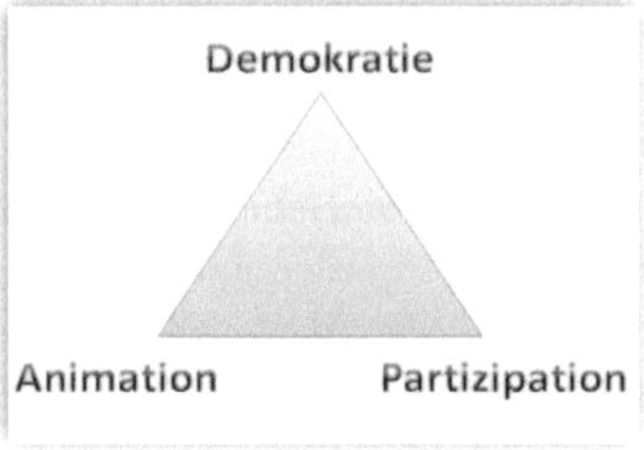

Abb. 35: Trias der Kernelemente Soziokultureller Animation

Grundsätzlich muss aber festgehalten werden, dass der Begriff „(Soziokulturelle) Animation" für vielfältige praktische Umsetzungsformen gebraucht wird, die nicht immer einen gesellschaftskritischen, emanzipatorischen Anspruch verfolgen.

> „Vergleicht man die in der Fachliteratur verwendeten Animationsbegriffe und Modelle animativen Handelns, wird deutlich, daß nicht von einem einheitlichen Begriffsverständnis ausgegangen werden kann."[1357]

Auch bleiben in dem Diskurs zu den Funktionen oftmals mögliche kritische Momente und Konsequenzen ausgeblendet. Nicht immer führt die

1356 Moser/Müller/Wettstein/Willener 1999, S. 19.

1357 Michels 1995, S. 8.

Soziokulturelle Animation, die Eigenkräfte benachteiligter sozialer Gruppierungen mobilisiert, um sich für eine Verbesserung der sozialen Lage und des Miteinanders einzusetzen, (direkt) zu den gewünschten Erfolgen. Manches Mal mögen die Lösungsversuche der Menschen auch den sozialen Konflikt, evtl. auch einen Konflikt mit gegenwärtigen Gesetzen und Rechten provozieren.

Harald Michels kritisiert – insbesondere auch an Horst Opaschowski –, dass dieser in seinen Darstellungen eine begriffliche Unschärfe aufweise und es „grundlagentheoretischen Defizite im Konzept der „Animativen Didaktik" bei Opaschowski (1979)"[1358] gebe.

5.4.6 Zu den Funktionen der Soziokulturellen Animation heute

Zur Adressatengruppe

Grundsätzlich stellt sich die Frage, welche Personengruppe als Adressat der Soziokulturellen Animation betrachtet wird und wer letztlich der (Kosten-)Träger Soziokultureller Animation ist.

Während die Tourismusbranche sich der Animation bedient und sich hiermit in erster Linie kommerzielle, ökonomische Ziele verbinden, die entstehenden Kosten auf die „Kunden" umgelegt werden, fallen in der sozialen Arbeit oftmals der Auftraggeber (und somit Kostenträger) und die Adressaten meist auseinander. So spricht Jean-Claude Gillet (*1941) von dem „Janussyndrom" der Animation, bedingt durch häufig ambivalente Interessen zwischen Auftraggebern und Betroffenen.[1359]

Es zeichnen sich grundsätzlich zwei unterschiedliche Adressatenkreise ab:

- Menschen/soziale Gruppen, die sich am Rande der Gesellschaft befinden, die benachteiligt und/oder verelendet sind und bei denen das Risiko der gesellschaftlichen Desintegration besteht.
- Grundsätzlich alle Menschen, da die reflexive Moderne sozusagen mit einer erhöhten Verunsicherung, Orientierungslosigkeit und der grundlegenden Aufgabe einhergeht, sein Leben und sein soziales Umfeld eigenaktiv zu gestalten.

1358 Michels 1995, S. 12.

1359 Moser/Müller/Wettstein/Willener 1999, S. 21.

Intervention als Auftrag der Soziokulturellen Animation

Emanuel Müller spricht von der „soziokulturellen Intervention". Diese ist auf „auf die Gestaltung, Aneignung und Wiederaneignung des Alltagslebens ausgerichtet (...)."[1360]

In enger Anlehnung an Antons und Voigt (1995, S. 203) umschreiben Heinz Moser u.a. die Interventionsaufgabe wie folgt:

> *„Intervention in der Animation ist ein theoriebezogenes, absichtsvolles Dazwischentreten in ein soziokulturelles Geschehen. Es stützt sich ab auf vorgängig durchgeführte Beobachtungen, die in einer Diagnose oder Analyse münden, aufgrund derer eine Konzeptualisierung unter Mitwirkung der Adressatinnen und Adressaten zu erfolgen hat. Es hat zum Ziel, mit ihnen zusammen Veränderungen in einem soziokulturellen Umfeld zu bewirken. Dabei sind die Adressatinnen und Adressaten selbst das wesentliche Moment des Veränderungsprozesses."*[1361]

Es wird anhand dieser Definition bereits eine Handlungsstruktur sichtbar:

Erst die Beobachtung, dann die Interpretation und Diagnose vor dem Hintergrund theoretischen Bezugswissens, bevor im Anschluss nach geeigneten methodischen Wegen gesucht wird, gemeinsam mit den Adressaten zu den gemeinsamen Zielen zu gelangen.

Je nach Adressatengruppe fallen dem Soziokulturellen Animatoren auch unterschiedliche Positionen zu, die auch als Arbeitsschwerpunkte die jeweilige Methodenauswahl beeinflussen. Der Grad an Autonomie und Eigeninitiative, der den Beteiligten von Beginn an zugemutet wird, hängt wesentlich von deren Ausgangslage – einschließlich den Vorerfahrungen und dem Betroffenheitsgrad – ab.

Es gibt daher nicht *die* Methode der Soziokulturellen Animation, sondern charakteristisch ist viel mehr die Grundhaltung des Soziokulturellen Animators, die dieser Konzeption zugrunde liegt und das Anliegen verfolgt, die Selbsthilfekräfte in einer sozialen Gruppe zu aktivieren und das soziale Engagement und die demokratische Partizipationsmöglichkeiten des Individuums zu erhöhen.

Hierzu haben Heinz Moser u.a. (1999) eine sehr gute Übersichtsdarstellung entwickelt, in der auch die Mittel, Zwecke und Ziele mit der jeweiligen Interventionsposition in Verbindung gesetzt werden.

1360 ebd., S. 21.

1361 ebd., S. 126.

Interventionsposition	Mittel	Zweck	Ziel
Animator/Animatorin	Beteiligen Animieren Erleichtern	Aktivierung	Selbsttätigkeit
Konzeptor/Konzeptorin	Erforschen	Konzeption Transformation	Selbstvergewisserung
Organisator/Organisatorin	Unterstützen	Produktion und Aktion	Selbstorganisation
Mediator/Mediatorin	Vermitteln	Mediation Mediaktion	Selbständigkeit

Abb. 36: Übersicht zu den Interventionspositionen nach Heinz Moser u.a. (1999), S. 123.[1362]

Es wird auch deutlich, dass die Systemtheorie bei der Definition eine Grundlage bildet, denn es wird indirekt auf den Ansatz der Autopoiesis verwiesen: *Veränderungen sind nicht von außen herstellbar.* Michel Voisard (2005) stellt daher die Soziokulturelle Animation in den Kontext der Systemtheorie von Niklas Luhmann (1927–1998) und versucht die „Soziokulturelle Animation mittels der Systemtheorie zu beschreiben und zu reformulieren."[1363]

Für die theoretische Verortung der Soziokulturellen Animation kann darüber hinaus auf die „Kritische Theorie"[1364] der „Frankfurter Schule" (Vertreter u.a. Max Horkheimer, Theodor W. Adorno, oder auch weiterführend Jürgen Habermas) oder der „kulturtheoretischen Ansatz"[1365] (insbesondere auch Pierre Bourdieu, Michel Foucault) herangezogen werden.

Stark vereinfacht gesagt ist diesen eine kritische Perspektive auf die wirtschaftlichen und gesellschaftlichen Zusammenhänge sowie eine aufklärerische, (gesellschafts-)verändernde Emanzipation des einzelnen Subjektes gemeinsam. Es geht um das Erkennen restriktiver Momente, die die Entwicklung des Subjekts einschränken und um die Vergrößerung der Autonomie und Handlungsspielräume.

1362 Moser/Müller/Wettstein/Willener 1999, S. 123.
1363 Voisard 2005, S. 13. Ferner sei hier verwiesen auf: Hafen 2010, S. 157–200.
1364 vgl. hierzu auch: Grabbe 1981, S. 35–46. Weiterführend: Gruschka 2011, S. 176–197.
1365 vgl. Moser 2004, S. 189–202.

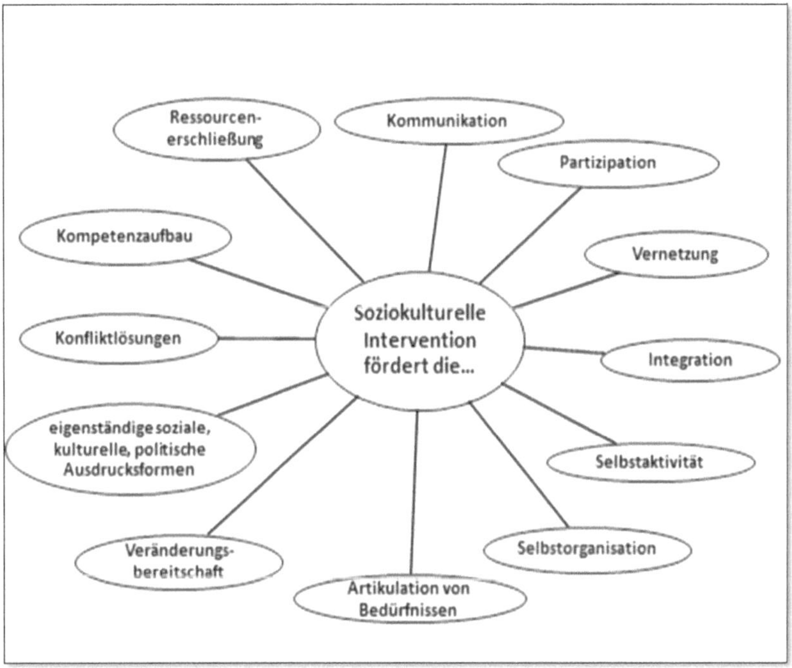

Abb. 37: Förderbereiche der Soziokulturellen Animation (eigene Grafik)[1367]

Und genau hier setzt die Soziokulturelle Animation an, verbleibt aber nicht am einzelnen Individuum orientiert, sondern möchte das gesellschaftliche und soziale Umfeld der Gemeinschaft produktiv zu gestalten helfen. Insofern zeigt sich hier auch eine politische Dimension, verbunden mit Vorstellungen einer demokratischen und humaneren Lebenswelt für die Betroffenen.

Folgt man Emanuel Müller, so soll die Soziokulturelle Animation folgende Aspekte fördern:[1366]
Diese Zielsetzungen entsprechen letztlich Funktionen der Animation, wie sie nach Moser u.a. in „den Grundlagen der Animations-Ausbildungen der Deutschschweiz festgehalten“ wurden:[1368]

1366 vgl. Moser/Müller/Wettstein/Willener 1999, S. 21f.
1367 ebd., S 22.
1368 Voisard 2005, S. 63.

- Integrationsfunktion
- Partizipationsfunktion
- Vernetzungsfunktion
- Zeitmanagements-Funktion
- Edukative Funktion
- Kompensatorische Funktion
- Gesellschaftskritische, solidarische Funktion
- Präventionsfunktion

Dabei ist immer zu bedenken, dass es sich hierbei um Aufgaben und Zielfunktionen der (Soziokulturellen) Animation handelt, was nicht gleichbedeutend damit ist, dass diese bei jedem Teilnehmer bzw. jeder Teilnehmerin in gleichem Maße zum Tragen kommen oder eine Verwirklichung auf der individuellen Ebene erfahren.

Ebenso wie Bildung nicht von außen herstellbar ist, so können durch eine wohlgestaltete Animation auch nur Möglichkeitsräume erschlossen werden. An dieser Stelle sei noch einmal an Opaschowski erinnert, der die Freiwilligkeit als ein wesentliches Merkmal der Freizeitpädagogik bestimmt.

Michel Voisard (2005) geht von vier (Kern-)Funktionen der Soziokulturellen Animation aus, die er in das Spannungsverhältnis Prävention und Behandlung setzt:

(1) „Funktion der Stärkung der Demokratie“
(2) „Funktion der Förderung von Zusammengehörigkeit“
(3) „Funktion der Förderung von Vielfalt und Ausdruck“
(4) „Funktion der Förderung von Selbstverantwortung“.[1369]

Dabei setzt er statt des Interventionsbegriffes den Behandlungsbegriff ein, der dort gebraucht wird, wenn es „um die *Bewältigung* des eigenen Lebens geht“.[1370]

Folgende Visualisierung (Abb. 38) von Michel Voisard gibt noch einmal einen guten Überblick zu einer möglichen Funktionsbeschreibung der Soziokulturellen Animation. Es wird deutlich, dass Soziokulturelle Animation als eine Form der Prävention und der Intervention oder Behandlung eingesetzt werden kann.

Dabei sind die Grenzen zwischen beiden Modi sicherlich als fließend zu betrachten, denn durch die Teilnahme an Projekten wird das einzelne Individuum immer wieder auch mit Dissonanzerfahrungen konfrontiert. Diese entzünden sich an der Kontaktgrenze zwischen der eigenen Person und der Umwelt,

---

1369 ebd., S. 63.
1370 ebd., S. 62.

zugleich werden auch neue Erfahrungsmöglichkeiten des eigenen Selbst eröffnet, die durchaus auch schmerzlich sein können.

Doch auch wenn die Grenzen in diesem Zusammenhang als fließend zu betrachten sind, ersetzt die Soziokulturelle Animation keine Therapie! Dies muss sich auch jeder bewusst sein, der Projekte im Sinne der Soziokulturellen Animation leitet.
Sofern davon ausgegangen werden muss, dass sich im Personenkreis, der mit Angeboten der Soziokulturellen Animation erreicht werden soll, schwer traumatisierte Personen befinden, wären multiprofessionelle Teams wünschenswert (z.B. bei Projekten in einem Flüchtlingslager).

Zur Bedeutsamkeit der Soziokulturellen Animation im Kontext neuer Herausforderungen

Der kurze Einblick in die Geschichte und Funktionen der Soziokulturellen Animation hat gezeigt, dass sich dieser Ansatz in Zeiten entwickelt hat, in denen die sozialen Probleme und die Verelendung von Menschen nicht durch staatliche Interventionen allein zu bewältigen waren bzw. es noch kaum/keine staatliche Wohlfahrtspflege gab.

Dabei stand nicht die Einzelfallhilfe im Vordergrund, sondern es ging darum, die Betroffenengruppen selbst zu mobilisieren, Synergie-Effekte zu nutzen und Grenzen zwischen unterschiedlichen gesellschaftlichen Schichten und Soziokulturen aufzubrechen. Die Settlement-Bewegung kann hier als zentraler Vorreiter begriffen werden.

Es ging nicht zuletzt auch darum, Brücken zu bauen zwischen unterschiedlichen Herkunftskulturen, Bildungsmöglichkeiten zu erschließen und gemeinsam die sozialen Lebensbedingungen in einem Quartier zu verbessern. Dabei ist durchaus auch auf den kreativen und innovativen Charakter solcher Bestrebungen zu verweisen, die an den Bedürfnissen der Betroffenen ansetzen und auch deren soziokulturelle Entwicklungen wertschätzen.

Im Zuge der Europäischen Union und der Aufhebung der Grenzen stehen in Deutschland viele Gemeinden und Städte vor dem Problem, wie sie mit der wachsenden Zahl an Armuts- oder Wirtschaftsflüchtlingen umgehen sollen. Diese gehörten vielfach bereits in den europäischen Nachbarländern zu marginalisierten Gruppen und erhoffen sich nun bessere Lebensbedingungen in Deutschland. Demgegenüber steht nicht selten die Verschuldung vieler Städte, die letztlich auch nur über begrenzte Ressourcen verfügen und für die soziale Unterstützungsleistungen auch nur bedingt eine Lösung darstellen. Ohne eine aktive Beteiligung der Betroffenen und der Bürger in sozialen Brennpunkten,

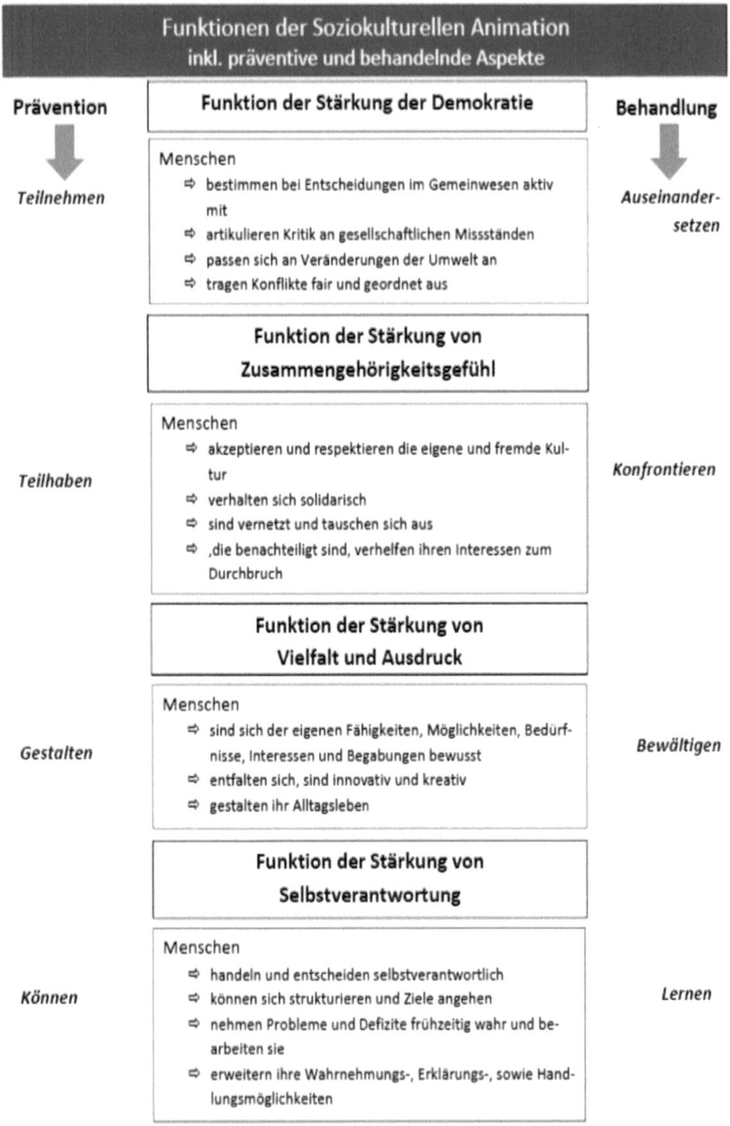

Abb. 38: Funktionen der Soziokulturellen Animation (Quelle: Voisard 2005, S. 63, Originalgrafik neu gesetzt)

die langfristig die Eigenverantwortlichkeit und Eigenaktivität der Betroffenen fördert, scheitern die Unterstützungsmaßnahmen oftmals.

Die hohe Jugendarbeitslosigkeit in südlichen, europäischen Nachbarländern, die Abwanderung sozialer Randgruppen z.B. aus Bulgarien oder Rumänien, die zunehmend multikulturelle Gesellschaft – all dies erfordert kreative Lösungen, um die Lebensverhältnisse aller langfristig zu verbessern bzw. einer Verschlechterung entgegenzuwirken.

Hier könnte die Soziokulturelle Animation eine Bereicherung bei der Gemeinwesenentwicklung darstellen, aber auch gerade in der Jugendarbeit statt eines Gegeneinanders ein Miteinander begünstigen und Konflikten und Desintegrationserfahrungen so entgegenwirken.

Im Bereich der Freizeit*pädagogik* kann diese in Richtung der Freizeit*bildung* eine produktive Weiterentwicklung erfahren. Hierbei würde die Soziokulturelle Animation eine Hochform der Freizeitbildung darstellen, in der die autonome und bewusste Gestaltung der freien Lebenszeit innerhalb konkreter sozialer Bezüge erfolgt. Wichtig wäre hier eine ausgewogene Balance zwischen Selbstbildung/Persönlichkeitsentwicklung und sozialem Engagement für die Gemeinschaft. Bislang gibt es zwar auf der einen Seite eine lebendige Vielfalt an Soziokulturellen Zentren, aber eine eher geringe finanzielle Unterstützung selbiger und Sicherung entsprechend qualifizierter personeller Ressourcen.

Ferner kann auf moderne Identitätskonzepte wie das von **Heiner Keupp** (*1943) als theoretischer Bezugsrahmen rekurriert werden.

Der Sozialpsychologe und Identitätsforscher Heiner Keupp (2003) stellt folgende These auf:

> „Identitätsarbeit hat als Bedingung und als Ziel die Schaffung von Lebenskohärenz. In früheren gesellschaftlichen Epochen war die Bereitschaft zur Übernahme vorgefertigter Identitätspakete das zentrale Kriterium für Lebensbewältigung. Heute kommt es auf die individuelle Passungs- und Identitätsarbeit an, also auf die Fähigkeit zur Selbstorganisation, zum ‚Selbsttätigwerden' oder zur ‚Selbsteinbettung'. Kinder und Jugendliche brauchen in ihrer Lebenswelt ‚Freiräume', um sich selbst zu entwerfen und gestaltend auf ihren Alltag einwirken zu können. Das Gelingen dieser Identitätsarbeit bemisst sich für das Subjekt von Innen an dem Kriterium der Authentizität und von Außen am Kriterium der Anerkennung."[1371]

Dieser Entwicklungsprozess und der Aufbau sozialer Netzwerke kann durch Impulse der Soziokulturellen Animation unterstützt werden. Hierdurch kann möglichen sozialen Ausgrenzungsprozessen präventiv begegnet werden und

1371 Keupp 2003, S. 10. URL (2018).

informelle Bildungsprozesse erfahren eine wirkungsvolle Unterstützung. Auch Entwicklungsstörungen im Jugendalter wie auch psychosoziale Krisen im Erwachsenenalter als Folge mangelnder Integration und Vereinsamung kann ein Stück weit entgegengewirkt werden. Die Grenze liegt allerdings gerade auch in der Freiwilligkeit begründet.

Heiner Keupp geht davon aus, dass der Mensch heute zum aktiven Gestalter seiner Identität und seines sozialen Umfeldes werden muss, um zur gelungenen Identitätsbalance und letztlich Aufrechterhaltung der (seelischen) Gesundheit zu gelangen. Die Verortung in sozialen Bezügen stellt somit auch eine wichtige Ressource für den Aufbau und Erhalt der seelischen Gesundheit dar.

Nicht zuletzt ergeben sich gerade dort Probleme, wo Menschen sich ihrer Selbstwirksamkeit und der Sinnhaftigkeit ihres Daseins nicht mehr gewiss sind. Junge Menschen, denen ausschließlich die berufliche Karriere eines kapitalistischen Wirtschaftssystems als Lebensmaxime suggeriert wird in Verbindung mit dem Risiko der sozialen Desintegration, werden schwerlich zu gesunden Mitbürgern werden – gerade in Zeiten einer hohen Jugendarbeitslosigkeit innerhalb von Europa.

Auch die Tourismusbranche setzt mehr und mehr auf nachhaltigen Tourismus. Als Trend hierbei – und mögliche Weiterentwicklung im Zeitalter der Globalisierung und globaler Probleme – zeichnet sich ein Brückenschlag zwischen Tourismus und sozialem Engagement ab.

Bereits heute gibt es Angebote einzelner Reiseveranstalter, die den Menschen aus dem privilegierteren Westeuropa neue Erfahrungsdimensionen eröffnen und diese in Hilfsprojekte in Entwicklungsländern bzw. Schwellenländern einbinden. Angebote zur Freiwilligenarbeit in Kurzprogrammen finden sich bereits im Internet und erlauben den Interessierten, sich in ganz unterschiedlichen Arbeits- und Handlungsräumen einzubringen: in der Arbeit mit Kindern, im Natur- oder Tierschutz, Bildungsprojekten, Bauprojekten…[1372] Diese Projekte sprechen insbesondere jüngere Erwachsene an, die zum einen die Welt entdecken, auf der Suche nach neuen Erfahrungen sind und sich zum anderen auch für die Verbesserung der Problemlagen der Welt einsetzen möchten. Diese Projekte und Initiativen erlauben eine Kontrasterfahrung zur eigenen Lebenslage und zu einer oftmals sehr stark intellektuell ausgerichteten schulischen Bildungserfahrung und gestatten die Erfahrung der Selbstwirksamkeit, das Gefühl, etwas in der Gemeinschaft bewirken zu können und gebraucht zu werden.

1372 vgl. Website Freiwilligenarbeit.de: Voraussetzungen. URL (2018); Website Initiative Auslandszeit: Dein Wegweiser ins Ausland. URL (2018).

Auch diese Freiwilligenarbeit im In- oder Ausland kann als eine heutige Form der Soziokulturellen Animation bezeichnet werden, die sich nicht so sehr an der Gemeinwesenentwicklung im eigenen Land orientiert und vor allem auch – statt einem dauerhaften Engagement in einem sozialen Projekt – zunächst einen zeitlich begrenzten Einsatz des einzelnen verlangen. Vielfach verändert dieser zeitlich begrenzte Einsatz aber auch die Menschen und führt dazu, dass sich die Sensibilität für die Problemlagen erhöht.

Dies wusste bereits der als bedeutender Reformpädagoge bekannt gewordene **Kurt Hahn** (1886–1974), der mit der Unterstützung von Max Prinz von Baden, das ehemalige Landerziehungsheim Salem gegründet hat und darüber hinaus im Kontext seiner Erlebnistherapie die Kurzschulen (Outward Bound)[1373] entwickelte, in denen Jugendliche aus ganz verschiedenen sozialen Schichten miteinander leben und lernen sollten. Diese internationalen Kurzschulen gibt es unter dem Begriff der „United World Colleges" bis heute und sie stehen für die Herausforderung und Selbsterfahrung in der Gemeinschaft im Kontext sozialer Projekte.[1374]

Insofern kann diese Konzeption von Kurt Hahn durchaus in Verbindung mit den heutigen Angeboten der Freiwilligenarbeit durch Reiseveranstalter gesetzt werden, wobei Kurt Hahn explizit pädagogische und gesellschaftspolitische Zielsetzungen verfolgte.

An der Konvergenz der Angebotsstrukturen werden auch Synergie-Effekte ersichtlich, die es zu nutzen gilt, um formelle und vor allem auch informelle Bildungsprozesse zu unterstützen. Die Grenzen zwischen diesen Bildungsprozessen müssen sich – angesichts der Notwendigkeit des lebenslangen Lernens – verflüssigen und entgrenzen, um dem gesellschaftlichen Wandel gerecht zu werden und den Chancen und Risiken der Globalisierung konstruktiv begegnen zu können. Dies kann auch als gemeinsamer bildungspolitischer Auftrag begriffen werden.

Im Jahre 1992 wurde von den Vereinten Nationen das Aktionsprogramm „Agenda 21" ins Leben gerufen, in der das Thema der Nachhaltigkeit zum Gestaltungsgrundsatz werden soll.[1375]

> „Mit der in Rio verabschiedeten **Agenda 21** werden detaillierte Handlungsaufträge (sozial, ökologisch, ökonomisch) gegeben, um einer weiteren Verschlechterung der

1373 vgl. Website Outward Bound:...über 65 Jahre Erfahrung in Erlebnispädagogik und Bildungsarbeit. URL (2018).

1374 vgl. Website UWC (United World Colleges) URL (2018).

1375 vgl. Schüßler 2006, S. 6. URL (2013).

Situation des Menschen und der Umwelt entgegenzuwirken und eine nachhaltige Nutzung der natürlichen Ressourcen sicherzustellen."[1376]

Längst wird deutlich, dass die Globalisierung nicht nur Vorteile mit sich bringt. Verschiedenste soziale wie auch ökologische Krisen in der Welt können nicht mehr allein von einer Nation gelöst werden, sondern zum Erhalt des „blauen Planeten Erde" und der Humanität sind alle Nationen und alle Menschen gefordert. Die prekäre Situation spiegelt sich in der Präambel der Agenda 21 wider:

„Präambel*

1.1 Die Menschheit steht an einem entscheidenden Punkt ihrer Geschichte. Wir erleben eine zunehmende Ungleichheit zwischen Völkern und innerhalb von Völkern, eine immer größere Armut, immer mehr Hunger, Krankheit und Analphabetentum sowie eine fortschreitende Schädigung der Ökosysteme, von denen unser Wohlergehen abhängt. Durch eine Vereinigung von Umwelt- und Entwicklungsinteressen und ihre stärkere Beachtung kann es uns jedoch gelingen, die Deckung der Grundbedürfnisse, die Verbesserung des Lebensstandards aller Menschen, einen größeren Schutz und eine bessere Bewirtschaftung der Ökosysteme und eine gesicherte, gedeihlichere Zukunft zu gewährleisten. Das vermag keine Nation allein zu erreichen, während es uns gemeinsam gelingen kann: in einer globalen Partnerschaft, die auf eine nachhaltige Entwicklung ausgerichtet ist."[1377]

Im Jahr 2002 wurde von der UN die Dekade „Bildung für nachhaltige Entwicklung" für die Jahre 2005 bis 2014 ausgerufen.[1378] Ingeborg Schüßler (2006) verweist in diesem Kontext auf den Ursprung des Begriffs der Nachhaltigkeit, wie er in der Forstwirtschaft im 18. Jahrhundert aufkam und heute auf andere Bereiche – einschließlich des Bildungsbereiches – übertragen wird. [1379] Im Angesicht der globalen Probleme ist ein Umdenken erforderlich, das nicht nur die Maximierung des wirtschaftlichen Ertrages oder die Verbesserung der gegenwärtigen, individuellen Lebenssituation im Auge hat, sondern die langfristigen Folgen und die sozialen, ökologischen, ökonomischen und globalen Auswirkungen reflektiert. Der Leitgedanke und die Zielrichtung kann wie folgt zusammengefasst werden:

„Angestrebt wird letztlich eine **dauerhafte Verbesserung der menschlichen Lebensqualität innerhalb der Tragfähigkeit der Umwelt**."[1380]

1376 Lexikon der Nachhaltigkeit 2015: Agenda 21. URL (2018).

1377 Website Agenda21 Treffpunkt: Agenda 21: - Originaldokument in deutscher Übersetzung. URL (2018).

1378 vgl. DEUTSCHE UNESCO-KOMMISION 2005, S. 4. URL (2013).

1379 vgl. Schüßler 2006, S. 1. URL (2013).

1380 Schüßler 2006, S. 7. URL (2013).

Die Idee der Bildung zur nachhaltigen Entwicklung findet auch Eingang in die Hochschullandschaft und die Studienlandschaft. So wurde im Jahre 2002 an der Deutschen Sporthochschule Köln durch Prof. Dr. Tokarski, Dr. Harald Michels, Prof. Dr. Rittner, Prof. Dr. Horch und Prof. Dr. Roth das „Centrum für nachhaltige Sportentwicklung [CENA]" gegründet. Dabei ist das CENA transdisziplinär ausgerichtet und es sind sowohl das Institut für Freizeitwissenschaft, das Institut für Natursport und Ökologie, das Institut für Sportsoziologie als auch das Institut für Sportökonomie und Sportmanagement daran beteiligt.[1381] Gerade im Bereich der Natursportarten werden somit die Verträglichkeit für die Umwelt und ein durchdachter Umgang mit den begrenzten Ressourcen angebahnt. Ursprünglich getrennte Domänen erfahren eine zunehmende Verschränkung und Verwissenschaftlichung. Neue Studiengänge bereichern das Studienangebot, wie bspw. der (seit Wintersemester 2008) neu etablierte Bachelorstudiengang „Sporttourismus und Erholungsmanagement" an Sporthochschule Köln".[1382]

Nicht zuletzt entstehen neue Berufsfelder vor dem Hintergrund sich wandelnder gesellschaftlicher Herausforderungen. Zukunftsorientiertes Denken und Handeln muss allmählich die starke Gegenwartsorientierung ablösen, was nur möglich sein wird, wenn die Leitidee der Bildung zur Nachhaltigkeit auf die Anschlussfähigkeit an die Interessen, Fragen und Problemlagen der lernenden Subjekte achtet.[1383]

Im Zentrum muss dabei das lernende Subjekt im Kontext der Gemeinschaft stehen. Handlungsfähigkeit und Handlungsbereitschaft stellen zentrale Entwicklungsziele dar, die es bei der Jugend aufzubauen und bei der älteren Generation zu erhalten gilt – gerade vor dem Hintergrund des anstehenden demografischen Wandels.

All diese Überlegungen leiten bereits weiter zum nächsten Kapitel, in dem es um die gesellschaftlichen Hintergründe und Impulse für die Weiterentwicklung und Renaissance der gegenwärtigen Freizeitbildung gehen wird.

1381 vgl. Website der Deutschen Sporthochschule Köln: CENA-Centrum für nachhaltige Sportentwicklung. URL (2018).

1382 vgl. hierzu: Website der Deutschen Sporthochschule Köln: Institut für Natursport und Ökologie. URL (2013).

1383 vgl. Schüßler 2006, S. 9f.

6. Gesellschaftliche Tendenzen und Impulse zur Weiterentwicklung der Freizeitbildung

6.1 Der Mensch im Zeitalter der reflexiven Moderne

> ***„Leitende Normen verblassen, büßen ihre verhaltensprägende Kraft ein. Was früher stumm vollzogen wurde, muß nun beredet, begründet, verhandelt, vereinbart und kann gerade deswegen immer wieder aufgekündigt werden. Alles wird ‚diskursiv'."***
>
> *(Beck/Beck-Gernsheim)*[1384]

Längst hat sich gezeigt, dass der Modernisierungsprozess nicht nur positive Seiten hat, sondern die gesellschaftlichen und kulturellen Entwicklungen durchaus kritisch reflektiert werden müssen. Die Idee eines teleologisch ausgerichteten historisch-gesellschaftlichen Entwicklungsprozesses in Richtung der Höherentwicklung ist damit aufgegeben.

Mit der Freisetzung des Individuums aus den traditionellen Bindungen, einschließlich der Enttraditionalisierung der Geschlechterrollen, haben sich neue Handlungsspielräume, aber auch Risiken ergeben. Der Soziologe Ulrich Beck verfasst bereits Mitte der 1980er-Jahre das Werk „Risikogesellschaft. Auf dem Weg in eine andere Moderne"[1385], das zu einem Bestseller wurde und den Diskurs nachhaltig prägte. Vertieft und auf den Geschlechterdiskurs bezogen thematisieren Ulrich Beck und Elisabeth Beck-Gernsheim in dem Werk „Das ganz normale Chaos der Liebe" die Folgen der Modernisierung für die Paarbeziehungen. Es wird aufgezeigt, dass sich die erste Modernisierung auf den Lebensentwurf des Mannes bezog, während die zweite Phase der Modernisierung auch den weiblichen Lebenslauf erfasst hat. Der Prozess der Individualisierung selbst birgt demnach Risiken, die zwar durchaus strukturell bedingt sind, aber individueller Antworten bedarf.

1384 Beck/Beck-Gernsheim 1990, S. 15. [Im Original nicht kursiv und nicht im Fettdruck.]

1385 Zu Recht verweist hier Euteneuer (2005) auf die „historische Koinzidenz der Reaktorkatastrophe von Tschernobyl" (ebd., S. 11) und der Herausgabe des Werkes „Risikogesellschaft" und beklagt die „theoretische Diffusität, mangelnde empirische Überprüfbarkeit seiner Thesen und Widersprüchlichkeit" (S. 10).

> „Individualisierung bezeichnet also ein zwiespältiges, mehrgesichtiges Phänomen, genauer: einen Gesellschaftswandel, dessen Bedeutungsvielfalt real und durch allerdings notwendige Begriffsklärungen allein nicht aus der Welt zu schaffen ist. Von der einen Seite: Freiheit, Entscheidung, von der anderen: Zwang, Exekution verinnerlichter Marktanforderungen. Einerseits Selbstverantwortlichkeit, andererseits Abhängigkeit von Bedingungen, die sich dem individuellen Zugriff vollständig entziehen."[1386]

Tradierte Sinnhorizonte und Deutungsmuster sowie handlungsleitende Reglementierungen – insbesondere durch die Kirche – sind zwar nicht bedeutungslos geworden, doch finden sich in der heutigen, stark säkularisierten und multikulturellen Gesellschaft plurale Sinnhorizonte und Deutungsmuster. Die Bundesrepublik Deutschland wird seit den 1980er-Jahren mit dem Begriff der „multikulturellen Gesellschaft" belegt.[1387] Der Schweizer Soziologe Peter Gross spricht 1994 gar von der „Multioptionsgesellschaft" [1388]. Der einzelne Mensch muss sich aktiv mit den vielfältigen Optionen auseinandersetzen und Entscheidungen treffen, eigenständig Sinnhorizonte für sein Leben finden. Ulrich Beck geht im Zusammenhang mit der Individualisierung von einer „Entzauberungsdimension"[1389] aus, da traditionelle Sicherungen schwinden[1390] und vielfach rationale Entscheidungsprozesse vom Individuum erwartet werden. Dabei gibt es durchaus ein vielschichtiges Nebeneinander widersprüchlicher Entwicklungen und Erwartungen. Das Leben mit Ambiguitäten und Ambivalenzen kann durchaus als Charakteristikum der „Zweiten Moderne" betrachtet werden. Die Schattenseite der „Wahlmöglichkeiten"[1391] ist der „Wahlzwang", dem sich der einzelne Mensch ausgesetzt sieht und wodurch ihm die Verantwortlichkeit für seinen Erfolg oder sein Scheitern in hohem Maße individuell zugeschrieben wird. Dabei bleiben oftmals jene Momente ausgeblendet, die sich den Handlungsmöglichkeiten des einzelnen Menschen entziehen. Gesellschaftliche Problemhorizonte werden ins Private gewendet.

Ulrich Beck rekurriert auf den von Katharina Ley 1984[1392] geprägten Begriff der „Wahlbiographie", d.h. die durch ständische Vorgaben geprägte Normalbiografie wandelt sich für beide Geschlechter zur „Wahlbiografie".

1386 Beck/Beck-Gernsheim 1990, S. 15.
1387 vgl. Präsentation der Universität Siegen. URL (2015).
1388 vgl. Gross 1994.
1389 Beck 1986, S. 206.
1390 vgl. auch BMFSJ 2014. URL (2015).
1391 Beck 1990b, S. 52.
1392 Ley 1984, S. 239–260.

Die Industriegesellschaft, wie sie sich im Verlauf des 19. Jahrhunderts herausgebildet hat, bezeichnet Beck als „moderne Ständegesellschaft“, die die unbezahlte Arbeit der Frau in der Familie als Voraussetzung habe. Nach dem Zweiten Weltkrieg habe eine Ausdehnung der „Anwendung der Prinzipien entwickelter Marktgesellschaften über die Geschlechtslinie hinweg“ stattgefunden, was letztlich zu einer Erschütterung – Beck spricht gar von einer Auflösung – der „ständischen Lebensgrundlagen der Industriegesellschaft“ impliziere. Die Frau betritt damit den öffentlichen Raum, wird – so Beck – aus den „ständischen Vorgaben des Geschlechts“ freigesetzt, wobei diese beklagt, dass die „Gleichstellung von Männern und Frauen [...] nicht in institutionellen Strukturen zu erreichen [sei], die die Ungleichstellung von Männern und Frauen voraussetzen.“[1393] Obgleich heute sicherlich einiges für eine bessere Gleichstellung der Geschlechter getan wird, kann nicht geleugnet werden, dass die Ausgestaltung der Geschlechterrollen in der Paarbeziehung sich im Rahmen wirtschaftlicher und somit existentieller Erfordernisse vollzieht. Die Entscheidung, wer in welchem Maße der Erwerbsarbeit nachgeht, erfolgt oftmals nach wirtschaftlichen Notwendigkeiten: Beruflich und karrieretechnisch tritt jener Partner zugunsten der Familie/Kindererziehung kürzer, der den geringeren Verdienst aufweist.

Jeder ist scheinbar seines „eigenen Glückes Schmied“, doch stehen dieser These durchaus andere Befunde aus der internationalen Bildungsforschung entgegen, die den zu engen Zusammenhang zwischen der sozialen Herkunft und dem Bildungserfolg beklagen[1394], der seit ca. 50 Jahren wissenschaftlich belegt ist.[1395] Auch fehlt es bislang an einer wirklichen Gleichstellung der Geschlechter auf dem Erwerbsmarkt, was sich nicht nur an Verdienstunterschieden[1396] zwischen Frauen und Männern bei gleicher Tätigkeit und Qualifikation, sondern auch bei der Überrepräsentanz alleinerziehender Mütter in der Armutsstatistik

---

1393 vgl. Beck 1990, S. 43.

1394 „Die Befunde der PISA-Studien wurden erneut bestätigt: In keinem anderen vergleichbaren Staat der Welt ist der Schulerfolg so stark von Einkommen und Vorbildung der Eltern abhängig wie in Deutschland. Schüler aus bildungsfernen Familien haben – bei gleicher Intelligenz – eine ungleich geringere Chance, ein Gymnasium zu besuchen als Akademikerkinder. Migrantenkinder, die nicht über ausreichende Deutschkenntnisse verfügen, sind im deutschen Schulsystem und damit auch im späteren Berufsleben so gut wie ohne Chancen.“ (lpb – Landeszentrale für politische Bildung Baden-Württemberg. URL (2018) [Im Original: Fett gedruckt]

1395 vgl. Stompe 2008. URL (2015).

1396 vgl. Statistisches Bundesamt Wiesbaden 2015. URL (2015). Zeit online 18. März 2014. URL (2015).

bzw. Hartz IV-Statistik (Paarhaushalt mit minderjährigen Kindern im Hartz IV-Bezug: 7,1 %, Alleinerziehenden-Haushalte mit Hartz-IV-Bezug: 39,2%, wobei 90% aller Alleinerziehenden weiblichen Geschlechts sind[1397]) erkennen lässt[1398]. Trotz des gesellschaftlichen Leitbildes der Erwerbsbiografie für Männer wie Frauen fehlt es an entsprechenden Möglichkeiten qualifizierter Kinderbetreuung und wird latent die unbezahlte Reproduktionsarbeit der Frau vorausgesetzt. Die im beruflichen Feld erforderlichen Mobilitätsanforderungen laufen den Vorstellungen und der Realität von Familie und Elternschaft diametral entgegen und müssen bislang vielfach auf individueller Ebene ausbalanciert werden.[1399] Dieser Balance-Akt vollzieht sich nicht nur auf die Frage, wer Elternzeit nimmt, sondern auch, wem, wie viel an *freier Zeit* verbleibt, wer sich in welchem Maße und in welcher Form in der Hausarbeit und Familienarbeit einbringt. Zugleich ist lebenslanges Lernen nicht nur ein bildungspolitischer Auftrag, sondern wird zunehmend zur existenziellen Notwendigkeit, um mit den rasanten Entwicklungen und den steigenden beruflichen Qualifikationsanforderungen Schritt halten zu können. Gelingt dies nicht, besteht durchaus das Risiko der Desintegration, sowohl im beruflichen als auch im gesellschaftlichen Bereich. Bereits in den 1960er-Jahren prägte der amerikanische Politologe Robert L. Lane (1917–2017)[1400] den Begriff der „Wissensgesellschaft", der den Bedeutungsgewinn „wissensbasierter Wirtschaftsaktivitäten"[1401] impliziert und verdeutlicht, dass das erforderliche Qualifikationsniveau in der Arbeitswelt steigt.[1402]

Die Risiken des Scheiterns erstrecken sich sowohl auf die berufliche Karriere als auch auf den privaten Bereich. Der Beziehung und Elternschaft wird oftmals ein hoher emotionaler Bedeutungsgehalt beigemessen und sie wird heute auch als Teilbereich der eigenen Selbstverwirklichung und Lebensplanung betrachtet. Kinder gelten vermehrt als „Planungskinder" bzw. „Wunschkinder", auch wenn dem faktisch sicherlich nicht immer so ist.

Die heutigen Risiken ergeben sich jedoch bei Weitem nicht nur aus der Freisetzung des Menschen aus ständischen Gebundenheiten, sondern es entstehen unkalkulierbare Gefahrenmomente angesichts der globalen Entwicklungen – nicht zuletzt bedingt durch den „technologischen Fortschritt". Auf die Folgen

1397 vgl. BMFSFJ 2012, S. 7. URL (2015).
1398 vgl. Dowideit 2014. URL (2015); Lenze 2014, S. 22. URL (2015).
1399 vgl. Beck 1990, S. 41ff.
1400 Lane 1966.
1401 Heidenreich 2003, S. 34.
1402 vgl. Heidenreich 2003, S. 36.

der Klimaerwärmung kann hier ebenso verwiesen werden, wie auf Probleme, die durch modernen Wirtschaftskapitalismus (Finanzkrise, Bankenkrise, Staatsverschuldung...) entstehen. Technisierung, Mediatisierung und die damit einhergehende Beschleunigung des wissenschaftlich-technologischen Fortschrittes generieren in gleichem Maße immer weniger zu kalkulierende Risiken und „Nebenwirkungen", die sich nicht mehr auf eine einzelne Nation erstrecken. So leiden an der Klimaerwärmung kleinere Inselstaaten im Pazifik, die selbst keinen bedeutsamen „Beitrag" zur Klimakatastrophe geleistet haben.

Daher spricht Beck im Jahr 2007 gar von der „Weltrisikogesellschaft", womit er an den Bestseller anknüpft und die globalen Risiken explizit thematisiert – gerade auch vor dem Hintergrund sich zuspitzender Konflikte und der Erfahrungen des 11. Septembers.

> „In Risikogesellschaften werden mit der Geschwindigkeit und der Radikalität von Modernisierungsprozessen die Folgen der Erfolge von Modernisierung zum Thema."[1403]

„Risikokalkül"[1404] wird zu einem Thema, stellt den Versuch dar, mit den Unsicherheiten umzugehen, die sich aus den Folgen der Modernisierung ergeben. Dabei weist Beck zurecht darauf hin, dass es in der Menschheitsgeschichte immer Gefahrenmomente gab, das Leben mit Risiken eigentlich normal sei, doch die Risiken heute vielfach die Konsequenz von Entscheidungen darstelle, die Menschen getroffen haben.[1405] Spannend ist hierbei sicherlich die Frage, wer definiert, was ein wie hohes Risiko darstellt. Nach Beck sind Risiken *„soziale Konstruktionen und Definitionen auf dem Hintergrund entsprechender Definitionsverhältnisse"*[1406].

Dabei sieht sich der einzelne Mensch durch moderne Medien mit Katastrophen der ganzen Welt konfrontiert. So gingen Bilder vom 11. September 2001 und dem Attentat auf die Twin Towers des World Trade Centers nahezu in Echtzeit rund um den Globus, die Meldungen hierüber überschlugen sich. Ohnmacht und Wut gegenüber solch unfassbarem Ereignis evozierten den Versuch, Schuldige zu finden und tragen dazu bei, neue Feindbilder zu definieren, um den Kampf gegen einen international operierenden Terrorismus aufzunehmen.

Legitimiert wurden die Anschläge von Al Qaida unter dem Vorwand der Religion, was zufolge hat, dass sich ein Riss zwischen der islamisch und christlich

---

1403 Beck 2007, S. 24.
1404 ebd., S. 57.
1405 vgl. ebd., S. 57.
1406 ebd., S. 66.

geprägten Welt auftat. Ein generalisierter Verdacht und leider oftmals auch eine ablehnende Haltung gegenüber dem Islam mögen eine Folge davon sein, mit dem islamistischen Terror und dem Bestreben, einen islamischen Gottesstaat einzurichten, umzugehen. Sicherlich offenbart sich hier letztlich die eigene Verletzlichkeit und Ohnmacht. Weitere Beispiele, wie der Anschlag in Paris auf die Mitarbeiter und Mitarbeiterinnen der Satirezeitschrift Charlie Hebdo im Januar 2015, ließen sich sicherlich anführen. Das Gefühl der Sicherheit wird auch in der westlichen Welt seitdem durch das Wissen um eine permanente, potenzielle Gefährdung, durchbrochen.

Die Angst vor dem Terror führt vermehrt zu Versuchen, das Risiko durch eine stärkere Überwachung zu minimieren und hierfür sogar auf verbürgte Rechte zu verzichten bzw. diese einzuschränken (z.B. Vorratsdatenspeicherung). Es ist eine Gratwanderung zwischen dem Bedürfnis nach Sicherheit und dem Bedürfnis nach Freiheit, das hier erkennbar wird und der Wunsch, die Welt mittels des technologisch-rationalen Fortschritts kalkulierbar zu machen.

Auf der anderen Seite lässt sich durchaus die Tendenz und Sehnsucht feststellen, einfache Antworten zu finden, und nicht jeder Mensch kann die Fülle an Informationen sinnvoll selektieren, beurteilen und verarbeiten. Viele Dinge werden vermutlich ausgeblendet, überfordern sie doch die Menschen. Das Bedürfnis nach Ablenkung und Erlebnissen ist groß. Bereits in den 90er-Jahren des 20. Jahrhunderts spricht der Soziologe Gerhard Schulze von der Erlebnisgesellschaft.[1407] Die Suche nach Erlebnissen und eine vermehrte Innenorientierung[1408] können als Reaktion auf die „Risikogesellschaft“ interpretiert werden.[1409]

> „Die sozialen, gesellschaftlichen, ökonomischen und ökologischen Risiken drücken dermaßen auf die Individuen und nötigen ihnen bis zum Übermaß die Fähigkeit ab, in komplexen Situationen bei hohen beruflichen Anforderungen und intensiven privaten Ansprüchen ständig ‚richtige‘ Entscheidungen zu treffen. Dieser Druck strapaziert den Seelenhaushalt und die emotionale Potenz der Menschen immer stärker. Da die inneren Ressourcen der Menschen an Selbstwertgefühl und Selbstbewusstsein jedoch begrenzt sind, bedarf es einer ständigen Zufuhr von außen, die dann zum Gefühl des schönen Lebens veredelt wird. Um diese Zufuhr ständig zu sichern, richten sich die Menschen die Außenwelt von vornherein so geschmäcklerisch ein, dass diese sowohl mit ihren eigenen Bedürfnissen wie mit der Erlebniswelt ihres Milieus vereinbar ist.“[1410]

1407 vgl. Schulze 1992.
1408 vgl. Schulze 1993, S. 405–419.
1409 vgl. Copray 1993. URL (2015).
1410 Copray 1993, S. 3. URL (2015).

Im Zusammenhang mit der Erlebnisgesellschaft wird auch die Abnahme an politischem Interesse oder Engagement beklagt.[1411]

Kritisch betrachtet kann die These aufgestellt werden, dass der einzelne Mensch sich seiner Verantwortung für seine Mitwelt mehr und mehr entzieht und in seiner Freizeit hedonistisch nach Ablenkung und angenehmen Erfahrungen sucht. Dem würde ein Freizeitmarkt korrespondieren, der immer neue und spektakulärere Erlebnisse anbietet und sich um das Bedürfnis nach neuen Erlebnissen zahlungskräftiger Kunden kümmert. Wirtschaftlicher Profit – Dienstleistung und Kundenorientierung sind hier die dominierenden Faktoren, die die Angebote steuern. Opaschowski spricht 1996 gar von dem Wandel von der „Freizeitindustrie zur Erlebnisindustrie“[1412].

Als Schattenseite einer „*Erlebnisinflation*“[1413] skizziert Opaschowski, dass die Trennschärfe zwischen realen und simulierten Erlebnissen verloren ginge, die „psychische und soziale Entwurzelung der nachwachsenden Generation (…) beschleunigt“ würde. Die Suche nach immer gesteigerten Erlebnissen – auf der physiologischen Ebene nach Thrill und Adrenalin-Kick – führt u.a. auch zu der Sorge, etwas zu verpassen[1414] und lässt den Menschen immer weniger zur Ruhe und Reflexion kommen. Dies wäre aber ein wichtiges Moment im Zeitalter der „reflexiven Moderne“ und wichtig gemäß neueren Identitätskonzepten.

Identität wurde einst von Erik Homburger Erikson (1902–1994) als die Wahrnehmung der eigenen Person als einmalig und unverwechselbar charakterisiert.[1415]

6.2 Identitätskonzeptionen im Wandel

Erikson stellt in seinem Werk „Identität und Lebenszyklus“ das „menschliche Wachstum (…) unter dem Gesichtspunkt der inneren und äußeren Konflikte (...) [dar], welche die gesunde Persönlichkeit durchzustehen hat und aus denen sie immer wieder mit einem gestärkten Gefühl innerer Einheit, einem Zuwachs an Urteilskraft und der Fähigkeit hervorgeht, ihre Sache ‚gut zu machen‘, und zwar gemäß den Standards derjenigen Umwelt, die für diesen Menschen bedeutsam ist.“[1416]

1411 vgl. ebd., S. 3. URL (2015).
1412 Opaschowski 1996b, S. 7.
1413 ebd., S. 11.
1414 ebd., S. 11.
1415 vgl. Erikson 1959.
1416 Erikson 1980, S. 56.

Ausgehend von Sigmund Freuds „Theorie der psycho-sexuellen Entwicklung“[1417] entwarf Erikson ein „Stufenmodell der psycho-sozialen Entwicklung“, das dem *„epigentischen Prinzip“*[1418] unterliegt. Im Unterschied zu Freud akzentuiert hierbei Erikson die Ich-Funktionen und die Auseinandersetzung mit der sozialen Umwelt, die er als zentral für den menschlichen Identitätsfindungsprozess befindet, dessen besonders sensible Entwicklungsphase er im Jugendalter verortete. Dabei werden die Kindheitsidentifikationen infrage gestellt und müssen produktiv zu einem neuartigen Ganzen integriert werden.

> „Das Gefühl der Ich-Identität ist also das angesammelte Vertrauen darauf, daß der Einheitlichkeit und Kontinuität, die man in den Augen anderer hat, eine Fähigkeit entspricht, eine innere Einheitlichkeit und Kontinuität (also das Ich im Sinne der Psychologie) aufrechtzuerhalten.“[1419]

Das Jugendalter stellt für Erikson eine kritische Phase der psycho-sozialen Entwicklung dar, aus der das Individuum entweder gestärkt hervorgeht und sich eine relativ stabile „Ich-Identität“ aufgebaut hat oder es zur „Identitätsdiffusion“ kommt. Letztere ist charakterisiert durch das Gefühl von Unsicherheit verbunden mit dem Erleben fehlender Klarheit der eigenen Identität. Erikson verortet die Konsolidierung der Identität in der Adoleszenz und so auch die „Identitätsdiffusion“ als mögliche Krise bzw. Zwischenstadium.[1420]

Obgleich Erikson die Identität durchaus unter der Perspektive des Lebenslaufs betrachtet hat, fällt dem Jugendalter eine besondere Bedeutsamkeit bei der Identitätsbildung zu.[1421] Neuere Identitätskonzepte stellen eine „substantialistische(..) Vorstellung von Identität“[1422] infrage.[1423] Zu sehr haben sich die gesellschaftlichen Rahmenbedingungen verändert und zu sehr war das Stufenmodell Eriksons auf die männliche, „weiße“, amerikanische Mittelschicht bezogen.[1424]

Bereits James E. Marcia, der Eriksons Identitätsmodell in ein empirisches Analyseinstrument („Identity-Status-Interview“, 1966) überführte, konnte u.a. aufzeigen, dass sich die Identitätszustände je nach Lebensbereich bei einem Menschen unterscheiden können und die Identitätszustände lebenslang

---

1417 siehe hierzu: Diagramm (zum Stufenmodell). In: Erikson 1980b, S. 214f.

1418 Erikson 1980, S. 57.

1419 ebd., S. 107.

1420 vgl. Erikson 1966, S. 106.

1421 vgl. Krappmann 1997, S. 67f.

1422 Keupp 1997, S. 12.

1423 vgl. auch: Bilden 1997, S. 236.

1424 vgl. Kraus/Mitzscherlich 1997, S. 149f.

reversibel wandelbar sind.[1425] Nachfolgende Forschungen zeigten, dass die „Identitätsdiffusion", die eigentlich als eine pathologische Erscheinung angesehen wurde, vermehrt auftritt[1426] und weiter ausdifferenziert wurde.

Auch der deutsche Sozialpsychologe Heiner Keupp (*1943) überzeichnet die Kritik an Erik-son. Damit betont er die Neuartigkeit seines Identitätsmodells, das von einer „permanenten Identitätsarbeit"[1427] ausgeht, die das Individuum in der Interaktion mit seiner Mitwelt leistet.

Helga Bilden (*1941) resümiert bereits Ende der 1990er-Jahre des letzten Jahrhunderts, dass „in der postmodernen Philosophie die Eindeutigkeit, Hierarchisierung und Zentralisierung im Individuum, im Subjekt, in Frage gestellt"[1428] wird. Identität wird demzufolge nicht mehr als etwas einmal Erarbeitetes und lebenslang mit leichten Modifikationen Gültiges angesehen.

In einem sich schnell wandelnden gesellschaftlichen (Multioptions-)Kontext, der sich durch eine gewisse Offenheit und Pluralität auszeichnet, hat dies auch Auswirkungen auf die Identitätsstruktur des einzelnen Menschen. Bilden sieht den Wandel der Identitätskonzeption (die ja selbst auch eine Konstruktion ist) eng verbunden mit dem historischen und sozio-kulturellen Rahmen, in dem sich die Identitätssuche des einzelnen vollzieht.

> „Innere Vielfalt (Pluralität) und Beweglichkeit sind, (…), eine *notwendige Antwort auf die Pluralität* von Lebensformen, von Werten und Kulturen; sie sind die Antwort auf die Vielfalt von Kontakten und Kontexten, in denen wir uns bewegen. Sie sind die Antwort *auf die Geschwindigkeit gesellschaftlicher Veränderungen.* Innere Vielfalt und *Beweglichkeit* sind also nicht *Beliebigkeit, sondern Voraussetzung für Handlungskompetenz als Subjekt* unter den Bedingungen der Vielfalt, von Widersprüchen und Diskontinuitäten in Gesellschaft und individueller Biographie."[1429]

Das Individuum konzipiert seine Identität in Auseinandersetzung mit der Mitwelt in verschiedenen Kontexten und Situationen.[1430] Bilden spricht sich daher dafür aus, Identität als etwas Prozesshaftes zu begreifen, als ein „dynamisches System vielfältiger Teil-Selbste"[1431].

1425 vgl. Haußer 1997, S. 127.
1426 vgl. Kraus/Mitzscherlich 1997, S. 160.
1427 Keupp1997, S. 34.
1428 Bilden 1997, S. 227.
1429 Bilden 1997, S. 228.
1430 vgl. ebd., S. 228.
1431 ebd., S. 227.

Keupp prägte die Metapher der „Patchwork-Identität“[1432] und bezieht sich in seiner Identitätskonzeption auf den gesellschaftlichen Wandel. In der „ersten Moderne“, die sich auf die Freisetzung des Mannes aus der Ständegesellschaft und der zunehmenden Enttraditionalisierung bezieht, wird die berufliche Identität dominant im männlichen Leben. Mit der „zweiten Moderne“ verliert die Berufsarbeit die dominante und ordnende Stellung in den Identitätsentwürfen.[1433] Doch spielt für ihn der Kohärenzbegriff (lateinisch „cohaerere“: zusammenhängen) eine wichtige Rolle.

> „Identitätsarbeit hat als Bedingung und als Ziel die Schaffung von Lebenskohärenz. In früheren gesellschaftlichen Epochen war die Bereitschaft zur Übernahme vorgefertigter Identitätspakete das zentrale Kriterium für Lebensbewältigung. Heute kommt es auf die individuelle Passungs- und Identitätsarbeit an, also auf die Fähigkeit zur Selbstorganisation, zum ‚Selbsttätigwerden‘ oder zur ‚Selbsteinbettung‘. In Projekten bürgerschaftlichen Engagements wird diese Fähigkeit gebraucht und zugleich gefördert. Das Gelingen dieser Identitätsarbeit bemisst sich für das Subjekt von Innen an dem Kriterium der Authentizität und von Außen am Kriterium der Anerkennung.“[1434]

Bekannt wurde der Kohärenzbegriff durch die Arbeiten von Aaron Antonovsky (1923–1994), der mit dem „Sence of coherence“ eine „globale Orientierung (...), die das Maß ausdrückt, in dem man ein durchdringendes, andauerndes aber dynamisches Gefühl des Vertrauens hat, daß die eigene interne und externe Umwelt vorhersagbar ist und daß es eine hohe Wahrscheinlichkeit gibt, daß sich die Dinge so entwickeln werden, wie vernünftigerweise erwartet werden kann (Anontovsky [Sic!]1997, S. 16)“, verbindet.[1435]

Ausschlaggebend war die Beobachtung, dass es Menschen gibt, die trotz widriger Bedingungen eine hohe Widerstandsfähigkeit auswiesen und relativ gesund kritische Lebenslagen überstanden, wohingegen es andere gab, die – trotz objektiv günstiger erscheinenden Bedingungen – über keine hinreichenden Bewältigungskapazitäten verfügten.

Heute wird in der Psychologie und Gesundheitswissenschaft von Resilienzfaktoren („‘resilience‘ [‚Spannkraft, Elastizität, Strapazierfähigkeit‘; lat. ‚resilere‘ = abprallen])“[1436] gesprochen. Nach gegenwärtigem Forschungsstand wird Resilienz dabei nicht als statisches Persönlichkeitsmerkmal gesehen, sondern als *„ein hochkomplexes Zusammenspiel aus Merkmalen des Kindes und seiner Lebensumwelt“*.[1437]

1432 Keupp 2005, URL (2015).
1433 vgl. ebd., S. 1. URL (2015).
1434 ebd., S. 9. URL (2015).
1435 Reimann 2006, S. 15.
1436 Wustmann 2005, S. 192.
1437 Grafik: Wustmann 2005, S. 194.

Zu den Resilienzfaktoren zählen bestimmte Voraussetzungen, die das Individuum mitbringt, aber auch soziale Faktoren, wie in Abbildung 39 aufgezählt werden.

Tab. 1: **Personale und soziale Ressourcen**	
Personale Ressourcen	*Kindbezogene Faktoren* • Positive Temperamentseigenschaften, die soziale Unterstützung und Aufmerksamkeit bei den Betreuungspersonen hervorrufen (flexibel, aktiv, offen) • Erstgeborenes Kind • Weibliches Geschlecht (in der Kindheit) *Resilienzfaktoren* • Problemlösefähigkeiten • Selbstwirksamkeitsüberzeugungen • Positives Selbstkonzept/Hohes Selbstwertgefühl • Fähigkeit zur Selbstregulation • Internale Kontrollüberzeugung/Realistischer Attribuierungsstil • Hohe Sozialkompetenz: Empathie/Kooperations- und Kontaktfähigkeit/ Soziale Perspektivenübernahme/Verantwortungsübernahme • Aktives und flexibles Bewältigungsverhalten (z.B. die Fähigkeit, soziale Unterstützung zu mobilisieren, Entspannungsfähigkeiten) • Sicheres Bindungsverhalten (Explorationslust) • Optimistische, zuversichtliche Lebenseinstellung (Kohärenzgefühl) • Talente, Interessen und Hobbys
Soziale Ressourcen	*Innerhalb der Familie* • Mindestens eine stabile Bezugsperson, die Vertrauen und Autonomie fördert • Emotional positives, unterstützendes und strukturierendes Erziehungsverhalten (autoritativer Erziehungsstil) • Zusammenhalt (Kohäsion), Stabilität und konstruktive Kommunikation in der Familie • Enge Geschwisterbindungen • Unterstützendes familiäres Netzwerk (Verwandtschaft, Freunde, Nachbarn) • Hoher sozioökonomischer Status *In den Bildungsinstitutionen* • Klare, transparente, konsistente Regeln und Strukturen • Wertschätzendes Klima (Wärme, Respekt und Akzeptanz gegenüber dem Kind) • Hoher, aber angemessener Leistungsstandard • Positive Verstärkung der Leistungen und Anstrengungsbereitschaft des Kindes • Positive Peerkontakte/Positive Freundschaftsbeziehungen • Förderung von Basiskompetenzen (Resilienzfaktoren) • Zusammenarbeit mit dem Elternhaus und anderen sozialen Institutionen *Im weiteren sozialen Umfeld* • Kompetente und fürsorgliche Erwachsene außerhalb der Familie, die Vertrauen und Zusammengehörigkeitssinn fördern und als positive Rollenmodelle dienen (z.B. Großeltern, Nachbarn, Freunde, Erzieherinnen, Lehrer) • Ressourcen auf kommunaler Ebene (z.B. Angebote der Familienbildung, Gemeindearbeit) • Vorhandensein prosozialer Rollenmodelle, Normen und Werte in der Gesellschaft (gesellschaftlicher Stellenwert von Kindern/Erziehung/Familie)

Abb. 39: Resilienzfaktoren nach Wustmann[1438]

1438 Grafik: Wustmann 2005, S.196.

Bereits Antonovsky erkannte die hohe Bedeutsamkeit, dass das eigene Leben und die anstehenden Aufgaben als sinnvoll erlebt werden.[1439] Diesen Lebenssinn muss das Individuum heute in höherem Maße für sich selbst in einer zunehmend säkularisierten Welt herstellen.

Im Unterschied zur Identitätsarbeit, die Keupp ebenfalls als Passungsarbeit zwischen dem Inneren des Menschen und dem Außen, d.h. der Mitwelt, konzipiert, ist die Identität dem Individuum in höherem Maße bewusst und stellt ein umfassenderes Konstrukt dar.

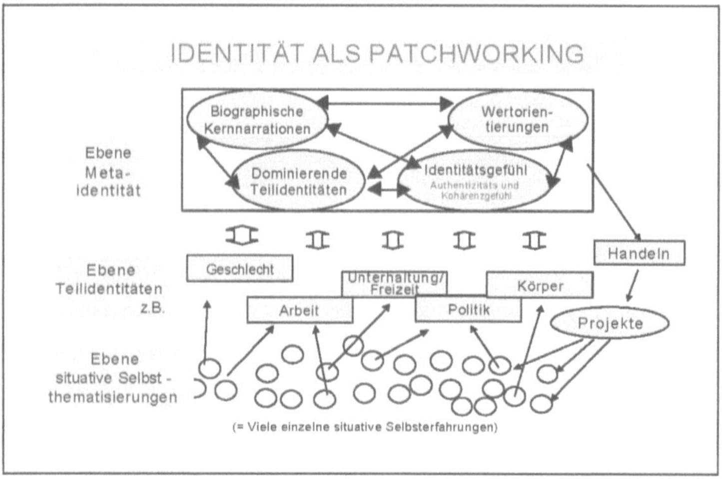

Abb. 40: Modell von Keupp zur Patchworkidentität (Quelle: Keupp 2005, S. 10. URL [2015]).

In vielfältigen Kontexten gewinnt das Individuum sozusagen „Patches" für seine Identitätskonstruktion. Dabei mag sich die eine Person *aktuell* stärker über ihr Hobby definieren, eine andere stärker über ihre Berufsrolle. Innerhalb unterschiedlicher Lebensphasen und Kontexte kann die eine oder andere „Teilidentität" stärker in den Vordergrund treten.

Im Vergleich zu Bilden erscheint Keupp eher gemäßigt, geht er doch von dominierenden „Teilidentitäten" und einer biografischen „Kernnarration" und

1439 vgl. ebd., S. 197.

der „Kohärenz“als Aufgabe aus. Auch dem Beruf kommt in seiner Vorstellung durchaus eine herausgehobene Bedeutsamkeit zu.

> „Die Erosion anderer sinnstiftender Instanzen verleiht der Arbeit eine herausgehobene Rolle für die Identitätsentwicklung junger Erwachsener.“[1440]

Dem ist kritisch entgegenzuhalten, dass dies nicht zwangsläufig auf alle Menschen zutreffen muss. So zeigt die Arbeit von Reinders, dass es Jugendliche gibt, die sich in einem „Bildungsmoratorium“ befinden und solche, die eine sehr hohe Freizeitorientierung aufweisen. (vgl. Kap. 6) Es ist anzunehmen, dass es auch Erwachsene gibt, die in der Erwerbsarbeit nicht mehr als ein Mittel der Existenzsicherung sehen, ihren eigenen Lebenssinn aber aus ihren Freizeitaktivitäten bzw. der Familie ziehen.

Festzuhalten bleibt aber, dass Identitätsarbeit zur lebenslangen Aufgabe des Individuums geworden ist und die Möglichkeitsräume, seine Identität zu konstruieren, von vielfältigen Ressourcen abhängig sind. Hierzu zählen nicht nur die ökonomischen Ressourcen, sondern im Sinne Bourdieus auch das soziale und kulturelle Kapital. Dieses bildet die Grundlage für die individuelle Auseinandersetzung mit den gesellschaftlichen Anforderungen und Möglichkeiten, eigene Bildungs- und Lernerfahrungen und der spätere Lebenszusammenhang setzen aber eine deterministische Vorstellung der Wirkweise des „sozialen und kulturellen Kapitals“ außer Kraft.

In Anlehnung an Zygmunt Baumann (2000)[1441] und Heiner Barz u.a. (2001)[1442] sieht Heiner Keupp den Menschen heutzutage in eine „fluide Gesellschaft“ gestellt.

Heiner Keupp geht davon aus, dass sich die gesellschaftlichen Kontextfaktoren immer weniger als statisch oder stabil zeigen. Grenzen verflüssigen sich insbesondere durch die (reflexive) Modernisierung, den rasanten technologischen Fortschritt, die Digitalisierung und die Globalisierung.

Auch andere Forscher unterstreichen die Flexibilisierungsprozesse von Raum und Zeit, Privat- und Berufsleben.[1443]

1440 Keupp 2005, S. 11. URL (2015).

1441 Baumann 2000.

1442 Barz/Kampik/Singer/Teubner 2001.

1443 vgl. Jurzcyk/Schier/Szymenderski/Lange/Voß 2009.

> „Sehr deutlich wird auch hier, wie die Entstandardisierung und Flexibilisierung von Arbeitszeiten inklusive einer zunehmenden Ortsungebundenheit von Arbeit die Grenzen zwischen Privatem und Betrieblichem verwischen. Zugleich korrespondiert damit aber auch eine veränderte Haltung der Individuen hinsichtlich einer flexiblen Verbindung der beiden Bereiche."[1444]

Grenzen zwischen Raum und Zeit, Mensch und Technik, aber auch den Geschlechtern und den Kulturen müssen in erhöhtem Maße individuell ausgehandelt werden.

Dazu bedarf der Mensch nicht nur eines starken Selbstbewusstseins, sondern das Individuum muss auch über entsprechende Bildung verfügen, um den schnellen Veränderungen gewachsen zu sein, sich selbstständig mit neuen Informationen auseinanderzusetzen, sich neues Wissen anzueignen, die Zusammenhänge und Gewichtigkeit zu erkennen und in Bezug zu seinem eigenen Leben handlungswirksam umzusetzen.

Als besondere Herausforderung kann die Notwendigkeit gelten, aktiv an dem Aufbau sozial verlässlicher Netzwerke zu arbeiten, die einst durch die (Groß-) Familie in regionaler Nähe gegeben war. Durch die erhöhten Mobilitäts- und Flexibilität(sanforderungen) der Arbeitswelt werden selbstgestaltete „Wahlverwandtschaften" immer bedeutsamer. Allein in der Herkunftsfamilie können heute immer weniger die sozialen Lernprozesse und Bedürfnisse sichergestellt werden (Berufstätigkeit beider Elternteile, vielfach keine altersnahen Geschwister).

Soziale Lernprozesse finden daher vermehrt in der freien Lebenszeit statt. Freizeitbildung impliziert somit nicht nur die Ermöglichung der individuellen Auseinandersetzung mit subjektiv bedeutsamen Wissensbeständen, sondern gerade auch das Lernen in der Gemeinschaft, den Diskurs und den Aufbau sozialer Kompetenzen.

Der amerikanische Historiker Christopher Lasch proklamiert in seinem Werk „The Culture of Narcissism"[1445] bereits in den 1970er-Jahren das Zeitalter des Narzissmus bezogen auf die amerikanische Kultur (und westliche Welt). Dabei gewinnt das Selbst aber nur scheinbar an Größe, permanente Selbstbespiegelung und Außendarstellung kaschieren ein Selbst, das womöglich kleiner und fragiler denn je ist. Heute scheint diese kritische Gesellschaftsdiagnose durchaus noch Brisanz zu haben, was sich am Boom der Selbstpräsentationen im Netz („Selfies") wie auch an den Trend zur Selbstoptimierung[1446] („Schönheitsoperationen",

1444 Schmidt-Koddenberg 2016, S. 29.
1445 Lasch 1979; Lasch 1980.
1446 vgl. Gugutzer 2013, S. 67–70; bpb 2007. URL (2015).

aber auch Selbstoptimierung mittels neuer technologischer Möglichkeiten des privaten Körpermonitorings[1447]) zeigt.

Doch nicht nur der Trend zur äußerlichen Optimierung, sondern auch Versuche, die bestmögliche Nutzung aller Potenziale (zur Not auch durch leistungssteigerndes Hirndoping[1448]) lässt sich konstatieren. So bekommen auch Coaching und Beratungsangebote einen hohen Stellenwert im Zuge des lebenslangen Lernens zugesprochen.

Zugleich wächst die Sorge, den Lebensstandard in der Zukunft nicht mehr halten zu können. Die Schere zwischen Arm und Reich wächst und prekäre Beschäftigungsverhältnisse nehmen zu.[1449] Von einer allgemeinen „Freizeitgesellschaft" kann in Zukunft wohl kaum gesprochen werden:

> „Zur Sicherung der Sozialsysteme werden die Menschen länger arbeiten müssen – im Einzelfall auch lebenslang (wie in früheren Jahrhunderten auch). Die Erhaltung der Erwerbsfähigkeit wird für die Menschen in Deutschland eines der wichtigsten Lebensziele in den nächsten zwanzig Jahren. Lebenslang beschäftigt bleiben: Das ist die Agenda des Lebens auf dem Weg in das Jahr 2013."[1450]

Das Individuum hat die Aufgabe erhalten, sein eigenes Leben aktiv – in einer hochkomplexen und sich stets wandelnden Welt – zu gestalten.

6.3 Bildung als Selbstbildung

Bildung kann letztlich nur als Selbstbildung gedacht werden.

Zwar ist es möglich, Tiere wie auch Kinder zu „dressieren", d.h. aus behavioristischer Perspektive über Prozesse der positiven und negativen Verstärkung bestimmte Verhaltensweisen und Lernleistungen zu befördern. Doch ist dies allein noch nicht mit Bildung gleichzusetzen. Wie in Kapitel 4 gezeigt wurde, weist der allgemeine Bildungsbegriff, wie ihn Wolfgang Klafki rekonstruiert hat, die „Selbstentfaltung und Selbstverwirklichung des Individuums als Prozess und als normatives Ziel"[1451] auf. Vielfach wird heute die Frage aufgeworfen, ob der

---

1447 vgl. den medialen Diskurs, exemplarisch sei auf den Beitrag im Hessischen Rundfunkt von Schindele/Stollorz 2014. URL (2015) verwiesen.

1448 vgl. DAK Pressemitteilung 2015. URL (2015). FAZ net 2015. URL (2015); Glaeske, G.; Merchlewicz, M. & Schepker, R. u.a. (o.A.), S. 1f. URL (2015).

1449 vgl. Opaschowski 2013b, S. 49–81.

1450 Opaschowski 2013c, S. 96.

1451 Erpenbeck/Weinberg 2004, S. 71.

klassische Bildungsbegriff noch zeitgemäß oder nicht vielmehr der Kompetenzbegriff angemessen sei?[1452]

Der Psychologe Franz E. Weinert (1930–2001) definierte Kompetenzen als

> „die bei Individuen verfügbaren oder durch sie erlernbaren kognitiven Fähigkeiten und Fertigkeiten, um bestimmte Probleme zu lösen, sowie die damit verbundenen motivationalen, volitionalen und sozialen Bereitschaften und Fähigkeiten, um die Problemlösungen in variablen Situationen erfolgreich und verantwortungsvoll nutzen zu können."[1453]

Die Hoffnung besteht darin, mit Kompetenzmodellen und Bildungsstandards Lern- und Bildungsprozesse operationalisieren und damit besser technologisch verfügbar machen zu können.[1454] John Erpenbeck und Werner Sauter fordern jüngst „Stoppt die Kompetenzkatastrophe!"[1455]. In einer Bildungsrevolution hin zu einer Kompetenzorientierung sehen sie den Lösungsweg und spielen mit der „Kompetenzkatastrophe" auf die von Georg Picht prognostizierte „Bildungskatastrophe" an. Die Kritik gilt hierbei in erster Linie einer verkürzten Auffassung über Lern- und Bildungsprozesse, die in erster Linie auf schulische Bildungsräume begrenzt werden und zu sehr auf heteronome Lernformen setzen.[1456]

Trat der Kompetenzbegriff im Zuge der PISA-Studien seinen Siegeszug im bildungspolitischen Diskurs an, so finden sich heute vermehrt auch kritische Stimmen, die die technologische Perspektive der Verfügbarmachung von Bildung bezweifeln. So beklagt Bernd Lederer (2013) in seiner Habilitationsschrift „Kompetenz oder Bildung: eine Analyse jüngerer Konnotationsverschiebungen des Bildungsbegriffs und Plädoyer für eine Rück- und Neubesinnung auf ein transinstrumentelles Bildungsverständnis" die „ökonomische Vereinnahmung" und eine „zunehmende Engführung" des Bildungsbegriffs, der in „seiner besagten zunehmenden konnotativen Einfärbung als Kompetenzäquivalent im Dienste individueller Marktfähigkeit"[1457] gestellt wird. Um den Bildungsbegriff nicht der instrumentellen Vereinnahmung preiszugeben, und vor dem Hintergrund der Traditionslinie des Bildungsbegriffs, stellt Lederer die Bedeutsamkeit der Reflexion und Mündigkeit heraus:

1452 vgl. hierzu z.B.: Pongratz/Reichenbach/Wimmer 2007.
1453 Weinert 2001, S. S. 27f.
1454 vgl. Gruschka 2007. S. 9–29.
1455 Erpenbeck/Sauter 2016.
1456 vgl. ebd.
1457 Lederer 2013, S. 17.

> „Reflexion ist die Basis von Bildung und zugleich die pädagogisch-konzeptionelle Brücke zwischen den Begriffen Bildung und Kompetenz.“[1458]

Hierbei betont er, dass die Selbstreflexion nur einen Teilbereich ausmachen kann und vor dem Hintergrund einer kritisch-emanzipatorischen Erziehungswissenschaft auch die sozioökonomischen und soziokulturellen Rahmenbedingungen in den Reflexionsprozess einbezogen sein müssen.[1459]

In der Tat sind zwei Tendenzen gegenwärtig festzustellen: der inflationäre Gebrauch des Bildungsbegriffs auf der einen Seite und die Abkehr vom Bildungsbegriff zugunsten des Lernbegriffs oder Kompetenzbegriffs auf der anderen Seite. Beide Tendenzen finden sich latent auch im freizeitpädagogischen Diskurs wider:Sso spricht u.a. Opaschowski von der Freizeitkompetenz[1460] (ohne sich dabei aber auf den kompetenztheoretischen Diskus zu beziehen) und Nahrstedt von der Freizeitbildung[1461].

Nicht zuletzt bleibt aber eine Aufwertung informeller Lernprozesse im Zuge der Kompetenzdebatte und im Kontext des lebenslangen Lernens und eine zunehmende Entgrenzung von zugewiesenen Lernräumen.

> „Die Förderung des lebenslangen Lernens dient in Deutschland und europaweit als Rahmen, der verschiedene bildungspolitische Ziele miteinander verknüpft: Initiierung und Förderung gesellschaftlicher Teilhabe, Realisierung von Chancengleichheit aber auch Stärkung der Wettbewerbsfähigkeit und Erhöhung des Bildungsniveaus in Deutschland. Sie erfordern, dass neue Zugänge zu Bildung und Lernen geschaffen und bestehende Barrieren zwischen Bildungsbereichen abgebaut werden. Verborgene Potentiale im Sinne von erworbenen, aber nicht erkennbar werdenden Fähigkeiten und Kompetenzen sollen „gehoben“ und gezielt in Anspruch genommen werden können, an bisheriges Lernen angeknüpft und Lernzeiten dadurch verkürzt werden, so dass eine Anschlussfähigkeit von Bildungsgängen möglich wird.“[1462]

In diesem Zusammenhang kann von einer Aufwertung der Freizeitbildung gesprochen werden, wenn mit dem Leitbild des lebenslangen Lernens und der Kompetenzorientierung auch Bildungsprozesse jenseits schulischer oder beruflicher Weiterbildung eine größere Anerkennung erfahren (sollten).

1458 ebd., S. 18.

1459 vgl. Lederer 2013, S. 19.

1460 vgl. Opaschowski 1997, S. 107; Opaschowski 1987. S. 43; 128.

1461 vgl. Nahrstedt 1994, S. 430–437; Nahrstedt 1991, S. 11–66.

1462 Annen/Dietzen/Gutschow/Schreiber 2012, S. 2. URL (2016).

6.4 Bildung als Freizeitbildung

Wolfgang Nahrstedt (1991)[1463] reflektiert den klassischen Bildungsbegriff und dessen Modernisierung nach Wolfgang Klafki. Seine Rekonstruktion und kritische Sicht auf den klassischen Bildungsbegriff greift ihm noch zu kurz. Nahrstedt fordert, dass die Dimensionierung noch weiter gehen müsse, die praktische Dimension im „Hinblick auf eine ökonomische, politische, soziale, aber auch ökologische, globale, galaktische, schließlich um eine zeitliche[1464] Dimension" ausdifferenziert werden solle. Durchaus befremdlich mag die Forderung, die „Subjektentwicklung im Medium objektiv-allgemeiner Inhaltlichkeit"(Klafki)[1465] auf die galaktische Perspektive (**„galaktische Kommunikation"**[1466]) auszudehnen erscheinen, – eine Idee, die im Grunde eine metaphysisch-spirituelle Ebene mit einschließt.

Festgehalten werden kann, dass Bildung das Individuum mit der Welt verbindet und Wissen mit der eigenen Person in Verbindung gesetzt werden sollte. Nur so kann Wissen oder materiale Bildung im Leben des Menschen wirksam werden und zur Performanz auf der Handlungsebene führen – so könnte der Gedankengang Nahrstedts oder Klafkis zugespitzt werden. Nahrstedt rekurriert nicht zuletzt auf die Grundzüge der Freizeitpädagogik von Fritz Klatt, um seine Sichtweise einer freizeitorientierten Weiterbildung aufzuzeigen. Das Wirken von Fritz Klatt in seinem Volkshochschulheim bzw. die Schriften hierzu dienen Nahrstedt als Referenzpunkt für konzeptionelle Überlegungen zu einer freizeitorientierten Weiterbildung.

Die Weiterbildung unterteilt Nahrstedt in die Weiterbildung für den Beruf in der Freizeit und die freizeitorientierten Weiterbildung, wie er in einem Schaubild verdeutlicht:

1463 Nahrstedt 1991, S. 11–66.

1464 ebd., S. 44.

1465 Klafki 2007b, S. 20; auch zit. von Nahrstedt 1991, S. 43.

1466 Nahrstedt 1991, S. 43.

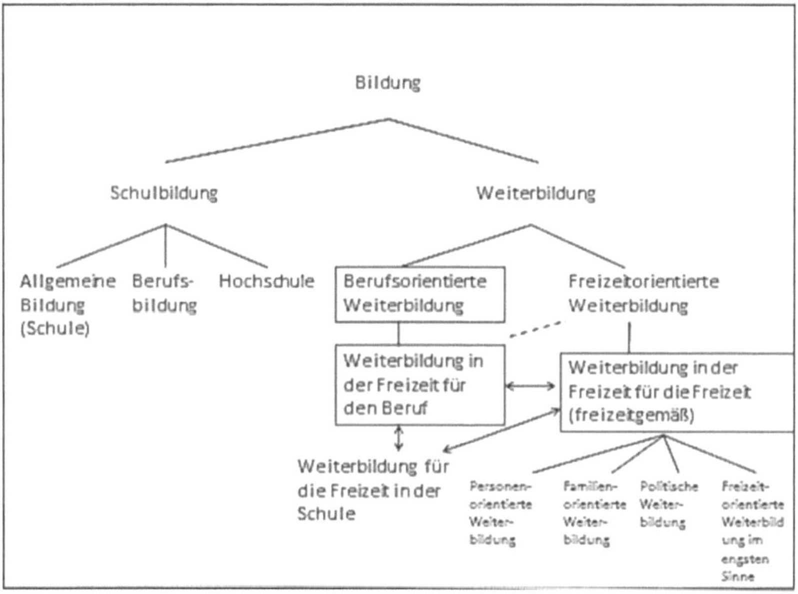

Abb. 41: Bildung und freizeitorientierte Weiterbildung bei Nahrstedt [1467]

Anhand der Abbildung wird deutlich, dass Nahrstedt hiermit sämtliche Bildungsprozesse jenseits der Berufsbildung und Schulbildung als Weiterbildung begreift, wobei er (damals noch) frühkindliche Bildungserfahrungen ausblendet oder unter familienorientierter oder freizeitorientierter Weiterbildung im engsten Sinne subsumieren müsste. Konsequenterweise müsste aber die Weiterbildung für die Freizeit in der Schule unter der Schulbildung (bzw. zwischen der Schul- und Weiterbildung) angesiedelt werden, was von Nahrstedt als Entwicklungsperspektive gefordert wird: die Aufnahme der Freizeitpädagogik als Kulturarbeit in der Schule.[1468] Die Weiterbildung sieht Nahrstedt als Ergänzung zur Berufs- und Schulbildung an.

Grundsätzlich plädiert Nahrstedt für einen weiten Bildungsbegriff und beklagt, dass der klassische Bildungsbegriff im Verlauf der Geschichte zu einem „Herrschaftsbegriff" geworden sei, der dazu genutzt würde, Menschen in

1467 Grafik: Nahrstedt 1991, S. 34.
1468 vgl. ebd., S. 34.

Gebildete und Ungebildete zu differenzieren und vor allem eine zunehmende Eingrenzung auf schulische Bildung (bzw. institutionalisierte Bildung) erfahren habe.[1469]

Grundprämisse ist Nahrstedt dabei, dass das Freizeitverhalten des Menschen in Zusammenhang mit seinen Bildungserfahrungen stehe. Bildungserfahrungen lassen bestimmte Freizeitmöglichkeiten interessant und attraktiv erscheinen. Daraus ergibt sich schließlich auch die These, dass im Freizeitverhalten immer schon Bildungselemente latent enthalten seien, die es zu aktivieren gelte.[1470] Er spricht in diesem Zusammenhang vom „Bildungskern“[1471], der der Freizeitmöglichkeit inhärent sei.

Als Beispiel verweist er auf seine eigene Reise durch den Harz und setzt diese mit Heinrich Heine („Die Harzreise“, 1824) und den Beschreibungen bei Goethe in Verbindung. Die eigene Reiseerfahrung setzt bei Nahrstedt die erneute Auseinandersetzung mit früheren Bildungsmöglichkeiten („Bildungsreminiszenzen“[1472]) frei, indem er die Reise durch entsprechende Lektüre und Nachbereitung vertieft. Dabei blendet er in seinen Überlegungen den Umstand aus, dass es ihm als Akademiker zur Gewohnheit geworden ist, sich mit Bildungsgütern intensiv zu befassen, Sachverhalte zu recherchieren, Bibliotheken zu nutzen und sich eigenständig Sachverhalte zu erschließen. Hierzu gehört „Mußezeit“, was der Schnelllebigkeit der heutigen Welt oftmals entgegensteht und – insbesondere bei Frauen, die Familie und Berufstätigkeit ausbalancieren müssen –, oftmals sehr knapp bemessen ist. Auch wird der Terminus „Bildungskern“ letztlich nicht näher bestimmt denn als Reminiszenz, also Erinnerung an bereits einmal Gelerntes. Wie tiefgründig die Auseinandersetzung und wie nachhaltig die Verankerung ist, wird nicht angesprochen. Letztlich ist Neugierde nur eine Voraussetzung für die Aneignung von Wissen.

Dabei ist aber auch zu bedenken, dass Bildung nicht immer eine lustvolle Erfahrung darstellt: Eine nähere Betrachtung von Platons „Höhlengleichnis“ macht deutlich, dass der Erkenntnisgewinn oftmals durchaus auch einen schmerzlichen und anstrengenden Prozess darstellt: der in der Höhle gefesselte Mensch sieht nur die Schatten der Dinge und diese sind seine Realität. Aus der Höhle ans Licht der Sonne gezerrt, schmerzen zunächst die Augen, können die Dinge im Tageslicht erst dann klar erkannt werden, wenn seine Augen sich an

1469 vgl. Nahrstedt 1991, S. 28f.

1470 vgl. ebd., S. 15f.

1471 ebd., S. 16.

1472 ebd., S. 16.

das helle Licht adaptiert haben. Seine bisherige Sicht auf die Dinge gerät aus den Fugen. Der Erkenntnisprozess ist anstrengend und auch schmerzhaft/unangenehm. Aus der Lernforschung wie auch aus der modernen neurobiologischen Forschung weiß man, dass Übung notwendig ist, damit sich Denkstrukturen (Bahnung, d.h. die Ausbildung stabiler Verbindungen zwischen den Synapsen) herausbilden können. Neue Erkenntnisse können die bislang vertraute Sicht auf die Welt und auch auf sich selbst erschüttern.

Das Konzept der Freizeitbildung würde zu kurz greifen, wenn es darauf setzt, dass die „Bildungskerne" nur durch eine entsprechende Freizeitaktivität erneut aktiviert werden müssen und dann ihr Potenzial erneut entfalten und somit zu einer selbstbestimmten vertieften Auseinandersetzung mit Bildungsgütern führen. Dies hatte bereits Fritz Klatt erkannt und plädierte hier für die Vertiefung im Gespräch und die Anregung durch Vorträge, was Nahrstedt zwar kurz anspricht, aber nicht substanziell aufgreift.

Anfang der 1990er-Jahre wurde das Thema „Bildet Freizeit – Freizeit bildet?" in einem vom Bundesministerium für Bildung und Forschung Projekt am IFKA (Institut für Freizeitwissenschaft und Kulturarbeit e.V.) aufgegriffen. Grundfrage war hierbei, ob sich Freizeit und Bildung überhaupt miteinander verbinden lassen. In der Dokumentation seines Forschungsprojektes zur freizeitorientierten Weiterbildung führt Nahrstedt seine Idee der Bildungskerne fort:

> „Jede Freizeitsituation ist eine potenzielle Bildungssituation, denn sie enthält Bildungskerne (Objektivationen gesellschaftlich-historischer Erfahrungen), die zu einem Lernangebot entwickelt werden können. Erst durch ihre Aufbereitung werden sie Teilnehmern zugänglich. Freizeitbildung trägt so auch zur Demokratisierung von Bildung bei. Die strukturell bedingte relative Offenheit von Freizeitsituationen erfordert eine besondere Bildungsform, die auf diese Offenheit hin bezogen ist – eine freizeitgemäße Bildung. Durch die Einführung von Bildungselementen in eine Freizeitsituation kann diese zu einer bildungsorientierten Freizeitgestaltung weiterentwickelt werden."[1473]

Als Resümee des Projektes, das anhand der hermeneutischen Analyse von Praxisbeispielen, ausgewählten qualitativen Experteninterviews und Teilnehmerbefragungen seiner grundlegenden Frage nachspürte, wurde auf das bildende Potenzial der Freizeit verwiesen. Folgende Momente konnten für die konzeptionelle Gestaltung freizeitorientierter Weiterbildungen festgehalten werden:[1474]

1473 Nahrstedt 1994c, S. 31.
1474 vgl. Brinkmann/Freericks/Fromme u.a. 1991, S. 103ff.

- Offenheit der Situation
- Freiwilligkeit der Partizipation
- Selbstbestimmung und Selbsttätigkeit
- Ganzheitlichkeit, Einbezug der sinnlichen Erfahrungsdimension
- Erlebnis- und Prozessorientierung
- Gemeinschaftserfahrung
- Kommunikative Situation
- Flexibilisierung von Bildungsorten und -zeiten.

Dabei verweist die Forschergruppe auf Hans-Günther Rolff[1475], der bereits 1988 verschiedene Kriterien für eine Weiterbildung proklamierte, die für eine humanitäre Weiterentwicklung der Gesellschaft bedeutsam wären: Gestaltbarkeit, Durchschaubarkeit, Sinnlichkeit, Ganzheitlichkeit, Solidarität und den „pfleglichen Umgang" mit der menschlichen Natur (der inneren und äußeren).[1476]

Diese Forderung impliziert letztlich auch die Beförderung des Kohärenzgefühls (Antonovsky 1979), also die Verstehbarkeit („instrumentelles Vertrauen"[1477]), die Handhabbarkeit/Bewältigbarkeit („*kognitiv-emotionales Verarbeitungsmuster*"[1478]) und die Sinnhaftigkeit („motivationale Komponente"[1479]). Es handelt sich um eine Grundeinstellung zum Leben, die den Menschen gegenüber widrigen Umständen und Einflüssen widerstandsfähig macht.

Freizeitbildung, die nicht dazu beiträgt, das individuelle Erleben von Sinnhaftigkeit des Menschen zu befördern, wird einem humanistischen Anspruch nicht gerecht. Hier findet sich durchaus eine Schnittmenge zur Gesundheitsbildung, was mit dem interdisziplinären und querschnittsartigen Zuschnitt der Freizeitpädagogik zusammenhängt.

> „Ein Mensch ohne Erleben von Sinnhaftigkeit wird das Leben in allen Bereichen nur als Last empfinden und jede weitere sich stellende Aufgabe als zusätzliche Qual."[1480]

Bildungsprozesse in der Freizeit sind somit so zu gestalten, dass sie bei der Person ansetzen und dem Menschen dabei helfen, sein Leben sinnvoll zu gestalten. Dadurch grenzt sich die Freizeitbildung von kurzfristigen Stimuli ab, die den Menschen „nur" von seinem Alltagsleben ablenken und durch vielfältige

---

1475 Rolff 1988, S. 21–54.
1476 Brinkmann/Freericks/Fromme u.a. 1991, S. 111.
1477 Bengel 2001. S. 29. URL (2018).
1478 ebd., S. 29. URL (2018).
1479 ebd., S. 30. URL (2018).
1480 Bengel 2001. S. 30. URL (2018).

Reize ein Nachdenken und eine reflexive Auseinandersetzung mit sich und seiner Umwelt verhindern. **Bildung setzt Zeit zur Muße voraus** und eben keine pausenlose Geschäftigkeit, was bereits Fritz Klatt erkannte und weshalb ihm die Rhythmisierung sehr bedeutsam erschien.

Freizeitbildung lebt von der Balance zwischen der Vita activa und Vita contemplativa, Erholung und geistige Anregung schließen einander nicht aus, sondern ergänzen sich. Gleiches kann für die Aktivität in der Gemeinschaft und die Eigenzeit festgehalten werden.

Im Zeitalter der reflexiven Moderne gewinnt Identitätsarbeit einen neuen Stellenwert. Identität ist, wie in Kapitel 6.2 bereits thematisiert wurde, nicht mehr ein statischer Zustand, sondern die Identitätsarbeit erscheint als lebenslanger Prozess, bei dem die Bildung des Individuums durchaus eine zentrale Rolle spielt.

Ohne Bildungserfahrungen ist die Selbsterfahrung und Selbsterkenntnis nur bedingt möglich, daher hat Peter Bieri auch die „Selbsterkenntnis" und „Selbstbestimmung" explizit als Dimension des Bildungsbegriffs aufgenommen, für Wolfgang Klafki ist das Ziel der Bildung das mündige Subjekt. Bildung erschließt dem Menschen die Welt, erschließt aber auch den Menschen für die Welt. Doch ist weder der Bildungsprozess noch die Freizeit losgelöst von der menschlichen Entwicklung im Lebenslauf zu sehen.

6.5 Freizeit im Horizont des Lebenslaufes

Bislang gibt es kein aktuelles Werk, das Freizeit unter der Perspektive des Lebenslaufs im Hinblick auf die pädagogischen Implikationen betrachtet. Horst Opaschowski thematisiert in seiner „Einführung in die Freizeitwissenschaft", wie Menschen Freizeit in den unterschiedlichen Lebensphasen gestalten, wie zufrieden sie mit ihrer Freizeit sind und welche Unterschiede sich hier zwischen den Geschlechtern, aber auch dem unterschiedlichen sozialen Status und Alter zeigen, insofern ist es in erster Linie eine deskriptive Herangehensweise, die stark soziologisch ausgerichtet ist. Dennoch können derartige Arbeiten eine wertvolle Basis für weiterführende bildungstheoretische und pädagogische Fragen sein und sollten vor einem rein ökonomischen Zugriff geschützt werden.

Es kann auch hier nicht der Anspruch erhoben werden, eine umfassende Gesamtdarstellung zu jeder Lebensphase zu leisten, vielmehr soll ein Einblick in die Besonderheiten und ausgewählte Studien gegeben werden, um Implikationen für eine reflexive Freizeitbildung aufzuzeigen.

Freizeit im Kindes- und Jugendalter

Das Freizeiterleben und Freizeitverhalten ist nicht losgelöst vom Lebenslauf zu betrachten. So kennt ein kleines Kind die Unterscheidung von Zeit in Freizeit und Arbeitszeit nicht. Sein Leben ist bestimmt durch die biologischen, psychisch-sozialen Bedürfnisse. Hierbei ist es auf die Feinfühligkeit und haltgebende Struktur seiner primären Bezugspersonen angewiesen.[1481] Im Verlauf der frühen und mittleren Kindheitsjahre entwickeln Kinder allmählich ein chronologisches Bewusstsein und analog zu Erwachsenen sprechen heute bereits Kindergartenkinder von ihren Kindergartenferien und Freizeit. Kinder nehmen somit schon früh eine Differenzierung von Zeiträumen vor, so wie sie von Erwachsenen vorgelebt wird. Anzumerken ist, dass sich das Zeitbewusstsein von Kindern allmählich entwickelt.[1482]

Kindheit heute unterscheidet sich von den Kindheitserfahrungen früherer Generationen. Sie unterliegt dem soziokulturellen und historischen Wandel. Kinder, so könnte man meinen, haben nur Freizeit. Doch dieser Schein trügt, da ihr Lebensrhythmus mehr oder minder stark auf die Zeitgestaltung und den Arbeitsrhythmus der Erwachsenen ausgerichtet wird. Die pädagogischen Einrichtungen für Kinder sind nicht primär am biologischen Rhythmus[1483] der Kinder oder deren Bedürfnissen ausgerichtet, sondern müssen auch den Erfordernissen der erwerbstätigen Eltern gerecht werden. Zudem etablierte sich mit dem Aufkommen der Schule allmählich ein Verständnis für die Freizeit von Kindern.

Das Freizeitverhalten der Kinder wird noch relativ stark von den Eltern und deren Erziehung geprägt. Dennoch sind vielfältige Eindrücke aus der Lebensumwelt – insbesondere auch die räumlichen Strukturen – bedeutsam dafür, wie Kinder mit freier Zeit umgehen können und dürfen. Kindheit implizierte einst einmal, seine Lebenswelt in sich konzentrisch erweiternden Kreisen zu erkunden und zu erschließen. Bereits Mitte der 1990er-Jahre sprach die Soziologin Helga Zeiher von der „verinselten" Kindheit, d.h. Kinder werden vom „Elterntaxi" zu den unterschiedlichen spezialisierten und meist professionalisierten Sozial- und Aktionsräumen gefahren. Erwachsene üben in höherem Maße Kontrolle auf den Alltag der Kinder aus, Momente und Räume des freien Spiels schwinden. Die

1481 siehe weiterführend z.B. Ahnert, J. (2019) (Hrsg.). Frühe Bindung. Entstehung und Entwicklung. 4. Auflage. München: Ernst Reinhardt Verlag.

1482 vgl. Kübler 2015, S. 336.

1483 Forschungen zur Verschiebung des morgendlichen Schulbeginns wurden durchgeführt und in den Medien öffentlich diskutiert. (vgl. Dieffenbacher 2016. URL [2019]; Unterberg 2018. URL [2019]).

Freizeit der Kinder ist heute sehr viel stärker eine „geplante" Freizeit, was bereits dadurch begünstigt sein mag, dass heute weniger Kinder in Deutschland geboren werden, altersadäquate Spielkameraden somit nicht immer in der nächsten Nachbarschaft vorhanden sind. Freizeitaktivitäten der Kinder müssen vermehrt geplant und koordiniert werden, Absprachen der Elternhäuser sind hierfür oftmals notwendig. Die Freizeitaktivitäten der Kinder in pädagogisierten Räumen kosten in der Regel auch Geld, womit auch wiederum der Einfluss der Eltern auf das kindliche Freizeitverhalten deutlich wird. Nicht alle Eltern können ihrem Kind Reit- oder Geigenunterricht finanzieren. In der zweiten „World Vision Kinderstudie" wird die Freizeit als „dritter Sozialisationsbereich neben Schule und Familie" betitelt.[1484] Diese Titulierung verweist auf die Bedeutsamkeit, die der Freizeit heute auch in der Wissenschaft zugesprochen wird.

Dabei ist die Zeit der Kinder in erster Linie eine Zeit des Spiels, des sozialen Lernens und der Bewegung. Kinder erkunden und entdecken die Welt – heute leider oftmals die Medienwelt, wenn ihnen die reale Welt immer mehr entzogen wird: freie Spielflächen in Städten zunehmend fehlen, die dichte Verkehrslage und Infrastruktur den natürlichen Lebensraum von Tieren und Pflanzen überlagert und Kinder sich kaum mehr ohne Begleitung Erwachsener in ihrem Stadtteil aufhalten können. Hinzu kommt, dass die Medientechnologien und modernen medialen Angebote eine hohe Anziehungskraft haben, sodass heute immer stärker der Bewegungsmangel von Kindern, wie auch die Tendenz zu Übergewicht zu beklagen ist. Es zeigen sich Zusammenhänge zwischen dem Medienkonsum und der sozio-ökonomischen Herkunft.

In der zweiten World Vision Kinderstudie wurden vier unterschiedliche Bereiche von Freizeitaktivitäten auf empirischer Basis über die Faktorenanalyse identifiziert: (1) „Kultur"; (2) „Sport"; (3) Medienkonsum; (4) „Familie". Diese wurden dann wiederum in drei Typen/Gruppen von Kindern überführt: Kinder, deren Freizeitverhalten überwiegend durch die Medien dominiert wird („Medienkonsumenten"); Kinder, deren Freizeit sehr vielseitig kreativ und kulturell ausgerichtet ist („Vielseitige Kids"), Kinder, deren Freizeit als normal betitelt wird, weil sie unauffällig erscheint („normale Freizeitler") und die die Mehrheit der Kinder repräsentieren.[1485]

Deutlich wurden bereits in der Studie von 2010 sowohl geschlechtstypische als auch sozio-ökonomische Unterschiede. So dominiert der Medienkonsum bei Jungen (37%) und Kindern aus der „Unterschicht" (45%) deutlich stärker als bei Mädchen (11%) und Kindern aus der „Oberschicht" (14%). Armutserfahrungen von

1484 vgl. Leven/Schneekloth 2010, S. 95.
1485 ebd., S. 96–102.

Kindern wirken sich restriktiv auf eine vielseitige Gestaltung der Freizeit aus. Bei den Vereinsaktivitäten führen die Sportvereine: 62% aller Kinder von sechs bis elf Jahren sind in einem Sportverein. Grundsätzlich spricht dies von einer weit verbreiteten Akzeptanz und Wertschätzung der Sportvereine im Freizeitbereich durch die Eltern und Kinder.

Dennoch sind auch hier Kinder, die dem Freizeittypus „Medienkids" zugeordnet wurden, Kinder aus der Unterschicht sowie Kinder mit Migrationshintergrund unterrepräsentiert. Auch zeigt sich ein Zusammenhang zwischen der räumlichen Nähe der Vereine und deren Nutzung.

Mädchen (55%) finden sich häufiger als Jungen (21%) in kulturell-musischen Gruppen/Ver-einen, wobei Kinder aus der Oberschicht (48%) eher den Zugang zu diesem Freizeitbereich haben als Kinder aus der Unterschicht (10%).

Gemäß der World Vision Kinderstudie 2013 dominieren die Medien nur bei einem Teil der Kinder die Freizeit. Im Leben der Kinder ist es wichtig, in der Freizeit Sport zu treiben und sich mit Freunden zu treffen.

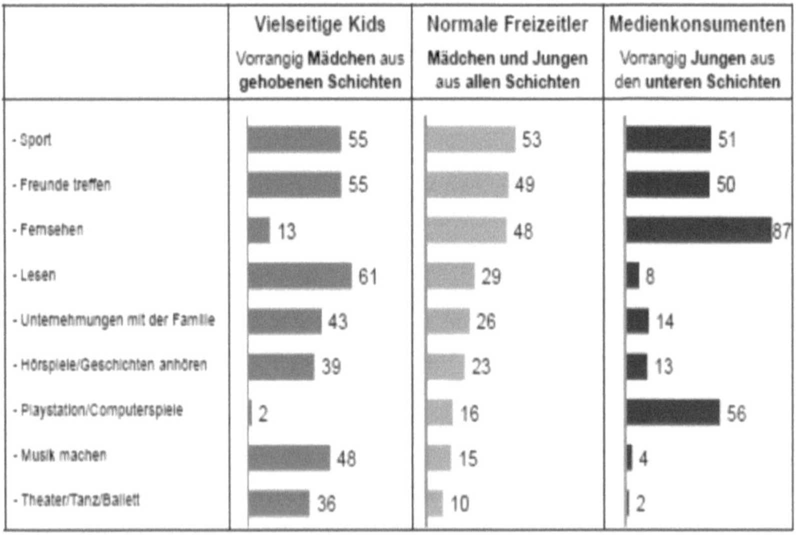

Abb. 42: Freizeitaktivitäten der verschiedenen Freizeittypen, (Quelle: World Vision Kinderstudie 2013; repräsentiert: Kinder von sechs bis elf Jahren in Deutschland; Angaben in %)[1486]

1486 Website des World Vision Instituts: Kinderstudie 2013, Grafik, Folie Nr. 8. URL

Allein an diesen wenigen Befunden aus der World Vision Kinderstudie wird aber auch deutlich, dass die Kinder ganz unterschiedliche Möglichkeiten haben, sich in der Freizeit Interessenfelder und Kompetenzbereiche zu erschließen und dies sich auch auf den späteren Bildungserwerb auswirkt. Ein zu hoher Medienkonsum fördert nicht die Vielseitigkeit der Interessen im Freizeitbereich, wenngleich es eine verkürzte und zu medienkritische Sicht wäre, den Medien sämtlichen Bildungswert abzusprechen. Allerdings muss hier noch einmal zwischen einem erfahrungsfundierten Wissen und einem rein medial erworbenen Wissen differenziert werden.

Für die Freizeitgestaltung in der Kindheit kann festgehalten werden:

In der Kindheit erfolgt noch viel stärker eine „Freizeiterziehung". Eltern erlauben oder verbieten ihren Kindern bestimmte Sozial- oder Aktionsräume und Aktivitäten in der Freizeit und regulieren meist auch die Mediennutzung. Wie in der Familie mit der freien Zeit umgegangen wird, welche Anregungen es gib, welche gemeinsamen Familienaktivitäten in der Freizeit ausgeübt werden, all dies bildet ein wesentliches Fundament für die Entwicklung selbstbestimmterer Formen der Freizeitgestaltung im Jugendalter. Dabei spielt nicht nur der Bildungshintergrund der Eltern eine entscheidende Rolle, sondern auch die Investitionen, die von staatlicher Seite in die kulturelle Teilhabemöglichkeit von Kindern aus sozial-schwachen Familien geleistet wird.

Die Soziologen Ulrich Beck und Elisabeth Beck-Gernsheim thematisieren bereits in den 1990er-Jahren in ihrem Werk „Das ganz normale Chaos der Liebe" u.a. den Bedeutungsanstieg des (Einzel-)Kindes und die Tatsache, dass Kinder mehr und mehr zu „Planungskindern" werden, die Eltern nur das Beste für ihr Kind möchten und oftmals verunsichert seien. Die Betreuung der Kinder wird immer mehr „verwissenschaftlicht" (oder professionalisiert) und Kinder werden zum persönlichen Lebensprojekt und Teil der eigenen Selbstverwirklichung.

Die Eidgenössische Kommission für Kinder- und Jugendfragen (EKKJ) [1487] beklagt den Verlust an kindlichen Freiräumen und eine zu starke Reglementierung:

> „Räumliche und zeitliche Autonomie sind Werte, die Menschen bereits in ganz jungen Jahren zugestanden werden müssen."[1488]

(2015).

1487 vgl. EKKJ – Eidgenössische Kommission für Kinder- und Jugendfragen 2005. URL (2018).

1488 ebd., S. 14. URL (2018).

Kindliche Freizeit ist heute vielfach eine sehr stark verhäuslichte, pädagogisierte und verplante Freizeit. Zu groß sind die Ängste der Erwachsenen um das Wohl der Kinder, zu stark ist der Wunsch nach Aufsicht und Kontrolle.[1489]

Oftmals wird vergessen, dass sich das Zeitverständnis und Zeiterleben von Kindern und Erwachsenen unterscheidet, Kinder sehr viel mehr im Hier-und-Jetzt leben.

Zugleich weist die Kommission aber auch darauf hin, dass Kinder den Freiraum nur innerhalb geschützter Strukturen nutzen können.

> „Die Zeit- und Raumbedürfnisse der Kinder und Jugendlichen bewegen sich damit zwischen Begleitung und Autonomie, Animation und Langeweile, Grenzen und Strukturlosigkeit, Sicherheit und Risiko. Diese Gratwanderung zu bewältigen, ist eine schwierige und spannende Aufgabe für alle, die sich mit Raum- und Siedlungsplanung, Verkehr, Arbeitszeitgestaltung, Erziehung, Sport, Gesundheitsförderung oder Integration beschäftigen."[1490]

Gemäß der modernen Kindheitsforschung sind Kinder als Akteure[1491] zu verstehen, die sich *aktiv* mit den sie umgebenden Umweltausschnitten auseinandersetzen. Es werden von der Kommission zahlreiche Forderungen und Empfehlungen ausgesprochen, wie öffentliche Räume zu gestalten und die Arbeitszeiten familiengerechter zu organisieren wären…[1492]

Dabei klingt die Sorge an, dass die Freizeit der Kinder immer weiter pädagogisiert wird und sich der Umgang mit Zeit an den Maßstäben der Erwachsenen orientiert. Erwachsene entscheiden, auf welche Aktivitäten ein Kind (Frei-)Zeit sinnvoll verwenden sollte. Die Tatsache, dass sich die Pädagogik immer weiter ausdifferenziert hat, ist nicht zu leugnen.

Auf der anderen Seite stellt sich die Frage, ob es sinnvoll ist, Kindheit weiterhin als romantizistisch besetzten Schonraum zu definieren, der zwangsläufig irgendwann enden wird und dann die Menschen mit den Erwartungen einer Leistungsgesellschaft konfrontiert. Müsste hier nicht viel eher an einen

---

1489 Zugleich zeigen empirische Befunde (z.B. das Nürnberger Kinderpanel 2003) aus der Kindheitsforschung, dass das Label ‚verhäuslichte, verplante oder pädagogisierte Freizeit' sicherlich nicht auf alle Kinder in gleichem Maße zutrifft. (vgl. Dees 2008, S. 24).

1490 EKKJ – Eidgenössische Kommission für Kinder- und Jugendfragen 2005, S. 15. URL (2018).

1491 vgl. Honig 1999.

1492 vgl. EKKJ – Eidgenössische Kommission für Kinder- und Jugendfragen 2005. URL (2018).

gesellschaftlichen Wandel gedacht werden? Signalisiert dies nicht den Wunsch vieler Erwachsener nach einer weniger rational durchgetakteten Zeitstruktur in ihrem eigenen Lebensalltag? Diese Fragen sollen zum kritischen Nachdenken anregen und den Blick für Kinder im Sinne der modernen Kindheitsforschung schärfen. Es geht ganz und gar nicht darum, Kindheit als besondere und qualitativ andere Lebensphase zu negieren, sondern darum, sich eigener Projektionen und Sehnsüchte bewusst zu werden, die den Blick auf das konkrete Kind verstellen können.

Während der Schulzeit steigert sich der zeitliche Umfang, mit dem Kinder und Jugendliche am Tag mit schulischen Lernprozessen befasst sind, mit den Jahren. Der Jugendpsychiater M. Schulte-Markwort verweist auf den enormen Leistungsdruck, dem sich heute insbesondere Gymnasiasten im G-8 ausgesetzt sehen:

> „Schüler müssen heute ein unglaubliches Arbeitspensum bewältigen; 36 Stunden Schule sind normal, dazu kommen Hausaufgaben, Prüfungen, Referate. Viele kommen so auf 50 bis 60 Wochenstunden. Das eigentliche Problem ist aber der Leistungsdruck.“[1493]

Auch die empirischen Befunde der 16. Shell-Jugendstudie weisen darauf hin, dass der schulische Leistungsdruck steigt und Jugendliche sich durchaus der Bedeutsamkeit schulischer Bildungsabschlüsse für ihre beruflichen Zukunftschancen bewusst sind und gerade Haupt- und Realschüler ambitionierte Bildungspläne haben, die nicht selten mit großen Unsicherheiten und Frustrationserlebnissen einhergehen.[1494]

Manche Schulkinder/-jugendliche haben einen Terminkalender wie ein Manager, da sie mit zusätzlichen Bildungs- und Freizeitaktivitäten besonders gefördert werden sollen. Vielfach ergänzt ein privat organisierter Nachhilfeunterricht oder zusätzliche Kurse zur Abiturvorbereitung das wöchentliche Pensum. Der Nachweis von ehrenamtlichem Engagement bringt im Hinblick auf die Studienplatzvergabe Vorteile, da hier immer weniger allein die Abiturnote als Zulassungskriterium betrachtet wird. Somit wirken hier nicht nur intrinsische Faktoren; auch extrinsische Motive mögen ehrenamtliches Engagement bewirken.

Sogenannte „Eliteinternate“ wie z.B. Salem, haben hoch strukturierte Tagesabläufe, in denen den Jugendlichen in erster Linie eine Wahlfreiheit zwischen vielfältigen Aktivitäten zugestanden wird. Sehr viel an freier Zeit zur autonomen

1493 Ottenschläger 2014. URL (2015).
1494 vgl. Leven/Quenzel/Hurrelmann 2010, S. 75ff.

Gestaltung ist hier nicht vorhanden.[1495] Bezogen auf überdurchschnittliche Begabungen gibt es durchaus Befunde, die davon sprechen, dass hier viel mehr Zeit in Lern- und Übungsphasen investiert wurde. [1496]

Auf der anderen Seite wird landläufig beklagt, dass viele Jugendliche mit ihrer Zeit nichts (Vernünftiges) anzufangen wüssten und Vandalismus dann eine mögliche Folge von Frustration und Langeweile sei.[1497]

Gerade junge Menschen, die sich in geringem Maße mit der Kultur, die ihr Umfeld prägt, identifizieren können, neigen vermehrt – sei es unter Alkoholeinfluss oder unter Einfluss einer delinquenten Peergroup – zu zerstörerischen Handlungen. Die Lust am Risiko und die Assoziation einer verbotenen Tat mit Mut tragen ihr Übriges hierzu bei. Kurt Hahn hat diesbezüglich den Ansatz verfolgt, Jugendliche zu ‚wagen' und dieses Bedürfnis nach Risiko und Wagnis, – insbesondere junger Männer – nach dem Austesten eigener Grenzen und riskanter Erfahrungen, so in produktive Bahnen zu lenken. (vgl. Kap. 6.6).

Die Freizeit ist durchaus auch unter dem Gesichtspunkt des Aufkommens und Auslebens von riskantem und gesundheitsgefährdendem Verhalten (Alkohol-, Drogenkonsum, Rauchen, Promiskuität…) zu betrachten.[1498]

Vor diesem Hintergrund kommt der Freizeitpädagogik und insbesondere der Freizeitbildung durchaus eine präventive Funktion zu, und sie kann den Prozess des Erwachsenwerdens im außerschulischen Feld unterstützen.

Im Jugendalter wird die Freizeit zunehmend durch die Jugendlichen selbst gestaltet und gegen Einmischungen von außen rebelliert. Jugendliche grenzen sich zunehmend von den Eltern ab, möchten auch einmal mit anderen Jugendlichen ohne Eltern in der Freizeit verreisen. Nicht zuletzt wird das andere Geschlecht interessant. Die Freizeit ist auch jene Zeit der Freundschaften und intimen Beziehungen. Vielfältige informelle Lernprozesse finden in der Freizeit statt – und zwar in allen Lebensphasen, besonders verdichtet möglicherweise in der Kindheit und vor allem auch im Jugendalter.

Beide Lebensphasen sind durch die Freistellung aus dem Erwerbsleben zugunsten des Bildungserwerbs gekennzeichnet.

> „Es handelt sich bei Bildungserwerb und Freizeitaktivitäten um zwei unterschiedliche Interpretationen der Jugendphase und Betätigungsmöglichkeiten für Jugendliche, die

---

1495 vgl. Website Schule Schloss Salem. URL (2018a); Website Schule Schloss Salem. URL (2018b).

1496 vgl. Preckel/Vock 2013, S. 45ff.; Zittau 2013. URL (2015).

1497 vgl. BK-Media News: das regionale Nachrichtenportal 2012. URL (2015).

1498 vgl. Arbeitsgemeinschaft für Kinder- und Jugendhilfe – AGJ 2010, S. 87.

> sehr unterschiedliche Folgen dafür haben, wie die Adoleszenz durch Heranwachsende gestaltet wird."[1499]

Unter Rekurs auf den von Jürgen Zinnecker geprägten Begriff des „Bildungsmoratoriums", kommt Heinz Reinders[1500] zu der Schlussfolgerung, dass sich Jugend heute zwischen einer Freizeit- und einer Bildungsorientierung bewegt, es unterschiedliche Jugendmodelle gibt, die jeweils unterschiedliche Handlungsorientierungen implizieren.

Dabei versteht Reinders als Handlungsorientierung zum einen die Ausrichtung seines Tuns an bestimmten Bezugspersonen – also entweder primär an den Eltern oder den Peers/Freunden – sowie die Ausrichtung am schulischen Lernen oder an Freizeitaktivitäten.[1501] Reinders stellt daher dem „Bildungsmoratorium" ein „Freizeitmoratorium" gegenüber.[1502]

Mit der Freizeitorientierung einher geht eine hedonistische Ausrichtung auf die Befriedigung der Bedürfnisse im Hier und Jetzt. Die Jugendlichen verfügen vielfach durchaus über hinreichende Ressourcen und vielfältigen Partizipationsmöglichkeiten, sodass die Transition in den Erwachsenenstatus nur bedingt attraktiv erscheint.[1503]

In diesem Kontext wird leicht begreiflich, weshalb manche Jugendliche in der außerschulischen Zeit lieber Jobben als Hausaufgaben zu machen oder für die Schule zu lernen, schafft dies auch eigene Entscheidungsspielräume und eine gewisse Autonomie.[1504]

> „Jugendliche mit einer Präferenz für dieses Modell verbleiben möglichst langfristig in der Jugendphase und sind Freizeit- und Wohlbefindensorientiert. Die Vorbereitung auf das spätere Erwachsenendasein ist bei diesem Modell nachrangig."[1505]

Ziel ist hierbei, möglichst lange in der Lebensphase als Jugendlicher zu verbleiben[1506], was mit dem Trend zur Wertschätzung von Jugend im Lifestyle entspricht. Jugend ist in der westlichen Welt stark kommerzialisiert und der Trend zur Jugendlichkeit ist längst ein enormer Wirtschaftsfaktor. Die Jugendkultur(en) sind heute sehr stark medial geprägt und Markenartikeln – insbesondere Kleidung und

---

1499 Reinders 2006, S. 11.
1500 vgl. Reinders 2005, S. 551–567; weiterführend: Reinders 2006.
1501 vgl. Reinders 2005, S. 552.
1502 ebd., S. 552.
1503 vgl. ebd., S. 553.
1504 vgl. Leven/Quenzel/Hurrelmann 2010, S. 85f.
1505 Reinders 2005, S. 552.
1506 vgl. ebd., S. 554.

modernen Technologien – kommt vielfach eine Schlüsselrolle bei der sozialen Integration in eine Peergroup zu.

Der Wunsch, dazu zu gehören, in der Gleichaltrigen-Gruppe Anerkennung zu erfahren, sich als attraktiv in seinem Körper erleben zu dürfen, ist durchaus charakteristisch für das Jugendalter und steht sicherlich auch im Spannungsverhältnis zum schulischen Leistungsverhalten. Dabei stellt sich durchaus die Frage, welchen Einfluss die jeweilige Schulkultur und das Leitbild der einzelnen Schule auf das Erleben von Schule und Leistung der Jugendlichen haben können.

Dem Bildungsmoratorium entspricht eine stärkere Transitionsorientierung: Aktuelle Bedürfnisse werden zurückgestellt, um sich bestmöglich für den zukünftigen Erwachsenenstatus und das Erwerbsleben zu rüsten. Dies setzt voraus, dass die Jugendlichen eine Zukunftsperspektive erkennen können und die Hoffnung haben, dass sich anzustrengen und gute Leistungen zu zeigen, sich im späteren Leben auszahlen wird. In sein Konzept integriert Reinders die Theorie der motivationalen Handlungskonflikte von Manfred Hofer[1507], die besagt, dass der „Wandel von modernen zu postmodernen Werten (Inglehart 1997[1508]) zu einer zunehmenden Konkurrenz von Leistungs- und Wohlbefindenswerten bei Jugendlichen“ führe.[1509]

Reinders entwickelte damit ein Modell zur Analyse und typologischen Zuordnung der jugendlichen Orientierungen, welches dem Umstand Rechnung trägt, dass es nicht nur Jugendliche gibt, die sich entweder im Bildungs- *oder* Freizeitmoratorium befinden.

		Transitionsorientierung (Bildungsmoratorium)	
		Gering	**Hoch**
Verbleibsorientierung (Freizeitmoratorium)	**Gering**	Diffusion (Unentschlossen)	Assimilation (Bildungsorientiert)
	Hoch	Segregation (Freizeitorientiert)	Integration (Doppelorientierung)

Abb. 43: Typologie jugendlicher Orientierungen in Abhängigkeit von Transitions- und Verbleibsorientierung (nach Reinders 2003; Quelle: Reinders 2005, S. 555[1510])

1507 siehe weiterführend: Hofer 2003, S. 235–253; Hofer/Reinders/Fries/Clausen 2005, S. 81–101; Hofer/Reinders/Fries u.a 2005b, S. 326–341.

1508 Inglehart 1997.

1509 Reinders 2005, S. 556.

1510 ebd., S. 555.

Bei den Jugendlichen, die sich im Muster der Diffusion befinden, wird weder der Vorbereitung auf die Zukunft noch dem Ausleben von Bedürfnissen hohe Bedeutung beigemessen. Es mangelt an einer klaren Vorstellung. [1511] Die segregierten Jugendlichen grenzen sich von Erwachsenen und schulischen Leistungsansprüchen stärker ab, sie leben im Hier und Jetzt und streben nach der optimalen Gestaltung ihres gegenwärtigen Wohlbefindens.

Es wird anhand der – nicht repräsentativen – Untersuchung[1512] von Reinders deutlich, dass es sich als durchaus problematisch erweist, im Sinne des integrierten Jugendmodells, das die Bildungs- und Freizeitorientierung ausbalancieren möchte, den schulischen Leistungsanforderungen (und vermutlich auch den Erwartungen der Peers) gerecht zu werden.

> „Nur bei den Integrierten ist eine Doppelorientierung gegeben und die Schulnoten fallen schlechter als bei den anderen drei Gruppen aus. Dies entspricht der zentralen Annahme der Theorie motivationaler Handlungskonflikte und weist auf die Bedeutung hin, die der Konkurrenz gleichzeitig verfolgter, einander hemmender Aktivitäten für schulischen Erfolg zukommt."[1513]

Dabei ist auch anzumerken, dass im Jugendalter zahlreiche Entwicklungsaufgaben[1514] anstehen, die zu bewältigen sind und die Vorbereitung der beruflichen Karriere eben nur eine – wenngleich sehr bedeutsame – darstellt. Bildung ist eben nicht gleichzusetzen mit schulischen Leistungen, die als Kriterium in der Untersuchung von Reinders über die Ziffernoten in Deutsch und Mathematik herangezogen wurde.[1515]

Auf die inhaltliche Gestaltung der Freizeit von Jugendlichen und informelle Lernprozesse oder Synergieeffekte zwischen formalen und informellen Lernprozessen wird in der Studie von Reinders nicht explizit eingegangen.

Dabei muss an dieser Stelle auch darauf verwiesen werden, dass auch andere Forscher typologische Ansätze zum Jugendalter verfolgen.[1516]

1511 vgl. ebd., S. 556.

1512 In der 2003 durchgeführten Studie „Entwicklungsnormen in der Adoleszenz" fand eine Erhebung per standardisiertem Fragebogen bei 1.195 jugendlichen Haupt-, Realschüler und Gymnasiasten (Kl. 7, Kl. 8) statt.

1513 Reinders 2005, S. 564.

1514 vgl. Havighurst 1952; Hurrelmann/Quenzel 2013.

1515 vgl. Reinders 2005, S. 560.

1516 Ein typologischer Ansatz verfolgt das Ziel, Komplexität zu reduzieren und Gemeinsamkeiten sichtbar zu machen.

In der Jugendforschung hat der typologische Ansatz eine lange Tradition, der hier nun auch für die Freizeit- und Bildungsforschung fruchtbar gemacht wird. Zu den bekanntesten Jugendstudien zählen heute die Shell-Jugendstudien.[1517]

In der repräsentativen 16. Shell Jugendstudie 2010[1518] werden vier Gruppen von Jugendlichen identifiziert:

(1) die „kreative Freizeitelite", für die das Lesen, kreative/künstlerische Schaffen und die Familie in der Freizeit sehr bedeutsam sind;
(2) die „geselligen Jugendliche[n]", die sich in ihrer Freizeit am liebsten mit Leuten treffen;
(3) die „Medienfixierte[n]", in deren Freizeitgestaltung die Medien/das Fernsehen eine zentrale Rolle spielt und
(4) die „engagierte[n] Jugendlichen", in deren Freizeit Vereinsaktivitäten eine große Rolle spielen.[1519]

Hier gestalten sich die favorisierten Freizeitaktivitäten wie folgt:

1517 Shell Deutschland Holding 2010.

1518 Die Studie umfasst eine repräsentative Stichprobe von 2604 Jugendlichen zwischen 12 und 25 Jahren und wurde zu Beginn des Jahres 2010 von Infratest-Interviewern bundesweit durchgeführt. (vgl. Albert/Hurrelmann/Quenzel 2010, S. 34f.)

1519 Leven/Quenzel/Hurrelmann 2010, S. 98ff.

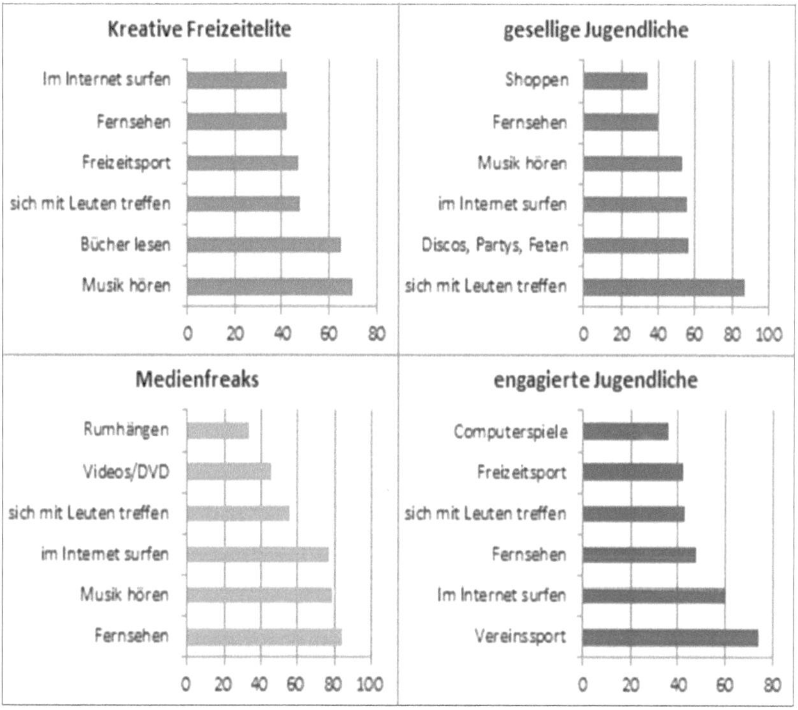

Abb. 44: Unterschiedliche Freizeittypen: Die sechs häufigsten Freizeitbeschäftigungen im Laufe der Woche (bis zu fünf Nennungen möglich (Altersgruppe: 12-25 Jahre, Angaben in Prozent) (Quelle: 16. Shell Jugendstudie 2010, S. 99, eigene Grafik)

Noch differenzierter zeichnet die Sinus-Jugendstudie 2012 die Lebenswelt und Orientierungen Jugendlicher nach: Es werden auch hier unterschiedliche Gruppen identifiziert.

Der Komplexitätsgrad, den diese Studie abzubilden versucht, ist deutlich höher als das Modell von Reinders oder der Shell-Jugendstudie und stellt eine qualitative Grundlagenstudie unter Einbezug der Milieutheorie dar.

Insbesondere die „materialistischen Hedonisten" weisen eine hohe Freizeit- und Konsumorientierung auf, wohingegen die „Expeditiven" stärker nach Grenzerfahrungen suchen und erlebnisorientierte Freizeitangebote hier besonderen Reiz ausüben dürften. Dagegen möchten die „experimentalistischen

Hedonisten", die als „spaß- und szeneorientierte Nonkonformisten" zu sehen sind, ihre Freizeit in Abgrenzung zur Erwachsenengeneration frei gestalten.[1520]

Eine andere repräsentative Studie des DIW Berlin, basierend auf den Daten der Längsschnittstudie „Sozio-ökonomisches Panel" (SOEP), weist auf den Bedeutungszuwachs bildungsorientierter Freizeitbeschäftigungen hin: Mehr als 60% der 16-Jährigen aller Schichten weisen bildungsorientierte Freizeitaktivitäten nach, vor zehn Jahren traf dies nur auf ca. 48% zu. Zu den bildungsorientierten Angeboten werden hierbei musische oder sportliche Angebote gezählt.[1521]

Insbesondere die jüngere Generation weist eine höhere Bildungsorientierung in der Freizeitgestaltung auf, was im Kontrast zu der Annahme steht, diese sei durch die Ganztagsschule und das G-8 stärker belastet und habe zu wenig freie Zeit.[1522] Zugleich ist ein Rückgang an informellen, spontanen Freizeitaktivitäten, wie z.B. Freunde zu treffen, zu konstatieren, einen Umstand, den die Eidgenössische Kommission für Kinder- und Jugendfragen (EKKJ) kritisch thematisiert. Ralf Laging, Petra Böcker und Fabian Dirks (2014) kamen in ihrer Studie[1523] an hessischen Gymnasien im Doppeljahrgang G8 und G9 zu dem Ergebnis, dass die vereinsgebundenen sportlichen Aktivitäten nicht durch G8 leiden, dafür aber der vereinsungebundene Freizeitsport.[1524] An Zeit fehle es den G-8-Jugendlichen in erster Linie für das Treffen von Freunden.[1525]

Dieser Befund wäre durchaus kritisch zu sehen. Freizeitkompetenz würde in diesem Fall eventuell nicht hinreichend ausgebildet werden, da die Selbstorganisation der freien Zeit weitgehend entfällt.

Regina Soremski weist auf Basis ihrer qualitativ angelegten Studie darauf hin, dass Kinder und Jugendliche in der Ganztagsschule aus Akteursperspektive vor die Herausforderung gestellt werden, schulische und außerschulische Freizeit individuell auszubalancieren und kompetent miteinander zu verbinden[1526]. Die gezielte Förderung von Freizeitkompetenz betrachtet Soremski als eine zentrale Aufgabe einer „jugendgerechten" Ganztagsschule.[1527]

1520 vgl. Sinus Akademie 2012. URL (2015).

1521 vgl. Hille/Arnold/Schupp 2013, S. 15. URL (2015).

1522 vgl. Hille/Arnold/Schupp 2013, S. 17. URL (2015).

1523 Studie wurde 2011/2012 an 23 hessischen Gymnasien (Doppeljahrgang: G8 und G9) mittels Fragebögen erhoben, darunter 2208 gültige Antwortbögen. (vgl. Laging/Böcker/Dirks 2014, S. 67).

1524 Laging/Böcker/Dirks 2014, S. 70.

1525 ebd., S. 67.

1526 Soremski 2013, S. 23. URL (2018).

1527 vgl. ebd., S. 26f. URL (2018).

Für andere Wissenschaftler bzw. Bildungspolitiker scheint der Ausbau bildungsorientierter Freizeitgestaltungen und die Reduktion informeller Freizeitaktivitäten – zu denen Fernsehen und Computerspielen, das Treffen mit Freunden/der Clique und gemeinsam Zeit zu verbringen und nichts Bestimmtes zu tun, zählen – ein Katalysator zu sein, um soziale Ungleichheiten und die enge Kopplung von Bildungserfolgen und sozialer Herkunft zu verringern.[1528] Bedeutsam erscheint hierbei der Umstand, dass Kinder aus allen sozialen „Schichten" am Ganztagsangebot der Schule teilnehmen.[1529]

Obgleich Horst Opaschowski in seinem Werk „Einführung in die Freizeitwissenschaft" das Thema „Freizeit" in den verschiedenen Lebensphasen und Lebenslagen behandelt, ist der Bereich der Kindheit und Jugend hier weitgehend ausgespart.

Ingo Hamm arbeitet in seiner Dissertation heraus, dass Freizeit heute einer Ästhetisierung unterliege, zu einem „Wert an sich" avanciere und dem Experimentieren und Ausleben unterschiedlicher Facetten des modernen Selbstbildes diene.[1530] Auch Opaschowski (1995) spricht davon, dass die Termini „Freizeitstil" und „Lebensstil" heutzutage nahezu kongruent gebraucht werden.[1531] Subkulturen zeichnen sich dadurch aus, dass deren Mitglieder über einen vergleichbaren Lebensstilorientierung und Einstellungen verfügen.[1532]

Trotz aller Unterschiede in den aufgestellten Typologien wird deutlich, dass es insgesamt eher weniger um grundsätzlich andere Freizeitaktivitäten geht, die verschiedene Jugendliche ausüben, sondern es in erster Linie um *Differenzen im Umfang und in der Bedeutsamkeit*. Medien spielen in der heutigen Freizeitgestaltung bei allen Jugendlichen eine relativ große Rolle, zugleich zeigen sich geschlechtstypische Unterschiede und Differenzen, die im Zusammenhang mit dem sozio-ökonomischen Status stehen, der meist nicht isoliert vom Bildungshintergrund zu sehen ist. Daher ist die Herausbildung von Medienkompetenz eine Aufgabe, die auch gerade in der Freizeitpädagogik nicht ausgeblendet werden darf. Medien dienen nicht mehr rein der Information oder werden beruflich genutzt, sondern bedienen Freizeitbedürfnisse und -sehnsüchte.

Geschlechtstypisch zeichnen sich in der Freizeitgestaltung auch Differenzen in den Freiheitsgraden ab: Mädchen werden vermehrt zur Sicherheit angehalten.

1528 vgl. Hille/Arnold/Schupp 2013, S. 23–25. URL (2015).
1529 vgl. ebd., 2013, S. 24.
1530 Hamm 2003, S. 53. URL (2015).
1531 vgl. Opaschowski 1995, S. 45.
1532 Hamm 2003, S.88. URL (2015).

Bestimmte Ort-Zeit-Konstellationen werden gemieden, wie der nächtliche Gang alleine durch einen schlecht beleuchteten Park oder bestimmte Stadtviertel. Obgleich die Akzeptanz der Emanzipation hoch ist, werden nach wie vor Mädchen stärker als Jungen in die Haus- und Familienarbeit einbezogen. Stefan Immerfall und Barbara Wasner explizieren des Weiteren, dass Mädchen mehr Zeit zur Regeneration und vor allem für die Körperpflege und Schönheit aufwenden.[1533] Eng verbunden hiermit ist der Selbstwert, d.h. der Ästhetisierung des Körpers kommt eine hohe Bedeutsamkeit zu.

Insofern wäre es insbesondere im Übergang von der Kindheit zum Jugendalter wichtig, hier präventiv mit vielfältigen Freizeitangeboten und kritisch-reflexiven Angeboten einem übertriebenen, gesundheitsgefährdenden Körper- und Schönheitskult entgegenzuwirken. Erlebnisorientierte Freizeitangebote, die die Erkundung des Selbst und den Ausbau neuer Kompetenzen ermöglichen, finden im Jugendalter Anklang und können den Bewältigungsprozess anstehender Entwicklungsaufgaben unterstützen. Dabei sollte nicht vergessen werden, dass sich die Ästhetisierung des Körpers auch auf das männliche Geschlecht bezieht und die Ausgestaltung der Geschlechterverhältnisse diskursiv geworden ist.

Für nahezu alle Jugendlichen spielt das Fernsehen, das Internet und sich mit Freunden zu treffen eine relativ große Rolle in der Gestaltung ihrer freien Lebenszeit.

Dass den Medien eine hohe Bedeutsamkeit in der heutigen Lebensgestaltung zukommt, zeigt sich auch im Freizeitverhalten der Erwachsenen. Dies wird auch deutlich in den Daten des Freizeit-Monitors von 2015 zu den beliebtesten Freizeitaktivitäten nach Lebensphasen[1534]:

1533 vgl. Immerfall/Wasner 2011, S. 36f.

1534 Dabei erscheint die Bezeichnung der Einteilung nach Lebensphasen durchaus gewöhnungsbedürftig, da hier Lebensformen und Lebensphasen miteinander vermischt werden.

Jugend-liche	Junge Erwachse-ne	Singles	Paare	Familien	Jung-senioren	Ruhe-ständler
Internet	Internet	Fernsehen	Fernsehen	Fernsehen	Fernsehen	Fernsehen
Tele-fonieren von unter-wegs	Fernsehen	Radio hören	Radio hören	Tele-fonieren (von zu Hause)	Radio hören	Tele-fonieren (von zu Hause)
Fernsehen	Tele-fonieren von unter-wegs	Tele-fonieren (von zu Hause)	Zeit mit dem Part-ner ver-bringen	Radio hören	Telefonie-ren (von zu Hause)	Radio hören
Computer	Computer	Tele-fonieren von unter-wegs	Internet	Zeit mit dem Part-ner ver-bringen	Zoitungen/ Zeit-schriften lesen	Zeitungen/ Zeit-schriften lesen
Social Media	Radio hören	Internet	Tele-fonieren von unter-wegs	Tele-fonieren von unter-wegs	Zeit mit dem Part-ner ver-bringen	Gedanken nachgehen

Abb. 45: BAT Freizeit-Monitor 2015 – eigene Grafik, reduziert auf die Top 5 der Freizeitbeschäftigungen der Bundesbürger[1535]

Moderne Medien – explizit das Internet und die Korrespondenz über E-Mail – haben im Zehnjahresvergleich einen enormen Bedeutungsanstieg zu verzeichnen, wie Befunde des Freizeit-Monitors zeigen.

Technologische Entwicklungen haben somit durchaus einen nicht zu unterschätzenden Einfluss auf das Freizeitverhalten der Menschen.

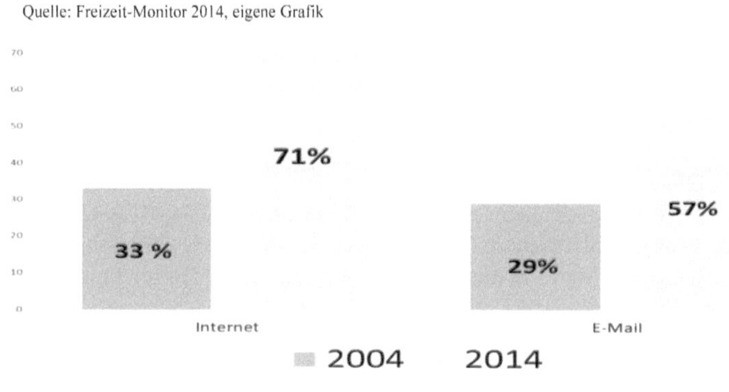

Abb. 46: Ausweitung der Mediennutzung in der Freizeit[1536]

1535 Quelle: Reinhardt 2015, S. 11, eigene Grafik.
1536 vgl. Reinhardt 2014, S. 20. URL (2017).

Moderne Medien spielen in der Freizeitgestaltung eine immens hohe Rolle, wie die Umfragedaten zeigen. Insofern wundert es nicht, dass die Medien auch einen nicht zu unterschätzenden Beitrag zum Freizeitstress-Erleben leisten.[1537]

Insofern ist es auch eine wichtige Aufgabe der Freizeitbildung im Jugendalter, einen bewussten Umgang mit Medien und Medienkompetenzen anzubahnen. Dabei ist es wichtig, den jungen Menschen vielfältige nicht-mediale Gestaltungsmöglichkeiten der Freizeit nahezubringen und die Selbsterfahrung in der Natur und Gemeinschaft zu unterstützen.

Freizeit im frühen und mittleren Erwachsenenalter

Mit dem Einmünden in das Erwerbsleben weitet sich die „Determinationszeit" (Opaschowski 1996) aus. Obgleich es auch in der Arbeitswelt durchaus eine Tendenz zur Flexibilisierung der Arbeitszeiten und Arbeitsorte („Homeoffice") gibt, ist eine autonome Einteilung der Zeit im Berufsleben nur sehr begrenzt möglich. Selbstständige weisen nicht selten eine höhere zeitliche Arbeitsbelastung auf und haben weniger Freizeit als viele Angestellte.

Freizeit ist je nach Berufsfeld und Qualifikationsgrad unterschiedlich verteilt. Geringverdiener, die zur Sicherung ihrer Existenz und des einmal erreichten Lebensstandards mehrere Nebenjobs („Multi-Jobber"[1538]) haben, verfügen über ein weitaus geringeres Maß an Freizeit als der Durchschnitt. Die Zahl der „Multi-Jobber" steigt weltweit und hat sich auch in Deutschland in den letzten zehn Jahren verdoppelt.[1539] Der Anteil derer, die in ihrer Freizeit (bzw. im Ruhestand) einer zusätzlichen Verdienstmöglichkeit nachgeht, wird in den nächsten Jahren kaum abnehmen.[1540]

Nicht nur das Ausmaß an Freizeit ist ungleich verteilt, sondern auch die Freizeitaktivitäten von Gering- und Besserverdienern unterscheiden sich.[1541]

1537 vgl. Reinhardt 2015, S. 151. URL (2018).

1538 vgl. den öffentlichen Diskurs in den Medien hierzu. Bspw. Mielke, J. (2013). „Multi-Jobber" – Wenn ein Job alleine nicht reicht. Tagesspiegel (12.04.2013). URL (2015); SAT 1 Frühstücksfernsehen (02.04.2014). „Selbstversuch Multijobber". URL (2015).; Finanzen Markt & Meinungen – Das Praxismagazin für Finanzthemen (04.02.2015): Arbeitsmarkt und Multijobber. Wandel am Arbeitsmarkt: Weltweit steigt die Zahl der Multi-Jobber. URL (2015).

1539 vgl. Finanzen Markt & Meinungen – Das Praxismagazin für Finanzthemen (04.02.2015), URL (2015); FAZ (05.02.2014). Vormarsch der „Multijobber". Grüne fordert Mindestlohn auch für Minijobs. URL (2015).

1540 vgl. Sozialverband VdK Deutschland e.V. 2014. URL (2015).; Sozialpolitik aktuell. (o.A.) URL (2018).

1541 vgl. Reinhardt 2015, S. 16ff. URL (2018).

Dabei beziehen sich die Differenzen nicht nur darauf, dass sich Besserverdiener andere Freizeitaktivitäten leisten können, sondern auch in ganz fundamentalen Momenten zeigen sich Unterschiede: So spielt die Zweisamkeit, Erotik und die Sexualität bei Besserverdienern eine größere Rolle im Freizeitverhalten als bei Geringverdienern.[1542]

Geringverdiener weisen in der Freizeit tendenziell einen geringeren Aktivitätsgrad auf[1543], was unter Umständen nicht nur am Bildungs-/Intelligenzgrad und den Lebensgewohnheiten liegt, sondern auch mit dem Grad körperlicher Belastung und dem Gesundheitserleben in Zusammenhang zu sehen ist. Gerade hier wäre eine Erweiterung der Möglichkeitsräume durch eine bewusste und aktive Freizeitgestaltung und Freizeitbildung sinnvoll.

Bedeutsam für die Freizeitgestaltung ist nicht nur die berufliche Eingebundenheit, sondern auch der Lebensabschnitt und die jeweilige Lebensform: Single, Partnerschaft, Living-apart-together…, Elternschaft, Alleinerziehend… Sandwich-Generation…

Das Leitbild der bürgerlichen Kleinfamilie, in der die Frau aus dem Erwerbsleben zugunsten der Familie und Kindererziehung freigesetzt war, ist heute obsolet. Politisch forciert wird die Erwerbstätigkeit von Mann und Frau, was auch den Wunsch nach Emanzipation und Selbstverwirklichung vieler Frauen widerspiegelt. Obgleich mehr Frauen in Teilzeit arbeiten, scheinen Männer heute tendenziell über mehr Freizeit als Frauen zu verfügen. Opaschowski spricht daher von der „Freizeitbenachteiligung von Frauen“[1544]. Über einen Mangel an Freizeit berichten insbesondere berufstätige Frauen (60%).[1545]

Auch die Ausgestaltung der freien Lebenszeit weist geschlechtstypische Tendenzen aus: Frauen neigen eher dazu, Zeit in soziale Aktivitäten zu investieren[1546], übernehmen häufiger sozial ausgerichtete ehrenamtliche Tätigkeiten oder kümmern sich um die Verwandten, Nachbarn etc.. Männer hingegen verfolgen eher Freizeitaktivitäten wie Sport, die ihnen Spaß machen oder auch politische Ziele verfolgen. Dabei ist nicht zu vergessen, dass Sport zu treiben für Männer zugleich auch sich mit Freunden zu treffen implizieren kann. Die Formen der sozialen Kontaktfähigkeit und Kontaktaufnahme unterscheiden sich

1542 vgl. ebd., S. 17. URL (2018).
1543 vgl. ebd., S. 16ff. URL (2018).
1544 Opaschowski 2008, S. 120. (im Original in Fettdruck).
1545 vgl. ebd., S. 97.
1546 vgl. Sellach/Enders-Drägesser/Libuda-Köster 2006. S. 86f. URL (2015).

zwischen den Geschlechtern tendenziell, wie der amerikanische Psychologe Pollack bereits für die Entwicklung von Jungen herauskristallisierte.

Bis heute wird die Arbeit im Bereich von Haushalt und Familie geschlechtstypisch ungleich verteilt, wie die Zeitbudgetsforschung belegt.[1547] Verschiedene Studien lassen die Tendenz erkennen, dass sich Männer im Schnitt circa zehn Stunden pro Woche im Haushalt einbringen, während es bei Frauen – auch bei berufstätigen Frauen – selten mindestens knapp unter 30 Stunden pro Woche sind.[1548] Der Zeitaufwand für Heim und Familie steigt bei Frauen noch einmal, wenn sie Kinder – insbesondere kleine Kinder – haben.[1549]

Dies wird auch in den Auswertungen des Wirtschafts- und Sozialwissenschaftlichen Instituts (WSI) bei einer gesonderten Analyse zur Zeitverwendungserhebung aus dem Jahr 2012/13 deutlich thematisiert:

> „Besonders groß ist das Missverhältnis von beruflicher und häuslicher Arbeit zwischen den Geschlechtern, wenn Kinder unter sechs Jahren im Haushalt leben. Vollzeitbeschäftigte Väter mit kleinen Kindern haben mit 9:11 Stunden die längste Gesamtarbeitszeit von allen – nur ein Drittel davon verwenden sie auf Hausarbeit, Kinderversorgung und gegebenenfalls Pflegeaufgaben. Vollzeitbeschäftigte Mütter hingegen wenden dafür mehr als die Hälfte und teilzeitbeschäftigte Mütter sogar fast 70 Prozent ihrer Gesamtarbeitszeit auf. Die Betreuung von Kleinkindern ist also nach wie vor weitgehend Frauensache."[1550]

Da der Tag für beide Geschlechter nur 24 Stunden hat, reduziert sich die Zeit für die Erwerbstätigkeit und die freie Zeit. Innerhalb der Europäischen Union gibt es dabei durchaus Differenzen, aber die gleiche Tendenz: Männer investieren weniger Zeit in die Hausarbeit und Familie, dafür mehr Zeit in die Erwerbsarbeit und Freizeit.

> „In einigen EU-Ländern verbringen Frauen im Vergleich zu Männern mehr als dreimal soviel Zeit mit Hausarbeiten wie Putzen, Kochen und Kinderbetreuung."[1551]

Dabei finden sich sehr unterschiedliche Befunde zur täglich aufgewandten Zeit im Haushalt, die zwar der geschlechtstypischen Tendenz entsprechen, aber von anderen Zeiten ausgehen, die die Haushaltsführung pro Tag in

---

1547 vgl. Moser 2015.
1548 vgl. Schnabl 2005, S. 88f.
1549 vgl. ebd., S. 90.
1550 Hobler/Klenner/Pfahl/Sopp /Wagner, A. 2017, S. 4f. URL (2018).
1551 EurActive 2006. URL (2015).

Anspruch nimmt. Ausschlaggebend ist hierbei, welche Aufgaben und Tätigkeiten unter dem Terminus „Arbeiten im Haushalt“ subsumiert sind.

Opaschowski vergleicht die Zeit, die Hausfrauen und berufstätige Frauen für einzelne Aktivitäten im Haushalt und in der Familie aufwenden:

- „Hausfrauen benötigen täglich 130 Minuten durchschnittlich für die *Wohnungsreinigung* (Saubermachen, Waschen, Abwaschen u.a.), berufstätige Frauen 97 Minuten.
- Das *Kochen* und die Zubereitung von Mahlzeiten nimmt die Hausfrauen 95 Minuten pro Tag in Anspruch, die berufstätigen Frauen 63 Minuten.
- Die geringsten Unterschiede zeigen sich nach Angaben der Befragten beim Zeitaufwand für das *Einkaufen*. Hier sind die Möglichkeiten zur Zeitrationalisierung begrenzt. Hausfrauen wenden täglich 58 Minuten für das Einkaufen auf, berufstätige Frauen 47 Minuten.“[1552]

Unklar bleibt dabei, wie die Daten gewonnen wurden und aus welchem Jahr sie stammen, doch überschreitet die Zeit, die für die eigene Erwerbstätigkeit aufgewandt wird, sicherlich jene Zeit, die in der Hausarbeit eingespart wurde. Die Doppelbelastung der Frauen durch Haushalt und Familie besteht nach wie vor. Gemäß einer Untersuchung des Sinus-Instituts tragen immer noch viel mehr Frauen (45%) als Männer (2%) die Verantwortung für die Erziehung des Kindes, wenngleich 53% der Befragten angeben, dass beide Elternteile für die Erziehung verantwortlich sind.[1553] Die Erziehung des Kindes impliziert in der Regel auch die Förderung von Freizeitkompetenz bzw. die Regulierung der freien Zeit des Kindes. Auf der anderen Seite orientiert sich die Freizeitgestaltung der Mutter an dem Kind bzw. den Kindern, deren Bedürfnisse und Betreuungsmöglichkeiten. Dieser Tatsache ist bei dem Entwurf von Freizeit(bildungs)angeboten für Mütter Rechnung zu tragen. Für Mütter können bildungsorientierte Freizeitaktivitäten in der Elternzeit eine wichtige Brücke zur Berufswelt darstellen.

Während sich Singles in ihrem Freizeitverhalten in der Regel nach niemandem richten müssen, sieht es bei Paaren bereits anders aus und die Elternschaft wirkt sich in nicht zu geringem Maße auf die Freizeitgestaltung aus. Insbesondere bei kleinen Kindern ist Freizeit in hohem Maße als Familienfreizeit auszulegen, was sich an der Reiseplanung, Hotelauswahl und den Reisezielen zeigt. Spontane Freizeitaktivitäten sind immer weniger realisierbar, da jüngere Kinder der Betreuung bedürfen. Die Elternschaft verändert die Paarbeziehung und auch die Aufgabenverteilung innerhalb der Familie.

1552 Opaschowski 2008, S. 101.

1553 vgl. Pressekonferenz Sinus-Institut 2008, Folie 7. URL (2015).

Die Rollen- und Aufgabenverteilung wird mit steigender Kinderzahl in der Familie traditioneller, was u.a. mit der Reduktion der Erwerbstätigkeit der Frau durch die Mutterschaft in Verbindung gebracht wird.[1554] Einfluss hierauf hat aber auch das Bildungs- und Einkommensniveau der Frau[1555]. Nach wie vor gibt es ein Ost-West-Gefälle, d.h. historisch gewachsen gibt es in den neuen Bundesländern eine andere Rollenvorstellung.

Auch im Erwachsenenalter stellen sich dem Menschen aus psychologischer Perspektive unterschiedliche Entwicklungsaufgaben[1556], deren Bewältigung in hohem Maße auch die freie Zeit des Menschen tangiert. Freizeit wird nicht nur als Zeitfenster genutzt, um seinen individuellen Interessen und Hobbies nachzugehen, sondern ist in hohem Maße auch Sozialzeit. Explizit gilt der Aufbau und Erhalt von Freizeitinteressen und -aktivitäten auch als eine Entwicklungsaufgabe im mittleren Erwachsenenalter (30-60 Jahre).[1557] Interessen neben der Arbeit zu haben, kann nicht nur eine wichtige Quelle der Kraft sein, sondern kann auch eine wichtige Ressource darstellen, wenn es zu einem vorübergehenden Bruch in der Erwerbsbiografie kommen sollte.

Ist der Erwachsene gebunden, so bestehen in der freien Zeit vielfältige Erwartungen an ihn, die er mit seinen persönlichen Freizeitinteressen ausbalancieren und aushandeln muss. Die Freizeitgestaltung kann durchaus auch zum Konfliktpotenzial für die Beziehung werden, insbesondere wenn die Partner unterschiedliche Freizeit- und Lebensstile favorisieren sollten. An dieser Stelle sei wiederum auf die Sinus-Milieu-Studien verwiesen. Diese dienen in erster Linie der Bestimmung unterschiedlicher Zielgruppen und als Grundlage für Marketing-Prozesse.[1558] Das soziale Milieu, die damit einhergehenden Wertorientierungen und der Lebensstil gehen Hand in Hand mit den Präferenzen im Freizeitbereich.

Stefan Immerfall und Barbara Wasner greifen die Sinus-Studie von 2009 auf, um aufzuzeigen, dass die sozialen Milieus als Determinanten für das Freizeitverhalten fungieren können.[1559] So weisen Personen, die der Kategorie „Hedonisten" zugeordnet wurden, nicht nur einen anderen

---

1554 vgl. Wengler/Trappe/Schmitt 2008, S. 68. URL (2015).

1555 vgl. ebd., S. 74; 85. URL (2015).

1556 vgl. Oerter/Montada 2008, Kap. 9.

1557 vgl. Lang/Martin/Pinquart 2012, S. 34.

1558 vgl. http://www.sinus-institut.de/fileadmin/user_data/sinus-institut/Downloadcenter/Informationen_zu_den_Sinus-Milieus.pdd, S. 3 (16.10.2015)

1559 Immerfall/Wasner 2011, S. 28f.

Altersdurchschnitt, sondern auch einen anderen Freizeitstil auf, als jene, die das Kategorie „Traditionelle" zugeordnet werden. Den Hintergrund stellen unterschiedliche Wertorientierungen dar. Insofern kann die These aufgestellt werden, dass sich die Werteerziehung in der Herkunftsfamilie und Schule auch auf die spätere Lebensführung – einschließlich der Freizeitgestaltung – auswirkt.

Freizeitbildung ist somit auch unter der Perspektive der Verantwortung und Werteerziehung zu sehen. An dieser Stelle sei noch einmal auf die Mehrdimensionalität des klassischen Bildungsbegriffes verwiesen, der auch die moralische Dimension umschließt. Kenntnisse über die moralische Entwicklung des Menschen sowie Studien und Konzepte zur Werteerziehung sind hierbei unverzichtbare Bestandteile freizeitpädagogischer Professionalität und müssen die jeweilige Zielgruppe und den individuellen Entwicklungsstand im Auge haben. Nur so kann Freizeitbildung im Horizont des Lebenslaufs einen Beitrag zur moralischen Entwicklung leisten und den Menschen in seiner selbstverantworteten Lebensführung unterstützen. Zugleich ist es wichtig, sich über die Sogwirkung der Medienwelt bewusst zu sein: Freizeit ist heute in hohem Maße Medienfreizeit! Trends und auch Wertvorstellungen werden heute vielfach medial beeinflusst.

Auf der anderen Seite wird bei einem 20-Jahresvergleich aber auch deutlich, dass Menschen in ihrer Freizeit vermehrt die Muße suchen, neben den Medien eben auch die Sehnsucht nach Zeit für sich, Ruhe und tiefgründige Gespräche besteht, wie ein weiteres Ergebnis des Freizeitmonitors zeigt.

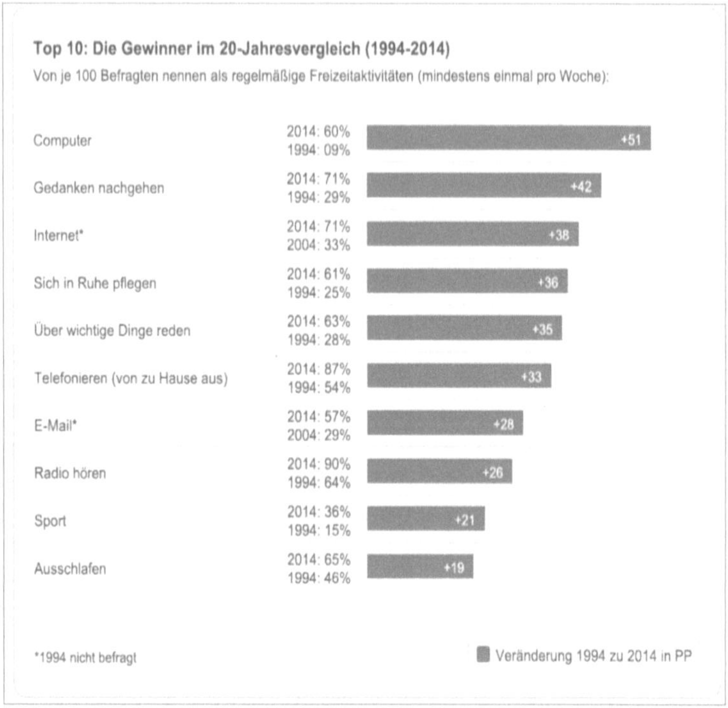

Abb. 47: Was Menschen in ihrer Freizeit wichtig ist – Bedeutungszuwachs einzelner Bereiche[1560]

Der Schutz der Freizeit gegenüber einer Instrumentalisierung und Vereinnahmung entspricht somit dem Bedürfnis der Menschen nach Zeit für sich bzw. Zeit, um zu seinem inneren Gleichgewicht zu finden und sich mit Fragen auseinanderzusetzen, die einem persönlich wichtig sind. Viele Menschen wünschen sich einfach mehr Eigenzeit, d.h. Zeiten, in denen sie keine (freiwilligen oder obligatorischen) Termine haben, Spontaneität entwickeln können und sie auch einfach die Möglichkeit haben, nichts zu tun, als ihre Gedanken schweifen zu lassen.

1560 Grafik: Reinhardt 2014, S. 20. URL (2017). [Anmerkung: Aktuellere Freizeit-Monitore enthalten nur einen 5-Jahres-Vergleich].

Wie die Studien der Stiftung für Zukunftsfragen in ihrem Freizeitmonitor 2014 aufzeigen konnten, nimmt nicht nur die Bedeutsamkeit der Medien in der Freizeit der Menschen zu.

In einer Zeit, die viele Menschen als sehr schnelllebig wahrnehmen und die durchaus eine Reizüberflutung implizieren kann, schätzen es Menschen, Zeit für sich zu haben und auch tiefgründige Gespräche führen zu können. Dies setzt eine Entschleunigung voraus, d.h. auch freie Zeiträume ohne Verpflichtungen, die es einem gestatten, sich auszuruhen, sich zu sammeln und über Dinge zu sprechen, die einem wirklich bedeutsam sind.

Freizeit kann daher auch als ein Zeitfenster interpretiert werden, in dem der Mensch für sein Wohlbefinden, seine Psychohygiene und Hygiene eintritt. Freizeit auch in diesem Sinne ist für Menschen – auch im Zeitverlauf der letzten 20 Jahre betrachtet – wichtiger geworden ist. Dabei ist dieses Bedürfnis, sich in seiner Freizeit um seine eigene Hygiene und Psychohygiene zu kümmern, sicherlich sowohl individuell als auch innerhalb des Lebenslaufs unterschiedlich stark ausgeprägt.

Freizeit im Alter

> ***„Der gesamte Prozess des Alterns ist nicht identisch mit einem einseitigen Abbauprozess, sondern ein individuell sehr spezifisch ablaufender Prozess." (Dorothea Petrich)***[1561]

Der Alterungsprozess und vor allem der Umgang mit dem eigenen Altersprozess verläuft individuell unterschiedlich. Ebenso wenig wie es *den* Jugendlichen gibt, gibt es *den* Alten. Kaiser[1562] weist darauf hin, dass sowohl positive als auch negative Bilder des Alters in unserer Gesellschaft kursieren, die letztlich aber soziale Konstruktionen seien und politische, soziale und ökonomische Interessen widerspiegeln. Gesellschaftliche Stereotypbildungen bedingen aber die Gefahr, den konkreten Menschen aus dem Blick zu verlieren[1563] und einengende Deutungsangebote bereitzustellen.

In anderen Kulturkreisen und historischen Zeitabschnitten wird dem Alter besonderer Respekt gezollt, im westlichen Kulturraum dominiert eher der Jugend- und Schönheitskult.[1564] Das Streben nach ewig jugendlichem Aussehen spiegelt sich in den steigenden Zahlen an Schönheitsoperationen und Kosmetika wider, die versprechen, das jugendliche, faltenfreie Aussehen zu erhalten. Die Menschen werden heute älter und möchten dabei möglichst lange jung und aktiv sein können.

1561 Petrich 2011, S. 9. URL (2015).

1562 vgl. Kaiser 2008, S. 79–101.

1563 vgl. Petrich 2011, S. 10.

1564 vgl. Kluge/Sonnenmoser 2000. URL (2015).

Insbesondere die Werbung hat sich diesen Wunsch nach ewiger Jugend zunutze gemacht und die ältere Bevölkerung ist durchaus eine stark umworbene und wirtschaftlich attraktive Zielgruppe. Dies wird nicht nur an der gesundheitsbezogenen Angebotspalette deutlich, sondern insbesondere auch die Reise- und Tourismusbranche entwickelt immer neue und vielfältige Angebote für relativ gut betuchte Senioren und Seniorinnen, die nach der Freisetzung aus dem Erwerbsleben und in der nachelterlichen Phase noch etwas „von ihrem Leben haben möchten" und die „Welt sehen möchten".

Horst Siebert[1565] differenziert zwischen vier Dimensionen des Alters:

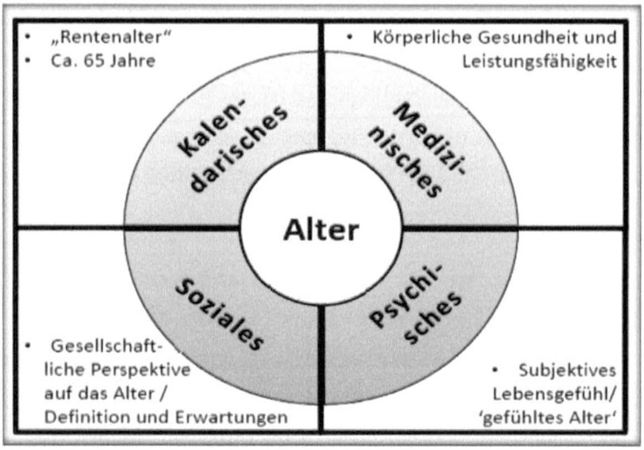

Abb. 48: Dimensionen des Alters nach Siebert (2011), eigene Grafik

Dabei kann sich das kalendarische Alter durchaus vom subjektiven Empfinden und dem medizinischen Alter des Menschen unterscheiden, was sicherlich für alle Lebensphasen zutreffend ist, im Alter aber besonders deutlich werden kann.

Auf den ersten Blick scheint die ältere Generation zwar grundsätzlich zufrieden mit ihrem Leben und ihrer Freizeit zu sein. Dies spiegelt sich z.B. in den Befunden der Generali-Altersstudie von 2013 wider. Im Schnitt fühlen sich die älteren Menschen zehn Jahre jünger als sie faktisch sind, positiv wirkt sich auf die Lebenszufriedenheit der Gesundheitszustand, eine höheres Einkommen, ein besserer Bildungshintergrund und das Vorhandensein eines Lebenspartners/einer Lebenspartnerin sowie das Vorhandensein von Kindern und Enkelkindern aus.[1566] Der Freizeitmonitor der Stiftung für Zukunftsfragen gibt einen deskriptiven Einblick in

1565 Siebert 2011, S. 03/2.
1566 vgl. Generali Altersstudie 2013.

die zehn meistgenannten Freizeitaktivitäten von älteren Menschen und differenziert diese hierzu in zwei Altersgruppen: die Jungsenioren und die Ruheständler.[1567].

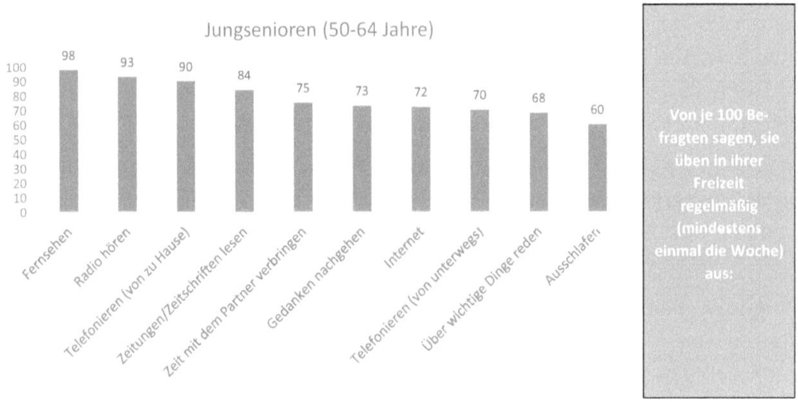

Abb. 49: Die Top-Ten der Freitzeitaktivitäten nach dem Freizeitmonitor 2015[1568]

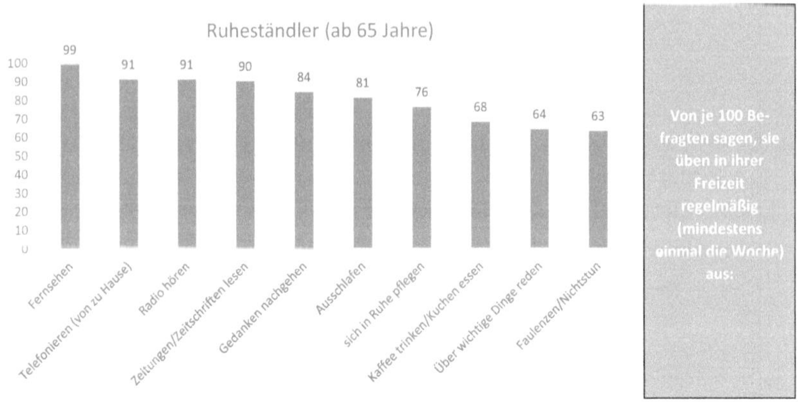

Abb. 50: Die Top-Ten der Freitzeitaktivitäten nach dem Freizeitmonitor 2015[1569]

1567 vgl. Reinhardt 2015, S. 155. URL (2018).
1568 Eigene Grafik, Quelle: Reinhardt 2015, S. 15. URL (2018).
1569 Eigene Grafik, Quelle: Reinhardt 2015, S. 15. URL (2018).

Es scheint wenig verwunderlich, dass Medien auch die Freizeit älterer Menschen dominieren. Dennoch darf die Dominanz in der Frequenz nicht gleichgesetzt werden mit der subjektiven Bedeutsamkeit. Medien sind eine nahezu omnipräsente und mit geringem Aufwand verbundene Möglichkeit der Freizeitgestaltung bzw. Ablenkung, Informations- oder sozialen Kontaktaufnahme.

Der demografische Wandel führt zu einem durchaus kritischen Blick auf den Generationenvertrag und die sozialen Sicherungssysteme.

> „**Der Bevölkerung im Erwerbsalter werden künftig immer mehr Seniorinnen und Senioren gegenüberstehen**. Das zahlenmäßige Verhältnis von potenziellen Empfängern von Leistungen der Alterssicherungssysteme zu den potenziellen Erbringern dieser Leistungen wird sich folglich verschlechtern.“[1570]

Prognosen zum demografischen Wandel in Deutschland sind durch die Zuwanderung von Flüchtlingen und Zuwanderern aus wirtschaftlich und politisch anders aufgestellten Ländern durchaus kritisch zu betrachten.

Angesichts der verbesserten Gesundheitsvorsorge, die mit einer höheren Lebenswartung einher geht, hat sich die nachberufliche Lebensphase und die Zeit, in der die Kinder bereits erwachsen und ausgezogen sind, deutlich verlängert.

Zugleich nimmt aber auch der Pflegebedarf und die Zeit intensiver Pflegebedürftigkeit in der Gesellschaft zu. Die Zahl der Hochbetagten wird in den nächsten Jahrzehnten steigen und neue Konzepte erfordern, die insbesondere die Gesundheitsvorsorge, aber auch die Freizeitbildung betreffen werden.

Aus gesellschaftspolitischer, ökonomischer wie auch gesundheitsbezogener Perspektive ist es ein Leitziel, die Pflegebedürftigkeit der immer älter werdenden Gesellschaft möglichst weit nach hinten zu verlagern.

> „Wenn es aber gelänge, den Eintritt der Pflegebedürftigkeit je gewonnenem Jahr an Lebenserwartung um ein halbes Jahr nach hinten zu verschieben, so würde unter ansonsten gleich bleibenden Bedingungen, der Anstieg bis zum Jahr 2040 nicht 76 Prozent, sondern nur 40 Prozent betragen (Deutscher Bundestag 2002, S. 509).“[1571]

Gerade im Umgang mit Hochbetagten sind neue Perspektiven und Konzepte einer Freizeitbildung im Alter notwendig, denn die Freizeit- und Bildungsbedürfnisse dieser Altersgruppe werden unterschätzt, wie Andrea Friese in ihrer Dissertation aufweisen konnte.[1572]

1570 Statistisches Bundesamt 2015, S. 7. URL (2015).
1571 Adolph 2003, S. 9. URL (2015).
1572 siehe: Friese 2014. URL (2015).

Bislang liegen relativ wenige aktuelle Studien *speziell* zur Freizeit und Freizeitbildung im Alter vor.[1573] Überspitzt könnte die These aufgestellt werden, dass es keine Freizeitpädagogik des Alters gibt, sondern diese unter dem Prädikat „Alten- und Seniorenarbeit“ erfasst wird.

Ein bedeutsames Thema stellt die Frage nach der Lebensqualität im Alter dar. Diese ist nicht nur von den finanziellen und sozialen Ressourcen abhängig, sondern auch von der körperlichen und geistigen Gesundheit. Freizeit- und Gesundheitsbildung gehen in diesem Kontext eine Synthese ein. In der Freizeit widmen sich Menschen heute vielfach auch der Gesundheit und körperlichen Fitness. Zugleich bieten sich im Sport oder auch Gesundheitskurs in der Freizeit zahlreiche Kontaktmöglichkeiten.

Aus einer rollentheoretischen Perspektive implizieren altersbedingte Wandelungen der Lebenssituation einen Verlust an Rollen. So kann die Pensionierung oder die Verwitwung als Rollenverlust interpretiert werden[1574], sofern keine (neuen) Rollen hinzukommen, wie z.B. die der aktiven und sozial eingebundenen Urgroßmutter/des Urgroßvaters. Durch neue Rollen und Aufgaben im Freizeitbereich kann einem Rollenverlust entgegengewirkt werden.

Der Übergang in die nachberufliche Phase, ein möglicher unfreiwilliger Ausstieg aus dem regulären Erwerbsleben oder die freiwillige Altersteilzeit impliziert die Aufgabe, die neu hinzugewonnene freie Zeit zu gestalten. Manche ältere Menschen freuen sich bereits auf ihre nachberufliche Lebensphase, andere verbinden hiermit in erster Linie große Sorgen.

Altersarmut sowie die Gefahr der sozialen Vereinsamung zählen hierbei zu den öffentlichen „Sorgenthemen“ und werden medial diskutiert.[1575] Studien wie jene der Bertelsmann-Stiftung[1576] verweisen auf eine soziale Kluft zwischen Ost- und Westdeutschland und ein erhöhtes Risiko der Altersarmut für Frauen und Alleinlebende.[1577] In diesem Fall werden vermehrt Kompetenzen benötigt, die freie Zeit sinnvoll und zugleich kostengünstig zu gestalten, ohne die sozialen Kontakte zu verlieren. Hinzu kommt, dass Armut oftmals schambesetzt erlebt wird und viele ältere Menschen ihre soziale Lage nach außen hin kaschieren. Niemand soll bemerken, dass sie am Existenzminimum leben, was nicht selten

1573 vgl. Hollneck 2009, S. 3. URL (2015).

1574 vgl. Hollstein 2001, S. 163.

1575 vgl. Maaß/Sommerfeld 2015; epd/pos 2015. URL (2015).

1576 Bertelsmann-Stiftung 2015.

1577 vgl. Bertelsmann Stiftung (o.A.), URL (2015b).

mit einem sozialen Rückzug einhergeht. Auch Einsamkeit zählt zu den tabuisierten Themen.[1578]

Auf der anderen Seite gibt es gegenwärtig eine ältere Generation mit relativ sicheren Rentenbezügen, die bessere Zeiten des Wirtschaftswachstums erlebt habt. Die Zugehörigen sind von einzelnen Segmenten der Wirtschaft bereits als sehr lukrative Zielgruppe erkannt worden.[1579]

Der Zukunftsforscher Horst Opaschowski prognostiziert das Ende des Wohlstandes und setzt dem kapitalistischen Wohlstandsdenken den Begriff des „Wohllebens" bzw. „Wohlergehens" gegenüber. Neue Formen des Zusammenlebens der Generationen und Nationen werden wohl in Zukunft erforderlich werden.[1580]

In einer Studie zum Verkehrswesen und zur Verkehrsplanung wurden im Raum Bonn (Rhein-Sieg-Kreis, suburbaner Raum; Kreis Euskirchen/Eifel, ländlicher Raum) 45.000 Personen ab 60 Jahren zur Verkehrsnutzung und den Aktivitätswünschen in der Freizeit im Jahr 2001/2002 befragt. [1581] Es wurde deutlich, dass die Mobilität älterer Menschen teilweise durchaus eingeschränkt ist, nur ca. 51,4 % der Befragten keinen unerfüllten Aktivitätswunsch hat. Als Gründe, weshalb die gewünschte Aktivität nicht umgesetzt wird, führen 47,0% an, dass es allein keinen Spaß mache, 41,2% verweisen auf gesundheitliche Einschränkungen und an dritter Stelle wird die Verkehrsanbindung genannt. Demgegenüber verweisen nur 30,1% auf fehlende Freizeitangebote und nur 15,5% auf die eigene finanzielle Situation.[1582] Es genügt somit in diesem Fall nicht, ausschließlich die Freizeitangebote in den Blick zu nehmen, sondern derartige Erhebungen geben auch Aufschluss darüber, was Menschen daran hindert, ihre Möglichkeiten zu nutzen.

1578 vgl. Petrich 2011, S. 16. URL (2015).

1579 vgl. ebd., S. 10. URL (2015).

1580 vgl. Opaschowski 2009; Opaschowski 2015.

1581 vgl. Scheiner 2003. URL (2015)

1582 vgl. ebd., S. 2–3. URL (2015).

Allein sein (möchte das nicht allein machen, allein macht es keinen Spaß)	47,0
Gesundheitliche Gründe	41,2
ÖPNV (ungünstige Lage der Haltestellen, generell schlechte ÖPNV-Anbindung, Ausstattung der Fahrzeuge, Ein-/Ausstieg, Fahrpläne/Fahrkartenautomaten sind zu unübersichtlich, Unsicherheit vor Belästigungen/Kriminalität)	40,8
Partner/-in (Gesundheit des Partners, hat zu wenig Zeit / andere Interessen, hat etwas dagegen)	35,4
Zeitliche Gründe (Starke berufliche Einbindung, Pflege anderer Personen, Viel Arbeit in Garten, Haus oder Haushalt, Muss mich um meine Tiere kümmern)	34,7
Ich bin nicht gerne im Dunkeln unterwegs	34,3
Freizeitangebote (keine entsprechenden Freizeitangebote in der näheren Umgebung, ungünstige Tageszeiten der Veranstaltungen, Ausstattung des Veranstaltungsorts)	30,1
Witterungsverhältnisse	27,4
Habe keine Möglichkeit, dies mit dem PKW zu realisieren	27,3
...davon ohne Pkw im Haushalt	*13,7*
Soziale Aspekte der Freizeitangebote (Zu viele Leute, nur junge Leute, nur alte Leute bei Veranstaltungen)	21,6
Persönliche Befindlichkeit (Organisation der Unternehmung schwierig, fühle mich zu alt, traue mir das nicht mehr zu)	20,1
Finanzielle Situation	15,5
Parkmöglichkeiten am Zielort sind unzureichend	14,3
Anderer wesentlicher Hinderungsgrund	23,2

Abb. 51: Gründe für unerfüllte Aktivitätswünsche der Frame-Haushaltsbefragung (Mehrfachnennungen möglich, Angaben in Prozent; Quelle: Scheiner 2003)[1583]

Im Kontext einer reflexiven Freizeitbildung wären solche Momente zu antizipieren und bei freizeitorientierten Angeboten in der Altenarbeit und vor allem der Gemeinwesenentwicklung zu berücksichtigen. Aus bildungstheoretischem Hintergrund ist es Ziel, die Teilhabemöglichkeit und ein selbstbestimmtes Leben so lange wie möglich zu erhalten.

Obgleich jüngere Menschen meist die Annahme hegen, die ältere Generation habe viel mehr Freizeit, gibt es durchaus auch nicht wenige ältere Menschen, die subjektiv das Gefühl haben, keine Zeit zu haben. Dabei muss davon ausgegangen werden, dass sich ältere Menschen zwar für ihr Alter als ‚fit' bezeichnen und zugleich doch einen Kräfteschwund verspüren.

So konstatiert auch Franz Kolland auf der Basis verschiedener empirischer Untersuchungen:

1583 Grafik: ebd., S. 3. URL (2015).

> „Ein Großteil der Freizeitaktivitäten ist alterskorreliert, d.h. je älter jemand ist, desto geringer ist das durchschnittliche Niveau der allgemeinen Ausübung von Freizeitaktivitäten."[1584]

Dabei wirken sich die Schichtzugehörigkeit und der Bildungshintergrund moderierend auf die Freizeitgestaltung aus. Karl Ulrich Mayer und Michael Wagner[1585] kommen in ihrer Studie zu dem Befund, dass es unter den Hochbetagten in der Unterschicht 28% soziokulturell inaktiver Menschen gebe, während der Anteil unter Angehörigen der oberen Mittelschicht lediglich 4% betrüge.[1586] Dabei sei an dieser Stelle durchaus nicht nur auf die Interessenlage, sondern auch auf den finanziellen Rahmen verwiesen, der sich deutlich unterscheidet und sich auch auf die Mobilität auswirken mag.

Insgesamt ist aber eine Reduktion der sozialen Partizipation und der Aktivitäten mit zunehmendem Alter zu verzeichnen.[1587] Während dies aus der Perspektive des Aktivitätsansatzes (Havighurst/Albrecht 1953[1588]; Maddox 1963[1589]) und der Rollentheorie (Rosow 1967) im Sinne einer Verlusterfahrung interpretiert wird, betrachtet die Disengagementtheorie (Cumming/ Henry 1961[1590]) den Rückzug aus vielfältigen Interaktionen, Aktivitäten und Rollen als notwendige Phase der Vorbereitung auf den eigenen Tod und altersgerecht.[1591] Hier muss mit großer Sorgfalt das Individuum in den Blick genommen werden, um diesem gerecht zu werden. So weiß man heute von Menschen, die um Sterbehilfe gebeten haben, dass diesen mit einer qualitativ hochwertigen palliativen Begleitung durchaus neuer Lebensmut gegeben werden kann. Es ist demzufolge sehr kritisch zu sehen, wenn gesellschaftlich ein stark normativ geprägtes Bild zum Alter als „Wartezeit" auf den Tod entsteht. Gerade hier kommt der Freizeitbildung die Funktion zu, den Menschen dabei zu unterstützen, das Beste aus der Lebensphase Alter zu machen und dem alten Menschen eine möglichst hohe Lebensqualität zu ermöglichen. Hierbei ist es wichtig, die sozialen Partizipationsmöglichkeiten und Aktivitätsmöglichkeiten in der Freizeit altersentsprechend zu erhalten. Letztlich ist die Frage nach dem Miteinander der Generationen und

---

1584 Kolland 2010, S. 357.
1585 vgl. Mayer/Wagner 1996, S. 251–275.
1586 Kolland 2010, S. 357.
1587 vgl. Hollstein 2001, S. 162.
1588 Havighurst/Albrecht 1953.
1589 Maddox/1963, S. 1995–2004.
1590 Cumming/Henry 1961.
1591 vgl. Hollstein 2001, S. 163–164.

des Umgangs mit den Schwächsten eine gesamtgesellschaftliche Aufgabe, zu der die Freizeitbildung nur einen kleinen Beitrag leisten kann.

Trotz des Gefühls mancher älterer Menschen, keine Zeit zu haben, weisen empirische Daten auf einen Zugewinn an Freizeit im Alter hin.

Nicht alle Freizeitsportarten sind in gleichem Maße für alle Lebens- und Altersphasen geeignet. Auch lassen sich nicht alle Freizeitaktivitäten bis ins hohe Alter ausführen. Wichtig ist es daher, vielfältige Freizeitinteressen wachzuhalten und neue Möglichkeitsräume bis ins hohe Alter zu erschließen.

Freizeitpädagogische Angebote im Alter bedürfen besonderer professioneller Kompetenz und z.T. bei Hochbetagten oder gesundheitlich stark eingeschränkten Menschen – sicherlich auch medizinischer bzw. geriatrischer Kenntnisse, um Senioren verantwortlich fordern und fördern zu können. Hier kann auch die Zusammenarbeit in multiprofessionellen Teams ein gewinnbringender Zugang sein.

Die Wahrscheinlichkeit, dass Senioren und Seniorinnen aktives Mitglied (mindestens einmal im Monat aktiv) in einem Verein sind, ist – folgt man dem Freizeitmonitor 2015 – mit 29% gerade einmal halb so groß wie bei Jugendlichen (61%). Ähnliche Bedeutsamkeit erfährt dafür eine gesundheitsbezogene Freizeitaktivität bei Jugendlichen (56%) und Ruheständlern (52%).[1592] Interessant ist hierbei, dass Jungsenioren mit 36% gemäß dieser Studie weniger häufig angeben, mindestens einmal pro Woche etwas für ihre Gesundheit zu tun als Ruheständler. Möglicherweise mag dies ein Indiz dafür sein, dass ältere Menschen mehr für ihre Gesundheit tun müssen, was aber nicht unbedingt auf ein freizeitbezogenes Erleben verweisen würde. Auffällig ist auch der Zusammenhang zur Bildung: Mit 55% zu gerade einmal 35% geben vermehrt formal höher Gebildete (gegenüber formal niedriger Gebildete) an, einmal pro Woche etwas für die eigene Gesundheit zu tun.[1593]

Bildung wirkt sich somit durchaus auf einen bewussten Umgang mit der eigenen Gesundheit aus. Aufgabe der Freizeitbildung könnte es nun sein, den bewussten und eigenverantwortlichen Umgang mit der eigenen Gesundheit in der Freizeit insbesondere auch im Seniorenalter anzuregen und zugleich Zugänge zu wählen, in der gesundheitsförderliche Aktivitäten einen Freizeitwert erfahren: Spaß, Geselligkeit, Erholung, Anregung.

Insbesondere durch die Verlängerung der nachberuflichen Lebensphase kann ein neues Bildungsbedürfnis der älteren Generation entstehen. Nicht nur der

---

1592 vgl. Reinhardt 2015, S. 37. URL (2018).
1593 vgl. ebd., S. 37. URL (2018).

Umgang mit neuen Medien spielt hierbei eine Rolle, sondern aufgeschobene Bildungsinteressen, die im Berufsleben nicht realisiert werden konnten, können erneut bedeutsam werden. Hier setzen heutzutage gezielt Weiterbildungsangebote für ältere Menschen an. Im Zuge des – durchaus auch (bildungs-)politisch forcierten – Paradigmas des lebenslangen Lernens divergieren hier aber das Idealbild und die Realität noch relativ weit auseinander.[1594]

> „Die meisten Untersuchungen bestätigen den generellen Trend: Die Weiterbildungsbeteiligung Älterer nimmt vom 50. Lebensjahr an kontinuierlich ab. Allerdings bilden sich heute mehr Ältere weiter als vor einigen Jahrzehnten."[1595]

Im Jahr 2015 wurde vom Bundesministerium für Familie, Senioren, Frauen und Jugend die Arbeitsgruppe „Bildung im und für das Alter" und ein „runder Tisch" zum Thema „Aktives Altern – Übergänge gestalten" ins Leben gerufen.[1596] Ziel ist es, dem demographischen Wandel zu begegnen und die wachsende Zahl an älteren Menschen mit ihren Potenzialen in die Gesellschaft einzubinden.

Ein wichtiger Faktor für die Bereitschaft und Lust auf lebenslanges Lernen im Sinne der Nutzung von Weiterbildungsangeboten ist die Vorbildung, d.h. das individuelle Bildungsniveau. Je geringer dieses ist, umso unwahrscheinlicher ist es, dass sich ältere Menschen noch einmal gezielt der eigenen Bildung zuwenden und dies als Bereicherung ihrer Lebensqualität sehen. Friebe weist darauf hin, dass es wenige Studien zu den Bildungsinteressen älterer Menschen gibt und auch noch weiterer Entwicklungsbedarf von alterssensiblen Konzepten vorliegt.[1597]

Bildung im Alter zielt vermehrt auf den Erhalt der Potenziale und der Möglichkeit, an der Gesellschaft teilhaben zu können und ist demzufolge nicht auf die Phase der Erwerbstätigkeit begrenzt. So fokussierte die „Nationale Fachkonferenz in Kooperation mit deutschen Mitgliedern der European Association for the Education of Adults (EAEA)" im Jahr 2014 auch die Frage, was Bildung bei der aktiven Lebensgestaltung auch in der nachberuflichen Phase leisten kann.[1598]

Bislang zeichnet sich eine Tendenz ab: **„Bildung im Alter ist weiblich."[1599]** So bilden (meist alleinlebende) Frauen mit mehr als 80% der älteren

---

1594 vgl. Friebe 2009. URL (2015).

1595 vgl. Siebert 2011, S. 3–9.

1596 vgl. BMFSFJ 2015, URL (2015).

1597 Friebe 2009, S. 6. URL (2015).

1598 vgl. Programm der Nationalen Fachkonferenz… 2014. URL (2018); Zusammenfassung der Nationalen Fachkonferenz … 2014, URL (2018).

1599 Kade 2009, S. 18.

Teilnehmerinnen an Volkshochschulen hier die größte Zielgruppe.[1600] Diese Aussage, dass Bildung weiblich sei, ist sicherlich auch vor dem Hintergrund zu sehen, dass die Lebenserwartung der Frauen höher ist und es mehr Frauen als Männer im Alter gibt (**„Feminisierung des Alters“**[1601]).

So wundert es auch nicht, dass die Mehrheit der älteren Menschen kein spezielles Altenangebot favorisiert, sondern durchaus eine altersheterogene Lerngruppe favorisiert.[1602]

Nicht zuletzt wirken sich frühere Erfahrungen mit formalen Bildungskontexten auf die Bereitschaft aus, sich diesen im Alter erneut zu stellen. Sprich: Wer überwiegend negative Schulerfahrungen machen musste, spätere Weiterbildungen eher heteronom erfolgten, wird kaum auf freiwillige Bildungsangebote im Alter zurückgreifen. Es zeichnet sich auch ein Zusammenhang zwischen dem Bildungs- bzw. Kompetenzbereich und dem ehrenamtlichen Engagement ab, wie die erweiternde Begleitstudie CiLL zur PIAAC aufzeigt.[1603]

Um Lern- und Bildungsprozesse im Alter professional unterstützen zu können, sind fundierte Kenntnisse bezüglich der Lernfähigkeit im Alter unabdingbar, aber auch pädagogischer Takt.

Christiane Schiersmann konnte aber in einer repräsentativen Studie aufzeigen, dass die Weiterbildungsbereitschaft von älteren Arbeitnehmern (50 bis 64 Jahre) im Vergleich zu jüngeren geringer ist, aber informelle Lernkontexte genauso oft genutzt werden.[1604]

Silvia Kade differenzierte zwischen vier unterschiedlichen Milieus und Lebensstile im Alter, die sich auf die Bildungsinteressen auswirken:
Die Kenntnis über derartige soziologische Zugänge kann die Basis für eine kritische bildungstheoretische Perspektive darstellen und dem Entwurf präventiver freizeitpädagogischer Zugänge dienen. Hier liegt der Fokus zum einen auf den Erhalt der Lebensqualität im Alter und der Möglichkeit der gesellschaftlichen Teilhabe, zum anderen aber auch auf der Erschließung neuer Interessenfelder und Möglichkeitsräume im Alter.

Bildung im Alter kann nach Sylvia Kade[1605] als ein „Lernen des Älterwerdens“ einerseits und als ein „Lernen im Lebenslauf“ andererseits bestimmt werden.

1600 vgl. ebd., S. 59.
1601 ebd., S. 25.
1602 vgl. ebd., S. 60.
1603 vgl. DiE 2014, S. 10. URL (2015). Siehe weiterführend auch: Friebe 2014.
1604 vgl. Schiersmann 2006, S. 36; Siebert 2011, S. 4.
1605 Kade 2007.

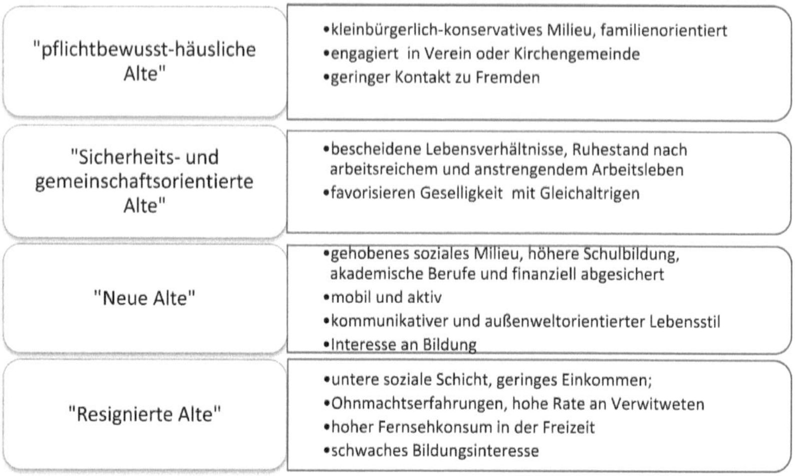

Abb. 52: Milieus und Bildungsaktivitäten im Alter nach Kade (Quelle: Siebert 2011, S. 6, eigene Grafik)

Bezogen auf die Bildung im Alter unterscheidet Kade vier Paradigmen: das Bildungs-, das Orientierungs-, das Entwicklungs- und das Bewältigungsparadigma.[1606] Damit werden letztlich unterschiedliche Bildungsbedürfnisse älterer Menschen angesprochen.

So werden u.a. auch spirituelle Fragen und die Frage nach dem Tod durchaus in einer anderen Weise als in der Jugend aktuell.

Unter einer lebenslauftheoretischen Perspektive kann festgehalten werden...

Der Mensch ist mehr als eine Humanressource und Freizeitbildung darf nicht zu einer Professionalisierung der Freizeit aus ökonomischen Zwecken verkommen. Eine reflexive Freizeitbildung muss den Menschen als Person im Blick haben, an dessen Bedürfnissen ansetzen und ihm zu einem größtmöglichen Maß an individueller Selbstverwirklichung verhelfen. Zur Freizeitkompetenz kann auch der bewusste Umgang mit der eigenen Lebenszeit gezählt werden. Eine bildungstheoretische Perspektive der Freizeitpädagogik impliziert unter der Perspektive des Lebenslaufs, Erstarrungen zu vermeiden helfen und dem Individuum neue Möglichkeits- und Handlungsspielräume zu eröffnen bzw. bestehende zu

1606 vgl. ebd., S. 116.

erhalten. Insofern wird durchaus auch eine präventive Funktion erkennbar. Es geht nicht ausschließlich darum, Menschen in ihrer Freizeit Beschäftigungsmöglichkeiten oder Erheiterung anzubieten.

Kenntnisse über unterschiedliche Freizeittypen und Lebensstile bilden sicherlich eine empirische Grundlage, sind aber im weiteren Schritt auf Risiken und Entwicklungsbegrenzungen kritisch zu hinterfragen. So mag für manche Jugendliche oder auch Erwachsene ein expansiver Medienkonsum in der Freizeit zum favorisierten Muster gehören, zugleich zeigen sich hierbei aber Risiken im Hinblick auf die Gesundheit, die soziale Integration und die berufliche Entwicklung. Präventive Freizeitpädagogik kann dabei helfen, diese Gefahrenmomente zu erkennen und bewusst durch Angebote und Interventionen diesen entgegenzuwirken. Wichtig ist es, die Angebote adressatengerecht und bedürfnisorientiert zu gestalten.

In der Freizeit finden durchaus zahlreiche informelle und nonformale Lernprozesse statt, die beim Menschen beim Aufbau von Kompetenzen helfen, die u.U. auch für die Integration in den Erwerbsmarkt bedeutsam sind.

Gestaltete Freizeit kann durchaus das Potenzial haben, den Lebensalltag von Menschen zu strukturieren und beim Aufbau und Erhalt von Sinnperspektiven einen essentiellen Beitrag zur gesellschaftlichen Integration und Teilhabe zu leisten.

An dieser Stelle sei auch auf das „*Programme for the International Assessment of Adult Competencies* (PIAAC)" der OECD verwiesen, in dem es um die Erfassung und den internationalen Vergleich von zentralen Grundkompetenzen – „Lesekompetenz, die alltagsmathematische Kompetenz und technologiebasiertes Problemlösen" im Erwachsenenalter geht, die als Grundvoraussetzung für die gesellschaftliche Teilhabe betrachtet werden.[1607] Zugleich wird der Frage nachgespürt, inwieweit die jeweiligen Bildungssysteme (Schul- und Aus-/Weiterbildungssysteme) den Aufbau von jenen Kompetenzen dienen und die Menschen zur aktiven Teilhabe befähigen. Wie in der Studie deutlich wurde, besteht durchaus ein Zusammenhang zwischen den individuell vorhandenen Kompetenzen und der Weiterbildungsbereitschaft.[1608] Dabei sei hier noch einmal explizit auf die Verschränkung von formellen und informellen Lernprozessen verwiesen. Jene Grundkompetenzen werden eben nicht ausschließlich

1607 vgl. Rammstedt/Ackermann/Helmschrott. u.a. 2013. URL (2015). Siehe weiterführend auch: Rammstedt 2013.

1608 vgl. Rammstedt/Ackermann/Helmschrott. u.a. 2013, S. 25. URL (2015).

in formalen Bildungseinrichtungen erworben und ausgebaut, sondern auch im Freizeitbereich.

Kenntnisse über Entwicklungsaufgaben im Lebenslauf eines Menschen helfen dabei, anstehende Aufgaben zu antizipieren und den Menschen in der Freizeit Angebote zu machen, die bei der Bewältigung anstehender Statuspassagen und potenzieller Krisen helfen – sei es, indem eine einbettende und haltgebende Struktur bereitgestellt wird, sei es, durch die Initiierung und Bereitstellung von Lernumwelten.

Über die Freizeitgestaltung kann gerade in kritischen Lebenssituationen eine soziale Einbettung ermöglicht werden und Bildungsimpulse können neue Entwicklungswege aufzeigen. So sind spezifische Angebote für die wachsende Zahl älterer Menschen zu entwickeln, die ihnen ein möglichst langes selbstbestimmtes Leben erlauben.

Im Jahr 2015 sind solche Überlegungen in Deutschland auch gerade im Hinblick auf die Bewältigung des Flüchtlingszustroms bedeutsam. Insbesondere für die Kinder kann durch die Schaffung bereits kleinster sozialräumlicher Strukturen und Freizeit- bzw. Spielangebote bereits sehr viel erreicht werden. Freizeitpädagogische Animation kann einen wesentlichen Beitrag zur Integration und zum Zusammenwachsen in kultureller Vielfalt leisten, wovon sowohl die einheimische als auch die neu hinzukommende Bevölkerung profitieren kann.

6.6 Verfallserscheinungen und Gegenkräfte durch Erlebnistherapie

Im Manager-Magazin wird bereits 2002 der Sittenverfall beklagt und Henrik Müller; Holger Rust und Jörg Schmitt schreiben in großer Headline:

> „Manager ohne Moral: Selbstbedienung, Korruption, Betrug, Vertragsbruch - für die Eliten scheinen keine Regeln mehr zu gelten. Das ethische Fundament der Wirtschaft bröckelt. Zerstört der Turbokapitalismus am Ende sich selbst?“[1609]

Es wird die Frage aufgeworfen, ob dem (Turbo-)Kapitalismus das sittliche Fundament wegbreche, ohne welches er nicht bestehen könne.[1610] Es wird von „fließende[n] Moralwerte[n] in einer Egogesellschaft“ gesprochen, in der Solidarität und Verantwortungsbewusstsein zunehmend individuellem Vorteilsdenken weichen würde.[1611]

1609 Müller/Rust/Schmitt 2002. URL (2015).
1610 vgl. Müller/Rust/Schmitt 2002. URL (2015).
1611 vgl. Müller/Rust/Schmitt 2002b. URL (2015).

> „Gewisse Grundformen sozialer Ungleichheit finden sich in allen Gesellschaften: Mächtige können ihren Willen gegenüber Ohnmächtigen durchsetzen, Wohlhabende leben angenehmer als Arme, Angesehene werden verehrt, Verachtete gemieden.“[1612]

Doch das Ausmaß an sozialer Ungerechtigkeit unterscheidet sich in den verschiedenen Epochen und Gesellschaften. Die OECD beklagt, dass in Deutschland die „Schere zwischen Arm und Reich (...) so groß wie nur in wenigen anderen Industrieländern“ sei, da die reichsten zehn Prozent der Bevölkerung nahezu 60 Prozent des gesamten Nettohaushaltseinkommens besäßen.[1613] Insbesondere atypische, meist prekäre Beschäftigungsverhältnisse werden als Ursache für große Einkommensungleichheiten angeführt.

> „Im Jahr 2013, dem letzten Jahr, das die Forscher untersucht haben, arbeiteten nahezu 40 Prozent aller Beschäftigten in Deutschland in einer atypischen Beschäftigung. Deutschland liegt damit über dem Durchschnitt aller OECD-Länder.“[1614]

Demgegenüber steht, dass vom Wirtschaftswachstum in erster Linie jene Personenkreise profitieren, die bereits über Wohlstand verfügen.[1615] Dies ist ein weltweit zu beobachtendes Phänomen.

Zugleich kann eine gewisse Politikverdrossenheit nicht abgestritten werden, um das Vertrauen in die Integrität der Politik/er ist es nicht so gut bestellt. Hinzu kommt alljährlich die Kritik am Umgang mit Steuergeldern auf der einen Seite, die Zahl der Steuersünder auf der anderen Seite. Viele Menschen haben Angst vor der Zukunft und vor der Erosion der sozialen Sicherungs-systeme, die einzelne durchaus empfänglich für fundamentalistische oder rechtsradikale Polemik macht. Weltweit flüchten Menschen vor Krieg, Hunger und fehlenden Perspektiven und suchen nach der Aufnahme in der „Ersten Welt“.

Als Gegenkräfte hierzu können letztlich starke, weltoffene Persönlichkeiten betrachtet werden, die nicht nur dafür qualifiziert sind, Führungsrollen in Politik und Wirtschaft zu übernehmen, sondern diese auch mit Weitblick, Integrität und Verantwortungsgefühl ausfüllen können. Neben einer Orientierung am Gemeinwohl, sind zunehmend interkulturelle Kompetenz und globales Denken notwendig, um den komplexen, nicht mehr ausschließlich auf nationale Belange ausgerichteten Anforderungen gerecht werden zu können.

1612 Hradil 2012, Kap. Soziale Ungleichheit. URL (2018)

1613 Gerten 2015. URL (2015).

1614 Kaiser 2015. URL (2018).

1615 vgl. Zeit online 27.04.2015. URL (2018).

Ferner lebt jede demokratische Gesellschaft von seinen Bürgern, die sich in die Gemeinschaft einbringen und fähig sind, politisch durch ihr Wahlverhalten Stellung zu beziehen. Dies setzt mündige Bürger voraus. Die zahlreichen nationalen wie globalen Probleme werden ohne solidarisches und zugleich ökologisch nachhaltiges Handeln kaum zu lösen sein. Auf die Notwendigkeit des lebenslangen Lernens wurde schon an verschiedener Stelle verwiesen, welches die Voraussetzung zur gesellschaftlichen Teilhabe bildet. Es muss nicht nur das „Richtige“ erkannt werden, sondern das, was für richtig befunden wird, auch handlungskompetent umgesetzt werden.

Weitaus früher beklagt Kurt Hahn „Verfallserscheinungen“, die er seinerzeit wahrnimmt und denen er mit einem Bildungskonzept begegnen möchte, dass Personen in Führungspositionen zu verantwortungswollen und mündigen Staatsbürgern machen möchte. Hierzu möchte er durch die **Erlebnistherapie** frühzeitig Gegenkräfte mobilisieren, damit der einzelne Mensch – gerade im Jugendalter – nicht den gesellschaftlichen Verfallserscheinungen erliegen wird.[1616]

Im Kontrast zur familiären Erziehung, die für die damalige Zeit sehr liberal war – seine Eltern setzten auf Liebe und Verständnis und waren ihm Vorbild – erlebte Kurt Hahn das Gymnasium seiner Zeit als „verknöcherten Lernbetrieb“ und als „Marterkasten“.[1617] So wundert es nicht, dass er bereits während seiner eigenen Schulzeit Überlegungen zu einer Reformschule traf.

Schicksalhaft für seinen eigenen Lebensweg sollte sich eine Wanderung in den Dolomiten erweisen, da er hier Internatsschülern aus der englischen Internatsschule „New School Abbotsholme“, begründet von Cecil Reddie (1858–1932), begegneten, die ihm von ihrer Schule erzählten und das Büchlein „Emlohstobba“ (1897) von Hermann Lietz (1868–1919), dem Begründer der deutschen Landerziehungsheimbewegung, schenkten. In diesem Werk, dessen Titel ein Anagramm von Abbotsholme ist, verarbeitete Lietz seine Schulerfahrungen und Kontrasterfahrungen mit dem Reforminternat Abbotsholme zu einem Entwurf einer neuen, lebendigen Schule. In

1616 Erweiternd und durchaus kritisch darf an dieser Stelle auf die heutige Praxis der sozialpädagogischen Intensivbetreuung (§ 35 SGB VIII) verwiesen werden. Auch hier wird versucht, Jugendlichen neue, intensive Kontrasterfahrungen jenseits des bisherigen sozialen und räumlichen Umfelds zu ermöglichen mit dem Ziel, die Persönlichkeitsentwicklung zu fördern und eine spätere eigenständige Lebensführung anzubahnen.

1617 vgl. ebd., S. 65–76. URL (2018).

Abbotsholme und den Gedanken von Hermann Lietz spiegelte sich viel eher eine Schule wider, wie sie sich Kurt Hahn wünschte.[1618]

An dieser Stelle muss auch konstatiert werden: Kurt Hahn entwickelte keinen originär-neuen pädagogischen Ansatz, sondern analysierte die gesellschaftlichen Probleme seiner Zeit und suchte nach Lösungsansätzen durch ein besseres Bildungs- und Erziehungskonzept anhand alternativer Ansätze. Vorbilder waren ihm hierbei u.a. Platon und seine Politeia, Jean-Jacques Rousseau und sein „Emile", Johann Wolfgang von Goethe, Johann Gottlieb Fichte oder auch Hermann Lietz, Cecil Reddie und der internationale reformpädagogische Diskurs seiner Zeit. Und doch sollten seine pädagogischen Überlegungen die Erlebnispädagogik prägen und das bis heute bestehende Internat, die Schule Schloss Salem, mit weltweitem Renommee hervorgehen.[1619]

Großes Interesse hegte Kurt Hahn auch an den englischen Public Schools und sah hier die Gestaltung der Schule als Gemeinschaft und die Integration der Willensschulung und Körperlichkeit in das Erziehungskonzept. Inspiriert von diesem Erziehungsansatz wollte Kurt Hahn eine derartige Schule auch in Deutschland realisieren.

Bedingt durch seine körperliche Verfassung (schwerer Sonnenstich, der mehrere Kopfoperationen nach sich zog)[1620] galt er als kriegsuntauglich und arbeitete während des Ersten Weltkriegs – nach seinem Studium in Philosophie- und Philologie-Studium u.a. in Oxford – in der Zentralstelle des Auswärtigen Amtes, später in einem politischen Referat. Dort kam er mit zahlreichen Personen in Kontakt, u.a. auch mit dem Reichskanzler Prinz Max von Baden (1867–1929), dessen Vertrauter und Privatsekretär er wurde. Politisch engagierte er sich mit Vorträgen auf unterschiedlichen Friedenskonferenzen, verfasste Denkschriften und Reden, übernahm redaktionelle Arbeiten und hoffte auf einen Verständigungsfrieden. Hierzu forderte Hahn eine „heilende Staatskunst". Im Jahr 1919 wurde die „Heidelberger Vereinigung" gegründet, eine Arbeitsgemeinschaft, in der u.a. Prinz Max von Baden, Robert Bosch, Max Weber und auch er sich aktiv für einen Verständigungsfrieden einsetzten. Die Alleinschuld der Deutschen am Weltkrieg bestritten diese und plädierten für einen gerechten Friedensschluss, der sich für sie nicht im Versailler Vertrag widerspiegeln sollte.[1621]

1618 vgl. Michl 2006. S. 84f.

1619 vgl. Fischer/Ziegenspeck 2008.

1620 vgl. Thiesen 2006, S. 93.

1621 vgl. Knoll 2001, S. 65–76. URL (2018).

Nach dem Ende des Ersten Weltkrieges analysierten Prinz Max von Baden und Kurt Hahn die Ursachen, die zum Krieg und letztlich zum Versailler Vertrag führten. Kurt Hahn sah als eine wesentliche Ursache die Unmündigkeit, Verantwortungslosigkeit und Unfähigkeit der Menschen, friedlich miteinander zusammen zu leben und zu kooperieren.

Die Kritik an der „Buchschule" wurde von vielen Reformpädagogen im ausgehenden 19. Jahrhundert/beginnenden 20. Jahrhundert laut.[1622] Es wurde die Kind- und Jugendgemäßheit der damaligen Schul- und Unterrichtsgestaltung („Kritik am Herbartianismus") sehr kritisch betrachtet und die fehlende Lebensnähe beklagt, ja letztlich der Bildungswert von schulischem Unterricht infrage gestellt. Die Klagen über die Schule scheinen so alt zu sein, wie die Schule selbst. Bereits Platon beklagte in der Politeia, dass Zwang und Gewalt der Seele und dem Erkenntnisgewinn abträglich seien.[1623] Die Liste der Schulkritiker lässt sich über Augustinus (354–430), Erasmus von Rotterdam (1469–1536), Philipp Melanchthon (1497–1560), Johann Amos Comenius (1592–1670), Jean-Jacques Rousseau (1712–1778), Johann Heinrich Pestalozzi (1746–1827) fortführen, um nur einige ausgewählte Namen an dieser Stelle anzuführen.

Im Jahr 1920 erhält Kurt Hahn durch Prinz Max von Baden die Möglichkeit, in dem ehemaligen Zisterzienserkloster in Salam seine Internatsschule zu gründen und hier seine pädagogische Vision zu verwirklichen. Diese Schule leitete Kurt Hahn von 1920 bis 1933, bis er aufgrund seines Widerspruchs zum Nationalsozialismus Deutschland verlassen musste und in Gordonstoun die British Salem School gründete.

In Aberdovy/Wales realisierte er 1941 seine Idee der Kurzschulen, wodurch er mehr jungen Leuten aus verschiedenen sozialen Schichten und Ländern die Chance geben wollte, durch Herausforderungen in der Natur und in einer Gemeinschaft Jugendlicher ihre Persönlichkeit zu bilden. Der metaphorische Begriff „Outward Bound", was in der Seemannssprache so viel bedeutet, wie *ein Schiff klar zum Auslaufen zu machen*, versinnbildlicht, dass er junge Leute fit für den Aufbruch ins (Erwachsenen-)Leben machen wollte.

Zahlreiche Schulgründungen sollten folgen. Nach dem Zweiten Weltkrieg entwickelte Kurt Hahn in Kooperation mit hochrangigen Vertretern aus Adel, Politik und Wirtschaft weitere Konzepte, die zunehmend international, auf Frieden und die politische Verantwortung der Gemeinschaft ausgerichtet sind:

- Outward Bound Schools/Kurzschulen (seit 1933),

1622 vgl. Skiera 2010, S. 30ff.
1623 vgl. ebd., S. 31.

- Duke of Edingburgh's Award (ab 1956),
- United World Colleges (ab 1962).

Schließlich entstanden zu Ehren von Kurt Hahn die Round Square Conference Schools (seit 1966), ein Verbund von gegenwärtig 150 Schulen in 40 Ländern[1624], die die Ideale der Weltoffenheit, der Demokratie, des Umweltbewusstseins, des Dienstes am Mitmenschen, der Ausbildung von Führungsqualitäten, der Persönlichkeitsförderung durch Abenteuer verfolgen.[1625]

Trotz durchaus auch kritischer Stimmen[1626] ist das Konzept von Kurt Hahn auch heute noch aktuell und findet weltweite Verbreitung.[1627]

In der Gesellschaft diagnostizierte Kurt Hahn seinerzeit Verfallserscheinungen, die er auch in den öffentlichen Schulen und der familiären Erziehung seiner Zeit nicht kompensiert sah[1628]:

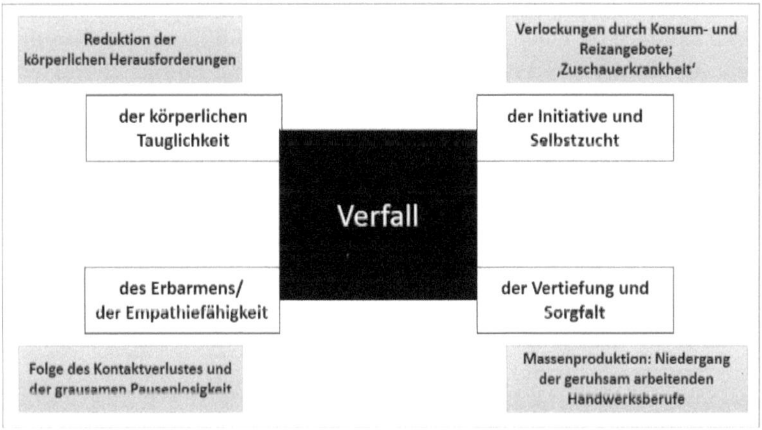

Abb. 53: Verfallserscheinungen nach Kurt Hahn[1629] (eigene Grafik, – vgl. auch Michl 2015, S. 26ff.)

1624 vgl. Website Round Square. URL (2015).
1625 vgl. Website Schule Schloss Salem 2015. URL (2015).
1626 vgl. Knoll 2001, S. 65-76. URL (2018).
1627 vgl. Fischer/Ziegenspeck 2008, S. 252–256.
1628 vgl. Raithel/Dollinger/Hörmann 2009, S. 211; Michl 2006, S. 83–91.
1629 vgl. Hahn 1957. URL (2015).

Eine Visualisierung bietet die Abbildung 53 an, die nachdenklich stimmen mag.

Kurt Hahn sah somit den technisch-wirtschaftlichen Fortschritt durchaus kritisch und interpretiert ihn nicht im Sinne einer steten Höherentwicklung der Menschheit. Vielmehr sah er die Pädagogen und Staatsmänner in der Verantwortung, ein zeitgemäßes Bildungskonzept zu entwickeln und verlangte nach einer „heilenden Staatskunst". Ziel war es, eine zukünftige Führungselite hervorzubringen, die sich nicht mehr (allein) aufgrund ererbter Privilegien auszeichnete, sondern durch ein hohes Maß an Charakter- und Willensbildung und in der Lage sein wollte, Verantwortung für die Gemeinschaft zu übernehmen und Vorbild zu sein. „Erziehung zur Verantwortung"[1630] sollte sein pädagogisches Vermächtnis werden.

Gerade für das Jugendalter beklagt er den Mangel an Erfahrungen und bedeutungsvollen Erlebnissen. Kurt Hahn zweifelt die Fähigkeit der Eltern an, den Kindern im Jugendalter eine Erziehung und Bildung zuteilwerden zu lassen, die sie vor den Verfallserscheinungen schützt und zu charakterstarken Menschen macht, die sich politisch einbringen können. Insbesondere die Rolle des Vaters als Erzieher sah er sehr kritisch, da der tüchtige Vater, den er der Kindererziehung für würdig ansah, durch seinen Beruf gebunden sei und jene Väter, die Zeit haben, meist selbst nicht tüchtig seien.[1631]

Kritik übte er an den bestehenden staatlichen Schulen, da reine Wissensvermittlung[1632] ohne jegliche Persönlichkeitsentwicklung und Charakterbildung betreiben würden.[1633] Die Stadt erschien ihm auch nicht der geeignete Ort, um Heranwachsende zu starken Persönlichkeiten heranzubilden.[1634]

Aus heutiger Sicht muten die Verfallserscheinungen, wie sie Kurt Hahn seinerzeit wahrnahm, erstaunlich aktuell an:[1635]

- Kurt Hahn beklagte den „Verfall der Fitneß und körperlichen Tauglichkeit"[1636], den er auf die modernen Transporttechniken und die fehlende

1630 Hahn 1958.

1631 vgl. Hahn 1928/1998, S. 124–147; Knoll 2001, S. 65–76. URL (2018); Hahn 1928/1986, S. 32–51.

1632 vgl. Hahn 1957. URL (2015).

1633 vgl. Lausberg 2007, S. 24.

1634 vgl. Fischer/Ziegenspeck 2008, S. 230.

1635 vgl. BMFSFJ 2009. Bös 2007. URL (2018); Michl 2006, S. 85f.; http://www.bundesregierung.de/Content/DE/Magazine/MagazinSozialesFamilieBildung/065/sc-bewegte-kinder.html (22.10.2015); Robert Koch-Institut 2008, S. 77. URL (2019).

1636 Hahn 1962, S. 301f., Knoll URL (2018).

körperliche Herausforderungen zurückführte. Verwies er einst auf die Straßenbahnen, so beklagen heute viele Schulen das „Elterntaxi", d.h. den Umstand, dass Eltern ihr Kind regelmäßig mit dem Auto zur Schule fahren.

- Insbesondere in den 1990er-Jahren werden der Bewegungsmangel und der Rückgang motorischer Fertigkeiten bei Kindern öffentlich und medial beklagt[1637] und bildungspolitisch kommt die Forderung nach einer bewegungsfreudigeren (Grund-)Schule auf.[1638] Es wird von einem Zusammenhang zwischen der motorischen und der kognitiven Entwicklung ausgegangen. Doch muss an dieser Stelle auf eine durchaus widersprüchliche und weniger eindeutige Forschungslage verwiesen und es kann keineswegs von einfachen Kausalzusammenhängen ausgegangen werden.[1639] Heute wird die Forderung einer bewegungsfreudigeren Schule im Kontext der Forderung nach einer jungengerechten Pädagogik wieder aufgegriffen. Kernfrage ist hierbei, welchen Beitrag die Schulgestaltung an der tendenziell höheren Rate an Jungen, die als verhaltensauffällig diagnostiziert werden und negative Schulkarrieren aufweisen, trägt.[1640] Einige Forscher führen hier die Feminisierung des Bildungswesens und die fehlende Passung der Schulgestaltung an die Bedürfnisse der Jungen als eine Ursache an.[1641] Dabei wird insbesondere die fehlende Bewegung beklagt.
- Den Verfall des Mitgefühls und der menschlichen Anteilnahme sah Kurt Hahn durch die Beschleunigung und Hast des modernen Lebens begünstigt. Dies führe dazu, dass der Mensch die Dinge nur noch flüchtig erlebt und ein Erlebnis das nächste jage.[1642] Gewaltprävention und die Förderung

1637 vgl. Schöps 1997. URL (2015); Kahl 1992; Kahl 1996.

1638 vgl. Krause-Sauerwein 2014, S. 10.
Der Schweizer Sportpädagoge Urs Illi prägte in den 1980er-Jahren den Terminus „Bewegte Schule", der dann auch in Deutschland Einzug in den Diskurs hielt. (vgl. Schraml 2009. URL (2015); weiterführende Literatur: Illi/Breithecker/Mundigler 1998; Illi 1995, S. 149–155.

1639 vgl. LIS-Landesinstitut für Schule 2002, S. 6ff. URL (2015; 2018); Krause-Sauerwein 2014, S. 4. URL (2015).

1640 Kuhn 2008, S. 49–71.

1641 vgl. Kuhn. 2008, S. 49–71.

1642 vgl. Güntner 1987. URL (2015). Bericht/paedagogik/erlebnispaedagogik/korsika/erlebnispaed.htm (24.10.2015).

von sozialen Kompetenzen gehören heute zu den Aufgaben der Schule und spiegeln sich in den Schulprofilen und Schulentwicklungsprozessen wider. Nicht zuletzt wurde die These, einer zunehmenden Verrohung und Brutalisierung der Jugend zu einem kontroversen Diskussions- und Forschungsthema.[1643]

- Der aufkommenden industriellen Massenproduktion und dem Bedeutungsschwund des Handwerks stand Kurt Hahn sehr kritisch gegenüber. Mit dem Handwerk assoziierte er Geruhsamkeit und vor allem Sorgsamkeit. Auch für Georg Kerschensteiner (1854-1932) und seiner Idee der Arbeitsschule stellt die praktische, handwerkliche Arbeit einen Katalysator für die Heranbildung von Sachlichkeit und einer sittlichen Persönlichkeit dar.[1644] Das Wechselspiel zwischen geistiger und manueller Arbeit ist hier zentral und Bezüge zur Projektarbeit nach John Dewey und William Hurt Kilpatrick werden deutlich, wobei Kurt Hahn sich mehr an dem Dalton-Plan von Helen Parkhurst (1886-1973)[1645] anlehnt.
  In der heutigen Konsumgesellschaft verliert der Mensch sehr leicht die Wertschätzung vor den Produkten und den Menschen, die sie herstellen. Der Zusammenhang zwischen dem tatsächlichen Wert eines Produktes und dem Marktwert ist z.T. abstrus geworden, das Renommee eines Labels bestimmt nicht selten in höherem Maße den Preis als die tatsächlichen Produktionskosten. Inzwischen gibt es landläufig den Begriff der „Wegwerfgesellschaft", die die Nachhaltigkeit vernachlässigt und blindlings konsumiert.
- Den „Verfall der Initiative" und die „Spektatoritis" (Zuschauerkrankheit) beklagte Kurt Hahn[1646] und vor Selbigem wird auch heute gewarnt. Insbesondere der Mangel an Zivilcourage und die Behinderung von Rettungseinsätzen durch „Zuschauer" werden regelmäßig in den öffentlichen Medien beklagt.[1647] Kriminologische und vor allem pädagogische Ansätze zur Förderung der Zivilcourage und gegen rassistisches Gedankengut sind nach wie vor aktuell. Nicht nur die Polizei setzt diesbezüglich auf

1643 vgl. Lamnek 1995; Böttger 1996. URL (2015).

1644 vgl. Kerschensteiner 1912/2002.

1645 Weiterführend geeignet für erste Informationen zu Parkhurst: Eichelberger o.A. URL (2017).

1646 vgl. Hahn 1962, S. 301f.; Knoll 2001. URL (2018).

1647 vgl. Schwind/Roitsch/Gielen 1998.

Öffentlichkeitsarbeit und Trainings[1648], sondern auch im Kontext der Friedenspädagogik werden Konzepte erarbeitet und multipliziert.[1649] Die Zuschauerkrankheit und die fehlende Initiative werden heute vor dem Hintergrund von Gewaltdarstellungen in den Medien diskutiert.

Allein anhand dieser wenigen Verweise wird deutlich, dass die „Verfallserscheinungen", die Kurt Hahn in der Gesellschaft seiner Zeit zu erkennen glaubte, bis heute anzutreffen sind und sich durch neue Technologien, die Mediatisierung und Globalisierung noch weiter verschärft haben.

Den Verfallserscheinungen setzt Kurt Hahn seine Idee der Erlebnistherapie entgegen, die er bis Ende der 1930er-Jahre entwickelte. Diese fordert den ***ganzen*** Menschen in der Natur und Gemeinschaft und findet heute u.a. im „Internationalen Jugendprogramm" ihre Fortführung. Das Erleben wird hierin zur zentralen persönlichkeitsbildenden Kategorie.

Kurt Hahn fasst sein Kindheitsbild und seine Erziehungsvorstellung prägnant zusammen:

> „Unsere Losung heißt: Es ist Vergewaltigung, Kinder in Meinungen hineinzuzwingen, aber es ist Verwahrlosung, ihnen nicht zu Erlebnissen zu verhelfen, durch die sie ihrer verborgenen Kräfte gewahr werden können. Das ist um so nötiger, je weniger die moderne Umwelt die heranwachsende Jugend zu heilsamen Betätigungen ermutigt."[1650]

Zentrale Elemente seiner Erlebnistherapie, die sich auch in der Konzeption des Internats Schloss Salem widerspiegeln, sind:

1648 vgl. Website der Aktion „Tu was". URL (2015).

1649 vgl. Meyer/Dovermann/Frech/Gugel 2004;v. Carlsburg/Dammer/Wehr 2011.

1650 Hahn 1957, S. 2. URL (2015).

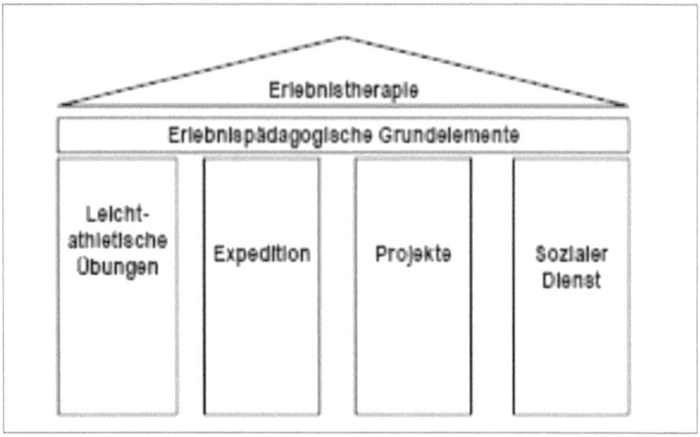

Abb. 54: Grundsäulen der Erlebnistherapie[1651] (später erweitert um eine fünfte Säule „Selbstzucht", die den Verzicht jedweder Drogen wie Alkohol, Nikotin etc. beinhaltet)

Kurt Hahn setzt regelmäßige **leichtathletische Übungen** und das Element des Sports dem Verfall der körperlichen Tauglichkeit entgegen. Zugleich impliziert der Sport ein Mittel der Förderung von sittlichem Verhalten, der Selbstdisziplin und Selbstüberwindung, der Willensstärke und Charakterbildung. Sport – insbesondere Mannschaftssport – sollte eine große Rolle in der Erziehungskonzeption von Kurt Hahn spielen. Wie schon in der Antike die Auffassung vertreten wurde, dass nur in einem gesunden Körper ein gesunder Geist wohne, war Kurt Hahn auch die Gesundheitserziehung und Hygiene sehr wichtig. Drogen, Alkohol- und Zigarettenkonsum waren ein Tabu und mehrmaliges Duschen am Tag gehörte dazu. Der Verzicht auf „Konsum- und Reizmittel" sollte der Kategorie der Selbstüberwindung dienen, die Initiativkraft sowie das Mitgefühl lebendig halten. An dieser Stelle sei aber auch erwähnt, dass Kurt Hahn eine restriktive Sichtweise gegenüber jugendlicher Sexualität vertrat und daher die Jugendlichen körperlich und geistig auslasten wollte.[1652]

Die **Expedition** setzt an der Abenteuerlust der Jugendlichen an und soll ihnen eine **intensive Erfahrung in und mit der Natur- und Gemeinschaft** ermöglichen. Wichtig war ihm hierbei, dass die Jugendlichen die Expedition

1651 vgl. Website des Duke of Edingburgh's International Award 2006/2009. URL (2018); Website Outward Bound Geschichte. URL (2017).

1652 vgl. auch: Heinemann 2011 URL (2017).

selbstständig planen und Verantwortung übernehmen sollten. Dabei war es notwendig, auf das schwächste Glied der Gemeinschaft Rücksicht zu nehmen und mit unvorhergesehenen Situationen umzugehen. Ziel war es, die Kräfte herauszufordern und eine gemeinsame Aktion umzusetzen.

Die **Projekte** dienten dazu, eine „grande passion" zu entwickeln. Kurt Hahn sah es als äußerst bedeutsam, dass Jugendliche eine Leidenschaft entwickeln, d.h. Interesse an etwas finden und sich in etwas vertiefen können. Dieses Element sollte einen Beitrag gegen den Verfall der Sorgsamkeit leisten. Zeit zu haben, sich in eine Sache zu vertiefen und sich über einen längeren Zeitraum damit zu beschäftigen, ist hierbei fundamental.

Herzstück seines Konzeptes war die **Idee des „Sozialen Dienstes"**, in dem er das „moralische Äquivalent" zum Krieg sah. Wichtig war ihm hierbei, dass der ganze Mensch erfasst und berührt wird und erleben darf, dass er gebraucht wird und etwas bewirken kann.[1653] In heutiger Sprache wurde hier der Begriff der Selbstwirksamkeit angeführt werden können. Die Charakterbildung implizierte hier, Verantwortung für andere Menschen übernehmen zu können. Diese Idee setzte Kurt Hahn am prägnantesten in Gordonstoun, in der British Salem School (gegründet 1934), mit dem Seenotrettungsdienst um.[1654] Mit den Jugendlichen wurde die Küstenwache und Seenotrettung realisiert. Diese Aktivitäten stellten ein intensives Erlebnis mit *Ernst*charakter dar und forderten den ganzen Menschen in der Gemeinschaft heraus. Kurt Hahn machte sich hierzu die Abenteuerlust des Jugendalters für die Persönlichkeitsbildung und Charaktererziehung zunutze. Durch den Ernstcharakter und das Risiko war es wichtig, sich auf die Gemeinschaft verlassen zu können. Die Jugendlichen konnten so über sich hinauswachsen, mussten im Extremfall aber auch mit Niederlagen oder durchaus dramatischen Situationen umgehen. So wundert es nicht, dass bis heute in Salem das Credo[1655] gilt: „Plus est en vous! – Es steckt mehr in dir, als du glaubst!" Jugendlichen soll die Möglichkeit gegeben werden, ihre eigene Stärke zu erleben.

Zugleich impliziert der Rettungsdienst die Erfahrung der Verwiesenheit des Menschen auf den anderen Menschen. Zu erleben, dass man durch sein Eingreifen ein Leben retten kann und, dass es dabei auf *jeden* einzelnen im Rettungsteam ankommt, man gebraucht wird, bleibt nicht ohne Rückwirkung auf die

1653 vgl. Michl 2015, S. 28.
1654 vgl. Ziegenspeck/Fischer 2008, S. 247.
1655 vgl. Website Schule Schloss Salem. URL (2017).

persönliche Entwicklung. Es sind Grenzerfahrungen, nicht immer nur schöne, die der junge Mensch erlebt und an denen er wachsen soll.

Für die Idee der Dienste nutzte Kurt Hahn stets die regionalen Gegebenheiten des Schulstandorts: In den Bergen gab es die Bergrettung, an der See die Seenotrettung, im Inland die Jugendfeuerwehr oder soziale Dienste in der Gemeinde. Letztere sind sicherlich bedeutsam, stellen aber nur eine abgeschwächte Form des ursprünglichen, existenziellen Konzeptes dar.

Erst alle Elemente gemeinsam machen die Erlebnistherapie im Hahn'schen Sinne aus und sollen Jugendliche in der labilen Phase der Pubertät vor den Lastern der modernen Gesellschaft bewahren und den Verfallserscheinungen entgegenwirken.

Doch zunächst zu Salem und der Umsetzung erlebnistherapeutischer Elemente:

Durch die Gründung von Salem im Jahr 1920 erhält Kurt Hahn die Chance, hier seine pädagogische Vision auch praktisch umzusetzen. Kurt Hahn leitete die Internatsschule von 1920 bis 1933. Dann musste er aufgrund seines Widerspruchs zum Nationalsozialismus Deutschland verlassen und gründete in Gordontoun die „British Salem School", womit er seine Idee der Kurzschulen Gestalt verlieh.

Die Schule Schloss Salem, deren Standort dem **Konzept der „pädagogischen Provinz"**[1656] eines Landerziehungsheims entsprach, die zugleich aber auch eine konstruktive Verbindung zum Umland in der Traditionslinie des ehemaligen Zisterzienserkloster einging, hat bis heute als private (Internats-)Schule Bestand: die Unterstufe in Burg Hohenfels (bei Stockach), die Mittelstufe in Schloss Salem, die Oberstufe in Spetzgart und Härlen.[1657] Die ersten drei Standorte wurden durch Kurt Hahn selbst gegründet, als die Schülerzahlen in Salem expandierten. Sie sind wiederum pädagogisch durchdacht und begründet. Ein Anliegen Kurt Hahns war es, die Jugendlichen, die vielfach aus privilegierten Familien stammten, in Kontakt mit den Handwerkern des Umlandes zu bringen und so Wertschätzung und Verständnis der unterschiedlichen sozialen Schichten zu erzielen. Bis heute nehmen die Internatsschüler der Schule Schloss Salem in der achten Jahrgangsstufe verpflichtend an einer **Innung** teil und es gibt **zahlreiche Arbeitsgemeinschaften**. Ziel ist es, die Grundkenntnisse in einem Handwerk zu erwerben.[1658] Aktuell wurden jedoch – aufgrund sinkender

---

1656 Dieser Begriff verweist auch auf Johann Wolfgang von Goethe und sein Werk „Wilhelm Meisters Wanderjahre", aus dem Jahr 1795/1796.

1657 vgl. Website Schule Schloss Salem. URL (2015e).

1658 vgl. Website Schule Schloss Salem. URL (2018c); Website Schule Schloss Salem. URL (2015b); Website Schule Schloss Salem. URL (2015c).

Schülerzahlen – die Unter- und Mittestufe zusammengelegt und sind im Schloss Salem untergebracht.[1659]

In den „Sieben Salemer Gesetzen“[1660], die bis heute durchaus noch Gültigkeit haben, spiegelt sich Kurt Hahns Erziehungs- und Bildungskonzeption wider.

Diese pädagogischen Grundgedanken betonen die Rolle der Selbsterfahrung in der Gemeinschaft, aber auch die Fähigkeit, die eigene Person hinten anstellen zu können.

Die Schule Schloss Salem wurde im Sinne eines **aristokratischen Schulstaates**[1661] konzipiert, in dem die Schüler und Schülerinnen Verantwortung für ihr eigenes Tun und für die Gemeinschaft übernehmen müssen. Eine Idee hierbei ist es, dass Privilegien an persönlichen Einsatz, integres Verhalten und Pflichten gebunden sind, die sich die Jugendlichen erarbeiten müssen. Im Grunde baut er hierarchische Strukturen auf, die auf Verantwortung und charakterlicher Verpflichtung beruhen sollen. Pflicht, Verantwortung und Disziplin sind zentrale Strukturelemente, um aus den Jugendlichen Erwachsene zu machen, die fähig und gewillt sind, politische Verantwortung zu übernehmen und sich gesellschaftlich zu engagieren.
Für das Jugendalter erachtete Kurt Hahn die **Förderung einer „Grande Passion“** für sehr bedeutsam. Hierzu erhielten die Jugendlichen in Salem an den Samstagen Zeit, an einem selbstgewählten Projekt zu arbeiten und dies mit Leidenschaft zu verfolgen.

> „Unter Aristokratie verstand Hahn indes nicht einfach die durch Geld, Abstammung und Ansehen Privilegierten, sondern idealerweise eine klassen- und nationenübergreifende ‚Aristokratie der Hingabe‘, die immer und überall Initiative zu ergreifen und soziale Verantwortung zu übernehmen weiß.“[1662]

Obgleich die Internatsschule Schloss Salem heute in der Öffentlichkeit als Eliteinternat – mit Schulgeld zwischen 33.900 und 36.420 Euro pro Jahr[1663] – tituliert wird, war es von Kurt Hahn nicht als exklusive Schule gedacht. Die Schule sollte stets auch für begabte Schüler/innen des Umlandes offen sein und bis heute gibt es Stipendienplätze für Salem; circa ein Viertel aller Schüler sind heute Stipendiaten[1664]. Zugleich ist anzumerken, dass die Zimmer der Jugendlichen in Salem

---

1659 vgl. Deck 2016, URL (2018).

1660 vgl. Website Schule Schloss Salem. URL (2015d); Website Schule Schloss Salem. URL (2018d).

1661 vgl. Fischer/Ziegenspeck 2008, S. 228.

1662 Knoll 2001, S. 65–76. URL (2018).

1663 vgl. Website Schule Schloss Salem. URL (2015f).

1664 vgl. Website Schule Schloss. URL (2015g).

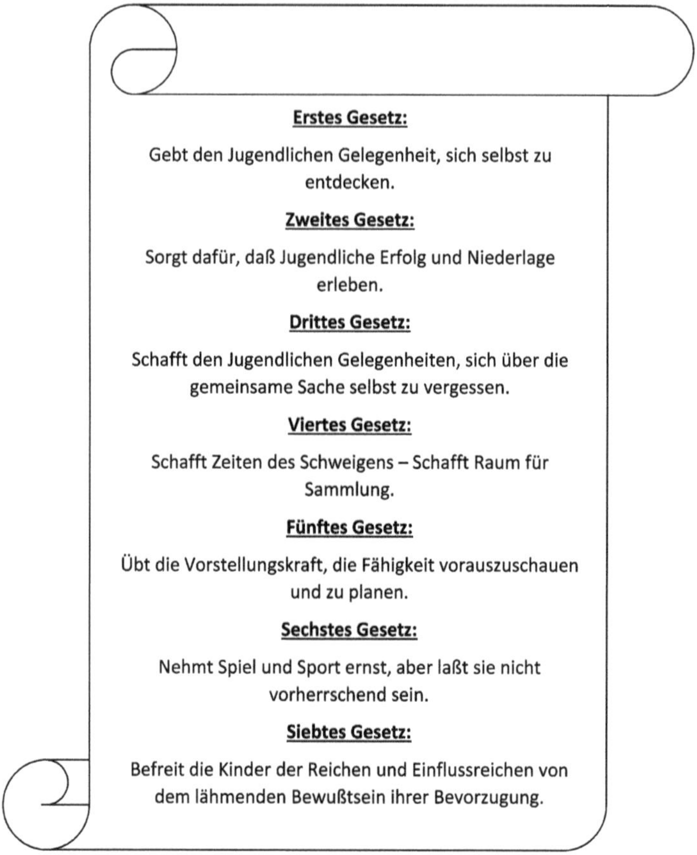

Abb. 55: Grundprinzipien der Charakterbildung in Salem (eigene Darstellung, nach: 1930. URL [2018]; Knoll 1998, S. 151–153).

als nicht gerade luxuriös zu bezeichnen sind und ein **stark strukturierter Tagesablauf** vorliegt. Der Tag in der Mittelstufe beginnt bis heute um 6.30 Uhr mit einem Morgenlauf und ist bis zur Nachtruhe (in der Mittelstufe um 22 Uhr) durchgetaktet. Freiräume gibt es in erster Linie bei der Auswahl der Nachmittagsaktivitäten aus dem breiten Angebot an sportlichen und handwerklichen Aktivitäten, wobei die Übernahme eines sozialen Dienstes verpflichtend ist.[1665]

1665 vgl. Website Schule Schloss Salem. URL (2015i).

Dabei ist anzumerken, dass Kurt Hahn innerhalb des strukturierten Rahmens auch freie Zeit fordert, in der die Jugendlichen sich in Dinge vertiefen konnten, die sie interessierten.[1666] Vor dem Hintergrund, dass viele der Jugendlichen aus begüterten und durchaus privilegierten Familien stammen, stellt der Internatsalltag durchaus eine Kontrasterfahrung dar.[1667] Statt für eine Ausweitung des akademischen Lernens sprach sich Kurt Hahn für eine Intensivierung des exemplarischen Lernens aus.[1668]

In Salem wird auch heute noch das **Element des sozialen Dienstes** verwirklicht, wobei dieser in der Wasserrettung auf dem Bodensee (nautischer Dienst), im Sozialdienst (Hausaufgabenhilfe, Nachmittagsprogramm für Kinder gestalten, Besuchsdienst im Alten- oder Behindertenheim), im Nachhaltigkeitsdienst (ökologischer Dienst/Klima- und Umweltschutz), Internationalitätsdienst (Integration von Austauschschülern) oder auch dem Musikdienst zur Auswahl stehen. Ferner gibt es eine eigene Schulfeuerwehr. Alle Dienste wirken ins Umland hinein.[1669] Bis heute wird die Prämisse des Ernstcharakters umgesetzt, wie sich am Einsatz und Engagement Salemer Schüler beim Flugzeugunglück von Überlingen[1670] zeigte.[1671] Derartige Einsätze können prinzipiell durchaus auch traumatischen Charakter haben, der Ernstcharakter meint hier eben keine Simulation, sondern das Leben selbst mit all seinen Widrigkeiten.

Im Unterschied zu heutigen Ansätzen, die in erster Linie ressourcenorientiert vorgehen und auf Erfolgserlebnisse setzen, fordert Kurt Hahn die Selbstdisziplin des Jugendlichen heraus. Insbesondere im Bereich des Sports ging es ihm nicht um die Professionalisierung der Lieblingssportart, sondern Sport diente der körperlichen Ertüchtigung, der Willensstärkung und dem sozialen Lernen. Mannschaftssportarten waren ihm hierbei wichtig, wie auch gezielt die Arbeit

1666 vgl. Hahn 1957, S. 6. URL (2015).

1667 vgl. Reichwein 2011. URL (2015).

1668 vgl. Hahn 1957, S. 6. URL (2015).

1669 vgl. Website Schule Schloss Salem. URL (2015j).

1670 Im Jahr 2002 kam es zur Kollision zweier Flugzeuge, einer russischen Passagiermaschine und einer Frachtmaschine. Bei dem Absturz kamen 71 Menschen ums Leben, darunter 49 russischen Kinder, die aufgrund ihrer herausragenden Schulleistungen mit einem Flug nach Barcelona belohnt werden sollten. Die herabstürzenden Trümmerteile lösten Brände aus und die Leichen und Trümmerteile waren über 30 km^2 verstreut. Unter Kritik stand die Flugsicherung, ein der fahrlässigen Tötung für schuldig befundener Fluglotse wurde später von einem Angehörigen der Opfer getötet.

1671 vgl. Website Schule Schloss Salem. URL (2015k).

an den eigenen Schwächen, die Fairness im Spiel und die Haltung bei Sieg und Niederlage. Zudem waren die Jugendlichen auch für die Wartung der Sportgeräte verantwortlich.

Im Alltag integrierte Kurt Hahn in seinem Internatsalltag die leichtathletischen Übungen in den Unterrichtsalltag. Die Ausübung verschiedener Sportarten hatte eine gesundheitserzieherische Funktion und diente der Willensstärkung.

Bis heute spielen der Sport und die körperliche Ertüchtigung eine große Rolle in Salem. Den Jugendlichen wird ein breites Angebot aus unterschiedlichen Sportarten zur Verfügung gestellt. Traditionell gehört Hockey zu den Mannschaftssportarten. Heute kommen Mannschaftssportarten wie Basketball, Rugby, Fußball, Volleyball, Badminton, Individualsportarten wie Schwimmen oder Laufen zum Angebot hinzu, das durch weitere neuere AG-Angebote, die von Aerobic, Fitness bis hin zu Fechten, Golf, Klettern oder Segeln reichen, erweitert wird. Neben dem regulären Schulsport ist es obligatorisch, zumindest einen weiteren Sportkurs zu belegen.[1672]

Zum heutigen Curriculum in Salem gehören die „Salem Outdoor Activities" (erlebnispädagogische Aktivitäten).[1673]

Die Schule Schloss Salem ist heute ein international ausgerichtetes Internat/Privatschule. Als eines der vielfältigen Angebote ist auch ein einwöchiges politisches Planspiel – „Model United Nations" (MUN) – über eine Sitzungsperiode der Vereinten Nationen implementiert.

Am Salem International College findet sich eine eigene demokratische Verfassung und dezidierte Vorgaben, die das Zusammenleben aller in der Gemeinschaft regeln.[1674] Obgleich der Konsum von Alkohol nach dem 16. Lebensjahr nicht verboten ist, ist er reglementiert und Verstöße werden sanktioniert. Rauchen ist bis zum 18. Lebensjahr tabu. Die Zeiten der Nachtruhe sind festgelegt und die Einhaltung ist zur „Sicherung von Gesundheit und Arbeitsfähigkeit" obligatorisch.[1675] Allerdings wird dies unter der neuen Leitung nicht mehr auf entsprechenden Websites herausgestellt.

Grundsätzlich darf nicht übersehen werden, dass jede Institution bestimmte Ziele und Leitlinien verfolgt, sich aber auch nicht intendierte und „heimliche" Wirkungen entfalten. Die Konzeption von Salem ist bei verschiedenen Erziehungswissenschaftlern und Pädagogen durchaus nicht

---

1672 vgl. Website Schule Schloss Salem. URL (2015l).
1673 Vgl. Website Schule Schloss Salem. URL (2015m).
1674 Vgl. Website Schule Schloss Salem: Leitfaden College URL (2015o).
1675 Vgl. Website Schule Schloss Salem: Leitfaden College 2014, S. 11. URL (2015o).

unumstritten, manche beklagen, es sei eine paramilitärische Anstalt und kritisieren insbesondere die Auffassungen zur Disziplin[1676] des ehemaligen Leiters der Schule, Bernhard Bueb (*1938).[1677] Im Kern ist es die alte Kant'sche Frage „Wie kultivire ich die Freyheit bei dem Zwange?",[1678] die angesichts der Schuld im Dritten Reich (Bildungs- und Erziehungsfrage nach Auschwitz) nach wie vor Brisanz hat.

Kurt Hahn wird heute als Ahnherr der modernen Erlebnispädagogik betrachtet. Bei genauerem Hinsehen erfüllen aber nicht alle erlebnispädagogischen, oftmals kommerziellen Angebote die Kriterien, um der Erlebnistherapie wirklich gerecht zu werden. Es werden meist einzelne Elemente herausgelöst und isoliert „eingekauft". Als Beispiel ließe sich hier der private Besuch eines Hochseilgartens anführen.

Dabei spielt zum einen der zeitliche Rahmen eine bedeutsame Rolle (die Kurzschulen Kurt Hahns gingen über drei bis vier Wochen), zum anderen aber auch der Ernstcharakter und das gesamte pädagogische Konzept, das dahinter stand. Die Erlebnistherapie lebt vom Zusammenspiel aller Elemente: der Expedition, des Sports, des Projekts und des Dienstes am Nächsten. Die Abenteuerlust des jungen Menschen wird in einen pädagogischen Kontext gestellt und der Nervenkitzel ist kein Selbstzweck!

Gleich ist verschiedenen erlebnispädagogischen Ansätzen, dass es zumeist um die Konfrontation mit eigenen Grenzen geht, vielfach um Herausforderungen in der Natur (anders bei „Citybound") und in Gemeinschaft. Dem Erleben wird persönlichkeitsbildendes Potenzial – insbesondere auch im Hinblick auf die sozialen Kompetenzen und das Selbstvertrauen – zugesprochen.

1676 Bueb 2007.

1677 vgl. Brumlik 2006; Ortmeyer 2008. URL (2015).

1678 Kant 1803, S. 27. URL (2017), vgl. hierzu auch den Beitrag von Giesinger 2011, S. 259–270. URL (2015).

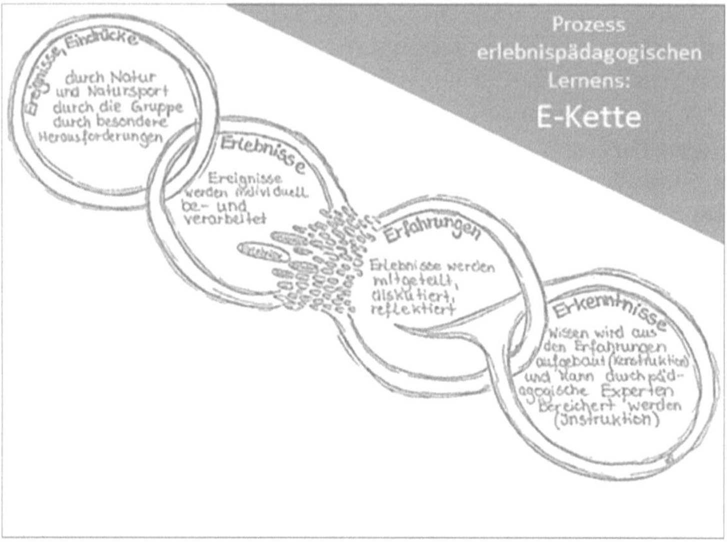

Abb. 56: Die E-Kette. Vom Eindruck bis zur Erkenntnis (Quelle der Abbildung Kette: Michl 2015, S. 11)

Dabei ist zu bedenken, dass ein Erlebnis durchaus subjektiven Charakter hat und zugleich die Inszenierung von Erlebnissen Bestandteil des (Freizeit-)Marketings ist.[1679]

Wichtig ist, dass ein Ereignis erst durch die subjektive Wahrnehmung und individuelle Verarbeitung zu Erfahrungen werden, die reflektiert und verbalisiert werden können und so zu Erkenntnissen werden.[1680]

Während heutige Ansätze der Erlebnispädagogik sich sehr stark auch mit der Problematik des Transfers auseinandersetzen und die pädagogisch geleitete Reflexion als zentralen Moment erlebnispädagogischer Maßnahmen hervorheben, setzt sich Kurt Hahn hiermit nicht explizit auseinander. Daraus aber den Rückschluss zu ziehen, dass keine Reflexion stattfand, wäre sicherlich falsch. Im Kontext der Gemeinschaft und des Internatslebens ist ein sozialer Kommunikationsraum gegeben und bei einschneidenden Erlebnissen kann durchaus auch von einem natürlichen Gesprächs- und Reflexionsbedürfnis der Jugendlichen

1679 vgl. Freericks/Hartmann/Stecker 2010, S. 61, S. 187ff.
1680 vgl. Heckmair/Michl 2008, S. 108.

ausgegangen werden. Bis heute gibt es unterschiedliche Modelle und Auffassungen zum Wechselspiel zwischen Aktion und entsprechender Reflexion.[1681] Diese reichen von der Position reinen Handlungslernens über kommentiertes Handlungslernen bis hin zum indirekt-isomorphen Handlungslernen, bei dem der Trainer die Gruppe bewusst in eine Situation bringt, in der sich die gleichen Schwierigkeiten wie im Alltagsleben widerspiegeln, die dann bearbeitet werden können.[1682] Ausschlaggebend ist hierbei nicht nur die Zielgruppe, sondern auch, welche Funktion die erlebnispädagogische Aktivität haben soll: Freizeit und Erholung, Bildung, Training, Therapie.[1683]

In der heutigen Diskussion um die nachhaltige Wirksamkeit erlebnispädagogischer Maßnahmen in der Jugendhilfe, gibt es unterschiedliche Ansätze und Positionen zur Frage des Transfers. Insbesondere erlebnispädagogische Maßnahmen im Kontext der intensiven sozialpädagogischen Einzelbetreuung (§ 35 des Kinder- und Jugendhilfegesetzes [SGB VIII]) wurden durchaus öffentlich kritisch betrachtet.[1684] Des Weiteren müssen sich natursportliche erlebnispädagogische Aktivitäten der Frage nach der ökologischen Verträglichkeit durchaus kritisch stellen. Die Nutzung möglichst ursprünglicher Naturräume zu pädagogischen Zwecken kann die Frage nach dem Umweltschutz nicht aussparen.

Die historischen Entwicklungslinien und Grundlagen des Erfahrungslernens haben Torsten Fischer und Jörg W. Ziegenspeck ausführlich dargelegt und kritisch reflektiert. Inzwischen zählen weit mehr als 50 Persönlichkeiten als Wegbereiter der Erlebnispädagogik.[1685]

Erlebnispädagogische und erfahrungsorientierte pädagogische Ansätze werden als „Heilmittel" gegenüber den „Verfallserscheinungen" der modernen Zivilisation betrachtet. Ein weiter Bildungsbegriff, der sinnliches Erfahrungslernen, Körperlichkeit, Gemeinschaft einschießt, den ganzen Menschen berührt, wird dabei einer zunehmend technisierten Welt entgegengestellt, Langsamkeit der Beschleunigung, Versuch und Aktion der bloßen Theoretisierung und Verwissenschaftlichung.

Als Gegenkräfte gegen Verfallserscheinungen seiner Zeit wollte Kurt Hahn folgende Persönlichkeitsmerkmale fördern:

1681 vgl. ebd., S. 117ff.; ebd., S. 66–70.

1682 vgl. ebd., S. 120f.

1683 Priest (1994) differenzierte jene vier Bereiche als Programmtypen. (vgl. Heckmair/Michl 2008, S. 117).

1684 vgl. Hilbig/Hollweg (1999). URL (2015); Heckmair/Michl 2008, S. 143.

1685 Fischer/Ziegenspeck 2008, S. 11.

„Gemeinsinn; Fähigkeit zur präzisen Tatbestandsaufnahme; Fähigkeit, das als Recht erkannte durchzusetzen; gegen Unbequemlichkeiten und gegen Strapazen, gegen Gefahren, gegen Hohn der Umwelt, gegen Langeweile, gegen Skepsis und gegen Eingebungen des Augenblicks; Fähigkeiten des Planes; Fähigkeiten des Organisierens: Einteilung der Arbeiten, Leitung der Jüngeren; Fähigkeit, sich in ungewohnten Situationen zu bewähren; ... Sorgfalt: im täglichen Leben, bei der Erfüllung besonderer Pflichten, äußere Lebensgewohnheiten und Handlungsgeschicklichkeit, ... Praktische Arbeiten; Künstlerische Übungen; Leibesübungen: Kampfkraft, Zähigkeit, Reaktionsgeschwindigkeit."[1686]

Über die Bedeutsamkeit und Aktualität jener „Gegenkräfte" mag jeder Leser selbst durchaus kritisch reflektieren, denn zumindest hierzu sind wir Vertretern früherer Generationen verpflichtet.

Kurt Hahn entwarf ein Bildungs- und Erziehungskonzept, das die Freizeit produktiv in die Persönlichkeitsentwicklung einbezog.

Als Kritikpunkt könnte durchaus die Vereinnahmung des Menschen durch die starke Strukturierung und die Gesetzgebung und (heimliche) Sozialisation im Internatsleben angeführt werden. Die Freiheit der Person – so könnte die Kritik lauten – wird sehr stark reglementiert oder pädagogisch überformt. Auch eine tendenziell (jugend-)sexualitätsfreundliche Haltung mag ein Aspekt sein, der durchaus fragwürdig bewertet werden mag. Die Frage, wie viel Struktur und Anregungen, vielleicht auch Habitualisierungen (junge) Menschen auf dem Weg zu einem selbstbestimmten und verantwortlichen Umgang mit der freien Zeit benötigen, wird unterschiedlich beantwortet und ist sicherlich eine Kernfrage auch in der heutigen Diskussion über Freizeitbildung.

1686 Salemer Reifezeugnis: Salem 1990/Kurt Hahn Archiv Salem, zit. n. Fischer/Ziegenspeck 2008, S. 242.

7. Impulse zur Entwicklung einer reflexiven Freizeitbildung

7.1 Kulturelle Milieus, Freizeitgestaltung und Bildungschancen

Spätestens seit den PISA-Studien ist der Zusammenhang zwischen Bildungserfolg und sozialer Herkunft wieder ein öffentliches Diskursthema geworden. Die vielgerühmte Chancengleichheit, wie sie im Grundgesetz verankert ist, kann faktisch nur als Leitziel begriffen werden. Sich diesem immer weiter anzunähern ist letztlich eine politische und gesamtgesellschaftliche Aufgabe.

Auf der einen Seite bestehen in Deutschland durchaus gute Rahmenbedingungen: Jedes Kind hat das Recht und die Pflicht, eine Schule zu besuchen. Die öffentlichen Schulen in Deutschland kosten kein Schulgeld und die Eltern erhalten für ihre Kinder Kindergeld und es bestehen für sozialschwache Familien weitere Fördermöglichkeiten. Dennoch kommen Bildungsforschende wie Vanessa Engin zum dem Schluss:

> „In keinem anderen Industrieland sind die schulischen Leistungen so eng mit der Herkunft verknüpft wie in Deutschland, dies konnte anhand der PISA-Studien in dieser Arbeit bewiesen werden. (…) Sozial schwache Kinder und Kinder mit Migrationshintergrund sind immer noch die am stärksten benachteiligten Gruppen in Deutschland. (…) Mit Hilfe von Bourdieu konnte bewiesen werden, dass die Schule eine große Schuld an den Ungleichheiten trägt und dass das vorhandene oder nicht-vorhandene soziale, ökonomische oder kulturelle Kapital der einzelnen Familien eine große Rolle beim Erwerb von Bildungskompetenzen spielt.“[1687]

Diese Position findet sich auch regelmäßig in zahlreichen Presseartikeln wieder und wird als Argumentationslinie für den Ausbau von Gemeinschaftsschulen herangezogen, da insbesondere die Kritik an der Dreigliedrigkeit erfolgt und der zu geringen sprachlichen Förderung von Kindern mit nichtmuttersprachlichem Hintergrund.

International wie national wird die „Selektivität des deutschen Bildungssystems“ beklagt, die das „Humboldt'sche Bildungsideal“ konterkariert, nicht zuletzt vor dem Aktionsplan von Dakar der UNESCO[1688], in dem Strategien für

1687 Engin 2014, S. 78.
1688 vgl. Deutsche UNESCO-Kommission 2010. URL (2015).

eine inklusive Bildung verabschiedet wurden.[1689] Dabei bezieht sich Inklusion nicht – wie landläufig gedacht – nur auf die inklusiven Bildungs- und Teilhabemöglichkeiten von Menschen mit Behinderungen.

> „Die Erklärung von Jomtien (Thailand, 1990) über ‚Bildung für Alle', begründet eine allumfassende Vision: universeller Zugang zu Bildung für alle Kinder, Jugendliche und Erwachsene, sowie Förderung von Gerechtigkeit. Dies bedeutet, proaktiv Barrieren zu identifizieren, die sich vielen Menschen beim Zugang zu Lernmöglichkeiten stellen, und Ressourcen zu identifizieren, die nötig sind, um diese Barrieren zu überwinden.
> Inklusive Bildung ist ein Prozess, im Rahmen dessen jene Kompetenzen im Bildungssystem gestärkt werden, die nötig sind, um alle Lernenden zu erreichen. Folglich kann inklusive Bildung als Schlüsselstrategie zur Erreichung von „Bildung für Alle" gelten. Inklusion sollte als übergreifendes Prinzip sowohl die Bildungspolitik als auch die Bildungspraxis leiten, ausgehend von der Tatsache, dass Bildung ein grundlegendes Menschenrecht ist und die Basis für eine gerechtere Gesellschaft darstellt."[1690]

Die Tatsache, dass selbst mit einem emanzipatorisch geprägten Bildungsbegriff, wie er in den 1970er-Jahren populär wurde, die Chancengleichheit immer noch mehr Illusion denn Wirklichkeit bedeutete, beklagten u.a. Pierre Bourdieu und Jean-Claude Passeron (1964) in ihrem Werk „Les hérities: les étudiants et la culture", Paris: Les Éditions de Minuit.[1691]

Der französische Soziologe und Sozialphilosoph Pierre Bourdieu (1930–2002) lieferte mit seinem Hauptwerk „La distinction. Critique sociale du jugement" (1979)[1692] einen sehr bedeutsamen Ansatz für die Reflexion des Potenzials und der Aufgabe von Angeboten im Freizeitbereich. Anliegen Bourdieus war es, soziale Disparitäten und Machtmechanismen aufzudecken, die sich aus dem Zusammenhang von Gesellschaft, Sozialisation und Bildung ergeben und im Verborgenen wirken, obgleich offiziell von der Chancengleichheit gesprochen wird.[1693] Bourdieu selbst stammte aus eher einfachen, ländlichen Verhältnissen, seine Eltern gehörten keiner Bildungs- oder Finanzelite an. Er kann durchaus als Bildungsaufsteiger bezeichnet werden.[1694]

Es erscheint obsolet, Bildungsprozesse ausschließlich von schulischen Bildungsinstitutionen her zu denken und zu konzipieren. Viel stärker ist auf die Interdependenz und Synergieeffekte zu schauen und auf den Möglichkeitsraum,

---

1689 vgl. Fischer/Genenger-Stricker/Schmidt-Koddenberg 2016, S. 8ff.
1690 Deutsche UNESCO-Kommission (DUK) 2010, S. 7. URL (2015).
1691 vgl. Fuchs-Heinritz/König 2011, S. 31.
1692 In dt. Übersetzung: Bourdieu 1982.
1693 vgl. Nestvogel o.A. URL (2015).
1694 vgl. Hassenbusch 2014, S. 6. URL (2018).

der sich aus der sozialen Lage und den materiellen und kulturellen Ressourcen ergibt.

Bourdieu thematisiert in seinem Hauptwerk „Die feinen Unterschiede“[1695] Formen der gesellschaftlichen Abgrenzungsmechanismen. Wie bereits der Untertitel „Kritik der gesellschaftlichen Urteilskraft“ suggeriert, nimmt er Bezug auf Kant, aber auch auf Marx, ohne deren Gedankengänge einfach zu übernehmen. Vielmehr rekurriert er eklektizistisch darauf und analysiert die Wirkung gesellschaftlicher (sozialisatorischer) Prozesse auf die Herausbildung eines bestimmten Habitus.

Nach Bourdieu stellt die soziale Ungleichheit ein dreidimensionales Konstrukt dar: Soziale Klassen differenzieren sich nicht nur aufgrund der Lebensbedingungen, sondern auch den jeweiligen Habitus und den Lebensstil.[1696]

Unter ‚Habitus‘ versteht Bourdieu all jene – mehr oder minder vorbewussten Eigenheiten und Vorlieben – im Sinne von verinnerlichten Wahrnehmungs-/ Denk-und Handlungsschemata – einer bestimmten sozialen Gruppe. Der Habitus drückt sich dann wiederum in der Praxis in einem bestimmten Lebensstil aus. Für Bourdieu bestand ein Zusammenhang zwischen dem jeweiligen Lebensstil und der Zugehörigkeit zu einer Klasse, zu einem bestimmten sozialen Milieu.[1697]

> „Insofern unterschiedliche Existenzbedingungen unterschiedliche Formen des Habitus hervorbringen, d.h. Systeme von Erzeugungsmustern, die kraft einfacher Übertragungen auf die unterschiedlichsten Bereiche der Praxis anwendbar sind, erweisen sich die von den jeweiligen Habitus erzeugten Praxisformen als systematische Konfigurationen von Eigenschaften und Merkmalen und darin als Ausdruck der Unterschiede, die, den Existenzbedingungen in Form von Systemen differenzieller Abstände eingegraben und von den Akteuren mit den erforderlichen Wahrnehmungs- und Beurteilungsschemata zum Erkennen, Interpretieren und Bewerten der relevanten Merkmale wahrgenommen, als Lebensstile fungieren.“[1698]

Dabei übertrug Bourdieu die Grundidee des Habitus[1699], inspiriert von Marcel Mauss[1700] (der diesen für bestimmte kollektiv [anerzogene] Körperhaltungen gebrauchte) und Noam Chomsky[1701] (der den Begriff der „generativen

1695 vgl. Bourdieu 1982.

1696 vgl. Fuchs-Heinritz/König 2011, S. 190.

1697 vgl. Fuchs-Heinritz/König 2011, S. 45.

1698 Bourdieu 2007, S. 278f.

1699 Erwähnt werden sollte an dieser Stelle, dass die Vorstellung vom Habitus sehr viel älter ist.

1700 vgl. Mauss 1935, S. 271–293.

1701 vgl. weiterführend: Chomsky 1968.

Grammatik" prägte und von einer genetisch verankerten Grundlage für den Erwerb grammatikalischer Strukturen ausging), auf die intellektuellen und emotionalen Wahrnehmungs- und Denkgewohnheiten einer bestimmten sozialen Gruppe.[1702] Der Habitus findet u.a. in der Hexis, d.h. der Körperhaltung, aber auch der Art und Weise wie ein Mensch sich gibt und spricht seinen Ausdruck.[1703] Im Unterschied zu Chomsky betrachtet Bourdieu den Habitus *nicht* als angeborene Grundstruktur, sondern betont die soziale Konstruktion des jeweiligen Habitus, der in Anhängigkeit vom sozialen Umfeld erworben wird. Bourdieu sprach daher von „*inkorporierte[n] soziale[n] Strukturen*"[1704].

Inken Hasselbusch betont in ihrer Dissertation, in der sie Norbert Elias und Pierre Bourdieu miteinander vergleicht, das Bourdieus Habituskonzept ein innerliches ist, das sich durch die „inkorporierte Kultur"[1705] entwickelt und weder dem Individuum bewusst noch direkt zugänglich sei, sondern sich erst durch die Hexis erschließen lässt.[1706]

Der Habitus eines Menschen ist „nicht nur strukturierende, die Praxis wie deren Wahrnehmung organisierende Struktur, sondern auch strukturierte Struktur"[1707]: Einerseits ist der Mensch durch sein Aufwachsen in einem bestimmten sozialen Feld geprägt, andererseits tritt er als Akteur auf und wirkt so auf sein aktuelles Umfeld und Sozialgefüge ein.

Der Habitus eines Menschen bestimmt somit seinen Möglichkeitsraum, stellt aber keine starre Determination dar. Durch die Wahrnehmungs- und Denkgewohnheiten bewegt sich eine Person in ihrem sozialen Milieu, bzw. – um in der Sprache Bourdieus zu bleiben – in der sozialen Klasse, in der er aufwuchs, vertraut, während sich in einer anderen sozialen Klasse ein anderer Geschmack, andere Vorlieben, Gewohnheiten, Wahrnehmungs- und Denkgewohnheiten etabliert haben. Grundsätzlich besteht aber die Möglichkeit, durch Reflexion

---

Der amerikanische Linguist Noam Chomsky analysierte wie eine Sprache erworben wird und rekonstruiert, wie es zur Beherrschung der Sprache kommt. Er entwickelte den Ansatz der generativen Grammatik und ging davon aus, dass „alle natürlichen Sprachen nach denselben abstrakten Strukturprinzipien aufgebaut sind und daß diese Prinzipien angeboren sind und zur genetischen Ausstattung des Menschen gehören." (Grewendorf 2006, S. 8.)

1702 vgl. Jurt 2010, S. 5f. URL (2015).

1703 vgl. Hasselbusch 2014, S. 30.ff. URL (2018).

1704 Bourdieu 2007, S. 229.

1705 Hasselbusch 2014, S. 63f. URL (2018).

1706 vgl. Hasselbusch 2014, S. 62ff. URL (2018).

1707 Bourdieu 2007, S. 279.

und Bewusstmachung den eigenen Möglichkeitsraum zu erweitern und Veränderungen im sozialen Gefüge (sozialer Auf- oder Abstieg) sind möglich.[1708]

Bezogen auf die „Hochkultur“ verfügt die obere soziale Klasse über bessere Ressourcen und Kompetenzen, um sich diese geistig und ästhetisch erschließen zu können. Nicht zuletzt impliziert die „Wirtschaftliche Macht… zunächst einmal Macht, der Not und dem Zwang des Ökonomischen gegenüber Distanz zu schaffen.“[1709]

Pierre Bourdieu beklagte die Tendenz, dass Vorteile durch kulturelle Privilegien der oberen sozialen Schicht als „individuelle Begabung“ oder „persönliches Verdienst“ interpretiert und „umgewertet“ würde.[1710] Dieser Kritik muss sich die Gesellschaft wie auch das Bildungssystem nach wie vor prüfend stellen. Von einer Chancengleichheit im Bildungswesen kann auch heute nur bedingt gesprochen werden; es zeigen sich durch die föderalistische Struktur bereits innerhalb von Deutschland deutliche Unterschiede.[1711]

Insbesondere hochkulturellen Freizeitaktivitäten maß Bourdieu „eine wichtige Funktion bei der Vermittlung sozialer Unterschiede und deren Verfestigung“[1712] zu. Dabei definiert sich das, was als „hochkulturell“ bewertet wird und hohe gesellschaftliche Wertschätzung erfährt durch die sogenannte „Kulturelite“, die sich hierüber wiederum von der Mehrheit abheben möchte und über entsprechende Bildung verfügt:

> „Aufgrund einer besseren Ausstattung mit ökonomischen und sozialen Ressourcen sind die Mitglieder der Oberschicht besser imstande, die Symbolkraft von künstlerischen Werken zu dechiffrieren, und diese Fähigkeit wird von ihnen als Mittel zur Distinktion genutzt.“[1713]

Nicht nur die Erwerbsarbeit und Bildung, sondern auch Feste, Feiern oder auch private Beziehungen und Verbindungen (vor allem Heiraten) dienen der Reproduktion der Gesellschaft.[1714] Bourdieu unterscheidet grundsätzlich zwischen vier unterschiedlichen Formen des Kapitals[1715], die sich z.T. auch wechselseitig bedingen und teilweise transformieren lassen.

1708 vgl. Albersmann o.A., S. 11. URL (2015).
1709 Bourdieu 2007, S. 102.
1710 Bourdieu/Passeron 1971, S. 85.
1711 vgl. Berkemeier/Bos/Manitius u.a. 2014. URL (2018).
1712 Huth/Weishaupt 2009, S. 225.
1713 ebd., S. 226.
1714 vgl. Proißl 2014, S. 134.
1715 vgl. ebd., S. 190f.

Differenzierung des Kapitals in Anlehnung an Bourdieu	Ökonomisches Kapital	Materielle Ressourcen, Geld bzw. in Geld konvertierbare Güter		
	Soziales Kapital	Netzwerk an sozialen Beziehungen / Ressourcen / Unterstützungsmöglichkeiten		
	Kulturelles Kapital	Inkorporiertes kulturelles Kapital	Objektiviertes kulturelles Kapital	Institutionalisiertes kulturelles Kapital
	Symbolisches Kapital	Prestige, Renommee, Einfluss		

Abb. 57: Kapitalarten nach Pierre Bourdieu (eigene Grafik)

Als institutionalisiertes kulturelles Kapital können hierbei die erzielten Bildungsabschlüsse/-titel bezeichnet werden[1716], die sich zumeist auch auf das selbst erwirtschaftete ökonomische Kapital, das Prestige und auch die sozialen Bezüge auswirken – allerdings in heutiger Zeit keineswegs mehr einen hinreichenden Garanten für beruflichen und wirtschaftlichen Erfolg darstellen.

Es kann durchaus berechtigt die Frage aufkommen, inwiefern sich jene bildungs- und kultursoziologischen Studien aus den 1960er- und 1970er-Jahren auf die heutige Zeit in einer pluralistischen und zunehmend globalisierten Welt übertragen lassen.[1717]Daher ist es durchaus interessant, einen Blick in neuere empirische Studien zu werfen, die Bourdieus Gedanken aufgreifen:

Radoslaw Huth und Horst Weishaupt spürten in ihrer Untersuchung (Basis: kumulierter Allbus-Datensatz von 1998 und 2004[1718]) der Frage nach, welche Bedeutsamkeit die Bildung für die Präferenz von Freizeitaktivitäten hat.[1719] Die Forscher rekurrieren hierbei u.a. auch auf die Forschung von Petra Stein (2005)[1720]

1716 vgl. Fröhlich/Rehbein 2009, S. 137.

1717 vgl. Fröhlich/Mörth1994, S. 3. URL (2015).

1718 Anzahl der Probanden: N = 6175, Durchschnittsalter: 48,5 Jahre (vgl. Huth/Weishaupt 2009, S. 229).

1719 Huth/Weishaupt 2009.

1720 siehe weiterführend: Stein 2005, S. 205–229.

und Bettina Isengard (2005)[1721], die aufzeigen konnten, dass das Freizeitverhalten durchaus in Zusammenhang mit der sozialen Stellung des Individuums zu sehen ist.[1722] Neben den bereits zu vermutenden Einkommenseffekt kam Isengard zu dem Ergebnis, dass eine Angleichung der präferierten Freizeitaktivitäten zwischen den mittleren und höheren Bildungsgängen stattfindet.[1723]

Petra Stein, die bei ihrer Betrachtung der Lebensstile und der sozialen Mobilität ebenfalls auf Bourdieu rekurriert, geht von dem Zusammenhang zwischen der Präferenz hochkultureller Freizeitaktivitäten und den aktuellen Beruf des Individuums aus. Sie kam zu der Erkenntnis, dass das aktuelle Freizeitverhalten weniger von der sozialen Herkunft als von den Gewohnheiten der aktuellen Statusgruppe beeinflusst wird.[1724]

Auch in der internationalen Forschung spielt die Habitus-Theorie eine bedeutsame Rolle, wobei sie durchaus auch zur Analyse von Konsumentengruppen und Marketing-Strategien fruchtbar gemacht wird.[1725]

Radoslaw Huth und Horst Weishaupt haben in ihrer Studie folgende Hypothesen verfolgt:

> „1. Hochkulturelle Interessen sind im Vergleich zu anderen Freizeitinteressen in besonderer Weise von dem Bildungsniveau einer Person abhängig.
> 2. Der über das Bildungsniveau der Eltern erfasste Habitus hat größeren Einfluss auf die Ausübung hochkultureller Aktivitäten als das individuelle Bildungsniveau.
> 3. Der ausgeübte akademische Beruf hat unabhängig von der Ausstattung mit kulturellem Kapital durch die Herkunftsfamilie einen modifizierenden Einfluss auf die kulturellen Aktivitäten einer Person.
> 4. Die kulturellen Aktivitäten werden als Distinktionsmittel zur Steigerung des Berufsprestiges genutzt.“[1726]

Die erste Hypothese erwies sich als empirisch nur bedingt haltbar, da das Bildungsniveau nicht nur die Präferenz jener als hochkulturell klassifizierten Freizeitaktivitäten implizierte und Theater-/Museums- oder Konzertbesuche nicht in dem Maße bildungsabhängig sind.[1727]

Statistisch zeigte sich der Zusammenhang zwischen dem Bildungsniveau und der Freizeitaktivität zwar durchaus auch im Besuch von klassischen Konzepten

---

1721 siehe weiterführend: Isengard 2005, 254–277.
1722 vgl. Huth/Weishaupt 2009, S. 226.
1723 vgl. ebd., S. 226.
1724 vgl. Huth/Weishaupt 2009, S. 226.
1725 vgl. ebd., S. 227.
1726 vgl. ebd., S. 228.
1727 vgl. ebd., S. 233.

oder Theaterbesuchen, noch stärker aber bei der Nutzung von Computer und Internet, aber auch bei Kino-Besuchen, Jazz-Konzerten oder einfach beim Tanzen.

Das eigene Bildungsniveau hat der Studie zufolge durchaus „einen hochsignifikanten Einfluss auf die Ausübung dieser Tätigkeiten“[1728]. Daneben spielt insbesondere das Bildungsniveau des Vaters eine bedeutsame Rolle für die spätere Präferenz von hochkulturellen Freizeitaktivitäten.

> „Auch bei Berücksichtigung weiterer soziodemografischer Einflussgrößen wie Geschlecht, Alter, Einkommen und Größe der Wohngemeinde haben Personen mit eigener hoher Bildung und bildungsnahem sozialem Hintergrund eine fast viermal höhere Wahrscheinlichkeit, an kulturellen Aktivitäten häufig teilzunehmen, als Personen mit niedriger Bildung, deren Väter ebenfalls keinen akademischen Abschluss besitzen.“[1729]

In ihrer Untersuchung konnten Radoslaw Huth und Horst Weishaupt somit die Annahme Pierre Bourdieus bestätigen, dass das kulturelle Kapitel das Freizeitverhalten in höherem Maße als das ökonomische Kapitel beeinflusst.[1730]

Dennoch ist das kulturelle Kapital nicht die einzige Einflussgröße, die sich auf die Präferenz im Freizeitverhalten auswirkt: Das Alter, das Haushaltseinkommen und das Geschlecht spielen neben dem eigenen Bildungsniveau und kulturellen Kapital ebenfalls eine bedeutsame Rolle. So scheinen sich tendenziell Frauen eher für hochkulturelle Freizeitaktivitäten zu interessieren.[1731]

Ferner zeigt sich in der Studie eine doppelte Bedeutsamkeit des eigenen Bildungsniveaus, die mit dem Bildungsverständnis von Wolfgang Klafki korrespondiert: Bildung erschließt nicht nur den Menschen für hochkulturelle Aktivitäten, sondern die Partizipation an hochkulturellen Freizeitaktivitäten wirkt sich wiederum förderlich auf die „berufliche und soziale Stellung“ und das „Berufsprestige“ aus.[1732]

Es stellt sich daher auch die Frage, inwiefern bestimmte hochkulturelle Freizeitaktivitäten möglicherweise auch instrumentell zur Demonstration der Zugehörigkeit zu einer bestimmten sozialen Bezugsgruppe dienen. Ob sie in diesem Falle wirklich ein Bildungspotenzial entfalten, sei einmal dahingestellt.

Differenzen im Freizeitverhalten konnten Huth und Weishaupt statistisch wie folgt klären:

1728 ebd., S. 232.
1729 vgl. ebd., S. 235.
1730 vgl. Huth/Weishaupt 2009, S. 236.
1731 vgl. ebd., S. 233.
1732 ebd., S. 237.

> „Die unterschiedlich hohe kulturelle Aktivität kann bis zu 16 % durch das individuelle Bildungsniveau und das Bildungsniveau des Vaters erklärt werden und das individuelle Bildungsniveau lässt sich zu 23 % durch das Bildungsniveau des Vaters erklären."[1733]

Auch Soziologen wie Rainer Geißler gehen davon aus, dass „viele Orientierungen, Verhaltensweisen und Interaktionen – teilweise mit distinktivem Charakter – schichtspezifisch variieren"[1734].

Es kann daher angenommen werden, dass eine Wechselwirkung zwischen Sozialisations- und dem Bildungsprozess sowie dem Freizeitverhalten besteht. Die Kindheitsforscherin und Erziehungswissenschaftlerin Sabine Andresen fordert darüber hinaus, dass „(d)ie Kindheitsforschung (...) stärker das Zusammenspiel von Klasse und Geschlecht in den Blick nehmen [soll-te], um die Mechanismen der Hervorbringung sozialer Ungleichheit analysieren zu können."[1735] Sie kommt in ihrer Analyse zu der Schlussfolgerung, dass Jungen nicht durch den hohen Anteil von Frauen im Bildungssystem und fehlende männliche Identifikationsmöglichkeiten in ihrem Bildungsprozess benachteiligt seien, sondern vor allem „aufgrund ihrer klassenspezifischen Teilhabechancen an informellen Bildungsmöglichkeiten außerhalb der Schule"[1736]. Insbesondere Jungen aus „unteren Herkunftsschichten"[1737] weisen vermehrt ein Freizeitverhalten auf, das durch einen hohen (passiven) Medienkonsum geprägt ist und bei dem diese sich kaum Kompetenzen aneignen können, die den schulischen Bildungsprozess dienlich sind oder in der Schule Anerkennung erfahren.[1738]

Entgegengesetzt dem gilt aber in Anlehnung an Bourdieu auch:

Verfügt ein Individuum über entsprechende Vorkenntnisse und Kompetenzen, so kann es auch in seiner Freizeit von vielfältigen kulturellen Aktivitäten und Angeboten profitieren und sich neue Interessengebiete erschließen. Durch die Auseinandersetzung mit kulturellen Freizeitangeboten finden zahlreiche informelle Lernprozesse statt, die die Bildung des Individuums vertiefen. Es kann zu Synergieeffekten zwischen formellen und informellen Bildungsprozessen kommen. Ausbildungs- und Selbstbildungsprozesse verschränken sich und eröffnen neue Bildungsinteressen.

1733 ebd., S. 238.
1734 Geißler 2014, S. 125.
1735 Andresen 2008, S. 37.
1736 Andresen 2008, S. 45.
1737 ebd., S. 46.
1738 ebd., S. 46.

Umgekehrt kann einem Menschen, der der deutschen (Schrift-)Sprache nur bedingt mächtig ist oder einem Menschen, der über eine geringe Bildung verfügt, der Genuss bestimmter kultureller Angebote weitgehend versagt bleiben. Der Besuch einer Opernaufführung, einer Vernissage oder einer Theaterinszenierung gehört nicht zu jenen Freizeitaktivitäten, die in seinem sozialen Umfeld favorisiert oder gar habitualisiert werden.

So fordert Max Fuchs (2008) unter Berufung auf Bourdieu:

> „Das Bildungssystem muss dafür sorgen, dass auch elaborierte ästhetische Codes jenseits von Klasse und Stand von Klein auf außerhalb der Familie angeeignet werden können. Dann hat der derart gebildete Mensch später die Chance, souverän zwischen Klassik und Jazz, zwischen Komödie und Konzert selbst auswählen zu können.“[1739]

Diese Forderung ist nur eine Seite der Medaille und bezieht sich vor allem auf die Kindheits- und Jugendjahre. Sie kann aber auch Weiterbildungsmöglichkeiten implizieren, die sich eben nicht direkt auf den Beruf beziehen. So fordert der Deutsche Kulturrat auch:

> „Der Deutsche Kulturrat fordert zur Sicherung des lebensbegleitenden Lernens bei Erwachsenen Zugangsmöglichkeiten breiter Bevölkerungsschichten zu den Angeboten der Erwachsenenbildung. Der Deutsche Kulturrat sieht mit Sorge, dass die allgemeine Weiterbildung im Sinne einer umfassenden Allgemeinbildung an Bedeutung verliert und Weiterbildung auf die berufliche Weiterbildung reduziert wird. Dieser Entwicklung muss entgegen getreten werden, zumal es sich um einen verengten Begriff der beruflichen Weiterbildung handelt. Die kulturelle Bildung muss in ihrem Stellenwert erkannt und angemessen berücksichtigt werden. Es gilt dabei neue Modelle zu entwickeln, um die verschiedenen Zielgruppen zu erreichen.“[1740]

Auf der anderen Seite werden vor dem Hintergrund des Inklusionsgedankens auch vermehrt Anstrengungen unternommen, um den Zugang zu Kulturangeboten nicht nur barrierefrei, sondern auch so zu gestalten, dass Menschen – weitgehend unabhängig vom Intelligenz- oder Bildungsniveau, die Möglichkeit erhalten sollen, von den Angeboten zu profitieren. Dies erfolgt zum Teil durch eine adressatenbezogene sprachliche Gestaltung von Schautafeln/Beschriftungen sowie durch die Gestaltung entsprechender professioneller Führungen/

1739 Fuchs 2009, S. 22. URL (2018).

1740 Deutscher Kulturrat: „Kulturelle Bildung – Eine Herausforderung durch den demographischen Wandel“,
Stellungnahme des Deutschen Kulturrates vom 20.09.2006, Berlin 2006. Online: http://www.kulturrat.de/detail.
php?detail=845&rubrik=4. (Stand: 03.06.2008), zit. n. Bläßler 2009, S. 39.

Aktivitäten oder auch durch interaktive Angebote im Kontext der modernen Medien.

Eine Popularisierung von Wissen ist sicherlich im Sinne der Demokratisierung ein wichtiger Weg. Dieser sollte aber letztlich nicht zu einer Verflachung des kulturellen Lebens führen und daher sind auch für anspruchsvollere Akteure entsprechende Angebote notwendig.

Eine reflexive Freizeitbildung müsste sowohl die Verschulung der Freizeit als auch die „Verfreizeitung" aller Lebensfelder – inklusive Schule und Beruf – als Gefahrenmomente im Auge behalten. Dieser Diskurs wird auch im Kontext der Gestaltung der Ganztagsschulen geführt, insbesondere dann, wenn die Sicht der Akteure (Kindheits- und Jugendforschung) in die Überlegungen und Maßnahmen zur Qualitätssicherung einbezogen wird. Neben den Vorteilen eines vielfältigen und durchdachten Freizeitangebots werden auch mögliche Nachteile, wie z.B. psychische Belastungen, die Bedeutsamkeit von Freiräumen für die Persönlichkeitsentwicklung gerade für Jugendliche und die Notwendigkeit von Rückzugsmöglichkeiten, diskutiert.[1741]

7.2 Urteilskraft gegenüber Vereinnahmungstendenzen

Die Tatsache, dass Freizeit instrumentalisiert wurde, ist historisch betrachtet nicht neu. Die Gefahr der Ideologisierung wurde bereits in Kapitel 3.1 thematisiert.

Obgleich Theodor W. Adorno (1903–1969) Freizeit noch als Gegenpart heteronomer Arbeit und in Interdependenz zum gesamtgesellschaftlichen Zustand sah, [1742] liefert er interessante Impulse für die kritische Reflexion von Vereinnahmungstendenzen.

Freizeit kann nach Adorno auch zwanghaften, heteronomen Charakter annehmen, wenn der Mensch sich bestimmten Freizeitaktivitäten verpflichtet fühlt, um gesellschaftliche Anerkennung zu erfahren.[1743] Dies kann durchaus auch mit dem Aufsuchen hochkultureller Freizeitangebote in Verbindung gebracht werden, wenn diese in erster Linie genutzt werden, um dazu zu gehören oder Anerkennung von der Bezugsgruppe zu erhalten. Im Grunde genommen schließt sich hier eine gesellschaftskritische Perspektive an, die durchaus auch das eigene (kapitalistische) Wirtschaftssystem hinterfragt, aber stärker noch die

1741 vgl. Enderlein 2016, S. 69–78; Soremski 2016, S. 119–126.
1742 vgl. Adorno 1969, S. 57–67.
1743 vgl. Adorno 1969, S. 61f.

persönlichen Werte im eigenen Leben und damit auch eine transzendentale oder spirituelle Dimension erhalten kann.

Die Vereinnahmung erfolgt meist latent und ist dem Individuum nicht bewusst. Es wird affiziert von Freizeitangeboten, die ihm zunächst attraktiv erscheinen und es vom realen Leben ablenken. Zugleich werden ihm in den Freizeitaktivitäten bestimmte Weltbilder und Deutungsmöglichkeiten von Welt nahegelegt, die sich – sei es bewusst oder ebenso unterschwellig – auf seine Wahrnehmung, sein Denken und Handeln auswirken.

So kritisieren Max Horkheimer und Theodor W. Adorno bereits in Ende der 1940er-Jahre in ihrem Werk „Dialektik der Aufklärung" (Kapitel „Kulturindustrie. Aufklärung als Massenbetrug")[1744] die Kulturindustrie, da diese vom Kapitalismus überformt nur noch als Ware vorkomme. Moderne Massenmedien dienen in erster Linie wirtschaftlichen Interessen und bieten ein Freizeitangebot im Sinne eines tendenziell passiven Konsumierens, was nicht dem Prozess der Emanzipation, sondern lediglich dem Erhalt der Reproduktionskräfte dienlich sei. Zudem würden sie das Alltagsbewusstsein der Menschen formen.

> „Adorno faßt den Vorwurf an die Kulturindustrie im Begriff der umgekehrten Psychoanalyse zusammen; gemeint sind jene Techniken, die darauf abzielen, den Menschen im Zustand psychischer Abhängigkeit zu halten, statt sie wahrhaft über diese Welt aufzuklären, die das Immergleiche wiederhole und Alternativen zum Bestehenden vergessen mache, so daß der Einzelne im Zustand eines nur scheinbar mündigen Konsumenten verharre, obwohl die objektiven Möglichkeiten einen anderen Zustand erlaubten."[1745]

Diese Perspektive enthält sicherlich anregende Impulse für die kritische Reflexion, welche Funktion den Freizeitangeboten im gesamtgesellschaftlichen Kontext und im individuellen Leben zukommt. Aus heutiger Sicht darf aber auch ein gewisses demokratisches und aufklärerisches Potenzial der modernen Massenmedien nicht übersehen werden, wie es sich z.B. im Fall von Edward Snowden zeigte. Allerdings wäre an dieser Stelle auch auf den Konstruktivismus[1746] zu verweisen und dass ‚Wahrheit' vielerlei Gesichter haben kann. Obgleich der einzelne Mensch durch das Internet an vielfältige Informationen gelangen kann, sind der Wahrheitsgehalt vieler Quellen und die Reichweite der Informationen kaum zu prüfen. Es gibt nicht die Wahrheit an sich, sondern verschiedene (soziale) Konstruktionen von Wirklichkeit. Eigene Urteilskompetenz über die Einschätzung der Vertrauenswürdigkeit der Quellen und die Fähigkeit

---

1744 Horkheimer/Adorno 1969. S. 128–176.
1745 Paetzel 2001, S. 1.
1746 vgl. z.B. Berger/Luckmann 1980.

mit vielfältigen, komplexen – zum Teil widersprüchlichen – Informationen umzugehen, wird notwendig. Die informationstechnologischen Möglichkeiten können sich nicht nur im Sinne der Datensammlung („Überwachung") gegen das Individuum wenden, sondern das Individuum auch überfordern und einen unkritischen Umgang mit Medien als reine Unterhaltung befördern. Nicht selten mag es auch an der Zeit und Bereitschaft fehlen, sich fundiert zu informieren und einen kritischen Umgang mit omnipräsenten und konvergenten Medien zu pflegen.

Doch nicht nur die medial vermittelten Inhalte sind bedeutsam. Die Medientheoretiker Marshall McLuhan (1911–1980) stellte in seinem 1967 erschienenem Werk „The Medium is the Massage: An Inventory of Effects" heraus, dass sich das Medium selbst auf den Menschen auswirkt und nicht nur die Informationen, die es transportiert. Das Medium selbst wird quasi zur Botschaft.[1747]

Es wirkt sich auf die Kommunikation, aber auch Denk- und Wahrnehmungsgewohnheiten aus und auch auf die Grenzen der Person, wie McLuhan verdeutlicht:

> „Das soll nur heißen, daß die persönlichen und sozialen Auswirkungen jedes Mediums – das heißt jeder Ausweitung unserer eigenen Person – sich aus dem neuen Maßstab ergeben, der durch jede Ausweitung unserer eigenen Person oder durch jede neue Technik eingeführt wird."[1748]

Der amerikanische Kommunikations- und Medienwissenschaftler Neil Postman (1931–2003) skizzierte bereits 1983 die Erosion der durch Literalität entstandenen Trennlinie der kindlichen und erwachsenen Lebenswelt. Mit dem Aufkommen der modernen Medien (insbesondere dem Fernsehen) verliere das Lesen und der dabei erworbene Habitus des Erwachsenen an Bedeutsamkeit, der Kind-Erwachsene entstünde und die Tabus/Geheimnisse der Erwachsenen gegenüber den Kindern würden mehr und mehr verschwinden und damit Kindheit als besondere und geschützte Lebensphase. Kindheit wird hierbei als soziale Konstruktion beschrieben, die ihre Erfolgsgeschichte dem Buchdruck und der aufkommenden Literalität verdankt habe und auch auf einer Schamgrenze und tabuisierten Wissensbereichen zwischen Erwachsenen und Kindern beruhe.[1749]

Die modernen Kommunikationsmedien und Massenmedien scheinen die räumlichen und zeitlichen Grenzen nahezu aufzuheben und beeinflussen allein

---

1747 vgl. McLuhan 1967.
1748 McLuhan 1970. S. 17.
1749 vgl. Postman 1983.

durch ihre technologischen Möglichkeiten das wirtschaftliche, politische und soziale Leben der Menschen nicht nur im Erwerbsleben, sondern auch in der Freizeit nachhaltig.

Oftmals wird die Wirkung der Medien auf die menschliche Entwicklung sehr negativ skizziert.

So vertritt u.a. der Psychiater und Neurowissenschaftler Manfred Spitzer (*1958) sehr medienwirksam in seinem 2012 erschienen Bestseller „Digitale Demenz: Wie wir uns und unsere Kinder um den Verstand bringen." die Position, dass sich die (exzessive) Nutzung digitaler Medien ungünstig auf die Gesundheit des Menschen (Übergewicht, Aggression…) und die geistige Entwicklung sowie Bildung auswirken. Diese Thesen (und insbesondere der Argumentationsweise Spitzers) erfahren von anderen Wissenschaftlern wie den Medienwissenschaftlern Markus Appel/Constanze Schreiner anhand empirischer Studien bzw. Metastudien eine kritische Betrachtung und durchaus Widerspruch.[1750]

Dennoch ist nicht zu leugnen, dass der Medienkonsum ein vielfach unterschätztes Gefahrenmoment in der heutigen Zeit darstellt, der – im Extremfall – „suchtartigen" Charakter entfalten kann. Dabei besteht Uneinigkeit darüber, ab wann von einer extensiven Mediennutzung oder gar Mediensucht gesprochen werden kann. So schwankt auch die Prävalenzrate der „Internetsucht" zwischen 1,8 und 80%.[1751]

Erst seit der fünften Revision des Diagnostischen und Statistischen Manuals Psychischer Störungen (DSM-5) der American Psychiatric Assoziation findet sich hier das „Internet Gaming Disorder", wobei es hier nur um die Spielsucht geht (unabhängig ob on- oder offline) und die suchtartige Nutzung von Social Media-Produkten oder gar Internetpornografie außen vor bleiben.[1752] Eine von der Bundesregierung in Auftrag gegebene Studie zur „Prävalenz der Internetabhängigkeit (PINTA)" (durchgeführt von den Universitäten Lübeck und Greifswald, Laufzeit: 15.11.2010 bis 14.02.2011; N = 15.024, Altersspanne: 14 bis 64 Jahre) ergab, dass ca. 1,5% der Probanden eine Internetsucht aufwiesen, wobei sich geschlechts- und alterstypische Unterschiede zeigten:

Mit 4,0% sind die 14- bis 16-Jährigen die am stärksten betroffene Gruppe und tendenziell sind Jungen/Männer eher durch Online-Spiele und Mädchen und Frauen durch Soziale Netzwerke im Internet affiziert und gefährdet.[1753]

1750 Appel/Schreiner 2015, S. 119–123.

1751 vgl. Züge/Möller/Meixner/Scheithauer 2008, S. 184.

1752 vgl. Die Drogenbeauftragte der Bundesregierung 2015. URL (2015).

1753 vgl. Rumpf u.a. 2011, S. 3. URL (2015).

Dieser Befund weist auf die besondere Bedeutsamkeit hin, eine kritische Sicht auf die Mediennutzung bei Kindern und vor allem Jugendlichen zu haben und präventive Konzepte sowohl in der Schul- als auch in der Freizeitpädagogik zu verankern, obgleich die Prävalenzraten je den zugrunde gelegten Diagnosekritierien abweichen.

Größerer Konsens besteht in der wissenschaftlichen Forschung, dass ein „enger Zusammenhang zwischen der Nutzung dieser Medien und der Verfügbarkeit adäquater Strategien zur Problemlösung und Stressbewältigung“[1754] vorliegt.

Es liegt demzufolge nahe, dass sich der Sog der Medien gerade bei jenen Jugendlichen verstärkt, die bereits dysfunktionale Coping-Strategien und schwach ausgeprägte soziale Kompetenzen aufweisen. Medien werden in diesem Fall zu einem Surrogat und dienen der Flucht vor der Realität.[1755]

Unter anderem wird inzwischen die These vertreten, dass es einen Zusammenhang zwischen einem unsicheren Bindungsmuster und dem Abgleiten in die Internetsucht gebe. Zu dieser Erkenntnis gelangten Eichenberg u.a. in ihrer Studie, die sie 2013 auf dem Deutschen Kongress für Psychosomatische Medizin und Psychotherapie vorstellten und im Anschluss entsprechende Publikationen folgten.[1756]

Medien spielen in der Freizeit vieler Menschen heute eine nicht mehr wegzudenkende Rolle. Sie sind grundsätzlich weder einseitig positiv noch negativ zu skizzieren. Moderne Medien bestimmen den Berufsalltag vieler Menschen. Nicht selten entwickelt sich das Interesse und auch die grundlegende Kompetenz für einen Beruf in der Kommunikations- und Medienbranche aus der Freizeit heraus.

Im positiven Sinne ermöglichen die modernen Massenmedien den Menschen vielfältige, leicht verfügbare Unterhaltungs- und Ablenkungsmöglichkeiten, aber auch Informations- und Bildungsmöglichkeiten („Demokratisierung von Wissen und Bildung“). Gerade das Vernetztsein und die Selbstdarstellung in sozialen Netzwerken sowie die Präsenz im Internet gehören für immer mehr Menschen zum Lebensalltag hinzu. Moderne Medien erlauben es, sich über die Zeit- und Raumgrenzen hinweg mit Menschen zu vernetzen, Erlebnisse zu

1754 Züge/Möller/Meixner/Scheithauer 2008, S. 184.

1755 vgl. ebd., 2008.

1756 Eichenberg/Dyba 2013, Eichenberg 2014, S. 269. URL (2015); Eichenberg/Dyba/Schott 2017, S. 41–46.

teilen, Gleichgesinnte zu finden oder neue Menschen im Chatroom „kennenzulernen“ – ohne auch nur einen Fuß aus dem Haus zu setzen.

Tendenziell findet eine Ästhetisierung und Inszenierung der eigenen Person und des eigenen Lebens statt. Vor Gefahren im Netz wird dabei vielfach gewarnt: Sei es aus der Perspektive des Datenschutzes, sei es aus der Perspektive der Internetkriminalität (Cyber-Crime) und die besondere Gefahr, dass pädophile Täter/innen das Internet für ihre Zwecke nutzen. Auch Erwachsene werden immer wieder zu Opfern krimineller Internetuser.[1757] Der Umgang mit den vielfältigen medialen Möglichkeiten erfolgt oftmals recht unbedacht und kann ungeahnte Folgen haben, die sich nicht nur auf das Privat-, sondern auch das Berufsleben auswirken können.

Ein Ansatz wäre sicherlich das Potenzial der Medien für die Freizeit zu nutzen und auch freizeitpädagogische Angebote zu machen, die an der Freude der Mediennutzung und -produktion ansetzen – bezogen auf unterschiedliche Altersgruppen und verschiedenen Kenntnistand. Der kompetente und kritische Umgang mit Medien will erlernt werden.

Aus der Sicht einer kritisch-reflexiven Freizeitpädagogik wären weder ausschließlich die Chancen der neuen Medien aufzuzeigen noch der andere Extrempol – die suchtartige Form der Mediennutzung – zu thematisieren.

Vielmehr wäre bereits bei der „üblichen“ Mediennutzung zu hinterfragen, welche Bedürfnisse hinter dem Selfie-Trend oder dem Präsenzbedürfnis in Facebook & Co. und dem Streben nach möglichst vielen Friends and Followern stehen.

Wichtig ist es, dahinterliegenden Bedürfnisse in den Blick zu nehmen und frühzeitig alternative Freizeitangebote im Leben von Kindern und Jugendlichen zu fundieren. Nur so kann später eine mündige Wahl für einen bestimmten Lebens- und Freizeitstil erfolgen.

Sobald von „Urteilskraft“[1758] gesprochen wird, ist es unabdingbar, auch einen Blick auf den Erkenntnisweg der Pädagogik der Aufklärung zu richten:

1757 siehe weiterführend: Website der Polizei Niedersachsen o.A. URL (2016); Website des Bundeskriminalamtes. URL (2016).

1758 siehe weiterführend: Kant 1963.

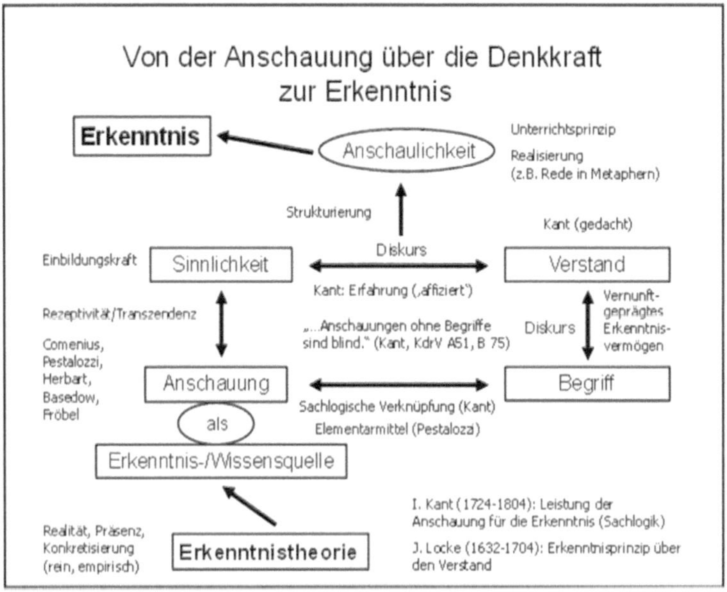

Abb. 58: Schaubild zum Erkenntnisweg nach von Carlsburg (2016, S. 90)[1759]

Die konkrete Anschauung der Dinge bildet hierbei zwar die Basis und dient als grundlegende Quelle der Erkenntnis, doch zu selbiger gelangt der Mensch erst über den Einbezug weiterer Sinnesleistungen und den Verstand. Es muss eine „sachlogische Verknüpfung" zwischen der Anschauung/sinnlichen Wahrnehmung und dem verstandesmäßigen Erkenntnisvermögen, das der Begriffe bedarf, stattfinden. *Erst durch die Reflexion und die Fähigkeit, Wahrgenommenes in gedanklichen und begrifflichen Kategorien zu fassen, führt zur Erkenntnis und erlaubt es, Dinge zu beurteilen.*

Für Kant war die Erfahrung der zentrale Ausgangspunkt für die Erkenntnis – weitergefasst für den Bildungsprozess. So schreibt Kant in der Einleitung seiner „Kritik der reinen Vernunft" (1781):

> „Daß alle unsere Erkenntnis mit der Erfahrung anfange, daran ist gar kein Zweifel; denn wodurch sollte das Erkenntnisvermögen sonst zur Ausübung erweckt werden, geschähe es nicht durch Gegenstände, die unsere Sinne rühren und teils von selbst Vorstellungen

1759 Schaubild: v. Carlsburg 2016, S. 90.

> bewirken, teils unsere Verstandestätigkeit in Bewegung bringen, diese zu vergleichen, sie zu verknüpfen oder zu trennen, und so den rohen Stoff sinnlicher Eindrücke zu einer Erkenntnis der Gegenstände zu verarbeiten, die Erfahrung heißt? *Der Zeit nach* geht also keine Erkenntnis in uns vor der Erfahrung vorher, und mit dieser fängt alle an."[1760]

Sinnlichkeit – verbunden mit Emotionalität – führt somit weder zur Erkenntnis noch zur Urteilskraft, sondern ist subjektiv und irrational. Urteilen ist nur unter Einbezug des Verstandes möglich:

> „Alle Anschauungen, als sinnlich, beruhen auf Affektionen, die Begriffe also auf Funktionen. (…) Begriffe gründen sich also auf der Spontaneität des Denkens, wie sinnliche Anschauungen auf der Rezeptivität der Eindrücke. (…) Wir können aber alle Handlungen des Verstandes auf Urteile zurückführen, so daß der Verstand überhaupt als *ein Vermögen zu urteilen* vorgestellt werden kann. Denn er ist nach dem obigen ein Vermögen zu denken. Denken ist das Erkenntnis durch Begriffe."[1761]

Kant betont den Umstand, dass „Gedanken ohne Inhalte (…) leer [sind], Anschauungen ohne Begriffe (…) blind [sind]."[1762] Auf den Umstand, dass für Kant Raum und Zeit die Erkenntnismodi apriori sind, also von der konkreten Erfahrung unabhängig sind, und Grundlage somit Grundlage der empirischen Erkenntnis bilden, sei an dieser Stelle erinnert.

Die Urteilskraft wird aber von Kant auch in seinem dritten Hauptwerk „Kritik der Urteilskraft" (1790) angemerkt. Grundsätzlich bestimmt er Urteilskraft zunächst wie folgt:

> „Urteilskraft überhaupt ist das Vermögen, das Besondere als enthalten unter dem Allgemeinen zu denken. Ist das Allgemeine (die Regel, das Prinzip, das Gesetz) gegeben, so ist die Urteilskraft, welche das Besondere darunter subsumiert, (auch, wenn sie, als transzendentale Urteilskraft, a priori die Bedingungen angibt, welchen gemäß allein unter jenem Allgemeinen subsumiert werden kann) *bestimmend*. Ist aber nur das Besondere gegeben, wozu sie das Allgemeine finden soll, so ist die Urteilskraft bloß *reflektierend*."[1763]

Kant differenziert dabei somit zwischen der „reflektierenden Urteilskraft" und der „bestimmenden Urteilskraft".

Die bestimmende Urteilskraft kann der Erkenntnistheorie zugerechnet werden und impliziert den Erkenntnisweg von der sinnlichen Anschauung, über die Verknüpfung selbiger mit Begriffen und dem Verstand hin zur

---

1760 Kant 2013, S. 26.
1761 ebd., S. 71.
1762 ebd., S. 62.
1763 Kant 1790/2014, S. 17.

Erkenntnis(urteil). Urteilskraft impliziert demzufolge die „Fähigkeit zur Subsumtion, d.h. die Fähigkeit, Entitäten, Einzelereignisse oder Tatbestände einem allgemeinen Gesetz (einer Regel oder einem Prinzip) im Sinne der Unterordnung zuordnen zu können“[1764].

Die bestimmende Urteilskraft wird durch „transzendentale Gesetze“ geleitet, die der Verstand vorgibt.[1765] Der Mensch gelangt deduktiv zu seinen Urteilen. Anders erhält es sich mit der „reflektierenden Urteilskraft“, deren zentraler Fixpunkt die „Zweckgemäßheit“ ist und die zu ihrem Urteil auf induktivem Wege gelangt, wobei der „Begriff einer Zweckgemäßheit (....) weder ein Naturbegriff, noch ein Freiheitsbegriff“[1766] ist, sondern „ein subjektives Prinzip (Maxime) der Urteilskraft“[1767]. Zweckgemäß ist, was subjektiv mit „dem Gefühle der Lust verbunden ist“[1768].

Im VII. Kapitel „Von der ästhetischen Vorstellung von der Zweckgemäßheit der Natur“ der „Kritik der Urteilskraft“ (1790) wird „das Schöne“ als etwas Subjektives bestimmt:

> „(...) so muß die Urteilskraft, die, in Ansehung der Dinge unter möglichen (noch zu ent-deckenden) empirischen Gesetzen, bloß reflektierend ist, die Natur in Ansehung der letzteren nach einem *Prinzip der Zweckmäßigkeit* für unser Erkenntnisvermögen denken, welches dann in obigen Maximen der Urteilskraft ausgedrückt wird. Dieser transzendentale Begriff einer Zweckmäßigkeit der Natur ist nun weder ein Naturbegriff, noch ein Freiheitsbegriff, weil er gar nichts dem Objekte (der Natur) beilegt, sondern nur die einzige Art, wie wir in der Reflexion über die Gegenstände der Natur in Absicht auf eine durchgängig zusammenhängende Erfahrung verfahren müssen, vorstellt, folglich ein subjektives Prinzip (Maxime) der Urteilskraft; (...).“[1769]

An dieser Stelle bringt Kant die Idee des Subjektiven ein, den er mit der Ästhetik und der Zweckgemäßheit verbindet.

> „Also wird der Gegenstand alsdann nur darum zweckmäßig genannt, weil seine Vorstellung unmittelbar mit dem Gefühle der Lust verbunden ist; und diese Vorstellung selbst ist eine ästhetische Vorstellung der Zweckmäßigkeit.“[1770]

1764 Rehfus 2003. URL (2016).
1765 Kant 1790/2014, S. 17.
1766 Kant 1790/2014, S. 20.
1767 ebd., S. 21.
1768 ebd., S. 23.
1769 ebd., S. 21f.
1770 ebd., S. 25.

Zugleich mag es auch den ersten Blick befremdlich erscheinen, dass Kant in einem weiteren Schritt durchaus auch von der Allgemeingültigkeit des Geschmacksurteils ausgeht, obgleich es zunächst ja im Bereich des Subjektiven verortet wurde.

> „Aber, das Geschmacksurteil macht auch nur Anspruch, wie jedes andere empirische Urteil, für jedermann zu gelten, welches, ungeachtet der inneren Zufälligkeit desselben, immer möglich ist. Das Befremdende und Abweichende liegt nur darin: daß es nicht ein empirischer Begriff, sondern ein Gefühl der Lust (folglich gar kein Begriff) ist, welches doch durch das Geschmacksurteil, gleich als ob es ein mit dem Erkenntnisinteresse des Objekts verbundenes Prädikat wäre, jedermann zugemutet und mit der Vorstellung desselben verknüpft werden soll.
> Ein einzelnes Erfahrungsurteil, (…), verlangt mit Recht, daß jeder andere es eben so finden müsse, weil er dieses Urteil, nach den allgemeinen Bedingungen der bestimmenden Urteilskraft, unter den Gesetzen einer möglichen Erfahrung überhaupt gefället hat. Eben so macht derjenige, welcher in der bloßen Reflexion über die Form eines Gegenstandes, ohne Rücksicht auf einen Begriff, Lust empfindet, ob zwar dieses Urteil empirisch und einzelnes Urteil ist, mit Recht Anspruch auf jedermanns Beistimmung; weil der Grund zu dieser Lust in der allgemeinen obzwar subjektiven Bedingung der reflektierenden Urteile, nämlich der zweckgemäßen Übereinstimmung eines Gegenstand (sei er Produkt der Natur oder Kunst) mit dem Verhältnis der Erkenntnisvermögen unter sich, die zu jedem empirischen Erkenntnis gefordert wird (der Einbildungskraft und des Verstandes), angetroffen wird.“[1771]

Die Urteilskraft betrachtet Kant als Bindeglied zwischen Verstand und Vernunft und sie erfüllt daher eine zentrale Aufgabe.

> „Allein in der Familie der oberen Erkenntnisvermögen gibt es doch noch ein Mittelglied zwischen dem Verstande und der Vernunft. Dieses ist die *Urteilskraft*, von welcher man Ursache hat, nach der Analogie zu vermuten, daß sie ebensowohl, wenn gleich nicht eine eigene Gesetzgebung, doch ein ihr eigenes Prinzip nach Gesetzen zu suchen, allenfalls ein bloß subjektives a priori, in sich enthalten dürfte; welches, wenn ihm gleich kein Feld der Gegenstände als sein Gebiet zustände, doch irgendeinen Boden haben kann, und eine gewisse Beschaffenheit desselben, wofür gerade nur dieses Prinzip geltend sein möchte.“[1772]

„Geschmacksurteile“ sind nach Kant keine „Erkenntnisurteile“ des Verstandes, sondern die Einbildungskraft des Menschen wird subjektiv affiziert und – so räumt er in Klammern ein, diese sei vielleicht mit dem Verstande verbunden.[1773]

1771 Kant 1790/2014, S. 26–27.
1772 ebd., S. 14–15.
1773 vgl. ebd., S. 33.

Ästhetische Urteile im Sinne von Geschmacksurteilen erfolgen nach Kant frei von Interesse und Begriff.[1774]

„*Geschmack* ist das Beurteilungsvermögen eines Gegenstandes oder einer Vorstellungsart durch ein Wohlgefallen, oder Mißfallen, *ohne alles Interesse.* Der Gegenstand eines solchen Wohlgefallens heißt *schön.*“[1775]

„*Schön* ist das, was ohne Begriff allgemein gefällt.“[1776]

Die ästhetischen Urteile differenziert Kant wiederum in Geschmacksurteile des Schönen und des Erhabenen.

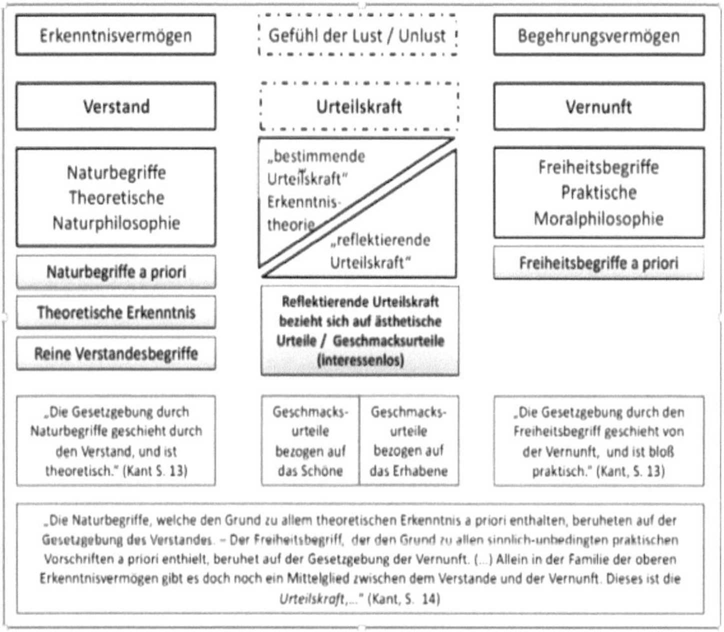

Abb. 59: Urteilskraft als Mitteglied zwischen Erkenntnisvermögen und Begehrungsvermögen nach Kant (eigene Grafik)

Soll die rationale Urteilsfähigkeit der Menschen somit unterstützt und gefördert werden, so ist es durchaus sinnvoll, sich mit pädagogisch-philosophisch

1774 vgl. ebd,, S. 26–27.
1775 ebd., S. 39.
1776 ebd., S. 46.

tradierten Erkenntnismodelle auseinander zu setzen und diese bei der Ermöglichung von Bildungsprozesse in und außerhalb institutionalisierter Bildungsangeboten zu berücksichtigen.

Freizeitpädagogik kommt daher nicht umhin, will sie im Sinne der Freizeitbildung wirksam werden, derartige Erkenntnismodelle zu berücksichtigen – gerade dann, wenn sie sich zum Ziel setzt, einen mündigen und durchaus selbstbewussten und kritischen Umgang mit der freien Lebenszeit zu unterstützen.

Zum Denken anregen ohne die Denkweise bestimmen zu wollen, wäre daher ein wichtiges Moment der Freizeitbildung.

7.3 Von der Freizeiterziehung zur Freizeitbildung

An dieser Stelle wäre zwischen zwei unterschiedlichen Perspektiven zu unterscheiden:

(a) der pädagogisch-lebenslaufbezogenen Perspektive
(b) der sozialpolitisch-historistischen Perspektive

In der Freizeitpädagogik dominierte lange Zeit das Konzept der Freizeiterziehung. Ziel war es, gerade auf junge Menschen in der Freizeit erzieherisch einzuwirken, staatspolitisch wünschenswerte Haltungen und Verhaltensweisen zu etablieren und möglichen Fehlentwicklungen vorzubeugen. Die Intention, lenkend und erzieherisch auf das Verhalten der Menschen in der freien Zeit einzuwirken, war nicht nur auf Kinder- und Jugendliche begrenzt, sondern implizierte auch die Einwirkung auf eine bestimmte soziale Klasse.

Spätestens seit 1890 wurde die Freizeit der Arbeiter und unteren sozialen Klassen zu einem sozialpolitischen Thema. Insbesondere das Bürgertum stand der zunehmenden Freizeit der Arbeiter skeptisch gegenüber und sah in der freien Zeit der Arbeiter eine Gefahr für die politische Ordnung sowie das Risiko der „sittlichen Verwilderung“ [1777].

Hermann Giesecke betont, dass Kaiser Wilhelm II. diese Sichtweise durchaus geteilt haben soll:

> „‘Würde durch einen Normalarbeitstag von 8 Stunden ein Ausschluß der Kinderarbeit (bis 14 Jahren) herbeigeführt werden, so ist in sittlicher Hinsicht zu befürchten: daß der erwachsene Arbeiter seine freie Zeit im Wirtshaus zubringt, daß er mehr als bisher an agitatorischen Versammlungen teilnimmt, mehr Geld ausgibt und, obwohl der Lohn derselbe bleiben wird wie für den bisherigen Arbeitstag, doch nicht zufrieden sein...;

1777 Giesecke 1983, S. 27.

> daß die heranwachsenden Kinder, insbesondere die halbwüchsigen Burschen und Mädchen sich außerhalb des Hauses umhertreiben und sittlich verwahrlosen und verwildern' (zit. n. Kohl, S. 9)."[1778]

Die Freisetzung des Arbeiters wurde als Gefahrenmoment für die gesellschaftliche und staatliche Ordnung betrachtet. Dem Arbeiter und den unteren sozialen Schichten wurde die Fähigkeit abgesprochen, ihre freie Zeit sinnvoll nutzen zu können. Im Grunde ging es konservativen Kräften um den Erhalt von Privilegien einerseits und sozialreformerischen Kräften um die Frage der Integration der Arbeiter in die bürgerliche Gesellschaft andererseits. Zugleich wurden sie von der Wirtschaft als Konsumentengruppe entdeckt und Freizeit wurde wirtschaftlich im Sinne von Konsumzeit durchaus bedeutsam.

Das „Freizeitproblem" wurde zunächst sehr klassenspezifisch betrachtet und interpretiert. Die bürgerliche Kultur wurde zum Leitbild erklärt und mit Bildung und Sittlichkeit assoziiert.

> „Die Herausforderung der Arbeiterfreizeit bestand darin, daß sie eine Freizeit ohne kulturelle Vorprägung zu sein schien, gleichsam eine "kulturlose Freizeit". Deshalb richteten sich die Bemühungen des sozialreformerischen Bürgertums folgerichtig darauf, den Arbeitern bürgerliche Kultur – als Sittlichkeit und Bildung – nahe zu bringen, um so nicht irgendeine, sondern eine bürgerliche Integration zu gewährleisten."[1779]

Mit den Debatten über die Lösung der sozialen Frage und der Reduktion der Arbeitszeit, der Neuerung der Gewerbeordnung (Einschränkung der Sonntagsarbeit) etc. einher ging auch die Frage nach der sinnvollen Gestaltung der Freizeit der Arbeiter. So fand z.B. am 25. bis 26.04.1892 eine Konferenz der „Centralstelle für Arbeiterwohlfahrtseinrichtungen" am 25. und 26.04.1892 über „die zweckmäßige Verwendung der Sonntags- und Feierzeit" statt. Hermann Giesecke fasst die Tendenzen, abgeleitet aus dem damaligen Konferenzbericht, wie folgt zusammen:

- Freizeit sollte so genutzt werden, dass sie zur „Veredelung der Volkserholungen" dient und die Arbeiter vom Kneipengang (und Alkoholkonsum) fernhält.
- Es sollten Freizeitmöglichkeiten geschaffen werden, die zur „Versöhnung der Stände und Klassen" beitragen.
- Gebildete aus dem Bürgertum sollten Arbeiter/innen in der Freizeit bilden.

1778 ebd., S. 27f.
1779 Giesecke 1983, S. 28f.

- Die Freizeit wurde als „ein (…) kulturelle(r) Raum mit eigentümlichen Regeln und Chancen" betrachtet, in dem die Konventionen im Vergleich zum Berufsleben ‚lockerer' sind.
- Eine wesentliche Frage war es, wie sich geeignete und kostengünstige Räumlichkeiten für die Freizeitgestaltung der unteren sozialen Schichten finden lassen und ferner die Debatte, ob eher eine außerhäusliche oder häusliche Freizeitgestaltung gefördert werden solle.
- Insbesondere der freie Sonntag wurde als Problembereich für unverheiratete junge Menschen mit wenig finanziellen Möglichkeiten besehen – insbesondere wenn sie ihre Freizeit nicht in sportlichen, kirchlichen oder kulturellen Vereinen verbringen.[1780]

Zu Beginn der Freizeitpädagogik lässt sich somit ein stark erzieherischer Impetus erkennen, der durchaus auch Ansätze zur Freizeitbildung erkennen lässt. Allerdings wird Freizeit hier von der Arbeit her gedacht und nicht als eigenständiger Lebensbereich betrachtet. Der Blick wird zunächst weniger auf das einzelne Individuum (und dem Eigenwert der Freizeit) gerichtet als auf die gesellschaftlichen Auswirkungen.

Eine Intention, die evident wird, ist es, die freie Zeit der arbeitenden Klasse zu binden und zu lenken, um Unruhe und Auswüchse zu vermeiden. Die Fähigkeit und Mündigkeit, mit der gewonnenen freien Zeit kompetent umzugehen, wird den Menschen hierbei abgesprochen. Die Versprechungen und Hoffnungen, die sich mit dem Bildungsideal der Aufklärung verbunden hatten, sollten in der Realität der unteren sozialen Klassen (und auch der Frauen) nur bedingt eingelöst werden. Damit sollte der Kampf um größere soziale Gerechtigkeit, Freiheit, Bildung und Selbstbestimmung für alle Menschen sollte anhalten.

Erst in der Weimarer Republik konnte mit der Grundschule (1920) als Simultanschule eine Schule für alle fundiert werden. Doch selbst hier mussten Kompromisse geschlossen werden, die dazu beitrugen, dass neben der öffentlichen Grundschule auch noch Bekenntnisschulen relativ lange bestehen blieben. Der Einheitsschulgedanke fand nur für die ersten vier Schuljahre seine Berücksichtigung. Praktisch bedeutet dies aber, dass die Mehrheit der Bevölkerung lediglich einen Volksschulabschluss hatte. Der Bildungsweg hing immer noch sehr stark von der sozialen Herkunft und dem Geschlecht ab, was auch noch auf die Nachkriegszeit (bis in die Gegenwart) zutreffen sollte.[1781]

1780 ebd., S. 28–30.

1781 vgl. Krüger 1990, S. 114f.; auch: Solga/Dombrowski 2009. URL (2017).

Die Gedanken zur Freizeit waren eingebettet in nationales und auch völkisches Denken. Dabei spielten nicht nur gesellschaftspolitische, sondern auch wirtschaftspolitische Überlegungen mithinein und fanden Ausdruck in Überlegungen zur Volksgesundheit, die auch durch entsprechende Freizeitaktivitäten und -angebote erhalten bzw. gehoben werden sollte. Hierzu sollten die unteren sozialen Schichten erzogen werden.

> „Der Gesundheitsaspekt im Sport gewann durch die Politisierung der Sportkultur im späten Kaiserreich und in der Weimarer Republik noch an Bedeutung. In der deutschen Turnbewegung war der Gedanke, die Gesundheit und die Kraft des Volkes zu stärken, in hohem Maße präsent; ein wesentliches Ziel der Arbeitersportbewegung war die körperliche Gesundheit des Arbeiters."[1782]

Entsprechende Freizeitangebote wurden über Vereine etabliert, die jetzt weniger einen bewussten und selbstbestimmten Umgang mit der freien Lebenszeit als Leitziel hatten.

Zwischenzeitliches Bestreben, die freie Zeit in den Dienst der Bildung zu stellen, die Freizeit im Sinne der Volksbildung zu nutzen, erwies sich in der Weimarer Republik als zunehmend sekundär:

> „Sie [die Gewerkschaften und Arbeiterparteien] wollten aus den Arbeitern mündige Bürger machen, die ihre Bildungsfähigkeit und Berechtigung zur politischen Mitwirkung nachweisen konnten. Die Arbeiterbildung als primärer Inhalt der neu gewonnenen freien Zeit verlor aber in dem Umfang an Bedeutung, in dem sich die Arbeiterbewegung (Gewerkschaften, SPD) zu ‚staatstragenden' Institutionen entwickelte. Die Sprengkraft der Freizeit als Bildungs- und Politisierungszeit wich – auch unter dem Einfluss liberaler und kirchlicher Theorien – einer Funktionsbestimmung, nach der Freizeit vor allem der Erholung und gesundheitlichen Wiederherstellung des durch die harte Industriearbeit ausgelaugten Menschen dienen und deshalb ‚richtig' verbracht werden sollte."[1783]

Statt dem Gedanken der Freizeitbildung und der Befähigung des Menschen zu einer mündigen, selbstbestimmten und zugleich mündigen Freizeitgestaltung setzte sich praktisch auf der einen Seite die Idee der Freizeiterziehung durch und auf der anderen wurde die Freizeit zunehmend im Sinne von Konsumzeit interpretiert, der Arbeiter selbst zu einer Zielgruppe industriell hergestellter Produkte und der aufkommenden Unterhaltungsindustrie.

Diezur damaligen Zeit sicherlich gering gebildeten Arbeiterschaft sahen unterschiedliche Vertreter aus Staat, Politik und Kirche tendenziell als unfähig an, mit der neu gewonnenen freien Zeit (aus Sicht des Bürgertums) sinnvoll

---

1782 Prahl 2015, S. 17.
1783 Freericks/Brinkmann 2015, S. 397.

umzugehen. Insbesondere junge Erwachsene, die noch nicht verheiratet waren, erschienen als Risikogruppe. So wurde auch um 1920 mit dem „Reichsjugendgesetz“ und dem „Reichsjugendwohlfahrtsgesetz“ (1922) ein juristischer Rahmen geschaffen, mit dem einerseits „die spezielle(n) Schutz- und Förderungspflichten gegenüber Kindern anerkannt“[1784] wurde, andererseits aber wurde dies in der Praxis sehr stark repressiv ausgelegt.

> „In der Praxis allerdings überwogen weiterhin repressive Maßnahmen gegen arme und unangepasste junge Menschen. Anlass für die Wohlstandsgesetzgebung war neben der Sorge um die Jugend vor allem die Angst um die Sicherheit der Gesellschaft, manifestiert in Diskussionen um eine steigende Jugendkriminalität. Unmittelbar nach dem ersten Weltkrieg lässt sich auch die Sorge um die Gebärfähigkeit und -bereitschaft der weiblichen Jugend erkennen (…).“[1785]

Dabei dominierte noch die Sorge vor sittlicher Verwahrlosung und politischer Unruhe, sowie vor Jugendkriminalität die Perspektive sehr stark. Auch das Freizeitverhalten und die Freizeitangebote standen letztlich unter dieser Perspektive, wobei es natürlich dann auch wieder entsprechende Gegentendenzen – insbesondere im Kontext der Jugendbewegung/Reformpädagogik – gab.

In einem Bericht aus dem Bundesministerium für Familie und Jugend (fünfte Wahlperiode 1968) wird bezüglich der historischen Entwicklung der Jugendhilfe bereits resümiert:

> „In der zweiten Hälfte des 19. Jahrhunderts wird die Jugend wieder mehr als Objekt der Erziehung gesehen, vor allem in Jünglingsvereinen, in denen die Bildung der jungen Generation in ‚religiös-sittlicher‘ Hinsicht betont wird.“[1786]

Mit der Zunahme an freier Zeit wächst zunächst auch das Bestreben, diese einer sozialen Kontrolle zu unterwerfen. Im Bericht wird gar von einem „Freizeitproblem“ gesprochen.

> „Die Entstehung des Freizeitproblems erweist sich als pädagogisch äußerst folgenreich. Die zunehmende arbeitsfreie Zeit erscheint als etwas Beunruhigendes, das weder mit bürgerlich-pädagogischen Vorstellungen vereinbar, noch als Ausdruck steigender Verwahrlosung gewertet werden kann. Die ersten Jugendpflege-Erlasse und die Pionierarbeit einzelner – vor allem in Hamburg und Berlin – zeigen bald ein differenziertes Bild. Sie verkennen jedoch zumeist den emanzipatorischen Charakter der Freizeit und

---

1784 vgl. Wapler 2015, S. 45.
1785 ebd., S. 45.
1786 Bundesministerium für Familie und Jugend 1968, S. 11. URL (2015).

> erreichen mit ihren Maßnahmen kultureller Betreuung, patriotischer Erziehung und sportlich-militärischer Ertüchtigung gerade die Industriejugend am wenigsten."[1787]

Freizeit konnte erst dann zu einem gesellschaftspolitischen Thema werden, als sich die Lebenssphären Arbeit und Familie/Freizeit voneinander im Zuge der Industrialisierung trennten, der Qualifikationsbedarf stieg und dem Staat mehr und mehr erzieherische und bildende Funktionen übernahm – und zugleich die Wirtschaft Konsumenten bedurfte.

Auf die Vereinnahmung und Ideologisierung der Freizeiterziehung im Dritten Reich wurde im dritten Kapitel ausführlich eingegangen. Die Freizeit verlor unter diesem politischen Regime ihre Freiheit.

Obgleich in den Nachkriegsjahren (der Zeit des Wiederaufbaus) Freizeit in erster Linie eine rekreative Funktion zukam, kam bei anlaufender Wirtschaft die Reiselust in der Freizeit auf (vgl. Kap. 3) und es entstanden hier auch erste Ansätze der Professionalisierung von Freizeiterziehern für Ferienlager, aber auch Jugendfreizeiteinrichtungen. So verfasste Johannes Zielinski (1914–1993) bereits 1954 das Werk „Freizeit und Erziehung" und plädierte für den Terminus „Freizeiterzieher" für Mitarbeiter von „Häusern der offenen Tür".[1788] In der Praxis dominierte vielfach der erzieherische Fokus.

> „Die Freizeit soll mit neuen Wegen in den ‚Häusern der offenen Tür' ‚lebendig, positiv und erzieherisch' (Pelle 1952, S. 181) gestaltet werden; mit dem jugendpflegerischen Selbstverständnis einer vorbeugenden Arbeit bei Treffen und Zusammensein, Spiel und Sport, Basteln, Lesen, Schreiben in gemütlicher Umgebung, im jugendgemäßen ‚warmen Raum' (Pelle)."[1789]

Ziel war es hierbei, die Erziehung in der Herkunftsfamilie, der öffentlichen Schule, durch die Kirche und den Beruf zu ergänzen und Fehlentwicklungen vorzubeugen.[1790] An dieser Stelle sei auch auf die erzieherischen Werte verwiesen: In der Nachkriegszeit dominierte noch sehr stark eine Erziehung, die sich an Pflicht und Gehorsam orientierte und Sekundärtugenden wie Ordnung, Sauberkeit, Pünktlichkeit etc. als Erziehungsziele fokussierte. Hierzu wurde durchaus zu repressiven und gewalttätigen Erziehungsmaßnahmen gegriffen (vielfach bestand auch in den Familien noch ein autoritärer Erziehungsstil).[1791] Sofern

---

1787 ebd., S. 12. URL (2015).
1788 vgl. Nahrstedt/Sandmann 1982, S. 69f.
1789 Hafeneger 1992, S. 140.
1790 vgl. ebd., S. 137.
1791 siehe hierzu auch: Müller-Münch 2012.

Freiwilligkeit als ein konstitutives Moment der Freizeitbildung betrachtet wird, dominierte in der Nachkriegszeit tendenziell die Freizeiterziehung.

Ein gesellschaftlicher Wandel erfolgte Ende der 1960er-Jahre und wurde u.a. durch die Studentenbewegung, die Friedensbewegung, die Frauenbewegung und die Bildungsexpansion sowie Liberalisierung der Sexualmoral geprägt. Kritik übte die jüngere Generation nicht zuletzt an der fehlenden Aufarbeitung und dem Umgang der Erwachsenen mit der Schuld im Dritten Reich. Bereits im Exil Mitte der 1940er-Jahre begannen Theodor Adorno, Else Frenkel-Brunswik, Daniel J. Levinson und R. Nevitt Sanford „Studien zum autoritären Charakter“ durchzuführen.[1792] Der Erziehungs- und Lebensstil der älteren Generation wurde infrage gestellt, und es begann eine experimentelle Suche nach alternativen Formen des Zusammenlebens und der gewaltfreien, antiautoritären Erziehung.[1793] Selbstverwirklichung und Selbstbestimmung avancierten zu zentralen Werten in der Erziehung, neue Freiräume entstanden und wurden aktiv gesucht.

Wolfgang Nahrstedt entwarf in seinem zweibändigen Werk „Freizeitpädagogik in der nachindustriellen Gesellschaft“ (1974) das Bild einer aufstrebenden und sich zu einer führenden Pädagogik entwickelnden Rolle der Freizeitpädagogik. Nahrstedt rekurrierte u.a. auf die Zukunftsentwürfe von Olaf Helmer in seinem Werk „50 Jahre Zukunft. Bericht über eine Langfrist-Vorhersage für die Welt der nächsten fünf Jahrzehnte“ (1966)[1794] und Herman Kahn und Anthony Wiesner in ihrem Werk „The Year 2000: A Framework for Speculation on the Next Thirty-three Years“ (1967) und versprach sich ein Zeitalter der Muße, der Freizeit und des Überflusses – vorausgesetzt es gebe keinen Dritten Weltkrieg, der die Prognosen hinfällig mache.[1795] In diesem Zusammenhang erhoffte sich Nahrstedt die fortschreitende Befreiung des Menschen von der Arbeit und verband die Freizeitpädagogik mit einer demokratischen Friedenspädagogik.[1796] Nahrstedt selbst betrachtet Freizeitpädagogik als „Emanzipationspädagogik“, wobei er das Streben nach Emanzipation als menschliches Grundbedürfnis

1792 An dieser Stelle sei auch auf Erich Fromm zu verweisen ist, dessen Beitrag an der Forschung des Frankfurter Instituts für Sozialforschung (Frankfurter Schule) durch interne Kontroversen oftmals weniger publik ist. Siehe hierzu auch: Fahrenberg/Steiner 2004. S. 127–152. URL (2016).

1793 siehe weiterführend: Adorno/Frenkel-Brunswik/Levinson/Sanford 1950; Adorno 1973.

1794 Nahrstedt 1974, S. 21.

1795 vgl. Nahrstedt 1974, S. 23; Opaschowski 1976, S. 150ff.

1796 vgl. Nahrstedt 1974, S. 9 u. 23f.

bestimmt. Damit wird deutlich, dass Nahrstedt selbst ein teleologisches Weltbild vertritt:

> „Man kann (…) von der Annahme ausgehen, daß das übergreifende Grundbedürfnis des Menschen auf Emanzipation gerichtet ist, daß somit Emanzipation das Ziel der Geschichte ist.“[1797]

Er geht davon aus, dass die Ausbeutung des Menschen, die Entfremdung des Menschen in der Arbeit und lange Arbeitszeiten überwunden werden.[1798] Durch den Einsatz neuer Technologien und auch von Tieren sollte sich eine (Freizeit-) Gesellschaft entwickeln, in der dann der Freizeitpädagogik eine führende Rolle zukommen würde.[1799] Dabei forderte er den Ausbau der Freizeitpädagogik und die Professionalisierung der Freizeitpädagogen *für alle Ebenen des Bildungswesens* und des Lebens. So skizzierte er neue Studien- und Berufsbilder im Freizeitsektor:[1800]

- Promovierte Freizeitpädagogen (Freizeitforschung und Lehre)
- Diplom-Freizeitpädagogen (Mitarbeiter in Forschungsprojekten und/oder Freizeitleiter)
- Freizeitberater
- Freizeitlehrer
- Freizeiterzieher[1801]

Selbige Entwürfe konnten sich als langfristig eigenständige Berufsbilder und Berufsbezeichnungen in Deutschland nicht durchsetzen, wohl spielt der Lebensbereich Freizeit in sozial(pädagogisch) ausgerichteten Studiengängen sicherlich eine Rolle.

Opaschowski kritisierte in seinem 1976 erschienen Werk „Pädagogik der Freizeit“ Nahrstedts Entwürfe und Positionen als wissenschaftlich nicht haltbar. Nahrstedt habe Kahn/Wiesner falsch interpretiert und wirft ihm darüber hinaus vor, dass seine umfassende freizeitpädagogische Vision „totalitären Charakter“ habe und zur „De-Emanzipation“ beitrage.[1802] Retrospektiv werden hier durchaus Spannungen und „Revierkämpfe“ ersichtlich.

1797 ebd., S. 10.
1798 vgl. ebd., S. 11.
1799 vgl. ebd., S. 11f.; 23f.
1800 vgl. Opaschowski 1976, S. 150ff.
1801 vgl. Nahrstedt 1974, S. 89ff.
1802 vgl. Opaschowski 1976, S. 152.

Scharfe Kritik übte Opaschowski insbesondere an folgenden Aspekten, die er Nahrstedts freizeitpädagogischen Überlegungen zuschreibt:

- „'Freizeit' als Gegenwelt und eigenständiger Lebensbereich
- Verschärfung der Polarisierung von Arbeit und ‚Freizeit'
- ‚Freizeit' –Pädagogik als Superpädagogik
- Vom ‚Freizeit'-Markt geprägt
- Soziologie-Abhängigkeit
- Zukunftseuphorie"[1803]

Obgleich die Vision einer Freizeitgesellschaft sich so nicht erfüllt hat, finden sich bei Nahrstedt durchaus interessante Impulse für die Weiterentwicklung der Freizeitpädagogik, die zwar sicherlich nicht zur Leitdisziplin werden wird, aber deren Bedeutsamkeit zur Humanisierung des Paradigmas lebenslanges Lernen durchaus zu reflektieren ist.

Im Kontext der gesellschaftlichen und politischen Veränderungen in den 1970er-Jahren und der emanzipatorischen Pädagogik wurde Freizeit unter die Idee der Bildung gestellt und ein neuer Kulturbegriff propagiert, der sich von der sogenannten „Hochkultur" distanzierte. Die Soziokulturelle Animation wurde zu einem zentralen Konzept in der Freizeitpädagogik. Die Freizeit wurde in der Tat sehr stark unter dem Fokus der Emanzipation und Konsumkritik gestellt.

Ende der 1970er-/Anfang der 1980er-Jahre wurde Freizeit wieder verstärkt als Bildungszeit interpretiert. Nicht zuletzt wurde auch zu dieser Zeit das Life-long-Learning angefacht durch den Wettstreit der kapitalistischen Welt und der sozialistischen Welt in den 1970er-Jahren. So rief die UNESCO im Jahr 1970 das „International Year of Education" aus, was verdeutlicht, dass Bildung als Schlüssel zum wirtschaftlichen Erfolg betrachtet wird.[1804]

Impulse für die Freizeitpädagogik ergeben sich nicht nur aus dem historischen Diskurs und von einzelnen Vordenkern, sondern auch durch aktuelle bildungspolitische Diskurse und Leitlinien. Dabei sei hier vor allem auf das Leitbild des lebenslangen Lernens verwiesen, zu dem es keine einheitliche Definition gibt.[1805]

Lebenslanges Lernen „beschreibt die Befähigung während des gesamten Lebens eigenständig zu lernen."[1806] Wird lernen als „die Veränderung im Verhalten oder im Verhaltenspotential eines Organismus in einer bestimmten

---

1803 ebd., S. 152.
1804 vgl. Ohidy 2011, S. 25ff.
1805 vgl. Website Erwachsenenbildung.AT: Lebenslanges Lernen. URL (2017).
1806 Dreyer o.A. URL (2015).

Situation, die auf wiederholte Erfahrungen des Organismus in dieser Situation zurückgeht …" – wie es von Bower/Hilgard (1983)[1807] umschrieben wurde, so legen heute Befunde aus dem Bereich der neurophysiologischen Gehirnforschung durchaus die These nahe,[1808] dass es *zu allen* Zeiten lebenslange Lernprozesse gab, diese aber von geringerer gesellschaftlicher Notwendigkeit waren.

Auch der heutige Diskurs verläuft im Kontext der Ganztagsschule und vor dem Hintergrund des Inklusionsgedankens und -auftrages einerseits, vor dem Paradigma des lebenslangen Lernens und der Aufwertung informeller und nonformaler Bildungsprozesse andererseits und entbehrt zunehmend der dichotomen Sichtweise von Arbeit und Freizeit.

Alles in allem kann vor dem Hintergrund, dass sich das breite Bildungsverständnis und die erzieherischen Werte im historischen Verlauf weiter in Richtung Selbstbestimmung, Selbstständigkeit und Selbsttätigkeit gewandelt hat und auch eine Aufwertung informeller und nonformeller Bildungsprozesse stattfindet, davon gesprochen werden, dass sich die Freizeitpädagogik zunächst zur Freizeiterziehung und nun zur Freizeitbildung weiterentwickeln kann. Dabei darf die Entwicklung des Menschen im Lebenslauf nicht ausgeblendet werden, denn letztlich verschränken sich hier Freizeitsozialisation, Freizeiterziehung und Freizeitbildung miteinander.

Von der Freizeiterziehung zur Freizeitbildung unter einer lebenslauftheoretischen Perspektive

Entscheidend ist sicherlich, in welcher bestehenden Kultur und Epoche ein Mensch hineingeboren wird und aufwächst. Die Überlegungen zur Freizeit beziehen sich in diesem Buch auf die westliche Gesellschaft und ein kapitalistisch geprägtes Wirtschaftssystem.

In der Soziologie wird das Hineinwachsen in eine bestimmte Kultur als „Enkulturation" bezeichnet. Diese erfolgt weder als ein dem Individuum bewusster Prozess, noch als ein intentionaler erzieherischer Akt und kann durchaus auch mit dem informellen Lernen in Bezug gebracht werden.

> „*Enkulturation* meint das Erlernen der kulturellen Lebensform bzw. den kultureller Basisfähigkeiten. Es ist der grundlegende Prozess des Hineinwachsens in die Kultur und das Erlernen kultureller Überlieferungen (vgl. Wurzbacher 1963, S. 15), wozu zentral das Erlernen der Sprache gehört."[1809]

1807 Bower/Hilgard 1983, S. 31.
1808 siehe hierzu auch: Gudjons 2012, S. 219–239.
1809 Raithel/Dollinger/Hörmann 2009, S. 59; siehe auch: Wurzbacher 1963.

Kathrin Ding und Gerd-Bodo von Carlsburg betonen, dass es sich hierbei um einen unbewussten Prozess handelt, „eine selbstverständliche und *unreflektierte* Übernahme von Denk- und Handlungsmustern".[1810]

Die Vorstellung und die Begrifflichkeit der Freizeit ist kulturell geprägt und der junge Mensch wächst in diese Überlieferungen und tradierten kulturellen Vorstellungsbilder von Arbeit und Freizeit zunächst hinein.

Der französische Soziologe Emile Durkheim (1858–1917) prägte den Begriff der Sozialisation, der zunächst „einseitig die Prägung der menschlichen Persönlichkeit durch soziale und ökonomische Bedingungen, durch die sich die Gesellschaft reproduziert"[1811] verstanden wurde.

Heute wird die Sozialisation sehr viel stärker als Interdependenzmodell und interaktionistisch konturiert verstanden: Nicht nur die Gesellschaft wirkt auf die Entwicklung des Individuums ein, sondern das Individuum ist als aktiv realitätsverarbeitendes Subjekt am Prozess der Sozialisation beteiligt, wählt bestimmte Umweltausschnitte aus, belegt diese mit Bedeutsamkeit und wirkt auch gestaltend auf diese zurück.[1812]

> „Mit ***Sozialisation*** wird das ‚Sozialwerden' in einem milieuspezifischen Zusammenhang beschrieben, während ***Enkulturation*** als das ‚Sozialwerden' im gesamtgesellschaftlichen, kulturellen Kontext zu verstehen ist."[1813]

Den Umgang mit der Freizeit erleben die Kinder zunächst in ihrer Herkunftsfamilie. Bestimmte Freizeitaktivitäten und -gewohnheiten gehören zum familialen Alltag, manche davon werden von Kindern favorisiert, andere Freizeitaktivitäten werden vielleicht eher von den Eltern für gut befunden und finden keine langfristige Resonanz bei den heranwachsenden Kindern.

Daneben spielt sicherlich auch das nähere Umfeld und die Wohnsituation eine nicht zu unterschätzende Rolle für die Gestaltungsmöglichkeiten der Freizeit. Nicht allen Kindern ist es heute vergönnt, in einer Wohngegend aufzuwachsen, die (noch) freie Räume zum Spielen und Entdecken hat oder die Haltung von Haustieren ermöglicht. Ebenso kann es an öffentlich-sicheren Räumen für soziale Aktivitäten oder an Vereinen in erreichbarer Nähe fehlen.

Gerade wenn es an infrastrukturellen Freizeitmöglichkeiten mangelt, kann das Internet, der Computer oder das Fernsehen eine große Anziehungskraft

---

1810 Ding/v. Carlsburg 2011, S. 29.

1811 Raithel/ Dollinger/Hörmann 2009, S. 59.

1812 vgl. ebd., S. 60.

1813 ebd., S. 60.

entwickeln. Im Jugendalter besteht darüber hinaus insbesondere in sozialen Brennpunktvierteln die Gefahr, dass sich Jugendlichen mit riskanten „Freunden"/einer delinquenten Peergroup anschließen und mit dieser ihre Freizeit verbringen. Nicht selten spielen nicht nur bestimmte Musik- und Tanzrichtungen eine Rolle, sondern auch Alkohol und andere Drogen werden konsumiert, um „gut drauf" zu sein und „Spaß" zu haben. Entwicklungspsychologisch betrachtet ist der Anschluss an eine bereits vorbelastete Peergroup/Freunde als Risikopfad zu interpretieren und geht meist einher mit schuldistanziertem Verhalten.[1814]

In einer pädagogisch-lebenslauftheoretischen Perspektive steht die Frage im Zentrum, wie Kinder zu einem kompetenten, mündigen, selbstbestimmten und zugleich verantwortungsbewussten Umgang mit der freien Zeit gelangen.

Eltern – wie auch Schule und andere bildungspolitische und sozialpolitische Maßnahmen und Angebote versuchen auch erzieherisch auf das Freizeitverhalten der Kinder einzuwirken. Erzieherisches Einwirken kann dabei als intentionale pädagogische Interaktion begriffen werden. Dabei kann noch einmal unterschieden werden, ob es sich um ein erzieherisches Einwirken auf die Freizeitgestaltung von Kindern und Jugendlichen handelt, das einsetzt, bevor es bereits zu ungünstig beurteiltem Verhalten in der freien Lebenszeit kam (Prävention), oder um erzieherische Maßnahmen, die dazu dienen sollen, negativ bewertetes Freizeitverhalten (z.B. S-Bahn-Surfen) zu unterbinden (Intervention).

Dabei stellt sich durchaus die Frage, wodurch sich ein Eingriff in die Autonomie des Menschen legitimieren lässt und was einem anderen Menschen das Recht gibt, regulierend-lenkend oder korrigierend auf den Umgang mit der freien Zeit eines Menschen einzuwirken. Hiermit kann auf „(d)as Ungelöste Normproblem der Pädagogik", wie es Ruhloff (1980)[1815] bereits betitelte, verwiesen werden.[1816] Es ist selbstredend, dass sich diese Problematik auch auf die Freizeitpädagogik bezieht. Der Erziehungswissenschaftler Wolfgang Brezinka blendet bei seiner definitorischen Annäherung an den Erziehungsbegriff diese Frage aus. Nach Wolfgang Brezinka könnte der Erziehungsbegriff (hier sehr allgemein) selbst wie folgt skizziert werden:

1814 vgl. z.B. Forschungsinstitut für Soziologie, Universität zu Köln 2003, URL (2015), S. 19ff.

1815 Ruhloff 1979.

1816 vgl. zur Frage der Normen und Werte siehe auch: Gudjons 1993, S. 175ff.

Abb. 60: Der Erziehungsprozess nach Brezinka (Grafik neu gesetzt, Quelle: Gudjons 1993, S. 174; Gudjons/Traub 2016, S. 195)

> „Unter Erziehung werden Soziale Handlungen verstanden, durch die Menschen versuchen, das Gefüge psychischer Dispositionen anderer Menschen in irgendeiner Hinsicht dauerhaft zu verbessern oder seine als wertvoll beurteilten Komponenten zu erhalten."[1817]

Erziehung wird hierbei als ein *intentionaler* Prozess mit dem Risiko des Scheiterns betrachtet und nicht auf eine bestimmte Altersphase begrenzt. Insbesondere die Zielfrage (d.h. die Frage, was als „wertvoll" gelten soll), ist bei dieser Bestimmung offen gehalten.[1818]

Anders als Brezinka bezieht Klaus Mollenhauer, als Vertreter der Kritischen Erziehungswissenschaft, die Zielfrage mit ein und betrachtet die Emanzipation und „Mündigkeit des Subjekts" als Ziel jeglicher Erziehung.[1819] Damit fällt bei dieser Zieldefinition von Erziehung diese auch mit der Zielsetzung des Bildungsbegriffs der Aufklärung zusammen.

Auch für Johann Friedrich Herbart (1776–1841) sind Erziehung und Bildung eng miteinander verwoben und nicht sinnvoll isoliert voneinander zu betrachten. So bestimmte Johann Friedrich Herbart in seinem 1804 erschienenen Werk „Über die ästhetische Darstellung der Welt als das Hauptwerk der Erziehung" den Zweck der Erziehung wie folgt:

> „Moralität als *höchster Zweck* des Menschen folglich der Erziehung ist allgemein anerkannt. …. Aber Moralität als *ganzen* Zweck des Menschen und der Erziehung aufzustellen, dazu bedarf es einer *Erweiterung des Begriffs derselben…*"[1820]

1817 Brezinka, S. 95, zit. n. Gudjons 1993, S. 173.
1818 Weiterführend zur Kritik und weiteren definitorischen Annäherungen siehe Gudjons 1993, S. 174ff.
1819 vgl. Mollenhauer 1968.
1820 Herbart 1804/1997, S. 47.

Dass die moralische Erziehung und die Befähigung eines Menschen zu einem friedvollen Leben in der Gemeinschaft auch heute als bedeutsames Erziehungs- und Bildungsziel gelten kann, darüber gibt es durchaus noch breiten Konsens. So wird an diesem Anspruch in den früher in den Präambeln und heute in Leitlinien der (neuen) Bildungspläne für die öffentlichen Schulen festgehalten.[1821]

Wie durch die Auseinandersetzung mit dem Bildungsbegriff in vierten Kapitel wurde, stellt Bildung nicht nur ein mehrdimensionales Konstrukt dar, sondern hat als Zielperspektive den mündigen, zu vernünftiger Selbstbestimmung herangebildeten Bürger, der zu verantwortlichem Handeln und Solidarität ebenso wie zur Partizipation in einer demokratischen Gesellschaft befähigt ist.

In Anlehnung an Johann Friedrich Herbart würde sich die Freizeiterziehung mit der Freizeitbildung verschränken, das eine wäre kaum ohne das andere denkbar. Herbart sprach – bezogen auf die Schule vom „erziehenden Unterricht" und unterschied bezogen auf die erzieherischen Maßnahmen die „Regierung der Kinder" von der „Zucht".

Obgleich Herbart durchaus ein Vertreter seiner Zeit war (z.B. nur von der Erziehung der Knaben sprach), so wäre es eine verkürzte Sichtweise, die Konzeption des „erziehenden Unterrichts" nur auf den Schulunterricht in der bürgerlichen Gesellschaft zu beziehen. So verweist der Erziehungswissenschaftler Dietrich Benner auch explizit auf diesen Umstand:

> „Der Begriff des erziehenden Unterrichts ist dabei bewußt weit gefaßt. Er ‚betrachtet *als* Unterricht alles dasjenige, was irgend man dem Zögling zum Gegenstand der *Betrachtung* macht' [S. 76], verlangt also, Unterricht nicht etwa auf Schulunterricht zu beschränken, sondern auf menschliches Leben schlechthin zu beziehen und das Erzieherische nicht in der Familie oder in sozialpädagogischen Institutionen zu lokalisieren,

---

1821 Hier wird dies durch die Leitlinien u.a. wie folgt verankert: „Bildung und Erziehung sollen vor diesem Hintergrund Kinder und Jugendliche dazu befähigen, Orientierung und eine eigene Position in dieser Welt zu finden sowie gleichermaßen Verantwortungsbereitschaft zu entwickeln. Schülerinnen und Schüler sollen in die Lage versetzt werden, eigene Wertvorstellungen und Haltungen zu reflektieren und weiterzuentwickeln, Probleme und Konflikte friedlich zu lösen bzw. auszuhalten, Empathie für andere zu entwickeln und sich selbst bezüglich des eigenen Denkens und Fühlens zu artikulieren wie auch zu relativieren. Maßstab für Identitätsbildung und Dialog sind die Würde des Menschen und das christliche Menschenbild, wie sie in Grundgesetz, Landesverfassung und Schulgesetz niedergelegt sind." (Arbeitspapier für die Hand der Bildungsplankommissionen als Grundlage und Orientierung zur Verankerung von Leitperspektiven – Stand: 08.04.2014, S. 2f. URL [2016]).

sondern als Moment jeglicher pädagogischen Praxis zu begreifen (vgl. D. Benner 1982b; s.a. D. Haarmann 1970).“[1822]

Von daher scheint es durchaus legitim, sich seine Vorstellungen von Erziehung und Bildung auch im Zusammenhang mit der Freizeiterziehung und Freizeitbildung näher zu betrachten, zumal er heute zu einen der „Klassiker“ der historischen Bildungstheoretiker zählt. Dennoch sei bereits hier darauf verwiesen, dass bei Herbart die Erziehung und Bildung von Kindern und Jugendlichen im Fokus seiner Überlegungen stand, es sich aber dennoch um allgemeine pädagogische Grundfragen handelt.

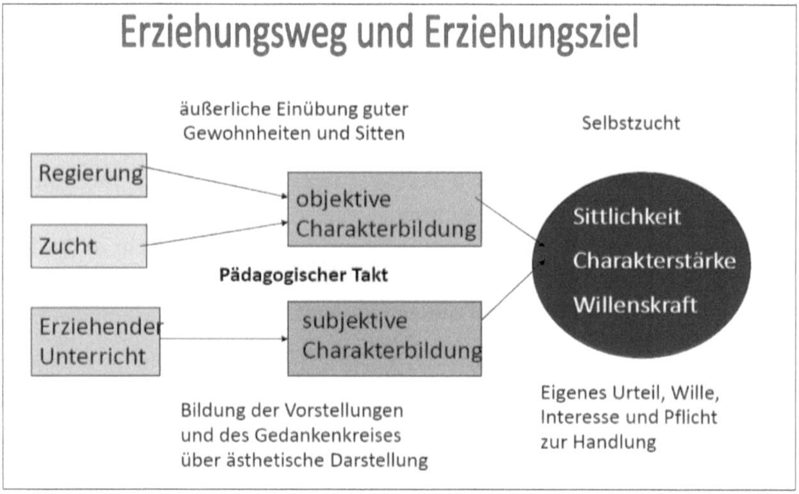

Abb. 61: Erziehung als Entwicklungshilfe der Moralität: Sittlichkeit, Charakterstärke und Willenskraft in Anlehnung an Herbart

Nicht zu übersehen ist der Einfluss Kants, der in seiner „Kritik der reinen Vernunft“ von dem „empirischen Charakter“ (beobachtbar) und dem „intelligiblen Charakter“ des Menschen spricht. Dietrich Benner verweist deutlich auf die Differenz zwischen der Position Herbarts und Kants:

1822 Benner 1997, S. 51.; siehe weiterführend: Haarmann 1970, S. 782–799; Benner 1982, S. 486–490; Benner 1983, S. 45–57.

> „Aber er [Herbart] sprich der kantschen Auflösung der Freiheitsantinimue ihre Stimmigkeit ab. Wenn nur der empirische Charakter des Menschen ein zeitlicher ist, dessen intelligibler Charakter dagegen unabänderlich, zeitlos, ohne jede Veränderung gedacht wird, dann ist schlechterdings kein Begriff des Menschen als eines sich entwickelndes, lernendes Vernunftswesen mehr möglich."[1823]

Herbart unterscheidet den Charakter in einen „objektiven" (bei Kant: „empirischer Charakter") und einen „subjektiven" Teil (bei Kant: „intelligibler Charakter"), die durchaus miteinander im Widerstreit stehen können.[1824] Im subjektiven Charakter spiegeln sich Maxime, Vorsätze und auch Grundsätze wider. Auch der subjektive Charakter kann weiterentwickelt werden durch Regierung, vor allem aber Zucht und Kontext des erziehenden Unterrichts. Durch den subjektiven Charakter kann der Mensch auf den objektiven Charakter einwirken.

> „Er beobachtet sich, er möchte sich begreifen, sich gefallen, sich leiten."[1825]

Dagegen bezeichnet der objektive Charakter den aktuell erreichten Zustand, die Neigungen, Begierden oder auch Gewohnheiten.

> „Aber schon vor dieser Beobachtung, versunken in Sachen und Äußerlichkeiten, *hat* er einen Willen und zuweilen sehr bestimmte Charakterzüge. Diese sind das Objektive, welchem das beschauende Subjekt durch einen *neuen*, in ganz anderer Gemütslage erzeugten Willen entweder zustimmt oder widerstreitet."[1826]

Unter „Regierung" verstand Herbart alle Maßnahmen, die der Erwachsene gegenüber einem Kind ausübt, um es zu disziplinieren, Ordnung herzustellen und das Kind vor Unheil zu bewahren. Herbart sah diese äußeren Mittel (damals erschienen Ermahnung, Drohung und in letzter Konsequenz durchaus auch körperliche Sanktion) durchaus als notwendig an, da er dem Kind noch nicht mit einem (vernunftgeleiteten) Willen ausgestattet sah. Kindheit wird somit als durchaus vom Erwachsenenalter abgrenzbare und unterschiedliche Lebensphase, allerdings in erster Linie aus defizitärer Sichtweise, gefasst. Herbart grenzt dabei die „Kinderregierung" von der „Erziehung" ab.[1827]

1823 Benner 1997, S. 38.
1824 vgl. Benner 1986, S. 321.
1825 Herbart 1806/1997, S. 117.
1826 ebd., S. 117.
1827 ebd., S. 64ff.

Kinderregierung – bezogen auf die Freizeiterziehung – impliziert alle ordnenden und strukturierenden Maßnahmen durch Erwachsene, die – ohne willentliche Entscheidung des Kindes, sich sowohl auf die sozial-räumliche, zeitliche wie auch inhaltliche Gestaltung der Freizeit beziehen:

- Beispiel I – Eltern erlauben dem fünfjährigen Kind nur bis zum Abendbrot um 18 Uhr im eigenen Hof mit einem Nachbarskind Ball zu spielen. Kommt das Kind zur rechten Zeit ohne weitere Aufforderungen hinein, darf es nach dem Abendbrot noch eine Viertelstunde das Kinderprogramm im Fernsehen anschauen. Muss es hingegen hineingeholt werden, entfällt dies.
- Beispiel II – Die Eltern befinden Bewegung und soziale Kontakt im Kleinkindalter für wichtig, und die Mutter geht mit dem Kleinkind regelmäßig zum Babyturnen und Kinderschwimmen. Dort greift sie ein, wenn es zwischen den Kindern zu „Kämpfen" um ein Wasserspielzeug kommt.

Für Herbart begann die erzieherische Handlung erst dann, wenn der Erwachsene auf das „Gemüt" des Kindes einwirkt.

> *„Der Erzieher vertritt den künftigen Mann beim Knaben, folglich, welche Zwecke der Zögling künftig als Erwachsener sich selbst setzen wird, diese muß der Erzieher seinen Bemühungen jetzt setzen; ihnen muß er die innere Leichtigkeit im voraus bereiten."*[1828]

Moralität und Sittlichkeit bestimmt Herbart als die Zielsetzungen des Erziehungs- und Bildungsprozesses und sind nur durch das Wollen und die Einsicht des Individuums zu erreichen. Daher reicht es niemals, Kinder und Jugendlichen bloß zu regieren. Viel wichtiger ist es, sie zur Selbstzucht zu befähigen, dass sie, was sie als richtig und wertvoll erkennen, auch umsetzen können. Dazu bedarf es eines starken und entschlossenen Willens.

Herbart spricht von verschiedenen Formen der Zucht, die der Entwicklung der Selbstzucht dienen und in der nachfolgenden Abbildung visualisiert sind.

Dabei sind die Stufen durchaus reversibel zu interpretieren und nicht als exklusive Stufenfolge zu verstehen, d.h. es kann durchaus notwendig sein, auf eine frühere Form der Zucht zurückzugreifen, wenn das Individuum noch mit der unterstützenden Form der Zucht in einer konkreten Situation überfordert ist.

1828 Herbart 1806/1997, S. 69.

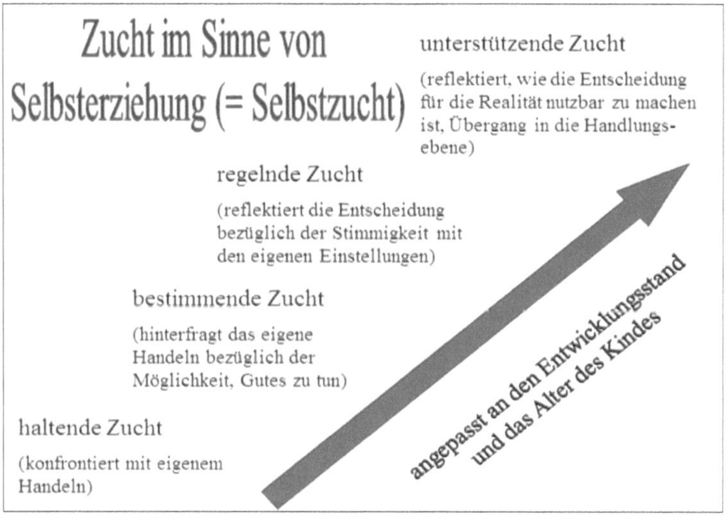

Abb. 62: Verschiedene Modi der Zucht in Anlehnung an Herbart[1829]

Bei der „haltenden Zucht" wird der Zögling mit dem eigenen Handeln konfrontiert. Bezogen auf die Freizeitgestaltung könnte dies dahingehend interpretiert werden, dass das Freizeitverhalten und -handeln dem Menschen zurückgespiegelt wird und eine bewusste Wahrnehmung des eigenen Handelns angebahnt wird.[1830]

Die „bestimmende Zucht" soll den Zögling dazu anregen und unterstützen, das eigene Handeln kritisch zu hinterfragen und auch nach Möglichkeiten zu suchen, Gutes zu tun. Es geht hierbei um die Wahl und eine Wertentscheidung.[1831] Auf die Freizeit bezogen kann dies natürlich dahin interpretiert werden, die Verwendung der freien Lebenszeit im Hinblick auf den Einsatz für soziales Engagement zu betrachten. Weiter gefasst wäre hier aber „Gutes zu tun" auch dahingehend zu interpretieren, inwiefern sich das Individuum mit seinen Freizeitaktivitäten selbst etwas Gutes tut – oder womöglich seiner physischen oder psychischen Gesundheit, seiner sozialen Vernetzung oder auch seiner

1829 Grafik: eigene Darstellung, siehe auch: Benner 1997, S. 108f.
1830 vgl. Benner 1997, S. 108.
1831 vgl. ebd., S. 108.

persönlichen Entwicklung zu widersprechen. Gerade Kinder würden für eine „gute Wahl“ eine positive Valorisierung und Bestätigung durch den Erzieher erfahren.

Die „regelnde Zucht“ würde nun bedeuten, dass das Individuum die Entscheidung bezüglich der Stimmigkeit mit den eigenen Einstellungen kritisch reflektiert und daran gemessen wird.[1832] Dabei werden dem Individuum die eigenen Maxime und Grundsätze bewusst und situative Entscheidungen werden im Hinblick auf ihre Übereinstimmung mit den eigenen Grundsätzen reflektiert.

Die „unterstützende Zucht“ hilft dem Zögling dabei zu reflektieren, wie die Entscheidung für die Realität nutzbar gemacht werden kann und überführt sie in die Handlungsebene.[1833] Vielen Menschen gelingt es nicht, sich gemäß ihrer eigenen guten Vorsätze zu verhalten und diese umzusetzen. Das, was für richtig und wertvoll erkannt wurde, auch konsequent umzusetzen, erfordert ein hohes Maß an Selbstdisziplin. Die Diskrepanz zwischen „guten Vorsätzen“ und dem Bewusstsein darum, was gut für einen selbst oder seine Mitmenschen wäre und dem, wie sich der Mensch faktisch verhält, findet sich in vielen Lebensbereichen. Einem jeden dürften hierzu Beispiele einfallen, die diesen Umstand illustrieren könnten.

Für die Bildung des Menschen betrachtet Herbart – nicht zuletzt in der Formalstufentheorie des Unterrichts („Klarheit“ – „Assoziation“ – „System“ – „Methode“)[1834] – den Wechsel zwischen Vertiefung (Auseinandersetzung mit Neuem) und Besinnung (Einordnung, Verarbeitung und Transfer/Anwendung der neuen Erkenntnisse und Erfahrungen) zentral.

> „Überhaupt aber muß die äußere Tätigkeit nie so sehr überreizt werden, daß die geistige Respiration, jener Wechsel von Vertiefung und Besinnung, dadurch gestört würde.“[1835]

In gewissem Sinne *erzieht* auch die Auseinandersetzung mit bestimmten Bildungs- und Kulturgütern selbst den Menschen, finden soziale Lernprozesse bei gemeinschaftlichen Aktivitäten statt.

Herbart forderte seinerzeit die Bildung der „Vielseitigkeit des Interesses“.

> „Das Interesse geht aus von interessanten *Gegenständen* und *Beschäftigungen*. Durch den *Reichtum* derselben entsteht das *vielseitige* Interesse.“[1836]

1832 vgl. ebd., S. 109.
1833 vgl. ebd., S. 109.
1834 siehe hierzu weiterführend: Herbart 1806/1997, S. 77ff.
1835 Herbart 1806/1997, S. 143.
1836 Herbart 1806/1997, S. 74.

Bezogen auf die Freizeit kann dies dahingehend interpretiert werden, dass es sehr wichtig ist, Kindern wie auch Erwachsenen in vielfältige Möglichkeiten der Freizeitaktivitäten und Interessensbereiche heranzuführen, sodass sie auf dieser Basis eine bewusste Wahl treffen können. Dabei wäre es wichtig, dass diese Aktivitäten nicht nur oberflächlich und sprunghaft ausgeübt werden, sondern durchaus eine intensive Auseinandersetzung damit stattfindet.

Enkulturation, Sozialisation, Erziehung und Bildung sind Prozesse, die nicht isoliert voneinander zu betrachten sind oder wirksam werden und auch zur Individuation des Menschen beitragen.[1837]

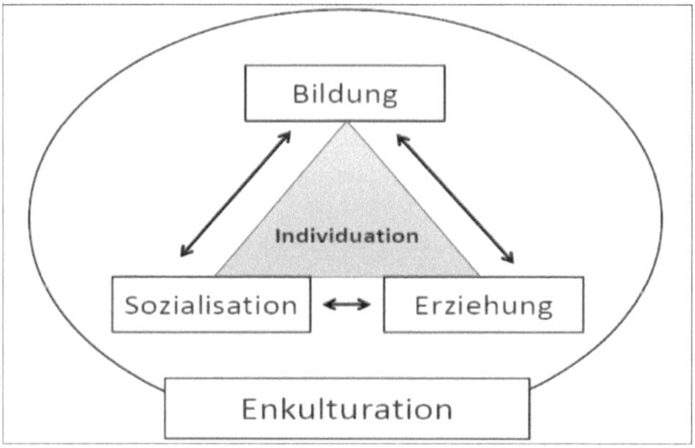

Abb. 63: Interdependenzmodell von Sozialisation – Erziehung – Bildung[1838]

Wird heutzutage eine dichotome Sichtweise und klare Trennung von Arbeit und Freizeit infrage gestellt, so wäre auch kritisch zu hinterfragen, ob es sinnvoll ist, von Schul- und Freizeitbildung bzw. außerschulischer Bildung zu sprechen und damit grundverschiedene pädagogische Vorstellungen zu verbinden. Sicherlich kann dem entgegengehalten werden, dass schulische Bildung einen klaren Auftrag und eine institutionelle und lebenslaufbezogene Verortung hat. Dieser Unterschied soll an dieser Stelle auch in keiner Weise geleugnet werden. Es gibt sicherlich gravierende Unterschiede, die in der „alten“ Schule sehr viel deutlicher zum Ausdruck kamen mit der

1837 vgl. Gudjons 1993, S. 167.

1838 vgl. Ding/v. Carlsburg 2011, S. 29, S. 35. Abbildung modifiziert, Pestalozzi intendierte auch einen anderen Enkulturationsbegriff.

Forderung nach repressiven Maßnahmen, bis in Ende der 1960er-Jahre dem Züchtigungsrecht der Lehrer und der Schulpflicht. Und: Bei allen Bestrebungen, Schule zu humanisieren, bleibt nach wie vor ein Doppelmandat bestehen: „der Lehrer als An-walt des Kindes“ und „der Lehrer als Anwalt der Gesellschaft“. Dies drückt sich z.B. auch in der Allokations- und Selektionsfunktion von Schule, in der Verpflichtung zur Leistungsmessung und Benotung, aber auch der bestehenden Schulpflicht aus. Auf der anderen Seite besteht stets die grundlegende Frage, wie Bildungsprozesse produktiv gestaltet werden können, damit das zu vermittelnde Wissen wirklich bildende Funktion hat, Selbstbildung ermöglicht.

Bei letzterer Fragestellung gibt es vielerlei Gemeinsamkeiten zwischen den Ansätzen in der modernen Schulpädagogik und der Freizeitbildung: Beide möchten das Individuum zum selbstbestimmten, selbstgesteuerten und aktiven Lernen führen und Lernprozesse so gestalten, dass daraus Bildungserfahrungen werden. Je offener, erfahrungsbasierter und freier die Lernsituationen in der Schule gestaltet werden, desto stärker die Annäherung an wesentliche Grundprämissen der Freizeitbildung, die sich wie folgt herauskristallisieren lassen:

- das Prinzip der Freiwilligkeit und Wahlfreiheit
- das Prinzip der Individualität und Selbsttätigkeit
- das Prinzip der Gemeinschaftlichkeit
- das Prinzip der Ganzheitlichkeit.

Es wäre eine verkürzte Sicht auf Schule, wenn diese nur als Ort der Wissensvermittlung angesehen würde, denn auch in dem Präampeln des Bildungsplanes steht immer wieder der Auftrag der Persönlichkeitsbildung und Identitätsförderung, ein Moment, das sich die Freizeitpädagogik sehr stark als besonderen Auftrag zuschreibt. So bestimmt Dietrich Hoffmann die Freizeitpädagogik und -bildung wie folgt:

> „Freizeitpädagogik und Freizeitlernen bzw. Freizeitbildung sind aber nicht (nur) dazu da, die Freizeit vernünftig zu verbringen, zur Abwendung von Langeweile oder zur Verhinderung des naheliegenden Mißbrauchs, sondern sie werden pädagogisch erst dann sinnvoll, wenn sie der Entwicklung des Subjekts dienen….“[1839]

Freizeitbildung kann im weitesten Sinne auch als kritisches Korrektiv gelten und die Schulpädagogik vor einer Engführung des Bildungsbegriffs mahnen,

---

1839 Hoffmann 1993, S. 28.

die sich mit dem Bestreben der möglichst hohen Technologisierbarkeit des Outcomes von Lernprozessen verbindet und dem Bedeutungsschwund genuin pädagogischer Begriffe aus der Erziehungswissenschaft.[1840]

So fordert Horst Opaschowski bereits 1976 auch eine „freizeitkulturelle Bildung" als Moment der Humanisierung des Bildungswesens:

> „Die klassischen vier Sektoren des Bildungswesens – vorschulische Bildung/ schulische Bildung/berufsbezogene Bildung/Weiterbildung – müssen durch einen fünften Sektor, die freizeitkulturelle Bildung als humane und soziale Komponente des Bildungswesen ergänzt und erweitert werden."[1841]

Dabei können in Anlehnung an Renate Freericks und Dieter Brinkmann wie auch Horst Opaschowski vielfältige Perspektiven der Freizeitbildung und Freizeitpädagogik rekonstruiert werden. Zunächst differenzieren Freericks/ Brinkmann[1842] Freizeitbildung in:

Freizeitbildung		
Bildung in der Freizeit	Bildung für die Freizeit	Freizeit-gemäße Bildung

Abb. 64 Freizeitbildung nach Freericks/Brinkmann (eigene Grafik)

„Bildung in der Freizeit" setzt letztlich am antiken Mußeverständnis an und greift den Umstand heraus, dass dem Bildungsprozess die (partielle) Freisetzung aus dem alltäglichen Arbeitsprozess vorausgehen muss. Freie Zeit wird hierbei als basale Voraussetzung betrachtet, damit der Mensch sich bilden kann.

Die **„freizeitgemäße Bildung"** verweist auf bestimmte methodisch-didaktische Voraussetzungen und eine bestimmte Qualität, wie der Mensch den Bildungsprozess erlebt. Hierbei werden freizeitbezogene Bedürfnisse und Bildungsbedürfnisse berücksichtigt. Im Grunde genommen, muss eine Balance zwischen den unterschiedlichen Bedürfnissen geschaffen werden, wodurch das Leistungsmotiv (oder auch eine Konkurrenz- oder Wettbewerbsorientierung) nicht dominant sind.

1840 vgl. hierzu den Artikel: Hoffmann 1993, S. 28.
1841 Opaschowski 1976, S. 134. Freericks/Brinkmann 2005, S. 332.
1842 vgl. Freericks/Brinkmann 2005, S. 331ff.

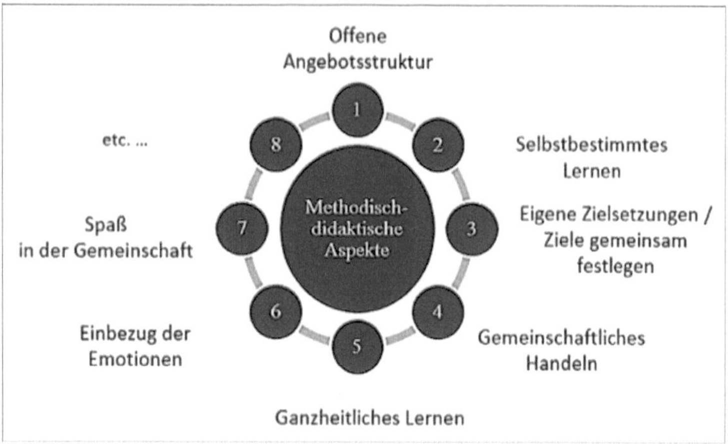

Abb. 65: Methodisch-didaktische Aspekte der „Freizeitgemäßen Bildung"

In Rekurs auf Fritz Klatt kann hierbei auf die Bedeutsamkeit des Ortes und der zeitlichen Struktur verwiesen werden. Lernen sollte im Sinne einer freizeitgemäßen Bildung durchaus einen Beitrag zur Erholung leisten und berücksichtigen, dass Bildungsprozesse der Zeit zur Verinnerlichung und Reflexion benötigen.

„Bildung für die Freizeit" impliziert den Aufbau sinnvoller Freizeitmuster, d.h. die bewusste Nutzung der freien Lebenszeit. Hierzu gehört es, Freizeitmöglichkeiten zu erkennen (bzw. erst einmal kennenzulernen) und eine bewusste Auswahl aus vielfältigen Freizeitangeboten treffen zu können.

Somit wäre hier auch wiederum die eigene Urteilskompetenz gefordert. Schlüsselbegriffe sind hierbei die Integration und Partizipation, d.h. die Frage, wie und wofür sich der einzelne Mensch gesellschaftlich (ehrenamtlich) engagieren kann und möchte. Neben Wissen und Können sind hierbei die Selbsterfahrung und Selbsterkenntnis sowie das Wollen zentrale Faktoren.

Des Weiteren ist zu vermuten, dass hier nicht nur Interessen, persönliche Kontakte und die Beziehungskompetenz im Erwachsenenalter eine bedeutsame Rolle spielen, sondern gerade auch die eigene erlebte Freizeitsozialisation und -erziehung. So berichten nicht selten ehrenamtlich Engagierte, dass sie in der Kindheit selbst bei den Pfadfindern oder im Sportverein waren und einfach in das Ehrenamt „hineingewachsen" seien.

Horst Opaschowski fordert, dass eine Pädagogik der Freizeit den Menschen dabei unterstützen müsse, zu einer sinnvollen Lebensgestaltung zu gelangen.

> „Eine Pädagogik der Freizeit muss sich im 21. Jahrhundert immer auch als Ethik der Freizeit verstehen und den Menschen in allen Lebensphasen Sinnantworten darauf geben, wofür man lebt."[1843]

Allerdings ist dieses Statement dahingehend kritisch zu hinterfragen, ob es Aufgabe eines Pädagogen sein kann, einem anderen Menschen Sinnantworten (vor-) zu geben. Dies wäre letztlich gerade das Gegenteil von Selbstbestimmung und Mündigkeit und widerspräche durchaus dem humanistischen Bildungsideal. Angemessener wäre es an dieser Stelle, von Sinnangeboten und Möglichkeitshorizonten zu sprechen und einer Unterstützung des Individuums bei dem Prozess der persönlichen Sinnsuche.

Bereits in den 1960er-Jahren war das lebenslange Lernen ein Diskursthema sowohl auf nationaler als auch internationaler Ebene. Das Bewusstsein, dass sich Bildung und Erziehung nicht allein auf die Schule beziehen kann, Lernprozesse eben auch jenseits schulischen Unterrichts stattfinden. So brachte der Europarat 1970 das Konzept der „éducation permanente" ein, die OECD sprach der „Recurrent Education", womit sie die Verknüpfung von schulischer und außerschulischer Bildung in geplanter Wechselwirkung fokussierte und die UNESCO sprach vom Konzept „lifelong education".[1844]

Dabei ist auch anzumerken, dass lebenlanges Lernen eigentlich so alt wie die Menschheit selbst ist, aber sich die gesellschaftliche Dringlichkeit in einer Gesellschaft raschen Wandels und exponentiell anwachsenden Wissens erhöht hat. Es ist zu einem politisch forcierten Leitbild geworden, das positiv gewendet, die Durchlässigkeit von Grenzen und deren Überwindung begünstigt: Grenzen bezogen auf die eigenen Bildungszeiten, die Bildungswege, die Sprachen oder auch den beruflichen Möglichkeiten.

Außerschulische Lernorte und auch Kompetenzen, die sich ein Individuum jenseits institutionalisierter Bildungsräume angeeignet hat, gewinnen an Bedeutsamkeit gegenüber einer Sichtweise, die Lernen auf einen institutionellen Rahmen reduzieren möchte.

Ziel ist es, derartige Kenntnisse und Fertigkeiten über kompetenzdiagnostische Modelle einstufen zu können und so alternative Zugangsmöglichkeiten (z.B. zum Studium) zu eröffnen. So erfreulich dies auf der einen Seite erscheint, so groß kann auch die Gefahr einer zunehmenden Utilitarisierung der gesamten Lebenszeit sein.

1843 Opaschowski 2003, S. 25.

1844 vgl. Dietsche/Meyer 2004. URL (2018).

Der Ansatz des lebenslangen Lernens deckt somit nur einen Teilbereich der Freizeitpädagogik und Freizeitbildung ab. Gemein ist beiden Perspektiven, dass es um die Entwicklung menschlicher Potenziale auch jenseits institutionalisierter Bildungseinrichtungen geht. Dem Terminus des lebenslangen Lernens ist aber im Unterschied zur Freizeitbildung jedoch nicht das Moment der Erholung inhärent, wie es von Fritz Klatt mitgedacht wurde.

Nachfolgendes Schaubild visualisiert noch einmal zusammenfassend die Persönlichkeitsentwicklung als übergeordnetes Ziel, die sich in vielfältigen, sehr komplexen Wechselwirkungsprozessen zwischen Mensch, Natur und Umwelt somit auch Enkulturations-, Sozialisations- und Erziehungsprozessen vollzieht und vielfältige Bildungsprozesse impliziert.

Bildung wird hierbei als ein mehrdimensionales Kontrukt betrachtet und als wesentliche Ressource für die eigene Identitäts- und Persönlichkeitsentwicklung gesehen.

In Anlehnung an Martin Buber wie auch Ruth Cohn bedarf der Mensch das Gegenüber, um seiner humanen Potenzialität gerecht werden zu können.

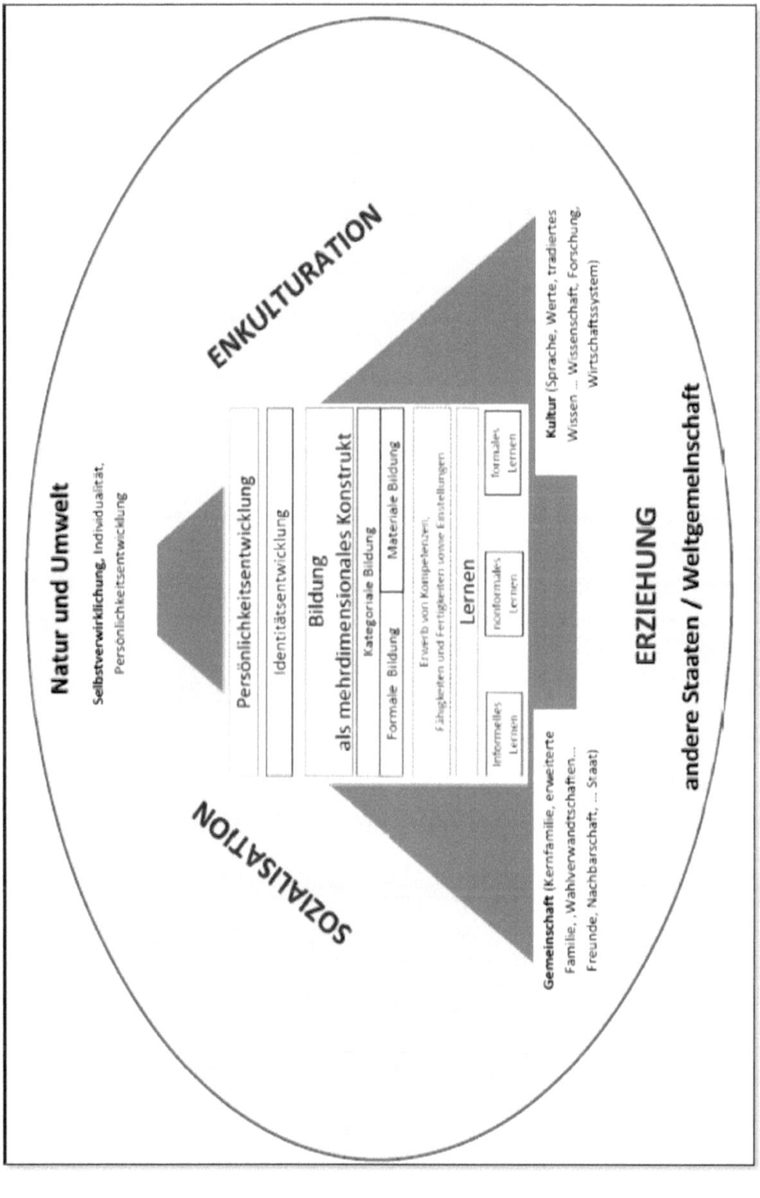

Abb. 66: Zusammenschau: Bildung im Kontext von Enkulturation – Erziehung – Sozialisation (eigene Grafik)

7.4 Freizeitbildung als kritische Erweiterung der Kulturpädagogik

Kulturpädagogik erscheint heute als breitgefächerter „Containerbegriff" und ist ein Kompositum, dass sich aus zwei schillernden und nicht einheitlich zu fassenden Begriffen „Kultur" und „Pädagogik" zusammensetzt. Nicht anders verhält es sich mit dem Terminus der „Kulturellen Bildung".[1845]

Dabei konsolidierte sich der Begriff der „Kulturellen Bildung" in den 1960-/1970er-Jahren in der Bundesrepublik Deutschland.

> „Der Begriff ‚Kulturelle Bildung' ist neueren Datums, d.h. ein Kind des 20. Jh.s. Er wird offiziell durch die 1968 erfolgte Umbenennung der *Bundesvereinigung Musische Bildung* in die *Bundesvereinigung Kulturelle Jugendbildung* eingeführt, steht aber in einer Reihe nach und nach folgender Umbenennungen wie die des Programms ‚Musische Bildung' in den Förderrichtlinien des Kinder- und Jugendplans im Jahr 1973 in ‚Kulturelle Bildung' (vgl. Fuchs 2008a:98)."[1846]

In den 1970er-Jahren wurde ein weiter Kulturbegriff populär, der nicht nur die „Hochkultur", sondern auch künstlerisch-kreative Ausdrucksweisen des einzelnen Menschen einschloss und eine Fokus auf die Partizipation und Emanzipation legte. Es wurde vermehrt das soziokulturelle Credo „Kultur für alle und von allen"[1847] verfolgt. In den 1980er- und 1990er-Jahren wurde die kulturelle Bildung auf alle Altersphasen ausgedehnt und mit dem Konzept des Lebenslangen Lernens verbunden. Der Terminus „Kulturpädagogik" wurde zum Leitbegriff für das sich immer weiter ausdifferenzierende Handlungsfeld der kulturellen Bildung.[1848]

Zuvor spielte der Kulturbegriff in der Geisteswissenschaftlichen Pädagogik eine zentrale Rolle, die die Emporbildung des menschlichen Geistes an klassischen Kulturgütern vertrat und sich somit immer auch als Kulturpädagogik verstand.[1849]

> „Kulturpädagogik bezeichnet hier vor allem eine historisch hermeneutische und theoretischer Zugangsweise, die sich vor dem Hintergrund von lebensreformerischen Überlegungen um eine Bewältigung der mit den politischen, ökonomischen und technischen Umbrüchen einhergehenden Kultur- und Sinnkrise bemühte."[1850]

1845 vgl. hierzu: Fuchs/Liebau 2012, S. 28.
1846 Reinwand-Weiss 2012, S. 111.
1847 vgl. ebd., S. 111.
1848 vgl. ebd., S. 111–112.
1849 vgl. Zirfas 2013, S. 17.
1850 ebd., S. 16.

Eduard Spranger (1882–1963) vertrat die Position, dass Erziehung „immer in das Ganze der Kultur eingelagert und mit ihr verwachsen“ sei.[1851]

Otto Friedrich Bollnow (1903–1991) reflektiert unter Rekurs auf Wilhelm Flitner (1889–1990), dass die „Verlebendigung des überlieferten Kulturguts“[1852] zur „Entfaltung der menschlichen Kräfte im Medium der objektiven Kultur“[1853] nur einen Teilbereich im Sinne der Geisteswissenschaftlichen Pädagogik ausmache, die Heranbildung der Sittlichkeit (Spranger: „Erweckung des Gewissens“[1854]) unabdingbar sei.[1855]

Damit weist die Geisteswissenschaftliche Pädagogik nach Flitner[1856] über eine „einseitige ‚Kulturpädagogik‘“ hinaus.[1857] Beide Pole – Individuum und Gesellschaft – sind somit relevant und es werden religiöse Bezüge bereits sprachlich im Begriff der „*Erweckung des Gewissens*“ (Spranger) repräsentiert.[1858]

Max Fuchs verweist hier auf den Konsolidierungsprozess der Erziehungswissenschaft/Pädagogik in der Weimarer Republik, d.h. die Frage, ob in Anlehnung an Paul Natorp (1854–1924) das Soziale zum Leitprinzip der Pädagogik wird oder der von Wilhelm Dilthey (1833–1911) propagierte Kulturbegriff. Für Natorp stellte die Sozialpädagogik kein Teilgebiet der Pädagogik dar, sondern war die zentrale und übergeordnete Perspektive. Demzufolge wäre Pädagogik im Kern immer Sozialpädagogik. Diese Position konnte sich in der Weimarer Republik jedoch nicht durchsetzen, da der Sozialpädagogik die Funktion der Intervention im Krisenfall (Nothilfe) zugewiesen wurde. Die Perspektive Wilhelm Diltheys, der den Kulturbegriff ins Zentrum pädagogischen Handelns stellte, prägte die Geisteswissenschaftliche Pädagogik, die sich als Kulturpädagogik verstand.[1859]

Max Fuchs nimmt eine Grundlegung der Kulturpädagogik vor, die die Allgemeine Kulturpädagogik auf ein anthropologisches und erziehungswissenschaftliches Fundament stellt, aber auch Theorien der Künste aufnimmt. Die

---

1851 Spranger 1922/1973, S. 18; Bollnow 1989, S. 57 bzw. S. 3. URL (2016).
1852 Bollnow 1989, S. 60 bzw. S. 5. URL (2016).
1853 Bollnow 1989, S. 59f. bzw. S. 5. URL (2016).
1854 ebd., S. 60 bzw. S. 6. URL (2016).
1855 vgl. ebd., S. 60 bzw. S. 6. URL (2016).
1856 siehe weiterführend: Flitner, W. (1933). Systematische Pädagogik. Breslau. Seit der erweiterten Neuauflage (Stuttgart 1950) als „Allgemeine Pädagogik“. Beide Texte jetzt als „Pädagogik“ in W. Flitners Gesammelten Schriften, Bd 2, Paderborn 1983.
1857 vgl. Bollnow 1989, S. 60 bzw. S. 6. URL (2016).
1858 vgl. ebd., S. 59 bzw. S. 6. URL (2016).
1859 Fuchs 2005, S. 9.

anthropologischen Prämissen der kulturellen Bildung und Kulturpädagogik im Vergleich zur Freizeitpädagogik hervorragend aufgearbeitet. Eine Abgrenzung der Disziplinen erscheint hier nur bedingt sinnvoll. Sowohl in der Freizeit- als auch in der Kulturpädagogik kommt der sinnlichen und auch sozialen Erfahrung eine hohe Bedeutsamkeit zu. Karsten Lichau und Christoph Wulf (*1944) erachten die „Sinne als anthropologische Grundlage" jeder (kulturellen) Bildung.[1860] Diese Orientierung wurde bereits maßgeblich vom Sensualismus geprägt und bereits John Locke wie auch Johann Amos Comenius forderten, dass die Sinne zum Ausgangspunkt der geistigen Erkenntnis genommen werden müssen – insbesondere für die Initiierung von Bildungsprozessen bei Kindern.

> „[N]ihil est in intellectu, quod non ante fuerit in sensu: Es gibt nichts im Verstand, was nicht zuvor in den Sinnen war."[1861]

Im weitesten Sinne definiert Max Fuchs in Anlehnung an Helmut Plessner (1892–1985) und Ernst Cassirer (1874–1945) Kultur als „Art und Weise, wie der Mensch sein Leben gestaltet."[1862]

Etymologisch kann der Terminus "Kultur" auf den lateinischen Begriff "colere" (deutsch: pflegen, bebauen, urbar machen) und den Begriff "cultura" und "cultus" (deutsch: Landbau, Anbau, Bebauung, Pflege und Veredlung von Ackerboden) zurückgeführt werden.[1863]

Ansgar Nünning weist darauf hin, dass der Kulturbegriff heute in vielfältigen Kontexten Verwendung findet und es keine einheitliche Definition gibt. Als kleinsten gemeinsamen Nenner der verschiedenen Perspektiven auf den Kulturbegriff erachtet Nünning „die vom Menschen durch die Bearbeitung der Natur mithilfe von planmäßigen Techniken selbst geschaffene Welt der geistigen Güter, materiellen Kunstprodukte und sozialen Einrichtungen".[1864]

Max Fuchs rekonstruiert den Begriff der kulturellen Bildung in seiner historischen Genese und leitet daraus drei Bestimmungsmomente kultureller Bildung ab:

1860 Lichau/Wulf 2012/2013. URL (2016), siehe auch: Liebau 2004/2013. URL (2016).
1861 Raithel/Dollinger/Hörmann 2009, S. 99.
1862 Fuchs 2005, S. 11.
1863 vgl. hierzu: Nünning 2009. URL (2016).
1864 Nünning 2009. URL (2016).

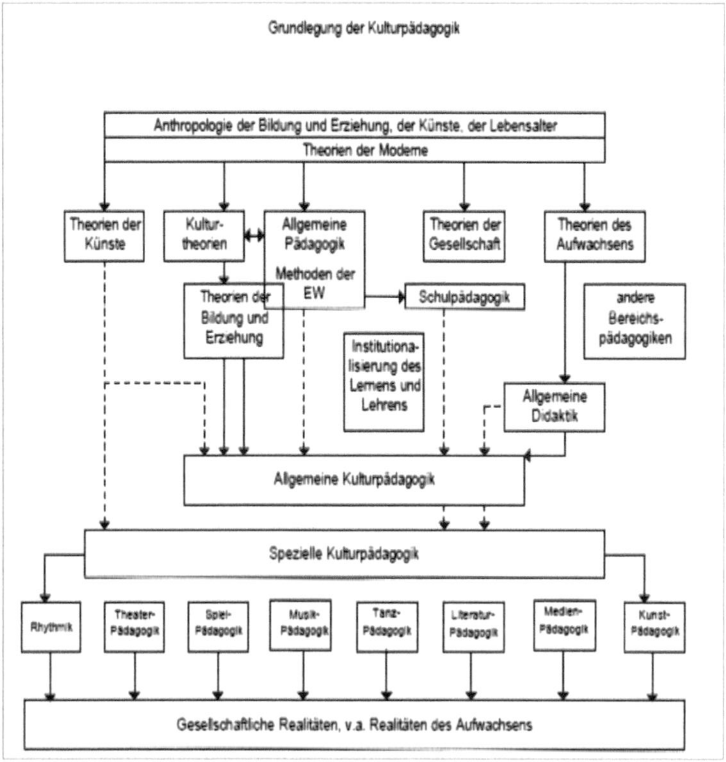

Abb. 67: Struktur der Kulturpädagogik nach Fuchs (Quelle: Fuchs 2005, S. 12)

1. „Eine erste Formulierung lautet etwa: Durch Teilhabe an Kunst entsteht kulturelle Bildung. Diese Formulierung ist die Grundlage zumindest eines Teilbereichs dessen, was man ‚kulturelle Bildung' nennen kann. Die Künste bilden, so die Überzeugung. Sie helfen bei der Entwicklung notwendiger Lebenskompetenzen. Man muss nur die Gelegenheit haben, an künstlerischen Prozessen rezeptiv oder aktiv zu partizipieren."[1865]
2. „Eine zweite Formulierung ist: Kulturelle Bildung ist die Voraussetzung für eine Teilhabe an Kunst. Auch dies ist eine gut belegte Aussage. So hat der Sozialpolitikforscher F. X. Kaufmann gezeigt, dass es vier notwendige Voraussetzungen dafür geben muss, dass (in seinem Fall: soziale) Teilhabe gelingt: Es müssen rechtliche, geographische, ökonomische und bildungsmäßige Bedingungen erfüllt sein. Rechtlich: Es darf keine rechtlichen Beteiligungshindernisse geben."[1866]

1865 Fuchs 2009, S. 19. URL (2018).
1866 ebd., S. 19. URL (2018).

3. „Und schließlich die Bildung: Dass Kunst, speziell elaborierte Kunst oder Kunstformen aus anderen Ländern nicht ohne weiteres jedem Menschen zugänglich ist, hat sicherlich jeder schon einmal erlebt. Bildung – so ein Zwischenfazit – ist also sowohl Voraussetzung als auch Folge von Teilhabe. Man kann das eine nicht ohne das andere diskutieren."[1867]

Eine Trennung von Freizeitpädagogik – und insbesondere Freizeitbildung – und Kulturpädagogik bzw. kulturelle Bildung erscheint artifiziell und in der Praxis nur bedingt sinnvoll. Im Jahr 2007 erschienen „Lexikon der Pädagogik" führt Eckart Liebau die Kultur- und Freizeitpädagogik gemeinsam in einem Artikel aus.[1868] Dieter Lenzen hingegen betrachtet in seiner Systematisierung von Erziehungswissenschaft sowohl die Freizeit- als auch die Kulturpädagogik als eine Fachrichtung.[1869]

Dennoch weisen der kulturpädagogische und der freizeitpädagogische Diskurse heute keinen engen Zusammenhang auf, was durchaus kritisch zu sehen ist. Der Diskurs betrachtet das Spannungsverhältnis zwischen Kultur- und Sozialpädagogik.[1870]

Auf der einen Seite weist die kulturpädagogische Literatur eine fundierte Auseinandersetzung mit den anthropologischen Grundlagen auf und sucht die Anbindung an den aktuellen bildungs- und schulpädagogischen Diskurs. Im Kontext der Bildungsstudien und der Ganztagsschule wurde die Forderung nach mehr kultureller Bildung auch im schulischen Kontext laut, zumal durch die PISA-Studien ein nach wie vor viel zu enger Zusammenhang zwischen sozialer Herkunft und Bildungserfolg nachgewiesen werden konnte. Die Hoffnung besteht, durch den Ausbau kultureller Bildungsangebote und kulturpädagogischer Projekte, Bildungsbenachteiligung abzubauen und Menschen besser zu integrieren. Kulturelle Bildung wird hierbei auch in den Kontext des lebenslangen Lernens gestellt. Zugleich sahen sich die Träger kultureller Bildungsangebote vor dem Hintergrund des Ausbaus der Schulen zu Ganztagsschulen vor neue Herausforderungen gestellt:

„Diese Veränderung der Schullandschaft bedeutete eine erhebliche Herausforderung für die klassischen freien Träger der kulturellen Kinder- und Jugendbildung. Ihr Angebot setzte darauf, dass Kinder und Jugendliche am Nachmittag nicht in die Schule gehen und Angebote der kulturellen Kinder- und Jugendbildung nutzen können. Innerhalb eines relativ kurzen Zeitraums entwickelten diese Träger ebenfalls neue Angebotsformen und kooperieren nunmehr in zunehmendem Maße mit Schulen."[1871]

1867 ebd.,. S. 20. URL (2018).
1868 vgl. Liebau 2007, S. 428–431.
1869 vgl. Lenzen 2002, S. 38–39.
1870 vgl. Braun/Fuchs/Zacharias 2015.
1871 Zimmermann/Schulz 2009, S. 1.

Im Unterschied zur Freizeitpädagogik konnte die Kulturpädagogik damit die Anbindung an den aktuellen bildungspolitischen Diskurs erzielen.[1872] Erst im Jahr 2015 hat die Bundesregierung beschlossen, einen Förderschwerpunkt für Projekte zur kulturellen Bildung zu initiieren.[1873] Lebenskunst wird als potenzielle Leitperspektive kultureller Bildung in der Ganztagschule anvisiert.[1874] Kulturelle Bildung wird in den Kontext der Ganztagschulen, der Schulentwicklung sowie der Inklusion und des Abbaus von Bildungsbenachteiligung gestellt.

Auf der anderen Seite deckt die Kulturpädagogik/kulturelle Bildung nur einen Teilbereich der Freizeitpädagogik und -bildung ab. So findet sich weder das Stichwort „Freizeit", noch das der „Freizeitbildung" oder „Freizeitpädagogik" auf Online-Plattformen wie „Kulturelle Bildung online". Allerdings wird die Freizeit natürlich innerhalb einzelner Artikel als Ort kultureller Bildung thematisiert.[1875]

Nahrstedt verwies bereits in den späten 1980er-Jahren auf den unterschiedlichen Grad der Spezialisierung von Freizeit- und Kulturpädagogen hin:

> *„Der Freizeitpädagoge ist mehr der freizeitkulturelle Generalist, der Kulturpädagoge mehr der freizeitkulturelle Spezialist. Der Freizeitpädagoge gestaltet mehr offene Lernsituationen, Lernlandschaften… Der Freizeitpädagoge ist mehr Animateur, der Kulturpädagoge mehr Kreator, bzw. Ästhetiker."*[1876]

Dabei betonte er die Offenheit von freizeitpädagogischen Arrangements. Damit suggeriert er, dass die Freizeitpädagogik und die Kulturpädagogik von prinzipiell unterschiedlichen didaktischen Ansätzen und Zugängen ausgehen, was sicherlich in der Praxis nur bedingt stimmt. Offene Ansätze haben in heutiger Zeit sogar Eingang in die Schulpädagogik gefunden, ebenso gibt es auch freizeitpädagogische Angebote mit einer relativ geschlossenen Struktur, die wenig adaptiv auf die Partizipierenden eingehen (können).

Freizeitpädagogik bezieht sich nicht nur auf kulturelle Bildung im Freizeitbereich, sondern fokussiert auch die Befähigung des Subjektes zum bewussten und selbstbestimmten Umgang mit der freien Lebenszeit und thematisierte diese. Neben der körperlichen Aktivität im Freizeitsport können gezielt Phasen der körperlichen und seelischen Erholung und des Ausspannens in die Freizeit integriert werden – Zeitfenster, in denen Bildungsprozesse nachwirken können. Freizeit kann pädagogisch

---

1872 vgl. Hameyer 2014.
1873 vgl. Bundesministerium für Bildung und Forschung 2015. URL (2016).
1874 vgl. Braun 2011.
1875 vgl. Website Kuturelle Bildung online. URL (2019).
1876 Nahrstedt 1987, S. 53ff., Musholt 1995, S. 39.

im Sinne einer gemeinsamen Zeit mit anderen arrangiert werden, aber eben auch als Eigenzeit, die der Mensch für sich hat.

Freizeitbildung kann somit in den Bereich der Kulturpädagogik und kulturelle Bildung eingeordnet werden, zugleich weist sie über die Kulturpädagogik hinaus, da das kulturelle Bildungsbedürfnis nur *eines* der Freizeitbedürfnisse darstellt und in der Freizeit neben Kultur eben auch Natur (sowohl der menschlichen wie auch der ökologischen) eine hohe Bedeutsamkeit zukommt. Dies wird gegenwärtig auch in kulturpädagogischen Projekten wie z.B. das „Das kulturpädagogische EGHN-Konzept ‚WILD–FORMAL–ART'" erkannt. Im Fokus stand hierbei die „Sensibilisierung für Kulturgüterschutz und Umweltbildung" durch die Verbindung von Naturerfahrung und ästhetisch-kreativer Auseinandersetzung mit selbiger.[1877] Die Unterschiede zwischen Freizeit- und Kulturpädagogik sind diffus. Dennoch wurde 1997 von dem Kommissionsvorstand der Sektion „Freizeitpädagogik" der „Deutsche[n] Gesellschaft für Erziehungswissenschaft" (DGfE) und dem „Bundesvorstand der pädagogischen Freizeitberufe e.V." für zwei getrennte Berufsbilder plädiert.[1878] Es wurden unterschiedliche Schwerpunkte sowie Gemeinsamkeiten benannt:

> „Kulturpädagogik und Freizeitpädagogik nehmen damit gemeinsam eine kritische Funktion gegenüber Tendenzen einer Vermarktung von Freizeitkultur wahr. Sie sichern die Freiheit der Freizeit. und die soziokulturelle Chancengleichheit. Zur Entwicklung freizeitkultureller Demokratie sind sie unerläßlich. Kulturpädagogik dient dabei vor allem der Reaktivierung gefährdeter und der Entwicklung neuer Formen der Kreativität und Sinnverständigung über den Freizeitbereich. Freizeitpädagogik nimmt ihren Ausgang von der faktischen Lebensweise der Arbeitnehmer in ihrer Freizeit am Werktag, am Wochenende, im Urlaub, während des (Vor-)Ruhestands und unterstützt durch Freizeitberatung, Animation und Freizeitadministration die selbstorganisierte Gestaltung dieser historisch neuartigen und noch kulturoffenen Freizeitsituationen."[1879]

Dabei konnte Ende der 1980er-Jahre die Forderung nach eigenständigen Studiengängen (Diplom-Studiengang) der Freizeitpädagogik nicht erfolgreich durchgesetzt werden. Obgleich diese Forderung nicht nur mit dem gesellschaftlichen Wandel, sondern auch mit dem Hinweis, dass es so möglich wäre, alternative Berufswege für Sozial- und Diplompädagogen zu eröffnen, wurde sie in erster Linie rhetorisch begrüßt. Vor allem wurde bemängelt, dass es kein klares Berufsfeld gab/gibt und die Marktlage unüberschaubar wäre.[1880]

1877 vgl. Bongartz 2011. URL (2016); URL (2018).
1878 vgl. Nahrstedt 1987b. URL (2016).
1879 ebd., S. 81. URL (2016).
1880 vgl. ebd., S. 84. URL (2016).

In dieser Zeit haben Horst Opaschowski und andere Vertreter der Freizeitpädagogik darum gerungen, sie aus der engen Anbindung an die Sozialpädagogik zu befreien und als eigenständige Teildisziplin der Erziehungswissenschaft zu etablieren. Der Erfolg zeigte sich damals u.a. darin, dass sich 1978 in der DGfE eine eigene *Sektion Freizeitpädagogik* formierte.[1881]

Grundlegend für die Freizeitbildung ist die Förderung des bewussten Umgangs mit der freien Zeit und jenen Zeitspannen, die in rationale Arbeitsabläufe eingebunden sind. Gerade für diese Unterscheidung kann auf Fritz Klatt rekurriert werden, der dem Zugriff auf Zeit im Zuge der rationalisierten Arbeitsprozesse den eigenen Lebensrhythmus gegenüberstellt, an dem sich der Mensch bei dem Umgang mit seiner freien Zeit orientieren sollte. Nahrstedt betitelt diese Zeitkomponente unter Verweis auf Klatt als „emotionale Zeitkomponente“:

> „Die emotionale Zeitkomponente beruht auf einer organischen Rhythmustheorie. Nach ihr verfügt der menschliche Organismus und damit auch jedes Individuum über einen Eigenrhythmus, der sich in Herzschlag, Atmung, Bedürfnissen wie Hunger, Durst, Schlaf und Stimmungen wie Schaffenslust, Müdigkeit usw. bemerkbar macht. Dieser Eigenrhythmus läßt sich naturhistorisch aus der Entstehungsgeschichte des Menschengeschlechts herleiten und aus kosmischen Rhythmen (Tag/Nacht; Monatszyklen; Jahreszeiten) erklären. (…) Die Freizeitpädagogik hat damit von Anbeginn dem einseitig rationalen Zeitbegriff des industriellen Systems einen komplexen Zeitbegriff kritisch gegenübergestellt.“[1882]

Der kritische Impetus von der Freizeitpädagogik geht ferner von der Orientierung an den vielfältigen Freizeitbedürfnissen des Subjekts aus. Um diesen gerecht zu werden, sind Freiräume und eine Orientierung am Subjekt unabdingbar. Hieraus ergibt sich eine kritische Erweiterung der kulturellen Pädagogik, die diese zur Vorsicht mahnt, Menschen durch zu viele und zu schnelle Angebote kultureller Bildung zu überfordern.

Andererseits wird bei der Suche nach Trennlinien zwischen der Freizeitbildung und kulturellen Bildung deutlich, dass sehr viele Gemeinsamkeiten bestehen. Dies wiederum hat gute Gründe. In einem seiner Artikel reflektierte Wolfgang Nahrstedt, was die Freizeitpädagogik geleistet habe.

> „Sie hat die pädagogische Bedeutung der Herausbildung des industriellen Zeitsystems thematisiert. Sie hat dabei die freigesetzte (Frei-)Zeit als Ressource für neue Lernbereiche wie Kultur, Reisen, Medien, Sport, Gesundheit verfolgt. Die relative Verselbständigung dieser Bereiche hat zu einer schrittweisen Metamorphose der Freizeitpädagogik über Kultur-, Reise-, Medien-, Museums-, Theater-, Breitensportpädagogik,

1881 vgl. Nahrstedt 1987b, S. 82. URL (2016).
1882 Nahrstedt 1995, S. 11.

> Gesundheitsbildung usw. geführt. Diese Metamorphose als Ausdifferenzierung stellt ein neues grundlagentheoretisches Problem für die Erziehungswissenschaft dar. Die Entdeckung dieses Problems ist eine weitere ‚Leistung' der Freizeitpädagogik."[1883]

Damit betont Nahrstedt die vorauslaufende Bedeutsamkeit der Freizeitpädagogik, die sich im Zuge von Differenzierungsprozessen in Kulturpädagogik, Museumspädagogik, Spielpädagogik, Reisepädagogik usw. ergab und weist auf „die Gefahr der Zersplitterung"[1884] hin.

> „Als Gegenmodell zur Zersplitterung wäre zu überlegen, ob im Rahmen einer Freizeitpädagogik als Grundlagenwissenschaft für den pädagogischen Raum des Freizeitsystems die anderen Ansätze als weitere Innendifferenzierungen aufgefaßt und thematisiert werden könnten."[1885]

Freizeitpädagogik könnte somit auf einer Metaebene angesiedelt werden und die vielfältigen Spezialisierungen, die im Zuge des erziehungswissenschaftlichen Differenzierungsprozesses entstanden sind, verknüpfen und kritisch reflektieren helfen.

Dies kann aber nur unter der Prämisse gelingen, dass sich die Freizeitpädagogik ihrer eigenen historischen Wurzeln ebenso bewusst ist wie sie empirisch ausgerichtete pädagogische Freizeitforschung betreibt.

Freizeitpädagogik und Freizeitbildung haben dabei die Aufgabe, nicht nur auf bereits institutionell verankerte Spezialbereiche zu schauen, sondern auch jene Aktivitäten und Felder in die kritische Reflexion miteinzubeziehen, denen Menschen vorwiegend in ihrer freien Zeit nachgehen und die für sie einen Zusammenhang mit Freizeit und Erholung haben und die indirekt auch zu ihrer Bildung beitragen (können). Hierzu kann die Arbeit im Garten ebenso wie die Aktivität mit Tieren zählen oder (eben medial erzeugte) Freizeittrends, die zum Konsum in der Freizeit animieren und Spaß, Unterhaltung und neue Erlebnisse versprechen.

Freizeitbildung setzt am Individuum an und seiner Selbstverwirklichung. Freizeitkulturelle Bildungsmöglichkeiten stellen eine Möglichkeit der Freizeitgestaltung dar. Doch was Jean Paul [Johann Paul Friedrich Richter (1773–1825)] einst über die Kindererziehung sagte, kann durchaus auch auf andere Lebensalter übertragen werden:

> „Kinder und Uhren dürfen nicht beständig aufgezogen werden; man muß sie auch gehen lassen."

1883 ebd., S. 8.
1884 ebd., S. 18.
1885 Nahrstedt 1995, S. 18.

8. Zum Stellenwert der Natur- und Tierwelt im Leben des modernen Menschen

8.1 Unmittelbarkeit und Sinnlichkeit als Zugang zum eigenen Ich

„Stellen wir uns vor, wir müßten einige Kilometer über eine schnurgerade, ebene, hindernisfreie Betonbahn gehen. Am Ende der Strecke werden wir ermattet sein. Wie anders wird es uns bei einer Wanderung durch einen Wald ergehen!

Da sind verschlungene Pfade. Es geht über Stock und Stein. Wurzeln, Moos, dichtes Gebüsch, Rinnsale. Das Licht ist dämmrig. Du mußt ganz Auge, ganz Ohr sein. Ganz Nase. Es duftet nach Waldkräutern und Waldboden. Seltsame Geräusche von überall her. Vogelstimmen. Am Ende des Weges sind wir erfrischt, fast wie neugeboren. Was war geschehen?

Im Walde war ich mit Körper, Seele und allen Sinnen voll beansprucht, überall kleine mit Hindernissen verbundene Wagnisse. Auf einer risikolosen Betonbahn forderte mich nichts heraus. Ich hatte nichts zu bestehen. Ich war sozusagen überflüssig.

Das ist es, was uns kaputt macht: die Unterschlagung unserer Fähigkeiten. Wo kein Wagnis, da kein Gewinn, wo kein Spiel, da kein Leben.'
(Hugo Kükelhaus 1984, zit. nach MIKLITZ 2000, S. 84)"[1886]

Dieses Zitat des Künstlers und Pädagogen Hugo Kükelhaus (1900–1984) betont die psychologische Bedeutsamkeit und den Wagnischarakter der Natur für den Menschen. Diesen Wagnischarakter machen sich erlebnispädagogische Ansätze und die Outdoorpädagogik zunutze. In der Natur kann der Mensch seine eigenen Grenzen erfahren und sich selbst besser kennenlernen bzw. ein Stück weit über sich hinauswachsen.

Die Sinne verbinden den Menschen mit der ihn umgebenden Umwelt – und dies bereits in der pränatalen Entwicklungsphase. Die Sinne gelten als „Tore zur Welt" und zugleich als „Tore zum eigenen Inneren".

Dabei kommt den Primärerfahrungen eine zentrale Bedeutsamkeit zu, da hierdurch ein multisensorischer Stimulus erfolgt und der Mensch als Leib-Geist-Seele-Entität angesprochen und herausgefordert wird. Zugleich spielt

1886 Pohl 2006, S. 32. URL (2018).

die Möglichkeit der Eigenaktivität und Bewegung eine zentrale Rolle für eine gesunde Entwicklung des Menschen.[1887] Die Natur spricht dabei auch den vestibulären und taktilen Sinn an: Der Mensch spürt den Wind auf seiner Hand, muss den unebenen Untergrund eines Waldbodens beim Waldspaziergang oder Barfußlaufen am Strand ausgleichen. Es werden in der Natur Sinne angesprochen, die im alltäglichen Leben nicht in gleicher Weise stimuliert werden.

Neben dem Angebot kultureller Aktivitäten kommt der Natur eine wichtige Funktion für das Wohlergehen des Menschen zu. Im Anschluss an Aristoteles als Natur „die Natur als die von Menschen unabhängig bestehende, nicht auf seine Eingriffe angewiesene Welt"[1888] verstanden werden. Die Natur – hier im Sinne von Flora, Fauna, Wetter, geologischen Formationen und natürlichen Gewässern gemeint – wirkt sich auf den Menschen (als kulturschaffendes Wesen) aus und dieser wirkt wiederum auf die Natur ein.

Obgleich diese Definition landläufig plausibel erscheinen mag, sei darauf hingewiesen, dass es nicht *eine* Definition von Natur gibt. Im Grunde könnte ein eigenständiges Werk zum Naturverständnis des Menschen, der bzw. den Naturtheorie(n) und der Naturphilosophie[1889] verfasst werden. Dies würde allerdings den Rahmen dieser Arbeit sprengen. Es kann zusammenfassend festgehalten werden, dass die Sichtweise auf das Verhältnis Mensch und Natur dem historischen und soziokulturellen Wandel unterliegt und auch innerhalb einer Gesellschaft subjektiv unterschiedlich erlebt wird.

So meint der Begriff der „physis" in der Antike sowohl den „vom Menschen unabhängige[n] und unbeeinflußbare[n] Teil der Welt, umgreift aber auch ihn selbst"[1890]. In der physis realisiert sich die göttliche Ordnung als Kosmos.[1891] Ute Eser betont als Differenz zum christlichen geprägten Naturverständnis, die Verlagerung der Gottesebenbildlichkeit in den Menschen und somit die Unterordnung der Natur unter die Herrschaft des Menschen und Gott als Schöpfer des Menschen und der Welt.[1892] Dies ist sicherlich eine verbreitete Interpretation, aber nicht die einzige eines christlich geprägten Naturverständnisses.

Erst in der Neuzeit kam es zu einem Wandel in der Einstellung zur Natur: Mit dem Aufschwung wissenschaftlicher Erkenntnisse und dem Menschenbild der

---

1887 siehe weiterführend: Dederich/Jantzen/Walthes 2011.

1888 Schiemann 1996, S. 20.

1889 siehe weiterführend z.B.: Kirchhoff/Karafyllis/Evers. u.a. 2017.

1890 Eser 1999, S. 112.

1891 vgl. ebd., S. 112f.

1892 vgl. ebd., S. 113.

Renaissance, das die Vernunft, Selbstbestimmungsfähigkeit und Bildsamkeit betont, wurde Natur nun als eine zu erklärenden, zu kultivierende Grundlage für die Menschheit bestimmt. Spätestens seit der Aufklärung wurde die Beherrschung der Natur als Fortschritt der menschlichen Entwicklung betrachtet. Nicht nur der cartesische „Dualismus von Materie und Geist" prägt das Denken der Aufklärung, sondern auch der „Dualismus von Natur und Mensch"[1893].

In der Romantik und der Lebensreformbewegung zu Beginn des 20. Jahrhunderts wurde Natur mit einer Sehnsucht nach einer heilen und besseren Welt belegt. Natur wird zu einem Sinnbild des Guten und als etwas Schützenswertes betrachtet. Eser konstatiert:

> *„Im frühen Naturschutz gilt die vom Menschen unbeeinflußte, ‚wilde' Natur als Quelle moralischer Empfindungen. Die Fremdheit von Mensch und Natur wird negiert, Natur als sinngebende Instanz idealisiert."*[1894]

Es kommt zu einer positiven Konnotation von „Wildnis", die zum Symbol für **„Freizeit von zivilisatorischen Zwängen"**[1895] wird. Bedeutsam ist hierbei eine ästhetische Wahrnehmung von Natur als Landschaft und die Wahrnehmung der „Eigengesetzlichkeit der Natur"[1896].

Natur kann somit einerseits als das ohne menschliches Zutun Gegebene verstanden werden[1897], zugleich ist der Mensch selbst auch Teil der Natur. Hans-Jürgen Seel und Ralph Sichler proklamieren, dass die Natur eine wichtige „Orientierungsfunktion für den Menschen" besitzt:

> „Aus seinem Verhältnis zur Natur gewinnt der Mensch Sinnbezüge für sein Dasein."[1898]

Der Frage, wie sich die Natur auf die Psyche des Menschen und die sozialen Gemeinschaften auswirkt, spüren die Naturpsychologie und die Natursoziologie nach. Beide Forschungsrichtungen stammen aus den USA und sind sogenannte „Bindestrich-Disziplinen" und bislang noch keine anerkannten Subdisziplinen.[1899] Der „Berufsverband Deutscher Psychologinnen und Psychologen e.V." (BDP) weist die Umweltpsychologie/ökologische Psychologie als eine

1893 ebd., S. 115.
1894 ebd., S. 125.
1895 Hass/Hoheisel/Kangler/Kirchhoff u.a 2012, S. 115.
1896 Eser 1999, S. 129.
1897 vgl. Flade 2010, S. 22.
1898 Seel/Sichler 1993, S. 19.
1899 vgl. Website Natursoziologie. URL (2016); Brämer 2008. URL (2016).

Teildisziplin aus, die sich in erster Linie mit „den vernetzten Wechselwirkungen zwischen Menschen und ihrer alltäglichen Lebensumwelt“[1900] befasst.

Bereits Mitte der 1960er-Jahre äußerte Alexander Mitscherlich[1901] die These, dass „unwirtliche Städte“ zu einer „Entfremdung von der Natur“ beitrügen und damit einher auch Defizite in der psychosozialen Entwicklung von Kindern verbunden seien. Kinder, so seine Forderung – brauchen elementare Erfahrungen wie den Umgang mit Tieren, das Spielen in der Natur, auch einmal Matsch und Dreck für eine gesunde Entwicklung.[1902]

Unbestritten scheint heute, dass sich die äußere „Natur“ auf den seelischen Zustand des Menschen auswirkt. Die heilende und stressreduzierende Wirkung der Natur wird zunehmend anerkannt und sich auch im medizinisch-therapeutischen Bereich zunutze gemacht. Es gibt Studien, die die entspannende Wirkung der Natur auch auf physiologischer Ebene nachweisen konnten. So kann davon ausgegangen werden, dass der Kontakt zur Natur (auch bereits medial vermittelte Natur) sich positiv auf den Blutdruck, den Puls und den Kortisolspiegel, die Stimmung, Konzentrationsfähigkeit, die Frustrationstoleranz sowie das Sozialverhalten auswirkt.[1903] Als Erklärung wird von Denise Jeitzinger auf die Forschungsarbeiten der amerikanischen (Umwelt-)Psychologen Rachel und Stephen Kaplan (University of Michigan) verwiesen, die vier Kriterien identifiziert haben, welche Umgebungen erfüllen müssen, um eine entspannende Wirkung auf den Menschen zu haben:
Dabei kann das Kriterium „Alltagsferne“ durchaus auch einen Spaziergang um einen See, einen Waldspaziergang und die Wahrnehmung ungewöhnlicher Lichtverhältnisse, einen Sonnenaufgang etc. implizieren, d.h. ein Detail oder eine bewusste Wahrnehmung von scheinbar alltäglichen Phänomenen, die den Menschen einen Moment ins Staunen versetzen. Die Natur kann dem Menschen als „nährende Mutter Erde“ und Ausdruck der göttlichen Schöpfungsmacht erscheinen, aber sich auch von ihrer zerstörerischen Seite zeigen und den Menschen an seine Verletzlichkeit und Endlichkeit erinnern. Gerade Naturkatastrophen verweisen den Menschen auch auf den anderen Menschen und lassen ihn seiner Interdependenz gewahr werden.

1900 Website des Berufsverbands Deutsche Psychologinnen und Psychologen: Sektion GUS – Gesundheitspsychologie – Umweltpsychologie – Schriftpsychologie. URL (2016).

1901 Mitzscherlich 1965, S. 24f.

1902 vgl. Gebhard 1993, S. 127.

1903 vgl. Jeitziner 2014, S. 1; Gebhard 1993, S. 143f.

Abb. 68: Kriterien für eine entspannende Wirkung der Umgebung nach Kaplan (eigene Grafik)[1904]

Selbst der Farbe „grün" wird in der – wissenschaftlich durchaus nicht immer belegten – alternativen Therapie (Farbtherapie) eine positive Wirkung auf den menschlichen Organismus (Herzrhythmus) zugesprochen. Die Natur und auch die Farbe „grün" spielen bereits in der Mystik eine bedeutsame Rolle.

> „**Grünkraft** war das Schlüsselwort in der Mystik, Weisheit und Heilkunde der ‚ersten deutschen Ärztin, Hildegard von Bingen (1098–1179). Das lateinische Wort **viriditas** bedeutet ja nicht nur das ‚Grün', sondern auch die ‚Jugendfrische, Rüstigkeit, Vitalität'."[1905]

Die Kraft der Natur soll dem Menschen helfen, gesund an Körper und Geist zu bleiben und der Mensch ist fähig, Landschaften als ästhetisch wahrzunehmen.

Der Philosoph Martin Seel (*1954)[1906] befasst sich mit der Frage der „Ästhetik der Natur". Hierzu differenziert er zwischen „drei Formen ästhetischer

1904 siehe hierzu: Jeitziner 2014, S. 1. URL (2016); Flade 2010. S. 93; Kaplan/Kaplan 1989.
1905 Petzold 2011, S. 338. URL (2018).
1906 Seel 1991.

Naturwahrnehmung", die Gernot Böhme[1907] oder auch Andrea Siegmund[1908] zusammenfassend wie folgt erläutern:

Form der ästhetischen Naturwahrnehmung nach Seel	Charakteristika
Kontemplation	• „interessenlose" Vertiefung, frei von Zwecken • frei von Intention, Dinge begrifflich zu fassen oder theoretisch zu hinterfragen • sinnliche Wahrnehmung, frei von Bedeutungszuweisungen
Korrespondenz	• „Natur als korrespondierender Ort", der zu bestimmten Lebensentwürfen passt; • die wahrgenommene Natur wird zum eigenen Leben bzw. zum erträumten Leben in Bezug gesetzt
Imagination	• Projektion von Stil und Form in die Natur • künstlerische Wahrnehmung der dinglichen Natur

Abb. 69: Form der ästhetischen Naturwahrnehmung nach Seel (eigene Grafik)

Nach Martin Seel liegen jene Formen der ästhetischen Naturwahrnehmung selten in einer Reinform vor, d.h. die Wahrnehmungsformen können ineinander übergehen.[1909]

Die Natur verfügt darüber hinaus über ein sinnstiftendes Potenzial und hat den Menschen seit Menschheitsgedenken zutiefst berührt. Das Aufkommen des modernen Wissenschaftsverständnises und des Ansinnens, mittels der Wissenschaften zu einer Beherrschung der Natur zu gelangen, konnte daran nichts ändern.

Böhme führt die *„Sehnsucht nach der Natur"*[1910] auf die Suche des Menschen nach der *„Erfahrung des Anderen seiner Selbst"*[1911], das er in der „Selbsttätigkeit der Natur"[1912] findet, zurück. Die Natur tritt dem Menschen hierbei multisensorisch gegenüber und berührt dabei den Körper und Geist des Menschen. Die Natur kann durch ihre Unmittelbarkeit und Sinnlichkeit, die den Menschen in seiner Leiblichkeit berührt, einen anderen Zugang zum eigenen Ich ermöglichen. Der natürliche Kreislauf des Lebens wirkt sich auf das Erleben des Menschen

1907 vgl. Böhme 1993, S. 34.
1908 vgl. Siegmund 2012, S. 93ff.
1909 vgl. Siegmund 2012, S. 99.
1910 Böhme 1993, S. 34.
1911 ebd., S. 34.
1912 ebd., S. 34.

aus, erinnert ihn an seine eigene Endlichkeit, aber auch daran, dass das Leben ohne menschliches Zutun weitergeht.

Hier offenbart sich eine religiöse Dimension im Naturerleben – was hier auch die Tiere einschließen kann und sich in einem Entgrenzungserleben zeigt, d.h. dem Gefühl, mit dem Anderen zu verschmelzen, eins zu werden.[1913] Susanne Heule betont, dass Menschen in der Natur sich mit dem Kosmos verbunden fühlen und unausgesprochene Antworten auf existenzielle Fragen erspüren.

> „In der Natur liegt die tiefe Wahrheit, der Sinn, nach dem wir oft suchen. Natursysteme sind Sinnsysteme."[1914]

8.2 Natur als Antipode einer Kultur- und Leistungsgesellschaft

Spätestens seit der Romantik (um 1800) erscheint die Natur als positiv besetzte Antipode zur Zivilisation.[1915]

> „Wildnis wurde für den Romantiker der Ort, an dem die Freiheit von den Zwängen einer an Technik und Rationalität orientierten Gesellschaft erfahrbar wurde, (…)"[1916]

Aus freizeitpädagogischer Sicht ist dies u.a. auch vor dem Hintergrund dessen bedeutsam, dass Freizeit in Anlehnung an Norbert Elias (1897–1990)[1917] Überlegungen auch als Zeitfenster betrachtet werden kann, in der es zu einer Lockerung des zivilisatorischen (Selbst-) Zwanges kommt.[1918] Die Natur, so eine mögliche These, befördert, dass sich der Mensch vorübergehend von gesellschaftlichen Zwängen und Konventionen befreit fühlt und sich auf eine unverstellte Art und Weise spürt und wahrnimmt. Dies zeigt sich u.a. auch an der Kleidung, dem Schuhwerk oder der Art und Weise, wie sich der Mensch zurecht macht, wenn er wandern geht oder einen Waldspaziergang macht.

Bereits für Jean-Jacques Rousseau war die Natur der Ort, an dem der fiktive Zögling „Emile" zu einem natürlichen Menschen heranwachsen sollte.[1919]

1913 Dieses Entgrenzungsleben als religiöse Dimension wurde von Claudia Wulff bezogen auf Tiere herausgearbeitet. (vgl. Wulff 2008, S. 48).

1914 Heule 2011, S. 244. URL (2018).

1915 vgl. Hass 2012, S. 115.

1916 Hass 2012, S. 115.

1917 siehe: Elias 1939/1990.

1918 vgl. Lippl 1995. S. 84. URL (2014).

1919 vgl. Rousseau 1762/2013.

8.3 Heilsame Kräfte: Henry David Thoreau (1817–1862)

Die Idee, dass der Natur heilsame Kräfte inhärent sind, besteht vermutlich seit Angedenken der Menschheit. So verfügen viele Naturvölker über die Vorstellung von magischen Orten. Diesen Orten wird eine besondere Kraft oder Verbindung zum Übersinnlichen zugewiesen. Für jene Menschen galt die Natur als beseelt.[1920] Überliefert werden derartige Vorstellungen in Liedern, Legenden oder Sagen.

Seit der Aufklärung und einem naturwissenschaftlich-rational orientierten Denken, hat sicherlich auch eine „Entzauberung der Welt" und ein Rückgang des animistischen Denkens stattgefunden. Dennoch gibt es Orte und Landschaften, die den Menschen zum Staunen bringen und viele Menschen überwältigen: der Grand Canyon, die Niagara-Fälle, der Yellowstone National Park, ein großer Sequoia-Baum, der Uluru, besser bekannt als Ayres Rock, oder auch die Kurische Nehrung… Menschen aus der ganzen Welt suchen derartige Orte heute in ihrer Freizeit auf, um sich von ihnen überwältigen zu lassen. Der Tourismus nutzt dies und veranstaltet kommerziell orientierte Erlebnisreisen oder Touren, die durchaus aus ökologischer Perspektive fraglich erscheinen. Der Grad zwischen dem Schutz einer einmaligen Landschaft und der Zerstörung derselbigen durch die kommerzielle touristische Vermarktung ist schmal. Der sogenannte „sanfte Tourismus" oder „Öko-Tourismus" boomt, doch auch diese Form des Tourismus ist ein Eingriff in die Natur – wenngleich nicht selten mit dem Bestreben, diese zu wertzuschätzen und zu schützen.

Der Mensch scheint sich von der Natur angezogen zu fühlen und eine „Pause" von der Zivilisation und Kultur zeitweise als erholsam zu erleben.

Bereits in der Antike wurde der Natur eine wohltuende und heilsame Wirkung zugesprochen. So äußerte sich Marcus Tullius Cicero (106 v. Chr.–43 v. Chr.) über die bereichernde Wirkung auf das Seelenheil, wenn der Mensch einen Baum pflanzt.[1921]

Henry David Thoreau schätzte die Natur als ein Umfeld, das dem Menschen hilft, zu sich selbst und seinen wahren Bedürfnissen zu finden. Eine einfache Lebensführung in der Natur diente ihm im Walden-Experiment zur Selbsttherapie. (vgl. Kap. 4.2)

Der Natur kommt nicht nur im Sinne der alternativen Medizin/Homöopathie/Naturheilkunde, sondern eben auch als sinnliche Erfahrungsquelle

---

1920 vgl. Grüter 2010.
1921 vgl. Petzold 2011, S. 313. URL (2018).

und Landschaftswahrnehmung eine heilsame Bedeutsamkeit zu. Wie sich der Mensch durch die Hektik, den Lärm und auch die Schadstoffbelastung in vielen Großstädten gesundheitlich belastet fühlen kann, so erholsam und heilend wird die Natur erlebt. Dies wurde früh erkannt und so entstanden viele Sanatorien[1922] im 19. Jahrhundert, die sich in einer entsprechenden Landschaft verortet sahen. Heilquellen, gute (Berg- oder Meer-)Luft und eine schöne Landschaft, die den Menschen zu Aktivitäten in der Natur anregen, sind dabei Voraussetzungen für die Lokalisation eines Sanatoriums.

Heute wird die Natur nicht nur für homöopathische Anwendungen erfolgreich eingesetzt, sondern auch als Ressource auch im Bereich der Psychotherapie und Identitätsförderung genutzt:

> „Die Natur zeigt sich mit vielen Gesichtern und Atmosphären, die über den leiblichen Zugang, den perzeptiven Leib, eigene Themen triggern und damit den Menschen in Kontakt mit sich selber bringen.“[1923]

Das Bewusstsein, dass Landschaften sich auf die Psyche und Gesundheit des Menschen auswirken, zeigt sich u.a. in der Tatsache, dass es inzwischen auch Therapeuten/innen gibt, die sich als (systemische oder humanistisch-existentielle) „Naturtherapeuten“ bezeichnen.[1924] Die Naturtherapie stellt dabei eine Zusatzqualifikation dar und ist bislang kein grundlegender Studien- oder Ausbildungsgang.

In der Naturtherapie[1925] wird davon ausgegangen, dass die Natur als „Raum“ und „Erlebensfeld“ gezielt in den therapeutischen Prozess integriert werden kann und dem Menschen hilft, sich selbst in einer anderen Weise wahrzunehmen. Die Exist-Schule für Naturtherapie, Bad Wörishofen, beschreibt ihren Ansatz wie folgt:

> „Das In-der-Natursein ist dann therapeutisch, wenn es eingebunden ist in den Kontext einer therapeutischen Beziehung. Die Haltung, die wir in der Natur einnehmen – wir nennen sie im Gegensatz zum alltäglichen Funktionsmodus einen ‚ontologischen Modus‘ (gr. ontos, Existenz) – ist auf die Natur hin ausgerichtet und auf das, was sie in uns auslöst. Die Natur ist nicht Kulisse für andere Ziele und Aktivitäten, vielmehr kann sie gerade dadurch ihre heilsamen Wirkungen entfalten, dass wir in unmittelbarer Resonanz mit ihr sind.

1922 Vorläufer der späteren Sanatorien können auch in der Bäderkultur der Antike gesehen werden.

1923 Heule 2011, S. 243. URL (2018).

1924 vgl. Nau 2011. URL (2018); Website IEK Berlin. URL (2018).

1925 siehe weiterführend: Petzold 2011. URL (2018).

> Ein solches In-der-Natursein entspricht einem grundlegenden Bedürfnis unserer Zeit, in der die Entfremdung der Menschen vom natürlichen Kern des Lebensprozesses, der wir ja selber sind, rapide voranschreitet und zu einer tiefen Verunsicherung in seinem Daseinsgefühl geführt hat. Die Denaturierung manifestiert sich vor allem im Verlust unseres Selbst-Naturseins als Leib und damit auch unserer Empfindungs- und Spürfähigkeit und unserer Fähigkeit zu Resonanz und empfundener Teilhabe (Empathie). Der Verlust des Kontaktes zur ‚Schicht des Lebens' in uns und ‚draußen' ist immer auch verbunden mit einer Beeinträchtigung unseres Instinktlebens und der natürlichen Fähigkeit unseres Organismus zur Selbstregulation und Selbstheilung. Ein denaturierter Mensch wird zu einem ‚Nur-Ich' und kann sich nicht mehr in seiner menschlichen Ganzheit auswirken. Der damit einhergehende Daseinsverlust bildet den Nährboden für zahlreiche psychische und psychosomatische Störungen, etwa den chronischen Erschöpfungszuständen, aber auch für Beziehungsstörungen verschiedenster Art.“[1926]

Im Grunde genommen spiegelt sich hier die Erfahrung Thoreaus wider – allerdings hier eingebettet in eine therapeutische Erziehung.[1927]

Bereits seit den 1960er-Jahren machen sich integrative Therapieformen[1928] die Natur zunutze, um Menschen zu stärken und ihnen zu helfen, sich wieder als Teil der Natur wahrnehmen zu können und zu größerer Kohärenz zu gelangen.

Den Menschen im Kontext des Kosmos zu sehen und als Teil der Natur wahrzunehmen, kann als Grundlage des Ansatzes „going green“ erkannt werden. Diesen Ansatz verfolgt die „Europäische Akademie für biopsychosoziale Gesundheit und Kreativitätsförderung“[1929] (EAG), eine staatlich anerkannte Einrichtung zur beruflichen Weiterbildung in Nordrhein-Westfalen. Als zentrale Merkmale, die in einer qualitativ fundierten integrativen Naturtherapie berücksichtigt werden sollten, werden von Petzold folgende Prinzipien angeführt:

1926 Website Exist-Schule. URL (2016).

1927 Allerdings sei an dieser Stelle auf Jean-Jacques Rousseau verwiesen, der der Natur selbst eine erzieherische Wirkung beimaß.

1928 vgl. Petzold u.a. 2011b, S. 292. URL (2018).

1929 im Original in Fettdruck, vgl. Petzold u.a. 2011, S. 291.

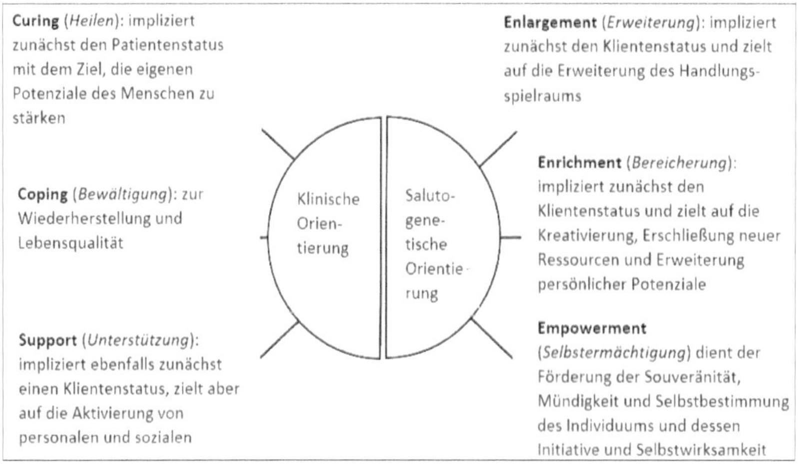

Abb. 70: Interventionsstrategien der Naturtherapie nach Petzold (2011) (eigene Grafik)[1930]

Diese integrative Therapie basiert auf einem „**biopsychosozialen** Gesundheits-Krankheits-verständnis (Petzold 2001a; *Leitner, Sieper* 2008)“[1931] und bezieht dabei sowohl die somatische als auch die soziale und psychische Dimension ein. Zur „Integrativen Therapie“ werden verschiedene Seminare als Weiterbildungsmöglichkeit u.a. von der „Europäische Akademie für biopsychosoziale Gesundheit und Kreativitätsförderung“ angeboten, die sich durchaus nicht nur an Therapeuten richten, sondern auch an Pädagogen/innen, Erzieher/innen, Sozialarbeiter/innen, Altenpfleger/innen oder auch Personen mit abgeschlossener Berufsausbildung im Bereich Gartenbau. Das Seminarangebot erstreckt sich dabei von der „Integrativen Gartentherapie“[1932] über den „Integrativen Green Power TrainerIn“[1933] bis hin zur „Tiergestützte Therapie – für Heil- und Sozialpädagogik und supportive Psychotherapie im Integrativen Verfahren (HPG)“[1934].

Aus wissenschaftlicher Perspektive ist es sicherlich eine berechtigte Frage, welche repräsentativen Evaluationsstudien hierzu vorliegen und die therapeutische

1930 Petzold. u.a. 2011, S. 293f. URL (2018).
1931 Petzold u.a. 2011b, S. 296. URL (2018); Petzold 2001; Leitner/Sieper 2008, S. 199–243.
1932 ebd., S. 303. URL (2018).
1933 siehe: ebd., S. 299. URL (2018).
1934 ebd., S. 305f. URL (2018).

Wirksamkeit empirisch bestätigen. Exemplarisch sei auf eine entsprechende Studie von Hilarion Petzold u.a. (2000)[1935], Michael Märtens et al. (2003) verwiesen sowie auf jene von Anton Leitner (2008)[1936], die die Wirksamkeit der Integrativer Therapie[1937] durchaus zu bestätigen scheinen. Kritisch anzumerken ist, dass der Begriff „Integrative Therapie" lediglich ein Containerbegriff für die Integration unterschiedlicher Therapieverfahren ist. Ferner ist anzumerken, dass die Integrative Therapie in Deutschland kein von den Krankenkassen anerkanntes Therapieverfahren ist, wobei in Deutschland im Jahr 2018 auch lediglich drei therapeutische Ansätze von über zwanzig möglichen Zugängen von den Krankenkassen anerkannte therapeutische Verfahren sind.[1938]

Einer der größten Unterschied zwischen Integrativen Therapieformen und der Freizeitbildung liegt sicherlich in der (Selbst-)Definition der Personen als „krank" und „therapiebedürftig" und ist graduell zu sehen, d.h. Gesundheit und Krankheit erscheinen in Anlehnung an Aaron Antonovski (1923–1994)[1939] als ein Kontinuum. So können freizeitpädagogische und freizeitbildende Angebote durchaus traditionelle Therapieformen unterstützen.[1940] Von daher wundert es nicht, dass sich für das anthroposophisch ausgerichtete, heilpädagogische Institut Lauterbad/Kassel[1941] die Frage, ob es Freizeit oder Therapie sei, nicht wirklich stellt:

> „Um diese Frage gleich eindeutig zu beantworten: Diese strenge Unterscheidung machen wir in Lauterbad nicht. Der heilpädagogische Ansatz besteht vielmehr darin, den Lebenszusammenhang der Kinder so zu gestalten, dass er als Ganzes heilend und therapeutisch wirkt."[1942]

1935 vgl. Petzold/Hass/Märtens/Steffan 2000, S. 277–354. URL (2016).

1936 vgl. Leitner 2010, S. 258ff.

1937 Petzold u.a. (2000) definieren die „Integrative Therapie" wie folgt: *„Integrative Therapie ist 1.* ***eine klinische Behandlungsmethode,*** *2. Instrument der* ***Gesundheitsförderung****, 3. Ansatz der* ***Persönlichkeitsentwicklung*** *und in all diesen Funktionen als erkenntnisgerichtete Selbsterfahrung und veränderungsgerichtete Projektarbeit eine wesentliche ‚Kulturtechnik'; Sie ist also 4. Immer auch als* ***‚Kulturarbeit'*** *zu verstehen."* (Petzold/Hass/Märtens/Stef-fan 2000, S. 284. URL (2016).

1938 vgl. Website Website der DPtV. URL (2018).

1939 siehe weiterführend: Antonovsky 1997.

1940 vgl. z.B. Angebote und Aktivitäten des Vitos-Klinikum Gießen-Marburg. Website URL (2018) oder der Diakonischen Behindertenhilfe Lilienthal (bei Bremen). URL (2018).

1941 vgl. Website des Instituts Lauterbad e.V. URL (2018).

1942 vgl. Prospekt des Instituts Lauterbad e.V. URL (2016).

Hier wird der Lebenszusammenhang der Kinder gestaltet und dazu gehört auch die Freizeit.

Bereits im 19. Jahrhundert entwickelte sich in Norwegen eine „Friluftsliv-Bewegung", die insbesondere durch den Polarforscher Fridtjof Nansen (1861–1930) populär wurde.[1943] „Friluftsliv" wird von Annette Hofmann, Carsten Gade Rolland u.a. als „norwegisches Phänomen" beschrieben, wobei die Frage, was Friluftsliv sei, selbst von Norwegern nicht „eindeutig oder übereinstimmend" beantwortet werden könne.[1944]

„Friluftsliv" basiert auf der Grundannahme, dass sich der Mensch durch den Aufenthalt in der möglichst unberührten Natur entwickelt. Der Natur und dem (Über-)Leben in der Natur wird hierbei eine „persönlichkeitsfördernde und charakterformende Wirkung"[1945] zugesprochen. Ziel ist es, in der Natur zu sich selbst zu gelangen, durch die (erholsame) Einsamkeit in der Natur die Reflexion zu befördern, eine harmonische und mit der Natur in Einklang stehende Lebensführung zu praktizieren, die zur Stärkung von Körper und Geist in der Natur und durch die Natur führen soll.[1946] Frivluftsliv kann als „ein ganzheitlicher, naturbezogener Lebensstil"[1947] oder als „Lebenphilosophie" (Hofmann/Rolland u.a. 2015) interpretiert werden, in dem ein „Verzicht auf unnötiges Leistungs- und Wettkampfdenken und auf technische Transportmittel" stattfindet und das die Bewegung in der freien Natur zum Charakteristikum hat. Insbesondere im Bereich der Sportpädagogik erfolgt eine Rezeption von „Friluftsliv" und wird dieses Konzept als Studiengang an der Artic University of Norway oder in Lehrveranstaltungen an deutschen Universitäten und Hochschulen angeboten.[1948]

Der Natur kann im Bereich der Freizeitpädagogik präventiv wie auch „interventiv" ein hoher Stellenwert zugesprochen werden. An dieser Stelle sei auch auf ausgewählte ähnliche, wenngleich nicht kongruente Zielsetzungen zwischen integrativen Therapieformen[1949] und der Freizeit*bildung* verwiesen:

- Der Mensch wird als Akteur betrachtet, als Gestalter seiner selbst in Interaktion mit der Umwelt.

1943 Oostinga/Grün-Oostinga o.A., S. 12. URL (2018).
1944 Hofmann/Rolland u.a. 2015, S. 20.
1945 Oostinga/Grün-Oostinga o.A., S. 12. URL (2018).
1946 vgl. Oostinga/Grün-Oostinga o.A., S. 12. URL (2018).
1947 Lagerstom 2007, S. 124.
1948 vgl. Hofmann/Rolland u.a. 2015, S. 8.
1949 vgl. hierzu weiterführend: Petzold/Leuenberger/Steffan 1998, S. 142–188. URL (2016).

- Der Mensch wird dabei als Geist-Leib-Seele-Entität verstanden und wird sowohl durch die Natur als auch durch die Kultur bestimmt.
- Die Zielgruppe ist der Mensch in seiner gesamten Lebensspanne.
- Die Persönlichkeitsentwicklung kann als ein Ziel beider Ansätze betrachtet werden.
- Reflexivität: Ungenutzte Ressourcen sollen hierzu erkannt und nutzbar gemacht werden.
- Die Achtsamkeit und bewusste Wahrnehmung soll vergrößert werden.
- Es geht um die Erweiterung individueller Handlungsmöglichkeiten und eine bewusstere Wahrnehmung der eigenen Gestaltungsmöglichkeiten seiner Lebenszeit mit dem Ziel, der Förderung der Lebensqualität.
- Es geht um auch um die Verbesserung der Möglichkeiten der Lebensbewältigung und die Erholung (oder weiter gefasst: die Gesundheit).

Bei der „Integrativen Therapie" spielt die Diagnostik, die therapeutische Beziehung und die systematische Verfolgung bestimmter therapeutischer Ziele eine entscheidende Rolle, zudem ist sie eine zeitlich begrenzte Maßnahme in einer Krisensituation. Die Freizeitpädagogik und Freizeitbildung hingegen geht von einem autonomen Individuum aus und möchte dieses bei der bewussten Gestaltung seiner freien Lebenszeit fördern und Angebote zur persönlichen Weiterentwicklung machen.

Der Natur kann dabei eine besondere Bedeutsamkeit in einer zunehmend technologisierten und mediatisierten Welt beigemessen werden.

Insbesondere Tiere, wie z.B. Hunde, können dazu beitragen, dass sich ein Mensch regelmäßig in der Natur (und frischen Luft) bewegt und somit zur Gesundheitsförderung und Bereicherung der persönlichen Lebensqualität beitragen.

8.4 Tiere als Bereicherung des menschlichen Daseins

> ***„Was ist der Mensch ohne die Tiere? Wären alle Tiere fort, so stürbe der Mensch an großer Einsamkeit des Geistes. Was immer den Tieren geschieht, geschieht bald auch den Menschen. Alle Dinge sind miteinander verbunden."***
>
> *Indianer-Häuptling Seattle im Jahr 1855*[1950]

Ein Blick in die Geschichte der Menschheit zeigt: Tiere bedeuteten für den Menschen beides, Lebensgrundlage und Gefahr. Mehr noch: Mensch und Tier gingen Symbiosen ein (Beispiel: Wolf/Hund – Mensch), bargen aber auch existenzielle Gefahren füreinander (Beispiel: Bär – Mensch). Tiere sicherten das Überleben und den kulturellen Fortschritt der frühen Menschen, die beim Übergang vom Jäger-und-Sammler-Dasein zu Ackerbau auch die Domestizierung und Zucht von Tieren vollzogen. Doch die Bedeutung der Tiere ging über die Sicherung der Daseinsgrundlage des Menschen heraus.

Die Menschen sprachen Tieren symbolische Bedeutungen zu, identifizierten sich mit bestimmten Tieren, sahen sie als Verkörperung bestimmter Kräfte, Tugenden oder Gefahren an. Tiere fallen rituellen Handlungen innerhalb von Glaubensvorstellungen zum Opfer (Opfertiere), symbolisieren Heil (z.B. Friedenstaube, Christus als Lamm Gottes) oder Unheil (z.B. schwarze Katze). Indianische Völker wiesen bestimmten Tieren symbolische und spirituelle Bedeutungen zu. Es kann die These aufgestellt werden, dass Tiere in allen Kulturen eine besondere symbolische Rolle spielen. Exemplarisch sei auf einige Beispiele verwiesen:

- In der Bibel symbolisiert die Schlange sowohl Macht als auch Tod und Unheil, Weisheit, Verführung...[1951]
- Im alten Ägypten wird der Skarabäus als Symbol für die den Sonnenlauf bestimmende Gottheit Chepre verehrt. Die Katze steht für die Fruchtbarkeitsgöttin Bastet.
- Der Adler symbolisierte bei den Indianern Kraft und Macht und den göttlichen Geist.
- Die Eule wurde zum Symbol der Weisheit (Illuminati-Orden).

1950 zitiert nach: Website Tierschutzverein Coesfeld-Dülmen: Tierische Zitate. URL (2016). Fettdruck MM.

1951 siehe weiterführend z.B.: Website Bibelwissenschaft.de: Bibellexikon Schlange. URL (2016).

Diese Liste ließe sich seitenweise fortführen und auch auf den Wandel der Bedeutungen und Reichweite der Symbolkraft sowohl kulturell als auch historisch untersuchen. Doch bereits die wenigen Beispiele zeigen, dass das Tier für den Menschen mehr bedeutet als eine bloße Nahrungsgrundlage.

Erhard Olbrich kritisiert, dass in der modernen Gesundheitspolitik die jahrtausende alte Geschichte und Bedeutsamkeit der Tier-Mensch-Beziehung nicht hinreichend gewürdigt würde. Zugleich verweist er auf ein Statement eines strategischen Workshops der „European Cooperation in the Field of Scientific an Technical Research" (Cost 2007, S. 5), das von einer „überzeugenden empirischen Evidenz" Effekte eines engen Kontakts des Menschen zur Natur, zu Tieren und Pflanzen, sowohl auf das Wohlbefinden des Menschen als auch auf seine Gesundheit spricht.[1952]

Gerade wenn die öffentliche Gesundheitspolitik die Bedeutsamkeit der Mensch-Tier-Beziehung bislang noch nicht hinreichend würdigt[1953], erscheint es umso wichtiger, jenen Bereich in den freizeitpädagogischen Kontext zu integrieren und damit präventiv auch möglichen Einschränkungen der gesundheitlichen Lebensqualität entgegenzuwirken. Zugleich ist es wichtig, auch hier die empirische Forschung und den Professionalisierungsprozess voranzubringen.

Die Mensch-Tier-Beziehung ist in ihrer Bedeutsamkeit für die Freizeit des Menschen bislang ein blinder Fleck im freizeitpädagogischen Diskurs. In keinem Werk zur Freizeitpädagogik oder Freizeitwissenschaft wird auf die Beziehung des Menschen zu Tieren hingewiesen. Dafür gibt es durchaus Items zur Aktivität mit Haustieren in der Freizeit- und Tourismusforschung[1954] wie auch der

1952 Olbrich 2009, S. 111.

1953 Bislang werden zwar die sportliche Betätigung des Menschen durch Bonus-Programme vieler Krankenkassen oder auch spezielle Maßnahmen des Rehabilitaionssports im therapeutischen Kontext unterstützt, die tiergestützte Pädagogik oder therapeutische Maßnahmen mit Tieren finden demgegenüber aber eine geringe Förderung. (vgl. Website Pflegeversicherung-Tarif.de, URL [29.04.2018]).

1954 vgl. Zellmann/Mayrhofer 2011. URL (2016). Interessant ist hierbei, dass sich 39% der ÖsterreicherInnen regelmäßig mit Tieren in ihrer Freizeit beschäftigen (zu 43 % im Jahr 2009) und sich 23% der ÖsterreicherInnen in ihrer Freizeit weiterbilden, dabei zum Jahr 2009 mit 19% ein Zuwachs deutlich wird. Der Bedeutungsanstieg an Bildungsangeboten in der Freizeit wird betont, auf den recht hohen Stellenwert der Tiere in der Freizeit und mögliche bildungsrelevante Aspekte wird nicht weiter eingegangen. Dabei stellt sich durchaus die Frage, ob das Leitbild des lebenslangen Lernens nicht einfach nur Zugriff auf die Freizeit der Menschen nimmt und jene

Wirtschaftsforschung[1955].

So ist die These nicht vermessen, dass hier eine Erweiterung mehr als überfällig erscheint, zumal die tiergestützte Pädagogik bislang auch innerhalb der Erziehungswissenschaften ein eher belächelter Bereich ist.

Dabei ist die Frage, weshalb sich die Freizeitpädagogik der Mensch-Tier-Beziehung annehmen sollte und was dies mit Freizeitbildung zu tun haben könnte, sicherlich berechtigt. Das Leben mit eigenen Tieren wirkt sich auf die (zeitliche) Gestaltung des Tagesablaufs der Menschen aus. Ein Hund muss regelmäßig „Gassi-gehen", braucht Bewegung, Futter, Pflege und Zuwendung. Der Mensch ist verantwortlich für das Wohlergehen, das Verhalten und die Erziehung seines Hundes, um bei diesem Beispiel zu bleiben. Hierzu bedarf es der Selbstdisziplin und eines verantwortlichen Umgangs mit dem Tier. Ein Teil seiner Freizeit widmet ein Tierhalter seinem Haustier und erlebt dies in der Regel auch als Bereicherung seines Lebenszusammenhangs.

Explizit sei an dieser Stelle bereits vermerkt, dass die Mensch-Tier-Beziehung nicht erst im therapeutischen Kontext bedeutsam ist. Es gibt Studien, die aufzeigen, dass Kinder, die mit Tieren aufwachsen und sich um diese kümmern, über ein besseres Sozialverhalten und kommunikative Fähigkeiten verfügen.[1956]

Tanja Hoff und Reinhold Bergler führten hierzu eine Studie[1957] zum Zusammenhang zwischen dem schulischen Leistungs- und Sozialverhalten und der Beziehung zu Heimtieren durch. Anlass waren die Befunde der PISA-Studien und die Annahme, dass Kompetenzdefizite vielfach auch Motivationsdefizite sind.[1958] Es wurde die Frage aufgeworfen, ob Heimtiere nicht auch „Moderator" für die „Lust auf Leistung" sein können und für „eine insgesamt positive Entwicklung von Pisa-relevanten Kompetenzen"[1959]. Die Befunde dieser Studie legen nahe, dass sich das Vorhandensein – und eine enge Bindungsqualität – zum Heimtier (Hund) positiv auf das schulische Leistungsverhalten (aus Sicht der befragten Mütter) auswirkt.[1960] Reinhold Bergler fasst die Untersuchungsbefunde wie folgt zusammen:

Bildung in der Freizeit nur noch wenig mit dem subjektiven Erleben von Freizeit zu tun hat.

1955 vgl. z.B. Ohr 2014. URL (2016).

1956 vgl. Gebhardt 2009, S. 133.

1957 Hoff/Bergler 2006.

1958 vgl. Bergler 2009, S. 61f.

1959 ebd., S. 62.

1960 vgl. ebd., S. 72ff.

> „Insgesamt belegen die Untersuchungsergebnisse, dass dem Hund eine wesentliche Katalysatorfunktion bei der Entwicklung von Pisa-relevanten Kompetenzen zukommt. Ein Hund erhöht die Lust am Lernen und an Leistung, er hilft mit, Teamfähigkeit ebenso zu entwickeln wie Kommunikationsfähigkeit, er fördert Verantwortungsbewusstsein, Arbeitsdisziplin und Problemlösefähigkeit, er vermittelt aber auch seelische Ausgeglichenheit und Wohlbefinden."[1961]

Zu betonen ist, dass es sich um die subjektive Sichtweise (u.a. Einschätzung der Mütter) handelt und die Wirksamkeit des Faktors Heimtier nicht hinreichend gegenüber anderen möglichen Faktoren und deren Zusammenspiel abzugrenzen ist.

Ulrich Gebhard verweist explizit darauf, dass das Tier nicht zu einem Substitut für fehlende menschliche Beziehungen werden sollte.[1962] Zugleich betont er, dass Tiere eine besondere emotionale Bedeutsamkeit für Kinder und deren Entwicklung haben.[1963]

Ungeachtet des weiteren Forschungsbedarfs kann festgehalten werden, dass der regelmäßige und positive Kontakt zu Tieren sich indirekt (im Sinne des informellen Lernens) auf die Fähigkeiten des Individuums auswirkt, das eigene Leben mit all den Herausforderungen zu bewältigen. Die positive Wirkung von Tieren auf das menschliche Wohlbefinden ist nicht auf eine bestimmte Alters- oder Lebensphase begrenzt. Dies zeigt sich u.a. auch daran, dass sich die positive Wirkung von Heimtieren im Bereich der Gerontologie widerspiegelt. [1964] Nicht nur Kinder, sondern auch ältere Menschen können in besonderem Maße vom Kontakt zu Tieren profitieren. Der Kontakt mit und eine enge Bindung zu Tieren wird von vielen Menschen als emotional bereichernd erlebt. Tiere nehmen dabei den Menschen so an, wie er ist. Viele Haustiere gehen in der Regel mit dem Menschen auf „Tuchfühlung", lassen sich berühren, streicheln und füttern. Ältere Menschen werden durch das Tier multisensorisch angesprochen und seelisch wie körperlich berührt: Die Hände streicheln das Tier, spüren die Wärme, das Fell, die Augen sehen das Tier, die Ohren hören es, die Nase riecht es – und nicht zuletzt weckt das Tier vielfach Erinnerungen an frühere Erfahrungen oder Sehnsüchte rund um ein Haustier.

Durch die Versorgung eines Tieres bekommt der Mensch das Gefühl, gebraucht zu werden. Er muss auf die Bedürfnisse des Tieres eingehen und eine

---

1961 ebd., S. 76.
1962 vgl. Gebhard 2009, S. 131.
1963 vgl. ebd., S. 129ff.
1964 vgl. Bergler 2009, S. 90ff.

Dezentrierung vornehmen. Wenn sich der Mensch regelmäßig mit dem Tier beschäftigt, wächst vielfach die Bindung und der Mensch fühlt sich verstanden und geliebt. Zugleich möchte der Mensch in der Regel auch, dass es seinem Tier gut geht und eignet sich Wissen über eine artgerechte Haltung an.

Im sozialen Bereich wirken gerade Hunde als „Türöffner“ und erleichtern die Kontaktaufnahme und Kommunikation mit Mitmenschen. Bezogen auf die Freizeit kann festgehalten werden, dass ein Hund dabei hilfreich ist, unterschiedliche Freizeitbedürfnisse produktiv zu realisieren und regelmäßig in den Alltag zu integrieren: das Bedürfnis nach Kontakt und Geselligkeit (z.B. auch durch die Partizipation im Hundesport/Agility), das Bedürfnis nach Entspannung/Erholung (z.B. durch die Ablenkung vom Alltag), das Bedürfnis nach Selbstwirksamkeit (z.B. durch die Erfahrung, dass der Hund das macht, was der Halter/die Halterin von ihm möchte), das Bedürfnis nach Bewegung (z.B. durch Sport mit dem Hund oder schon den regelmäßigen Spaziergang mit dem Hund), das Bedürfnis nach Edukation (z.B. durch die aktive Aneignung von Informationen rund um das Haustier), das Bedürfnis nach Ruhe (z.B. durch einen Waldspaziergang mit dem Hund, die schweigende Anwesenheit des Tieres an der Seite seines Halters)...

8.5 Ethische Implikationen in der Mensch-Tier-Beziehung

Im Bewusstsein differenzieren viele Menschen in der westlichen Welt zwischen Haus- und Nutztieren. Haustiere spielen für den Menschen heute eine emotionale Rolle und werden nicht selten vermenschlicht und im Extremfall nicht mehr artgerecht gehalten.

Kommerziell wird die Tendenz von Tierhalter/innen, ihr Haustier als Substitut für einen Menschen (z.B. für ein eigenes Kind, einen Partner...) zu betrachten, inzwischen gefördert und immer mehr und als boomender Wirtschaftsmarkt erschlossen. So gibt es bereits Wellness-Hotels für Hunde, Geschäfte, die sich auf Designer-Mode für Hunde spezialisiert haben oder aber Produzenten von hochwertigem Equipment für Hunde... Kochrezepte für Hunde... Es gibt nahezu nichts, was es nicht auch für den geliebten Vierbeiner gibt. Das Tier wird nicht mehr als Tier gesehen, sondern zum Lebensbegleiter und Familienmitglied, dessen eigene Bedürfnisse nicht mehr wahrgenommen werden.[1965] Dabei wird das Haustier hierbei zum erweiterten Selbst. Nicht selten werden Tiere auch als Statussymbole instrumentalisiert, was zur Folge hat, dass bestimmte Tierarten

1965 vgl. z.B. Saemann-Ischenko 2010, Hahne 2015. URL (2016).

und Rassen zu „Modehunden“ etc. werden, was oftmals mit nicht artgerechter Haltung und Vermehrung einhergeht.

Auf der einen Seite werden Haustiere geliebt (ja, bald könnte von „überliebt“ gesprochen werden), auf der anderen Seite werden Nutztiere zum Wirtschaftsfaktor und unter der Perspektive der Effizienz gezüchtet und gehalten.[1966] Dies führt oftmals zu einem nicht artgerechten Umgang mit den Tieren (z.B. der Massentierhaltung), die meist nur wenige Jahre (z.T. Monate) alt werden, bevor es zur Schlachtung (kommerzielle Nutzung) kommt.

Zu Qualzüchtungen[1967] kommt es aber nicht nur im Nutztierbereich, sondern auch bei Heimtieren werden Tiere „überzüchtet“, d.h. bestimmte bei den Menschen beliebte Merkmale werden unabhängig von der Gesundheit der Tiere über mehrere Generationen herangezüchtet. So haben heutzutage viele kurzköpfige Hunderassen Probleme mit der Atmung, da die Nase nahezu „weggezüchtet“ wurde oder findet sich bei Chihuahuas eine offene Fontanelle. Das beim Menschen so beliebte „Kindchen-Schema“, welches auch beim Menschen Zuneigung und ein Pflegeverhalten evoziert, birgt für das Tier gesundheitliche Risiken oder gar Beschwerden. Die so überzüchteten Tiere leiden unter körperlichen Merkmalen, die wenig funktional sind, aber dem Menschen wünschenswert erscheinen. Auf die Halter überzüchteter Hunderassen kommen nicht selten hohe Tierarztkosten zu, um ihrem geliebten Haustier das Leben ein wenig zu erleichtern und die Gesundheit soweit möglich aufrechtzuerhalten. Dabei stellt sich ethisch durchaus die Frage, wieweit die modernen medizinischen Möglichkeiten zum Wohl des Tieres sind oder in erster Linie dem Wunsch des Menschen folgen.

Letztlich bleibt die Frage, wie sich ethische Fragen rund um die Tier-Mensch-Beziehung diskutieren lassen.

Aus theoretischer Sicht gibt es unterschiedliche philosophische Zugänge zu tierethischen Fragestellungen:

Auf der Philosophie Kants fußt die Idee einer ***Vernunftethik***, die hier auf der Idee basiert, dass nur der Mensch über entsprechende Vernunft verfügt, sich

---

1966 vgl. Anthes/Verheyen 2015. URL (2016); Koch 2016. URL (2016).

1967 Obgleich sogenannte „Qualzuchten“ im dt. Tierschutzgesetz und auch durch §5 des „Europäischen Übereinkommens zum Schutz von Heimtieren“ verboten sind, werden die Einhaltung und Umsetzung kaum juristisch verfolgt. (vgl. Website des Deutschen Tierschutzbundes e.V. URL (2016); URL (2018). Deutscher Tierschutzbund e.V. 2013. URL (2018). Hintergrundpapier zur „Qualzucht bei Heimtieren“ 2013. URL (2019).

selbst moralische Gesetze zu geben. Der Mensch als Vernunftwesen darf niemals nur als „Mittel", sondern immer schon als „Zweck" betrachtet werden. Die Würde des Menschen basiert somit auf der Vernunft des Menschen über die das Tier nicht in gleichem Maße verfügen kann. Zugleich kann aber die Verrohung gegenüber Tieren zu einer Abstumpfung der Moral des Menschen führen und sollte demzufolge als nicht vernünftig bezeichnet werden.[1968]

> „In Ansehung des lebenden, obgleich vernunftlosen Teils der Geschöpfe ist die Pflicht der Enthaltung von gewaltsamer und zugleich grausamer Behandlung der Tiere der Pflicht des Menschen gegen sich selbst weit inniglicher entgegengesetzt, weil dadurch das Mitgefühl an ihrem Leiden im Menschen abgestumpft und dadurch eine der Moralität im Verhältnisse zu anderen Menschen sehr diensame natürliche Anlage geschwächt und nach und nach ausgetilgt wird; obgleich ihre behende (ohne Qual verrichtete) Tötung, oder auch ihre, nur nicht bis über Vermögen angestrengte Arbeit (dergleichen auch wohl Menschen sich gefallen lassen müssen) unter die Befugnisse des Menschen gehören."[1969]

Mensch und Tier stehen somit durchaus in der Kant'schen Philosophie auf unterschiedlichen Stufen, dennoch gehört es zur Pflicht des Menschen (auch gegenüber der Menschheit) nicht gegenüber dem Leid der Tiere abzustumpfen. Es wird hier aus einer anthrozentrischen Position heraus für einen moralischen Umgang mit Tieren argumentiert.

Aus heutiger Sicht wird das „private"[1970] Quälen und Töten als „Selbstzweck"[1971] von Tieren durchaus als Indiz für eine Persönlichkeitsstörung gewertet. Es gibt verschiedene Studien, die von einem Zusammenhang zwischen dem Quälen und Misshandeln oder Töten von Tieren und Gewalthandlungen an Menschen ausgehen.[1972] Nach Erich Fromm (1900–1980) ließe sich die Lust am Quälen von Tieren als bösartige, charakterologische Form der Aggression bestimmen und entweder sadistischer oder nekrophiler Ausprägung zuordnen. Andere Forschungsarbeiten wie jene von Clifton Flynn (2012)[1973] gehen von einer geschlechtstypischen Tendenz aus und postulieren einen „Zusammenhang zwischen Gewalt an Haustieren und Gewalt an Frauen und Kindern"[1974]. Neuere Forschungsansätze der „Human-Animal-Studies" gehen soweit, Tiere

1968 vgl. Wolf/Tuider 2014. URL (2018).
1969 Kant 1797/2013, § 17, S. 194f.
1970 Marcel 2016, S. 20.
1971 ebd., S. 20.
1972 vgl. ebd., S. 20.
1973 Flynn 2012.
1974 Marcel 2016, S. 20.

als „soziale Akteure“[1975] zu betrachten, die mit dem Menschen eine Interaktionsbeziehung eingehen und somit eine „gemeinsame Situation“[1976] entsteht, die es durch die Analyse von Deutungspraxen zu rekonstruieren und wissenschaftlich zu erschließen gilt.[1977]

Eine andere Position stellt der **Kontraktualismus** dar, der eine zweckrationale Vernunft der Vertragspartner voraussetzt. Diese Position kann auf tierethische Fragen ausgedehnt werden, wie Peter Carruthers (1992) aufzeigt, wenn die „Tugend des Mitgefühls“ einbezogen und auf alle „fühlende[n] Wesen“ angewandt wird.[1978] Tiere werden aus dieser Perspektive zwar nicht als gleichwertig wahrgenommen, aber ihre Leidensfähigkeit verlangt einen moralischen Umgang mit ihnen und die Berücksichtigung, dass es Wesen sind, die Leid verspüren können.[1979]

Eine **Mitleidsethik** ergibt sich aus der Philosophie Arthur Schopenhauers, der Mitleid in der Natur des Menschen begründet und damit den Menschen zum Altruismus befähigt sieht. So formuliert es Arthur Schopenhauer in seinen „Schriften zur Naturphilosophie und zur Ethik“ wie folgt:

> „Grenzenloses Mitleid mit allen lebenden Wesen ist der festeste und sicherste Bürge für sittliches Wohlverhalten... “[1980]
> „Dieses Mitleid selbst aber ist eine unleugbare Tatsache des menschlichen Bewusstseins, ist diesem wesentlich eigen, beruht nicht auf... Begriffen, Religionen, Dogmen, Mythen, Erziehung und Bildung; sondern ist ursprünglich und unmittelbar, liegt in der menschlichen Natur selbst.“[1981]

Der Mensch sollte demzufolge – um seiner Menschlichkeit gerecht zu werden – zum Mitleid gegenüber allen Geschöpfen fähig sein.

Schnell könnte sich hier der Begriff der Empathie (Einfühlung) als Synonym von Mitgefühl aufdrängen, doch wird in der Psychologie noch einmal zwischen Empathie und Mitgefühl differenziert. So konnten neuere neurobiologische Studien[1982] aufzeigen, „dass Empathie – also die Fähigkeit, sich in andere

1975 ebd., S. 21.
1976 ebd., S. 21.
1977 vgl. ebd., S. 21.
1978 vgl. Wolf/Tuider 2014. URL (2018).
1979 vgl. ebd. URL (2018).
1980 Schopenhauer 1836, S. 241; Schopenhauer 1919, S. 236.
1981 Schopenhauer 1836, S. 217; Schopenhauer 1919, S. 213.
1982 vgl. Singer/Bolz 2013. URL (2018). Bischof-Köhler 2009, S. 52–57. URL (2016). Ferner: Strobl/Barwanietz 2013. URL (2018).

hineinzuversetzen – und Mitgefühl von verschiedenen biologischen Systemen und neuronalen Netzwerken unterstützt werden“[1983].

Der australische Philosoph Peter Singer (*1946) kann als Begründer einer utilitaristischen Position (John Stuart Mill [1806–1873])[1984], des **Präferenzutilitarismus** angeführt werden. Ein hoher Bekanntheitsgrad kommt ihm vor allem aufgrund seiner Werke „Animal Liberation“ (1975) und „Practical Ethics“ (1979) im Kontext der Tierschutzbewegung zu.[1985] Peter Singer begründet in seiner Moralphilosophie eine präferenzethische Position, die davon ausgeht, dass die unterschiedlichen Präferenzen und Interessen von Lebewesen abzuwägen seien. Dabei differenziert Singer zwischen der Wertigkeit der Präferenzen von Lebewesen mit Selbstbewusstsein und rationaler Denkkraft (Person-Begriff) und solchen, die über kein Selbstbewusstsein und keine komplexen kognitiven Fähigkeiten verfügen. Dies impliziert auch die durchaus brisante Frage, wie es sich mit moralischen Fragen rund um Menschen verhält, die (nicht mehr) dem Person-Begriff gerecht werden (können). Einige Tierarten verfügen demnach über einen höheren Bewusstseinsgrad und komplexere intellektuelle Fähigkeiten als ein Mensch, dessen Gehirnfunktionen nicht mehr intakt sind. Singer verfolgt eine Tierethik, die fordert, dass Tiere als empfindungsfähige Wesen in der Präferenzethik zu berücksichtigen sind und dass „personale Tiere“[1986] in der Berücksichtigung ihrer Präferenzen eine Aufwertung erfahren. Werner Moskopp weist die Kritik an Singer zurück, dass dieser mit seiner Präferenzethik eine Abwertung des Menschen implizierte, da er fragwürdige Ableitungen eher als Provokation interpretiert, die zu einer Verbesserung der Rechte der Tiere führen soll.[1987]

Diese Position Werner Moskopps kann man sicherlich teilen, jedoch sollten Äußerungen Singers zum Umgang mit Leben[1988], das seiner Meinung nach noch

---

1983 Website Max-Planck-Gesellschaft 2013. URL (2018).

1984 John Stuart Mill versucht, moralische Normen rational zu fundieren und auf das Ziel der größtmöglichen Glückseligkeit aller auszurichten. Utilitarismus bezeichnet „[d]ie Lehre, welche als die Grundlage der Moral das Prinzip der Nützlichkeit oder der größten Glückseligkeit annimmt, hält dafür, dass Handlungen in dem Grade recht sind, als sie auf die Förderung der Glückseligkeit abzielen, und unrecht, insofern sie das Gegenteil der Glückseligkeit bezwecken. Unter Glückseligkeit ist das Vergnügen und die Abwesenheit des Leides verstanden, unter Unglückseligkeit das Leid und die Abwesenheit des Vergnügens.“ (Mill 1869, S. 134).

1985 vgl. Moskopp 2015. URL (2016).

1986 ebd. URL (2016).

1987 vgl. ebd. URL (2016).

1988 Peter Singer formulierte in seiner „Praktischen Ethik“ sehr drastische Sätze wie: „Die **Tötung** eines **behinderten Säuglings** ist **nicht moralisch gleichbedeutend** mit der

nicht oder nicht mehr seinem Person-Begriff entspricht, nicht in ihrem Gefahrenpotenzial unterschätzt werden darf – insbesondere nicht vor dem Hintergrund der deutschen Geschichte und Verantwortung zu einer „Erziehung nach Auschwitz" (Adorno)[1989].

Doch der kontroverse Diskus zu Singer[1990] zeigt zumindest auf, dass es ein hohes Maß an Sensibilität im Umgang mit und einer kritischer Reflexion von tierethischen Fragen bedarf, da sich hieran zugleich ethische Fragen des menschlichen Daseins anschließen. Hierin zeigt sich wiederum die Verbundenheit und Interdependenz von Mensch und Tier.

Bereits die hier nur in Kürze skizzierten ausgewählten theoretischen Positionen sollen genügen, um aufzuzeigen, dass sich die Pädagogik der Freizeit – spätestens wenn Tiere in der Freizeit eine Rolle spielen – ethischen Fragen bezüglich des Mensch-Tier-Verhältnisses nicht entziehen kann. Wie ein Mensch mit anderen Lebewesen umgeht, die schwächer sind oder in einem Abhängigkeitsverhältnis zu ihm stehen, ist ein gutes Indiz für den erreichten Entwicklungstand oder wie es Mahatma Gandhi gesagt haben soll:

> „Die Größe und den moralischer Fortschritt einer Nation kann man daran messen, wie sie die Tiere behandelt."[1991]

Die Frage nach dem ethischen Umgang mit Tieren dient auch dem Wachstum der eigenen Persönlichkeit und der moralischen Entwicklung einer Gesellschaft oder Nation.

Es lässt sich für eine freizeitpädagogische Perspektive festhalten:

Die Frage nach einer bereichernden Freizeitgestaltung des Menschen darf nicht ohne eine kritische Reflexion ethischer Fragen gegenüber Tieren oder der Natur erfolgen. Der Umgang mit Tieren kann die Freizeit des Menschen bereichern, muss aber darüber hinaus auf die Bedürfnisse der Tiere achten und diese ernstnehmen. Tiere sollten als lebendige, fühlende Wesen mit ihren eigenen Bedürfnissen geachtet werden. Damit verbietet es sich unter ethischer

---

Tötung einer **Person**. **Sehr oft** ist **sie überhaupt kein Unrecht**." (Singer 1979/1984, S. 188).

1989 vgl. Adorno 1966.

1990 Peter Singer tritt beispielsweise dafür ein, dass Menschenaffen auch Menschenrechte (Great Ape Project) erhalten. (vgl. Kulke 2015. URL [2018]).

1991 Website der Website Hartmann GmbH. URL (2018). Kritisch ist anzumerken, dass die Authentizität des Zitates nicht belegt ist, d.h. diese Worte werden Gandhi vielfach zugeschrieben, aber es findet sich keine Belegquelle in seinen Werken.

Perspektive, Tiere als Konsumware oder saisonale Freizeitattraktion zu nutzen, wozu sich leider immer wieder Beispiele finden lassen.[1992]

Einer durchaus kritischen Freizeitpädagogik könnte hier die Aufgabe zukommen, derartige Missstände zu thematisieren und ein Bewusstsein für einen verantwortungsvollen Umgang mit Tieren in der Freizeit zu unterstützen. Hier könnten dann auch entsprechende Angebote im Bereich der Freizeitbildung ansetzen, die den Menschen zeigen, wie sie ihre Freizeit gemeinsam mit Tieren zum Wohle beider Spezien gestalten können.

1992 Bauernhöfe, die Ferien für die ganze Familie anbieten und die Freizeitler mit Jungtieren anlocken, die alljährlich den Hof bereichern, aber nie das Erwachsenenalter erreichen werden, da sie einzig und allein zum Amüsement der Feriengäste dienen. (vgl. Respektiere.at. URL [2016]).

9. Mögliche zeitgemäße Zielsetzungen einer reflexiven Freizeitbildung

9.1 Persönlichkeitsbildung

Horst Opaschowski betrachtet die Persönlichkeitsbildung als „Bindeglied zwischen Berufs- und Freizeitbildung“[1993]. Er räsoniert:

> „Eine gute Persönlichkeitsbildung ist immer auch eine gute Berufs- und Freizeitbildung: Kommunikationsfähig zu sein, Zuhören können, neue Ideen entwickeln, Probleme finden, analysieren, auf der Suche nach Lösungen neue Wege gehen, flexibel reagieren, praktisch denken und Anwendungsbezüge im Blick haben, gruppenfähig sein und sich konsensfähig verhalten – all dies sind überfachliche Kompetenzen, die über Beruf und Freizeit hinaus für das gesamte Leben wichtig sind.“[1994]

Insofern erscheint es schlüssiger, die Persönlichkeitsbildung als ein übergeordnetes Ziel der Berufs- und der Freizeitbildung zu sehen, denn die Persönlichkeit eines Menschen bildet und entwickelt sich in einem konkreten Kontext – sei es ein beruflicher Bildungskontext oder ein Freizeitkontext.

Der Begriff der Persönlichkeitsbildung ist gegenwärtig sehr populär. Doch was verbirgt sich hinter den alltäglich gebrauchten Begriffen „Person“, „Persönlichkeit“ und „Persönlichkeitsbildung“?

Etymologisch kann der Terminus „Person“ auf den lateinischen Begriff „persona“ zurückgeführt werden, der im griechischen Theater für die Maske bzw. Rolle des Darstellers diente.[1995]

Die jüdische, antike oder christliche Traditionslinie spricht dem Menschen per se den Person-Begriff zu, d.h. Bewusstsein und Rationalität werden nicht zum Kriterium erhoben, als Person zu gelten. Es genügt, als Mensch geboren zu sein, um mit der Würde des Menschen ausgestattet zu sein.[1996]

Andere Auffassungen setzen wiederum die Rationalität und das Bewusstsein als Abgrenzungskritierium zum Tier voraus und sehen sie als Spezifikum des menschlichen Wesens („animal rationale“).[1997]

1993 Opaschowski 1990, S. 55; Opaschowski 2001, S. 1064.
1994 ebd., S. 55–56.
1995 vgl. Waibel 2008, S. 64; Teichert 2000, S. 92.
1996 vgl. Weigand 2011, S. 32.
1997 Welsch 2011, S. 277.

Gabriele Weigand führt dies u.a. auf die „analytische Philosophie des Geistes“ in angloamerikanischer Traditionslinie zurück, die den Person-Begriff an das Bewusstsein (seiner selbst) und die Rationalität bindet.[1998]

Den Person-Begriff differenziert Gabriele Weigand wie folgt:

> (a) „Personsein als ein *Prinzip* des Menschen“[1999]
> (b) „Prozess des Person*werdens* als personale Lebensform unter bestimmten Bedingungen und auf je einmalige konkrete Weise (…) auf das gesamte Leben hin angelegt “[2000]
> (c) „*Relationalität* der Person. (…) umfasst sowohl die Selbstbezüglichkeit als auch die mitmenschlich-soziale und die sachliche Dimension“[2001]

Jede Person verfügt über eine ihr eigene Persönlichkeit, die sich *lebenslang* weiter entwickeln kann.[2002] Die menschliche Persönlichkeit kann somit weniger als ein statisches „Produkt“ verstanden werden und entwickelt sich im Zusammenspiel von Anlage und Umwelt.

In der Differentiellen Psychologie gibt es vielfältige, durchaus unterschiedliche Persönlichkeitstheorien, die hier aufzuführen den Rahmen sprengen würde. Exemplarisch sei hier auf grundlegende Werke wie Franz J. Neyer & Jens Asendorp (2017). „Persönlichkeitspsychologie“. Berlin/Heidelberg: Springer Verlag oder Hermann Josef Fisseni (2003). „Persönlichkeitspsychologie.“ Göttingen: Hogrefe“ verwiesen. Die Persönlichkeitstheorien sind wiederum in unterschiedlichen theoretischen „Schule“ verortet und fußen damit auch auf unterschiedlichen Menschenbildern.

Zusammenfassend kann konstatiert werden: Der Persönlichkeitsbegriff ist ein umfassender und schillernder Begriff, der letztlich auf die Unverfügbarkeit und Selbstbestimmtheit des Menschen als Person verweist. Der Freizeitbildung wurde in diesem Werk ein humanistisches Menschenbild zugrunde gelegt (vgl. Kap. 4), das von einer Wachstums- und Selbstverwirklichungstendenz der Person ausgeht.

1998 vgl. Weigand 2011, S. 32.

1999 Weigand 2011, S. 33.

2000 ebd., S. 33.

2001 ebd., S. 33.

2002 Der Entwicklungsbegriff wird hierbei nicht teleologisch oder normativ im Sinne einer Höherentwicklung verstanden, sondern im Sinne von Hans Thomae als „Reihe von miteinander zusammenhängenden Veränderungen, die bestimmten Orten des zeitlichen Kontinuums eines individuellen Lebenslaufs zuzuordnen sind“ (Thomae 1959, S. 10). So verändert sich auch die für außenstehende Personen wahrnehmbare Persönlichkeit eines demenzerkrankten Menschen.

Aus theoretischer Sicht kann festgehalten werden: Stellt bereits der Persönlichkeitsbegriff ein schillerndes Konstrukt dar, so wundert es nicht, dass auch der Terminus „Persönlichkeitsbildung" ein facettenreicher und kaum einheitlich zu fassender (Container-)Begriff ist. Michael Girkinger wagt eine weite definitorische Annährung wie folgt:

> „Persönlichkeitsbildung meint allgemein formuliert die Einübung von Handlungs-, Reflexions- und kulturellen Kompetenzen bzw. die Entwicklung der Selbst- und Sozialkompetenz."[2003]

Persönlichkeitsbildung geht somit über eine bloße Wissensvermittlung hinaus und schließt in sich bereits eine utilitaristische Vereinnahmung von Bildungsmöglichkeiten aus. Gerade Bildungsprozesse der eigenen Persönlichkeit können nicht von außen hergestellt werden, bedürfen aber dennoch entsprechende Anregungen durch das Umfeld und können durch soziale Erfahrungen befördert werden.

Persönlichkeitsbildung impliziert, dass sich eine Person selbst in ihren vielfältigen Potentialen und auch Grenzen erfährt, zu einer bewussteren Selbsterkenntnis gelangt, sich in Relation zu dem Umfeld und seiner Mitwelt bewusst(er) wahrnimmt und die Beziehungen und Umwelt verantwortungsvoll(er) gestalten kann. Dabei ist die Beziehung zu den Sachen, mit denen sich ein Mensch auseinandersetzt, nicht unbedeutend. Carl Jaspers formulierte es wohl wie folgt:

> „Der Mensch wird ganz er selbst durch die Sache, die er zu seiner eigenen macht."[2004]

Der Grad an Beteiligung und emotionalem Erleben sind hierbei entscheidende Faktoren, die auch mit der Passung des Lernangebotes und der Möglichkeit zum selbstbestimmten und selbstbesteuerten Lernen zusammenhängen.[2005]

Bildungsprozesse in der Freizeit können dem Anliegen, neue Impulse für die Persönlichkeitsbildung zu setzen, tendenziell besser gerecht werden, als es formale Bildungseinrichtungen aufgrund ihrer curricularen Vorgaben und einem bürokratischen Reglement (Leistungsbeurteilung, Teilnahmepflicht) vermögen.

Oder besser gesagt: Durch die Zurücknahme von Heteronomie ergeben sich Spielräume für das Wachstum von Autonomie und einen spielerischem Umgang mit Selbstentwürfen. Bildungsprozesse finden vermehrt inzidentiell und bedürfnis- bzw. interessenorientiert statt. Es geht in höherem Maße um das Erleben

---

2003 Girkinger 2015, S. 46. URL (2016).

2004 zit. n. Waibel 2008, S. 64.

2005 siehe weiterführend: Aregger/Waibel 2008; v. Carlsburg/Wehr 2020; Arnold 2013.

und die Sache oder Aktivität selbst in einem konkreten Moment oder einer bestimmten Situation.

Rolf Arnold betont die Bedeutsamkeit, eine Beobachterperspektive einzunehmen, d.h. aus konstruktivistischer Sicht ist es nie möglich, die Wirklichkeit als solche wahrzunehmen, sondern diese wird aufgrund unserer Wahrnehmungs- und Deutungsmöglichkeiten konstruiert. Eine Beobachterperspektive einzunehmen bedeutet, sich über „die Eigenkonstruktion seiner Reaktionen und Urteile“[2006] bewusst zu sein, was impliziert, dass diese letztlich auch anders sein könnten. Damit wird die Möglichkeit eröffnet, Dinge zu hinterfragen und einen Zugang zu alternativen Sichtweisen und Deutungen zu gewinnen.

Wie es bereits Fritz Klatt erkannt hat, ist die Begleitung von Prozessen der Persönlichkeitsbildung, ein wichtiges Moment der Freizeitpädagogik. (vgl. Kap. 5.3)

Freizeitangebote sind nicht nur auf ihren potenziellen Bildungswert hin zu befragen, sondern es ist bedeutsam, durch entsprechende gestaltete Beziehungen und Kommunikationsangebote die Reflexion zu unterstützen und somit Raum für persönlichkeitsbildende, existenzielle Erfahrungen zu eröffnen.

Distanz zum Alltag kann hier ein Katalysator für Verarbeitungs- und Wachstumsprozesse darstellen und so eine neue Sicht auf die Dinge und die eigene Person ermöglichen.

Persönlichkeitsbildung bedarf mehr als die Aneinanderreihung von möglichst außergewöhnlichen Aktivitäten und „Action“, womit sich der Bogen von der Aktivität/Spannung und Ruhe/Besinnung wiederum schließt. (vgl. Kap. 5.3)

> Eine reflexive Freizeitbildung wäre dann gegeben, wenn es gelingt, Räume für die (Selbst-) Reflexion zu eröffnen. Als übergeordnetes Ziel könnte die selbstbestimmte und bewusste Gestaltung der Freizeit vor dem Hintergrund persönlicher Freizeitbedürfnisse und Möglichkeiten des persönlichen Wachstums bestimmt werden. Dies schließt den kritischen Umgang mit zahlreichen kommerziellen Freizeitangeboten – insbesondere medialer Art – sowie die Schaffung individueller Freiräume von Verpflichtungen mit ein.

9.2 Erweiterung von Möglichkeitsräumen

Klaus Holzkamp (1927–1995), Vertreter der Kritischen Psychologie, fordert in seiner „subjektwissenschaftlichen Grundlegung“[2007] des Lernens, die er in weiten Zügen auf die Tätigkeitstheorie von Alexei Leontjew (1903–1979) aufbaut,

---

2006 Arnold 2004, S. 5. URL (2016).
2007 Holzkamp 1995. (Titelblatt)

„expansives Lernen", das die (nicht immer rationalen)[2008] „subjektiven Handlungsgründe"[2009] und Lebensinteressen berücksichtigt.

Der Mensch wird als Subjekt begriffen, das sich „in der Welt bewegt und aktiv in sie eingreif[t]"[2010]. Dies erfolgt immer vom Standpunkt des Subjekts, d.h. mit „einer je bestimmten/begrenzten Perspektive"[2011]. Klaus Holzkamp betrachtet den Menschen als ein „sinnlich-körperliches, bedürftiges und *interessiertes* Subjekt"[2012], das zugleich „intentionales Zentrum *seiner* Lebensinteressen"[2013] ist. Andere Menschen wiederum agieren in der Welt ebenfalls von dem ihnen zueigenen Subjektstandpunkt aus, wodurch eine „reziproke Perspektivenverschränkung" möglich wird, die Holzkamp mit dem Terminus der „*Intersubjektivität* als Kennzeichen zwischenmenschlicher Beziehungen"[2014] belegt. Menschliches Handeln wiederum bestimmt Holzkamp als die „Realisierung von Bedeutungen, d.h. gesellschaftlichen Handlungsmöglichkeiten"[2015].

> „Dabei muß das Subjekt – je nach seiner konkreten Lebenslage und den darin gegebenen Freiheitsgraden – sich nicht auf die Realisierung vorgegebener Bedeutungen beschränken, sondern kann in handelndem Weltzugriff seine *Lebensbedingungen aktiv* umgestalten, damit deren Bedeutungsaspekt als Inbegriff von Prämissen seiner eigenen Handlungsbegründungen/Handlungen verändern (…). ‚Subjektiv' ist demnach von uns stets im Sinne eines *subjekthaft-aktiven* Weltbezuges bzw. Weltzugriffs als Erweiterung der Verfügung über die eigenen Lebensbedingungen zu verstehen (…)."[2016]

Subjektive Handlungsprämissen setzt Holzkamp mit den Lebensinteressen des Menschen in Verbindung, die dieser wiederum durch Handlungen realisieren kann.[2017] Somit werden Handlungsproblematiken zu „*Lernproblematiken*" in

2008 „Mit der so gefaßten Ebene der ‚subjektiven Handlungsgründe' ist – um einem möglichen Mißverständnis entgegenzutreten – keineswegs in ‚rationalistischer' Weise behauptet, menschliche Handlungen *seien* immer (…) ‚gut begründet' oder ‚vernünftig". Hier ist vielmehr lediglich der *Beziehungsmodus* oder die *Diskurs*form angesprochen, worin mit der Frage nach der Begründetheit auch die Frage nach der *Un*begründetheit oder *Un*vernünftigkeit von Handlungsintentionen überhaupt sinnvoll gestellt werden kann: (…)" (Holzkamp 1995, S. 25).

2009 Holzkamp 1995, S. 25.

2010 ebd., S. 21.

2011 ebd., S. 21.

2012 ebd., S. 21.

2013 ebd., S. 21.

2014 ebd., S. 21.

2015 ebd., S. 23.

2016 Holzkamp 1995, S. 23.

2017 vgl. ebd., S. 24f.

dem Moment, wie „die *Bewältigung der Problematik aufgrund bestimmter Behinderungen, Widersprüche, Dilemmata nicht im Zuge des jeweiligen Handlungsablaufs selbst*, ggf. durch bloßes Mitlernen [beiläufig im Handlungsvollzug; Anm. der Verfasserin] o.ä., möglich erscheint (…)"[2018].

„Expansives" Lernen grenzt Holzkamp vom „defensiven" Lernen ab; letzteres berücksichtigt die subjektiven Handlungsgründe und -interessen nicht hinreichend und führt zu keiner Erweiterung der eigenen Möglichkeitsräume.[2019] Diese Qualität spricht er jedoch expansiven Lernprozessen zu:

> „Sofern vom Subjektstandpunkt eine Lernhandlung aus der damit zu erreichenden Erweiterung /Erhöhung meiner Verfügung/Lebensqualität begründet und in diesem Sinne *motiviert* realisierbar ist, muß von mir angesichts einer bestimmten Lernproblematik der innere *Zusammenhang zwischen lernendem Weltaufschluß, Verfügungserweiterung und erhöhter Lebensqualität* unmittelbar zu erfahren bzw. zu antizipieren sein. (…) Die zu erwartenden Anstrengungen und Risiken des Lernens werden hier also unter der Prämisse von mir motiviert übernommen, daß ich im Fortgang des Lernprozesses in einer Weise Aufschluß über reale Bedeutungszusammenhänge gewinnen und damit Handlungsmöglichkeiten erreichen kann, durch welche gleichzeitig eine Entfaltung meiner subjektiven Lebensqualität zu erwarten ist: Lernhandlungen, soweit motivational begründet, sind mithin quasi *expansiver* Natur. …"[2020]

Als „defensiv" begreift Holzkamp all jene Lernprozesse, die ein Subjekt gezwungenermaßen zur Abwendung einer „Beeinträchtigung" der eigenen „Weltverfügung/Lebensqualität"[2021] vollzieht. Lernprozesse, die auf eine Leistungsbewertung und Zertifizierung hinauslaufen und in einer hierarchischen Beziehungs-/Machtstrukturstruktur stattfinden, können demzufolge schwerlich als expansive Lernprozesse erfasst werden. Dennoch weist Holzkamp dem Lernen in Freizeitbezügen nicht automatisch den Charakter expansiver Lernprozesse zu[2022] und zeigt auch auf, dass formale

---

2018 ebd., S. 183.

2019 vgl. ebd., S. 191 (Fußnote im Zitat [Sternchen nach Natur]: Dieser Terminus hat keinen inhaltlichen Bezug zum Konzept des „learning by expanding" von Engeström [1987]).

2020 Holzkamp 1995, S. 190.

2021 ebd., S. 191.

2022 Dabei bleibt er an dieser Stelle sehr vage und entzieht sich einer in sich schlüssigen Argumentation. „Ich sehe mich aber außerstande zu entscheiden, wieweit im Rahmen dieser z.T. mehr hobbyartigen Praktiken bloße Mitlernprozesse stattfanden und inwieweit sich tatsächlich auch expansive Lernphasen aus diesen ausgegliedert hatten – und gehe deswegen nicht weiter darauf ein." (Holzkamp 1995, S. 498).

Lernprozesse durchaus eine Grundlage für expansive Lernprozesse bieten können.[2023]

Entscheidendes Kriterium für einen expansiven Lernprozess ist ihm, dass das Subjekt sozusagen selbst eine Handlungsproblematik im Sinne einer Lernproblematik wahrnimmt und mit der Lösung dieser Problematik eine Erweiterung seiner Möglichkeitsräume und Lebensqualität verbindet.[2024] Expansive Lernprozesse sind demzufolge nicht von außen her zu planen oder zu steuern, sondern es sind bestenfalls günstige Rahmenbedingungen zu schaffen, die derartige Lernprozesse ermöglichen: Raum schaffen für kooperative und partizipative Lernprozesse, Aussetzung von hierarchischen Strukturen und Leistungsbewertungen, Eröffnung von Wahlmöglichkeiten und selbstbestimmten Lernsituationen. Entscheidend hierbei erscheinen das soziale Klima in der Gruppe und der wertschätzende Umgang mit dem einzelnen Menschen.

Demzufolge bietet die Freizeitpädagogik und Freizeitbildung durchaus Raum für expansive Lernprozesse: Raum, reflexive Prozesse über mögliche Handlungsbegrenzungen anzuregen, Raum, eigene Handlungsbegrenzungen zu überwinden und sich außerhalb der Alltagssituationen neu zu erfahren (z.B. im Bereich erlebnispädagogischer Freizeitaktivitäten). Historisch betrachtet findet sich bereits bei Fritz Klatt die Idee, dass Menschen im Freizeitheim bzw. der Freizeithochschule durch den Diskurs in der Gemeinschaft und neuen Erfahrungen dazu befähigt werden, ihre beruflichen Möglichkeiten zu optimieren, um eine Tätigkeit zu finden, die ihren Lebensinteressen und Möglichkeiten besser entspricht. (vgl. Kap. 5.3)

Dabei ist zu betonen, dass in der Freizeit durchaus viele *Lernprozesse informeller Natur* sind, d.h. gerade dem beiläufigen Lernen in entspannter Atmosphäre eine hohe Bedeutsamkeit zukommt. Diese Erfahrungen können in einem Folgeschritt sicherlich auch reflektiert werden und dann wiederum eine persönlichkeitsbildende Wirksamkeit erfahren.

Als bestes Beispiel hierfür ließe sich anführen, dass es manchen Menschen durchaus gelingt, aus ihrem Hobby einen Beruf zu machen, obgleich sie zuvor in einem ganz anderen Berufszweig tätig waren, darin aber keine Zufriedenheit und Erfüllung finden konnten (oder sich beruflich neu orientieren mussten). Im Freizeitbereich haben diese Menschen vielfach eine Aktivität zunächst um ihrer selbst willen ausgeübt. Die Zielsetzung, hieraus einen Beruf zu machen, entwickelte sich im Verlauf des weiteren Lebens.

2023 vgl. Holzkamp 1995, S. 496ff.

2024 vgl. Holzkamp 1995, S. 500.

Einen Beitrag zur Erweiterung persönlicher Möglichkeitsräume kann eine Verbesserung der Selbsterkenntnis durch vermehrte Selbsterfahrung in unterschiedlichen Settings, ein Ausbau sozialer und kommunikativer Kompetenzen oder auch der Erwerb neuer Kenntnisse oder Fertigkeiten leisten. Hinzu kommen auch personale Kompetenzen wie Strategien, mit Stress umzugehen, sich im Alltag zu entspannen, seine Pausen so zu gestalten, dass sie einem Kraft geben… Zeitfenster für neue Handlungsmöglichkeiten (evtl. ein Hobby oder die Partizipation in einem Verein etc.) zu finden.

9.3 Förderung von Gesundheitserleben und Wohlbefinden

> „Die Art und Weise, wie eine Gesellschaft die Arbeit, die Arbeitsbedingungen und die Freizeit organisiert, sollte eine Quelle der Gesundheit und nicht der Krankheit sein."
> (WHO: Ottawa-Charta zur Gesundheitsförderung 1986, S.3)[2025]

Bislang wurde bereits im vierten Kapitel zu den anthropologischen Grundlagen einiges auch zur gesunden Entwicklung des Menschen gesagt. Unter einer historiografischen Perspektive wurde das Thema „Gesundheit" insbesondere bei Johann Amos Comenius und bei Fritz Klatt eingebracht. Auch spielen Überlegungen zur Gesundheit insbesondere dann eine Rolle, wenn es um Fragen der staatlichen Intervention im Bereich der Gestaltung der freien Lebenszeit bzw. der Organisation von Erwerbs- und Freizeit geht. Ausgeblendet blieb bislang ein grundlegender Diskurs zur Gesundheit bzw. die Vorstellungen über Gesundheit. Hierzu soll dieses Kapitel einen Beitrag leisten, wenngleich das Thema innerhalb der Arbeit sicherlich nicht umfassend erörtert werden kann.

Gesundheit wird heute von den meisten Menschen als erhaltenswertes und erstrebenswertes Gut betrachtet. Daher betont Annette M. Stroß (2017), dass es aus (kritisch) erziehungswissenschaftlicher (und eben nicht pädagogischer) Sicht unabdingbar ist, „den Wunsch nach (mehr) Gesundheit selbst in den Blick zu nehmen"[2026]. Denn:

> „Gesundheit wird heute in der Regel in Verbindung mit spezifischen Optimierungsabsichten und damit zusammenhängenden Maßnahmen sowie Techniken diskutiert."[2027]

Diese tragen nicht immer zu einer Verbesserung der Gesundheit bzw. des eigenen Gesundheitserlebens und des subjektiven Wohlbefindens bei! Längst hat sich

2025 Weltgesundheitsorganisation Europa (2011). URL (2016).
2026 Stroß 2018, S. 5.
2027 ebd., S. 5.

die Gesundheit(sförderung) zu einem lukrativen Markt entwickelt. Der Absatz von durchaus umstrittenen Vitaminpräparaten und Nahrungsergänzungsmitteln[2028] boomt dabei ebenso wie der Fitnessmarkt.[2029] Dabei verschwimmen die Grenzen zwischen Lifestyle, Schönheitsidealen (verbunden mit dem Traum der ewigen Jugend) und dem Bestreben nach einem gesunden und leistungsfähigen Körper (und Geist). Der moderne Mensch als Gestalter seines Lebenslaufs wird vielfach auch als Gestalter seiner eigenen Gesundheit begriffen. Die Optimierung der „Gesundheit" wird zu einem individuellen Projekt oder Arbeitsfeld, um das das Leben im Extremfall kreist. Unterstützt wird dies durch neue Technologien, die eine permanente Überwachung körperlicher Funktionen versprechen und entsprechende Daten digitalisieren und an Smartphones/-watches, Computer etc. senden. Gesundheit nach außen hin zu verkörpern, wird im Zuge der Stellenknappheit in manchen Berufssparten zu einem wesentlichen Faktor, um wirtschaftlich zu reüssieren. Dies zeigt sich auch an dem wachsenden Markt der kosmetischen Chirurgie, die dem Wunsch nach Attraktivität und einem gesunden, jugendlichen Aussehen beider Geschlechter „künstlich" nachhilft.

Doch auch im Bildungsbereich spielt die Gesundheitsbildung[2030] eine zunehmend bedeutsame Rolle und dies nicht erst im Bereich der Erwachsenenbildung: Der verantwortungsvolle Umgang mit der eigenen Gesundheit soll Kindern bereits in der Schule vermittelt werden. Bereits im Jahr 1979 gab es von der Kultusministerkonferenz „Empfehlungen [zur] ‚Gesundheitserziehung in der Schule' (Beschluss der KMK vom 01.06.1979)"[2031], im Jahr 2012 wurde die „Empfehlung zur Gesundheitsförderung und Prävention in der Schule"[2032] verabschiedet. Als Ziel wird die Förderung und der Erhalt der „Gesundheitsressourcen und -potenziale aller Akteure" verfolgt:

> „Der Umgang mit der eigenen Gesundheit und der Gesundheit anderer gehört zu den Alltagskompetenzen, die Menschen auch in der Schule erlernen."[2033]

Die Gesundheit(sbildung) wird heute auch vor dem Hintergrund der „Verbesserung der Schulqualität" diskutiert.[2034] Schulen sollen sich zu „gesunden Schulen"

2028 vgl. Pharmazeutische Zeitung 2016. URL (2017).
2029 Deloitte 2016. URL (2017).
2030 Zur Historie und der quantitativen Zunahme der Gesundheitsbildung siehe z.B. Blättner 1998, Kap. 1. URL (2017).
2031 Website der Kultusministerkonferenz. URL (2018).
2032 Kultusministerkonferenz 2012. URL (2018).
2033 Website der Kultusministerkonferenz. URL (2018).
2034 Paulus/Michaelsen-Gärtner 2008. URL (2017).

entwickeln – unter anderem vor dem Hintergrund, dass der Bildungserfolg und die Gesundheit in einem Zusammenhang stehen.[2035]

Die Gesundheitsförderung wird auch in der Berufswelt durch die (betriebliche) Gesundheitsförderung fortgeführt und ausgebaut. Heute gibt es gesetzliche Auflagen zum Gesundheitsschutz der Mitarbeiterinnen und Mitarbeitern. Gesundheit scheint nicht nur individuell ein wertvolles Gut zu sein, sondern ist auch von ökonomischem und gesellschaftlichem Nutzen. So finden sich im Bereich der Gesundheitsökonomie Berechnungen über die Kosten die durch eine bestimmte Erkrankung entstehen und es findet eine Kosten-Nutzen-Abwägung bei bestimmten Präventionsangeboten statt.[2036]

Doch nicht nur der Staat bzw. die Wirtschaft verfolgt das Interesse an gesunden – sprich leistungsfähigen – Bürgerinnen und Bürgern, sondern Gesundheit und die Erhaltung selbiger ist für viele Menschen erstrebenswert. Hierzu spielt die Förderung der eigenen Gesundheit gerade im Freizeitbereich eine wesentliche Rolle. Der Erhalt und die Förderung der Gesundheit lässt sich nicht auf einen bestimmten Lebensbereich begrenzen. Die Förderung der Selbstbestimmung kann sowohl als ein aktuelles Ziel der Freizeit- als auch der Gesundheitsförderung betrachtet werden.

> „Gesundheitsförderung zielt auf einen Prozess, allen Menschen ein höheres Maß an Selbstbestimmung über ihre Gesundheit zu ermöglichen und sie damit zur Stärkung ihrer Gesundheit zu befähigen."[2037]

Gesundheitsförderung durch eine bewusste Lebensführung im Sinne eines verantwortlichen und bewussten Umgangs mit der eigenen Gesundheit (und der der Familie) kann auch als ein wichtiges Ziel einer Pädagogik der Freizeit erachtet werden, sofern Gesundheit umfassend verstanden wird und sowohl die seelisch-geistige als auch die körperliche Gesundheit in den Blick nimmt.[2038] Bereits 1948 wurde von der „World Health Organization" (WHO) Gesundheit nicht mehr einfach als Abwesenheit von Krankheit definiert, sondern wie folgt:

> „Gesundheit ist ein Zustand völligen psychischen, physischen und sozialen Wohlbefindens und nicht nur das Freisein von Krankheit und Gebrechen. Sich des bestmöglichen Gesundheitszustandes zu erfreuen ist ein Grundrecht jedes Menschen, ohne

2035 vgl. Kultusministerkonferenz 2012, S. 3. URL (2018).
2036 vgl. Knoll 2010. URL (2017).
2037 Weltgesundheitsorganisation Europa 1986/2011, S. 1. URL (2018).
2038 WHO 1948, zit. n. Website des BMGF's. URL (2018).
WHO 1997, S. 9. URL (2017).

Unterschied der Rasse, der Religion, der politischen Überzeugung, der wirtschaftlichen oder sozialen Stellung."[2039]

In der Jakarta-Erklärung wird „Gesundheitsförderung (…) [als] ein Prozeß, der Menschen befähigen soll, mehr Kontrolle über ihre Gesundheit zu erlangen und sie zu verbessern“[2040] umschrieben.

Die Freizeitpädagogik und Freizeitbildung kann zu einer bewussteren Gestaltung der freien Lebenszeit auch unter dem Gesichtspunkt der individuellen Freizeitbedürfnisse und einem verantwortungsvollem Umgang mit der eigenen Gesundheit (bzw. der Gesundheit der Familie) beitragen. Erholung und Regeneration gehören genuin zu den zentralen Funktionen der freien Lebenszeit. In früheren Zeiten diente die Freizeit in hohem Maße der Regeneration, um wieder arbeitsfähig zu werden. Heute dient die Regeneration in der Freizeit auch dazu, seine Lebensqualität möglichst aufrechtzuerhalten oder zu verbessern. Im Sinne einer kritischen erziehungswissenschaftlichen Position dient die freie Lebenszeit auch dazu, sich mit den eigenen Perspektiven auf Gesundheit und den zahlreichen Angeboten zur Steigerung der Gesundheit reflexiv auseinanderzusetzen.

Dennoch muss an dieser Stelle betont werden: Viele Menschen nutzen gerade jenseits der reflexiven Ebene die Freizeit, um etwas für sich selbst, ihr Wohlbefinden und indirekt auch etwas für ihre Gesundheit zu tun. So halten sich Menschen einen Hund, gehen in ihrer Freizeit mit ihm spazieren und tun zugleich etwas für ihre eigene Gesundheit. (vgl. Kap. 8 und 11)

Ulrich Reinhardt, der aktuelle Leiter der Stiftung für Zukunftsfragen, kommt aufgrund repräsentativer quantitativer Erhebungen zum Freizeitverhalten (regelmäßig veröffentlicht im „Freizeit-Monitor“) zu der Schlussfolgerung, dass es heutzutage drei Hauptsäulen der Freizeitgestaltung gibt:

Empirisch belegte Hauptsäulen der Freizeitgestaltung		
Mediennutzung	Regeneration	Kontakte

Abb. 71: Hauptsäulen der Freizeitgestaltung (Quelle: Freizeit-Monitor 2016 der Stiftung für Zukunftsfragen, eigene Grafik)[2041]

2039 WHO 1948, zit. n. Website des BMGF's. URL (2018).
2040 WHO 1997, S. 9. URL (2017).
2041 vgl. Website der Stiftung für Zukunftsfragen: Freizeit-Monitor 2016. URL (2016).

Er resümiert, dass für viele Menschen „passive Beschäftigungen“[2042] wie das Ausschlafen, Faulenzen oder den eigenen Gedanken nachzugehen wichtige Momente in der Freizeit sind und sich viele Menschen nach mehr Zeit hierfür sehnen. Auch den sozialen Kontakten spricht er durchaus die Funktion zu, dem individuellen Wohlbefinden dienlich zu sein und zur Entspannung und zum Stressabbau beizutragen.[2043] Dies sollte durchaus ein warnendes Signal sein, die Gestaltung der Freizeit vollkommen zweckrational gestalten und professionalisieren zu wollen. Aus kritischer Sicht müsste dann eine Pädagogik der Freizeit auch vor einer Vereinnahmung der Freizeit warnen und die Menschen darin bestärken, Freizeitkonsum-Angebote sorgfältig zu prüfen.

Festgehalten werden kann aber auch: Obgleich heutzutage der Stellenwert der betrieblichen Gesundheitsförderung zugenommen hat[2044], dient die Freizeit den Menschen auch dazu, um etwas für ihre Gesundheit und ihr Wohlbefinden zu tun: Gemäß dem „Freizeit-Monitor“ von 2016 nutzt knapp die Hälfte aller Befragten die Freizeit auch dazu, *gezielt* etwas für die Gesundheit zu tun. Dabei fällt auf, dass im „Freizeit-Monitor“ die Frage nach einzelnen sportlichen Aktivitäten oder auch einem Mittagsschlaf noch einmal getrennt erfasst wird. In der Freizeitgestaltung der Deutschen nimmt der Freizeitsport dabei – nach den Medien – einen hohen Stellenwert ein. Was auf den ersten Blick erfreulich erscheint, ist jedoch noch kein Garant dafür, dass dieser so ausgeübt wird, dass er der Gesundheit des einzelnen dienlich ist.

Sport kann für Menschen einen Ausgleich zur modernen, überwiegend sitzenden Lebensweise und dem beruflichen Alltag darstellen. Allerdings trägt ein unreflektierter Umgang mit den vielfältigen sportlichen Optionen nicht immer zur Förderung der Gesundheit und des Wohlbefindens bei. Dies belegen beispielsweise auch Fälle von Sportsucht, die nicht selten mit dem Nacheifern vermeintlicher Schönheitsideale einhergeht. Insbesondere die zunehmende mediale Identitätsdarstellung im „Social Media“-Bereich kann durchaus Risiken bieten und zu einer (äußeren) Selbstzentrierung führen, die sich für längerfristige reale soziale Beziehungen eher kontraproduktiv erweist.

2042 ebd. URL (2016).

2043 ebd. URL (2016).

2044 vgl. Website des Bundesministeriums für Gesundheit. URL (2016). Als ein Indiz dafür, dass der betrieblichen Gesundheitsförderung heute ein größerer Stellenwert eingeräumt wird, ist auch jenes, dass die Bundesregierung betriebliche Gesundheitsmaßnahmen mit entsprechenden gesetzlichen Rahmenbedingungen unterstützt. (vgl. Website des Bundesministeriums für Gesundheit 2017. URL [2018]).

Abb. 72: Wachstumsbereiche in der Freizeit (Quelle: Freizeit-Monitor 2016 der Stiftung für Zukunftsfragen)[2045]

Trotz hoher medialer Präsenz kann es im realen Leben zur Vereinsamung kommen. Im Extremfall können zentrale Kompetenzen zur Bewältigung des Alltags nicht hinreichend entwickelt werden, und der Mensch verliert den Kontakt und Halt im realen Leben. Dadurch erhöht sich die Tendenz, der Wirklichkeit in der Freizeit durch suchtartige Mediennutzung bzw. suchtartigem Verhalten (stoffgebunden oder substanzmittelungebunden) zu entfliehen. Ein Teufelskreis kann entstehen, aus dem sich der Mensch aus eigener Kraft schwer befreien kann. Sport kann Menschen verbinden, aber körperzentrierte Einzelsportarten können auch Gegenteiliges bewirken und (Sozial-)Zeit absorbieren.

Ein Blick in den „Freizeit-Monitor 2016" offenbart, dass die Gefahr ungünstiger Entwicklungsverläufe durchaus besteht, denn es zeigt sich eine rückläufige Tendenz, vor allem in folgenden Bereichen: reale soziale Kontakte, insbesondere auch Aktivitäten mit der Familie oder dem nahen sozialen Umfeld, erholsame Pausen (Mittagsschlaf, Kaffee trinken, Kuchen essen…) oder den Bereich des Lesens.

2045 Website der Stiftung für Zukunftsfragen: Freizeit-Monitor 2016. URL (2016b).

Abb. 73: Rückläufige Freizeitaktivitäten (Quelle: Freizeit-Monitor 2016 der Stiftung für Zukunftsfragen)[2046]

Freizeitbildung wäre hierbei aufgerufen, einen (gesundheits-)bewussten Umgang mit der freien Lebenszeit zu unterstützen, hierzu einerseits Wissen und Angebote zur Integration in den privaten Alltag in der Freizeit anzubieten, sich auch in Richtung einer Wellnessbildung auszuweiten und zugleich aus kritisch erziehungswissenschaftlicher Sicht, die Autonomie und Selbstständigkeit des Individuums nicht durch eine zu starke Kommerzialisierung zu unterminieren.

Sprich: Ziel sollte im Idealfall aus erziehungswissenschaftlicher Sicht eben nicht eine Kundenbindung sein, sondern die Befähigung des Individuums, selbst Sorge für seine gesunde Lebensführung, Erholung, Bildung etc. zu übernehmen und die eigenen Wünsche und Gesundheitsbilder (Annette M. Stroß spricht an dieser Stelle sogar von „Gesundheitsmythen“[2047]) zu reflektieren.

Damit würde die Differenzierung Wolfgang Nahrstedts in eine „bildungsorientierte Freizeitgestaltung“[2048] mit dem Fokus auf der Freizeit und eine

---

2046 Website der Stiftung für Zukunftsfragen: Freizeit-Monitor 2016. URL (2016b).
2047 vgl. Stroß 2018, Kap. 6.
2048 Wolff 2005, S. 251.

„freizeitorientierte Bildung“[2049] mit dem Schwerpunkt auf der Freizeit zu kurz greifen.

Bernd Rudow betont die Bedeutsamkeit, dass Menschen zu einer ‚gesunden Freizeitgestaltung‘ befähigt werden sollten, die es ihnen gestattet, sich zu erholen und individuelle (Arbeits-)Belastungen zu kompensieren.[2050]

Im Idealfall sollte die Freizeit so gestaltet werden, dass sie das Wohlbefinden und die Gesundheit des Menschen auch in den anderen Lebensbereichen unterstützt und eine Grundlage für persönliche Wachstums- und Selbstverwirklichungsprozesse darstellt.

Die Förderung von Gesundheitserleben und von körperlichem, geistigem und seelischem Wohlbefinden kann durchaus als ein zentrales Ziel der Freizeitbildung gesehen werden, in dem sich die Freizeit- und Gesundheitsbildung miteinander verschränken (lassen). Allerdings darf dabei nicht verkannt werden, dass die Freizeitbedürfnisse über die Erholung hinausweisen. Freizeit darf in ihrer Funktion nicht auf die Rekreation reduziert werden.

Zugleich wird deutlich, dass sich das Ziel einer gesunden Freizeitgestaltung auf die gesamte Lebensführung auswirkt, denn zumindest ein Mindestmaß an Gesundheit und seelischem Wohlbefinden ist erforderlich, um einer Berufstätigkeit nachgehen oder individuelle Freizeitinteressen/Hobbies verfolgen zu können.

Für den schulischen Bereich würde dies bedeuten, den Kindern durchaus im Kontext der Ganztagsschule eine sinnvolle und verantwortungsvolle Freizeitgestaltung nahezubringen und reichhaltige Erfahrungsmöglichkeiten zu eröffnen, um vielfältige Interessen und Kompetenzen anzubahnen. Die Förderung der Achtsamkeit, des bewussten Umgangs mit der eigenen Lebenszeit, dem eigenen Körper und der Seele sowie die Balance zwischen der Vita activa und der Vita contemplativa wären hier durchaus Ziele, die Eingang in das schulische Bildungsprogramm einer Ganztagsschule finden können, um einen Beitrag zur „Freizeitkompetenz“ und „Gesundheitsförderung“ zu leisten.

Insbesondere sind im Freizeitbereich auch Interventionen zu leisten, um einem suchtartigen Verhalten sowohl im Substanzmittelgebrauch wie auch im Bereich der Medien oder des Sports entgegenzuwirken. Vorteil ist, dass die Nutzung von Freizeit(bildungs)angeboten in der Regel freiwillig erfolgt und eine zielgruppenorientierte Ausrichtung möglich ist.

2049 ebd., S. 251.
2050 Rudow 2014, S. 284.

9.4 Soziale Verortung

Hier lässt sich zusammenfassend festhalten:

Sich als Mensch angenommen und sicher zu fühlen, zählt zu den menschlichen Grundbedürfnissen. Dies zeigt sich z.B. auch in der Bedürfnis-Pyramide nach Abraham Maslow (1908–1970). (vgl. Kap. 4) Sich mit anderen verbunden zu fühlen, sich selbst in der Interaktion mit einem Gegenüber wahrzunehmen bis hin zu einer Dezentrierung seiner selbst ist für die menschliche Individuation und Entwicklung ebenso bedeutsam wie das Gefühl der Autonomie, Selbstbestimmung und Eigenzeit. Ein Übermaß an Eigenzeit bzw. das fehlende Gefühl der Verbundenheit und Annahme kann zu dem Gefühl von Einsamkeit führen. Insbesondere in der freien Lebenszeit müssen soziale Kontakte vom Individuum gestaltet werden. Klaus Hurrelmann (*1944) geht davon aus, dass es zu einer Überforderung in der Selbstorganisation eines Menschen in modernen Gesellschaften kommen kann. Diese kann mit dem Gefühl der Einsamkeit einhergehen.[2051]

> „Für jede Altersphase gilt heute: Mit den Lebensanforderungen kommt nur die Person gut zurecht, die sich die soziale und physische Welt so aneignen kann, dass sie mit den individuellen Interessen und Bedürfnissen einhergeht. Dazu bedarf es der Entwicklung ausgeprägter Selbststeuerungsfähigkeiten, einer beständigen inneren Kontrolle der eigenen Handlungen und einer dauerhaften Selbstbeobachtung und Selbstreflexion.“[2052]

An dieser Stelle muss auf die neuen Medien verwiesen werden: Im heutigen Medienzeitalter nehmen zwar Kontakte über „Facebook“, „Instagram“ oder andere Social-Media-Kanäle zu, dafür müssen reale soziale Kontakte zunehmend aktiv hergestellt und aufrechterhalten werden. Die Zahl der Großfamilien oder Mehrgenerationenhaushalte ist rückläufig, soziale Unterstützung stellt aber nach wie vor eine wesentliche Ressource bei der Bewältigung alltäglicher Anforderungen und insbesondere im Umgang mit Krisen im individuellen Lebenslauf dar. Identität gewinnt der Mensch in der Auseinandersetzung mit dem anderen Menschen. Dies wurde ausführlicher bereits in Kapitel 4 und 5 dargelegt.

Ungewollte Einsamkeit und soziale Desintegration können als riskanter Entwicklungspfad in der gesamten Lebensspanne identifiziert werden. In Studien konnte nachgewiesen werden, dass sich Freundschaftsbeziehungen positiv auf die Gesundheit auswirken und bereits die Mitgliedschaft in einem Verein dabei helfen kann, die Mortalitätsrate zu senken.[2053] Einsamkeit kann vor allem im

---

2051 vgl. Hurrelmann 2003, URL (2018).

2052 ebd., S. 7. URL (2018).

2053 vgl. Jungbauer-Gans 2002, S. 86f.

Alter zum Problem werden, wenn es infolge der Mortalität und der gestiegenen Mobilitätsanforderungen zu einer Erosion gewachsener sozialer Beziehungen kommt. So tragen ältere Menschen ein erhöhtes Risiko der Vereinsamung, wenn der Partner oder die Partnerin verstorben ist und die Kinder und Enkelkinder in einer anderen Region leben. Als eine moderne Form zur Kompensation der räumlichen und auch zeitlichen Distanz können dann im positiven Sinne auch die modernen Kommunikations- und Medientechnologien dienen: Kontakt zu den Kindern und Enkelkindern via Skype u.a., doch ersetzen können sie den direkten Kontakt nicht.

In einer Gesellschaft, in der Mobilität und Flexibilität vielfach zur arbeitspolitischen und ökonomischen Notwendigkeit gehört, mehrgenerationale Familien- und Verwandtschaftsbeziehungen von größeren räumlichen Distanzen geprägt und aktiv hergestellte soziale Netzwerke zu einer wichtigen Ressource bei der Alltagsbewältigung werden, kommt der Gestaltung sozialer Beziehungen in der Freizeit (bereits in der Kindheit) eine große Bedeutsamkeit zu.

Stadtteilarbeit, Gemeinwesenentwicklung und Freizeitpädagogik sind in diesem Zusammenhang nicht isoliert zu betrachten, denn gerade für ältere Menschen wie auch Kinder spielt die Infrastruktur eine zentrale Rolle bei der Freizeitgestaltung. Freizeitangebote werden in der Regel eher wohnortnah angenommen und befördern dadurch auch die sozialen Beziehungen zwischen den Ortsansässigen. (vgl. Kap. 6.4)

Im Freizeitbereich tragen Vereine nicht nur zum Ausbau von Fähigkeiten und Fertigkeiten bei, sondern bilden auch einen sozialen Kontext, in dem sich Menschen mit gleichen oder ähnlichen Interessen kennenlernen und austauschen können. Die Kontaktstrukturen gehen aus dem Verein in den privaten Lebensbereich über, sofern Freundschaften oder Partnerschaften entstehen.

Soziale Kontakte ergeben sich sicherlich auch in der Berufswelt, jedoch nicht alle Menschen sind über die Spanne des gesamten Erwerbsalters in den ersten Arbeitsmarkt integriert. Keine Erwerbsarbeit zu haben, wirkt sich nicht nur auf die materiellen Ressourcen aus, sondern tangiert auch den sozialen Aktionsradius und die Partizipationsmöglichkeiten. Dabei spielen sicherlich die pekuniären Möglichkeiten eine Rolle, aber hinzu kommt auch die Veränderungen in den sozialen Bezugsgruppen (z.B. durch einen Stellenabbau nicht mehr Teil der Firma zu sein). Der geteilte Erfahrungsraum verringert sich und Kontaktmöglichkeiten zu ehemaligen Kolleginnen und Kollegen erodieren.

Vor diesem Hintergrund sollte die Freizeitpädagogik in ihrer Bedeutsamkeit für die Integration und Inklusion nicht unterschätzt werden. Im Freizeitbereich ergeben sich zwanglose Räume des sozialen Miteinanders ganz unterschiedlicher Menschen, die in einem Bereich ein bestimmtes Interesse teilen. Wie im fünften Kapitel deutlich wurde, wollte einst Fritz Klatt das soziale Miteinander (im Sinne von Wertschätzung und Verständnis) der unterschiedlichen Berufsgruppe durch gemeinsame Freizeiten stärken. Durch die personale Begegnung ergibt sich die Chance, dass wechselseitige Vorurteile abgebaut und anstellen stereotyper Annahmen realistische Einschätzungen getroffen werden. Über gemeinsame Freizeitaktivitäten werden indirekt soziale Lernfelder erschlossen. (Interkulturelle) kommunikative und soziale Kompetenzen können durch gemeinsame Aktionen spielerisch entwickelt werden. Gemeinsame Erlebnisse und gemeinsam Spaß zu haben, kann den sozialen Zusammenhalt durchaus fördern.

Gerade durch das **ehrenamtliche Engagement** in der Freizeit können die soziale Integration und eine soziale Verortung sowie die Persönlichkeitsentwicklung unterstützt werden. Die dort in ihrer Freizeit Aktiven erfahren jenseits der Erwerbsarbeit ihre eigene Selbstwirksamkeit und haben das Gefühl, etwas Sinnvolles mit sich und ihrer Zeit anzufangen. Durch die gemeinsame Tätigkeit in bestimmten Projekten ergeben sich vielfältige Kommunikations- und Kontaktmöglichkeiten. Ein weiterer Vorteil ist es, das sich der Mensch ehrenamtlich in jene Bereiche einbringen kann, die ihm persönlich wichtig und attraktiv erscheinen. Ein Risikopfad stellt hierbei die Herausbildung des Helfersyndroms dar.[2054] Hier wäre die Freizeitbildung gefragt, derartige Prozesse und Entwicklungen im Auge zu behalten und bei einem Risikopfad zu intervenieren.

Nach heutigem Forschungsstand erscheint eine Differenzierung der Motive für ehrenamtliches Engagement aus altruistischen oder selbstbezogenen, egoistischen Motiven wenig sinnvoll, da sich ehrenamtliches Engagement eher auf ein Motivbündel zurückführen lässt und „‘multimotiviert‘“ zeigt.[2055] Zugleich verweist Barbara Moschner auf geschlechtstypische Präferenzen im Ehrenamt:

> „Politische und sozialadministrative Ehrenämter sind eine Domäne der Männer, Ehrenämter im sozialen Bereich werden typischerweise von Frauen ausgeübt (zwei Drittel der in direkter sozialer Arbeit Engagierten sind Frauen).“[2056]

Ein Motiv für ehrenamtliches Engagement ist das **„Bedürfnis nach Eingebundenheit“**[2057].

2054 Dies trifft durchaus auch für sogenannt „helfende Berufe“ zu. (vgl. Schmidbauer 1977).
2055 Moschner 2002, S. 8. URL (2017).
2056 ebd., S. 3. URL (2017).
2057 ebd., S. 6. URL (2017).

9.5 Sinnstiftende Aspekte

Durch die zunehmende Arbeitsteilung beklagte bereits Karl Marx (1818–1883) die Entfremdung des Menschen.

Hannah Arendt (1906–1975) differenziert zwischen den Tätigkeitsformen „Arbeiten, Herstellen und Handeln“, wobei sie der Arbeit einen existenziellen Bedeutungsgehalt verleiht. (vgl. Kap. 3)

Wie im dritten Kapitel bereits thematisiert, ist der Mensch ein sinnsuchendes Wesen. Dinge als kohärent und sinnhaft zu erfahren (bzw. zu konstruieren), ist ein wesentliches Moment der Resilienz (vgl. hierzu Kap. 6).

Um sich mit der Sinnfrage auseinanderzusetzen, wurde im philosophischen Diskurs im dritten Kapitel auf Viktor E. Frankl (1905–1997) rekurriert. Die Sinnfrage kann als existenzielle Frage des Menschen bezeichnet werden. In westlichen und vor allem kapitalistisch orientierten Gesellschaften spielt die protestantische Arbeitsethik sicherlich eine bedeutsame Rolle. Und dennoch: Kann Arbeit als ausschließlicher Sinn des Lebens und Ort der Selbstverwirklichung bezeichnet werden? – Wohl nur bedingt.

Nicht immer wird die berufliche Tätigkeit als bereichernd und persönlich als sinnerfüllend erlebt. Obgleich die Berufswahl heute im Vergleich zu früheren Jahrhunderten weniger stark durch die soziale Herkunft oder familiäre Traditionen bestimmt ist, bedeutet dies nicht automatisch, dass junge Menschen heute jenen Beruf ergreifen können, den sie am liebsten aus-üben möchten. Oftmals sind die Berufswünsche der Jugendlichen nicht kongruent mit den realen Erfordernissen in der Arbeitswelt oder mit den eigenen Potenzialen und Fähigkeiten der jungen Menschen. Viele junge Männer möchten Profifußballer, Rennfahrer oder Sänger werden, junge Mädchen träumen von einer Modell-Karriere, wollen Sängerin, Tänzerin oder Schauspielerin werden. Die Realität dieser Träume sieht leider ganz anders aus, wie jene preisgeben, die auch die Schattenseite des Ruhmes kennengelernt haben. Für weit mehr junge Menschen werden diese Berufswünsche dagegen per se Träume bleiben, mit denen sie nicht ihren Lebensunterhalt bestreiten werden. Hinzu kommt, dass Zeiten der Nichterwerbstätgkeit (sei es duch Arbeitslosigkeit, sei es durch den Ruhestand) durchaus zum menschlichen Lebenslauf gehören.

Letztlich sollte kritisch hinterfragt werden, weshalb viele (gerade junge) Menschen sich mit Medienstars identifizieren. Welche Wünsche, Sehnsüchte oder Hoffnungen verbinden sich damit? Inwiefern werden Luxusgüter und Prestigeobjekte, der eigene – zum ästhetischen Objekt – stilisierte Körper nicht einfach nur zu einer Stütze eines schwachen Selbst? Nicht selten werden die wahren Bedürfnisse gar nicht mehr wahrgenommen und durch das Streben nach Konsumgütern zu substituieren gesucht. Im Extremfall mündet das Ganze in „Oniomanie"/Kaufzwang[2058] bzw. Kaufsucht, die im ICD 10 (F63.)[2059] unter die Impulskontrollstörungen fällt.

Die von Schuld- und Schamgefühlen im Nachklang begleitete Kaufsucht wird nicht zuletzt mit der westlichen Konsumgesellschaft assoziiert und weitgehend tabuisiert, obgleich schätzungsweise sechs bis acht Prozent der Bevölkerung kaufsuchtgefährdet sind.[2060] Dabei sprach Emil Kraepelin (1856–1926) bereits zu Beginn des 20. Jahrhunderts von „krankhafte[r] Kauflust"[2061]

Konsumiert wird in der Regel in der freien Lebenszeit – doch Konsum fehlt der sinnstiftende Moment auf Dauer. Ein Blick in die Sinus Jugendmilieu-Studie zeigt, dass die Gruppe der „konsum-materialistischen jungen Erwachsenen" ein hohes Bedürfnis nach Anerkennung und Angst vor dem sozialen Abstieg haben.[2062] Doch der Konsum kann letztlich immer nur eine kurzfristige Befriedigung verschaffen und vermag die zugrunde liegenden Probleme nicht zu lösen. Menschen, deren zentrale Freizeitbeschäftigung der Konsum darstellt, fühlen sich nicht selten innerlich leer.

> „Die Gründe für den Konsum sind vielfältig und schließen den sinnvollen Gebrauch und Verbrauch von Dingen ein. Teils kaufen wir aber, um eine innere Leere auszufüllen, um Langeweile oder Überdruß zu überdecken. Oder wir kaufen, um anderen zu imponieren. Teils kaufen wir, nicht um Dinge sinnvoll zu gebrauchen, sondern um sie zu besitzen, oder um die Erregung des Kaufes zu spüren. Im Kaufen als einer Ersatzaktivität fühlt sich der innerlich leere und gelangweilte Mensch lebendig."[2063]

Freizeitpädagogik erhält in diesem Zusammenhang eine präventive Funktion, indem sie Erfahrungsräume eröffnet, durch vielfältige Angebote der Langeweile entgegenwirkt und Reflexionsräume anbietet. Von einer Freizeitbildung kann in diesem Zusammenhang erst dann gesprochen werden, wenn es gelingt, das Individuum zur Reflexion anzuregen. Dazu ist es wichtig, dass es neben Angeboten

---

2058 „Unter Kaufzwang versteht man einen ständigen oder immer wiederkehrenden, zumindest phasenweise unzügelbaren Drang, Dinge zu erwerben, die man im Grunde nicht braucht, vielfach schon ein- oder mehrfach hat, sinnlos hortet oder verschenkt. Das Interesse verengt sich immer mehr auf das Kaufen an sich, wobei im Laufe der Zeit nicht nur immer öfter, sondern auch immer teurer eingekauft werden muss." (Faust o.A. URL [2017]).

2059 vgl. Sonnenmoser 2007, S. 468.

2060 vgl. ebd., S. 468f.

2061 Kraepelin 1909, S. 408, zit. n. Neuner/Raab/Reisch 2008, S. 164.

2062 vgl. Website Sigma. URL (2017).

2063 Bierhoff 2002, S. 66.

zur Aktivität auch einen Raum gibt, der eine innere Einkehr (in der Tradition der „Vita contemplativa") begünstigt. Die bewusste Wahrnehmung der eigenen Bedürfnisse kann in diesem Zusammenhang ebenso legitim sein wie die Auseinandersetzung mit ethischen Fragen, die dann wieder zu einer Dezentrierung vom eigenen Selbst führen kann. Hier kann der Natur wiederum eine wichtige Funktion zugesprochen werden. (vgl. Kap. 8) Auch dem Eintauchen in einen anderen Kulturkreis kann hier eine Katalysatorenfunktion zukommen.

Gewarnt werden muss aber zugleich davor, Menschen heteronom bestimmte Sinnhorizonte „vorzuschreiben" oder ihnen Schuldgefühle zu vermitteln, wenn sie sich nicht für bestimmte Ziele in ihrer Freizeit engagieren, die gesellschaftlich wünschenswert erscheinen. Derartiger Druck wird implizit durch das Kriterium „soziales Engagement" in Bewerbungsverfahren um Studienzulassungen oder in Lebensläufen für Stellenbewerbungen ausgelöst, was dazu beitragen kann, dass sich Menschen in ihrer freien Lebenszeit strategisch ehrenamtlich engagieren. An die Stelle von intrinsischer Motivation tritt dann die extrinsische. So erleben Jugendliche und junge Erwachsene mehrfache Auslandsreisen bereits als Standard und haben Sorge, hier nicht mithalten zu können.

Kritisch zu hinterfragen sind darüber hinaus auch Ansätze der Freiwilligenarbeit oder des Work and Travels, die an die Ansprechbarkeit Jugendlicher für sozialkritische und ökologische Fragen appellieren. Die wachsende Popularität von Freiwilligenarbeit als Möglichkeit, die freie Lebenszeit zwischen Schule und Studienzeit zu überbrücken, kann durchaus eine kontraproduktive Wirkung haben (z.B. Schattenseiten des Volunteering im Waisenhaus[2064]). Das Bedürfnis, etwas Sinnvolles zu tun und seine Selbstwirksamkeit zu erfahren, kann zu einer Kommerzialisierung von Angeboten nach kapitalistischen Kriterien führen und dient dann nur noch bedingt den freiwillig Helfenden oder den Hilfsbedürftigen.

9.6 Prävention und Intervention durch Freizeitbildung

Prävention, *„lat. praevenire: zuvorkommen, verhüten"*[2065], meint, dass die Freizeitpädagogik und Freizeitbildung einen Beitrag dazu leistet, möglichen riskanten Entwicklungspfaden vorzubeugen. Ziel ist es, mögliche Fehlentwicklungen hierbei frühzeitig zu antizipieren und alternative Sicht- und Handlungsmöglichkeiten aufzubauen. Als oberstes Ziel im Sinne der Freizeitbildung wäre hier ein selbstbestimmter und bewusster Umgang des Individuums mit diesen

2064 vgl. Seidel 2014. URL (2017).

2065 Website Frühe Hilfen. URL (2017).

Gefahrenmomenten zu benennen. Hierzu sind vielfach erst einmal bestimmte Kompetenzen aufzubauen (z.B. eine kritische Medienkompetenz).

Voraussetzung hierzu ist es, potenzielle Risiken zu erkennen. Bereits durch diesen Anspruch wird deutlich, dass die Freizeitpädagogik und Freizeitbildung fundierte Kenntnisse aus unterschiedlichen Bezugsdisziplinen bedarf: Soziologie, Psychologie, Zukunftsforschung, Genderforschung, Medien(wirkungs) forschung,...

Intervention, lat. intervenire: „dazwischentreten, sich einschalten“[2066], „bezeichnet generell eine Maßnahme, mit der in einen laufenden Prozess eingegriffen wird“[2067].

Pädagogische Intervention setzt eine Analyse der Zielgruppe im Sinne einer Diagnostik voraus.[2068]

> „Alternativ ist eine Bestandsaufnahme denkbar und auch zweckmäßig, bei der man auf die adressatenspezifische Diagnostik im Einzelfall verzichtet. Stattdessen werden die Adressaten als Repräsentanten einer Gruppe von Personen betrachtet, bezüglich derer man aus der bisherigen Forschung weiß, dass sie bestimmte Eigenschaften aufweisen, die eine bestimmte Intervention sinnvoll erscheinen lassen oder gar erforderlich machen.“[2069]

Diese müssten im konkreten Kontext einer freizeitpädagogischen Intervention der jeweiligen Adressatengruppe angepasst werden.

Kommt es zur Intervention, ist eine Fehlentwicklung bereits eingetreten. Dabei stellt sich die Frage, wer darüber entscheidet, ob es eine Fehlentwicklung ist oder einfach die individuell präferierte Form der Freizeitgestaltung. Um von einer Intervention durch Freizeitbildung sprechen zu können, ist eine normative Orientierung nötig. Gerade im Freizeitbereich sind Eingriffe von außen durchaus fragwürdig, auf der anderen Seite bietet z.B. die Erziehungswissenschaft oder auch die Gesundheitswissenschaft Leitlinien, die einen Eingriff legitimieren können:

- Aus Erziehungswissenschaftlicher Sicht: alles, was die Fähigkeit des Menschen, seiner anthropologischen Potenzialität gerecht zu werden, unterminiert.
- Aus gesundheitswissenschaftlicher Sicht: alles, was der körperlichen oder psychischen Gesundheit erwiesenerweise nachhaltig schädlich ist.

2066 Leutner 2013, S. 17.
2067 ebd., S. 17.
2068 vgl. ebd., S. 18.
2069 ebd., S. 18.

Präventions- und Interventionsmöglichkeiten ergeben sich im Bereich der Freizeitbildung vor allem dadurch, dass Menschen neue Möglichkeiten der Freizeitgestaltung kennenlernen und ihr bisheriges Freizeitverhalten reflektieren lernen.

Aktuell könnten folgende Bereiche der Prävention und Intervention identifiziert werden:

- Bewegungsmangel und Übergewicht als gesundheitliche Risiken in Europa.[2070]
- Suchtproblematiken sowohl substanzmittelgebunden als auch ungebunden.
- Zeitdruck, Angst etwas zu verpassen, das Gefühl, zu keine Zeit zu haben.
- permanente Verfügbarkeit durch moderne Medientechnologien (Laut einer Stress-Studie der TK [2016] fühlen sich fast 30% der Befragten [N=1200] durch die permanente Erreichbarkeit mittels Smartphone/Handy etc. unter Druck gesetzt.[2071]).
- Internet, Smartphone, Fernsehen, Computerspiele etc. als zentrale Aktivitäten in der Freizeit.
- unzureichende Problemlösekompetenzen und soziale Kompetenzen sowie überhöhte Erwartungen an sich selbst (z.B. Perfektionismus).
- einseitiges Belastungsprofil (z.B. sitzende Tätigkeiten, Bildschirmarbeit…).
- restriktive, stereotype Rollenbilder (Mann – Frau) oder Vorurteile gegenüber bestimmten Bevölkerungsgruppen (z.B. die Araber).
- Freizeitstress (Laut einer Studie der TK [2016] klagen 41% der gestressten Befragten [N = 1200] über Freizeitstress[2072], ansonsten führen immerhin über 30% Termine und Verpflichtungen in der Freizeit als Stress an).[2073]

Menschen versuchen, subjektiv erlebten beruflichen Stress nicht immer mit probaten Mitteln zu begegnen. So kann die Ausweitung des Leistungsgedankens auf die Freizeit dazu führen, dass Freizeit nicht mehr als etwas Erholsames empfunden wird, sondern zusätzlichen Stress erzeugt. (vgl. hierzu auch Kap. 3.2) Dabei muss auch bedacht werden, dass es einigen Menschen schwer fällt, vom Berufsalltag und möglichen Sorgen „abzuschalten“ und es möglicherweise auch aus diesem Grunde zur Suche massiver Reize in der Freizeit oder zu einem Substanzmittelgebrauch/-missbrauch kommt.

Prävention setzt dort an, wo sich mögliche Risikopfade bei einer bestimmten Zielgruppe (z.B. Alterskohorte) vermuten lassen.

2070 vgl. Ärzteblatt 2015. URL (2017).

2071 vgl. Techniker Krankenkasse 2016. S. 12. URL (2017).

2072 vgl. ebd., S. 15. URL (2017).

2073 vgl. ebd., S. 12. URL (2017).

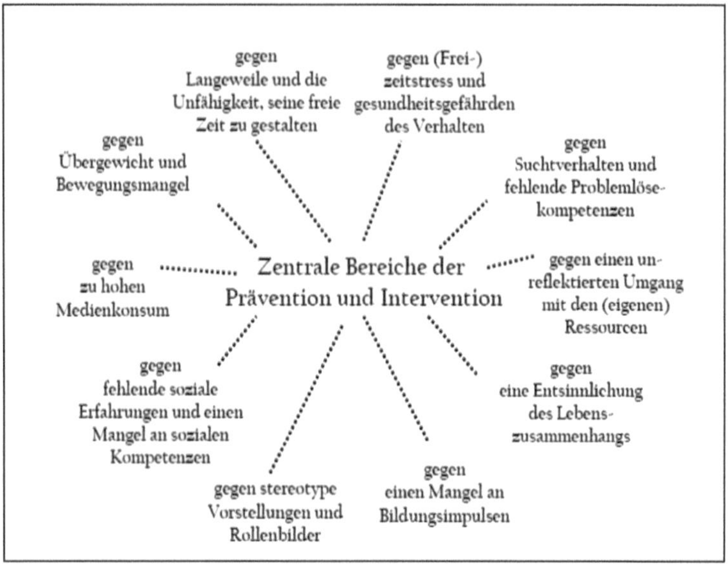

Abb. 74: Ausgewählte zentrale Bereiche der Prävention und Intervention im Freizeitbereich (eigene Darstellung)

Gerade sportlichen Freizeitangeboten und sozialen Erfahrungsräumen kommt in heutigen Zeiten ein hoher Stellenwert zu, denn immer mehr Kinder leiden unter Übergewicht und Bewegungsmangel. Dabei sollte zunächst die Freude an der Bewegung und nicht ein Leistungsgedanke im Mittelpunkt stehen.

So kommen Martin Hilpert u.a. in ihrer mit knapp tausend Erstklässlern durchgeführten Studie „Children's Health InterventionaL Trial (CHILT)" zu dem Ergebnis, dass Kinder aus Familien mit niedrigem sozioökonomischem Status und Migrationshintergrund ein erhöhtes Risiko tragen, ungünstige gesundheitsbezogene Verhaltensweisen, schlechtere motorische Fähigkeiten und einen höheren BMI (Body-Mass-Index) zu entwickeln. Sie empfehlen daher Interventionsmaßnahmen, die sowohl die Motivations- und Zielsetzungestrategien integrieren als auch die sozialen und kulturellen Hintergründe berücksichtigen.[2074] Hilpert spricht sich explizit für „schulbasierte Interventionsprogramme" im Ganztagsschulkontext aus[2075], wobei hier letztlich nur der institutionelle

2074 vgl. Hilpert u.a. 2017, S. 168. URL (2019).
2075 Hilpert 2019, S. 34f.

Kontext als Ausgangspunkt genommen wird, um alle Kinder zu erreichen. Dem ist prinzipiell nicht zu widersprechen, jedoch greift eine derartige Perspektive zu kurz, eröffnet sich dem Kind nicht eine für es selbst als lohnenswert getrachtete neue Gestaltungsmöglichkeit seiner freien Lebenszeit (z.B. Spaß an der körperlichen Aktivität, am gesunden Kochen etc.). Martin Hilpert spricht daher auch die Bedeutsamkeit des Einbezugs der Eltern in die Interventionsprogramme an, da diese einen gesunden Lebensstil und „aktive Freizeitgestaltung“ der Kinder unterstützen sollten.[2076] Hier wäre auch der Brückenschlag zur Freizeitpädagogik zu sehen, da sich hier auch freizeitbezogene Angebote anschließen sollten.

Im Kindes- und Jugendalter wären der Aufbau von kritischer Medienkompetenz ebenso wie die Fähigkeit, seine freie Zeit zu gestalten, wichtige präventive Maßnahmen, um Langeweile oder einem zu hohen und unkritischen Medienkonsum entgegenzuwirken.

Kinder- und Jugendfreizeiten können den Erfahrungsraum gerade von Kindern – insbesondere von Kindern aus sozial prekären Familienverhältnissen – erweitern. Kinder aus Familien mit einer autoritären oder gar gewaltförmigen Kommunikations- und Erziehungsform können in der Freizeit (wie auch in der Schule) ein Umfeld vorfinden, in welchem sie alternative Formen des sozialen Miteinanders erfahren und erlernen können. Sie sollten dort Wertschätzung und eine Stabilisierung des Selbstwertgefühls erfahren sowie weiterführende Unterstützung erhalten. Dazu wäre es wichtig, dass eine Vernetzung und Kooperation zwischen verschiedenen Trägern und sozialen Einrichtungen besteht. Durch Erwachsene gestaltete Kinder- und Jugendfreizeiten müssen sich, um professionell agieren zu können, mit den Themen „Grenzen – Grenzüberschreitungen“ und „sexueller Missbrauch“ auseinandergesetzt haben. Die Frage, wie möglichem Missbrauch innerhalb des freizeitpädagogischen Kontextes vorgebeugt werden kann, ist dabei ebenso bedeutsam, wie die Frage, welche Handlungs- und Unterstützungsmöglichkeiten es im Falle des Bekanntwerdens eines sexuellen Missbrauchs (z.B. im Elternhaus) gibt. Die Integrität der Kinder zu schützen muss eine Maxime sein.

Bei berufstätigen Erwachsenen – insbesondere bei Frauen – wären Angebote wichtig, die einen Beitrag zur Erholung und Selbstbildung ermöglichen. Dazu gehören hier vor allem auch die Beförderung einer bewussteren Gestaltung der freien Lebenszeit vor dem Hintergrund der eigenen Bedürfnisse und ein Abbau von Stressoren im Freizeitbereich.

2076 vgl. Hilpert 2019, S. 63. URL (2019).

Ein präventionsorientiertes freizeitpädagogisches Angebot für Menschen ohne Erwerbsarbeit würde Angebote implizieren, die einen sozialen Lern- und Erfahrungsraum kreieren, in dem die Menschen sich als wertvoll und gebraucht erleben dürfen und Bildungsimpulse erhalten. Es ist anzunehmen, dass es Menschen ohne geregelte Erwerbstätigkeit oftmals schwerer fällt, ihren Alltag zu strukturieren und Dispositionszeit als Freizeit zu erleben.

In einer zunehmend interkulturellen Gesellschaft ist es wichtig, auch an stereotypen Rollenbildern zu arbeiten, damit eine gleichberechtigte Teilhabe von Männern und Frauen am beruflichen wie gesellschaftlichen Leben möglich wird. Diese Aufgabe durchzieht verschiedene Lebens- und Bildungsbereiche und tangiert auch den Freizeitbereich.

Bei all den Ansprüchen, die eine Freizeitpädagogik und Freizeitbildung gerecht werden sollte, stellt sich natürlich die Frage, mittels welcher Herangehensweisen und Methoden dies möglich ist. Hierzu einige werden zentrale Grundgedanken im kommenden Kapitel zusammengefasst und erweitert.

10. Paradigmen und ausgewählte methodische Zugänge

10.1 Erlebnis als Kontrasterfahrung: Sinnlichkeit als Zugangsmöglichkeit

> „Ein Mensch, dem die Sinne schwinden, beginnt zu fallen. Er kommt aus dem Gleichgewicht."[2077]

Metaphorisch gelesen kann dieses Zitat von Dietmar Kamper und Christoph Wulff dafür stehen, dass ein Mensch, dem seine eigene Körperlichkeit und Sinnlichkeit (im weitesten Sinne) abhanden kommt, sein inneres Gleichgewicht verliert und nur noch einem Teil seiner Menschlichkeit gerecht wird.

Bereits Johann Heinrich Pestalozzi sah den Menschen in seinen „Nachforschungen über den Gang des Menschengeschlechts" (1797) als Naturwesen, als Gesellschaftswesen und sittliches Wesen. Alle drei Seinszustände gehören genuin zur menschlichen Existenz, wobei Pestalozzi der gesellschaftliche Zustand als Sprungbrett für die Selbstbildung zur Sittlichkeit steht. Dennoch kann der Mensch niemals den „tierischen Zustand" auf Erden vollkommen überwinden, aber die tierischen Sinne mittels seiner Vernunft kontrollieren.[2078]

Die Deutung und Interpretation der Sinne unterliegt einem sozialgeschichtlichen und kulturellen Wandel. So können die Sinne nicht losgelöst von der Kulturgeschichte und den jeweiligen „Sinndeutungen"[2079] betrachtet werden. Über den Zusammengang zwischen den Sinnen und dem Zivilisationsprozess halten Kamper und Wulff fest:

> „Zivilisation als Transformation des Körpers ins Geistige war und ist nämlich auf der anderen Seite die Abstraktion des Körpers."[2080]

Heute scheinen die menschlichen Sinne den technischen Möglichkeiten teilweise bereits unterlegen. So werden Zukunftsvisionen entwickelt, die den menschlichen Geist vom Körper getrennt erhalten möchten und so mittels

---

2077 Kamper/Wulff 1984, S. 9.
2078 vgl. Reinert/Arnhardt/Cornelius 1996.
2079 Kamper/Wulff 1984, S. 10.
2080 ebd., S. 12.

neuer Technologien, in denen der menschliche Körper und Geist mit technischen Möglichkeiten verschmilzt (sogenannte „Cyborgs“[2081]), dem Traum vom ewigen Leben näherkommen möchten.

Und dennoch: Die menschliche Entwicklung ist untrennbar mit den Sinnen verbunden. Wie im fünften Kapitel thematisiert, erkannten bereits John Locke oder Johann Amos Comenius, dass nichts in den Verstand eines Kindes käme, was nicht zuvor in seinen Sinnen war. Sinnliche Erfahrungen und Bewegung bilden die Basis für die Entwicklung höherer kognitiver Funktionen und Leistungen in der Ontogenese.[2082]

Christoph Wulff unterscheidet die Sinne in Fern- und Nahsinne.

> „Der Gesichtssinn und das Gehör bilden die Fernsinne, die sich von den Nahsinnen oder ‚Zustandssinnen‘ (Geruch, Geschmack, Tastsinn, Temperatursinn) unterscheiden lassen.“[2083]

Wird heute von einer „veränderten Kindheit“ gesprochen, so wird auf die modernen Bedingungen kindlichen Aufwachsens und den Verlust an Primärerfahrungen verwiesen. Die westliche Gesellschaft ist geprägt durch einen relativ dichten Besiedlungsgrad und eine verhältnismäßig gut ausgebaute Infrastruktur. Kindheit ist in hohem Maße eine durch unterschiedliche Institutionen geprägt Kindheit: Kinderkrippe, Kindertagesstätte, Kindergarten, Grundschule, Sekundarschule… institutionalisierte Kinder- und Jugendfreizeiten… Mitgliedschaften in Vereinen und Kursen. Die Medien spielen in gegenwärtigen Leben eine große Rolle – und dies bereits in der Kindheit und Jugendzeit. Reinhard Kahl hat in seinem Film „Das Schwinden der Sinne“[2084] den Verlust an primärer Erfahrungsmöglichkeit in modernen, westlichen Kindheiten beklagt und auf die Folgen des Bewegungsmangels bei Kindern hingewiesen. Klaus Hurrelmann resümiert zur „Gesundheitssituation von Kindern und Jugendlichen“:

> „Durch die heute vorherrschende sitzende Beschäftigung in Schule, Ausbildung und Beruf kommt es immer stärker zu einer einseitigen Stimulierung des Hörsinns und des Sehsinns, während insbesondere das Riechen und Fühlen, das Atmen und Sprechen vernachlässigt werden und verarmen können. Auch in der Freizeit kommt es wie bei der Ernährung zu einer unausgewogenen ‚Sinneskost‘, die die entwicklungsfördernde Reizung und Anregung aller Sinneszentren vernachlässigt und damit

---

2081 vgl. Jüngling 2014. URL (2017).
2082 vgl. Textor 2015. URL (2017); Jansen/Richter 2016.
2083 Wulff 1984, S. 21.
2084 Kahl 1992.

> auch ihre Verbindung und Vernetzung schädigt. Hier liegen wichtige Gründe für Koordinationsprobleme bei immer mehr Kindern und Jugendlichen. Viele Kindergärtnerinnen und Ärztinnen im Vorschulbereich klagen über die schlechte Feinmotorik von Kindern. Sie haben Schwierigkeiten, Gedanken in Zeichen umzusetzen. Die Verbindungen zwischen den verschiedenen Schaltzentren im Gehirn werden durch die einseitige Sinnesreizung nicht hergestellt, deswegen kommt es zu Unsicherheiten und Ungeschicklichkeiten bei 15 bis 20 Prozent der Kinder."[2085]

Fehlende Primär- und Sinneserfahrungen begünstigen somit Entwicklungsrisiken und eine mangelhafte sensorische Integration und Verarbeitung der Sinnesreize.[2086].

Es bleibt fraglich, ob es sinnvoll ist, eine fehlende Hand-Auge-Koordinationsfähigkeit und schlechte Feinmotorik mit neuen Technologien ausgleichen zu wollen. (Beispiel: Verzicht auf das handschriftliche Schreiben zugunsten der direkten Einführung der neuen Technologien.)[2087]

Bildung wird in hohem Maße mit Wissen und kognitiver Leistungsfähigkeit assoziiert. Die Welt erschließt sich den heutigen Menschen vermehrt auch medial. Moderne Medien sind in hohem Maße als audio-visuelle Medien konzipiert, d.h. als von Ton, Musik und Sprache begleitete Bildmedien. Die Fernsinne werden somit in erster Linie angesprochen, die „Nahsinne" bleiben außen vor.

> „Das Auge übernimmt immer mehr Kontroll- und Selbstkontrollfunktionen und trägt damit zur Einschränkung der Mannigfaltigkeit des Sehens und zur Gefährdung der Vielfalt der Sinne bei. Gleichzeitig schwinden die Möglichkeiten zur Erfahrung von Sinn, die wesentlich an die verschiedenen Sinne in Auseinandersetzung mit der Welt gebunden sind. Jeder einzelne Sinn vermittelt nämlich genuine Erlebnisse und trägt dazu bei, dem Menschen eine sinnliche Gewißheit der Welt und seiner selbst zu geben."[2088]

Eigene Erlebnisse können dazu eine wichtige Kontrasterfahrung darstellen, da hier der Mensch als Ganzes (mitsamt seiner Nahsinne) angesprochen wird. Insofern können Erlebnisse als Kontrasterfahrungen zum Alltagsleben betrachtet werden. Sinnliches Lernen setzt am einzelnen Menschen an. Dabei bildet das Erleben im Sinne der Wahrnehmung die Grundlage für ein

---

2085 Hurrelmann 2005, S. 3. URL (2017).

2086 siehe weiterführend hierzu: Rass 2013, S. 23; Ayres 1984.

2087 vgl. Wirtschaftswoche 2015. URL (2017).

2088 Wulff 1984, S. 22.

Erlebnis. Doch wann kann von einem *Erlebnis* gesprochen werden? Vieles erleben wir, ohne darin ein besonderes Erlebnis zu sehen.

Axel Schenz rekonstruiert, dass die sich die Termini „Erleben“ und „Erlebnis“ im deutschsprachigen (pädagogischen) Kontext erst Mitte des 19. Jahrhunderts – zunächst noch nicht voneinander abgegrenzt – etablieren konnten.[2089]

> „Die Begriffe ‚Erleben‘ und ‚Erlebnis‘ wurden vornehmlich im Sinne eines stets Selbsterlebten verwendet. Sie dienten zur Bezeichnung von Situationen, aus denen ein dauerhafter Ertrag für den eigenen Lebenszusammenhang im Sinne eines bedeutsamen Sinngehaltes hervorging.“[2090]

Das Erleben ist insbesondere in der Lebensphilosophie eine bedeutsame Kategorie. Nach Wilhelm Dilthey ist das Erleben die Grundlage aller Verstehensprozesse und Schlüssel jeglicher Erkenntnis.[2091] Der Erlebensbegriff wird in der geisteswissenschaftlichen Pädagogik (und der Reformpädagogik) zu einem bedeutsamen Terminus.[2092] Erleben wird zum Ausgangspunkt aller Verstehens- und Erkenntnisprozesse.[2093] Im hermeneutischen Zirkel (Dilthey) als Erkenntnisprozess schließt sich der Kreis zwischen Subjektivierung und Objektivierung, d.h. zwischen einem Nach-Erleben und zum Ausdruckbringen des eigenen Erlebens. Waltraut Neubert (1925)[2094], eine „Schülerin“ Hermann Nohls, hatte sich in ihrer Dissertation intensiv mit der Bedeutsamkeit des Erlebnisses in der Pädagogik befasst. Hierzu analysierte sie den Dilthey'schen Erlebnisbegriff in dessen Gesamtwerk und kristallisierte sieben Charakteristika heraus:[2095]

2089 vgl. Schenz 2006, S.16.
2090 ebd., S.17.
2091 vgl. ebd., S. 57.
2092 vgl. ebd., S. 49.
2093 vgl. ebd., S. 57.
2094 Hierzu finden sich unterschiedliche Zeitangaben, einige Quellen datieren die Erstauflage auf das Jahr 1930, andere die Dissertation selbst auf das Jahr 1925.
2095 vgl. Neubert 1925/1990, S. 19ff.

Merkmal	Erläuterung
Unmittelbarkeit	Das Individuum wird unmittelbar vom Leben erfasst. Bezugspunkt ist immer das Subjekt und die reale, konkrete Situation.
Gegliederte Einheit	Ein Erlebnis kann abgegrenzt werden von anderen Erlebnissen und ist in sich eine abgrenzbare Einheit.
Mehrfach gegliedertes Spannungsverhältnis	Das **erste** „Spannungsverhältnis" (Neubert, S. 21) ergibt sich aus dem *„Totalitätscharakter* des Erlebnisses" (ebd., S. 21) und aus der „Totalität des Seelenlebens" (ebd., S. 21). Hierdurch entsteht das Gefühl der Lebendigkeit. Das **zweite** „Spannungsverhältnis" rührt aus dem *„Subjekt-Objekt-Bezug*" (ebd., S.21), die besondere „Intensität im Bewußtsein" (Dilthey, n. Neubert, S. 22) und im Bezug zur Welt. Das **dritte** Spannungsverhältnis resultiert aus der *„Allgemeingültigkeit* und *Individualität" (ebd., S.* 22). Im Erlebnis schwingen menschliche Grunderfahrungen und soziokulturelle sowie individuelle Momente mit.
Historischer Charakter	Der Mensch und sein Seelenleben entwickeln sich und Erlebnisse sind bestimmten Zeitpunkten seines individuellen Lebenslaufes zuzuordnen. Erlebnisse tragen zur Um- Gestaltung des Seelenlebens bei.
Entwicklungs-fähigkeit	Ein Erlebnis beginnt plötzlich, entwickelt sich hin zu einem Höhepunkt und findet einen Abschluss.
(Kein) Objektivationsdrang	Erlebnis im Sinne eines Reizes durchläuft seelische Grundfunktionen: „empfindungs- und vorstellungsmäßige" (ebd., S. 24) Reaktion, gefühlsmäßige Wertung, Willensimpuls, der in eine Handlung oder eine Ausdrucksform überführt wird.
„Zusammenhang von Leben – Ausdruck – Verstehen" (ebd. S. 22)	Diesen Zusammenhang soll im Nacherleben wieder aktualisiert werden. (Beispiel: Kunst)

Abb. 75: Rekonstruktion der (Dilthey'schen) Merkmale eines Erlebnisses nach Neubert[2096]

Es wird bereits durch diese Rekonstruktion deutlich, dass das Erlebnis hier im Sinne der geisteswissenschaftlichen Pädagogik in erster Linie ein (kulturpädagogisches) Nacherleben implizierte.

Waltraut Neubert verfolgte damit eine reformorientierte, schulpädagogische Perspektive[2097] und grenzte das „Erlebnis" von der „Arbeit" und „Übung" ebenso wie von der „Gewohnheit" und „Methode" ab.[2098] Dabei betrachtete Waltraut Neubert sowohl das Erlebnis als auch die Arbeit als „Bildungsmittel"[2099]. Dem Erlebnis schrieb Neubert einen spielerischen Charakter zu, während die Arbeit als intentionaler und zielorientierter Prozess erscheint.

2096 Neubert 1925/1990, S. 19–24.

2097 vgl. Sauer 1990, S. V.

2098 Neubert 1925/1990, S. 64ff.

2099 ebd., S. 64.

> „Im Erleben wie in der Arbeit wird der gesamte seelische Zusammenhang durchlaufen, (…). Die Scheidung von Arbeit und Erlebnis ergibt sich aber daraus, daß das Erlebnis, in dem das Gefühl den Hauptton trägt, überwiegend dazu neigt, diesen Willensantrieb im Ausdruck mit seinem frei spielenden künstlerischem Charakter zu entladen – (…) – während die Arbeit die Form der Fortleitung des Willensanstoßes bis zur Handlung hin darstellt.“[2100]

Aus der reformpädagogischen Perspektive heraus betonte Neubert die Bedeutsamkeit des Erlebnisses als Mittel zur „Verinnerlichung und persönlichen Vertiefung des Menschen“[2101]. Kritisch muss an dieser Stelle natürlich hinterfragt werden, ob jedes Erlebnis diesem Anspruch gerecht werden kann und ob es wirklich zu einer „neuen Beseelung“[2102] kommt, d.h. sich der Mensch und die Gesellschaft dadurch verändert und weiterentwickelt.

Für Neubert gehörten sowohl die Arbeit als auch das Erlebnis zur Erziehung und nur so könne die Bildung des Willens und die Bildung des Herzens befördert werden. Für sie war die Verschränkung der Arbeitsschulbewegung und der Kunsterziehungsbewegung/des Erlebnisunterrichts daher unabdingbar, wobei sie letztere mit dem Erlebnisbegriff assoziiert.

> „Die Erkenntnis, daß Erlebnis wie Arbeit, weil in ihnen vornehmlich eine Seite des Menschen gebildet wird, nämlich Gefühl oder Wille, nur je ein Teil der Erziehungskunst umfassen und daher beide der Ergänzung durch das Gegenprinzip bedürfen (…)“[2103]

Der Arbeitsbegriff ist mit der Bildung des Willens, nach Georg Kerschensteiner (1854–1932) mit Sachlichkeit und auch mit Aktivität belegt, während das Erlebnis mit dem individuellem Gefühlsleben und auch der „Entspannung und Hingabe im Erlebnis“[2104] verbunden erscheint.

Neubert rekurrierte auf Hugo Gaudig (1860–1923), um aufzuzeigen, dass Arbeit und Erlebnis miteinander verschränkt gedacht werden müssen, d.h. durch (geistige) Arbeit wird „das Erlebnis ausgeschöpft und sein Bildungswert ausgenutzt“[2105]. Arbeit kann „Erlebnischarakter“ gewinnen, wenn es zu einer intensiven „seelischen Tätigkeit“ kommt, die der „Individualität des Arbeitenden angemessen“[2106] ist.

Auch in der gegenwärtigen Erlebnispädagogik findet sich die Forderung der Reflexion. (vgl. Kap. 6), wenngleich es hierzu auch divergente Positionen gibt.[2107]

2100 ebd., S. 64.
2101 Neubert 1925/1990, S. 65.
2102 vgl. ebd., S. 65.
2103 ebd., S. 65,
2104 ebd., S. 66.
2105 ebd., S. 67.
2106 ebd., S. 67.
2107 weiterführende Diskussion siehe: Schenz 2006, S. 154ff.

Von der Übung grenzte Neubert das Erlebnis durch seine Einmaligkeit und Unmittelbarkeit klar ab.[2108] Sie sprach gar vom „Geschenkcharakter“[2109] des Erlebnisses. Aktionen verlieren bei mehrfacher Wiederholung und Übung ihren Erlebnischarakter. Erlebnisse werden begünstigt durch die „Offenheit der Sinne“[2110], durch das Einfühlungsvermögen und die Ehrfurcht vor allem Lebendigen (Neubert sprach hierzu von einer „Erlebnishaltung“[2111]. Entscheidend hierbei ist die Beobachtungsgabe des Pädagogen, um zu erkennen, für welche Erlebnisse ein Mensch aufgeschlossen ist, was ihn anspricht.[2112] Nicht jede Aktivität oder jedes Kunstwerk ist somit geeignet, um für ein Individuum zum Erlebnis zu werden.

Erlebnissen kommt eine herausgehobene Bedeutsamkeit zu: Sie durchbrechen die alltäglichen Erfahrungen und Gewohnheiten des Menschen. Neubert sah die Unterbrechung der Alltagsroutine als wesentliche Komponente für eine gesunde Entwicklung an:

> „Der Alltag der Gewohnheit muß durch besonders ausgezeichnete Augenblicke durchbrochen werden, soll nicht die Schwungkraft der Seele erlahmen und soll besonders das Kind die fehlenden Reize sich nicht auf ungesundem Wege beschaffen.“[2113]

Auch heute ist es wichtig, dass Menschen die Chance geboten wird, Kontrasterfahrungen zum Alltagsleben zu machen. In einem subjektorientieren und erlebnisorientierten Erkenntnisprozess wird nicht ein Zugang über die Intellektualität, sondern über die Körperlichkeit gewählt.[2114]

Dabei spielen die Sinne eine wesentliche Bedeutsamkeit für die Erlebnisqualität. Axel Schenz grenzt das Erlebte vom Erlebnis wie folgt ab:

> „Das Erlebte ist von Bedeutung, aber ragt im Gegensatz zum Erlebnis nicht emotional aus den alltäglichen Wahrnehmungen heraus. Im Wesentlichen beschreibt das Erleben den eigenen sinnlichen Zugang zur Welt. (…) Im Unterschied zum Erleben enthält es [das Erlebnis, Anmerk. Der Verfasserin] eine emotionale Komponente, die oftmals als sehr ‚intensiv‘ umschrieben wird.“[2115]

Das Erlebnis dient aus existenzphilosophischer Sicht, so Schenz, nicht in erster Linie der Erkenntnis wie das Nach-Erleben, sondern befördert den Prozess der

---

2108 vgl. Neubert 1925/1990, S. 67f.
2109 ebd., S. 67.
2110 ebd., S. 68.
2111 ebd., S. 68.
2112 vgl. Neubert 1925/1990, S. 68.
2113 ebd., S. 69.
2114 vgl. Schenz 2006, S. 71; S. 141.
2115 ebd., S. 47.

Selbstfindung und die Klärung existenzieller Fragen.[2116] Hier schließt sich der Kreis zur Persönlichkeitsbildung durch „existenzialistische Grenzerfahrungen“[2117].

Durchaus kritisch kann die reformpädagogische Praxis betrachtet werden, in der Erlebnisse in erster Linie zur „Haltungsentwicklung“[2118] und „Entwicklung einer Gesinnung“[2119] fruchtbar gemacht wurden.

Aus heutiger Sicht würden damit die Forderungen einer Pädagogik der Aufklärung nach Selbstbestimmung, Mündigkeit und Autonomie je nach Form der Umsetzung unterschritten.

Das Erlebnis (vor allem im existentialistischen Sinne) kann nur dann als Kontrasterfahrung fungieren, wenn ein hohes Maß an Rationalität und „Verkopfung“ in der Alltagswelt der Menschen anzutreffen ist. Was ein Mensch retrospektiv als ein Erlebnis bezeichnet, ist subjektiv und entzieht sich somit einer vollständigen Planung oder pädagogischen Antizipation.

Freizeitpädagogische Settings können daher nur erlebnisorientierte Angebote machen und den Prozess begleiten und moderieren, nicht aber bestimmen, welche Bedeutsamkeit die jeweilige Erfahrung im Leben des Menschen erhalten wird. [2120]

Festzuhalten ist jedoch, dass methodische Ansätze, die die (Nah-)Sinne und Handlungsebene miteinbeziehen, bedeutsam für die Freizeitpädagogik und Freizeitbildung sind und einer kognitiv-reflexiven Arbeit vorauslaufen sollten.

10.2 Selbsttätigkeit und Selbstverantwortung: Von der Handlungs- und Projektorientierung bis hin zur Soziokulturellen Animation

Sinnlichkeit, Körperlichkeit wie auch eine Erlebnisorientierung implizierten die Eigenaktivität, d.h. Selbsttätigkeit des Individuums. Ohne Selbsttätigkeit kann das Individuum nur schwerlich die Erfahrung der Selbstwirksamkeit machen. Eng verbunden ist hiermit in der Regel auch gerade im Bereich der Freizeit eine Handlungsorientierung.

Bereits Jean-Jacques Rousseau (1712–1778) forderte in seinem Erziehungsroman „Émile“[2121], dass Kinder ihre eigenen Erfahrungen machen müssen und im Sinne der „negativen Erziehung“ es Aufgabe der Erziehenden sei, dem Kind eine

---

2116 vgl. ebd., S. 80.
2117 vgl. ebd., S. 152.
2118 ebd., S. 118.
2119 ebd., S. 117; Benner/Kemper 2003, S. 84–87.
2120 vgl. Schenz 2006, S. 160ff.
2121 Rousseau 1762/2013.

naturgemäße Erziehung zukommen zu lassen. Als idealtypisches Szenario entwarf er eine Erziehungssituation, in der der Erzieher mit dem Zögling auf dem Lande lebt. Die Erziehungssituation sollte geprägt sein durch die innere wie äußere Natur, die Dinge und zuletzt die Menschen. Statt des Buchwissens, soll das Kind gerade in den ersten zwölf Lebensjahren vielfältige Erfahrungen sammeln und Fähigkeiten und Fertigkeiten im alltäglichen Lebensvollzug erwerben. Die Aufgabe des Erziehers ist es, „negative" Einflüsse vom Kind fernzuhalten.[2122]

Um es in den heutigen Sprachduktus zu übersetzen, spielen hierbei die Selbsttätigkeit und die Selbstverantwortung eine wichtige Rolle. Für Jean-Jacques Rousseau war es wichtig, dass das Wollen und Können in eine harmonische Balance kommen. Das Kind soll an einen natürlichen und einfachen Lebensstil gewöhnt werden und von der Dekadenz der Städte in jungen Jahren ferngehalten werden. Aufgabe des Erziehenden ist es, dem Kind ein Umfeld zu verschaffen, in dem es sich eigenaktiv-handelnd die Welt selbstbestimmt erschließen kann. Widerstand und Eingrenzung soll das Kind in erster Linie durch die Dinge und Natur selbst erfahren und aus den Konsequenzen seines eigenen Tuns lernen.

Johann Heinrich Pestalozzi (1746–1827), der ein großer Bewunderer und Anhänger von Jean-Jacques Rousseau war, betont die Selbsttätigkeit und Selbstverantwortung des Menschen auf dem Weg zur Sittlichkeit. Wenngleich ihm die Umsetzung seiner erzieherischen Ideale bei seinem eigenen Sohn misslungen ist, konnte er mit seinen Schriften zur Anthropologie des Menschen („Meine Nachforschungen über den Gang des Menschengeschlechts") wie auch mit seiner Elementarmethode Generationen von Pädagogen inspirieren – sowohl im Bereich der frühen Bildung (über Friedrich Fröbel) als auch im Bereich der Volksschullehrer-Professionalisierung (über Adolph Diesterweg) und wie auch den Bereich der Sozialpadagogik (Paul Natorp).

Dass Wissen nicht allein durch Kognition (und instruktionsorientierte Vermittlung) erworben werden kann, ist pädagogisch ebenso wenig eine neuartige Erkenntnis wie die Forderung nach Selbsttätigkeit und dem Einbezug konkreter Handlungen in den Bildungsprozess.

Die wesentlichen Charakteristika des Handlungsorientierten Unterrichts fassen Gerd-Bodo von Carlsburg (*1942) und Helmut Wehr (*1950) wie folgt zusammen:

2122 siehe weiterführend: Rousseau 1762/2013.

Abb. 76: Charakteristika des Handlungsorientierten Unterrichts[2123]

Ausgangspunkt bildet die konkrete Lebenssituation der Lernenden (Pestalozzi spricht hier von der „Individuallage“) und ihr Denken, Fühlen und Tun. Ziel ist es, dass sich die lernenden Subjekte mit Sachverhalten selbsttätig, eigenverantwortlich und kooperativ mit anderen Lernenden auseinandersetzen. Hierzu müssen sich in der Gruppe koordinieren, miteinander abstimmen und sollen befähigt werden, arbeitsteilig an einem gemeinsamen „Produkt“ (z.B. einer Wandzeitung) zu arbeiten. Jeder Einzelne ist dabei für seinen Part verantwortlich und bedarf für die Durchführung seiner Aufgabe entsprechender methodischer Kompetenzen.

In der Schulpädagogik kann im Handlungsorientierten Unterricht der Versuch erkannt werden, die Interessen der Schülerinnen und Schüler in den Unterricht stärker einzubeziehen und die Trennung von Schule und Leben aufzubrechen. Die offiziellen Lehrziele und die konkreten Interessen der Lernenden sollen ausbalanciert werden. „Kopfarbeit“ und „Handarbeit“ werden in diesem Ansatz miteinander verbunden, worin sich ein „Erbe“ der Arbeitsschulgedankens widerspiegelt.[2124]

Das Projekt kann als Hochform des Handlungsorientierten Unterrichts begriffen werden und ist zugleich eine Methode, die gerade nicht nur im schulischen Kontext zur Anwendung kommen kann. Im projektartigen Lernen verbindet sich die Selbsttätigkeit des einzelnen mit dem kooperativen Lernen, Individualität mit Gemeinschaftlichkeit.

2123 Abbildung v. Carlsburg/Wehr 2020, S. 98; vgl. auch Gudjons 1997, S. 115–118.
2124 vgl. v. Carlsburg/Wehr 2020, S. 104.

Karl Frey rekonstruiert den Begriff und die Idee des Projektes historisch wie folgt:[2125]

- Etymologisch verweist der Projektbegriff auf den lateinischen Terminus „projicere“: „entwerfen, planen, sich vornehmen“[2126].
- 16. Jhd. in Italien: Architekturstudenten erstellten „progetti“.
- 18. Jhd.: Académie Royale d'Architecture in Frankreich: Studenten führten „projets“ durch.
- Calvin M. Woodward, Washington University, Missouri: Transfer der Projektidee auf die höhere Schule ab 1880.
- Ca. 1900: Charles R. Richards (Teachers College, Columbia University, N.Y.: „‘den höchsten Grad absichtsvoller Selbsttätigkeit erregt, in dem er direkt an das Leben des Kindes appelliert‘.“[2127] (Umgesetzt wurde dies in der Horace Mann School.)
- Einfluss der Kindergartenpädagogik (Fröbel): Ganzheitlicher Erziehungsansatz, der das Projekt nicht vom Lehrgang trennt.
- 20. Jhd.: Keine Bindung mehr an technische Bereiche: „allgemeiner Einsatz“.
- Reformpädagogik (einschließlich der russischen Arbeitsschulideen): Die Idee der Selbsttätigkeit und die Projektmethode rücken in den „Mittelpunkt“ pädagogischen Bemühens. Praktisches Tun wird in pädagogische Reformansätze integriert.
- Konsequenter Ansatz zum Einbezug lebensnaher Probleme in das schulische Lernen findet sich bei: John Dewey (1859–1952), William Hurt Kilpatrick (1871–1965).
- Innovationszeit in den 1970er-Jahren: Verbreitung der Projektmethode im schulischen Kontext.

Exemplarisch für andere Vertreter/innen der Reformpädagogik sei an dieser Stelle auf Adolf Reichwein (1898–1944) zu verweisen, der uns einen Einblick in sein pädagogisches Wirken als Lehrer in Tiefensee in dem Werk „Schaffendes Schulvolk“[2128] eindrücklich hinterlassen hat. Er öffnet seine Dorfschule nicht nur nach außen, in dem er Experten aus der Dorfgemeinschaft in die Vorhaben (z.B. Bau eines Gewächshauses) einbezieht, sondern geht mit den altersgemischten Kindergruppen auch in die Natur und auf Wanderungen. Ferner passt er seinen

2125 vgl. Frey 2002, S. 14; 29ff.
2126 vgl. ebd., S. 14.
2127 ebd., S. 30.
2128 Reichwein 1937/2009.

Unterricht an die Jahreszeiten an und bezieht den Film als modernes Medium ein. Wichtig war ihm bei letzterem, dass die Kinder das erwerben, was heute durchaus mit dem Terminus „Medienkompetenz" belegt werden könnte: Die Kinder sollen Filme (insbesondere Propaganda) durchschauen lernen und mit der Technik umgehen können. Die filmische Darstellung wird mit den eigenen Erfahrungen und einem handelnden Umgang (z.B. Nachbau) vertieft.[2129]

Gemeinsam ist den unterschiedlichen Vertretern eine starke Handlungsorientierung, d.h. es geht darum, selbstständig Sachverhalten/Probleme (meist handelnd) zu lösen. Damit verbunden ist der Versuch, die Differenz zwischen schulischem Lernen und dem Leben zu verringern.

An dieser Stelle ist auf John Dewey und den amerikanischen Pragmatismus zu verweisen, der gemeinsam mit seinem „Schüler" William Heard Kilpatrick als wichtiger „Ahnherr" des Projektunterrichts gilt. Dabei muss zugleich aber auch darauf hingewiesen werden, dass Dewey zwar wesentliche Impulse gab, den Terminus „Projektunterricht" oder „Projektmethode" selbst aber nicht verwandt. Dewey spricht in erster Linie von einem „vollständigen Denkakt", den die Kinder vollziehen sollen und von realitätsnahen Aufgaben, mit denen die Kinder hierzu konfrontiert werden sollen.

> „Der vollständige Denkakt besteht nach Dewey aus dem Präzisieren des Problems, aus dem Entwerfen des Lösungsansatzes, dem Simulieren der Lösung, d.h. logisch probieren, experimentell überprüfen (1933, 7)."[2130]

Aus Sicht des von Charles Sanders Peirce (1839–1914), William James (1842–1910) und John Deweys geprägten amerikanischen Pragmatismus war die Frage nach den Konsequenzen des Denkens und Tuns für die Lebenswelt der Menschen. Für Amerika stellte sich früh die Aufgabe, wie es gelingen kann, ein „Melting pot" (Schmelztiegel) der Kulturen zu sein und die zahlreichen Einwanderer zu integrieren und zu demokratischen Bürgern zu machen. Vor diesem Hintergrund ist die Frage natürlich zentral, wie es gelingen kann, Menschen – vor allem Kinder und Jugendliche – zur Demokratie (und zu Amerikanern) zu erziehen. Diese Frage stellte sich auch John Dewey. Dabei nahm John Dewey die Demokratie als mehr als eine reine Staatsform wahr.[2131]

> „Die Demokratie ist mehr als eine Regierungsform; sie ist in erster Linie eine Form des Zusammenlebens, der gemeinsamen und miteinander geteilten Erfahrung."[2132]

2129 vgl. Reichwein 1937/2009; auch: Schorb 1994. S. 149–166. URL (2017, hier S. 20).

2130 Frey 2002, S. 37.

2131 vgl. Bünger/Mayer 2009, S. 837-848.

2132 Dewey 1916/2000, S. 121; in: Bünger/Mayer 2009, S. 832.

Die Fähigkeit, für seine Interessen und die seiner Mitmenschen oder bestimmte Werte und Ideale eintreten zu können, gehört demzufolge zu den zentralen bürgerlichen Kompetenzen in einer demokratischen Gesellschaftsordnung. Diese müssen bereits im schulischen Kontext angebahnt werden. John Dewey sprach sich für den einen realitätsbezogenen Unterricht in der Schule aus. Hier sollten die Kinder mit problemhaltigen Sachverhalten konfrontiert werden und in der Gruppe selbstständig nach Lösungsmöglichkeiten suchen. Die gefundenen Lösungsansätze sollten dann auch praktisch umgesetzt werden, wodurch psychologisch betrachtet „vollständige Denkakte" vollzogen wurden.[2133]

Karl Frey (1942–2005) sprach nicht mehr vom Projekt*unterricht*, sondern von der Projekt*methode*, um zu signalisieren, dass Projekte nicht nur auf schulischen Kontext bezogen werden müssen.[2134] Er öffnet somit die Projektidee, indem alles zu einem Projekt in der Gruppe werden kann. Er verlagert damit den Bildungswert eines Projektes in den Prozess selbst. Es kommt damit nicht mehr auf die Auswahl einer problemhaltigen Sachlage/Inhalte durch die Lehrkraft an, sondern *jedes* Thema kann zu einer Projektinitiative werden. Greift die Gruppe die Projektidee auf, so kann daraus ein bildungsrelevantes Projekt entstehen. Im Idealfall sollte die Projektinitiative von den Teilnehmern/Teilnehmerinnen selbst ausgehen – quasi als „Bottom-up" – und nicht als „Top-down"-Prozess gestaltet sein.

> „Die Projektinitiantin ist nicht verpflichtet, zum Voraus einen pädagogisch wertvollen Sachverhalt vorzuschlagen (...). Grundsätzlich sind alle Erscheinungen unseres Lebens sowie die der natürlichen und hergestellten Umwelt würdig, Gegenstand einer Projektinitiative zu werden. Das heißt aber auch, dass die Projektinitiative nicht offenkundig sozial oder ökologisch oder sonst wie problematisch sein muss. Die Projektinitiative wird für die Beteiligten erst allmählich zur Bildung, indem sie sich mit ihr in einer bestimmten Weise auseinandersetzen (...) und zu einem Betätigungsfeld entwickeln (...)."[2135]

Die Projektmethode in der Frey'schen Perspektive impliziert die Vermeidung von Hierarchien und erhöht den Grad erlebter Autonomie. Dennoch misst er der Projektleitung eine wichtige Funktion zu, gerade in Gruppen, die noch wenige Erfahrungen mit der Projektmethode gesammelt haben:

- Die Projektleitung ist verantwortlich für den Prozess.

2133 vgl. Frey 2002, S. 45.
2134 vgl. Frey 2002, S. 14.
2135 ebd., S. 56.

- Ihre Aufgabe ist es, den Ablauf der Projektmethode zu ermöglichen.
- Wichtig ist hierbei, die Integration von Fixpunkten, die einen formativ evaluierenden Charakter haben.
- Ferner soll die Metakommunikation, d.h. die Reflexionsfähigkeit der Partizipierenden über den Prozess angeregt werden.
- Wichtig sei auch, auf einen bewussten Projektabschluss hinzuwirken.

Neben dem (planvollen) Handeln kommt somit der (Meta-)Kommunikation eine zentrale Stellung in der Projektarbeit zu. Verständigungsprozesse sind zwischen den Mitwirkenden notwendig, und diese erfordern neben kommunikativen auch soziale Kompetenzen.

Es gibt kein universelles Schema und keine singuläre Vorstellung von Projekten und deren Ablauf.[2136]

Idealtypisch kann der Ablauf der Projektmethode nach Karl Frey wie folgt beschrieben werden:

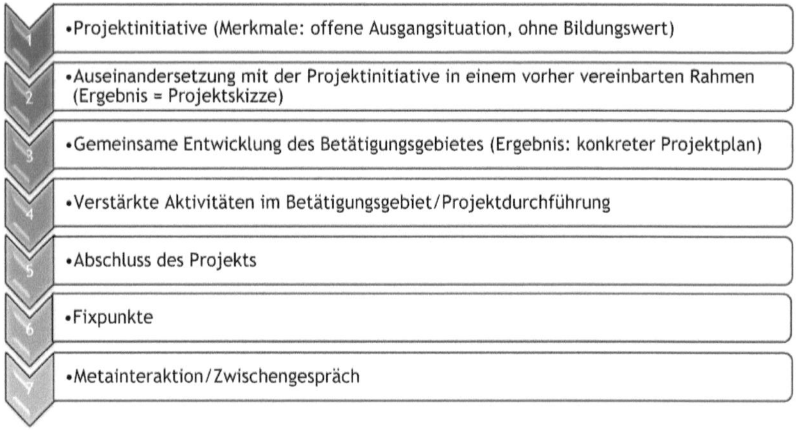

Abb. 77: Idealtypischer Ablauf nach Karl Frey[2137] (eigene Grafik, Originalbegrifflichkeiten)

Durch die Offenheit der Thematik und die Beförderung der Partizipation und Selbstbestimmung kann die Projektmethode als eine wesentliche

2136 vgl. ebd., S. 16.

2137 Frey 2002, S. 55 (eigene Abbildung).

freizeitpädagogische Methode bestimmt werden. Mit der Projektidee sollen letztlich andere Gruppenmitglieder dazu animiert werden, Position zu beziehen, eigene Ideen einzubringen, Alternativvorschläge zu machen und/oder die Projektidee anzunehmen und gemeinsam an der Umsetzung des Projektes mitzuwirken. Nicht jede Projektinitiative wird somit auch zu einem Projekt. Im Idealfall kann sich die Projektleitung selbst überflüssig machen und wird auch die Leitung des Projekts durch eine Person als dem Projekt übernommen. Dies setzt aber bereits vielfältige Erfahrungen mit der Projektmethode voraus. Ansonsten kommt der Projektleitung eine zentrale begleitende Rolle zu, die vor allem für den Prozess (Steuerung des Prozesses, Metakommunikation) verantwortlich ist.

Die Projektmethode rechnet Frey zu den offenen Lernformen, die situativ auf die Interessen und Bedürfnisse der Teilnehmenden eingeht.[2138]

Durch die freiwillige Teilnahme an einen Projekt in der Freizeit können im Idealfall zugleich viele „Freizeitbedürfnisse“[2139] realisiert werden:

- Das Bedürfnis nach Kommunikation: das Bedürfnis, sich mitzuteilen, nach Kontakt und Geselligkeit.
- Das Bedürfnis nach Integration: die Gemeinschaftserfahrung, das Teilsein einer Gruppe und das Zusammensein mit anderen Menschen.
- Das Bedürfnis nach Partizipation: die Beteiligung, das Engagement, aber auch die Möglichkeit der Selbstdarstellung im sozialen Raum.
- Das Bedürfnis nach Enkulturation: Raum zu kreativer Entfaltung und produktiver Tätigkeit, nach Teilhabe am kulturellen Leben und Gestaltung desselbigen.
- Das Bedürfnis nach Kompensation: der Ausgleich vom beruflichen oder familiären Alltag, Zerstreuung und Vergnügen, die einen den Alltag vergessen lassen.

Auf den ersten Blick sind das Bedürfnis nach Rekreation und Kontemplation weniger eng mit der Projektmethode verbunden. Hierzu müsste bewusst Raum geschaffen werden, wenn die Projektmethode im Freizeitbereich auch auf diese Bedürfnisse eingehen möchte.

Wichtig für den Freizeitbereich ist es, dass Projekte nach Frey auf der freiwilligen und interessengeleiteten Partizipation der Teilnehmerinnen und Teilnehmer basieren. Es wird somit von den Teilnehmenden und nicht in erster Linie

2138 vgl. ebd., S. 16.
2139 vgl. Opaschowski 1996, S. 91f. sowie Kapitel 3.2.

von Bildungsinhalten ausgegangen. Damit wird aber auch deutlich, dass der Schwerpunkt auf sozialen Lernprozessen und der Persönlichkeitsbildung liegt.

Als eine Hochform derartig verstandener Projekte kann die Soziokulturelle Animation verstanden werden, denn hier steht die Hilfe zur Selbsthilfe im Zentrum. Als Leitziel könnte formuliert werden, dass Menschen für ihre Interessen eintreten können und sich in ihrem Wohnumfeld gegenseitig unterstützen und helfen können, um so ihre soziale Lage zu verbessern. Dazu können unterschiedliche Projektinitiativen ergriffen und gemeinsam realisiert werden.

Allerdings ist hier vor einer zu großen Euphorie gegenüber dieser Vision zu warnen, da eine stark individualistisch geprägte Gesellschaft und ein kapitalistisch ausgerichtetes Wirtschaftssystem nicht unbedingt die besten Voraussetzungen für kollektive Aktivitäten bieten. In der Regel lässt eher die Not (z.B. durch Naturkatastrophen) Menschen zusammenrücken und schafft Raum für solidarisches Handeln.

Wichtig für die freizeitpädagogische Arbeit ist das Bewusstsein, dass die weitgehend eigenverantwortliche Gestaltung eines Projektes vielfältige Kompetenzen voraussetzt, die – insbesondere im Kindheits- und Jugendalter – erst einmal erlernt werden müssen.

Einen weit höheren Grad an Offenheit, Spontaneität aber auch Unverbindlichkeit stellt sich Horst Opaschowski in seinen Überlegungen zu einer „animativen Didaktik“ vor. Für selbige fordert er neun zentrale Prinzipien:[2140]

(1) Prinzip der Erreichbarkeit: Freizeitangebote sollen für die Menschen leicht erreichbar (wohnortnah) und leicht zugänglich sein.
(2) Prinzip der Offenheit: Das Angebot soll allen Menschen offen stehen und eine flexible Zugangsmöglichkeit bieten.
(3) Prinzip der Aufforderung: Charakteristisch für animative Angebote ist der Aufforderungscharakter.
(4) Prinzip der Zeitflexibilität: Die Angebote sind so zu gestalten, dass sie eine flexible Zeiteinteilung und einen selbstbestimmten Umgang mit der Zeit gestatten.
(5) Prinzip der Freiwilligkeit: Die Teilnahme erfolgt freiwillig und bedürfnisorientiert.
(6) Prinzip der Zwanglosigkeit: Der Grad an Freizeit und Selbstbestimmung sollte möglichst groß sein, Vorgaben oder Regeln sollten auf ein Minimum reduziert sein, um Kreativität und Spontaneität zu fördern.

2140 Opaschowski 1990, S. 180–191; siehe hierzu auch: Markowetz 2000b, S. 56.

(7) Prinzip der Wahlfreiheit: Die Wahlmöglichkeiten sollten im Freizeitbereich möglichst groß und flexibel gestaltet sein und die Möglichkeit bieten, eine Aktivität aufzunehmen und selbstbestimmt auch zu beenden.
(8) Prinzip der Entscheidungsfreiheit: Jeder Mensch soll selbstbestimmt mit den Optionen umgehen, bedarf hierzu aber auch entsprechende Entscheidungskompetenzen.
(9) Prinzip der Initiative: Möglichkeit, selbst alleine oder mit anderen gemeinsam aktiv zu werden und so selbst zum Akteur und evtl. auch Animateur zu werden.

Erweiternd hierzu rekurriert Reinhard Markowetz auf „zehn freizeitdidaktische Leitlinien", die bei der Planung und Gestaltung von Freizeitangeboten berücksichtigt werden sollten:

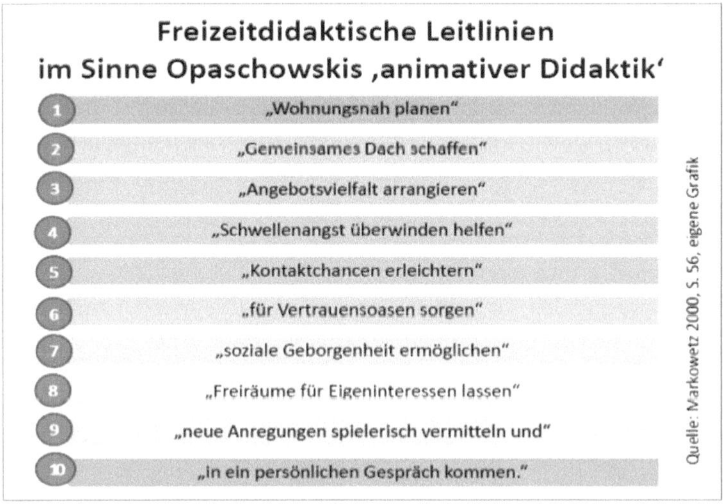

Abb. 78: Freizeitdidaktische Leitlinien nach Opaschowski (eigene Grafik)

Diese Leitlinien decken sicherlich nur einen Teilbereich aller freizeitpädagogischen Möglichkeiten und Positionen zur Bildung in der Freizeit ab.

Dabei ist anzumerken, dass dies zwar Leitprinzipien sind, aber keine Methoden im eigentlichen Sinn. Bei der Auswahl und Umsetzung von bestimmten Methoden für den Freizeitbereich können diese Leitlinien aber zu kritischen Reflexion dienen: Inwiefern kann die jeweils geplante Methode diesen Leitgedanken gerecht werden? Sind alle Leitprinzipien bezogen auf die jeweilige Situation und Zielgruppe angemessen und sinnvoll?

In der Regel ist die Umsetzung der genannten Prinzipien in unterschiedlichem Grade möglich. Insbesondere Freizeitangebote im Kontext von Institutionen und im nonformalen Bildungsbereich (z.B. Vereinen) benötigen ein Minimum an Verbindlichkeit und Selbstverpflichtung. Zudem kann der Mensch in der Freizeit auch bewusst den Ausstieg aus dem alltäglichen Lebensumfeld wünschen und beispielsweise in die Berge fahren, um dort auf einer Alm in das einfache Leben einbezogen zu werden. Menschen mit Behinderung(en) oder Menschen in betagtem Alter bringen noch einmal andere Voraussetzungen mit, die das Maß an Autonomie und Eigenständigkeit beeinflussen können. Hier muss überlegt werden, wie es bestmöglich gelingt, die Selbstständigkeit und das Gefühl von Freiheit und Selbstbestimmung der Person zu unterstützen.

Freizeitpädagogische Angebote in der Kindheit sind in der Regel erfahrungsorientiert und handlungsorientiert zu gestalten, sodass eine einseitig kognitive Ausrichtung vermieden wird und unterschiedliche Lerntypen[2141] angesprochen werden. Mit steigendem Kompetenzgrad (und Alter) der Teilnehmenden wären Strukturvorgaben und koordinierende Moderationssequenzen zugunsten eines höheren Grades an Selbstbestimmung zurückzunehmen (und zugleich wäre der gruppendynamische) Prozess zu beobachten).

Die Methoden sind somit vor dem Hintergrund der jeweiligen Zielsetzung und anzusprechenden Gruppe (Altersstruktur, Gruppendynamik, Interessen…) sowie den Kontextvariablen (zeitliche, räumliche, personale, finanzielle Ressourcen) auszuwählen.

10.3 Gemeinschaft – Individualität: TZI (Ruth Cohn)

> „Ich bin so wichtig wie Du und wie Wir; wir alle sind interdependent, wechselseitig abhängig von der Welt als Ganzem – dem großen ‚Es', das uns unterstützt und durchdringt, das andererseits nach unserer Unterstützung und Interaktion verlangt."
>
> (Cohn 1990, S. 160)

Für die Freizeitbildung ist gerade die „Themenzentrierte Interaktion" eine wichtige Form der Arbeit mit Gruppen, da es hier zu einer Ausbalancierung

2141 Vester 1975/2012.

der individuellen Bedürfnisse und Interessen mit den Bedürfnissen und Interessen der anderen Gruppenmitglieder in Bezug auf ein bestimmtes Thema kommt. In der nachfolgenden Darstellung von Sabine Bürgermann und Gerd-Bodo von Carlsburg (2010) wird das „ICH“ noch einmal stärker in den Fokus gestellt, das sich sowohl zum „ES“ (Thema), zu dem „WIR“ (Gruppe) als auch zu sich selbst verhalten muss. Die ursprüngliche Trias „ICH“ – „ES“ – „WIR“ (Cohn) wird noch einmal ausdifferenziert und der Aspekt der Identität und Kooperation hervorgehoben.

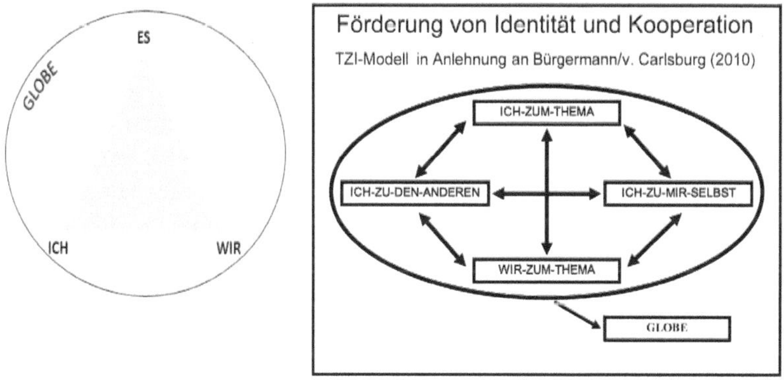

Abb. 79: Strukturmodell der „Themenzentrierten Interaktion“ und erweitertes Modell [2142] (Abb. Quelle: v. Carlsburg/Wehr 2020 [1. Aufl. 2010], S. 50)

Zum Thema kann letztlich alles werden, worauf sich die Gruppe verständigt oder was zunächst von der Leitperson eingebracht und in der Gruppe ausbalanciert wird.

Mit dem „GLOBE“ möchte Ruth Cohn den konkreten Kontext berücksichtigt wissen. Jede Gruppe findet sich in einer konkreten Situation, einem Umfeld und unter bestimmten Rahmenbedingungen zusammen. Hierzu gehören nicht nur Raum, Zeit, Ausstattung, sondern im weitesten Sinne auch der gesellschaftspolitische Rahmen. Für die Freizeitsituation ist beispielsweise nicht nur die Lokalität wichtig, sondern auch, ob es sich um eine freiwillige Partizipation

2142 v. Carlsburg/Wehr 2020, S. 50 (in Anlehnung an Bürgermann/v. Carlsburg 2010, S. 140); vgl. u.a. Löhmer/Standhardt 2006, S. 66; Freudenreich 1998, S. 266; Langmaack 2001, S. 16; Matzdorf 1993, S. 339; Spielmann 2010, S. 16.

handelt oder beispielsweise Eltern ihr Kind auf eine Kinder- und Jugendfreizeit geschickt haben.

Das „ES" impliziert das Thema (oder die Aktivität), die die Gruppe miteinander verbindet. Zum Thema hat jedes Individuum in der Regel einen ihm eigenen Zugang bzw. eine mit anderen Gruppenmitgliedern geteilte Erfahrungswelt, die sich in der Gruppe sozial konstruiert.

Das Thema oder die Aktivität soll vom Individuum aus als bedeutsam wahrgenommen werden und seiner Lebensgeschichte und Lebenswelt gerecht werden. Damit dient diese Form der Gruppenleitung der Selbstaktualisierung und der Selbstverwirklichung in der konkreten (Freizeit-) Situation.

Das „WIR" meint die Gruppe und wie sich der einzelne Mensch in der Gruppe und mit dem Thema identifizieren kann. Das „WIR" soll daran erinnern, dass der einzelne Mensch sich in einer Gruppensituation befindet und diese mit Gefühlen, Vorerfahrungen und Eindrücken belegt ist. Aus den einzelnen Menschen sollte in der Interaktion ein „Wir", eine Gemeinschaft werden, die durchaus geteilte Interessen verfolgt, aber auch die Interessen und Bedürfnisse des Einzelnen respektiert und wertschätzt.

Das „ICH" steht für den einzelnen Menschen, seine persönlichen Interessen, aber auch seine Ängste, Vorerfahrungen, Widerstände… sowie seine aktuellen Bedürfnisse. Wichtig ist für die Identitätsförderung, dass der Mensch eine Verbindung zwischen seinem Inneren und dem Äußeren herstellt und seine Gefühle nicht verdrängt.

Das „ES", „ICH", „WIR" und der „GLOBE" sollen in einem dynamischen Gleichgewicht ausbalanciert werden. Dies besagt, dass es durchaus Phasen geben kann, in denen ein Aspekt im Vordergrund steht, aber insgesamt betrachtet, alle Momente in einem ausgewogenen Verhältnis stehen.[2143]

Ein Ziel ist es, Gruppen dazu zu befähigen, sich selbst zu leiten und Hierarchien zu vermeiden. Kein Gruppenmitglied ist wichtiger als ein anderes.

Hierzu hat Ruth Cohn entsprechende Hilfsregeln aufgestellt, die nicht starr auf jede Gruppe übertragen werden können, sondern als „Geländer" dienen. Folgende Hilfsregeln finden sich bei Ruth Cohn, bzw. Cornelia Löhmer und Rudiger Standhardt (Auswahl):

1. „Sei dein eigener Chairman/Chairwoman, sei die Chairperson deiner selbst. Dies bedeutet: Sei dir deiner Gegebenheiten und deiner Umwelt bewusst. Nimm jede Situation als Angebot für deine Entscheidungen. Nimm und gib,

2143 vgl. v. Carlsburg/Wehr 2018, S. 51f.; Spielmann 2010, S. 17.

wie du es verantwortlich für dich selbst und andere willst“[2144] (Cohn 1999, S. 358).

2. *„Wenn du eine Frage stellst, sage, warum du fragst und was deine Frage für dich bedeutet. Sage dich selbst aus und vermeide das Interview.“*[2145]
3. *„Halte dich mit Interpretationen von anderen so lange wie möglich zurück. Sprich stattdessen deine persönlichen Reaktionen aus.“*[2146]
4. „Sei authentisch und selektiv in deiner Kommunikation. Mache dir bewusst, was du denkst, fühlst und glaubst, und überdenke vorher, was du sagst und tust.“[2147]
5. „Werde wach für deine Gefühle. Sie gehören zu deinem Wert und zu deiner Wichtigkeit. Sie sind gültig für dich und deinen jeweiligen Augenblick. Sie sind deine Energiespender.“[2148]
6. „Beobachte Signale aus deiner Körpersphäre, und beobachte diese auch bei anderen Teilnehmenden.“[2149]

Diese kleine Auswahl an möglichen Hilfsregeln, die jede Gruppe für sich selbst festlegen muss, zeigt bereits, dass die TZI den Menschen als Leib-Geist-Seele-Einheit sieht und die Berücksichtigung des einzelnen Menschen als Person die Basis darstellt, um in der Gemeinschaft Entwicklungsprozesse anzuregen und nachhaltige Lernprozesse zu ermöglichen.

10.4 Dialogisches Prinzip: Zur Bedeutsamkeit der Person im Dialog bei Martin Buber

„Mensch sein heißt, das gegenüber seiende Wesen sein.“ (Martin Buber)[2150]

Das Dialogische Prinzip ist eng verbunden mit der „Dialogphilosophie“ Martin Bubers.

Über den jüdischen Religionswissenschaftler und Religionsphilosophen Martin Buber (1878–1965) ließe sich viel schreiben. Um den Rahmen an dieser Stelle nicht zu sprengen, wird zunächst ein kurzer Einblick in den biografischen

2144 Cohn 1999.
2145 Löhmer/Standhardt 2006, S. 61.
2146 ebd., S. 61.
2147 ebd., S. 63.
2148 ebd., S. 63.
2149 ebd., S. 63.
2150 Buber 1960, S. 50. (Fett- und Kursivdruck, M.M).

Hintergrund gegeben, um im Anschluss den Fokus auf das dialogische Prinzip zu legen.

Martin Buber wurde 1878 in Wien in einer bürgerlichen Familie in gesicherten materiellen Verhältnissen geboren. Als er drei Jahre alt war, ließen sich die Eltern scheiden und er wuchs bei den Großeltern in Lemberg auf.[2151]

Ähnlich – wie es im Übrigen auch der Lebenslauf und die biografischen Reflexionen anderer „Klassiker der Pädagogik" (wie Johann Amos Comenius [Waise mit zwölf Jahren]; Jean-Jacques Rousseau [Tod der Mutter nach der Geburt]; Johann Heinrich Pestalozzi [Verlust des Vaters mit fünf Jahren]) widerspiegeln – war die Kindheit Bubers wohl von einer defizitären Beziehungsgestaltung überschattet: Seine Mutter war für ihn nach der Scheidung der Eltern kaum zugänglich, wofür Buber das Wort „Vergegnung" entwarf.[2152]

Nach seinem Studium der Philosophie (u.a. bei Wilhelm Dilthey), Psychiatrie, Germanistik und Kunstgeschichte, setzte er sich für den Zionismus ein, einer Art jüdische Nationalbewegung, die die Rückkehr nach Israel und die Emanzipation der Menschen anstrebte. Einerseits geprägt vom Zionismus, der jüdischen Mystik und dem Chassidismus[2153], einer „geistigen Erneuerungsbewegung", andererseits dem aufkommendem Nationalismus und Antisemitismus ausgesetzt, begann Martin Buber sich bereits mitten im Ersten Weltkrieg mit Fragen der Erneuerung der Erziehung und Bildung zu befassen und setzte sich inmitten des Hasses für die interreligiöse Begegnung im Patmos-Kreis (1919–1921)[2154] ein. Neben seinem Engagement für die jüdische Bevölkerung und dem literarischen Schaffen, begann er 1919 an der Universität zu Frankfurt am Main seine Lehrtätigkeit.[2155]

Im Jahre 1923 gab er die Schrift „Ich und Du" heraus, die für ein Denken in „Relationalität" und für eine geistige Mahnung gegenüber einem übersteigerten Individualismus steht.

Seine Professur legt er mit der Machübernahme der Nationalsozialisten im Jahre 1933 in Frankfurt nieder, um nach Jerusalem zu emigrieren, wo er eine Honorarprofessur für Sozialpsychologie erhielt. In Jerusalem trat Martin Buber vor allem im Bereich der Erwachsenenbildung in Erscheinung und war von 1960–1962 Präsident der Akademie der Wissenschaften in Israel.

2151 vgl. Aretz 2015.

2152 vgl. ebd.

2153 siehe weiterführend hierzu: Wehr 2009.

2154 siehe weiterführend: Stünkel 2017, S. 31–60, vor allem S. 49–54.

2155 vgl. Aretz 2015.

Martin Buber setzte sich nicht nur für die Erneuerung der Erziehung ein, sondern in seiner Schrift „Israel und Palästina“ (1944) auch für die Aussöhnung der Israeliten mit den Arabern. Für sein Schaffen wurde er 1953 mit dem Friedenspreis des deutschen Buchhandels/Frankfurt, dem Erasmus-Preis der Niederlande (1963) und der Ehrendoktorwürde der Universität Heidelberg geehrt.

Obgleich der Gedankengang Bubers zum „dialogischen Prinzip“ in seinen Werken keine systematische Entfaltung findet[2156], hat dieses Prinzip viele Generationen von Pädagogen beschäftigt und gibt wertvolle Impulse für die erzieherische Haltung (oder auch einen Berufsethos).

Im Jahr 1919 rief Martin Buber eine Tagung zur „Erneuerung der Erziehung“ ein, die u.a. kritisch-konstruktiv die Frage der Erwachsenenbildung aufgriff. Martin Buber hielt selbst einen Vortrag über die Volkshochschule und beklagte, dass der Unterricht „extensiven Charakter“ habe. Vor allem die Größe der Einrichtung sieht er als contra-produktiven Faktor für einen intensiven Bildungsprozess und spricht von der Universität als „Fassadenbildungsanstalt“.[2157] Verständlich wird dies vor dem Hintergrund seiner literarischen Werke, in denen deutlich wird, dass Beziehung für ihn die Grundlage der Menschwerdung darstellt.[2158]

„Der Mensch wird am Du zum Ich.“[2159] – Diese Zeile Martin Bubers aus dem Werk „Ich und Du“ (1923) ist sehr bekannt und signalisiert, dass er den Menschen als relationales Wesen begreift, der den anderen Menschen bedarf, um seiner menschlichen Potenzialität gerecht zu werden.

Für Buber vollzieht sich das menschliche Leben in Spannungsgefügen[2160], die notwendig sind, um seiner Menschlichkeit gerecht zu werden.

Buber gebraucht in seinem Werk „Ich und Du“ den Wesensbegriff, den er werksimmanent nicht weiter ausführt und entfaltet seinen Gedankengang um den Terminus der „Grundworte“[2161], die „mit dem Wesen

---

2156 vgl. Buber 1960b, S. 75.

2157 Friedenthal-Haase 1924/2005, S. 27–28.

2158 „Im Anfang ist die Beziehung.“ (Buber 1947, S. 30).

2159 Buber 1923, S. 36.

2160 Buber gebraucht hierfür denn Begriff der „Zwiefalt“: „Die Welt ist dem Menschen zwiefältig nach seiner zwiefältigen Haltung. Die Haltung der Menschen ist zwiefältig nach der Zwiefalt der Grundworte, die er sprechen kann. Die Grundworte sind nicht Einzelworte, sondern Wortpaare. Das eine Grundwort ist das Wortpaar Ich-Du. Das andere Grundwort ist das Wortpaar Ich-Es (...) Somit ist auch das Ich des Menschen zwiefältig.“ (Buber 1923, S. 9).

2161 Buber 1923, S. 9.

gesprochen“[2162] werden und „Verhältnisse“[2163] implizieren.

Als jüdischer Religionsphilosoph verfügt Buber über eine sehr metaphorische Sprache, die dadurch ergreifend, aber zugleich interpretationsoffen bleibt. Insbesondere wenn er vom „Wesen“ oder dem „ewigen Du“ spricht, bezieht sich dies nicht auf eine bestimmte Religion oder kulturelle Vorstellung. Er versucht Dinge, zu umschreiben, für die (ihm) eigentlich die Worte fehlen.[2164] Gerade die metaphorische Sprache mag dazu dienen, der Unverfügbarkeit der Person und dem religiösen Weltbild gerecht zu werden und sich gegen ein rein rationalistisches Welt- und Menschenbild zu wenden. Insofern entspricht die sprachliche Gestaltung des Werkes seiner grundlegenden Aussage und ist sowohl vom Chassidismus als auch vom Zen-Buddhismus geprägt.

Die zwei „Grundworte“, die der Mensch sprechen kann, sind nach Buber: „Ich und Du“ und „Ich und Es“.[2165]

Diese zwei grundlegenden Modi, um mit der Welt in Kontakt zu treten, bezieht Buber nicht nur auf die zwischenmenschliche Kommunikation. In seinem Werk „Ich und Du“ beschreibt er, wie der Mensch einem Baum gegenüber treten und ihn wahrnehmen kann: Im Sinne des Grundwortes „Ich-Es“ kann der Baum unter verschiedenen Gesichtspunkten betrachtet werden: Um es in heutiger Sprache zu formulieren – aus botanischer Sicht als Exemplar einer bestimmten Gattung, aus Sicht der Forstwirtschaft als Exemplar, das eine bestimmte Höhe und Dicke hat und demzufolge eine bestimmte Holzmenge liefern wird, aus künstlerischer Sicht als Element meiner Bildkomposition… Dabei nehme ich den Baum analytisch wahr, erfasse ihn immer nur in Teilaspekten und nicht in seinem gesamten Wesen. Im Sinne des Grundwortes „Ich-Du“ würde ich die „Gnade“ erfahren, den Baum in seiner Ganzheit zu erfassen (oder besser zu „umfassen“).

> „Es kann aber auch geschehen, aus Willen und aus Gnade in einem, daß ich, den Baum betrachtend, in die Beziehung zu ihm eingefaßt werde, und nun ist er kein Es mehr. Die Macht der Ausschließlichkeit hat mich ergriffen. (…) Alles, was dem Baum zugehört, ist mit darin, (…), und alles in einer Ganzheit. Kein Eindruck ist der Baum, kein Spiel meiner Vorstellungen, sondern er leibt mir gegenüber und hat mit mir zu schaffen, wie ich mit ihm – nur anders.“[2166]

2162 ebd., S. 9.

2163 ebd., S. 9.

2164 vgl. Buber 1923, S. 12–13. Hier spricht Buber von „geistigen Wesenheiten“, die nicht deutlich erkennbar und daher „sprachlos“, aber zugleich auch „spracherzeugend“ sind und verweist auf „den Saum des ewigen Du[s]“, das der Mensch vernimmt.

2165 Buber 1923, S. 9.

2166 ebd., S. 14.

Der Baum hört in diesem Moment auf, eine Sache oder ein Objekt zu sein. Für einen Moment schwindet die Grenze zwischen meinem Ich und meiner Mitwelt – in dem Fall der Baum. Dementsprechend wird rein rationale Betrachtungsebene verlassen und der Mensch wird von etwas berührt, das er nicht allein mit dem Verstand oder Worten widergeben kann.

> „Stehe ich einem Menschen als meinem Du gegenüber, spreche ich das Grundwort Ich-Du zu ihm, ist er kein Ding unter Dingen und nicht aus Dingen bestehend. (…) Den Menschen, zu dem ich Du sage, erfahre ich nicht. Aber ich stehe in der Beziehung zu ihm, im heiligen Grundwort. Erst wenn ich daraus trete, erfahre ich ihn wieder. Erfahrung ist Du-Ferne. Beziehung kann bestehen, auch wenn der Mensch, zu dem ich Du sage, in seiner Erfahrung es nicht vernimmt. Denn Du ist mehr, als Es weiß. Du tut mehr, und ihm widerfahrt mehr, als Es weiß."[2167]

Auf den ersten Blick mag dies aus heutiger Sicht wenig zeitgemäß sein, ja womöglich zu mystisch und irrational anmuten. Dennoch stellt Bubers Sichtweise eine Bereicherung des erziehungswissenschaftlichen Denkens dar, da er auf die Unverfügbarkeit der Person und die Personalität des anderen Menschen verweist. Ferner betont Buber die Unmittelbarkeit der Begegnung, die Wechselseitigkeit und die Freiheit von Zwecken.[2168]

> „Das Du begegnet mir. Aber ich trete in die unmittelbare Beziehung zu ihm. So ist die Beziehung Erwähltwerden und Erwählen, Passion und Aktion in einem. (…) Die Einsammlung und Verschmelzung zum ganzen Wesen kann nie durch mich, kann nie ohne mich geschehen. Ich werde am Du; Ich werdend spreche ich Du. (…) Zwischen Ich und Du besteht keine Begrifflichkeit, kein Vorwissen, keine Phantasie; und das Gedächtnis selber verwandelt sich, da es aus der Einzelung in die Ganzheit stürzt. Zwischen Ich und Du steht kein Zweck, keine Gier und keine Vorwegnahme (…) Vor der Unmittelbarkeit der Beziehung wird alles Mittelbare unerheblich."[2169]

Für den freizeitpädagogischen Bereich bedeutet dies, dass zweckfreie Räume geschaffen werden sollten, in denen Raum für authentische Begegnung gegeben wird. Zur Professionalität der Gestalter freizeitpädagogischer Settings gehört es dann, die Teilnehmerinnen und Teilnehmer als „ganze" Menschen wahrzunehmen und nicht auf einzelne Facetten ihrer Persönlichkeit zu reduzieren. Im Sinne des dialogischen Prinzips herrscht Reziprozität in der konkreten Interaktion. Grenzen oder hierarchische Positionen entsprechen nicht dem „Grundwort Ich-Du", sondern degradieren den anderen Menschen zum Objekt. Nach dem

---

2167 Buber 1923, S. 15–16.
2168 vgl. ebd., S. 18f.
2169 ebd., S. 18-19.

„dialogischen Prinzip" wäre es im Sinne einer „Ich-Du-Begegnung" ein Lernen von- und miteinander.

Für die echte Begegnung gebraucht Martin Buber den Begriff der „Vergegenwärtigung" und impliziert das Gewahrwerden der Personalität des anderen Menschen.[2170]

> „Alles wirkliche Leben ist Begegnung."[2171]

Wenn Buber hier von Begegnung spricht, so meint er nicht den flüchtigen Kontakt, wie ihn Menschen beispielsweise beim Einkauf auf dem Markt oder im Vorlesungssaal der Universität bei einer Frage an den Professor oder die Professorin erleben.[2172] Bildung setzt für Martin Buber die intensive Begegnung voraus. Wichtiges Bildungsmittel stellt hierbei das Gespräch dar und eine wechselseitige Interaktions- und Beziehungsstruktur.[2173] Damit spricht er sich gegen anonyme Massenbildungseinrichtungen aus, die primär auch eine ‚Zulieferungsfunktion' für Staat und Ökonomie darstellen.

> „Der Prozeß vergegenwärtigenden Innewerdens des Personkerns eines Du kann sich nur in äußerster Intensität eines angespannten Einschwingens vollziehen, getragen von der Ehrfurcht vor dem ‚Mysterium' des Personhaften."[2174]

Diese Form der Begegnung meint somit keine rationale Betrachtung und urteilende Analyse, sondern eine fast mystisch-intuitive „Umfassung" des anderen, die getragen ist von der Ehrfurcht und Wertschätzung vor seiner Personalität. Der Mensch begegnet in seiner ganzen Personalität einem anderen Menschen in dessen Personalität.

> „Ein Verhältnis zweier Personen, das in geringerem oder höheren Maß vom Element der Umfassung bestimmt ist, mögen wir ein dialogisches nennen."[2175]

Dabei impliziert „Umfassung" die „Erweiterung der eigenen Konkretheit, Erfüllung der gelebten Situation, vollkommende Präsenz der Wirklichkeit, an der man teilhat"[2176].

2170 vgl. Faber 1962, S. 89.

2171 Buber 1923, S. 18.

2172 Buber grenzt das Gespräch auch vom Gerede ab, letzterem fehlt der Moment des Innewerdens bzw. der personalen Vergegenwärtigung. (vgl. Buber 1954, S. 268).

2173 vgl. Friedenthal-Haase 1924/2005, S. 28.

2174 Faber 1962, S. 89.

2175 Buber 1960b, S. 37.

2176 ebd., S. 37.

Raum und Zeit scheinen sich in dieser Form der Begegnung aufzulösen, wie auch die Grenzen zwischen Du und Ich verschwimmen. Die Gleichzeitigkeit im Erleben von Ich und Du, Gemeinsamkeit und Andersartigkeit gehört zu den Bestimmungsmerkmalen.

Buber spricht in seinem Werk „Zwiesprache" (1954) davon, „daß es Zustände gibt, in denen die Bande der Personhaftigkeit von uns abgefallen seinen und wir eine ungeteilte Einheit erleben"[2177]. Grundlegend für eine pädagogische-erzieherische Haltung ist es, die Andersheit der Person und zugleich die Verbundenheit mit selbiger zu verspüren.[2178] In der Mystik wird die Trennung von „Ich-Du" aufgehoben.[2179]

Seine Anthropologie stützt sich auf einem „dialogischen Verhältnis zwischen Mensch und Gott" und entzieht sich damit einem instrumentellen Zugriff.

In seinem Aufsatz „Urdistanz und Beziehung" (1950) bestimmt er anthropologisch die Modi „Urdistanzierung"[2180] und „In-Beziehung-Treten"[2181] als grundlegende Prinzipien des Menschseins. Die „Urdistanz" ist notwendig um zu einem Ich zu werden, das dann wiederum mit anderen „In-Beziehung-Treten" muss, um seine Personalität zu entwickeln. Bei der „Ich-Du"-Begegnung handelt es sich um eine wechselseitige Beziehung, der Veränderungspotenzial für beide Seiten inhärent ist.

Thorsten Knauth fasst Bubers dialogisches Prinzip wie folgt zusammen und betont dabei, dass es unabhängig von Wissenstand oder Kompetenz wirksam ist.

> „Buber macht dabei deutlich, daß das dialogische Verhältnis an keinerlei Voraussetzungen des Wissens, der Kompetenz gebunden ist. Der Eintritt in den Dialog unterliegt keiner anderen Bedingung als der, daß er von den einzelnen selbst vollzogen werden muß. Bubers Beziehungsdenken hat in seinem Kern eine praxeologische Struktur."[2182]

Zentrale Voraussetzungen für das dialogische Verhältnis sind die persönliche „Hinwendung" und das „Innewerden", d.h. einer ganzheitlichen Begegnung mit dem anderen Menschen als Person.[2183] Innewerden impliziert die Dinge oder Wesen als „Ganzheit und doch zugleich ohne verkürzte Abstraktionen, in aller Konkretheit [zu] erfahren"[2184]. Innewerden bei Personen belegt Buber in seiner

2177 Buber 1954b, S. 160.
2178 Buber 1960b, S. 44.
2179 vgl. Buber 1952, S. 201.
2180 Buber 1960c, S. 11.
2181 ebd., S. 11.
2182 Knauth 1996, S. 139.
2183 ebd., S. 137.
2184 Buber 1954, S. 270.

Schrift „Elemente des Zwischenmenschlichen“ mit dem Begriff der „personalen Vergegenwärtigung“.[2185]

> „Eines Menschen innewerden heißt also im besonderen seine Ganzheit als vom Geist bestimmte Person wahrnehmen, die dynamische Mitte wahrnehmen, die all seiner Äußerung, Handlung und Haltung das erfaßbare Zeichen der Einzigartigkeit aufprägt.“[2186]

Buber spricht in diesem Zusammenhang nicht von „Intuition“, sondern prägt den Begriff der „Realphantasie“, was für ihn ein „Einschwingen ins Andere“ impliziert.[2187] Damit wird deutlich, dass es nicht um eine rationale oder analytische Sichtweise auf den Menschen geht. So wundert es nicht, dass Buber die „Gegenseitigkeit der inneren Haltung“[2188] bedeutsamer erscheint, als die Worte.

Beziehungs- und Bindungsfähigkeit wird somit zu einer wesentlichen Kompetenz, um es in aktuellen Termini auszudrücken. So verweist Wolfang Krone explizit auf die Antizipation moderner Befunde aus der Bindungsforschung, die in der Philosophie Bubers bereits anklingen.

> „Ergebnisse aus der Bindungsforschung vorwegnehmend, weist Buber in diesem Zusammenhang auf die besondere Bedeutung der Qualität erlebter Beziehungen für die Menschwerdung des Menschen hin. Beziehungsfähigkeit, Begegnungsfähigkeit wird im Erleben von Begegnungen eröffnet.“[2189]

Bei dem Grundwort „Ich-Du“ muss ich die Andersartigkeit meines Gegenübers und mich selbst „aushalten“ und darf keine „Rolle“ spielen. Ich muss die Nähe ertragen und zugleich das Wissen darum, dass der andere Mensch anders ist als ich es bin.

Insbesondere für die heutige Social-Media-Zeit erscheint auch Bubers Differenzierung zwischen „zwei Arten menschlichen Daseins“[2190] sehr modern und bedeutsam, wie er sie in seinem Werk „Zwiesprache“ (1954) expliziert. Im Grunde genommen geht es dabei um die Frage der Authentizität und Selbstdarstellung – Schein und Sein – so könnte es landläufig formuliert werden.

2185 ebd., S. 270.
2186 ebd., S. 270.
2187 ebd., S. 272.
2188 Buber 1954b, S. 135.
2189 Krone 2011, S. 67.
2190 Buber 1954b, S. 263.

> „Die eine mag das Leben vom Wesen aus, Leben bestimmt von dem was einer ist, die andre als Leben vom Bilde als, Leben bestimmt von dem wie einer erscheinen will, bezeichnet werden. Im allgemeinen treten sie miteinander vermischt auf; (...)."[2191]

Pädagogisch bedeutsam ist, dass durch das dialogische Prinzip und die Authentizität des Freizeitpädagogen/der Freizeitpädagogin das Gegenüber den geschützten Raum erfährt, sein Sein zu offenbaren und so zu persönlichem Wachstum zu gelangen – so könnte die Formulierung lauten, wenn auf Carl Rogers und Martin Buber rekurriert wird.[2192]

Die unbedingte Anerkennung des anderen Menschen als Person, die Akzeptanz, einen anderen Mensch nicht vollständig rational erfassen zu können, der Raum für die Unmittelbarkeit der Begegnung sowie die Offenheit für die Verschiedenheit der Menschen – all das können auch wichtige Grundannahmen für den Aufbau eines (freizeit)pädagogischen Berufsethos sein und sich auf die Gestaltung eines (freizeit)pädagogischen Settings auswirken.

Nicht nur die Authentizität der Freizeitpädagoginnen/Freizeitpädagogen ist hierbei bedeutsam, sondern es Bedarf eines geschützten Raumes in der Gemeinschaft oder im Zweigespräch, um so viel von sich selbst preiszugeben.

Hier könnte sich der Kreis zwischen Hannah Arendt und Martin Buber schließen, denn die Vita contemplativa oder auch das Aufgehen in der Konkretheit existenzieller Arbeit wären entscheidende Komponenten, um ein Innewerden und eine dialogische Grundhaltung, eine Ich-Du-Begegnung zu befördern.

Zusammenfassend impliziert das „dialogische Prinzip" die Wahrnehmung des anderen Menschen als Person und die Wechselseitigkeit dieses Prozesses. Deutlich wird diese Haltung in einem abschließenden Zitat Bubers:

> „Die Hauptvoraussetzung zur Entstehung eines echten Gesprächs ist, daß jeder seinen Partner als diesen, als eben diesen Menschen meint. Ich werde seiner inne, werde dessen inne, daß er anders, wesenhaft anders ist als ich, in dieser bestimmten ihm eigentümlichen einmaligen Weise wesenhaft anders als ich, und ich nehme den Menschen an, den ich wahrgenommen habe, so daß ich mein Wort in allem Ernst an ihn, eben als ihn, richten kann."[2193]

Der Pädagoge kann nur das Angebot machen, Zeit und Raum für „echte" Begegnungen geben, der Teilnehmende selbst entscheidet für sich in der konkreten Situation, ob er dieses Angebot annehmen kann.

2191 Buber 1954b, S. 263.

2192 siehe hierzu weiterführend: Kornmann 2010. URL (2017).

2193 Buber 1954, S. 269.

Aus Sicht der empirischen Erziehungswissenschaft müsste eine solche innere Einstellung und dialogische Grundhaltung operationalisierbar und empirisch belegbar sein. Buber zufolge würde damit aber nur ein Teil der Wirklichkeit erfasst und eine Ich-Du-Perspektive eingenommen, die die Menschen zum Objekt der Analyse macht.

Die moderne Bindungsforschung kann aber heute die Bedeutsamkeit die Bedeutsamkeit einer „sicheren Bindung" für die frühe Kindheit belegen und zu den grundlegenden Beratervariablen der Klientenzentrierten Gesprächstherapie zählen die (selektive) Authentizität, Kongruenz und Wertschätzung.[2194]

2194 vgl. Website Carlrogers.de. URL (2017).

11. Ausgewählte Handlungsfelder einer Freizeitbildung

11.1 Freizeitcoach – eine berufliche Vision

Nicht allen Menschen gelingt es, ihre Freizeit zu gestalten. Langeweile wie auch die Unfähigkeit, vom beruflichen Alltag abzuschalten, mögen ein Indiz hierfür sein. Dies könnte ein neues Berufsbild befördern: den Freizeitcoach.

Als Coach wird landläufig jemand verstanden, der Menschen als Trainer in einem bestimmten Bereich unterstützt.

So wird im Fokus 2015 bereits der Beruf des Freizeitcoach als einer von „fünf schräge[n] Berufen" vorgestellt, von denen angenommen wird, dass sie vielen Lesern nicht bekannt sind. Zu den weiteren zählen übrigens: Housesitter, Deo-Tester, Tatortreiniger, Tierfutter-Tester...[2195]

> „Immer mehr Arbeitnehmer sind hohem Arbeitspensum, Termindruck und Überstunden ausgesetzt. Weil kaum Zeit für die Freizeit bleibt, haben Freizeitcoaches und Freizeitforscher angefangen, diese für ihre Kunden zu organisieren – und damit eine Marktlücke entdeckt."[2196]

Bislang kann allerdings kaum von einem bereits etablierten Berufsfeld gesprochen werden und dennoch zeichnet sich der Bedarf innerhalb des Spektrums anderer Dienstleistungsberufe ab. Doch hier ist auch auf länderspezifische Besonderheiten zu verweisen.

In Österreich – genauer gesagt in Graz – besteht die Möglichkeit, an der „Höheren Bundeslehranstalt für wirtschaftliche Berufe" eine Zusatzqualifikation als Diplom-Fitness und Freizeitcoach zu erlangen.[2197] Hier findet ein entsprechender Professionalisierungsprozess statt, der u.a. auch an Pädagogischen Hochschulen erfolgt, aber eben auch jenseits des erzieherischen Kontextes als Zusatzqualifikation angeboten wird.

Aber auch gerade im therapeutischen Bereich gehört eine pädagogisch angeleitete Freizeitgestaltung vielfach zum umfassenden Behandlungsplan. Der Fokus liegt hier aber nicht allein auf dem Sport, sondern auch auf erlebnisbezogenen Maßnahmen und Aktivitäten, die das Gemeinschaftserleben, das

---

2195 vgl. Mitsis 2015. URL (2017).
2196 Mitsis 2015. URL (2017).
2197 vgl. Website HLW Schrödinger.at: Zusatzausbildungen. URL (2018).

Selbstbewusstsein oder einen sinnvollen Umgang mit der freien Zeit unterstützen und zum Wachstum der Persönlichkeit beitragen.

Insbesondere für Menschen, die durch eine hohe berufliche Beanspruchung nicht mehr in der Lage sind, ihre Freizeit für sie zufriedenstellend zu gestalten, sich zu erholen und vom beruflichen Stress abzuschalten, könnte der Freizeitcoach eine Hilfe sein.

Einen Boom erfahren im Augenblick zwar die „Personal Trainer", deren Arbeit sich aber in erster Linie auf den Bereich „Fitness und Sport" bezieht. Dies Programm ganzheitlich vor dem Hintergrund freizeittheoretischer Befunde zu erweitern, wäre hier eine mögliche, sich bereits abzeichnende Vision.

Denkbar wäre es hier, auch Menschen in Lebenskrisen durch eine gestaltete Freizeit neuen Lebensmut und neue Erfahrungen zu ermöglichen, die zu einer selbstständigen Gestaltung des eigenen Lebens beitragen. In diesem Zusammenhang könnte ein Freizeitcoach auch beim Übergang vom Berufsleben in den Ruhestand hilfreich sein und mit dem Subjekt ein ihm angemessenes Freizeitprogramm erstellen.

Wichtig wäre hierbei, dass der Freizeitcoach über fundierte Kenntnisse über die regionalen Möglichkeiten verfügt und ebenfalls einen Ausblick auf Möglichkeiten im Bereich des Tourismus sowie Kenntnisse über Möglichkeiten des freiwilligen Engagements im In- und Ausland geben kann.

Zentraler Bezugspunkt für den Freizeitcoach könnte die Selbstaktualisierung der Person sein sowie die Förderung der Kompetenz, eigenverantwortlich sinnvoll mit seiner freien Zeit umgehen zu können. Dabei können die menschlichen Grundbedürfnisse und die Gesundheit durchaus eine Leitlinie sein.

11.2 Offene und kirchliche Kinder- und Jugendarbeit

Im kirchlichen Bereich dient die Betreuung und Förderung von Kindern und Jugendlichen einerseits zur Verbreitung des christlichen Glaubens, andererseits sollten soziale Aufgaben auf im Sinne der christlichen Nächstenliebe überkonfessionell ausgeübt werden. Als Beispiel kann hier auch den Verein „Die Arche – Christliches Kinder- und Jugendwerk e.V." verwiesen werden, die 1995 von Pastor Bernd Siggelkow in Berlin (Hellersdorf) gegründet wurde.[2198] Ziel dieser Einrichtungen (inzwischen an mehr als 20 Standorten)[2199] ist es, Kinder aus sozial schwachen und benachteiligten Familien in ihrer Entwicklung zu

2198 vgl. Website der Arche. URL (2017).
2199 vgl. ebd. URL (2017b).

fördern und zu unterstützen. Zu den Angeboten zählen neben einer kostenlosen warmen Mahlzeit für die Kinder auch eine Hausaufgabenbetreuung, die Unterstützung der Familie in ihrer Erziehungsaufgabe, die soziale Begleitung der Kinder (Ansprechpartner, Bindungsmöglichkeit) sowie ein breites Angebot an Freizeitaktivitäten und die Ermöglichung von Ferienerlebnissen.[2200] Sozialpädagogik und Freizeitpädagogik geht in diesem Zusammenhang eine sehr enge Synthese ein.

In der Evangelischen Kirche findet eine Intensivierung der Jugendarbeit im Zuge des Konfirmandenunterrichts und der Freizeiten statt, die u.a. auch einen Beitrag zu der Aufnahme und Bindung der Jugendlichen an die Kirchengemeinde leistet.

Im Bereich der kirchlichen Jugendarbeit stellt der gemeinsame Synodenbeschluss der Bistümer in der BRD aus dem Jahr 1975 eine wichtige Grundlage dar. Die Zielsetzungen sind in dieser Form durchaus auch kritisch zu hinterfragen, da sie in heutiger Zeit nur einen Teil der Jugendlichen erreichen können und einen Missionsanspruch verfolgen.[2201] Die Umsetzung wird in der Katholischen Kirche durch den „Kinder- und Jugendverband der Katholischen jungen Gemeinde (KjG)" organisiert und weist heute vermehrt demokratische Bestrebungen auf.[2202] Durchaus nicht von allen kirchlichen Vertretern in gleichem Maße geteilt, erscheint das Bestreben der EKD und der Katholischen Kirche, die Vision einer ökumenischen Bildungsarbeit sowohl im Bereich der Kinder- und Jugendarbeit als auch im Bereich der Erwachsenenbildung zu verfolgen.[2203]

Die Kinder- und Jugendarbeit (sowohl in kirchlicher als öffentlicher oder privater Trägerschaft) bietet vielen Kindern eine ganz wichtige Anlaufstelle. Hier haben Kinder die Möglichkeit, einen sozialen Erfahrungs- und Bildungsraum zu finden, jenseits der Familie und jenseits in erster Linie kommerziell orientierter Optionen der Freizeitgestaltung.

Lothar Böhnisch (*1944) spricht von der sozialintegrativen Funktion, die die Offene Kinder- und Jugendarbeit leisten soll.[2204] Diese versteht sich heute nicht mehr als Kontrollinstanz, sondern in erster Linie liegt in der Prävention, Integration und der Förderung der Entwicklung.

2200 vgl. ebd. URL (2017c).

2201 vgl. Beschluss der gemeinsamen Synode der Bistümer 1975. URL (2017).

2202 vgl. Bundeskonferenz 2012 der KJG (Antrag Nr. 16). URL (2017).

2203 vgl. Schwab 2013. URL (2017).

2204 siehe weiterführend: Böhnisch 2013, S. 11–22.

So betrachtet z.B. die Arbeitsgemeinschaft Jugendfreizeitstätten Baden-Württemberg e.V. ihre Leistungen als wichtigen Beitrag, um nicht nur die Persönlichkeitsbildung des einzelnen zu fördern, sondern auch um sozialen Desintegrationsprozessen vorzubeugen und ein Demokratieverständnis zu befördern.[2205]

Ein Blick in das Handbuch „Offene Kinder- und Jugendarbeit" offenbart schnell, dass sich in diesen Zusammenhang viel von dem bereits methodisch-didaktisch (weiter-)entwickelt hat, was eben in der Freizeit*bildung* nicht nur auf eine bestimmte Alterskohorte zu beziehen wäre: Es finden sich Angebote ganz vielfältigen Themenfeldern wie Medien, Geschlechtlichkeit und Geschlechterverhältnisse, soziales Miteinander und Gewaltprävention, Spiel und Sport, Beauty, Gesundheit, Ernährung, der Umgang mit Langeweile, Jugend und Religion etc.[2206]

Der bisherige Stand der Forschung wird durchaus noch als unzureichend beschrieben, obgleich es durchaus Bestrebungen gibt, den Stand der Forschung zu sichten und in entsprechende Sekundär- bzw. Meta-Analysen zu überführen.[2207]

Holger Schmidt weist auf ein Professionalisierungsdefizit im Bereich der Offenen Kinder- und Jugendarbeit hin, was er unter Rekurs auf Nörber mit dem unklaren Qualifikationsprofil und eine zu großen Praxisferne des Studiums begründet sieht.[2208]

> „Die anzunehmenden Gründe dafür: einerseits stellt die Offene Kinder- und Jugendarbeit innerhalb der Sozialen Arbeit der (Fach)Hochschulen ein ungeliebtes Stiefkind dar und/oder über deren speziellen sozialpädagogischen Methoden und Anforderungen besteht innerhalb der Wissenschaft selbst keine Klarheit. Beide Annahmen benötigen selbstverständlich einer empirischen Überprüfung, trotzdem bleibt festzustellen, dass sowohl quantitativ als auch inhaltlich in der Ausbildung der Sozialen Arbeit die Offene Kinder- und Jugendarbeit weitestgehend unterrepräsentiert erscheint und kein klares Qualifikationsprofil vermittelt wird."[2209]

Dies würde für die Notwendigkeit einer soliden fachwissenschaftlichen Fundierung der Freizeitbildung sprechen, die bislang nicht wirklich vorliegt und in entsprechenden Studienmöglichkeiten sowohl mit angemessenem theoretischem

2205 vgl. AJGF 2011, S. 3. URL (2017).
2206 vgl. Deinet/Sturzenhecker 2013,
2207 vgl. Schmidt 2013, S.13.
2208 vgl. Schmidt 2013, S. 27.
2209 vgl. Schmidt 2011, S.27.

als auch praxisbezogenem Anspruch realisiert wird. Das Handlungsfeld der Offenen Kinder- und Jugendarbeit wäre für den Bereich der Freizeitbildung prädestiniert, denn:

Es gehört nach dem Sozialgesetzbuch (SGB), achtes Buch (VIII), laut § 11 zu den Aufgaben der Kinder- und Jugendhilfe, allgemeine Entwicklungsförderung für die Zielgruppe der zwischen 6- bis unter 27-Jährigen (erweiterbar[2210]) – auch für Kinder- und Jugendliche mit Behinderungen – anzubieten mit den Leitzielen, deren Selbstbestimmungsfähigkeit, gesellschaftliche Mitverantwortung und soziales Engagement zu unterstützen. Zu den Schwerpunkten der Arbeit und Angeboten der Kinder- und Jugendhilfe gehören:

> „(3) Zu den Schwerpunkten der Jugendarbeit gehören:
> 1. außerschulische Jugendbildung mit allgemeiner, politischer, sozialer, gesundheitlicher, kultureller, naturkundlicher und technischer Bildung,
> 2. Jugendarbeit in Sport, Spiel und Geselligkeit,
> 3. arbeitswelt-, schul- und familienbezogene Jugendarbeit,
> 4. internationale Jugendarbeit,
> 5. Kinder- und Jugenderholung,
> 6. Jugendberatung..“[2211]

Als zentrale Prinzipien gelten daher die „Selbstorganisation, Ganzheitlichkeit und Partizipation“[2212].

Die Angebote der Offenen Kinder- und Jugendarbeit sind dabei sehr vielfältig. So gibt es Jugendzentren, Jugendfreizeitheime, Jugendtreffs/-zentren, aber auch eine aufsuchende Kinder- und Jugendarbeit in Form von Spielmobilen, Jugendverbandsarbeit, Angebote in AG-Form oder Jugendfahrten/-reisen und vieles mehr.[2213]

Offene Kinder- und Jugendarbeit kann durch das Prinzip der Freiwilligkeit und den Umstand, dass sie vor allem in der freien Lebenszeit der Kinder- und Jugendlichen (oder gegenwärtig auch im Kontext der Ganztagschule) in Anspruch genommen wird, auch der Freizeitbildung zugeordnet werden. Überspitzt ließe sich formulieren, dass sie ein zentrales Handlungsfeld der Freizeitbildung darstellt.

2210 vgl. SGB VIII, §11,

2211 SGB VIII, § 11. URL (2024).

2212 Bernzen 2013, S. 618.

2213 vgl. Schmidt 2011, S. 14.

In diesem Zusammenhang werden auch vielfältige Zugänge, Konzepte und Methoden angeführt, die in der Offenen Kinder- und Jugendarbeit angewandt werden:

(a) Interkulturelle und antirassistische Ansätze
(b) Geschlechtsbezogene Ansätze in der Pädagogik
(c) Ansätze zum Umgang mit Heterogenität und Diversity
(d) Subjektorientierte Ansätze
(e) Abenteuer- und erlebnispädagogische Ansätze
(f) Ansätze zum demokratischen Lernen und zur politischen Bildung
(g) Medien- und kulturpädagogische Ansätze
(f) Gruppenpädagogische Ansätze…

Letztlich kann auf nahezu alle Zugangsweisen und methodische Möglichkeiten rekurriert werden, die den Interessen der Zielgruppe und der Prävention und Intervention bestimmter riskanter Entwicklungen sowie den Leitzielen – Bildung der Persönlichkeit in Richtung Selbstbestimmung, sozialer Mitverantwortung und sozialem Engagement – dienlich sind. Diese Leitziele sind in den Bestimmungsmerkmalen des klassischen Bildungsbegriffs, wie ihn Klafki rekonstruiert hat, enthalten und somit auch in der Zielsetzung der Freizeitbildung allgemein inhärent.

Daneben stellt sich sicherlich die Frage, wie sich der Ausbau von Ganztagsschulen auf die bisherigen Strukturen und Angebote der Offenen Kinder- und Jugendarbeit auswirken wird. Es zeichnet sich die Tendenz ab, dass vermehrt eine Kooperation zwischen der Offenen Kinder- und Jugendarbeit und Ganztagsschulen angestrebt wird.[2214] Dabei sind jedoch auch die Grenzen zu beachten. Die Offene Kinder- und Jugendarbeit möchte sich letztlich nicht (nur) im Sinne eines Dienstleisters für die Schule begreifen, sondern verteidigt auch ihre eigene Legitimation.[2215]

Nicht zuletzt bewirkten die ernüchternden Befunde der PISA-Studien einen kritischen Blick auf das eigene Schulsystem im internationalen Vergleich. Der Ausbau von Ganztagsschulen gewann spätestens mit dem 2003 bis 2009 von der Bundesregierung aufgelegten Investitionsprogramms „Zukunft, Bildung und Betreuung“ (IZBB) an bildungspolitischer Bedeutsamkeit.[2216] Die Umsetzung

2214 vgl. Augsburg 2014. URL (2018).
2215 Gerbing 2009. URL (2017).
2216 vgl. Website des Bundesministeriums für Bildung und Forschung: Das Investitionsprogramm „Zukunft, Bildung und Betreuung“ (IZBB). URL (2018).

erfolgt in den einzelnen Bundesländern in sehr unterschiedlichem Tempo – erschwert durch den einsetzenden Lehrermangel und folgt inhaltich keinem einheitlichen Konzept.[2217]

Freizeit und Schule soll im Rahmen der Ganztagsschule besser miteinander verbunden werden und einen Beitrag zu leisten, soziale (Bildungs-)Gerechtigkeit und die Vereinbarkeit von Beruf und Famlie (besser) sicherzustellen.[2218]

11.3 Freizeitpädagogik in der Ganztagsschule

> „Ganztägige Bildungsangebote ermöglichen ein vielseitiges Lernen, regelmäßige Begleitung und Förderung sowie umfassende Betreuung. Ganztagsschulen bieten Zeit und Raum für Vertiefung, sie ermöglichen Kontakte auch zu außerschulischen Partnern und haben mehr Möglichkeiten, die Schule in den Sozialraum hinein zu öffnen. Sie tragen dazu bei, herkunftsbedingte Benachteiligungen im Schulsystem zu überwinden und verbessern die Vereinbarkeit von Familie und Beruf."[2219]

In diesem Sinne wird die Ganztagsschule beispielsweise in Baden-Württemberg angepriesen. Damit wird aber zugleich auch deutlich, dass das Konzept „Ganztagsschule" von der herkömmlichen Lernschule, die sich an verschiedenen Schulfächern in 45-Minuten-Taktung ausgerichtet hat, unterscheiden muss, um dem Anspruch gerecht werden zu können.

Grundsätzlich kann zwischen unterschiedlichen Organisationsformen der Ganztagsschulen differenziert werden:

Organisationsformen der Ganztagsschule		
offene Ganztagsschule additive Angebote auf freiwilliger Basis an mindestens drei Tagen der Woche	**teilgebundende Ganztagsschule** ein Teil der Schülerschaft verpflichtet sich an mindestens drei Tagen der Woche an Nachmittagsangeboten zu partizipieren	**gebundene Ganztagsschule** an mindestens drei Wochentagen verpflichtendes ganztägiges Angebot für alle Schüler/innen (über mindestens sieben Zeitstunden)

Abb. 80: Organisationsformen der Ganztagsschule[2220]

2217 Thomas Rauschenbach (2015) spricht daher von einem „konzeptionelle[m] Vakuum" (ebd., S. 28).

2218 vgl. Hansel 2005, S. 229ff.

2219 Website Ganztagsschulen in Baden-Württemberg. URL (2017).

2220 Sekretariat der Ständigen Konferenz der Kultusminister der Länder in der Bundesrepublik Deutschland (Hrsg.) 2013, S. 4. URL (2017).

Die „offene Ganztagsschule" stellt ein freiwilliges Angebot für die Kinder und Jugendlichen dar. Hier können die Nachmittagsangebote wahrgenommen werden, müssen es aber nicht. Kinder, deren Eltern die Betreuung am Nachmittag privat organisieren können und möchten, haben den Freiraum, die Nachmittage außerhalb der Institution Schule zu verbringen. Die Freizeit wird somit individuell gestaltet.

Daneben gibt es „gebundene Ganztagsschulen", bei der sich ein Teil der Schülerschaft verbindlich zur Partizipation an den Nachmittagsangeboten verpflichtet. Hier kann das Angebot in AG-Form durch die Lehrkräfte, aber auch in Form einer Kooperation mit der Jugendhilfe und außerschulischen Trägern gestaltet sein. Charakteristisch ist hierbei das Angebot der Hausaufgabenbetreuung und unterschiedlicher Freizeitaktivitäten.[2221]

In der gebundenen Ganztagsschule kann die Verzahnung zwischen schulischem Lernen und freizeitbezogenen Aktivitäten am konsequentesten für alle Kinder realisiert werden. Hier ist die Partizipation am Ganztagsbetrieb für alle Schüler/innen verpflichtend. Die (Mittags-)Mahlzeiten und die Hausaufgabenbetreuung sind in den Schulalltag integriert. Dies impliziert aber auch, dass die Qualität der Ganztagsschule (Schulkultur, pädagogische Angebote, Kooperation aller Beteiligten etc.) von immenser Bedeutung ist, da die Kinder und Jugendlichen auch Freiräume verlieren, in denen sie sich der Schule als Institution entziehen konnten.

Die Ganztagsschule soll ein „Ort zum Leben und Lernen" sein und viele „Angebote rund um Sport, Musik und Theater"[2222] implizieren. Somit öffnet sich die Schule an dieser Stelle potenziell für andere Berufsgruppen als Lehrkräfte, wie z.B. Freizeitpädagogen, Kulturpädagogen, Sportpädagogen, Musikpädagogen…

In Österreich verbindet sich mit dem Ausbau der Ganztagsschulen auch der Aufbau von freizeitpädagogischen Professionalisierungsangeboten, um dem Bedarf an qualifiziertem Betreuungspersonal im Kontext der Ganztagsschulen gerecht zu werden.

In Deutschland hingegen wird die Ganztagsschule in hohem Maße auf dem Rücken der Lehrkräfte als schulische Innovation eingeführt und getragen.[2223] Ergänzt werden die Angebote in zunehmendem Maße durch pädagogische (Fach-)Kräfte, mittels der Kooperation mit regionalen Vereinen und durch

---

2221 vgl. Soremski 2013. URL (2018).
2222 Website Ganztagsschulen in Baden-Württemberg. URL (2018).
2223 vgl. Böttcher 2015, S. 41.

ehrenamtlich tätige Personen. [2224] Die wahrgenommene Qualität der Angebote der Ganztagschule ist auch von dem gesamten Schulentwicklungsprozess und der Qualität der Kooperationsbeziehungen aller Beteiligten abhängig, wie es sich u.a. in der StEG-Studie gezeigt hat.[2225] Diese umfassende wissenschaftliche „Studie zur Entwicklung von Ganztagsschulen“ (StEG) findet seit 2005 statt und impliziert ein breit angelegtes und vom „Bundesministerium für Bildung und Forschung“ (BMBF) sowie vom „Europäischen Sozialfond“ gefördertes Kooperationsprojekt des „Deutschen Instituts für Internationale Pädagogische Forschung“ (DIPF), des „Deutschen Jugendinstituts“ (DJI), des „Instituts für Schulentwicklungsforschung“ (IFS) der Universität Dortmund und der „Justus-Liebig-Universität“ Gießen. Einer der zentralen Befunde ist, dass über ein qualitativ hochwertiges Angebot an Ganztagsschulen und eine längerfristige regelmäßige Partizipation daran, die „Entwicklung von Sozialverhalten, Motivation und Schulleistungen in der Sekundarstufe I positiv“[2226] beeinflusst werden kann. Allerdings zeigte sich bislang auch, dass gerade Kinder aus sozial schwächerem Elternhaus und/oder Migrationshintergrund in geringerem Maße an den Angeboten der Ganztagsschule partizipieren.[2227] Ein per se „kompensatorischer Effekt für bildungsbenachteiligte Schülergruppen“[2228] im Hinblick auf die schulische Leistungsentwicklung lässt sich (über vier Schuljahre hinweg betrachtet) nicht in der Studie nachweisen.[2229] Die Studie wird gegenwärtig (2016 bis 2019) mit dem Schwerpunkt auf die „Gelingensbedingungen“ einer „(i)ndividuelle Förderung an Ganztagsschulen“ fortgeführt.[2230]

Aktuell hat es die Freizeitpädagogik weitgehend versäumt, sich im deutschsprachigen Bereich in den pädagogischen Diskurs zum Ausbau der Ganztagsschule einzubringen und mit praktischen Konzepten hieran zu beteiligen. Gerade hier wäre aber Potenzial und es wäre denkbar, dass die Freizeitpädagogik eine koordinierende Funktion (Klammerfunktion) für weiterführende Angebote aus dem Bereich der Sportpädagogik, Kunstpädagogik, Theaterpädagogik, Musikpädagogik etc. an Schulen einnimmt und auch eine Schutzfunktion (mahnende

2224 vgl. Konsortium der Studie zur Entwicklung der Ganztagsschule (StEG) 2010, S. 22. Dabei zeigte sich auch ein Zusammenhang zwischen der Größe der Ganztagsschule und der berufskulturellen Vielfalt der daran Mitwirkenden (vgl. ebd.).
2225 vgl. ebd., S. 25.
2226 ebd., S. 14.
2227 vgl. ebd., S. 10. URL (2019).
2228 ebd., S. 17.
2229 vgl. ebd., S. 17.
2230 Website StEG. URL (2019).

Rolle) gegenüber einer zunehmenden Vereinnahmung der freien Zeit vertritt. Dabei spielen die sozialen Aktions- und Rückzugsräume eine zentrale Rolle. Eine derartige Rolle weist auch Reinhard Markowetz (*1958) der Pädagogik der Freizeit zu. Somit soll die Freizeitpädagogik eine integrative und transdisziplinäre Funktion haben, wie sie sonst der Allgemeinen Pädagogik zugewiesen wird.[2231]

Mit dem Ausbau der Ganztagsschulen verbringen die Kinder und Jugendlichen einen Großteil ihrer aktuellen Lebenszeit in einem institutionalisierten Kontext. Somit sollte nicht nur die organisatorische und inhaltliche Gestaltung der Ganztagsschule in den Blick genommen werden, sondern auch die räumliche und architektonische.[2232]

Viele reformpädagogische Ansätze entsprechen bereits dieser Idee: So gründete Hermann Lietz (1868–1919) im Jahr 1898 das erste deutsche Landerziehungsheim in Ilsenburg/Harz. Dabei spielte die Wahl des Standortes eine sehr bewusste Rolle: Das Landerziehungsheim sollte keine herkömmliche Drill- und Paukschule sein, wie sie in der Kaiserzeit üblich war, sondern eine ganzheitlich ausgerichtete Erziehungsschule, die die Charakterbildung und die Heranführung an eine einfache, gesunde Lebensweise implizierte. Dazu sollte die Jugend fernab der Städte, in landschaftlich schöner und historisch bedeutungsvoller Umgebung, aufwachsen und sich auch körperlich in der Natur betätigen. Neben dem schulischen Unterricht sollten die Kinder durch Sport und Spiel, aber auch handwerkliche Arbeiten in den Werkstätten oder Gärtnern ihre Kräfte allumfassend entwickeln.[2233] Hier wäre auf den Begriff der „pädagogischen Provinz" zu verweisen, wie er durch Johann Wolfgang von Goethe in seinem Werk „Wilhelm Meisters Wanderjahre" (1821) geprägt wurde.[2234] Bereits Jean-Jacques Rousseau wandte sich in seinem fiktiven Erziehungsroman „Émile" von der Stadt ab und forderte im Sinne der „l'éducation négative" eine Erziehung fernab der Stadt auf dem Lande, die vom Zögling alle schädigenden Einflüsse der Stadt (Laster) und auch der Eingriffe durch Erwachsene (und deren Konventionen) fernhalten sollte.[2235]

Obgleich es heute durchaus diskussionswürdig erscheint, inwieweit es sinnvoll ist, Kinder und Jugendliche fern von Städten zu erziehen, so wenig erscheint es fraglich, dass sich die Natur und der Aufenthalt in der Natur förderlich auf die

2231 Markowetz 2000b, S. 46.
2232 Robert Bosch Stiftung 2017, insbes. Handlungsfeld 5. URL (2017).
2233 siehe hierzu weiterführend: Dietrich 1967; Hansen-Schaberg/Schonig 2002.
2234 Goethe 1829, Kap. 9, S. 125.
2235 siehe hierzu weiterführend: Bolle S. 265ff.

Gesundheit des Menschen auswirken. Wenig sinnvoll erscheint es dann, wenn Kinder und Jugendliche große Zeitspannen des Tages in geschlossenen Räumen verbringen müssen, weil es kein hinreichendes Schulgelände gibt.[2236]

Landerziehungsheime und Internate, die traditionell als Ganztagseinrichtungen konzipiert sind, verfügen über ein entsprechendes Umfeld. Es gibt neben sportlichen Einrichtungen auch entsprechende Grünflächen und Gebäude, die den Kindern Rückzugsmöglichkeiten, den Aufenthalt im Freien, das Spiel und Ausruhen jenseits der Klassenzimmer gestattet.

Städtische Regelschulen, die auf die Schnelle als Ganztagsschulen umgestellt werden, bekommen heute oftmals noch eine Mensa, können aber kaum das Territorium um die Schule selbst erweitern. Schulgärten, Schwimmbäder oder die Möglichkeit zur Tierhaltung, sind nicht als Regelfall zu werten. Selbst intakte und zeitgemäße Sportanlagen sind nicht immer vorhanden.

Einerseits ist es zwar durchaus zu begrüßen, dass Lehrkräfte einen größeren Handlungsspielraum haben, die Lernzeit flexibler zu gestalten und Kinder individueller zu fördern. Eine Hoffnung ist es, so die Chancengleichheit für die Kinder erhöhen zu können. Auf der anderen Seite ist aber auch zu bedenken, dass Kinder und vor allem Jugendliche vielleicht auch eine bestimmte Lehrkraft nicht morgens in Mathematik haben möchten und am Nachmittag in der Fußball-AG. Es kann hier durchaus zu einer nicht unproblematischen Rollendiffusion und -ambivalenz kommen. Ferner kann nicht einfach erwartet werden, dass Lehrkräfte auch über freizeitpädagogisches Knowhow und Geschick verfügen. Gleiches gilt natürlich auch für pädagogische Assistenten oder Erzieher/innen.

Hier wäre durchaus ein Handlungsfeld für fundiert ausgebildete Freizeitpädagogen, die gezielt die Persönlichkeitsbildung der Kinder und Jugendlichen durch informelle Lernprozesse ermöglichen und noch einmal einen anderen Zugang zu den Kindern haben, als es Lehrkräfte durch ihre strukturelle Rolle haben (können). In der Schule besteht die große Chance, Kindern freizeitbezogene Kompetenzen zu vermitteln und die individuellen Potenziale durch ein vielfältiges freizeitbezogenes Angebot zu fördern.

Durchaus kritisch ist dabei eine zunehmende Pädagogisierung von Kindheit und Jugend zu sehen, die nicht zu einer weiteren Verschulung führen sollte. Ziel der Freizeitpädagogen sollte die Beförderung der Selbstaktualisierung und

2236 Man bedenke, dass sich viele Eltern abmühen, um ihre Kinder in einem Reihenhaus mit Garten großziehen zu können, die Kinder dann aber die meiste Zeit in geschlossenen pädagogischen Räumen (Klassenzimmern etc.) verbringen.

Selbstbestimmungsfähigkeit der Kinder auch im Freizeitbereich sein. Dabei ist es wichtig, zunächst eine Erfahrungsgrundlage zu schaffen, auf deren Basis individuelle Entscheidungen möglich werden.

Wichtig ist es, an dieser Stelle auch noch einmal zu betonen, dass Kinder- und Jugendliche nicht nur ein Aktivitätsangebot benötigen, sondern auch der Gegenpol, die Entspannung, Ruhe und Gesundheit bedacht werden sollten. Rückzugsmöglichkeiten können dann ebenso bedeutsam sein, wie die Möglichkeit, neue Freizeitaktivitäten auszuprobieren und Gemeinschaftserfahrungen in der Gruppe zu ermöglichen, Raum für Freundschaftsbeziehungen zu geben. Einer vollständigen Pädagogisierung von Kindheit und einer permanenten Kontrolle sollte durchaus kritisch begegnet werden, da hieraus meist gegenteiliges als ein selbstbestimmter, verantwortungsvoller und mündiger Mensch erwächst.

Vor dem Hintergrund der Theorie Bourdieus wird verständlich, wie entscheidend die Freizeitgestaltung auch für den Bildungszugang und Bildungserfolg sein kann. Mit der Ausweitung der Zeitfenster, die Kinder in pädagogischen Einrichtungen verbringen, reduziert sich – so die These – der familiäre Einfluss. Kindern kann der Zugang zu kulturellem Kapital im Kontext der Einrichtungen geboten werden, den sie zuhause vielleicht nicht erfahren würden. Neben Freizeitsport wäre daher der Einbezug ästhetischer Bildungsangebote und Aktivitäten zentral.

Allein von der räumlichen Ausstattung, aber auch von der Expertise kann eine Schule dieser Aufgabe alleine kaum gerecht werden. Wichtig ist hier auch eine Öffnung der Schule nach außen und der Einbezug des regionalen Umfeldes, der Vereine, aber auch externer Experten und Settings wie Museen, Hochseilgärten, Schwimmbäder oder auch Kinder- und Jugendfarmen. Ansonsten besteht die Gefahr, dass die Ganztagsschule bei unzureichender pädagogischer Angebotsqualität und ungünstiger räumlich-sachlicher Ausstattung für einige Kinder und Jugendlichen auch zu einer Verarmung ihrer Freizeit beitragen mag.

Die Fähigkeit zur Kooperation in einem multiprofessionellen Team (aus Lehrkräften, Schul-sozialarbeitern, Freizeitpädagogen und gegebenenfalls Psychologen sowie Gesundheitspädagogen) würde dann zur professionellen Kompetenz der Freizeitpädagogen gehören. Als eine Herausforderung für die Kooperation kann dabei die Entgrenzung der beruflichen Felder gesehen werden. Doch gerade hierin liegt auch die Chance, dass Menschen mit unterschiedlichen Perspektiven und professionellen Kompetenzen sich über die bestmöglichen Maßnahmen und Angebote an einer pädagogischen Institution in ihrer Gesamtheit verständigen können und sich hierdurch auch neue Möglichkeiten für (ganzheitlich-orientierte) Schulentwicklungsprozesse ergeben.

11.4 Tiergestützte Freizeitpädagogik

Tiergestützte Aktivtäten und tiergestützte Pädagogik bis hin zur tiergestützten Therapie gibt es bereits. Der Professionalisierungsprozess in diesen Bereichen findet gegenwärtig noch statt.[2237]. So gibt es bereits entsprechende Ausbildungsangebote (als Fernlehrgang!), die sich von der „Tiergestützten Arbeit“ zur „Tiergestützten Sozialarbeit“ entwickelt haben.[2238] Diese richten sich an Personen, die bereits eine Ausbildung oder ein Studium absolviert haben und erste Berufserfahrungen mitbringen.

Es gibt jedoch keinen Grund, die förderliche Wirkung von Tieren auf den therapeutischen oder sozialpädagogischen Bereich zu begrenzen. Hinzu kommt, dass diese Angebote in der Regel in der Freizeit der Menschen in Anspruch genommen werden. Es wäre somit sinnvoll, den Blick zu weiten und die Möglichkeiten vor dem freizeittheoretischen Hintergrund zu reflektieren.

Die Vision einer tiergestützten Freizeitpädagogik würde bedeuten, dass Freizeitpädagogen sich auch im Bereich der tiergestützten Pädagogik qualifizieren und Menschen bei der Strukturierung und Rhythmisierung ihrer (freien) Lebenszeit helfen.

Ziel sollte es dabei nicht nur sein, dass Menschen Angebote tiergestützter Aktivität als Freizeitgestaltungsmöglichkeit nutzen, sondern sich über ihr Freizeitverhalten, ihre Bedürfnisse und die der Tiere bewusst werden. Gezielt könnten auch Bildungsangebote integriert werden (z.B. Wissen zur artgerechten Tierhaltung; das jeweilige Tier in der Kulturgeschichte…).

Zudem ergibt sich die Chance, gesundheitsbezogene Elemente in die Arbeit mit Tieren zu integrieren und Raum zu schaffen, Verantwortung für ein Lebewesen (partiell) zu übernehmen, sich mit dessen Bedürfnissen sowie der Körpersprache auseinanderzusetzen.

Nicht zu vergessen ist, dass viele Kinder sich ein Haustier wünschen, doch sich aufgrund verschiedenster Faktoren (z.B. Berufstätigkeit beider Elternteile, Tierhaarallergie eines Familienmitglieds…) der Wunsch im privaten Umfeld nicht erfüllen lässt. Für manche Familien sind auch die Kosten für ein Haustier schlichtweg nicht tragbar oder die Tierhaltung ist in der Mietwohnung verboten.

2237 So gibt es auch keine einheitliche Definition oder klare Abgrenzung zwischen tiergestützter Pädagogik, tiergestützter Förderung, tiergestützter Aktivität und tiergestützter Therapie. Bei letzterer ist der Stand der Diskussion und Professionalisierung am weitesten fortgeschritten und es gibt hier bereits Standards. (vgl. Wohlfahrt/Widder 2011. URL [2017]).

2238 Website der Akademie für Tiernaturheilkunde. URL (2017).

Hier würde sich eine Aktivität mit Tieren in der Freizeit anbieten, um allen Kindern die Möglichkeit zu geben, Kontakt zu Tieren zu haben. Tiergestützte Aktivitäten implizieren in der Regel auch den Aufenthalt im Freien und hier kann die Natur als weitere freizeitbezogene Ressource einbezogen werden. Tiere können dem Menschen letztlich auch dabei helfen, sich zu entspannen und vom Alltag abzuschalten. Der Umgang mit Tieren bereitet vielen Menschen Freude und lässt sie ihre Selbstwirksamkeit positiv erfahren. (vgl. Kap. 4.3)

Im Tourismusbereich haben manche Bauernhöfe oder Reiterhöfe diesen Bereich bereits für sich als Markt erschlossen, leider kommt dabei ein verantwortungsvoller Umgang mit den Tieren und ein pädagogische fundierter Umgang mit den Menschen oftmals zu kurz. Gleiches könnte vielfach für das Bildungspotenzial angemerkt werden. Hier wäre es wünschenswert, wenn gezielt und pädagogisch durchdacht auch Bildungselemente in die Freizeit integriert würden. Dabei kann die Wissensvermittlung durchaus dialogisch erfolgen bzw. unterstützt werden durch Artefakte, die die Neugierde wecken und zu weiteren Fragen anregen.

Eine tiergestützte Freizeitpädagogik sollte den Wachstumsprozess der Person und den Ausbau von freizeitbezogenen Kompetenzen zum einen berücksichtigen, d.h. pädagogisch durchdachte informelle Bildungsprozesse ermöglichen, andererseits aber auch tierethischen Ansprüchen gerecht werden und diese auch den Menschen ins Bewusstsein rufen.

Ein Trend in Richtung von Freizeitangeboten für Tier und Mensch zeichnet sich bereits ab. So gibt es immer mehr Angebote, in denen die Freizeitangebote sich an den Menschen gemeinsam mit ihrem Vierbeiner richten (z.B. Yoga mit dem Hund). Diese Trends sind durchaus auch kritisch zu reflektieren und begünstigen nicht unbedingt den Ausbau neuer Möglichkeitsräume für den Menschen. Auch ist kritisch zu hinterfragen, inwieweit es nicht zu einer Vermenschlichung des Tieres kommt und dessen ursprüngliche Bedürfnisse übersehen werden.

Als ein gelungeneres Beispiel dafür, wie sich eine tiergestützte Freizeitpädagogik auch weiterentwickeln könnte, wäre auf sogenannte „Jugendfarmen“, wie sie gegenwärtig vom „Bund der Jugendfarmen und Aktivspielplätze e.V.“ im Bereich der Offenen Kinder- und Jugendarbeit realisiert werden, zu verweisen. Aktuell gibt es laut Angaben des „Bundes der Jugendfarmen und Aktivspielplätze e.V.“ 170 derartige Einrichtungen in Deutschland.[2239]

2239 vgl. Website des Bundes der Jugendfarmen und Aktivspielplätze e.V. URL (2017).

Zum einen wäre es denkbar, dass sich Ganztagsschulen an derartigen Ansätzen orientieren und Kinder somit mehr Möglichkeiten erhalten, gemeinsam mit Tieren groß zu werden und Verantwortung zu übernehmen. Bereichernd wäre dies nicht nur für Inklusionskinder, die von einer tiergestützten Therapie profitieren könnten, sondern für alle Kinder, sofern eine qualifizierte Betreuung und der Schutz des Tierwohls sichergestellt werden kann.

Derartige Ansätze könnten im Sinne der Freizeitpädagogik auf verschiedene Altersgruppe erweitert und in modifizierter Weise sicherlich auch an den demografischen Wandel angepasst werden. Denkbar wären derartige Freizeitmöglichkeiten auch für ältere Menschen, die sich eventuell auch nicht mehr die Haltung eines eigenen Haustieres zutrauen. Bislang engagieren sich Hundehalter meist ehrenamtlich als Besuchsdienst mit entsprechend ausgebildeten Hunden in Seniorenheimen.

Freizeitbildung kann in Verbindung mit tiergestützten Aktivitäten eine produktive Synthese eingehen und letztere auch theoretisch noch einmal bereichern.

11.5 Künstlerische Freizeitprojekte: Beispiel Musik

Künstlerische Aktivitäten finden im Freizeitbereich durchaus Anklang. So gibt es z.B. Jugendkunstschulen oder Musikschulen, die Kinder und Jugendlichen den Zugang zur Kunst und zum künstlerischen Ausdruck und die kulturelle Teilhabe ermöglichen sollen. Künstlerisches Schaffen kann durchaus im Kontext der Persönlichkeitsentwicklung reflektiert werden und eröffnet zahlreiche Reflexionsmöglichkeiten: im Gespräch über das eigene künstlerische Produkt, den kreativen Prozess, das gemeinsame Verständnis von Kunst… über die Werke anderer Künstler, anderer Kulturen…

Kunst – und somit auch künstlerische Projekte – kann Brücken bauen und dazu beitragen, Grenzen zu überwinden. Die Kunst ist eine menschliche Ausdrucksform, die über alle Kulturen und Nationen hinweg auftritt und auch ohne verbale Sprache auskommen kann. Künstlerische Projekte finden daher auch ihren Einsatz, wenn es darum geht, Menschen zu inkludieren (oder veraltet: zu integrieren) und ihnen die Möglichkeit zu geben, Erfahrungen künstlerisch zu verarbeiten.

> „Kunst und Kultur haben eine *Brückenbaufunktion* zwischen Menschen unterschiedlicher Lebenswelten und Herkunft und können das Zusammenleben verschiedener Kulturen fördern. Denn im Umgang mit Kunst und Kultur werden Unterschiede und Andersartigkeit nicht ausschließlich negativ gewertet, sondern vielmehr als etwas positiv Bereicherndes wahrgenommen (Mandel 2013: S. 11).“[2240]

2240 Hillmanns 2014, S. 25. URL (2017).

Kunst verbindet Menschen und ist Ausdruck ihres Lebensgefühls. Daher wäre in diesem Zusammenhang von einem erweiterten Kulturbegriff auszugehen – wie er auch Soziokulturellen Zentren zugrunde gelegt wird – und der sich für eine Pluralität und Interkulturalität ausspricht.

Soziokulturelle Zentren, die sich letztlich am Credo „'Kultur von allen, für alle' (H. Glaser)"[2241] orientieren, konnten sich bereits seit den 1970er-Jahren etablieren und stellen eine alternative Kultureinrichtung dar, die sich zum einen durch ein hohes ehrenamtliches Engagement und Partizipationsmöglichkeiten, zum anderen aber auch durch die Öffnung der Bühne für Vereine oder künstlerische Projekte auszeichnen.[2242] Genaueres hierzu findet sich auf der Seite der „Bundesvereinigung Soziokulturelle Zentren e.V".[2243] Als Beispiel für ein interkulturelles Musik-Projekt kann auf das Baden-Württembergische Projekt mit Flüchtlingen „I Show You" verwiesen werden. Der Auftritt erfolgte am 03.10.2015 im „E-Werk" in Freiburg. Das Projekt mit Flüchtlingen konnte von der Projektleiterin Laila Koller und der musikalischen Leitung Jan F. Kurth dank der Unterstützung durch den Innovationsfond Baden-Württemberg realisiert werden.[2244]

Als Problembereich kann die finanzielle Förderung und die zunehmende Ökonomisierung betrachtet werden, was dazu beiträgt, dass Soziokulturelle Zentren sich oftmals am wirtschaftlichen Ertrag orientieren (müssen).[2245] Dabei werden freizeitpädagogische und soziokulturelle Idealvorstellungen von wirtschaftlichen Erfordernissen überformt. Zugleich darf die Bedeutsamkeit, künstlerischen Projekten eine „Bühne" zu geben und Öffentlichkeit zu verleihen, nicht unterschätzt werden.

Doch nicht nur das Sichtbarwerden der einzelnen Menschen und deren Potenziale beim öffentlichen Auftritt sind bedeutsam, sondern auch der kreative Prozess an sich:

2241 Website der Bundesvereinigung Soziokultureller Zentren e.V. URL (2017). Eine eindeutige und allgemeingültige Definition von Soziokultur liegt bis heute nicht vor, sondern es wird auf Hermann Glaser verwiesen, der in den 1970er-Jahre forderte, dass ein elitärer Kunstbegriff zugunsten eines Verständnisses aufgegeben wird, das Kunst und kulturelles Schaffen mit der Gesellschaft und den sozialen Gruppen verbunden sieht.

2242 siehe weiterführend: Hillmanns 2014, S. 10. URL (2017).

2243 siehe weiterführend die Seite der Bundesvereinigung der Soziokulturellen Zentren e.V., URL (2018).

2244 vgl. Koller o.A. URL (2017).

2245 vgl. Hillmanns 2014, S. 14.

Beim künstlerischen Schaffen kann es zum sogenannten „Flow-Erleben" (Mihály Csíkszentmihályi [*1934-2021]) [2246] kommen, einem Zustand, in dem der Mensch ganz den Augenblick lebt und Raum sowie Zeit entgrenzt zu sein scheinen. Der Mensch geht vollkommen auf in dem, was er gerade tut.

Durch das gemeinsame Arbeiten an einem Projekt werden soziale Kompetenzen ebenso wie sprachliche Kompetenzen gefördert.

Künstlerische Freizeitprojekte finden auch ihren Einsatz in der Entwicklungsarbeit und der Arbeit mit schwer erziehbaren Kinder- und Jugendlichen, d.h. im Bereich der sozialen Arbeit/offenen Kinder- und Jugendarbeit. Durch freizeitbezogene künstlerische Projekte kann es gelingen, neue Möglichkeitsräume zu erschließen und Kompetenzen in informellen Lernprozessen zu ermöglichen, die für den (Berufs-)Alltag wichtig sind.

Als ein idealtypisches Beispiel aus dem musikalischen Bereich könnte hier auf das musikalische (Sozial-)Projekt „Sonidos de la Tierra", das Luis Szarán gemeinsam mit der Jesuitenmission in Paraguay initiiert hat, verwiesen werden. Luis Szarán ermöglicht Kindern aus ärmlichen Verhältnissen, deren Alltag vielfach von Gewalt und Perspektivlosigkeit geprägt ist, ein Instrument zu erlernen. Die Instrumente hierfür werden aus einfachen Materialien (letztlich auch Müll) selbst gebaut. Inzwischen geht er mit den Kindern international erfolgreich auf Tournee.[2247] Für die Kinder eröffnet sich eine neue Welt, die ihnen zeigt, was sie durch ihren Einsatz und ihre Leidenschaft aus ihrem Leben machen können.

Das seit 2002 bestehende Projekt des Musikwissenschaftlers und Dirigenten Luis Szarán möchte den Kindern Bildung durch Kunst ermöglichen. Ziel ist es, dass die Kinder an Selbstvertrauen gewinnen, sich als wertvoll und Teil der Gemeinschaft erfahren dürfen, aber auch Disziplin lernen und vor allem Freude an der Musik/Kunst haben.[2248] Einblicke in die öffentliche Darstellung des Projektes finden sich auf YouTube.[2249] Jedoch liegt aktuell keine wissenschaftliche Studie im deutschsprachigen Bereich zum Projekt vor. Dessen Erfolg zeigt sich jedoch an der Ausweitung und dem internationalen Erfolg.

Bereits seit langem kommt die Kunst in der Therapie zum Einsatz und soll Menschen in kritischer Lebenssituation helfen, kritische Ereignisse zu

---

2246 Csíkszentmihályi 2010; Csíkszentmihályi 2015.

2247 vgl. Kohl 2013. URL (2017); Website der Jesuiten in Deutschland. URL (2017).

2248 vgl. Website der Jesuiten in Deutschland. URL (2017).

2249 z.B. unter folgenden Links: Jesuitenmission (2011) präsentiert Sonidos de la Tierra. YouTube. URL (2017a); Maestro Luis Szarán – Director Sonidos de la Tierra (2013). YouTube. URL (2017b).

verarbeiten und Dinge zum Ausdruck zu bringen, für die ihnen die Worte fehlen. Durch künstlerisches Schaffen können sich den Menschen neue Perspektive und neue Möglichkeitsräume erschließen.[2250] Diese positive und heilsame Wirkung von Kunst wird von vielen Menschen (mehr oder minder unbewusst) auch in der Freizeit geschätzt. Freizeitpädagogische Projekte sollten von daher durchaus den Bereich der Kunst in ihren vielfältigen Facetten nicht vergessen.

Daher erscheint es fraglich, Freizeitpädagogik bzw. insbesondere Freizeitbildung ausschließlich in Verbindung mit der Sportpädagogik oder der Touristik zu denken. Nicht zuletzt wird die Nähe der Freizeitbildung zur kulturellen Bildung und ästhetischen Erziehung deutlich, nur ist die Freizeitbildung nicht auf einen eng gefassten kulturellen und künstlerischen Bereich begrenzt, sondern sollte vielmehr eine ausgewogene Balance zwischen ganz unterschiedlichen Zugängen zur Person und Möglichkeiten einer bewussten und selbstbestimmten Gestaltung der freien Lebenszeit bieten.

11.6 Ehrenamtliches Engagement als Freizeitbildung

Eine Möglichkeit, seine freie Zeit sinnvoll zu gestalten, ist das ehrenamtliche Engagement, das das Gemeinwohl und das eigene Wohl befördern kann.

Obgleich das Ehrenamt für viele Menschen ein durchaus wichtiger Bestandteil ihres Lebens darstellt, und es gesamtgesellschaftlich erwünscht ist, bleibt die Frage, ob es hinreichend und professionell begleitet und gefördert wird. Aktuell wird das ehrenamtliche Engagement durch staatliche Initiativen und Fördergelder, kirchliche Träger oder auch Stiftungen, wie z.B. die Robert Bosch-Stiftung oder Körber-Stiftung, unterstützt.[2251]

Durch das ehrenamtliche Engagement erlebt der Mensch, dass er wichtig ist und gebraucht wird. Er tut etwas Sinnvolles in seiner freien Zeit. Zugleich bedarf es einer angemessenen Unterstützung und zum Teil auch einer Qualifizierung der ehrenamtlich engagierten Personen. Ferner könnte der individuelle Bildungsgehalt durch eine gezielte Unterstützung und Förderung des Reflexionsprozesses vonseiten speziell geschulter Pädagogen gefördert werden. Negativen Wirkkreisläufen wäre im Idealfall frühzeitig entgegenzusteuern. Darüber hinaus könnten Freizeitpädagogen einen bewussten Umgang mit der freien Zeit und

2250 siehe weiterführend: Menzen 2008.

2251 vgl. Website des Bundesministeriums für Gesundheit (2017). URL (2018); Website der Koerber-Stiftung. URL (2018); Website der Robert Bosch-Stiftung. URL (2018).

die Ausbalancierung der eigenen Interessen und Bedürfnisse unterstützen und somit zu einem nachhaltigen Engagement des einzelnen beitragen.

In der heutigen Zeit spielt die Fähigkeit, sich mit anderen Menschen zu vernetzen und sich gemeinsam für eine Sache zu engagieren, eine große Rolle. Demgegenüber ist nicht davon auszugehen, dass alle Menschen, die sich ehrenamtlich engagieren möchten, über entsprechende Kompetenzen verfügen. Auch hier wäre eine professionelle Unterstützung hilfreich, damit das Ehrenamt wirklich allen Menschen offensteht.

In der Begleitung, Organisation und Förderung des ehrenamtlichen Engagements könnten Freizeitpädagogen einbezogen werden und durch ihre Expertise die Menschen in ihrer persönlichen Entwicklung unterstützen.

Das ehrenamtliche Engagement erstreckt sich angesichts der weltweiten Flüchtlingsbewegung heute vermehrt auf den interkulturellen Bereich. Hierzu ist es demzufolge vermehrt notwendig, potentielle Helferinnen und Helfern beim Aufbau interkultureller Kompetenzen zu unterstützen, ihnen in ihrer Freizeit leicht zugängliche Informationen über die kulturellen und sprachlichen Hintergründe der Flüchtlinge, aber auch die politischen, wirtschaftlichen wie auch gesetzlichen Implikationen zugänglich zu machen.

Hierzu gibt es bereits vielfältige Initiativen, die auch vonseiten entsprechender Netzwerke, Vereinigungen etc. (z.B. „Pro Asyl", „Mediendienst Integration"[2252]) unterstützt werden. Seit 1999 gibt es „Bundesarbeitsgemeinschaft der Freiwilligenagenturen e.V." (Bagfa), die einen Zusammenschluss von ca. 195 Freiwilligenagenturen unter der gegenwärtigen Schirmherrschaft die des Bundespräsidenten Frank-Walter Steinmeier darstellt.[2253]

Dabei geht es nicht nur darum, Bundesbürger/innen zum freiwilligen Engagement zu motivieren und sie dabei zu unterstützen, sondern es werden auch (Modell-)Projekte entwickelt wie „Teilhabe durch Engagement: Das Engagement von und mit Flüchtlingen stärken – Begegnungen schaffen und Beteiligung ermöglichen"[2254], die die freie Zeit der Flüchtlinge produktiv durch freiwilliges Engagement gemeinsam mit Bundesbürger/innen gestalten.

Es finden dazu durchaus Maßnahmen zur Qualitätssicherung statt und es wurde ein entsprechendes Qualitätssiegel[2255] entwickelt. Speziell mit dem Ausbau

---

2252 vgl. Dieden 2015. URL (2017).

2253 vgl. Bagfa – Bundesarbeitsgemeinschaft der Freiwilligenagenturen e.V. URL (2017); Bagfa – Bundesarbeitsgemeinschaft der Freiwilligenagenturen e.V. URL (2018).

2254 Bagfa – Bundesarbeitsgemeinschaft der Freiwilligenagenturen e.V. URL (2017b).

2255 vgl. Bagfa – Bundesarbeitsgemeinschaft der Freiwilligenagenturen e.V. URL (2018b); Bagfa – Bundesarbeitsgemeinschaft der Freiwilligenagenturen e.V. URL (2018b)

und Aufbau benötigter Kompetenzen für das freiwillige ehrenamtliche Engagement befasst sich auch das Bundesnetzwerk Bürgerliches Engagement.[2256] Der Fokus liegt hierbei in der Regel auf Fragen der Organisation und der Möglichkeit, freiwilliges Engagement zu fördern und die Partizipation zu erhöhen. Allerdings – und dies könnte auch ein Kritikpunkt sein, werden Menschen hierbei weniger unterstützt, Kompetenzen für die Freizeit aufzubauen. Persönliche Entwicklungs- und Bildungsprozesse finden zwar in der Freizeit statt, werden aber nicht immer systematisch reflektiert und der Umgang mit der eigenen Lebenszeit ist offiziell kein Thema.

Hier müsste die Balance in den Blick genommen werden, dass freiwilliges bürgerliches Engagement einerseits einen hohen gesellschaftlichen Wert hat, auf der anderen Seite aber auch eine subjektive Bedeutsamkeit für die Einzelperson mit sich bringt. Nicht zu leugnen ist, dass ehrenamtliches Engagement Ernstcharakter hat und vielfältige non-formale und informelle Bildungsimpulse mit sich bringt.

Grundsätzlich ist an dieser Stelle aber auch auf eine Entgrenzung des ehrenamtlichen Engagements zu weisen, da es sich nicht mehr nur auf Aktivitäten innerhalb der eigenen Region handelt. So möchten gerade auch viele junge Menschen ihr gesellschaftliches und ehrenamtliches Engagement mit Reisen und dem Kennenlernen eines anderen kulturellen und ökologischen Umfelds verbinden.

Dabei darf eine berechtigt kritische professionstheoretische Sichtweise nicht aus dem Blick geraten: Ehrenamtliches Engagement ist kein Ersatz für professionell ausgebildetes Fachpersonal und sollte auch nicht in den Aufgaben und Verantwortungsbereichen gleichgestellt eingesetzt werden. Hiermit ist auch ein Gefahrenmoment verbunden, dass eine informelle Professionalisierung stattfindet, die zur Deprofessionalisierung und damit Verschlechterung der Bedingungen im jeweiligen Berufsfeld beiträgt.

11.7 Freizeitbildung, Tourismus und Ökologie

Freizeitbildung erfolgt durchaus im Kontext von Reisen und Auslandsaufenthalten. Dabei liegt der Fokus auf der Bildung in der Freizeit und eher selten auf einer Bildung für die Freizeit. (vgl. hierzu Kap. 6.4)

Ein Beispiel für die Verbindung von freiwilligem Engagement und Reisen stellt das heutige Volunteering dar. Hierbei geht es darum, sich in bestimmten

---

2256 vgl. Website des Bundesnetzwerks Bürgerliches Engagement. URL (2018).

Projekten (z.B. soziale Projekte im Bereich der Entwicklungshilfe, Umweltschutzprojekte) in der Regel unentgeltlich für eine bestimmte Zeit im Ausland zu engagieren. Das Ganze wird durch entsprechende Anbieter organisiert und ist in der Regel für die „Volunteers“ durchaus nicht kostenneutral, obgleich einige Programme vom „Bundesministerium für wirtschaftliche Zusammenarbeit und Entwicklung“ (BMZ) gefördert werden. Als Beispiel kann hierzu auf das Programm „Weltwärts“[2257] verwiesen werden, das sich an die Altersgruppe der 18- bis 28-Jährigen richtet und sich zunächst kostenneutral darstellt: 75 % der Kosten werden vom BMZ getragen, die restlichen 25% soll die Entsendeorganisation beisteuern, so wird geworben, wobei freiwillige Spenden vielfach vorausgesetzt werden.[2258]

Geworben wird für das Volunteering bei „Weltwärts“ damit, dass es sich um einen „Lerndienst“ handele, der ermögliche, seine Sprachkenntnisse auszubauen, interkulturelle Kompetenzen aufzubauen, „Menschen aus anderen Kulturen auf Augenhöhe zu begegnen“[2259] und sich für benachteiligte Kinder, Bildungs-, Umwelt- oder Gesundheitsprojekte einsetzen zu können.[2260]

> „Als Einsatzbereiche kommen alle entwicklungspolitischen Arbeitsfelder in Betracht, wie Bildung, Gesundheit, Umwelt- und Ressourcenschutz, Menschenrechte oder Demokratieförderung. Übergreifend geht es bei allen Arbeitsfeldern darum, die weltweite Armut zu bekämpfen, Ressourcen zu bewahren, Frieden zu sichern, Demokratie zu verwirklichen und die Globalisierung gerecht zu gestalten.“[2261]

Appelliert wird somit an den jugendlichen Idealismus und das Engagement für soziale Gerechtigkeit, sowie das Bedürfnis vieler Jugendlicher, nach der Schulzeit etwas Sinnvolles zu tun und zugleich das Fernweh und die Neugierde auf die Welt jenseits von Schule und Elternhaus. Dabei handelt es sich im engeren Sinne nicht um einen Urlaub oder eine Freizeit, sondern um das Einbringen seiner Arbeitskraft in ein Projekt mit geregelter Arbeitszeit (40-Stunden-Woche) bei kostenloser Unterbringung, Verpflegung und einem Taschengeld.[2262] Abgaben in die Arbeitslosen- und Rentenversicherung werden für diese Zeit nicht gezahlt.[2263]

2257 vgl. Website Weltwaerts.de. URL (2017a).
2258 vgl. Website Weltwaerts.de. URL (2017b).
2259 Website Weltwaerts.de. URL (2017b).
2260 vgl. Website Weltwaerts.de URL (2017c).
2261 Website Weltwaerts.de. URL (2017c).
2262 vgl. Website Weltwaerts.de. URL (2017d).
2263 Website Weltwaerts.de. URL (2017b).

Wichtig erscheint es daher, zwischen unterschiedlichen Anbietern und Formen zu differenzieren, die sich in Trägerschaft und Dauer Freiwilligenarbeit unterscheiden: Zum einen gibt es die „Internationalen Freiwilligendienste“ (IFD), zu denen auch „Weltwärts“ zählt und zum anderen gibt es den „Volunteer Tourism“ (VT).[2264]

> „Der Bedeutungsunterschied zwischen Volunteer Tourismus (von engl. ‚voluntourism'; auch Voluntourismus genannt) und IFD ist vor allem an den beteiligten Akteuren sowie an der Dauer des Arbeitseinsatzes festzumachen. Ist ein öffentlicher Träger involviert, handelt es sich um einen IFD, der i.d.R. einen längeren Zeitraum beansprucht.“[2265]

Die Grenzen zwischen den Formen sind dabei eher als fließend zu betrachten. Grundsätzlich sind die Motive und Auswirkungen des Volunteerings kritisch zu reflektieren und nicht per se als ethisch vertretbare Freizeitbildung zu werten.

So sind sicherlich nicht alle Formen des Volunteerings unumstritten, oftmals dienen diese Freiwilligendienste weniger den sozial benachteiligten Menschen in anderen Ländern als dem guten Gewissen und „Erfahrungshunger“ sowie als Bewährungsprobe und neuer Erlebnis- und Erfahrungsraum westlicher Reisender.

Insbesondere im Bereich des investigativen Journalismus und den öffentlichen Medien wurden hierzu sehr viele kritische Beiträge hervorgebracht. Es besteht durchaus die Gefahr, dass sich ursprünglich gut gemeinte Ansätze und Konzepte kommerziell verselbständigen und die Implikationen für die Menschen vor Ort, wie auch jene für die Reisenden von hier, nicht hinreichend bedacht werden. Nicht zuletzt dient solches ehrenamtliche Engagement auch der eigenen Vita und wird als sinnvolle Ergänzung des eigenen Lebenslaufs betrachtet.[2266]

So mögen sich junge Menschen zwar gerne in einem Waisenhaus in Kambodscha oder Nepal[2267] engagieren und hier – ohne entsprechende pädagogische Vorbildung – mit Kindern arbeiten (z.B. Englischunterricht erteilen, mit ihnen spielen, sie betreuen), der Wert für die Kinder ist aber fragwürdig. Nach einigen Wochen oder Monaten verlassen die Volunteers die Einrichtung, die Kinder bleiben zurück – nicht selten mit der Trauer um eine Bindungsperson, die sie ins Herz geschlossen haben.[2268]

2264 vgl. Michaelis 2016, S. 83.

2265 ebd., S. 83.

2266 vgl. weiterführend: Orth/Lenz 2013. URL (2017).

2267 vgl. Wieners 2016. URL (2017).

2268 siehe hierzu z.B. Barlett 2014. URL (2017).

Inzwischen gibt es im medialen Diskurs bereits den Terminus „Waisenhaus-Tourismus". Die Schattenseite reicht wohl soweit, dass nicht auszuschließen ist, dass Kinder (mit Eltern) in der Konsequenz einer hohen Nachfrage gezielt für die Unterbringung in Waisenhäuser gesucht werden.[2269] Hierzu liegt zu Kambodscha bereits eine Studie von UNICEF vor, die derartige Zusammenhänge beklagt.[2270]

Fraglich bliebt, dass die Betreuung vor Ort und die Vorbereitung durch entsprechend qualifiziertes Personal erfolgen sollte. Nicht zuletzt besteht auch die Gefahr für junge Volunteers, mit der angetroffenen Aufgabe und den Eindrücken überfordert zu sein.

Volunteering als Handlungsfeld für (Freizeit-)Pädagogen würde die kritische Reflexion der Projekte ebenso implizieren, wie die fachkundige Begleitung und Vorbereitung der Volunteers. So wäre es auch wichtig, den Reflexionsprozess der Volunteers zu unterstützen und die Grenzen der Handlungsmöglichkeiten bewusst zu machen.

Dass Reisen bildet, ist weitgehend unumstritten. Die Bildungsreise hat historisch betrachtet eine lange Tradition und gehörte einst zum Erwachsenwerden hinzu. Als Abschluss eines akademischen Bildungsweges forderte bereits Jan Amos Comenius die Studienreise in die Nachbarstaaten.[2271]

Mit Entstehung der Zünfte wurde auch die sogenannte „Walz" der Gesellen populär: Handwerksgesellen, die Meister werden wollten, mussten für drei Jahre auf die Walz gehen, um sich Kenntnisse und Fähigkeiten von verschiedenen Meistern anzueignen.[2272]

Die „Grand Tour"[2273] hingegen galt seit der Renaissance als ein für den Bildungsweg adliger Söhne unverzichtbares Privileg. Höfische Konventionen, politisches Denken und Weitblick sowie die sprachlichen Kompetenzen sollten hierbei ebenso ausgebaut werden, wie es hilfreich war, soziale Verbindungen anzubahnen. Später übernahm das Bürgertum die Idee der Bildungsreise ebenso für seine (männliche) Jugend.

Dem Reisen wurde eine bildende und die Persönlichkeit entwickelnde Funktion zugesprochen. Ferner verband sich hiermit die Hoffnung, dass der

---

2269 vgl. hierzu z.B.: Lübbers 2013. URL (2017).

2270 vgl. UNICEF 2011, S. 26. URL (2018).

2271 vgl. Comenius 1961, S. 259; Comenius 1996b, S. 372.

2272 vgl. Elis 2004, S. 12.

2273 vgl. Website „Die Grand Tour des Adels". URL (2017).

Wissens- und Kenntnistransfer dadurch befördert wird. So diente das Reisen durchaus auch dem Erwerb von Fertigkeiten und dem Austausch von Expertisen.

Auslandserfahrung gilt heutzutage durchaus als ein wichtiges Qualifikationsmerkmal und wird bei Stellenausschreibungen und Bewerbungsverfahren oftmals vorausgesetzt. Mit der „Bologna-Reform" im Hochschulbereich sollte ein europäischer Hochschulraum geschaffen werden, der die Mobilität der Studierenden erhöhen soll. Viele Studiengänge setzen auch ein Auslandssemester voraus. Zusätzlich bestehen an den Universitäten und Hochschulen in der Regel Kooperationen mit Partneruniversitäten im Ausland und der DAAD („Deutscher Akademische Austauschdienst") unterstützt den Auslandsaufenthalt nicht nur organisatorisch und mit Sprachkursen, sondern auch mit Stipendien bzw. Zuschüssen. Der Auslandsaufenthalt und Besuch der Partneruniversität gilt als Bildungsmaßnahme und leistet darüber hinaus einen wichtigen Beitrag zur Internationalisierung der Universitäten.[2274]

An dieser Stelle kann auf entsprechende Bildungsprogramme der Europäischen Union verwiesen werden, die lebenslanges Lernen befördern möchten und u.a. das Ziel verfolgen, Menschen in bestimmten Schlüsselkompetenzen zu stärken, um so möglicher Arbeitslosigkeit vorzubeugen. Das Programm impliziert hierzu auch eine finanzielle Förderung.[2275] Somit besteht hier durchaus ein ökonomisches Interesse, dennoch kann es im weitesten Sinne auch als Maßnahme im Bereich der Freizeitbildung verstanden werden, wenngleich als Kritikpunkt anzuführen wäre, dass ein bewusster Umgang mit der eigenen freien Lebenszeit und Freizeitkompetenzen nicht thematisiert werden.

Trotzdem ist es eine Form der Bildung im Ausland, die sich auf beide Lebensbereiche – das Studien- bzw. Erwerbsleben und die Freizeit auswirkt und neue Erfahrungen impliziert.

2274 siehe weiterführend die Website des Deutschen Akademischen Austauschdienstes. URL (2017).

2275 Genaueres kann dem Programm-Leitfaden entnommen werden. Siehe hierzu: European Commission Erasmus + Programmleitfaden (Version 2/2017). URL (2018). Es bestehen genaue Richtlinien, welche Zielgruppe einen Antrag auf Förderung stellen kann und wie hoch der Zuschuss gewährt werden kann.

COMENIUS	ERASMUS	LEONARDO DA VINCI	GRUNDTVIG
Schulische Bildung	Hochschulbildung und akademische Ausbildung	Berufliche Bildung	Erwachsenen-bildung
Programm zur Unterstützung der Jugend (Jugend in Aktion)			
Programm zur Unterstützung des Sports			

Abb. 81: EU-Programm für Bildung, Jugend und Sport: Erasmus + (2014–2020) (Quelle: Website EU-Bildungsprogramme in Bayern. URL [2018]).

Als gemeinsame Schnittmenge zur Freizeitbildung lässt sich aber vor allem auf folgende Zielsetzungen verweisen:

- „(…) Befähigung junger Menschen zu aktiver Teilhabe an der Gesellschaft (…)“[2276]
- Menschen „(…) ermöglichen, eine aktive Rolle in der Gesellschaft zu spielen und persönliche Entfaltung zu erreichen (…)“[2277]
- „(…) Unterstützung von Aktivitäten zum formalen, nichtformalen und informellen Lernen in allen Bereichen (…)“[2278]

Dafür geht das Programm Erasmus+ auf die Bedeutsamkeit der Förderung von Sport und Bewegung explizit ein.

Heute wird explizit für die Idee, dass Reisen bildet, im touristischen Segment des Kulturtourismus für Studienreisen geworben, die auch explizit ältere Menschen als Zielgruppe ansprechen. So entdecken immer mehr Hochschulen auch die ältere Bevölkerung an Zielgruppe – sei es im Rahmen des Seniorenstudiums oder der Studienreisen.[2279]

Daneben erfreuen sich aber auch Sprachreisen bei Schüler/innen und Student/innen relativ hoher Beliebtheit und versprechen eine „perfekte Kombination von Freizeitspaß und Sprachunterricht“ (Berlitz Sprachreisen für Kinder und Jugendliche).[2280]

2276 European Commission Erasmus + Programmleitfaden (Version 2/2017), S. 7. URL (2018).

2277 ebd., S. 7. URL (2018).

2278 ebd., S. 7. URL (2018).

2279 siehe hierzu bspw.: Angebot der Akademie für Weiterbildung der Universität Bremen: Wissenschaftliche Studienreisen. Angebot 2017. URL (2017).

2280 Website Berlitz.de. URL (2017).

Ein weiteres boomendes Feld stellt der naturnahe Tourismus, der Ecotourismus,[2281] bzw. der ökologische Tourismus, dar. So formuliert die schweizer „Fachstelle Tourismus und nachhaltige Entwicklung“ in ihrem Handbuch es wie folgt:

> **„Natur- und Kulturerlebnisse liegen im Trend**
> Immer mehr Gäste suchen in ihren Ferien das authentische Natur- und Kulturerlebnis. Ein deutlicher gesellschaftlicher Wertewandel ist feststellbar – hin zu Ruhe und Stille, Zeit und Musse, Umwelt, Gesundheit und Nachhaltigkeit. Weil die natürlichen und kulturellen Attraktionen diese Werte ‚verkörpern' und transportieren, ist dieser Wertewandel für das Segment des natur- und kulturnahen Tourismus von grösster Bedeutung. Die Konsumforschung spricht in diesem Zusammenhang unter anderem vom wachsenden Segment des ‚Lifestyle of Health and Sustainability' (Lebensstil für Gesundheit und Nachhaltigkeit), kurz ‚LOHAS'. Damit wird jene Bevölkerungsgruppe bezeichnet, die in ihrem Konsumverhalten verstärkt auf Gesundheit und Nachhaltigkeit achtet.“[2282]

Diesem Trend kann durchaus auch ein bildendes Potenzial zugesprochen werden.

Ein Ziel hierbei ist es u.a., eine nachhaltige Form des Tourismus zu schaffen und Tourismus und Umweltschutz in Einklang zu bringen. „The International Ecotourism Society“ (TIES) beruft sich bei der Beschreibung, was Ecotourism auf ihre Definition aus dem Jahr 2015:

> „Ecotourism is now defined as 'responsible travel to natural areas that conserves the environment, sustains the well-being of the local people, and involves interpretation and education' (TIES, 2015). Education is meant to be inclusive of both staff and guests."[2283]

Bildung stellt hierbei einen Schlüssel zu einem ethisch (noch) verantwortbarem Ökotourismus dar, der nicht selten von dem Profitstreben der Menschen und einer hohen Nachfrage unterminiert wird. Dass die Sehnsucht des Menschen nach möglichst unberührter Natur einen Widerspruch in sich birgt, ist selbstredend.

Nichtsdestotrotz kann die Grundidee des Ökotourismus durchaus zur Umweltbildung und zum Erhalt der Natur beitragen, wenn er bestimmten Kriterien gerecht wird und in begrenztem Maße erfolgt. Notwendig sind hinreichende

---

2281 An dieser Stelle sei nur kurz darauf verwiesen, dass die Begriffe vielfach synonym verwendet werden, der Schwerpunkt beim naturnahen und Naturtourismus aber nicht explizit auf der Nachhaltigkeit liegt, der Ecotourism diese in der Regel impliziert. Eine einheitliche wissenschaftliche Definition von Ecotourismus bzw. Ökotourismus liegt bis heute nicht vor. (vgl. hierzu weiterführend: Butzmann 2017, S. 31).

2282 Forster/Gruber/Roffler. u.a. 2011, S. 14. URL (2017).

2283 Website "The International ecotourism Society". URL (2017).

Umweltschutzbedingungen in den bereisten Ländern (und die Einhaltung selbiger) sowie die Frage, welche Auswirkungen der Öko- und Naturtourismus auf die einheimische Kultur und Bevölkerung hat.

Wichtig wäre darüber hinaus eine bewusste Analyse des potenziellen Bildungswerts und eine entsprechende Gestaltung des Aufenthalts, damit dieser Potenzial für die Selbstbildung bestmöglich entfalten kann.

Ökologischer Tourismus wird aus der Perspektive der Entwicklungszusammenarbeit auch als ein „Instrument zur Förderung der Regionalentwicklung und Unterstützung beim Schutzgebietsmanagement“[2284] betrachtet. Im Idealfall sollte der ökologische Tourismus zur Errichtung von Naturschutzmaßnahmen und -gebieten beitragen und Menschen für die Schönheit und Verletzlichkeit der Natur und Fragen des Umweltschutzes sensibilisieren. Nachhaltigkeit kann letztlich nur erzielt werden, wenn die Natur und Landschaft erhalten bleibt und die einheimische Bevölkerung auch einen ökonomischen Vorteil durch den Erhalt und den bewussten Umgang mit den natürlichen Ressourcen erleben darf.

In der Organisation und Begleitung von Bildungsreisen kann durchaus ein Handlungsfeld für Freizeitpädagogen erkannt werden.

Im Bereich von Ecotourism sind zusätzliche Kenntnisse und Fertigkeiten wichtig, um nicht nur eine bildungsorientierte Freizeit, sondern auch einen nachhaltigen und umweltgerechten Tourismus in fremden Regionen zu etablieren.

Ein weiteres mögliches Handlungsfeld für Freizeitpädagogen und auch Lehrkräften wie Erzieher/innen findet sich in den erlebnisorientierten Lernwelten.

11.8 Freizeitwelten als Bildungswelten: Erlebnisorientierte Lernwelten

Die Trennung von Hochkultur und Populärkultur hat sich spätestens seit den 1970er-Jahren verflüssigt.

> „In den siebziger Jahren des vorherigen Jahrhunderts hatte sich das Kulturverständnis in Deutschland grundlegend verändert: Die traditionelle Hochkultur bemühte sich um Breitenwirkung (…). Im Laufe der nächsten Jahre entwickelte sich eine kulturelle Bewegung, die als ‚Kultur für alle‘ bzw. als ‚Populärkultur‘, ‚Alltagskultur‘ und ‚Freizeitkultur‘ in Konzepte der Politik [und Wirtschaft, eigene Anmerk.] Eingang fand.“[2285]

Nicht nur die Trennung zwischen Hoch- und Populärkultur erscheint überholt, sondern auch die Trennung zwischen Bildung und Unterhaltung.

2284 Website Bundesamt für Naturschutz. URL (2018).

2285 Opaschowski/Pries/Reinhardt 2006, S. 244.

Zudem hat die Globalisierung, verbunden mit günstigeren Reisemöglichkeiten und natürlich dem Internet, ein Zusammenwachsen von medial verbreiteten Trends (z.B. in der Pop-Kultur) bewirkt. International operierende Konzerne eröffnen z.B. Freizeitparks mit gleichen oder ähnlichen Konzepten auf unterschiedlichen Kontinenten. Ein Beispiel hierfür wäre der Euro-Disney-Park, der 1992 in Paris wurde.[2286]

Heute stellen sowohl der mediale Unterhaltungssektor als auch der Freizeitsektor bedeutsame ökonomische Faktoren dar. Bereits 1995 thematisierte Horst Opaschowski in seinem Werk „Freizeitökonomie: Marketing von Erlebniswelten" diesen Umstand.

Erlebnisorientierte Lernwelten haben sich inzwischen durchaus relativ weit ausdifferenziert und der mögliche Bildungsertrag ist durchaus sehr unterschiedlich zu bewerten. Nicht selten steht das kommerzielle Interesse im Vordergrund: Es werden ökonomisches Werbe- und Verkaufsinteressen um Bildungsangebote erweitert, die weitere Besucherkreise erschließen (oder halten), dem Firmenimage dienen und den Absatz von Waren befördern sollen. Es geht dabei um das Image der Marke und die Evozierung eines „guten" Gefühls und Eindrucks bei den potentiellen Kunden und Vertragspartnern.

In der Regel verfügen derartige Angebote über ausgeklügelte Marketing-Konzepte und verstehen es sehr wohl, psychologische Strategien so einzusetzen, dass sie für die Besucher meist unbemerkt wirksam werden.

Erlebnisorientierte Lernorte bewegen sich somit im Spannungsgefüge zwischen dem Primat der Bildung und dem Primat des Advertisements/Konsum.

Unzweifelhaft wird dem Museum ein größerer Bildungswert zugesprochen als einer erlebnisorientierten Shopping Mall. Dennoch muss kritisch darauf verwiesen werden, dass Bildung nicht technologisch herstellbar ist und auch ein Museumsbesuch nicht zwangsläufig eine bildende Erfahrung darstellt. Nicht zuletzt setzt die moderne Museumspädagogik auf einen erlebnisorientierten Zugang und bietet vielfältige Programmpunkte an, die sich an spezifische Zielgruppen richten. So gehört bei vielen Museen auch die Ausrichtung von Kindergeburtstagen oder eine Museumsrallye zum Angebot, das mancherorts bereits mehrsprachig ausgerichtet ist.[2287]

2286 Jedoch – das muss man auch sagen – befindet sich der Euro Disney-Park spätestens seit den Terror-Anschlägen von Paris in einer wirtschaftlichen Krise. (vgl. parkerlebnis.de. URL [2017]).

2287 vgl. z.B.: Website Naturkundemuseum Stuttgart. URL (2018); Website Badisches Landesmuseum. URL (2018). Website Historisches Museum der Pfalz Speyer. URL (2018); Website Jugend im Museum e.V. URL (2018).

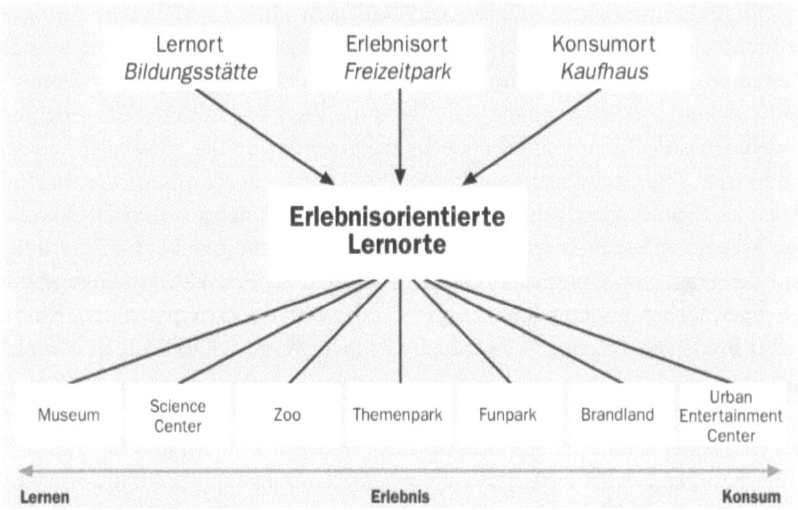

Abb. 82: Erlebnisorientierte Lernorte zwischen Lernen und Konsum[2288]
(Quelle: Freericks)

Die Grenzen zwischen Bildungs- und Konsumwelten erodieren, d.h. (konsumorientierte) Freizeitwelten entwickeln sich durchaus zu Bildungswelten weiter, die den Menschen einen unterhaltsamen und erlebnisorientierten Zugang zu ganz unterschiedlichen Wissensbereichen bieten. Selbst der Autokauf wird z.B. durch die Autostadt Wolfsburg[2289] zu einem Event für die ganze Familie: Es gibt explizite Bildungsangebote zur nachhaltigen Entwicklung, zur Mobilität, frühkindliche Bildungsangebote als Workshops wie „Wasserwisser" oder „Magnetologen" [2290] oder auch mobile Angebote wie die „Ideenexpo" in Hannover. So wirkt die Autostadt Wolfsburg auch als anerkannter außerschulischer Lernort auf der Didacta mit.[2291]. Sicherlich dient das Engagement für Bildung auch dem Image der Marke.

2288 Quelle: Freericks 2006, S. 32. URL (2018).
2289 vgl. u.a. Website der Autostadt Wolfsburg. URL (2017); NDR.de – Ratgeber Reise (URL (2018).
2290 Website der Autostadt Wolfsburg. URL (2017b).
2291 vgl. Website der Autostadt Wolfsburg. URL (2017c).

Die Bildungsmöglichkeiten weisen somit weit über das klassische Automuseum hinaus, das Gelände selbst lädt durch seine Gestaltung und Architektur die Besucher ein, es zu erkunden und die unterschiedlichen Markenpavillions[2292] zu besuchen. Gezielt verbindet sich damit die Werbung mit Freizeit-, Erlebnisangeboten und Bildungsangeboten für die gesamte Familie. Zusätzlich werden zahlreiche Veranstaltungen angeboten. 2017 wurde der „Cirque Nouveau" als Event des Sommerfestivals angepriesen, aber es gibt neben zahlreichen weiteren Angeboten beispielsweise auch Kochworkshops, ein Angebot für Eltern, sich mit der Frage von Computer- und Videospielen als Freizeitbeschäftigung vieler Jugendlicher auseinanderzusetzen[2293] oder auch Workshops, in dem Kinder selbst Brettspiele bauen.[2294] Trotzdem darf nicht vergessen werden, dass es sich um Brandland handelt.

Moderne Science-Center wie die Experimenta in Heilbronn[2295] stellen heute beliebte außerschulische Lernorte dar, die vor allem Kindern und Jugendlichen einen handlungsorientierten, erfahrungsbasierten Zugang zu naturwissenschaftlichen Wissensbereichen bieten und zum Mitmachen, Staunen und Forschen anregen möchten. In der Regel finden sich zielgruppenorientierte Angebote, die sich an Schulklassen, aber auch an Eltern richten (z.B. Ferienprogramm, Aktionstage, Kindergeburtstag).[2296]

Prinzipien der Freizeitpädagogik wie die Animation, ein sinnlicher, erfahrungsorientierter und handlungsorientierter Lernzugang, Freiraum zu selbstbestimmten Lernen spielen hier eine zentrale Rolle. Dabei können einmal mehr ein kognitiv ausgerichteter Zugang und die (selbstgesteuerte) Aneignung von neuem Wissen im Vordergrund stehen, ein anderes Mal werden die Besucher/innen einer Erlebniswelt mehr zum Eintauchen in einen ästhetisch-sinnlichen Erfahrungsraum verführt. Nicht immer steht somit ein kognitiver Bildungsanspruch im Vordergrund. Auch unterscheiden sich die Angebote dahingehend, ob sie die Besucher/innen in erster Linie zu einer eher „passiven Beteiligung" animieren (staunen, zuschauen, sich in fremde Welten entführen lassen) oder die Teilnehmer/innen dazu verleiten, Dinge selbst auszuprobieren, aktiv zu werden und einen handelnden Umgang mit den Dingen zu praktizieren.[2297]

2292 vgl. Website der Autostadt Wolfsburg. URL (2017d).

2293 vgl. Website der Autostadt Wolfsburg. URL (2017e).

2294 vgl. Website der Autostadt Wolfsburg. URL (2017f).

2295 vgl. http://www.experimenta-heilbronn.de/ (09.09.2017).

2296 vgl. Website der Experimenta Heilbronn. URL (2017), gefördert wird die Experimenta von der Schwarz-Stiftung.

2297 vgl. Freericks/Brinkmann 2005, S. 336.

Demgegenüber steht die Tatsache, dass Freizeiteinrichtungen und -aktivitätsangebote vielfach nur bedingt dem Inklusionsauftrag gerecht werden (können).

> „Die meisten Ferien- und Freizeitparks haben sich gut auf die Bedürfnisse von Menschen mit Behinderungen eingestellt. Jedoch dürfen manche Fahrattraktionen aus Sicherheitsgründen nicht von Rollstuhlfahrerinnen und Rollstuhlfahrern genutzt werden."[2298]

Dennoch sind Menschen mit Behinderung in ihrer Freizeitgestaltung oftmals auf Assistenz angewiesen und insbesondere Menschen mit geistigen Einschränkungen erleben in hohem Maße eine „fremdbestimmte", d.h. „organisierte Freizeitgestaltung" – vor allem einer Unterbringung in einer entsprechenden Einrichtung.[2299]

Nicht alle erlebnisorientierten Lernorte sind in gleichem Maße für alle Menschen jeden Alters zugänglich und sinnvoll.

Renate Freericks und Dieter Brinkmann versuchen erlebnisorientierte Lernräume im Sinne von Lernszenarien zu erfassen und dabei den Grad an emotionaler bzw. kognitiver Aktivierung sowie den Beteiligungsmodus zu berücksichtigen. Hierzu haben sie folgende Grafik entwickelt, die deutlich macht, dass es sich um eine Gradwanderung handelt.

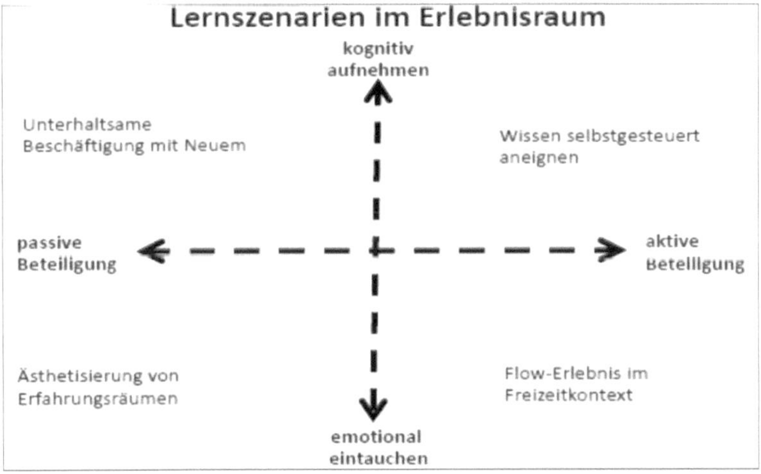

Abb. 83: Grafik zu „Lernszenarien im Erlebnisraum" nach Freericks/Brinkmann (2005, S. 341)

2298 Website „Einfach teilhaben". URL (2017).
2299 vgl. Markowetz 2000, S. 30f.

Dennoch darf nicht vergessen werden, dass jedes Individuum das Angebot subjektiv nutzt und verarbeitet. Hier könnte auch auf das für den schulischen Bereich entwickelte Angebot-Nutzungsmodell von Andreas Helmke verwiesen werden, das sowohl die individuellen Lernvoraussetzungen als auch das Setting sowie das Angebot und weitere Variablen in den Blick nimmt.[2300]

Durch erlebnisorientierte Lernwelten sollen nonformale und auch informelle Lernprozesse ermöglicht werden, die die Neugier auf Wissen wecken. Dabei stehen die Freude am Lernen sowie am Erkenntnisgewinn im Vordergrund und nicht das Erreichen bestimmter Lernziele oder abprüfbarer Kompetenzen. Trotz der Vielfältigkeit des Angebots lassen sich Charakteristika erlebnisorientierter Lernorte beschreiben. Renate Freericks und Dieter Brinkmann charakterisieren erlebnisorientierte Lernorte in erster Linie durch folgende Merkmale:

(a) „Lernorte außerhalb genuiner Bildungsinstitutionen";
(b) „Hybride Lernformen zwischen Bildung und Unterhaltung";
(c) „Inszenierung komplexer Erfahrungsfelder";
(d) „selbstgesteuerte Erkundung durch die Nutzer";
(e) „Integration realer und medialer Angebote"
(f) „Teil einer ‚experience economy'"[2301]

Es versteht sich, dass es sowohl für die Konzeption und Planung wie auch die Umsetzung pädagogisch geschulten Personals bedarf und hier Freizeitpädagogen neben Erziehern, Erziehungswissenschaftlern, Lehrkräften, Kulturpädagogen etc. ein Handlungsfeld finden können.

Ein weiteres Feld stellt auch die Konvergenz realer und virtueller Lern- und Erlebnislandschaften dar. Neuartige Technologien ermöglichen z.B. die Entwicklung ganz neuartiger museumspädagogischer Ansätze als Erlebnis- und Bildungsmöglichkeiten in der Freizeit.

Ein breites Feld nehmen heute sicherlich sogenannten „Info- und Edutainment"-Angebote ein, in denen selbstgesteuerte, unterhaltsame Informations- und Lernmöglichkeiten geboten werden. Der Terminus „Edutainment" setzt sich aus den Begriffen „Education" und „Entertainment" zusammen und steht für ein unterhaltsames Bildungsangebot.[2302] Im weiteren Sinne zählen hierzu auch die Museen, Botanischen Gärten oder Science Center etc., im engeren Sinne ist es

---

2300 siehe weiterführend z.B.: Helmke 2002, S. 261–277.
2301 Freericks/Brinkmann 2005, S. 336.
2302 vgl. Reinhardt 2005, S. 16ff.

medial vermitteltes Wissen, z.B. durch Computerspiele, die spielerisches Lernen ermöglichen, bei dem der Spaß aber nicht zu kurz kommen soll.[2303]

Die Qualität dieser Angebote ist sehr unterschiedlich. Da sie meist kommerziell ausgerichtet sind, ist der tatsächliche Bildungswert durchaus erst einmal zu prüfen: Es gibt Edutainment-Angebote, in denen der Spaßfaktor und eine Freizeitanimation ohne besonderen Bildungsanspruch stärker im Vordergrund stehen und solche, in denen das Lernen und ein potentieller Bildungsanspruch stärker akzentuiert sind.[2304] Allerdings erzeugt die Gegenüberstellung von „Edutainment im Sinne von Freizeitanimation" versus „Edutainment als pädagogische Lernchance" bei R. Bauer als eine verkürzte Sicht, denn: Bildung und Lernen kann sicherlich auch Spaß machen und unterhaltsam sein – und Freizeitanimation darf auch bildend sein!

Um den Bildungsanspruch zu betonen, sprach der Amerikaner Clark C. Abt bereits im Jahr 1971 von sogenannten „Serious Games".[2305] Als ein aktuelles Beispiel für den Einsatz von „Serious Games" für das Sprachlernen kann auf das „Lernabenteuer Deutsch – Das Geheimnis der Himmelsscheibe"[2306] des Goethe-Instituts verwiesen werden, in dem Menschen mit nichtdeutscher Muttersprache sich auf spielerische Weise die deutsche Sprache und auch landeskundliches Wissen aneignen können.[2307]

Letztlich befinden wir uns in einer medialen „Informationsgesellschaft" und die Vermittlung von Medienkompetenz ist sicherlich nicht nur Aufgabe der Schule, sondern auch ein wichtiger *Teil*aspekt der Freizeitbildung im Kinder- und Jugendalter. Zugleich sei auf die Gefahr verwiesen, dass andere Freizeitaktivitäten, die Primärerfahrungen und körperliche Betätigung sowie direkte und reale Interaktionsmöglichkeiten mit anderen Menschen erlauben, durch die vielfältigen Möglichkeiten seine Freizeit mit Medien zu gestalten, zu kurz kommen können.[2308]

2303 Es handelt sich hierbei nicht um programmiertes Lernen oder systematische Lernprogramme.

2304 vgl. Bauer 1998, S. 50; Wohlers 2002.

2305 vgl. Website des Landesmedienzentrums Baden-Württemberg. URL (2017).

2306 Goethe-Institut: Lernabenteuer Deutsch. Das Geheimnis der Himmelsscheibe. URL (2017); Website des Goethe-Instituts: Serious Games – spielend Sprachen lernen. URL (2017b).

2307 vgl. Website des Goethe-Instituts: Serious Games – spielend Sprachen lernen. URL (2017b).

2308 vgl. Bauer 1998, S. 50.

Freizeitbildung meint somit in diesem Zusammenhang mehr als Medienpädagogik, impliziert aber auch medienpädagogisches Fach- und Praxiswissen.

11.9 Sport, Gesundheit und Freizeitbildung

Prinzipiell kann zwischen einer Bildung in der Freizeit und einer Bildung für die Freizeit unterschieden werden. Bisher wurden in erster Linie Handlungsfelder angesprochen, in denen der Fokus tendenziell stärker auf der Bildung in der Freizeit lag. Daneben gibt es aber gerade im Bereich des Freizeitsports einen Bereich, in denen Menschen Bildungsangebote und Lerngelegenheiten für die Freizeit nutzen: Surfen lernen, Westernreiten, Segeln lernen… neue Trendsportarten für den Freizeitbereich entdecken.

Gerade der Spiel, Sport und Bewegung spielt in der Freizeit vieler Menschen eine große Rolle und kann nicht zuletzt auch zum Erhalt der Gesundheit beitragen.

Viele Sportarten erfordern durchaus eine professionelle Anleitung und ein entsprechendes Training. Dabei eignen sich Menschen nicht nur Wissen über bestimmte Regeln im Sport an, verinnerlichen Bewegungsabläufe, sondern befassen sich oftmals auch mit ihrem eigenen Körper und ihren Ernährungsgewohnheiten. Beim Reiten beispielsweise kommt das Wissen rund ums Pferd hinzu.

Sport – Schulsport wie auch Freizeitsport im außerschulischen Bereich – dient nicht nur der Bewegungsförderung und der Schulung physischer, motorischer Fähigkeiten, sondern auch dem Erwerb und Ausbau sozialer Kompetenzen und Haltungen:

- Mannschaftssportarten dienen dazu, die Einhaltung von Regeln und Fairness anzubahnen und können der Integration von Menschen mit ganz unterschiedlichem soziokulturellem, ökonomischem und ethnischem Hintergrund zuträglich sein.
- Der Umgang mit Sieg und Niederlage, die Selbstüberwindung, das Durchhaltevermögen, die Disziplin etc. können im und durch den regelmäßigem Sport in der Gruppe (Mannschaftssportarten) trainiert werden.
- Wissen um Regelwerke sowie Spielstrategien können in bestimmten Sportarten ebenso erworben werden wie Kenntnisse über persönliche Trainingsmöglichkeiten und Trainingspläne.
- Individualsportarten können ebenfalls dem Erwerb sportlicher Kompetenzen, aber auch dem selbstbestimmten Zielsetzungsverhalten, der Fähigkeit, sich selbst zu motivieren, aber auch dem Ausgleich und der persönlichen

Entspannung dienen und so bewusst als Gestaltungsmittel innerhalb der Work-Life-Balance eingesetzt werden.

Katharina Rolffs spricht exemplarisch dem Fußballspiel folgende Wirkungspotenziale zu:

> „So kann das Fußballspielen den Jugendlichen ermöglichen, Grenzen auszutesten, Regeln akzeptieren zu lernen und Fairness zu praktizieren. Zudem können durch Fußball Eigenschaften wie Disziplin, Einhaltung von Regeln und Pünktlichkeit vermittelt werden, die viele bildungsferne Jugendliche im Elternhaus nicht vermittelt bekommen haben. All diese Eigenschaften bilden berufliche Schlüsselqualifikationen. Fußball ist somit nicht bloß eine Sportart, sondern kann auch Jugendarbeit sein. ‚Fußball erbringt erhebliche Leistungen im Bereich der Bewältigung von Entwicklungsaufgaben und psychosozialer Belastungen sowie soziale Integration' (Brinkhoff 2007)[2309]. Hinzu kommt, dass der Fußball das nötige Identifikationspotenzial mitbringt, um Jugendliche an Leistungsbereitschaft und Ehrgeiz heranzuführen."[2310]

Katharina Rolffs verweist explizit auf die „Life-Skills", die durch den Sport insbesondere den Mannschaftssport – gefördert werden können. Die „World Health Organisation" (WHO)[2311] zählt zu den Core Life Skills folgende, auf die sich auch Rolffs bezieht:

Original WHO der 10 Life Skills (S. 1)	Übersetzung nach Rolffs (S. 3)
Decision making	Entscheidungsfähigkeit
Problem solving	Problemlösen
Creative thinking	Kreatives Denken
Critical thinking	Kritisches Denken
Effective communication	Kommunikative Fähigkeiten
Interpersonal relationship skills	Zwischenmenschliche Beziehungen
Self-awareness	Selbstwahrnehmung
Empathy	Empathie
Coping with emotions	Umgang mit Emotionen
Coping with stress	Stressbewältigung

Abb. 84: Die zehn Lebenskompetenzen nach der WHO (1994/1997)

2309 Rolffs 2008, S. 6. URL (2017).
2310 WHO 1997, S. 1. URL (2017).
2311 Rolffs 2008, S. 2–3. URL (2017).

Obgleich sich die WHO mit dem Anliegen, jene Lebenskompetenzen zu fördern, in erster Linie auf die Erziehung und Bildung im schulischen Kontext bezog, können diese Forderungen durchaus auch als zentrale Leitlinie für die Freizeitbildung und -erziehung dienen und als gemeinsame Querschnittsaufgabe verstanden werden, die sich durch alle Lebensbereiche hindurch zieht.

Matthias Jerusalem und Sabine Meixner betonen die Bedeutsamkeit dieser „Life Skills" („Lebenskompetenzen") für die Gesundheit und sehen die Stärkung dieser Life Skills als zentrale Aufgabe der Gesundheitsförderung an.

> „Die Förderung von Lebenskompetenzen (englisch: ‚life-skills') gilt derzeit als der erfolgreichste Einzelansatz in der ressourcenorientierten Gesundheitsförderung und Suchtprävention."[2312]

Damit schließt sich hier der Kreis zwischen Sport, Freizeit und Gesundheitsförderung.

Es ist selbstredend, dass für die kompetente Anleitung der meisten Sportarten entsprechende Trainerscheine vorliegen sollten. Dennoch kann hier eine freizeitpädagogische Perspektive eine wertvolle Ergänzung sein, um das bildende Potenzial des Sport durch entsprechende Gestaltungs- und Reflexionsmöglichkeiten sowie einer bewussten Auseinandersetzung mit der Gestaltung der eigenen Lebenszeit zu erhöhen.

Dies ist insbesondere auch vor dem Hintergrund bedeutsam, dass das Leistungsprinzip und eine Wettbewerbsorientierung durchaus auch ambivalente Züge tragen und sich auch negativ auf die Entwicklung von Menschen auswirken können.

Es wird inzwischen von einem engen Zusammenhang zwischen der kognitiven Entwicklung/ Leistungsfähigkeit und der Bewegung ausgegangen – und dies vermutlich über alle Lebensalter hinweg.[2313] Dass Bewegung auch dem Erhalt der kognitiven Fähigkeiten und eventuell auch als Teilkomponente bei der Prävention von Demenz dient, darauf weisen neuere Studien hin.[2314]

In der Kindheit spielt die Bewegung für die kognitive Entwicklung eine wichtige Rolle, wenngleich es hierzu durchaus unterschiedliche Befunde gibt und die Studienlage nicht immer ganz eindeutig ist.[2315] Kinder haben einen relativ hohen Energiepegel und benötigen den Freiraum, die Welt mit allen

---

2312 Jerusalem/Meixner 2009, S. 141.

2313 vgl. hierzu auch entsprechende medizinische Studien wie: Reimers/Knapp/Tettenborn 2012, S. 276–291. URL (2017).

2314 vgl. hierzu: Präsentation zum Vortrag von Falkenstein 2010. URL (2017).

2315 vgl. Woll/Kleppel /Opper 2016, S. 3. URL (2017).

Sinnen und in Bewegung zu explorieren. Dabei darf nicht vergessen werden, dass es sich um ein alters- und entwicklungsangemessenes Angebot handeln muss, welches sich an den individuellen geistigen und körperlichen Voraussetzungen orientiert. Aus Sicht der Sportpädagogik kann daher festgehalten werden:

> „Wir stellen fest: Bewegung kann Dünger für das Gehirn sein! Körperliche Bewegung verbessert die Leistungsvoraussetzungen für kognitive Leistungen. Toben allein macht jedoch nicht schlau, sondern eine Kombination von Bewegung und kognitiven Inhalten erleichtert das Speichern von Informationen. In diesem Sinne kann körperliche Aktivität lebenslang positiv kognitive Gehirnfunktionen beeinflussen."[2316]

Diesem Anspruch muss sich auch die Freizeitpädagogik stellen, damit Angebote aus dem Bereich des Freizeitsports einem Bildungsanspruch gerecht werden können.

11.10 Ganzheitliche Erwachsenenbildung in der Freizeit

Die theoretischen Hintergründe und Zugänge zur Erwachsenenbildung sind vielfältig und es bestehen hierzu bereits zahlreiche Handbücher und Veröffentlichungen. Daher nur ein kurzer Einblick an dieser Stelle:

Die Geschichte der Erwachsenenbildung als Volksbildung wird mit der Aufklärung in Verbindung gebracht und erfuhr im 18./19. Jahrhundert einen ersten Aufschwung.

> „Volksbildung als modernes und neuartiges Massenphänomen entstand mit dem Übergang von einer ständisch-feudalen zu einer bürgerlich-modernen Gesellschaft um die Wende vom 18. zum 19. Jahrhundert. Mit diesem Wandel war nicht nur die Notwendigkeit verbunden, alle Gesellschaftsmitglieder zu einer allgemeinen ständeübergreifenden Kommunikation zu befähigen, sondern auch eine wissensgestützte beruflich-technisch-agrarische Aufklärung und Fortbildung der Handwerker-, Arbeiter- und Bauernschaft zu organisieren."[2317]

Erwachsenenbildung verband sich dabei rasch mit demokratischen Ideen und Bestrebungen und basierte vielfach auf der Eigeninitiative Betroffener sowie jener Personen, die sich sozial-politisch gegen gesellschaftliche Missstände engagierten und Bildung als Schlüssel zur Beseitigung der Armut (und zum Erhalt der Sittlichkeit und/oder auch der Bindung an die Kirche) ansahen. Spätestens mit der Aufklärung entwickelte sich in zunehmendem Maße auch ein kritisch-emanzipatorischer

---

2316 vgl. Woll/Kleppel /Opper 2016, S. 5. URL (2017).
2317 Seitter 2007, S. 19.

Anspruch der Volksbildung. Die Realisierung jenes Bestrebens sollte ein Kampf gegen die Angst vor „zu viel Volksbildung" und den Verlust angestammter Privilegien sein. Machtpolitische wie auch wirtschaftspolitische Überlegungen sollten dabei den Möglichkeitsraum mitbestimmen, in dem sich der wachsende Bildungsanspruch der Bevölkerung in institutionalisierte Formen überführen ließ. Hierbei ersetzten und ergänzten Volkshochschulen private oder gewerkschaftlich organisierte Initiativen (z.B. Arbeiterbildungsvereine wie sie sich um 1830 als „Antwort auf die neuen gesellschaftlichen Herausforderungsverhältnisse"[2318], d.h. die Industrialisierung und Demokratisierung, entwickelt hatten). Es wurden zunächst sogenannte „Volksbildungsvereine" und „Volksheime" gegründet. Die Idee der „Volkshochschule" wird in der Regel mit Nicolaj Frederik Severin Grundtvig (1783–1972) verbunden, wobei jedoch zu beachten ist, dass er keine konkrete Volkshochschule gegründet oder geleitet hat.[2319] Als erste Volkhochschule wird in der Forschung auf die 1842 in Rendsburg und die 1844 im dänischen Rødding durch Christian Flor (1822–1874) und Christen Kold (1816–1870) – auf Anregung von Grundtvig – begründete Heimvolksschulen verwiesen.[2320] In Deutschland verbindet sich der Name Wilhelm Flitners (1889–1990), bedeutsamer Vertreter der Geisteswissenschaftlichen Pädagogik, maßgeblich mit dem Aufbau der Volkshochschule und beeinflusste die Diskussion um die Erwachsenenbildung nachhaltig.[2321]

Es würde hier zu weit führen, sich anzumaßen, die Geschichte der Volksbildung im Rahmen dieser Arbeit zufriedenstellend darstellen zu können. Daher sei an dieser Stelle auf zentrale Werke, wie jenes von Josef Olbrich, „Geschichte der Erwachsenenbildung in Deutschland", verwiesen.[2322]

Im Kontext dieses Werkes liegt der Fokus darauf, wie Erwachsenenbildung in der Freizeit ganzheitlich gestaltet werden könnte. Erste Überlegungen hierzu finden sich bereits bei Fritz Klatt und wurden im Kapitel 5.3 ausführlich diskutiert. An dieser Stelle wird dementsprechend nur noch einmal zusammenfassend auf wesentliche Kerngedanken eingegangen.

Erwachsenenbildung kann mit der Freizeitpädagogik eine sinnvolle Symbiose eingehen, wenn es gelingt, das Bildungsbedürfnis (oder vorsichtiger formuliert: den Bildungsanspruch) in eine gute Balance mit Freizeitbedürfnissen wie Erholung,

2318 Heuer, K. (2017). Arbeiterbildungsverein. URL (2017).

2319 vgl. Filla 2010, S. 30.

2320 vgl. Filla 2010, S. 30; Brödel 2000, S. 192; Website adulteducation.at (URL 2018).

2321 vgl. Heiland 1989, S. 25ff.

2322 Olbrich, J. (2001). Geschichte der Erwachsenenbildung in Deutschland, untrer Mitarbeit von Horst Siebert. Opladen: Leske + Budrich.

Geselligkeit oder Abwechslung zu bringen. Wenn von einer ganzheitlichen Erwachsenenbildung gesprochen wird, so impliziert dies einen ***erfahrungsorientierten Zugang***, der ***viele Sinne*** einbezieht und sich nicht nur auf die rein kognitive Ebene der Wissensvermittlung konzentriert, ***personzentriert und gemeinschaftsorientiert*** vorgeht und ***zur Reflexion*** anregt. (vgl. hierzu Kap. 5.3)

Nicht nur das Lehr-Lern-Arrangement ist in diesem Zusammenhang wichtig, sondern auch das räumlich-zeitliche Setting. So spielten bereits auch bei Fritz Klatt die Umgebung und der Standort für sein Freizeitheim eine wichtige Rolle.

Vor allem seit der Zusammenhang zwischen Lernen und Emotionen in der Pädagogik vermehrt an Aufmerksamkeit erfahren hat, gewinnt die Frage, nach der Freude am Lernen und der Einbezug der Emotionen einen neuen Stellenwert.[2323]

Sowohl die Erwachsenenbildung hat sich heute durch eine sehr stark konstruktivistische Vorstellung vom Lernen im Erwachsenenalter (unter Einbezug der Emotionen) weiterentwickelt, als es auch zahlreiche Entwicklungen im Bereich des Freizeit- und Tourismusmarktes gibt.

Exemplarisch sei auf einen Trend verwiesen, der nicht zur regulären Weiterbildung oder klassischen Formen der Erwachsenenbildung zählt: die Wellnessbildung. Für Wolfgang Nahrstedt stellt die **Wellnessbildung** einen zentralen Trend im 21. Jahrhundert dar: Statt klassischen Kuren oder „Medical Wellness“[2324] würde sich der Akzent auf „Cultural Wellness“[2325] verlagern. Dabei wird ein „ganzheitliches Gesundheitsverständnis“ zugrunde gelegt, das nicht nur das körperliche Wohlergehen impliziert, sondern auch das seelische, **geistige und spirituelle Wohlbefinden** einschließt.[2326]

Wolfgang Nahrstedt legte bereits 2008 ein ausführliches Werk zur „Wellnessbildung“ vor und sieht im Wellnessbereich auch einen boomenden Erwerbszweig mit entsprechenden Weiterbildungsangeboten zum „Wellness-Berater“, „Wellness-Trainer“ oder „Wellness-Manager“[2327]. Die (Freizeit-)Pädagogik sieht Nahrstedt am engsten mit dem Terminus „Wellness-Animator“ verbunden.[2328]

Dabei steht meist die Förderung des Wohlbefindens und die Gesundheit im Zentrum, die Bildungsmöglichkeiten weisen in der Regel keinen Bezug zu einer beruflich orientierten Weiterbildung auf.

2323 siehe weiterführend: Arnold/Holzapfel 2008; Gieseke 2016.
2324 Nahrstedt 2008, S. 24. URL (2017).
2325 ebd., S. 24. URL (2017).
2326 vgl. Nahrstedt 2008, S. 25. URL (2017).
2327 Nahrstedt 2008b, S. 61.
2328 vgl. Nahrstedt 2008, S. 31. URL (2017).

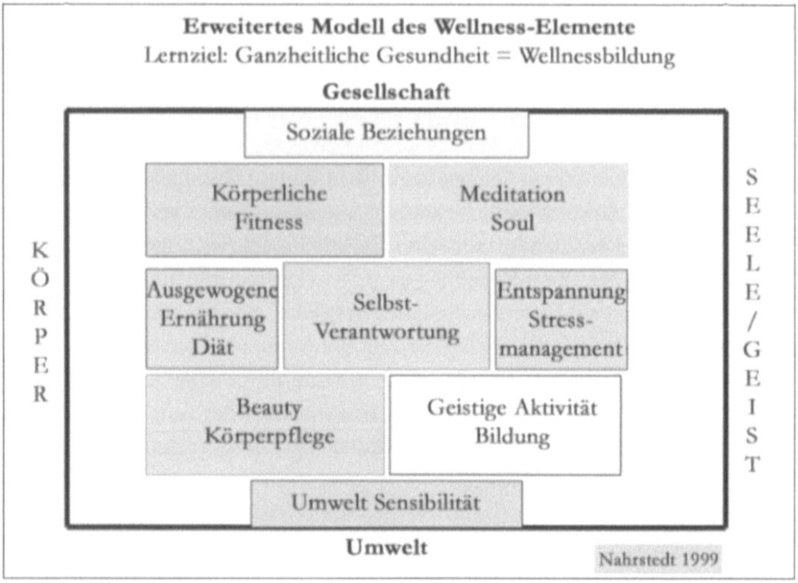

Abb. 85: Erweitertes Wellness-Modell von Wolfgang Nahrstedt[2329]

Eine Möglichkeit, die Attraktivität von Weiterbildungsangeboten zu steigern, wäre sicherlich die Verbindung zwischen fachlich/inhaltlich orientierter Weiterbildung und Wellnessbildung, die am Wohlbefinden und der Gesundheit der Teilnehmenden ansetzt. Nicht zuletzt kann eine kurze „Auszeit“ und eine Erholungsphase der Aufnahmefähigkeit und Lernfreude durchaus dienlich sein und eigene Bildungsinteressen können auf dieser Basis in der Regel auch besser verfolgt werden. Nicht zuletzt sprach Ruth Cohn davon, dass Störungen Vorrang haben und eine solche Störung kann auch das Gefühl, erschöpft zu sein, darstellen.

Heutzutage finden sich zahlreiche Hotels und Anlagen, die sich als Tagungs- und Kongresshotels ausweisen und über entsprechende Räumlichkeiten für Fort- und Weiterbildungen verfügen. Diese werden nicht nur von Firmen genutzt, sondern auch von Gesellschaften, Vereinen oder auch öffentlichen Einrichtungen wie Hochschulen.

Lebenslanges Lernen ist zu einem wichtigen Leitbild in der Bildungspolitik geworden ist und wird u.a. auch durch den Rechtsanspruch auf Bildungsurlaub

2329 Nahrstedt 2008, S. 29. URL (2017). Nahrstedt 2008b, S. 24.

gefördert, wobei selbiger in den einzelnen Bundesländern unterschiedlich geregelt ist.[2330]

Obgleich in den meisten Bundesländern fünf Tage Bildungsurlaub möglich sind, machen bislang nur relativ wenige Arbeitnehmer/innen davon Gebrauch.[2331] Es besteht somit entweder geringe Kenntnis über das Recht, Bildungsurlaub nehmen zu können, oder es muss für viele Arbeitnehmer/innen andere Gründe geben, weshalb sie keinen Bildungsurlaub beantragen. Eine Möglichkeit, die Attraktivität von Bildungsurlaub (gestattet für die politische und berufliche Weiterbildung) zu erhöhen, wäre sicherlich die Kombination von Gesundheitsprävention und Weiterbildung.

Die Verbindung zwischen Gesundheitsförderung und Weiterbildung ist sicherlich eine gute Möglichkeit, zu den Grundzügen der Freizeitpädagogik nach Fritz Klatt zurückzukehren und diese zeitgemäß zu interpretieren. Demzufolge müssten die Vier-Säulen-Grundstruktur[2332] von Wellness am Kurort, wie es sie vom „Deutschen Heilbäderverband e.V." (DHV) entworfen, um ein fünftes Element erweitert werden:

Abb. 86: Erwachsenbildung und Wellness: Erweitertes Vier-Säulen-Modell[2333]

2330 siehe hierzu weiterführend: Website InfoWeb Weiterbildung. URL (2017).

2331 Die IG-Metall geht 2017 davon aus, dass nur 1-2% der Arbeitnehmer/innen den Bildungsurlaub nutzen. (vgl. IG-Metall: Ratgeber Bildungsurlaub 2017. URL [2017]).

2332 vgl. Nahrstedt 2008, S. 32. URL (2017).

2333 modifiziert von Möller, basierend auf dem Modell zur Wellness am Kurort, einer Initiative des Deutschen Heilbäderverbandes (DHV e.V.)von 2002 in Nahrstedt 2008. S. 32. URL (2017).

Dabei wäre in diesem Zusammenhang die Säule „Medizin und Therapie" tendenziell eher als präventive Maßnahmen zur Gesundheitsförderung zu verstehen. Es geht vielmehr darum, berufliche Weiterbildungselemente in eine ausgewogene Balance mit Erholung und Freizeit zu bringen. Ziel wäre es letztlich, Menschen zur Bildung durch Selbstbildung anzuregen und Weiterbildung nicht als reine Wissensvermittlung zu verstehen, denn vielmehr als Gelegenheit, eigenständige Lernprozesse zu initiieren.

Freizeitbildung könnte in diesem Zusammenhang nicht nur als Bildung in der Freizeit stattfinden, sondern auch die Bildung zur Freizeitkompetenz inkludieren.

Je nach Zielgruppe kann der Fokus dann stärker auf die Weiterbildung oder stärker auf die Gesundheitsförderung gelegt werden und sollte einen reflexiven Zugang befördern, der zur Vergrößerung von Autonomie und Handlungsfähigkeit beim Subjekt beiträgt. In einer so verstandenen Erwachsenenbildung würde durchaus ein Handlungsfeld für Freizeitpädagogen liegen bzw. ein fundiertes freizeitpädagogisches Knowhow zu einer Weiterentwicklung bestehender Konzepte der Erwachsenenbildung beitragen können.

12. Qualitätskriterien für die Freizeitbildung

12.1 Aufbau einer Berufsethik und des entsprechenden Professionswissens

> „Gegenstand der Ethik sind moralische Phänomene und Werte (Wertlehre, Wertphilosophie oder Axiologie). Insofern ist sie eine ‚Reflexionstheorie der Moral' (Luhmann) oder Moralphilosophie. (…) Ethik als Werte-, Bewertungs- und Begründungssystem bietet somit Reflexionsmaßstäbe für die Moral als System normierter Handlungsanweisungen."[2334]

Eine bindende Berufsethik, wie den Hippokratischen Eid bei Ärzten, gibt es bei pädagogischen Berufen bislang nicht. Dies hängt u.a. auch damit zusammen, dass der Lehrberuf nur als semi-professionalisierter Beruf betrachtet wird, d.h. nicht alle „klassischen" Kriterien[2335] einer berufssoziologischen Betrachtung von Professionen erfüllt werden.

Der Diskurs um die Professionalität hat sich nach Ewald Terhart gewandelt und er sieht Berufsfelder, „die sich auf der Basis einer akademischen Ausbildung mit komplexen und insofern immer ‚riskanten' technischen, wirtschaftlichen, sozialen und/oder humanen Problemlagen ihrer Klienten befassen"[2336] als Professionen an. Insofern gebe es durchaus Hoffnung, dass nicht nur der Aufbau von Haltungen gefordert wird, sondern diese auch in einer Art von Berufsethik verankert werden.

Bereits um die Jahrtausendwende hatte sich Hartmut von Hentig (*1925) – der Begründer der „Bielefelder Laborschule" – bemüht, einen entsprechenden „Sokratischen Eid" für Erziehende zu formulieren[2337], der jedoch bislang keinerlei Verbindlichkeit besitzt. Zudem ist der Autor durch seine Reaktionen auf die Missbrauchsvorfälle an der „Odenwaldschule" und seine Positionierung zu seinem Lebenspartner Gerold Becker (1936–2010), dem Leiter und einem Haupttäter der Odenwaldschule, in Misskredit geraten.[2338] Trotz

---

2334 Stimmer 2006, S. 35.

2335 vgl. Terhart 2011, S. 203.

2336 Terhart 2011, S. 204.

2337 Hentig 2003, S. 258f.

2338 Hartmut von Hentig hat eine sehr umfangreiche Schrift „Noch immer mein Leben" (2016) verfasst, die sehr kritische Resonanz erfuhr und in der Deutschen Gesellschaft

aller Kritik sei an dieser Stelle auf seinen „Sokratischen Eid“ verwiesen, der zuvor durchaus breiten Eingang in den pädagogischen Diskurs erfahren hatte, jedoch eher als Leitlinie diskutiert wurde, denn auf dem Weg zu einem kodifizierten Eid war.

Nach wie vor unterliegen Lehrkräfte an öffentlichen Bildungseinrichtungen den Schulgesetzen der Länder und den Richtlinien und Regelungen des Kultusministeriums, wenn es sich um allgemeinbildende Schulen handelt. Diesen Richtlinien unterliegen somit auch die Ganztagsschulen, in denen die Freizeitbildung einen besonderen Stellenwert hat. Nach wie vor wird eine Berufsethik gefordert und Prinzipien, die selbige verkörpern sollten, werden angeführt.[2339]

Es hat sich ein breites Feld an kommerziell orientierten Freizeitangeboten und Freizeiteinrichtungen etabliert, die in erster Linie einen Sinnesrausch und einen Ausstieg aus der Alltagswelt für einige Stunden oder Tage bieten. Menschen werden in eine andere „Welt“ entführt und sollen den Alltag hinter sich lassen. Dabei müssen sie die vorgefertigte Welt nur konsumieren. Als ein Beispiel hierfür kann durchaus auch auf Euro-Disney verwiesen werden. Die Ethik, die möglicherweise hinter diesem Konzept steht, ist keineswegs kongruent mit einer pädagogischen Ethik der Freizeit*bildung*. Auf der anderen Seite wächst auch bei der Bevölkerung das Bedürfnis nach informellen Bildungsmöglichkeiten in der Freizeit und schwindet die Distanz zwischen ernsthaftem Bildungsangeboten und spaßbetonter Unterhaltung.

Wenn es bislang keine offizielle Berufsethik für Freizeitpädagogen gibt, wie könnte eine solche bei so vielfältigen potenziellen Handlungsfeldern aussehen? Woraus könnte sie hergeleitet und legitimiert werden?

Historisch betrachtet ging es bei der Freizeitpädagogik bei Fritz Klatt um eine Pädagogik, die zur **Erholung und zur Entfaltung der individuellen Potenziale** beitragen sollte.

Als reine „Spaßpädagogik“ ist die Freizeitpädagogik vor dieser Traditionslinie nicht zu legitimieren, wenngleich der Spaß sicherlich auch nicht zu kurz kommen sollte. Die **Förderung des Wohlbefindens und Wohlergehens** beim Subjekt wäre ein grundlegendes Moment einer Freizeitethik.

---

für Erziehungswissenschaft und den öffentlichen Medien als latente Rechtfertigung und Herabspielung der Missbrauchstaten an der Odenwaldschule verstanden wurde. Eine Konsequenz ist die Aberkennung des Ernst-Christian-Trapp-Preises. (vgl. z.B. Pörksen 2016. URL [2017]; DGFE 2017. URL [2017]).

2339 vgl. Kunze 2017, S. 12–14.

Freizeitpädagogik und Freizeitbildung sollte letztlich die **Freizeitbedürfnissen der Person achten**, zugleich aber einer Verarmung im Freizeitverhalten ebenso wie der Gefahr einer Manipulation oder Vereinnahmung (z.B. Kommerzialisierung von Freizeit) vorbeugen. Aus dem klassischen Bildungsbegriff kann die Erweiterung der Selbstbestimmungsfähigkeit, Mündigkeit und Emanzipationsmöglichkeit als ein Kriterium gewonnen werden.

Insofern ist einer Ethik für Freizeitpädagogen immer auch **ein kritisch-emanzipatorisches Moment** inhärent. Umso mehr deskriptive und normative Vorgaben an das Subjekt einer Pädagogik der Freizeit widersprechen, desto bedeutsamer wird es, die **Menschen zur Reflexion anzuregen** und selbst Stellung zu unterschiedlichen Möglichkeiten und Formen des Umgangs mit der eigenen Freizeit zu beziehen.

Orientierungspunkt für die Freizeitbildung ist die Person – sicherlich unter Einbezug des gesellschaftspolitischen Kontextes. Grundlage hierzu könnte das Menschenbild der „Humanistischen Pädagogik" sein, das von der **Tendenz zur Selbstverwirklichung** und zum Wachstum der Person ausgeht.

Eine nondirektive Gesprächsform, wie sie auch therapeutisch angewandt wird, soll die Entwicklung der Person und das Wachstum fördern und kann durchaus eine Gesprächshaltung in der Freizeitbildung sein. ***Menschen in ihrem Sein anzunehmen und sie wertzuschätzen wäre demzufolge durchaus ein wichtiges Moment in einer Freizeitethik.***

Ein weiteres Kriterium für die Freizeitbildung kann aus der konstruktivistischen Auffassung vom Lehren und Lernen gewonnen werden: Das Individuum konstruiert sich aktiv seine Wirklichkeit als „viable" Konstruktion. Die Person erscheint hierbei als Akteur und ***Bildung wird im Grunde genommen als Selbstbildungsprozess*** verstanden.

Eine Berufsethik muss die Würde der Person, ihre Bedürfnissen und Interessen berücksichtigen und zugleich ein pädagogisch orientiertes Bildungsverständnis nicht ausblenden. Erst durch profundes Fachwissen („Wissenschaft") kann sich im Sinne Johann Friedrich Herbarts die „Denkkraft" bzw. „Urteilskraft" herausbilden und in Kontakt mit der Praxis und Reflexion selbiger „pädagogischer Takt" entwickeln.[2340]

Profundes erziehungswissenschaftliches und freizeitbezogenes Fachwissen kann dabei helfen, Instrumentalisierungsversuche und Risiken deutlicher wahrzunehmen und eine unterstützende und begleitende Rolle einzunehmen.

2340 siehe weiterführend: Herbart 1806; Benner 2016, S. 279; Hügli 2005, S. 111ff.

Erst aus dem Wissen heraus, kann sich auch eine Berufsethik entwickeln und als Leitlinie und Verhaltenskodex der pädagogischen Praxis dienen.

Wichtig wäre es, grundsätzlich auch Transparenz herzustellen, wo der Fokus eines bestimmten Freizeitangebotes liegt. Leider werden nicht alle Angebote einem umfassenden Verständnis von Freizeitbildung gerecht, bei einigen Freizeitangeboten kann nur noch sehr bedingt von Freizeitbildung gesprochen werden.

Nachfolgendes Schaubild (Abb. 87) stellt einen möglichen Entwurf einer pädagogischen Freizeitethik dar, die sicherlich je nach Handlungsfeld zusätzlich weitere Wertorientierungen und Orientierungslinien für die Praxis haben könnten.

Dabei ist zu bedenken, dass eine derartige Ethik, wie sie auch von Hartmut von Hentig für die Lehrkräfte und Erzieher/innen verfasst wurde, in erster Linie als Leitlinie und Reflexionsfolie für die Praxis dienen kann.

Dabei ist stets zu bedenken, dass es nicht immer möglich sein wird, allen ethischen Ansprüchen in gleichem Maße gerecht zu werden. Vor allem sind diese Leitgedanken in der konkreten Handlungssituation nicht immer widerspruchsfrei umzusetzen. So kann der einzelne Mensch, der an einer Freizeit teilnimmt, wenig Interesse zeigen, selbst aktiv zu werden und Dinge mit anderen gemeinsam zu gestalten. Sein Freizeitbedürfnis wäre es, von der Verantwortung befreit sich ohne verbindliche Termine durch seine freien Urlaubstage treiben zu lassen. Dieses Bedürfnis ernst zu nehmen, würde andere ethische Maßstäbe in den Hintergrund treten bzw. widersprüchlich sein lassen.

Auch hier wäre es demzufolge wichtig, sich dieser Ambivalenzen bewusst zu sein und professionell damit umzugehen. Möglicherweise kann dieser Mensch nach einer Entspannungsphase zur gemeinschaftlichen Aktivitäten animiert werden.

Neben diesen Kriterien wäre es wichtig, auch die kritische Selbstreflexion, regelmäßige Weiterbildung und angemessene Evaluation und Qualitätssicherung in das Leitbild für ethisches Handeln im pädagogischen Kontext aufzunehmen.

Entwurf einer pädagogischen Ethik der Freizeit(bildung)

Ich verpflichte mich....

- die Freizeit weder einer vollkommenen Kommerzialisierung noch einer vollständigen Verschulung preiszugeben.
- die Grenzen der Person und die Persönlichkeit des Menschen, seine Würde und seine Interessen zu achten und den einzelnen Menschen als Person anzunehmen und wertzuschätzen.
- die Selbstbestimmungsfähigkeit, Bildsamkeit und Selbstverwirklichungstendenzen der Person zu achten und zu unterstützen.
- sensibel gegenüber den Freizeitbedürfnissen und der Gesundheit des Subjektes zu sein und präventive sowie interventionsorientierte Alternativen zu bedenken.
- einen sicheren Rahmen zu schaffen, um Menschen Freiraum zu geben, sich zu öffnen oder einfach nur regressive Züge auszuleben.
- vielfältige Freizeitangebote zu machen, die die Einheit von Körper, Geist und Seele berücksichtigen und das Wohlergehen und Wohlbefinden der Person langfristig zu fördern.
- das Bedürfnis nach Ruhe und Erholung zu achten und die Balance und Rhythmisierung von Spannung / Aktivität und Entspannung /Kontemplation zu wahren.
- die Offenheit und Freiwilligkeit bestmöglich zu berücksichtigen.
- sensibel gegenüber gruppendynamischen Prozessen zu sein, kommunikative und gemeinschaftliche Prozesse anzuregen und Partizipationsmöglichkeiten zu eröffnen.
- Menschen dabei zu helfen, achtsam gegenüber ihren körperlichen, geistigen und seelischen Bedürfnissen zu sein, eigene Potenziale und Möglichkeitsrume zu erkennen und Entwicklungschancen zu nutzen.
- den Spaß, die Sinnes- und Erlebnisorientierung nicht zu kurz kommen zu lassen und Selbstbildungsprozesse zu ermöglichen,
- achtsam gegenüber Entwicklungsrisiken zu sein und die Entfaltung individueller Potenziale sowie die persönliche Sinnfindung zu unterstützen.
- Einseitigkeiten zu vermeiden und neue Erfahrungsräume zu eröffnen.
- Menschen zu helfen, Freizeitkompetenzen aufzubauen und einen bewussten Umgang mit der eigenen Lebenszeit zu ermöglichen.
- Freizeitsituationen im Hinblick auf ihren potenziellen Bildungswert und den Erholungswert zu analysieren und zu gestalten.
- reflexive Prozesse feinfühlig anzuregen und kritisches Denken zu ermöglichen.
- Angebote transparent zu gestalten und Entscheidungsmöglichkeiten zu wahren.

Abb. 87: Entwurf einer möglichen Freizeitethik zur kritischen Diskussion basierend auf dem ‚Sokratischen Eid'

12.2 Evaluation und Qualitätsmanagement

> „Der Begriff Evaluation stammt von dem lateinischen Wort ‚valor' ab, d.h. Wert, und der Vorsilbe e/ex, d.h. aus. Zusammen bedeutet dies ‘einen Wert aus etwas ziehen’, also eine Bewertung vornehmen. In seiner weitesten Begriffsbestimmung bedeutet Evaluation die Beurteilung des Wertes eines Objekts. Dies kann ein Produkt, ein Prozess oder ein Projekt oder Programm sein.“[2341]

Landläufig gesprochen bezeichnet die Evaluation also einen Sachverhalt oder einen Prozess auf der Basis gewonnener Informationen zu bewerten.[2342]

„Evaluation“ und „Qualitätsmanagement“ stellen heute Termini dar, die bildungspolitisch sehr aktuell sind und zum Standard gehören. Schulen, Universitäten, Projekte etc. werden evaluiert und es entstehen daraus nicht selten Ratings, über den Stellenwert einer Einrichtung oder eines Anbieters. Damit hält der Wettbewerb Einzug in den pädagogischen Bereich, worüber sich die Meinungen durchaus teilen. Evaluationen können unterschiedliche Zielsetzungen verfolgen. Es bedarf bereits hier einer ethischen Grundhaltung, damit sie nicht in erster Linie zum Kontrollinstrument werden, sondern Wachstums- und Entwicklungsprozesse von Menschen und Organisationen gestatten. So unterscheidet Reinhard Stockmann auch verschiedene Zielfunktionen, die Evaluationen haben können und visualisiert diese auch grafisch:

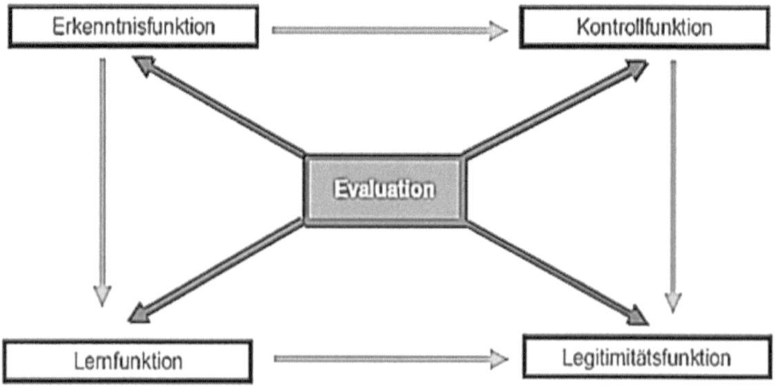

Abb. 88: Zielfunktionen von Evaluationen nach Stockmann (2002, S. 3)[2343]

2341 Stockmann, 2002, S. 2.

2342 vgl. ebd., S. 25.

2343 Quelle: Stockmann 2002, S. 3.

Um Entwicklungsprozesse innerhalb einer Einrichtung anzuregen, ein kritisches Bewusstsein für das eigene Handeln und die Angebotsgestaltung zu bekommen, zu erfahren, wie die Teilnehmenden das Angebot wahrgenommen haben… für jene Zwecke ist eine pädagogisch orientierte Evaluationskultur und ein Qualitätsmanagement sehr wichtig.

Grundsätzlich kann zwischen der ***Selbst***evaluation und der ***Fremd***evaluation unterschieden werden. Die Fremdevaluation wird meist professionell durch externe Anbieter durchgeführt. Sie verspricht dadurch den Vorteil einer höheren Neutralität und Objektivität. Fremdevaluationen werden oftmals in Form einer summativen Evaluation durchgeführt, die auf die Ergebnisse oder eine Bilanzierung fokussiert sind. Eine summative Evaluation kommt in erster Linie nach Abschluss eines Projekts oder einer bestimmten Phase infrage. Daneben gibt es auch die Möglichkeit, eine interne (Selbst-) Evaluation durchzuführen, die den Vorteil haben kann, dass formative Evaluationen kostengünstiger durchzuführen sind. Formative Evaluationen dienen dazu, Prozesse zu begleiten und zu Informationen für die weitere Gestaltung bzw. der Nachsteuerung von Prozessen zu gewinnen.[2344]

Evaluationen können als Teilaspekt des Qualitätsmanagements betrachtet werden. Qualitätsmanagment impliziert letztlich, dass ein Bewusstsein für Qualitätskriterien/Standards vorhanden ist. Dies setzt wiederum Professionalität voraus, d.h. theoretisches Grundlagenwissen, das als Reflexionshintergrund dient. Es müssen für den jeweiligen Kontext und das konkrete Projekt ein Leitbild und Zielkriterien entwickelt sein und diese können sich auf ganz unterschiedliche Ebenen beziehen und sollten transparent sein. Dabei kann durchaus auch die Wirtschaftlichkeit und der organisatorische Ablauf ein Kriterium sein, würde aber für sich alleinstehend unzureichend für das Qualitätsmanagement im pädagogischen Bereich sein. Auch sollte das Qualitätsmanagement nicht einfach bei der Auswahl und Einstellung geeigneten Personals enden, sondern Evaluationen und Weiterbildungsmöglichkeiten auch für diejenigen ermöglichen, die im freizeitpädagogischen Bereich tätig sind.

2344 vgl. Stockmann 2007; Bortz/Döring 2016, S. 945–1032.

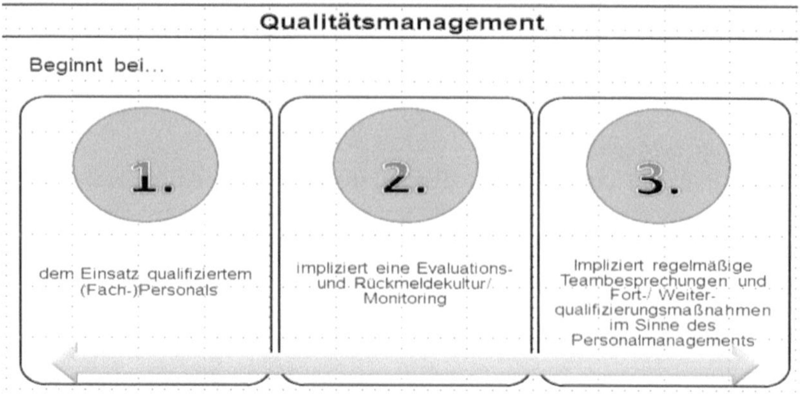

Abb. 89: Qualitätsmanagement (eigene Grafik)

Daher weisen die Erziehungswissenschaftlicher Rolf Arnold und Uwe Wieckenberg eine Evaluation nach der DIN-EN ISO 9000ff. für die Qualitätssicherung in der Weiterbildung zurück.

> „Die Norm definiert keine Qualitätsstandards, sondern sie legt das Verfahren fest, nachdem die Einhaltung der selbstgesetzten Standards nachgewiesen werden muss. Die DIN EN ISO 9001 liefert hierzu 20 Qualitätselemente, die sich am Produktlebenszyklus orientieren, der für die Weiterbildung nur bedingt geeignet erscheint."[2345]

Vor allem erscheint die Orientierung an industriellen Produktionsabläufen und die fehlende inhaltliche Ausrichtung für den pädagogischen Bereich nicht dienlich. Auch andere Instrumente, die aus dem Bereich der Wirtschaft kommen, sind aus pädagogischer Sicht eher kritisch zu reflektieren, da es hier um Entwicklungsprozesse bei Personen geht. Arnold/ Wieckenberg schlagen daher ein anderes Modell der Qualitätssicherung für den Bereich der Weiterbildung vor: KODIS – **„kontinuierliche didaktische Selbstevaluation".**[2346] Dieses Modell, entwickelt für die Qualitätssicherung im Kontext der kirchlichen Erwachsenenbildung, kann durchaus als ein brauchbares Instrument für die Freizeitbildung betrachtet werden. Es basiert auf fünf Säulen:

2345 Arnold/Wieckenberg 2000, S. 4. URL (2017).
2346 ebd., S. 6. URL (2017).

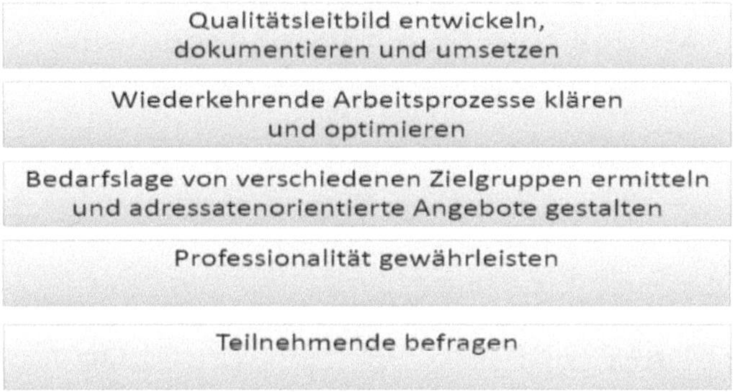

Abb. 90: Qualitätsaspekte kirchlicher Erwachsenenbildung in leicht modifizierter Abbildung nach Arnold/Wieckenberg (1999/2000)[2347]

Prominent ist gegenwärtig auch der „PDCA-Zyklus" nach William Edward Deming.[2348] Dieses Modell zum Qualitätsmanagement stammt aus dem Bereich der Wirtschaft, wird auch im Kontext von Organisationsentwicklungs- und Schulentwicklungsprozessen[2349] genutzt und kann durchaus ein Rahmenmodell für den Bereich der Freizeitbildung darstellen. Es kann auch als Modell im Rahmen von Problemlösungsprozessen verstanden werden und so Entwicklungsprozesse zielorientiert voranbringen.

Vorteil ist, dass der erste Schritt (Plan) mit einer Analyse des Ist-Zustands beginnt. Übertragen auf Projekte im Freizeitbereich kann dies eine profunde Analyse der Bedarfslage, des gegenwärtigen Freizeitverhaltens, möglicher Risiken bei der jeweiligen Zielgruppe des Freizeitangebotes sein. Ferner kann das bisherige Vorgehen, aktuelle Problemwahrnehmungen etc. analysiert werden. Auf dieser Basis wird ein Plan entwickelt und in der nächsten Phase in die Handlungsebene transferiert (Do: Erprobungsphase). Im nächsten Schritt wird geprüft, ob sich der Plan bewährt hat, sich die Ziele (die konkret und überprüfbar zu formulieren sind) realisieren ließen. An dieser Stelle können dann Korrekturen erfolgen, die zu einer weiteren Verbesserung beitragen, bevor das Konzept oder Angebot im größeren Stil umgesetzt wird (Act).

2347 vgl. ebd., S. 6. URL (2017).

2348 vgl. auch: Website der Vorest AG. URL (2017); Moen 2015. URL (2017).

2349 vgl. auch: Ministerium für Kultus, Jugend und Sport Baden-Württemberg 2007. URL (2017).

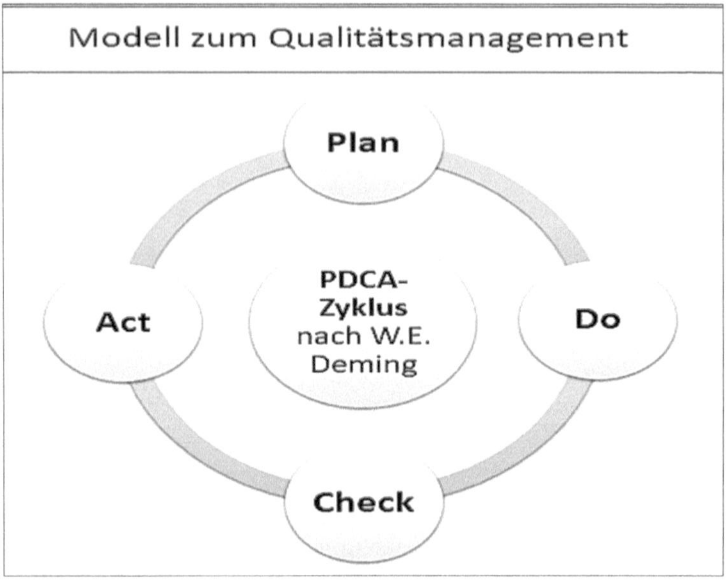

Abb. 91: Modell zum Qualitätsmanagement: PDCA-Zyklus nach Deming[2350]

Der „PDCA-Zyklus" ist als kontinuierliches Verfahren zu sehen, das dadurch dem Qualitätsmanagement dient. Allerdings ist es zunächst inhaltsoffen und liefert selbst keine Qualitätskriterien für die Freizeitbildung.

Grundsätzlich ist anzumerken, dass es niemals *ein* Verfahren zur Evaluation von freizeitpädagogischen Angeboten und Maßnahmen geben wird. Zu unterschiedlich sind die Zielgruppen und Kontexte, in denen sich die freizeitpädagogische Praxis realisiert. Die Evaluationsinstrumente, die zum Einsatz kommen können, müssen sich an der jeweiligen Zielgruppe, d.h. den Teilnehmenden orientieren. So würden die Formen, Instrumente und Möglichkeiten, ein freizeitpädagogisches Angebot für Demenzkranke zu evaluieren, sicherlich anders aussehen, als jene, die eine bildungsorientierte Freizeit von Jugendlichen mit Migrationshintergrund im Zusammenhang mit der Sprachförderung fokussiert.

Das Evaluationsinteresse der Durchführenden kann durchaus mit der Bereitschaft zur Evaluation vonseiten der Teilnehmenden abweichen. Letztlich muss

2350 Vgl. Website DIM – Deutsches Institut für Marketing. Plan-Do-Check-Act-Zyklus. URL (2019).

der zeitliche Aufwand und die Motivation berücksichtigt werden, da die Evaluation im Bereich der Freizeit auf Freiwilligkeit basieren wird.

Für den Bereich der Evaluation von Kinderfreizeiten sowie von Jugendfreizeiten und internationalen Begegnungen liegen bereits entsprechende Forschungsbefunde vor und Wolfgang Ilg hat mit seinem Team „i-Eval" (zuvor: „GrafStat") eine Online-Plattform[2351] bereitgestellt, die zur Selbstevaluation im Bereich von internationalen Jugendbegegnungen anregen will. Durch seine langjährige Forschungsarbeit steht dabei eine entsprechende Referenzgruppe zur Verfügung, die es gestattet, die eigenen Evaluationsergebnisse hiermit zu vergleichen. Das Evaluationsinstrument wurde in Zusammenarbeit mit dem Psychologischen Institut der Universität Tübingen entwickelt und ist kein kommerziell orientiertes Angebot. Vorteil dabei ist vor allem die leichte Anwendbarkeit, da die Plattform sowohl die Fragebögen als auch die Auswertungstools kostenfrei zur Verfügung stellt:

- www.i-eval-freizeiten.de für Kinder- und Jugendfreizeiten[2352]
- www.i-eval.eu für Jugendbegegnungen[2353]

Ein weiterer Vorteil ist, dass die Fragebögen online oder in ausgedruckter Form (für die internationalen Jugendbegegnungen in vier verschiedenen Sprachen) vorliegen und um Items ergänzt werden können. Zusätzlich werden kostengünstig entsprechende begleitende Bücher zur Verfügung gestellt, in denen die methodische Herangehensweise der Evaluation und die wissenschaftlichen Grundlagen sowie die Befunde der eigenen bundesweiten Studie vorgestellt werden.[2354]

Ziel hierbei ist es, einen bundesweiten Standard in der Evaluation von Kinder- und Jugendfreizeiten zu erzielen. Hierbei ist aber auch anzumerken, dass es sich um ein Instrument handelt, dass im Kontext der internationalen und kirchlichen Jugendarbeit über Jahre entwickelt wurde. Es ist somit bislang nicht für die Verwendung in anderen freizeitpädagogischen Kontexten und mit anderen Zielgruppen adaptiert oder erprobt.

Trotz der Verschiedenheit der Handlungsfelder und -kontexte, in denen freizeitpädagogische Angebote stattfinden, stellt sich die Frage, ob es grundlegende

---

2351 vgl. Website des Fachkräfteportals der Kinder- und Jugendhilfe. URL (2017).

2352 Website Freizeitenevaluation.de. URL (2017).

2353 Website Freizeitenevaluation.de. URL (2017b).

2354 siehe weiterführend: Peters/Otto/Ilg 2011; Dubiski/Ilg 2008; Ilg 2010; Ilg/Dubiski 2011.

Kriterien geben kann, nach denen freizeitpädagogische Angebote evaluiert werden könnten.

Die ethischen Fragen müssten dann eine Präzisierung in den Konkretisierungen der einzelnen Säulen, vor allem im Leitbild und der Professionalität bedacht werden und sollten auch bei Evaluationen berücksichtigt werden. Aus den ethischen Grundfragen ergibt sich die Verpflichtung, die Selbstbestimmungsfähigkeit, Mündigkeit und Bildsamkeit des Individuums als Person nicht zugunsten ökonomischer Überlegungen zu unterlaufen. Sollte dies der Fall sein, kann nicht mehr von einer Freizeitbildung gesprochen werden und ist der pädagogische Auftrag verfehlt.

Insofern ist auch eine reflexive Freizeitbildung nicht frei von normativen Implikationen, nur sollten diese transparent gemacht werden und kontinuierlich einer kritischen Prüfung unterliegen. Auf der Basis von freizeitpädagogischen und erziehungswissenschaftlichen Grundlagen könnte ein Entwurf wie folgt aussehen:

Abb. 92: Entwurf möglicher übergeordneter Evaluationskriterien bzw. –kategorien

Je nach Zielgruppe, den zentralen Zielsetzungen, dem Leitbild des freizeitpädagogischen Angebots etc. werden die Schwerpunkte und einzelnen Kriterienitems sicherlich unterschiedlich ausfallen und sich primär im Niveau und der graduellen Ausprägung unterscheiden.

Die übergeordneten Bereiche (allgemeinen Evaluationskriterien) sind mit den entsprechenden Items (bzw. Fragen) theoretisch begründbar zu formulieren. Sie könnten dann in Form eines Fragebogens oder Interviews zum Einsatz kommen.

Zu bedenken wäre dabei, dass ein einfacher Zugang gewährleistet sein sollte und – sofern es sich um eine Evaluation per Fragebogen handelt – dieser auch ansprechend zu gestalten ist. Die Tatsache, dass evaluiert wird, regt letztlich auch bei den Teilnehmenden reflexive Prozesse an, darf aber in seinem Aussagegehalt nicht überschätzt werden, da es durchaus zu Verzerrungseffekten kommen mag: keine Motivation, schlechter Tag, keine Zeit oder kein Interesse, den Bogen verantwortungsvoll auszufüllen… Schwierig erscheint es, die nachhaltige Wirksamkeit freizeitbezogener Interventionen zu erfassen, da hier andere Faktoren, die in der Zwischenzeit auf das Individuum einwirken, methodisch schwer valide zu erfassen sind.

12.3 Selbstkritische Sichtweise

Pädagogische Professionalität zeichnet sich u.a. auch durch die Fähigkeit aus, seine eigene Person bzw. sein eigenes Handeln zur Disposition zu stellen und Feedback von außen zu suchen.

Für den Lehrberuf hat sich Karl Oswald Bauer (*1949) mit der Frage nach dem professionellen Selbst[2355] befasst. Dabei fasst Bauer pädagogische Professionalität wir folgt:

> „Pädagogisch professionell handelt eine Person, die gezielt ein berufliches Selbst aufbaut, das sich an berufstypischen Werten orientiert. Sie ist sich eines umfassenden impliziten pädagogischen Handlungsrepertoires zur Bewältigung von Arbeitsaufgaben sicher, kann sich mit sich selbst (innerlich) und anderen Angehörigen der Berufsgruppe Pädagogen in einer nicht alltäglichen Berufssprache verständigen, ihre Handlungen aus einem empirisch-wissenschaftlichen Habitus heraus unter Bezug auf eine Berufswissenschaft begründen und übernimmt persönlich die Verantwortung für Handlungsfolgen in ihrem Einflussbereich.“[2356] (Bauer 2005)

Bereits Johann Friedrich Herbart forderte eine fundierte wissenschaftliche/theoretische Grundlage für professionelles Handeln in der Berufspraxis. Bindeglied

---

2355 Einen sehr guten ersten Zugriff auf die Thematik liefert folgende Internetseite von Karl Oswald Bauer, die mit weiterführenden Links und entsprechenden Literaturhinweisen ausgestattet ist: Website Karl-Oswald-Bauer.de. URL (2017).

2356 Bauer 2005.

zwischen Theorie und Praxis soll nach Herbart der „pädagogische Takt" sein, der sich jedoch erst mit der Berufspraxis ausbilden kann.[2357] (vgl. auch Kap. 2).

Die Definition Bauers impliziert die Fähigkeit und Bereitschaft zur Reflexion des eigenen Handelns in der Praxis vor dem Hintergrund des theoretischen Wissens. Der Aufbau eines professionellen beruflichen Selbst ist durchaus eine zeitweise anstrengende und schmerzliche Aufgabe, da es bedeutet, sich eigenen Unzulänglichkeiten zu stellen und sich immer wieder neu zur Disposition zu stellen.

Eine selbstkritische Sichtweise sollte aber nicht zu einer vollkommenen Verunsicherung beitragen oder der Haltung, für alles verantwortlich zu sein (Hybris!).

Die Bereitschaft zur selbstkritischen Reflexion setzt nicht nur ein stabiles Selbst, sondern – in Anlehnung an Lothar Krappmanns „Soziologische Dimensionen der Identität… (1969)"[2358] – auch „Rollendistanz", „Ambiguitätstoleranz" sowie eine grundlegende „Offenheit" und das Interesse, sich weiterzubilden, voraus. Mit dem Begriff „Ambiguitätstoleranz" wird die Fähigkeit bezeichnet, ambivalente Erwartungen bzw. widersprüchliche Situationen auszuhalten und mit ungewissen oder mehrdeutigen Situationen zurechtzukommen. Dies wird in Freizeitsituationen beispielsweise dann bedeutsam, wenn die Selbstbestimmungsrechte der anderen Menschen respektiert werden und somit auch nicht alles im Voraus minutiös planbar oder kontrollierbar ist. Verschiedene Menschen haben unterschiedliche Vorstellungen und Handlungsmöglichkeiten müssen flexibel und situativ ausgehandelt und professionell begleitet werden. Rollendistanz zu haben bedeutet, dass sich die Verantwortlichen für ein Freizeitangebot nicht persönlich angegriffen oder beleidigt fühlen, wenn Teilnehmende Kritik üben oder „Reibungsfläche" suchen. Aus psychoanalytischen Erklärungsansätzen ist bekannt, dass es in zwischenmenschlichen Interaktionsprozessen zu Projektionen und Übertragungsprozessen sowie Gegenübertragungen kommen kann. Hiermit professionell umzugehen, setzt Rollendistanz und entsprechendes pädagogisch-psychologisches Fachwissen voraus und gelingt zeitweise auch erst durch Supervision[2359], d.h. erfordert eine entsprechende Begleitung im berufsfeldbezogenen Professionalisierungsprozess.

2357 siehe weiterführend: Suzuki 2014, S. 297.

2358 siehe weiterführend auch: Krappmann 1969/2000; Abels/König 2016.

2359 Supervision erfolgt im Professionalisierungsprozess von Lehrkräften auf freiwilliger und privater Basis, gehört aber in anderen pädagogischen Berufsfeldern wie der

Selbstkritisches Denken der Einzelperson, aber auch von Organisationen kann durch den Blick von außen und die Einnahme einer Beobachterperspektive begleitet und unterstützt werden. Voraussetzung hierzu ist aber, dass sich ein professionelles Selbstverständnis ausformt, das die Inanspruchnahme externer Hilfe nicht als Makel oder narzisstische Kränkung[2360] erlebt.

Bauer konkretisiert sein Verständnis von Professionalität von Pädagogen weiter und kam durch seine Forschungsarbeiten auf Basiskompetenzen[2361], die bedeutsam für professionelles Handeln im pädagogischen Kontext sind. Sie haben im nachfolgenden Schaubild eine Anpassung an den freizeitpädagogischen Kontext erfahren:

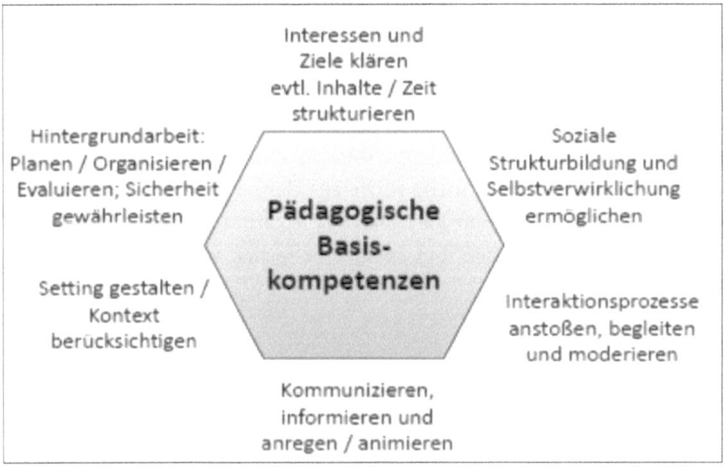

Abb. 93: Modifizierte Darstellung der pädagogischen Basiskompetenzen nach Karl Oswald Bauer

---

sozialen Arbeit oder auch bei der pastoralen Arbeit zum Bestandteil der Aus- und Weiterbildung.

2360 siehe weiterführend z.B. Wahl (1985), Lempart (2015).

2361 Bauer (2005) benennt folgende sechs pädagogische Basiskompetenzen: (1) Ziele klären, Inhalte strukturieren; (2) soziale Strukturen bilden; (3) Interaktion steuern; (4) Kommunizieren und Informieren; (5) Lernumgebung gestalten; (6) Hintergrundarbeit, planen und organisieren.

Diese Basiskompetenzen können durchaus als grundlegend für die pädagogische Arbeit in unterschiedlichen Handlungskontexten und mit unterschiedlichen Zielgruppen betrachtet werden.

Jedoch unterscheidet sich der Ausprägungsgrad der Umsetzbarkeit: Gesunde und mündige Erwachsene sind dazu befähigt, mit einem größerem Freiheitsgrad umzugehen als es demenzkranke ältere Personen oder junge Kinder sind. Der Kommunikationsstil mit Kindern ist ein anderer als jener mit Erwachsenen. Die Gewährleistung von Sicherheit kann sich bei Erwachsenen in der Regel auf die Sicherheit von Equipment und die Einführung in den sachgerechten Umgang und möglicher Risiken beschränken, bei Kindern obliegt eine besondere Aufsichtspflicht bei den Pädagogen.

Für Pädagogen, die im Freizeitbereich tätig sind, sind ein stabiles Selbst und der bewusste Umgang mit den eigenen Emotionen zentral. Spätestens seit den bekannt gewordenen Vorfällen des sexuellen Missbrauchs in der reformpädagogisch orientierten (und heute geschlossenen) Odenwaldschule in Ober-Hambach (in der Nähe von Heppenheim), kann auch die Frage nach der Prävention sexuellen Missbrauchs nicht aus dem Professionalisierungsdiskurs ausgespart werden. Gerade im Freizeitkontext kann dieses Thema noch einmal eine andere Dimension haben und es wäre sicherlich auch noch entsprechender Forschungsbedarf gegeben.

13. Zusammenfassung und Ausblick

In der vorliegenden Arbeit erfolgte eine systematische Annäherung an die Freizeitpädagogik, die es erlaubt, sichere Fundamente, kritische Reflexionsmöglichkeiten und prospektive Potenziale zu einem schillernden und oftmals im erziehungswissenschaftlichen Diskurs eher marginalisierten Themenbereich zu eröffnen.

Das **1. Kapitel** diente dabei einer kurzen Einleitung, bevor im **2. Kapitel** eine Annäherung an den Gegenstandsbereich Freizeit, Freizeitpädagogik und Freizeitwissenschaft erfolgte. Hierzu wurde eine Beobachterperspektive gewählt, die es ermöglicht, die Entwicklungstendenzen und auch kritische Momente aufzuzeigen. Wichtig hierbei ist das Bewusstsein, dass Freizeit an sich nicht losgelöst im gesellschaftsfreien Raum entsteht. Disziplingeschichtlich erfasst die zunehmende Ausdifferenzierung und Verwissenschaftlichung auch den Bereich der Freizeitpädagogik. Es zeigt sich das Bestreben eine eigene Freizeitwissenschaft mit der Freizeitpädagogik als eine Subdisziplin zu konstituieren. Dabei ist eine zu starke Ablösung von der Erziehungswissenschaft kritisch zu diskutieren, zu deren genuin einheimischen Begriffen eben der Bildungsbegriff gehört.

Bereits der Terminus „Freizeit" erlebte einen Wandel und unterschiedliche Konnotation. Es wurde deutlich, dass der Begriff ein Zeitfenster impliziert, das dem Menschen ein erhöhtes Maß an Freiheit in seinem Tun gewährt. Doch implizierte der Begriff „Freye zeyt" im Mittelalter eben noch einen Rechtsbegriff, der den Menschen in einem bestimmten Zeitfenster besonderen Schutz für den Verkauf und Kauf auf dem Markt bot. (vgl. Carius & Gernig 2010).

Durch einen Vergleich verschiedener Sichtweisen und Definitionen von Freizeit konnte aufgezeigt werden, dass der Terminus ‚Freizeit' ein schillerndes Konstrukt darstellt und auch normative Implikationen hat. In der antiken Traditionslinie bedarf Bildung der Muße. So erlaubte erst die Freisetzung des Menschen aus Tätigkeiten, die die eigene Existenz sichern, sich spielerischen, künstlerischen, philosophischen und erkenntnistheoretischen Prozessen hinzugeben. Bildungsprozesse im Sinne von Reflexionsprozessen bedürfen der Freiheit von direktem Handlungszwang unter Zeitdruck. Es werden Problembereiche ausgeblendet, wenn Freizeit per se als rein positiv belegte Zeit betrachtet wird. Somit greift eine einfache Einteilung von Arbeitszeit und (erwerbsarbeits-) freier Zeit zu kurz greift, denn nicht die gesamte freie Zeit neben der Berufsarbeit lässt sich als Freizeit bestimmen. Nach Horst Opaschowski kann die Lebenszeit differenziert werden in die Determinations-, Obligations- und Dispositionszeit.

Entscheidend ist dabei der Zuwachs an individueller Autonomie, über seine Zeit frei zu entscheiden. Erst ein bewusster Umgang mit der selbstbestimmt zu gestaltenden Zeit ermöglicht das subjektive Erleben von Freizeit.

Nach einer grundlegenden Bestimmung des Gegenstandsfeldes folgte ein Einblick in die Entwicklung der Freizeitpädagogik als Teilbereich der Erziehungswissenschaft bis hin zur Ausdifferenzierung in die Richtung einer eigenständigen Disziplin der Freizeitwissenschaft, u.a. unter Rekurs auf Carius & Gernig. Retrospektiv können unterschiedliche Phasen in der Entwicklung einer Freizeitpädagogik identifiziert werden. Freizeitpädagogik entwickelt sich einerseits mehr und mehr zu einer Freizeitforschung und Freizeitwissenschaft mit dem Anspruch, eine eigenständige Disziplin zu sein. Zugleich bedarf es – so die hier vertretene Position eines kritischen erziehungswissenschaftlichen Fundaments als Schutz vor naiven Lesarten oder Vereinnahmung und mit innovativen Impetus, der nicht hinter den einmal erlangten Positionen zurückfällt.

Im **3. Kapitel** wurde ein interdisziplinärer Zugang zum Phänomen Freizeit gewählt. Zunächst wurde ein Einblick in den sozialgeschichtlichen Diskurs zur Freizeit gegeben. Dabei konnten exemplarisch Tendenzen der Vereinnahmung der Freizeit durch politisch Mächtige aufgezeigt werden. Die „Freizeit“ bestimmter sozialer Gruppen oder breiter Teile der Bevölkerung hat(te) eine beunruhigende Wirkung auf privilegierte Bevölkerungsteile. Angebote der Zerstreuung in der Freizeit dienten nicht zuletzt der Sicherung der eigenen Position, den damit verbundenen Privilegien und gesellschaftspolitischen Verhältnissen.

Freizeit als Zeit der Muße erfuhr historisch betrachtet unterschiedliche Bewertung. Insbesondere die protestantische Arbeitsethik wies Freizeit als lasterhaften Müßiggang zurück. Bei der sozialgeschichtlichen Betrachtung stellt sich dabei immer wieder die Frage, welche Instanzen in welcher Form versuchen, das Verhalten anderer Menschen in ihrer freien Lebenszeit zu kontrollieren. Damit verbunden ist natürlich die Frage, wie das Kontrollbestreben legitimiert und nach außen vertreten wird und welche exkludierenden bzw. inkludierenden Praktiken verfolgt werden. Insbesondere die Freizeit junger Menschen stellt ein Politikum dar. Die Freizeit des jungen Menschen wurde neben der Familie und Schule als wichtige sozialisatorische Instanz entdeckt. Die Frage, in welcher Form junge Menschen sozialisiert werden sollen, steht wiederum in einem gesellschaftspolitischen Kontext. Retrospektiv besonders deutlich wird eine ideologische Vereinnahmung beispielsweise im Nationalsozialismus durch die Gleichschaltung der Jugendverbände und dem Bestreben, die Jugend in die Hitlerjugend und den Bund Deutscher Mädchen umfassend einzubinden. Auch die erwachsene Generation wurde durch entsprechende Freizeitangebote im Nationalsozialismus angesprochen und dabei ideologisch vereinnahmt.

Auch in der Gegenwart kann Freizeit – insbesondere in der Kindheit und Jugend – als außerschulischer Erfahrungs-, Lern- und Bildungsraum begriffen werden. Dabei begrenzen Kinder- und Jugendschutzgesetze die legalen Handlungsspielräume sowohl der jungen Menschen als auch der Erwachsenen, die mit ihnen umgehen. Es ergibt sich somit die Frage, wie viel an Freizeit und wie viel Kontrolle es bedarf, um auch in der freien Zeit junger Menschen (normativ) erwünschte Entwicklungsprozesse zu unterstützen. Freizeit hat dabei einen Säkularisierungsprozess und eine zunehmende Pädagogisierung durchlaufen.

Perspektivisch bedeutsam bleibt die Frage der Teilhabemöglichkeit und -gerechtigkeit aller Menschen, die zu unterschiedlichen Zeiten und in verschiedenen politischen, wirtschaftlichen und sozialen Verhältnissen eine unterschiedliche Beantwortung erfuhr und erfährt.

Aktuell wirken sich moderne Medien- und Reisemöglichkeiten nachhaltig auf die Optionen der Freizeitgestaltung aus. Zu allen Zeiten lassen sich Differenzen zwischen den sozialen Schichten und vielfach auch den Geschlechtern in den Freizeitaktivitäten finden. Aus heutiger Sicht lässt sich auch ein Fluide-Werden dieser Grenze erkennen. So können heute mehr Menschen an vielfältigen Reise- und Freizeitangeboten und vor allem an virtuellen Amüsements partizipieren. Die Verfügbarkeiten sind hoch, das Gefahrenpotenzial für Mensch und Natur ebenso. So wundert es nicht, dass z.B. Konzepte des nachhaltigen Tourismus oder des kompetenten Umgangs mit Medien bedeutsam werden.

Freizeit stellt heute einen wichtigen Wirtschaftsfaktor dar. In den westlichen Gesellschaften ist Freizeit in hohem Maße konsumorientiert. Die Wertorientierungen einer Gesellschaft und eines Menschen finden auch in der Freizeitgestaltung ihren Niederschlag. In der Freizeit drückt sich der Lebensstil eines Menschen am deutlichsten aus (vgl. Walter Tokarski). Im Sog einer starken Individualisierung und des Credos „Man lebt nur einmal" besteht dabei das Risiko, dass der Mensch jegliches Maß verliert und im wahrsten Sinne über seine Verhältnisse lebt – sei es pekuniär, ökologisch oder auch sozial.

Somit ist es wichtig, Freizeit auch unter einer psychologischen Perspektive in den Blick zu nehmen. Diese Perspektive wurde ebenfalls im 3. Kapitel thematisiert. Damit verbunden ist die Frage, welche Freizeitbedürfnisse ein Mensch hat. Unter Rekurs auf Horst Opaschowski konnten acht Freizeitbedürfnisse angeführt werden, andere Autoren ergänzten diese noch. Es wurde deutlich, dass Freizeit weit mehr ist als Rekreationszeit, insbesondere ist sie Eigen-, Sozial- und auch persönliche (inzidentelle) Bildungszeit. Das Maß an Fremdbestimmung sinkt in der Freizeit, wohingegen das (potentielle) Maß an Selbstbestimmungsmöglichkeiten steigt. Ein Ausbruch aus eingefahrenen Strukturen, die aus dem Lebensalltag nachhallen, erfordert Kraft, Initiative und die reflektierte Nutzung der eigenen Lebenszeit. Hierzu ist ein bewusster und kompetenter Umgang mit der eigenen freien Zeit bedeutsam. Bei genauerer Betrachtung zeigt sich, dass es auch Freizeitstress geben kann; dieser kann bis hin zum Verlust der Fähigkeit führen, eine gesunde Balance zwischen Spannung und Entspannung zu finden. Das Bestreben, die Erlebnisse immer weiter zu steigern und schneller zu ‚konsumieren' oder sich treiben zu lassen (z.B. stundenlang Computerspiel oder TV), mündet oftmals in dem Gefühl innerer Leere, bzw. dient dazu, selbige zu verdecken. Verbindungen zur soziokulturellen Bildung auch zur nachhaltigen Entwicklung sind perspektivisch auszubauen.

Unter einer philosophischen Perspektive wurde der Blick auf die Pole von ‚Vita activa' und ‚Vita contemplativa' gerichtet. Hierzu wurde insbesondere auf Hannah Arendt rekurriert. Es folgte eine Skizze, wie sich diese Momente im individuellen und gesellschaftlichen Dasein entwickelten. Arendt setzte in ihren Diskurs bei der antiken Polis an. Freizeit gab es nach ihrem Verständnis erst im öffentlichen Raum, da es im privaten Lebensbereich um die Sicherung der Existenz ging. Dabei wurde deutlich, dass der Mensch ein gesellschaftliches, tätiges Wesen ist. Körperliche Anstrengung, bis hin zu Schmerz und sinnliche Erfahrungsdimensionen, sind ganz wesentliche Momente der menschlichen Existenz. Ohne an dieser Stelle den gesamten Diskurs zu wiederholen, kann festgehalten werden, dass eine differenzierte und kritisch reflexive Sichtweise von der Wertung und der Gestaltung von privatem und öffentlichen Leben, existenzsichernder Arbeit und herstellenden Prozessen sowie der Kontemplation angeraten ist. Plakativ gesprochen: Der Mensch verliert ohne sinnvolle Verschränkung von ‚Vita activa' und ‚Vita contemplativa', zwischen öffentlichem und privatem Leben an Menschlichkeit, bzw. kann seinen menschlichen Potenziale nur eingeschränkt verwirklichen. Freizeit kann mehr als reine Eigenzeit sein. Sie entfaltet weiterführende Erfahrungsdimensionen und hat sinnstiftendes Potenzial, wenn sie sich auch im sozialen und öffentlichen Raum entfaltet, wie beispielsweise durch ehrenamtliches Engagement.

Beim philosophischen Zugang zur Freizeit darf eine Auseinandersetzung mit dem Verständnis von Freiheit und dem Verhältnis zwischen Freiheit und Bindung nicht fehlen. Es geht um die essentielle Frage, was Freiheit und was Bindung bedeuten. Zur Anregung einer eigenständigen und kritischen Reflexion wurde auf John Locke, Thomas Hobbes, Jean-Jacques Rousseau, Immanuel Kant, Arthur Schopenhauer, Friedrich Nietzsche, Friedrich Schiller rekurriert. Ausführlich wurde jene sinnstiftende Perspektive von Freiheit aus der existenzanalytischen Betrachtungsweise von Viktor Frankl vorgestellt. Bedeutsam ist dabei, dass sich hier der Fokus von der *Frage nach der Freiheit von* beeinträchtigenden äußeren Faktoren auf die *Frage der Freiheit wozu* verschiebt. Der menschliche

Geist kann zu den Widerfahrnissen Stellung nehmen und sich der Sinnfrage stellen. Diese (innere) Freiheit kann ihm niemand nehmen, wodurch sich der menschliche Geist über die realen Lebensbedingungen zu erheben vermag. Bei Viktor Frankl findet sich eine positive Definition von Freiheit als *Freiheit zu etwas*. Freizeit in diesem Sinne ist ein Zeitfenster, das Menschen noch einmal in besonderem Maße die Freiheit zu etwas bietet. Bedeutsam ist damit die Sinnfrage, die auch die Fähigkeit der Selbstdistanzierung und Transzendenz impliziert. Damit gewinnt der Mensch die Freiheit zur Stellungnahme. Zugleich verlieren die Pole Arbeit und Freizeit ihre Definitionsmacht. Der Mensch bindet sich freiwillig an für ihn sinnstiftende Ideen, die dazu führen, verantwortungsvoll zu handeln und sich selbst zu leiten. Das kann durchaus mit Mühe, Selbstüberwindung, Anstrengung und Arbeit verbunden sein. Erst die Bindung an einen Sinn macht ihn sozusagen frei und verhindert ein zu hohes Maß (narzisstischer) Selbstbespiegelung. Perspektivisch gewinnt dieser theoretische Hintergrund im Kontext steigender Zahlen von Menschen mit psychosozialen Belastungen weiter an Relevanz.

Im **4. Kapitel** fand eine Auseinandersetzung mit den anthropologischen Grundannahmen statt, in deren Mittelpunkt die Erziehungsbedürftigkeit und Bildsamkeit stand. Dabei fand eine kritische Auseinandersetzung mit scheinbar selbstverständlichen Begriffen statt. Zentrale Perspektiven aus der europäischen Entwicklungsgeschichte des Bildungsbegriffs wurden skizziert. Anthropologisch bedarf der Mensch der Erziehung und Bildung, was ein Potenzial und eine Freiheit darstellt, aber eben auch eine Verpflichtung impliziert. In unterschiedlichen Epochen prägten bestimmte Vorstellungen über die Bildsamkeit und Bildung das Denken und Handeln der Menschen. Der Bildungsbegriff selbst ist ein mehrdimensionales Konstrukt, das eine Verweltlichung erfahren hat. Bildung kann aus gegenwärtiger Sicht nur als Selbstbildung verstanden werden, wodurch dem Individuum eine aktive, gestaltende, (selbst)reflexive Rolle zukommt. Bildung ist – plakativ gesprochen – nicht von außen oder technologisch herzustellen.

Als Grundlage für eine theoretisch fundierte und zeitgemäße Freizeitpädagogik und Freizeitbildung wurde auf die anthropologischen Grundannahmen der Humanistischen Psychologie und Pädagogik zurückgegriffen. Dabei wurde unter Rekurs auf Carl Rogers von der Tendenz zur Selbstaktualisierung und dem Bestreben nach Selbstverwirklichung ausgegangen. Zugleich wurde auf die Interdependenz verwiesen: Der Mensch ist ein freies Wesen und zugleich abhängiges Wesen, verbunden mit seiner Mitwelt und seinen Mitmenschen (TZI, Ruth Cohn). Durch bestimmte erzieherische Maßnahmen oder soziokulturelle Umweltfaktoren können Wachstumsprozesse blockiert und eigene Bedürfnisse und Selbstanteile überformt und unterdrückt sein. Hieraus können destruktive Tendenzen (Erich Fromm) entstehen, verlagerte Bedürfnisse und Blockaden bedingt werden, die viel Energie binden und positive Wachstumsprozesse unterminieren. Die Freizeit kann Raum bieten, (wieder) zu sich selbst zu finden. Für die Freizeitbildung bedeutsam ist die Trias aus Mensch – Natur und Kultur. Der Mensch ist ein kreatives und kulturschaffendes Wesen, steht aber in Abhängigkeit mit dem Kosmos. Die Natur trägt wesentlich zur Erdung des Menschen bei, weist heilsames Potenzial für die körperliche und psychische Gesundheit auf. Um hier eine Verstehensbasis für (angehende) Freizeitpädagogen zu schaffen, wurden anthropologische, theologische und philosophische Stränge aufgegriffen, die allesamt den Stellenwert der Natur als existenziellen und spirituell-mystischen Erfahrungsraum skizzieren, in der der Mensch zu sich und den wahren Bedürfnissen zurückfinden kann. Darüber hinaus wurde auch die Frage nach dem Zusammenhang von Freizeit – Gesundheit – Arbeit und Lebensqualität in den Blick genommen. Dazu wurde u.a. auch auf den Better-Life-Index der WHO geschaut. Es bleibt festzuhalten, dass sich die Freizeitpädagogik im Sinne einer Freizeitbildung auch der kritischen Reflexion der Frage nach der Lebensqualität stellen muss. Diese lässt sich weder allein durch die Gesundheit, die berufliche Arbeit oder die Freizeit per se klären. Erst die subjektive Bewertung und das gedeihliche Zusammenspiel von Freizeit, Arbeit und Gesundheit können hier zielführende Orientierungshilfe sein und schließen die sozialen Bezüge mit ein.

Im **5. Kapitel** wurde ein Einblick in die Historie gegeben, der zur Reflexion des Verhältnisses von Freizeit und Pädagogik anregt. Im Zentrum stand dabei die Frage, ob Freizeit und Bildung einen Widerspruch darstellen. Es konnte anhand ausgewählter Vertreter aufgezeigt werden, dass die Trennung von Bildung und Freizeit artifiziell ist und einem stark verkürzten Bildungsverständnis entspricht.

Unter einer pädagogischen Perspektive konnten frühe Wurzeln einer wertschätzenden Betrachtung und bewussten Berücksichtigung der freien Zeiten bzw. Pausen unter anderem bei Johann Amos Comenius festgestellt werden. So wurde herausgearbeitet, dass Johann Amos Comenius sich auch mit der Frage befasste, wie eine (naturgemäße und nach seiner Sicht gottgewollte) Rhythmisierung des Lebens aussehen sollte. Er entwarf eine Strukturierung des Lebensalltags vor dem Hintergrund einer gesunden Entwicklung in der Ontogenese und Bildsamkeit des Menschen.

Fritz Klatt kann als wichtiger Vordenker einer Freizeitbildung betrachtet werden. Dabei stellt er bereits den bewussten und gestalteten Umgang mit der freien Lebenszeit in den Mittelpunkt. Aus dem konkreten Lebenszusammenhang und den beruflichen Belastungsfaktoren ergeben sich nach seiner Denkweise bestimmte Freizeitbedürfnisse: nach Ruhe und Erholung, aber auch nach

Gemeinschaft, Bildung und interessengebundenen Aktivitäten. Die freie Zeit dient der Entwicklung des Menschen und eröffnet die Chance, sich weiterzubilden. Dabei spielt der Austausch mit anderen Menschen eine wichtige Rolle. Bei Fritz Klatt fanden sich bereits erste Hinweise darauf, welcher Kompetenzen auch ein Freizeitpädagoge bedarf, um Bildungsprozesse anzuregen. Dies war durchaus nicht immer gewünscht.

Historisch betrachtet steht es außer Zweifel, dass die freie Zeit enormes Potenzial für die Volksbildung hatte und (informelle und non-formale) Bildungsprozesse freie Zeiträume im Lebensalltag der Menschen benötigen. Selbstbestimmte Lernprozesse finden sich in vielfältigen Hobbies im Freizeitbereich wieder. Aus der Betrachtung historischer und interdisziplinärer Perspektiven auf Freizeit lassen sich vier Zieldimensionen von Freizeitbildung herausarbeiten: (a) eine personale Zieldimension, zu der u.a. auch die Erschließung persönlicher Quellen der Kraft gehört, (b) eine soziale Zieldimension, die die Übernahme von Verantwortung und auch Gemeinschaft impliziert, (c) eine ökologische Zieldimension, die ein Bewusstsein um die Interdependenz und Verantwortung für die Umwelt anstrebt und (d) eine praktisch-körperliche Dimension, die sowohl körperlich-sportliche, aber auch handwerklich praktische und künstlerische Aktivität einschließt. Diese können als Korrektiv gegenüber einer Vereinnahmung der Freizeit durch kommerzielle Interessen betrachtet werden. Freizeit kann so viel mehr sein als einseitige Zerstreuung durch Amüsements Freizeitpädagogik kann durchaus einen Bildungswert inhärent haben und sollte die Freizeitkompetenz (Horst Opaschowski) des Einzelnen stärken. Letztlich geht es um einen vernünftigen Umgang mit der freien Lebenszeit, der sich am Wohlergehen, an der seelischen, körperlichen und geistigen Gesundheit des Menschen und seinen Interessen orientiert. Lernen steht hierbei im Dienste des Menschen und seiner persönlichen Entwicklung, was natürlich auch einer beruflichen Weiterentwicklung zuträglich sein kann. Freizeitpädagogen regen demzufolge Bildungsprozesse an, orientieren sich aber an den Bedürfnissen des Menschen. In diesem Sinne stellt die Soziokulturelle Animation eine Hochform der Freizeitbildung dar. Ziel ist es, Menschen als gemeinschaftsfähige Wesen anzusprechen, ihnen Hilfe zur Selbsthilfe zu geben und sie zur Übernahme von Verantwortung in ihrem Sozialraum anzuregen. Insbesondere die Wurzeln der Gemeinwesenarbeit und die amerikanische Settlementbewegung können im Hinblick aktueller und zukünftiger Herausforderungen mit sozialer Ungleichheit, ökologischen Krisenszenarien und Fluchtbewegungen bedeutsam werden. Exemplarisch wurde das Wirken von Jane Addams skizziert und das Hull-House-Projekt vorgestellt. Freizeitbildung kann auch im Sinne einer Befreiungspädagogik in Anlehnung an Paolo Freire wirksam werden. Verschiedene Wurzeln der Soziokulturellen

Animation und Perspektiven, die sich mit dem Begriff und Konzept verbinden, wurden skizziert. Verschiedene Formen und Leitlinien der Soziokulturellen Animation gingen dabei in die Darstellung ein (vgl. 277ff.). Diese Form der Anregung von Prozessen trägt zur Handlungsfähigkeit des Menschen bei, dem demokratischen, gemeinschaftsbezogenen und verantwortlichen Handeln und dem Eintreten für die eigenen und gemeinschaftsbezogenen Interessen. Theoretische Bezüge ließen sich hier auch zur Frankfurter Schule und Kritischen Theorie herstellen.

Konsequenterweise wurde im **6. Kapitel** der Blick noch stärker auf die gesellschaftlichen Tendenzen gerichtet, verbunden mit der Frage, welche Impulse sich hieraus für die Weiterentwicklung der Freizeitbildung abzeichnen. Dabei wurde eine Reflexion der Schattenseiten der Freisetzung des Einzelnen aus ständischen Gebundenheit im Kontext der Modernisierung angeregt. Bezeichnend ist, dass sich auf der einen Seite die individuellen Möglichkeitsräume und Gestaltungsfreiräume bezogen auf das eigene Lebens vergrößert haben, auf der anderen Seite diese (scheinbar) freien Wahlmöglichkeiten aber eben auch mit einem enormen Druck, Wahlzwang und das Risiko eines (individuellen) Scheiterns verbunden sind. Schlagworte wie ‚Risikogesellschaft' (Ulrich Beck) oder ‚Multioptionsgesellschaft' (Peter Gross), die eine gesellschaftliche Diagnose zuspitzen und zur kritischen Reflexion anregen, wurden aufgegriffen. Es konnte dargelegt werden, dass bestimmte gesellschaftliche Tendenzen dazu beitragen, dass Menschen nach (Sinns-)Erlebnissen suchen, die sie einerseits dem Druck einer riskanten ‚Multioptionsgesellschaft' und der Reduktion körperlicher Erfahrungsdimensionen für einen Moment entrinnen lassen, andererseits Potenziale für persönliche Wachstumsprozesse haben können. Die Spannbreite reicht hier eben von der Suchbewegung nach neuer Innerlichkeit, Wachstum und Verbundenheitsgefühl bis hin zu Erlebniskonsum und der Suchen nach dem Adrenalin-Kick, einem körpereigenen Rausch- und Euphoriezustand. Forscher wie Horst Opaschowski warnen zurecht vor den Schattenseiten kommerziell verfügbar gemachter Erlebnisse, sprechen von einer Erlebnisinflation in einer stark beschleunigten und schnelllebigen Zeit. Der Wunsch, dem Druck und Alltag einen Moment zu entfliehen, kann Menschen nach starken Reizen suchen und/oder eben auch Substanzen konsumieren lassen, die das rationale Denken abschwächen und das Erleben intensivieren können.

Nicht nur die Gesellschaft wandelt sich, sondern auch die Identitätskonstruktionen. Auf unterschiedliche Modellvorstellungen und Wandlungsprozesse wurde daher in diesem Kapitel genauer eingegangen. Dabei blieb der Begriff der Resilienz nicht unerwähnt. Die Ermöglichung von Kontakten, Strukturen und Situationen, die dem Aufbau von Widerstandskraft dienlich sind, ist insbesondere in der freien Lebenszeit bedeutsam. Es wurde deutlich, dass Identitätsarbeit als lebenslanger Prozess zu denken ist, der in einem bestimmten Kontext erfolgt. Die Möglichkeitsräume, seine Identität zu ‚konstruieren', sind vom Zusammenspiel vielfältiger Ressourcen abhängig. An dieser Stelle wurde Pierre Bourdieu in die Betrachtung einbezogen, der die Bedeutsamkeit verschiedener Kapitalarten und den Habitus-Begriff in spezifischer Weise herausgearbeitet hat. Ganz so frei und selbstbestimmt – wie viele es sich vielleicht auch erhoffen, vollzieht sich weder der Aufbau unserer Bildung, noch unserer Identität oder unseres sozialen Netzwerks. In einer zunehmend fluider werdenden Gesellschaft, spielen der Aufbau von individuellen Netzwerken und auch das Grenzmanagement eine zentrale Rolle (Heiner Keupp, vgl. 329f.). Damit kommt auch der Freizeit ein enormes Potenzial zu. Freizeit ist potenzielle Bildungszeit. Sie kann für die Weiterbildung genutzt werden, oder es kommt zu Bildungsprozessen, die sich inzidentell in Freizeitsettings einstellen. Konzeptionell begünstigen bestimmte Gestaltungsmomente von Freizeit die Wahrscheinlichkeit von Bildungsprozessen. Aus der humanistischen Traditionslinie heraus betrachtet, kann dann von einer gelungenen Freizeitbildung gesprochen werden, wenn sich persönliche Wachstumsprozesse und das Erleben von Sinnhaftigkeit aufseiten des Individuums einstellen. Dazu kann auch die Mußezeit gehören, die eben eine Offenheit ermöglicht, Bildung wirksam werden zu lassen.

Es ist selbstredend, dass sich Freizeit in den verschiedenen Phasen des menschlichen Lebenslaufs unterschiedlich gestaltet. Konsequenterweise wurde in diesem Kapitel auf ausgewählte Studien und Befunde rekurriert, die einen deskriptiven Einblick gestatten, wie verschiedene Altersgruppen, aber auch soziale Milieus ihre Freizeit gestalten. Obgleich sich die Geschlechterrollen angleichen bzw. fluide werden, gibt es tendenziell Differenzen zwischen den Geschlechtern, die sich im frei verfügbaren Zeitkontinuum ebenso wie in geschlechtstypischen Präferenzen in der Freizeitgestaltung zeigen. Anhand von empirischen Studien wurde die Bedeutsamkeit moderner Medien im Freizeitbereich evident. Insbesondere die Gefahr der Vereinsamung zeigt sich als ein Risikofaktor in der Postmoderne. Über die Freizeitgestaltung kann gerade in kritischen Lebenssituationen eine soziale Einbettung ermöglicht werden. In der Freizeit können durch entsprechende Impulse auch neue Bildungs- und Entwicklungsmöglichkeiten eröffnet werden. Bereits bei Kurt Hahn findet sich der Gedanke, durch eine Art Erlebnistherapie Zerfallserscheinungen in der Gesellschaft präventiv zu begegnen. Hierzu konzipierte er Outward Bound, fortgeführt auch im Internationalen Jugendprogramm. Erlebnispädagogische (Grenz-)Erfahrungen tragen zur Persönlichkeitsbildung bei. Zu bedenken ist hierbei die Frage, welche Reflexionsimpulse wie zu geben sind, damit ein Transfer der Erfahrungen in den

Alltag gelingt. Sportliche Herausforderungen und körperliche Tüchtigkeit sind sicherlich ein bedeutsames Element erlebnispädagogischer Ansätze, sollten aber nicht nur die Suche nach dem nächsten Adrenalin-Kick befördern. Freizeitsport ist grundsätzlich im Hinblick auf die ökologische Verträglichkeit auch kritisch zu prüfen. Alternative Ansätze finden vermehrt im Tourismus – z.B. in der nachhaltigen und ökologisch besser ausbalancierten Gestaltung der Wintersportangebote – Einzug. Darüber hinaus wurde noch einmal deutlich, dass Freizeit nicht nur im Sinne von Eigenzeit gedacht werden sollte, sondern eben auch Raum für soziales Engagement, Verantwortungsübernahme und Gemeinschaftserfahrung bietet. Ohne dieses zivilgesellschaftliche Engagement kommt es zu einer Erosion des gesellschaftlichen Zusammenhalts und fehlt Menschen nicht zuletzt das Gefühl, sich sinnhaft einbringen zu können. Angesichts der aktuellen gesellschaftspolitischen Herausforderungen und globalen Krisen gewinnt diese Traditionslinie an zukunftsweisender Bedeutsamkeit.

Das **7. Kapitel** gibt weiterführende Impulse zur Entwicklung einer reflexiven Freizeitbildung. Das deutsche Bildungssystem befindet sich spätestens seit der ersten PISA-Studie im Fokus der öffentlichen Kritik. Als besonders problematisch ist der enge Zusammenhang zwischen sozialer Herkunft und Bildungserfolg zu betrachten. Dabei stellt sich auch die Frage, welche außerschulischen informellen und non-formalen Bildungsgrundlagen die Kinder aus verschiedenen sozialen Milieus für den schulischen Bildungserfolg mitbringen. Die Mahnung zu einer kritischen Reflexion der Zusammenhänge zwischen sozialem Herkunftsmilieu und Bildungserfolg ist nicht neu. Bereits Pierre Bourdieu und Jean-Claude Passeron riefen zu einer kritischen Reflexion auf und prägten den Gedanken des Habitus', den ein Mensch infolge seiner sozialen Positionierung und verfügbaren Kapitalarten mit auf den Lebensweg bekommt. (vgl. hierzu Kapitel 7)

Noch kritischer wird es, sofern der Sachverhalt in die Betrachtung miteinbezogen wird, dass sich Deutschland seit 2009 zur Umsetzung von Inklusion verpflichtet hat, die Realisierung inklusiver Bildungssettings aber nur bedingt gelingt. Diesen kritischen Fragen hat sich auch eine reflexive Freizeitbildung zu stellen und bestehende Theorien und Studien für die eigene kritische Reflexion der Konzepte und Praxis fruchtbar zu machen. Nicht zuletzt wurde deutlich, dass die Chancengleichheit ein Idealbild darstellt und noch lange nicht gesellschaftliche Realität ist. Auch die Freizeitbildung muss sich befragen lassen, wie sie dazu beiträgt, gesellschaftliche Ungleichheitsstrukturen zu reproduzieren oder gar zu verschärfen. Hierzu gibt die Kritische Erziehungswissenschaft ein Mandat, auf das sich auch die Freizeitpädagogik stützen kann. Zugleich ist vor einer Verschulung der Freizeit ebenso wie vor einer Verfreizeitung aller Bereiche zu warnen: Freizeit verfügt über einen Eigenwert und lässt sich nicht ausschließlich auf Kompetenzaufbau reduzieren, ebenso wenig lässt sich schulisches Lernen oder berufliche Arbeit primär unter der Spaßperspektive sinnvoll denken.

Als ein wesentliches Professionalisierungskriterium von Personen, die in der Freizeitbildung tätig sind, kann die kritische Urteilskraft betrachtet werden. Zur Klärung des Begriffs der Urteilskraft wurde ein Exkurs in die Pädagogik der Aufklärung vorgenommen. Dabei zeigte sich, dass die konkrete Anschauung zwar ein wichtiges Fundament ist, zur Urteilkraft aber die Reflexion und die Fähigkeit gehört, Wahrgenommenes in gedanklichen und begrifflichen Kategorien zu fassen. Erst die so gewonnene Erkenntnis erlaubt es, Dinge zu beurteilen (vgl. S. 349). Es wurde dabei insbesondere auf Immanuel Kant rekurriert und die These aufgestellt, dass eine reflexive Freizeitbildung nicht ohne erkenntnistheoretische Modelle auskommt. Ziel dabei ist es, dem einzelnen Menschen einen mündigen, selbstbewussten und reflektierten Umgang mit der freien Lebenszeit zu ermöglichen.

Impulse für eine kritische Reflexion vereinnahmender Tendenzen durch massenwirksam kommerziell ausgerichtete Angebote finden sich bei Theodor W. Adorno und der Frankfurter Schule. Theodor Adorno stand den Massenmedien skeptisch gegenüber und beklagte, dass diese zum passiven Konsumieren verleiten würden. Die Kulturindustrie sah er als vom Kapitalismus überformt und geeignet an, um Menschen in Abhängigkeit zu halten. (vgl. 408) Es bleibt festzuhalten, dass der kompetente kritische Umgang mit Massenmedien und ihrer Konvergenz ein medien- und auch freizeitpädagogisches Ziel sein sollte. Wird der Begriff der Freizeitkompetenz gebraucht, kommt diese nicht ohne medien(kritische) Kompetenz aus. Der mediale Raum ist längst zu einem schier unendlichen und leicht verfügbarem Freizeitraum geworden. Die Selbstinszenierung in Social Media, das Verfolgen sogenannter Instagram-Stars (gefeiert als Influencer), die Nutzung von Apps als Kontaktbörse, virtuelles Forum, Blog usw. prägt längst das Freizeitverhalten vieler Menschen, insbesondere junger Menschen. Potenziell vereinnahmende Tendenzen unterliegen selbst einem Wandel, können subtil oder eben politisch forciert sein.

Im weiteren Verlauf der Arbeit wurde die Entwicklung der Frage des pädagogischen Umgangs mit der Freizeit in den Blick genommen. Dominierte zunächst im frühen 19. Jahrhundert die Freizeiterziehung, formiert sich heute die Freizeitbildung. So war es unter Kaiser Wilhelm II. Ziel, auf junge Menschen und/ oder Menschen einer bestimmten sozialen Klasse in der Freizeit erzieherisch einzuwirken, staatspolitisch wünschenswerte Haltungen und Verhaltensweisen zu etablieren und möglichen Fehlentwicklungen vorzubeugen. Die Intention lag darin, lenkend und erzieherisch auf das Verhalten der Menschen einzuwirken, um „sittliche Verwilderungen“, Suchtverhalten sowie politisches Aufbegehren zu verhindern. Die Freizeit des Arbeiters wurde als Risiko für die staatliche Ordnung antizipiert, zugleich wurde der Arbeiter als Konsument entdeckt. So wundert es nicht, dass auch in der Folgezeit sowohl der Staat wie auch religiöse oder politische Gruppierungen Anstrengungen unternahmen, die Freizeit der Menschen zu organisieren. Besonders deutlich wurde die Vereinnahmung der Freizeit durch die Gleichschaltung aller Jugendorganisationen unter dem NS-Regime. In den 1970er Jahren des 20. Jahrhunderts traten starke emanzipatorische Bestrebungen einer Freizeitpädagogik zutage, die kritisch auf die Geschichte der Freizeiterziehung blickte. Diesen Impuls fortzuführen und bezogen auf die jeweiligen zeitgeschichtlichen Herausforderungen weiterzuentwickeln, ist auch eine Aufgabe einer reflexiven Freizeitbildung.

Unter einer lebenslaufbezogenen Perspektive haben sowohl die Freizeiterziehung als auch die Freizeitbildung ihre Berechtigung. Diese Position wurde erziehungswissenschaftlich unter Rekurs auf Johann Friedrich Herbart noch einmal expliziert. Letztes Ziel jeder Freizeiterziehung muss die autonome Gestaltungsfähigkeit der freien Lebenszeit durch die Person selbst sein. Folgt man Renate Freericks und Dieter Brinkmann (2005) so kann Freizeitbildung unterschieden werden in eine Bildung in der Freizeit, eine Bildung für die Freizeit und eine freizeitgemäße Bildung. Bei der Bildung für die Freizeit ist erweiternd noch sehr viel stärker ein Fokus auf die reflexive Kompetenz der Person zu legen. Es bedarf der Selbsterkenntnis und der Urteilskompetenz, um mit der Vielfalt an Freizeitangeboten mündig umgehen zu können. Unter der Prämisse des Lebenslangen Lernens gewinnen informelle, non-formale und außerschulische Lernorte an Bedeutsamkeit. Synergie-Effekte ergeben sich durch die vielfältigen Lernerfahrungen des Menschen in schulischen oder berufsbezogenen Settings und außerschulischen, spielerischen und freizeitbezogenen Lern- und Erfahrungsräumen. Das Postulat des Lebenslangen Lernens deckt nicht den bedeutsamen Faktor der Erholung ab, den Fritz Klatt bereits in seinen frühen Ansätzen einer Freizeitbildung einbezogen hat. Als übergeordnetes Ziel kann die Persönlichkeitsentwicklung bestimmt werden. Diese vollzieht sich in einem komplexen Wechselspiel zwischen Mensch – Natur und Umwelt, in dem sich Enkulturations-, Sozialisations-, Erziehungs- und Bildungsprozesse abspielen. Anthropologisch wie auch philosophisch wurde in der Arbeit aufgezeigt, dass der Mensch des anderen Menschen bedarf, um seiner menschlichen Potenzialität gerecht zu werden. Freizeitbildung kann als Erweiterung der Kulturpädagogik verstanden werden. Dies ergab eine kritische Auseinandersetzung mit dem Kulturbegriff und der kulturellen Bildung. Die kulturelle Bildung ist nur eine Facette der Freizeitbildung. Grundlegend für die Freizeitbildung ist Förderung des bewussten

Umgangs mit der freien Lebenszeit, die Berücksichtigung des eigenen Zeitrhythmus, der nicht kongruent zu stark rationalisierten Arbeitsrhythmen ist.

Im **8. Kapitel** wurde der Blick explizit auf die Bedeutsamkeit der Natur- und Tierwelt im Leben des modernen Menschen gerichtet. Es konnte dargelegt werden, dass der direkte Kontakt zur Natur heilsame und gesundheitsfördernde Implikationen hat. Die Unmittelbarkeit und Sinnlichkeit können eine Zugangsmöglichkeit zum eigenen Ich bieten. Der Mensch ist dabei als Leib-Geist-Seele-Entität zu sehen. Von einer heilenden und stressreduzierenden Wirkung der Natur wird heute auch im medizinisch-therapeutischen Bereich ausgegangen. Dies zeigen beispielsweise die Forschungen von Rahel und Stephen Kaplan. Darüber hinaus wurden exemplarisch verschiedene philosophische Betrachtungsweisen herangezogen, die ebenfalls die Bedeutsamkeit der Natur für das menschliche Seelenleben betonen. Natur kann dabei als wichtige Antipode einer Kultur- und Leistungsgesellschaft betrachtet werden, die sowohl zerstörerische als auch heilsame Kräfte aufweist. Der Philosoph Henry David Thoreau nutzte die Kräfte der Natur, um zu sich und seinen wahren Bedürfnissen zurückzufinden und so eine Form der Selbsttherapie zu erfahren. Heute finden sich unterschiedliche Ansätze, die die Begegnung mit der Natur für die Therapie und Persönlichkeitsentwicklung nutzen. Kursorisch wurde hierzu ein Blick auf integrative therapeutische Ansätze sowie Friluftsliv gerichtet. Es wurden Überschneidungen zwischen der Freizeitbildung und integrativen Therapieformen identifiziert, zugleich aber auch deutlich gemacht, welche Unterschiede bestehen.

Tiere haben das menschliche Dasein seit Angedenken der Menschheitsgeschichte bereichert. Sie dienten nicht nur als Nahrungsquelle oder Nutztiere, sondern hatten vielfältige spirituelle und symbolische Bedeutungszuschreibungen erfahren. Tiere berühren den Menschen auf vielfältige Art und Weise: sein Denken, sein Fühlen, sein Handeln. Sie dien(t)en zur Sicherung des Überlebens und beförderten indirekt die Möglichkeiten der kulturellen Entwicklung. Zurecht kritisiert Erhard Olbrich, dass die Tier-Mensch-Beziehung in der modernen Gesundheitspolitik zu wenig berücksichtigt wird. Aus dem Umstand, dass die Tier-Mensch-Beziehung dort zu wenig gewürdigt wird, kann die Freizeitpädagogik und Freizeitbildung einen wichtigen Impuls für das eigene Arbeitsfeld beziehen: der Kontakt zu Tieren kann sich positiv auf das Wohlbefinden und die gesunde Entwicklung des Menschen auswirken. Dieser Zusammenhang wird in verschiedenen therapeutischen und pädagogischen Ansätzen bereits erkannt und genutzt, aber bleibt insgesamt eine zu stark vernachlässigte Perspektive. Dabei spielen Haustiere in der Gestaltung der Freizeit eine große Rolle. Tiere haben heute für Privatpersonen in erster Linie eine emotionale Bedeutsamkeit. Zugleich ist es wichtig, sich auch mit ethischen Fragestellungen zu befassen, was ebenfalls in Kapitel 8 erfolgte. Hierzu wurde u.a. Peter Singers präferenzutilitaristische Sicht diskutiert. Innerhalb der Freizeitbildung können Angebote, wie die Tier-Mensch-Beziehung zum Wohl aller Beteiligten zu gestalten ist, das Spektrum bereichern. Der Gegenpart einer reflexiven Freizeitbildung ist demzufolge die Entwicklung von Angeboten, um Touristen zum Schwimmen mit Delfinen im neugebauten Becken eines Hotelkonzerns zu animieren.

Im **9. Kapitel** wurden mögliche zeitgemäße Zielsetzungen einer reflexiven Freizeitbildung aufgezeigt. Wie bereits mehrfach erwähnt, steht die Persönlichkeitsbildung im Zentrum. Diese kann nach Horst Opaschowski auch als Bindeglied zwischen der Schul- oder Berufs- und Freizeitbildung betrachtet werden. Damit der Terminus Persönlichkeitsbildung nicht eine hohle Chiffre bleibt, wurde in dem Kapitel der Person-Begriff entsprechend expliziert und theoretisch fundiert, bevor die Persönlichkeitsbildung in Relation mit der Freizeitbildung gesetzt wurde. Es wurde deutlich, dass gerade die Freizeitbildung durch die Zurücknahme von Heteronomie besondere Potenziale für die Persönlichkeitsbildung hat. Auf der Basis der in dieser Arbeit entfalteten theoretischen Hintergründe der Freizeitbildung sind Freizeitangebote nicht nur auf ihren potenziellen Bildungswert hin zu befragen, sondern es ist wichtig, Beziehungen und Kommunikationsangebote so zu gestalten, dass sie zur Selbst-reflexion anregen und so Möglichkeiten für persönlichkeitsbildende, existenzielle Erfahrungen eröffnen. Auf die Bedeutsamkeit des Wechselspiels von Aktivität/Spannung und Ruhe/Besinnung wurde an dieser Stelle noch einmal verwiesen. Eine weitere zeitgemäße Zielsetzung ist die Erweiterung der individuellen Möglichkeitsräume. Hierzu wurde auf Klaus Holzkamp rekurriert. Im Zentrum stehen hierbei expansive Lernprozesse, die zu einer subjektiv erlebbaren Verbesserung der Lebensbedingungen führen. Ein Lernprozess wird dann zu einem expansiven Lernprozess, wenn der Mensch eine Handlungsproblematik als Lernherausforderung wahrnimmt und mit der Lösung eine Erweiterung seiner Möglichkeiten und Verbesserung der eigenen Lebensqualität verbindet. Expansive Lernprozesse sind nicht per se an ein Lernen in der Freizeit gebunden, können eben auch nicht von außen hergestellt werden. Welche Rahmenbedingungen expansive Lernprozesse begünstigen, war daher ein Themenbereich im 9. Kapitel.

Als eine weitere zeitgemäße Zielsetzung einer reflexiven Freizeitbildung wurde die Förderung von Gesundheitserleben und Wohlbefinden benannt. In diesem Zusammenhang wurde das Gesundheitsverständnis kritisch reflektiert und auf die Gefahrenmomente des Drucks zur immer weiter gesteigerten Selbstoptimierung verwiesen. Die Gesundheitsförderung kann als eine zentrale Querschnittsaufgabe verstanden werden, die sich nicht auf einen bestimmten Lebensbereich begrenzen lässt. Viele Menschen nutzen gerade die Freizeit, um etwas für ihr Wohlbefinden und ihre Gesundheit zu tun. Eine reflexive Freizeitbildung hat diesem Bedürfnis Rechnung zu tragen und Menschen dahingehend zu unterstützen, dass ihnen eine für sie gesunde und befriedigende Freizeitgestaltung gelingt. Die bewusste Förderung von Gesundheitserleben und körperlichem, seelischem und geistigem Wohlbefinden kann als Verschränkung von Freizeit- und Gesundheitsbildung verstanden werden. Nicht zuletzt kommt der Freizeitpädagogik auch eine wichtige Funktion bei der sozialen Verortung zu. Diese kann durch die Partizipation in einem Verein erfolgen, aber eben auch im Bereich des Ehrenamts und freiwilligen Engagements. Dabei verschränken sich wiederum Konzepte zur Gemeinwesen- und Stadtteilentwicklung mit Angeboten zur Freizeitgestaltung. Es geht hierbei um die gezielte Ermöglichung sozialraumnaher Angebote, die einer Vereinsamung und sozialen Desintegration (insbesondere von älteren Menschen, aber auch Jugendlichen) entgegen wirken und durch gemeinsame Aktivitäten in der Freizeit eine soziale Verortung unterstützen. Darüber hinaus kann eine reflexive Freizeitpädagogik auch sinnstiftende Perspektiven erschließen und präventiv Gegenimpulse zu einer sich verselbständigenden Kon-sumorientierung setzen. Sie hat somit auch eine präventive und interventive Funktion, die sich auf weitere in Kapitel 9 explizierte Bereiche erstreckt. Diese ergeben sich aus aktuellen riskanten Entwicklungspfaden im menschlichen Lebenslauf insbesondere gehäuft bei bestimmten gesellschaftlichen Teilgruppen.

Im **10. Kapitel** wurde der Frage nachgespürt, wie sich die Ziele einer reflexiven Freizeitpädagogik am besten umsetzen lassen. Es wurden grundlegende Paradigmen zusammengefasst und ausgewählte methodische Zugänge eingebracht. Ein wichtiges Paradigma für die Freizeitbildung ist die Ermöglichung von Kontrasterfahrungen und das Erleben als solches, was einen Zugang über die Sinne impliziert. Hierzu wurde auf die Körperlichkeit, die Sinne und den Erlebnisbegriff eingegangen und diese Aspekte philosophisch und erziehungswissenschaftlich fundiert. Es wurde auf ausgewählte Aspekte eingegangen, weshalb gerade die Ermöglichung primärer Erfahrungen und sinnlicher Wahrnehmungen, die den ganzen Körper betreffen, heute so wichtig sind.

Selbsttätigkeit und Selbstverantwortung können als weitere Paradigmen betrachtet werden. Sie spielen bei handlungsorientierten Methoden wie auch bei der Soziokulturellen Animation eine zentrale Rolle. Ziel muss es sein, dem Menschen eigene (Primär-)Erfahrungen zu ermöglichen und ihn selbst als Akteur in Erscheinung treten zu lassen. Die Forderung nach dem Freiraum für das Individuum, um eigene Erfahrungen machen zu können, nach Selbsttätigkeit und Selbstverantwortung hat in der Geschichte der Pädagogik eine lange Tradition. Exemplarisch wurde hier auf Jean-Jacques Rousseau, Johann Heinrich

Pestalozzi, John Dewey, Adolf Reichwein oder auch Karl Frey rekurriert. Leitgedanken der Projektmethode und Leitprinzipien einer animativen Didaktik im Sinne Horst Opaschowskis oder Reinhard Markowetz wurden dargelegt. Es wurde deutlich, dass vielfältige Kompetenzen, die der einzelne Mensch dazu benötigt, erst einmal erlernt werden müssen. Daher ist es wichtig, dass die gewählte Methode zur Zielgruppe passt. Die jeweilige Methode kann vor dem Hintergrund der Leitprinzipien einer animativen Didaktik sowie den Paradigmen kritisch reflektiert werden.

Für das professionelle Agieren im Kontext der Freizeitpädagogik stellt sich nicht nur die methodische Frage, sondern auch die Art und Weise des kommunikativen Zugangs und Leitens einer Gruppe. Hierzu bietet sich eine Orientierung an der Themenzentrierten Interaktion nach Ruth Cohn für den Bereich der Freizeitbildung an. Die Fähigkeit, sich selbst zu leiten und das Gegenüber als gleichwertige Person zu würdigen, den Zugang über Ich-Botschaften zu schaffen und auf Störungen einzugehen, erlaubt es, Wachstumsprozesse im Gruppenprozess zu befördern. Martin Buber steht für die Dialogphilosophie und betonte die Bedeutsamkeit der Person. Der Mensch bedarf des anderen Menschen und den Dialog um seine menschliche Potenzialität zu entfalten, kurz in den Worten Martin Bubers: „Der Mensch wird erst am Du zum Ich“[2362]. Buber ging dabei jedoch auch noch weiter, in dem er zwei Grundmodi unterschied, wie der Mensch in Kontakt zur Welt treten kann. In einer Ich-Es-Begegnung, wird das Gegenüber – sei es Mensch oder Baum – analytisch erfasst und auf Teilaspekte reduziert, die in Distanz zu einem selbst betrachtet werden. In einer Ich-Du-Begegnung hingegen verschwimmen die Grenzen. Es erfolgt eine eher intuitive, ganzheitliche Wahrnehmung des Wesens des Gegenübers. Dabei entsteht das Gefühl der Verbundenheit und das Gegenüber hört für einen Moment auf, distanziertes Objekt zu sein. Derartige Kontakte sind nicht technologisch herstellbar, aber der Bereich der Freizeitpädagogik ist prädestiniert dafür geeignet, zweckfreie und authentische Begegnungen zwischen Menschen zu ermöglichen. Zur pädagogischen Professionalität gehört dabei, den Menschen als ganzen Menschen wahrzunehmen und ihn eben nicht als Positions- und Leistungsträger zu betrachten. Die Grundideen der Dialogphilosophie erfordern Reziprozität in den konkreten Interaktionen und ein Lernen von- und miteinander. Echte Begegnung bedarf der „Vergegenwärtigung“ der Personalität des Menschen. Dazu ist die Hinwendung zum Menschen wichtig, die Offenheit und das Sehen des anderen Menschen, das Gesprächsangebot. Um derartige Modi

2362 Buber 1923, S. 36.

der Begegnung zu unterstützen, ist nicht nur die Authentizität des Freizeitpädagogen oder der Freizeitpädagogin bedeutsam, sondern es ist wichtig, einen geschützten Raum für die Gruppe zu erzeugen, in dem sich die Teilnehmenden angenommen fühlen. Grundlagen hierzu finden sich auch bei Carl Rogers und seiner non-direktiven Gesprächstherapie, in deren Kontext er auch Kongruenz, Wertschätzung und selektive Authentizität als Beratervariablen forderte.

Im **11. Kapitel** wurde auf ausgewählte Handlungsfelder einer Freizeitbildung eingegangen. Es konnte dabei die Relevanz und Bedeutsamkeit aufgezeigt werden, wenngleich es keine strukturell eindeutig vorgezeichneten Berufswege sind. Es handelt sich hierbei somit eher um Felder, in denen fundiert ausgebildete Freizeitpädagogen durch ihre Expertise wertvolle Arbeit leisten könn(t)en. Diese reichen vom Freizeitcoach bis hin zu Feldern, die klassisch von der Sozialpädagogik abgedeckt werden. Ein Handlungsfeld ergibt sich auch im Zuge des Ausbaus der Ganztagsbildung, welcher beispielsweise in Österreich durch freizeitpädagogisch qualifiziertes Fachpersonal unterstützt wird.

Eine weitere Vision wäre eine tiergestützte Freizeitpädagogik, die eben den Kontakt mit Tieren als Moment einer sinnerfüllten und zugleich ethisch reflektierten Möglichkeit der Freizeitgestaltung im Blick hat. Dabei spielt die Entwicklung der Persönlichkeit ebenso eine Rolle, wie eine verantwortungsvoll gestaltete Freizeit im Einklang mit den Bedürfnissen der Natur und ihrer Lebewesen. Verbindungsmomente ließen sich hier auch zur Bildung zur nachhaltigen Entwicklung finden.

Künstlerische Projekte im Freizeitbereich können dazu dienen, Brücken zu bauen und Grenzen zu überwinden: zwischen den Kulturen, Sprachen, sozialen Milieus oder auch anderen Destinktionsmerkmalen. Steht dabei nicht nur die Kunst im Sinne eines zu erlernenden handwerklichen Könnens im Zentrum, bietet sie ein dankbares Medium, um Prozesse der Persönlichkeitsbildung anzuregen. Kunst eröffnet vielfältige Erfahrungs- und Erlebnisdimensionen, an die Reflexionsprozesse anzuschließen sind. Diese können im Sinne einer versierten Freizeitbildung durchaus inzidentell erfolgen. Das verbindende Potenzial von Kunst wurde bereits in den 1970er Jahren erkannt, als Soziokulturelle Zentren, die zur Partizipation einluden, das kulturelle Angebot bereicherten. Gerade heute gewinnt dieser Gedanke vor dem Hintergrund der Flüchtlings- und Migrationssituation erneut an Brisanz und kann einen Weg darstellen, wie Integrationsprozesse und der Zusammenhalt der Menschen über soziokulturelle Freizeitprojekte gefördert werden können. Es kann die These aufgestellt werden, dass es (junge) Menschen gibt, die sich letztlich nur über die Freizeitangebote erreichen und integrieren lassen. Dass der Kunst dabei auch eine therapeutische Wirkung zukommen kann, ist längst bekannt, doch nicht immer bedarf es gleich einer Musik- oder Kunsttherapie. Viel kann hier bereits durch die Integration in freizeitpädagogisch ausgerichtete künstlerische Projekte erreicht werden.

Als vorläufiges Fazit kann daher festgehalten werden, dass Freizeitpädagogik ein facettenreiches Feld darstellt, das auch politisch bedeutsam war und ist. Nicht zuletzt braucht eine demokratische Staatsform Menschen, die sich mündig einbringen und (sozial-)politisch engagieren können und wollen. Ohne Partizipation gelingt das gesellschaftliche Miteinander nicht. Der Freizeit kommt eine wichtige Rolle mit Potenzial zur Integration zu. Viele Menschen erleben es als sinnerfüllte Aufgabe, sich in der Freizeit ehrenamtlich zu engagieren. Eine gute Begleitung dieser Menschen schützt vor negativen Implikationen und trägt zur Stärkung der Persönlichkeit bei. In der Begleitung, Organisation und Förderung des ehrenamtlichen Engagements und der Freiwilligendienste könn(t)en Freizeitpädagogen durch ihre Expertise einen wertvollen Beitrag leisten.

Der bildende und den eigenen Horizont erweiternde Wert von Reisen ist landläufig bekannt. Die Probleme des modernen Massentourismus sind die Schattenseite und nicht jede Form des privaten oder touristischen Reisens hat ein entsprechendes Bildungspotenzial inhärent. Eine inzwischen verbreitete Form, die prinzipiell durchaus bildungsförderlich sein kann, stellt das Volunteering dar, bei dem sich das Reisen mit sozialem Engagement verbindet. Auf den ersten Blick eine erfolgversprechende Synthese sowohl zum Wohl der Bevölkerung des Reiseziel-Lands als auch der freiwillig Engagierten. Doch hier empfiehlt sich ein kritischer Blick. Als Reflexionsfolie können die entfalteten die theoretischen Hintergründe zur Freizeitbildung den Blick schärfen, um den Sinn und die tatsächlichen Auswirkungen unter einer bildungswissenschaftlichen und ethischen Perspektive zu hinterfragen. Impulse finden sich hierzu in Beiträgen des investigativen Journalismus. Kommerzielle Interessen wie auch die Folgewirkungen auf jene Menschen, die vom Volunteering vor Ort profitieren sollen, sind dabei ebenso zu hinterfragen, wie die Vorbereitung und Betreuung der Volunteers. Eine fundierte Freizeitbildung kann auch weitere Bereiche des Tourismus voranbringen, in dem der potenzielle Bildungswert analysiert, entsprechend gestaltet und kritische Implikationen im Vorfeld reflektiert werden. Exemplarisch sei hier auf den Bereich des weiter auszubauenden ökologisch vertretbaren, nachhaltigen Tourismus oder die Bildungsreisen verwiesen. Beide Bereiche stellen Handlungsfelder für gut ausgebildete Freizeitpädagogen dar.

Bildung gilt heute als Katalysator der Integration, und kann als ein Schlüssel zum Erfolg betrachtet werden. So wundert es nicht, dass sich Freizeitwelten mehr und mehr zu Bildungswelten wandeln und erlebnisorientierte Lernwelten entstehen. Dahinter verborgen liegen nicht selten kommerzielle Interessen der Anbieter, denen es um die Pflege eines Markenimages geht. Das Kontinuum zwischen einem Schwerpunkt auf dem Lernen und Konsum ist dabei breit. So entwickeln sich Museen oder Brands wie beispielsweise die Autostadt Wolfsburg zu erlebnisorientierten Lernorten mit entsprechenden familienbezogenen Angeboten, bei denen die Grenzen zwischen Bildungs- und Konsumwelten erodieren. Die Gestaltung entsprechender Bildungswelten ist ein anspruchsvoller Prozess, der entsprechender Expertise bedarf. Derartige kommerzielle Angebote im Kontext von Branding sind aus Sicht der Freizeitbildung durchaus kritisch zu reflektieren, zugleich aber auch nicht wegzudenken, sondern sinnvoll weiterzuentwickeln, damit sie bestmögliches Bildungspotenzial haben. Die unterschiedlichen Lernszenarien können ganz verschiedene Grade der Beteiligung des lernenden Subjekts implizieren. Der Fokus kann, wie beispielsweise im Kino oder in der neusten Geisterbahn, eher auf eine passive, unterhaltende und emotional fesselnde Beteiligung ausgerichtet sein, oder eben eine aktive Beteiligung und einen selbstgesteuerten Lernprozess anregen, wie es zum Beispiel einigen Angeboten gut gestalteter Science-Center gelingt.

Daneben finden sich ganz viele mediale Angebote, die Bildungsprozesse in der Freizeit unterstützen können. Die Grenzen zwischen Lernen und Spiel, Unterhaltung und Bildung sind fließen. Das findet im Edutainment und sogenannten Serious Games seinen Niederschlag. Inzwischen gibt es zahlreiche Konvergenzen und hybride Formen, die mediale und reale Bildungswelten verzahnen. Die Game-Entwicklung hat sich zu einem eignen, durchaus profitorientiertem Berufsfeld entwickelt. Zur Freizeitbildung gehört in diesem Fall auch die Fähigkeit, diese neuen Angebote kritisch reflektieren zu können.

Die Trias Sport – Gesundheit – Freizeitbildung stellt in ihrem Zusammenspiel ein weiteres Handlungsfeld für die Freizeitpädagogik dar. Dabei ist zwischen einer Bildung in der Freizeit und einer Bildung für die Freizeit zu differenzieren und beides kann gezielt durch entsprechende Angebote unterstützt werden. Sport – insbesondere Mannschaftssport kann auch im Freizeitbereich den Aufbau der von der WHO als Core Life Skills bezeichneten Kompetenzen (z.B. Selbstwahrnehmung, Umgang mit Stress, kommunikative Fähigkeiten…) unterstützen. Die Stärkung dieser Kompetenzen zur Lebensbewältigung können auch als wesentliche Aufgabe der Prävention und Gesundheitsbildung identifiziert werden. Die Ergänzung um eine freizeitpädagogische Betrachtung beim Sport kann ein protektiver Faktor sein, um ambivalente Züge einer Leistungs- und Wettbewerbsorientierung kritisch zu reflektieren. Aus einer freizeitpädagogischen Perspektive ist es wichtig, das bildende Potenzial des Sports durch entsprechende Reflexionsprozesse anzuregen und zugleich Möglichkeiten der Integration von Sport für die bewusste Gestaltung der freien Lebenszeit zu eröffnen. Nicht zuletzt gibt es empirische Befunde, die einen Zusammenhang zwischen Bewegung und kognitiver Leistungsfähigkeit aufweisen. Dabei spielt die Kombination und Wechselwirkung zwischen Bewegungsangeboten und kognitiven Anregungen eine wichtige Rolle, womit sich der Kreis zur Freizeitbildung bis hin zu ihrem Vordenker Fritz Klatt schließt.

Als ein weiteres Handlungsfeld der Freizeitbildung lässt sich eine ganzheitlich orientierte Erwachsenenbildung in der Traditionslinie der Volksbildung und Volkshochschule identifizieren. Erste Ansätze wie Erwachsenenbildung eine sinnvolle Synthese mit der Freizeit eingehen kann, finden sich bereits bei Klatt. Es wurde innerhalb der Arbeit bereits der Kerngedanke herausgearbeitet, dass es wichtig ist, eine Balance zwischen dem Bildungsbedürfnis und anderen Freizeitbedürfnissen wie jenen nach Geselligkeit, Ruhe und Erholung auszuloten. Im Sinne einer gelungenen Freizeitbildung ist bei ganzheitlich orientierten Zugängen zur Erwachsenenbildung in der Freizeit das Paradigma eines erlebnisorientierten Zugangs, der den Einbezug vieler Sinne gestattet und sowohl person- als auch gemeinschaftsorientiert vorgeht sowie zur Reflexion anregt, zu beachten. Vor diesem Hintergrund verbleiben viele Angebote an heutigen Volkshochschulen hinter dem Gedanken einer reflexiven Freizeitbildung und könnten sich durch den Einbezug einer Theorie der Freizeitbildung weiterentwickeln lassen. Exemplarisch sei hier auch auf den Wellness-Sektor verwiesen, der sich im 21. Jahrhundert in Richtung Wellnessbildung erweitert hat. Dabei hat sich die Perspektive auf eine ganzheitliche Gesundheitsvorstellung ausgedehnt, die auf das Wohlbefinden zielt. Auf das hierzu von Wolfgang Nahrstedt entwickelte erweiterte Modell zur Wellnessbildung wurde entsprechend rekurriert. Die Verbindung zwischen Wellness am Kurort und Weiterbildung bietet entsprechende Möglichkeiten, Menschen ganzheitlich zu fördern und zu stärken. Hierzu kann eine fundierte Theorie der Freizeitbildung wichtige Impulse geben. Anhand der hier exemplarisch aufgezeigten Handlungsfelder von Freizeitpädagogen wird ersichtlich, dass die Freizeitbildung solide erziehungswissenschaftliche Fundamente bedarf, die curricular in entsprechenden Studiengängen zur Freizeitpädagogik zu verankern sind. Als zielführend erscheint eine Doppelqualifikation, die noch einmal eine bestimmte inhaltliche Expertise in einem weiteren Fachbereich mit sich bringt: Sportwissenschaft und Freizeitbildung, Musik und Freizeitbildung etc.

Im **12. Kapitel** wurden Qualitätskriterien für die Freizeitbildung zur Diskussion gestellt. Als ein wesentliches Moment professionellen Handelns kann dabei der Aufbau einer Berufsethik verstanden werden. Für diese wurde – ausgehend von der Forderung von Hartmut von Hentig nach einem „Sokratischen Eid“ für pädagogische Berufsbilder – auf Konstitutionselemente einer Pädagogik der Freizeit rekurriert und der Entwurf einer Ethik der Freizeitbildung den Leserinnen und Lesern unterbreitet. Es bedarf keiner besonderen Betonung, dass eine reflexive Freizeitbildung nicht haltbar ist, ohne die gezielte Ermöglichung von Reflexionsmöglichkeiten der Teilnehmenden, die ihre Persönlichkeitsentwicklung anregen und sie zur bewussten Gestaltung der freien Lebenszeit animieren. Professionell gestaltete pädagogische Angebote sind heute nicht mehr unabhängig von Maßnahmen zur Qualitätssicherung denkbar. Hierbei spielt die Evaluation eine zentrale Rolle. Verschiedene Möglichkeiten wurden im 12. Kapitel dementsprechend eingebracht, um die Qualität im Bereich der Freizeitpädagogik sicherzustellen. Erweiternd hierzu wurde vorgeschlagen, dass sich freizeitpädagogische Angebote auch einer kritischen Betrachtung vor dem Hintergrund der hier entfalteten systematischen Annäherung an eine reflexive Freizeitbildung stellen müssten. Leitgedanken sind dabei, ob die Angebote die Selbstbestimmungsfähigkeit, Mündigkeit und Bildsamkeit des Individuums beachten oder kommerzielles Interesse den Fokus auf Zerstreuung und Adrenalin-Kick legt und die Kundenbindung an entsprechende Angebote oberste Prämisse sind. Es wurde ein Entwurf entsprechender Evaluationskriterien vorgelegt, der den weiteren Diskurs anregen kann.

Zur Professionalität eines Freizeitpädagogen gehört die Bereitschaft zur Selbstreflexion und selbstkritischen Betrachtung. In Replik auf Karl-Oswald Bauer wurden pädagogische Basiskompetenzen auf den Bereich der Freizeitpädagogik bezogen. Abschließend wurde auf den emanzipatorischen Anspruch verwiesen, hinter den eine reflexive Freizeitbildung nicht zurücktreten darf.

Der emanzipatorische Anspruch einer Pädagogik der freien Lebenszeit kann heute nicht einfach bei einer Konsumkritik stehen bleiben, sondern sollte vielmehr den Menschen zur Reflexion anregen und einen bewussten Umgang mit der eigenen freien Lebenszeit gemäß der individuellen Freizeitbedürfnisse und den persönlichen sowie natürlichen Ressourcen erlauben. Dabei ist kritisch auf die Risiken einer zunehmenden Individualisierung zu verweisen, da diese nur bedingt zur Lebensqualität aller und einer Entwicklung in Richtung der Nachhaltigkeit beitragen kann. Gerade Freizeitsportler – wie z.B. Mountainbiker – werden vonseiten vieler regionaler Umweltschützer in ihrem – oftmals gedankenlosen und damit auch rücksichtslosem – Agieren sehr kritisch gesehen. Emanzipation bedeutet hier nicht nur, sich von Bevormundung und Herrschaft anderer zu befreien, sondern im Sinne von Immanuel Kant eben auch, die eigene Vernunft und den eigenen Verstand einzusetzen. Die Grenzen des Freizeitspaßes sollten eben auch dort liegen, wo (andere) Menschen oder Tiere und Natur gefährdet bzw. geschädigt werden. Freiheit und Begrenzung gehören letztlich zusammen. Ruth Cohn sprach davon, dass sich die Menschen ihrer Interdependenz bewusst werden müssen. (vgl. hierzu Kap. 10.3) Dies kann als ein übergeordnetes Bildungsziel betrachtet werden, das sich sowohl auf den institutionalisierten als auch außerschulischen Bildungsprozess erstreckt.

Durch die Zukunftsprognosen, dass Arbeit sich in den nächsten Jahrzehnten verknappen und es weniger Erwerbsarbeit geben wird, wurde zeitweise sehr große Hoffnung in die Freizeitpädagogik gesetzt und sie bereits als neue Leitwissenschaft gefeiert. Diese Hoffnung wird die Freizeitpädagogik voraussichtlich nicht erfüllen können, nicht beim demografischen Wandel, dem Fachkräftemangel und der geplanten Verlängerung der Berufsjahre bis zum Ruhestand. Zu erwarten ist vielmehr, dass sich das bisherige Verständnis von Arbeit und Freizeit verändern und voraussichtlich schillernder werden wird. Neue Technologien, veränderte Demoskopie, Multikulturalität und Pluralisierung der Gesellschaft werden auch die Diversifizierung der Sichtweisen auf Arbeit und Freizeit vorantreiben, was zugleich auch mehr Toleranz erforderlich macht. Nur zum Teil absehbar ist, wie sich der technologische Fortschritt – explizit die Künstliche Intelligenz – auf das Leben auswirken und welche Auswirkungen der global wirksame Klima-Wandel auf die Menschen in den verschiedenen Ländern und die Wirtschaft haben wird.

Ein Bedeutungsanstieg der Freizeitbildung ist bereits heute zu erkennen, denn dem Auftrag des lebenslangen Lernens kann sich kaum ein Mensch entziehen. Und lebenslanges Lernen findet auch in der Freizeit statt. Eine Begrenzung der Freizeitpädagogik auf die Kindheit und Jugend, wie möglicherweise der Terminus Pädagogik landläufig suggerieren mag, ist obsolet und daher bietet sich der Begriff der Freizeitbildung an, da sich der Bildungsprozess auf die gesamte Lebensspanne bezieht.

Tendenziell verschränken sich heute Freizeit und Erwerbszeit immer stärker und die Ausbalancierung wird zu einer Aufgabe des Individuums. Freizeitkompetenzen aufzubauen, sowie in der Freizeit auch gesundheitsförderliches Verhalten anzubahnen, kann daher durchaus als ein zentrales Bildungsziel bezeichnet werden, das ohne pädagogisches und erziehungswissenschaftliches Fundament nicht denkbar ist.

Ein profunder erziehungswissenschaftlich orientierter Hintergrund, der den Gedanken der Bildsamkeit und den der Würde der Person und ihrer Tendenz zur Selbstbestimmung sowie Selbstverwirklichung impliziert, ist bedeutsam, um einer Instrumentalisierung von Freizeit und einer ökonomisch-kommerziellen Vereinnahmung kritisch begegnen zu können. Gerade der Lebensbereich „Freizeit" stellt einen wichtigen wirtschaftlichen Faktor dar, den Ökonomen natürlich auch weiterhin als Wachstumsmarkt betrachten und immer neue Felder erschließen möchten. Das Weltwirtschaftswachstum ist jedoch begrenzt und der Erhalt der lebensnotwendigen Grundlagen, unabdingbar auch mit dem

Klimaschutz verbunden, ist jenseits aller Wirtschaftssysteme, Staaten und Kulturen eine dringliche und sicherlich globale Aufgabe. Visionen, wie sich die Weltwirtschaftsordnung in Richtung einer lebenswerten und humanen Welt für alle Lebenswesen entwickeln kann, sind sicherlich notwendig und erstrecken sich nicht auf einen Lebensbereich.

Eine reflexive Freizeitpädagogik beschreibt nicht nur die Zunahme an freier Lebenszeit durch die Reduktion der Wochenarbeitszeit, sondern reflektiert auch, welche Herausforderungen sich stellen und welche Grenzen die eigenen Aussagen und Konzepte zu Freizeit haben. Dabei stellt die ideologische und kommerzielle Vereinnahmung von Freizeit nur einen Gefahrenmoment dar, ein weiterer ergibt sich für den einzelnen Menschen eventuell aus der Überforderung, seine eigene Freizeit sinnvoll zu gestalten oder der Doppel- und Mehrfachbelastung durch die Pflege und Betreuung von Kindern oder älteren Angehörigen. Langeweile, fehlende Gestaltungsmöglichkeiten, hohe psychische Belastungen und vieles mehr, können zu (selbst-)destruktivem Verhalten in der Freizeit führen. Ins Positive gewendet eröffnen sich in der Freizeit Möglichkeiten eines ganz anderen interessen- und bedürfnisorientierten Bildungspotenzials. Menschen lernen nicht nur in der Schule oder stark formalisierten Settings, sondern lebenslang in informellen, non-formalen Kontexten. Schulisches, berufliches und freizeitbezogenes Lernen verschränken sich in einer sehr individuellen Weise miteinander. Und manchmal werden weitaus tragendere Bildungserfahrungen in der freien Zeit gemacht. So können sich in ausgewählten Fällen aus Hobbies in der Freizeit neue berufliche Möglichkeiten ergeben.

Freizeitpädagogik bzw. Freizeitbildung ist kein Allheilmittel und kann gesellschaftliche und politische Probleme nicht lösen. Ihr diese Rolle zuzuweisen, würde implizit wiederum eine Vereinnahmung und Instrumentalisierung darstellen. Allerdings kann sie einen wichtigen Beitrag leisten, dass Menschen zu einer für sie zufriedenstellenden Lebensgestaltung gelangen. Ob als Teildisziplin der Erziehungswissenschaft oder als Subdisziplin einer eigenständigen Freizeitwissenschaft fällt der Freizeitbildung eine Querschnitts- und Integrationsaufgabe zu. Diese Aufgabe kann sie letztlich nur bei einer kritischen Standortbestimmung und Besinnung auf ihre Fundamente leisten.

14. Literaturverzeichnis

Abels, H. & König, A. (2016). Krappmann: Rollendistanz, Ambiguitätstoleranz, Balance der Identität. In H. Abels & A. König (2016), *Sozialisation. Über die Vermittlung von Gesellschaft und Individuum und die Bedingungen von Identität.* Studientexte zur Soziologie (2. überarbeitete und erweiterte Auflage, S. 133–140). Wiesbaden: Springer VS.

Adler, A. (1938). *Social interest.* London: Faber & Faber.

Adorno, Th.W. (1966). Erziehung nach Auschwitz. In Th.W. Adorno (1971), *Erziehung zur Mündigkeit. Vorträge und Gespräche mit Hellmuth Becker 1959–1969* (hrsg. von Gerd Kadelbach, 6. Auflage). Frankfurt a.M.: Suhrkamp.

Adorno, Th.W. (1969). Freizeit. In Th.W. Adorno (Hrsg.) (1969), *Stichworte. Kritische Modelle 2* (S. 57–67). Frankfurt a.M.: Suhrkamp.

Adorno, Th.W., Frenkel-Brunswik, E., Levinson, D. & Sanford, N. (1950). *The Authoritarian Personality* (Studies in Prejudice Series, Volume 1). New York: Harper & Row.

Adorno, Th.W. (1973). *Studien zum autoritären Charakter.* Frankfurt a.M.: Suhrkamp.

Agricola, S. (2001). *Freizeit. Grundlagen für Planer und Manager.* München & Wien: Oldenbourg.

Ahnert, J. (2019) (Hrsg.). *Frühe Bindung. Entstehung und Entwicklung* (4. Auflage). München: Ernst Reinhardt.

Albert, M.; Hurrelmann, K. & Quenzel, G. (2010). *16. Shell Jugendstudie. Jugend 2010. Eine pragmatische Generation behauptet sich.* Frankfurt a.M.: Fischer.

Amlung, U. & Reimers, B.I. (2008). Adolf Reichweins Bildungsarbeit mit Erwachsenen. In U. Amlung, N. Hoffmann & B.I. Reimers (Hrsg.) (2008), *Adolf Reichwein und Fritz Klatt: ein Studien- und Quellenband zu Erwachsenenbildung und Reformpädagogik in der Weimarer Republik* (Koblenzer Schriften zur Pädagogik, S. 23–40). Weinheim & München: Juventa.

Andresén, A. (2000). Entwicklung und aktuelle Probleme dänischer Heimvolkshochschulen. In Brödel, R. (Hrsg.) (2000), *Grenzüberschreitende Erwachsenenbildung* (S. 190–199). Münster u.a.: Waxmann.

Andresen, S. (2008). Kinder und soziale Ungleichheit. Ergebnisse der Kindheitsforschung zu dem Zusammenhang von Klasse und Geschlecht. In B. Rendtorff & A. Prengel (Hrsg.) (2008), *Kinder und ihr Geschlecht* (Jahrbuch Frauen- und Geschlechterforschung in der Erziehungswissenschaft 4, S. 35–48). Opladen u.a.: Budrich.

Antonovsky, A. (1997). *Salutogenese. Zur Entmystifizierung der Gesundheit.* Tübingen: dgvt.

Appel, M. & Schreiner, C. (2015). Leben in einer digitalen Welt: Wissenschaftliche Befundlage und problematische Fehlschlüsse. Stellungnahme zur Erwiderung von Spitzer. In *Psychologische Rundschau, 66*(2015)2, S. 119–123.

Arbeitsgemeinschaft für Kinder- und Jugendhilfe – AGJ (Hrsg.) (2010). *Der erste EU-Jugendbericht „Jugend – Investieren und Befähigen"* (in deutscher Fassung vorgelegt von der Arbeitsgemeinschaft für Kinder- und Jugendhilfe). Berlin: AGJ.

Arendt, H. (1981). *Vita Activa oder Vom tätigen Leben* (2. Auflage). München & Zürich: R. Piper & Co.

Aretz, B. (2015). *Martin Buber: Eine erste Begegnung.* München: Verlag Neue Stadt.

Aristoteles (1999). Werke in deutscher Übersetzung (Bd. 6): *Nikomachische Ethik* (Hrsg. von Helmut Flashar). Berlin: Akademie.

Arnhardt, G. & Reinert [v. Carlsburg], G.-B. (1996). Der Mensch als Wohlbegründetes, Ganzheitliches und Geschlossenes: Zum Pädagogischen im Weltbild des J.A. Comenius. In G. Arnhardt & G.-B. Reinert [v. Carlsburg] (Hrsg.) (1996), *Jan Amos Comenius* (Bd. 1, S. 12–32). Donauwörth: Auer.

Arnhardt, G. (1996). Pädagogisches Denken im Aufbruch: Martin Luther (1483–1546) – Philipp Melanchthon (1497–1560) – Jan Amos Comenius (1592–1670). In G. Arnhardt & G.-B. Reinert [v. Carlsburg] (Hrsg.) (1996), *Jan Amos Comenius* (Bd. 1, S. 63–94). Donauwörth: Auer.

Arnhardt, G., Hofmann, F. & Reinert [v. Carlsburg], G.-B. (2000). *Der Lehrer. Bilder und Vorbilder.* Donauwörth: Auer.

Arnold, R. & Holzapfel, G. (2008). *Emotionen und Lernen. Die vergessenen Gefühle in der (Erwachsenen-)Pädagogik* (Grundlagen der Berufs- und Erwachsenenbildung, Bd. 52). Baltmannsweiler: Schneider Hohengehren.

Arnold, R. (2013). *Selbstbildung. Oder: Wer kann ich werden und wenn ja wie?* (2. Auflage). Baltmannsweiler: Schneider Verlag Hohengehren.

Ayres, J. (1984). *Bausteine der kindlichen Entwicklung.* Berlin: Springer.

Bajohr, H. (2011). *Dimensionen der Öffentlichkeit: Politik und Erkenntnis bei Hannah Arendt.* Berlin: Lukas.

Ballauf, Th. & Schaller, K. (1970). *Pädagogik. Eine Geschichte der Bildung und Erziehung* (Bd. 2: Vom 16. bis zum 19. Jahrhundert). Freiburg & München: Karl Alber.

Barley, D. (1990). *Hannah Arendt. Einführung in ihr Werk.* Freiburg & München: Alber Kolleg Philosophie, Karl Alber.

Barz, H., Kampik, W., Singer, T. &Teubner, S. (2001). *Neue Werte, neue Wünsche. Future Values*. Düsseldorf & Berlin: Metropolitan.

Bauer, K.-O. (2005). *Pädagogische Basiskompetenzen: Theorie und Training*. Weinheim & München: Juventa.

Bauer, R. (1998). Edutainment: Freizeitanimation oder pädagogische Lernchance. In F. Lehner, G. Braungart & L. Hitzenberger (Hrsg.) (1998), *Multimedia in Lehre und Forschung. Systeme – Erfahrungen – Perspektiven* (S. 47–60).Wiesbaden: Deutscher Universitätsverlag.

Bauerkämper, A. (2005). *Die Sozialgeschichte der DDR*. München: Oldenbourg Verlag.

Baumann, Z. (2000). *Liquid modernity*. Cambridge: Polity Press.

Beck, U. & Beck-Gernsheim, E. (1990). Einleitung: Riskante Chancen – Gesellschaftliche Individualisierung und soziale Lebens- und Liebesformen. In U. Beck & E. Beck-Gernsheim (1990), *Das ganz normale Chaos der Liebe* (S. 7–19). Frankfurt a.M.: Suhrkamp.

Beck, U. (1986). *Risikogesellschaft. Auf dem Weg in eine andere Moderne*. Frankfurt a.M.: Suhrkamp.

Beck, U. (1990b). Kapitel I: Freiheit oder Liebe. Vom Ohne-, Mit- und Gegeneinander der Geschlechter innerhalb und außerhalb der Familie. In U. Beck & E. Beck-Gernsheim, E. (1990), *Das ganz normale Chaos der Liebe* (S. 20–64). Frankfurt a.M.: Suhrkamp.

Beck, U. (2007). *Weltrisikogesellschaft. Die Suche nach der verlorenen Sicherheit*. Bonn: Lizenzausgabe für die Bundeszentrale für politische Bildung.

Benner, D. (1982). Erziehung: Warum und wozu? Vorüberlegungen zu einer praxeologischen Dimensionierung der Erziehung. In *Westermanns pädagogische Beiträge, 34*(1982)11, S. 486–490.

Benner, D. (1986). *Johann Friedrich Herbart: Systematische Pädagogik* (eingeleitet, ausgewählt und intepretiert von D. Benner, hrsg. v. D. Benner & Schmided-Kowarzik). Stuttgart: Klett-Cotta.

Benner, D. (1983). Das Normproblem in der Erziehung und Wertediskussion. In *Beiträge zum 8. Kongreß der Deutschen Erziehungswissenschaft* (18. Beiheft der Zeitschrift für Pädagogik 1983, S. 45–57). Weinheim & Basel: Beltz.

Benner, D. (1997b): Einleitung. In D. Benner (Hrsg.) (1997b), *Johann Friedrich Herbart Systematische Pädagogik* (Bd. 1: Ausgewählte Texte, S. 11–42). Weinheim: Beltz.

Benner, D. (2000). Pädagogik und Kritik. Überlegungen zu einem problematischen Verhältnis und zur Abgrenzung unterschiedlicher Ansätze kritischer Erziehungswissenschaft. In K. Helmer; N. Meder; K. Meyer-Drawe & P. Vogel

(Hrsg.), *Spielräume der Vernunft: Jörg Ruhloff zum 60. Geburtstag* (S. 7–34). Würzburg: Königshausen & Neumann.

Benner, D. (2016). Johann Friedrich Herbart. In F. Pöhlmann (Hrsg.), *Kindlers Klassiker. Philosophie. Werke aus drei Jahrtausenden* (S. 279–280). Suttgart: Metzler.

Benner, D. (Hrsg.) (1997). *Johann Friedrich Herbart: Systematische Pädagogik* (Bd. 2: Interpretationen). Weinheim: Beltz.

Benner, D. & Kemper, H. (2003). *Theorie und Geschichte der Reformpädagogik: Teil 2: Die pädagogische Bewegung von der Jahrhundertwende bis zum Ende der Weimarer Republik* (2. Auflage). Weinheim & Basel: Beltz.

Berger, P.L. & Luckmann, Th. (1980). *Die gesellschaftliche Konstruktion der Wirklichkeit.* Frankfurt a.M.: Fischer.

Bergler, R. (2009). *Heimtiere – Gesundheit und Lebensqualität.* Regensburg: Roderer.

Bernhard, A. & Rothermel, L. (1997). Einleitung. In A. Bernhard & L. Rothermel (Hrsg.), *Handbuch Kritische Pädagogik* (S. 11–18). Weinheim: Deutscher Studien Verlag.

Bernhard, A., Kremer, A. & Rieß, F. (Hrsg.) (2003). *Kritische Erziehungswissenschaft und Bildungsreform* (Bd. 1 und 2). Baltmannsweiler: Schneider Verlag Hohengehren.

Bernzen, Chr. (2013). Rechtliche Grundlagen der Offenen Kinder- und Jugendarbeit im Bundes- und Landesrecht. In U. Deinet & B. Sturzenhecker (Hrsg.) (2013), *Handbuch Offene Kinder- und Jugendarbeit* (4. überarbeitete und aktualisierte Auflage, S. 617–628). Wiesbaden: Springer VS.

Bertelsmann-Stiftung (Hrsg.) (2015). *Demographie konkret – Altersarmut in Deutschland. Regionale Verteilung und Erklärungsansätze* (Untersuchung der Ruhr-Universität Bochum in Kooperation mit IT.NRW im Auftrag). Gütersloh: Bertelsmann Stiftung.

Biedermann, Th. (2011). *Deutschland in der Nachkriegszeit zwischen 1945–1949: Restauration oder Neubeginn?* Hamburg: Thomas Biedermann.

Bierbaum, H. (2005). *Historisch-systematische Skizzen zum Begriff der Materialistischen Pädagogik. Göttingen*: Cuvillier.

Bierhoff, B. (2002). Das Unbehagen im Konsumismus. In R. Funk, M. Ferst & B. Bierhoff, u.a. (2002), *Erich Fromm als Vordenker. „Haben oder Sein" im Zeitalter der ökologischen Krise* (S. 57–74). Berlin: Edition Zeitsprung.

Bilden, H. (1997). Das Individuum – ein dynamisches System vielfältiger Teil-Selbste. Zur Pluralität in Individuum und Gesellschaft. In H. Keupp & R. Höfer (Hrsg.) (1997), *Identitätsarbeit heute. Klassische und aktuelle Perspektiven der*

Identitätsforschung (S. 227–250). Frankfurt a.M.: Suhrkamp Taschenbuch Wissenschaft,

Bittner, G. (1997). „Das Kot der Welt, in welches ich mich vertieft...". Pestalozzi als autobiographischer Denker. In *Zeitschrift für Pädagogik, 43*(1997)3, S. 357–373.

Bläßler, K. (2009). Handlungsfelder Kultureller Bildung. In Deutscher Kulturrat e.V. (Hrsg.) (2009), *Kulturelle Bildung. Aufgaben im Wandel* (S. 27–273). Berlin: Deutscher Kulturrat.

Blücher, V. G. (1974). Theoretische und empirische Befunde zur Entwicklung der wachsenden Freizeit. In *Kölner Zeitschrift für Soziologie und Sozialpsychologie, 26*(1974)1, S. 29–53.

Blumentritt, L. (2016). *Veränderte Schulzeit – veränderte Freizeit? Freizeitkonstruktionen von Kindern am Beispiel der gymnasialen Schulzeitverkürzung.* Weinheim u.a.: Beltz & Juventa.

Böhm, Th. (1996). *Theoria – Unendlichkeit – Aufstieg: Philosophische Implikationen zu 'De Vita Moysis' von Gregor von Nyssa.* Leiden, New York & Köln: E.J. Brill.

Böhme, G. (1993). Natur – ein Thema für die Psychologie? In H.-J. Seel, R. Sichler & B. Fischerlehner (Hrsg.) (1993), *Mensch – Natur. Zur Psychologie einer problematischen Beziehung* (S. 27–39). Opladen: Westdeutscher Verlag.

Böhnisch, L. (2013). Die sozialintegrative der Offenen Kinder- und Jugendarbeit. In U. Deinet & B. Sturzenhecker (Hrsg.) (2013), *Handbuch Offene Kinder- und Jugendarbeit* (4. überarbeitete und aktualisierte Auflage, S. 11–22). Wiesbaden: Springer VS.

Bojanowski, J. (2006). *Kants Theorie der Freiheit: Rekonstruktion und Rehabilitierung* (Bd. 151). Berlin & New York: Walter de Gruyter.

Bolle, R. (2012). *Jean-Jacques Rousseau* (Bd. 5, Bildungswissenschaftliche Studien). Münster: Waxmann.

Bortz, J. & Döring, N. (2016). Evaluationsforschung. In J. Bortz & N. Döring (2016), *Forschungsmethoden und Evaluation für Human- und Sozialwissenschaftler* (5. Auflage, S. 945–1032). Heidelberg: Springer Medizin.

Böttcher, W. (2015). Ganze Tage in der Schule. Politik und Wissenschaft zwischen Anspruch und Wirklichkeit. In T. Hascher, T.-S. Idel & S. Reh u.a. (Hrsg.) (2015), *Bildung über den ganzen Tag. Forschungs- und Theorieperspektiven der Erziehungswissenschaft* (Schriftenreihe der Deutschen Gesellschaft für Erziehungswissenschaft, S. 39–54). Opladen u.a.: Babara Budrich.

Bourdieu, P. & Passeon, J.C. (1964). *Les hérities: les étudiants et la culture.* Paris: Les Éditions de Minuit.

Bourdieu, P. & Passeron, J.C. (1971). *Die Illusion der Chancengleichheit*. Stuttgart: Klett Verlag.

Bourdieu, P. (1979). *La distinction. Critique sociale du jugement*. Paris: Les Editions de Minuit.

Bourdieu, P. (1982). *Die feinen Unterschiede. Kritik der gesellschaftlichen Urteilskraft*. Frankfurt a.M.: Suhrkamp.

Bourdieu, P. (2007). *Die feinen Unterschiede. Kritik der gesellschaftlichen Urteilskraft* (1. Auflage, Nachdruck 1987). Frankfurt a.M.: Suhrkamp.

Bourrieau, J. (2001). *L'ÉDUCATION POPULAIRE RÉINTERROGÉE*. Paris: Editions L'Harmattan.

Bower, G. H.& Hilgard, E.R. (1983). *Theorien des Lernens* (5., veränderte Auflage, Bd. 1). Stuttgart: Klett-Cotta.

Braches-Chyrek, R. (2013). *Jane Addams, Mary Richmond und Alice Salonom. Professionalisierung und Disziplinbildung Sozialer Arbeit*. Opladen: Barbara Budrich.

Brandhorst, M. (2012). Woran scheitert Kants Theorie der Freiheit? In M. Brandhorst; A. Hahmann & B. Ludwig (Hrsg.) (2012), *Sind wir Bürger zweier Welten?: Freiheit und moralische Verantwortung im transzendentalen Idealismus* (1. Auflage, S. 279–310). Hamburg: Meiner.

Braun, T. (Hrsg.) (2011). *Lebenskunst lernen in der Schule. Mehr Chancen durch kulturelle Schulentwicklung*. München: Kopaed.

Braun, T., Fuchs, M. & Zacharias, W. (Hrsg.) (2015). *Theorien der Kulturpädagogik*. Weinheim: Beltz Juventa.

Brehmer, K. (2009). *Wilhelm Emmanuel von Ketteler (1811–1877). Arbeiterbischof und Sozialethiker. Auf den Spuren einer zeitlosen Modernität*. Regensburg: Schnell und Steiner.

Breier, K.-H.(2001). *Hannah Arendt zur Einführung*. Hamburg: Junius Verlag.

Brinkhoff, K.-P. (2007). Soziale Funktionen des Fußballsports im Kindes- und Jugendalter. In *Wechselwirkung – Jahrbuch aus Lehre und Forschung der Universität Stuttgart*. Stuttgart: Universität Stuttgart.

Brinkmann, D., Freericks, R., Fromme, J., Nahrstedt, W. & Stehr, I. (1991). Konzepte freizeitorientierter Weiterbildung. Möglichkeiten der Einführung von Bildungselementen in Freizeitangebote. In I. Stehr, J. Fromme & W. Nahrstedt (Hrsg.) (1991), *Freizeit bildet – bildet Freizeit?* (Dokumentation der 8. Bielefelder Winterakademie, S. 103–128). Bielefeld: IFKA – Institut für Freizeitwissenschaft und Kulturarbeit.

Brumlik, M. (Hrsg.) (2006). *Vom Missbrauch der Disziplin*. Weinheim: Beltz.

Brüntrup, G. (2012). Motivation und Verwirklichung des autonomen Selbst. In G. Brüntrup, & M. Schwartz (Hrsg.) (2012), *Warum wir handeln – Philosophie der Motivation* (S. 175–200). Stuttgart: Kohlhammer.

Buber, M. (1923). *Ich und Du*. Leipzig: Insel.

Buber, M. (1947). Ich und Du. In M. Buber (1947), *Dialogisches Leben. Gesammelte philosophische und pädagogische Schriften* (S. 13–128). Zürich: Gregor Müller.

Buber, M. (1952). *Die Chassidische Botschaft*. Heidelberg: Lambert Schneider.

Buber, M. (1954). Elemente des Zwischenmenschlichen. In M. Buber (1954). *Die Schriften über das Dialogische Prinzip* (S. 255–284). Heidelberg: Lambert Schneider.

Buber, M. (1954b). *Zwiesprache*. Berlin: Schocken.

Buber, M. (1960). *Begegnung*. Stuttgart: Kohlhammer.

Buber, M. (1960b). Über das Erzieherische. In M. Buber (1960), *Reden über Erziehung*. Heidelberg: Lambert Schneider.

Buber, M. (1960c). *Urdistanz und Beziehung*. Heidelberg: Lambert Schneider.

Buber, M. (1973). *Das dialogische Prinzip*. Heidelberg: Lambert Schneider.

Bueb, B. (2007). *„Lob der Disziplin“* (14. Auflage). Berlin: List.

Bühler, Ch. & Allen, M. (1974). *Einführung in die Humanistische Psychologie*. Stuttgart: Klett.

Bundesministerium für Familie, Senioren, Frauen und Jugend (Hrsg.) (2011). *Neue Wege – Gleiche Chancen. Gleichstellung von Frauen und Männern im Lebensverlauf. Erster Gleichstellungsbericht*. Berlin: BMFSFJ.

Bünger, C. & Mayer, R. (2009). Erfahrung – Wachstum – Demokratie? Bildungstheoretische Anfragen an Deweys Demokratiebegriff und dessen programmatische Rezeption. In *Zeitschrift für Pädagogik, 55(2009)6*, S. 837–848.

Bürgermann, S. & Carlsburg, G.-B. v. (2010). *Pädagogische Therapie: Identitätsprobleme erfolgreich behandeln. Ein integratives Konzept zur Selbstverwirklichung für Theorie und Praxis des Schulalltags*. Augsburg: Brigg Pädagogik.

Burow, O.-A. & Scherpp, K. (1981). *Lernziel: Menschlichkeit. Gestaltpädagogik, eine Chance für Schule und Erziehung*. München: Kösel.

Butzmann, E. (2017). *Natur- und Ökotourismus im Nationalpark Berchtesgaden* (Würzburger Geographische Arbeiten, Bd. 116). Würzburg: University Press.

Calmbach, M., Thomas, P.M., Borchard, I. & Flaig, B. (2011). *Wie ticken Jugendliche? 2012. Lebenswelten von Jugendlichen im Alter von 14 bis 17 Jahren in Deutschland*. Düsseldorf: Verlag Haus Altenberg.

Carius, F. & Gernig, B. (2011). Freizeitwissenschaft. In R. Freericks & D. Brinkmann (2011), *Zukunftsfähige Freizeit. Analysen – Perspektiven –Projekte.* Bremen: IFKA.

Carius, F.& Gernig, B. (2010). *Was ist Freizeitwissenschaft. Konzeption – Entwicklungsstand – weltweiter Vergleich.* Aachen: Shaker.

Carlsburg, G.-B. v. (2016). Zum Problem der wissenschaftlichen Verwendbarkeit von Erkenntnisquellen für die Lehrerbildung. In G.-B. v. Carlsburg (Hrsg.), *Strategien der Lehrerbildung. Reihe: Baltische Studien zur Erziehungs- und Sozialwissenschaft* (Bd. 31, S. 83 –104). Frankfurt a.M.: Peter Lang.

Carlsburg, G.-B. v. & Wehr, H. (2010). *Bildung zur Selbstbildung. Konzepte der Professionalisierung und Persönlichkeitsentwicklung im Lehrberuf; ein Studienbuch.* Augsburg: Brigg Pädagogik.

Carlsburg, G.-B. v. & Wehr, G. (2020). Kooperatives Lehren und Lernen. In H. Wehr & G.-B. v. Carlsburg (2020), *Kooperatives Lehrern und lernen lernen. Kreativität entfalten anhand kooperativer Lernprozesse* (6. Auflage, S. 61–115). Friedberg: BriggVerlag.

Carlsburg, G.-B. v. & Wehr, G. (2020). Themenzentrierte Interaktion (TZI) als Wegbegleiter kooperativer Lernprozesse. In H. Wehr & G.-B. v. Carlsburg (2020*), Kooperatives Lehrern und lernen lernen. Kreativität entfalten anhand ko-operativer Lernprozesse* (6. Auflage, S.42–60). Friedberg: BriggVerlag.

Carlsburg, G.-B. v. & Möller, M. (2011). Prolegomena zu einer ‚reflexiv-modernen' Pädagogik. In G.-B. v. Carlsburg (Hrsg.), *Enkulturation durch sozialen Kompetenzerwerb* (Reihe: Baltische Studien zur Erziehungs- und Sozialwissenschaft, Bd. 22, S. 77–118). Frankfurt a.M. & Berlin u.a.: Peter Lang.

Carlsburg, G.-B. v., Dammer, K.-H. & Wehr, H. (Hrsg.) (2011). *„Hätte ich doch nicht weggeschaut!" – Zivilcourage früher und heute.* Augsburg: Brigg Pädagogik.

Carruthers, P. (1992). *The Animal Issue. Moral Theory in Practice.* Cambridge: Cambridge University Press.

Chomsky, N. (1968). *Language and Mind.* New York: Harcourt Brace & World.

Ciupke, P. (2008). Fritz Klatt und das Volkshochschulheim in Prerow auf dem Darß. In U. Amlung, N. Hoffmann & B.I. Reimers (Hrsg.) (2008), *Adolf Reichwein und Fritz Klatt: ein Studien- und Quellenband zu Erwachsenenbildung und Reformpädagogik in der Weimarer Republik* (Koblenzer Schriften zur Pädagogik, S. 117–130). Weinheim & München: Juventa.

Cohn, R. (1990). *Von der Psychoanalyse zur themenzentrierten Interaktion.* Stuttgart: Klett-Cotta.

Cohn, R. (1999). Buch II. In R.C. Cohn & A. Farau (1999), *Gelebte Geschichte der Psychotherapie. Zwei Perspektiven* (2. Auflage, S. 199–553). Stuttgart: Klett-Cotta.

Comenius, J.A. (1668/2014). Das einzig Notwendige. Kap. X. In G. Arnhardt & G.-B. v. Carlsburg (Hrsg.) (2014), *Jan Amos Comenius. Über sich und die Erneuerung von Wissenschaft, Erziehung und christlicher Lebensordnung* (Bd. 2, S. 671–686). Augsburg: Brigg Pädagogik.

Comenius, J.A. (1961). *Grosse Didaktik*. Neubearbeitet und eingeleitet von Hans Ahrbeck. Berlin: Volk und Wissen.

Comenius, J.A. (1965). *PAMPAEDIA: lateinischer Text und deutsche Übersetzung* (hrsg. von Dmitrij Tschizewskij in Gemeinschaft mit H. Geissler und K. Schaller, 2. durchgesehene und verbesserte Auflage). Heidelberg: Quelle & Meyer.

Comenius, J.A. (1992). *Allweisheit: Schriften zur Reform der Wissenschaften, der Bildung und des gesellschaftlichen Lebens* (eingeleitet, ausgew., übers. und erl. von Franz Hofmann). Neuwied u.a.: Luchterhand.

Comenius, J.A. (1636/1996). Informatorium. Der Mutterschul (mit einer Einleitung von A. Richter). In G. Arnhardt & G.-B. Reinert [von Carlsburg] (Hrsg.) (1996), *Jan Amos Comenius* (Bd. 2, S. 396–486). Donauwörth: Auer.

Comenius, J.A. (1632/1996b). Kurzer Entwurf über die Erneuerung der Schulen im Königreich Böhmen. In G. Arnhardt & G.-B. Reinert [von Carlsburg] (Hrsg.) (1996), *Jan Amos Comenius* (Bd. 2, S. 368–381). Donauwörth: Auer.

Comenius. J.A. (1669/1998). *Allverbesserung (Panorthosia)* (Kap.VI, übersetzt, eingeleitet und erläutert von F. Hofmann). Frankfurt a.M.: Peter Lang.

Csíkszentmihályi, M. (2010). *Das Flow-Erlebnis. Jenseits von Angst und Langeweile: im Tun aufgehen* (11. Auflage). Stuttgart: Klett-Cotta.

Csíkszentmihályi, M. (2015). *FLOW und Kreativität. Wie Sie Ihre Grenzen überwinden und das Unmögliche schaffen* (2. Auflage). Stuttgart: Klett-Cotta Verlag.

Cumming, E. & Henry W.E. (1961). *Growing Old: The Process of Disengagement*. New York: Basic Books.

Dahlheim, W. (2001). *Die Antike. Griechenland und Rom von den Anfängen bis zur Expansion* (5. Auflage). Paderborn: Ferdinand Schöningh.

Dammer, K.-H. (2010/2011). *Das Theorie-Praxis-Verhältnis in der Pädagogik oder: Warum Theorie gesundheitsförderlich sein kann* (Vorlesungsskript zum Proseminar „Einführung in ausgewählte Fragestellungen der Erziehungswissenschaft WS 2010/11 an der Pädagogischen Hochschule Heidelberg).

Danz, Chr. (2009). *Religion und Politik* (Bd. 4 von: International yearbook for Tillich research). Münster: LIT.

De Grazia, S. (1972). Der Begriff der Muße. In E.K. Scheuch & R. Meyersohn, R. (Hrsg.), *Soziologie der Freizeit* (S. 56–73). Köln: Kiepenheuer & Witsch.

Dederich, M., Jantzen, W. & Walthes, R. (Hrsg.) (2011). *Sinne, Körper und Bewegung* (Bd. 9 der Reihe: W. Jantzen (Gesamthrsg.): Behinderung, Bildung, Partizipation: Enzyklopädisches Handbuch der Behindertenpädagogik). Stuttgart: Kohlhammer.

Deinet, U. & Sturzenhecker, B. (Hrsg.) (2013). *Handbuch Offene Kinder- und Jugendarbeit* (4. überarbeitete und aktualisierte Auflage). Wiesbaden: VS Springer.

Descartes, R. (1637/2013). *Abhandlung über die Methode, richtig zu denken und Wahrheit in den Wissenschaften zu suchen* (2. Auflage). Berlin: Verlag Holzinger.

Dewey, J. (1916/2000). *Demokratie und Erziehung. Eine Einleitung in die philosophische Pädagogik* (übers. von E. Hylla., hrsg. von J. Oelkers). Weinheim & Basel: Beltz.

Dieterich, V.-J. (2005). *Johann Amos Comenius: Mit Selbstzeugnissen und Bilddokumenten* (4. Auflage). Reinbek bei Hamburg: Rowohlt.

Dietrich, Th. (Hrsg.) (1967). *Die Landerziehungsheimbewegung* (Klinkhardts Pädagogische Quellentexte). Bad Heilbrunn: Klinkhardt.

Dilthey, W. (1924). *Die geistige Welt. Einleitung in die Philosophie des Lebens. Erste Hälfte.* (Gesammelte Schriften, Bd. 5). Leipzig und Berlin: G.B. Teubner.

Ding, K. & Carlsburg, G.-B. v. (2011). Enkulturation. Einführung in die Thematik. In G.-B. v. Carlsburg (Hrsg.) (2011), *Enkulturation durch sozialen Kompetenzerwerb* (Reihe: Baltische Studien zur Erziehungs- und Sozialwissenschaft, Bd. 22, S. 29–40). Frankfurt a.M. & Berlin u.a.: Peter Lang.

Dörpinghaus, A., Poenitsch, A. & Wigger, L. (2009). *Einführung in die Theorie der Bildung.* Darmstadt: Wissenschaftliche Buchgesellschaft.

Dreeben, R. (1968). *On What Is Learned in School.* Massachusetts: Addison-Wesley. Publishing Company.

Dreeben, R. (1980). *Was wir in der Schule lernen.* Frankfurt a.M.: Suhrkamp.

Dubiski, J. & Ilg, W. (Hrsg.) (2008). *Evaluation Internationaler Jugendbegegnungen: Ein Verfahren zur Auswertung von Begegnungen* (inkl. CD „Jugend und Europa"). Berlin; Paris & Warschau: Publikation des Deutsch-Französischen Jugendwerks (DFJW) und Deutsch-Polnischen Jugendwerks (DPJW).

Dudek, P. (1992). Kontinuität und Wandel: wissenschaftliche Pädagogik im Nachkriegsdeutschland. Wissenschaft im geteilten Deutschland. In W.H. Pehle & P. Sillem (Hrsg.) (1992), *Wissenschaft im geteilten Deutschland* (S. 57–73). Frankfurt a.M.: Fischer Taschenbuch.

Eberhart, C. (1995). *Jane Addams (1860–1935). Sozialarbeit, Sozialpädagogik und Reformpolitik.* Rheinfelden & Berlin: Schäuble.

Eichenberg, C, Dyba, J, & Schott, M (2017). Bindungsstile, Nutzungsmotive und Internetsucht. In *Psychiatrische Praxis, 44*(2017)1, S. 41–46.

Einleitung zum Lehrplan 1927. In P. Ciupke, P. (2008), Fritz Klatt und das Volkshochschulheim in Prerow auf dem Darß. In U. Amlung, N. Hoffmann & B. I. Reimers.(Hrsg.) (2008), *Adolf Reichwein und Fritz Klatt: ein Studien- und Quellenband zu Erwachsenenbildung und Reformpädagogik in der Weimarer Republik* (Koblenzer Schriften zur Pädagogik, S. 120). Weinheim & München: Juventa.

EKD (Hrsg.) (2014). *Rechtfertigung und Freiheit. 500 Jahre Reformation 2017. Ein Grundlagentext des Rates der Evangelischen Kirche in Deutschland (EKD).* Frankfurt: Evangelischer Pressedienst edp, Gemeinschaftswerk der Evangelischen Publizistik (GEP), Nr. 22, 03.06.2014.

EKD (Hrsg.) (2015). *Rechtfertigung und Freiheit. 500 Jahre Reformation 2017. Ein Grundlagentext des Rates der Evangelischen Kirche in Deutschland (EKD)* (4. Auflage). Gütersloh: Gütersloher Verlagshaus.

Elias, N. (1939/1990). *Über den Prozeß der Zivilisation. Soziogenetische und psychogenetische Untersuchungen* (Bd. 2. Wandlungen der Gesellschaft. Entwurf zu einer Theorie der Zivilisation). Frankfurt a.M.: Suhrkamp.

Elis, K. (2004). Reisen ist Bildung, wie umgekehrt Bildung Reisen ist. In K. Elis (Hrsg.) (2004), *Bildungsreise – Reisebildung* (Reihe Pädagogik, Forschung und Wissenschaft, Bd. 3). Wien: LIT.

Emerson, R.W. (1836/2001). *Die Natur. Ausgewählte Essays* (3. Auflage). Stuttgart: Reclam.

Enderlein, O. (2016). Ganztagsschulen im Interesse der Kinder. In S. Maschke, G. Schulz-Gade, & L. Stecher (Hrsg.) (2016), *Wie sozial ist die Ganztagsschule?* (Jahrbuch Ganztagsschule 2016, S. 69–78). Schwalbach/Ts: Debus Pädagogik & Wochenschau.

Engin, V. (2014). *Bildungsungleichheiten in Deutschland: Über ungleiche Bildungschancen zwischen einzelnen sozialen Schichten sowie von Schülerinnen und Schülern mit Migrationshintergrund.* Hamburg: Diplomica.

Erben, M. (2010). Pädagogische oder erziehungswissenschaftliche Historiographie? Skizzen eines Vermittlungszusammenhangs im Anschluss an ideengeschichtliche Überlegungen von Quentin Skinner. In D. Gaus & E. Drieschner (Hrsg.) (2010), *„Bildung" jenseits pädagogischer Theoriebildung?: Fragen zu Sinn, Zweck und Funktion der Allgemeinen Pädagogik.* Wiesbaden: Springer VS.

Erikson, E.H. (1959). *Identity and the Life Cycle.* New York: International Universities Press.

Erikson, E.H. (1966). Wachstum und Krisen der gesunden Persönlichkeit. In E.H. Erikson (1966), *Identität und Lebenszyklus* (S. 55–122). Frankfurt a.M.: Suhrkamp.

Erikson, E.H. (1980). Wachstum und Krisen der gesunden Persönlichkeit. In E.H. Erikson (1980), *Identität und Lebenszyklus* (6. Auflage, S. 55–122). Frankfurt a.M.: Suhrkamp Taschenbuch Wissenschaft.

Erikson, E.H. (1980b). *Identität und Lebenszyklus* (6. Auflage). Frankfurt a.M.: Suhrkamp Taschenbuch Wissenschaft.

Erpenbeck, J. & Sauter, W. (2016). *Stoppt die Kompetenzkatastrophe! Wege in eine neue Bildungswelt.* Berlin & Heidelberg: Springer.

Eser, U. (1999). *Der Naturschutz und das Fremde: Ökologische und normative Grundlagen der Umweltethik.* Frankfurt & New York: Campus.

Faber, W. (1962). *Das Dialogische Prinzip Martin Bubers und das erzieherische Verhältnis.* Ratingen bei Düsseldorf: Henn.

Faltermaier, M. (1959). *Deutscher Bundesjungendring.* München: Juventa.

Fatke, R. & Oelkers, J. (2014). Das Selbstverständnis der Erziehungswissenschaft: Geschichte und Gegenwart. Einleitung zum Beiheft. In R. Fatke & J. Oelkers (Hrsg.) (2014), *Das Selbstverständnis der Erziehungswissenschaft: Geschichte und Gegenwart* (Zeitschrift für Pädagogik, Beiheft 60, S. 7–13). Weinheim u.a.: Beltz Juventa.

Feldmann, Chr. (2008). *Adolph Kolping. Ein Leben der Solidarität.* Freiburg: Herder.

Ferchhoff, W. (1997). Musik- und Jugendkulturen in den 50er und 60er Jahren. In D. Baacke (Hrsg.) (1997), *Handbuch Jugend und Musik* (S. 217–251). Opladen: Leske + Budrich.

Ferchhoff, W. (2011). *Jugend und Jugendkulturen im 21. Jahrhundert: Lebensformen und Lebensstile* (2. aktualisierte und überarbeitete Auflage). Wiesbaden: VS Verlag für Sozialwissenschaften.

Finger, C. & Gayler, B. (2003). *Animation im Urlaub: Handbuch für Planer und Praktiker* (Lehr- und Handbücher zu Tourismus, Verkehr und Freizeit, 3. Auflage). München: Oldenbourg.

Fischer, T. & Ziegenspeck, J. (2008). *Erlebnispädagogik: Grundlagen des Erfahrungslernens.* Bad Heilbrunn: Klinkhardt.

Fischer, W. (1990/91). Über den Mangel an Skepsis in der Pädagogik. In W. Fischer & J. Ruhloff, *Skepsis und Widerstreit. Neue Beiträge zur skeptisch-transzendentalkritischen Pädagogik* (S. 11–28). St. Augustin: Academia.

Fischer, V., Genenger-Stricker, M. & Schmidt-Koddenberg, A (2016). Einleitung. In V. Fischer, M. Genenger-Stricker & A. Schmidt-Koddenberg (Hrsg.) (2016),

Soziale Arbeit und Schule. Diversität und Disparität als Herausforderung (Reihe Politik und Bildung, Bd. 80, S. 7–16). Schwalbach/Ts: Wochenschau.

Fisseni, H.J. (2003). *Persönlichkeitspsychologie* (5. unveränd. Auflage). Göttingen: Hogrefe.

Flade, A. (2010). *Natur psychologisch betrachtet*. Bern: Huber.

Flitner, W. (1933). *Systematische Pädagogik. Versuch eines Grundrisses zur allgemeinen Erziehungswissenschaft*. Breslau. Hirt.

Flitner, W. (1957). *Allgemeine Pädagogik* (4. Auflage). Stuttgart: Klett.

Flitner, W. (1983). *Gesammelte Schriften* (Bd. 2, Pädagogik: Systematische Pädagogik/Allgemeine Pädagogik). Paderborn: Schöningh.

Flynn, C.P. (2012). *Understanding Animal Abuse. A Sociological Analysis*. New York: Lantern.

Forneck, H.J. & Wrana, J. (2005). *Ein parzelliertes Feld. Eine Einführung in die Erwachsenenbildung*. Bielefeld: Bertelsmann.

Fraas, H.-J. (2000). *Bildung und Menschenbild in theologischer Perspektive*. Göttingen: Vandenhoeck & Ruprecht.

Frankl, V.E. (1990). *Der leidende Mensch* (durchgesehene Neuausgabe). München: Piper Verlag.

Frankl, V.E. (2015). *Der Wille zum Sinn*. (7. Auflage). Bern: Hogrefe.

Freericks, R. & Brinkmann, D. (2005). Freizeit und Bildung in inszenierten Erlebnisräumen. In R. Popp (Hrsg.) (2005), *Zukunft: Freizeit: Wissenschaft* (Festschrift zum 65. Geburtstag von Univ. Prof. Dr. Horst w. Opaschowski, Wissenschaftliche Schriftenreihe des Zentrums für Zukunftsstudien Salzburg, Bd. 6, S. 331–348). Wien: LIT.

Freericks, R. & Brinkmann, D. (Hrsg.) (2015). *Handbuch Freizeitsoziologie*. Wiesbaden: VS Springer Verlag für Sozialwissenschaften.

Freericks, R., Hartmann, R. & Stecker, B. (2010). *Freizeitwissenschaft: Handbuch für Pädagogik, Management und nachhaltige Entwicklung*. München: Oldenbourg.

Freud, S. (1933). *New introductory lectures on psychoanalysis*. New York: W.W. Norton.

Freudenreich. D. (1998). Die Themenzentrierte Interaktion nach Ruth Cohn in Schule und Hochschule. In B. Schön (Hrsg.) (1998), *Wieviel Therapie braucht die Schule*. Donauwörth: Auer.

Frey, K. (2002). *Die Projektmethode* (9., überarb. Auflage). Weinheim: Beltz.

Freyer, H. (1929). Akademische Bildung und Volksbildung. In F. Klatt (1929), *Freizeitgestaltung. Grundsätze und Erfahrungen zur Erziehung des berufsgebundenen Menschen* (S. 45–46). Stuttgart: Silberburg.

Friebe, J., Schmidt-Hertha, B. & Tippelt, R. (2014). *Kompetenzen im höheren Lebensalter. Ergebnisse der CiLL-Studie*. Bielefeld: Bertelsmann.

Friedenthal-Haase, M. (1924/2005). Martin Buber im andragogischen Gespräch: Jena 1924. In M. Friedenthal-Haase & R. Koerrenz (Hrsg.) (2005), *Martin Buber: Bildung, Menschenbild, und Hebräischer Humanismus* (S. 19–54). Paderborn: Schöningh.

Fröhlich, G. & Rehbein, B. (Hrsg.) (2009). *Bourdieu-Handbuch: Leben – Werk – Wirkung*. Stuttgart: J.B. Metzler.

Fromm, E. (1941/2018). *Die Furcht vor der Freiheit* (22. Auflage). München: DTV.

Fromm, E. (1973). *The Anatomy of Human Destructiveness.* New York: Fawcett Crest.

Fromm, E. (1974). *Anatomie der menschlichen Destruktivität.* Stuttgart: Deutsche Verlags-Anstalt.

Fromm, E. (2012). *Aggression: Warum ist der Mensch aggressiv?* E-Book. Centaurus Verlag & Media KG, 08.10.2012.

Fromme, J (2001). Freizeitpädagogik. In H.W. Otto & W. Thiersch (Hrsg.), *Handbuch Sozialarbeit/Sozialpädagogik* (2. völlig überarb. Auflage, S. 610–629). Neuwied/Kriftel: Luchterhand.

Fromme, J. (1985). *Freizeit als Lernzeit. Lernen durch Arbeit in und an der Freizeit.* Köln: Pahl-Rugenstein.

Fuchs, M. & Liebau, E. (2012). Kapiteleinführung: Mensch und Kultur (S. 28). In H. Bockhorst, V.-I. Reinwand & W. Zacharias (Hrsg.) (2012), *Handbuch Kulturelle Bildung.* München: Kopaed.

Fuchs, M. (2005). *Kulturpädagogik und Schule im gesellschaftlichen Wandel. Alte und neue Herausforderungen für die Theorie und Praxis von Bildung und Erziehung – Ein Versuch* (Remscheider Arbeitshilfen und Texte). Remscheid: Schriftenreihe der Akademie Remscheid.

Fuchs, M. (2009). Kulturelle Bildung – eine Bestandsaufnahme. In Deutscher Kulturrat e.V. (Hrsg.) (2009), *Kulturelle Bildung: Aufgaben im Wandel* (S. 7–26). Berlin. (Auch online verfügbar: URL: http://kulturrat.de/wp-content/uploads/altdocs/dokumente/studien/kulturelle-bildung-aufgaben-im-wandel.pdf [23.04.2018]).

Fuchs-Heinritz, W. & König; A. (2011). *Pierre Bourdieu – Eine Einführung* (2. Auflage). Konstanz & München: UTB & UVK.

Fusco, P. (2012). *Visionen und Motivationen in der Arbeitswelt: Wieso Visionen wichtig sind.* BoD.

Gamm, H.J. (2008). *Lernen mit Comenius: Rückrufe aus den geschichtlichen Anfängen europäischer Pädagogik.* Frankfurt a.M.: Peter Lang.

Garmaier, G. (2012). *Geschichte & Philosophie. Antike: Lehrbuch zur Philosophie für das Bachelor-Studium*. Münster: LIT.

Gatzemann, Th. & Göing, A.S. (Hrsg.) (2004). *Geisteswissenschaftliche Pädagogik, Krieg und Nationalsozialismus. Kritische Fragen nach der Verbindung von Pädagogik, Politik und Militär.* Frankfurt a.M.: Peter Lang.

Gebhard, U. (1993). Erfahrungen von Natur und seelische Gesundheit. In H.-J. Seel, R. Sichler & B. Fischerlehner (Hrsg.) (1993), *Mensch – Natur. Zur Psychologie einer problematischen Beziehung* (S. 127–147). Opladen: Westdeutscher Verlag.

Gebhard, U. (2013). *Kind und Natur: Die Bedeutung der Natur für die psychische Entwicklung* (4. erweiterte und aktualisierte Auflage). Wiesbaden: Springer Verlag für Sozialwissenschaften.

Gebhardt, U. (2009). *Kind und Natur: Die Bedeutung der Natur für die kindliche Entwicklung* (3., überarbeitete und erweiterte Auflage). Wiesbaden: VS Verlag für Sozialwissenschaften.

Gehlen, A. (1940). *Der Mensch: Seine Natur und seine Stellung in der Welt*. Berlin: Junker & Dünnhaupt.

Gehlen, A. (1961). *Anthropologische Forschung*. Reinbek bei Hamburg: Rowohlt.

Geißler, R. (2014). *Die Sozialstruktur Deutschlands* (7. Auflage). Wiesbaden: VS Springer Verlag für Sozialwissenschaften.

Generali Altersstudie (2013). *Wie ältere Menschen leben, denken und sich engagieren*. Frankfurt a.M.: Fischer Taschenbuch.

Gerhardt, V. (2014). Ein alter Begriff für eine neue Zukunft. Das zweite Hauptstück: „der freie Geist". In A.M. Born, *Friedrich Nietzsche – Jenseits von Gut und Böse* (Reihe Klassiker auslegen, Bd. 48, S. 47–68). Berlin: Akademie Verlag (Walter de Gruyter).

Giesecke, H. (1980). *Die Jugendarbeit. Grundfragen der Erziehungswissenschaft* (5. völlig neu bearbeitete Auflage). München: Juventa.

Giesecke, H. (1981). *Vom Wandervogel bis zur Hitlerjugend. Jugendarbeit zwischen Politik und Pädagogik*. München: Juventa.

Giesecke, H. (1983). *Leben nach der Arbeit. Ursprünge und Perspektiven der Freizeitpädagogik*. München: Juventa.

Gieseke, W. (2016). *Lebenslanges Lernen und Emotionen: Wirkungen von Emotionen auf Bildungsprozesse aus beziehungstheoretischer Perspektive* (3. überarb. Auflage). Bielefeld: wbv.

Goethe, J. W. v. (1829). *Goethes Werke: Wilhelm Meisters Wanderjahre oder die Entsagenden* (Bd. 22, Buch 2, Kap. 9). Stuttgart & Tübingen: Cotta.

Goldstein, K. (1939). *The organism: A Holistic Approach to Biology Derived from Pathological Data in Man.* New York: American Book Company.

Gordon, M. (2011). *„Sündiges Berlin – Die zwanziger Jahre: Sex, Rausch, Untergang“* (1. Auflage). Wittlich: Index.

Grabbe, H. (1981). Kritische Freizeitpädagogik – Grundlagen ihrer Kritik. In *Freizeitpädagogik, 3*(1981)1, S. 35–46.

Graf, H. (2005). A Meaningful Occupation Assessment – MOA. Ein Testverfahren für Sinn- und Wertorientierte Personalentwicklung. In H. Graf (2005), *Mit Sinn und Werten führen: was Viktor E. Frankl Managern zu sagen hat; zum 100. Geburtstag von V.E. Frankl* (Bd. 22 von Personal und Organisation). Münster: LIT.

Grewendorf, G. (2006). *Noam Chomsky.* München: C.H. Beck.

Gross, P. (1994). *Die Multioptionsgesellschaft.* Frankfurt a.M.: Suhrkamp.

Gruschka, A. (2007). Bildungsstandards oder das Versprechen, Bildungstheorie in empirischer Bildungsforschung aufzuheben. In L.A. Pongratz; R. Reichenbach, & M. Wimmer (Hrsg.) (2007), *Bildung – Wissen – Kompetenz* (S. 9–29). Bielefeld: Janusz.

Gruschka, A. (2011). Kritische Theorie der Pädagogik. In M.S. Baader (Hrsg.) (2011), *68 – engagierte Jugend und kritische Pädagogik. Impulse und Folgen eines kulturellen Umbruchs in der Geschichte der Bundesrepublik* (S. 176–197). Weinheim u.a.: Juventa.

Gudjons, H. (1993). *Pädagogisches Grundwissen.* Bad Heilbrunn: Klinkhardt.

Gudjons, H. (2003). *Pädagogisches Grundwissen. Überblick - Kompendium – Studienbuch* (8. aktualisierte Auflage). Bad Heilbrunn: Klinkhardt UTB (E-Book).

Gudjons, H. (2012). *Pädagogisches Grundwissen: Überblick - Kompendium – Studienbuch* (Band 3092 von UTB Uni-Taschenbücher, 11., grundlegend überarb. Auflage). Bad Heilbrunn: Klinkhardt UTB.

Gudjons, H. & Traub, S. (2016). Pädagogisches Grundwissen: Überblick - Kompendium – Studienbuch (12. aktualisierte Auflage). Stuttgart: UTB.

Gugutzer, R. (2013). Der Kult um den Körper. Idealtypische Körperpraktiken der Selbstoptimierung. In *Erwachsenenbildung, 59*(2013)2, S. 67–70.

Günther, L.-M. (2002). *Widerstand, Anpassung, Integration: die griechische Staatenwelt und Rom: Festschrift für Jürgen Deiniger zum 65. Geburtstag.* Stuttgart: Franz Steiner.

Haarmann, D. (1970). Grundformen didaktischer Konzentration in Herbarts System des erziehenden Unterrichts. In *Zeitschrift für Pädagogik, 16*(1970)6, S. 782–799.

Häberlen, J. (2013). *Vertrauen und Politik im Alltag: Die Arbeiterbewegung in Leipzig und Lyon im Moment der Krise 1929–1933/38.* Göttingen: Vandenhoeck & Ruprecht.

Habermaier, V. (2008). Metöken, Sklaven, Frauen. Athener minderen Rechts. In *Geschichte lernen. Antike II* (Sammelband, S. 10–14). Seelze: Friedrich.

Habermas, J. (1981). *Theorie des kommunikativen Handelns* (Bd. 1 und 2). Frankfurt: Suhrkamp.

Hafen, M. (2010). Die Soziokulturelle Animation aus systemtheoretischer Perspektive. In B. Wandeler, (Hrsg.) (2010), *Soziokulturelle Animation. Professionelles Handeln zur Förderung von Zivilgesellschaft, Partizipation und Kohäsion* (S. 157–200). Luzern: Interact Verlag.

Hafeneger, B. (1992). *Jugendarbeit als Beruf. Geschichte einer Profession in Deutschland.* Opladen: Westdeutscher Verlag.

Hahn, K. (1928/1998). Die nationale Aufgabe der Landerziehungsheime. In M. Knoll (Hrsg.) (1998), *Kurt Hahn: Reform mit Augenmaß. Ausgewählte Schriften eines Politikers und Pädagogen* (mit einem Vorwort von H.v. Hentig, S. 124–147). Stuttgart: Klett-Cotta.

Hahn, K. (1958). *Erziehung zur Verantwortung. Reden und Aufsätze.* Stuttgart: Klett.

Hahn, K. (1962). Erziehung und die Krise der Demokratie. In K. Hahn (1998), *Reform mit Augenmaß. Ausgewählte Schriften eines Politikers und Pädagogen* (mit einem Vorwort von H. v. Hentig, hrsg. von M. Knoll, S. 291–308). Stuttgart: Klett-Cotta.

Hahn, K. (1928/1986). Die nationale Aufgabe der Landerziehungsheime. Pläne für eine Erziehungsbewegung. In K. Hahn: Erziehung und die Krise der Demokratie: Reden, Aufsätze, Briefe eines politischen Pädagogen (hrsg. von M. Knoll, S. 32–51). Stuttgart: Klett-Cotta.

Hameyer, U. u.a. (Hrsg.) (2014). *Kulturelle Bildung* (Themenheft). In *Journal für Schulentwicklung, 18*(2014)3.

Hansel, T. (2005). Was leistet die Ganztagsschule? In T. Hansel (Hrsg.), *Ganztagsschule. Halbe Sache – großer Wurf? Schulpädagogische Betrachtung eines bildungspolitischen Investitionsprogramms* (S. 224–249). Herbolzheim: Centaurus.

Hansen-Schaberg, I. & Schonig, B. (Hrsg.) (2002). *Landerziehungsheim – Pädagogik.* Baltmannsweiler: Schneider Hohengehren.

Harring, M. (2011). *Das Potenzial der Freizeit. Soziales, kulturelles und ökonomisches Kapital im Kontext heterogener Freizeitwelten Jugendlicher.* Wiesbaden: Verlag für Sozialwissenschaften.

Hartenstein, G. (Hrsg.) (1868). *Immanuel Kant's Kritik der reinen Vernunft*. Leipzig: Leopold Voss.

Hartmann, R. & Herle, F. B. (Hrsg.) (2014). *Interkulturelles Management in Freizeit und Tourismus* (17. Bd. der DGT Schriftenreihe). Berlin: Erich Schmidt.

Hartmann, R. (2013). *Marketing in Tourismus und Freizeit*. München: UVK & UTB

Hartz, D. (2014). *Klettern in Schule, Freizeit und Verein*. Wiebelsheim: Limpert.

Hass, A. (2009). Der Transzendentalismus als philosophische Basis des amerikanischen Freiheitsmythos vom Pionier in der Wildnis. In Th. Kirchhoff & L. Trepl, *Vieldeutige Natur: Landschaft, Wildnis und Ökosystem als kulturgeschichtliche Phänomene* (S. 291–302). Bielefeld: Transcript.

Hass, A., Hoheisel, D., Kangler, G. & Kirchhoff, Th. u.a. (2012). Sehnsucht nach Wildnis. Aktuelle Bedeutungen der Wildnistypen Berg, Dschungel, Wildfluss und Stadtbrache vor dem Hintergrund einer Ideengeschichte von Wildnis. In Th. Kirchhoff, V. Vicenzotti & A. Voigt, (Hrsg.) (2012), *Sehnsucht nach Natur. Über den Drang nach draußen in der heutigen Freizeitkultur* (Edition Kulturwissenschaften, S. 107–142). Bielefeld: Transkript.

Haußer, K. (1997). Identitätsentwicklung – vom Phasenuniversalismus zur Erfahrungsverarbeitung. In H. Keupp & R. Höfer (Hrsg.) (1997), *Identitätsarbeit heute. Klassische und aktuelle Perspektiven der Identitätsforschung* (S. 120–134). Frankfurt a.M.: Suhrkamp Taschenbuch Wissenschaft.

Havighurst, R.J. (1952). *Developmental Tasks and Education*. New York: David McKay.

Havighurst, R.J. & Albrecht, R.E. (1953). *Older People*. New York: Longmans Green.

Heckmair, B. & Michl, W. (2008). *Einführung in die Erlebnispädagogik* (6. Auflage). München & Basel: Reinhardt.

Heckmair, B. & Michl, W. (2008). *Erleben und Lernen. Einführung in die Erlebnispädagogik* (6. überarbeitete und erweiterte Auflage). Basel & München: Reinhardt.

Heidenreich, M. (2003). Die Debatte um die Wissensgesellschaft. In St. Böschen & I. Schulz-Schaeffer (Hrsg.) (2003), *Wissenschaft in der Wissensgesellschaft* (S. 25–54). Wiesbaden: Westdeutscher Verlag.

Helmke, A. (2002). Kommentar: Unterrichtsqualität und Unterrichtsklima: Perspektiven und Sackgassen. *Unterrichtswissenschaft, 30*(2002)3, S. 261–277.

Hennig, J., Laschefski, U. & Opper, C. (1994). Biopsychological changes after bungee jumping: betaendorphin immunoreactivity as a mediator of euphoria? *Neuropsychobiology, 29*(1994)1, pp. 28–32.

Hentig, H.v. (2003). *Die Schule neu denken. Eine Übung in pädagogischer Vernunft* (Beltz Taschenbuch. Bd. 119 Essay, erweiterte Neuausgabe). Weinheim u.a.: Beltz.

Hentig, H.v. (2016). *Noch immer mein Leben. Erinnerungen und Kommentare aus den Jahren 2005-2015.* Berlin: Wamiki.

Herbart, J.F (1806/1997). Allgemeine Pädagogik aus dem Zweck der Erziehung abgeleitet, drittes Buch: Charakterstärke der Sittlichkeit. In D. Benner (Hrsg.) (1997), *Johann Friedrich Herbart Systematische Pädagogik* (Bd. 1, Ausgewählte Texte, S. 57–158). Weinheim: Beltz.

Herbart, J.F. (1804/1997). Über die ästhetische Darstellung der Welt als das Hauptgeschäft der Erziehung". In D. Benner (Hrsg.) (1997), *Johann Friedrich Herbart Systematische Pädagogik* (Bd. 1. Ausgewählte Texte, S. 47–56). Weinheim: Beltz.

Herbart, J.F. (1806/2018). Allgemeine Pädagogik – Einleitung. In R. Coriand & R. Koerrenz (2018), *Johann Friedrich Herbart: Einführung mit zentralen Texten* (S. 64–77). Paderborn: Ferdinand Schöning.

Herder, J.G. (1784/1965). *Ideen zur Philosophie der Geschichte der Menschheit.* Berlin: Edition Holzinger.

Hering, S. & Münchmeier, R. (2007). *Geschichte der sozialen Arbeit* (4. Auflage). München: Beltz Juventa.

Heuer, W., Heiter, B.& Rosenmüller, St. (Hrsg.) (2011). *Arendt: Handbuch. Leben – Werk – Wirkung.* Stuttgart & Weimar: Metzler.

Hobbes, Th. (1651/1986). *Leviathan.* Stuttgart: Reclam

Hofer, M. (2003). Wertewandel, schulische Motivation und Unterrichtsorganisation. In W. Schneider & M. Knopf, M. (Hrsg.) (2003), *Entwicklung, Lehren und Lernen* (S. 235–253). Göttingen: Hogrefe.

Hofer, M., Reinders, H. & Fries, St. u.a. (2005b). Die Theorie motivationaler Handlungskonflikte. Ein differenzieller Ansatz zum Zusammenhang zwischen Werten und schulischer Lernmotivation. In *Zeitschrift für Pädagogik, 51*(2005)3, S. 326–341.

Hofer, M.; Reinders; Fries, S. & Clausen, M. (2005). Der Einfluss des Wertewandels auf die Entwicklung im Jugendalter: Ein deduktiver Ansatz. In *Zeitschrift für Pädagogik, 51*(2005)1, S. 81–101.

Hoff, T. & Bergler, R. (2006). *Heimtiere und schulisches Leistungs- und Sozialverhalten. Schriftenreihe Psychologie der Mensch-Tier-Beziehung* (Bd. 1). Regensburg: Roderer.

Hoffmann, D. (1993). Von der Unmöglichkeit einer Beendigung der Erziehung und der Notwendigkeit einer Veränderung der Bildung. In D. Hoffmann, G. Strey & K. P. Wallraven (Hrsg.) (1993), *FreizeitLernen. Intentionen und*

Dimensionen pädagogischer Kulturarbeit (S. 11–34). Weinheim: Deutscher Studien Verlag.

Hoffmann, D., Langevand, A. & Niemeyer, C. (Hrsg.) (1992). *Begründungsformen der Pädagogik in der Moderne. Beiträge zur Theorie und Geschichte der Erziehungswissenschaft* (Bd. 8). Weinheim: Deutscher Studien Verlag.

Hoffmann, N. & Opper, N. (2008). „Ja, Nein und Trotzdem". Bildungstheoretische Grundgedanken im Werk von Fritz Klatt. In U. Amlung; N. Hoffmann & B. I. Reimers (Hrsg.) (2008), *Adolf Reichwein und Fritz Klatt: ein Studien- und Quellenband zu Erwachsenenbildung und Reformpädagogik in der Weimarer Republik* (Koblenzer Schriften zur Pädagogik, S. 101–116). Weinheim & München: Juventa.

Hoffmann, N. & Opper, N. (2008). Biographisches Kurzportrait: Fritz Klatt. In U. Amlung; N. Hoffmann & B.I. Reimers (Hrsg.) (2008), *Adolf Reichwein und Fritz Klatt: ein Studien- und Quellenband zu Erwachsenenbildung und Reformpädagogik in der Weimarer Republik* (Koblenzer Schriften zur Pädagogik, S. 95–100). Weinheim & München: Juventa.

Hofmann, A.R., Rolland, C. G, Rafoss, K. & Zoglowek, H. (2015). *Friluftsliv – ein norwegisches Phänomen. Eine Lebensphilosophie in Theorie und Praxis.* Münster & New York: Waxmann.

Hofmann, F. (1996/2014). Ein Leben im Dienst der Wahrheit, der Gerechtigkeit und des Friedens: J.A. Comenius' Vita. In G. Arnhardt & G.-B. v. Carlsburg (Hrsg.) (2014), *Jan Amos Comenius. Über sich und die Erneuerung von Wissenschaft, Erziehung und christlicher Lebensordnung* (S. 142–195). Augsburg: Brigg Pädagogik.

Hohmann, Chr. (2007). *Dienstbares Begleiten und später Widerstand: Der nationale Sozialist Adolf Reichwein im Nationalsozialismus.* Bad Heilbrunn: Klinkhardt.

Hollstein, B. (2001). *Grenzen sozialer Integration: Zur Konzeption informeller Beziehungen und Netzwerke.* Opladen: Leske + Budrich.

Hollstein, O. (2011). Das Technologieproblem revisited. Überlegungen zur Wiederaufnahme eines vieldiskutierten Themas. In M. Amos; W. Meseth & M. Proske (Hrsg.), *Öffentliche Erziehung revisited.* Wiesbaden: Verlag für Sozialwissenschaften.

Holzkamp, K. (1995). *Lernern. Subjektwissenschaftliche Grundlegung.* Frankfurt a.M. & New York: Campus.

Honig, M.-S. (1999). *Entwurf einer Theorie der Kindheit.* Frankfurt a.M.: Suhrkamp.

Horkheimer, M. & Adorno, Th.(1969). Kulturindustrie. Aufklärung als Massenbetrug. In M. Horkheimer & Th. Adorno (1969), *Dialektik der Aufklärung* (Philosophische Fragmente, S. 128–176). Frankfurt a.M.: Fischer.

Horn, K.-P. (2003). *Erziehungswissenschaft in Deutschland im 20. Jahrhundert. Zur Entwicklung der sozialen und fachlichen Struktur der Disziplin von der Erstinstitutionalisierung bis zur Expansion*. Bad Heilbrunn: Klinkhardt.

Hügli, A. (2007). Urteilskraft und Takt. Eine Exploration im Feld der ‚taktilen' Bildung. In B. Fuchs & Chr. Schönherr (Hrsg.) (2007), *Urteilskraft und Pädagogik: Beiträge zu einer pädagogischen Handlungstheorie* (Lutz Koch zum 65. Geburtstag, S. 111–124). Würzburg: Königshausen & Neumann.

Humboldt, W. v. (o.A./2002). Ueber den Nationalcharakter der Sprachen. In derselbe, *Werke in fünf Bänden* (Bd. 3, [Bruchstück], S. 64–81). *Darmstadt: WBG.*

Humboldt, W.v. (1792/1995). *Ideen zu einem Versuch, die Grenzen der Wirksamkeit des Staates zu bestimmen.* Stuttgart: Reclam.

Humboldt, W.v. (1809/1999). Der Königsberger und der Litauische Schulplan (Klassische Pädagogische Texte). *In PÄD-Forum: unterrichten erziehen, 27*(1999)5, S. 399–401.

Hurrelmann, K. & Albrecht, E. (2014). *Die heimlichen Revolutionäre – Wie die Generation Y unsere Welt verändert.* Weinheim: Beltz.

Hurrelmann, K. & Quenzel, G. (2013). *Lebensphase Jugend. Eine Einführung in die sozialwissenschaftliche Jugendforschung* (12., korr. Auflage). Weinheim: Beltz Juventa.

Huth, R. & Weishaupt, H. (2009). Bildung und hochkulturelle Freizeitaktivitäten. In *Journal for educational research online, 1*(2009)1, S. 224–240.

Ilg, W. & Dubiski, J. (2011). *Begegnung schafft Perspektiven. Empirische Einblicke in internationale Jugendbegegnungen.* Berlin; Paris & Warschau: Deutsch-Französisches Jugendwerk und Deutsch-Polnisches Jugendwerk.

Ilg, W. (2010). *Freizeitenevaluation. Entwicklung eines Evaluationskonzepts für Freizeiten in der kirchlichen Jugendarbeit.* Saarbrücken: VDM.

Illi, U. (1995). Projektskizze: Bewegte Schule – Bewegtes Leben. In *Motorik, 18*(1995)4, S. 149–155.

Illi, U., Breithecker, D. & Mundigler, S. (1998). *Bewegte Schule – Gesunde Schule. Aufsätze zur Theorie.* Wäldi: Internat. Forum für Bewegung.

Immerfall, St. & Wasner, B. (2011). *Freizeit* (1. Auflage). Opladen & Famington Hills: UTB & Barbara Budrich.

Inglehart, R. (1997). *Modernization and Postmodernization – Cultural, Economic and Political Change in 43 Societies.* Princeton: Prentice Hall.

Isengard, B. (2005). Freizeitverhalten als Ausdruck sozialer Ungleichheiten oder Ergebnis individualisierter Lebensführung? Zur Bedeutung von Einkommen und Bildung im Zeitverlauf. In *Kölner Zeitschrift für Soziologie und Sozialpsychologie, 57*(2005)2, 254–277.

Jank, W. & Meyer, H. (1994). *Didaktische Modelle.* Berlin: Cornelsen Scriptor.

Jansen, P. & Richter, St. (2016). *Macht Bewegung wirklich schlau? Zum Verhältnis von Bewegung und Kognition.* Bern: Hogrefe.

Jerusalem, M. & Meixner, S. (2009). Lebenskompetenzen. In A. Lohaus & H. Domsch (Hrsg.) (2009), *Psychologische Förder- und Interventionsprogramme für das Kindes- und Jugendalter* (S. 141–157). Berlin & Heidelberg: Springer.

Joisten, K. (1994). *Die Überwindung der Anthropozentrizität durch Friedrich Nietzsche.* Würzburg: Königshausen & Neumann.

Jömann, N., Junker, Chr. & Touma, Ch. (Hrsg.) (2004). *Religion – wieso, weshalb, warum? Zur Funktion von Religion aus soziologischer, biologischer, philosophischer und theologischer Sicht.* Münster: LIT.

Jungbauer-Gans, M. (2002). *Ungleichheit, soziale Beziehungen und Gesundheit.* Wiesbaden: Westdeutscher Verlag.

Jurzcyk, K., Schier, M., Szymenderski, P., Lange, A. & Voß, G.G. (2009). *Entgrenzte Arbeit – entgrenzte Familie. Grenzmanagement im Alltag als neue Herausforderung.* Berlin: Edition Sigma.

Kade, S. (2007). *Altern und Bildung: eine Einführung.* Bielefeld: W. Bertelsmann.

Kade, S. (2009). *Altern und Bildung: eine Einführung* (2., aktualisierte und überarbeitete Auflage). Bielefeld: Bertelsmann.

Kahl, R. (1992). *„Kindheit heute – Das Schwinden der Sinne"* (Film 1992). Norddeutscher Rundfunk.

Kahl, R. (1996). *Kindheit heute – Das Schwinden der Sinne* (Textbuch). Hamburg: Pädagogische Beiträge.

Kahl, R. (2006). Liebe zur Welt. Hannah Arendt wäre am 14. Oktober 100 Jahre alt geworden – ihre Inspiration für die Pädagogik ist erst noch zu entdecken. In *Pädagogik, 58*(2006)10, S. 38–43.

Kaiser, H. J.: Sozialpsychologie des Alters. In W.D. Oswald; G. Gatterer & U.M. Fleischmann (2008). *Gerontopsychologie – Grundlagen und klinische Aspekte zur Psychologie des Alterns* (2. aktualisierte und erw. Auflage, S. 79–101). Wien & New York: Springer.

Kamper, D./Wulff, Chr. (Hrsg.) (1984). Blickwende. Die Sinne des Körpers im Konkurs der Geschichte. In D. Kamper & Chr. Wulff (Hrsg.) (1984), *Das Schwinden der Sinne. Neue Folge* (Bd. 188, S. 9–20). Frankfurt a.M.: Edition Suhrkamp.

Kant, I. (1767/1982). Vorlesung über „Pädagogik". In I. Kant (1982), *Ausgewählte Schriften zur Pädagogik und ihrer Begründung* (2. Auflage). Paderborn: Schöningh.

Kant, I. (1790/2013). *Kritik der reinen Vernunft.* Berlin: Edition Holzinger.

Kant, I. (1790/2014). *Kritik der Urteilskraft* (3. Auflage). Berlin: Edition Holzinger.

Kant, I. (1798/1982). Zur Anthropologie. 1. Aus der Anthropologie in pragmatischer Hinsicht. In I. Kant, I. (1982). *Ausgewählte Schriften zur Pädagogik und ihrer Begründung* (2. Auflage). Paderborn: Schöningh.

Kant, I. (1803/1982). Vorlesung über „Pädagogik" (gehalten im W.S. 1776/77, S.S. 1780, W.S. 1783/84 und 1786/87, hrsg. von Rink). In I. Kant (1982), *Ausgewählte Schriften zur Pädagogik und ihrer Begründung* (S. 9–59). Paderborn: Schöningh.

Kant, I. (1949). *Die drei Kritiken in ihrem Zusammenhang mit dem Gesamtwerk* (mit verbindendem Text durch Raymund Schmidt). Stuttgart: Alfred Kröner.

Kant, I. (1963). *Kritik der Urteilskraft*. Stuttgart: Reclam.

Kant, I. (1999). Kritik der praktischen Vernunft. In I. Kant (1999), *Die drei Kritiken* (hrsg. von A. Ulfig, Bd. 2). Köln: Parkland.

Kant, I. (1797/2013). *Metaphysik der Sitten* (2. Auflage). Berlin: Edition Holzinger.

Kaplan, R. & Kaplan, St. (1989). *The Experience of Nature – A Psychological Perspective*. New York: Cambridge University Press.

Kerschensteiner, G. (1912/2002). *Begriff der Arbeitsschule*. Leipzig: Teubner. Neulauflage Darmstadt: Wissenschaftliche Buchgesellschaft.

Kersting, Chr. (2008). *Pädagogik im Nachkriegsdeutschland. Wissenschaftspolitik und Disziplinentwicklung 1945–1955* (Beiträge zur Theorie und Geschichte der Erziehungswissenschaft, Bd. 28). Bad Heilbrunn: Klinkhardt.

Keupp, H. (1997). Diskursarena Identität: Lernprozesse in der Identitätsforschung. In H. Keupp & R. Höfer (Hrsg.) (1997), *Identitätsarbeit heute. Klassische und aktuelle Perspektiven der Identitätsforschung* (S. 11–39). Frankfurt a.M.: Suhrkamp Taschenbuch Wissenschaft.

Keuth, H. (2011). *Die Philosophie Karl Poppers*. Tübingen: Mohr Siebeck.

Kirchhoff, Th., Karafyllis, N. & Evers, D. u.a. (Hrsg.) (2017). *Naturphilosophie: ein Lehr- und Studienbuch*. Tübingen: Mohr Siebeck [oder als utb-studi-e-book 2017 verfügbar].

Klafki, W. (1952/2013). *Kategoriale Bildung Konzeption und Praxis reformpädagogischer Schularbeit zwischen 1948 und 1952*. Bad Heilbrunn: Klinkhardt.

Klafki, W. (2007). *Neue Studien zur Bildungstheorie und Didaktik. Zeitgemäße Allgemeinbildung und kritisch-konstruktive Didaktik* (6. Auflage). Weinheim & Basel: Beltz.

Klafki, W. (2007c). Zweite Studie: Grundzüge eines neuen Allgemeinbildungskonzepts. Im Zentrum: Epochal-typische Schlüsselprobleme. In W. Klafki (2007), *Neue Studien zur Bildungstheorie und Didaktik* (6. neu ausgestattete Auflage, S. 43–82).Weinheim & Basel: Beltz.

Klafki. W. (2007b). Erster Teil: Bildungstheoretische Grundlagen einer neuen Allgemeinbildungskonzeption und der Grundriß kritisch-konstruktiver Didaktik. In W. Klafki (2007), *Neue Studien zur Bildungstheorie und Didaktik. Zeitgemäße Allgemeinbildung und kritisch-konstruktive Didaktik* (6. neu ausgestattete Auflage, S. 15–42). Weinheim & Basel: Beltz.

Klatt, F. (1924). *Ja, Nein und Trotzdem. Gesammelte Aufsätze.* Jena: Eugen Diederichs.

Klatt, F. (1927/1966). I. Beziehungen zwischen Sprach-, Sach- und Geisteswelt der Gegenwart. In F. Klatt (1966), *Beruf und Bildung* (Ausgewählte pädagogische Schriften, besorgt von H. Lorenzen, S. 5–25). Paderborn: Ferdinand Schöningh.

Klatt, F. (1927b). Pädagogisierung der Freizeit. In *Das junge Deutschland: amtliches Organ des Jugendführers Deutsches Reich (sozialpolitische Zeitschrift der deutschen Jugend), 21*(1927)9, S. 420–427.

Klatt, F. (1929/1966): Beruf und Bildung. In F. Klatt (1966). *Beruf und Bildung* (Ausgewählte pädagogische Schriften, besorgt von H. Lorenzen, S. 46–74). Paderborn: Ferdinand Schöningh.

Klatt, F. (1929b). Rationelle Freizeitgestaltung, eine Lebensnotwendigkeit der berufsgebundenen Jugend. In *Das Junge Deutschland, 23*(1929)4, S. 139–149.

Klatt, F. (1929c/1966). Freizeitgestaltung. In F. Klatt (1966), *Beruf und Bildung* (Ausgewählte pädagogische Schriften, besorgt von H. Lorenzen, S. 26–45). Paderborn: Ferdinand Schöningh.

Klatt, F. (1929d). Erwachsenenbildung in Ferienzeit und Urlaub. In *Die Schildgenossen: katholische Zweimonatszeitschrift* (hrsg. von J. Außem, R. Guardini, H. Helming & R. Schwarz, 9[1929]3). Augsburg: Filser.

Klatt, F. (1929e). *Freizeitgestaltung. Grundsätze und Erfahrungen zur Erziehung des berufsgebundenen Menschen.* Stuttgart: Silberburg.

Klatt, F. (1930). *Die geistige Wendung des Maschinenzeitalters.* Potsdam: Alfred Protte.

Klatt, F. (1939). *Lebensmächte. Gesetze der geistigen Entwicklung.* Jena: Eugen Diederichs.

Klatt, F. (1952). *Die schöpferische Pause.* Wien: Amandus.

Klatt, F. (1966). *Beruf und Bildung. Ausgewählte pädagogische Schriften* (besorgt von Hermann Lorenzen). Paderborn: Ferdinand Schöning.

Klein-Landeck, M. (2009). *Freie Arbeit bei Maria Montessori und Peter Petersen* (Reihe: Impulse der Reformpädagogik, hrsg. von H. Ludwig, Bd. 1). Münster & Berlin: LIT.

Klug, S. (1995). *Mehr als nur freie Zeit. Basteln, Tüfteln und Kreativität Geschichte und Geschichten.* Stuttgart: Frech.

Knauth, Th. (1996). *Religionsunterricht und Dialog. Empirische Untersuchungen, systematische Überlegungen und didaktische Perspektiven eines Religionsunterrichts im Horizont religiöser und kultureller Pluralisierung.* Münster & New York u.a.: Waxmann.

Knortz, H. (2010). *Wirtschaftsgeschichte der Weimarer Republik.* Göttingen: Vandenhoeck & Ruprecht/UTB.

Kokemohr, R. (2000). Bildung in interkultureller Kooperation. In S. Abeldt & W. Bauer, W. (Hrsg.), *„... was es bedeutet, verletzbarer Mensch zu sein“* (S. 421–436). Mainz: Grünewald.

Kokemohr, R. (2007). Bildung als Welt- und Selbstentwurf im Anspruch des Fremden. Eine theoretische-empirische Annäherung an eine Bildungsprozesstheorie. In H.-C. Koller, W. Marotzki & O. Sanders (Hrsg.) (2007), *Bildungsprozesse und Fremderfahrung. Beiträge zu einer Theorie transformatorischer Bildungsprozesse* (S. 13–68). Bielefeld: Transcript.

Kolland, F. (2010). Freizeit im Alter. In K. Aner & U. Karl (Hrsg.) (2010), *Handbuch Soziale Arbeit und Alter* (S. 355–360). Wiesbaden: Verlag für Sozialwissenschaften.

Koller, H.-C. (2012). *Bildung anders denken. Einführung in die Theorie transformatorischer Bildungsprozesse.* Stuttgart: Kohlhammer.

König, W. (2000). *Geschichte der Konsumgesellschaft.* Stuttgart: Franz Steiner.

Konrad, F.-M. (2012). *Geschichte der Schule: Von der Antike bis zur Gegenwart* (2. durchgesehene und aktualisierte Auflage). München: C.H. Beck.

Kraft, V. (1996). *Pestalozzi oder das Pädagogische Selbst. Eine Studie zur Psychoanalyse pädagogischen Denkens.* Bad Heilbrunn: Klinkhardt.

Krappmann, L. (1969/2000). *Soziologische Dimensionen der Identität: strukturelle Bedingungen für die Teilnahme an Interaktionsprozessen* (12. Auflage). Stuttgart: Klett-Cotta.

Krappmann, L. (1997). Die Identitätsproblematik Eriksons aus einer interaktionistischen Sicht. In H. Keupp & R. Höfer (Hrsg.) (1997), *Identitätsarbeit heute. Klassische und aktuelle Perspektiven der Identitätsforschung* (S. 66–92). Frankfurt a.M.: Suhrkamp Taschenbuch Wissenschaft.

Kraus, W. & Mitzscherlich, B. (1997). Abschied vom Großprojekt. Normative Grundlagen der empirischen Identitätsforschung in der Tradition von James E. Marcia und die Notwendigkeit ihrer Reformulierung. In H. Keupp & R. Höfer (Hrsg.) (1997), *Identitätsarbeit heute. Klassische und aktuelle Perspektiven der Identitätsforschung* (S. 149–173). Frankfurt a.M.: Suhrkamp Taschenbuch Wissenschaft.

Krause, G./Müller, G. (Hrsg.) (1993). *Theologische Realenzyklopädie* (Teil I, Band 1-17 und Registerband. De Gruyter Studienbuch Series TRE Series). Berlin: Walter de Gruyter.

Kron, F.W., Jürgens, E. & Standop, J. (2013). *Grundwissen Pädagogik* (8. aktual. Auflage). München u.a.: Reinhardt/UTB.

Krone, W. (2011). Martin Buber: Ich und Du. In W. Böhm, B. Fuchs & S. Seichter (Hrsg.) (2011), *Hauptwerke der Pädagogik* (S. 65–67). Paderborn: Schöningh UTB.

Krüger, H.-H. (1990). Zwischen Verallgemeinerung und Zerfaserung – Zum Wandel der Lebensphase Jugend in der Bundesrepublik Deutschalnd nach 1945. In H. H.Krüger (1990), *Kindheit und Jugend im interkulturellen Vergleich: Zum Wandel der Lebenslagen von Kindern und Jugendlichen in der Bundesrepublik Deutschland und in Großbritannien* (S. 113–124). Opladen: Leske + Budrich.

Krüger, H.-H. (2012). *Einführung in Theorien und Methoden der Erziehungswissenschaft. Einführungskurs Erziehungswissenschaft* (6. Auflage). Opladen/Toronto: Budrich & UTB.

Kübler, M. (2015). Entwicklung von Zeit- und Geschichtsbewusstsein. In J. Kahlert, M. Fölling-Albers, M. Götz & A. Hartinger (Hrsg.) (2015), *Handbuch Didaktik des Sachunterrichts* (2. aktualisierte und erweiterte Auflage, S. 335–339). Bad Heilbrunn: Julius Klinkhardt & UTB.

Kuhlmann, C. (2013). *Bildung und Erziehung, Einführung in die Geschichte und Aktualität pädagogischer Theorien*. Wiesbaden: Verlag für Sozialwissenschaften.

Kuhn, H.-P. (2008). Geschlechterverhältnisse in der Schule: Sind die Jungen jetzt benachteiligt? Eine Sichtung empirischer Studien. In B. Rendtorff & A. Prengel (Hrsg.) (2008), *Kinder und ihr Geschlecht* (Jahrbuch Frauen- und Geschlechterforschung in der Erziehungswissenschaft 4, S. 49–71). Opladen u.a.: Budrich.

Küng, E. (1971). *Arbeit und Freizeit in der nachindustriellen Gesellschaft*. Tübingen: Mohr.

Kunze, A.B. (2017). Prinzipien einer eigenständigen pädagogischen Berufsethik für die Schule. Teil I: Der Lehrerberuf als Menschenrechtsprofession. In *VBE-Magazin, April 2017*, S. 12–14.

Lagerstom, D. (2007). Friluftsliv – ein nordischer Weg zur Bewegung und Bewegungskultur? In G. Liedtke & D. Lagerstom (Hrsg.) (2007), *Friluftsliv – Entwicklung, Bedeutung und Perspektiven. Gesundheitsbezogene Bewegungsbildung durch naturbezogene Aktivitäts- und Lebensformen* (Edition Sport & Freizeit, Bd. 17, S. 117–133). Aachen: Meyer & Meyer.

Laging, R., Böcker, P. & Dirks, F. (2014). Zum Einfluss der Schulzeitverkürzung (G8) auf Bewegungs- und Sportaktivitäten von Jugendlichen. *Sportunterricht, 63*(2014)3, 66–72.

Lambers, H. (2018). *Wie aus Helfen Soziale Arbeit wurde: Die Geschichte der Sozialen Arbeit. Kernkompetenzen Soziale Arbeit und Pädagogik* (2. überarb. Auflage). Bad Heilbrunn: Klinkhardt.

Lamnek, S. (Hrsg.) (1995). *Jugend und Gewalt: Devianz und Kriminalität in Ost und West.* Opladen: Leske + Budrich.

Landau-Wegner, L. (1966). Familie und Tradition. In H. Röhrs (Hrsg.) (1966), *Bildung als Wagnis und Bewährung. Eine Darstellung des Lebenswerkes von Kurt Hahn* (S. 102–107). Heidelberg: Quelle & Meyer.

Lane, R.E. (1966). *The Decline of Politics and Ideology in a Knowledgeable Society.* American Sociological Review 21, 1966.

Lang, F. R., Martin, M. & Pinquart, M. (2012). *Entwicklungspsychologie – Erwachsenenalter.* Göttingen u.a.: Hogrefe.

Langmaack, B. (2001). *Einführung in die Themenzentrierte Interaktion.* Weinheim & Basel: Beltz.

Lasch, Chr. (1979). *The Culture of Narcissism.* New York: Norton.

Lasch, Chr. (1980). *Das Zeitalter des Narzißmus.* München: Steinhausen Verlag.

Lausberg, M. (2007). *Kinder sollen sich selbst entdecken. Die Erlebnispädagogik Kurt Hahns.* Marburg: Tectum Wissenschaftsverlag.

Lederer, B. (2013). *Kompetenz oder Bildung: eine Analyse jüngerer Konnotationsverschiebungen des Bildungsbegriffs und Plädoyer für eine Rück- und Neubesinnung auf ein transinstrumentelles Bildungsverständnis.* Innsbruck: Innsbruck University Press.

Leitner, A. & Sieper, J. (2008). Unterwegs zu einer integrativen Psychosomatik – Das bio-psycho-soziale Modell des integrativen Ansatzes. *Integrative Therapie, 24*(2008)3, S. 199–243.

Leitner, A. (2010). Handbuch der Integrativen Therapie. Wien u.a.: Springer.

Lempart, H. (2015). *Ich habe es doch nur gut gemeint. Die narzisstische Kränkung in Coaching und Beratung.* Paderborn: Jungfermann.

Lenzen, D. (Hrsg.) (1994). *Erziehungswissenschaft. Ein Grundkurs.* Reinbek bei Hamburg: Rowohlt enzyklopädie.

Lenzen, D. (Hrsg.) (2002). *Erziehungswissenschaft. Ein Grundkurs* (5. Auflage mit aktualisierter Auswahlbiographie versehen). Reinbek bei Hamburg: Rowohlt.

Lepenies, W. (1978). Wissenschaftsgeschichte und Disziplingeschichte. In *Geschichte und Gesellschaft, 4*(1978)4, S. 437–451.

Leutner, D. (2013). Perspektiven pädagogischer Interventionsforschung. In E. Severing & R. Weiß (Hrsg.) (2013), *Qualitätsentwicklung in der Berufsbildungsforschung* (S. 17–28). Bielefeld: Bertelsmann.

Leven, I. & Schneekloth, U. (2010). Die Freizeit: Sozial getrennte Kinderwelten. In World Vision Deutschland e.V. (Hrsg.) (2010), *Kinder in Deutschland 2010. 2. World Vision Kinderstudie* (S. 95–140). Frankfurt a.M.: Fischer.

Leven, I., Quenzel, G. & Hurrelmann, K. (2010). Familie, Schule, Freizeit: Kontinuitäten im Wandel. In M. Albert; K. Hurrelmann & G. Quenzel (2010), *16. Shell Jugendstudie. Jugend 2010. Eine pragmatische Generation behauptet sich* (S. 53–128). Frankfurt a.M.: Fischer.

Levy, R. (1977). *Der Lebenslauf als Statusbiographie. Die weibliche Normalbiographie in makrosoziologischer Perspektive*. Stuttgart: Enke Verlag.

Ley, K. (1984). Von der Normal- zur Wahlbiographie. In M. Kohli & G. Robert (Hrsg.) (1984), *Biographie und soziale Wirklichkeit* (S. 239–260). Stuttgart: Metzler.

Liebau, E. (2007). Kultur- und Freizeitpädagogik. In E. Tenorth & R. Tippelt (Hrsg.), *Lexikon der Pädagogik* (S. 428–431). Weinheim & Basel: Beltz..

Locke, J. (1920). *Gedanken über Erziehung* (Kap. 3. Einleitung). Leipzig: Reclam jun.

Löhmer, C. & Standhardt, R. (2006). *TZI – die Kunst sich selbst und eine Gruppe zu leiten. Eine Einführung in die Themenzentrierte Interaktion*. Stuttgart: Klett-Cotta.

Lorenzen, H. (1966). Werk und Persönlichkeit des Volksbildners Fritz Klatt. In F. Klatt (1966), *Beruf und Bildung* (Ausgewählte pädagogische Schriften, besorgt von Hermann Lorenzen, S. 92–99). Paderborn: Ferdinand Schöning.

Lüdtke, H. (2001). *Freizeitsoziologie: Arbeiten über temporale Muster, Sport, Musik, Bildung und soziale Probleme*. Münster: LIT.

Luhmann, N. & Schorr, K.-E. (1979). *Reflexionsprobleme im Erziehungssystem*. Stuttgart: Klett-Cotta.

Luther, M. (1520/1979). *Von der Freiheit eines Christenmenschen*. Nürnberg: Medien & Kultur.

Maddox, G.L. (1963). Activity and morale: A longitudinal study of selected elderly subjects. *Social Forces 42/1963*, S. 1995–2004.

Manen, M. v. (1995). Herbart und der Takt im Unterricht. In St. Hopmann; K. Riquarts (Hrsg.). (1995), *Didaktik und/oder Curriculum. Grundprobleme einer international vergleichenden Didaktik* (Zeitschrift für Pädagogik, Beiheft 33, S. 61–80). Weinheim u.a.: Beltz.

Manke, Th. & Wilharm, Th. (2011). *Grundwissen Psychotherapie & Beratung: Arbeiten mit Psychologie.* BoD – Books on Demand.

Marcel, S. (2016). Tiere und Gesellschaft. In R. Borgards (Hrsg.) (2016), *Tiere: Kulturwissenschaftliches Handbuch* (S. 16–24). Stuttgart: Metzler.

Markowetz, R. (2009). *Freizeit inklusive.* Stuttgart: Kohlhammer.

Markowetz, R. (2000). Freizeit von Menschen mit Behinderung. In R. Markowetz & G. Cloerkes (Hrsg.), *Freizeit im Leben behinderter Menschen: theoretische Grundlagen und sozialintegrative Praxis* (S. 9–38). Heidelberg: Winter.

Markowetz, R. (2000b). Konturen einer integrativen Pädagogik und Didaktik der Freizeit In R. Markowetz & G. Cloerkes (Hrsg.) (2000), *Freizeit im Leben behinderter Menschen. Theoretische Grundlagen und sozialintegrative Praxis* (S. 39–66). Heidelberg: Universitätsverlag C. Winter-Edition.

Marotzki, W. (1990). *Entwurf einer strukturalen Bildungstheorie. Biographietheoretische Auslegung von Bildungsprozessen in hochkomplexen Gesellschaften.* Weinheim: Deutscher Studien Verlag.

Maslow, A. (1954). *Motivation and Personality.* New York: Harper.

Maslow, A.H. (2014). *Motivation und Persönlichkeit* (13. Auflage). Reinbek bei Hamburg: Rowohlt.

Matzdorf, P. (1993). Das „TZI-Haus". Zur praxisnahen Grundlegung eines pädagogischen Handlungssystems. In R. Cohn & Chr. Terfurth (1993), *Lebendiges Lernen und Lehren. TZI macht Schule* (S. 332–387). Stuttgart: Klett-Cotta.

Mauss, M. (1935). Les techniques du corps. In *Journal de Psychologie Nomale et Pathologique, 32*(1935)3/4, S. 271–293.

Mayer, K. U. & Wagner, M. (1996). Lebenslagen und soziale Ungleichheit im hohen Alter. In K. U. Mayer & P.B. Baltes (Hrsg.) (1996), *Die Berliner Altersstudie* (S. 251–275). Berlin: Akademie.

McLuhan, M. (1967). *The Medium is the Massage: An Inventory of Effects.* New York, London & Toronto: Bantam Books.

McLuhan, M. (1970). Das Medium ist die Botschaft. In M. McLuhan (1970), *Die magischen Kanäle – „Understanding Media".* Düsseldorf & Wien: Econ Verlag.

Mead, G.H. (1968). *Geist, Identität und Gesellschaft.* Frankfurt a.M.: Suhrkamp.

Menzen, K.-H. (2008). *Grundlagen der Kunsttherapie* (3. Auflage). Stuttgart: UTB.

Meyer, G., Dovermann, U., Frech, S. & Gugel, G. (Hrsg.) (2004). *Zivilcourage lernen. Analysen – Modelle – Arbeitshilfen.* Tübingen: Institut für Friedenspädagogik Tübingen e.V.

Michaelis, T. (2016). „Über den Tellerrand schauen" statt polarisieren – Zur öffentlich-medialen Kritik an der Freiwilligenarbeit. In T. Reeh & G. Ströhlein (Hrsg.) (2016), *Freizeit und Tourismus im Wandel. Der Beitrag geographischer Studien zu ausgewählten Fragestellungen* (ZELTForum – Göttinger Schriften zu Landschaftsinterpretation und Tourismus. Bd 8, S. 81–106). Göttingen: Universitätsverlag.

Michel, R. (2009). Jugendstil. Eine vergessene Lebensform. In K. Bibiella u.a. (Hrsg.) (2009), *KulturForum Wissen 2008. Vergessene Werte: von den Wurzeln der Kultur: eine Vortragsreihe im Haus der Stiftung* (S. 39–74). Mainz: Dr.-Ing.-Hans-Joachim-Lenz-Stiftung.

Michels, H. (1995). Animation – Ergebnisse einer Rekonstruktionsanalyse zur freizeitwissenschaftlichen Theoriebildung. In *Spektrum Freizeit, 17*(1995)2/3, S. 7–28.

Michl, W. (2006). Verwilderungswünsche, Abenteuerlust und Grenzerfahrungen – Anmerkungen zu Kurt Hahns Begriff der Erlebnistherapie. In *Spektrum Freizeit, 30*(2006)2, S. 83–91.

Michl, W. (2015). *Erlebnispädagogik* (3. aktualisierte Auflage). München & Basel: UTB & Ernst Reinhardt.

Mill, J. St. (1869). Das Nützlichkeits-Princip. In *John Stuart Mills Gesammelte Werke*. Autorisierte Übersetzung unter der Redaktion von Theodor Gompertz (Bd. 1). Leipzig: Fues.

Mitzscherlich, A. (1965). *Über die Unwirtlichkeit unserer Städte*. Frankfurt a.M.: Suhrkamp.

Mollenhauer, K. (1968). *Erziehung und Emanzipation. Polemische Skizzen*. München: Juventa.

Montessori, M. (1952/2001). *Kinder sind anders* (14., durchgesehene und um ein Vorwort erweiterte Auflage). Stuttgart: Klett-Cotta.

Montessori, M. (1952/2010). *Kinder sind anders* (15. Auflage). Stuttgart: Klett-Cotta.

Moser, H. (2004). Die Konzepte der Cultural Studies – die Aktivierung der Rezipienten. In D. Hoffmann & H. Merkens (Hrsg.) (2004), *Jugendsoziologische Sozialisationstheorie. Impulse für die Jugendforschung* (S. 189–202). Weinheim & München: Juventa.

Moser, H., Müller, E., Wettstein, H. & Willener, A. (1999). *Sozialkulturelle Animation. Grundfragen, Grundlagen, Grundsätze*. Luzern: Verlag für Soziales und Kulturelles.

Moser, K. (Hrsg.) (2015). *Wirtschaftspsychologie* (2. Auflage). Berlin & Heidelberg: Springer.

Müller, G. (Hrsg.) (1993). *Theologische Realenzyklopädie* (Teil 1). Berlin: Walter de Gruyter.

Müller-Münch, I. (2012). *Die geprügelte Generation. Kochlöffel, Rohrstock und die Folgen.* Stuttgart: Klett-Cotta.

Müller-Wichmann, Chr. (1987). Die Legende von der „Freizeitgesellschaft". In Friedrichs, J. (Hrsg.), *23. Deutscher Soziologentag 1986.* Opladen: Westdeutscher Verlag.

Murray, Chr. J. (Hrsg.) (2004). *Encyclopedia of Modern French Thought.* Oxford: Routledge.

Musholt, J. (1995). *Freizeitkulturelle Breitenarbeit. Neue Arbeitsformen und Steuerungsmodelle.* Münster & New York: Waxmann.

Müssig, K. (2000). *Spezielle Strukturen in der Erwachsenenbildung bei Adolf Reichwein. Dissertation.* Heidelberg: Pädagogische Hochschule.

Nahrstedt, W. & Sandmann, J. u.a. (1982). *Der Freizeitpädagoge Freizeitberatung – Animation – Freizeitadministration: Neue Aufgaben für Sozialarbeiter, Erwachsenenbildner und Sportpädagogen* (Forschungsbericht des Landes Nordrhein-Westfalen Nr. 3099/Forschungsgruppe Geisteswissenschaften, hrsg. vom Ministerium für Wissenschaft und Forschung). Opladen: Westdeutscher Verlag.

Nahrstedt, W. (1970). Freizeit und Aufklärung. Zum Funktionswandel der Feiertage seit dem 18. Jahrhundert in Hamburg (1743–1860). *Vierteljahrschrift für Sozial- und Wirtschaftsgeschichte,* 57(1970)1, S. 46–92.

Nahrstedt, W. (1972). *Die Entstehung der Freizeit - dargestellt am Beispiel Hamburgs. Ein Beitrag zur Strukturgeschichte und zur strukturgeschichtlichen Grundlegung der Freizeitpädagogik.* Göttingen: Vandenhoeck & Ruprecht.

Nahrstedt, W. (1974). *Freizeitpädagogik in der nachindustriellen Gesellschaft* (Bd. 2). Darmstadt: Neuwied.

Nahrstedt, W. (1979). Freizeitpädagogik als erziehungswissenschaftliche Teildisziplin – Votum Wolfgang Nahrstedt (Voten auf der konstituierenden Sitzung am 01.12.1978). In *Freizeitpädagogik,* Heft 1/1979.

Nahrstedt, W. (1987). *Zukünftige Aufgaben und Berufsfelder der Kulturpädagogen. Chancen – Konkurrenzen – Anforderungen. Ein Prognoseversuch.* Rehburg-Loccum: Ev. Akademie Loccum/Kulturpolitische Gesellschaft.

Nahrstedt, W. (1990). *Leben in freier Zeit. Grundlagen und Aufgaben der Freizeitpädagogik.* Darmstadt: Wissenschaftliche Buchgesellschaft.

Nahrstedt, W. (1991). Freizeitbildung – Auf dem Weg zu einer neuen Lebensqualität? Konzeptionelle Überlegungen zur freizeitorientierten Weiterbildung. In I. Stehr, J. Fromme & W. Nahrstedt (Hrsg.) (1991), *Freizeit bildet – bildet Freizeit?* (Dokumentation der 8. Bielefelder Winterakademie, S. 11–66). Bielefeld: IFKA – Institut für Freizeitwissenschaft und Kulturarbeit.

Nahrstedt, W. (1993). „Fritz Klatt: Zur Entwicklung von Freizeitwissenschaft und Freizeitpädagogik in der Weimarer Republik". *Freizeitpädagogik, 15*(1993)2, S. 153–162.

Nahrstedt, W. (1994). Freizeitpädagogik als Reformpädagogik – Fritz Klatt. In *Pädagogik und Schulalltag, 49*(1994)1, S. 2–11.

Nahrstedt, W. (1994b). Freizeitpädagogik und leisure studies in Europa: Probleme und Fragestellungen (Symposion 17. Freizeitbildung: ein neues Thema für Europa? Zum Verhältnis von Freizeitpädagogik und leisure studies). In D. Benner & D. Lenzen (Hrsg.) (1994), *Bildung und Erziehung in Europa.* (Beiträge zum 14. Kongreß der Deutschen Gesellschaft für Erziehungswissenschaft vom 14. bis 16. März 1994 in der Universität Dortmund, Zeitschrift für Pädagogik, Beiheft 32, S. 430–437). Weinheim u.a.: Beltz.

Nahrstedt, W. (1994c). *Bildung und Freizeit. Konzepte freizeitorientierter Weiterbildung* (Bd. 15). Bielefeld: IFKA – Institut für Freizeitwissenschaft und Kulturarbeit e.V.

Nahrstedt, W. (1995). Freizeitpädagogik – Kulturarbeit – Reisepädagogik. Zur Metamorphose einer neuen erziehungswissenschaftlichen Teildisziplin. In *Freizeitpädagogik, 17*(1995)1, S. 8–23.

Nahrstedt, W. (2008b). *Wellnessbildung: Gesundheitssteigerung in der Wohlfühlgesellschaft.* Berlin: Erich Schmidt.

Nauck, B. (1983). Konkurrierende Freizeitdefinitionen und ihre Auswirkungen auf die Forschungspraxis der Freizeitsoziologie. In *Kölner Zeitschrift für Soziologie und Sozialpsychologie, 35*(1983)2, S. 274–303.

Neubert, W. (1925/1990). *Das Erlebnis in der Pädagogik.* Lüneburg: Klaus Neubauer.

Neuner, M., Raab, G. & Reisch, L.A. (2008). Kaufsucht bei Jugendlichen. In M. Klein (2008). *Kinder und Suchtgefahr: Risiken – Prävention – Hilfen* (S. 162–173). Stuttgart: Schattauer.

Neyer, F. J. & Arsendorpf, J.B. (2017). *Psychologie der Persönlichkeit* (6., vollständig überarbeitete Auflage). Berlin & Heidelberg: Springer.

Niemeyer, Chr. (2010). *Klassiker der Sozialpädagogik. Einführung in die Theoriegeschichte einer Wissenschaft* (3. aktualisierte Auflage). Weinheim & München: Juventa.

Niemeyer, Chr. (2013). *Die dunklen Seiten der Jugendbewegung. Vom Wandervogel zur Hitlerjugend.* Tübingen: A. Francke.

Nietzsche, F. (1872). *Ueber die Zukunft unserer Bildungsanstalten: § Vortrag II.* Abgeschlossen ca. 22/03/1872. DIGITAL CRITICAL EDITION (eKGWB). URL: http://www.nietzschesource.org/#eKGWB/BA-II (01.04.2018).

Nietzsche, F. (1874). Zweites Stück: Vom Nutzen und Nachtheil der Historie für das Leben. In F. Nietzsche (1874a), *Unzeitgemäße Betrachtungen*. Leipzig: Verlag von E.W. Fritsch. URL: http://www.nietzschesource.org/#eKGWB/HL-4 (01.04.2018).

Nietzsche, F. (1874/1954). Unzeitgemäße Betrachtungen. In K. Schlechta (Hrsg.), *Friedrich Nietzsche: Werke in drei Bänden* (Bd. 1). München: Carl Hanser. (Auch online verfügbar unter: http://www.zeno.org/Philosophie/M/Nietzsche,+Friedrich/Unzeitgem%C3%A4%C3%9Fe+Betrachtungen/2.+Vom+Nutzen+und+Nachteil+der+Historie+f%C3%BCr+das+Leben [21.04.2015]).

Nietzsche, F. (1874/2014). *Unzeitgemäße Betrachtungen* (3. Auflage). Berlin: Edition Holzinger.

Nietzsche, F. (1883/2013). *Also sprach Zarathustra. Ein Buch für Alle und Keinen*. Berlin: Edition Holzinger.

Nietzsche, F. (1886–1887/1999). Jenseits von Gut und Böse. Zur Genealogie der Moral. In *Kritische Studienausgabe* (hrsg. von Giorgio Colli und Mazzino Montinari). Neuausgabe. München: Deutscher Taschenbuch Verlag & Co.

Nietzsche, F. (1887/1970). Nachgelassene Fragmente. Herbst 1887 bis März 1888. In F. Nietzsche, *Nietzsche Werke. Kritische Gesamtausgabe* (hrsg. von Giorgio Colli und Mazzino Montinari. Bd.2, 8. Abteilung). Berlin: Walter de Gryter & Co. (Auch online verfügbar: URL: http://www.nietzschesource.org/#eKGWB/NF-1887,9[154] [15.01.2015]).

Nietzsche, F. (1887/88/1999). Nachgelassene Fragmente. Herbst 1887 bis März 1888. In F. Nietzsche, *Nietzsche Werke. Kritische Gesamtausgabe* (hrsg. von Giorgio Colli und Mazzino Montinari). München: Neuausgabe Deutscher Taschenbuch Verlag & Co.

Nietzsche, F. (1889). *Ecce Homo: § Warum ich so gute Bücher schreibe*. (1. Druckfertig 02/01/1889). eKGWB/EH-Bücher-1. (Auch online verfügbar: URL: http://www.nietzschesource.org/#eKGWB/EH-Bücher-1 [15.01.2015]).

Nietzsche, F. (1889/2013). *Der Antichrist. Fluch auf das Christentum*. Berlin: Edition Holzinger. (Auch online: URL: http://www.zeno.org/Lesesaal/N/9781484049617?page=4) [15.01.2015]).

Nietzsche, F. (1964). *Sämtliche Werke in zwölf Bändern*. (Bd. 8: Götzendämmerung. Der Antichrist. Ecce Homo. Gedichte). Stuttgart: Alfred Kröner.

Nietzsche, F. (1988). *Sämtliche Werke: kritische Studienausgabe in 15 Bänden. Menschliches, Allzumenschliches* (Bd.1 und Bd. 2, hrsg. von G. Colli & M. Montinari, 2. durchgesehene Auflage). München: Dtv.

Nippel, W. (2000). Erwerbsarbeit in der Antike. In J. Kocka & C. Offe (Hrsg.) (2000), *Geschichte und Zukunft der Arbeit* (S. 54–66). Frankfurt a.M. & New York: Campus.

Noack, W. (2001). *Sozialpädagogik. Ein Lehrbuch.* Freiburg: Lambertus.

Nohl, H. (2002). *Die pädagogische Bewegung in Deutschland und ihre Theorie* (11. Auflage). Frankfurt a.M.: Vittorio Klostermann.

Oelkers, J., Schulz, W. & Tenorth, H.-E. (Hrsg.) (1989). *Neukantianismus. Kulturtheorie, Pädagogik und Philosophie* (Beiträge zur Geschichte der Erziehungswissenschaft, Bd. 19). Weinheim: Deutscher Studien Verlag.

Oerter, R. & Montada, L. (Hrsg.) (2008). *Entwicklungspsychologie* (6. Auflage). Weinheim: Beltz PVU.

Ohidy, A. (2011). *Der erziehungswissenschaftliche Lifelong Learning-Diskurs: Rezeption der europäischen Reformdiskussion in Deutschland und Ungarn. Studien zur internationalen vergleichenden Erziehungswissenschaft. Schwerpunkt Europa.* Wiesbaden: Verlag für Sozialwissenschaften.

Olbrich, E. (2009). Bausteine einer Theorie der Mensch-Tier-Beziehung. In C. Otterstedt & M. Rosenberger (Hrsg.) (2009), *Gefährten – Konkurrenten – Verwandte. Die Mensch-Tier-Beziehung im wissenschaftlichen Diskurs.* Göttingen: Vandenhoeck & Ruprecht.

Olbrich, J. (2001). *Geschichte der Erwachsenenbildung in Deutschland,* untrer Mitarbeit von Horst Siebert. Opladen: Leske + Budrich.

Opaschowski (1995). *Freizeitökonomie: Marketing von Erlebniswelten* (2. durchgesehene Auflage). Opladen: Leske + Budrich.

Opaschowski, H. (1976). *Pädagogik der Freizeit: Grundlegung für Wissenschaft und Praxis.* Bad Heilbrunn: Klinkhardt.

Opaschowski, H. (1981). Animation: Ein neuer Handlungsansatz in der Freizeit-, Kultur- und Bildungsarbeit. In H. Opaschowski (Hrsg.) (1981), *Methoden der Animation. Praxisbeispiel* (S. 9–28). Bad Heilbrunn & Obb: Klinkhardt.

Opaschowski, H. (1987). *Pädagogik und Didaktik der Freizeit.* Opladen: Leske + Budrich.

Opaschowski, H. (1988). *Psychologie und Soziologie der Freizeit.* Freizeit- und Tourismusstudien. Opladen: Leske + Budrich.

Opaschowski, H. (1990). *Pädagogik und Didaktik der Freizeit* (Freizeit- und Tourismusstudien, Bd. 1, 2. durchgesehene Auflage). Opladen: Leske + Budrich.

Opaschowski, H. (1993). *Freizeitökonomie: Marketing von Erlebniswelten.* Opladen: Leske + Budrich.

Opaschowski, H. (1994). Freizeitwissenschaft als neue Spektrumswissenschaft. In D. Benner, & D. Lenzen (Hrsg.), *Bildung und Erziehung in Europa. Beiträge zum 14. Kongreß der Deutschen Gesellschaft für Erziehungswissenschaft vom 14. bis 16. März 1994 in der Universität Dortmund* (Zeitschrift für Pädagogik, Beiheft Bd. 32, S. 441–444). Weinheim: Beltz.

Opaschowski, H. (1996). *Pädagogik der freien Lebenszeit. Freizeit- und Tourismusstudien* (3. völlig neu bearbeitete Auflage). Opladen: Leske +Budrich.

Opaschowski, H. (1996b). Erlebnis: Vom Leit- zum Leidbegriff der Freizeitwissenschaft. In *Spektrum Freizeit, 18*(1996)1, S. 7–12.

Opaschowski, H. (1997). *Einführung in die Freizeitwissenschaft* (3. aktualisierte und erweiterte Auflage). Opladen: Leske + Budrich.

Opaschowski, H. (2001). Freizeit und Pädagogik. In L. Roth (Hrsg.). Pädagogik. Handbuch für Studium und Praxis (2. Auflage, S. 1058–1070). München: Oldenbourg.

Opaschowski, H. (2003). Pädagogik der Freizeit. In R. Popp & M. Schwab (Hrsg.), *Pädagogik der Freizeit* (S. 13–26). Baltmannsweiler: Schneider Hohengehren.

Opaschowski, H. (2008). *Einführung in die Freizeitwissenschaft* (5. Auflage). Wiesbaden: Verlag für Sozialwissenschaften.

Opaschowski, H. (2013). *Deutschland 2030* (aktualisierte Neuausgabe). Gütersloh: Gütersloher Verlagshaus in der Verlagsgruppe Random House GmbH, München.

Opaschowski, H. (2013b). Risikoszenarien. Arbeiten ohne Ende. Armut ohne Grenzen. Leben ohne Sicherheiten. In H. Opaschowski (2013), *Deutschland 2030* (S. 49–81). Gütersloh: Gütersloher Verlagshaus.

Opaschowski, H. (2013c). Sozialer Wandel. Chancen und Grenzen. In H. Opaschowski (2013). *Deutschland 2030* (S. 82–132). Gütersloh: Gütersloher Verlagshaus.

Opaschowski, H. (2014). *So wollen wir leben! Die 10 Zukunftshoffnungen der Deutschen.* Gütersloh: Gütersloher Verlagshaus.

Opaschowski, H. (2015). Vom Wohlleben zum Wohlergehen. Zukunftsperspektiven von Wohlstand und Lebensqualität. In R. Freericks & D. Brinkmann (Hrsg.) (2015), *Handbuch Freizeitsoziologie* (S. 85–107). Wiesbaden: Verlag für Sozialwissenschaften.

Opaschowski, H. W. (2009). *Wohlstand neu denken. Wie die nächste Generation leben wird.* Gütersloh: Gütersloher Verlagshaus.

Opaschowski, H., Pries, M. & Reinhardt, U. (Hrsg.) (2006). *Freizeitwirtschaft. Die Leitökonomie der Zukunft.* Hamburg u.a.: LIT.

Osnabrücker Forschungsgruppe (Hrsg.) (2016). *Mittagsfreizeit an Ganztagsschulen. Theoretische Grundlagen und empirische Befunde.* Wiesbaden: Verlag für Sozialwissenschaften.

Paetzel, U. (2001). *Kunst und Kulturindustrie bei Adorno und Habermas. Perspektiven kritischer Theorie.* Wiesbaden: Dt. Universitätsverlag.

Pelle, L. (1952). Die offene Tür. In *Zentralblatt für Jugendrecht und Jugendwohlfahrt 39*(1952)5, S. 180–186.

Pemsel-Maier, S. (2011). Abbild – Ent-bilden – Ein-bilden. Erinnerung an die theologischen Wurzeln des Bildungsbegriffs. In S. Scheef & G. Schlemminger (Hrsg.) (2011), *Plädoyer für eine anspruchsvolle LehrerInnenbildung* (Versuch einer anderen Festschrift für Liesel Hermes, S. 155–165). Karlsruhe: Karlsruher Pädagogische Studien 10.

Pestalozzi, J.H. (1797). *Nachforschungen über den Gang der Natur in der Entwicklung des Menschengeschlechtes.* Hrsg. v. Gessner, H. Zürich. (Auch online verfügbar: URL: https://reader.digitale-sammlungen.de/de/fs1/object/display/bsb10041514_00001.html [25.03.2019]).

Pestalozzi, J.H. (1845). *Abendstunde eines Einsiedlers.* Erlangen: Scheunenstuhl, Selbstverlag des Herausgebers. (Auch online verfügnar: URL: http://reader.digitale-sammlungen.de/de/fs1/object/display/bsb10763711_00015.html [08.04.2018]).

Peters, H., Otto, St. & Ilg, W. u.a. (2011). *Evaluation von Kinderfreizeiten. Wissenschaftliche Grundlagen, Ergebnisse und Anleitung zur eigenen Durchführung.* Hannover: edition aej.

Petersen, J. & Priesemann, J. (1996). Comenius zur Theorie von Schule und Unterricht. In G. Arnhardt & G.-B. Reinert [v. Carlsburg] (Hrsg.) (1996), *Jan Amos Comenius* (Bd. 1, S. 33–57). Donauwörth: Auer.

Petzold, H. (2011). Die heilende Kraft der Landschaft. Integrative Naturtherapie, Green Activity & Green Meditation. In H. Petzold (Hrsg.), Going Green: Die heilende Kraft der Landschaft. Integrative Naturtherapie, Green Activity, Green Meditation. *Integrative Therapie, 37*(2011)3, S. 313–354. (Auch online verfügbar: URL: http://www.fpi-publikation.de/images/stories/downloads/integrative%20therapie/2011-3-going-green-heildende-kraft-landschaft-integrative-naturtherapie.pdf [24.04.2018]).

Petzold, H. u.a. (2011b). Going Green is Health Enrichment. Die EAG-Gesundheitsakademie und ihre „grünen" Weiterbildungen Green Power Training, Garten- und Landschaftstherapie, Tiergestützte Therapie und Green Meditation. In H. Petzold (Hrsg.), Going Green: Die heilende Kraft der Landschaft. Integrative Naturtherapie, Green Activity, Green Meditation. *Integrative Therapie, 37*(2011)3, S. 291–312. (Auch online verfügbar: URL: http://www.fpi-publikation.de/images/stories/downloads/integrative%20therapie/2011-3-going-green-heildende-kraft-landschaft-integrative-naturtherapie.pdf [24.04.2018]).

Petzold, H.G. (2001). *Integrative Therapie – Das „biopsychosoziale" Modell kritischer Humantherapie und Kulturarbeit. Ein „lifespan developmental approach".* Paderborn: Junfermann.

Pieper, J. (1965). *Muße und Kult* (7. Auflage). München: Kösel.

Pinl, H. (2014). *Im Zeichen der Rautenlilie: Der Bund Deutscher Pfadfinder in Erlangen 1949 bis 1971.* Norderstedt: Books on Demand.

Platon (2004). Der Staat. In O. Apelt (Hrsg.), *Platon. Sämtliche Dialoge* (Bd. 5). Hamburg: Meiner Verlag.

Plessner, H. (1928). *Die Stufen des Organischen und der Mensch.* Berlin: Walter de Gruyter.

Pöggeler, F. (1989). Freizeit als Sinn- und Wertproblem. In F. Pöggeler (Hrsg.) (1989), *Freizeit - Alter - Lebenszeit* (S. 7–15). Erkrath: Schriftenreihe der Deutsche Gesellschaft für Freizeit (DGF).

Pollack, W. (2001). *Jungen. Was sie brauchen, was sie vermissen.* Weinheim u.a.: Beltz.

Pollak, G. (2002). Wissenschaftsforschung und Wissenschaftstheorie (in) der Erziehungswissenschaft: empirische und/oder normative Grundlagenforschung? In L. Wigger (Hrsg.), *Forschungsfelder der Allgemeinen Erziehungswissenschaft* (Zeitschrift für Erziehungsforschung, Beiheft 1, S. 231–240). Opladen: Leske & Budrich.

Pongratz, L. A., Reichenbach, R. & Wimmer, M. (Hrsg.) (2007). *Bildung - Wissen - Kompetenz.* Bielefeld: Janusz.

Popp, R. & Schwab, M. (2003). *Pädagogik der Freizeit.* Baltmannsweiler: Schneider Hohengehren.

Popp, R. & Schwab, M. (2005). Zur Zukunft der Pädagogik der Freizeit. In R. Popp (Hrsg.), *Zukunft: Freizeit: Wissenschaft* (Festschrift zum 65. Geburtstag von Univ. Prof. Dr. Horst w. Opaschowski, Wissenschaftliche Schriftenreihe des Zentrums für Zukunftsstudien Salzburg, Bd. 6, S. 233–254). Wien: LIT.

Popp, R. (2003). Pädagogik der Freizeit & Soziale Arbeit. In R. Popp & M. Schwab (Hrsg.) (2003), *Pädagogik der Freizeit* (Basiswissen Pädagogik, Pädagogische Arbeitsfelder, S. 129–151). Baltmannsweiler: Schneider Hohengehren.

Portmann, A. (1951/1969). *Biologische Fragmente zu einer Lehre vom Menschen.* (3, erweiterte Auflage). Basel & Stuttgart: Schwabe.

Postman, N. (1983). *Das Verschwinden der Kindheit.* Frankfurt a.M.: Fischer.

Prahl H.-W. (2010). Soziologie der Freizeit. In G. Kneer & M.Schroer (Hrsg.) (2010), *Handbuch Spezielle Soziologien* (S. 405–420). Wiesbaden: Verlag für Sozialwissenschaften.

Prahl, H.-W. (2002). *Soziologie der Freizeit.* Paderborn: Schöningh UTB.

Prahl, H.-W. (2015). Geschichte und Entwicklung der Freizeit. In R. Freericks & D. Brinkmann (Hrsg.) (2015), *Handbuch Freizeitsoziologie* (S. 3–28). Wiesbaden: Verlag für Sozialwissenschaften,

Preckel, F. & Vock, M. (2013). *Hochbegabung: Ein Lehrbuch zu Grundlagen, Diagnostik und Fördermöglichkeiten*. Göttingen: Hogrefe.

Proißl, M. (2014). *Adorno und Bourdieu: Ein Theorievergleich*. Wiesbaden: Verlag für Sozialwissenschaften.

Purjo, T. (2012). *Die Logotheorie von Victor Frankl: Der Weg zum wertvollen und sinnhaften Leben*. Norderstedt: BoD.

Radtke, O. (2003). Die Erziehungswissenschaft der OECD – Aussichten auf die neue Performanz-Kultur. *In Erziehungswissenschaft, 14*(2003)27, S. 109–136.

Raehlmann, I. (2005*). Arbeitswissenschaft im Nationalsozialismus: Eine wissenschaftssoziologische Analyse*. Wiesbaden: Verlag für Sozialwissenschaften.

Raithel, J., Dollinger, B. & Hörmann, G. (2009). *Einführung Pädagogik: Begriffe – Strömungen – Klassiker – Fachrichtungen* (3. Auflage). Wiesbaden: Verlag für Sozialwissenschaften.

Rammstedt, B. (Hrsg.) (2013). *Grundlegende Kompetenzen Erwachsener im internationalen Vergleich. Ergebnisse von PIAAC 2012*. Münster: Waxmann.

Rass, E. (2013). *Kontaktaufnahme mit der Wahrnehmungswelt des Kindes: (Unerkannte) Störungen in der Wahrnehmungsorganisation und deren Auswirkungen auf die psychische Entwicklung: Theorie und Praxis für pädagogische und therapeutische Verstehens- und Interventionsmöglichkeiten*. Norderstedt: Books on Demand.

Rass, E. (Hrsg.) (2014). *Comenius: Seiner Zeit weit voraus…! Die Entdeckung der Kindheit als grundlegende Entwicklungsphase. Bindung – Identität – Liebe*. Reihe Erziehungskonzeptionen und Praxis. Frankfurt a.M.: Peter Lang.

Rauschenbach, Th. (2015). Ganztagsschule – ein Projekt ohne Konzept. In T. Hascher, T.-S. Idel & S. Reh u.a. (Hrsg.) (2015), *Bildung über den ganzen Tag. Forschungs- und Theorieperspektiven der Erziehungswissenschaft* (Schriftenreife der Deutschen Gesellschaft für Erziehungswissenschaft, S. 23 –38). Opladen u.a.: Babara Budrich.

Reble, A. (2009). *Geschichte der Pädagogik* (Bd. 1, 22. Auflage). Stuttgart: Klett-Cotta.

Reble. A. (2016). *Geschichte der Pädagogik* (Bd. 1, 23. Auflage). Stuttgart: Klett-Cotta.

Reeh, J. & Ströhlein, G. (2016). *Freizeit und Tourismus im Wandel. Der Beitrag geographischer Studien zu ausgewählten Fragestellungen*. Göttingen: Universitätsverlag.

Reichwein, A. (1922/2008). Eine Arbeitsgemeinschaft. In U. Amlung, N. Hoffmann & B. I. Reimers (Hrsg.) (2008), *Adolf Reichwein und Fritz Klatt. Ein Studien- und Quellenband zur Erwachsenenbildung und Reformpädagogik in der Weimarer Republik* (S. 41–48). Weinheim & München: Juventa.

Reichwein, A. (1928). Ein Arbeitslager. In U. Amlung, N. Hoffmann & B. I. Reimers (Hrsg.) (2008), *Adolf Reichwein und Fritz Klatt. Ein Studien- und Quellenband zur Erwachsenenbildung und Reformpädagogik in der Weimarer Republik* (S. 79–85). Weinheim & München: Juventa.

Reichwein, A. (1937/2009). *Schaffendes Schulvolk, Film in der Schule: die Tiefenseer Schulschriften* (hrsg. von W. Klafki). Weinheim: Beltz.

Reimann, S. (2006). Das Salutogenesekonzept von Antonovsky. In B. Renneberg & P. Hammelstein (Hrsg.) (2006), *Gesundheitspsychologie* (S. 13–28). Heidelberg: Springer.

Reimers, B. I. (2008). Gemeinsame Veranstaltungen zum Thema „Politik und Pädagogik". In U. Amlung, N. Hoffmann & B.I. Reimers (Hrsg.), *Adolf Reichwein und Fritz Klatt. Ein Studien- und Quellenband zur Erwachsenenbildung und Reformpädagogik in der Weimarer Republik* (S. 195–204).Weinheim & München: Juventa.

Reinders, H. (2005). Jugendtypen, Handlungsorientierungen und Schulleistungen. Überlegungen und empirische Befunde zu einer differenziellen Theorie der Adoleszenz. In *Zeitschrift für Pädagogik, 51*(2005)4, S. 551–567.

Reinders, H. (2006). *Jugendtypen zwischen Bildung und Freizeit. Theoretische Präzisierung und empirische Prüfung einer differenziellen Theorie der Adoleszenz.* Münster: Waxmann.

Reinert [v. Carlsburg], G.-B., Arnhardt, G.& Cornelius, P. (1996). *Johann Heinrich Pestalozzi. Anthropologisches Denken und Handeln. Ein pädagogisches Konzept über die Zeiten* (2. erweiterte Auflage). Donauwörth: Auer.

Reinhardt, U. (2005). *Edutainment – Bildung macht Spaß*. Münster: LIT.

Reinhardt, U. (2016). *Freizeit-Monitor 2016.* Hamburg: Stiftung für Zukunftsfragen u. Forschung aktuell. Newsletter, Ausg. 269, 37. Jg., 25.08.2016.

Reinwand-Weiss, V.-I. (2012). Künstlerische Bildung – Ästhetische Bildung – Kulturelle Bildung. In H. Bockhorst, V.-I. Reinwand & W. Zacharias (Hrsg.) (2012). *Handbuch Kulturelle Bildung* (S. 108–114). München: Kopaed.

Renneberg, B. & Lippke, S. (2006). Lebensqualität. In B. Renneberg & P. Hammelstein (Hrsg.), *Gesundheitspsychologie.* Heidelberg: Springer Medizin.

Richardt, M.W. (2011). *Kompetent evangelisch II: Lehrbuch für den evangelischen Religionsunterricht. 12. Jahrgangsstufe* (Bd. 12). Göttingen: Vandenhoeck & Ruprecht.

Richter, A. (2006). *Die Erziehung des Sozialen: über die Entwicklung von Bildungslandschaften und Jugendhilfestrukturen in den USA* (Beiträge zur Kinder- und Jugendhilfeforschung). Weinheim & München: Juventa.

Richter, R. (2000). *Nationales Denken im Katholizismus der Weimarer Republik.* Münster: LIT.

Rijkers, F. (2009). *Arbeit – ein Weg zum Heil? Vorstellungen und Bewertungen körperlicher Arbeit in der spätantiken und frühmittelalterlichen lateinischen Exegese der Schöpfungsgeschichte.* Frankfurt a.M.: Peter Lang.

Ringer, F.K. (1983). *Die Gelehrten. Der Niedergang der deutschen Mandarine.* Stuttgart: Klett Cotta.

Rittelmeyer, Chr. (2005). *Über die ästhetische Erziehung des Menschen. Eine Einführung in Friedrich Schillers pädagogische Anthropologie.* Weinheim & München: Juventa.

Rittelmeyer, Chr. (2012). *Bildung. Ein pädagogischer Grundbegriff.* Stuttgart: Kohlhammer.

Rogers, C. R. (1981). *Der neue Mensch.* Stuttgart: Klett-Cotta.

Rogers, C. R. (1993). *Die klientenzentrierte Gesprächspsychotherapie.* Frankfurt a.M.: Geist und Psyche, Fischer.

Röhrig, P. (1987). Volksbildung. In K. E. Jeismann & P. Lundgreen (Hrsg.), *Handbuch der deutschen Bildungsgeschichte* (Bd. 3: Von der Neuordnung Deutschlands bis zur Gründung des Deutschen Reiches, S. 334–361). München: C.H.Beck.

Röhrs, H. (2001). *Die Reformpädagogik: Ursprung und Verlauf unter internationalem Aspekt* (6. Auflage). Weinheim: Beltz.

Rolff, H. G. (1988). Weiterbildung als 4. Säule – Anspruch und Wirklichkeit. In Landesinstitut für Schule und Weiterbildung (Hrsg.) (1988), *Weiterbildung: Gesellschaftliche Aufgabe und öffentliche Verantwortung* (S. 21–54). Soest: Soester Verlagskontor.

Rosenstock, E. (1929). Die Freizeit des Akademikers. In F. Klatt (Hrsg.), Freizeitgestaltung. Grundsätze und Erfahrungen zur Erziehung des berufsgebundenen Menschen (S. 17–26). Stuttgart: Verlag Silberburg.

Rosseaux, U. (2007). *Freiräume: Unterhaltung, Vergnügen und Erholung in Dresden 1694–1830* (Norm und Struktur: Studien zum sozialen Wandel in Mittelalter und früher Neuzeit, Bd. 27). Köln & Weimar: Böhlau Verlag.

Roth, G. (2004). Wir sind determiniert. Die Hirnforschung befreit von Illusionen. In Chr. Geyer (Hrsg.), *Hirnforschung und Willensfreiheit. Zur Deutung der neuesten Experimente.* (S. 218–222). Frankfurt a.M.: Suhrkamp.

Rothland, M. (2008). *Disziplingeschichte im Kontext: Erziehungswissenschaft an der Universität Münster nach 1945* (Beiträge zur Theorie und Geschichte der Erziehungswissenschaft Forschung, Bd. 29). Bad Heilbrunn: Klinkhardt forschung.

Rousseau, J.-J. (1755/1998). *Abhandlung über den Ursprung und die Grundlagen der Ungleichheit unter den Menschen* (hrsg. und übersetzt von Ph. Rippel). Stuttgart: Reclam.

Rousseau, J.-J. (1762/2010). *Du contrat social ou Principes du droit politique. Vom Gesellschaftsvertrag oder Grundsätze des Staatsrechts. Französisch/Deutsch* (Reclams Universal-Bibliothek. Band 18682). Stuttgart: Reclam.

Rousseau, J.-J. (1762/2013). *Emil oder über die Erziehung* (in neuer dt. Fassung besorgt von Ludwig Schmidts, vollständige Ausgabe, 13., unveränderte Auflage). Paderborn & München u.a.: Schöningh.

Rousseau, J.-J. (1762/2013). *Emile oder über die Erziehung*. Berlin: Holzinger.

Rüdiger, H. (1973). Freizeitpädagogik – Anspruch, Probleme und Kritik. In R. Schmitz-Scherzer (Hrsg.), *Freizeit. Eine problemorientierte Textsammlung* (S. 133–147). Frankfurt a.M.: Akademische Verlagsgesellschaft.

Rudow, B. (2014). *Die gesunde Arbeit: Psychische Belastungen, Arbeitsgestaltung und Arbeitsorganisation*. Berlin & München: De Gruyter Oldenbourg Wissenschaftsverlag.

Ruhloff, J. (1979). *Das ungelöste Normproblem*. Heidelberg: Quelle & Meyer.

Ruhloff, J. (1990/92). Skepsis – auch eine pädagogische Praxis. In W. Fischer & J. Ruhloff, *Skepsis und Widerstreit. Neue Beiträge zur Skeptisch-transzendentalkritischen Pädagogik* (S. 29–41). Sankt Augustin: Academia Verlag.

Ruhloff, J. (1996). Bildung im problematisierenden Vernunftgebrauch. In M. Borelli & J. Ruhloff (Hrsg.) (1996), *Deutsche Gegenwartspädagogik* (Bd. 2, S. 148 –157). Baltmannsweiler: Schneider Verlag Hohrengehren.

Ruhloff, J. (1997/98). Bildung heute. In *Pädagogische Korrespondenz, (1997/ 98)21*, S. 23–31.

Ruoff, W. (1929). Wer geht in das Volkshochschulheim und warum? In F. Klatt (1929), *Freizeitgestaltung. Grundsätze und Erfahrungen zur Erziehung des berufsgebundenen Menschen* (S. 225–230). Stuttgart: Silberburg.

Rupp, L. & Schmid, R. (2009). *Berufsentwicklung der Soziokulturellen Animation - Strang I*. München: GRIN Verlag.

Saemann-Ischenko, R. (2010). *Armer Hund. Wie der angeblich beste Freund des Menschen vergöttert und verhätschelt, kaputtgezüchtet und ausgenutzt, zur Schnecke und zum Affen gemacht wird*. Norderstedt: Books on Demand.

Safranski, R. (2002). *Nietzsche. Biographie seines Denkens*. Frankfurt a.M.: Fischer Taschenbuch.

Sartre, J.P. (1943). *L'Être et le Néant. Essai d'ontologie phénoménologique*. Paris: Gallimard.

Sartre, J.P. (1943/2010). *Das Sein und das Nichts*. Reinbek bei Hamburg: Rowohlt.

Sartre, J.P. (1946). *L'existentialisme est un humanisme*. Paris: Editions Nagel.

Sauer, K. (1990). Vorwort – oder: Warum es sinnvoll erscheint, das Buch von Waltraut Neubert noch einmal zu veröffentlichen (S. V–XI). In W. Neubert (1925/1990), *Das Erlebnis in der Pädagogik*. Lüneburg: Neubauer.

Schaller, K. (1985). Comenius und die moderne Pädagogik. In *Comenius. Erkennen – Glauben – Handeln. Schriften zur Comeniusforschung* (Bd. 16). Sankt Augustin: Hans Richartz.

Scharfetter, Chr. (2010). *Allgemeine Psychopathologie: Eine Einführung*. Stuttgart: Georg Thieme.

Schaufuß, Th. (2011). *Die politische Rolle des FDGB-Feriendienstes in der DDR. Sozialtourismus im SED-Staat* (Zeitgeschichtliche Forschungen, Bd. 43). Berlin: Duncker & Humblot.

Scheftschik, A. (2003). *Wellness lernen. Freizeitdidaktik in der Gesundheitsbildung*. Hamburg: Kovac.

Scheler, M. (1928). *Die Stellung des Menschen im Kosmos*. Darmstadt: Otto Reichl.

Schenz, A. (2006*). Erlebnis und Bildung: die Bedeutung des Erlebens und des Erlebnisses in Unterrichts- und Erziehungsprozessen; eine problemgeschichtlich-systematische Untersuchung*. Karlsruhe: Universitätsverlag.

Scheuch, E.K. (1972). Die Problematik der Freizeit in der Massengesellschaft. In E.K. Scheuch & R. Meyersohn (Hrsg.), *Soziologie der Freizeit*. Köln: Kiepenheuer & Witsch.

Scheunpflug, A. (2007). Gene – Gehirne – Gesellschaft. Erkenntnisse der Biowissenschaften bildungstheoretisch kommentiert. In M. Brumlik & H. Merkens (Hrsg.), *Bildung, Macht, Gesellschaft: Beiträge zum 20. Kongress der Deutschen Gesellschaft für Erziehungswissenschaft* (S. 95–108). Opladen & Farmington Hills: Budrich.

Schieckau, J. (2017). *Kompendium der Freizeit- und Erlebnispädagogik in der Postakutbehandlung*. Hamburg: Disserta.

Schiemann, G. (Hrsg.) (1996). *Was ist Natur? Klassische Texte zur Naturphilosophie*. München: DTV.

Schiersmann, Chr. (2006). *Profile lebenslangen Lernens*. Bielefeld: Bertelsmann.

Schiller, F.v. (1795/2013). *Über die ästhetische Erziehung des Menschen in einer Reihe von Briefen* (Erstdruck in: Die Horen, 1(1795)1; 2; 6. Tübingen: Cottaische Buchhandlung). Berlin: Edition Holzinger.

Schiller, F.v. (1830). Ueber den moralischen Nutzen ästhetischer Sitten. In F.v. Schillers *Sämmtliche Werke*. Stuttgart u.a.: Verlag der J.G. Cotta'sche Buchhandlung.

Schiller, F.v. (1879b). Ueber die ästhetische Erziehung des Menschen, in einer Reihe von Briefen. Zwölfter Brief. In F.v. Schiller, *Schillers Sämmtliche Werke* (Bd. 4). Stuttgart: J. G. Cotta'sche Buchhandlung. (Auch online verfügbar: Schiller, F.v. (1879). Ueber die ästhetische Erziehung des Menschen, in einer Reihe von Briefen. Zwölfter Brief. In F.v. Schiller [1879b], *Schillers Sämmtliche Werke* [Bd. 4]. Stuttgart: J.G. Cotta'sche Buchhandlung. URL: http://gutenberg.spiegel.de/buch/-3341/13 [04.12.2017]).

Schiller, F.v. (1793). Über Anmut und Würde (Bd. 3: Bildung zum Menschen, hrsg. und eingeleitet von Hubert Schiel). Freiburg i.B: Die Ordnung. [Auch online verfügbar: Schiller, F.: Ueber Anmuth und Würde. Kap. II. In F.v. Schiller (1879), *Schillers Sämmtliche Werke*, vierter Band. Stuttgart: J.G. Cotta'sche Buchhandlung (S. 454–498). URL: http://gutenberg.spiegel.de/buch/ueber-anmuth-und-w-3320/2 (30.01.2015)].

Schiller, F.v. (1793/1948). Über Anmut und Würde (Bd. 3: Bildung zum Menschen, hrsg. und eingeleitet von Hubert Schiel). Freiburg i.B.: Verlag Die Ordnung. (Auch online verfügbar: Schiller, F. (1879). Ueber Anmuth und Würde. Kap. II. In F.v. Schiller [1879], *Schillers Sämmtliche Werke* [Bd. 4]. Stuttgart: J.G. Cotta'sche Buchhandlung, Stuttgart, S. 454–498. URL: http://gutenberg.spiegel.de/buch/ueber-anmuth-und-w-3320/2 [30.01.2015]).

Schiller, F.v. (1794/1989). *Über die ästhetische Erziehung des Menschen: in einer Reihe von Briefen* (Mit Ausführungen Rudolf Steiners über Wesen und Bedeutung von Schillers Ästhetischen Briefen und einem Nachwort von H. Zimmermann. 2., erweiterte Auflage). Stuttgart: Verlag Freies Geistleben. (Auch online verfügbar: Schiller, F.v. Über die ästhetische Erziehung… 15. Brief. In F. Schiller (1962), *Sämtliche Werke* (3. Auflage, Bd. 5). München: Hanser. (URL: http://www.zeno.org/Literatur/M/Schiller,+Friedrich/Theoretische+Schriften/%C3%9Cber+die+%C3%A4sthetische+Erziehung+des+Menschen+in+einer+Reihe+von+Briefen/F%C3%BCnfzehnter+Brief [21.02.2015]).

Schiller, F.v. (1879). Ueber den moralischen Nutzen ästhetischer Sitten. In: *F. Schillers Sämmtliche Werke* (Bd. 4). Stuttgart: J.G. Cotta'sche Buchhandlung.

Schilling, J. & Zeller, S. (2012). *Soziale Arbeit. Geschichte – Theorie – Profession* (5. durchgesehene Auflage). München: Reinhardt UTB.

Schleiermacher, F. (1826/1957). *Pädagogische Schriften* (Bd. 1: Die Vorlesungen aus dem Jahre 1826). Düsseldorf & München: Küpper.

Schlieckau, J. (2017). *Kompendium der Freizeit- und Erlebnispädagogik in der Postakutbehandlung.* Hamburg: Disserta.

Schmidbauer, W. (1977). *Die hilflosen Helfer. Über die seelische Problematik der helfenden Berufe.* Hamburg: Rowohlt.

Schmidt, H. (2011). Zum Forschungsstand der Offenen Kinder- und Jugendarbeit. Eine Sekundäranalyse. In H. Schmidt (Hrsg.) (2011), *Empirie der Offenen Kinder- und Jugendarbeit* (S. 13–130). Wiesbaden: Springer VS.

Schmidt-Koddenberg, A. (2016). Bildung für die Zukunft – Bedingungen und Anforderungen. In V. Fischer, M. Genenger-Stricker & A. Schmidt-Koddenberg (Hrsg.) (2016), *Soziale Arbeit und Schule. Diversität und Disparität als Herausforderung* (Reihe Politik und Bildung, Bd. 80, S. 17–64). Schwalbach/Ts: Wochenschau.

Schmidt-Koddenberg, A. (2016). Bildung für die Zukunft – Bedingungen und Anforderungen. In V. Fischer, M. Genenger-Stricker & A. Schmidt-Koddenberg (Hrsg.), *Soziale Arbeit und Schule. Diversität und Disparität als Herausforderung* (S. 17-64). Schwalbach/Ts.: Wochenschau.

Schmitz-Scherzer, R. (1974). *Sozialpsychologie der Freizeit. Bericht über den Stand der Freizeitforschung in Soziologie und Psychologie.* Stuttgart: Kohlhammer.

Schnabl, Chr. (2005). *Gerecht sorgen: Grundlagen einer sozialethischen Theorie der Fürsorge.* Fribourg: Academic Press.

Schopenhauer, A. (1819/2014). *Die Welt als Wille und Vorstellung* (3. Auflage). Berlin: Holzinger. (Auch online verfübar. URL: http://www.zeno.org/Philosophie/M/Schopenhauer,+Arthur/Die+Welt+als+Wille+und+Vorstellung [14.03.2019]).

Schopenhauer, A. (1819/1844). *Die Welt als Wille und Vorstellung* (Bd. 1: Vier Bücher, nebst einem Anhange, der die Kritik der Kantischen Philosophie enthält. Zweite durchgängig verbesserte und sehr vermehrte Auflage). Leipzig: F.A. Brockhaus.

Schopenhauer, A. (1819/2015). *Die Welt als Wille und Vorstellung.* Norderstedt: Jazzybee Verlag BoD.

Schopenhauer, A. (1836). *Ueber den Willen in der Natur, eine Eröterung der Bestätigungen, welche die Philosophie des Verfassers durch die empirischen Wissenschaften erhalten hat.* Frankfurt a.M.: Verlag von Siegmund Schmerber.

Schopenhauer, A. (1839/1978). Preisschrift über die Freiheit des Willens. In A. Schopenhauer, *Die beiden Grundprobleme der Ethik – behandelt in zwei akademischen Preisschriften* (mit einer Einleitung, Bibliographie und Registern, hrsg. von H. Ebeling). Hamburg: Felix Meiner.

Schopenhauer, A. (1860). Über die Freiheit des menschlichen Willens. In. A. Schopenhauers *Die beiden Grundprobleme der Ethik behandelt in zwei akademischen Preisschriften* (Zweite verbesserte und vermehrte Auflage). Leipzig: F. U. Brodhaus. (Auch online verfügbar. URL: http://koriath.jura.uni-saarland.de/textsammlung/pmwiki.php?n=SchopenhauerPreisschrift%c3%9cberDieFreiheitDesWillens.Start [30.03.2018]).

Schrölkamp, St. (2004). *Gründerväter der Pfadfinderbewegung* (Bd. 1). Baunach: Spurbuch Verlag.

Schubert-Weller, Chr. (2012). Internationale Orientierung und nationale Aufgabe: Pfadfinderpädagogik der Gründungsphase. In E. Conze & M.D. Witte (Hrsg.), *Pfadfinden: Eine Globale Erziehungs- und Bildungsidee Aus Interdisziplinärer Perspektive* (S. 25–36). Wiesbaden: Verlag für Sozialwissenschaften.

Schüler, A. (2004). *Frauenbewegung und soziale Reform: Jane Addams und Alice Salomon im transatlantischen Dialog, 1889–1933*. Stuttgart: Franz Steiner.

Schulze, G. (1992). *Erlebnisgesellschaft: Kultursoziologie der Gegenwart*. Frankfurt & New York: Campus.

Schulze, G. (1993). Entgrenzung und Innenorientierung. Eine Einführung in die Theorie der Erlebnisgesellschaft. *In Gegenwartskunde, 42*(1993)4, S. 405–419.

Schulze, J. (1993). *Soziokulturelle Zentren – Stadterneuerung von unten*. Essen: Bundesvereinigung Soziokulturelle Zentren.

Schwab, U. (2010). Kinder und Jugendliche in Kirchen und Verbänden. In H.-H. Krüger & C. Grunert (Hrsg.) (2010), *Handbuch Jugendforschung* (2. aktualisierte und erweiterte Auflage, S. 907–916). Wiesbaden: Verlag für Sozialwissenschaften.

Schwarte, J. (2002). *Der werdende Mensch: Persönlichkeitsentwicklung und Gesellschaft heute*. Wiesbaden: Westdeutscher Verlag.

Schwind, H.-D. (2011). *Kriminologie: eine praxisorientierte Einführung mit Beispielen*. Heidelberg & München: Hüthig Jehle Rehm.

Schwind, H.-D., Roitsch, K & Gielen, B. (Hrsg.) (1998). *Alle gaffen kei ner hilft: Unterlassene Hilfeleistungen bei Unfällen und Straftaten*. Heidelberg: Hüthig.

Seel, H.-J. & Sichler, R. (1993). Perspektiven einer Psychologie der menschlichen Naturbeziehung. In H.-J. Seel; R. Sichler & B. Fischerlehner (Hrsg.) (1993), *Mensch – Natur. Zur Psychologie einer problematischen Beziehung*. Opladen: Westdeutscher Verlag.

Seel, M. (1991). *Eine Ästhetik der Natur*. Frankfurt a.M.: Suhrkamp.

Seel, N.M. & Hanke, U. (2015). *Erziehungswissenschaft. Lehrbuch für Bachelor-, Master- und Lehramtsstudierende*. Wiesbaden: VS Springer Verlag für Sozialwissenschaften.

Shell Deutschland Holding (Hrsg.) (2010). *Jugend 2010. Eine pragmatische Generation behauptet sich*. Frankfurt a.M.: Fischer.

Siebert, H. (2011). Bildung im Alter. In *Magazin erwachsenenbildung.at. Das Fachmedium für Forschung, Praxis und Diskurs, (2011)13*, S. 3–9.

Siegmund, A. (2012). Die Rolle der Landschaftsästhetik in der aktuellen Freizeitgestaltung. In Th. Kirchhoff, V. Vicenzotti & A.Voigt (Hrsg.) (2012), *Sehnsucht nach Natur. Über den Drang nach draußen in der heutigen Freizeitkultur* (Edition Kulturwissenschaft, S. 87–106). Bielefeld: Transkript.

Singer, P. (1979/1984). *Praktische Ethik*. Stuttgart: Reclam.

Singer, W. (2003). *Ein neues Menschenbild? Gespräche über Hirnforschung*. Frankfurt a.M.: Suhrkamp.

Skiera, E. (2010). *Reformpädagogik in Geschichte und Gegenwart: Eine kritische Einführung* (2., durchgesehene und korrigierte Auflage). München: Oldenbourg.

Sölle, D. (1997). *Mystik und Widerstand: „Du stilles Geschrei"*. Hamburg: Hoffmann und Campe.

Sölle, D. (2000). *Mystik und Widerstand: „Du stilles Geschrei"* (3. Auflage). München & Zürich: Piper.

Sonnenmoser, M. (2007). Kaufsucht/Pathologisches Kaufen: Weit verbreitet, wenig erforscht. *Deutsches Ärzteblatt, PP, Heft 10.*

Soremski, R. (2016). Betreute Freizeit in der Ganztagsschule – ist das noch jugendgerecht? In S. Maschke G. Schulz-Gade, & L. Stecher (Hrsg.) (2016), *Wie sozial ist die Ganztagsschule?* (Jahrbuch Ganztagsschule 2016, S. 119–126). Schwalbach/Ts: Debus Pädagogik & Wochenschau Verlag.

Spielmann, J. (2010). Was ist TZI? In M. Schneider-Landolf, J. Spielmann & Zitterbarth, W. (Hrsg), *Handbuch Themenzentrierte Interaktion (TZI)* (2. Auflage, S. 15–17). Göttingen: Vandenhoeck & Ruprecht.

Spitzer, M. (2012). *Digitale Demenz: Wie wir uns und unsere Kinder um den Verstand bringen*. München: Droemer.

Spranger, E. (1922/1973). *Philosophische Pädagogik* (Gesammelte Schriften, Bd. 2). Heidelberg: Quelle & Meyer.

Stambolis, B. (2013). Autonomie und Selbstbestimmung: der Wandervogel vor dem Ersten Weltkrieg. In C. Selheim, B. Stambolis, & G.U. Großmann (Hrsg.), *Aufbruch der Jugend* (S. 36–42). Nürnberg: Verlag des Germanischen Nationalmuseums.

Stange, H. (2006). Kindheit heute. In A. Fritz, R. Klupsch-Sahlmann & G. Ricken (Hrsg.) (2006), *Handbuch Kindheit und Schule. Neue Kindheit, neues Lernen, neuer Unterricht (*S. 37–60). Weinheim & Basel: Beltz.

Stangroom, J. & Garvey, J. (2006). *Die berühmtesten Philosophen*. Münster: Premio.

Stein, M. (2013). *Allgemeine Pädagogik* (2. überarbeite Auflage). München & Basel: UTB basics & Ernst Reinhardt.

Stein, M. (2017). *Allgemeine Pädagogik* (3. vollständig überarbeite Auflage). München & Basel: Reinhardt Verlag & UTB basics.

Stein, P. (2005). Soziale Mobilität und Lebensstile: Anwendung eines Modells zur Analyse von Effekten sozialer Mobilität in der Lebensstilforschung. In *Kölner Zeitschrift für Soziologie und Sozialpsychologie, 57*(2005)2, 205–229.

Steinbach, S. (2009). *Zu Freizeitbedürfnissen und zum Freizeitverhalten von Schülerinnen und Schülern der Klassenstufe 6 und 7 an Förderschulen Lernen*. München: GRIN Verlag.

Steinbüchel, Th. (1921). *Der Sozialismus als sittliche Idee. Ein Beitrag zur christlichen Sozialethik*. Düsseldorf: Schwann.

Sternheim, A. (1932). Zum Problem der Freizeitgestaltung. In *Zeitschrift für Sozialforschung, 1*(1932), S. 336–355. (Auch online verfügbar. URL: https://www.kritiknetz.de/images/stories/texte/Zeitschrift_fuer_Sozialforschung_1_1932.pdf [20.03.2019]).

Stimmer, F. (2006). *Grundlagen des methodischen Handelns in der sozialen Arbeit* (2. überarbeitete und erweiterte Auflage). Stuttgart: Kohlhammer.

Stockmann, R. (2002). *Was ist eine gute Evaluation* (CEval-Arbeitspapiere, 9). Saarbrücken: Centrum für Evaluation.

Stockmann, R. (Hrsg.) (2007). *Handbuch zur Evaluation: Eine praktische Handlungsanleitung*. Münster & New York u.a.: Waxmann.

Stroß, A.M. (2008). „Bildung" zwischen Individuation und Vernetzung. In Y.Ehrenspeck, G. de Haan & F. Thiel (Hrsg.) (2008), *Bildung: Angebot oder Zumutung?* (S. 65–74). Wiesbaden: VS Verlag für Sozialwissenschaften.

Stroß, A.M. (2018). *Gesundheit und Bildung. Reflexionsansprüche und Professionalisierungsperspektiven*. Wiesbaden: VS Springer Verlag für Sozialwissenschaften.

Stroß, A.M. (2009). *Reflexive Gesundheitspädagogik. Interdisziplinäre Zugänge – Erziehungswissenschaftliche Perspektiven*. Berlin, Münster & Wien: LIT.

Stroß, A.M. (2018b). Schulische Gesundheitsförderung und Prävention im frühen 21. Jahrhundert: Perspektiven einer GesundheitsBILDUNG. In *TheoWeb. Zeitschrift für Religionspädagogik, 17*(2018)1, S. 3–23.

Stünkel, K. M. (2017). Formular und Pfingsten. Jürgen Freses Soziologie der Intellektuellen Assoziationen dargestellt am Patmos-Kreis (1919–1921). In F.M. Kuhlemann & M. Schäfer (Hrsg.) (2017), *Kreise – Bünde – Intellektuellen-Netzwerke: Formen bürgerlicher Vergesellschaftung und politischer Kommunikation 1890–1960*. Bielefeld: Transkript.

Sybel, A.A. (1833). *Johannes Amos Comenius und sein System der Erziehung*. Potsdam: Deckersche Geheime Oberhofbuchdruckerei. (Auch online verfügbar. URL: https://books.google.de/books?id=STZNAAAAcAAJ&printsec=frontcover&hl=de&source=gbs_ge_summary_r&cad=0#v=onep

age&q&f=false (4.4.2018) oder URL: http://reader.digitale-sammlungen.de/de/fs1/object/display/bsb10764406_00001.html [04.04.2018]).

Suzuki, S. (2014). Takt. In Chr. Wulf & J. Zirfas (Hrsg.) (2014), *Handbuch Pädagogische Anthropologie* (S. 295–301). Wiesbaden: Springer VS.

Teichert, D. (2000). *Personen und Identitäten*. Berlin & New York: Walter de Gryter Verlag.

Teml, H. (2003). Signifikantes Lernen. In G. Stumm, J. Wiltschko & W.W. Keil, *Grundbegriffe der Person-zentrierten und Focusing-orientierten Psychotherapie und Beratung* (S. 290–291). Stuttgart: Pfeiffer bei Klett-Cotta.

Templi, D. (2015). *Freizeit ohne Kontrollen. Die Jugendzentrumsbewegung in der Bundesrepublik der 1970er Jahre*. Göttingen: Wallstein.

Tenorth, H.-E. (1975). Thesen zur Wissenschaftsgeschichte der Erziehungswissenschaft. In *Informationen zur erziehungs- und bildungshistorischen Forschung*, (1975)3, S. 255–261.

Tenorth, H.-E. (1994). Profession und Disziplin. Zur Formierung der Erziehungswissenschaft. In H.-H. Krüger & Th. Rauschenbach (Hrsg.), *Erziehungswissenschaft. Die Disziplin am Beginn einer neuen Epoche* (S. 17–28). Weinheim & München: Juventa.

Tenorth, H.-E. (2004). Erziehungswissenschaft. In D. Benner & J. Oelkers (Hrsg.), *Historisches Wörterbuch der Pädagogik* (S. 341–382). Weinheim u.a.: Beltz.

Terhart, E. (2011). Lehrerberuf und Professionalität. Gewandeltes Begriffsverständnis – neue Herausforderungen. In W. Helsper & R. Tippelt (Hrsg.) (2011), *Pädagogische Professionalität* (Zeitschrift für Pädagogik, Beiheft 57, S. 202–224). Weinheim u.a.: Beltz.

Terhart, E. (2012). „Bildungswissenschaften". Verlegenheitslösung, Sammeldisziplin, Kampfbegriff? *Zeitschrift für Pädagogik, 58*(2012)1, S. 22–39.

Terhart, E. (2013). *Erziehungswissenschaft und Lehrerbildung*. Münster: Waxmann Verlag.

Thiel, F. (2006). Die Etablierung der akademischen Pädagogik als Reflexionstheorie des Erziehungssystems. Ein anderer Blick auf die „Erfolgsgeschichte" der geisteswissenschaftlichen Pädagogik. In *Zeitschrift für Erziehungswissenschaft, 9*(2006)1, S. 81–96.

Thiesen, H. (2006). *Kurt Hahn – Pädagogische Umwelten zwischen Konstruktion und Anknüpfung*. Jena: IKS Garamond, Edition Paidea.

Thomae, H. (1960). *Der Mensch in der Entscheidung*. München: Barth.

Thomae, H. (Hrsg.) (1959). Handbuch der Psychologie (Bd. 3: *Entwicklungspsychologie)*. Göttingen: Verlag für Psychologie Dr. C. J. Hogrefe.

Thoreau, H.D. (1854). *Walden; or, Life in the Woods*. Boston: Ticknor and Fields.

Tokarski, W. & Schmitz-Scherzer, R. (1985). *Freizeit* (Reihe: Studienskripte zur Soziologie, hrsg. von E. K. Scheuch & H. Sahner). Stuttgart: Teubner Studienskripte.

Tokarski, W. (1979). *Aspekte des Arbeitserlebens als Faktoren des Freizeiterlebens.* Frankfurt a.M.: Lang Verlag.

Tokarski, W. (2005). Freizeit und Sport in einer sich wandelnden Gesellschaft. In R. Popp (Hrsg.), *Zukunft: Freizeit: Wissenschaft* (Festschrift zum 65. Geburtstag von Univ. Prof. Dr. Horst w. Opaschowski, Wissenschaftliche Schriftenreihe des Zentrums für Zukunftsstudien Salzburg, Bd. 6, S. 525–538). Wien: LIT.

Torp, C. (2011). *Konsum und Politik in der Weimarer Republik* (Kritische Studien zur Geschichtswissenschaft). Göttingen: Vandenhoeck & Ruprecht.

Treber, L. (2014). *Mythos Trümmerfrauen. Von der Trümmerbeseitigung in der Kriegs- und Nachkriegszeit und der Entstehung eines deutschen Erinnerungsortes.* Essen: Klartext.

Tzscheetzsch, W. (2013). Kirchliche Jugendarbeit. In G. Bitter, R. Englert; G. Miller & K.E. Nipkow, *Neues Handbuch religionspädagogischer Grundbegriffe* (E-Book, 4. Kap. 4.3). München: Kösel.

Urban, O. (2017). Religion der Urgeschichte. In J. Figl (Hrsg.) (2017), *Handbuch Religionswissenschaft. Religionen und ihre zentralen Themen* (2. Auflage, S. 88–103). Innsbruck/Wien: Tyrolia.

Ustorf, A.-E. (2012). *Allererste Liebe: Wie Babys Glück und Gesundheit lernen.* Stuttgart: Klett Cotta.

Veblen, Th. (1986). *Theorie der feinen Leute. Eine ökonomische Untersuchung der Institutionen.* Frankfurt a.M.: Fischer Taschenbuch.

Vester, F. (1975/2012). *Denken – Lernen – Vergessen. Was geht in unserem Kopf vor, wie lernt das Gehirn, und wann lässt es uns im Stich?* München: Dtv.

Vester, H.-G. (1988). *Zeitalter der Freizeit. Eine soziologische Bestandsaufnahme.* Darmstadt: Wiss. Buchgesellschaft.

Vogel, P. (2000). Die Pädagogik des problematisierenden Vernunftgebrauchs – Versuch einer Standortbestimmung. In K. Helmer, N. Meder, K. Meyer-Drawe & P. Vogel (Hrsg.), *Spielräume der Vernunft* (Jörg Ruhloff zum 60. Geburtstag, S. 368–378). Würzburg: Königshausen & Neumann,

Vogel, P. (2002). Institutionalisierte Selbstkritik – Die Aufgabe der Kommission Wissenschaftsforschung? In L. Wigger (Hrsg.), *Forschungsfelder der Allgemeinen Erziehungswissenschaft* (Zeitschrift für Erziehungswissenschaft, Beiheft 1, S. 251–255). Opladen: Leske & Budrich.

Vogt, St. (2009). Die Sozialistische Entscheidung. Paul Tillich und die sozialdemokratische Junge Rechte in der Weimarer Republik. In Chr. Danz;

W. Schüßler & E. Sturm (Hrsg.) (2009), *Religion und Politik* (S. 35–52). Münster: LIT.

Voisard, M. (2005). *Soziokulturelle Animation beobachtet. Ein systemtheoretischer Beitrag zur Freizeitpädagogik*. Heidelberg: Carl Auer, Verlag für Systemische Forschung.

Wahl, H. (1985). *Narzissmus? Von Freuds Narzißmustheorie zur Selbstpsychologie*. Stuttgart u.a.: Kohlhammer.

Waibel, E. (1994). *Erziehung zum Selbstwert*. Donauwörth: Auer.

Waibel, E.-M. (2008). Die Entwicklung der Person durch offenen Unterricht. In K. Aregger, & E.M. Waibel (Hrsg.) (2008), *Entwicklung der Person durch Offenen Unterricht. Das Kind im Mittelpunkt: Nachhaltiges Lernen durch Persönlichkeitserziehung* (S. 43–76). Augsburg: Brigg Pädagogik.

Wapler, F. (2015). *Kinderrechte und Kindeswohl: Eine Untersuchung zum Status des Kindes im Öffentlichen Recht*. Tübingen: Mohr Siebeck.

Weber, E. (1963). *Das Freizeitproblem. Anthropologisch-pädagogische Untersuchung*. München u.a.: Reinhard.

Weber, M. (1904/5; 2016). *Die protestantische Ethik und der „Geist" des Kapitalismus* (Neuausgabe der ersten Fassung von 1904–05 mit einem Verzeichnis der wichtigsten Zusätze und Veränderungen aus der zweiten Fassung von 1920, hrsg. von K. Lichtblau & J. Weiß in der Reihe Klassiker der Sozialwissenschaften). Wiesbaden: Springer VS.

Weber, M. (1920/1986). *Gesammelte Aufsätze zur Religionssoziologie* (Bd. 1, 8. Auflage, S. 17–30). Tübingen: Mohr Siebeck.

Wedemeyer-Kolwe, B. (2004). *„Der neue Mensch". Körperkultur im Kaiserreich und in der Weimarer Republik*. Würzburg: Königshausen & Neumann.

Reinert (v. Carlsburg), G.-B. v. & Wehr, H. (1999). Kreativität und Schule. In G.-B. Reinert [v. Carlsburg] & I. Musteikienė (Hrsg.) (1999), *Litauische Gespräche zur Pädagogik. Humanismus – Demokratie – Erziehung* (Reihe: Baltische Studien zur Erziehungs- und Sozialwissenschaft, Bd. 1, S. 213–229). Frankfurt a.M.: Lang

Wehr, G. (2009). *Der Chassidismus*. Stuttgart: Opus Magnum.

Weigand, G. (2004). *Schule der Person. Zur anthropologischen Grundlegung einer Theorie der Schule*. Würzburg: Ergon.

Weigand, G. (2011). Person und Begabung. In A. Hackl; O. Steenbuck & G. Weigand (Hrsg.) (2011), *Werte schulischer Begabtenförderung. Begabungsbegriff und Werteorientierung* (S. 32–38). Frankfurt a.M.: Karg-Stiftung.

Weinert, A. (2004). *Organisations- und Personalpsychologie* (5. vollständig überarbeitete Auflage). Weinheim u.a.: Beltz PVU.

Weinert, F.E. (2001). Vergleichende Leistungsmessung in Schulen – eine umstrittene Selbstverständlichkeit. In F.E. Weinert (Hrsg.), *Leistungsmessungen in Schulen* (S. 17–31). Weinheim & Basel: Beltz.

Weinert, F.E. (1989). Psychologische Orientierungen in der Pädagogik. In H. Röhrs & H. Scheuerl (Hrsg.), *Richtungsstreit in der Erziehungswissenschaft und pädagogische Verständigung* (S. 203–214). Frankfurt a.M. u.a.: Lang.

Welsch, W. (2011). *Immer nur der Mensch? Entwürfe zu einer anderen Anthropologie*. Berlin: Akademie.

Wertheimer, M.: *Unpublished lectures at the New School for Social Research.*

Willimczik, K. (2001). *Sportwissenschaft interdisziplinär: Ein wissenschaftstheoretischer Dialog* (Bd. 1: Geschichte, Struktur und Gegenstand der Sportwissenschaft). Hamburg: Czwalina.

Wittig, F. (1997). *Maschinenmenschen: zur Geschichte eines literarischen Motivs im Kontext von Philosophie, Naturwissenschaft und Technik.* Würzburg: Königshausen & Neumann.

Wöhler, K. (2005). Ökonomisierung von Freizeit. In R. Popp (Hrsg.), *Zukunft: Freizeit: Wissenschaft* (Festschrift zum 65. Geburtstag von Univ. Prof. Dr. Horst w. Opaschowski, Wissenschaftliche Schriftenreihe des Zentrums für Zukunftsstudien Salzburg, Bd. 6, S. 559–570). Wien u.a.: LIT.

Wohlers, L. (2002). Edutainment – Mythos und Machbarkeit aus didaktischer Sicht. In W. Nahrstedt, D. Brinkmann, H. Theile & G. Röcken (Hrsg.) (2002), *Lernen in Erlebniswelten – Perspektiven für Politik, Management und Wissenschaft* (Dokumentation IFKA 22). Bielefeld: Institut für Freizeitwissenschaft und Kulturarbeit e.V. (IFKA).

Wolff, J. (2005). *Zeit für Erwachsenenbildung: evangelische Erwachsenenbildung zwischen Zeit-Diagnosen und Frei-Zeit-Bedürfnissen* (Arbeiten zur Religionspädagogik, Bd. 27). Göttingen: V & R Unipress.

Wulf, Chr. (1994). Zur Einleitung: Grundzüge eher historisch-pädagogischen Anthropologie. In Chr. Wulf (Hrsg.), *Einführung in die pädagogische Anthropologie* (S. 7–21). Weinheim & Basel: Beltz.

Wulff, C. (2008). *Religiöse Dimensionen in den Einstellungen zu Tieren. Eine empirische Studie am Beispiel der Einstellungen von Pfarrerinnen und Pfarrern zu kirchenbewohnenden Tieren.* Kassel: University Press.

Wulff, Chr. (1984). Das gefährdete Auge. Ein Kaleidoskop der Geschichte des Sehens. In D. Kamper & Chr. Wulff (Hrsg.) (1984), *Das Schwinden der Sinne. Neue Folge* (Bd. 188, S. 21–45). Frankfurt a.M.: Edition Suhrkamp.

Wurzbacher, G. (1963). *Der Mensch als soziales und personales Wesen.* Stuttgart: Enke.

Wustmann, C. (2005). Die Blickrichtung der neueren Resilienzforschung. Wie Kinder Lebensbelastungen bewältigen. In *Zeitschrift für Pädagogik, 51*(2005)2, S. 192–206.

Zängler, Th.W. (2013). *Mikroanalyse des Mobilitätsverhaltens in Alltag und Freizeit* (hrsg. vom Institut für Mobilitätsforschung). Heidelberg & Berlin: Springer.

Zapf, H. (2002). Der Zeitbegriff des amerikanischen Transzendentalismus. In M. Middeke (Hrsg.), *Zeit und Roman: Zeiterfahrung im historischen Wandel und ästhetischer Paradigmenwechsel vom sechzehnten Jahrhundert bis zur Postmoderne* (S. 133–146). Würzburg: Königshausen und Neumann.

Zielinski, J. (1954). *Freizeit und Erziehung. Zur Theorie und Praxis einer erzieherischen Gestaltung des Freizeitlebens.* München & Düsseldorf: Steinbach.

Zimbardo, Ph. G. & Gerrig, R.J. (2004). *Psychologie* (16. Auflage). München u.a.: Pearson Studium.

Zimmermann, O. & Schulz, G. (2009). Einleitung. In Der Deutscher Kulturrat e.V. (Hrsg.) (2009), *Kulturelle Bildung: Aufgaben im Wandel* (S. 1–6). Berlin.

Zirfas, J. (2013). Geschichte der Kulturpädagogik. In T. Braune-Krickau; St. Ellinger & C. Sperzel (Hrsg.) (2013), *Handbuch Kulturpädagogik für benachteiligte Jugendliche* (S. 16–36). Weinheim & Basel: Beltz.

Zuber-Hinkel, R. (2001). *Arbeit und Muße.* (Diplomarbeit an der Johann Wolfgang Goethe Universität Frankfurt). Hamburg: Verlag diplom.de.

Züge, C., Möller, I., Meixner, S. & Scheithauer, H. (2008). Exzessive Mediennutzung und gewalthaltige Medien. In H. Scheithauer, T. Hayer & K. Niebank, K. (Hrsg.) (2008), *Problemverhalten im Jugendalter. Erscheinungsformen, Entstehungsbedingungen, Prävention und Intervention* (S. 180–193). Stuttgart: Kohlhammer.

15. Internetquellen

Adolph, H. (2003). *Altersbilder und Alterswirklichkeit im demographischen Wandel* (Vortrag für die Fachtagung „Pflege – Wohnen – Mobilität" des „Netzwerk im Alter" Marzahn-Hellersdorf und der Alice-Salomon-Fachhochschule am 07.11.2003). URL: http://www.berlin.de/imperia/md/content/bamarzahnhellersdorf/publikationen/soziales/adolph_vortrag_71103_.pdf. (15.10.2015).

AFP (2014). Frauen bekommen 22 Prozent weniger Lohn als Männer. In *Zeit Online,Beitrag vom 18.03.2014.* URL: http://www.zeit.de/karriere/beruf/2014-03/lohn-unterschied-gender-pay-gap-bezahlung (02.04.2015).

AJGF (Hrsg.) (2011). *Meine 2. Heimat das Juze. Offene Kinder- und Jugendarbeit. Grundsätze und Leistungen.* URL: http://www.agjf.de/files/cto_layout/Material/PDFs/AGJF-Broschuere-web.pdf (08.09.2017).

Albersmann, V. (o.A.). *Die Entstehung von Handlungsdispositionen als Grundlage für die Erkenntnis der sozialen Praxis.* URL: http://www.sendebeitrag.de/berlinfilm/albersmann/dokumente/061016Bourdieu.pdf (18.12.2015).

Angebot der Akademie für Weiterbildung der Universität Bremen. *Wissenschaftliche Studienreisen* (Angebot 2017). URL: http://www.uni-bremen.de/fileadmin/user_upload/weiterbildung/senioren_dokumente/Reiseprogramm_2017.pdf (10.08.2017).

Anlage zur Pressemitteilung des Robert Koch Instituts (RKI) vom 03.12.2015, *ZUSAMMENFASSUNG DES BERICHTS „GESUNDHEIT IN DEUTSCHLAND"*. URL: http://www.rki.de/DE/Content/Service/Presse/Pressemitteilungen/2015/10_2015_Anlage.pdf?__blob=publicationFile (07.12.2015).

Annen, S., Dietzen, A., Gutschow, K. & Schreiber, D. (2012). *Erfassung und Anerkennung informellen und non-formalen Lernens Diskussionsvorlage für Workshop 3 am 30.03.2012 in Bonn.* URL:Online: https://www.bibb.de/dokumente/pdf/stst_foko_120330_anerkennung_informellen_non_formales_lernen_diskussionsvorlage.pdf (07.08.2016).

Anthes, M. & Verheyen, E. (2015). *Überforderung in der Milchwirtschaft. Das Leiden der "Turbokühe"*. Tagesschau, Beitrag Stand: 20.07.2015. URL: https://www.tagesschau.de/wirtschaft/turbokuehe-101.html (13.09.2016).

Arbeitspapier für die Hand der Bildungsplankommissionen als Grundlage und Orientierung zur Verankerung von Leitperspektiven – Stand: 08.04.2014. URL: http://www.km-bw.de/,Lde/Startseite/Themen/Bildungsplanreform – hier Arbeitspapier Leitperspektiven zum Download (01.02.2016).

Archiv für die Geschichte der Soziologie in Österreich, Institut für Soziologie, Karl-Franzens-Universität Graz: *50 Klassiker der Soziologie: Jane*

Addams. URL: http://agso.uni-graz.at/lexikon/klassiker/addams/01bio.htm (20.12.2014).

Arcinsys – Archive in Hessen, Archiv der deutschen Jugendbewegung, *Fritz Klatt* (Adjb Bestand N 40). URL: http://www.hadis.hessen.de/scripts/HADIS.DLL/home?SID=87B7-3D8E30A-B783B&PID=55C1 (alt), neu: URL: https://arcinsys.hessen.de/arcinsys/detailAction.action?detailid=b5765 (05.04.2018).

Arnold, R. & Wieckenberg, U. (2000). *Qualitätssicherung aus pädagogischer Sicht*. URL: http://www.bildungstransfer.de/cms/eb3_2000.pdf (27.08.2017).

Arnold, R. (2004). Erkennen und Erkanntwerden (Pädagogischer Konstruktivismus, Teil I). *GEW-Zeitung RLP, Sonderbeilage. 2004*, S. I–IV. URL: https://www.sowi.uni-kl.de/fileadmin/paed/veroeff/Veroeffentlichungsreihen/gew04_1.pdf (31.12.2016).

Arnold, R.A. (2015). *Eine Jugend im III. Reich und im Chaos der Nachkriegszeit: Bericht eines Zeitzeugen des Jahrgangs 1932*. Epubli 2015.

Artikel: Feriendienst. In FDGB-Lexikon (2009). *Funktion, Struktur, Kader und Entwicklung einer Massenorganisation der SED (1945-1990,* hrsg. von D. Dowe; K. Kuba & M. Wilke, bearb. von Michael Kubina). Berlin. URL: http://library.fes.de/FDGB-Lexikon http://library.fes.de/FDGB-Lexikon/texte/sachteil/f/Feriendienst.html (06.12.2014)

Auer, M. (2006). *Gewaltlose Revolution durch Bildung. Paolo Freire, der Pädagoge der Unterdrückten*. URL: http://www.oew.org/de/archiv_news.php?id=644&arch_id=1 (18.02.2013).

Augsburg, R. (2014). *Jugendarbeit und Ganztagsschule: Spielräume gestalten*. (15.12.2014). URL: https://www.ganztagsschulen.org/de/8455.php (01.05.2018).

Augustinus. *Zweiundzwanzig Bücher über den Gottesstaat. Des heiligen Kirchenvaters Aurelius Augustinus zweiundzwanzig Bücher über den Gottesstaat* (aus dem Lateinischen übers. von Alfred Schröder, Des heiligen Kirchenvaters Aurelius Augustinus ausgewählte Schriften 1–3, Bibliothek der Kirchenväter, 1. Reihe, Band 01, 16, 28). Kempten; München 1911–16. URL: https://www.unifr.ch/bkv/kapitel1937-18.htm (17.06.2018).

Bagfa – Bundesarbeitsgemeinschaft der Freiwilligenagenturen e.V (Hrsg.) (2015). *Handbuch Qualitätsmanagement bagfa e.V.* (14. Auflage). Berlin. Bagfa. URL: https://www.bagfa.de/fileadmin/user_upload/dateien/materialien/qualitaetsmanagement/2017_bagfa_Leitfaden_QMS_Handbuch.pdf (02.05.2018c).

Bagfa – Bundesarbeitsgemeinschaft der Freiwilligenagenturen e.V. (o.A.). *Über uns*. URL: https://www.bagfa.de/ueber-uns.html (07.08.2017).

Bagfa – Bundesarbeitsgemeinschaft der Freiwilligenagenturen e.V. (2017). *Bundespräsident Frank-Walter Steinmeier übernimmt Schirmherrschaft der bagfa.* (Beitrag vom 25.07.2017). URL: https://www.bagfa.de/aktuelles/archiv/2017/july/artikel/bundespraesident-frank-walter-steinmeier-uebernimmt-schirmherrschaft-der-bagfa.html (01.05.2018).

Bagfa – Bundesarbeitsgemeinschaft der Freiwilligenagenturen e.V.(o.A.). *Modellprojekt „Teilhabe durch Engagement: Das Engagement von und mit Flüchtlingen stärken – Begegnungen schaffen und Beteiligung ermöglichen".* URL: https://www.bagfa.de/projekte/engagement-von-und-mit-fluechtlingen-staerken.html (07.08.2017b).

Bagfa – Bundesarbeitsgemeinschaft der Freiwilligenagenturen e.V.. *Das Qualitätssiegel.* URL: https://www.bagfa.de/qualitaetsmanagement/qualitaetssiegel.html (02.05.2018b).

Balzer, F.-M. (o.A.). *Emil Fuchs (1874-1971). Religiöser Sozialismus.* URL: http://www.friedrich-martin-balzer.de/pdf/ArFuchs.pdf (01.11.2014).

Barlett, K. (2014). Arbeit im Waisenhaus in Kambodscha. Gute Tat? Großer Schaden! In *Spiegel Online, Beitrag vom 12. Juli 2014.* URL: http://www.spiegel.de/reise/fernweh/kambodscha-touristen-als-freiwillige-helfer-im-waisenhaus-a-979866.html (08.08.2017)

Bengel, J. (2001). *Was erhält Menschen gesund? Antonovskys Modell der Salutogenese – Diskussionsstand und Stellenwert.* Erweiterte Neuauflage Forschung und Praxis der Gesundheitsförderung (Bd. 6). Köln: BZgA – Bundeszentrale für gesundheitliche Aufklärung. URL: https://www.bug-nrw.de/fileadmin/web/pdf/entwicklung/Antonowski.pdf (11.04.2018).

Berkemeier, N. Bos, W. & Manitius, V. u.a. (Hrsg.) (2014). *Chancenspiegel 2014. Regionale Disparitäten in der Chancengerechtigkeit und Leistungsfähigkeit der deutschen Schulsysteme.* Gütersloh: Bertelsmann Stiftung. URL: http://www.chancen-spiegel.de/downloads-und-presse.html?no_cache=1 (22.04.2018).

Bertelmann Stiftung (Hrsg.) (o.A.). *Altersarmut – auch ein kommunales Thema: Wir werden älter – und ärmer?* URL: https://www.bertelsmann-stiftung.de/de/unsere-projekte/kommunen-gestalten-den-demographischen-wandel/projektthemen/altersarmut/ (15.10.2015b).

Beschluss der gemeinsamen Synode der Bistümer (1975). *„Ziele und Aufgaben kirchlicher Jugendarbeit. Ein Beschluß der gemeinsamen Synode der Bistümer der Bundesrepublik Deutschland".* URL: http://www.kja-wuerzburg.de/medien/9df3a515-51b2-46d7-a6df-1ebd6e669757/synodenbeschluss.pdf (11.09.2017)

Bibelwissenschaft.de. *Bibellexikon Schlange.* URL: http://www.bibelwissenschaft.de/wibilex/das-bibellexikon/lexikon/sachwort/anzeigen/details/schlange-1/ch/3657eaf67825283045375cc7f9b24dc9/ (30.8.2016).

Bieri, P. (2005). *Wie wäre es, gebildet zu sein? Festrede von Peter Bieri*. URL: http://www.hwr-berlin.de/fileadmin/downloads_internet/publikationen/Birie_Gebildet_sein.pdf (19.04.2015).

Bischof-Köhler, D. (2009). Empathie, Mitgefühl und Grausamkeit. Und wie sie zusammenhängen. In *Psychotherapie, 14*(2009)1, S. 52–57. URL: https://cip-medien.com/wp-content/uploads/5-Bischof-Koehler.pdf (25.12.2016).

BK-Media News. das regionale Nachrichtenportal (Hrsg.) (2012). *Vandalismus aus Langeweile. Ermittler der Bundespolizei überführen Jugendliche (16.01.2012)* URL: http://www.bk-media.de/index.php?con=Thema&ID=1837&tab=tab2 (29.08.2015).

Blättner, B. (1998). *Gesundheit läßt sich nicht lehren. Professionelles Handeln von KursleiterInnen in der Gesundheitsbildung aus systemisch-konstruktivistischer Sicht*. Bonn: Deutsches Institut für Erwachsenenbildung. URL: https://www.die-bonn.de/esprid/dokumente/doc-1998/blaettner98_01.pdf (13.01.2017).

BMBF – Bundesministerium für Bildung und Forschung (2015). *Richtlinie zur Förderung von Forschungsvorhaben zur kulturellen Bildung vom 27. Oktober 2015*. URL: http://kultur-bildet.de/sites/default/files/bmbf_richtlinie_zur_foerderung_von_forschungsvorhaben_zur_kulturellen_bildung.pdf (27.02.2016).

BMFSFJ – Bundesministerium für Familie, Frauen, Senioren und Jugend (2009). *Motorik-Modul: Eine Studie zur motorischen Leistungsfähigkeit und körperlich-sportlichen Aktivität von Kindern und Jugendlichen in Deutschland* (Abschlussbericht zum Forschungsprojekt. Forschungsreihe Bd. 5). Baden-Baden: Nomos Verlag. URL: https://www.bmfsfj.de/blob/94390/dc4ceb29b7415827c48a6a313b224602/motorik-modul-data.pdf (26.03.2019).

BMFSFJ – Bundesministerium für Familie, Frauen, Senioren und Jugend (2014). *Individualisierung in der Risikogemeinschaft*. URL: http://www.bmfsfj.de/doku/Publikationen/spfh/9-Theoretische-grundlagen/9-1/9-1-1-individualisierung-in-der-risikogesellschaft.html (03.04.2015).

BMFSFJ – Bundesministerium für Familie, Senioren, Frauen und Jugend (Hrsg.) (2012). *Alleinerziehende in Deutschland – Lebenssituationen und Lebenswirklichkeiten von Müttern und Kindern. Monitor Familienforschung. Beiträge aus Forschung, Statistik und Familienpolitik* (Ausgabe 28). Berlin. URL: http://www.bmfsfj.de/RedaktionBMFSFJ/Broschuerenstelle/Pdf-Anlagen/Monitor-Familienforschung-Ausgabe-28,property=pdf,bereich=bmfsfj,sprache=de,rwb=true.pdf (02.04.2015)

BMFSFJ – Bundesministerium für Familie, Senioren, Frauen und Jugend (2015). *Aktuelle Meldung: Arbeitsgruppe „Bildung für das Alter" legt Handlungsfelder fest* (29.09.2015). URL: http://www.bmfsfj.de/BMFSFJ/aeltere-menschen,did=219696.html (18.10.2015).

Böhm, W. (1977). „Klatt, Fritz". In *Neue Deutsche Biographie 11*(1977), S. 710f. [Onlinefassung]; URL: http://www.deutsche-biographie.de/pnd116205938.html (15.06.2016).

Bollnow, O.F. (1989). Die geisteswissenschaftliche Pädagogik. In H. Röhrs & H. Scheuerl (Hrsg.) (1989), *Richtungsstreit in der. Erziehungswissenschaft und pädagogische Verständigung* (Wilhelm Flitner zur Vollendung seines 100. Lebensjahres am 20. August 1989 gewidmet, S. 53–70). Frankfurt a.M. u.a.: Lang. URL: https://www.tu-chemnitz.de/phil/ipp/erzwiss/Andreas/Seminar/4/1/Bollnow-1989-Geisteswissenschaftliche%20Paedagogik.pdf (30.05.2016). Seitenangaben in der URL: S. 1–12.

Bongartz, E. (2011). *Sensibilisierung für Kulturgüterschutz und Umweltbildung.* Potsdam: ijdg. URL: http://project.eghn.org/downloads/Wild_Formal_Art.pdf (13.06.2016). URL: https://www.dbu.de/media/1105110837212l53.pdf (24.04.2018).

Bönig, J. (2012). Zur Geschichte der Kinderarbeit in Deutschland und Europa. In *Politik und Zeitgeschichte APUZ 43/2012.* URL: http://www.bpb.de/apuz/146095/zur-geschichte-der-kinderarbeit?p=all (25.11.2014).

Börrnert, R. (2002). *Ernst Thälmann als Leitfigur der kommunistischen Erziehung in der DDR.* URL: http://digisrv-1.biblio.etc.tu-bs.de:8080/docportal/servlets/MCRFileNodeServlet/DocPortal_derivate_00001419/Document.pdf (30.05.2016).

Bös, K. (2007). *Motorische Aktivität und Leistungsfähigkeit von Kindern –Bundesweite Ergebnisse* (Präsentation auf dem 2. Symposium Schwimmen. Gesundheit – Kinder – Sicherheit der DLRG). URL: https://www.dlrg.de/fileadmin/user_upload/DLRG.de/Fuer-Mitglieder/Ausbildung/Symposium/Symposium_DLRG_2007_Vortrag_Prof._Dr._Boes.pdf (14.04.2018).

Böttger, A. (1996). Schule, Gewalt und Gesellschaft. Kritische Anmerkungen zu einer kontroversen Diskussion und Ergebnisse empirischer Forschung. *KFN-Forschungsbericht Nr. 57,* 1996. URL: http://www.kfn.de/versions/kfn/assets/fb57.pdf (25.10.2015).

Bpb – Bundeszentrale für politische Bildung (2007). Körperkult und Schönheitswahn. In *Politik und Zeitgeschichte, 18/2007,* 30.04.2007. URL: http://www.bpb.de/apuz/30501/koerperkult-und-schoenheitswahn (06.04.2015).

Brämer, R. (2008). *Mentale Regeneration. Natur bringt uns ins Lot.* URL: http://www.wanderforschung.de/files/regeneration1229586632.pdf (21.08.2016).

Brandhorst, M. (2015). *Woran scheitert Kants Theorie der Freiheit?* URL: https://www.uni-goettingen.de/.../Brandhorst%20-%20Woran%20scheite... (06.01.2015).

Brekenfelder, U. & Geib, G. (o.A.). Einsatz in schwierigen Zeiten: das Volksheim 1901 bis heute. In U. Brekenfelder & G. Geib (o.A.), *Festschrift anlässlich des 100jährigen Bestehens der kulturellen Vereinigung Volksheim e.V. Hamburg* (S. 24-27). URL: http://volksheim.de/PDF/Festschrift.pdf (09.04.2018b).

Brekenfelder, U./Geib, G. (o.A.). Walter Classen und das britische Settlement: Die Ursprünge des Volksheims. In U. Brekenfelder & G. Geib (o.A.), *Festschrift anlässlich des 100jährigen Bestehens der kulturellen Vereinigung Volksheim e.V. Hamburg* (S. 21–23). URL: http://volksheim.de/PDF/Festschrift.pdf (09.04.2018a).

Brezinka, W. (2003). Mein Weg zur Pädagogik und meine Beiträge zu ihr. In Bibliothek für Bildungsgeschichtliche Forschung des Deutschen Instituts für Internationale Pädagogische Forschung (Hrsg.), *Überlieferung und Kritik der Pädagogik. Beiträge von Wolfgang Brezinka aus Österreich und Deutschland in zehn Sprachen*. Berlin: Katalog zur Ausstellunghttp://bbf.dipf.de/publikationen/ausstellungskataloge/pdf/ueberlieferungundkritik.pdf (02.09.2014).

Brühlmeier, A. (1974). *Das Menschenbild bei Adler und Jung*. URL: http://www.bruehlmeier.info/jung-adler.htm (23.02.2014).

Bund, K., Heuser, U. J. & Kunze, A. (2013). Generation Y: Wollen die auch arbeiten? In *Die Zeit. Nr. 11, 07.03.2013.* URL https://www.zeit.de/2013/11/Generation-Y-Arbeitswelt (26.03.2019).

Bundesamt für Naturschutz (BfN). *Ökologischer Tourismus und Naturtourismus.* URL: https://www.bfn.de/themen/tourismus-sport/tourismus/oekotourismus/oekologischer-tourismus.html (02.05.2018).

Bundeskonferenz 2012 der KJG. *Antrag Nr. 16.* URL: http://kjg.de/fileadmin/user_upload/kjgfolder/wer_wir_sind/bundesverband/bundeskonferenz/Antraege/Antraege_2012/16_demokratisch._amen.pdf (11.09.2017).

Bundesministerium für Familie und Jugend (Hrsg.) (1968*). Zweiter Bericht über die Lage der Jugend und die Bestrebungen auf dem Gebiet der Jugendhilfe gemäß §25 Abs. 2 des Jugendwohlfahrtgesetzes.* Jugendbericht. Januar 1968. URL: http://www.bmfsfj.de/doku/Publikationen/kjb/data/download/2_Jugendbericht_gesamt.pdf (16.1.2015); siehe auch URL: http://www.aba-fachverband.org/fileadmin/user_upload/user_upload%202010/berichte/KJB/02_Jugendbericht_1968.pdf (22.07.2018).

Bundeszentrale für politische Bildung (BpB) (2017). *Kinderarbeit. Nach Alter, Geschlecht, Arbeitsrisiko und Region in absoluten Zahlen 2012*. URL: http://www.bpb.de/nachschlagen/zahlen-und-fakten/globalisierung/52687/kinderarbeit (04.04.2018). Originalquelle: International Labour Organization (ILO). *Global child labour trends 2008 to 2012, Accelerating action against child labour.*

Calmbach, M. (2013). *Wie tickt die Jugend? Gesellschaftliches und politisches Interesse junger Menschen in unterschiedlichen Lebenswelten.* Kas, Nr. 518, Jan./Feb. 2013, 58. Jahrgang, S. 15–19. URL: http://www.kas.de/wf/doc/kas_33519-544-1-30.pdf?130214124131 (07.09.2015).

Calvin, J. (1559/1997). *Unterricht in der christlichen Religion. Institutio Christianae Religionis* (nach der letzten Ausgabe übersetzt und bearbeitet von O. Weber, 6. Auflage). Neukirchen-Vluyn. URL: http://www.calvin-institutio.de/display_page.php?elementId=2 (12.03.2018).

Charisius, Chr. (2015). *Wertewandel,* dpa (21.07.2015). URL: http://www.focus.de/panorama/welt/gesellschaft-fleiss-statt-lebensfreude-opaschowski-sieht-wertewandel_id_4828634.html (22.08.2015).

Copray, N. (1993). *Von der Risikogesellschaft zur Erlebnisgesellschaft. Wenn satte Bürger die schöne Welt suchen.* Publik-Forum Nr. 5. 12.03.1993. URL: http://www.gerhardschulze.de/wp-content/uploads/rez/Rezension_Copray.pdf (04.04.2015).

Dabisch, J. (2002). Paolo Freire. In A. Datta & G. Lang-Wojtasik (Hrsg.) (2002), *Bildung zur Eigenständigkeit. Vergessene reformpädagogische Ansätze aus vier Kontinenten* (S. 75–86). Frankfurt a.M.: IKO – Verlag für Interkulturelle Kommunikation. https://www.pedocs.de/volltexte/2017/14632/pdf/Datta_LangWojtasik_2002_Bildung_zur_Eigenstaendigkeit.pdf (09.04.2018).

DAK Pressemitteilung (2015). *DAK-Studie: Doping im Job nimmt deutlich zu Gesundheitsreport 2015 – Drei Millionen Beschäftigte nehmen leistungssteigernde oder stimmungsaufhellende Medikamente.* URL: http://www.dak.de/dak/download/Pressemitteilung_Gesundheitsreport_2015-1585952.pdf (06.04.2015).

De.Statista. *Einstellung zu politischem Engagement in Deutschland.* URL: http://de.statista.com/statistik/daten/studie/180690/umfrage/einstellung-zu-politischem-engagement-in-deutschland/ (27.07.2016).

Deck, M. (2016). *Salem: Streit um die Zukunft der weltberühmten Schule.* Südkurier, Beitrag vom 09.01.2016. URL: https://www.suedkurier.de/region/bodenseekreis-oberschwaben/salem/Salem-Streit-um-Zukunft-der-weltberuehmten-Schule;art372491,8429470 (17.04.2018).

Deloitte (14.03.2016). *Deutsche Fitnessbranche weiter auf Überholspur. Deloitte-Studie: Discountsegment und Special Interest Angebote besonders wachstumsstark.* URL: http://www.presseportal.de/pm/60247/3275586 (13.01.2017).

Demografie-Portal des Bundes und der Länder. Zahlen und Fakten. *Anzahl der Pflegebedürftigen steigt vor allem bei den Hochbetagten.* URL: http://www.demografie-portal.de/SharedDocs/Informieren/DE/ZahlenFakten/Pflegebeduerftige_Anzahl.html;jsessionid=9CB135D83CD22E4806EA07ADC7CAC481.2_cid389 (13.04.2018).

DEUTSCHE UNESCO-KOMMISION 2005. *Förderung einer globalen Partnerschaft für die UN-Dekade. „Bildung für nachhaltige Entwicklung (2005–2014)". Der Internationale Umsetzungsplan der UN-Dekade in Kurzfassung* (inoffizielle deutsche Übersetzung). Bonn u.a. URL: http://www.bne-portal.de/coremedia/generator/unesco/de/Downloads/Hintergrundmaterial__international/IIS_20dt..pdf (01.06.2013).

Deutsche UNESCO-Kommission e.V. (DUK) (Hrsg.) (2010). *Inklusion: Leitlinien für die Bildungspolitik* (2. Auflage). Bonn: DUK. URL: https://www.unesco.de/fileadmin/medien/Dokumente/Bildung/InklusionLeitlinienBildungspolitik.pdf (29.12.2015).

Deutscher Gewerkschaftsbund (2013). *Gefährdungen durch psychische Belastungen bei der Arbeit vermeiden – psychisch kranke Menschen besser unterstützen. Gewerkschaftliche Anforderungen. Beschluss des DGB-Bundesvorstands vom 09.04.2013.* URL: www.dgb.de/themen/++co++aa716d7e-a5e1-11e2-bf4e-00188b4dc422 (27.3.2018); URL: http://www.google.de/url?sa=t&rct=j&q=&esrc=s&source=web&cd=2&ved=0CCoQFjAB&url=http%3A%2F%2Fwww.dgb.de%2Fthemen%2F%2B%2Bco%2B%2Baa716d7e-a5e1-11e2-bf4e-00188b4dc422&ei=Vf2FVM34B4OzPIW9gNAF&usg=AFQjCNF1Fy5vmlYeDJCjt-_Gq9pZAlZ_Ow&sig2=7JK9B6oqZG42DdbHPE7FSA&bvm=bv.80642063,d.ZWU (08.12.2014).

Deutscher Gewerkschaftsbund (2014). *Arbeitsmarkt auf den Punkt gebracht 1/2014 – Arbeitslosigkeit: Die Folgen für die Gesundheit.* URL: http://www.dgb.de/themen/++co++8656a222-619f-11e3-94e7-00188b4dc422 (27.07.2016).

Deutscher Tierschutzbund e.V. (2013). *Qualzucht bei Haustieren.* Bonn. URL: https://www.tierschutzbund.de/fileadmin/user_upload/Downloads/Hintergrundinformationen/Heimtiere/Hintergrundpapier_Qualzucht.pdf (29.04.2018).

Dewey, J. (1916). *Democracy and Education.* New York: The Macmillan Company. URL: http://en.wikisource.org/wiki/Democracy_and_Education/Chapter_IV (09.04.2018).

DGFE (2017). *Stellungnahme des Vorstands der Deutschen Gesellschaft für Erziehungswissenschaft (DGfE) zur Diskussion um sexuelle Gewalt in pädagogischen Kontexten.* URL: http://www.dgfe.de/fileadmin/OrdnerRedakteure/Stellungnahmen/2017.03_Sexuelle_Gewalt_in_paedagogischen_Kontexten.pdf (20.08.2017).

DiE (Hrsg.) (2014). *Competencies in Later Life: Overview of the First Results.* URL: http://www.die-bonn.de/cill/pdf/DIE_CILLResultsOVERVIEW.pdf (18.10.2015).

Die Drogenbeauftragte der Bundesregierung (2015). *Computerspiel- und Internetsucht.* (18.06.2015). URL: http://www.drogenbeauftragte.de/drogen-und-sucht/computerspiel-und-internetsucht.html (31.12.2015).

Die Presse. *Die Mängel der Freizeitpädagogik Ausbildung* (06.05.2012). URL: http://diepresse.com/home/bildung/schule/755373/Die-Maengel-der-Freizeitpaedagogik-Ausbildung (23.08.2014).

Die Sinus Milieus® (2015). *Kurzbeschreibung der Sinus-Milieus® in Deutschland.* URL: http://www.sinus-institut.de/veroeffentlichungen/downloads/ (15.09.2015).

Dieden, A. (2015). *Studie zu Ehrenamt: Immer mehr Menschen engagieren sich für Flüchtlinge.* Beitrag vom 17.4.2015. URL: https://mediendienst-integration.de/artikel/studie-bim-ehrenamtliche-willkommenskultur-fuer-asylbewerber.html (07.08.2017).

Dieffenbacher, Chr. (2016). Späterer Schulanfang, wachere Kinder. In Uni-Nova (01/2016), *Schöne Erholung – Neues aus der Schlafforschung.* Basel: Universität Basel. URL: https://www.unibas.ch/de/Forschung/Uni-Nova/Uni-Nova-127/Uni-Nova-127-Spaeterer-Schulanfang-wachere-Kinder.html (24.03.2019).

Dietmann-Beckert, E. (o.A.). *Viele – Frauen verändern die Welt: Jane Addams.* URL: http://www.women-in-history.eu/details_de/items/64.html (10.02.2013).

Dietsche, B. & Meyer, H.H. (2004). *Literaturauswertung Lebenslanges Lernen und Literaturnachweis zur Literaturauswertung Lebenslanges Lernen* (im Auftrag der BLK Ad-hoc-AG „Strategiepapier Lebenslanges Lernen", August 2004). Bonn: Deutsches Institut für Erwachsenenbildung. URL: http://www.die-bonn.de/esprid/dokumente/doc-2004/dietsche04_02.pdf (23.04.2018).

Dorsch Lexikon der Psychologie (o.A.). PDCA Zyklus. URl: https://dorsch.hogrefe.com/stichwort/pdca-zyklus (23.04.2018).

Dowideit, A. (2014). Zwei von fünf Alleinerziehenden beziehen Hartz IV. In *Die Welt, Beitrag vom 09.02.2014.* URL: http://www.welt.de/wirtschaft/article125585729/Zwei-von-fuenf-Alleinerziehenden-beziehen-Hartz-IV.html (02.04.2015).

Dreyer, S. (o.A.). *Was bedeutet „Lebenslanges Lernen"?* URL: http://www.bildungsxperten.net/wissen/was-bedeutet-lebenslanges-lernen/ (28.10.2015).

Duden online. *Freizeit.* URL: http://www.duden.de/rechtschreibung/Freizeit (27.08.2014).

Eichelberger, H. (o.A.). *Reformpädagogik – Unterrichtsentwicklung: Der Daltonplan nach Helen Parkhurst.* URL: http://www.eichelberger.at/14-reformpaedagogik/daltonplan-paedagogik/8-der-daltonplan-nach-helen-parkhurst (10.11.2017).

Eichenberg, C. & Dyba, J. (2013). *Zum Zusammenhang von Bindungsstilen, Internetnutzung und Internetsucht: Ergebnisse einer Online-Befragung*. Heidelberg: Vortrag auf dem Deutschen Kongress für Psychosomatische Medizin und Psychotherapie, 08.03.2013. URL: http://www.christianeeichenberg.de/?p=363 (31.12.2015; 18.03.2019).

Eichenberg, C. (2014). Verhaltenssüchte: Internetsucht geht mit unsicherer Bindung einher. In *Deutsches Ärzteblatt, PP 13, Ausgabe Juni 2014*. URL: http://www.aerzteblatt.de/archiv/160642/Verhaltenssuechte-Internetsucht-geht-mit-unsicherer-Bindung-einher (31.12.2015).

EKKJ – Eidgenössische Kommission für Kinder- und Jugendfragen (Hrsg.) (2005). *„… und dann ist der Tag vorbei!“ Freie Zeit, Freiraum und Bewegung für Kinder und Jugendliche*. Bern. URL: https://www.ekkj.admin.ch/fileadmin/user_upload/ekkj/04themen/02Freizeit_Freiraeume/d_05_Bericht_Freizeit_Freiraum.pdf (11.04.2018).

Emerson, R.W. (1886). *Die Natur: Ein Essay von Ralph Waldo Emerson* (aus dem Englischen von Adolph Holtermann). Hannover: Carl Meyer. URL: http://reader.digitale-sammlungen.de/de/fs1/object/display/bsb10130959_00058.html?zoom=0.6000000000000001 (30.11.2015).

Enzklo.de. Metöken. URL: http://www.enzyklo.de/Begriff/Met%C3%B6ken (13.03.2019).

Epd/pos (2015). Jeder siebte Rentner von Armut bedroht. In *Welt.de, Beitrag vom 12.10.2015*. URL: http://www.welt.de/wirtschaft/article147500878/Jeder-siebte-Rentner-von-Armut-bedroht.html (15.10.2015).

Erpenbeck J. & Weinberg, W. (2004). Bildung oder Kompetenz – eine Scheinalternative? In *REPORT Literatur- und Forschungsreport Weiterbildung, 27*(2004)3, *S. 69-76*. URL: http://www.die-bonn.de/doks/weinberg0402.pdf (07.08.2016).

EurActive (2006). *Frauen in Europa: Bessere Ausbildung, schlechterer Lohn, weniger Freizeit*. 7. März 2006. URL: http://www.euractiv.de/soziales-europa/frauen-europa-bessere-ausbildung-news-249749 (13.09.2015).

European Commission Erasmus + Programmleitfaden (Version 2 /2017, 20.01.2017). URL: https://ec.europa.eu/programmes/erasmus-plus/sites/erasmusplus2/files/2017-erasmus-plus-programme-guide-v2_de.pdf (02.05.2018).

Euteneuer, M. (2005). *Individualisierung, zweite Moderne und Soziale Arbeit. Zur Rezeption Ulrich Becks in der Theorie Sozialer Arbeit* (Diplomarbeit am Fachbereich 12 der Universität Dortmund). URL: http://www.hitzler-soziologie.de/pdf/MaEu-Dipl.pdf (02.04.2015).

Fahrenberg, J. & Steiner, J. M. (2004). Adorno und die autoritäre Persönlichkeit. In *Kölner Zeitschrift für Soziologie und Sozialpsychologie 56*(2004)1, S. 127–152. URL: http://www.jochen-fahrenberg.de/uploads/media/Adorno_und_die_Autoritaere_Persoenlichkeit.pdf (02.02.2016).

Fahrenberg, J. (2007). *Psychologische und Interdisziplinäre Anthropologie* (e-Buch 2007). URL: http://www.jochen-fahrenberg.de/uploads/media/Menschenbilder_e-Buch_01.pdf (17.11.2015).

Farin, K. 2010. *Dossier Jugendkulturen in Deutschland 1950-1989*. Bonn: Bundeszentrale für politische Bildung. URL: http://www.bpb.de/gesellschaft/kultur/jugendkulturen-in-deutschland/36154/die-1950er (15.09.2018).

Faust, V. (o.A.). *Psychosoziale Gesundheit von Angst bis Zwang: Kaufsucht.* URL: http://www.psychosoziale-gesundheit.net/psychiatrie/kaufzwang.html (24.02.2017).

FAZ (5.02.2014). *Vormarsch der „Multijobber". Grüne fordert Mindestlohn auch für Minijobs.* URL: http://www.faz.net/aktuell/politik/inland/vormarsch-der-multijobber-gruene-fordert-mindestlohn-auch-fuer-minijobs-12785834.html (16.10.2015).

FAZ. net. *DAK-Studie „Hirndoping" gegen Stress am Arbeitsplatz nimmt zu.* (17.03.2015). URL: http://www.faz.net/aktuell/beruf-chance/doping-gegen-stress-im-job-nimmt-laut-dak-studie-zu-13488663.html (06.04.2015).

Filla, W. (2010). Notwendigkeit und Probleme vergleichender historischer Erwachsenenbildungsforschung. In *Report – Zeitschrift für Weiterbildungsforschung, 33*(2010)4, S. 27–37. Bonn: Deutsches Institut für Erwachsenenbildung – Leibniz-Zentrum für Lebenslanges Lernen e.V. URL: https://www.die-bonn.de/doks/report/2010-geschichte-der-erwachsenenbildung-04.pdf (01.07.2018).

Finanzen Markt & Meinungen – Das Praxismagazin für Finanzthemen (2015). Arbeitsmarkt und Multijobber. Wandel am Arbeitsmarkt: Weltweit steigt die Zahl der Multi-Jobber. *Onlineausgabe des Printmagazins Finanzen Markt & Meinungen.* (04.02.2015). URL: http://www.fmm-magazin.de/wandel-am-arbeitsmarkt-weltweit-steigt-die-zahl-der--finanzen-mm_kat52_id7870.html (16.10.2015).

Fischer, J. (2000). Exzentrische Positionalität. Plessners Grundkategorie der Philosophischen Anthropologie. In *Deutsche Zeitschrift für Philosophie, 48*(2000)2, S. 265–288. URL: http://www.fischer-joachim.org/exzentrische positionalitaet.pdf (16.11.2015).

Forschungsinstitut für Soziologie, Universität zu Köln (Hrsg.) (2003). *Verbreitung und Determinanten der Schulverweigerung in Köln* (Dritter Zwischenbericht für die GEW Stiftung Köln, 21.07.2003). URL: http://www.

uni-koeln.de/wiso-fak/fisoz/Mitarbeiter/Weiss/docs/gew.zwischenbericht3.pdf (14.01.2015).

Förster, K. (2011). *Geschichte der Jugendarbeit in Karlsruhe* (hrsg. vom Karlsruher Stadtarchiv, Bd. 32, Karlsruhe: Info-Verlag, Auszug online). URL: https://ns-in-ka.de/wp-content/uploads/2017/06/Jugendarbeit_im_Dritten_Reich_01.pdf (14.03.2018).

Forster, St., Gruber, S.& Roffler, A. u.a. (2011). *Tourismus – ganz natürlich! Von der Idee über die Marktanalyse zum natur- und kulturnahen Tourismusangebot.* Wergenstein: ZHAW Fachstelle Tourismus und Nachhaltige Entwicklung. URL: verfügbar: https://www.naturkultur-erlebnis.ch/uploads/downloads/sanu_HandbuchTourismus_Buch_D_low.pdf (10.08.2017).

Franklin, B. (1748). *"Advice to a Young Tradesman, Written by an Old One".* URL: http://www.craigcarey.net/spring2014eng370/files/2014/02/Franklin-Advice-and-Hints.pdf (26.11.2014).

Freericks, R. (2006). Lernen in Erlebniswelten. In *DIE MAGAZIN, 4/2006*, S. 32–34. URL: http://www.diezeitschrift.de/42006/freericks0601.pdf (03.05.2018).

Friebe, J. (2009). *Bildung bis ins hohe Alter? Anspruch und Wirklichkeit des Weiterbildungsverhaltens älterer Menschen in Deutschland* (Dokument aus der Reihe „DIE FAKTEN" des Deutschen Instituts für Erwachsenenbildung). Bonn: Deutsches Institut für Erwachsenenbildung, Leibniz-Zentrum für Lebenslanges Lernen, Dezember 2009. URL: https://www.die-bonn.de/doks/friebe0901.pdf (18.10.2015).

Friese, A. (2014). *Bildungsressourcen hochaltriger Menschen im Alten- und Pflegeheim. Eine qualitative Studie zu vorhandenen Ressourcen und faktischer Bildungsbeteiligung von Menschen im hohen Lebensalter durchgeführt in einer stationären Senioreneinrichtung.* Köln: Universität zu Köln. URL: http://kups.ub.uni-koeln.de/5647/ (15.10.2015).

Fröhlich, G. & Mörth, I. (1994). Lebensstile als symbolisches Kapital. In I. Mörth & G. Fröhlich (Hrsg.) (1994), *Das symbolische Kapital der Lebensstile. Zur Kultursoziologie der Moderne nach Pierre Bourdieu* (S. 7–30). Frankfurt a.M.: Campus. URL: http://soziologie.soz.uni-linz.ac.at/sozthe/staff/moerthpub/BourdieuEinleitung.pdf (14.12.2015).

Gebhard, U. (2010). Wie wirken Natur und Landschaft auf Gesundheit, Wohlbefinden und Lebensqualität? In Bundesamt für Naturschutz (Hrsg.), *Naturschutz & Gesundheit. Allianzen für mehr Lebensqualität* (S. 22–28). Bonn. URL: https://www.bfn.de/fileadmin/MDB/documents/ina/vortraege/2011/2011-Naturbewusstsein-Gebhard.pdf (01.12.2015).

Gerbing, J. (2009). OKJA – gefangen zwischen Ganztagsschule und Prävention. Plädoyer für eine starke und unabhängige Kinder- und Jugendarbeit. *FORUM für Kinder und Jugendarbeit, 1+2/2009.* URL: http://www.kinder-undjugen darbeit.de/fileadmin/download/Forum-1-2_09_Gerbing.pdf (08.09.2017).

Gerten, M. (2015). *OECD-Studie: Vermögen in Deutschland besonders ungleich verteilt.* Dpa 21.05.2015. URL: http://www.focus.de/finanzen/news/aus-oecd-bericht-ungleichheit-bei-vermoegen-in-deutschland-besonders-ausgepraegt_id_4697179.html (28.06.2015).

Giesinger, J. (2011). „Wie kultiviere ich die Freiheit bei dem Zwange?" Zu Kants Pädagogik. In *Pädagogische Rundschau, 65*(2011)3, S. 259–270. URL: http://www.erziehungsphilosophie.ch/publikationen/Giesinger_Freiheit-bei-dem-Zwange_orig.pdf (01.11.2015).

Girkinger, M. (2015). Über die Ambivalenz eines boomenden Marktes Glück und Erfolg durch Persönlichkeitsbildung? In *DIE Magazin, 4/2015.* URL: https://www.die-bonn.de/doks/persoenlichkeitsentwicklung-01.pdf (30.12.2016).

Glaeske, G., Merchlewicz, M. & Schepker, R. u.a. (o.A.). *Hirndoping. Die Position der Deutschen Hauptstelle für Suchtfragen e.V. (DHS).* Hamm: Deutsche Hauptstelle für Suchtfragen (DHS). URL: http://www.dhs.de/fileadmin/user_upload/pdf/news/2011-06-20_Positionspapier_Hirndoping.pdf (06.04.2015).

Götze, R. (2005). *Toynbee Hall (London): Die Geburtsstunde der Gemeinwesenarbeit und der Beginn der Settlement-Bewegung.* URL: http://www.stadttei larbeit.de/themen/theorie-stadtteilarbeit/lp-stadtteilarbeit/87-toynbee-hall-lp.html (09.04.2018).

Groddeck, N. (2003). *Carl Rogers, die Reformpädagogik und die Reform der Regelschule*, S. 28. URL: http://www.norbertgroddeck.de/files/rogersregelsch ule-2003.pdf (15.11.2015).

Gruber, E. (o.A.). *Kurze Geschichte des Bildungsbegriffs.* URL: http://files.adulted ucation.at/wba/1-Gruber_Elke_Bildung.pdf (04.08.2016).

Grundgesetz für die Bundesrepublik Deutschland vom 23.05.1949. *Dokumentarchiv.de.* URL: http://www.documentarchiv.de/brd/1949/grundgesetz.html (14.03.2018).

Grundgesetz für die Bundesrepublik Deutschland vom 23.05.1949: „Art. 3.: (1)". URL: http://www.verfassungen.de/de/gg.htm (24.07.2016).

Grüter, Th. (2010). *Magisches Denken: Wie es entsteht und wie es uns beeinflusst.* Fischer E-book.

Güntner, H. D. (1987). Korsika – oder „Wie man Pädagogik vermeidet". Sonderdruck aus *„Unsere Jugend". Zeitschrift für Jugendhilfe in Wissenschaft und Praxis* (Heft 8,10 und 11, 1987). München: Ernst Reinhard. URL: http://www.schule-bw.de/unterricht/paedagogik/erlebnispaedagogik/korsika/erlebnisp aed.htm (24.10.2015).

Hahn, K. (1930). The Seven Laws of Salem. In K. Hahn (1930), *Salem.* Privatdruck (übersetzt von M. Knoll, S. 1–3). URL: https://www.jugendprogramm.de/bibliothek/medien/kurt-hahn/7_Salemer_Gesetze.pdf (17.04.2018).

Hahn, K. (1957). Stoff pauken genügt nicht. Vieles an unserer Schulmisere konnte durch das Beispiel der Landerziehungsheime gebessert werden. 27.06.1957. *Spiegel Archiv.* URL: http://www.zeit.de/1957/26/stoff-pauken-genuegt-nicht (27.10.2015).

Hahne, P. (2015). Geliebt, verwöhnt, verhätschelt. Das hält doch kein Hund aus. *ZDF, Beitrag vom 22.03.2015.* URL: http://www.zdf.de/peter-hahne/geliebt-verwoehnt-verhaetschelt-weerden-hunde-vermenschlicht-diskussion-mit-martin-ruetter-und-uschi-ackermann-bei-peter-hahne-37633700.html (24.09.2016).

Hamm, I. (2003*). Eine lebensstilistische Segmentierung des Jugendmarktes.* Mannheim: Universität Mannheim. URL: http://d-nb.info/974093262/34 (07.09.2015).

HannahArendt.net. *Zeitschrift für politisches Denken: Vita Hannah Arendt.* URL: http://www.hannaharendt.net/index.php/han/pages/view/vitaArendt (10.08.2014).

Hassenbusch, I. (2014). *Norbert Elias und Pierre Bourdieu im Vergleich. Eine Untersuchung zu Theorieentwicklung, Begrifflichkeit und Rezeption* (Dissertation). Karlsruhe: Pädagogische Hochschule Karlsruhe. URL: phka.bsz-bw.de/files/9/Dissertation_Inken_Hasselbusch.pdf (22.04.2018).

Heidenfelder, C. (2014). *Kindheit im Zweiten Weltkrieg.* (17.09.2014). URL: http://www.planet-wissen.de/politik_geschichte/drittes_reich/kindheit_im_zweiten_weltkrieg/index.jsp (04.12.2014).

Heiland, H. (1989). Wilhelm Flitner. Zum 100. Geburtstag am 20.08.1989. In *Erziehen heute, 39*(1989)2, S. 25–30. URL: https://www.pedocs.de/volltexte/2010/1580/pdf/Heiland_Helmut_Wilhelm_Flitner_D.pdf (01.07.2018).

Heinemann, K.-H. (2011). Drill für die zukünftige Führungselite. Vor 125 Jahren wurde der Pädagoge Kurt Hahn geboren. *Deutschlandfunkkultur: Beitrag 04.06.2011.* URL: http://www.deutschlandfunkkultur.de/drill-fuer-die-zukuenftige-fuehrungselite.932.de.html?dram:article_id=131192 (10.11.2017).

Herder, J.G. (1772). *Abhandlung über den Ursprung der Sprache.* Berlin: Voß. URL: http://www.deutschestextarchiv.de/book/show/herder_abhandlung_1772 (24.09.2017).

Hessisches Archiv-Dokumentations- und Informationssystem (HADIS). URL: http://www.hadis.hessen.de/scripts/HADIS.DLL/home?SID=87B7-3D8E30A-B783B&PID=55C1 (22.07.2014a).

Hessisches Archiv-Dokumentations- und Informationssystem (HADIS). URL: http://www.hadis.hessen.de/scripts/HADIS.DLL/home?SID=2E18-46F9DF5-BD398&PID=4BD (22.07.2014b).

Heuer, K. (2017). *Arbeiterbildungsverein*. Bonn: DIE. URL: https://www.die-bonn.de/zeitzeichen/arbeiterbildungsverein.aspx (17.06.2018).

Heule, S. (2011). Warum Klara beim Alp-Öhi gesund wurde: Die Heilkraft der Berge aus Sicht der Integrativen Therapie. In H. Petzold. (Hrsg.), Going Green: Die heilende Kraft der Landschaft. Integrative Naturtherapie, Green Activity, Green Meditation. *Integrative Therapie, 37*(2011)3, S. 227–254. URL: http://www.fpi-publikation.de/images/stories/downloads/integrative%20therapie/2011-3-going-green-heildende-kraft-landschaft-integrative-naturtherapie.pdf (24.04.2018).

Hilbig, M. & Hollweg, P. (1999). Jugendkriminalität klasse behandelt. In *Fokus, Beitrag vom 16.04.1999*. URL: http://www.focus.de/politik/deutschland/jugendkriminalitaet-klasse-behandelt_aid_177702.html (04.11.2015).

Hille, A., Arnold, A. & Schupp, J. (2013). Freizeitverhalten Jugendlicher: Bildungsorientierte Aktivitäten spielen eine immer größere Rolle. *Deutsches Institut für Wirtschaftsforschung e.V., Wochenbericht Nr. 40/2013*, S. 15–26. Berlin: DIW. URL: http://www.diw.de/documents/publikationen/73/diw_01.c.428684.de/13-40-3.pdf (05.09.2015).

Hillmanns, R. (2014). *Interkulturelle Öffnung in Soziokulturellen Zentren. Bestandsaufnahme & Reflexion* (Master-Thesis). Düsseldorf: Universität Düsseldorf. URL: http://www.soziokultur.de/bsz/sites/default/files/file/R_%20Hillmanns_Interk_ %20%C3%96ffnung%20in%20sk%20Zentren.pdf (05.08.2017).

Hilpert, M., Brockmeier, K. & Dordel, S. et al. (2017). Sociocultural Influence on Obesity and Lifestyle in Children: A Study of Daily Activities, Leisure Time Behavior, Motor Skills, and Weight Status. In *Obes Facts, 10*(2017)3, S. 168–178. URL: https://www.karger.com/Article/FullText/464105 (04.08.2019).

Hilpert, M. (2019). *Soziokultureller Einfluss auf Übergewicht und Lebensstil bei Kindern: Eine Studie über tägliche Aktivität, Freizeitgestaltung, motorische Leistungsfähigkeit und Gewichtsstatus* (Dissertation). Köln: Medizinische Fakultät der Universität Köln. URL: https://d-nb.info/1188416839/34 (04.08.2019).

Hinz, A. & Behr, M. (o.A.). *„Biografische Rekonstruktionen und Reflexionen – Zum 100. Geburtstag von Carl Rogers“* (S. 1–20). URL: https://www.ph-ludwigsburg.de/fileadmin/subsites/1c-ppsy-t-01/user_files/Hinz/Einfuehrung_PaedPsych/Biographie_Rogers_Hinz_Behr.pdf (17.11.2015).

Hobler, D., Klenner, Chr., Pfahl, S., Sopp, P. & Wagner, A. (2017). Wer leistet unbezahlte Arbeit? Hausarbeit, Kindererziehung und Pflege im Geschlechtervergleich, aktuelle Auswertungen aus dem WSI GenderDatenPortal, April

2017. *In Böckler Impuls, 8/2017*, S. 4–5. URL: https://www.boeckler.de/Impuls_2017_08_4-5.pdf (13.04.2018).

Hollneck, U. (2009). *Freizeitverhalten im höheren Lebensalter. Einflussfaktoren und Hemmnisse*. Rostock: Universität Rostock. URL: http://d-nb.info/995977917/34 (15.10.2015).

Homepage der Deutschen Sporthochschule Köln. *Institut für Europäische Sportentwicklung und Freizeitforschung.* URL: http://www.dshs-koeln.de/einrichtungen-a-z/?tx_spohodepartments_list%5Bcontroller%5D=Department&tx_spohodepartments_list%5Baction%5D=list&tx_spohodepartments_list%5Bq%5D=freizeit (23.08.2014).

Homepage der Hochschule Bremen. *Internationaler Studiengang Angewandte Freizeitwissenschaft B.A.* URL: http://www.hs-bremen.de/internet/de/studium/stg/isaf/inhalte/ (23.08.2014).

Homepage der Hochschule Bremen: Forschungseinrichtungen. *IFKA – Institut für Freizeitwissenschaft und Kulturpädagogik e.V. URL*: http://www.hs-bremen.de/internet/de/forschung/einrichtungen/ifka/ (30.08.2014); http://www.hs-bremen.de/internet/de/forschung/einrichtungen/ifka/ (04.03.2018).

Homepage der Kirchliche Pädagogische Hochschule Wien/Krems. *Zentrum für Weiterbildung: Freizeitpädagogik.* URL: http://www.kphvie.ac.at/institute/zentrum-fuer-weiterbildung/ueberblick-lehrgaenge/freizeitpaedagogik.html (03.03.2018).

Homepage der Kirchliche Pädagogische Hochschule Wien/Krems. *Zentrum für Weiterbildung. Hochschullehrgänge im Überblick: Soziokulturelle Animation.* URL: http://www.kphvie.ac.at/institute/zentrum-fuer-weiterbildung/hochschullehrgaenge-im-ueberblick/soziokulturelle-animation-gruppen-spielend-leiten.html (03.03.2018).

Homepage der Stiftung für Zukunftsfragen. URL: http://www.stiftungfuerzukunftsfragen.de/de/ (30.08.2014).

Homepage der Stiftung für Zukunftsfragen. *Selbstverständnis und Stiftungszweck.* URL: http://www.stiftungfuerzukunftsfragen.de/de/stiftung/selbstverstaendnis-und-stiftungszweck.html (30.08.2014); http://www.stiftungfuerzukunftsfragen.de/de/stiftung/selbstverstaendnis-und-stiftungszweck.html (04.03.2018).

Homepage des Fachbereichs der Sozial- und Kulturwissenschaften (2014) URL: http://soz-kult.fh-duesseldorf.de/info (23.08.2014).

Homepage Dorothee Sölle. URL:http://www.dorothee-soelle.de/ (05.12.2015).

Hradil, St. (Hrsg.) (2012). *Dossier: Deutsche Verhältnisse. Eine Sozialkunde* (Kap. Soziale Ungleichheit). Bonn: BpB – Bundeszentrale für politische Bildung.

URL: http://www.bpb.de/politik/grundfragen/deutsche-verhaeltnisse-eine-sozialkunde/138379/soziale-ungleichheit (13.04.2018).

Huber, W. (2007). *„Der Mensch ist zur Arbeit geboren wie der Vogel zum Fliegen..." – Hat das protestantische Arbeitsethos noch eine Zukunft?* (Wittenberger Sonntagsvorlesung, 22. April 2007). URL: http://www.ekd.de/vortraege/huber/070422_huber_wittenberg.html (24.11.2014); https://www.ekd.de/070422_huber_wittenberg.htm (12.03.2018).

Hurrelmann, K. (2003). *Schwindende Kindheit – Expandierende Jugendzeit. Neue Herausforderungen für die biografische Gestaltung des Lebenslaufs.* URL: http://www.kgl-web.de/media/c4beeb8ee53eb28cffff8026ffffffef.pdf (30.04.2018).

Hurrelmann, K. (2005). *Gesundheitssituation von Kindern und Jugendlichen.* URL: http://www.ajs-bw.de/media/files/ajs-info/ausgaben_altbis05/Artikel_Hurrelmann.pdf (28.02.2017).

Institut für Zeitgeschichte. München – Berlin. Dokumentation DIE ENTSTEHUNG UND POLITISCHE BEDEUTUNG DER „NEUEN BLÄTTER FÜR DEN SOZIALISMUS" UND IHRES FREUNDESKREISES. *Vierteljahreshefte für Zeitgeschichte, 25*(1977)3, S. 373–419. URL: http://www.ifz-muenchen.de/heftarchiv/1977_3_4_martiny.pdf (23.07.2014).

International Labour Office (2017). *Global estimates of child labour: Results and trends, 2012–2016.* Geneva: ILO, Geneva. URL: https://www.ilo.org/global/publications/books/WCMS_575499/lang--en/index.htm (23.03.2019).

International Labour Office, International Programme on the Elimination of Child Labour (IPEC) (2013). *Making progress against child labour. Global estimates and trends 2000-2012.* Geneva: ILO, Geneva. URL: http://www.ilo.org/wcmsp5/groups/public/---ed_norm/---ipec/documents/publication/wcms_221513.pdf (28.07.2017).

Jakob, B. (o.A.). *Geschichte der Pfadfinder.* URL: jgw-wittenberg.de/wp-content/uploads/.../Pfadfindergeschichte-Text-Bernd-Jacob.pdf (22.06.2018); siehe auch: http://www.bdpler.de/pfadfgesch_vcp_standreas.pdf; Website Verband Christlicher Pfadfinderinnen und Pfadfinder – VCP Wendlingen. (22.06.2018).

Jane Addams Hull-House Museum, Chicago. *About Hull-House.* URL: http://www.uic.edu/jaddams/hull/_learn/_abouthullhouse/abouthullhouse.html (14.02.2013).

Jeitziner, D. (2014). Der Kick für den Kopf. Nichts entspannt uns Menschen so zuverlässig wie die Natur. In *natursoziologie.de 6/2014.* URL: http://www.natursoziologie.de/files/jeitziner-natpsych_1410201315.pdf (21.08.2016).

Jesuitenmission präsentiert: Sonidos de la Tierra. *YouTube-Beitrag vom 28.06.2011.* URL: https://www.youtube.com/watch?v=XpLY4aY9j_4 (14.07.2017).

Jüngling, Th. (2014). Cyborgs. Das Zeitalter der Maschinen-Menschen hat begonnen. *Welt.de, Beitrag vom 12.06.2014.* URL: https://www.welt.de/wirtschaft/webwelt/article128842469/Das-Zeitalter-der-Maschinen-Menschen-hat-begonnen.html (28.02.2017).

Jurt, J. (2010). Die Habitus-Theorie von Pierre Bourdieu. In *LiTheS, Nr. 3* (Juli 2010). URL: http://lithes.uni-graz.at/lithes/beitraege10_03/jurt.pdf (14.12.2015).

Kahl, R (1992). *Kindheit heute – das Schwinden der Sinne.* DVD. Hamburg: Pädag.-Beitr.-Verlag.

Kaiser, T. (2015). OECD-Studie: Deutschlands untere Mittelschicht wird abgehängt. In *Die Welt, Beitrag vom 21.05.2015.* URL: http://www.welt.de/wirtschaft/article141259159/Deutschlands-untere-Mittelschicht-wird-abgehaengt.html?config=print (13.04.2018).

Kant, I. (1784). Beantwortung der Frage: Was ist Aufklärung? *In Berlinische Monatsschrift, (1784)12,* S. 481–494. Online verfügbar: Deutsches Textarchiv. URL: http://www.deutschestextarchiv.de/book/view/kant_aufklaerung_1784?p=17 (13.03.2018).

Kant, I. (1788/1995). *Kritik der praktischen Vernunft* (Kap. 19). Stuttgart: Philipp Reclam jun. URL: http://gutenberg.spiegel.de/buch/kritik-der-praktischen-vernunft-3512/19 (03.01.2015).

Kant, I. (1903). Über Pädagogik. Königsberg, 1803. In *Deutsches Textarchiv*: URL: http://www.deutschestextarchiv.de/kant_paedagogik_1803/1>, S. [I], (24.09.2017).

Kaufmann, S. & Hilt, K. (2017). *Geschichte des Reisens* (Stand: 17.08.2017). URL: https://www.planet-wissen.de/gesellschaft/reisen/geschichte_des_reisens/index.html (14.03.2018).

Keupp, H. & Streich, W. (1995). Lebensqualität und Gesundheit. In *Jahrbuch für Kritische Medizin 25,* S. 184–203. Hamburg: Argument. URL: http://www.med.uni-magdeburg.de/jkmg/wp-content/uploads/2013/03/JKM_Band-25_Kapitel13_Keupp_Streich.pdf (7.12.2015).

Keupp, H. (2005). *Patchworkidentität – Riskante Chancen bei prekären Ressourcen* (Vortrag in Dortmund am 20. Mai 2005). URL: http://www.ipp-muenchen.de/texte/keupp_dortmund.pdf (12.04.2015).

Keupp, H. (2007). *Die (Un-)Möglichkeit erwachsen zu werden – Identitätsarbeit in der pluralistischen Gesellschaft* (Vortrag bei der Tagung „Kirchlicher Unterricht in pluralistischer Gesellschaft“ am 09.11.2007 in Zürich). URL: http://www.ipp-muenchen.de/texte/keupp_zuerich_07.pdf (11.04.2018).

Keupp, H. (2003). *Identitätskonstruktion* (Vortrag bei der 5. bundesweiten Fachtagung zur Erlebnispädagogik am 22.09.2003 in Magdeburg). URL: http://www.ipp-muenchen.de/texte/identitaetskonstruktion.pdf (10.04.2018).

Kienbaum Institut (Hrsg.) (2015). *ABSOLVENTEN 2015 UNTER DIE LUPE GENOMMEN: Ziele, Wertvorstellungen und Karriereorientierung der Generation Y.* Dortmund. URL: http://www.kienbauminstitut-ism.de/fileadmin/user_data/veroeffentlichungen/kienbaum_institut_ism_studie_absolventen_08_2015.pdf (13.02.2016).

Kirchliche Pädagogische Hochschule Wien/Krems Archiv: KPH News. *Hochschullehrgang Freizeitpädagogik. Lehrgangsstart: 18. August 2014.* URL: http://www.kphvie.ac.at/neues-an-der-kph/kph-news/article/hochschullehrgang-freizeitpaedagogik.html (03.03.2018).

Klafki, W. (1998). *Die gegenwärtigen Kontroversen in der deutschen Erziehungswissenschaft über das Verhältnis der Geisteswissenschaftlichen Pädagogik zum Nationalsozialismus.* Marburg 1998. Online: http://archiv.ub.uni-marburg.de/sonst/1998/0003/k10.html (13.09.2017).

Klovert, H. (2015). Shell-Studie: Deutsche Jugendliche überwinden Null-Bock-Phase. Beitrag im *Schulspiegel Online, 13. Oktober 2015.* URL: http://www.spiegel.de/schulspiegel/shell-jugendstudie-politik-interessiert-jugendliche-doch-a-1057403.html (27.07.2016).

Kluge, N. & Sonnenmoser, M. (2000). *Schön und superschlank sein zu wollen hat seinen Preis Von den kleinen und großen Unterschieden zwischen Männern und Frauen* (Forschungsstelle für Sexualwissenschaft und Sexualpädagogik, Dezember 2000). Landau: Universität Landau. URL: http://www.uni-landau.de/kluge/Beitraege_zur_S.u.S/schoen_lang.pdf (16.10.2015).

Knoll, K.-P. (2010). *Kosten der Adipositas in der Bundesrepublik Deutschland.* München: Technische Universität München. URL: https://mediatum.ub.tum.de/doc/824712/824712.pdf (03.02.2017).

Knoll, M. (2001). Kurt Hahn – ein wirkungsmächtiger Pädagoge. In *Pädagogisches Handeln. Wissenschaft und Praxis im Dialog, 5*(2001)2, S. 65–76. URL: http://mi-knoll.de/40750.html (13.04.2018).

Koch, J. (2016). Hochleistungskühe in der Milchproduktion. Last durch Leistung? *Beitrag der Tagesschau, Stand: 15.07.2016.* URL: https://www.tagesschau.de/wirtschaft/hochleistungskuh-101.html (13.09.2016).

Kohl, Chr. (2013). „Sonidos de la Tierra – Klänge der Erde“. *Beitrag vom 10.09.2013.* URL: http://cms.kita-saar.de/bistum-trier/Integrale?SID=CRAWLER&MODULE=Frontend&ACTION=ViewPageView&PageView.PK=31&Document.PK=115200 (14.07.2017).

Koller, L. (o.A.). *„I show you“ – Ein Musikprojekt mit Geflüchteten* (Baden-Württemberg). URL: http://www.soziokultur.de/bsz/node/73 (05.08.2017).

Kommentare von Prof. Helmut Bouzek (2011) zu Thomas von Aquin. In *Heiligenlexikon*.de. URL: http://www.heiligenlexikon.de/BiographienT/Thomas_von_Aquin.htm (22.11.2014).

Kommentare zum Zeit online Artikel. *Generation Y. Die heimlichen Revolutionäre der Arbeit* (04.09.2014). URL: http://www.zeit.de/karriere/beruf/2014-09/ratgeber-heimliche-revolutionaere (14.01.2015).

Konsortium der Studie zur Entwicklung der Ganztagsschule – StEG (Hrsg.) (2010). *Ganztagschule – Entwicklung und Wirkung. Ergebnisse der Studie zur Entwicklung von Ganztagsschulen 2005-2010* (2. Überarbeitete Auflage). URL: https://www.projekt-steg.de/sites/default/files/Ergebnisbroschuere_StEG_2010.pdf (26.07.2019).

Koops, T. (2002). *Gesellschaftlicher Wandel und soziale Frage*. Das Bundesarchiv 2002. URL: https://www.bundesarchiv.de/imperia/md/content/dienstorte/rastatt/koops_katalogbeitrag_b.pdf (27.11.2014).

Kornmann, G. (2010). *Carl Rogers und Martin Buber: Parallelen und Unterschiede*. Heppenheim: Vortrags-Manuskript. URL: http://www.kormann.de/downloads/DL57_C_Rogers_und_M_Buber.pdf (13.06.2017).

Krause-Sauerwein, St. (2014). *Das lernförderliche Potential von Bewegung in der Grundschule aus der Sicht von Lehrern – eine qualitative Untersuchung*. München: Universität. URL: Online: https://edoc.ub.uni-muenchen.de/16598/1/Krause-Sauerwein_Stephanie.pdf (22.10.2015).

Kreuziger, A. (2000). *Die humanistischen Wurzeln und die Einflüsse auf Rogers*. URL: http://www.carlrogers.de/humanistische-wurzeln-einfluesse.html (17.11.2015).

Kulke, U. (2015). So begründet Peter Singer Tötung behinderter Babys. *Welt.de, Beitrag vom 26.05.2015*. URL: https://www.welt.de/politik/deutschland/article141455268/So-begruendet-Peter-Singer-Toetung-behinderter-Babys.html (29.04.2018).

Kultusministerkonferenz (Hrsg.) (2012). *Empfehlung zur Gesundheitsförderung und Prävention in der Schule (Beschluss der Kultusministerkonferenz vom 15.11.2012)*. URL: https://www.kmk.org/fileadmin/Dateien/veroeffentlichungen_beschluesse/2012/2012_11_15-Gesundheitsempfehlung.pdf (29.04.2018).

Lambrecht, O. (2002). *Jobbende Schüler: Morgens büffeln, abends rackern*. Spiegel Online (25.04.2002). URL: http://www.spiegel.de/schulspiegel/jobbende-schueler-morgens-bueffeln-abends-rackern-a-193462.html (27.07.2016).

Landesbildungsserver Baden-Württemberg, Fach. Bildende Kunst, Kunstgeschichte: *Renaissance*. URL: www.schule-bw.de/...medien/.../bildbeschreibung_schule_von_athen.doc (19.11.2014)

Landeszentrale für politische Bildung Baden-Württemberg. *PISA, IGLU, OECD-Jahresberichte und Ländervergleich der KMK-Bildungsstandards*. URL: https://www.lpb-bw.de/pisa.html (10.04.2018).

Lebendiges Museum Online – LeMo. *Chronik 1919 Weimarer Republik: Achtstundentag*. URL: https://www.dhm.de/lemo/kapitel/weimarer-republik/industrie-und-wirtschaft/achtstundentag.html (02.08.2017).

Lebendiges Museum Online LeMo. *Chronik 1919 Weimarer Republik: Achtstundentag*. URL: https://www.dhm.de/lemo/kapitel/weimarer-republik/industrie-und-wirtschaft/achtstundentag.html (02.08.2017).

Lebendiges Museum Online – LeMO. *Der Kampf um den Achtstundentag*. URL: http://www.dhm.de/lemo/kapitel/weimarer-republik/industrie/achtstunden (13.03.2018).

Lebendiges Museum Online – LeMo. *Nachkriegsjahre – Neuanfänge: SED-Massenorganisationen*. URL: http://www.hdg.de/lemo/kapitel/nachkriegsjahre/neuanfaenge/sed-massenorganisationen.html (05.12.2014).

Lebendiges Museum Online – LeMO. *Weimarer Republik – Alltagsleben – Wandervogelbewegung*. URL: https://www.dhm.de/lemo/kapitel/weimarer-republik/alltagsleben/wandervogelbewegung.html (15.02.2016).

Lederer, B. (o.A.). *Was ist Bildung nicht? Über Ähnliches, aber nicht Gleiches*. URL: https://www.uibk.ac.at/iezw/mitarbeiterinnen/senior-lecturer/bernd_lederer/downloads/was-ist-bildung-nicht.-ueber-aehnliches-aber-nicht-gleiches.pdf (24.08.2017).

Lenze, A. (2014). *Alleinerziehende unter Druck. Rechtliche Rahmenbedingungen, finanzielle Lage und Reformbedarf*. Hochschule Darmstadt (eine Studien im Auftrag der Bertelsmann Stiftung). Bertelsmann Stiftung. URL: http://www.bertelsmann-stiftung.de/fileadmin/files/BSt/Publikationen/GrauePublikationen/GP_Alleinerziehende_unter_Druck.pdf (02.04.2015).

Lexikon der Filmbegriffe. *Heimatfilme*. URL: http://filmlexikon.uni-kiel.de/index.php?action=lexikon&tag=det&id=1648 (30.11.2014).

Lexikon der Nachhaltigkeit 2015. *Agenda 21*. URL: https://www.nachhaltigkeit.info/artikel/agenda_21_744.htm (10.04.2018).

Lichau, K. & Wulf, Chr. (2012/2013). *Arbeit am Sinn. Anthropologie der Sinne und Kulturelle Bildung*. URL: https://www.kubi-online.de/artikel/arbeit-sinn-anthropologie-sinne-kulturelle-bildung (28.02.2016).

Liebau, E. (2004/2013). *Anthropologische Grundlagen*. URL: https://www.kubi-online.de/artikel/anthropologische-grundlagen (28.02.2016).

Linne, K. (1936). „Wir tragen die Freude in die Welt" – Der Hamburger „Weltkongreß für Freizeit und Erholung". In Internationales Zentralbüro Freude und Arbeit (Hrsg.), *Bericht Weltkongress für Freizeit und Erholung, Hamburg, vom 23. bis 30. Juli 1936*. Hamburg. Hanseatische Verlagsanstalt 1937, S. 153–176. URL: http://agora.sub.uni-hamburg.de/subhh/cntmng;jsessionid=9DFC3F5CEFCB7CF715EBA6EE83011BC5.jvm1?type=pdf&did=c1:10851 (13.03.2018).

Lippl, B. (1995). *Die Bedeutung der Freizeit in der modernen Gesellschaft aus sozialethischer Perspektive* (Lizentiatsarbeit). München: LMU. Online: http://amor.cms.hu-berlin.de/~h0187dbr/pdf_pub/freizeit.pdf (30.08.2014).

LIS-Landesinstitut für Schule (Hrsg.) (2009). *Schulbegleitforschung* (Bremen: Projekt Nr. 109: Motopädagogische Förderung. Schulische Entwicklungsförderung durch Bewegung). Bremen. URL: www.lis.bremen.de/.../SBF-Projekt%20109-Motopädische%20Förderung... (22.10.2015). URL: https://www.lis.bremen.de/schulqualitaet/schulbegleitforschung/projekte/projekt_101___120-16616 (14.04.2018).

Lübbers, N. (2013). „Kambodscha: Waisen, die keine sind. Das miese Geschäft mit dem Waisenhaustourismus". *ARD, Beitrag vom 25.08.2013*. URL: http://www.daserste.de/information/politik-weltgeschehen/weltspiegel/sendung/br/kambodscha-waisen-waisenhaeuser-100.html (08.08.2017).

Luther, M. (1520). *Von der Freiheit eines Christenmenschen*. URL: http://web.archive.org/web/20080122123348/http://www.ubf-net.de/doc/freiheit.htm (26.12.2014).

Maaß, St. & Sommerfeld, N. (2015). Bei Altersarmut geht ein Riss durch Deutschland. *Welt.de, Beitrag vom 14.10.2015*. URL: http://www.welt.de/wirtschaft/article147572505/Bei-der-Altersarmut-geht-ein-Riss-durch-Deutschland.html (15.10.2015).

Maestro Luis Szarán – Director Sonidos de la Tierra (2013). Sonidos de la Tierra. *Youtube Beitrag vom 31.05.2013*. URL: https://www.youtube.com/watch?v=O6rjJ6BSlPY (14.07.2017).

Markowetz, R. (2012). *Freizeit als Bildungzeit*. URL: https://www.koordinationsstelle.at/wp-content/uploads/2012/12/artikel_markowetz_freizeit_als_bildungszeit_20121122.pdf (08.08.2019).

Martini, M. (1977). Die Entstehung und politische Bedeutung der ‚Neuen Blätter für den Sozialismus' und ihres Freundeskreises. In *Vierteljahresheft für Zeitgeschichte, 25*(1977)3, S. 373–419. URL: http://www.ifz-muenchen.de/heftarchiv/1977_3_4_martiny.pdf (09.09.2016).

Marx, K. (1843/1844). *Zur Kritik der Hegelschen Rechtsphilosophie*. URL: http://www.uni-giessen.de/~g31130/PDF/marx/Rechtsphilosophie.pdf (18.05.2013).

Maslow, A. (1943). A Theory of Human Motivation. In *Psychological Review 1943, 50,* S. 370–396. URL: http://psychclassics.yorku.ca/Maslow/motivation.htm (08.01.2015).

Mielke, J. (2013). „Multi-Jobber" – Wenn ein Job alleine nicht reicht. *Tagesspiegel 12.04.2013.* URL: http://www.tagesspiegel.de/wirtschaft/multi-jobber-wenn-ein-job-nicht-reicht/8054478.html (16.10.2015).

Ministerium für Kultus, Jugend und Sport Baden-Württemberg (in Zusammenarbeit mit dem Landesinstitut für Schulentwicklung [LS]) (Hrsg.) (2007). *Orientierungsrahmen zur Schulqualität für allgemein bildende Schulen in Baden-Württemberg.* URL: http://www.km-bw.de/site/pbs-bw2/get/documents/KULTUS.Dachmandant/KULTUS/zentrale-objekte-multilink/pdf/Anlage%202%20Orientierungsrahmen%20zur%20Schulqualitt.pdf (31.08.2017).

Mitsis, K. (2015). *Was machen die eigentlich? Freizeitcoacher, Tierfutter-Tester, Achsel-Schnüffler: Fünf schräge Berufe, die Sie noch nicht kannten* (21.07.2015). URL: http://www.focus.de/finanzen/karriere/berufsleben/was-machen-die-eigentlich-freizeitcoacher-tierfutter-tester-achsel-schnueffler-fuenf-schraege-berufe-die-sie-noch-nicht-kannten_id_4823005.html (17.06.2017).

Moen, R. (2015). *Foundation and History of the PDSA Cycle.* URL: https://deming.org/uploads/paper/PDSA_History_Ron_Moen.pdf (30.08.2017).

Moschner, B. (2002). *Altruismus und Egoismus. Was motiviert zum Ehrenamt?* Bielefeld 2000plus – Forschungsprojekte zur Region (Diskussionspapier Nr. 20, Januar 2002). Bielefeld. URL: https://www.uni-bielefeld.de/bi2000plus/diskussionspapiere/DP_20_final.pdf (16.02.2017).

Moskopp, W. (2015). *Der (Präferenz-)Utilitarismus Peter Singers. Darstellung und kritische Würdigung.* Bonn: Bundeszentrale für politische Bildung (14.07.2015). URL: http://www.bpb.de/gesellschaft/umwelt/bioethik/208812/standpunkt-der-praeferenz-utilitarismus-peter-singers?p=all (25.12.2016).

Müller, H., Rust, H. & Schmitt, J. (2002b). Werteverfall, 6. Teil: Fließende Moralwerte der Ego-Gesellschaft. 27.06.2002. In *Manager-magazin.de.* URL: http://www.manager-magazin.de/magazin/artikel/a-197238.html (28.06.2015).

Müller, H.-P. (2012). *Wertewandel.* Bonn: Bundeszentrale für politische Bildung. URL: http://www.bpb.de/politik/grundfragen/deutsche-verhaeltnisse-eine-sozialkunde/138454/werte-milieus-undlebensstile-wertewandel (22.08.2015).

Müller; H., Rust, H. & Schmitt, J. (2002). Werteverfall, 1. Teil: Sittenverfall. 27.06.2002. In *Manager-magazin.de.* URL: http://www.manager-magazin.de/magazin/artikel/a-197238.html (28.06.2015).

Müller-Wichmann, Chr. (1986/1987). Die Legende von der „Freizeitgesellschaft": Beiträge der Sektions- und Ad-hoc-Gruppen. In J. Friedrichs;

Deutsche Gesellschaft für Soziologie (DGS) (Hrsg.), *23. Deutscher Soziologentag 1986: Sektions- und Ad-hoc-Gruppen* (S. 620–624). Opladen: Westdeutscher Verlag. URL: https://www.ssoar.info/ssoar/bitstream/handle/document/18086/ssoar-1987-muller-wichmann-die_legende_von_der_freizeitgesellschaft.pdf?sequence=1 (21.10.2018).

Museum digitale. *thüringen: Deutsches Spielzeugmuseum* Sonneberg. URL: https://www.museum-digital.de/thue/index.php?t=institution&instnr=56 (01.12.2014).

Nahrstedt, W. (1987b). Mitteilungen der Kommission Freizeitpädagogik. In *FREIZEITPÄDAGOGIK 9(1987), 1-2.* URL: https://duepublico.uni-duisburg-essen.de/servlets/DerivateServlet/Derivate-27319/1987_1_2_MitteilungenDGfE.pdf (08.08.2016).

Nahrstedt, W. (2008). VON MEDICAL WELLNESS ZU CULTURAL WELLNESS. In *Spektrum.* URL: https://duepublico.uni-duisburg-essen.de/servlets/DerivateServlet/Derivate-27924/05_Nahrstedt.pdf (13.08.2017).

Nahrstedt, W. (2008a). *25 Jahre „Institut für Freizeitwissenschaft und Kulturarbeit" (IFKA,* 1983 bis 2008). URL: http://ifka.de/fileadmin/pdf-Dateien/IFKA_Geschichte25.pdf (30.04.2014).

Nau, B. (2011). *Heilende Landschaften erleben mit allen Sinnen – Landschaft als Therapie.* http://www.psychotherapie-nau.de/Info_Naturtherapie.pdf (27.04.2018).

NDR.de – Ratgeber Reise. *Erlebnispark im Grünen: Autostadt Wolfsburg. Beitrag vom 22.8.2016.* URL: https://www.ndr.de/ratgeber/reise/braunschweiger_land/Erlebnispark-Die-Autostadt-Wolfsburg,autostadt6.html (02.05.2018).

Nestvogel, R. (o.A.). *Pierre Bourdieu. Die verborgenen Mechanismen der Macht.* URL: https://www.uni-due.de/imperia/md/content/nestvogel/04bourdieu.pdf (14.12.2015).

Neubert, St. (1998). *Erkenntnis, Verhalten und Kommunikation. John Deweys Philosophie des „experience" in interaktionistisch-konstruktivistischer Interpretation.* Münster u.a.: Waxmann. URL: http://www.uni-koeln.de/hf/konstrukt/neubert_works/buecher/neubert_dewey.pdf (09.04.2018).

Nietzsche, F. (1862/1994). Willensfreiheit und Fatum. April 1862. In *F. Nietzsche, Jugendschriften 1861–1864* (hrsg. v. Hans Joachim Mette). München: Deutscher Taschenbuch Verlag. Auch verfügbar unter URL: http://www.thenietzschechannel.com/works-unpub/youth/1862-fafg.htm (30.12.2014).

Nietzsche, F. (1872). *Ueber die Zukunft unserer Bildungsanstalten: § Vortrag II Abgeschlossen ca. 22/03/1872.* URL: http://www.nietzschesource.org/#eKGWB/BA-II (01.04.2018).

Nietzsche, F. (1874). Nutzen und Nachteil der Historie für das Leben: § 7. Erste Veröff. 22/02/1874. In *Digitale Kritische Gesamtausgabe. eKGWB/HL-7.* URL: http://www.nietzschesource.org/#eKGWB/HL-7 (01.04.2018).

Nietzsche, F. (1881). Nachgelassene Fragmente. Frühjahr–Herbst 1881. *In Digitale Kritische Gesamtausgabe. eKGWB/NF-1881,11[217].* URL: http://www.nietzschesource.org/#eKGWB/NF-1881,11[217]. (22.04.2015).

Nietzsche, F. (1882). Nachgelassene Fragmente November 1882 – Februar 1883. *Digitale Kritische Gesamtausgabe. eKGWB/NF-1882,4[132].* URL: http://www.nietzschesource.org/#eKGWB/NF-1882,4[132] (18.01.2015).

Nietzsche, F. (1889/2013). *Der Antichrist. Fluch auf das Christentum.* Berlin: Holzinger Editi-on. URL: http://www.zeno.org/Lesesaal/N/9781484049617?page=60) (24.07.2018).

Nobelprice.org. *Jane Addams Biographical.* URL: http://www.nobelprize.org/nobel_prizes/peace/laureates/1931/addams-bio.html (25.03.2015).

Nünning, A. (2009). *Vielfalt der Kulturbegriffe.* Bonn: Bundeszentrale für politische Bildung. URL: http://www.bpb.de/gesellschaft/kultur/kulturelle-bildung/59917/kulturbegriffe?p=all (27.02.2016).

o.A. (2015). Bewegungsmangel ist „tödlicher" als Adipositas. In *Ärzteblatt 15.01.2015.* URL: https://www.aerzteblatt.de/nachrichten/61460/Bewegungsmangel-toedlicher-als-Adipositas (26.02.2017).

o.A. (2013). *Hintergrundpapier zur „Qualzucht bei Heimtieren".* URL: https://www.tierschutzbund.de/fileadmin/user_upload/Downloads/Hintergrundinformationen/Heimtiere/Hintergrundpapier_Qualzucht.pdf (17.03.2019).

o.A. (2015). Wirtschaftswachstum: Reicher, reicher, immer reicher. In *Zeit online 27.4.2015.* URL: http://www.zeit.de/wirtschaft/2015-04/wirtschaftswachstum-oecd (13.04.2018).

Oberfeuchtner, H.C. (2008). *Die Konzeption des menschlichen Selbst im Werk Friedrich Nietzsches* (Dissertation). Freiburg i.B.: Albert-Ludwigs-Universität. URL: http://www.freidok.uni-freiburg.de/volltexte/6956/pdf/Dissertation_Oberfeuchtner.pdf (18.01.2015).

Œuvres completes de J.J. Rousseau (1791/2008). *Émile. Band 10, Ausgabe 1 von Œuvres completes de J.J. Rousseau, Œuvres completes de J.J. Rousseau.* Poinçot, 1791 (E-Book, 2008). Harvard University online, URL: http://books.google.de/books?id=sg0wAAAAYAAJ&dq=%22Pensez+vous+que+ce+temps+de+libert%C3%A9+soit+perdu+pour+lui+%3F+tout+au+contraire,+il+sera+le+mieux+employ%C3%A9%3B+car+c'est+ainsi+que+vous+apprendrez+%C3%A0+ne+pas+perdre+un%22&hl=de&source=gbs_navlinks_s (19.08.2014).

Ohr, R. (2014). *Heimtierstudie „Wirtschaftsfaktor Heimtier". Zur wirtschaftlichen Bedeutung der Heimtierhaltung in Deutschland.* Göttingen: Universität Göttingen (November 2014). URL: https://www.uni-goettingen.de/de/heimtierstudie-zum...heimtierhaltung/425385.html (20.09.2016).

Online-Mittelstandslexikon. URL: https://de.scribd.com/document/37339415/Zukunftsforschung (02.03.2018); URL zuvor: www.bvmw.de/fileadmin/download/DFNM/.../Zukunftsforschung.doc (23.08.2014) sowie URL: http://www.google.de/url?sa=t&rct=j&q=&esrc=s&source=web&cd=6&ved=0CEEQFjAF&url=http%3A%2F%2Fwww.bvmw.de%2Ffileadmin%2Fdownload%2FDFNM%2FMittelstandslexikon%2FZukunftsforschung.doc&ei=9o33U5b1LqeM4gTIz4CgCA&usg=AFQjCNFB1rBKx9JbhAfOYWymB42UwjKVnw&sig2=bwqygVgOBX8O0mlbB0a_qQ (23.08.2014).

Oostinga, V. & Grün-Oostinga, G. (o.A.). *Was heißt es in Brandenburg nachhaltig zu Leben? Ein Weg – FriluftsLiv. Naturbegegnung, traditionelles Handwerk, Gemeinschaft*. Brandenburg: Netzwerk nachhaltiger Lebensstil Brandenburg. URL: https://www.bund-brandenburg.de/fileadmin/brandenburg/Umweltbildung/Friluftsliv_NNL_2015.pdf (27.04.2018).

Opaschowski, H. (2014). *DeutschlandVision 2030.* URL: http://www.opaschowski.de/index.php?id=15 (09.12.2015).

Orth, A. & Lenz, P. (2013). Abiturienten als Entwicklungshelfer: Kurztrips ins Elend. *Beitrag vom 19.12.2013 auf ARD_PANORAMA*. URL: http://daserste.ndr.de/panorama/archiv/2013/Abiturienten-als-Entwicklungshelfer-Kurztrips-ins-Elend,volontourismus101.html (08.08.2017).

Ortmeyer B. (2008). *Herman Nohl und die NS-Zeit. Frankfurter Beiträge zur Erziehungswissenschaft. Forschungsbericht 72. Johann Wolfgang Goethe-Universität*, Frankfurt a.M. URL: http://forschungsstelle.files.wordpress.com/2012/06/ortmeyer_forschungsbericht_nohlunddienszeit.pdf (02.09.2014).

Ortmeyer, B. (2008). *Gehorsam, Disziplin und der denkende Mensch. Überlegungen zur systematischen Widerlegung gängiger Argumente für das Erziehungsziel des „Gehorsams" und zur Klärung des Disziplinbegriffs* (Manuskript des Vortrages am 25.11.2008 im Rahmen des Habilitationsverfahrens). Frankfurt: Goethe-Universität. URL: https://www.uni-frankfurt.de/51739618/Ortmeyer_Disziplin_und_Gehorsam.pdf (01.11.2015).

Ottenschläger, M. (2014). „Wer nichts leistet, hat verloren". Warum leiden schon Schüler an einem Burn-out? Ein Gespräch mit dem Jugendpsychiater Michael Schulte-Markwort. In *DIE ZEIT N° 14/2014/ 6. April 2014, 13:40 Uhr*. URL: http://www.zeit.de/2014/14/schueler-burnout-jugendpsychiater/komplettansicht (29.08.2015).

Pädagogische Hochschule Steiermark. *Verordnung der Studienkommission der Pädagogischen Hochschule Steiermark vom 16.01.2012. PHSt – Institut 3: HLG*

Freizeitpädagogik. URL: http://www.phst.at/fileadmin/Redakteure/Dokumente/Studienplaene/i3_HLG_Freizeitpaedagogik_Begutachtungsversion.pdf (03.03.2018).

Paulus, P. & Michaelsen-Gärtner, B. (2008). *Referenzrahmen schulischer Gesundheitsförderung. Gesundheitsqualität im Kontext der Schulqualität. Handreichung mit Indikatorenliste und Toolbox.* Lüneburg: Leuphana – Universität Lüneburg. URL: http://www.bzga.eu/bot_Seite4427.html (13.01.2017).

Petrich, D. (2011). Einsamkeit im Alter. Notwendigkeit und (ungenutzte) Möglichkeiten Sozialer Arbeit mit allein lebenden alten Menschen in unserer Gesellschaft. *Jenaer Schriften zur Sozialwissenschaft, 4(2011)6.* Jena: Fachhochschule. URL: http://www.sw.eah-jena.de/dat/publikationen/Schriftenreihe_6_Einsamkeit_im_Alter.pdf (16.10.2015).

Petzold, H. G., Hass, W., Märtens, M. & Steffan, A.(2000). Wirksamkeit Integrativer Therapie in der Praxis – Ergebnisse einer Evaluationsstudie im ambulanten Setting. In *Integrative Therapie, 2/3(2000)*, S. 277–354. Online abrufbar in: Textarchiv H.G. Petzold et al. Jahrgang 2000. URL: http://www.fpi-publikation.de/images/stories/downloads/textarchiv-petzold/petzold-hass-maertens-steffan-2000-wirksamkeit-integrativer-therapie-evaluationsstudie-ambulant.pdf (10.09.2016)

Petzold, H.G., Leuenberger, R. & Steffan, A. (1998). Ziele der Integrativen Therapie. In H.G. Petzold (Hrsg.) (1998), *Identität und Genderfragen in Psychotherapie. Soziotherapie und Gesundheitsförderung* (Bd. 1 und 2, S. 142–188). Düsseldorf: Sonderausgabe von Gestalt und Integration; FPI-Publikationen. URL: http://www.fpi publikation.de/images/stories/downloads/textarchiv-petzold/petzold-leuenberger-steffan_1998_ziele_in_der_integrativen_therapie-textarchiv.pdf (23.09.2016).

Pharmazeutische Zeitung (29.09.2016). OTC-Markt: *Arznei- und Gesundheitsmittel boomen.* URL: http://www.pharmazeutische-zeitung.de/index.php?id=65369 (13.01.2017).

Plötzsch, H. (2005). *Das Ende des Zweiten Weltkriegs.* Bonn: Bundeszentrale für politische Bildung. URL: http://www.bpb.de/themen/OPQSTQ,0,Das_Ende_des_Zweiten_Weltkriegs.html (04.12.2014).

Pohl, D.T. (2006). *Naturerfahrungen und Naturzugänge von Kindern* (Dissertation). Ludwigsburg: Pädagogische Hochschule. URL: https://phbl-opus.phlb.de/files/14/Diss_DTPohl.pdf (24.04.2018); URL: https://phbl-opus.phlb.de/frontdoor/index/index/docId/14 (24.04.2018).

Pörksen, B. (2016). Reformpädagogik und Missbrauch: Nach dem Schweigen. *In Die Zeit, Beitrag vom 05.05.2016.* URL: http://www.zeit.de/2016/18/reformpaedagogik-missbrauch-hartmut-von-hentig (20.08.2017).

Präsentation der Universität Siegen. *Die deutsche Debatte um die multikulturelle Gesellschaft. Akteure und Kalküle zwischen Politik, Öffentlichkeit und Wirtschaft.* URL: http://www.uni-siegen.de/phil/sozialwissenschaften/soziologie/mitarbeiter/geissler/bastian_pohl.pdf (06.04.2015).

Präsentation zum Vortrag von Falkenstein, M. (2010). *Bewegung und geistige Leistungsfähigkeit im Alter: Experimentelle Befunde* (Vortrag 13). Bonn: DIE-Forum Weiterbildung (29.11.2010). URL: https://www.die-bonn.de/institut/die-forum/die-forum-2010/Falkenstein_Bewegung_und_geistige_Leistungsf%C3%A4higkeit.pdf (11.08.2017).

Presse- und Informationsamt der Bundesregierung (Hrsg.). *Magazin für Soziales, Familie, Bildung. Berlin: Presse- und Informationsamt der Bundesregierung.* URL: http://www.bundesregierung.de/Content/DE/Magazine/MagazinSozialesFamilieBildung/065/sc-bewegte-kinder.html (22.10.2015).

Pressedossier Bayerischer Rundfunkt (2016). *Generation What? Abschlussbericht Deutschland. 11.11.2016.* URL: http://www.br.de/presse/inhalt/pressedossiers/generation-what/generation-what-endergebnisse-102.html (20.09.2017).

Pressekonferenz Sinus-Institut (Hrsg.) (2008). *Eltern unter Druck. Selbstverständnisse, Befindlichkeiten und Bedürfnisse von Eltern in verschiedenen Lebenswelten Eine sozialwissenschaftliche Untersuchung des Sinus-Instituts im Auftrag der Konrad-Adenauer-Stiftung e.V.* Berlin: Pressekonferenz, 27.02.2008. URL: http://www.sinus-institut.de/veroeffentlichungen/downloads/ (15.09.2015).

Pressemitteilung der Westfälischen Wilhelms-Universität Münster (2014). *Religion als Instrument der Angstbewältigung. Neurobiologe Robert-Benjamin Illing zur Entstehung von Religion in der Evolution –Streitgespräch „Entsteht Religion im Gehirn?“ mit dem Theologen Dirk Evers 2014.* URL: https://www.uni-muenster.de/imperia/md/content/religion_und_politik/aktuelles/2014/05_2014/pm_religion_und_hirnforschung.pdf (01.12.2015).

Programm der Nationalen Fachkonferenz in Kooperation mit deutschen Mitgliedern der European Association for the Education of Adults (EAEA) (23. bis 24.09.2014), *Aktive Lebensgestaltung im Alter – was kann Bildung leisten?* Bonn: Universitätsclub. URL: https://www.agenda-erwachsenenbildung.de/fileadmin/user_upload/agenda-erwachsenenbildung.de/PDF/AL_Programm_final.pdf (13.04.2018).

Prospekt des Instituts Lauterbad e.V. URL: http://www.institut-lauterbad.de/prospekt/pros07.htm (14.09.2016).

Rammstedt, B., Ackermann, D. & Helmschrott, S. u.a. (Hrsg.) (2013). PIAAC 2012: Die wichtigsten Ergebnisse im Überblick. In *gesis.org*. URL: http://www.gesis.org/fileadmin/piaac/Downloadbereich/PIAAC_Zusammenfassung.pdf (18.10.2015).

Rang, M. (1959). *Rousseaus Lehre vom Menschen*. Göttingen: Vandenhoeck & Ruprecht. URL: http://www.pedocs.de/volltexte/2010/1459/pdf/Rang_Martin_Rousseaus_Lehre_vom_Menschen_W_D_A.pdf (19.08.2014).

Rehfus, W.D. (Hrsg.) (2003). Urteilskraft. In W.D. Rehfus (Hrsg.) (2003), *Handwörterbuch der Philosophie*. Göttingen: UTB Fachwissenschaft & Vandenhoeck & Rupprecht. URL: http://www.philosophie-woerterbuch.de/online-woerter-buch/?tx_gbwbphilosophie_main%5Bentry%5D=922&tx_gbwbphilosophie_main%5Baction%5D=show&tx_gbwbphilosophie_main%5Bcontroller%5D=Lexicon&cHash=37f7663dd21bd54cf21a1c0bbbb3713a (11.09.2016).

Reichwein, M. (2011). Was ist anders in der Schule der deutschen Elite? In *Die Welt, 07.10.2011*. URL: http://www.welt.de/kultur/article13618367/Was-ist-anders-in-der-Schule-der-deutschen-Elite.html (27.10.2015).

Reimers, C.D., Knapp, G. & Tettenborn, B. (2012). Einfluss körperliche Aktivität auf die Kognition. Ist körperliche Aktivität Demenz-präventiv? *Akt Neurol 2012/39, S.* 276–291. URL: https://www.thieme.de/statics/bilder/thieme/final/de/bilder/tw_neurologie/koerperliche_aktivitaet.pdf (11.08.2017).

Reinhardt, U. (2014). *Freizeit-Monitor 2014* (hrsg. von der Stiftung für Zukunftsfragen, einer Initiative von British American Tobacco). Hamburg: Stiftung für Zukunftsfragen. URL: http://epub.sub.uni-hamburg.de/epub/volltexte/2015/43916/pdf/Stiftung_fuer_Zukunftsfragen_Freizeit_Monitor_2014.pdf (26.11.2017).

Reinhardt, U. (2015). *Freizeit-Monitor 2015* (hrsg. von der Stiftung für Zukunftsfragen, einer Initiative von British American Tobacco). Hamburg: Stiftung für Zukunftsfragen. URL: https://www.stiftungfuerzukunftsfragen.de/forschung/publikationen/ (30.03.2018).

Respektiere.at. URL: http://www.respektiere.at/useruploads/files/fohlenauktion.pdf (25.12.2016).

Robert Bosch Stiftung u.a. (Hrsg.) (2017). *Mehr Schule wagen* (insbes. Handlungsfeld 5). URL: http://www.bosch-stiftung.de/content/language1/downloads/Mehr_Schule_wagen_Ganztagsschule_2017.pdf (07.07.2017).

Robert Koch-Institut (Hrsg.) (2008). *Beiträge zur Gesundheitsberichterstattung des Bundes Le-bensphasenspezifische Gesundheit von Kindern und Jugendlichen in Deutschland. Ergebnisse des Nationalen Kinder- und Jugendgesundheitssurveys (KiGGS).* Berlin: RKI. URL: http://www.rki.de/EN/Content/Health_Monitoring/Health_Reporting/GBEDownloadsB/KiGGS_SVR.pdf%3F__blob%3DpublicationFile (12.05.2019).

Robert Koch-Institut (Hrsg.) (2014). *Beiträge zur Gesundheitsberichterstattung des Bundes: Gesundheitliche Lage der Männer in Deutschland*. Berlin. URL: https://www.rki.de/DE/Content/Gesundheitsmonitoring/Gesundhei

tsberichterstattung/GBEDownloadsB/maennergesundheit.pdf?__blob=publicationFile (29.07.2016).

Rolffs, K. (2008). Sport und Kompetenzentwicklung. In Institut Arbeit und Technik der Fachhochschule (Hrsg.) (2008), *Jahrbuch 2007*. Gelsenkirchen: Fachhochschule Gelsenkirchen. URL: http://www.iat.eu/aktuell/veroeff/jahrbuch/jahrb07/13-rolff.pdf (11.08.2017).

Roth, W. (2014). *Humanistische Psychologie und Pädagogik. Eine Einführung in die theoretischen Grundlagen* (erste Auflage 1998, ergänzt 2002, 2014). URL: http://www.wolfgang-roth.org/files/File/Humanistische%20Psychologie%20und%20P%C3%A4dagogik%20(HPP)_0.pdf (16.11.2015).

Rousseau, J.-J. (1762/2013). *Émile oder Über die Erziehung*. Berlin: Edition Holzinger. URL: http://www.zeno.org/Lesesaal/N/9781484070734?page=3&ps=%21 (23.11.2015)

Rumpf, H.-J. u.a. (2011). *Prävalenz der Internetabhängigkeit (PINTA)* (Bericht an das Bundesministerium für Gesundheit 31.05.2011). Greifswald und Lübeck. URL: http://www.drogenbeauftragte.de/fileadmin/dateien-dba/DrogenundSucht/Computerspiele_Internetsucht/Downloads/PINTA-Bericht-Endfassung_280611.pdf (31.12.2015).

Ruth Cohn Institute für TCI – international. *Ruth Cohn.* URL: http://www.ruth-cohn-institute.org/ruth-cohn.html (23.11.2015).

SAT 1 Frühstücksfernsehen 02.04.2014. „*Selbstversuch Multijobber*". URL: http://www.sat1.de/tv/fruehstuecksfernsehen/video/selbstversuch-multijobber-clip (16.10.2015).

Schäfer, J. (2015). Prädestination. In *Ökumenisches Heiligenlexikon*. URL: http://www.heiligenlexikon.de/Glossar/Praedestination.htm (12.03.2018).

Schäfer, J. (2017). Artikel Johann Hinrich Wichern. Im *Ökumenischen Heiligenlexikon*. URL: https://www.heiligenlexikon.de/BiographienJ/Johann_Hinrich_Wichern.htm (09.04.2018).

Scheiner, J. (2003). *Unerfüllte Aktivitätswüsche älterer Menschen in der Freizeit. Raum und Mobilität* (Arbeitspapiere des Fachgebiets Verkehrswesen und Verkehrsplanung 04.01.2003). Bonn: Universität Bonn. URL: http://www.vpl.tu-dortmund.de/cms/Medienpool/PDF_Dokomunte/Arbeitspapiere/AP04_von_Joachim_Scheiner.pdf (15.10.2015).

Scherer, H. (2004). Die Auswirkungen von Besuchen deutscher sozialer Aktivisten im Londoner Settlement „Toynbee Hall" auf Entstehung und Konzeption der deutschen Nachbarschaftsheimbewegung. In Verband für sozial-kulturelle Arbeit e.V. (Hrsg.), *Rundbrief 2: Nachbarschaftsheime • Bürgerzentren • Soziale Arbeit • Erfahrungen • Berichte • Stellungnahmen. 40. Jahrgang/Dezember*

2004. Berlin: Verband für sozial-kulturelle Arbeit e.V. URL: http://stz.spinnenwerk.de/~upload/stz/pdf/Rundbrie.pdf (09.04.2018).

Schildt, A. (2002). *Deutschland in den 50er Jahren. Gesellschaftliche Entwicklungen* (Informationen zur politischen Bildung. Heft 256/2002). Bonn: Bundeszentrale für politische Bildung. URL: http://www.bpb.de/izpb/10124/gesellschaftliche-entwicklung?p=all (04.12.2014).

Schindele, E. & Stollorz, V. (2014). Der Drang zur Selbstoptimierung. *Hessischer Rundfunkt Info*, Sendedatum in hr-iNFO: Montag, 31.03.14, 20:30 Uhr. URL: http://funkkolleg-gesundheit.de/themen/20-der-drang-zur-selbstoptimierung/) (06.04.2015).

Schmocker, B. (2004). *„Soziale Arbeit". Das gemeinsame „Dach" der Berufsgruppen „Sozialarbeit", „Sozialpädagogik" und „soziokulturelle Animation"* (Referat gehalten am gemeinsamen Treffen der Vorstände von SBVS, FERTES und SBS am 27. 08.2004). URL: http://www.avenirsocial.ch/cm_data/Referat_zur_Sozialen_Arbeit_1.pdf (09.04.2018).

Schmocker, B. (2009). Die historischen Wurzeln der Soziokulturellen Animation. Die Entwicklung der Sozialen Arbeit im lateinamerikanischen Raum. In *Sozial aktuell: die Fachzeitschrift für Sozialarbeit, Sozialpädagogik, soziokulturelle Animation [Fachzeitschrift des Schweizerischen Berufsverbandes Soziale Arbeit SBS], Nr. 3 März 2009*. URL: http://www.avenirsocial.ch/sozialaktuell/990645_sa_03_018_019.pdf) (25.03.2015).

Schneider, C. (2004/2017). Die NS-Gemeinschaft „Kraft durch Freude". Erholung für die Arbeiter – Produktionssteigerung für den Staat. Auf: *Zukunft braucht Erinnerung: Das Online-Portal zu den historischen Themen unserer Zeit.* URL: http://www.zukunft-braucht-erinnerung.de/die-ns-gemeinschaft-kraft-durch-freude/ (14.03.2018). Zuvor: URL: http://www.zukunft-braucht-erinnerung.de/die-ns-gemeinschaft-kraft-durch-freude/ (30.11.2014).

Schneider, C. (2017). *Die NS-Gemeinschaft „Kraft durch Freude". Erholung für die Arbeiter – Produktionssteigerung für den Staat*. URL: http://www.zukunft-braucht-erinnerung.de/die-ns-gemeinschaft-kraft-durch-freude/ (23.07.2018).

Schönebaum, H. (1957). „Comenius, Johann Amos". In *Neue Deutsche Biographie, 3*(1957), S. 332–333. URL: http://www.deutsche-biographie.de/pnd118521691.html (06.11.2014).

Schöps, C. (1997). Heute schon gehopst?... In *Spiegel.de. Beitrag vom 01.12.1997.* URL: http://www.spiegel.de/spiegel/spiegelspecial/d-8840004.html (22.10.2015).

Schorb, B. (1994). Zwischen Reformpädagogik und Technozentrik. Über Kinoreformer und die „Keilhacker-Schule" zu einer handlungsorientierten Medienpädagogik. In S. Hiegemann & W. H. Swoboda (Hrsg.) (1994), *Handbuch der Medienpädagogik. Theorieansätze – Traditionen – Praxisfelder – Forschungs-*

perspektiven (S. 149–166). Opladen: Leske + Budrich. URL: http://lmz-producti-ve.pluspunkthosting.de/fileadmin/user_upload/Medienbildung_MCO/fileadmin/bibliothek/schorb_reformpaedagogik/schorb_reformpaedagogik.pdf (28.11.2017).

Schraml, P. (2010). Verschiedene Möglichkeiten einer Bewegten Schule. In *Bildung + Innovation – Das Online-Magazin zum Thema Innovation und Qualitätsentwicklung im Bildungswesen.* Beitrag vom 30.09.2010. URL: http://www.bildungsserver.de/innovationsportal/bildungplus.html?artid=758 (22.10.2015).

Schreiber, K. (2014). *Kulturkritik in der deutschen Jugendbewegung ‚Wandervogel' 1896–1914* (Dissertation). Universität Siegen 2014. URL: http://dokumentix.ub.uni-siegen.de/opus/volltexte/2015/871/pdf/schreiber.pdf (28.07.2017).

Schulz, B. (15.07.2011). *Haste nix, biste was.* URL: http://www.spiegel.de/panorama/gesellschaft/minimalisten-haste-nix-biste-was-a-773718.html (20.08.2015).

Schüßler, I. (2006). *Nachhaltigkeit – nachhaltiges Lernen – Bildung für eine nachhaltige Entwicklung – Gestaltungskompetenz. Grundlegende Überlegungen zu zentralen Begrifflichkeiten im Kontext des KBE Projekts „lebens-wert? Lernort Gemeinde".* Bonn. URL: http://www.kbe-bonn.de/fileadmin/Redaktion/Bilder/Projekte/Schuessler_Nachhaltigkeit_Begriffskl_rung_Endversion.pdf (01.06.2013).

Schwab, U. (2013). *Powerpoint zum Symposium-Beitrag: Ökumenisch ausgerichtete gemeindepädagogische Bildungsarbeit – eine Vision?* URL: http://www.ak-gemeindepaedagogik.de/files/downloads/symposium-2013/schwab_bildungsarbeit.pdf (11.09.2017).

Seidel, F. (2014). *Wegweiser Freiwilligenarbeit: Warum wir keine Waisenhausprojekte haben.* URL: http://www.wegweiser-freiwilligenarbeit.com/freiwilligenarbeit-mit-waisen/keine-waisenhaus-projekte/ (25.02.2017).

Seitter, W. (2007). *Geschichte der Erwachsenenbildung. Eine Einführung* (3. aktualisierte und erweiterte Auflage). Bielefeld: Bertelsmann. URL: https://www.die-bonn.de/doks/2007-bildungsreform-01.pdf (31.05.2018).

Sekretariat der Ständigen Konferenz der Kultusminister der Länder in der Bundesrepublik Deutschland (Hrsg.) (2013). *Allgemein bildende Schulen in Ganztagsform in den Ländern in der Bundesrepublik Deutschland – Statistik 2007 bis 2011.* Berlin. URL: http://www.kmk.org/fileadmin/Dateien/pdf/Statistik/GTS_2011_Bericht.pdf (08.07.2017).

Sellach, B., Enders-Drägesser, U. & Libuda-Köster, A. (2006). *Besonderheiten der Zeitverwendung von Frauen und Männern. Wiesbaden: Statistisches Bundesamt.* URL: https://www.destatis.de/DE/Publikationen/WirtschaftStatis

tik/WirtschaftsrZeitbudget/Zeitverwendung.pdf?__blob=publicationFile (12.09.2015).

Signium International (Hrsg.) (2013). *Generation Y. Das Selbstverständnis der Manager von morgen. Eine Trendstudie des Zukunftsinstituts im Auftrag von Signium International.* Düsseldorf. URL: https://www.zukunftsinstitut.de/fileadmin/user_upload/Publikationen/Auftragsstudien/studie_generation_y_signium.pdf (02.08.2017).

Singer, T. & Bolz, M. (2013). Mitgefühl. In *Alltag und Forschung.* Max-Planck-Gesellschaft (E-Book). URL: http://www.compassion-training.org (29.04.2018).

Sinus Akademie (Hrsg.) (2012). *Öffentlicher Foliensatz Sinus-Jugendstudie u18 – SINUS-Akademie.* URL: http://www.sinus-akademie.de/fileadmin/user_files/Presse/SINUS-Jugendstudie_u18_2012/%C3%96ffentlicher_Foliensatz_Sinus-Jugendstudie_u18.pdf (07.09.2015).

Solga, H. & Dombrowski, R. (2009). *Soziale Ungleichheiten in schulischer und außerschulischer Bildung Stand der Forschung und Forschungsbedarf* (Arbeitspapier 171). Düsseldorf: Hans-Böckler-Stiftung. URL: https://www.boeckler.de/pdf/p_arbp_171.pdf (27.11.2017).

Sonnenmoser, M. (2007). Kaufsucht/pathologisches Kaufen. Weit verbreitet, wenig erforscht. In *Deutsches Ärzteblatt, Heft 10/2007,* S. 468. URL: https://www.aerzteblatt.de/archiv/57186/Kaufsucht-Pathologisches-Kaufen-Weit-verbreitet-wenig-erforscht (28.07.2017).

Soremski, R. (2013). *Keine Zeit für Freizeit? Ganztagsschule im Alltag Jugendlicher, gefördert vom BMBF.* Gießen: Justus-Liebig-Universität Gießen. URL: https://www.ganztagsschulen.org/_media/keine_zeit_fuer_freie_zeit_bf_2.pdf (11.04.2018).

Sozialgesetzbuch (SGB VIII). Achtes Buch, Kinder- und Jugendhilfe. URL: https://www.sozialgesetzbuch-sgb.de/sgbviii/11.html (8.06.2024)

Sozialpolitik aktuell (Hrsg.). URL: http://www.sozialpolitik-aktuell.de/tl_files/sozialpolitik-aktuell/_Politikfelder/Arbeitsmarkt/Datensammlung/PDF-Dateien/abbV9.pdf (06.12.2014).

Sozialpolitik aktuell (Hrsg.) URL: https://www.sozialpolitik-aktuell.de/files/sozialpolitik-aktuell/_Politikfelder/Arbeitsbedingungen/Datensammlung/PDF-Dateien/abbV9.pdf (20.03.2024)

Sozialverband VdK Deutschland e.V. (2014). Immer mehr Menschen arbeiten in ihrer Freizeit. *VdK-Zeitung – Ausgabe Oktober 2014.* URL: http://www.vdk.de/permalink/68228 (12.09.2015).

Statistisches Bundesamt (Hrsg.) (2015). *Bevölkerung Deutschlands bis 2060. 13. koordinierte Bevölkerungsvorausberechnung.* Wiesbaden: Statistisches Bundesamt. URL: https://www.destatis.de/DE/Publikationen/Thematisch/Bevoe

lkerung/VorausberechnungBevoelkerung/BevoelkerungDeutschland2060Presse5124204159004.pdf?__blob=publicationFile (19.10.2015).

Statistisches Bundesamt Wiesbaden (2015). *Verdienstunterschiede.* URL: https://www.destatis.de/DE/ZahlenFakten/GesamtwirtschaftUmwelt/VerdiensteArbeitskosten/VerdiensteVerdienstunterschiede/VerdiensteVerdienstunterschiede.html (02.04.2015).

Stiftung für Zukunftsfragen (Hrsg.). *Freizeit-Monitor 2018.* URL: http://www.freizeitmonitor.de/fileadmin/user_upload/freizeitmonitor/2018/Stiftung-fuer-Zukunftsfragen_Freizeit-Monitor-2018.pdf (03.10.2018).

Stiftung Jugend und Bildung in Zusammenarbeit mit dem Bundesministerium für Arbeit und Soziales (Hrsg.) (2014). *Sozialgeschichte. Ein Arbeitsheft für die Schule.* Wiesbaden: Eduversum GmbH. URL: https://www.bmas.de/SharedDocs/Downloads/DE/PDF-Publikationen/a204-sozialgeschichte-arbeitsheft-aktuell.pdf?__blob=publicationFile (13.03.2019).

Stompe, A. (2008). Armut und Bildung: PISA im Spiegel sozialer Ungleichheit. In *ZTG Bulletin 29 + 30 Texte/Armut und Geschlecht online, Juni 9/2008*, S. 132–144. Berlin: Humboldt-Universität. URL: https://www.gender.hu-berlin.de/de/publikationen/gender-bulletins/bulletin-texte/texte-29-30 (02.04.2015).

Strobl, I. & Barwanietz (2013). *Neue Studien zu einer alten Tugend. Beitrag vom 17.04.2013 im SWR2.* URL: http://www.swr.de/swr2/wissen/mitgefuehl-neu-studien/-/id=661224/did=11286912/nid=661224/8ibzjc/ (29.04.2018).

Struck, B. (2000). *Deutsches Historisches Museum, Berlin: Die Hitler-Jugend (HJ).* Berlin 2000. Auf: Lebendiges Museum Online – LeMo. URL: https://www.dhm.de/lemo/kapitel/ns-regime/ns-organisationen/hitler-jugend.html (30.11.2014).

Sturm, R. (2011). *Zwischen Festigung und Gefährdung 1924–1929.* Bonn: Bundeszentrale für politische Bildung. URL: http://www.bpb.de/geschichte/nationalsozialismus/dossier-nationalsozialismus/39534/zwischen-festigung-und-gefaehrdung-1924-1929?p=all (08.04.2018).

Südwestdeutscher Rundfunk – SWR (2015). *Wir Reiseweltmeister: Von "Balkonien" bis Bella Italia. Urlaub in der Nachkriegszeit.* URL: https://www.swr.de/geschichte/reiseweltmeister-balkonien-bellaitalia/-/id=100754/did=7960802/nid=100754/1n27pdl/index.html (14.03.2018).

Szczepanski, J. (2006). Die ästhetische Erziehung zur Freiheit. In *Ästhetische Erfahrung: Gegenstände, Konzepte, Geschichtlichkeit* (hrsg. Sonderforschungsbereich 626). Berlin. URL: http://www.sfb626.de/veroeffentlichungen/online/aesth_erfahrung/aufsaetze/szczepanski.pdf (21.02.2015).

Techniker Krankenkasse (Hrsg.) (2016). *Entspann dich, Deutschland. TK-Stress-Studie 2016.* URL: https://www.tk.de/centaurus/servlet/contentblob/

921466/Datei/177594/TK-Stressstudie%202016%20Pdf%20barrierefrei.pdf (26.02.2017).

Tesak, G. (2003). Kritische Theorie. In W.D. Rehfus (Hrsg.) (2003), *Handwörterbuch Philosophie*. Göttingen: Vandenhoeck & Ruprecht UTB. URL: http://www.philosophie-woerterbuch.de/online-woerter-buch/?tx_gbwbphilosophie_main%5Bentry%5D=504&tx_gbwbphilosophie_main%5Baction%5D=show&tx_gbwbphilosophie_main%5Bcontroller%5D=Lexicon&cHash=225b79d23714f190924dfcd1e27c77a8 (04.09.2014).

Textor, M.R. (2015). Kognitive Bildung im Kindergarten. In M. R. Textor (Hrsg.), *Das Kita-Handbuch*. URL: http://www.kindergartenpaedagogik.de/1278.pdf (28.02.2017).

Thoreau, H.D. (1854/1922). *Walden oder Leben in den Wäldern*. Jena: Eugen Dieterichs. URL: http://gutenberg.spiegel.de/buch/walden-oder-leben-in-den-waldern-5865/5. (30.11.2015).

UNICEF (2011). *With the Best Intentions: Study of Attitudes towards residential Care in Cambodia*. URL: https://www.unicef.org/eapro/Study_Attitudes_towards_RC.pdf (02.05.2017).

Unterberg, S. (2018). Unterrichtsbeginn. Schüler profitieren von späterer Anfangszeit. In *Spiegel ONLINE* (12.12.2018). URL: http://www.spiegel.de/lebenundlernen/schule/unterrichtsbeginn-schueler-profitieren-von-spaeterer-anfangszeit-studie-a-1243412-druck.html (24.03.2019).

Urban, A. (2005). *Sachgerechte und prinzipiengerechte Behandlung politischer Fragen bei Adolf Reichwein* (Inauguraldissertation. Mainz: Johannes Gutenberg Universität). URL: http://ubm.opus.hbz-nrw.de/volltexte/2006/922/pdf/diss.pdf (20.07.2014).

Wagner, Chr. (2001). Paulo Freire (1921–1997). Alphabetisierung als Erziehung zur Befreiung. *E+Z - Entwicklung und Zusammenarbeit (Nr. 1, Januar 2001, S. 17-19)*. URL: http://www3.giz.de/E+Z/1997-2002/ez101-7.htm (18.02.2013).

Weber, A., Hörmann, G. & Heipertz, W. (2007). Arbeitslosigkeit und Gesundheit aus sozialmedizinischer Sicht. In *Deutsches Ärzteblatt 2007;104(43)*. URL: http://www.aerzteblatt.de/archiv/57333 (27.07.2016).

Website "The International ecotourism Society". *What is ecotourism*. URL: http://www.ecotourism.org/what-is-ecotourism (09.08.2017).

Website „Die Grand Tour des Adels". URL: http://www.grand-tour-reise.de/ (07.08.2017).

Website „Einfach teilhaben". *Ferien- und Freizeitparks*. URL: http://www.einfach-teilhaben.de/DE/StdS/Mobilitaet/Barrierefrei_reisen/Ferienparks/ferienparks_node.html (12.09.2017).

Website Abwehrmechanismen.com (2008). URL: http://www.abwehrmechanismen.com/introjektion.shtml (13.11.2015).

Website adulteducatin.at. URL: https://adulteducation.at/de/historiografie/personen/62 (01.07.2018).

Website Agenda21 *Treffpunkt: Agenda 21* (Originaldokument in deutscher Übersetzung). URL: http://www.agenda21-treffpunkt.de/archiv/ag21dok/kap01.htm (10.04.2018).

Website Badisches Landesmuseum. *Kulturvermittlung Museum – Kinder und Familien*. URL: http://www.landesmuseum.de/website/Deutsch/Kulturvermittlung/Kinder_und_Familien/Kindergeburtstag.htm (03.05.2018).

Website Berlitz.de. *Sprachreisen für Kinder und Jugendliche*. URL: http://www.berlitz.de/de/kids_teens/sprachferien (10.08.2017).

Website Carlrogers.de. *Die Grundhaltungen der Personenzentrierten Gesprächstherapie*. URL: https://www.carlrogers.de/grundhaltungen-personenzentrierte-gespraechstherapie.html (15.06.2017).

Website CEMÉA. *L'Origine (1937 à 1943)*. URL: http://www.cemea.asso.fr/spip.php?article951 (27.07.2019).

Website der Akademie der Muße (2015a). *News*. URL: http://www.akademie-der-musse.de/news/aktuelles/ (14.08.2015).

Website der Akademie der Muße (2015b). *Angebot Seminare*. URL: http://www.akademie-der-musse.de/angebot/seminare/dynamik-durch-gelassenheit-wie-sie-ihrem-hamsterrad-entkommen/ (14.08.2015).

Website der Akademie der Muße (2015c). *Angebot Seminare*. URL: http://www.akademie-der-musse.de/angebot/seminare/ (14.08.2015).

Website der Akademie für Tiernaturheilkunde: *Ausbildung tiergestützte Pädagogik*. URL: https://www.atn-ag.de/ausbildung-tiergestuetzte-paedagogik (14.07.2017).

Website der Aktion Tu was. URL: http://www.aktion-tu-was.de/ (27.10.2015).

Website der Arche. *Chronik*. URL: http://www.kinderprojekt-arche.eu/ueber-uns/chronic (12.09.2017).

Website der Arche. *Meilenstein*. URL: http://www.kinderprojekt-arche.eu/ueber-uns/chronik/25111995 (12.09.2017c).

Website der Arche. *Standorte*. URL: http://www.kinderprojekt-arche.eu/standorte (12.09.2017b).

Website der Autostadt Wolfsburg. *Bildung unterwegs*. URL: https://www.autostadt.de/bildungsangebote/bildung-unterwegs (26.07.2017c).

Website der Autostadt Wolfsburg. *Elternforum*. URL: https://www.autostadt.de/-/gaming-pro-und-contra?eventDate=1503333000000 (26.07.2017e).

Website der Autostadt Wolfsburg. *Markenpavillions*. URL: https://www.autostadt.de/autostadt-erkunden/pavillons (26.07.2017d).

Website der Autostadt Wolfsburg. URL: https://www.autostadt.de/ (23.07.2017).

Website der Autostadt Wolfsburg. *Veranstaltungen*. URL: https://www.autostadt.de/veranstaltungen (26.07.2017f).

Website der Autostadt Wolfsburg. *Workshops für KITA-Gruppen*. URL: https://www.autostadt.de/bildungsangebote/kita/workshops (23.07.2017b).

Website der Bundesvereinigung der Soziokulturellen Zentren e.V. *Definition soziokulturelle Zentren*. URL: http://www.soziokultur.de/bsz/node/80 (01.05.2018).

Website der Bundesvereinigung Soziokultureller Zentren e.V. *Soziokultur*. URL: http://www.soziokultur.de/bsz/soziokultur (05.08.2017).

Website der Deutschen Sporthochschule Köln. *CENA - Centrum für nachhaltige Sportentwicklung*. URL: https://www.dshs-koeln.de/visitenkarte/einrichtung/cena/ (10.04.2018).

Website der Deutschen Sporthochschule Köln. *Institut für Natursport und Ökologie*. URL: http://www.dshs-koeln.de/natursport/?id=21 (01.06.2013).

Website der DPtV – Deutsche Psychotherapeutenvereinigung. *Information zur Psychotherapie als Leistung der gesetzlichen und privaten Krankenversicherung*. URL: https://www.deutschepsychotherapeutenvereinigung.de/patienten/allgemeine-informationen/ (27.04.2018).

Website der Experimenta Heilbronn. URL: http://www.experimenta-heilbronn.de/ (09.09.2017).

Website der Vorest AG. *Qualitätsmanagement*. URL: http://www.qualitaetsmanagement.me/pdca zyklus/ (30.08.2017).

Website der IG-Metall (2017). *Ratgeber „Bildungsurlaub“. Fünf Tage bezahlte Lernzeit im Jahr* (23.6.2017). URL: https://www.igmetall.de/ratgeber-bildungsurlaub-16897.htm (13.08.2017).

Website der Jesuiten in Deutschland. *„Sonidos de la Tierra“: Barock trifft indigene Musikkultur*. URL: https://www.jesuiten.org/aktuelles/details/article/sonidos-de-la-tierra-barock-trifft-indigene-musikkultur.html (14.07.2017).

Website der Katholischen Arbeitnehmer-Bewegung – KAB Deutschlands e.V. URL: https://www.kab.de/kab/geschichte/ (29.11.2014).

Website der Koerber-Stiftung. *Arbeitskreis Engagementförderung*. URL: https://www.koerber-stiftung.de/arbeitskreis-engagementfoerderung (01.05.2018).

Website der Kultusministerkonferenz. *Gesundheitsförderung und Prävention in der Schule*. URL: https://www.kmk.org/themen/allgemeinbildende-schulen/weitere-unterrichtsinhalte/gesundheitserziehung.html (29.04.2018).

Website der Polizei Niedersachsen (o.A.). *Ratgeber Internetkriminalität: Soziale Netzwerke und Chats.* URL: http://www.polizei-praevention.de/themen-und-tipps/soziale-netzwerke-chats.html (10.01.2016).

Website der Robert Bosch-Stiftung: Perspektive Teilhabe. *Unterstützung von Ehrenamtlichen in der Flüchtlingsarbeit.* URL: http://www.bosch-stiftung.de/de/projekt/perspektive-teilhabe-unterstuetzung-von-ehrenamtlichen-der-flu echtlingsarbeit/im-detail (01.05.2018).

Website der StEG. *Über StEG. StEG 2016 bis 2019: Individuelle Förderung an Ganztagsschulen.* URL: https://www.projekt-steg.de/ (27.07.2019).

Website der Stiftung für Zukunftsfragen. *Freizeit-Monitor 2016 – Fernsehen, Radio hören, Telefonieren: Die beliebtesten Freizeitbeschäftigungen der Deutschen.* URL: http://www.freizeitmonitor.de/zahlen/daten/statistik/freiz eit-aktivitaeten/2016/die-beliebtesten-freizeitaktivitaeten-der-deutschen (09.01.2016).

Website der Stiftung für Zukunftsfragen. *Freizeit-Monitor 2016: Die Gewinner und Verlierer.* URL: http://www.freizeitmonitor.de/zahlen/daten/statistik/freizeit-aktivitaeten/2016/gewinner-und-verlierer/ (09.01.2016b).

Website der Universität Münster. Religion und Politik. Aktuelles 5_2014. *Position des Neurobiologen Robert-Benjamin Illing.* URL: https://www.uni-muens ter.de/imperia/md/content/religion_und_politik/aktuelles/2014/05_2014/pm_religion_und_hirnforschung.pdf (01.12.2015).

Website des Berufsverbands Deutsche Psychologinnen und Psychologen. *Sektion GUS – Gesundheitspsychologie – Umweltpsychologie. Schriftpsychologie.* URL: http://www.bdp-gus.de/up/psy/fach.htm#def (21.08.2016).

Website des BMGF – Bundesministeriums für Arbeit, Soziales, Gesundheit und Konsumentenschutz (Österreich). *Gesundheit und Gesundheitsförderung.* URL: https://www.bmgf.gv.at/home/Gesundheit_und_Gesundheitsfoerder ung#f0 (29.04.2018).

Website des Bundes der Jugendfarmen und Aktivspielplätze e.V. URL: http://www.bdja.org/ueber-uns/ueber-den-bdja/ (10.07.2017).

Website des Bundeskriminalamts – BKA. URL: http://www.bka.de/DE/Them enABisZ/Deliktsbereiche/InternetKriminalitaet/internetKriminalitaet__n ode.html?__nnn=true (10.01.2016).

Website des Bundesministeriums für Bildung und Forschung. *Das Investitionsprogramm „Zukunft, Bildung und Betreuung" (IZBB).* URL: https://www.ganz tagsschulen.org/de/868.php (23.07.2018).

Website des Bundesministeriums für Gesundheit (2017). *Betriebliche Gesundheitsförderung: Steuerliche Vorteile.* URL: Website des Bundesministeriums für Gesundheit 2017. URL: https://www.bundesgesundheitsministerium.de/

themen/praevention/betriebliche-gesundheitsfoerderung/steuerliche-vorteile.html (01.05.2018).

Website des Bundesministeriums für Gesundheit (2017). *Online-Ratgeber Pflege: Förderung von ehrenamtlichem Engagement und Selbsthilfegruppen. (10.02.2017).* URL: https://www.bundesgesundheitsministerium.de/themen/pflege/online-ratgeber-pflege/leistungen-der-pflegeversicherung/ehrenamtliches-engagement-und-selbsthilfegruppen/?L=0 (01.05.2018).

Website des Bundesministeriums für Gesundheit. *Betriebliche Gesundheitsförderung.* URL: http://www.bundesgesundheitsministerium.de/themen/praevention/betriebliche-gesundheitsfoerderung/was-steckt-dahinter.html (09.01.2016).

Website des Bundesnetzwerks Bürgerliches Engagement. *Bildung und Qualifizierung.* URL: http://www.b-b-e.de/themen/bildung-qualifizierung1/ (02.05.2018).

Website des CVJM. *Geschichte.* URL: http://www.cvjm.de/vereine-und-struktur/cvjm-ist/geschichte/ (29.11.2014); https://cvjm.de/ueber-uns/cvjm-ist/geschichte/ (13.03.2018).

Website des DDR Museums Steinhude. URL: http://www.ddr-museum-steinhude.de/3.html (05.12.2014).

Website des Deutschen Akademischen Austauschdienstes. URL: https://www.daad.de/de/ (09.08.2017).

Website des Deutschen Instituts für Marketing (DIM). *Plan – Do – Act – Check-Zyklus.* URL: https://www.marketinginstitut.biz/blog/pdca-zyklus/ (30.09.2019)

Website des Deutschen Tierschutzbundes e.V. (2016/2018). *Qualzucht bei Heimtieren.* URL: https://www.tierschutzbund.de/information/hintergrund/heimtiere/qualzucht-bei-heimtieren/ (29.04.2018). Ursprünglich: URL: http://www.bmt-tierschutz.de/wp/wp-content/uploads/2013/05/Qualzucht-bei-Heimtieren.pdf (13.09.2016).

Website des Duke of Edingburgh's International Award (2006/2009). Kurt Hahn: Vier Elemente der Erlebnistherapie. In K. Hahn (1998), *Reform mit Augenmaß* (Ausgewählte Schriften eines Politikers und Pädagogen, hrsg. M. Knoll, S. 301ff.). Stuttgart: Klett-Cotta. URL: https://www.jugendprogramm.de/programm/einleitung/programm/1152 (14.04.2018).

Website des Europa Parks. *Kirche im Europa-Park.* URL: http://www.europapark.de/de/info/service/kirche-im-europa-park (06.09.2017).

Website des EUROPEAN GARDEN HERITAGE NETWORK. *Kulturpädagogik.* URL: https://wp.eghn.org/de/ausbildung/ (24.04.2018).

Website des Fachkräfteportals der Kinder- und Jugendhilfe. Kinder- und Jugendarbeit/Sozialforschung. *i-EVAL - Plattform zur Selbstevaluation von internationalen Jugendbegegnungen*. URL: https://www.jugendhilfeportal.de/jugendarbeit/artikel/i-eval-plattform-zur-selbstevaluation-von-internationalen-jugendbegegnungen/?utm_source=Newsletter&utm_medium=E-Mail&utm_campaign=&cHash=3bcdecde925f12df0e32d39b1b721b6c (31.08.2017).

Website des Goethe-Instituts. *Lernabenteuer Deutsch. Das Geheimnis der Himmelsscheibe*. URL: https://www.goethe.de/de/spr/ueb/him.html (11.09.2017).

Website des Goethe-Instituts. *Serious Games – spielend Sprachen lernen*. URL: https://www.goethe.de/de/spr/mag/20426904.html (11.09.2017b).

Website des Instituts für Sozialforschung – *IfS Frankfurt*. URL: http://www.ifs.uni-frankfurt.de/institut/geschichte/ (02.09.2014).

Website des Landesmedienzentrums Baden-Württemberg. *Serious Games – spielend lernen*. URL: https://www.lmz-bw.de/serious-games.html#c36402 (11.09.2017).

Website des NS-Dokumentationszentrums der Stadt Köln. *Jugend in Deutschland 1918–1945*. URL: http://www.jugend1918-1945.de/thema.aspx?s=5378&m=3448&v=5378 (30.11.2014).

Website des NS-Dokumentationszentrums der Stadt Köln. *Jugend in Deutschland 1918–1945". Geschichte Jugendgruppen: Die Machtübernahme und ihre Folgen*. URL: http://www.jugend1918-1945.de/portal/Jugend/thema.aspx?root=26635&id=5378 (14.03.2018).

Website des NS-Dokumentationszentrums der Stadt Köln. *Jugend in Deutschland 1918 –1945". Geschichte Jugendgruppen: Kultur.* URL: http://www.jugend1918-1945.de/portal/Jugend/thema.aspx?bereich=projekt&root=26635&id=5374&redir= (14.03.2018); zuvor: URL: http://www.jugend1918-1945.de/thema.aspx?s=5400&m=3448&v=5400 (30.11.2014).

Website des NS-Dokumentationszentrums der Stadt Köln. *Jugend in Deutschland 1918–1945. Hitlerjugend: „Ausdruck einer Haltung, die nicht nach Klasse und Besitz fragt, sondern nach Einsatz und Leistung" – Uniform.* URL: https://archive.is/KJCn8#selection-649.0-649.110 (14.03.2018). Ursprünglich: URL: http://www.jugend1918-1945.de/thema.aspx?s=5389&m=3448&v=5389 (29.11.2014).

Website des Schulmuseums Dresden. Das DDR Zimmer: *Pioniere und FDJ*. URL: http://www.schulmuseum-dresden.de/ddr%20pioniere%20und%20fdj.htm (05.12.2014).

Website des World Vision Instituts. *Kinderstudie 2013*, Grafik, Folie Nr. 8. URL: http://www.worldvision-institut.de/_downloads/allgemein/Kinderstudie2013_Grafiken_InhaltNeu.pdf; Folie 8. (08.09.2015).

Website Diakonische Behindertenhilfe Lilienthal. *Freizeit.* URL: http://www.dbh-lilienthal.de/Freizeit.html (27.04.2018).

Website Erwachsenenbildung.AT. *Lebenslanges Lernen.* URL: https://erwachsenenbildung.at/themen/lebenslanges_lernen/was_ist_lll/definitionen.php (26.11.2017).

Website Exist-Schule. *Ausbildung Naturtherapeut.* URL: http://www.exist-schule.de/Ausbildung_Naturtherapeut.html (04.09.2016)

Website Freiwilligenarbeit.de. URL: https://www.freiwilligenarbeit.de/freiwilligenarbeit-voraussetzungen.html (10.04.2018).

Website Freizeitenevaluation.de. *Bundesweiter Standard.* URL: http://www.freizeitenevaluation.de/Bundesweiter-Standard (31.07.2017).

Website Freizeitenevaluation.de. URL: http://www.freizeitenevaluation.de/Begegnungen (31.08.2017b).

Website Ganztagsschulen in Baden-Württemberg. *Orte zum Leben und Lernen.* URL: http://www.ganztagsschule-bw.de/,Lde/Startseite/Wissenswertes/Ort+zum+Leben+und+Lernen (01.05.2018).

Website Ganztagsschulen in Baden-Württemberg. URL: http://www.ganztagsschule-bw.de/,Lde/Startseite/Ganztagsschule+in+BW/Text+Startseite (17.06.2017).

Website Gesetze im Internet. URL: https://www.gesetze-im-internet.de/sgb_8/__11.html (08.09.2017).

Website Hartmann GmBH – Competence Center für Systemische Führung. *Persönlichkeit des Monats April 2010. Mahatma Gandhi.* URL: http://www.ccsf.de/ccsf-persoenlichkeiten_persoenlichkeit_mahatma_gandhi.html (29.04.2018).

Website Hebenstreit. Texte *Johann Amos Comenius.* URL: http://www.sigurdhebenstreit.de/texte/2/3/ (06.11.2014).

Website Historisches Museum der Pfalz Speyer. *Junges Museum – Programm zum Geburtstag.* URL: http://museum.speyer.de/junges/kindergeburtstag/ (03.05.2018).

Website HLW Schrödinger.at. *Zusatzausbildungen.* URL: http://www.hlw-schroedinger.at/ausbildungen/#_Zusatzausbildungen (01.05.2018).

Website IEK Berlin (Deutsches Institut für Entspannungstechniken und Kommunikation Bildungsgesellschaft mbH). *Naturtherapeut(in)/Naturpädagoge(-in) im Nationalpark Harz.* URL: http://www.iek-berlin.de/ausbildungen/naturtherapeutinnaturpaedagoge-in-im-nationalpark-harz/ (27.04.2018).

Website InfoWeb Weiterbildung. URL: http://www.iwwb.de/weiterbildung.html?seite=26 (12.08.2017).

Website Initiative Auslandszeit. *Dein Wegweiser ins Ausland*. URL: https://www.initiative-auslandszeit.de/projekte.html (10.04.2018).

Website Jugend im Museum e.V. *Kindergeburtstage im Museum*. URL: http://www.jugend-im-museum.de/kindergeburtstage/ (03.05.2018).

Website Karl-Oswald-Bauer.de. Arbeitsfeld professionelles Selbst. URL: http://www.karl-oswald-bauer.de/Arbeitsfeld02.htm (02.09.2017).

Website kulturelle Bildung online. URL: https://www.kubi-online.de/suche?search_api_fulltext=freizeit&filter_sparten=All&filter_themen=All&filter_adressaten=All&filter_rahmenbedingungen=All&filter_forschung=All (02.04.2019).

Website Max-Planck-Gesellschaft (2013). *Meilenstein des Mitgefühls.* URL: https://www.mpg.de/7522240/mitgefuehl?print=yes (29.04.2018).

Website Nationales Zentrum Frühe Hilfen. *Glossar – Prävention*. URL: http://www.fruehehilfen.de/serviceangebote-des-nzfh/glossar/?tx_contagged%5Bsource%5D=default&tx_contagged%5Buid%5D=186&cHash=9b15361b886c20c68ace24551791414a (26.02.2017).

Website Naturkundemuseum Stuttgart. *Geburtstag feiern mit Exi Echsenkeck*. URL: http://www.naturkundemuseum-bw.de/kinderseite/geburtstage (03.05.2018).

Website Naursoziologie.de. URL: http://www.natursoziologie.de/NS/natursoziologie/natursoziologie.html (21.08.2016).

Website OECD (2015). *Better Life Index*. URL: http://www.oecdbetterlifeindex.org/de/#/11111111111 (06.12.2015a)

Website OECD (2015b). *Better Life Index: Deutschland*. URL: /http://www.oecdbetterlifeindex.org/de/countries/germany-de/ (06.12.2015).

Website otium-bremen.de. URL: http://www.otium-bremen.de/js/index.htm?/autoren/a-luther.htm (24.11.2014).

Website Outward Bound....*über 65 Jahre Erfahrung in Erlebnispädagogik und Bildungsarbeit.* URL: http://www.outwardbound.de/ (10.04.2018).

Website Outward Bound. *Geschichte.* URL: http://www.outwardbound.de/de/geschichte/ (10.11.2017).

Website Parkerlebnis.de. *Disneyland Paris 2016 mit Rekord-Verlusten und 1,4 Millionen weniger Besucher: Erschreckende Bilanz nach Anschlägen von Paris.* URL: https://www.parkerlebnis.de/disneyland-paris-bilanz-2016_34976.html (17.06.2018).

Website Pflegeversicherung-Tarif.de. *Tiergestützte Therapie*. URL: http://www.pflegeversicherung-tarif.de/pflegeversicherung/tiergestuetzte-therapie (29.04.2018).

Website Round Square. URL: https://www.roundsquare.org/about-us/ (25.10.2015).

Website Schule Schloss Salem (2015). *Über uns – Round Square. Eine Idee, die über Grenzen hinweg verbindet.* URL: https://www.schule-schloss-salem.de/privatschule-internat/organisation/round-square.html (23.10.2015).

Website Schule Schloss Salem (2015b). *Internat: musische Bildung: Innungen.* URL: https://www.schule-schloss-salem.de/internat/musische-bildung/innungen.html (25.10.2015).

Website Schule Schloss Salem (2015c). *Internat: Leben im Internat: Mittelstufe.* URL: https://www.schule-schloss-salem.de/internat/leben-im-internat/mittelstufe-schloss-salem.html (25.10.2015).

Website Schule Schloss Salem (2015d). *Privatschule-Internat – vertiefendes: Salemer Gesetze.* URL: https://www.schule-schloss-salem.de/privatschule-internat/vertiefendes/salemer-gesetze.html (27.10.2015).

Website Schule Schloss Salem (2015e). URL: https://www.schule-schloss-salem.de/ (27.10.2015).

Website Schule Schloss Salem (2015f). *Aufnahme –Kosten.* URL: https://www.schule-schloss-salem.de/aufnahme/aufnahme/kosten.html (25.10.2015).

Website Schule Schloss Salem (2015g). *Privatschule – Internat: Auf einen Blick: Herausragendes.* URL: https://www.schule-schloss-salem.de/privatschule-internat/auf-einen-blick/herausragendes.html (25.10.2015).

Website Schule Schloss Salem (2015i). *Tagesplan Mittelstufe Salem 2014_2015.* URL: https://www.schule-schloss-salem.de/fileadmin/Kundendaten/pdf/Tagesplan/Tagesplan_Mittelstufe_Salem_2014_2015.pdf (25.10.2015).

Website Schule Schloss Salem (2015j). *Internat: Dienste – unser Konzept: Dienste Landkarte.* URL: https://www.schule-schloss-salem.de/internat/dienste/unser-konzept/dienste-landkarte.html (25.10.2015).

Website Schule Schloss Salem (2015k). *Ferenschild: Dienste.* URL: https://www.schule-schloss-salem.de/fileadmin/Kundendaten/pdf/Dienste/Ferenschild_Dienste.pdf (25.10.2015).

Website Schule Schloss Salem (2015l). *Internat – Sport: Sport in Salem.* URL: https://www.schule-schloss-salem.de/internat/sport/sport-in-salem.html (25.10.2015).

Website Schule Schloss Salem (2015m). *Internat: Outdoor-Edukation: Unser Konzept.* URL: https://www.schule-schloss-salem.de/internat/outdoor-education/unser-konzept.html (25.10.2015).

Website Schule Schloss Salem (2015n). *Leben im Internat: Persönlichkeitsentwicklung.* URL: https://www.schule-schloss-salem.de/fileadmin/Kundenda

ten/pdf/PERSOENLICHKEITSENTWICKLUNG/Salem_Schulverfassung.pdf (25.10.2015).

Website Schule Schloss Salem (2015o). *Leitfaden College 2014*. URL: https://www.schule-schloss-salem.de/fileadmin/Kundendaten/pdf/Verfassung/LeitfadenCollege2014.pdf (01.11.2015).

Website Schule Schloss Salem (2018a). *Leben im Internat*. URL: https://www.schule-schloss-salem.de/leben-lernen/leben-im-internat/ (11.04.2018).

Website Schule Schloss Salem (2018b). *Die Mittelstufe im Internat Schule Schloss Salem: Die richtige Zeit, um über sich selbst hinauswachsen*. URL: https://www.schule-schloss-salem.de/leben-lernen/jahrgangsstufen-7-10/internat/ (11.04.2018).

Website Schule Schloss Salem (2018c). *Leben & Lernen: außerunterrichtliche Aktivitäten, Jahrgangstufen*. URL: https://www.schule-schloss-salem.de/leben-lernen/ausserunterrichtliche-aktivitaeten/jahrgangsstufen/ (17.04.2018).

Website Schule Schloss Salem (2018d). *Leben & Lernen: Persönlichkeit bilden*. URL: https://www.schule-schloss-salem.de/leben-lernen/persoenlichkeiten-bilden/(17.04.2018).

Website Schule Schloss Salem. *Erziehung zur Verantwortung*. URL: https://www.schule-schloss-salem.de/ueber-uns/schule-schloss-salem/erziehung-zur-verantwortung/ (10.11.2017).

Website Sigma – Gesellschaft für internationale Marktforschung und Beratung. *Konsum-materialistisches Milieu*. URL: http://www.sigma-online.com/de/SIGMA_Milieus/SIGMA_Milieus_in_Germany/Konsum-materialistisches_Milieu/ (24.02.2017).

Website sozialearbeitstudium.info. URL: http://sozialearbeitstudium.info/soziale-arbeit-berufe/ (23.08.2014).

Website Stiftung für Zukunftsfragen, Forschung. *Die Zukunft der Lebensqualität: Trendwende zu immateriellen Werten*. URL: http://www.stiftungfuerzukunftsfragen.de/de/forschung/forschungsthemen/die-zukunft-der-lebensqualitaet.html (06.12.2015).

Website terres des hommes. *Kinderarbeit – Daten und Fakten*. URL: https://www.tdh.de/was-wir-tun/arbeitsfelder/kinderarbeit/daten-und-fakten/ (28.07.2017).

Website Tierschutzverein Coesfeld-Dülmen. *Tierische Zitate*. URL: http://www.tsv-coesfeld-duelmen.de/zitate.shtml (16.09.2016).

Website UWC (United World Colleges). URL: http://www.uwc.org/ (10.04.2018).

Website Verband Christlicher Pfadfinderinnen und Pfadfinder Wendlingen – VCP. *VCP zusammenfassend*. URL: http://www.vcp-wendlingen.de/index.php/2-uncategorised/28-vcp-artikel.html (13.03.2018)

Website Viktor Frankl Institut Wien. URL: http://www.univie.ac.at/logotherapy/d/person.html (16.01.2015).

Website Vitos Klinikum Gießen-Marburg. *Einrichtungen: Kinder-/Jugendpsychiatrie: Informationen für Eltern: Therapie, Freizeit und Schule.* URL: http://www.vitos-giessen-marburg.de/giessen-marburg/einrichtungen/kinderjugendpsychiatrie/informationen-fuer-eltern/therapie-freizeit-und-schule.html (27.04.2018).

Website Weltwaerts.de. *Freiwilligendienst. Was bringt es?* URL: http://www.weltwaerts.de/de/was-bringt-es.html (07.08.2017c).

Website Weltwaerts.de. *Freiwilligendienst. Was erwartet mich?* URL: http://www.weltwaerts.de/de/was-erwartet-mich.html (07.08.2017d).

Website Weltwaerts.de. *Freiwilligendienst. Was kostet es?* URL: http://www.weltwaerts.de/de/was-kostet-es.html (07.08.2017b).

Website Weltwaerts.de. *Über Weltwärts.* URL: http://www.weltwaerts.de/de/ueber-weltwaerts.html (07.08.2017).

Website UNICEF zum Welttag gegen Kinderarbeit am 12.6.2023. URL: https://www.unicef.de/informieren/aktuelles/presse/-/welttag-gegen-kinderarbeit-2023/333978 (28.02.2024)

Website ZeitSpurenSuche.de. *Kinderarbeit im 18./19. Jahrhundert.* URL: http://www.zeitspurensuche.de/02/kinder2.htm#1839 (18.11.2014).

Website zur Toynbee Hall U.K. *Our History, Icons of Toynbee Hall: Arnold Toynbee.* URL: http://www.toynbeehall.org.uk/our-history (09.04.2018).

Website: Was war wann? Geschichte von 0000 bis gestern: *20. Jahrhundert, 40er Jahre, 1946.* URL: http://www.was-war-wann.de/1900/1940/1946.html (04.12.2014)

Weltgesundheitsorganisation Europa (1986/2011). *Ottawa-Charta zur Gesundheitsförderung, 1986.* URL: http://www.euro.who.int/__data/assets/pdf_file/0006/129534/Ottawa_Charter_G.pdf?ua=1 (09.01.2016)

Wengler, A., Trappe, H. & Schmitt, Chr. (2008). Partnerschaftliche Arbeitsteilung und Elternschaft: Analysen zur Aufteilung von Hausarbeit und Elternaufgaben auf Basis des Generations and Gender Survey. *Materialien zur Bevölkerungswissenschaft, 2008/Heft 127.* Wiesbaden: Bundesinstitut für Bevölkerungsforschung. URL: http://nbn-resolving.de/urn:nbn:de:0168-ssoar-330843 (14.09.2015).

WHO – World Health Organization (Hrsg.) (1997). *Die Jakarta Erklärung zur Gesundheitsförderung für das 21. Jahrhundert.* Genf: WHO. URL: http://www.who.int/healthpromotion/conferences/previous/jakarta/en/hpr_jakarta_declaration_german.pdf (04.02.2017).

Wieners, E. (2016). *Nepal. Wenn Kinder zu Waisen gemacht werden.* Beitrag vom 15.09.2016. Zeit Online. URL: http://www.zeit.de/gesellschaft/zeitgeschehen/2016-09/nepal-spenden-armut-waisen-waisenhaeuser-ausbeutung (08.08.2017).

Wilhelm, M. & Becker, M. (2014). *Balanceakt Schichtdienst.* DGUV Arbeit & Gesundheit 2014. URL: http://www.arbeit-und-gesundheit.de/3/1698 (07.12.2015).

Wirtschaftswoche (13.01.2015). *Schreibenlernen am Computer. Finnen schaffen Handschrift ab.* URL: http://www.wiwo.de/erfolg/campus-mba/schreibenlernen-am-computer-finnen-schaffen-handschrift-ab/11222722.html (28.02.2017).

Wohlfahrt, R. & Widder, H. (2011). *Zur Diskussion: Tiergestützte Therapie – Eine Definition* (Working Paper 2011). URL: http://www.esaat.org/fileadmin/medien/downloads/Erl%C3%A4uterung_Definition.pdf (14.07.2017).

Wolf, U. & Tuider, J. (2014). *Tierethische Positionen* (Dossier Bioethik). Bonn: Bundeszentrale für politische Bildung. URL: https://www.bpb.de/gesellschaft/umwelt/bioethik/176364/tierethische-positionen?p=all (29.04.2018)

Woll, A., Kleppel, H.-Chr. & Opper, E.(2016). Bewegte Kinder – schlaue Köpfe. Positive Effekte des Sports zur Persönlichkeitsentwicklung. In *Regierungspräsidium Karlsruhe Abteilung Schule und Bildung, Fachbereich Sport (Hrsg.) (2016), INFO. Fachbereich Sport Regierungspräsidium Karlsruhe, Abteilung, Schule und Bildung. Ausgabe 2016 Heft 44 REGIERUNGSPRÄSIDIUM KARLSRUHE.* URL: http://www.lehrer.uni-karlsruhe.de/~za343/osa/spinfo/Artikel%20Heft%2044/Bewegte%20Kinder%20-%20schlaue%20Koepfe%2044.pdf (11.08.2017)

World Health Organization WHO (1997). *Programme on Mental Health: Life Skills Education for Children and Adolescents in Schools. Introducation and Guidelines to Facilitate the Development and Implementation of Life Skills Programmes.* Geneva: WHO. URL: http://apps.who.int/iris/bitstream/10665/63552/1/WHO_MNH_PSF_93.7A_Rev.2.pdf (11.08.2017).

Württembergische Landesbibliothek Stuttgart (o.A.). *Chronik des Seekrieges 1939–1945.* URL: http://www.wlb-stuttgart.de/seekrieg/45-01.htm (30.11.2014).

Zellmann, P. & Mayrhofer, S. (2011). Freizeitmonitor 2011. Die ÖsterreicherInnen werden immer passiver! Überraschende Ausnahmen: Weiterbildung und Kultur. IFT- Institut für Freizeit- und Tourismusforschung. In *Forschungstelegramm, 8/2011.* URL: http://www.freizeitforschung.at/data/forschungsarchiv/2011/98.%20FT%208-2011_Freizeitmonitor.pdf (16.09.2016).

Zenk, Th. (o.A.). *Nietzsches Kritik der Willensfreiheit in Menschliches, Allzumenschliches* (Wissenschaftliche Hausarbeit zur Erlangung des Grades

Magister Artium an der Fakultät I Geisteswissenschaften Institut für Philosophie, Wissenschaftstheorie, Wissenschafts- und Technikgeschichte der Technischen Universität Berlin). Berlin: TU. URL: http://www.geschkult.fu-berlin.de/e/relwiss/lehrende/Sonstige/zenk/Zenk_Nietzsches_Kritik_der_Willensfreiheit.pdf (04.12.2017).

Zentralarchiv und Museum der Pfadibewegung Schweiz: *Lord Baden-Powell, Gründer der Pfadibewegung.* URL: https://www.scout.ch/de/3/za-m/pfadigeschichte/baden-powell/kompakter-text (27.07.2016)

Zittau, J. (2013). Musiker: Wer 10.000 Stunden übt, kann ein Meister werden. *Artikel vom 29.04.2013 auf Welt.de.* URL: http://www.welt.de/gesundheit/psychologie/article115708816/Wer-10-000-Stunden-uebt-kann-ein-Meister-werden.html (28.08.2015).

Zusammenfassung der Nationalen Fachkonferenz in Kooperation mit deutschen Mitgliedern der European Association for the Education of Adults (EAEA) (23. bis 24.09.2014), *Aktive Lebensgestaltung im Alter – was kann Bildung leisten?* Bonn: Universitätsclub.

16. Abbildungsverzeichnis

Baltische Studien zur Erziehungs- und Sozialwissenschaft / Baltic Studies in Educational and Social Sciences

Herausgegeben von / Edited by Gerd-Bodo von Carlsburg, Natalija Mažeikienė und / and Airi Liimets

Band 1	Gerd-Bodo Reinert von Carlsburg / Irena Musteikienė (Hrsg.): Litauische Gespräche zur Pädagogik. Humanismus – Demokratie – Erziehung. 1999.
Band 2	Gerd-Bodo Reinert von Carlsburg / Irena Musteikienė (Hrsg.): Litauische Gespräche zur Pädagogik II. Staat und Schule. 2000.
Band 3	Jaan Mikk: Textbook: Research and Writing. 2000.
Band 4	Gerd-Bodo Reinert von Carlsburg / Irena Musteikienė (Hrsg.): Erziehungswandel und moderne pädagogische Verfahren. 2001.
Band 5	Airi Liimets (Hrsg.): Integration als Problem in der Erziehungswissenschaft. 2001.
Band 6	Gerd-Bodo Reinert von Carlsburg / Irena Musteikienė (Hrsg.): Wissenschaft – Studium – Schule auf neuen Wegen. 2002.
Band 7	Palmira Jucevičienė / Gediminas Merkys / Gerd-Bodo Reinert von Carlsburg: Towards the Learning Society. Educational Issues. 2002.
Band 8	Gerd-Bodo Reinert von Carlsburg / Irena Musteikienė (Hrsg.): Bildung im Zeitalter der Informationsgesellschaft. 2003.
Band 9	Dalia Ohlinger: Argumentation in der Erst- und Fremdsprache. Pragmalinguistische und grammatikalische Aspekte anhand von Argumentationen deutscher und litauischer Studierender. 2003.
Band 10	Inga Šukevičiūtė: Interkulturelle Interferenzen im Bereich Wirtschaftskommunikation. Zur Analyse von Geschäftsbriefen im Vergleich Deutschland, Litauen und Russland. 2004.
Band 11	Gerd-Bodo Reinert von Carlsburg / Irena Musteikienė (Hrsg./eds.): Innovation durch Bildung. Innovation by Education. 2004.
Band 12	Gerd-Bodo von Carlsburg / Palmira Jucevičienė / Gediminas Merkys (eds.): Learning and Development for Innovation, Networking and Cohesion. 2005.
Band 13	Gerd-Bodo von Carlsburg / Irena Musteikienė (Hrsg./eds.): Bildungsreform als Lebensreform. Educational Systems Development as Development of Human Being. 2005.
Band 14	Gerd-Bodo von Carlsburg (Hrsg./ed.): Entwicklung erziehungswissenschaftlicher Paradigmen: Theorie und Praxis. Development of Educational Paradigms: Theory and Practice. 2007.
Band 15	Gerd-Bodo von Carlsburg (Hrsg./ed.): Bildungs- und Kulturmanagement. The Management of Education and Culture. 2008.
Band 16	Jaan Mikk / Marika Veisson / Piret Luik (eds.): Reforms and Innovations in Estonian Education. 2008.

Band 17 Gerd-Bodo von Carlsburg (Hrsg./ed.): Qualität von Bildung und Kultur. Theorie und Praxis. The Quality of Education and Culture. Theoretical and Practical Dimensions. 2009.

Band 18 Airi Liimets (Hrsg.): Denkkulturen. Selbstwerdung des Menschen. Erziehungskulturen. Festschrift für Professor Dr. Dr. h.c. Dr. h.c. Heino Liimets. 2010.

Band 19 Ellu Saar (ed.): Towards a Normal Stratification Order. Actual and Perceived Social Stratification in Post-Socialist Estonia. 2011.

Band 20 Marika Veisson / Eeva Hujala / Peter K. Smith/ Manjula Waniganayake / Eve Kikas (eds.): Global Perspectives in Early Childhood Education. Diversity, Challenges and Possibilities. 2011.

Band 21 Airi Liimets / Marit Mäesalu (eds.): Music Inside and Outside the School. 2011.

Band 22 Gerd-Bodo von Carlsburg (Hrsg./ed.): Enkulturation durch sozialen Kompetenzerwerb. Enculturation by Acquiring of Social Competences. 2011.

Band 23 Reet Liimets: Ich als raumzeitliches Konstrukt. Die Fiktionen vom Leben der estnischen und deutschen Jugendlichen. 2012.

Band 24 Raivo Vetik (ed.): Nation-Building in the Context of Post-Communist Transformation and Globalization. The Case of Estonia. 2012.

Band 25 Airi-Alina Allaste (ed.): ‚Back in the West'. Changing Lifestyles in Transforming Societies. 2013.

Band 26 Gerd-Bodo von Carlsburg (Hrsg./ed.): Bildungswissenschaft auf der Suche nach globaler Identität. Educational Sciences in Search of Global Identity. 2013.

Band 27 Airi Liimets / Marika Veisson (eds): Teachers and Youth in Educational Reality. 2014.

Band 28 Gerd-Bodo von Carlsburg / Thomas Vogel (Hrsg./eds.): Bildungswissenschaften und akademisches Selbstverständnis in einer globalisierten Welt. Education and Academic Self-Concept in the Globalized World. 2014.

Band 29 Marika Veisson / Airi Liimets / Pertti Kansanen / Edgar Krull (eds.): Tradition and Innovation in Education. 2015.

Band 30 Robertas Jucevičius / Jurgita Bruneckienė / Gerd-Bodo von Carlsburg (eds.): International Practices of Smart Development. 2015.

Band 31 Gerd-Bodo von Carlsburg (Hrsg./ed.): Strategien der Lehrerbildung. Zur Steigerung von Lehrkompetenzen und Unterrichtsqualität. Strategies for Teacher Training. Concepts for Improving Skills and Quality of Teaching. 2016.

Band 32 Gerd-Bodo von Carlsburg (Hrsg./ed.): Denk- und Lernkulturen im wissenschaftlichen Diskurs. Cultures of Thinking and Learning in the Scientific Discourse. 2017.

Band 33 Palmira Pečiuliauskienė / Aleksa Valdemaras: Motivation of New Generation Students for Learning Physics and Mathematics. 2018.

Band 34 Gerd-Bodo von Carlsburg (Hrsg./ed.): Transkulturelle Perspektiven in der Bildung. Transcultural Perspectives in Education. 2019.

Band 35	Giedrė Kvieskienė / Vytautas Kvieska / Gerd-Bodo von Carlsburg: Social Clustering: Paradigm of Trust. 2020.
Band 37	Gerd-Bodo von Carlsburg / Annette Miriam Stross (Hrsg./eds.): (Un)pädagogische Visionen für das 21. Jahrhundert. Geistes und sozialwissenschaftliche Entwürfe nach dem Ende der ‹großen› Menschheitsgeschichte. 2022.
Band 38	Jurga Bučaitė-Vilkė (ed.): Social Investment and Territorial Inequalities: Mapping Policies and Services in the Baltic States. 2022.

Neue Denkansätze in den Bildungs- und Sozialwissenschaften /

New Approaches in Educational and Social Sciences

Herausgegeben von / Edited by Gerd-Bodo von Carlsburg und Natalija Mažeikienė

Band 39	Gerd-Bodo von Carlsburg / Giedrė Kvieskienė (eds.): Prototype Modelling in Social-Emotional Education. At the Example of a Covid-19 Online Learning Environment. 2022.
Band 40	Vidmantas Tūtlys / Jörg Markowitsch / Jonathan Winterton / Samo Pavlin (eds.): Skill Formation in Central and Eastern Europe. A search for Patterns and Directions of Development. 2022.
Band 41	Edita Gruodytė / Aušrinė Pasvenskienė (eds.): Human Right to Education in the Age of Innovations and Smart Technologies. 2024.
Band 42	Martina Möller: Reflexive Freizeitpädagogik. Eine systematische Annäherung unter erziehungswissenschaftlicher Perspektive mit besonderem Fokus auf die Freizeitbildung. 2024.

www.peterlang.com

www.ingramcontent.com/pod-product-compliance
Ingram Content Group UK Ltd.
Pitfield, Milton Keynes, MK11 3LW, UK
UKHW041828290926
8980IPUK00002B/143

9 783631 921708